图表助读版

中华上下五千年

远古至秦

01

朱良志 主编

华文出版社
SINO-CULTURE PRESS

图书在版编目（CIP）数据

中华上下五千年：图表助读版／朱良志主编 . —北京：
华文出版社，2018.7

ISBN 978 - 7 - 5075 - 4939 - 3

Ⅰ.①中… Ⅱ.①朱… Ⅲ.①中国历史—青少年读物 Ⅳ.①K209

中国版本图书馆 CIP 数据核字（2018）第 143162 号

中华上下五千年（图表助读版）

著　　者：	朱良志
责任编辑：	刘超平　邹镇明
出版发行：	华文出版社
地　　址：	北京市西城区广外大街 305 号 8 区 2 号楼
邮政编码：	100055
网　　址：	http：//www.hwcbs.com.cn
投稿邮箱：	hwcbs@126.com
电　　话：	总编室 010—58336239　责任编辑 010—58336222
	发行部 010—58336270
经　　销：	新华书店
印　　刷：	北京明恒达印务有限公司
开　　本：	710mm×1000mm　1/16
印　　张：	64.25
字　　数：	960 千字
版　　次：	2018 年 8 月第 1 版
印　　次：	2018 年 8 月第 1 次印刷
标准书号：	ISBN 978 - 7 - 5075 - 4939 - 3
定　　价：	198.00 元（全四册）

版权所有　侵权必究

前言

中华文化历史悠久，有记载以来的历史就有几千年。在华夏大地上演出了一幕幕激动人心的故事，出现了一个个叱咤风云的人物，留下了许多可歌可泣的事迹。中华文化是我们的生命之源。

中华文化是一个活的过程，从远古到今天，它形成了一套思想、价值观念，一套思维模式，一套认识世界的方式，至今还在对我们的生活发生影响，我们的血液中还流淌着中华文明的精华。因此，今天我们阅读传统文化，不仅能够了解中华文明的昨天，也能够更深刻地了解我们自己、了解我们这个时代正在发生的事。

《中华上下五千年》正是立足于此而编纂的。

这是一本有关中华文化的普及性读物，目的是为了给初等和中等文化的读者提供全面了解中华文明的文本，本书在编纂上与以往同类出版物的不同之处在于：

一是拓宽了选材面。本书从中华文化典籍中精选几百个重要的断面，加以剖析，在选材上，注意介绍曾经在我们这块土地上发生的一系列重大事件，更注意介绍在这些事件背后活动的人物的精神风貌和他们的思想、活动对后代的影响。因此，本书不局限于历史，而是广泛涉及哲学、军事、艺术、教育等领域，尽可能地全面展现中华文化的内在精神气质。我们尽量注意选取健康有益的史料，使读者获得精神的陶冶和境界的提升。

二是容量扩大，所介绍事件的内在涵量增多。中华文化浩瀚渊深，要在一套书中全面反映其全部景观确非易事。我们遴选出一些最能反映中华文化基本面貌的题材，同时对一些别人注意不多而又确实有价值内涵的史料进行了重点发掘，使本书以一种有特色的面貌出现在读者面前。

三是文字表述务求精要雅训，叙述事件注意生动活泼，力求耐人品味，通俗易懂。

四是为了方便阅读，对一些字做了注音，对一些古今用语的差异做了特别说明。

本书基本按历史朝代的时间顺序编排。全书分为四个部分，第一部分从远古至秦代，由朱良志撰写；第二部分从两汉至南北朝，由汪鹏生撰写；第三部分从隋唐至宋代，由倪三好撰写；第四部分从元代至清末，由王希华、许友华撰写。

本书初成于20世纪90年代，此次蒙华文出版社修订再版，编者对原文稿做了部分修改，纠正了一些不当的表述，增删了部分内容，增补了大量图片和知识小贴士，并随文插入年表。由于时间仓促，编写中难免会存在许多不足与疏漏之处，请广大读者和专家批评指正。

朱良志

2018年5月

目录　Contents

第一部
远古至秦

 远古时代

1-炎黄之世……………5
2-黄帝战三杰…………7
3-黄帝战蚩尤…………8
4-唐尧禅让……………11
5-舜除四凶……………16
6-大禹治水……………18

夏商西周

7-夏宫之乱……………25
8-少康中兴……………28
9-暴虐的夏桀…………31
10-识味的伊尹………35
11-纣王逞凶…………38
12-文王拘羑里………41
13-比干剖心…………44
14-姜太公钓鱼………47
15-武王伐纣…………49
16-周公东征…………52
17-愚蠢的厉王………57
18-褒姒的笑…………60

春秋时代

19-公子小白和公子纠……67
20-管鲍之交……69
21-曹刿论战……71
22-百里奚的故事……76
23-骊姬的心事……79
24-重耳流亡……82
25-晋文公的霸业……89
26-秦晋崤之战……94
27-不成体统的晋灵公……98
28-一鸣惊人……104
29-挂羊头卖狗肉……110
30-二桃杀三士……111
31-晏子使楚……114
32-孤独的楚灵王……116
33-费无忌乱楚……120
34-伍子胥鞭尸雪耻……122
35-孙子用兵……127
36-卧薪尝胆的勾践……131
37-富裕的陶朱公……138
38-古代文学的典范《诗经》…142
39-道家学派的创始人老子……145
40-伟大的思想家孔子……148

战国争雄

41-提倡节俭的墨子……152
42-姐弟侠客……154
43-孙膑被害……159
44-孙庞斗智……162
45-商鞅变法……166
46-庄子和惠子的故事……170
47-张仪的三寸不烂之舌……173
48-张仪和楚怀王……174
49-爱国诗人屈原……179
50-独特的文学形式——楚辞……184
51-田单的火牛阵……187
52-鸡鸣狗盗之徒……190
53-狡兔三窟……193
54-完璧归赵……197
55-渑池之会……200
56-平原君杀美妾……202
57-毛遂自荐……204
58-信陵君救赵……208
59-荆轲刺秦王……212

大秦帝国

60-秦始皇统一中国……220
61-秦始皇求长生……223
62-沙丘之谋……226
63-二世亡秦……229
64-指鹿为马……233
65-陈胜、吴广起义……236

第二部
汉至南北朝

西汉风云

66-楚霸王项羽……245
67-汉高祖刘邦……247
68-鸿门宴……250
69-霸王别姬……253
70-冒顿单于……256
71-淮阴侯韩信……258
72-吕后执政……261
73-除灭诸吕……264
74-七国之乱……267
75-被饿死的丞相周亚夫……270
76-才调无伦的贾谊……272
77-仓公淳于意……275
78-司马相如和汉赋……277
79-飞将军李广……279
80-刚直敢言的汲黯……282
81-卫青与霍去病……285
82-司马迁和他的《史记》……288
83-苏武与李陵……290
84-汉武帝轮台悔诏……292
85-霍光执政……296
86-昭君出塞……299
87-王莽代汉……301
88-绿林、赤眉大起义……305
89-昆阳之战……308
90-傀儡皇帝刘盆子……310

东汉延祚

- 91-光武中兴 …………………… 314
- 92-伏波将军马援 ……………… 316
- 93-刘秀的三个直臣 …………… 319
- 94-燕然山刻石记功 …………… 321
- 95-班固兄妹写《汉书》 ……… 323
- 96-定远侯班超 ………………… 326
- 97-虞诩用计破羌兵 …………… 329
- 98-宦官十九侯 ………………… 331
- 99-张衡和地动仪 ……………… 334
- 100-跋扈将军梁冀的下场 …… 336
- 101-黄巾大起义 ……………… 339
- 102-桃园结义的传说 ………… 341
- 103-十常侍之乱 ……………… 343
- 104-董卓专权 ………………… 346
- 105-三除董卓 ………………… 349
- 106-经学大师郑玄 …………… 352
- 107-官渡之战 ………………… 354
- 108-汉献帝两除曹操 ………… 357
- 109-文姬归汉 ………………… 359
- 110-孙策借兵收江东 ………… 361
- 111-赤壁之战 ………………… 363

三分天下

- 112-刘备建立蜀国 ……………… 368
- 113-神医华佗 …………………… 370
- 114-曹丕与曹植 ………………… 372
- 115-吕蒙用计夺荆州 …………… 375
- 116-猇亭大战 …………………… 378
- 117-鞠躬尽瘁，死而后已 ……… 381
- 118-孔明挥泪斩马谡 …………… 384
- 119-襄平之战 …………………… 386
- 120-高平陵之变 ………………… 388
- 121-司马昭弟兄 ………………… 391
- 122-钟会与邓艾 ………………… 394
- 123-乐不思蜀 …………………… 396
- 124-羊祜与堕泪碑 ……………… 398

两晋风华

125-司马炎发诏灭吴…………403
126-行为古怪的文豪阮籍…………405
127-不合时宜的文豪嵇康…………407
128-晋惠帝和贾南风…………410
129-周处刚直取祸…………412
130-八王之乱…………414
131-争权斗富的西晋贵族…………417
132-清谈误国的王衍…………419
133-永嘉之乱中的晋怀帝…………421
134-流民起义与成汉政权…………424
135-前赵与后赵…………426
136-江左王导…………429
137-王敦之乱…………431
138-伯仁之死…………433

139-司马绍平叛…………436
140-祖逖北伐…………438
141-桓温北伐…………440
142-平民出身的将军陶侃…………442
143-苻坚统一北方…………445
144-夫人城…………447
145-淝水之战…………449
146-将门才女谢道韫…………453
147-大书法家王羲之…………456
148-传神写照与画龙点睛…………458
149-桓玄与短暂的楚政权…………460
150-陶渊明与田园诗…………463
151-五胡十六国…………465

南北对峙

152-北魏的汉化运动…………470
153-农学专著《齐民要术》……472
154-不怕死的史官高允…………474
155-六镇起义…………476
156-疯狂的北齐皇帝…………478
157-灭佛运动…………481
158-寒族帝王刘寄奴…………483

159-元嘉之治…………486
160-科学发明家祖冲之…………488
161-刘宋皇室骨肉相残…………490
162-和尚皇帝萧衍…………493
163-无神论者范缜…………496
164-阴险狡诈的侯景…………498
165-亡国之音…………500

第三部 隋唐两宋

隋唐五代

166-厉行节俭的隋文帝……510
167-隋炀帝荒淫无度……513
168-起义军中的贵族……518
169-李春与赵州桥……522
170-李渊起兵建唐朝……524
171-李世民战功显赫……528
172-玄武门之变……532
173-善纳敢谏的君臣……536
174-李世民赏罚严明……540
175-唐太宗手下的大将……544
176-孙思邈起死回生……548
177-松赞干布和文成公主……552
178-唐玄奘西天取经……556
179-历史上唯一的女皇帝……560
180-请君入瓮……565
181-"国老"狄仁杰……568
182-有为天子救时相……573

183-口蜜腹剑……577
184-李白视权贵如粪土……581
185-最早测量地球的人……585
186-安禄山拥兵叛乱……589
187-颜家兄弟兴兵讨贼……594
188-马嵬驿兵变……597
189-守城名将张巡……601
190-诗圣杜甫……605
191-安史之乱的平定……609
192-永贞革新……613
193-大众诗人白居易……617
194-朋党之争四十年……622
195-朱全忠灭唐称帝……626
196-唐庄宗迷戏误国……631
197-千古遗臭儿皇帝……635
198-周世宗一战定乾坤……639
199-契丹族与辽的建立……643

宋分南北

- 200-陈桥兵变……651
- 201-杯酒释兵权……655
- 202-围炉定计取天下……659
- 203-赵普收礼免职……663
- 204-杨业受害……667
- 205-澶渊之盟……673
- 206-元昊建西夏……677
- 207-好水川之战……680
- 208-范仲淹忧国忧民……683
- 209-欧阳修不负母教……686
- 210-包拯执法如山……689
- 211-王安石变法……692
- 212-司马光编《通鉴》……696
- 213-宋代三大发明……699
- 214-多才多艺的苏东坡……701
- 215-昏君贼臣乱朝政……705
- 216-女真族的兴起……710
- 217-阿骨打灭辽建金……712
- 218-李纲誓死守京城……715
- 219-靖康之耻……719
- 220-李纲毅然赴职……724
- 221-宗泽至死呼"过河"……727
- 222-夫妻逞威阻兀术……731
- 223-岳飞抗金报国……735
- 224-乞和求降的秦桧……739
- 225-岳飞冤死风波亭……743
- 226-辛弃疾生擒张安国……747
- 227-陆游和他的《示儿》诗……751
- 228-"蟋蟀宰相"贾似道……754
- 229-崖山决战……759

第四部 元明清

大哉乾元

- 230-蒙古族的兴起与统一……769
- 231-"一代天骄"成吉思汗……775
- 232-蒙古铁骑的三次西征……777
- 233-开国勋臣木华黎……782
- 234-长春真人邱处机……784
- 235-窝阔台与拖雷灭金……786

236-以儒治国的耶律楚材……789
237-元世祖忽必烈……790
238-元的建立与南宋的灭亡……795
239-元代的纸币与钞法……797
240-元代的行省制度……799
241-南粮北调与河海漕运……803
242-海外贸易与对外交通……804
243-《马可·波罗游记》……807
244-元代的喇嘛教……809
245-元朝的民族压迫政策……811
246-从金中都到元大都……813
247-阿尼哥与藏式白塔……815
248-元好问……818
249-书画大家赵孟頫……819
250-大科学家郭守敬……822
251-黄道婆和棉纺织业……824
252-王祯与《农书》……826
253-关汉卿与元代杂剧……828
254-蒙古族的第一部史书……831
255-元朝的腐败与衰落……832
256-红巾军起义与元的灭亡……834
257-陈友谅中计……837

朱明王朝

258-刘基借口辞官……843
259-功臣遭难……844
260-朱棣篡位……847
261-郑和下西洋……851
262-宦官当权误国事……854
263-于谦冤死……857
264-昏君斩权宦……861
265-武宗观渔……864
266-杨廷和计除江彬……866
267-杨继盛斗严嵩……869
268-抗倭名将戚继光……873
269-海瑞骂皇帝……875
270-张居正的强国举措……878
271-痛打税监的葛贤……881
272-药王李时珍……883
273-萨尔浒之战……886
274-科学家徐光启……890
275-左光斗与史可法……893
276-虎丘"五人墓"……896
277-袁崇焕扬威宁远城……898
278-皇太极计杀袁崇焕……902
279-徐霞客与他的游记……906
280-闯王李自成……908
281-卢象昇兵败巨鹿……911
282-智取襄阳……912
283-红娘子勇救李公子……914
284-吴三桂借清灭闯王……917

国号大清

285-扬州保卫战……………923
286-神童夏完淳……………926
287-民族英雄郑成功…………928
288-"宁可抛尸荒野，誓不投降"…932
289-著名思想家顾炎武………934
290-李来亨大战茅麓山………936
291-除鳌拜和平三藩…………938
292-雅克萨之战………………941
293-康熙帝三征噶尔丹………943
294-台湾抗清英雄朱一贵……945
295-清朝的文字狱……………947
296-蒲松龄与《聊斋志异》…950
297-吴敬梓与《儒林外史》…952

298-曹雪芹与《红楼梦》……954
299-乾隆皇帝下江南…………956
300-乾隆与《四库全书》……958
301-郑板桥当官………………960
302-"和珅跌倒，嘉庆吃饱"…964
303-白莲教大起义……………967
304-文坛大师龚自珍…………969
305-虎门销烟…………………972
306-金田起义…………………974
307-壮士张文祥………………977
308-火烧圆明园………………979
309-镇南关大捷………………982
310-戊戌变法…………………984

附录　我国历代纪元表………989

第一部

远古至秦

远古时代

中华文明源远流长，夏朝建立之前的历史时期，大约在公元前3000年前，史学上称为"上古时代"，或称"远古时代"。本书所说的"中华上下五千年"，就是从这个源头说起。

俗话说，三皇五帝到如今。一般以伏羲（xī）、女娲（wā）、神农为三皇，这些都是传说，但也反映出中华文明初起时的一些特征。如伏羲，简直就是中华文明的文化之神，传说他仰以观象于天，俯以观法于地，创造了文字，以代远古时期结绳记事的方法。中国思想史中最重要的经典之一《周易》据说也草创于伏羲，是他发明了八卦。而女娲补天，满足了中国人关于宇宙的想象。至于中国人尊神农为始祖，则与我们以农业为中心的文明特征有关。神农就是炎帝。

五帝，一般指黄帝、颛顼（zhuān xū）、帝喾（kù）、唐尧和虞舜。中华民族号称是"炎黄子孙"，炎帝，姓姜；黄帝，姓姬，号轩辕氏。他们都居于中原之地，据说在涿鹿（今属河北涿鹿）一带。炎黄两部落因争夺中原地区的统治权，爆发了阪（bǎn）泉之战，黄帝战胜并取代了炎帝。之后，南方的部落首领蚩（chī）尤，也想和黄帝争夺中原地区，进行了连续不断的战争，最终在涿鹿之战中，黄帝大败蚩尤。从此，中原进入黄帝时代。中华文化就是在炎、黄所开辟的中原地区滋育、发展、壮大的。

黄帝之后，相继是颛顼、帝喾的时代。颛顼帝的重要贡献，是对国家制度的细化，他设立五行之官，中国后代的文官政治的建立，据说就受到他的影响。唐尧、虞舜，是中国贤明政治的代名词。尧、舜时期最重要的事件，是禅（shàn）让制的建立，它与后代的子承父制的制度不同，是一种将德行、仁义、能力放在首位的传位方式。

尧、舜之后,最为人称道的就是禹(yǔ)帝。禹,姓姒(sì),又称夏禹、大禹。尧的末年,天下洪水泛滥,大禹受命,继承父亲鲧(gǔn)未竟的事业,继续治水。他采取疏导的方式,终于降伏了这给无数生民带来深重灾难的怪兽。据说他治水的过程非常辛苦,三过家门而不入。大禹治水,天下承平,分为九州,区宇得定,中华民族由此有了好的发展基础。

1-炎黄之世

> **距今约170万年前**
> 云南省元谋县有智人生活,这些智人被称为"元谋直立人",简称"元谋人"。

我们中国人被称为"炎黄子孙",炎黄指的是炎帝和黄帝,他们是传说中的中华民族的两位始祖,关于他们的传说非常多,尤其是黄帝的传说。黄帝生下来相貌堂堂,他的前额高高隆起,眉宇间如同悬着日月,两条剑眉就像天上的闪电。传说他不到两个月就会说话,聪明无比,几岁时就能言善辩,口若悬河。到了20岁就学到了很多东西,非常有教养,与人友好相处,办事果敢有力。由于他有着出色的才能和威望,很快就被推举为华族部落的首领。

他治国有方,重视发展生产,中原地区的生产在他的手里获得了很大的发展。他反对战争,但是当时诸侯之间互相侵伐,老百姓受尽了苦痛,于是黄帝就和他的谋臣在一起商量怎样去讨伐这些诸侯。

黄帝画像

黄帝是古华夏部落的首领,他与炎帝部族融合,杀蛮族首领蚩尤,统一了黄河流域各部落,被认为是中华民族的始祖。传说他有许多发明创造,极大地改善了人们的生活,对中华文明做出了巨大贡献,被尊为"人文初祖"。

黄帝感叹道:"从我的本意上看,我是不想打这场战争的,但是这场战争要是不进行,老百姓就永远没有安宁的日子。"于是他就起兵去与那些喜欢挑起战争的诸侯征战。

黄帝一生共进行了三次重大的战争,这次对诸侯的战争是其中规模较大的一次。经过几年的征战,使得部落诸侯都归顺服从,从此统一了北方的大片土地。另外一次战争是在黄帝和炎帝之间进行的。

这炎帝本来是黄帝的同父异母兄弟，他们的父亲都叫少典氏，号神农氏，传说这炎帝是一位火神，传统的五行学说，说黄帝属土，而炎帝属火。炎帝也是个部落的首领，他起家比黄帝还要早，当黄帝还年轻的时候，炎帝就是北方非常有声望的首领。但是黄帝长大以后，比他更会治国，尤其是他征讨诸侯之后，他的力量就远远超过炎帝了，大量的诸侯都归顺黄帝，而炎帝的力量就越来越弱，所以他心里非常不高兴，就和黄帝暗地里较起劲来。

黄帝自从战胜了诸侯各国以后，不是躺在功劳簿上睡大觉，而是励精图治，教化万民，让人民安居乐业，在国内推广种植稻、黍、菽（shū）、稷、麦等，生产获得了很大的发展，国家也越来越富裕。为了维护安定，他还整顿军队，增加兵力，严格训练，所以部队的战斗力得到了很大的提高。他的手下战将如云，有熊、罴（pí）、虎等。那时候，炎帝和黄帝的矛盾越来越表面化，争斗也越来越激烈，终于双方打了起来。

这一仗就在河北涿鹿县东南的阪泉展开，黄帝命令熊、罴、狼、豹、虎等为前锋，令雕、鹰、鸢（yuān）等扛大旗，别看这些名字都像兽类、禽类，其实他们都是人，炎黄之间的战争进行了很长时间，双方都有重大伤亡，使得中原血流成河，这是有史以来我国出现的最残酷的一次战争。经过长期较量，最后黄帝大获全胜，炎帝只好认输。

> **TIPS**
> **旧石器时代**
>
> 考古学家将从距今300万年到距今1万年这段时间，称为旧石器时代，这是以打磨、使用石器为标志的人类文明发展初期阶段。

> **TIPS**
> **神农尝百草**
>
> 炎帝又称神农氏，传说他以草药给人治病，在深山里寻找各种草药，亲自尝试，确定草药的药性，多次中毒，直至最后献出生命。人们为了记住他的功德，尊其为"药王神"。

> ◀ **距今约1.8万年前**
>
> 北京市周口店龙骨山有智人生活，他们被称为"山顶洞人"。

2-黄帝战三杰

黄帝战胜了炎帝之后，又大战蚩尤。收服了蚩尤之后，又和共工、夸父、刑天进行了长期的战争。传说中的共工是一个怪人，他本是炎帝的后人，据说他长着红色的头发，人面蛇身，长期住在水中，是一个水神，炎帝和黄帝之战结束以后，他就想为炎帝报仇，于是就爆发了他和黄帝的后人颛顼的战争。

共工和颛顼都想争当王，于是双方你来我往，大战起来，共工战而不胜，大怒，就一头撞在不周山上，这下可不得了，神话中说得非常玄乎，说是天的柱子被撞折了，使大地能够稳稳地立住的绳子也被撞断了，于是天向西北方向倾斜，这样就使得天上本来不动的日月星辰都一起移动起来了，而地在东南方出现了一个大窟窿，这样就出现了江河湖海。

夸父也是炎帝一族的，他曾经随同炎帝一起攻打黄帝。这件事史书上记载得并不详细，但是关于他的死史书上却有较多的记载。传说当时有一座山叫作成都载天，其中有一个人长得特别奇怪，他的耳朵上盘着两条蛇，手上拿着两条蛇，就像今天的玩蛇人，这个人就是夸父。夸父不自量力，要和太阳一起比赛跑。后来他跑到太阳里面去了，这太阳可不比大地上，里面热得不得了，他渴得要命，就喝黄河、渭河的水，黄河水、渭河水后来被喝干了，就想去喝北方大海里的水，但是还没有走到，就渴死

> **TIPS**
> **新石器时代**
> 考古学家将自距今1万年开始，结束于距今5000年到距今2000年不等的这段时间，称为新石器时代，是石器时代的最后一个阶段。我国大约在距今1万年时已经进入新石器时代。

女娲补天

传说女娲是人首蛇身神，与伏羲为兄妹。水神共工战败于火神祝融，怒触不周山，导致"天柱折，地维绝"，天塌出大窟窿，地倾东南。女娲采炼五色石补天，断巨鳌（áo）足支撑大地，天地平复。

了。他手上的一把手杖掉下来，在大地上化为一片鲜艳的桃林。

传说黄帝也和刑天有一番大战。刑天又称邢天，是炎帝的大臣，炎帝战败，后来刑天也去攻打黄帝，但是也被黄帝打败。黄帝割了他的头，将他的头葬在常羊山下。哪知刑天的身体还是会动，没有了头，他就以两乳为眼睛，以肚脐为嘴巴，拿着一个兵器，在大地上挥舞。晋陶渊明曾经写诗赞道："刑天舞干戚，猛志固常在。"就是说刑天到死，也没有丧失自己的战斗意志。

黄帝打败了炎帝以及后来为炎帝报仇的蚩尤、刑天、夸父、颛顼等，使得炎、黄两族和部分九黎之族统一为一体，中原在黄帝的时候获得了统一，从此人们过上了安定的生活，各族人民友好相处，逐步融合成华夏族，这也就是汉族的前身。于是我们后代汉族人就称自己为"炎黄子孙"，也称我们中华民族为"华夏民族"。

3-黄帝战蚩尤

黄帝打败了炎帝以后，两个部落就结成了联盟，和好相处，天下一时变得太平起来。但是这安定日子没过多久，就被一场长达数年的大战争取代了。这就是黄帝和蚩尤的战争。

蚩尤本是炎帝一族的，是中国历史上少有的猛将，他是我们中华民族传说中一位叱咤风云的战神，史书上记载他的传说也非常多。他长得非常奇怪，铜头，铁额，长着八条腿，八只手，四只眼睛闪着绿绿的光，头上还竖着两个大铁角，耳朵长长的，就像一

TIPS
《山海经》

这是中国古代的一本志怪小说，记录种种神奇古怪的故事，有关黄帝、共工、夸父、刑天等的传说均出自其中。它的作者可能是战国到汉代初中期的楚国或巴蜀人，作者或并非一人。原书22篇，现存18篇，包括《山经》5篇、《海外经》4篇、《海内经》5篇、《大荒经》4篇。它是了解古代神话、地理、文化等的重要著作。

◀ 约前2577年—前2477年

传说中的黄帝轩辕氏时期。黄帝在涿鹿之野打败蚩尤，统一黄河流域。仓颉（jié）造文字。

> **TIPS**
> **仰韶文化**
> 这是黄河中游地区一种重要的彩陶文化，大约产生于公元前5000年到公元前3000年，属新石器时代，反映出我国早期的农耕文明的特征。它首先是在河南省渑池县仰韶村遗址发现的，故名。

玉猪龙

这是红山文化的玉器。出土于辽宁建平牛河梁，高7.2厘米。玉器外形特殊，为猪和龙的合体，许多学者认为这是一种宗教礼器，是红山先民的一种图腾。

> **TIPS**
> **良渚文化**
> 长江下游的一种文化类型，距今5300年到距今4500年。于20世纪上半叶在杭州西部的良渚村等地发现，故名。此期稻作农业已经相当进步，在遗址出土了大量玉器。

把利刃，他的脚也不平常，一个个长得像牛蹄子，站起来，有几丈高，说起话来，声音就像天上打雷，平常人吃的东西他可不喜欢，他吃的是沙子、石头，喝起水来，咕咚咕咚，一气能喝干一条小溪。

这个巨人力大无比，在当时的九黎之族中，他是个谁也惹不起的汉子，好像他天生就是个战神。他手下有81个弟兄，也个个是好汉，全是猛兽的身体，铜头铁尾。他们在部落中来无影去无踪，来的时候飞沙走石，去的时候遮天蔽日，部落中的人一听到他们的名字，都会吓得魂飞魄散。他们也常常结伴去侵略其他部落，但凡他们去过的地方，没有不得胜而归的。

蚩尤还组织人马，制造兵器。他的兵营里，堆着大量的刀枪剑戟。他还常常训练手下的士兵，让他们把兵器耍得得心应手。他自己更是十八般武艺，样样精通。

黄帝打败了炎帝，统一了中原，炎帝是心悦诚服了，但是蚩尤却不买这个账，不遵从黄帝的命令。他自己把守一方地方，想有朝一日和黄帝较量较量。一天，他看时机已经成熟，就举兵去攻打黄帝。

黄帝早就知道这蚩尤会作乱，所以早有准备，于是大举兴兵，两军在涿鹿这地方摆下了战场。蚩尤命他的81个兄弟为前锋，这81个兄弟个个强悍无比，一个个披着虎皮，骑着大马，头戴铜盔，张着血盆大口，冲上前去。他们齐声叫喊，声音真要震破了天，几百里之外都能听见。他们的马蹄扬起的灰尘铺天盖地，使得日月无光。

但是黄帝并不害怕，一是因为他手下也是战将如云，熊、豹、罴、狼等战将一字儿排开；二是他自己智谋多端，而蚩尤只是一个猛将。当蚩尤的兵马杀来之时，他并不慌张，而是从容不迫，先命应龙为前锋，上前出战。这应龙也好生了得，他虽然没有蚩尤那样巨人般的身体，但是也长得勇猛无比，他最大的特长是身体灵活得就像只燕子，打起仗来动作神速，能搅得敌人眼花缭乱。

　　双方一交战，蚩尤的81员虎将将应龙团团围在中央，应龙左冲右突，上挡下拦，耍起一杆大枪，就像天上的闪电，寒光四溢，飕飕有声。蚩尤的81员虎将也使着刀枪剑戟，与应龙打起来。应龙打了几个回合，自知寡不敌众，就虚晃一枪，跳出阵外，81员虎将就跟在他后面追赶上来，黄帝急忙派兵上前掩护，军中忽然乱成一团。黄帝心想，这样要想战胜蚩尤并不容易，必须以计谋取胜。

　　于是黄帝命令将士后撤，蚩尤哪里知道这是计谋，就命令大队人马向前追去。黄帝的部队逃到了一座深山里，就让将士们躲到林子里去。蚩尤的将士追着追着，忽然人影儿也没有了。蚩尤叫道："大事不好"，急忙命令部队向回撤退，这时候漫山遍野一片叫喊，黄帝的士兵们一起从四面八方围了上来，熊、豹、罴、狼等猛将冲杀在最前头，将蚩尤的兵将打得七零八落。

　　蚩尤像一根擎天柱，站到了人们的前面，黄帝就叫应龙去战蚩尤，两人一交手，就打得昏天黑地。论力量，应龙也许不是蚩尤的对手，但是他沉着应战，既谨慎又灵活，偏偏这时候老天也助其声威，他们正打着，只见天上飞沙走石，狂风大作，一会儿又下起了倾盆大雨，蚩尤迷失了方向。灵活多变的应龙知道这是杀蚩尤的最好机会，蚩尤感到两眼睁不开，就急忙抽身逃跑，应龙紧追不放，他们跑到一个叫凶黎的山谷里，应龙箭步赶上前去，一刀将蚩尤刺死。

　　巨人就这样倒下了，黄帝也觉得蚩尤是个了不起的人物，就厚葬了他。传说蚩尤的兵器落到了地上，化作了一片枫林，每到秋天，漫山遍野像血一样的红，说是蚩尤就

应龙

《山海经·大荒东经》记载："大荒东北隅（yú）中，有山名曰凶犁土丘。应龙处南极，杀蚩尤与夸父，不得复上，故下数旱。旱而为应龙之状，乃得大雨。"传说应龙生有翅膀，能兴云布雨。

死在秋天；又说日明风静的时候，他的坟墓上常常有红色的气体袅袅升起，想来就是这巨人的瑞气。民间十月里还有祭祀蚩尤的习俗。

4-唐尧禅让

尧、舜是我们中华民族有口皆碑的两个贤明君主。帝尧名字又叫放勋，他担当部落联盟最高首领时，做了数不清的好事，他的仁德像天一样的广大，他的智慧就像神灵一样神奇，他对待人就像太阳一样和煦，他富而不骄纵，显贵而不懒惰，他手下的臣民总是看到他在不停地忙碌，戴着黄色的冠冕，穿着黑色的士服，乘着红色的车子，驾着白色的马，威武而又和气。他以仁义治理国家，在他的手上，治理了泛滥咆哮的黄河，确立了历法，就这样忙了几十年。

时间过得真快，一转眼，尧也老了，他渐渐感到力不从心了，而国家还有许多大事要做，他就想物色一个人来接替他。

一天，他把谋臣找来，问道："我老了，不中用了，谁能帮助我治理国家呢？"

大臣放齐说："我看你的儿子丹朱明事达理，可以胜任。"

尧说："不行，不行，这孩子顽劣好斗，不懂事理，不能当此大任。"

兜上前拜道："帝王，我看共工可以重用。"

尧说："我看也不行，这共工就是会玩嘴巴，表面上装得道貌岸然，实际上一肚子坏心眼。"

尧接着说："我选人，不在乎他是不是我的亲信、亲戚，不在乎他的出身，而要看他心地是不是仁

> 前2231年—前2131年
> 传说中的尧帝时期。尧帝首开禅让制，生前就禅位于舜。

TIPS
陶寺遗址
黄河中游地区龙山文化的一种类型，在山西省襄汾县陶寺村周围发现，距今在4300年到3900年之间，是中原地区早期文明的重要代表。陶寺遗址包括城址、王墓、观象台、宫殿、仓储区、手工业区等，有许多专家认为它就是尧帝的都城。

慈，是不是有真才实干，要是有这样的人，不论他出身多卑贱、多贫穷都可以。"

坐在旁边的四方部落的诸侯听到了，就一齐上前说："听您这样说，我们倒觉得有一个人可以。"

尧连忙问是谁，那四人说："有一个叫虞舜的人，他是一个实实在在的贫民，出身低贱，30多岁的人，到现在连个婚都没结成。他母亲早逝，父亲瞽（gǔ）叟双目失明，家里的事全靠他撑持，他以种田捕鱼为生，养活一家人。但是他又非常深明大义，诚恳、简朴、善良、懂礼仪，真是一个不可多得的人才。"尧一听，满心高兴，心里觉得此人也许可以担此大任，就说："我来试试他。"

于是尧就把自己的两个女儿娥皇和女英嫁给舜，舜这时已经30多岁，而娥皇和女英还不到20岁，这既表示对舜的信任，也是为了创造一些机会能够进一步观察他。

舜成亲后，就和二位女子住在贫穷偏僻的妫（guī）水河畔，舜不因娥皇和女英出身高贵就屈从她们，而是教她们纺织，孝敬公婆，尽儿媳的责任。

舜的母亲去世较早，他的父亲瞽叟又改娶了另外一个女子，舜的后母生了一个儿子叫象，这后母心胸褊（biǎn）狭，偏心得厉害，对舜十分蛮横，而象长大以后，也傲慢无礼。舜的后母常常在瞽叟面前唠叨，说舜的坏话，致使瞽叟也不喜欢舜。

舜就在这样的家庭里生活，但是他能恪尽孝道，尊敬父母，对待后母体贴入微，而对于弟弟，他也能宽大为怀，吃苦在前，享乐在后，他成家以后，让他的两个妻子也能关照弟弟，每当弟弟对他的嫂子不礼貌时，他都劝解妻子忍让，一家人就这样和睦地

TIPS

湘妃竹

又名斑竹，产于湖南、江西、浙江等地。竹竿布满褐色、红色的云纹斑点。相传舜巡游南方，病逝于九嶷（yí）山，娥皇、女英因思念舜，抛洒眼泪到竹竿上，上面便呈现出点点泪斑，人们就把它称为"湘妃竹"。

生活着。

尧的两个女儿向父亲报告这一切时,尧从心里喜欢上了舜,这果然是一个知情懂理、深明大义的人。尧又让自己的九个儿子和舜一起生活,看舜是如何处理这些复杂的关系的。

经过一段时间的证明,舜和尧的九个儿子相处得也很好,舜对尧的儿子一点也不迁就,要求非常严格,他们白天一阵来一阵去,到历山上开荒种地,大家相互和和气气。

在尧儿子的眼睛里,舜简直就是一个圣人。他对待人总是非常诚恳、谦让,别人家的田地和舜家相连的,他总是能礼让田界,乡亲们都愿意和他在一起干活。他和许多乡亲在一条叫作雷泽的河里捕鱼,他也能和人们互相谦让;他在黄河沿岸制陶器,总是非常认真,一丝不苟,那些制陶器的人也跟着他学,所以黄河沿岸产的陶器没有一个是粗制滥造的。

由于他的和气为人,他住的地方一年以后变成村落,两年以后就成了城镇,三年以后就成了都市,他成了远近闻名的大善人。

尧知道这一切之后,大喜过望,就奖赏给舜很多东西,有十分名贵的琴、华丽的布料,还给他盖了房子,并且送给他许多牛羊。

这对于舜来说,倒并不是好事。他的后母、父亲瞽叟和弟弟象见到他得到这么多东西,心里早就嫉妒难忍了。他们望着一大堆好东西,嫉妒得眼睛都要流血,他们三个人在一起商量,想杀死舜。他们说干就干,还想好了鬼点子。

一天,瞽叟把舜叫到自己的面前,说:"孩子,

白陶鬶(guī)

龙山文化陶器。出土于山东省泗水县尹家城遗址,高29.2厘米。这是先民用来烧水的容器。龙山文化泛指新石器时代晚期分布在黄河中下游地区的一类文化遗存,距今4500年到距今4000年。1928年,考古学家吴金鼎在山东省济南市历城县龙山镇(今山东省济南市章丘区龙山街道办事处)发现了城子崖遗址,这类以黑陶为主要特征的文化遗存就被命名为"龙山文化"。龙山时代相继出现了城址、祭祀礼仪、青铜礼器、文字等文明要素,是中华文明形成的关键时期。

你看我家的屋顶上的草被风刮走了不少，一下雨屋里肯定要漏水的，趁今天天气好，你上去把它修理好吧。"

舜当然很乐意，就爬上屋顶去忙着修理。哪知这是他们设好的圈套，象在底下，一看时机成熟，就点了一把火，把屋子烧着了。顿时，火光冲天，舜被烟呛得睁不开眼睛，大火就在他的脚下燃烧，那三个坏心眼的人站在老远的地方，心里暗暗地笑，这小子这下可完了。

但是舜大难不死，他拿着屋顶上的两个斗笠，纵身跳了下来，一点儿也没摔伤。

这三个人一计未成，又施一计，瞽叟对舜说，家里门口的一口井干了，需要人下去重新挖，就叫舜下井去。舜还是很乐意地下去了，娥皇和女英拿了一把斧子给自己的丈夫，嘱咐他小心。

舜知道他们居心不良，他刚来到井底，就先挖了一个洞。象和瞽叟以及舜的后母知道舜已经到了井底，看时机已到，就一起将土和石头往井里填，忙了半天，向井底下看了看，土石已经将井填了大半，以为舜被压死了，就高兴地走了。

他们来到舜的屋子里，有的要衣服，有的要牛羊，而象除了这些之外，还要舜的两个妻子：娥皇和女英。

瞽叟和他们争了起来，这老头说："我是出谋划策的，理应大量的东西归我。"象说："我出的力气最大，我应该分的东西最多。"就这样你争我夺，半天都没有分好。

正在他们争吵之际，从外屋走来一个人，他不是别人，正是舜。他们还以为是舜的魂灵，其实舜根本就没有死，他在井里挖了一个洞，这个洞通向旁边的一口枯井，当他们三人在上面往下推土石的时候，舜躲到了那洞里，待他们离开走远了，就从另外一口井里爬了出来。

他们知道舜还活着，一个个涨得满脸通红，他们都害怕舜以后会报仇，但是舜根本没把这事放在心上，还是像往常一样和蔼地对待他们，仍然孝顺父母，对弟弟格外关心。

尧知道这些情况之后，认为舜确实是一个不可多得的贤良之人，就委派他做更多的行政管理工作。舜上任之后，恪尽职守，做事极有分寸，对人和如春风，尧交给他的事他都能完满地做好。

他非常注意任用人才，从前高阳氏有八个儿子，个个从善如流，当时人都称他们为"八恺（kǎi）"；高辛氏也有八个儿子，为人也很好，当时人称他们为"八元"，舜就任用了这16位善人，帮助管理地方事务，他们一个个都干得很出色。尧在位70年而得到舜，又过了20年，经过反复观察，知道舜完全可以带领人民过上安宁日子，就自己退了下来，把帝位让给了舜，这就是历史上著名的尧舜禅让的故事。尧退位28年以后而寿终，老百姓就像死了自己的父母一样伤心。从此以后，舜继承了尧的事业，把国家治理得越来越好。

舜登上帝位之后，驾着车子去朝见自己的父亲瞽叟，他来到父亲的面前，扑通跪倒，感谢父亲养育之恩，最后把这位心地不善的老头也感动得热泪盈眶；他又封弟弟象为诸侯，也感化了这个异母弟弟。

TIPS
巢父、许由

传说巢父是上古时期一位高人，筑巢而居，尧以天下让之，他不接受，隐居于深山之中（据说其地在今山东聊城一带），人称巢父。许由是尧舜时代的一位隐士，居于颍（yǐng）水之畔，尧曾想将帝位传给他，他藏于深山大泽中而不受。

尧舜禅让

禅让制是以传贤为宗旨的部落联盟首领传袭制度，这是上古部族政治激烈角力的结果，这样各大部族代表人物就都有了分享最高权力的机会，首领的贤明也保证了部落联盟的良性发展。传说尧帝年老时，经民主推举和长期考察，确认舜才德出众，于是传位于舜。左图是汉画像石中汉人想象的尧舜禅让场景。

5-舜除四凶

舜掌管朝政的时候，四方诸侯莫不诚心归顺，天下之人莫不从善如流，但就在这盛明之时，却有四个无恶不作的坏人，横行乡里，欺压百姓，凶残毒辣，左左右右的人无不怕他们。当时人们把他们称为"四凶"。一批又一批的人来报告他们的罪恶行径。舜感觉到不治治这些凶恶的家伙，国家就不得太平。于是就想法子来降服他们。

话说这"四凶"，一个叫驩兜（huān dōu），是帝鸿氏的儿子，这家伙恶行昭彰，是个骗子，专喜欢说别人的坏话，把自己打扮成一个正人君子，其实他诡计多端，处理起事来心狠手毒，当时人就把他叫作"浑沌"。说起这外号，神话传说中对这个人有很多记载。浑沌是历史上少有的坏人，他长得特别丑，一身红色的毛，四只脚，走起路来，别提有多丑了，人长得就像一条狗，摇来摇去的，舌头还往外面直吐。有的人说他有肚子但没有心、肝、肚、肺，有眼睛但是看不见东西，有耳朵但也只是一个摆设，一点声音也听不到。他和那些坏人在一起时好得很，臭味相投，串通一气干坏事；但是他一遇到好人，反而觉得不自在，就想尽法子和他们作对。他的名字叫"浑沌"，倒很贴切，他糊里糊涂，正像天地浑沌未开的样子。

另一个叫共工，是一个地道的无赖，心胸狭隘，妒贤嫉能，陷害忠良，滥杀无辜。由于他的出身，大臣们曾经推举他做一些事，他不但什么事也没做成，反而坏了大事。所以当时人们就叫他为"穷奇"。其实这"穷奇"本来是一只野兽，它的形状就像一头

> 前2128年—前2080年
>
> 传说中的舜帝时期。舜帝死时禅位于禹。

牛，叫起来"汪汪"的，活活就像一条狗，身上长着很多毛，一根根站着，就像刺猬一样，还长着两个翅膀。它就喜欢吃人，它吃人先是一口将人的头咬掉，然后再慢慢地吃，但是它也不是什么人都吃，但凡是好人，它一遇到就会张口将其吃掉，要是遇到坏人，它不但不吃，而且还会把自己捕到的小野兽送给他们。人们把共工比作"穷奇"，可见人们对共工的态度。

还有一个坏家伙叫鲧，他是颛顼的儿子，说起他的为人，左左右右没有不摇头的。他这人性格暴烈，自己尽情地做坏事，从不听任何人的劝告，遇到自己不顺心的事，总是大打出手，人们就给他起个名字，叫作"梼杌（táo wù）"。这本来也不是人的名字，它是西北黄土高原上一种怪兽，它的形状就像老虎，但是它身上的毛有点像狗的毛，头像人，腿像虎，牙像猪，尾巴有一丈八尺，它在山上的树丛中乱跑，扫动着尾巴，能把树木都卷倒。它是个害人精，人们就用它来比喻鲧。鲧不但坏事做绝，而且又喜欢出风头，总是去争着要事做，但是他没一件事能做好。

再一个就是三苗，他是缙（jìn）云氏的儿子，这三苗在长江、淮河、荆州一带为非作歹，干尽了丧尽天良的坏事。他非常好吃，食量又大，所以他经常去抢夺钱财，如果稍有违抗，他就会把人打死。他积累了很多钱财，但是他还是感到不够，贪得无厌，所以当地的人就叫他"饕餮（tāo tiè）"。给他起这个名字也是有来由的。饕餮是一个专门图人钱财的怪人，住在西南方的山上，他头上戴着猪头帽，身上长着许多毛，贪婪凶狠，积财而不用，喜欢夺人家的谷物，尤其喜欢欺负老弱病残，专门袭击单个人。三苗看起来十分像这个怪人。

这四个坏人对人们危害太大，舜将他们的情况调查清楚以后，就采取了果断措施，派了许多精兵强将，分头去捉拿这四个坏蛋。别看这四个人平时很凶，但是一看到大兵压境，一个个吓得东窜西逃，最

山形玉饰

这是良渚文化的玉器。1987年出土于浙江余杭瑶山7号墓，高4.8厘米，宽8.5厘米。现藏于中国国家博物馆。

后都被捉到京都。

舜和别人不同的是，不论遇到什么样的人，他都不是一棍子将人打死，不在于在肉体上消灭他们，而是要在精神上感化他们，对待这四个人也是如此。舜并没有杀了他们，而是让他们将功折过，派他们到边疆去看守国门，将共工发配到幽陵，去抵御北方的夷狄之族；将驩兜发配到崇山，去对付南蛮之人；将鲧充军到羽山，让他去同化东夷；将三苗放逐到三危，让他去抵御西戎，四个人都干得尽心尽力。

从此，国家再也没有凶残的人来捣乱了，而国家的四面边疆也安定了。大家都感谢舜治国有方。

6-大禹治水

大禹，他的名字叫文命。禹的父亲是鲧，算起来，他还是黄帝的后代。他是我国古代最有名的治水英雄。

> 前2079年—前2071年
> 传说中的禹帝时期。

当尧还在世的时候，中原地带洪水泛滥，无边无际，淹没了庄稼，淹没了山陵，淹没了人们的房屋，人民流离失所，很多人只得背井离乡，水患给人们带来了无边的灾难。在这种情况之下，尧决心要消灭水患，于是就开始访求能治理洪水的人。

一天，他把手下的大臣找到身边，对他们说："各位大臣，如今水患当头，人们受尽了苦难，必须要把这大水治住，你们看谁能来当此大任呢？"

于是群臣和各部落的首领都推举鲧。尧素来觉得鲧这个人不可信，但眼下又没有更合适的人选，于是就暂且将治水的任务委任给鲧。

鲧治水治了九年，大水还是没有消退，鲧不但毫无办法，而且消极怠工，拿国家这一艰巨的任务当儿戏。后来舜开始操理朝政，他所碰到的首要问题也是治水，他首先革去了鲧的职务，将他流放到羽山，后来鲧就死在那里。

舜又征求大臣们的意见，看谁能治退这水，大臣们推荐禹，他们说："禹虽然是鲧的儿子，但是比他的父亲德行能力都强多了，这个人为人谦逊，待人有礼，做事认认真真，生活也非常简朴。"舜并不因他是鲧的儿子而轻视他，而是很快把治水的大任交给了他。

大禹实在是一个贤良的人，他并不因舜处罚了他的父亲就嫉恨在心，而是欣然接受了这一任务。他暗暗下定决心："我的父亲因为没有治好水而给人们带来了苦难，我一定要努力再努力。"

但是他知道，这是一项多么重大的职责啊！他哪里敢懈怠分毫。考虑到这一特殊的任务，舜又派伯益和后稷两位贤臣和他一道，协助他的工作。

当时，大禹刚刚结婚四天，他的妻子涂山氏是一位贤惠的女人，同意丈夫前去，大禹洒泪和自己的恩爱妻子告别，就踏上了征程。

禹带领着伯益、后稷和一批助手，跋山涉水，风餐露宿，走遍了当时中原大地的山山水水，连穷乡僻壤，人迹罕至的地方都留下了他们的足迹。大禹感到自己的父亲因没有完成治水的大业而空留遗憾，在他的手上这项任务一定要完成。他沿途看到无数的人们都在洪水中挣扎，他一次次在那些流离失所的人们面前流下了自己的清泪，而一提到治水的事，相识的和不相识的人都会向他献上最珍贵的东西，当然他不会收下这些东西，但是他感到人们的情意实在太浓太浓了，这也倍增了他的决心和信心。

TIPS

后稷

传说中的周人始祖，姓姬，名弃。传说他在舜帝时为农官，善种谷物稼穑，教民农耕。据说他是最早种稷和麦的人。《诗经·大雅·生民》中记载了他的事迹。

大禹左手拿着准绳,右手拿着规矩,走到哪里就量到哪里。他吸取了父亲采用堵截方法治水的教训,发明了一种疏导治水的新方法,其要点就是疏通水道,使水能够顺利地东流入海。大禹每发现一个地方需要治理,就到各个部落去发动群众来施工,每当水利工程开始的时候,他都和人们在一起劳动,吃在工地,睡在工地,挖山掘石,披星戴月地干。

大禹治水图

这是山东嘉祥武氏祠东汉画像石拓片。画面上的大禹头戴斗笠、手持耒耜(lěi sì),和文献记载的大禹治水的形象相符。左侧文字为:"夏禹长于地理,脉泉知阴,随时设防,退为肉刑。"大禹治水13年,终于驯服洪水,让百姓安居乐业。舜因其功大,传位于他。

他生活简朴,住在很矮的茅草小屋子里,吃得比一般百姓还要差。但是在水利工程上他又是最肯花钱的,每当治理一处水患而缺少钱财时,他都亲自去征取。

他治水三过家门而不入。有一次他治水路过自己的家,听到小孩的哭声,那是他的妻子涂山氏刚给他生了一个儿子,他多么想回去亲眼看一看自己的妻子和孩子,但是他一想到治水任务艰巨,只得向家中那茅屋行了一个大礼,眼里噙着泪水,骑马飞奔而过了。

大禹根据山川地理情况,将中国分为九个州,就是:冀州、青州、徐州、兖(yǎn)州、扬州、梁州、豫州、雍州、荆州。他的治水方法是把整个中国的山山水水当作一个整体来治理,他先治理九州的土地,该疏通的疏通,该平整的平整,使得大量的地方变成肥沃的土地。

然后他治理山,经他治理的山有岐山、荆山、雷首山、太岳山、太行山、王屋山、常山、砥柱山、碣石山、太华山、大别山等,就是要疏通水道,使得水能够顺利往下流去,不至于堵塞水路。山路治理好了以后,他就开始理通水脉,长江以北的大多数河流都留下了他治理的痕迹。

他治水讲究的是智慧,如治理黄河上游的龙门山就是如此。龙门山在梁山的北面，大禹将黄河水从甘肃的积石山引出，水被疏导到梁山时，被龙门山挡住了，过不去。

大禹察看了地形，觉得这地方非得凿开不可。但是偌大一个龙门山又如何凿开是好？大禹选择了一个最省工省力的地方，只开了一个80步宽的口子，就将水引了过去。因为龙门太高了，许多逆水而上的鱼到了这里，就游不过去了。许多鱼拼命地往上跳，但是只有极少数的鱼能够跳过去，这就是我们后人所说的"鲤鱼跳龙门"，据说只要能跳过龙门，鱼马上就变成了一条龙在空中飞舞。

大禹治水一共花了13年的时间，正是在他的治理下，咆哮的河水失去了往日的凶恶，驯驯服服地平缓地向东流去，昔日被水淹没的山陵露出了峥嵘（zhēng róng），农田变成了粮仓，人们又能筑室而居，过上幸福富足的生活。

后人感念他的功绩，为他修庙筑殿，尊他为"禹神"，我们的整个中国也被称为"禹域"，也就是说，这里是大禹曾经治理过的地方。

夏 商 西 周

夏朝是中华大地上有文献记载的第一个世袭制朝代，大约自公元前21世纪开始，到公元前16世纪止，前后经历了500多年。这一时期处于新石器时代的晚期和青铜时代的早期，生产方式渐趋复杂，社会交流区域得到拓展，青铜和玉制礼器的制作已经有较高水平，社会文明发展到一定阶段。夏朝也是我国奴隶制时代的发端。

这个时期的重要特点，是世袭制度的建立。禹将王位传给他的儿子启，从此中国社会步入了漫长的父传子的社会制度中，前后一直延续近4000年，这种以家为天下的社会特征，铸就了中国社会独特的文明，社会的进步、文化的发展、物质生活的方方面面，都受到这一制度的影响。夏朝前后一共经过了14代，共有17位帝王。其国土涵盖今天的河北、河南、山东、山西、湖北等区域，其中以河南偃（yǎn）师、登封、新密、禹州一带为地理中心。这个时代有少康可歌可泣的中兴功业，也有暴戾（lì）无度的夏桀（jié）的恶行。历史是一面镜子，读之使人增长知识，读后更使人明白事理。

商朝大约从公元前1600年开始，到公元前1046年结束，前后也经历500多年。商人的始祖契（qì），帮助大禹治水有功而受封于商，商代之名由此得来。契的第十四代孙商汤灭夏后，建立商朝，都城在亳（bó，今河南商丘）。盘庚时，迁都到殷（今河南安阳），所以今天我们谈到这个朝代时，又有"殷商"的说法。

商朝处于奴隶社会的全盛时期，国家设立了庞大的官僚机构，并有强大的军队。在治理国家方面，仁政思想开始有一定地位，像伊尹，就是中国历史上可知的第一个贤相，他以做饭来比喻治国，推行仁政，辅佐汤成就一代大业。而中国历史上有名的暴君商纣（zhòu）王，无限地放纵欲望，漠视生命，视国家治理为儿戏，宠幸妲（dá）己，将国家推向灭亡的边缘。这个时期有了成熟的文字，出土的大量甲骨文记载了那个时期的丰富历史。甲骨文是今天所知的汉字的最早形态。汉字一经产生，一直延续到今天，它是目前世界上唯一还在使用的上古时代留传下来的文字系统。

孔子说："郁郁乎文哉，吾从周！"西周时期创造了灿烂的文明，周文王、周武王是西周文明的缔造者，深刻影响后代思想的《周易》据说就出自周文王之手，他在早期流传的八卦符号基础上完成了这部经典的早期形态。西周定都于镐（hào）京和丰京（均在今陕西西安境内）。自公元前1046年开始，到公元前770年周平王东迁洛阳止，经历了11代，前后共有12位君主。

周人的始祖来源于姬姓部族，源出于后稷，周人尊崇后稷，视其为农神，所以这个朝代的突出特点是重视农业，中国农业文明的很多重要特征在这个朝代大体形成。西周经历了分封诸侯、周公东征、成康之治、宣王中兴等一系列重大事件和重要时期，它不仅创造了灿烂的物质文化，在制度文化建设中也创造了影响华夏文明的法式，礼乐文化传统就是在西周时成型的，对后代产生了深远影响。传统的儒家思想的根系，也扎根在这个时期。

7-夏宫之乱

> **约前2070年**
> 禹死,其子启即位,夏朝建立。王位禅让制被世袭制所取代。

大禹临终,把王位交给了伯益,伯益和他是相依为命的朋友,在大禹治水的过程中发挥了重要作用。但是后来伯益觉得大禹的儿子启做王也许比自己更合适,就自己躲到箕山之上,将王位让给了启。

启就是大禹治水过程中涂山氏为他生的那个儿子。夏启也能继承他父亲的功德,尽心操理朝政。当时有一方诸侯叫有扈(hù)氏,他认为启不应该被立为王,就不听他的命令,而且公开违抗。启不得不出兵去征伐,于是与有扈氏大战于甘这个地方。

在作战之前,启写了一篇《甘誓》,以表示自己的决心。最后经过激烈的战斗,他终于战胜了有扈氏,使得天下的诸侯都来朝拜。

启去世后,就立他的儿子太康为王。但太康并不是个好人,他终日沉湎于酒色之中,不理朝政,治国不遵法度,赏罚不明,他手下的大臣和他一样,也个个是酒色之徒。国势一天比一天衰落,朝纲松弛,诸侯不服,朝廷的命令没有人听,有些诸侯野心勃勃,就想篡夺朝廷大权。

太康的五个儿子在这种情况下,痛苦地离开了自己的国家,到别的国家避难去了。临行时,他们一边流着泪水,一边唱着歌,这就是后来流传的《五子之歌》。

当时诸侯国中有一个国家叫有穷国,有穷国国君叫后羿(yì),这后羿就是历史上传说的那位精于射箭的人。传说他5岁的时候和父母一道到山间去玩,后来走失在山上,他一个人在深山里长大。

羿射十日图

河南南阳出土汉画像石。传说古代有一次十日同出，天下大旱，民不聊生。神射手后羿射杀九日，拯救了黎民。

　　由于他日日在山间攀缘，手臂长得像长臂猿一般，身体灵巧得也像只猴子。他为了生存，就学习射鸟捕兽，这样年复一年，日复一日，他的射箭技术精湛无比，成了中国历史上有名的射箭之王。20岁以后他下了山，凭着他勇猛过人的胆略和盖世无双的射技，很快成了一方诸侯。

　　夏的朝政松弛之际，正是后羿全胜之时，后羿迁往穷石，后来在这个地方建立都城。但是后羿也只是个粗鲁无文之辈，只懂射箭，对于治理国家却毫无办法，他手下有一批很能干的人，如武罗、伯因、熊髡（kūn）等，但这些人后羿渐渐都不予重用。

　　他不重用好人，却非常重用手下的一些小人，那些小人可就得势了，这其中有一个人就是寒浞（zhuó）。

　　寒浞专门喜欢在背后进谗言，惯于使奸计。对待后羿，他采取的战略是，对方喜欢什么，他就说什么，古书上说他"行媚于内而施赂于外，愚弄其民而虞羿于田"。就是这个人，日后坏了后羿的大事。

　　后羿和寒浞都想篡夺夏室，当太康王整日不理朝政之时，他们就在找机会攻打夏室。有一次，他们打听到太康到远处打猎，立即起兵，从几路出发，攻打夏都，并且派兵埋伏在太康回来必经的路上。后羿率领大兵占领了毫无防备的都城，他们在城里烧杀抢掠，无恶不作。

　　太康带领一批人打猎回来，一路上兴高采烈，手下人提着许多打到的猎物，太康坐在车上，还拥着两个歌女。他们走到一条山路上，静无声息，突然间，在树林里、草地间站起了无数的人，一个个手执弓箭，太康知道大事不好，连忙派人到前面抵挡，自己驾着车子，偷偷地从小路上溜走了。

　　就这样，太康手下的人死伤无数，太康自己只得流落他乡，后来也就郁郁而死了。

> 前2056年
夏太康为东夷有穷氏首领后羿所逐，夏祀（sì）中断了数十年。

后羿夺取政权以后，对治理国家是一点也不感兴趣，他所感兴趣的只有两件事：第一件事是射箭，他的手下聚集了无数会射箭的人，他任用人只有一个标准，就是看他是不是会射箭；第二件事就是尽情地享乐，整天不是和女人混在一起，就是喝酒，出去打猎，这样时间长了，国家的事也就被他荒废了。

寒浞这个人是坏心不改，他看到后羿到了夏官，得到了那么多好东西，自己的嫉妒心情就油然而生，后羿是个大粗人，要想算计他非常容易。一次，后羿喝醉了酒，寒浞感到时机已到，就一刀将后羿杀死了。寒浞篡夺了王位，霸占了后羿的妻子，还将后羿在锅里煮熟了，叫后羿的儿子吃，后羿的儿子不吃，寒浞就杀死了他。

后来，寒浞和后羿的妻子生了两个儿子，一个叫浇（ào），一个叫豷（yì），寒浞这时拥有了一切，别提有多高兴了。

但是他也有一个忧虑，这就是太康的后代帝相，这帝相是个十分能干的人，品德高尚，很得人心，寒浞感到帝相只要还在世，说不定哪天要出事。

当时帝相正躲在斟灌国，斟灌国君对他很好，斟灌国附近还有个小国家叫斟寻国，它和斟灌国是同姓诸侯，所以也对帝相很好，他们给他提供很好的物质条件，而且还为他招兵买马，以图有朝一日重振国威。

寒浞知道帝相的所在之后，就派自己的两个儿子浇和豷去攻打这两个国家。浇和豷在寒浞的训练下武艺高强，骁勇无比，而斟灌国和斟寻国又非常小，哪里是他们的对手。浇和豷采取各个击破的方法，先攻打斟灌，由浇担当先锋。浇不但勇敢非常，同时也从

TIPS

嫦娥奔月

传说西王母赐后羿长生不老之药，后羿将其交给妻子嫦娥保管。一年八月十五月夜，皓月当空，后羿徒弟逢蒙趁后羿不在家，忽然出现，逼嫦娥交出仙药。嫦娥无奈吞下仙药，于是向天上飞去，后停在离地球最近的月亮上，从此长居月亮上的广寒宫。

他的父亲那里学到了一套用心计的办法，足智多谋。他用一半兵力去与斟灌的部队正面交战，又分一半的兵力绕到城的背后，攻打城池，不消半个时辰，斟灌的兵将就被打得大败。

他们杀死了斟灌国君的全家，在全城寻找，但是并没有帝相的踪迹。原来斟灌国君知道这次寒浞用兵不是针对他的，而是针对正在他们国家的帝相，所以在浇的大军还没有到来之前，就让帝相到斟寻国去躲避一阵子。

老谋深算的浇知道帝相不在斟灌，一定是逃到斟寻国去了，于是又乘胜举兵直取斟寻。这次，浇想，斟寻国君知道我们攻打斟灌，一定会早有防备，不能强取，只能智攻，所以就采用夜袭的方法，结果斟寻国也被灭了。但是帝相还是没有被捉到。原来帝相这时候正带着一家老小奔跑在路上！

帝相后来到帝丘去了，就是今天的河南濮（pú）阳。浇找不到帝相，也不急，就暗暗地派人去查访，后来他打听到帝相就在帝丘，就选择了一个拂晓突然袭击帝相。

一天早晨，天蒙蒙亮，浇率领几千精锐部队冲进了帝丘城内，城内的人都还在睡觉，浇的人马见人就杀，一时间城中大乱，哭声四起。帝相还没起床，听到外面的声音，从床上翻身下来，浇的大队人马这时已经来到了他的眼前，他自知再也逃脱不了，就拔出大刀，自刎（wěn）身亡。

身怀有孕的帝相的妻子后缗（mín），慌忙中逃到了后院，这时浇的兵已经在前边搜查，院墙很高，后缗也爬不上去，她忽然看到院墙的下边有一个洞，这洞平时是供狗出入的，后缗也顾不得这些，就从狗洞里爬出，从而免了一死。

夏的江山到这时真的是奄奄一息了。

8-少康中兴

真是天无绝人之路，就是这从狗洞里得以逃生的一个妇人，给夏朝的复兴带来了真正的希望。

后缗从帝丘逃了出来，历尽千辛万苦，渴了就喝河里的水，饿了就吃地上的草，腆（tiǎn）着个大肚子，忍受了常人难以想象的痛苦，终于有一天，

> 前1975年
>
> 帝相之子少康统部落联盟击败寒浞，恢复了夏朝。

她来到了她的娘家有仍国。

有仍国国君有一天上午出门，看到一个妇人摔倒在自己家门前，这妇人蓬头垢面，衣衫褴褛（lán lǚ）。老人赶快叫人来将她扶起，这时妇人已经昏迷了。宫女们将其抬到后宫里清洗干净，换上了衣服，给她喝了水。

一会儿她苏醒了，就哭了起来，喊着要见其父亲。

宫女们都不知她的父亲是谁，就去请来国君。国君一看，一把抱住那女人，大哭一声："我的可怜的女儿！"

后缗于是就把自己所经历的一切都告诉了父亲，有仍国君就把她安顿在后宫里，不让任何人知道她的真实情况。

过了几个月之后，后缗生了一个男孩，取名为少康。少康从小就在有仍国宫廷里受到了良好的教育，有仍国王从三个方面精心培育这夏朝的王子：一是让他接受文化方面的教育；二是让他习武；三是让他学习治国安邦的策略。

在这样的环境中，少康成长起来了。到了十几岁时，他知书达礼，才华出众。到了20岁时，少康已出落成一个十分标致的小伙子，有仍国君就让他参与管理一些朝政方面的事，以备日后之用。

话说寒浞自从派浇杀了帝相之后，自认为后患已除，可以高枕无忧了，就重重地赏了浇和豷，封他俩各为一方诸侯。他们都吃喝玩乐，当时在中原地带，他们也没有敌手，所以很是过了几年安稳日子。

玉钺（yuè）

良渚文化器物。1987年出土于浙江余杭瑶山8号墓，长16.3厘米，宽13厘米。现藏中国国家博物馆。钺为中国古代的权杖性兵器。

不知道什么人走漏了风声，说是夏朝还没有真正的灭亡，帝相还有一个后代在有仍国。寒浞听到这个消息后，无异于晴天霹雳，当即就和两个儿子商量着如何去除掉这个心腹大患。

寒浞的大兵很快就去攻打有仍国，有仍国君和后缗、少康在一起商量，少康知道有仍国可能要大祸临头了，这祸殃（yāng）就是自己带来的，心里非常难过，说："外公，他们要的就是我，不如把我交出去吧。"

他的外公当然不会这样做，最后硬是要少康逃走。少康含泪告别了自己的母亲和外公，逃去他乡。

寒浞的大兵打到了宫殿门口，让有仍国君交出少康来，有仍国君不慌不忙地走出来，说："什么少康，我根本不知道有这样一个人。"

浇令人进去搜查，找了半天还是没有找到。浇就残忍地杀害了有仍国君和少康的母亲。

少康逃到了虞国，这虞国国君是舜的后代，也痛恨寒浞的为人，就收留了他。虞国国君看到少康不但仪表堂堂，而且非常懂礼貌，说话很有分寸，从心里喜欢上这个后生，就把自己的女儿许配给了他。

虞国国君见少康做事有方，就分了一块土地给他，于是少康就在这块土地上精心准备构建他的复国大业。他招贤纳士，四方人士都来投奔他。

一天，来了一个叫靡的人。少康问来者是谁，那人痛哭着诉说了自己的经历。他本是夏王太康手下的一个谋士，当后羿杀害太康的时候，他逃离夏都，来到一个小国，在那里隐姓埋名，一过就是几十年。他听到夏朝的一个个后人被杀害，本以为复国再无可能，后来他听说夏还有一个后代少康在，所以特来投奔。

这靡虽然已经老了，但是他那颗智慧的心还非常年轻。他和少康一起共谋大事，组织人马，商量着攻打寒浞的行动。一天，他们感觉到时机已成熟，就起兵攻打寒浞。

他们的兵马打到了寒浞的城下，城门突然大开，少康和靡以为这其中有诈，其实这正是寒浞手下的人所干的，因为他们太痛恨寒浞的统治了，一听到少康的兵马打到，就打开城门相迎。

少康的兵马长驱直入，打到了寒浞的宫门口，这时候，寒浞还正在和几个宫女淫乐，少康的兵冲了进去，活捉了寒浞。

那天杀寒浞的时候，真是全城的一件大喜事，大家争相来看这恶魔的末日。少康乘胜追击，派大将女艾去攻打浇，浇这时也正在他的领地上取乐，对少康的大军全无防备。

那天浇去外面打猎，女艾就让士兵们扮成猎人，带着一群猎狗来到了猎场。浇来到了那里感到很奇怪，怎么今天这么多人都来打猎，还没等他想明白，士兵们就将猎狗全部放出，将浇活活地咬死。

少康又派自己的儿子杼去收拾豷，杼没费多大力气就把这个杀人魔王结果了。

少康除了这些祸害，真像拨云雾而见青天，人们欢呼雀跃，一致拥戴少康为王。少康做了国王之后，励精图治，国家很快就恢复了往日的活力，他在位21年，国力昌盛，夏朝到了他的手里终于恢复了元气。

9-暴虐的夏桀

> 约前1653年—前1600年
> 夏桀在位。他是历史上有名的暴君，荒淫残暴。

少康以后，夏朝的江山的确稳固了一段时间，但是好景不长，到了孔甲当王的时候，他又重新犯了他的祖先曾经犯过的毛病，整天荒淫无度，而且孔甲还特别迷信，所以搞得诸侯大都不听朝廷的话。

就这样，夏朝的江山颠颠簸簸，延续了一段时间，到了履癸（lǚ guǐ）的时候，江山已经摇摇欲坠。这履癸就是夏朝的最后一个国君桀。

桀是历史上一个著名的暴君，他这个人长得粗野无比，而且力大超人，却胸无点墨，就是这样一个人当上了夏朝的君王。桀整天不思国家大事，而是想着自己怎样享乐。

他能喝酒，所以宫廷里日日酒宴不断，那些能喝酒的人得到了重用；他又十分喜欢女色，派了许多大臣在全国选美女，这些美女都被选来供他享受。

诸侯们也摸到这位大王的习性，就常常送些美女来，每当这个时候，桀总会封官许愿。那些周围的小国家自知不是夏的对手，也常常会用美女来搪塞。

有一次，桀攻打有施国，眼看着有施国的城池就要丢了，这时，有施国中的一个大臣向国王提出一个建议，给桀送一个美女，也许可以退兵。

有施国王听从了他的话，将国中最漂亮的妹喜献给桀。桀一看妹喜，心想，真是绝代佳人，我到现在还没有见过这样漂亮的女人，当即就带着将士们回宫，打仗的事早已忘到九霄云外了。有施国以一女而保了平安。

桀自从得了妹喜之后，整天和她厮守在一起，对她百般宠爱，招徕国内最优秀的工匠，为她建了一座宫殿。这座宫殿是当时京城的最高建筑，高耸入云，似乎要倒下了，人们就给它起了个名字，叫倾宫。

倾宫的内部装潢也华丽无比，用白玉雕成楼栏，以锦绣铺地，用象牙镶嵌在宫殿的走廊里，他就在这样的地方和妹喜嬉戏游乐，欣赏歌舞。大臣们要进宫报告事情，一律被挡在宫外。

他还别出心裁，在倾宫的边上挖了一条河，河里全部注满了酒，他把它叫作酒池，在酒池旁边还垒了一座山，这山可不是平常的土石垒成的，它是完全靠肉堆积而成的，他又叫这座山为肉山。

他和妹喜两人驾着小船，荡漾在酒池之中，欣赏两边的肉山肉色，听着周围的丝竹管弦，真是乐胜天仙。

但是宫廷之外又是如何呢？老百姓都挣扎在水深火热之中，桀夺走了人民的口中食，掠走了人民的身上衣，无数的财富都填进了这个暴君的欲望之口，而这个暴君杀人如儿戏，老百姓又是敢怒而不敢

夏桀骑人辇图

山东嘉祥武氏祠东汉画像石拓片。图画描绘了夏桀骑压在跪地的二人身上，以人体为车辇，反映了夏桀的残暴无道。

言。人民实在是无路可走，有的人对着太阳指桑骂槐道："你这个可恶的太阳什么时候完蛋啊，我真愿意和你一道灭亡！"

这时，在黄河下游，有一个诸侯国渐渐地发展起来了，这就是商。商的国君叫汤，汤贤良无比，他以仁义治国，以礼貌待人，百姓都说遇到了一个明君，周围的诸侯国也都和它相处和睦。

有一件事最能说明汤的善良，有一次，他看见一个人四面张着罗网，跪在地下祈祷说："天上和地上的猎物，都快快进我的罗网。"

汤听后走到那人的面前，说："你的意思不就是一网打尽吗？"

那人点头称是，于是汤就命令他重新祈祷，让他说："想往左的，就往左；想往右的，就往右；不听从命令的，才进入我的罗网。"

桀有一天知道有一个诸侯王居然比自己贤良，而且大多数诸侯都听他的，这下害怕了，就命令人赶快把汤抓来，囚禁在夏台，就是今天河南禹州这个地方。大臣伊尹这时正在辅佐汤，见到商国无君，心急如焚，就生了一计，派人到国内去广搜财宝，挑选美女，派了一个巧舌如簧的使者到夏都去。

那使者到了夏都，用许多金银财宝买通了桀的一个佞臣赵梁。赵梁一见到这些财宝，马上就心动了，答应引见。第二天赵梁带着这个使者来到桀的面前，向他呈献上一队美女，外加上许多金银财宝，于是桀就把汤给放了。

汤一回到自己的国家，就着手准备灭夏。他收罗人马，训练军队，准备粮草，打通各个诸侯国的关节，尽力形成一种共同讨伐桀的态势。

但是当时有一个诸侯国不听从汤的建议，而且明显要跟汤作对，所以汤就选择了这个小国先下手。

这个诸侯国叫葛国，它的国君不理朝政，也不祭祀祖先和天地。汤就派人去问起这事，葛国国君说："我们国家小，没有牛羊，无法祭祀。"

汤就派人送去牛羊，但是葛国的国君把它们都吃了。汤派人去询问这件事，葛国国君却把那人杀了。

这下汤可生气了，他要攻打葛国的由头也找到了，便立即起兵，去攻打葛国。葛国哪是商的对手，一交火，小小的葛国就被打败了。

汤利用各种不同的借口，先后灭了豕（shǐ）韦、顾等小国，这时汤的国力就更加强大了，具备了和夏分庭抗礼的能力。当时，在商的周围，还有一个诸侯国叫昆吾,它的力量强大,公开地和夏作对,而且也不把商放在眼里,于是汤就发兵去攻打昆吾,汤亲自拿着大斧指挥部队,后来灭了昆吾。

在讨伐桀之前,汤做了一些试探性的事,伊尹给汤献上一计,要汤不给夏进贡,看看桀到底会怎样反应。这一年他们没有像往年一样向夏进贡大量的物品,桀知道此事后,以为汤要造反,马上要派大军攻打汤。这正给早就准备灭夏的汤提供了机会。

汤动员自己的所有力量讨伐桀,出兵前,举行了誓师大会,汤作了一篇《汤誓》,在大会上宣读,汤说:"众兵士,我不是发动兵乱,而是因为夏桀的罪太多了,现在上天命令我去惩罚他,希望大家和我一道去。"

在众人的一片欢呼声中,汤的大军浩浩荡荡地向夏都开去。

汤和桀的军队在鸣条这个地方相遇,其地在今天河南封丘以东,夏桀大败。于是桀带着妹喜和金银

> **TIPS**
> **《尚书》**
>
> 儒家经典之一,先秦时期一本重要著作,汇集了上古时期许多重要历史文献,记载了早期中华民族重要的历史事件。《尚书》可分为《虞书》《夏书》《商书》《周书》四部分,文字艰深古奥,《汤誓》就是《商书》中的一篇。

嵌绿松石饕餮纹铜牌饰

夏代铜器。1981年出土于河南偃师二里头遗址,长14.2厘米,宽9.8厘米。牌饰为青铜衬底,表面用数百块不同形状的绿松石片铺嵌成饕餮纹图案。这是目前发现的最早、最精美的镶嵌铜器,现藏于河南博物馆。

财宝一起向南方逃去。汤乘胜攻打了偏向夏的一个小国，最后也大获全胜。

桀带领人马一直逃到南巢，就是今天安徽巢湖以西这个地方。汤的大军也追到那里，最后将桀生擒活捉。

汤并没有杀了桀，而是把他囚禁在南巢这个地方。被囚禁的桀后悔道："当初我真应该把那个反贼汤杀掉。"

但是他的后悔已经晚了，汤并没有死，后来建立了延续数百年的商朝，而夏桀本人在这个放逐地不到三年就死了。

10-识味的伊尹

汤之所以后来能够消灭夏桀，在于他有一个足智多谋的大臣，这人就是伊尹。伊尹又叫伊挚，他是中国历史上出名的贤相。

关于他的出生，有许多传说。有一种说法，说伊尹的母亲怀他的时候，梦见一位神女在梦中告诉她："你家的灶上近几天可能会出现一只青蛙，你要是看见了，一定要快快离开，不要回头。"

过了几天，果然灶间出现了一只青蛙，他的母亲赶快向东逃走，但是她忘记了梦中那神女所说的话，回头看了一下，于是她家的房子顷刻之间变为汪洋大海。

他的母亲也被淹死了，水退之后，化为一棵桑树。在这棵桑树底下，有一个小孩在啼哭，一个好心人把他带回家养育，长大以后，他有特殊的才能。这个传说当然不是真的，但说明伊尹出生是不平凡的。

伊尹长大以后，到了当时的一个大官宦人家有

▶ 前1600年

鸣条之战。商汤灭夏，流放夏桀，建立商朝，建都亳邑（今河南商丘），任伊尹为相。

莘（shēn）氏家做奴仆。他的主要任务是做饭，他做的饭特别好吃，他是我国有史以来最早的一位有名厨师。传说他做的菜味道好、颜色佳，让你吃了一次就不会忘记。

在有莘氏的家中，他就显示出非凡的才能，为人聪颖，胸有大志，深得有莘氏的喜爱。

当时汤因不满夏桀的做法，准备有朝一日消灭夏而自立，就广招人才。他听说伊尹贤良有谋，就去有莘氏的府上亲自相求，要有莘氏放了伊尹，他可以答应任何条件。

有莘氏觉得汤日后必成大器，他家中有一个女儿，就想攀上这门亲事。汤渴望贤才心切，就答应了。

于是伊尹就作为陪嫁而来到汤的领地。汤依旧安排他做厨师，伊尹做得一手好菜，深得汤的喜欢，伊尹就用做饭做比喻来说明为政的方法，叫汤实行王道，而不能实行霸道。

另一种说法是：伊尹是一个隐居不做官的人，汤派人聘请他，往来数次，伊尹还是不愿从政，后来汤亲自前去拜访，他才答应助汤灭夏。

汤为了感谢伊尹投奔他，在伊尹到来之日，烧起了火，设下了祭坛，用许多牺牲（供奉给神的祭品），铺上地毯，亲自到宫外迎接，设高位让伊尹坐在上面。伊尹便以做菜的味道做比喻，为众人说为政之道，使得众人皆服。

伊尹认为，釜中有至真之味，其妙处口不能言，人尝而自知，对国家政治的领悟也是如此。

伊尹在汤立国的过程中起到了至关重要的作用。当桀将汤囚禁在夏台时，就是伊尹想出办法，骗得桀释放了汤。汤从夏回到了自己的领地，本来并不想代

后母戊青铜方鼎

商代铜器。1939年出土于河南安阳殷墟，高133厘米，口长112厘米，口宽79.2厘米，重832.84千克。鼎腹内壁铸有"后母戊"三字，故名。它是目前世界上发现的最大的青铜器，现藏于国家博物馆。

TIPS

妇好

中国历史上第一位有案可查的女性政治家，商王武丁之妻，又称后母辛、妣辛。她同时还是率军的将领和主持祭祀的巫师。20世纪发掘的妇好墓保存完整，出土了大量的珍贵历史文物。

夏而立，而是想派人去劝解桀，让他以国家利益为重，改变那荒淫无度的生活，他所派的人就是伊尹。

伊尹来到夏宫，使尽了全身的解数，来劝说夏桀，但桀这时已经是病入膏肓了，在淫乐的泥潭中陷得太深，哪里还会听他的劝说。伊尹在万般无奈的情况下，只有回到了商。传说中说他"五就汤，五就夏"，可能就与这事有关。

他对汤说："我观夏桀，整日迷惑于妹喜，不听众言。大臣们一个个心怀怨言，上上下下都深受其苦，民怨沸腾，凭大王之功，定能灭夏。"于是和汤商讨灭夏大计，定下了灭夏的计谋。

伊尹参加了汤灭夏的整个过程，汤的许多智谋都出自伊尹之手，他在灭夏中立下了汗马之功。

汤在位29年后去世，本来所立的太子太丁没有即位就去世了，于是就由汤的第二个儿子外丙即位。外丙在位三年后便去世了，立外丙的弟弟中壬为王，中壬帝在位四年后去世，伊尹便立太丁的儿子太甲为王。

太甲帝即位后，一开始还好，三年以后渐渐不遵守商汤所立的法度，昏庸暴虐，无仁无义，于是伊尹就把他流放到桐宫中。前后一共三年时间，在这期间，就由伊尹代理朝政。后人把这叫作"伊尹放太甲"。

太甲在桐宫中，悔过反思，想起自己的祖先汤建立国家的不容易，想起一国之君所应担负的职责，于是回心向善，革面洗心。伊尹看到君王能这样，高兴极了，就立即将其迎回朝中，把权力一起交给他。

太甲帝在后来的治国中，能够以仁义道德行事，对诸侯以诚意相待，渐渐诸侯们又重新认识了这位国君。所以商代在太甲统治的这段时间里，国力处于鼎

> **TIPS**
> **殷商**
> 商因始祖契被封于商地而得名，商汤灭夏后，定都于亳，后屡次迁都。至前1300年，商王盘庚迁都于殷（今河南安阳），此后商朝又被称为殷或殷商。盘庚迁殷的事件被记录在《尚书·盘庚》中。

盛时期，伊尹作了《太甲训》三篇，歌颂太甲帝的功德，尊太甲帝为太宗。

太甲死后，他的儿子沃丁即位。在沃丁当政时期，伊尹去世了，活到了100多岁。沃丁感念伊尹为国家所做出的贡献，就用天子之礼来厚葬他，后人称他为"圣人"。

11-纣王逞凶

商代的最后一个帝王叫辛，他就是历史上有名的暴君商纣王。

他虽是一个暴君，但并不是一个酒囊饭袋，而是一个极聪明的人，从小就有过人的才智，能言会道，特别善于辩论。他只要跟人辩论，是很少输的，他能把死的说成活的，能把错的说成对的，这一套本领日后帮了他的大忙，他的如簧巧舌，曾经说服了很多糊涂的诸侯。

他又长得身材高大，力大无比，史书上说他能轻轻地将巨石举起，还能空手和野兽格斗，亲手杀死过许多豺狼虎豹。传说他曾倒拽九牛而面不改色心不跳。

这种天资也给他带来极大的负担，他认为自己超人一等，别人都不如自己，在宫廷长大的他，更养成一种骄纵的习性。

毁了他自己也毁了商代江山的，还有他的另外一个大毛病，就是好淫乐。他贪图享受，纵酒无度，沉迷音乐。

有一次，他攻打有苏氏，有苏氏为了和商交和，就让大臣们到全国选美女，妲己就是这样作为礼品而贡献给商纣王的。

> 前1076年
>
> 帝乙死，子帝辛即位，是为商纣王。

鹿台赴宴

清末年画,现藏于上海图书馆。据《封神演义》情节,妲己言鹿台建完将有神仙降临,鹿台完工,商纣王欲见神仙,妲己招轩辕坟内众妖幻形而来。年画描绘的就是轩辕坟内妖精在月圆之夜变成神仙赴商纣王鹿台之宴的场景。

自从他得到一个绝世美女以后,这种习性就发展到难以收拾的地步。

他太宠爱妲己了,当第一次看到妲己的时候,他心里就想,有了这个女人,商朝的江山对我还有什么意义。

而妲己也着实妖冶动人,有闭月羞花之貌、沉鱼落雁之容,身段纤柔,动若弱柳扶风,又天生会做娇妍之态,令商纣王丧魂落魄。

商纣王整天守着妲己,什么国家大事、国民生计,都忘得干干净净,他一心就是和妲己淫乐,一心就是讨妲己欢心。只要是妲己说的,哪怕就是到天上去取,他也会令人去做的。他为妲己盖了一个大宫殿,这就是方圆数里,高过千尺的鹿台,从全国各地拿来数不尽的金银财宝,堆在鹿台的各个角落。

在玩乐这一点上,他比夏桀有过之而无不及。他经常把要办理国家急事的大臣堵在门外,而他在鹿台里尽情地淫乐,他和妲己坐在高台上,令下面的男男女女一起脱光衣服跳舞、嬉戏,干一些不堪入目的事情,他便在这种荒唐中得到了满足。有时酣歌宴乐,通宵达旦。

他叫涓(juān)乐师创作了新的淫荡的音乐,放肆的舞蹈,用颓废的旋律来满足他的需求。他让人多方收集狗、马和奇特的玩物,充实他的鹿台。

就这他还是嫌不够，他进一步扩建沙丘的园林楼台，大量捕捉野兽飞鸟放养在里面。他还把鹿台下面的池子灌满了酒，在宫殿周围到处悬挂着各种肉，组成肉林，他和妲己就在这样的环境中享乐。

商纣王不但荒淫无度，还十分残忍。他对待不听话的臣下一律采取重刑，稍有不是，就会被折磨得死去活来。他的心上人妲己还发明了一种独特的刑具，叫作炮烙（páo luò），用起刑来，十分残酷。这刑具是用铜制成的，长五尺有余，宽约三尺，用刑时，将它放在火上烤红，再将人捆在上面，人的身体一接触，马上就会烧得吱吱响，疼痛难忍，一会儿就会命归黄泉。

每当这时候，妲己和商纣王都会坐在高台上，底下是拼命挣扎的受刑者，他俩却乐得前俯后仰。

他对待那些诸侯王也十分残忍。当时有不少诸侯不满纣的暴虐，那些奸佞小臣就把这种情况反映到他那里，他为了加强统治，就任命了三公，让他们管领诸侯，这三公就是西伯昌、九侯和鄂侯。

九侯领受了这个监视别人的任务，心里很不高兴，他对商纣王的做法恨之入骨，但是又不敢不接受。他有个漂亮的女儿，看到父亲整天愁眉不展，就向父亲打听原因，她知道父亲的心病后，就说："父亲别急，女儿可以帮助您解除烦恼，我有办法去劝解纣王，让他改变目前这种不得人心的做法。"九侯就同意了。

九侯女儿来到京城，她的容貌使得商纣王一见倾心。但是九侯的女儿天生不是个风流货色，所以她不能满足商纣王的淫乐要求，九侯女儿的劝解，商纣王根本不听，有一天，他干脆把她杀了。

九侯知道这一情况后，心如刀绞，就求见商纣王，九侯知道自己早晚也会死在这暴君的手下，干脆豁出去了。

九侯在商纣王的面前大胆陈言道："你这个昏庸的君王，现在国家的老百姓都被你逼到了死亡的边缘，我的女儿完全是为了社稷来劝解你，你反而杀了她……"

可怜九侯的话还没有说完，商纣王就命令手下人把他拖出去杀了。

鄂侯一看到商纣王竟然杀了为国家做出重大贡献的老臣，不禁老泪纵横，跪到地下说道："君王，九侯所说的话并没有错，你怎么就为了这点小事而杀了有功的老臣？！"

TIPS
《封神演义》

又称《封神榜》,是一部反映商周之战的神魔小说。故事是以姜子牙辅佐周文王、周武王讨伐商纣为背景,描写商灭周兴的历史演变,穿插大量的神怪描写,生动而富有感染力。人们熟悉的神话人物哪吒的事迹就是出自其中。

➡ 约前1105年

周国姬昌即位,被商纣王封为西伯。其子姬发灭商后,追封其为周文王。

商纣王听完,勃然大怒,说道:"难道你们还想串通起来造反吗?给我推出去斩了!"

这样又杀了鄂侯。他觉得杀了还不解气,还命人将九侯和鄂侯剁成肉泥,做成肉饼,派人送到各个诸侯国,并传言道:"以后再有谁违抗,就与两侯同论。"诸侯们一个个噤(jìn)若寒蝉,谁也不敢再向纣进言了。

这个暴虐的君主,后来自己断送了自己的性命。

12-文王拘羑里

周文王姓姬名昌,他是古公亶(dǎn)父的孙子、季历的儿子,在商纣王时,他被封为西伯,所以人们又称他为西伯昌。他的封地在周,即今天陕西的岐山,他死后,周武王灭了商,追封他为"文王",所以历史上又叫他周文王。

西伯出身高贵,少时就有不凡之志,潜心读书,故能上通天文,下知地理。他长成后身材伟岸,气宇轩昂,以社稷民生为己任,而且性情温顺,待人诚恳,很受人尊重。

在商纣王最昏庸的时候,他位居三公之中,是当时国家中的重要人物。商纣王的所作所为,给他的心灵以深深的刺激。

有一天,他正在和诸侯议事时,见门外走来一人,此人乃是商纣王派来的,只见来人手中托着一个盘子,说是奉大王之命,将九侯和鄂侯的肉做的肉饼送给他尝尝。

他听后几乎要吓得晕了过去,望着这些饼子,他真是欲哭无泪。这二人都是和自己朝夕相处的朋友,都是朝廷的贤臣，他愤怒，他痛苦。在座的各位诸侯也一个个吓得脸色惨白。

当时在众诸侯中，有一个人叫崇侯虎，这个人是个小人，专门会在后面进谗言，他看到西伯对商纣王有所不恭，以为又有邀赏的机会了，心里暗暗一笑。

回到京城，他到商纣王面前密报："人们都说西伯积累善事和德行，以我所见，的确如此。他为什么这样做？就是为了笼络诸侯。如今很多诸侯都听他的，如果这样下去，恐怕对大王不利。而且他对你的做法有时也感到不满意。"

商纣王听后，觉得很有道理，于是就宣西伯进京，西伯一到京城，就被囚禁在羑里（今河南汤阴一带，羑音yǒu）。

西伯被囚之时，周的群臣当然万分着急。西伯有个儿子叫伯邑考，是一个面相文静而又非常有智慧的人，他说："我看纣王是个好色好利的人，不如就送他一些美女和金银财宝，也许他能让我父亲回来。"

大家觉得这方法不错，但是有的大臣认为，光给商纣王这些东西也许还不行，他未必肯放西伯回来。这句话提醒了伯邑考，他说："我看要想让我父亲回来，只有以我为人质。"

当下他就决定自己前往。众大臣认为这样做不妥，怕不但西伯不能换回，可能伯邑考也回不来。但是伯邑考的决心已定，他人再也无法阻挡了。

伯邑考来到商，向商纣王献上了礼物，又说自己愿代父受刑，但是狡猾而又凶狠的商纣王不但没放了西伯，反而也把他扣留下来。后来商纣王命他为自己驾马。

一次，商纣王听人说现在很多老百姓都说西伯是圣人，他听到后火冒三丈，说："姬昌是什么圣人？我杀他的儿子给他吃，看他知不知道。"

可怜那伯邑考不但没有救出父亲，反而把自己的命也丢掉了。杀伯邑考的时候，商纣王问他是不是对自投罗网后悔，伯邑考说："为了父亲的生存，我何悔之有？我遗憾的是自己不能亲手杀了你。"

伯邑考的肉被做成肉羹，送到牢中的西伯面前。西伯这时候已经知道自己的好儿子惨遭毒手，望着他儿子的肉做的肉羹，他似乎很从容，拿了肉羹，大口大口地吃。他心里明白，他要忍受这人间最难忍受的事。等来人走后，他和着泪将吃下去的东西全都吐了出来。他对着苍天祈祷，他愿上天饶

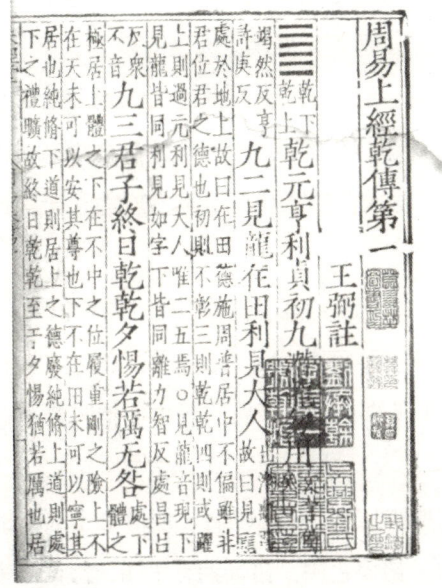

《周易》书影

《周易》是在中国上古占卜基础上形成的典籍，相传是周文王所作，被奉为儒家众经之首，故又称《易经》。《周易》的基本思想是阴阳对立，它把阴（— —）和阳（——）两种符号称作"爻"（阴爻和阳爻，爻音yáo）；三个爻叠成一组，象征天、地、人三者的关系；一组构成一个卦象，共八组，称为"八卦"；把"八卦"两两重叠就形成了"六十四卦"。《周易》思想深奥、内容丰富，对中国古代社会、政治、经济、文化等都产生了巨大影响。

恕他的罪责。

这边，商纣王知道西伯吃了自己儿子的肉，狂笑不止，说："谁说姬昌是圣人，吃了自己儿子的肉，还不知道。"

西伯身体被囚禁，但是他的心却没有被囚禁，他仍然在思索，他仔细地研究了据传是从伏羲手上传下来的八卦，后来有了重大发现，在八卦的基础上，扩为六十四卦，并且为之作了卦爻辞。

这样《周易古经》就形成了，这部书对后世中国文化产生了巨大的影响。

西伯被关押的时间太长了，他的诸侯国太需要他了。有一天，他的四位大臣太颠、闳（hóng）天、散宜生、南宫适去看他，当时周围监视非常严，西伯不能和他们说一句真实的话，他对着他们四位眨了眨右眼，意思是说，纣王是个好色之徒，你们赶快送美女给他；又向他们拍拍自己的肚子，意思是，这个昏君要天下最珍贵的宝贝；最后站了起来，快快地走了几步，其含义是，你们要快快行动。

对西伯这些动作的含义，四大臣心里都明白，最后他们点了点头，就离开了监牢。

他们回到周以后，就广搜美女，聚集财宝。散宜生到了西方的犬戎国，寻得一匹宝马，全身雪白，脖子上却长着红色的鬃毛。他又到了有莘国，找到了几十个美女，一个个如天仙一般。南宫适等又聚集了大量的珍宝。

最后，他们装满了几十辆大车，送给了商纣王，商纣王看到金银财宝，已是眉开眼笑，再见到这么多美女，更是心荡神驰，当他看到那匹宝马时，他惊奇地差点要跪到了地上，高叫一声："这是谁的宝贝？"散宜生急忙上前说："是西伯送来的，以赎他自己的罪。"

商纣王当时心情一好，就痛痛快快地把西伯放了。临行他还对西伯说："我看你就是个老实人，都是那崇侯虎说的坏话，不然我怎么会把你关在这里。"

他还送给西伯弓箭、大斧，并准许他有讨伐诸侯的权力。他完全被西伯的计谋迷惑住了。

西伯回到了周，受到了人民的热烈欢迎。从此以后，他潜心于灭商的准备工作，他以自己的德行和智慧享誉于诸侯之中，诸侯们有争端，都请他来裁决。当时，虞、芮（ruì）两个小国为了一件小事争吵起来，无法解决，就到了周，请求西伯为之评判。

这两个小国的国君一起来到周国的国界时，见到人们都互让田界，老百姓都习惯于尊重年长的人。这两国的国君还没见到西伯，就已经有所醒悟了，觉得自己很惭愧，他们感叹地说："我们所争执的事，正是周国感到耻辱的事，我们还去干什么，那只能给自己带来耻辱。"

于是掉头便回去了，以后再也没有争吵了。诸侯们知道这件事后，都说："西伯也许是一位承天受命的君主。"

西伯经过几年的准备，先讨伐了若干小诸侯国，后来消灭了崇侯虎，这个小人为自己的无耻行径付出了代价。周文王在位共有50多年，周国的国力越来越强大，他死后，周武王实现了他消灭商的夙愿。

13-比干剖心

商纣王暴虐无度，他手下一些奸佞的小人乘机讨好他，以获取自己的利益，像崇侯虎这样的人在当时还是比较多的，有的人是为了得到更多的财富，有的人是为了封妻荫（yìn）子。

但是，由汤打下来的商王朝毕竟是当时实力最为强大的国家，朝廷中人才济济，贤臣谋士也不在少数。

商纣王的所作所为不但给人民带来了无边无际的灾难，也渐渐削弱了商王朝的权威，当时就有不少诸侯国公开不听商的话，有的诸侯虽然表面上顺从，但是内心里却有自己的打算。对待这一局面，朝中的一些贤人忧心如焚，有一些胆大的人就站出来劝解商纣王。

商纣王同父异母的哥哥微子看到这种情况，实在看不下去了。一次他斗胆进谏，来到鹿台，要求进去，守门人却将他挡在门外，他大发雷霆，直接闯了进去，守门人知道他是国王的哥哥，只得让他进去。

微子来到内宫，只见商纣王正搂着妲己在看一群裸体男女狂舞呢。微子见状，心里好生难受。他的到来打断了商纣王的好事，商纣王满心不高兴，但念他是自己的哥哥，也就没有计较了。

商纣王道："兄长，来有何事，不如和我同来乐乐吧。"

微子哪里有心思做这等乐事，就淡淡一笑，施臣下之礼，说道："我今来这里，是有一件大事禀告大王。"

"哦，你有什么大事，快快说来。"

微子慢慢说道："方今之世，天下大乱，大王承先人之志，理当以国家百姓利益为重，以我们的祖先所打下的江山为重。想当年我先祖汤为了打下商的江山，付出了多少辛劳，而你现在却日日不思朝政，只图自己的快乐；天下的百姓都在呻吟，你却不问，只图鹿台里的安宁；天下诸侯纷争，异心频起而你却不问，如此则怎生是好！"

微子越说越激动，这时商纣王再也忍受不住了，一脚踢翻了眼前的桌子，大声喝道："还不给我滚。"

微子这次进谏未能成功，但是他并没有

记载祭祀、狩猎、天象等内容的甲骨文

出土于河南安阳殷墟，长32.2厘米，宽19.8厘米。这是商王武丁时期的一块牛胛骨版，正反两面共刻有160余字，字内添涂朱砂，涉及内容包括商王武丁祭祀仲丁、狩猎坠车事件、用羌人祭祀以及天象等方面。

灰心，这之后他曾多次进谏，但是商纣王根本无动于衷，并且威胁道，如果再说这种混账话，就别怪他不念兄弟情谊了。

微子感到这位弟弟已经是病入膏肓了，再说也无济于事，就和太师、少师商量，一起逃出了京城，到其他地方去躲避了。

老臣商容是朝廷的有功之臣，当时大臣百姓都十分尊重他，看到国家危在旦夕，觉得自己的责任重大，就去劝解商纣王。商纣王不但不听他的话，而且毫不念他为国家所做出的贡献，反而把他的官给罢免了。

贤臣祖伊听到这件事后，去见商纣王，说道："上天已经在告诉我们商朝的命运了，聪明的人一眼就可以看出前景不妙，最近我们去占卜，算出的也是凶运。这并不是先王不帮助我们，而是大王自绝于天。你自图享受，暴虐狠毒，使得每一个人都不能安心吃饭，像商容这样对国家忠心赤胆的老臣，人们说到他，没有不从内心里崇敬的，但是你却免了他的官，当面侮辱他，难怪我听人说，老百姓没有不想你快快灭亡的，上天为什么不来惩罚人间这些有罪之人，那个对国家有益的新王为什么不到来？今天我观你的所作所为，我信了。"

这一席激烈的言辞同样没有改变商纣王的行为。

比干是商纣王的叔父，他生性刚直，性格倔强，对商纣王的所作所为早有不满，对各位大臣们好心所得到的恶报非常难受。他是商纣王的叔父，他想也许商纣王会看自己的面子，改邪归正的。

但是比干想得太天真了。他来到鹿台，商纣王照例在和妲己放荡淫乐，于是比干就极力规劝，将大臣百姓对国家的担忧都一股脑地说了出来，也把自己对商纣王的这种荒唐行为的厌恶和盘托出。商纣王并没有给叔父什么面子，听后大发雷霆，喝令将这胡言乱语的人推出去。

但是，比干这时的倔强脾气也被逗发出来了，他说："为人臣者，不能不冒死劝谏国君，如果你不答应改变这种做法，我就站在这里不走。"

他就这样在宫中站了三天三夜。第四天的时候，商纣王来到了前厅，看见比干还在这儿站着，气不打一处来，就指着比干大骂道："你说我是昏君，看在你是我叔父的份上，没有惩罚你，你却不依不饶。难道就你是圣人，我听说圣人的心脏有七个孔，我想看看是不是。"

商纣王本想吓吓比干，但是这时旁边的妲己开口道："你作为臣子，不但不尊敬你的君主，反而借长辈的身份侮辱他，真是昏了头。"

比干看到眼前这个坏女人，怒火填膺，用最狠毒的语言痛骂她。妲己被他骂得无地自容，就对商纣王说："还不把这个逆臣杀掉。"

商纣王见他侮辱自己的爱妃，心意已决，命令道："把他给我拉出去杀掉，剖了他的肚，挖出他的心送上来，我看是不是七个孔。"

比干毫无畏色，一边被拉出去，一边还在痛骂。

太师箕子听说王叔比干要被杀害，就急忙冲进宫内。这时比干已被杀，他的尸体就横在地上，他的心脏被挖出，放在案台上，望着这一场景，这位两鬓如雪的老臣痛哭失声。

这位箕子后来疯了。是不是真疯了？当然不是。他假装癫狂，打扮成奴隶的样子，商纣王将他关了起来。后来周武王领兵灭了商朝，还带领大臣到比干的坟上祈祷，将他的坟墓增高。从大牢中放出了箕子，在商容曾经居住的里巷建立了纪念性的建筑，以表彰他们的功德。

14-姜太公钓鱼

西周时期的周文王是一位贤明的君主，他鼓励老百姓发展农业生产，并且要求那些有本领的人帮助他去讨伐那无道的商纣王，以扩大和加强他的周部落。

一天，周文王准备出去打猎。他每次出门前都要进行占卜，看看出去是不是吉利。这次太卜占卜完后告诉他："你这次出去，捕获的不是龙，不是熊，而是能帮助你的贤人。"

周文王将信将疑地出了门，和他同去的有他的近臣，左右卫士，前呼后拥，一大群人。那天打猎他可是满载而归，大家都高高兴兴，一路上有说有笑，周文王心里也特别地轻松。

他们在回来的路上，看到一个人，那是一位白发老者，只见他戴着个斗笠，腰杆挺直地坐在一块大石头上。

旁边人声鼎沸，他好像全不在乎，照样横着一根钓鱼竿，将一个直的鱼钩悬在水上钓鱼。周文王手下的人觉得很好奇，直的钩子怎么能钓到鱼呢？而

文王访贤八百八年

清末年画。现藏于谷风堂。据《封神演义》情节绘。周文王姬昌梦见飞熊入帐，认为是得贤臣之兆，巡狩渭水之滨，以访贤臣。在渭水边遇姜子牙无饵垂钓，与梦境合，交谈后拜其为相；为表敬意，姬昌亲为挽车，行808步，挽绳断，预示周朝国祚为808年。

周文王心中突然想到临行之前那位太卜的话，这位老人能在如此喧闹的环境中泰然自若，该不会就是那位能帮助他的高人吧。

于是周文王就停下车子，走到了老人面前，深深地向老人行了一个礼，老人把身子欠了欠，算是还了礼。周文王就和他攀谈起来，哪知这一谈，令周文王大为吃惊，在如此人迹罕至的地方，竟然有这样一位老人，谈吐不凡，满腹韬略。

这位老人叫姜尚，字子牙，他的祖先封地在吕，所以他又叫吕尚，后来民间称他为姜太公。

这姜尚年幼时家道中落，沦为平民，但是他才气过人，从小就十分好学，长大后更是足智多谋。只是由于他家境贫寒，所以无人用他，他空怀一身本领而没有施展的地方。

后来他到处游荡，曾经在商朝的朝歌干过屠牛的生意，在孟津这地方开过招待四方宾客的饭铺。就这样过着吃不饱穿不暖的日子，一直到他70多岁。

后来他听说周文王是一个广招天下有才之人的人，就来到渭水边钓鱼，静坐观望，以等待遇见周文王的机会。

他用直钩子钓鱼，其意完全不在鱼，而在于等待贤王的到来。他就是要看一看周文王是不是如传说的那样，能够慧眼识贤才。后世民间流传的"姜太公钓鱼，愿者上钩"，就是指此事。

周文王终于找到了姜尚这样的治国能人，于是就请姜尚上车，他高兴地对姜尚说："我的祖先曾经预言，将来一定有不同寻常的能人帮助我们振兴周，先生可正是我所苦苦寻求的人啊。"

他们一道回到宫中，周文王拜姜尚为国师，对他极为尊重，他在称姜尚的时候，总是称为"师父"。而姜尚也不负厚望，他努力帮助周文王整顿政务，训练士兵，发动人民认真做好军备工作，鼓励人民种植。时间不长，周的国力就渐渐兴盛起来了，奠定了周灭商的基础。

周渐渐强大以后，姜尚又和周文王在一起共商灭纣的大计，先灭了密须国，又讨伐了崇国，并建都于丰邑，使商的许多部落渐渐地归附到周的范围内。周文王病逝以后，他又帮助周武王建立周朝。

15-武王伐纣

> 约前1056年
>
> 周文王死，子姬发即位，是为周武王。

周文王在他生命的最后两年，完成了一个重大事件，这就是将周国的国都由原来的岐山迁移到丰邑，其地在今天陕西西安的西北。第二年周文王逝世，他的儿子姬发即位，是为周武王。

天亡簋（guǐ）

西周初期青铜器。清道光末年出土于陕西眉县。高24.2厘米，口径21厘米，底径18.5厘米。现藏于中国博物馆。簋内底部有78字铭文，记载灭商后周武王在"天室"祭告其父周文王，并取代商王来祭祀天上神帝的事件。簋是中国古代的一种食器。

周武王即位之初，就立下誓愿，一定要继承先父的遗志，完成灭商的事业，他任命太公姜尚为军师，以周公旦为宰辅，并有召公、毕公等一大批贤臣辅佐他，以光大周文王的事业。

他即位后第二年，就起兵到孟津（今河南孟州）这个地方进行军事训练，并观察攻打商的地形。

过了几年，周武王在毕这个地方祭祀周文王，然后向东去检阅部队。到了孟津这个地方，他供起了周文王的灵位，以一个人化装成周文王的样子，坐在高位上，供人们祭祀。

他对手下将士说："我是太子发，我是奉我父文王的命令去讨伐商的，哪里敢自作主张。"

他又向司马、司空、司徒等宣告："我们都要努力啊，我是一个没有知识功业的人，只是凭祖先的德行而行事，我今天继承我的祖先的方法，设立各种赏罚之制，为的是我们大家共同的事业。"

大家听了这席话，都觉得周武王真是他们的明主。姜太公道："将士们，大家行动，开船划桨，动作迟缓的要受罚。"

于是周武王带领大军渡河。在那个时代，人们都很迷信，周武王也不例外，当船划到河中央的时候，突然有一条大鱼跳到了周武王的船上，他低头拾起来，用以祭天。到了对岸，又有一团火从天而降，快落到他头上的时候，一下变成了一只乌鸦，颜色通红，而且发出怪怪的叫声。他认为这是不吉利的征兆，就领兵打道回府了。

又过了两年，这时商纣王的统治已经到了丧心病狂的地步，他杀死了比干，关押了箕子，大臣们纷纷向国外逃。周武王感到讨伐商的时机成熟了，就向诸侯们宣告道："纣王罪孽深重，不能不赶快消灭他。"

于是他率领几万名将士，300多辆兵车，向东讨伐商。在行军途中，周武王还写了一篇《太誓》，对众人宣告道："现在纣王只听他的女人妲己的话，自绝于天。他用残忍的方式杀害了他的三位贤臣，疏远了他祖父母以下的亲族，抛弃了他祖先的乐曲，制作了大量淫荡的音乐，所以现在我姬发替天去讨伐这人的罪孽，胜败在此一举。"

众人齐声欢呼，这时周武王全军将士众志成城，士气高昂，为他这次东征的胜利奠定了基础。

周武王渡河的时候，到了孟津这地方，突然刮起了大风，在河里卷起漫天大浪，将周武王和将士所乘的船冲得七零八落。大风刮得周武王阵营的人马不相见，于是周武王左手拄着黄斧，右手举起白旗，在风中挥来挥去，说道："我现在率领天子之兵，顺应天意，谁敢挡我！"

于是大风就停了，河里的浪也没有了，将士们都感到很奇怪。

两个多月后，他们到了商纣王所在的朝歌的郊外，周武王左手拄着黄色大斧，右手拿着白色旌旗，举行誓师大会，周武王道："现在纣王只听女人的话，整天只顾淫乐，不理朝政，他残酷地对待百姓，人们一点儿活路也没有，所以我今天起兵攻打纣王，这是应天命、顺人心的事。各位一定要努力，否则我们将对不起人民，对不起我们的祖先，更对不起天。"

宣誓完毕，诸侯军队集结了几万人，四千辆战车，陈兵于牧野，要和商纣王决一死战。这里离商纣王所在的朝歌只有七十余里。

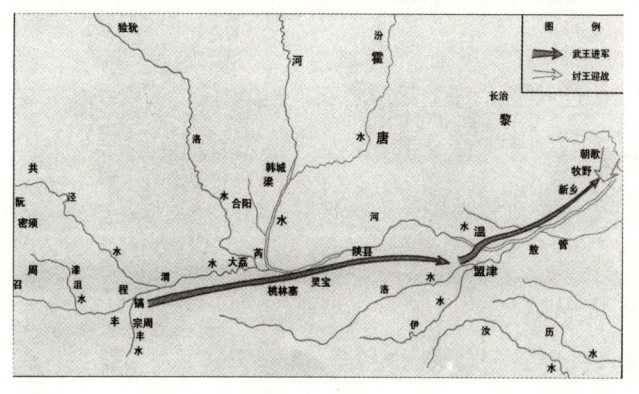

牧野之战形势图

商朝末年，周武王在姜尚等贤臣的辅佐下，以其父周文王之名率军伐商，于前1046年与商军决战于商都朝歌郊外牧野，大败商军。周军攻入朝歌，商纣王自焚，商朝灭亡。

商纣王听到周武王这么快就起兵攻打自己，一下把他从鹿台的温柔富贵之乡中拉到了残酷的现实之中，慌忙调兵前去应战，但他的精锐部队一时根本调不上来，只好将大批的奴隶和战俘武装起来，总共也只有几万人，就这样狼狈地开赴牧野。

这时候的牧野真是战车煌煌、人马洋洋，漫山遍野都是士兵的身影。战斗的号角刚刚吹响，姜太公就率领几百精兵冲上前去，商纣王调出几千人马出阵应战。

战约几个回合，姜太公的人马眼看渐渐不敌纣王之兵，他就领兵往自家阵中逃跑。商纣王一看姜太公大败，哈哈大笑，说道："人们都说姜子牙足智多谋，今天看来也不过是酒囊饭袋，这样的兵马还要和我争战。"

说罢，他立即吩咐全军掩杀过去。追至一个山谷，突然间，像雷一样的声音从这里响起，周武王的兵马一起从山间的各个角落杀出来，一时间，商军乱了阵脚。

周纣王作恶多端，奴隶们对他恨之入骨，而且这些兵士都是临时凑起来的，商纣王命令他们冲锋，他们就是不前进，鼓声再急，他们却一个个倒戈了，对准了商纣王的部队射箭，就这样几万大军土崩瓦解了。商纣王一看大事不妙，立即杀开一条血路，骑着那匹白马飞也似的逃跑了。

商纣王逃回到城内，登上鹿台，穿上锦绣之衣，将鹿台的财宝聚集起来，长叹一声，命令手下架上干柴，一把大火送他连同他从人民那里搜刮来的无数财宝一起归天了。

周武王带领兵马攻进朝歌，只见城内黑烟滚滚，兵士报，商纣王投火自杀了。周武王和各位诸侯进了城里，消灭了商纣王的残余势力，从此人民又重新获得了安宁。

16-周公东征

周公，即姬旦，他是周文王的儿子，周武王的弟弟。他一生虽然没当过一天帝王，但是他在周建国和立国过程中起了重大作用，一直深受人们崇敬。尤其

> **约前1044年**
>
> 牧野之战。周武王灭商建周，定都镐京（今陕西西安西南）。

TIPS

伯夷、叔齐

商末孤竹君的两个儿子。周武王灭商后，他们耻食周粟，采薇而食，饿死于首阳山，受到后人的尊崇。孔子认为他们是"不降其志，不辱其身"的贤人。

> 约前1043年
>
> 周武王病逝，子姬诵即位，是为周成王。周武王弟周公姬旦摄政，大量分封诸侯。

是他的宽大胸怀、他为人的诚恳、他的智慧，成为后人歌颂的对象。

在讨伐纣的过程中，周公辅助武王，立下了无数功勋。周建国以后的第二年，武王就去世了。周武王在重病之中，天下还没有安定，大臣们都很紧张，作为周武王的弟弟，周公更是心急如焚，他沐浴斋戒，亲自为周武王祭祀鬼神，以求痊愈。但是病魔后来还是夺去了周武王的生命。

周武王去世以后，立他的儿子周成王即位，当时周成王只有几岁，就让周公代理成王行政。这时正是周王朝的多事之秋，虽然消灭了纣，但是国家刚刚建立，商的旧臣中还有不少人在谋划有朝一日能够灭周复商；诸侯虽然在灭商的过程中齐心协力，但是灭商以后的权利再分配仍然具有明争暗斗的意味；而主要的问题还是来自周王朝的内部，所以这个时候，周公操理朝政，可以说付出了自己的所有心血。

周公操持国家大事，虽然赢得了人们的尊重，但是也有一部分人对此存有疑心，因为他们认为周公这样卖力，可能是自己想夺取王位。

因为当时周代的父死子继的王位继承法还没真正形成，而商朝采用的方法是兄终弟及，周公是周武王的弟弟，人们的这种担心似乎是不可避免的，这种担心首先来自那些想当君主的人。

周公的三哥哥管叔心想，如果按照兄终弟及的商代王位继承法，这君主之位应该是他的，因为他比周公大，现在他这个哥哥反而要听弟弟的话，感觉很丢人。

他就和弟弟蔡叔在背后议论，而蔡叔也有这种看法，蔡叔说："我看这个姬旦整天忙得不得了，肯定是

TIPS

成康之治

指的是西周周成王姬诵和其子周康王姬钊统治时期，约40年。他们继承周文王、周武王的业绩，实行"明德慎罚"的德政，以致国力强盛，经济繁荣，文化昌盛，后人称这段时期为"成康之治"。

周公画像

周公名姬旦，是周文王第四子，周武王之弟，周成王之叔。其封地在周（今陕西岐山北），故称周公。周武王死后，成王年幼，周公执政七年才归政成王。他推行分封制，平三监之乱，建立并完善了王朝的礼乐制度。他是中国古代贤相的楷模。

不怀好意，他不想当君主才怪了。我还听人说，姬旦最近常常占卜，这是不是在确定他什么时候当王？"

管叔说："可不是嘛，现在成王确实是小，但要论当君主，也轮不到他啊。"

他们俩越议论越来气，后来又说到"三监"的事。周武王灭商以后，并没有将商纣王的后代都消灭掉，而是给他们合适的出路。他曾给商纣王的儿子武庚封了领地，周武王是个细心人，他又怕武庚会造反，就又将自己的三个弟弟管叔、蔡叔和霍叔的封地围在武庚的周围，这样对武庚也起到监视的作用。这本来是周武王的意思，和周公并无瓜葛，但这时，管叔和蔡叔硬是认为这是周公捣的鬼，把他们几个弟兄都派到外面去，好让他自己在镐京称王。

他们找到了霍叔，霍叔认为周公是个正派人，不会干这种事，但是后来在他俩的怂恿下，也对周公的用意产生了怀疑。

管叔和蔡叔存了这份心后，就利用自己的影响在朝廷和各个诸侯国中散布周公的坏话。他们还煞有介事地说，周公打算谋害成王，好自己篡位。

这样一传十，十传百，最后传到了周成王的耳朵里。周成王这时还很年轻，他对宫廷斗争的复杂性还没有充分的认识，于是就听信这些谣言，开始讨厌起周公来，而且处处事事躲避着周公，生怕他害了自己。

周公知道这件事后，当然感到自己受到了极大的委屈，但是他在这个时候头脑十分清楚，现在国家万事当头，如果陷入这种纷争之中，无异于把国家推向灾难，个人的委屈是小事，国家的大事才是最根本的，何况自己不做亏心事，也不怕别人议论。

姜尚和周武王同父异母的弟弟召（shào）公得知此事后，都为周公解说，并且明确表示支持周公的所作所为，三人决心同力辅助成王，共成大业。

周公的儿子伯禽要到曲阜去，代行鲁公的权力，临行时，周公把他叫到自己的身边，谆谆告诫他："一定要以国家的大事为重，不能有丝毫闪失，像我这样的身份，武王的弟弟，文王的儿子，成王的叔父，应该说不卑贱了吧？但我也是处处小心谨慎，不敢稍有懈怠。我为了处理国家的大事，常常是洗一次头发，要停下来好几次，将头发握在手上，好去处理那些国家的急事；有时吃一顿饭，也要停下来几次，去接见要见我的人。现在国家正等着人用，我不能因自己的缘故而失去那些投奔周的贤人。"

TIPS

剪桐封弟

典出《吕氏春秋》。说是周成王一日与弟弟叔虞一起玩耍，成王摘了一片桐叶，剪成玉圭的形状，对叔虞说："我把这玉圭封赐给你。"周公听到这事后，告诉周成王应当言出必行，于是周成王就把唐作为封地赐给叔虞。

西周形势图

西周灭商后，定都镐京。为了拱卫王室，周以王室为中心实施分封制，分封了71个诸侯国，其中姬姓诸侯国占50多个。大量周室子弟都被封为诸侯，对于巩固周朝统治起到了重大作用。

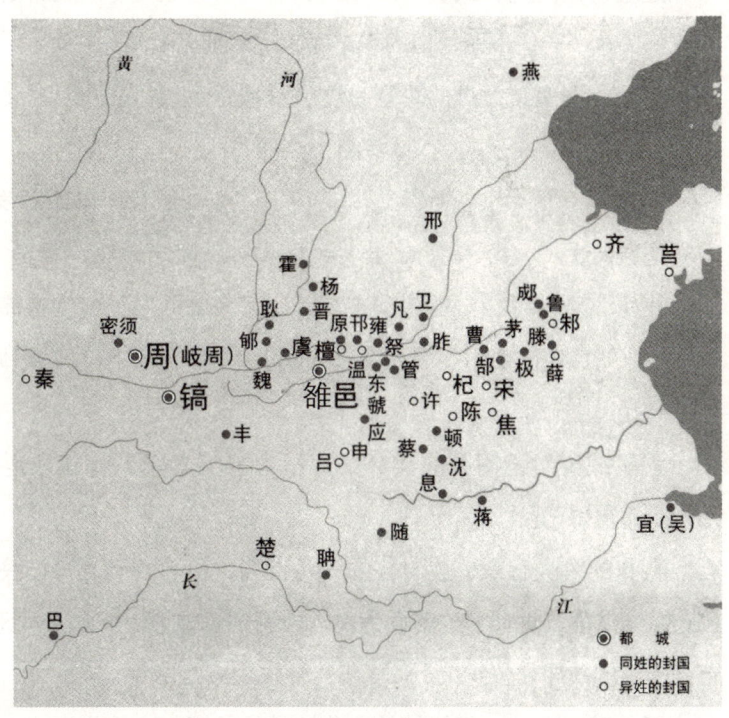

伯禽把这一番话记在心中。后来他的这种"一沐三握发，一饭三吐哺"的精神成了一种崇高的境界，鼓舞着无数人去为国家的利益而尽力。如曹操就曾作过诗，他说："周公吐哺，天下归心。"

三个王叔自从对周公存有偏见以后，就处心积虑地谋划自己的利益。这时，商灭亡已有一段时间，商纣王的儿子表面上说他没有灭周复商之心，但是暗地里却在为灭周做准备。他听说三位王叔对周公有异心，认为这是千载难逢的好机会，就立即派人去和三个王叔联络，并且送给他们很多金银财宝。

他看到三位王叔不拒绝，就自己亲自出面，去和王叔们密商，他极力挑拨三位王叔和周公的关系，添油加醋地说，周公早有代成王而自立之心，而且还编造出周公准备一旦时机成熟就干掉三位王叔的所谓计划。三位王叔至此决心已定，要和武庚一道，共同去对付周公。他们结成了反周公的联盟。

过了一段时间，武庚和三位王叔看时机已成熟，就公开起兵，去攻打周的京都镐京，一些不明真相的小诸侯国也参加了反叛的行列。

周公立即集结大批的军队，要将这次叛乱镇压。出兵之前，周兵举行了宣誓，周公以周成王的名义，写了一篇宣誓词，这就是《大诰（gào）》，他说："今奉成王之命，讨伐叛逆。武庚、三监，欺我王年幼，要夺我周江山，实在是逆天违人。我等将士，出兵讨贼，胜负在此一举。"

三军齐声欢呼，浩浩荡荡向东开出了京郊。周公此次亲率几万大兵，先攻武庚，与武庚的叛军交战几个月，最后才消灭了武庚，武庚本人在逃跑中，也被周兵追上杀了。

灭了武庚后，周公的兵马又直指管叔的老巢，管叔在走投无路的情况下，上吊自杀了。

蔡叔的军队后来也被周公的兵马包围，蔡叔看到大势已去，只好亲自到周公军中认罪，周公将他削职为民，放逐到边疆去。至此，一场历时三年多的征伐叛逆的战斗才告结束。

周公回到京城，仍然兢兢业业地做他的工作，他代周成王执政七年，周的政权得到极大的巩固，国家也日益兴旺发达起来。

又过了几年,他见成王已经长大,能够处理国家大事了,就把政权交给了他,他又退居到臣下的位置上。

被放逐的蔡叔知道这事后,真感到无地自容,他为自己的所作所为而惭愧,他感叹道:"像我们这样的人,真是不能和周公这样胸怀博大的人相比。"

周公就是以这样的坦荡胸怀征服了他的敌手,也征服了后人。

17-愚蠢的厉王

> 前878年
> 周夷王死,子姬胡即位,是为周厉王。

在周代的诸位帝王中,周厉王是一个在位时间比较长的人,他一共统治周30年。这30年,对于周的臣民来说,是一个漫长的痛苦过程。

周厉王是周夷王的儿子,名字叫姬胡。他在位时,推行暴虐的统治,骄纵淫逸,对人民采取极端的高压政策。

当时京城的人都十分讨厌他的作为,常议论他的过失。有一位老臣叫召公,他是周厉王的祖辈,来觐见周厉王,对他说:"老百姓议论你,是因为他们实在忍受不了你的那种政策了。"

周厉王大怒,就请人从卫国找来一位巫师,让他监视议论他的人。他让巫师随时向他报告,只要他知道谁说他的坏话,他就把别人杀掉。于是,议论他的人渐渐少了,但诸侯也不来朝见他了。

这样过了一段时间,他觉得这方法也许不错,就监视得更加严厉。从此以后,民众再也不敢说话了,人们在街上相遇,也只能互相用眼色示意。

周厉王大喜。一天,他在召公面前夸口道:"我采用的这个办法真灵,能消除人们的议论,这下人们不说我的坏话了。"

这位周厉王真是太愚蠢了,召公给他打了一个很好的比方,他说:"你这是在堵塞人们的嘴巴,堵塞人民的口,就像堵塞河流,而且它的结果比堵塞河流更严重,河水堵塞起来,一旦决口,后果将不堪设想。堵塞人民的口,一旦人民行动起来,那堵塞他们口的人的下场也就可想而知了。所以,治水的人肯定要疏通河道,使它畅通无阻。治理国家的人也应如此,也应该让人民说话,他们有了说话的渠道,国家的安定也就有保障了。我看你目前这样的做法并不高明,正确的做法应该是:让人民有说话的自由,让大臣和官吏们敢于向你进谏。民众的嘴巴,就像大地上的山河,人类无尽的财富都从这里产出,你让人们说话,政事的好坏都可以从这里反映出来,你放着这一财富不用,那么国家又怎么会治理好呢?"

散氏盘

周厉王时期青铜器。出土于陕西省凤翔县,盘高20.6厘米,腹深9.8厘米,口径54.6厘米,底径41.4厘米。盘底有铭文357字,是一篇土地契约。铭文意为:矢(cè)人侵犯散国城邑,被打败了,便向散国赔偿两块田地。现藏于台北故宫博物院。

周厉王根本不把召公的话放在心上,一意孤行。

他贪图财宝,排挤那些敢于和他说真话的人,任用那些奸佞的小人,因为这些小人专门喜欢给他说好听的话。

有一个贵族叫荣夷公,是一个地地道道的小人,但是周厉王就是把他看得很重。大夫芮良夫进谏道:"荣夷公是一个贪图财利的人,他霸占人家的财产,京城是无人不知,你怎么能任用这样的人呢?普通人霸占人家的财产被称为强盗,像荣夷公这样的人,家中有那么多的钱财,还去霸占人家的东西,你重用他,不就是重用强盗吗?"

周厉王根本不听芮良夫的话,仍然任用荣夷公做卿士,叫他主管国家大事。他的所作所为,激起了人民强烈反对,人民再也不能忍受他的暴政了,大家串联起来，去和周厉王拼命，人们从四面八方冲向王宫，有的拿棍子，有的拿起刀。

周厉王听到人民的叫喊声，吓得瑟瑟发抖，一向在人民面前大施淫威的君王，失去了往日的神威，他躲到了宫廷的后院，叫来了一批卫士，护送他从后门灰溜溜地逃走了。

人们知道周厉王从后院逃跑了，就跟在后面追赶。周厉王不分昼夜地跑，跑了三天三夜，跑到了一个叫彘（zhì）的地方，在这里躲了起来。从此以后，他夜晚睡觉，耳边常常还能听到人们的叫喊声，使他从噩梦中惊醒。

愤怒的人群没有抓到周厉王，就去抓他的儿子静。太子静这时正躲在召公家，人们知道这一情况后，就包围了召公家。

人群中有人高喊道："召公在上，你是国家的功臣，我们做这事与你无关，就是要让你把那昏君的儿子交出来。"

这时，太子静就藏在召公家的密室里，召公对自己的夫人说："从前，我屡次劝告君主，君主不听，因而遭到目前这场灾难，但是现在要是杀了太子，那君主一定认为我把他当作仇人而发泄愤怒，那我就成了一个小人，我认为，侍奉君主的人在危险的时候也不能仇恨君主。我想将自己的儿子交出去，以换得太子的安全。"

夫人一听，心如刀绞，但她信任自己的丈夫，也就依从了。

于是他们很快把自己的儿子找来，让他俩换了衣服，太子被人领着从后门逃走了。

召公看准备停当，就站到门前的台阶上，带着颤

TIPS

宣王中兴

周宣王就是周厉王的太子姬静，他即位后，任用良臣，整顿朝纲，走上复兴之路，在诸侯中提升了王室威望，历史上称这段时期为"宣王中兴"。

抖的声音说道："这是厉王的太子静，你们把他领去吧，他是无罪的，你们千万不要伤害他。"

他的声音中充满了哭意。召公的话还没有说完，人们就一拥而上，将召公的儿子从台阶上抓下来，大家你一下，我一下，顷刻间，召公的儿子就被打得血肉模糊，人们用脚在他的身上踏，召公的儿子就这样死在了人们的愤怒之中。

这一切，召公都看在眼里，他真是欲哭无泪，昏倒在地上。

后来周废除了厉王，拥立周公和召公二人共同管理国家，前后一共达14年，历史上把这一时期叫作"共和"。

> **前841年**
> 周人驱逐周厉王，周公和召公共同执政，史称"共和"。

18-褒姒的笑

西周的最后一个君主是周幽王，他是周宣王的儿子，他登位后给周王朝带来的只是祸殃。他贪图享受，不理朝政，排挤有用之才，重用那些奸佞之人。

周幽王手下有一个大臣叫虢（guó）石父，他非常善于谄媚，所以周幽王很喜欢他。他经常给周幽王出坏点子，他的每一个点子往往都会给国家带来一场灾难。

> **前782年**
> 周宣王逝世，子姬宫湦（shēng）即位，是为周幽王。

有一天，这位大臣闲极无事，给大王进了一言，说："君王，近来各诸侯国都给朝廷进献物品，就是褒（bāo）国什么东西也没有进献，不知是何缘故？"

于是周幽王就派人到褒国去，暗示他们的国家应给朝廷进献东西。

褒国是一个小国，听到这一消息之后，国王吓得气都不敢出。国王和大臣们在一起商量，有一大臣认为:"我们国家没什么好东西,我看幽王非常喜欢女色,送他美女,也许他会喜欢。"

褒国国君就听从了他的话,派人到全国去寻找美女。

他们在一个小山村发现了一个美女,名叫褒姒(sì)。这个女人长得妖艳动人,皮肤如雪一般白,气质冷若冰霜。褒国就把这个女人献给了周幽王。

这褒姒是一个坏女人,所以历史上关于她有很多传说,说她的来历可不平凡。周厉王时,周厉王命令女人裸体为他跳舞取乐,有一个女人吐了一口唾液,这唾液后来变成了一条黑色的蜥蜴,它爬到了周厉王的后院,咬到一个宫女,后来这个宫女生了一个女孩子,被一对褒国的夫妇收养,这就是后来的褒姒。

和褒姒一同献给周幽王的一共有九个美女,但是褒姒的美却给幽王印象最深。褒国的大臣没有说错,周幽王果然对他们的这份礼物很感兴趣。褒国因为这个女子免去了一场祸殃,但是周却因这个女子,差点把国家送到了灭亡的边缘。

自从周幽王见到这个女子之后,就整天什么事情也不放在心上了,他太喜欢这个女子,她的美色,使周幽王魂不守舍。他和褒姒在一起喝酒,在一起看乐舞,在一起放荡,这耗费了他的所有时间。

褒姒后来生了一个孩子,取名叫伯服。在这之前,周幽王已经立过王后,就是申后。申后也有一个儿子,就是宜臼(jiù),并且已正式立他为太子。

褒姒心里很不服气,她一方面千方百计笼络周幽王,使他离不了她,另一方面又寻找各种机会,让他答应立她的儿子为太子。周幽王本来就十分宠爱褒姒,对申后很厌倦,心里也有这个意思,经褒姒这么一说,也就同意了。

一天,周幽王召来群臣,废掉了申后,立褒姒为王后,废掉了太子宜臼,立伯服为太子。申后一气之下,就逃了出去。

群臣对他们的国君为了一个女人竟然把国家弄成这个样,心里都窝着一股气,但是又有谁敢说呢。当时,太史伯阳是个有资历、有智慧、有胆量的人,他到周幽王跟前进谏,但是周幽王哪里肯听!伯阳怀着痛苦的心情离开宫廷,口中自言自语道:"周朝要灭亡了,再也没有办法挽救了。"

褒姒是个冷美人,自从周幽王见了她,还没有见过她笑,他想了许多法子还是不行。周幽王想,王后这样美,要是再能笑一下,该有多美啊。

一天，他们俩到骊（lí）山去游玩，登上高台，他们在那里一边看着美景，一边喝酒听音乐，好不快乐。

正在玩乐时，褒姒忽然指着对面山上的一种圆鼓鼓的东西，说道："大王，那是什么？"

原来这是周朝为了抵御外来侵略而建立起来的烽火台，烽火台上堆着许多干狼粪，这种狼粪可以燃烧，如果有敌人进犯，他们就点起狼粪，于是狼烟缕缕升起，这时远在各地的诸侯就知道周的京城有危险，就会出兵来救助。

烽火戏诸侯

西周末代君主周幽王宠妃褒姒是冷美人，幽王为博其一笑，命人在骊山烽火台点狼烟示警。按约定，烽火台起烟表示有外敌入侵，各方诸侯必须举兵前来救援。褒姒见诸侯受骗，不禁嫣然而笑。幽王大悦。后犬戎来袭，周幽王燃烽火搬救兵，再无诸侯前来，结果周幽王被杀，褒姒也被掳走。西周亡。

褒姒觉得这东西很好玩，就说："我不信，难道有这么灵？"就让周幽王点给她看看。

周幽王这时只想到要讨眼前这位美人的欢心，哪里管得了国家的大事，就传令让兵士将所有的烽火台都点着。一时间，在风和日丽的天空上升起了一股股狼烟，褒姒看了，好不壮观。诸侯们见到狼烟升起，急忙聚集兵士赶往镐京。

不到一会儿，兵士们从四面八方向京城赶来，刚才还宁静的骊山前，一下子旌旗招展，鼓声震天，漫山遍野都是兵士，他们扛着戟，持着剑，在山上摆开了战场。

诸侯们满头大汗来到周幽王面前，跪倒在地，道："大王在上，臣下赶到，听从大王调遣。"

周幽王一时语塞了。望着君臣那副尴尬的样子，褒姒放声大笑。这一笑不要紧，笑得周幽王心花怒放，他朝思暮想的美人的笑今天总算见到了。冷美人这一笑真是百媚横生，这一笑，也笑得诸侯们莫名其妙，他们想不到他们所有的劳累和惊慌就是为了换来这荒唐的一笑。

从此以后，他俩这种荒唐的把戏不断重演，诸侯们被折磨得苦不堪言，周幽王的烽火台也渐渐失去了信誉。

话说原来的太子宜臼被废以后，他怕遭毒手，就逃出了周，来到一个小国家申。申国是他母亲的国家，申侯见到周幽王如此昏庸，就立志报仇。他们联合了缯（zēng）国和西边的犬戎国，一起来攻打周。

当申侯的联合部队到达周朝都城镐京周围时，周幽王就像热锅上的蚂蚁，他急忙命令手下人点起狼烟，但是这狼烟早已不灵了，诸侯们看到狼烟，心想，这昏君又在干荒唐事了，当然不会起兵来救。

就这样，周幽王的卫士们根本不堪一击，京城失守。周幽王带着他心爱的美人和财宝连忙逃跑，逃到骊山脚下，被追赶上来的士兵一刀结果了性命。

他与褒姒所生的儿子伯服也被杀害。但是褒姒却安然无恙，缯国的国君也觉得她很漂亮，就把她当作战利品带了回去。

申侯带领将士冲进了京城，抢走了周的财宝，立了申后的儿子宜臼为王，这就是周平王。周平王将京都迁到了东边的洛邑（今河南洛阳），历史上把在他之前的周称为西周，他在洛邑建立的周朝称为东周。

> **前771年**
> 犬戎攻破镐京，周幽王被杀，西周灭亡。

春 秋 时 代

历史上所说的春秋时期，是根据一本影响广泛、定本于孔子之手的书——《春秋》而确定的，开始于公元前770年，这一年的标志性事件是周平王东迁，至公元前476年，也就是周敬王四十四年为止。其后就是战国时期。春秋处于东周的前半段，这是中国历史发展的特殊时期。虽然时间不长，但中华文明于此书写出了浓墨重彩的篇章。

春秋之时的典型特征是连年的战争。这是中国历史上诸侯纷起的大分裂时期，群雄争霸，先后出现了齐桓公、晋文公、宋襄公、秦穆公、楚庄王称霸的情况，历史上称为"春秋五霸"（另一说法，以齐桓公、晋文公、楚庄王、吴王阖闾、越王勾践为春秋五霸）。

每一个霸主的形成，背后都包含着很多令人难忘的故事，伴随着生灵涂炭，也昭示着人性的善良和邪恶。像晋文公重耳流亡和称霸的过程，就是一部活生生的春秋时期政治教科书。管鲍之交中透出的人性温情，越王勾践卧薪尝胆显露出的意志力的尺度，伍子胥身世沉浮所折射出的人世争斗的惨烈，令数千年之后的人们读之仍然唏嘘不已，也给人很多有关生存意义的启发。

这是一个战火频仍的时代，战争意味着毁灭和新生，往往也闪烁着智慧的光芒。这个时代出现了很多叱咤风云的英豪，涌现出很多令人叹为观止的谋略运作。《孙子兵法》就诞生于这个时代。在这个时代里，我们看到无数谋士匆忙的身影，像晏子的二桃杀三士以及使楚时对答所体现出的智慧，老臣范蠡（lí）纵横捭阖（bǎi hé）于疆场、深谋远虑于人生海洋的经历，都给后人留下了值得深思的地方。

　　这一时期更是一个思想萌生的时代，出现了很多思想家，伟大的孔子和老子就产生于这个时代。他们的思想，成为中华民族最为珍贵的精神遗产。

19-公子小白和公子纠

周王室到了春秋时期已是逐渐衰微了,那些分封的诸侯国也一个个强大起来,一些先富有强大起来的国家就用武力去兼并另外一些小国家,这样,就出现了为了夺取霸主地位而战斗不止的状况。

齐国在春秋时期是第一个称霸的国家,这个国家不但地域广阔,而且兵多将勇,所以在诸侯中大家都怕它三分。齐国国君釐(xī)公去世,齐襄公即位。

齐襄公是一个目光短浅的人,他非常嫉妒公孙无知。这个无知在先王在世的时候,非常得宠,先王完全把他当作太子来看待,齐襄公一上台,就想报这个仇,把无知的官位全部免除。

齐襄公又和鲁桓公的夫人私下里要好。一次,他用酒灌醉了鲁桓公,并杀了他,从此就大胆地和鲁桓公夫人私通起来。齐襄公根本不把心思用在治理国家上,他乱杀大臣,迫害人民,就是他的一些亲戚也不能幸免。所以当时的齐国就像刚刚打开的鸟笼子,大家都争先恐后地往外跑。

在逃跑的人中就有齐襄公的弟弟公子纠和公子小白。公子纠的母亲是鲁国人,所以他就带着自己的老师管仲、召忽逃到鲁国去避难。公子小白则

> **TIPS**
> **《春秋》**
> 儒家经典之一。本是东周时期鲁国史官记载历史重大事件的编年体著作,记录从鲁隐公元年(前722年)到鲁哀公十四年(前481年)共242年间的大事。孔子将其整理修订,成为中国历史上影响最大的史书之一。后代多家注解、扩充此书,著名的有三传:《春秋左氏传》《春秋公羊传》《春秋谷梁传》。

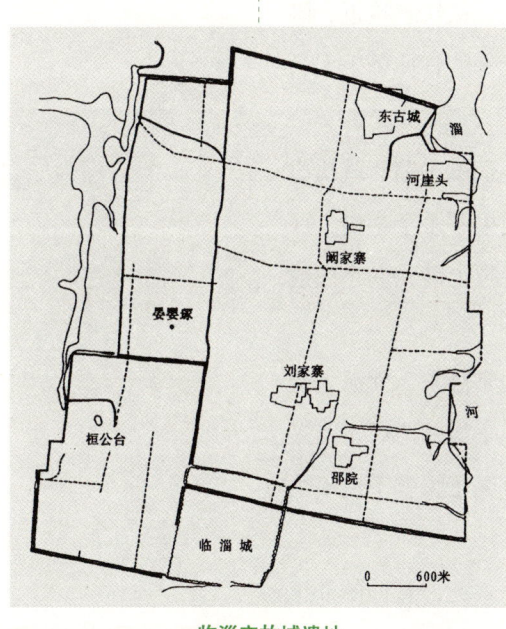

临淄齐故城遗址
西周至战国期间的齐国都城遗址,在今山东淄博临淄区齐都镇,总面积20余平方千米。齐自公元前859年迁都于此,至公元前221年秦灭齐止,临淄作为齐的国都历时630余年。齐都是当时列国中最繁华的城市之一,是东方重要的政治、经济、文化中心。

带着他的老师鲍叔牙逃到了莒国。

在国内，无知和许多大臣联合起来，把齐襄公给杀了，无知被立为王。这之后，时间不长，无知又被雍人给杀了。这样齐国国内没有了君主，于是大臣们就商量请正在国外的公子小白或者公子纠回来做国王。

亲近小白的两位大臣急忙给小白报了信，让他赶在公子纠之前回来，要是回来迟了，可能这国王就轮到公子纠的头上。而鲁国人听说无知死了，就派人护送公子纠火速往国内赶。

这两个人就像一场比赛似的，但是为了使自己能当上国王，双方什么样的办法都使上了。鲁国人怕公子小白先到，就叫管仲先带领一千人马，到小白要经过的路口，等小白一到，就干掉他。

公子小白住的地方离齐国较近，很快就接近齐国的都城了，不料被事先在这里埋伏好的管仲一千人马拦住。

这时，鲍叔牙看到管仲拦住他们的去路，就执出兵器，保护小白。管仲这时想，如果不杀了小白，那公子纠就休想做齐国的国王，于是拉上箭，向小白射去，小白大叫一声，倒在了车下。

管仲以为小白被他射死了，非常高兴，就派人赶快告诉鲁国护送公子纠的人马。公子纠知道后，高兴极了，以为这下子国王是非自己莫属了，就不慌不忙地往前走，六天后才到齐国。

哪知小白根本没有死，也该他不死，管仲的箭正好射到他的衣带钩子，小白并没有被射到。小白在关键之时，急中生智，假装倒在了地下，看起来像被射死了，以此躲过了大难。管仲受了骗，放过了他们。而等管仲一走，小白就爬了起来，和鲍叔牙一起飞快

◀ 前685年

齐国姜小白即位，是为齐桓公，为"春秋五霸"之首霸。

地赶到了齐国的都城，他被立为国王，这就是齐桓公。

齐桓公即位后，经过充分地准备，就开始攻打鲁国。齐国的大军压境，为了国家的生存，鲁国没有办法，只好听从齐桓公的意思，把公子纠杀了，把公子纠的老师管仲引渡到齐国。

20-管鲍之交

齐桓公大胜而归，论功劳，鲍叔牙是第一位的，于是桓公就推举鲍叔牙为相国，但是鲍叔牙就是不答应。齐桓公问他为什么，他说："我不行，我给您推荐一个人，这个人比我强多了。"

齐桓公问他是谁，他说就是当初要杀死桓公的管仲。

齐桓公一听，简直不相信自己的耳朵，他不明白老师为什么推荐自己的大仇人，他非常气愤地说："老师此言差矣，管仲被引渡过来，我正准备有空来收拾他，想不到你却让他来做我的相国，这不是把我们的国家往火海里推吗？"齐桓公和管仲的仇恨就是那一箭，后代成语"一箭之仇"就来源于此。

鲍叔牙很冷静地说："我想问你一句话，你如今当了国王，是为了报仇，还是为了称霸诸侯？"

齐桓公说："当然是为了称霸诸侯。"

"要是你想称霸诸侯，那么你的这位仇人是唯一能帮助你实现这一目标的人。"

齐桓公当然不相信，稍稍沉吟了片刻。鲍叔牙说："我有五点不如管仲。第一点是对待老百姓，我不如他宽厚和考虑周到；第二点是他对国家有一腔热情和报效祖国的忠心，这我也不如他；再一点就是他能

> 前679年
> 齐桓公会盟诸侯于葵丘（今河南民权东），周天子派使臣参加，齐国霸主地位确立。

团结各种阶层的人,这对于您成就霸业是至关重要的,这我当然也不如他;第四点,我不如他能懂得各种礼仪规范,在诸侯中周旋他有一套非常好的办法;最后,他既善于指挥,又能亲自上前作战,我承认我自愧不如。"

齐桓公听他这么一说,心中的疑虑也消除了,那"一箭之仇"也被置于脑后了,他捐弃前嫌,决定起用管仲。

鲍叔牙亲自到牢里去见管仲,而且亲自为管仲解下了镣铐。他被请到王宫,齐桓公也到宫殿门前去迎接他,管仲为他们的诚意所感动,接受了齐桓公所授予的相国这一职务。

说起管仲,他本来出身寒微,没有任何关系,他就是凭着自己的才能而受到公子纠的赏识。后来又因他的足智多谋,在齐国享有极高的威望。管仲当上齐国的相国之后,主持国家的政务,但是由于他出身卑贱,朝廷中有不少豪门贵族看不起他,而另外一些有功之臣也时常不把他放在眼里,因为在他们看来,管仲非但对国家没有贡献,而且还是国家的罪人。为了使这些人能服从他,从而更好地推行自己的主张,需要更加强有力的权力,他就把这个想法告诉了齐桓公,齐桓公二话没说,就又拜他为上卿。

管仲纪念馆

位于山东省淄(zī)博市临淄区齐陵街道办事处北山西村。管仲被齐桓公任命为相,他治理齐国期间,齐国国力显著增强。齐桓公在他的辅佐下以"尊王攘夷"为口号,征讨四方,成为春秋首霸。《管子》据说是他所作,反映了他的思想理念。

TIPS
《管子》

相传是春秋时管仲所著,共85篇,今存76篇。以黄老思想为主,兼涉儒、名、法、兵、阴阳等家思想,并记载有关天文、舆地、经济和农业等方面的知识,内容极为丰富。

管仲治国一段时间后，国家的情况并没有多大改变。齐桓公心里非常着急，有一次，就忍不住问起了管仲。

管仲说："大王，我早就想和您说，现在这种情况是因为我手上没有什么钱，所以做什么事情都很困难，这样国家又怎么能富强起来呢。"

齐桓公听他这么一说，就把自己大量的钱财拿出来，并把贸易税收交给他使用。

又过了一段时间，国家还是没有大的起色。齐桓公问管仲是什么原因，他又说："我不是您的近亲，对你们公族的一些事不好处理。"

齐桓公说："这不要紧，我再来赋予你特殊的身份。"于是，他自己称管仲为"仲父"，他这样一称呼，那些王公贵族自然对他另眼相看了。

可以说，管仲之所以后来能取得那么大的政绩，与齐桓公的支持是分不开的。管仲有了这些权力以后，就大胆地进行改革，发展生产，鼓励农民耕种，国家很快就获得了大发展。他又十分注意发展国防事业，因为在那个时期，国家的军事力量不强大，说不定哪天就会被别人吃掉。

管仲在齐国取得了巨大的成功，人们问起他有什么体会，他说："生我者天也，知我者鲍叔牙也。"

他对别人说："我以前最困苦的时候，就和鲍叔牙在一起做生意，每次分红的时候，我总要多分一些，但是鲍叔牙从来不以为我贪财，因为他知道我家中很穷。我干了很多事，都没有干好，在这种时候，鲍叔牙不是讥笑我，而是劝我，说我的机会还没有到来，如果机会到来了，一定会干得很好的，他的这种鼓励对我来说太重要了。我有时候在打仗中，临阵逃跑了，鲍叔牙并不鄙夷我，而是对别人说，我家中有老母在，我不得不这样。像这样对我的了解，真使我终生难忘。没有鲍叔牙，就没有我的今天。"

后来，人们将能够相互了解的好朋友，叫作"管鲍之交"。

21-曹刿论战

齐桓公当政以后，由于怨恨鲁国曾经帮助过公子纠，就出兵攻打鲁国。公元前684年，齐国和鲁国在长勺（今山东莱芜东北）这个地方打了一仗，这就是有名的齐鲁长勺之战。

齐国当时已经是非常强大的国家，而鲁国却是一般的小国家，国力较弱，看起来并不是齐国的对手。鲁庄公觉得齐国正是看到鲁国比齐弱，所以欺负他们，心里就憋了一肚子的火，动员全国的力量来抗击齐国。

> 前684年
>
> 齐鲁长勺之战，鲁胜齐。

齐国有一个人名叫曹刿（guì），知道鲁庄公要和齐国拼命，就去求见庄公。曹刿是个什么样的人呢，他只是个一般的老百姓，但是他却比一般人多了点智慧。曹刿的一些乡亲们对他这一行为大不以为然，有的人劝他说："国家打仗，都是那些当官人家的事，你又何必在里边掺和呢。"

曹刿回答说："那些当官的人整天考虑自己的得失，又一个个目光短浅，未必能帮助庄公将这场

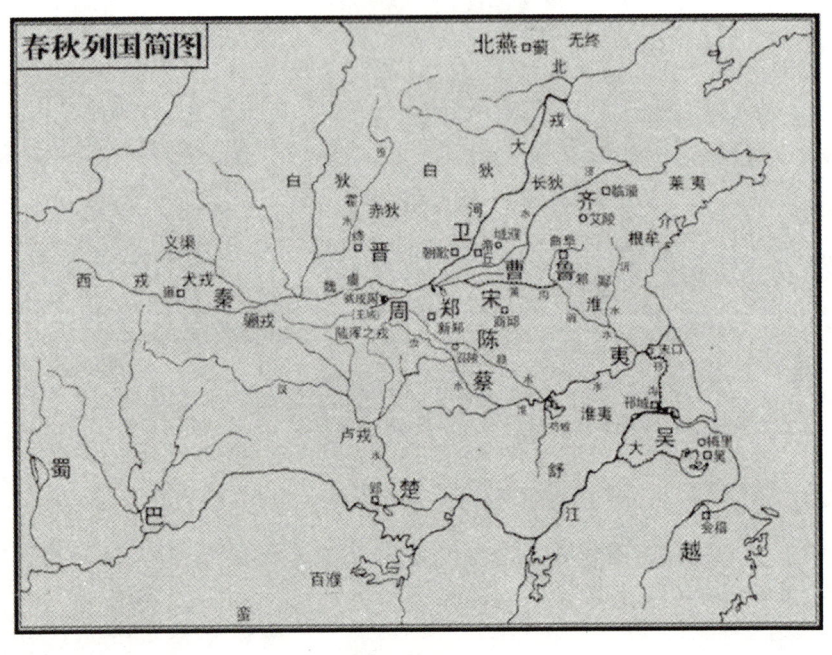

诸侯形势图

周平王东迁后，王室衰微，无力号令诸侯，导致诸侯国纷立，有两三百个之多，诸侯争霸，有齐、晋、楚、秦、吴、越等国相继称霸。

战争打好,还不如我去一趟。"乡亲们没有劝得了他,他独自一人去见鲁庄公。

鲁庄公忙于应付作战前的一切准备工作,非常忙,听说有一个老百姓要见他,他并没把这事放在心上,就没有传令让曹刿进来。后来听说门外的这位不速之客有一些攻打齐国的计谋要献给国王,鲁庄公就让他进来了。

曹刿见了鲁庄公,就直接向鲁庄公提出自己所担心的问题,问他是不是有对付齐军的良策,鲁庄公说靠的是鲁国上下一条心。曹刿说:"大王怎么知道人民会乐意去为你抗击齐国呢?"

鲁庄公说:"我对老百姓可好了,平时我要是得到什么好吃的、好穿的,我都不敢一人享用,而是分给老百姓,和大家共享。我想凭这一点,老百姓会支持我的。"

曹刿听了则不以为然,他说:"你这是小恩小惠,得到的人毕竟是少数,那些得到你好处的人也许会帮你,但是那些没有得到你好处的人未必就会甘心去卖命。"

鲁庄公说:"你要说那是小的方面,我给你说一个大的方面,比如我在祭祀时,总是非常虔诚,没有一点虚假,我这样做神灵应该会降福于我吧?"

曹刿把头直摇,说:"祭祀中的虔诚算不了什么,这也不能使得神信任你,从而保佑你。"

鲁庄公沉默了一会儿,说道:"要说我平时对待老百姓的事也真够认真的,老百姓所告上来的案件,我虽不能说每一件都过问,但是我还是尽力来

春秋时代的战车

战车在夏代已有,从商至春秋期间,车战一直是主要的作战方式。《考工记》中详细记载了商周时期战车的形制。

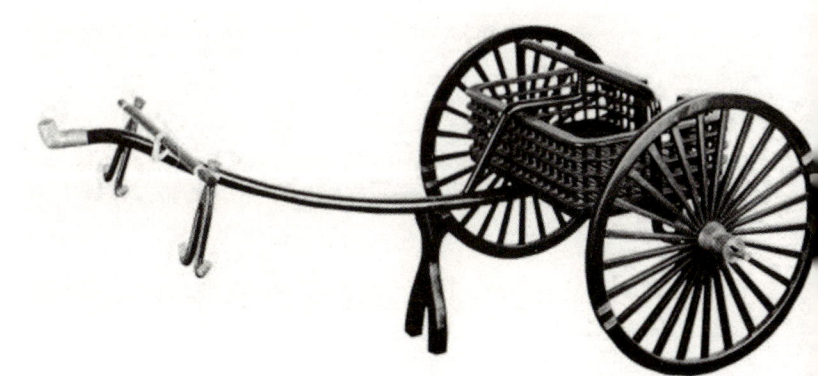

处理，我办案的公允老百姓是很满意的。我想，就凭这一点，老百姓还能不支持我？"

曹刿笑了笑，说："你这才算说到了点子上，你如果真是这样做了，老百姓会听你的，凭这一点是可以很好地号召老百姓去为鲁国战斗的。"

曹刿看到战前鲁庄公在政治方面准备比较充分了，又考虑到战术问题，他请求鲁庄公允许他去前方参战，鲁庄公觉得这人的确有计谋，就同意了，并和他同乘一辆车子向战场进发。

齐鲁两军在长勺这个地方摆开战场，双方人马排列成阵，战旗随风飘扬，鲁国的士兵们手握武器，战马也在阵前紧张得踏着碎步，阵上保持着可怕的宁静。

而齐军阵前却是另外一番景观，齐军仗着自己人数众多，战将们傲视一切，神采飞扬，根本不把鲁军放在眼里。

鲁庄公看到齐军骄纵的样子，非常气愤，就想命令将士们击鼓进攻，曹刿看不是时机，连忙阻止，说："且慢，还不到时候呢。"

齐军击鼓进攻，向鲁军阵中奔来，可是鲁军却待而不发，军中阵形排列有序，齐军不知道这是怎么回事，也不敢轻易出击，一阵鼓噪之后，又停下了阵脚。

当齐军观察鲁军没有丝毫要出击的样子，就又擂了第二通鼓，将士们再次冲锋向前，冲出没多远，发现鲁军一点儿害怕的样子都没有，所以他们又害怕了，于是只得再次退兵。

鲁国的将士们丝毫没动，可齐国的将士却一个个紧张得要命，身上的肌肉绷得紧紧的，而心里却更加疑惑，不知道鲁国葫芦里卖的是什么药。更苦了那些齐军的主帅，他们这时真不知到底是进攻，还是后退。既然齐国这样强大，又有什么可害怕呢，所以他们过了一阵，又擂起了鼓，齐军发动了第三次进攻。

齐国的将士累得要命，而鲁国将士真是以逸待劳，他们一个个斗志昂扬，个个憋足了劲，紧紧地握着手中的武器，只等主帅一声令下，他们就会全线出击。

当齐国第三次向他们进攻时，他们一开始还是按兵不动，正在齐兵疑惑之际，曹刿说："大王，我们进攻的时间到了，现在您发令吧。"

顿时，鲁军一齐进发，鼓声震天，鲁军像猛虎一样扑向了齐军。齐军根本没有想到鲁军会突然出击，他们一个个疲惫不堪，哪里有心思和鲁军作战，所以当鲁军杀过来的时候，他们一个个丢盔卸甲，没打几个回合，就败下阵来。鲁军乘胜追击，齐军溃不成军。

齐军狼狈逃窜，鲁庄公就要命令士兵追击，曹刿急忙阻拦道："不要追，不要追。"

他下了马车，仔细观察敌人败退时车轮的印迹和战马的足痕，发现混乱得很，就说："现在可以追赶了。"

鲁庄公追击的命令一下，士兵们个个奋勇争先，一鼓作气，就把齐军赶出了鲁国的土地。

长勺一战，鲁军取得了决定性的胜利，而取胜的关键就是有曹刿给军队出谋划策，后来在闲谈中，鲁庄公就问曹刿为什么在齐军击两通鼓时，还不让将士们去迎击。

曹刿回答得很从容："打仗这件事，完全凭着一股士气，当双方准备拼斗之时，都处于最佳战斗状态。敌方第一通击鼓，这时他们的士气也最足；当第二通鼓打响时，他们的将士有点泄气了；等到第三通鼓时，将士们的气几乎泄完了，在这样的情况下，我军去迎击，他们的气泄完了，而我们的气正足着呢，这哪里有不胜之理？齐国虽然败退了，但是齐国是一个大国，我怕他们有埋伏，诱使我们去追击，所以我下车去看看他们的车辙。我看到他们的车辙已经是杂乱无章，站到车子上一看，见他们的战旗也东倒西歪的，所以我断定他们是真正的败逃，这样我才建议你命令将士追击，把他们彻底赶出我们的国境。"

鲁庄公本来就对曹刿的指挥才能赞叹不已，现在又听到他谈得头头是道，就给他记了个头功。

22-百里奚的故事

公元前655年,晋献公灭了虞国和虢国。说起晋献公消灭这两个国家,还有一段故事。

晋国在当时是一个很强大的国家,晋献公是个一心想扩张的国君,他早就想攻打虢国,因为虢国是战略要地。但是要攻打虢国就要经过虞国,晋献公就送给虞国国君白玉、良马和大量的金银财宝。虞国是个穷国,他的国君一看这么多好东西,心里别提有多高兴了,就想让这个道。

虞国大臣宫之奇知道这件事后,就来到王宫,谏道:"虢国和我们国家是邻居,如果虢国亡了,我们虞国也逃不了。晋国的胃口很大,他们打了虢国以后还能不打我们?俗话说,唇和牙齿互相依存,如果唇亡,齿必寒了。"

虞国国君说:"晋国和我们是一宗的,怎么会害我们呢?"

宫之奇说:"晋国的国君是个没有信义的人,他连自己的亲人都杀,他的祖辈桓叔和庄伯的子孙不就是死在他手上的吗?何况我们国家呢。"

在金银财宝面前,虞国国君还是经不住这种诱惑,他最后还是让路给了晋国。

那年冬天,晋国灭了虢国,回国的途中,也把虞国给灭了,捉住了虞君,不但取回了自己当初给的礼物,而且将虞国有价值的东西尽皆掳走。

在晋国的战利品中,有大量的俘虏,其中有一个人名叫百里奚(xī),他是虞国的大夫,这是一位有道德、有智慧的人。有的人就把他推荐给晋献公,晋献公知道后,就派了一个大臣去说服他,让他出来做

> ◀ 前658年
> 晋第一次假道于虞以伐虢。

> ◀ 前655年
> 晋再次假道于虞以伐虢,灭虢,回师途中灭虞。

TIPS
曲沃吞晋
春秋时晋国同宗内相互残害,经过近70年的斗争,最终被封于曲沃(今山西闻喜)的成叔、桓叔、武公一系小宗完全消灭了盘踞于都城的昭侯、孝侯、哀侯、小子侯、缗侯一系的大宗势力,成为晋国的新主人。

穆公称霸

秦穆公（？～前621年）是春秋五霸之一。他在位39年，重用百里奚、蹇叔等贤臣，先后征服20多个戎狄小国，辟地千里，国力大增，成就了秦国的霸业。

官，但是遭到了百里奚的拒绝。

这时候，秦穆公为了向晋国求好，就想向晋献公的女儿伯姬求婚，后来人们说的"秦晋之好"，就来源于此。晋献公答应了这门婚事，他觉得从虞国俘虏来的百里奚不愿意归降，放在国中蛮讨厌的，就把他当作陪嫁的奴隶给了秦国。

百里奚是个聪明人，人们哪里想得到在娶亲的路上，他这个陪嫁的人就悄悄地偷跑了。他当时年纪已经不小，就这样翻山越岭，披星戴月，跑到了宛城这个地方。宛城属于楚国，他被楚国边境人员抓住，楚国人以为他是个奸细。他被带到楚国的国都，关了起来。

秦穆公娶了晋国的媳妇，当然很高兴，人们在查点陪嫁品的时候，发现少了一个人，这就是百里奚。开始秦穆公也没在意，但是秦国中有人知道百里奚的情况，就说："这个陪嫁的人，是个了不起的贤才，为人讲究仁义道德，并且有治国安邦的良策。"

秦穆公一听，沉吟了一会儿，自言自语道："哦，有这样一个人。"

秦穆公一心要称霸诸侯，四方求得贤才，听到百里奚的为人，就派人四处去打听他的下落。后来知道他在楚国当奴隶，秦穆公当下就让人取重金去将百里奚赎回。有个大臣进言道："君王在上，依我看来，要是取重金去赎他，可能反而失去了他，因为楚国把他当奴隶，看来是没有发现他的价值，拿了重金去，要换回他的一个奴隶，就等于告诉他们百里奚是个了不起的人，这个时候楚王还会放他吗？"

秦穆公觉得他说得有理，就另想了一个办法。

他派了一个大臣到楚国，对楚国人说："我家君王派我来，是因为有一个叫百里奚的人在你们这里，他原是晋国给我们的陪嫁的人，我们愿意用五张羊皮换回他。"楚国的国君就答应了。

一路上，他们还是以奴隶的待遇对待百里奚，把他放在囚车里，但是一到了秦国的地境，马上就将百里奚释放出来，让他坐上大车，给他穿上大夫的衣服，秦穆公还派人专程去迎接他，对这一点，百里奚心里都是清楚的。

百里奚来到秦宫，被作为上宾相待，秦穆公亲自接见他，拜他为大夫，而且请教他治国的道理。

百里奚这时已经70多岁了，他说："我是亡国之臣，哪里有什么治国的良方。"

秦穆公说："虞国的灭亡不是你的责任，是他们不能重用你。"最后用诚恳的态度感动了他，百里奚于是答应帮助他。

他们俩在一起谈了三天三夜，秦穆公高兴极了，就把国家的大事交给了他，封他为"五羖（gǔ）大夫"（也就是用五张羊皮换来的大夫），为了纪念得到他这件事。

百里奚说："我没有什么，和我的朋友蹇（jiǎn）叔相比，我太微不足道了。"

秦穆公马上向他请教这位蹇叔的所在，百里奚说："说起我和蹇叔的情谊还有一段经历，我在年轻的时候，学了一点儿东西，就想出去闯天下，离开了家乡，那时我很穷，四处闯荡，但是还是没多大起色。我到了齐国，想向齐襄公进献我的治国主张，但是没有人引荐，这事只好作罢，可悲的是当时我的路费也用光了，就流落街头，日子过得真苦。我要饭要到了铚（今安徽宿县，铚音zhì），就遇到了这位蹇叔，他收留了我。他的家境也很清苦，后来他种地，我养牛，在一起过着清苦但却是非常充实的生活。我向他说明我的意向，想去服务于齐王，他阻止了我。我和他在一起，向他学到了很多东西，他是我见到过的最善于治国的贤人之一。"

秦穆公听他这么一说，于是立即派人用重礼请来了蹇叔，也将其封为大夫，他们二人在秦国后来的争霸事业中起到了关键的作用。

23-骊姬的心事

> 前655年
> 晋献公杀太子申生，公子夷吾、重耳出奔。

公元前665年，晋献公攻打骊戎，缴获了大量金银财宝，但是晋献公对这些似乎都不是很感兴趣，他所感兴趣的战利品是骊王的两个女儿——骊姬和她的妹妹。

晋献公非常喜欢她俩，其中尤其喜欢她们中稍大一点的骊姬。他整日和骊姬泡在一起，骊姬也常常利用国君对她的感情来达到自己各种不同的目的。

公元前662年，骊姬生下了一个男孩，叫奚齐。这下子晋国就不得安宁了。晋献公一共有八个儿子，其中太子申生、重耳、夷吾都十分贤良。周围的诸侯国对此都很嫉妒，以为晋国有了这么几个儿子，就等于有了几只猛虎，将来对成就晋国的霸业会有很大的帮助。

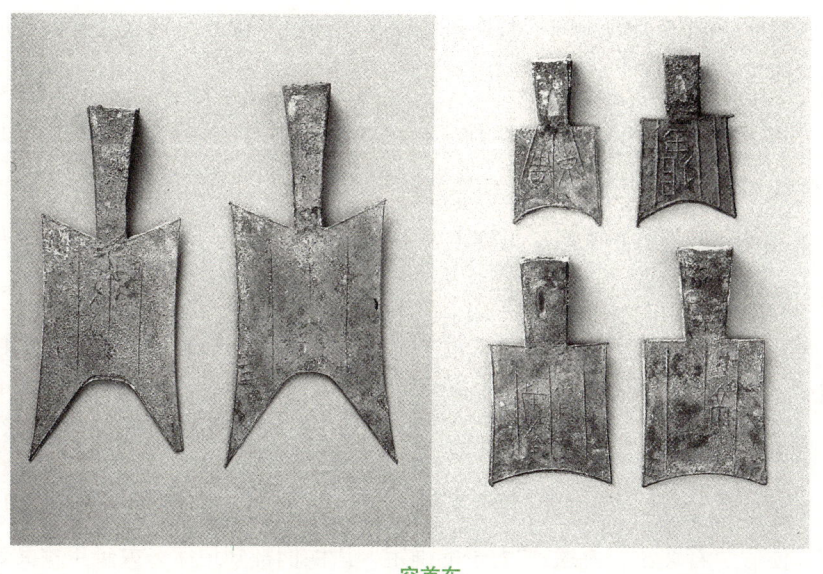

空首布

春秋时期晋国货币。1956年出土于山西省侯马晋国故城遗址，通高为13～15厘米，重34～44克，铜铸。这是目前发现的中国最早的金属货币。这是两种样式的空首布，一种是平首耸肩尖足，一种是平首平肩弧足。现藏中国国家博物馆。

但是自从奚齐出生以后，这种情况就发生了根本的改变。也许是晋献公太喜欢骊姬的缘故，就想废去太子申生，立奚齐为太子。

晋献公开始还有点犹豫，但是在骊姬的感情攻势下，他最后下定了决心。他对大臣们说："我看曲沃是我的祖先的祠庙所在的地方，蒲邑这个地方靠近秦国，屈邑又靠近狄族，我看这些地方都是不可大意的，我想派我的儿子去镇守。"

他就根据这个借口，将太子申生派到了曲沃，重耳派到了蒲邑，公子夷吾派到了屈邑。

而晋献公和骊姬、奚齐却住在晋国的国都绛（jiàng），有些大臣私下里说，太子申生这下子看来是不得登位了。太子申生的母亲是齐桓公的女儿，母亲早死了，他在父亲面前失宠了，也就完全失去了靠山。为了给废除太子这一步做准备，晋献公还安排了一系列步骤，如给他封地，赐给他官位，等等。

太子申生的谋士士蔿（wěi）说："我看你还不如逃出晋国，你在这个国家早晚要遭他们的毒手。"但是太子申生觉得不会的，他认为父亲对自己还是很好的。

但是太子万万没有想到，就在给他许多东西的时候，一场换太子的闹剧实际上就拉开了序幕。

一天，晋献公把大臣里克叫到了自己的身边，对他说："我有好几个儿子，你认为哪个儿子可以当太子？"

里克不作回答，出来后，见到了太子，就对他说起了这事。太子说："我会不会被废掉？"

里克说："太子你只有勉力吧，你只要自己走得正、做得正，又有什么可以怕的呢。"太子就听从了他的话。

晋献公一次对骊姬说："我想废掉太子，立奚齐。"

骊姬心里乐开了花，她早就等着这一天，但是她一想，这时可不能露出风声，便假装着哭泣，说道："太子的确定，诸侯们都知道了，太子申生又是一个有功之人，他率领部队打过很多大胜仗，百姓都说他好，你怎么能因为我这卑贱女子的缘故，废掉太子呢？你要是真这样做，我就不想活了，省了出去别人指着我骂。"

晋献公听她这么一说，以为她真的反对，便说："这是我废掉他的，谁敢说是你要我做的。"

骊姬看时机成熟，就暗地里派人散布太子申生的坏话，为她的儿子做太子做准备。

太子后来知道骊姬在晋献公面前的表演，以为骊姬是个可信赖的人。一次，骊姬对太子申生说："昨天我听到君王说，他梦见了你的母亲，你还不快快去祭祀你的母亲，也顺便谢谢你的父亲，送给他一些福食，那你父亲真要说你懂事了。"太子申生就听了她的话。

于是太子就给父亲送去了一些食品，这时他的父亲出去打猎了，他就把食品放在那里。他走后，骊姬叫人在那上面下了毒。

过了两天，晋献公回来了，厨师就把太子送来的食品拿给晋献公看。晋献公一听到是儿子送的东西，非常高兴，就说："这孩子现在也真懂事了。"

这时他也正饿了，就叫厨师拿点让他先尝尝；骊姬忽然上前说道："这食物放得时间长了一点，我看是不是让人拿去试验试验，看是不是好的。"

晋献公也觉得她说得在理，于是就叫厨师放了一点到地下，唤了一条狗，狗吃了后，突然发出尖叫的声音，一会儿，狗就在他们面前死了。晋献公大声道："难道这里面有毒！"就拿了一点让小宦官吃，小宦官吃了，当场就死了。

骊姬这时大声哭了起来，道："太子是多么狠毒啊，为了自己想当君王，连自己的父亲也想毒死，我要不是亲眼看到，是绝对不会相信的。哎呀，我的命好苦啊，你现在老了，早晚要下世的，那时他还不知会对我们母子俩怎样呢。"

骊姬一把鼻涕，一把眼泪，哭得好伤心。忽然，她擦了擦眼泪，平静地说道："太子要害你，还不是因为我们母子俩的缘故，他就是怕你废了他而立奚齐，我看我们母子俩还不如早早离开这个地方，到其他地方去避避难，省了在这里他看了我们这眼中钉，不顺眼。"

晋献公看到自己的儿子要害自己，又听了骊姬的这一番狂轰滥炸，决心已定，就立即派人去杀了太子申生的师傅杜原款。

有人对太子说："你也没毒害父亲，怕什么，赶快到你的父亲面前去说说，现在人们都在说是骊姬下了毒来嫁祸于你。"太子说："我们的国君老了，我要是去说了，父亲也许会杀了骊姬，他没有骊姬也不行，他吃不好，睡不甜。"

他真是太善良，也太天真了。又有人对他说："你在国内早晚要遭不测，还不如快点投奔别的国家。"太子说："我背着这个逃跑的恶名干什么呢，还不如死了吧。"不多久，太子申生在新城自杀了。

24-重耳流亡

重耳，也就是后来战国时期的赫赫霸主晋文公，他一生充满了磨难，在当上晋国的国君之前，经历了一段富有传奇色彩的流亡生活。

自从重耳的父亲晋献公娶了骊姬以后，晋国的宁静就被彻底打破了。骊姬设计杀害了太子申生以后，她的黑手就又伸向了精明干练的重耳和夷吾。

太子申生刚死，夷吾和重耳就来见晋献公，问起哥哥的死因。晋献公大发雷霆，说："这小子嫌我死得太迟了，还对我用起计来。"

夷吾说："父亲，我们都很熟悉哥哥的为人，他一向为人正直，他好像不会做出此类事来。"

晋献公说："可不是嘛，我也不相信，要不是我亲眼所见，我怎么想到他会害我。"

重耳和夷吾还要说什么，晋献公阻止了他们。但是，他们有一个共同的感觉，哥哥就是被骊姬害死的。

夷吾和重耳来见晋献公的事，骊姬通过她安插在晋献公身边的耳目都知道了，她害怕极了，她觉得要不把这两个小子除掉，早晚要出乱子。于是又开始了她的下一步打算，她不断地在晋献公面前说两个公子的坏话，并且想设计一个机会来除掉这两个人。

夷吾和重耳都知道这位后母的毒辣，现在她正得到父亲的宠爱，父亲许多方面都是听她的，所以他们一点儿也不敢大意。他们商量，看来目前唯一的办法，就是离开京城。夷吾回到他的领地屈邑，重耳逃到他的领地蒲邑，在那里高筑工事，以防不测。

后来晋献公听从骊姬和大臣士蒍的话，认为他俩要谋反，就派遣人去征讨他们，派宦官勃鞮（dī）去杀重耳。

一天，重耳正在房中读书，忽然听到外面人声喧哗，原来是他父亲派兵来杀他，慌忙之间就爬墙而逃。勃鞮飞身赶到，从墙下一把抓住重耳的衣服，举刀砍去，只砍去了重耳的衣服袖子。重耳一个纵身跳下了墙头，逃之夭夭。

重耳逃到了翟（dí）国，过了三年，晋国出兵攻打翟国，因为他们得知重耳就在那里，翟国也毫不示弱，就从背后攻打晋国。晋国当时遭到许多国家的夹攻，所以也不敢再向翟进军，就退了兵。

公元前651年，晋献公去世，就立了骊姬的儿子奚齐为王。大夫里克等对这种安排耿耿于怀，他们想把重耳接回国当国君。

里克于同年十月杀了奚齐。这时，晋献公还没安葬。大夫荀息利用骊姬的帮助，立了骊姬的另一个儿子悼子为王。不久，里克把悼子和荀息都杀了，晋国的宫廷一片混乱。

这时，国中无主，大臣们在一起商量到翟国把重耳接回来，立他为王，他们都认为，国家在目前这样混乱的情况下，只有重耳的智慧可以治理这个国家。

他们派人到了翟国，见到了重耳，说明了来意，但是重耳经过认真地考虑后说："我违背父亲的命令逃到了别的国家，父亲死后我也没有尽一个儿子的孝道，我怎么能这个时候回去当王呢。"

后来，大臣们就请了夷吾回来。立他为王，这就是晋惠公。

重耳少有大志，他早在年轻的时候就结交了许多贤士，有赵衰（cuī）、狐偃、贾佗（tuó）、先轸（zhěn）、魏武子等，号称"文公五贤人"。

重耳来到翟国后，翟国对他非常好。翟国是他母亲的祖国，翟国国王把自己的女儿嫁给了他，他一共在翟国住了12年。夷吾为君的时候，手下的大臣就给他进言，说是重耳以后会和他争江山，糊涂的夷吾就派了几个壮士到翟国去杀害重耳，但是翟国的国君保护了他，使得他免遭祸殃。

他在翟住得时间长了，有一天，他和赵衰等商量道："我当初逃到翟国，是因为翟国离我们国家近，也因为这地方可靠，在这里住这么久，也不是个事，又给他们国家带来了很多麻烦。我很早就想到齐国去，齐桓公是一个深谋远虑的人，现在他的国家也正缺人，管仲等也死了，我想现在就成行，不知你们以为如何？"

赵衰他们同意重耳的意见。于是他们就准备出发。

临行的那一天，他们和国王告别了，重耳来到了自己的妻子面前，说："我走以后，你要受苦了，你等我25年，我要是不回来，你就改嫁。"

他的妻子止住了哭泣，轻声笑着说："等到25年后，也许我的坟墓上的柏树已经长高了。虽说是这样，我还是会等你的，一直等到死，等到来生。"

重耳这个时候已经是40多岁的人了，他泪眼模糊地告别了妻子。

他在去齐国的途中，经过卫国。卫文公觉得他是个逃亡的人，对他很没有礼貌，还吩咐人快快把他赶出去。他到了卫国五鹿这个地方，没有吃的，就向乡下人讨饭。那些人想戏弄这个要饭的，就用盆子装了一点东西拿给他吃，他拿近一看，原来里面装着许多土块。

重耳气得就想揍他们，赵衰笑着说："不要打，你不觉得这是个好兆头吗？泥土，象征着拥有土地。"

于是重耳跪在地下接受了这份不平常的东西。

他到了齐国，齐桓公早就听说重耳贤良能干，用最隆重的礼节欢迎他，并且把同宗的女儿姜氏许配给

> **前651年**
> 晋献公去世。晋先后立骊姬之子奚齐、悼子为君，均被大臣里克杀害。秦穆公护送夷吾回国即位，是为晋惠公，在位15年。

列鼎

1988年出土于山西太原金胜村251号春秋赵卿墓。鼎为牛头龙纹升鼎，大小相次，共七件。鼎是重要的礼器，周代礼制规定"礼祭：天子九鼎，诸侯七，卿大夫五，元士三也"。赵卿是上大夫，按规定只能用五鼎随葬，但他的墓中升鼎有三组之多，分别为七鼎、六鼎和五鼎，这说明他僭（jiàn）用了诸侯之礼。

> 前643年
> 齐桓公去世，齐国内乱。

他做妻子，送给他20乘马，并且给他许多东西。齐桓公对他也非常敬重，每每有事就和他商量。他也就很安逸于这种生活。

他到了齐国后的第二年，齐桓公去世了。大臣竖刁内乱，在十分混乱的情况下，齐孝公即位。这时候，许多诸侯国觉得齐桓公一死，齐国国势衰微，就乘机来攻打齐国。

重耳虽然觉得在这里生活不是很安全，但是他有一个很好的妻子，他觉得这就够了，他和妻子恩恩爱爱，生活过得很舒坦。

他的几位随从都劝他离开齐国，但是重耳没有一点儿要走的意思。一天，赵衰、狐偃等在一棵桑树下商量，怎样能使他们的主子改变主意，被正在采桑叶的姜氏的侍女听到了，回去以后就告诉姜氏。姜氏是一个深明大义的人，她早就觉得丈夫有点乐不思国的心思，就让女仆不要声张。

一天，她照例和重耳恩恩爱爱，在这当中，她对重耳说："夫君，我们俩虽然相亲相爱，你给我带来了幸福，但是，你还有你的事业，你的祖国，一个男人应该以天下大事为己任，怎么能只图个人的安逸呢？"

见到妻子这么深明大义，他觉得自己很惭愧，但是动乱和流亡生活实在给他带来了太多的苦恼，他对世事的纷争也实在太厌倦了。他有一个爱他的妻子和一个美好的家庭，他觉得就够了，何必再去奔跑不休，像丧家之犬一样？他把自己的这一想法告诉了妻子。姜氏觉得这样软劝是不行了，就和赵衰等商量，他们想出了一个办法。

一天，姜氏大摆宴席，招待友人。在席间，他们把重耳灌醉了，随后就把他抬到预先准备好的车子上。第二天清晨，重耳醒来后，发现自己在一辆奔驰的车子上，他看到五个贤人都在车子上，咎犯（即狐偃）还亲自为他驾车子。

他一切都明白了。他从车上翻过身来，划地拔出了刀，就向咎犯刺去，咎犯急忙闪身，说道："你要觉得杀掉我，能成全你的心愿，你就杀吧。"

咎犯是他的舅舅，重耳说："你们现在硬要让我走，将来事业不成，我就吃舅舅的肉。"这几位忠心赤胆的人开始感到大事不好，但从他的话音中，觉得他们主子的气消了一些，心里也就稍微轻松一些。

咎犯故意和他开玩笑，想缓和一下空气，他说："我的肉老了，又腥又臊，有什么吃头。"这句话把重耳说得笑了起来。

五位贤人成功地把他们的主子挟持走，心里不知有多高兴，一路上他们有说有笑，重耳也打趣道："瞧你们这样，就像一个个当了国王似的。"

赵衰说："我们比当国王还高兴。"就这样他们到了曹国。

曹共公也是个势利小人，他根本不把逃难中的重耳放在眼里。他早就听说重耳长得和别人不一样，重耳的肋骨不是像平常人那样分开的，而是长在一起，曹共公就很好奇，想看一看，于是趁他洗澡的时候，偷偷地溜进去看了个明白。

出来后，他还和别人绘声绘色地描绘。曹共公的一个大臣叫釐负羁觉得他的国王这样做也太没有礼貌、太庸俗了，就对他说："晋国的公子是一个出名的贤人，而且他又和你同姓，你怎么能这样对待他？"

曹共公根本不把他的话当回事。釐负羁非常看重

TIPS

泓水之战

前638年，宋国与楚国为争夺霸权，在泓水（今河南柘城北）进行了一次大的战役。战争中，宋襄公坚持古老道义，两次拒绝突袭的建议，让楚军顺利渡河、列阵，导致最终兵败受伤。此后楚国势力在中原迅速扩张。

重耳，他私下里送给重耳食物，在食物里面放了一块玉璧，以给他们在流浪中遇到困难时使用。重耳对他的这番好意感激万分，接受了他的食物，但是将玉璧还了他。

他们离开曹国，来到宋国。宋襄公刚刚和楚国打了一仗，国家受到了很大的损失，他自己也在泓河边的战斗中负了伤，他这时急需人才，所以对重耳前来非常欢迎，于是就用接待国君的礼遇接待了他，亲自到馆驿向他求取治国之计，并且热忱地欢迎他留下来，共成霸业。

宋国的司马公孙固和重耳的舅舅相好，他暗地里对重耳的舅舅说："我看你家公子还是到别的地方为好，宋是个小国，打了这次仗以后又很弱，要让宋君帮公子重返国家并非易事，我看你们不如到其他大国去。"

咎犯觉得这位老朋友的忠告是有道理的，于是就和重耳离开了宋国。

后来他们经过郑国，郑文公也是个势利小人，他觉得重耳没有利用价值，对他毫无礼貌，命令手下人不要让他们的车子进城，重耳只得绕过城墙，离开了郑国。郑国的一些大臣觉得国王这样做太短见，大夫叔瞻对国王说："晋公子贤能，他的手下人个个了不起，都可以充当国家的辅佐，你不对他们以礼相待，日后也许会惹来麻烦，不如现在派人追上他们，把他们杀了，留着他们，日后对我们郑国来说，是个祸患。"郑文公不听他的话，重耳顺利地离开了郑国。

他们来到楚国，楚国当时是个大国，但是楚成王对他却是优礼有加，用诸侯的礼节接待他。重耳感到受之有愧，就推辞，赵衰说："你在国外逃亡十几年，小国都欺负你，但是现在大国却对你好，说明你将要发迹了，你就大胆地领受吧。"

重耳就接受了他的诸侯之礼。他在这里住了几个月，有一天，楚成王和他在一起叙话，楚成王突然说："公子如果回国了，用什么来报答我？"

重耳面对这一突如其来的问题，一时感觉到不知如何回答是好，他稍加思量，说："我要是回国了，日后一定用大量的珍禽异兽、金银财宝来报答你。"

楚成王说："还有没有其他东西了？"重耳非常诚恳地说："我要是以后和君王在战场上相遇，我当退避三舍，以感君王待我之恩。"楚成王微微一笑。

回到宫中，大臣子玉一脸怒气，对楚成王说道："君王对公子这样好，他还要和你兵戎相见，真是一个无情无义之人，不如现在就杀了他。"楚成王自有自己的想法,他没有杀重耳。

这时,晋国的太子圉(yǔ)从秦国逃走了,秦国人对他很怨恨,听说重耳在楚国,就派人送了很多东西,并且热情地邀请他到秦国去。重耳决定到秦国去,成王为他饯行,送了他许多东西。

他们到了秦国,秦穆公把同宗的五个女子一起嫁给重耳,但是这五个人中有一个女人曾经嫁给公子圉,所以重耳不想要。

这件事僵在这里,差点闹得不愉快,司空季子说:"公子,太子圉的国家你尚且要去征讨,何况他的女人呢,你要因为这点小事和秦国闹得不和,日后对你的事业将有很大影响,你不能因为小礼节,而忘掉了你的大耻辱。"

重耳只好接受了这个他不想要的女人。

晋惠公后来去世,晋国又没有了自己的国君,晋国的大臣栾枝等人听说重耳在秦,就派人前去劝重耳回国为君。他们商量里应外合之计,由栾枝等在里面接应,赵衰、咎犯等护送重耳回去,秦穆公派了很多兵力声援他们。这件事做得很顺利。

就这样,流亡19年的重耳回到了自己的祖国,

TIPS

乘龙快婿

传说秦穆公有女名弄玉,好音乐。一天夜里,公主于月下听到远远传来的洞箫声,声音和美。秦穆公便派大将孟明在华山寻得此吹箫人萧史,将他带回秦宫,与弄玉结为连理。萧史教弄玉吹箫,声如凤鸣,真将天上凤凰引来,秦穆公为他们建造了一座凤凰台。后二人双双乘龙升空而去。后人将萧史称为乘龙快婿。

栾书缶

高40.5厘米,口径16.5厘米,足径17厘米。器颈至肩有错金铭文5行40字,为栾书后人祭祀先祖所作。栾书历仕晋景公、晋厉公、晋悼公三朝,作为正卿执政14年,是晋国栾氏家族的代表人物。现藏于中国国家博物馆。

◀ 前637年

晋惠公死,太子圉即位,是为晋怀公。

这时他已经62岁了。出去的时候他还是一个满头黑发的壮汉子，现在他已经是两鬓如雪，当他踏上了自己的祖国时，他跪在地上，亲吻着清新的土地，老泪纵横。

在回晋国的途中，到了黄河边，咎犯说："公子，我追随你许多年，过错犯了不少，那次把你灌醉了抬到车上，就是其中之一，我就从此离开你吧，请你好自为之。"

重耳一听舅舅说出这样的话，就把自己身上佩带的玉璧扔到河里，发誓道："我回了国，以后如果有和你们不同心的，这河里的神可以作证。"咎犯也就不提要走的事了。

晋国又有了自己的国君，这就是重耳，是为晋文公。

25-晋文公的霸业

晋文公即位后，首先要做的是奖励那些跟随他多年的贤臣良士，奖励国家的有功之臣，有的封给土地，有的赏给他官位，有的给他许多财物，以安顿人心。

有一个隐士，名叫介之推，这是历史上著名的贤人，他跟随晋文公流亡在外，吃尽了苦头，也是国家的有功之人。当晋文公奖励人们的时候，他正躲在乡村里，后来他就给忘记了。

介之推和他的母亲说："一个君主，论功要平，惩罚要当，这是不容易做到的。"

他的母亲说："你是不是因为他没有给你论赏而不高兴？"

介之推说："母亲，孩儿并不是那种贪求财富的人，

➡ **前636年**
晋文公重耳在外流亡19年后回国即位。

TIPS

寒食节

中国古代节日之一，在清明节前一二日，此日断烟火，只吃冷食，据说是纪念春秋时介之推的。传说介之推在晋文公流亡期间不离不弃，后晋文公成霸业，介子推不求荣禄，与母亲归隐绵山。晋文公多次劝其下山，他不出，后竟至放火烧山，介子推仍坚决不出，以至被火烧死。晋文公修祠立庙，在介子推遇难日禁火，以寄哀思。"寒食节"便由此而来。

追求显达不是我的为人之道。我死也不吃他的俸禄，准备隐藏到深山里去。"

他的母亲说："我知道孩子的为人，贫穷可以共享，但富贵未必可以共享，你要是躲到深山，我和你一道去。"

于是他们就住进了深山老林，从此以后，人们再也没有看到他了。晋文公知道这件事后，心里非常难受，就派人去山中请他，但是找不到他的下落。介之推的随从说，他躲进了绵山，但是在这里人们还是不见他的踪迹。

于是晋文公就把绵山封给介之推，将绵山改名为介山，他说："这介山的名字记载了我的过失，也记载人间的一个善人。"

还有一个人叫勃鞮，当初晋献公就是派他去杀重耳的，晋文公至今还保存的一个衣袖，就是被他砍下来的。晋文公即位，他感到惶惶不可终日，就和他们原来的一些党羽策划暗杀晋文公。

但是勃鞮想，我要把这个情况告诉晋文公，也许他会原谅我，于是就去晋见他。晋文公不愿见他，让人带话给他说："蒲邑中的事我还记忆犹新，你砍去了我的衣袖；我逃到了翟国，你替惠公来追杀我，惠公给你限期三天，你一天就赶到了。你想想你到底做了一些什么。"

此人也给晋文公带了一些话，他说："我是臣子，不敢不服从命令，我不能怀着二心来侍奉主子，你今天回到了晋国，难道你以后就没有像蒲邑和翟国之类的事要办吗？你不肯接见我，也证明你是一个狭隘的人。"

晋文公觉得他是一个有头脑的人，同意见他。他向晋文公报告了有些人在谋反的事，晋文公说他有功，也给他封了官。

晋文公在国内深得人心，他要成就自己的霸业，还必须在诸侯中树立自己的威信。当时，周襄王被姬叔带赶走，王位被夺，晋文公的大臣赵衰对他说："这是一个好机会，你把周王送回国，一定会在诸侯中树立很好的形象。"

晋文公就照办了，他出兵送回了周襄王，恢复了他的王位，并且为他杀了姬叔带。周襄王非常感谢他，就把阳樊这个地方赏赐给晋国。

公元前633年，楚成王纠集曹国和卫国的兵力攻打宋国，宋国派人到晋国来求救。晋文公和大臣们在一起商量，先轸说："宋国有恩于我们，你在逃难中，他们那样的关心我们，而且还给我们送了许多车马，出兵帮助他，不仅可以报答他，而且也可确立我们的霸业。"

狐偃说:"楚国新近得到了曹、卫的支持,如果我们攻打曹国、卫国,那么楚国一定会来救他们,这样宋国也就解围了。"晋文公就依他们的话去做。

晋文公要攻打曹国,必须要经过卫国,就向卫国借路,卫国人不答应,这样就给了晋人一个借口,于是掉转兵力先攻打卫国,卫国很快被消灭了。当初他到卫国,卫君连饭都不让他吃,这下报了此仇。

不多久,他们攻打曹国。曹国和晋文公有深仇大恨,就是在那里,晋文公受了有生以来的最大侮辱,曹共公偷看了他的肋骨。晋军攻进了曹都,抓住了曹共公,怒斥他当初的下流。

为了报答釐负羁的知遇之恩,他命令士兵不要进入他家的住宅,也不能冒犯他的家人。有两员大将不听晋文公的话,烧了釐家的房子,晋文公知道后痛哭流涕,毫不含糊地惩罚了这两员大将。

他们这次出兵是为了救宋国,但是要是救宋国,就会和楚国直接对抗,晋文公不忍心这样做,因为在逃亡之中,楚成王对他实在太好了,如果攻打楚国,那么就会落得个不仁不义的坏名声。

先轸说:"依我之见,现在我们灭了曹、卫两国,不如将它们的一部分土地分给宋国,这样楚国觉得它的这两个兄弟国家被分割,一定会举兵来相救的,宋国也就因此解围了。"

果然不出先轸所料,楚国得知曹、卫有难,立即从宋撤军,向曹、卫进发。楚国大将子玉对楚成王说:"晋文公是个不义之人,他明明知道你对曹、卫好,但是他还是攻打了它们,你对他那么好,他反而恩将仇报,我们一定要领兵去攻打他。"

楚成王放不下这个面子,他说:"晋文公受了太

> **前632年**
> 城濮(pú)之战。晋败楚,晋文公会盟诸侯于践土(今河南原阳西南),开始称霸。

多的难,他在曹、卫遭到了侮辱,现在他举兵攻打它们,也情有可原。"

楚成王不肯去攻打晋国,子玉不高兴,就说:"你不去打他,我去。"楚成王大怒,但是最后还是给了他一些兵马。

子玉得到一些兵马,发动诸侯,向陈、蔡、许、郑等请兵,最后组成了几万人马,分成几路,向晋军扑来。子玉是一位有勇有谋的人,临近晋军的时候,他不直接和晋军交战,而是先派大夫宛春去和晋军说和。

他让宛春告诉晋军,只要他们放下曹、卫不打,他也从宋国完全撤兵。先轸对晋文公说:"这不可行,楚国一句话保全了三个国家,我们只要答应,一句话就失去了这三个国家,以后他们根本不会听我们的。不如我们私下答应曹、卫复国,再引楚国和我们交战。"

晋文公就依他的计,扣留了宛春,答应恢复曹、卫,于是曹、卫两国就和楚国断绝了关系。

子玉知道他的使者被扣留,大怒,命令三军向晋军进击。但是这时候,晋文公并没迎击,而是退兵90里。他手下的大将都很纳闷,为什么不和楚军交战?晋文公说:"我流亡时曾经说过的,若和楚军交手,我退避三舍,我必须这样做。"每舍30里,三舍就是90里。

为了和楚国决一死战,晋文公对此做了周密的准备,他派人到宋国、齐国、秦国,说服它们,说楚国是它们的共同敌人,楚国的强大将是它们安宁的最大威胁,这三个国家都答应出兵,于是大规模的盟军形成了,盟军分成几路,浩浩荡荡进驻城濮,在这里安营扎寨。楚军也在离他们不远的地方扎下大营,两军对垒,一场大战役就在眼前。

在这临战的前夜,晋文公的心里久久不能平静,白天他曾听到不少人在唱一支歌,歌词写道:"田野的庄稼真茂盛,扔掉了旧人换新人。"他听了后就觉得这词好像是写他的。

在这清冷而宁静的夜晚,他想,我受了人家那么大的恩惠,现在却要和他兴兵,这是不是一个正直的人应该做的呢?那天夜里,他做了一个怪梦,梦见他和楚成王在一起打架,楚成王把他扔倒在地,伏在他的身上,吸他的头脑,惊得他一身大汗。他害怕极了,以为是不祥之兆。第二天,就告诉了他的舅舅咎犯,咎犯笑着说:"这正是你的天降之吉象,你面朝天,可得天矣,楚

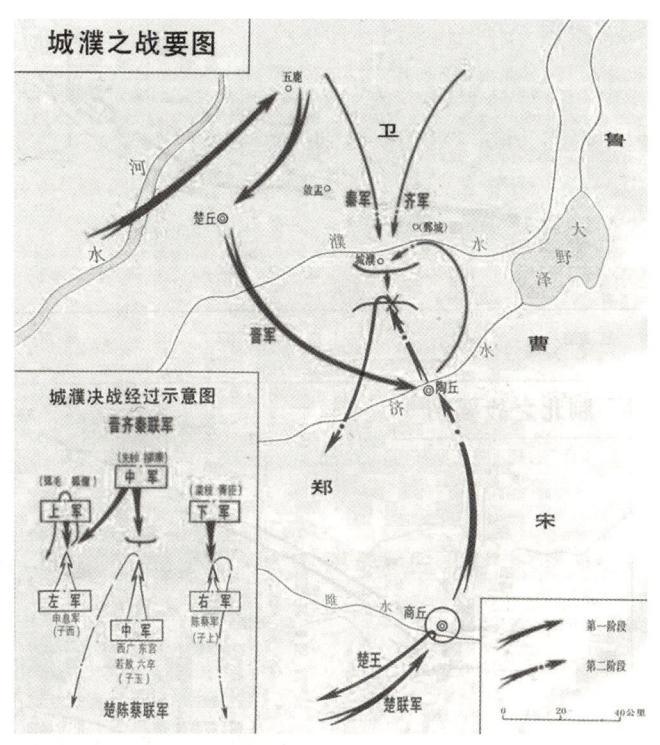

城濮之战要图

前632年，为争夺中原霸权，晋、楚两国在城濮（今山东鄄城西南）决战，晋国大败楚军。经此一役，楚国无力北上争霸，晋国成了中原的霸主。《左传》中对此次战役有生动的描述。

王面朝下，那不是认罪吗，这一战我们一定能战胜楚国。"

两军的战斗打响了，文公知道，楚军的右翼是陈、蔡的部队，他们是被迫来参加战斗的，他们就从右翼入手来攻击楚军。晋军派大将胥臣出战。

胥臣的战马都被蒙上虎皮，一个劲地往前冲，陈、蔡的部队看见这么多老虎一起冲过来，吓得魂飞魄散，一个个没命地逃。胥臣领着兵马乘胜追击，楚军的右翼就这样被打败了。

其后不久，先轸率领部队又从中间攻击敌军，楚军大败。晋军俘虏了敌军数千人，车马几百乘。楚军失去了几员大将，它的元帅子玉差一点儿被擒。

战斗刚刚结束，本来投靠楚国的郑国看形势不对，马上派人到晋国去，要和晋国讲和，晋文公后来和郑国的国君签订了同盟协定。郑文公虽然和他订了同盟协定，但是他心里却是老大不高兴，当初他在郑国受到的侮辱还记忆犹新，他一定要报仇。过了不长时间，晋文公就联合秦穆公的部队去攻打郑国。

他们包围了郑国的国都，想要捉到姬叔瞻，因为姬叔瞻当时想要杀害他，叔瞻听到这个消息后，就自杀了。郑国于是把叔瞻死亡的消息向晋文公报告，说是他的仇人已经死了，他们可以讲和了。但是晋文公说："一定要抓到郑国国君，我才甘心。"

郑国国君只得去拉拢秦国，他派人对秦穆公说："要是晋国灭了我们，只能增加了晋国的力量，那对你们秦国有什么好的呢？晋国早晚有一天也会这样对待你们的。不如我们交个朋友。"秦穆公觉得他说得有道理，就撤军了，没了秦国的帮助，晋国也只好撤军。郑国的国君这才得以幸免。

这一仗，楚国元气大伤，诸侯小国纷纷投靠晋国。晋文公又把从这场战斗中赢得的许多东西献给周王朝，这一下，晋国在诸侯中的地位迅速提高，晋文公成了当时诸侯中的真正霸主。

26-秦晋崤之战

秦国是当时诸侯之争中的强国，自从得到了百里奚和蹇叔以后，国家的实力如日中天。秦穆公又是一个深谋远虑的国君，他治理国家讲信修义，与诸侯相交，也多为人所重。他向西成为西戎地区的霸主，向东收服了大大小小的诸侯。

但是，秦穆公最大的心腹之患就是晋国，晋国在晋文公的手上迅速地发达，成为东方的霸主，晋国的朝廷谋士林立，战将如云。晋文公又十分会用人，所以晋国上下一气，势若金汤，秦穆公想撼动它谈何容易。

但是，人算赶不上天算，正当晋国的事业红红火火之时，晋文公去世了，时在公元前628年。这就给秦国图谋战胜晋国提供了一次很好的机会。

> **TIPS**
> **烛之武退秦师**
> 晋文公以郑国在他流亡期间对他无礼为由，联合秦穆公围攻郑国。兵临城下，郑国谋士烛之武夜往敌营，当面说服秦穆公，从秦、晋矛盾入手，最终打动秦穆公，使秦退兵。晋文公因无秦支持，最后只得撤退。烛之武以智慧解除了国家的危难。

◀ 前628年

晋文公死，其子姬驩即位，是为晋襄公。

晋国知道周围的一些国家都想削弱晋国的力量,于是决定暂时在曲沃这个地方将晋文公殡葬起来,等到合适的机会再重新大葬。

这一年,郑文公也去世了。郑国有一个叛臣叫缯贺想投靠秦国,就偷偷地跑到秦国,告诉了秦国一些秘密。他说:"我是郑国北门的看门人,你们如果偷偷出兵来攻打郑国,我可以帮助你们打开城门,那么郑国就可以得到了。"

秦穆公就询问蹇叔和百里奚,蹇叔说:"跑大老远地去袭击人家,这是很难取得胜利的。部队会疲劳不堪,而要走上千里的路,有谁会不知道?郑国知道会有防备,那么这个仗是没法打的,我看还是不能出兵。"

莲鹤方壶

春秋中期青铜器。1923年出土于河南新郑李家楼郑公大墓,共两尊,分别藏于故宫博物院和河南博物院。方壶壶身为扁方体,腹部饰以蟠龙纹为主体的纹饰,四面各装饰有神兽一只;壶盖为重瓣向外翻仰莲花形状,中立一鹤,展翅欲飞,形象真实生动;壶底压着两条类龙的神兽。

秦穆公说:"我心已定,不论你们同意还是不同意,我一定要和他们决一雌雄。"于是发兵去攻打郑国。

秦穆公就派白乙丙、百里奚的儿子孟明视和蹇叔的儿子西乞术三人统帅大军。发兵那日,在东门举行誓师大会,蹇叔和百里奚俩却对着出兵的部队痛哭,蹇叔边哭边说:"孩子们,我看到你们今天出去,也许看不到你们回来。"

秦穆公当时非常生气,他这时正坐在台上,蹇叔正在台下,他就派一个文人,去扔给他一句很重的话:"你知道什么,老不死的,要是像一般老年人那样,你现在也许墓上的树木有一抱粗了。"

部队就这样出发了,蹇叔还赶上大路,哭着送自己的儿子西乞术,对他说:"晋国人一定会在崤(xiáo)这个地方陈兵等候你们,这个地方两面靠山,中间是个大峡谷,你们一定会死在那里,我等着到那里收你们的尸骨。"

第二年春天，秦军通过晋国的地方，走到周朝都城北门时，周朝的王孙满看到他们部队的情况说："秦军必败，看他们那个样子，一副傲慢的神气，又不遵守军纪，这样的军队不失败才怪呢。"

秦国的大军一路浩浩荡荡向前开去，来到了滑这个地方，这里已经离郑国的国都不远了，但是到这时，郑国还蒙在鼓里。恰好在这里遇到了郑国的一个商人弦高要到周去卖东西，他一看到秦国的大军黑压压地开过来，不禁抽了一口凉气，心想，我们郑国要遭大祸了。他是有爱国心的人，同时，他很有智慧，勇敢而又冷静，就是这个商人免除了郑国的一次灭顶之灾。

曾侯乙墓内棺漆画中的二戈戟

战国早期漆画。戟是戈和矛的合体，具有勾啄和刺击双重功能，在商代就已经出现了。春秋晚期，出现了装有两个或三个戈头的戟，称为二戈戟或三戈戟，杀伤力大增。这种兵器的产生与推广，加速了战国时期的到来。

只见他很冷静地走上前去，先送上四张熟牛皮作为先行礼物，又将自己准备赶到周朝国都去卖的十二头牛送上前去，以犒劳秦军，只见他不慌不忙地对秦军统帅说："我们郑国国君听说你们秦军要从老远的地方到我们郑国来，特派我来给你们送上一些礼物，以慰贵军。我们郑国不是很富有，但是如果你们这些远方的来客愿意到敝国来，我们还是能略备一些东西来侍候你们的。"

秦军的三位主帅听到后，面面相觑（qù）。郑国已经知道了，他们的一切计谋都被打破了，孟明视说："郑国已有防备，我们不可轻易向前推进，他们有准备，我们要急攻是攻不下的，要是包围他们，时间长了，既无粮草，又无援兵，这样我们又怎么能取胜呢，不如班师回朝。"

其他几位大将也感到只能如此。他们命令大军停止前进。后来灭了滑，就开始撤兵。

弦高派人骑快马到郑国国都报告,这时郑国的君臣还完全蒙在鼓里。一个商人的爱国行动救了他们的国家。

晋国风闻秦军这番行动,认为这是千载难逢的好机会,先轸说:"秦军劳师远征,无功而返,士气一定很低沉,我们这个时候去攻打,一定会取胜。"

但是大臣栾枝却不同意这样做,他说:"秦国有恩于我们先主,我们未报答他们,反而去攻打,恐怕不好吧?"

先轸说:"话也不能这样说,我们国家有丧事,他们不但不来吊丧,反而来攻打我们,滑就被他们攻取了,这还说什么人情。我常听人说,敌人不可纵,一日纵之,将会后患无穷。"晋国内部意见一致后,就发兵迎击秦军。

这时晋文公的儿子晋襄公还没有即位,他还在服丧,穿着一身的白衣服,戴着白帽子,大臣们觉得这样不吉利,就把他的白衣服全部染黑,将士们也同样这么做了,晋襄公亲自率领军队出征。

晋军果然将部队驻扎在崤山,因为这是个战略要地,秦国部队回师正是从这里经过。当秦军走到这深深的峡谷时,晋军一起进发,彻底摧毁了秦军,这时西乞术和孟明视等才想起了他们父亲所说的话。

秦军的三位大将都被俘虏,晋军得胜而归。于是,晋人才开始安葬他们所尊敬的晋文公。按平常,葬礼上人们都要穿白色的衣服,但是,晋人这次葬礼,人们一律都穿着黑色的衣服,从此以后,晋人就以黑色为他们的丧服。

> **前627年**
> 秦长途奔袭郑,为郑发觉而退师,顺路灭滑。晋及姜戎伏兵于崤,大败秦军,虏秦孟明视、西乞术、白乙丙三将。

今天，我们的民俗中，既有以白色为丧服，又有以黑色为丧服的，后者可能就是受到晋文公葬礼的影响。

晋文公的夫人文嬴（yíng）是秦国的宗室，她看到秦国的三员猛将被俘虏，就去请求把他们放了，她说："秦穆公对这三个人可以说恨入骨髓，我请求你们把他们放了，让秦穆公亲自把他们煮死。"晋国的国君晋襄公就听从文嬴的话，把他们放了。

第二天，先轸上朝，问秦国的囚犯，晋襄公说："夫人请求把他们放了，我觉得她说得有道理，就放了他们。"

先轸大怒道："武士好不容易在战场上把他们捉住，而你仅凭妇人一句话就把他们放了。这种做法实在是灭我们的志气，长敌人的威风，像这样下去，国家不亡才怪呢。"说罢，头也不回，在地下吐了一口，就愤愤地离开了。

晋襄公也觉得自己做错了，就派阳处父去追他们。阳处父带人一直追到黄河边，这时，孟明视他们已经坐着船，行到水中央了。

这时，阳处父在岸上叫道："喂，秦国的将军们，我家国君送给你们几匹宝马，请你们回来取去。"说着，就解下左边的马。只见那孟明视在河当中双手一拱，道："太感谢了，承蒙你家大王的好意，没有杀我们，放我们回去，让我们接受本国国君的惩罚。穆公如果杀了我们，我们死而无憾；他如果饶我们不死，几年后，我们一定当面来感谢你们。"言下之意，是说几年后，一定来报此大仇。

孟明视三位将军回到秦国，秦穆公穿着白色的衣服，亲自到郊外去迎接他们，他见到三人后，放声大哭道："我没有采用蹇叔和百里奚的意见，使你们蒙此大辱，这全是我的过错，你们没有任何过错。"照样保留他们原来的官位。

27-不成体统的晋灵公

晋国在晋文公的手上已经达到了鼎盛时期，霸业已成，四方诸侯都听晋的话，在中原地带，晋国地域广大，贤才云集。

但是晋文公以后，晋国开始走下坡路，到了晋灵公的时候，国势衰微，像楚国、秦国这样的大国常常不把晋国放在眼里。

> 前620年
>
> 晋灵公即位,时年4岁。

晋灵公是个昏庸而又无能的君主。他很小的时候就当了君主,当然那时候他什么也不懂,主要靠一些能干的大臣给国家撑门面,小小的晋灵公虽然不管事,但在这样的环境中却培养了十分骄纵的习气。

他长大以后,已能亲自处理政事了,但是他花在满足个人欲望方面的时间比治理国家所用的时间要多得多。他的生活十分奢侈,他为了讲究排场,就派大臣到全国各地去搜刮民财,取来最好的锦绣,运来最高级的玉石,到深山里砍来最昂贵的树木,在桃园建造一座豪华的宫殿。

当时人民大多数连衣服都没得穿,他却用大量的丝绸布匹来装饰墙壁和地下。他在这样的宫殿里度过他快乐的时光,有的大臣向他报告哪里哪里饿死多少人,他说:"这不可能,这不可能,现在我们的生活这么好,怎么会饿死人呢?"

这位花花公子还是一个十分毒辣的人。他为了取乐,经常站在宫殿的高台上,手执弹弓,身旁站着几个如花似玉的女人,一时玩得高兴,就用弹弓向街上的行人打去,看他们怎样躲避。

大街上许多行人一下子看到从天上飞来许多石头,一个个吓得四处逃跑,有的没来得及跑的,被弹弓打伤了头,头上鲜血直流。这时晋灵公在高台上觉得太好玩了,他笑得前仰后合,宫女们也只好跟着他笑,如果这时候他看到谁拉着脸,他一气之下就有可能把她杀了。

所以从那以后,晋灵公宫殿的周围就没有人再敢走了。

有一次，执政卿大夫赵盾和大臣士会正在宫殿外等候进去拜见他们的君王，这时忽然从宫殿里走出两个宫女，抬着很沉重的东西，只见两人走到了赵盾和士会身旁，他俩很觉得奇怪，就问宫女："请问你俩抬的是什么？"

那两位宫女不敢说话，继续向前走，但脸上分明露出恐惧的神色。赵盾和士会觉得这里面一定有文章，就让她们停下来，他们走近一看，有一只人手从她们抬的袋子里露了出来了，拉开一看，原来是一具被砍碎的男尸。

两位宫女这时不得不把相关的真情透露给他们，并且嘱咐他们一定不能往外说，否则她们就没命了。

原来那天上午，晋灵公想吃熊掌，就吩咐厨师快去做，熊掌很难烧，厨师正在做，灵公等不及了，就叫着："快把熊掌拿出来给我吃。"

厨师心里明白，如果在这时不把熊掌端上去，他的命也许就没有了，只好把熊掌送上。晋灵公刚吃了一口，就大叫道："你想害死我，用这种没有烧好的东西给我吃。"

他怒气冲天，拔出剑，一下刺向在他旁边恭恭敬敬站立着的厨师，顿时间，鲜血染红了宫殿里华丽的地面。他似乎这样还不解气，又命令两旁侍立的卫士将他砍碎，于是刚才还是好好的厨师现在就成了一个个碎块。

两位臣子心惊胆战，他们的国君昏庸到如此地步，作为臣子，他们觉得自己羞愧难言。他们商量，一定要当面向他进谏，让他以天下生民为重，以他的祖先用鲜血换来的事业为重，不能再把人民的生命作为供他取乐的工具了。

两位臣子迈着沉重的步子走向宫廷，他们都知道这也许就是走向死亡的陷阱。忽然，士会停下来，对赵盾说："赵大夫，还是咱俩一个一个进去吧，如果一个劝不成，另外一个人还可以继续。我先进去。"

赵盾知道，他的这位朋友是把生的机会留给自己，就坚决要求自己先进去，士会不容分说，一个人先冲进了宫内。

士会来到晋灵公面前，用委婉的语气说明了为政要以仁义为先，给他说先祖建立晋国霸业的艰辛。晋灵公毕竟也是人，他无缘无故杀了人，也觉得自己做得有点过分，就答应以后决不这样做了。

但是，士会刚走，他就大发雷霆，说是这些老头，也许活得不耐烦了，就想用什么办法对付这些喜欢管他闲事的人。

侯马盟书

1965年至1966年于山西侯马市晋国遗址出土。盟书材质为玉石,共计5000余件,形状为圭形、圆形及不规则形。据研究,这批盟书是春秋晚期至战国早期晋国贵族赵鞅与邯郸赵氏宗族和中行寅、范吉射等卿大夫盟誓的约信文书,是晋国贵族争权夺利矛盾尖锐化的产物。现藏于山西省博物院。

    这时候,有一个宦官偷偷地对晋灵公说:"士会来进谏你,是赵盾出的点子。"他这一句话提醒了晋灵公,难怪赵盾见我时,常常会说起一些和我意见不同的话,好像就他高明,他仗着他的资格老,根本不把我这个国君放在眼里,有这个人在,会干扰我的好事,这个人我一定要把他除了。

    于是,晋灵公派了一个猛士去暗杀赵盾。一天深夜,猛士来到了赵盾的住所,赵盾家的大门敞开着,他就蹑手蹑脚地走了进去,走到二进、三进,也没有遇到一个卫士。

    他以前听人说,赵盾从来不要卫士,赵盾告诉人说,心里不想干坏事,天地自然就宽了,今日看来,果然如此。他心里就暗暗佩服这位丞相的胸怀。到了最后一进,正屋里灯火通明,只见赵盾正襟危坐,处理公务。见到这一情景,他想,这真是朝廷的栋梁,这样的深夜,他还在为国家的利益操劳,他和晋灵公比起来,真是一个在天上,一个在地下。这样的人,我又怎能忍心去杀害他呢。但是,他又知道,如果他不杀赵盾,晋灵公也会杀他的,同样都是死,还不如死得光明、死得值得,就一头撞到赵盾家门前的大树上,死了。

    晋灵公一计不成,又施一计。在一个秋天的晚上,晋灵公请赵盾喝酒,赵盾以为晋灵公要和他商谈国事,因而毫无防备。而晋灵公就想借这次喝酒的机会把他干掉,在宫廷前门外埋伏了许多杀手,想趁他喝酒结束后,把他杀掉。

那天晚上特别黑，赵盾和晋灵公喝了不少酒，他觉得晋灵公今天晚上对自己特别好，说话有分寸，而且谈吐也很客气。

他高高兴兴地告别了晋灵公，走出了内宫。刚出门，就有一个人走了上来，这个人名叫祁弥明，他匆忙地对赵盾说："赵大夫，你将有大难，快快随我走。"因为他对宫中的路十分熟悉，他就领着赵盾从后边的一个小门走出。

而通往前门的大路两旁，埋伏着几十个刀斧手，他们听说赵盾已经出来，就做好了准备，怎么半天不见人呢，领头人就来见晋灵公。

晋灵公气得哇哇直叫，说："一定是从后门走了。"

晋灵公放出自己的一条专门用来咬人的恶狗，让它和兵士一道去追赶赵盾。卫兵跑到宫墙的边上，黑夜里，看到有几个人跑在他们的前面，他们估计就是赵盾，立即放出狗，凶恶的狗一下向前扑去，护送赵盾的祁弥明一看大事不好，因为他曾经亲眼见到这条狗咬死过人，就闪过身子，抓住了狗的脖子，使尽全身力气，将狗的脖子扭断，扔到了路边。

赵盾这才逃出了晋灵公的魔掌。

赵盾自言自语道："君主真是越来越不像话了，不用人来对付我，而用狗来咬我，真是荒唐到了极点。"

正在这当儿，晋灵公所派的杀手已经赶到他的身边。赵盾虽然年纪大了，但是他也曾经是个武夫，所以他正准备上前迎击，祁弥明用自己的身体作掩护，让他赶快离开。

赵盾说："勇士，感谢你的救命之恩，请问你的姓名是？"

那人说："请你快走，这里太危险了，我就是桑树下的那个饿汉。"

祁弥明只身一人和许多前来杀害赵盾的人搏击，全身鲜血淋漓，终因寡不敌众，死在了路旁。但是赵盾得救了。

这位祁弥明虽然没有告诉赵盾他的名字，但是他的一句话却唤起了赵盾对往事的回忆。

事情发生在几年前，一天下午，赵盾到京城旁边的首山上打猎，突然在山上的一棵大桑树下看见一个人，那人斜倚在树干上，脸色惨白，身上骨瘦如柴。赵盾上前问他："请问你生了什么病？"

那人想说些什么，但是嘴巴动了半天，还是说不清楚一句话。赵盾连忙叫手下人拿来水，喂那人喝了一点，过了好一会儿，那人似乎好了些，动了动身子，断断续续地说："我饿，饿……三天没……没吃。"于是赵盾就拿来饭菜给他吃，这些饭菜本来是准备他自己打猎累了吃的。那人看到吃的东西，眼睛里泛着一丝快乐的光，但是他并没有很快吃，而是先拿出一半放在一边，自己吃那一半。

那人吃了一半，身体也好了些。赵盾问："你为什么不把它全部吃了？"

那人说："我是出来找吃的，我有一个老母亲还在家里，我要把它带回去给母亲吃。"

赵盾听他这么一说，眼睛湿润了，他叫左右把他们带来的所有食品都拿出来，让他吃饱了，其他部分再让他带回去。这个人对他感谢不尽，这个人的名字就叫祁弥明，他后来到宫廷里做了侍卫，一直想报答这位救命恩人，今天他用自己的生命实现了自己的愿望。

赵盾总算逃出来了，但是，这时他感觉到，不能再待在京城了，晋灵公是存心要杀他，他只好到别的国家去躲避一下。他骑着一匹快马，趁着星夜逃向国外，天刚亮的时候，他到了国境。

在这里他遇到了他的兄弟赵穿。他对赵穿说了自己的遭遇，赵穿说："这个昏君若不及早结果他，老百姓的灾难就不能结束。你不要离开国家，就在这里等我，我去找那昏君算账。"赵盾拦阻他，赵穿飞身上马，头也不回地向京城奔去。

赵穿来到京城，直奔桃园而来，到了宫内，见到晋灵公，赵穿说："我是赵盾的兄弟，赵盾逃跑了，我也有罪，我来请求君王惩罚。"晋灵公被他这番话说得不知怎么是好，正在为难之间，赵穿眼疾手快，从身上掏出宝剑，一剑将

编镈（bó）
春秋晚期青铜乐器。1988年出土于山西太原金胜村251号春秋晋赵卿墓。编镈为一全套，共19件，大小相次成列，发音也自成序列。其中夔（kuí）龙凤纹5件，蟠蛇纹14件。

这个手上沾满了人民鲜血的恶魔杀死了。

赵穿举剑对慌忙前来的大臣说:"我杀了这个不仁不义的昏君,你们要论罪就找我吧。"

大臣们素来就对他和赵盾十分尊敬,他们都恨这个没有人味的君王,今天赵穿结果了他,大家有说不出的轻松感,根本谈不上要治赵穿的罪。

赵穿杀了晋灵公后,就派人去请赵盾回来。赵盾来到京城,暂时总理国家大事,并派人到国外去把公子黑臀接回来,拥立他为王,这就是晋成公。

> 前607年
> 晋灵公被杀,其叔公子黑臀回国即位,是为晋成公。

28-一鸣惊人

公元前613年,楚庄王即位,他是楚穆王的儿子。这个人当了国王后,老百姓都感到凶多吉少,因为他从小就是宫廷里闻名的恶少,骄纵无比,贪图享受。他当了王之后,果然应了老百姓的担忧。

他即位三年,不亲理朝政,不发布号令,不管诸侯之事,堂堂的大国楚国在他的手里变得虚弱了。他整天只管寻欢作乐,一会儿打猎,一会儿玩女人,一会儿看歌舞,再就是喝酒取乐。他是国王,又有谁敢管他!

> 前613年
> 楚庄王熊旅即位。

他听到大臣和下面的人有不少议论,一天,大臣们来参见他时,他倒是发布了一个号令,不过这是一个极为荒唐而又可笑的号令。他激动地站起身来,说:"我听说有的人在下面议论我,只要我弄清了他是谁,他就别想活;有的人还想到我面前来进谏,我告诉你们,从今以后,要是有人敢在我面前进谏的,我就砍了他的头。"大臣们一个个面面相觑,他们轮上这么个荒唐的东西,又有什么办法呢!

一次，大臣伍举来见庄王，他一进去，就看到楚庄王左手抱着郑国的美女，右手拥着越国的妙妞，他的头一摇一摇地看面前的歌舞。那些跳舞的人都是清一色的女人，且近乎裸体。伍举看到这种场景，眉头直皱，也只好强忍着心中的怒气。

他跪倒在楚庄王的面前，楚庄王看到这一不速之客，心里老大不高兴，他的眼睛还是在眼前的女人身上溜来溜去，爱理不理地说："你来有什么事啊？你是要喝酒，还是看歌舞？"

伍举说："我有一事不明，特来请教君王。"

楚庄王动了动眉毛，说："什么事，你说来。"

伍举说："有一只鸟落在山上的树枝上，三年不飞也不鸣，你说是什么鸟呢？"

楚庄王心里若有所思，便说："三年不飞，一飞就会冲天；三年不鸣，一鸣就会惊人。你回去吧，我知道你的意思了。"

旁边有一个女人问："大王，这个人真是莫名其妙，他说的怪话是什么意思啊？"

楚庄王说："我不让大臣进谏，他就变着法儿说我，这个鸟就是我，三年不飞不鸣，就是说我只图个人欢乐，不顾国家事业。这个自作聪明而又令人讨厌的东西。"

这之后，楚庄王不但没改掉他的毛病，反而变本加厉，荒淫无度。大夫苏从就进宫去，进谏于他们的昏庸的国王，他说："我看到国家已经到了危险的边缘，诸侯在算计着我们，一些奸佞小臣利用你不理朝政的机会，拼命地争取自己的利益，老百姓的生活越来越痛苦，我真不知你是怎么想的。"

楚庄王说："你真是大胆，你难道没有听到我颁布的政令？你竟敢进谏，论当死罪。但是在你临死之前，我想问你一句话，你明明知道这样是送死，为什么还来向我进谏呢？"

苏从从容地说："我的胆量是国家给我的，是人民给我的，我知道这样我会死，但是我又何以怕死？我们这样活着和死了又有什么两样？我只想以我的死来感悟君王，这就是我最大的心愿了。"

说罢，苏从昂首走向站在一旁等候的刀斧手。这时，只听楚庄王说了一声:"慢!"对苏从摆摆手,"你回去吧,从今后,我改了好不好?"

楚庄王为他手下这些冒死相劝的大臣们所感动,检讨了自己的所作所为,的确感到羞愧难言。于是他放弃了原来那一套生活方式,撤去了酒宴,而拿出更多的时间和大臣们商谈国事,他不再那样荒唐淫荡了,而是立志要给人们树立一个好的国王形象。

楚庄王亲政以后,老百姓真是个个高兴。楚庄王采取的重大步骤之一就是任用贤人,像伍举、苏从这样的忠臣都被委以重任,同时清除了大量在他不理朝政的三年中为非作歹、鱼肉百姓的贪官污吏,有几百人被处死。这样朝纲大振,人们对恢复往日的大国风采的信心一下子增强了。

楚国的内部力量得到加强以后,他们就迅速向外扩张,实现他们称霸中原的愿望。楚庄王亲自率领大军北上,先是攻打陆浑的戎族,当时北方秦国的力量最为强大,楚国就是要和秦国一争高下。

在攻打陆浑的途中,他们经过了周的都城洛阳。楚庄王为了向周定王示威,就在洛阳的郊外举行盛大的阅兵仪式,周定王知道他的心思,又不敢公开和楚国交兵,就想做一点软化工作,派了最善于处理这方面疑难事务的王孙满出城。

王孙满来到楚军之中,见到楚庄王,以很多礼物来慰劳楚军。楚庄王这时一副踌躇满志的样子,便问道:"听说夏王大禹治水时所铸的九鼎在周的都城,不知这九鼎有多大多重?"

上古时代一般把国家的法令铸在很重的鼎器上,铸鼎是治国的一个重要方面,后代语言中所存留的"革故鼎新""一言九鼎"就是与这一历史有关的。

针对楚庄王这一奇怪的问题,王孙满说:"三代所传的是德,而不是鼎,德是根本,鼎只是它的一种形式。"

楚庄王被他说得很不高兴,便说:"你不要以为九鼎在你们这儿,就觉得了不起,把我们楚国将士的刀刃折下来,就可以打造成一个鼎。"

言下之意是说,他有的是强大的军队,凭这一切,他可以打下整个天下。王孙满知道,楚庄王是想与周分天下,便不慌不忙地说:"你大概忘记了吧,从前舜帝和大禹把国家治理得兴旺发达,连边远的地区都来朝贡他们,大

楚王问鼎

相传禹铸九鼎，鼎上图画九州山川名物、珍禽异兽，九鼎铸好后藏于夏都，成为一统天下的象征。此后商代夏、周代商，都有迁鼎于新都之举，因此鼎转移象征着王朝政权的交替。公元前606年，楚庄王伐陆浑（今河南嵩县北）之戎时，在周疆阅兵，炫耀武力，周定王派王孙满慰劳楚军，楚庄王趁机向他问九鼎之轻重，意在取周室而代之。王孙满不卑不亢，应答得当，使楚庄王认识到光靠武力并不能取代周室，楚军只好退兵。

TIPS

夏姬

夏姬是郑穆公的女儿，陈国司马夏御叔之妻，故称夏姬。御叔早死，二人育有一子夏征舒。夏姬貌美而好淫，史载她三次成为王后、先后七次嫁给别人为夫人，共有九个男人因为她而死，号称"杀三夫一君一子，亡一国两卿"。

禹的鼎是用九州献来的金属铸成的，大禹在鼎上绘上许多国家，又在这上面绘上许多怪物，使人们知道这些怪物坑害人们的情况。夏桀暴虐，夏朝灭亡，鼎就传到了商。商立国六百余年，时间很长，后来纣王荒淫无度，葬送了国家，这鼎又传到了周。从鼎的流传似乎可以看到，如果讲求德行仁义，鼎尽管小，也重得难以移动；如果奸邪昏乱，鼎再重，也会被人很轻易地移走。"

楚庄王被他的这席话说得哑口无言，认识到光靠穷兵黩武是不行的，必须靠仁义，仁义之师是无敌于天下的。他当下决定率领大军回楚。

公元前598年，楚庄王经过充分地准备，再次向北挺进，要实现他独霸中原的夙愿。要独霸中原，必须先打下陈国，因为陈国是去中原的必经之路，陈国是一个小国，所以他打陈国没有花多少精力。

楚庄王到了陈国，第一件事是杀了夏征舒，因为夏征舒趁陈之乱，杀害了他们的国君，在楚庄王看来，一个敢于杀害自己国君的人是什么事情都会做出来的。

楚庄王把陈国作为楚的一个县，陈国的大臣大都向他祝贺，但是有一个叫申叔的大臣却不愿意屈服于他。楚庄王上前问他是什么原因，申叔说："有一个人牵着牛走到别人的田里，踩坏了别人的庄稼，田主就取了他的牛作为赔偿。走进别的田里当然是不对的，可抢走别人的牛，不也是不对的吗？夏征舒当然是错的，但是大王为了惩罚他，却占用了我们的土地，不也是同样不对吗？凭道义去征讨他，却又丧失了道义，你又拿什么去号令天下呢？"

楚庄王觉得他说得很有道理，就退回了陈的土地，让他们重建这个国家。他的这一行动，使得后来陈成了楚的一个忠实盟国。

公元前597年，楚庄王再次攻打郑国，一直打到郑国的都城。楚军围攻郑都三个多月，郑人派人到晋国求救，但是救兵还是没到来，郑国实在抵挡不了楚军的攻势，郑襄公便出门投降。

只见郑襄公裸露着上身，牵着羊来到楚军的阵前，倒地下拜道："我无德行，使得你领远方之兵来到我地，这都是我的罪过。我以后可以听你的命令，不论你把我发配到边远地区，或者是当作奴隶赐给别人，我都愿意，不论你怎么惩罚我都行，我只希望大王能使得我郑国的香火不至灭了。"

楚国的大臣都说："不能答应他的要求。"

但是楚庄王却有自己的想法，他说："郑国的君王能够这样谦逊，他的老百姓一定会很信任他，我怎么可以灭绝他呢？"

于是楚庄王亲自举起大旗，指挥楚军后退三十里扎下营寨，同意和郑国议和，郑襄公的弟弟姬子良到楚国做人质，楚郑于是定下了和约。

当年夏天，楚军和晋军在黄河边上大战，把晋军打得大败，将晋军一直向北追赶到衡雍才收兵。公元前595年，楚军还攻打了宋国，因为宋人杀了楚国的使臣。楚军来到宋的国都，包围了这座城市达五个月之久。

这时，晋国看到自己的敌人楚国力量越来越大，非常害怕，而宋国又是晋国的盟国，宋国有难，晋明明知道，倘若不救，便将失信于诸侯，所以派了大夫解扬到宋国去，让他说服宋国坚持住，晋的援兵很快就到。

但是解扬在去宋的途中被楚军捉到，楚庄王亲自审讯，为他解开绳索，以礼相待，要解扬投降，解扬

▶ 前597年
晋楚邲（bì，今河南荥阳，荥音xíng）之战，晋大败。

答应了。并且商定，要解扬到宋国，就说晋君让他们投降，晋国不会来救宋。

这一切解扬都答应了。那天，解扬坐在高高的囚车上，来到宋国的都城，走到城下时，他突然对被包围在里边的宋国将士说："我是晋国大夫解扬，被楚军俘虏，他们要诱骗你们投降，你们不要相信，晋国正在调兵来解救你们，你们一定要坚持住。"

楚庄王气得脸色铁青，喝令兵士推出去斩了。解扬临死时毫无一点儿害怕的样子，他笑道："我接受了我王的命令，现在任务完成了，我死而无憾。"楚庄王深受感动，就免除了他一死，放他回晋。

宋国的将士听到解扬的话后信心倍增，将士们有同一个心愿，只要他们在，宋国的国都就会在。城中的粮食吃完了，人们就吃一切可以吃的东西，最后人们互相交换着子女来吃。城中可烧的东西也烧完了，最后就用死人的骨头来当燃料，就这样坚持着。

在一个漆黑的夜晚，宋国的元帅华元在几个勇士的护送下出了城，来到楚军元帅子反的军营，他告诉子反城中的情况，华元说："你们如果逼我们投降，我们会血战到底，直到最后一个人。"

说罢，从腰中掏出一把匕首，说："如果你答应解除包围，我们感谢你；如果你不答应，我们就同归于尽。"

子反只好说："我答应。"

子反放了华元，并把这事告诉了楚庄王，楚庄王说："好一个君子。"就命令自己的部队解除包围。

楚庄王以他的实力、他的仁义，在诸侯中确立了自己的地位，他终于在中原树立了楚的霸主地位。每

> **前594年冬**
> 楚庄王会鲁、宋等十三国诸侯于蜀（今山东泰安西），成为中原的霸主。

当他说起这件事时，他总是说："这不是我的功绩，而是伍举和苏从的功绩。"

29-挂羊头卖狗肉

晏子，名为婴，字仲，死后谥平，所以后世人们又称他为晏平仲。

他是春秋时代齐国人，公元前550年，他的父亲桓子去世，他继任为齐国的相国，一生50年之间，他连续当过齐灵公、齐庄公、齐景公的正卿，是齐国的三代功臣。

> ◆ 前581年
> 齐顷公死，子姜环即位，是为齐灵公。

在齐灵公时期，由于齐灵公喜欢看女子穿上男装，为了讨好国王，宫中的妃子、宫女一起都脱去裙子，穿上男人的长袍，戴上了男人戴的头饰。这样过了一段时间，齐国的女子们一个个仿照宫廷的样子，脱下娥眉装，穿上壮士服，社会上也以女人穿男装为美。

镶嵌绿松石几何纹铜镜

1963年出土于山东临淄城南商王村齐国故城。铜镜直径29.8厘米，镜面平整，背饰四组几何云纹，镶嵌绿松石。铜镜边缘等距安装了三个环钮。该铜镜镜面、镜背分别铸造，形体硕大，纹饰精致，色彩绚丽，为罕见的珍品。

男女不分，虽然无伤大雅，但是也常闹出一些笑话。齐灵公有一次走在大街上，看到人们穿的是一样的衣服，就觉得太单调了。上厕所也常常遇到一些尴尬的场面，一个女子走了进去，后面的男子以为是大老爷们，也跟着后边跑，结果大家都弄得很窘。

最麻烦的就是征兵，男女都穿一样的衣服，很多地方官员也不知道谁家的是男孩，谁家的是女孩。

齐灵公感到这样不好，赶紧下令禁止，严禁女子穿男装，如果有违抗者，就撕碎她的衣服，割断她的腰带。

但是，过了一段时间，这种风气还是没有改掉，女人照样穿着男装招摇过市，齐灵公不知道如何彻底制止，就招来晏子，问他该怎么办。

晏子说："大王，您禁止的是宫外百姓中的女子，可是您却喜欢让您的宫妃、宫女穿男装，这就好比一个肉店，在外面挂的是羊头，可里面卖的却是狗肉。我想，要是您彻底禁止宫中的女子穿男装，那么老百姓那里是会很好禁止的。"

齐灵公就依着晏子的办法去做，不到半个月，果然这个坏习惯就改掉了。

30-二桃杀三士

在齐景公的时候，齐国有三个勇士，一个个力大无比，他们一个叫古冶子，一个叫田开疆，还有一个叫公孙接。

这三个人虽然有一身好力气，但是缺乏教养，他们横行乡里，危害百姓，谁也不敢惹他们。他们看上了谁家的女子，就去霸占；看上了谁家的田地财物，那这家也就要倒霉了；他们动不动就要杀人，老百姓怕他们，就是官府也怵他们三分。

更可恨的是他们和朝廷中的一些奸臣勾结，为虎作伥（chāng）。齐国当时有一个大夫，专会使诡计，陷害忠良，他要是觉得谁不好，就叫这三个人下手除掉。所以，齐国在短短的几年中不知有多少好人死在这三人手中。

所以当时齐国人就把这三个人称为"三害"。后来他们三个人干脆就到朝廷里，遇到什么事，他们都喜欢在里面搅和，闹得朝廷也不得安宁。齐景公看他们有力气，却很信任他们，一些重要的场合就叫他们三人做卫士。

晏子当时是齐国的相国，他也有好几次险遭这三个恶人的毒手。作为相国的他，为不能很快制伏这帮坏蛋而羞愧。

有一次，鲁昭公访问齐国，齐景公设宴招待他，由叔孙和晏子俩人作陪，底下站着的卫士就是这"三害"。

宴会之中，这"三害"全无礼貌，站在那里东张西望，舞枪弄棒，根本不把客人放在眼里。鲁昭公几次眉头直皱。晏子实在是看不上眼，就想了一个办法来制伏他们。

他对齐景公说："大王，今天来了贵客，您的那棵万寿金桃树今年结了许多鲜桃，何不去摘上几个来给客人尝尝。"

齐景公一听，很高兴，因为这棵树是从海外传来的，多年来只是开花，就是不结果，今年却结了又大又红的果子。于是他说："快快派人去采来。"晏子吩咐下人，去将那树上的六个桃子一齐摘来。

一会儿，六个桃子被送了上来，红艳艳，香喷喷。晏子当即给两位君主各奉上一只，他们吃了都说好。齐景公说："真是好桃子，叔孙大夫也请品尝一只。"

叔孙大夫跪下道："晏相国是我国的几朝元老，还是请他先用吧。"

他们二人互相推让，齐景公让他二位各吃了一只。现在盘子里还剩下了两只桃子，晏子说："我看这两只桃子就请他们三位勇士吃，让他们都上来说说，看谁的功劳大就请谁吃。"

齐景公觉得这个建议很有意思，就传下令来，让

> **前548年**
> 齐庄公与崔杼（zhù）之妻棠姜私通，崔杼弑齐庄公，立庄公弟姜杵臼为君，是为齐景公。

> **TIPS**
> **履贱踊（yǒng）贵**
> 《左传·昭公三年》记载，齐景公滥刑罚，以致"国之诸市，屦（jù）贱踊贵，民人痛疾"。屦是鞋的意思，踊在古代特指受过刖刑（指砍去受罚者左脚、右脚或双脚，刖音yuè）的人穿的假肢。这句话是晏子在回答齐景公问市场情况时说的，意思是指受过刖刑的人太多了，委婉劝谏齐景公省刑，景公接受了他的意见。

他们三人上堂来,说说各自的功劳,谁说得好,这桃子就给谁吃。

令刚传下去,公孙接就站上来,说:"大王,我的功劳最大,有一次我陪大王去打猎,遇到一只老虎向您扑来,我跑上前去,几拳就打死了老虎,救了大王的命,这桃子该我吃。"公孙接上前抓起桃子吃了下去。

古冶子冲着公孙接喊道:"打死一只老虎有什么了不起,有一次我送大王过黄河,突然起了大风,黄河上掀起了大浪,眼看着要打翻我们所坐的船,这时候,又从河里跑出了一只大鳖,要伤害我们的大王,在这千钧一发之际,我跳入水中,和大鳖搏杀了半个时辰,杀了大鳖,救了大王。我的功劳比你还要大,所以我更该吃这个桃子。"

齐景公说:"该吃,该吃。"古冶子将桃子吃了下去。

东汉画像石"二桃杀三士"

"二桃杀三士"的故事出自《晏子春秋》,汉画像石中多有描绘,此为山东省嘉祥县武氏祠中的画像石。

田开疆一看一个桃子也没有了,脸涨得通红,说:"我曾奉命率领大军征讨徐国。我杀了徐国的大将,俘虏了五百多士兵,硬是逼得徐国投降了,后来另外两个小国家看我们所向无敌,也归附了我们。我这个功劳是谁也比不上的。"

晏子说:"你的功劳是很大,我也认为你应该吃桃子,但是现在桃子没有了,只有等到明年结了新果,再来品尝了。"齐景公说:"你的功劳的确很大,可惜你晚了一步。"

田开疆本来就是个粗人，他一看自己功劳这么大，反而吃不到桃子，就手按住佩剑说："杀鳖、打虎能算得了什么，我南征北战，吃尽了苦头，到头来，却在国君面前丢人现眼，还不如一死了之。"说完，就拔剑自杀了。

田开疆的这一举动把在场的所有人都惊呆了，这时忽然听到公孙接大声嚷道："老田立了这么大的功劳却没吃到桃子，他自杀了，我们还有什么脸面活着。"话音刚落，也拔剑自杀了。

古冶子看到他俩都倒在血泊中，于是提着剑说："他俩为这桃子都死了，我活着有什么意思，人家不说我贪生怕死吗？"也自杀了。

晏子利用两个桃子杀死了三个猛士，为齐国人除了三害，老百姓听到后，都兴高采烈，他们也暗暗佩服晏子的足智多谋。

31-晏子使楚

公元前531年，楚灵王进攻陈国和蔡国，两个国家的国君慌了，就派人到晋国去求救。可是，当时晋国也是泥菩萨过河自身难保了，不能派兵去解救他们，就回绝了陈、蔡两国的请求。

齐国靠着晏子的智谋，国力渐渐强盛起来了，齐景公就想重温当年齐桓公称霸诸侯的好梦，以为晋国目前已经是不行了，称霸诸侯非齐国莫属。但要想称霸必须要使楚国服从自己，楚国当时是一个大国，要想使他臣服并不是一件容易的事。

齐景公于是派晏子到楚国去，一来是去和楚国交好，另一方面想探探楚国的底细。

楚灵王的使臣听说晏子要来楚国，就对大臣们说："晏子是齐国有名的大臣，能说会道，但是他长得很矮，只有三尺多高，你们想想办法，这次来出出他的丑，也好长长我们泱泱楚国的威风。"

他的一个大臣出了一个馊主意，他们叫人在城门旁边打开一个三尺多高的洞，那就是给晏子准备的。

晏子哪里知道这些，他高高兴兴地来到楚国城墙下，大门却紧关着，城墙两边站着一溜卫士，瞧着他，一动不动的，晏子说："请你们把大门打开。"

一个领头的卫士说:"大门开起来很费事,你就从旁边这个小门进吧。"

晏子知道他们是成心要侮辱自己,就从车子上走下来,走到他们的面前,望着这些不可一世的家伙,说:"这不是城门,而是狗洞,出使狗国的人,才能钻狗洞,这真把我搞糊涂了,我是来到楚国呢,还是来到狗国?"

《聘礼行迎图》

战国时期楚国器物。1987年出土于湖北荆门包山2号楚墓。这是绘于奁盖上的漆画。画中绘人物26个,骖车、骈车各2乘,树5棵,猪1头,狗2只,大雁9只,构成了一幅《聘礼行迎图》。

卫士们给他这番话说得无地自容,而那些在城墙上面等着看笑话的大臣们,也一个个面面相觑,卫士们只好打开城门让晏子进去。

晏子拜见楚灵王,这位国君还是想羞辱他,就淡淡一笑,说道:"哎呀,你们齐国难道真是没有人了吗?"

晏子的心里就像点着一盏灯,明白着呢。他不慌不忙地说:"大王是不是有点少见多怪啊,我们齐国光都城就有好几万人,要是大家都撑起衣袖,就能遮天蔽日;要是大家都洒上一把水,就能聚成一场大雨;你要是到我们的国家去,保管能把你的眼睛都看花了。"

楚灵王身子往后一仰,哈哈大笑,道:"那么,你们齐国为什么派你这样的人来当使者呢?"

晏子越发显得轻松起来,笑着说道:"我们齐国派遣使者有一个规矩,德才兼备的人,出使那些仁义贤良的国家;碌碌无为的人,派到那些昏庸无道的国家。所以我就被派到你们国家来。"

楚灵王这时别提有多难堪了,他心里知道,这个晏子果然名不虚传,嘴厉害得就像一把刀子,哪里敢欺负到他的头上,只好乖乖地把他当作贵宾来对待。

楚灵王设宴招待晏子,但是他还是想作弄这个其貌不扬但是却绝顶聪明的家伙。他们正在喝酒的时候，堂下忽然走出两个武士，他们押着一个囚犯，满脸都是凶相。

楚灵王喝道："你们到这来干什么？"

"我们抓了一个罪犯。"其中一个武士回答道。

楚灵王问："他是哪个国家的人？"

武士说："他是齐国人，偷我们楚国的东西，被我们当场抓住。"

楚灵王转过身来，对晏子不怀好意地一笑，说："请问先生，你们齐国人都很善于偷盗吗？"堂下一片哄堂大笑。

晏子早已知道他葫芦里卖的是什么药，他平静地站了起来，离开座位，走到楚王的面前，以一种无可辩驳的语气说道："大王，你没有听人说过吗？橘树种在淮南，结出来的橘子就又大又甜；可是同样一棵橘树，要是种到了淮北，就会结出又小又酸的果子，就变成了枳（zhǐ）。这是因为两地的水土不同啊。同样的道理，人也是如此。我们齐国人在齐国时好好的，个个懂礼，一到你们楚国就变成了小偷，这也许就是我们两个国家的水土不同的缘故吧。"

楚灵王真是搬起石头砸自己的脚，气急败坏地对堂下叫道："你们快给我滚开。"

经过这几次交锋，楚灵王再也不敢戏弄这个小矮个子了，只好客客气气地对待他。晏子出色地完成了这次任务。

晏子回到了齐国，向齐景公谈出了自己对目前楚国的看法，他认为，楚灵王狂妄自大，楚国的朝中又没有得力的大臣，这时候正是攻打楚国的好时机。

于是齐景公就发兵去征讨楚国，夺取了楚国许多城池，自此楚国的力量越来越弱了，而齐国的力量却不断强大起来。

32-孤独的楚灵王

楚灵王是楚共王的儿子，他上台的时候，楚国是最强盛的时候，但是到他临死的时候，却没有立锥之地，这都是他亲手造成的。

> 前541年

楚公子围弑君郏（jiá）敖自立，是为楚灵王。

当政的第三年，楚灵王大会诸侯，派人到各国，请他们到楚国的申地会合。但是，楚灵王却并没有利用好这次会合的机会，宋、鲁、卫没有参加，使他很不快，尤其晋国没有参加，更使他恼怒不已。

老臣伍举告诉楚灵王："这次会合不是一个好兆头，我们一定要早做准备，以防有人反对我们。"

楚灵王没有把他的话放在耳边。他在这次会合中，处处表现出骄纵的习气，他当场侮辱别国来的使臣，杀了一些无辜的下属，并且对到来的各国君王毫无礼貌，这就种下了祸根。

楚灵王对外就是信强权这一套，他攻打吴国朱方这个地方，俘虏了当地首领庆封，杀了

王子午鼎（附匕）

春秋晚期青铜器。1978年出土于河南淅川下寺，高76厘米，口径66厘米。该鼎出土时，鼎内尚存牛骨多块，鼎盖上有一把舀肉的铜匕。鼎口沿攀附六条龙形怪兽；鼎身满饰半浮雕夔龙纹、窃曲纹和云纹；鼎内腹与盖铸有鸟篆铭文85字，铭文为研究楚文化的宝贵资料。王子午是楚庄王之子子庚，为楚国令尹。该鼎现藏于河南省博物院。

他家一族人，并且把庆封拉到街上示众，楚灵王对着公众宣布说："大家都不要向庆封学习，他杀害了自己的国君，欺负老百姓，还要强行让大夫们都支持他。"

庆封就反唇相讥说："大家也不要向楚共王的儿子公子围那样，杀害了自己的国君，那国君就是自己亲哥哥的儿子。"

一席话丢了楚国的人，使得站在一旁的大臣都直叹气，楚灵王只有命令人将庆封杀掉。

他任用那些奸佞之臣，有一个人叫析父，巧舌如簧，专会当面说人家的好话。有一次，楚军攻打吴国，他们在乾溪（今安徽亳州东南）这个地方驻扎下来，以观吴军动静，楚灵王问析父："齐、晋、鲁、卫

四国在受封时，都领到了宝器，我国偏偏没有，现在我派遣使臣到周去向他要求把九鼎给我做宝器，你看他们会给我吗？"

楚灵王的意思，是要代周而立。析父说："他们一定会给的。以前我们楚国的先祖熊绎远在荆山，坐着柴车，穿着破衣，跋山涉水到周的京城去侍奉天子，现在让他给这点东西还不行吗？"楚灵王又说："从前我们的远祖昆吾住在原来的许国，现在郑国人占领了那里的土地，我想把它要回来，你看行不行？"

析父说："周王不在乎九鼎，郑又怎么会在乎那一点儿土地呢？"

楚灵王又说："现在我陈兵在各个地方，看起来想要和别人打仗，别的国家会怕我吗？"

析父顺着他的口气说："当然怕呀！"

这些话正说到楚灵王心坎里，他当然高兴了，他说："析父真会说往古的事情。"就封析父做大官。

楚灵王就在乾溪这个地方待着，整天吃喝玩乐，这样就完全把自己国家的大事忘记了。他以前曾经侮辱过越国大夫常寿过，常寿过回到了自己的国家，就联合吴国来攻打楚国。他们趁楚灵王不在家，杀了他的太子，拥立公子比为王。又派人到乾溪去，对楚国的官兵说："你们的国家已经有了新的国王，你们现在回去的，可以保留原来的官位，你们所拥有的土地也可以还归你们。如果你们不回去投靠新主，继续跟随这个昏君，那么你们被抓到以后，就要被杀头。"

楚灵王的部队本来就非常不满他，听他们这样一说，一下子作鸟兽散，只丢下他在乾溪。

这个昏庸的君王见自己国王的位子丢了，又听说自己的儿子也被越国和吴国的部队杀了，就趴在地下号啕大哭，哭天喊地，他对旁边仅有的两个随从说："我不是为我自己伤心，我是为我的儿子伤心。我对我的儿子多好啊，胜过任何人。怎么遭到这种报应呢？"

他的一个随从说："你杀人家的儿子太多了，能不到这个地步吗？"灵王被他一句话止住了眼泪。

这时他的一个忠实的大臣右尹来到他的身边，楚灵王非常感谢他，就问

楚章华台遗址

1984年发现于湖北省潜江市龙湾镇。遗址由放鹰台、水章台、华家台、打鼓台等十多个夯土台组成。中心地区东西长2千米，南北宽1千米。章华台是楚灵王六年（前535年）修建的离宫，作为离宫，有层台、殿堂、寝室、府库、武器库、作坊、码头等建筑，周边有千余间房屋，可住万人。楚章华台遗址是我国迄今发现的保存最为完整、时代最早的楚国离宫别院遗址群落。

右尹，他现在到底该怎么办。

右尹说："我看你还是回到楚都的郊外吧，去听候他们的发落。"

楚灵王连连摆手："那哪里成，我要是落到他们的手上，他们不把我杀了？"

右尹说："那你就到诸侯国去找救兵吧。"

楚灵王说："这也不行，我把他们都给得罪了，他们都背叛我了。"右尹觉得这个以前不可一世的君主，今天真是可怜极了，真叫多行不义必自毙，最后觉得自己也救不了他，也离开了他。

楚灵王这时真是孤独极了，他一个人在山间闲荡，肚子饿了，就下山想去要点吃的。他遇到以前的一个熟人，就热情地给他打招呼，说："我已经三天三夜没有吃东西了，给我一点吃的。"

那人说："我们新的国王已经下达命令，谁要是给你吃的，就会被杀头。"

楚灵王又饿又气又累，一下倒在了地上，正好压

➡ **前529年**

吴、越两国军队攻入郢都，杀楚灵王太子禄，立公子比为王。公子比，为楚初王。

楚灵王死，其弟公子弃疾逼死楚初王，即位为王，是为楚平王。

到了那人腿上，昏过去。那人抽掉了自己的腿，走了，边走嘴里还在说："你这个罪恶滔天的家伙，你也有这一天！"

后来他就在这个山脚下死去了。

33-费无忌乱楚

楚平王当政之时，当时晋国的力量越来越大，楚国非常害怕，就听了朝中大臣的计谋，联秦抗晋，于是派了朝中最巧言善辩的费无忌去秦国为太子建求亲。

秦王就把自己最漂亮的女儿孟嬴嫁给楚国的太子建。费无忌一看这女子长得这么漂亮，心里就暗暗高兴，这下讨好国王的机会来了。他就骑快马，先赶回郢都，来到官中，对平王说："君王，秦国嫁来的孟嬴真是绝代佳人，你可以自己娶，我再去替太子另娶一个不也行吗？"楚平王一听，正中下怀，就答应了。

后来太子建知道这件事，就非常恨这个奸佞的家伙。费无忌觉得一不做二不休，他有主子给他撑腰，什么也不怕，就在楚平王身边不断地说太子建的坏话。他对楚平王说："自从我把秦国女子送进你的后官，太子就非常恨你，太子现在在城父，掌握了重要的兵权，而且他也常常和诸侯联系，你可要多注意啊！"

楚平王听他这么一说，心里就有点不踏实，疑神疑鬼。一天，他把太子建的老师伍奢召回，查问这件事。伍奢是个老臣，为人正直，又足智多谋，他估计一定是费无忌捣的鬼，就对平王说："太子建一贯对你忠诚，你怎么怀疑他呢？"

楚平王就把费无忌和他说的话对伍奢说了，伍奢正言道："你怎么能听从小人的话而疏远自己的骨肉呢？"楚平王被他说得哑口无言。

后来，费无忌觉得楚平王不在他面前说太子建了，而且有时候还夸太子建，他通过在官中安插的耳目得知是伍奢干的好事，就把一腔愤怒扔到了伍奢身上。他对楚平王说："我听说近来太子的老师伍奢有造反之意，他整天和一些人在一起密谋，想杀了你而立太子建，你如果不动手就晚了。"

这个整天只知道玩乐而不问国家大事的人，听见别人要算计他的江山，一时慌得没神了，就急忙问费无忌："你有没有什么好办法？"

费无忌说："我看不如先把伍奢囚禁起来，然后再对付太子建。"平王就按他所说的办。

他立即派人火速到城父这个地方将伍奢拿下，押到京城关起来。又派司马奋扬去召回太子建，太子建见自己的老师被抓走，知道他的父王听信谗言要加害于他，就趁着黑夜飞马逃向宋国。

费无忌见捉到了伍奢，非常高兴，正准备把他杀掉，但是他又想到伍奢还有两个儿子，一个叫伍尚，一个叫伍员，两个人从小就好学，长大后更是为人所看重。人们都说伍奢生了两个极好的儿子，懂礼义，懂智谋，为人正直，将来必有出息。费无忌想到这里惊得一身冷汗，他想若不把这两个人除了，将后患无穷，就暗暗定下了计谋。

他来到宫中，对楚平王说："大王捉了伍奢，真是件大喜事。我听说伍奢有两个儿子可了不得，你要是除了伍奢，那他这两个儿子将来一定会给他父亲报仇的。"楚平王马上说："那我也把他的两个儿子一同杀了。"这正中费无忌的下怀。

楚平王命人从狱中将伍奢带来，对伍奢说："我现在给你一条生路，如果你召回你的两个儿子，我就免你一死。"

伍奢轻轻地笑了笑，说："你是不是听从费无忌的话，要将我家斩尽杀绝？"

楚平王急忙推说不是，伍奢心里明白，他们一家这次逃不过恶人之手了。他从容地对楚平王说："你要召来我的两个儿子并非容易，伍尚会来，但是伍员不会来。"

楚平王忙问原因，伍奢说："伍尚为人重德操，慈爱而仁孝，要他为父亲而死，他是一定会来的；但是伍员就不一定，他这人机智勇敢，他知道到这里必定会送死，所以他是不会轻易来的，将来可能令楚国忧患的就是这个孩子。"楚平王半信半疑。

楚平王派人到伍奢家，见了伍尚和伍员，来人对他们说："我奉大王之命，召你二人进京，你父亲因犯有重罪，现在正被囚禁在京，你们去了，可以免你父亲一死。"

伍尚和伍员一听，知道他们家大难当头。伍员对那人说："请你稍等片刻，我们进去安排一下。"

他们来到后房，伍员说："来者不善啊，他们是要把我们父子都抓去斩尽杀绝，我们赶快想办法逃走，将来为父亲报仇。"

伍尚正准备逃走，但是他一想，不成，对伍员说："人家说我们去可免除父亲一死，如果不去，不就是不孝？我不能眼睁睁见父亲被杀而自己逃走。这样吧，你逃走，我跟他们去，到那里和父亲也好有个商量。若我们死了，你将来一定要给我们报仇啊！"

伍员当然不同意，他们正争论之际，楚平王派来的人已经往后屋冲来，伍尚赶紧叫弟弟逃走，伍员含泪告别了哥哥。

楚平王派来的使臣看只有一个伍尚，马上知道事情不好，伍员一定是跑了，立即派人去追。伍家的后面就是一片树林，追赶的人纵马来到林中，见到伍员正在前面的路上，就要上前捉拿，只见伍员背靠一棵大树，手执弓箭，要向他射来，吓得他抱头就往回逃跑，这样伍员才得以逃脱。

伍尚被抓到郢都，和父亲一道被杀害。

34-伍子胥鞭尸雪耻

逃跑了的伍员，就是中国历史上的著名人物伍子胥。伍子胥跋山涉水，一路受尽了苦难，他听说太子建在宋国，就逃到了那里。但是当时正值宋国内乱，他俩就逃到了郑国，郑定公虽然对他们很客气，但是当时郑国国力非常衰微，不足以抗击楚国，他们又离开郑，来到晋国。

楚国和晋国都是大国，向来有仇，所以就想帮助太子建来灭楚。但是过了一段时间，伍子胥就看出了晋国的心思，他们答应帮助太子建取代楚平王，但是他们最终还是要灭掉楚国。伍员和太子建就准备逃走，这事又被晋国的国君知道了，就杀了太子建。伍子胥好不容易才逃出他们的魔掌。

伍子胥决定去楚国的宿敌吴国，他要到吴国，必须要经过楚国边境昭关。他化装来到这里，看见城墙上到处贴着他的画像，并且说捉拿到他能得到非常多的赏金。伍子胥的个子很高，长得气宇轩昂，他一眼就被在旁边等候的官兵认出来了。

伍子胥赶快逃跑,正跑着,一看前面没了路,一条大江挡住了去路,他对天长叹,难道我伍家就再没有报仇的时候吗?

他正准备和官兵以死相拼,一看右边有一片芦苇,芦苇荡中有一条小船,他急忙跑到船边,请求艄公救他,那老人将他渡过了大江。为了感谢这位老人的救命之恩,他将自己身上的宝剑解下,赠予老人,并说:"感谢先生救命之恩,这是我家的传家宝,能价值千金,送与你,聊表我的谢意。"

那老人哪里肯受,伍子胥说:"楚国有命令,捉了我可以赏给粮食五万担,这一把宝剑哪里抵得上!"临行时,跪在老人面前,深深地行了一个礼。

伍子胥吃尽了人间的苦难,来到了吴国。吴王僚觉得他谈吐高雅,相貌不凡,就重用了他,封他为大夫。

其后几年,吴国和楚国之间爆发了一场大规模的战争。说起这场战争的起因非常简单,吴国边境有一个小镇叫卑梁,这里和楚国的边境小镇钟离接壤,有一天,吴国的一个小孩子取桑叶,和楚国的小孩子吵了起来,最后发展到双方发生争斗,楚国这个镇子里的许多人打进了吴国的卑梁,杀了卑梁不少人。卑梁的长官很生气,就派兵去攻打钟离。

这事传到了楚平王那里,他大为恼火,就派大兵去攻占了卑梁。吴王僚听到这事,觉得楚国太欺负人,也派兵去攻打楚军。

春秋战国时期的事就这么怪,一场小孩子之间的小吵小闹,竟然发展成两个国家之间的大战争。吴王僚派公子光率领大兵浩浩荡荡开赴边境,一举攻下了

> **前518年**
> 吴楚因边邑争桑发生大战,吴军深入楚腹地,楚被迫迁都。

钟离和居巢（今安徽巢湖一带），并且直逼楚国的腹地，楚军害怕，急忙撤军。

伍子胥在吴国，也感到吴国的宫廷之中充满了险恶。公子光一心想当国王，到处招兵买马，想有朝一日代吴王僚而立。在攻下居巢的时候，伍子胥曾经劝公子光乘胜追击。但是公子光私下里对吴王说："我看不可再向前进发，伍子胥的父兄都被楚王杀害，他是想借机报仇，但是对我们吴国却没有好处。"吴王就听从了他的话。

伍子胥觉得在这样的人身边，有可能不但报不了仇，还要惹来杀身之祸，就请求离开宫廷，到山间去种地。公子光一直把他当作夺取王位的重要人物，当然不会同意。伍子胥就向公子光推荐了自己的好朋友专诸，公子光觉得专诸非常合自己的心意，就同意了。

伍子胥此举可谓是一箭双雕，一方面使得自己可以脱身，另一方面又可以通过自己的朋友来监视宫廷里的动向。他在山间种地是假，他日日想的就是要寻找机会为父兄报仇。

公元前516年，楚平王去世，吴国感到机会来了，吴王僚就派大将盖馀、烛庸领兵去攻打楚国，又派了他的叔父季札到晋国去观察诸侯的反应。吴军进攻不顺利，被困在战场。

正是螳螂捕蝉，黄雀在后，公子光见吴王僚的亲信都不在京都，就和专诸商量大事，公子光决定马上动手，取代吴王僚而立。

在四月的一天，公子光的行动开始了。他先在地下室里埋伏了大量的武装勇士，再邀请吴王僚前来饮酒。吴王最近也觉得公子光的行动反常，对他存有戒心，就带了许多士兵去参加宴会。公子光住宅的前前后后都站立着吴王带来的士兵，这些士兵都手执兵器，虎视眈眈，使得公子光不敢轻易下手。

公子光一看大事不好，他以为有人向吴王透露了情况，就临时心生一计。他一边给吴王进酒，一边笑谈着，好像一点事也没有。

席间，他忽然说自己的脚很疼，要出去治疗一下，马上就回来。他来到了地下室，见到了他的士兵们。吴王做梦也想不到公子光的住宅有地下室，而且地下室里还有这么多的士兵。

公子光让自己的一个士兵化装成厨师，向桌上送红烧鱼，在一条大鱼中藏了一把锋利的刀子。一会儿，红烧鱼被送了上来，吴王还在夸这条鱼怎么这么大，坐在一旁的专诸眼疾手快，从鱼中拔出刀子，朝正在喝酒的吴王刺去，正中他的胸膛，吴王僚就这样结束了生命。

吴王带来的士兵见吴王被杀，就在宅中杀将起来，专诸也被乱刀刺死。地下室里的公子光的士兵一起出来，消灭了吴王带来的卫士。

专诸刺王僚

此为山东省嘉祥县武氏祠中的汉画像石。公子光在宅中宴请吴王僚，派勇士专诸刺杀他。专诸将短剑藏于鱼腹，借献鱼之机，成功刺杀吴王僚，专诸亦被侍卫杀死。鱼腹中短剑因此得名为鱼肠剑。

▶ 前514年
吴公子光遣刺客专诸刺杀吴王僚，公子光即位，是为吴王阖闾。

就这样公子光当上了国王，这就是吴王阖闾（lǘ），他是战国后期一位著名的历史人物。为了感谢专诸的相助，他封专诸的儿子为他的国卿。

伍子胥在这场宫廷之变中也发挥了重要作用，公子光的许多计谋都是伍子胥所出的，所以阖闾也给他封了官，他专门负责吴国的外交，并且参与谋划国家的大事。那些派往外面攻打楚国的人，如盖馀、烛庸等看吴王僚已死，也不敢回国，到别的国家逃命去了。

虽然吴王僚死了，但是吴国和楚国的世代仇恨还是没有结束。阖闾当政不久，就和伍子胥、伯嚭（pǐ）等率领大军攻打楚国，收复了舒邑，杀了吴国的两个在外面逃亡的公子。

他们要攻占楚国的国都郢都，随他们一同来的大将军孙武不同意他们这样做，因为他们当时兵力还较弱，不足以战胜楚军。这位孙武，就是我国最早的一位著名的军事理论家，他写的《孙子兵法》，至今还受到全世界的重视。

公元前506年，吴国联合唐国和蔡国，大举进攻楚国，联合部队由孙武大将军统率。这次进攻吴国几乎是出动了全国所有的兵力，吴王在誓师大会上说，胜败在此一举。他们兵分几路，向楚军阵营开去，大军一直到达汉江。楚军也动员全国的兵力予以抵抗，双方就在汉江两岸摆开了战场。

战斗打响了，这场战斗的艰苦程度超过了双方军事家的估计，双方经过了多次交战，伤亡都很惨重，最后吴国取得了胜利。

胜利之后，孙武率领大军挥师直下，一直打到楚国的首都郢都，楚昭王仓皇出逃，吴国的胜利已成定局。

伍子胥回到了自己的祖国，他不禁泪水滂沱，他的父亲和兄长惨遭楚平王的杀害，今天报仇的日子总算来到了，他亲自率领军队去追赶楚昭王，但是没有抓到。盛怒之下，他回到了郢都，刨开了楚平王坟墓，拖出他的尸体，抢起自己手上的钢鞭，对着楚平王的尸体一下一下地抽。

抽完了，他瘫倒在地下，对着苍天，号啕大哭，"老天作证，我总算报了这个仇！"他叫喊道。

这时，吴兵正在楚国，吴国的老对手越国知道这是一个机会，就出兵来打吴国，吴国感到国内空虚，只好退兵回国。

> **前506年**
> 柏举之战，吴败楚，吴师侵入楚都郢。

TIPS
申包胥哭秦廷

申包胥是春秋时楚国大夫，吴国攻入楚国郢都，楚昭王出逃。为复国，申包胥入秦求助，秦君不许，申包胥在秦城墙外哭了七天七夜，终于感动秦君，秦发兵救楚，致吴退兵。楚昭王复国后要重赏申包胥，他却退隐山中而不受。

吴王阖闾回国以后，提拔了伍子胥和孙武，吴国的国力获得了空前的发展。

35-孙子用兵

孙武又称孙子，是我国历史上著名的军事家，他不但是一位理论家，还精于军事实践，在军事训练、军事指挥等方面显示出他独到的用兵方略。

公元前514年，吴王阖闾当政，为了在诸侯中称霸，他到处网罗人才。一日伍子胥进宫，对吴王说："我举一人，可帮助大王成就霸业。"

吴王急问是谁，伍子胥说："此人姓孙，名武，乃齐国人。他胸有韬略，善于用兵，又有用兵之奇书，他的到来，能使我吴国霸业有望。"

于是，吴王急忙派人到齐国去到处寻找这位奇人，一天，在一间破屋中将孙武找到了。

孙武来到吴国，首先向吴王献上自己撰写的《兵法》。吴王被这本书深深地吸引住了，他废寝忘食，细心研读，遇有不明之处，就向孙武请教。他称这是他见到的最好的兵书，他对左右大臣说："我有此书，霸业岂有不

孙武像、《孙子兵法》竹简

孙武（约前545年—约前470年），字长卿，春秋晚期齐国乐安（今山东广饶）人，被尊为兵圣，著有《孙子兵法》。《孙子兵法》竹简1972年出土于山东省临沂市银雀山汉墓。

成之理？"

风流倜傥的吴王，最喜欢弄一些新玩意儿。有一天，他突然对孙武说："你的兵书13篇，我都一一拜读了，写得非常之好，不知能不能实际试验操练一下呢？"

孙武说："我所作的兵书当然不是束之高阁的东西，可以用来指导用兵。"

吴王说："能不能用女子来训练呢？"

孙武感到大王这问题提得很怪，说："我曾试验以男子操练过，但是没有用过女子，不过我的兵书所用对象是不问男女之别的。"

原来吴王把练兵既当作考验孙武的用兵方法，又当作娱乐活动，他看练兵，也可看看这些美女在场上的活动，她们平时都娇声娇气，看她们耍枪弄棒的，不是非常有趣吗？

吴王对这事可卖力啦，他亲自从宫中挑选了180个美女。孙武将她们排成队，瞧她们一个个长得娇美的样子，也不禁脸红了，心中暗暗地想，这吴王也真风流！

他将她们分成两队，吴王说："要不要给她们设个队长？"孙武点头称是。吴王令人到宫中，赶快将自己最宠爱的两个妃子叫来，让她俩当队长。

只见这些宫女一个个头戴盔，身穿甲衣，右手执剑，左手拿盾，脂粉味中透出一股英气。吴王看见这些美女今天又别是一番风味，非常兴奋。

孙武对她们训话："你们都知道心脏、左右手吗？"

众女子答道："知道。"孙武说："你们向前，就看对方的心脏，向左就看左手，向右就看右手，向后就看背部。"

这几句话把这些女子说得笑了起来，说这些干什么，哪个不懂这些。

于是孙武就让她们训练队列。他把十个人分成一队，有一人站在旁边击鼓，鼓一响，她们就要走，鼓一停，她们就得停下。这下麻烦也就来了，这些平时只会唱歌跳舞、涂脂抹粉的宫女哪里干过这等事。

训练开始，孙武喊令，一人击鼓，一队出列，瞧她们走得七扭八歪的样子，宫女们大笑，吴王也在台上笑得直不起腰。

孙武大喝一声："停下！"还是有不少女子停不下来，在揉着笑出泪水的眼睛。孙武说:"治军要遵守军法,军法不严,则军不得治。我给你们约法三章,若再有不听号令者,当以斩首论处。"这下子女子们不笑了。

孙武又传令开始,鼓又响了,一队队女子出列,都能遵守孙武的号令,就是那两个队长嬉皮笑脸的,因为吴王实在太喜欢她们了,她们还有什么可怕的呢。孙武正色道:"听令。"

吴王的两个爱妃不但不听令,而且纵声大笑,这下子局势失去了控制,众女子也跟着笑了起来。

孙武喝令:"来人啊!"

从后面走出几个彪形大汉,他们齐声道:"将军有何吩咐?"

孙武说:"将这二人推出去给我斩了。"

吴王一看要斩自己的两个爱妃,大惊失色,慌忙走到孙武的面前,说:"我已经知道将军会用兵,请你饶了这两个女子,我不能失去她们,我要是没有了她们,吃吃不好,睡睡不香。"

孙武说:"大王在上,臣已经接受了大王的命令,正像你平时所说的,治军之法,将在军,君命有所不受。"

吴王眼睁睁看着自己两个心爱的妃子被推出去斩首。斩首完毕,孙武道:"以下再有违反军令者,与此同一论罪。"

宫女们看到大王的心上人都被杀了,谁还敢不听军令。孙武再命令击鼓,这下子,女兵一个个就像训练有素的战士,除了执行军令的鼓声,没有一

民国时期吴宫教战烟标画

此为民国时期烟草公司的烟标广告画,表现的是孙武训练吴宫宫女列阵的场景,可以看出这些宫女都面带笑容,不把训练当一回事。画面色调明丽,生动活泼。

点声音。

孙武看部队已经训练好了，就站到了吴王的面前，道："军队已经训练完毕，请大王检阅。这支部队，大王可以随心使用，就是赴汤蹈火，也会在所不辞。"

吴王这时正在为那两个妃子而伤心呢，哪有心思去检阅什么部队，就说："你看行就行，我不想再下去看了。"

孙武听了吴王的话，说："恕我直言，大王只是空谈，并不重视用兵之实。"从此，吴王也知道了孙武会用兵。

诸侯们听到这件事，说："吴王真划得来，死了两个妃子，得到一个军事家，妃子可以随时得到，而军事家则难遇。"

吴王对孙武却另怀心思，孙武虽然是一个用兵高手，但是他杀了自己心爱的人，这总使他耿耿于怀。他手下的大臣们都觉得孙武可用，吴王想不用他，又找不出什么理由，就暂缓委他以军务之事。

伍子胥进宫面见吴王，这次是专程为孙武而来的。他对吴王说："大王两位爱妃死了，我们做臣子的心里也很难受。但是目前正是吴越相争、吴国霸业未成的时候，尤其需要像孙武这样的人。用兵在严，军法无情，孙武能在大王的面前杀了你的爱妃，可见他把军法看得高于一切，他如果是一个阿谀奉承的人，是绝做不出这样的事来的，用这样的人大王可以放心，我们吴国所战焉能不胜。"这一通话说动了吴王的心，于是就任命孙武为大将军，统领军队。

这之后，孙武领兵，取得了无数的胜利。他和伍子胥一起攻打楚国，在这场战斗中，充分显示了他善于用兵的本领。当吴国的大军攻下了楚国一些城邦时，吴国中有一些大臣主张向楚国的首都郢都进发，但是孙武说："我军反复征战，疲劳不堪，远在他地作战，后援不足，而楚国目前国势正强，他的大多数军队尚未参加战斗，现在我们和他们交战，楚军是以逸待劳，我们取胜的可能性很小。"吴王接受了他的建议，退了兵。

又过了三年，吴王决定再次攻打楚国，孙武和伍子胥仍然是中军主帅。他们二人不赞成正面和楚军交锋的战略，而是决定先消灭楚国周围的唐国和蔡国，这两个国家是楚国的联盟国。

他们消灭了唐国和蔡国，然后聚集诸侯力量，从几路进兵，向楚国的腹地挺进。在这两位出色的统帅指挥下，这次他们取得了决定性的胜利。

孙武死后，他的后代中有一人名叫孙膑（bìn），也善于用兵。

36-卧薪尝胆的勾践

> 前496年
> 檇（zuì）李之战，越胜吴，吴王阖闾死，其子夫差即位。

说起越王勾践和吴王夫差，几乎中国人都知道，两人在吴越大地上一起演出了一场动人心魄的乐章，他们所留下的启示和教训至今还在警示着人们。

公元前496年，吴国征讨越国，阖闾亲率大军前去征战，双方大军在今浙江嘉兴一带打了起来。越国早就知道吴国将要对他们国家采取行动，所以尽早做了准备。

那场战斗也的确十分残酷，越兵背水一战，誓死相拼，他们派出了自己的敢死队，一共三行，直至吴军阵前，这些敢死队员自己拿着刀砍自己的脖子，吴兵从来没有见过这种场面，一个个看得愣了神，越兵就是趁着这种机会突然袭击吴军，吴军阵前一阵混乱，自相践踏，吴军大败，倒退了几十里。吴王在仓皇出逃中腿部被毒箭射中，当天创伤发作而死。就这样，越国通过这种极端的措施救了他们的国家。

阖闾临死之前，吩咐立太子夫差为王，他抓住夫差的手，说："你可一定不能忘记杀父之仇啊！"

夫差当了吴王，任命伯嚭为太宰，总理国家大事，伍子胥照样为国家的重要谋臣。他的耳朵里总是回响着父亲临死之前的话，为了让自己牢牢记住父亲的嘱咐，他派了十个人，整天什么事都不要做，就站在他的堂前，当夫差进进出出时，就高叫着夫差的名字，说："夫差，你忘记了勾践杀父之仇了吗？"

就这样，夫差精心治理他的国家，训练他的军队，大量地网罗贤人。经过三年的努力，吴国的力量大增。伍子胥认为时机已成熟，就劝说吴王攻打越国。

于是夫差挑了精兵良将，去征讨越国，在夫椒这个地方大败越军。越王勾践带着五千残兵败将逃到会稽山上。夫差率领大队人马追赶上去，夫差在船头亲自击鼓为将士助威，吴兵士气高昂，快速向越兵冲去，团团包围了会稽山。

> 前494年
> 夫椒之战，吴胜越，越王勾践请降，吴王夫差应允。

这时，越王勾践觉得大事不好，就急忙和谋臣范蠡和文种商量，勾践对范蠡说："我后悔当初没有听从你的话，对吴国掉以轻心，才有今天之祸。"

范蠡说："现在说那样的话也救不了越国了，你只有带着礼物到吴国去认罪求和，如果他们不答应，那你只好给人家做奴隶，以求得人家的宽容。"

勾践知道事情已经到了这种地步，还有什么可说的呢，只好先派文种带着大量的礼物到吴军中去求和。

文种来到吴军阵中，跪在夫差面前，给夫差反复叩头，行臣子之礼，他说："我奉亡国之君的命令来给大王请安，我冒昧地向你转达勾践的心愿，他愿意做你的臣子，他的妻子愿意做你的仆人，为大王日日夜夜服务。"

夫差一听，捻着胡须，高兴极了，早就盼望有这一天，越王能给我俯首称臣，那我不就真正成了江南的大王了？就打算同意越王的请求。

伍子胥见夫差不言语，知道他在心里已经答应

吴王夫差矛

1983年出土于湖北江陵马山5号楚墓。矛长29.5厘米，宽3厘米，两面脊上均有血槽。骹（qiāo）内中空，有竹残存。矛身遍布精美的菱形几何纹饰，近骹处有错金铭文8字："吴王夫差自作用矛。"这件矛与越王勾践剑都在楚国郢都出土，说明楚灭越之后，吴、越两国王室的贵重兵器都被送到楚国。现藏于湖北省博物馆。

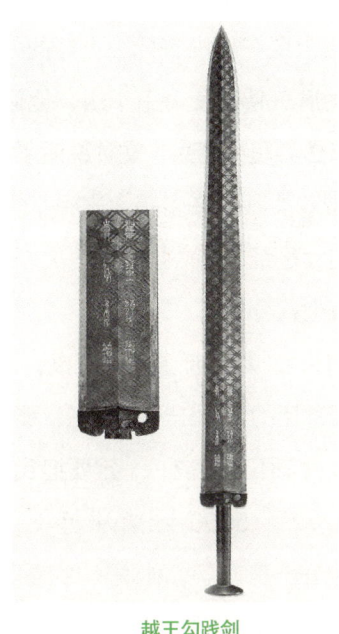

越王勾践剑

1965年出土于湖北江陵望山1号楚墓。剑长55.7厘米，宽4.6厘米，重875克。剑身满饰黑色菱形几何纹；剑格正面嵌蓝色琉璃，背面嵌绿松石；剑柄以丝线缠缚；剑首铸11道同心圆。剑身近格处有鸟篆（zhuàn）铭文8字："越王勾践自作用剑。"经科学检测，该剑主要合金成分为铜、锡、铅、铁、硫等，硬度极高而又有延展性。该剑虽经两千余年，出土时却犹如新铸，寒光凛凛，可见制作精良。现藏于湖北省博物馆。

了。夫差是个非常好虚荣的人，又缺乏远见，伍子胥来到了他面前，低声对他说："寇不可养，敌不可纵。吴国的力量现在并不是很强，如果放弃了这个机会，日后一定会后悔的。况且勾践的为人十分阴险，他表面一套，实际上又是另一套，现在不除掉他，他一定会报这个仇的。"夫差听他这么一说，也不敢答应了。

文种回到了越国，勾践急得像热锅上的蚂蚁，他将5000残兵败将集中起来，号召他们拼死突围。但是范蠡和文种坚决不同意，他们说，夫差好色，他的太宰伯嚭贪图便宜，不如送一些东西给伯嚭，让他在夫差面前给说说情，再给夫差一些美女，看他的态度是不是会改变。

勾践认为现在也没有什么更好的办法，只好去试试。那是一个黑沉沉的夜晚。文种肩负特殊使命下了山，他偷偷地来到伯嚭的帐前，送给他许多东西。伯嚭果然心里很高兴，文种说明了自己的来意后，他就答应引见。

伯嚭带着文种和许多美女来到了夫差的住处，文种首先向他献上许多美女，这些美女是经过精心挑选的，夫差一看就眉开眼笑。文种心里想，这事成功的可能有七八分了。

他跪着说："勾践听了我的汇报，说是大王你不全理解他的心，他是诚心诚意向大王称臣的，大王若是开恩，那么从今以后，我们越国的所有财富都是你的。如果大王不能答应，一定要把我们消灭，勾践将命令所有的人杀死自己的妻子、儿女，将5000将士集中起来，和大王决一死战。"

伯嚭也在一旁劝解，他说："我看勾践这次是有诚意的，如果允许他做我们吴国的臣子，这对我们吴国的霸业也是十分有利的。"

实际上，夫差本来就是同意求和的，文种走后，他还为这事懊恼，现在经他们这么一说，夫差自然同意了，就和越国达成协议，退兵而去了。

大夫伍子胥知道这事时已经晚了，他看着向后撤退的大军，眼泪止不住流下来。"吴国不久就会灭亡的"，他的口中低吟道。

勾践从会稽回到国内，就开始尽心治国。他整天忧心苦思，为国操劳，食不甘，睡不眠，一心致力于复国大业。他将一枚很大的苦胆挂在自己的座位旁边，睡的时候看着它，休闲的时候也

西施

西施据说是春秋末期浙江诸暨（jì）人。勾践被夫差打败，在民间遍访美女送入吴宫求和，得浣纱女西施。西施入吴宫，备受夫差宠爱，为越国求情，越国得以休养生息。吴亡后，西施不知所踪。西施是中国古代四大美女之首，我们常说的"沉鱼落雁之容"的"沉鱼"就是指她。传说她在溪边浣纱，游鱼看见她的美貌都羞愧得沉入水底了。

吴钩

出土于秦兵马俑1号坑。吴钩，春秋时期流行于吴越一带的形似弯刀的兵器。据《吴越春秋》载："阖闾既宝莫邪，复命于国中作金钩。令曰：'能为善钩者，赏之百金。'吴作钩甚众。"金钩因最早造于吴地，所以后来又称之为吴钩。现藏于秦始皇陵博物院。

➡ 前484年
艾陵之战，吴胜齐。

打量着它，吃饭之前，先要尝尝这苦胆。他常常提醒自己："你忘掉在会稽所受的耻辱了吗？"

他夫人亲自纺织，他亲自种地。他们不吃肉食，只吃蔬菜，不穿华丽的衣服，和劳动人民一样，就穿粗衣粗衫。他放下国王的架子，谦虚待人，热情地接待四方宾客，所以在短短的几年时间里，就有大量有德行有智谋的人归顺越国。

他让范蠡掌握国家大权，范蠡说："我不合适，军事方面，我可能比文种强一些，但是治理国家，文种比我强得多，我看还是让文种来当此大任吧。"于是，就让文种来总理国家大权，而范蠡另有大任，他和另外一位大夫到了吴国做人质，这样可以迷惑对方，赢得发展的机会。

就这样，经过了七年，越国的力量大增，越王勾践觉得时机已经成熟，就准备向吴国报仇，大夫逢同说："我看现在还不是时机，吴国目前是诸侯中力量最强的国家之一，我们不能轻易和它相斗，我们只能胜，不能败。凶猛的鸟袭击目标时，一定要善于隐藏它的身体，对待吴国也是如此。现在许多国家都不满于吴国，我们可以联合楚、晋、齐三国，吴国的野心很大，如果这三个国家不听它的，它一定会发动战争，让这三个国家先和吴交战，我们利用它的疲惫再消灭它。"

勾践觉得这一想法很好，就采用了。

又过了两年，果不出逢同所料，吴国要征讨齐国，伍子胥哭着进谏："我听说勾践能和老百姓同甘共苦，这个人不除去，一定是我吴国的心头大患，大王真是打错了对象，你应该先去攻打越国。"

这时，傲慢无度的夫差哪里能听进去这样的话，就攻打齐，得胜而归。他从战场回来后，讽刺伍子胥："我要是听你的，在家里睡大觉，哪里会有今天的胜利？"

但是，伍子胥非常冷静，他说："大王不要高兴得太早了。"

这句话差点没把这傲慢的国王气死，夫差就大骂伍子胥，说他倚老卖老。

伍子胥看到自己一腔报国之愿不能实现，就要拔刀自杀，幸亏大臣们及时赶到救了他。

这些事情越国人都看在眼里。文种说："夫差太骄纵了，我们可以试着向他借一些粮食，看他对越国的态度。"

勾践认为他的办法不错，就派文种到吴国去。文种来到夫差的面前，以越国遭受粮荒为由，要吴国借一点粮食给他们。夫差觉得这是小事，就准备答应，可是伍子胥却不同意，但是吴王认为他老了，不中用了，就根本不听他的劝告，借了很多粮食给越国。

伍子胥慨叹道："三年后，吴国将会变为一堆废墟。"这话给伯嚭听到了，就在夫差面前说他的坏话。

夫差初时还不相信，后来逢同也加入污蔑他的行列，夫差就信以为真了。他怕伍子胥作乱，就把他派到齐国去出使。伍子胥感到自己一腔报国愿望不能施展，又想到夫差一定会加害于他，在到齐国之后，就找到他的一个好朋友鲍牧，将自己的儿子托付给他教养。

伯嚭等又利用这一问题大做文章，在夫差面前离间他们的关系，夫差听到后大发雷霆，说："这老儿真要背叛我了。"等到伍子胥从齐国回来，就派人赐给他一把"属镂"剑，让他自己结果自己。

伍子胥拿着那把剑，知道他所预料的事到了，他来到夫差面前，大笑不止，夫差被他吓得向后退了几步，颤抖地说："你死到临头，还笑什么？"

伍子胥道："我笑你这个昏君不明真相。我帮助你父亲成就了霸业，又拥你为王，你当初要把江山分一半给我，我没接受，可没过多久，你就听信谗言，要加害于我。我老了，死又何足惜，我为我们吴国的未来在心里痛哭。你这个昏君，吴国就要毁在了你的手中了。"

夫差脸色铁青，说："快快把这个老头儿推下去杀了。"

伍子胥举起"属镂"剑，喝退了上前来杀他的人，对旁边他的下人说：

"我死后，把我的眼睛挖下来，挂在都城的东门上，我要亲眼看看越国的将士是怎样攻进我心爱的国家的。"

说罢，他向着自己的胸膛猛地一刺，躺在了血泊中。一颗伟大的心脏停止了跳动。

民间有许多传说，说到伍子胥为国家和人民做过许多好事，人民爱戴他，民间五月端午向水里扔粽子，有的说是为了祭祀屈原，有的却说是为了祭祀伍子胥。

伍子胥死后，勾践曾经想攻打吴国，范蠡认为时机没有成熟。又过了四年，越国的力量足以和吴国抗衡了，于是勾践动员全社会的力量，全民同心，讨伐吴国，以雪国耻。

勾践率领几十万大军向吴国进发，吴国人做梦都没有想到，越国怎么有这么多的军队。在骄纵的国王夫差的统治下，吴国的军队失去了起码的战斗力，根本就不堪一击，节节败退，越军长驱直入，将吴王夫差一直赶到姑苏山上。

现在该吴国求饶了，夫差派大夫公孙雄下山求和。公孙雄比当初文种表现得更加彻底，他裸着上身，背上背着荆棘，跪在地下向前爬行，一直爬到勾践的面前，说："无路可走的夫差派我来给他传递他的心里话，他以前得罪了你，他给你赔不是。如今你要是能高抬贵手放我们回去，他说他一定甘心做你的臣民，

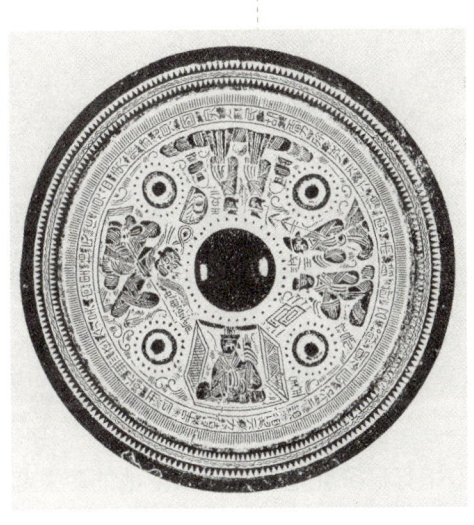

伍子胥画像镜

东汉铜镜。直径20.7厘米。镜面共四组画像，人物有夫差、伍子胥、勾践、范蠡、西施和郑旦等，连贯呼应，集中反映了伍子胥忠直敢谏，被夫差赐剑自杀的场景。外圈有铭文44字，内容为祈祷风调雨顺、国泰民安、双亲康乐等。

◯ 前473年

越灭吴，吴王夫差自杀。

一定听从你的任何命令。当初在会稽山上,夫差对你还是不错的,夫差希望你对他也能像以往他对你一样。"

勾践听他这么一说,也动心了,当初人家确实放了我,如果今天我不放他,这不显得小家子气了吗?范蠡觉察到了勾践的心思,就说:"难道大王你忘记了你十多年来日日夜夜盼望的事了吗?难道你忘记了为了复仇,我们国家的千千万万人民所付出的血和汗了吗?今天要是你放了他,将来你将是另一个夫差。"

勾践被他说得哑口无言。

范蠡这时候走上前来亲自击鼓,对吴国那位裸身的使者说:"你赶快走吧,不然你的命也将保不住了。"

那使者流着泪走了,勾践感到好像有点于心不忍,就走到那个使者面前,对他说:"你回去转告你家大王,我可以把他安置到甬(yǒng)东,统治一百户人家。"

曾经不可一世的吴王夫差这时就像一个大软蛋,他对来逼他投降的越国使者说:"我老了,不能服侍你们的君王了。"就拔剑自杀了。他临死时还在高叫:"我对不起伍子胥,我对不起伍子胥!"让他的手下人把他的脸盖起来,他实在无颜去见伍子胥。

越王的部队攻进了吴国的都城,杀了那个无用而又好进谗言的伯嚭。从此,吴国灭亡,广阔的南方土地就都是越的天下了。

37-富裕的陶朱公

范蠡跟随越王22年,足智多谋,身经百战,又精于外交,对成就越国的霸业起到了至关重要的作用。灭了吴国后,他又领兵向北挺进,渡过淮河,使得齐国和晋国也不得不听从越国的号令。就这样,范蠡被任命为上将军。

但是他得胜回到了国都,感到自己的名气太大了,又深知勾践的为人,于是就决定离开越国。他给越王写了封信,表露了自己的心思。他说:"我曾经听说,主上有烦恼事,他的臣子应该为他分忧。当初你在会稽受耻辱,我们做臣子的人就应该为你去死,那时臣下没有死,是想为主上雪此大耻。现在这个仇已经报了,我也该来领早先的罪过了。"

勾践说："你真是一个诚实的人，我要把越国的江山分给你一半，让我们共同享受这胜利后的果实。"

范蠡这时似乎是听到吴王夫差在说话，他当时对伍子胥就是这么说的。范蠡说："感谢主上不弃之恩，我实在受不起。"说完，就退了下去。

范蠡决定偷偷地离开越国。在一个静悄悄的夜晚，他骑着他心爱的马，带着他的妻儿走了。他不无眷恋地回眼望了望自己的祖国，眼睛里噙满了泪水。

他来到了齐国，他给自己的老朋友文种写了一封信，信中说："我曾听人说，飞鸟射完了，良弓就要藏起来；狡猾的兔子被抓光了，猎狗就要被煮着吃了。越王的脖子长得很长，嘴像鸟喙（huì）一样尖，我看可以和他共患难，却不可和他共享乐，我劝你还不如早早地离开。"

文种接到了这封奇妙的信，感到还是老朋友说得对，于是他就自称有病不能上朝，这样持续了几天，就有人在越王面前进谗言，说文种想谋反，因为那些奸佞之徒实在嫉妒他的才能和功绩。

而勾践也感到，越国霸业已成，留着他已没有什么用了，还会生出许多事来，就把文种叫到自己的身边，对他说："你教给我攻打吴国的七条计谋，我只用了三条就打败了吴国，还有四条在你那儿，不如你跟着吴国的国王去，试试你的计谋，看是不是能救了他们。"

范蠡画像

范蠡（前536年—前448年），字少伯，春秋晚期越国大夫，曾助越王勾践灭吴复国，后避祸隐遁。传说他归隐后经商致富，三次散尽家财，又三次成为巨富，后世奉他为文财神。

勾践就给了他一把剑，让他自杀。可怜这位功勋卓著的老臣就这样死去了。

范蠡在齐国，改名换姓，自称"鸱（chī）夷子皮"，在海边耕种，还从事商业做买卖，就这样勤劳数年，集聚了许多财产，他成了一个大富翁。

齐国人觉得他是个了不起的人，就推举他为相国，他做了一阵，感到还是没兴趣。一天夜里，他在月光下散步，感叹道："我做官做到了相国，我挣钱挣到了成千上万的财产，做人做到这一点，也就不错了。我的一切都达到了顶点，对我来说并不是好事。"于是就辞去了自己的官位，将自己的万贯家财都分发给穷人。又从齐国的大地上悄悄地消失了。

他来到一个叫陶的地方住了下来，就在这个地方做买卖，开作坊，事业干得很红火。很快，他又成了一个富人，人们都称他为"陶朱公"，后代中国也常以陶朱公来表示富裕。

他在陶地生了一个小儿子，这个儿子长大之后，他的二哥哥杀了人，囚禁在楚国，范蠡的家人急死了，就想以范蠡自己的面子将儿子赎回来。但是，范蠡说："杀人偿命，这是天理，我的儿子也不能例外。我只有一个愿望，就是让他不要在街上示众。"于是就让他的小儿子带上许多的钱，放在一个麻袋里，驮在牛车上。

范蠡的小儿子正要上路，范蠡的大儿子说他可以替弟弟去。范蠡知道这个大儿子平时办事能力并不强，有点舍不得花钱，就不同意他去，但是他的大儿子说："家中的长子应该帮助父亲做最重要的事，现在二弟犯了法，你不派我去，而派小弟弟去，别人不会说我是个不良之辈吗？"

说罢，就拿着刀要自杀，他的母亲赶快来阻拦，说："我看就让他去吧，小儿子一个人去未必能救活二儿子。现在要是二儿子还没有救成，又死了个大儿子，那不把我们的心都伤透了。"范蠡也只好同意他去。

临行之前，范蠡给他写了一封信，要大儿子交给他的老朋友庄先生，并且嘱咐他说："到了那里，把这里带去的黄金都交给庄先生，让他代你处理，遇事千万不要和别人争论。"大儿子一一都答应下来。他家是一个非常富的家庭，大儿子就又偷偷地带了许多黄金。

这位大儿子到了楚国，好不容易才找到庄先生的住处。本来他以为父亲所结交的这位庄先生一定也是非常富有的，哪知到了那里一看，庄先生原来住在乡村，房子七歪八扭，很不像样，他穿过一大片野菜地才到了庄先生的家。

范蠡的大儿子来到庄先生的面前，交上了书信，并且把车子上带来的所有黄金都交给了这位老者，这位老者说："你的事情办好了，你赶快离开这里吧，千万不要停留，即使你看到你弟弟从监狱里出来了，你也不要去问他。"

他直点头，就告别了庄先生。

但是他并没照庄先生所说的那样去做，他觉得楚国这地方很好玩，再说弟弟还没有放出来，我回去又怎么交代呢。这样他就在楚国闲荡起来了。在这期间结交了楚国的一些贵族，他们一听说是范蠡的公子，当然对他非常热情。他也就把自己私自带来的黄金送给这些贵族。

这位庄先生虽然看起来很穷，但是他在楚国具有极高的威望，他的廉洁正直广为人知，朝廷的一些大臣们都把他当作老师一样对待。他接受了范蠡的金子，连一句拒绝的话都没有说，这使范蠡的大儿子心里有点不快，心里嘀咕，这老头也是一个贪财的人。

而庄先生根本不是要他的一文钱，他是把金子当作信物，待事办成后，他还要如数奉还，他对妻子说："这是陶朱公的金子，如果我以后死了，来不及交给他，你一定要帮我交给他，一点也不要动。"

庄先生找了个合适的时机去见楚王，楚王一见这位德高望重的前辈，非常高兴，就向他请教治国之方，庄先生说："我听说治理国家必须以仁政，最近我看到星象对楚国不利，大王当要注意。"

楚王非常迷信，听他这么一说，马上紧张起来，就问他如何办是好。庄先生说："只有办好事，不能办坏事。"

于是楚王就准备大赦，他手下的一些重要的大臣都知道了，这其中也包括那些接受了范蠡大儿子贿赂的人，他们连夜找到范家大儿子，告诉他这一情况，让他放心，他的弟弟很快就要出来了。

范家大儿听后高兴极了，自己的弟弟就要出来了，父亲不是担心我不会办事吗，我这不是办得很好吗。但是又一想，我弟弟出来，这是国王的恩赐，那老头白白地拿了我那么多的黄金，这还了得。他越想越不是滋味，于是就登门去索取那钱财。

他来到了庄先生家，庄先生大吃一惊，"你还没走？"庄先生问。

范家大少爷说："我有点事还没来得及走，我听说国王准备大赦，我的弟弟马上就要出来了，我特地来向您老辞行。"

庄先生明白他的意思，就对他说："你把带来的黄金带回去吧。"他也不客气，就到后屋里取走了黄金。

他驾着牛车，乘着月色，口中哼着小曲，心里高兴极了，我的事办成了，但是一分钱又没有花，回去后，爹娘不知怎么夸我是好呢。

这回他算错了，范家大少爷走后，庄先生感到心里很窝囊，我活了这么大，被这小儿辈耍弄了，这口气他咽不下去。

于是他又去面见楚王，对他说："我上次说了星象不好那件事，大王果然要用做好事来破这坏星象，这太好了。但是我在外面到处听到人们这样说，陶朱公的儿子杀了人被囚禁在我们楚国，他家拿了许多钱来贿赂我们楚国的大臣，你知道陶朱公是一个多么富有的人，所以人们都说，大王你不是为了怜悯、同情人民才实行大赦的，而是为了陶朱公的儿子。"

楚王一听大怒："陶朱公再富，与我何干，我们楚国难道稀罕他那两个钱？"就下令将范家的二儿子先杀死，然后再实行大赦。

这位一向精明的范家大儿子这时可像个泄了气的皮球，他踏上了归程，有气无力地驾着牛车。父亲给他的黄金当然如数在，但是他的车里又多了一件东西，这就是他弟弟的尸体。

他到了家，他的母亲和远近邻居看到范家二儿子的尸体，都很悲痛。唯有陶朱公一人不但不哭，反而大笑不已，人们问他笑什么，他说："我知道他这一去，他的弟弟一定会死，他不是不爱他的弟弟，只是他舍不得花钱。他小时候和我在一起，我们吃尽了苦头，知道谋生的艰难，所以他生活非常节俭。至于他的小弟弟，他出生以后就看到我万贯家财，他只知道尽情地享乐，出门乘好车，骑良马，花钱就像流水一般。我派小儿子去，就是看他舍得花钱。而大儿子硬是要去，并以自杀相要挟，也只好让他去。他这一去，我就一直在等我二儿子的尸体回来。这是事情的常理，没有什么好悲痛的。"

范蠡一生三次迁移，但是他所到之处，一定有所作为，治国可以立奇功，理财可以致大富。他的德行，他出色的处世能力，赢得了后代无数人的赞颂。

38-古代文学的典范《诗经》

说到中国古代的文学，首先应该提起的是《诗经》，在有史记载的文学作品中，它产生时代最早，并且取得十分突出的成绩，其中大量的创作手法成为后世中国文学的基本原则。

《诗经》，又称《诗》，它一共有305首，所以后世又常常将其称作《诗三百》。从时代上看，它包括了从公元前11世纪到公元前6世纪这500多年的作品。从地域上看，它主要收集了黄河流域的作品，也有一部分长江流域的作品，即今天的甘肃、陕西、山西、山东、河南、河北等省的一些地方的作品。

《诗经》一共由三大部分组成，即"风""雅""颂"。风诗主要是地方民歌，一共有15国风，有160篇，《诗经》中大多数优秀的篇章集中于此。雅诗主要是宫廷的歌曲，有大雅和小雅之分，一共有105篇。而颂诗是庙堂祭祀的歌曲，由商颂、鲁颂和周颂三部分组成，它们主要是一种伴舞的祭歌，共40篇。

我们今天的诗歌是不需要合乐的，但是在上古时代诗、乐、舞这三者不分，诗歌一般是合乐的歌词。《诗经》都是可以合乐的，可以供给人们演唱。

《诗经》的编辑，倒是一件很不容易的事。上古社会有一种重视诗、乐的习俗，统治阶级往往通过一些民歌、乐舞来观察民风。当时有一种官是专门负责采集诗歌的，他们分布在全国各地，搜集民间诗乐，将其整理起来，最后交给最高统治者。

当时所采集的诗歌可不止这些，采诗官搜集上来的诗很多很多。传说这些诗歌流传到孔子的时代，孔子亲自整理这些诗歌，他从这些诗歌之中选择那

曾侯乙编钟

1978年出土于湖北随县（今随州市）。全套编钟共65件，是我国迄今发现的最大的青铜编钟。青铜编钟是西周礼乐制度的重要标志性乐器，盛行于春秋战国至秦汉时期。战国初期的曾国国君曾侯乙铸造这样的国之礼乐重器，是用礼制来拯救当时社会"礼崩乐坏"的尝试。现藏于湖北省博物馆。

些最符合他的道德思想的，编成一本，这就是今天的流传本《诗经》。

孔子选了这些诗后，就让他的学生们认真阅读，他说："不学《诗》，无以言。"他认为学《诗》的目的，主要在于提高修养，懂得礼节。他说："你学了《诗经》，不能把它贯彻到实践中去，就证明你没学好；如果派你去搞外交，你不能利用《诗经》去应对诸侯，这学了就等于没学。"

《诗经》中有大量的诗歌反映了民间的疾苦。如那首著名的《硕鼠》，诗中写道："大老鼠啊大老鼠，你不要再吃我的黍，我整天服侍你，但是你却毫不考虑我。"表现了对统治阶级的愤恨心情。

> **TIPS**
> **兴观群怨**
> 《论语·阳货》："子曰：'小子，何莫学夫《诗》？《诗》可以兴，可以观，可以群，可以怨；迩之事父，远之事君；多识于鸟兽草木之名。'"兴指抒发情志，观指观察（社会和自然），群指结交朋友，怨指讽谏怨刺。这是孔子对《诗经》的社会功能的一个整体概括。

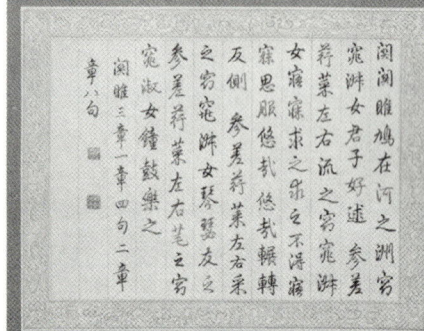

《御笔诗经全图书画合璧》
写成于乾隆四年暮春至十年季夏（1739年—1745年）。文字由乾隆皇帝和词臣所写，图由画院诸臣仿效宋人马和之的《诗经》图卷而成。全书共30册，现藏于台北故宫博物院。

那是一个战乱频仍的时代，生灵涂炭，人民受尽了苦难，《诗经》中就有不少描写战争的诗歌，如《采薇》，诗中写道："昔我往矣，杨柳依依；今我来思，雨雪霏霏。"表现了战争的漫长以及离人的思念。

《诗经》中有不少描写爱情的诗写得非常生动，如《诗经》中的第一首《关雎》："关关雎鸠，在河之洲；窈窕（yǎo tiǎo）淑女，君子好逑。"

有一类诗表现了妇女的悲惨命运，今天读起来还令人不能平静。如《氓（méng）》，诗中通过一个妇女出嫁前后的对比，来表现社会对于妇女的摧残。她嫁到夫家之时，是一位青春美貌的女孩，诗中用桑树做比喻："桑之未落，其叶沃若。"在夫家的三年中，她过着非人的生活。她不但要承担家中所有的家务，而且还要下地劳动，丈夫没完没了地打她。这真使她丧失了生活的信心。三年以后她又来到家乡的那条河前时，她不禁心潮澎湃。那时，这位女子已是人不老但面已黄，诗中写道："桑之落矣，其黄而陨。"

《诗经》在艺术表现手法上，普遍采用赋、比、兴的方法。所谓赋，也就是直接描写，鲜活生动。所谓比，也就是比喻，《诗经》中大量采用比喻的方法，读起来含义深远，回味无穷。所谓兴，也就是以别的事物起头。

《诗经》中用语非常生动，如描写人睡不着觉用"辗转反侧"来表示，用"涕泗滂沱"来描写人痛哭的样子，用"所谓伊人，在水一方"描写可望而不可即的思念心情。这些描写引起了后代无数人的注意，促进了中国文学的发展。

39-道家学派的创始人老子

老子是我们中国古代最伟大的思想家之一，他是道家学派的创始人，他的思想对后世产生了深远的影响。

关于老子的生平，史书上只有很简单的记载。史书上说他姓李名耳，字为聃（dān）。他的名字为什么叫老子，历史上有两种说法：一种是说，老是他的姓，上古时代"老"和"李"读音相同，那时没有李姓，只有老姓；另一种说法就是说"老"是对他的尊称，就等于今天所说的"老先生"。

他出生在楚国的苦县，曾当过东周的藏书室的官，藏书室在当时又被称为"柱下"，所以后人又称老子为"柱下吏"。

他的生平中有一个重要的事件，就是他曾经和孔子相会。他曾对孔子说："人生在世，不要活得太累，顺利之时，你就去行动；不顺利时，你可以隐藏起来。我曾经听人说，会做买卖的人，就像自己没有钱一样，别人都看不出来，聪明的人表面看起来，就像很愚蠢一般。你为什么不学学这种处世之道呢？"

《老子授经图》（局部）

元吴睿绘。史称老子见周将乱，乘青牛出函谷关，关令尹喜请其著书，遂成《道德经》五千言。该题材历代多有画作表现。该画现藏于美国大都会艺术博物馆。

后来孔子曾对人说："老子真是一个不平常的人，鸟，我知道它能飞；鱼，我知道它能游；野兽，我知道它能跑；但是，对于龙，我却不知道它能乘云雾上青天。老子就是一条龙。"

老子在东周的时候，一直从事自己的思想探索工作。他在东周待得太久，当时东周也渐渐衰落了，于是他决定离开东周。到了散关这个地方，他遇到了尹喜，他俩相谈很投机，据说老子就为他写了一本书，这就是今天流传下来的《老子》。

老子是一位高寿的人，传说他活到160多岁，又有人说他活到200多岁。

《老子》一书是老子思想的集聚，以其思想的独特性和深刻性，受到了后人的充分注意。《老子》一书晦涩难懂，但却包含了丰富的内容。

《老子》之所以被称为道家思想，就是它把"道"作为哲学的最高范畴，这个"道"既可以说是一种自然法则，又是一种抽象的精神本体，是世界万物产生的根源。

《老子》提倡无为而无不为的思想，强调自然而然，对当时社会中所流行的陈腐的道德、虚伪的文化表示了极大的愤慨。它的"无为"，并不是什么事情也不做，而是强调顺应自然，不打破自然的原有节奏。

《老子》还强调一种"以柔弱胜刚强"的思想，它举例说，天下最柔弱的东西恐怕就是水了，但它却具有无可比拟的力量，它有利于万物，而不和任何东西去争执。所以它说："上善若水。"老子强调柔软的东西都是有生命的东西，如树木，活的树木是柔软而有弹性的，而死的树木是枯硬的。人也是如此，活人是柔软的，死了就是硬的了。

老子的思想包含极高的智慧。他说："大直若屈，大巧若拙，大辩若讷。"他又说："有无相生，难易相成，长短相形，高下相倾。"任何事情都是可以相互转化的，"祸兮福之所倚，福兮祸之所伏"。天下的事物没有绝对的和一成不变的。老子考虑事物总是注意到两面，主张从对立中来观察事物，老子也用这种思想来解剖当时的社会，他说，天之道，是损有余而补给那些不足的人；而人之道恰恰相反，就是损害那些不足的人来补充给本来就已经多余的人。

郭店楚简《老子》

1993年出土于湖北省荆门市郭店村。楚简《老子》存2046字，为典型的楚国文字，不分《道经》和《德经》，章次也和今本《老子》不对应，但绝大部分文句与今本相同或相近。现藏于湖北省荆门市博物馆。

老子有感于当时虚伪风行的社会现实，提出"绝圣弃智"的重要主张。他反对当时的仁义道德概念，反对知识和技术，认为人首先应该做的是回到无知无欲的混沌状态中。他认为，"婴儿之心"（即赤子之心）是人的最真实的心灵。

在政治上，他抨击上层统治者，认为"民之饥，以其上食税之多"，但是，对于这样的统治，他强调"不争"的战略，要安于命运。他认为，世间的混乱来自人们对物质生活的追求，欲望的膨胀使得人丧失了自己的本性。他认为最好的社会是"鸡犬之声相闻，民至老死不相往来"，这就是他著名的"小国寡民"的政治理想。

老子去世后，很多人从各种不同的角度去阐发他的思想，将其自然无为的学说发展到了极致，形成了和儒家学说相抗衡又相补充的道家学说。

40-伟大的思想家孔子

孔子是我国古代最伟大的思想家，他所创立的儒家学说对中国文化产生了深远的影响。

他出生在春秋末期的鲁国，他的祖先是宋国人，他的名为丘，字仲尼。

孔子3岁的时候，他的父亲就去世了。他是由母亲抚养长大的。他从小就很懂礼貌。在那个时代，祭祀是国家生活中的头等大事，孔子从小就对祭祀产生了浓厚的兴趣，他也正是由祭祀而养成了重视礼仪的习惯。

孔子家境贫寒，社会地位很低，成年以后，他到鲁国的季氏那里做了一个小官，负责掌管仓库一类的小事。但是他这事做得很好，受到了当时不少人的赞扬。

不久，他离开鲁国，到了齐国。后来他又周游列国，到过宋国、卫国，在陈国和蔡国之间受困，最后他又回到了鲁国。

传说孔子曾经见过老子，如果这是事实的话，那可是中国文化史上的一件大事。史书上说孔子离开老子时，老子送他，对他说："我听说，有钱的人送行时送的是财物，品德高尚的人送行时，送的是宝贵的言论，我没有钱，也不是什么高贵的人，我就送你几句简单的话吧。你是个聪明人，但是聪明常常会被聪明耽误，我劝你回去还是过一些安稳的日子，省得为国家操心。"

但是孔子并没有像老子所说的那样去做。他是一个关心国家命运、关心人民疾苦的人，他回到鲁国，为了推行他的主张，就潜心于教育事业中，他的弟子

> 前551年
> 孔子出生。

也渐渐多了起来，多的时候达到几千人，号称"贤人七十，弟子三千"。著名的弟子就有子路、颜回、子夏、冉有、曾参等。

孔子一方面潜心于教育事业，另一方面又在诸侯中推行自己的仁政主张。有一次，齐景公问他如何为政，他说："国家的兴盛要使得人们各司其职，国君要像个国君，大臣要像个大臣，父亲要像个父亲，儿子要像个儿子，不能逾越。"

齐景公同意他的观点，就想给他一些土地，但是孔子表示反对。所以这事没有成。

孔子在一生中也遇到过许多危险的事，其中一次就是差一点被阳虎害了。孔子在鲁国当了几年官，但都不是很顺利。他曾干过鲁国的大司寇，并且代理宰相职务，执政后，他将国家治理得很好。

孔子在鲁国一有工夫，就来整理一些东西，不是为了学术，而是为了国家政治。他认为当时礼崩乐坏，道德沦丧，所以想以礼、乐来拯救社会风气。

孔子是我国古代最著名的教育家。他倡导的一系列教育思想对后代产生了深远的影响。

在教育内容上，他从四个方面教育学生，即学问、行为、忠恕、信义。他

《孔子教学弟子图》

明代。孔子前半生周游列国，治国主张不被采纳，晚年归鲁国授徒。据载孔子有弟子三千，社会各个阶层的人都在其中，其思想通过教学得到了广泛传播，最终形成了儒家学派，并成为此后两千多年封建社会的正统意识形态。

实行的教育原则是"有教无类",就是不分贵贱、贫富等,只要他愿意学习,他都可以进行教育。在教学方法上,他探讨了大量行之有效的方法,如启发式教学,强调举一反三,强调教育对象自己参与教育过程。在教育目的上,孔子十分强调学以致用,他认为学生应该投入到现实生活中去,而不能沉湎于书本之中。孔子的教育思想成为人类文化创造的宝贵财富。

孔子教育学生十分重视身体力行,他用有用的知识教学生,又用自己崇高的品质感化学生。孔子十分注意自己的修养,他说:"三人行,必有我师焉。"他虚心地向别人学习,强调自己的志向情操,他说:"三军可夺帅也,匹夫不可夺志也。""岁寒,然后知松柏之后凋矣。"他认为,一个人,如果不去加强自己的品德修养,不去探讨有用的知识,对正义的事业不敢坚持,对待缺点和错误不能改正,这样的人是没有希望的。

孔子晚年修订了一部重要著作,叫作《春秋》。这是一部历史著作,它记载了春秋时期两百多年的历史。孔子采取实录的方式,不虚美,不隐恶,强调微言大义,用语典正,《春秋》成为后世史书的典范。

孔子去世时,已经73岁。他的学生整理了他的著作,传播了他的思想,形成了影响中国达两千多年的儒家学说。

◀ 前500年

孔子代理鲁国国相的职务。

TIPS

《论语》

由孔子的弟子和再传弟子记载孔子言行的著作,共20篇,集中反映了孔子的政治、道德和教育思想,是中国传统文化最为重要的经典之一。

◀ 前479年

孔子卒。鲁《春秋》记事结束于该年。

 # 战 国 争 雄

　　历史上所说的战国时代，自公元前475年（一说是公元前453年）开始。经过长期诸侯争霸的战争，到这时候，很多国家被消灭了，有些大国分裂重组了（如韩、赵、魏三家分晋），至此出现了齐、楚、燕、赵、韩、魏、秦七国并立的局面，这就是所谓的战国七雄。战国时期到公元前221年结束，这一年秦国消灭六国，完成了统一中国的大业。战国时代前后经过了两百多年，这也是东周的后半期，此时期诸侯争锋，东周王室作为天下共主，名存实亡。

　　战国时期是百家争鸣的时代，是我国思想和学术发展的黄金时期，所谓诸子百家就出现于这个时代。这一时代虽然连年的战争令人窒息，但学术思想的自由，又使人们呼吸着新鲜的空气。孟子、荀子等儒家学者继承孔子思想，儒家思想在这个时代继续发展；庄子发展了老子的哲学，道家思想有了更广泛的传播；提倡节俭、反对战争的墨子思想独树一帜；以商鞅、韩非子为代表的法家思想更是对秦国的统一产生了至关重要的影响。此外，还有以邹衍为代表的阴阳家，以公孙龙子为代表的名家，以张仪、苏秦为代表的纵横家，以吕不韦为代表的杂家，等等。一时间云起龙腾，学者们纷纷筑坛开讲，著书立说，形成了我国历史上少有的学术大繁荣的格局。战国时代也是我国文学的繁荣时期，惊采绝艳、缠绵悱恻的楚辞，与此前出现的《诗经》一起，并为中国文学的两大标程。

　　历史是人的历史，这个时代涌现的英雄、谋士、思想家、学者、具有崇高智慧和德行的贫士等，一一创造了他们的人生伟业，灿若天上的星辰。像"战国四君子"（春申君、孟尝君、信陵君、平原君）在政治斡（wò）旋中所体现的德行和智慧，成为后人津津乐道的话题；像蔺相如完璧归赵故事中所体现的勇气和担当，注释着这个时代特别的风华。

41-提倡节俭的墨子

战国时期,连年征战,耗费了大量的民脂民膏,老百姓真是怨声载道,一些有识之士就出来反对战争,主张节俭,不要再让人民在饥饿和死亡的边缘徘徊。这中间有一个人叫墨子。

墨子是中国古代重要的思想家,他非常有学问,而且人品也好,所以在当时诸侯中他的威信很高。

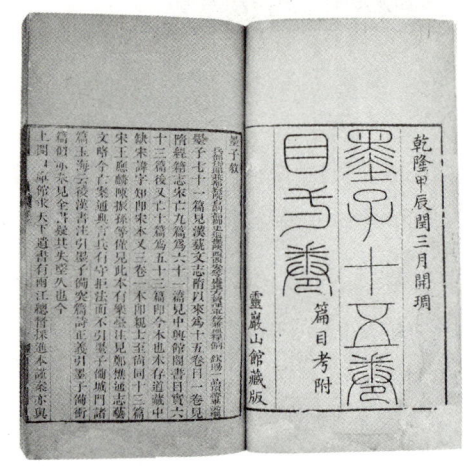

《墨子》书影

《墨子》是墨子及其弟子所著的阐明墨家思想的经典著作,今存53篇。提倡兼爱、非攻、尚贤、尚同、天志、明鬼、非命、非乐、节葬、节用等思想,内容涉及哲学、逻辑学、军事学、工程学、力学、几何学、光学等方面。

话说楚国在战国初年已经是一个很强大的国家,楚惠王为了称霸诸侯,就扩大军队,整天训练,提高部队的战斗力。他看时机已经成熟,就想出兵去攻打宋国。宋国倒不是个大国,但是楚惠王有一个忧虑,就是宋国的国都城墙很高,很难打进去。

有人给他出了主意,叫他去请公输般。这公输般不是别人,就是中国历史上那位神奇的工匠鲁班。他本来不叫鲁班,因为他是鲁国人,而且名气又非常大,所以后来人们就尊称他为鲁班。

鲁班被请来了,楚惠王让他设计一种能够攻破宋国城墙的东西,鲁班很快就设计出来了,他把它称为云梯。这种梯子非常高,似乎能直上云端。楚惠王一看,高兴极了,说:"这下宋国的首都肯定会攻破。"就叫鲁班抓紧时间来做。

墨子这时在齐国,听到这个消息,他感到着急万分,他想到,一场两个国家之间的互相厮杀又要展开了,好多人的头又要落地了。他知道楚国目前还很穷,而惠王却对打仗感兴趣,所以他暗暗地下了决心,一定要阻止这件事。

齐国到楚国很远很远,为了能在战争之前赶到楚国,墨子不分白天黑夜地赶路,平路就坐马车,遇到山路,就步行。他跋山涉水,脚磨出了泡,鲜血直流，他就用一块布包了起来，继续赶路。就这样他到了楚国的首都郢都。

他到了这里，没有顾上休息，就找到了鲁班。鲁班一听说是墨子来见他，心里感到说不出的高兴，因为他早就听说墨子非凡的才华和高尚的人品，一直想见他而不能，今日相见，就如同见到了自己的亲人。他说："先生到这里来，我实在是高兴极了，不知先生来有什么见教？"

墨子说："现在北方有一个人要侮辱我，我想请你去把他杀掉。"

鲁班惊奇地望着他，说道："我一直听说先生是一个善良的人，怎么要我去帮你杀人？"

墨子说："我想出一千斤金子给你，不知你是否愿意？"

鲁班说："杀人的事，就是你出了一万斤金子，我也不会干的。"

墨子哈哈大笑，说道："你说你不杀人，现在楚国让你造云梯，不正是去杀宋国人吗？"

墨子是个善辩论的高手，又精于逻辑，鲁班显然落入了他的圈套中。只见鲁班脸上红一阵白一阵，不知说什么是好。

墨子接着说："我看你说话的口气，想来你是个有正义感的人，你这种正义感是不是就表现为能够造云梯让别人去杀很多人，而不愿意亲自去杀一个人呢？"

鲁班更是哑口无言，最后说道："先生的开导，使我认识到自己的过错，我并不想帮别人去杀人，这是楚王让我这样做的，决定是由他做出的。"

墨子说："你能不能领我去见楚王呢？"鲁班点了点头。

墨子见到楚王，同样也是先给他绕弯子，他先给楚王说了一个故事。他说："有一个人，他自己有华丽的车子而不坐，而偏偏去偷邻居的车子；他自己有绫罗绸缎，就是不穿，而去偷邻居的破烂衣服；自己有山珍海味而不吃，专喜欢吃邻居家的粗茶淡饭，你说这个人到底是怎么了？"

楚王说："我看这人一定是神经出了毛病，他偷上了瘾。"

墨子说："依我看来，贵国不正是和这位仁兄相似吗？你们国家的国土广阔无边，而宋国只有那么一点点大；贵国土地肥沃，物产丰富，而宋国十分贫穷；贵国目前的势力如日中天，而宋国只是一个可怜的小国。可你目前不专心治理你的国家，反而对宋国感起兴趣来，这不是有点像那位犯了毛病的小偷吗？"

这一顿抢白，弄得楚王很不高兴，但是人家说的道理又都是对的，正在犹豫之时，墨子说："你打宋国不是要靠这云梯吗？其实，你这个云梯连我都对付不了，哪里能战胜宋国人。不信，你让我和这位公输般先生比一比。"

钩镶

钩镶是一种钩、盾结合的复合兵器。钩用来钩束对方兵刃；镶用来推挡和击刺，主要起盾的作用。这种兵器传说是战国时鲁班创造的。

楚王听他这么一说，将信将疑，就让他俩来比试。

墨子就把自己的腰带解了下来，圈成一个圆圈当作城墙，鲁班就拿了一些木条等小杂物作云梯和攻城的工具。两人就比试起来。鲁班的每一次进攻都被墨子瓦解了，面对墨子坚固的防御手段，鲁班是再也没有办法了。

鲁班和楚王面面相觑，这时鲁班冷笑一声说："我有一种办法可以彻底制伏你。"

墨子说："我也有一种办法可以完全防备你。"

他俩都不说，害得楚王在旁边瞪大了眼睛，不知他俩的葫芦里到底卖的是什么药。

墨子说："我来说说公输般先生的办法吧，你的意思是不是要把我杀了，杀了我，你攻打宋国不就没有障碍了嘛。"

鲁班手上拿的木条都吓得掉到了地上，心想，这墨子可真厉害。

墨子说："你不想听听我的防御办法吗？你杀了我又有什么用呢，我早已让我的学生禽滑厘等三百多人，带着我设计的防御工具到了宋国，正等着你们去送死呢。"

最后，楚王并没杀墨子，也不敢再提攻打宋国的事了。

42-姐弟侠客

战国期间，魏国有个人名叫聂政，他是轵（zhǐ）深井里人，其地在今天河南济源市东南。他是中国古代著名的侠客。

> **前453年**
> 晋国韩、赵、魏三家共灭智氏,三分其地。

> **前403年**
> 周封晋国的韩、赵、魏三家为诸侯。由于这三个国家都是从晋国分裂出来的,它们常被合称为三晋。

TIPS

韩国

周朝的诸侯国,为战国七雄之一,公元前230年为秦所灭。初建都于阳翟(今河南禹县)。公元前375年,韩哀侯灭郑国,迁都新郑(今河南郑州)。韩国以盛产兵器弩而著名,国势在韩昭侯之世最强。

他一家三口人,老母亲和一个姐姐,姐姐名叫聂媭(yīng)。一家人本来日子过得很好,他俩知事懂礼,对老母极尽孝道,周围的人都把他们这一家当作为人模范,经常在口中谈到。

但是,聂政这人性格刚烈,从小就爱打抱不平,长大以后,练得一身好武艺。一次他在街上,看到一个无赖欺负一个良家妇女,就上前解救,哪知那无赖却拿起刀要对他行凶,聂政一气之下,一剑结果了那人的性命。

官家查访这事,聂政在魏国实在待不下去了,就和母亲、姐姐一道到齐国去避难。他们在那儿开了一个杀猪铺子,每天挣得钱养家糊口,日子过得也很平安。

韩国宫廷中有一个大人物,叫严仲子,这人本来是韩王的大臣,他讲道义,能办事,韩王非常器重他。但是这却引起了相国侠累的嫉妒。

说起侠累,韩国人都知道,他是一个十分自私而又狠毒的人。他对老百姓非常残酷,对待他的同事,他也不放过,而且他还利用各种办法博得韩王的信任。这样一来,侠累就依仗着自己的权势,千方百计地来迫害严仲子,严仲子有几次差点丢了性命。

严仲子觉得这样不行,在他身边早晚要被杀,就逃出了韩都,来到了魏国。但是这口气他咽不下去,侠累欺负百姓,陷害忠良,若不除去,国家都有可能丧失在他的手中。于是他就到处寻访侠客勇敢之士,这些侠客也几次出手,但是侠累身边的卫士太多,一次次失败了。

严仲子心还不死。有一天,他听说齐国有一个叫聂政的人勇猛非常,又仗义敢为,就备了一份厚礼去见他。他好不容易在那个杀猪铺上找到了他,但是聂政婉言谢绝了。

严仲子从第一次见到此人，就很喜欢他。聂政说话耿直，待人诚恳，尤其是他侍奉老母那份孝心，更使严仲子非常感动，他和那位漂亮的姐姐关系十分融洽，一家人其乐融融。严仲子真不想因自己的事来打破他们家庭的宁静。

但是，韩国一天天衰落，侠累的统治就更加残忍了，他只好又去请求聂政出山。遭到了同样的拒绝后，他又第三次前往，但是还是没有说动聂政。

这时严仲子又一次来到聂家，聂政见他来了，只和他打了一个招呼，就一个人到后边喝酒去了，把个严仲子甩在前屋。严仲子就和聂政母亲在前屋聊起天来了，他问："请问伯母今年高寿？"

聂母说："整整70岁了。"他借故出来了一下，让手下人赶快去拿来很多黄金，来为聂母祝寿。

聂政这时喝足了酒，以为这位难缠的严仲子已经走了，就到前屋来，看到严仲子正拿来很多黄金给母亲祝寿。这下聂政慌了，赶快上前，坚决拒绝。但是严仲子就是不退让，一定要让他们收下。

聂政这时方说出自己为什么不为他除了侠累的原因，他说："我还有老母在世，作为儿子再不能给她老人家带来痛苦了。我家中很穷，但是我凭着自己每天卖点肉，可以负担一家的生活。赡养老母，是我作为儿子的责任，我怎么能接受别人的东西呢？"

这时，严仲子也向他吐露真实的心声："我没有和你说，我本来是韩国的大臣，只因韩国的丞相奸佞，韩国的老百姓处于水深火热之中，而这位奸臣一直想办法要除掉我，我和他有不共戴天之仇。我送给你一些黄金，不是要夺你孝顺母亲之责，而只是供给你为我报仇所必需的花费。"

聂政说："你的一番好心我领会了，请你原谅我不能从命，我有老母在堂，是无论如何也不敢将自己的性命轻易许人的。"

就这样又过了两年，聂政的老母亲去世了，他安葬了母亲，又服满了丧。有一天喝完了酒，聂政自我感叹道："想想那严仲子也真是位有德行的人，我只不过是一个杀猪的人，他本是一个朝廷重臣，却不远千里，一次又一次来请我，但是我待他实在太差了，我为他什么事情也没有做，他却给了我们那么多的黄金，我虽然没有接受，也看出他一番真心。人家对我这样，难道我聂政就能心安理得了吗？俗话说：士为知己者用。他真是我的知己，我当去找他。"

就这样，他吃尽千辛万苦，到了魏国，找到了严仲子。严仲子一见到他，那高兴的心情简直是没法说了，他并不是要让他为自己报仇，他把聂政当作自己的好朋友。

聂政心里一阵热乎，说道："以前我没答应为你报仇，都是因为我有老母在，不便离开。现在老母已过世，姐姐也出嫁了，无所牵挂了，我可以为你做这事了。"

严仲子真是大喜过望，没想到这位一再拒绝他的人，今天主动上门来要求为他报仇，他说："侠累是个十分狡猾的家伙，他身边的卫士也非常多，我安排一批壮汉子为你做接应。"

聂政说："你现在住在魏国，韩国离魏国很近，如果人多了，说不定消息就会走漏到韩国去。这事不可人多，再说人多了也都是去送死。今天我去杀人家的相国，这相国又是国王的亲戚，他们不会轻易放过刺客的。我一人死了何足道，要是连累了大家，连累了整个魏国，那多不合适。"

于是，他就坚决拒绝了严仲子为保证他安全所做的安排，自己一人悄悄地踏上了征程。

聂政拿着一把锋利的剑来到了韩国，他混在士兵之中，一路走到韩国的丞相府，他看到了那个只听人说过而没有见过的侠累。

这个侠累长得肥头大耳，一副粗俗的面孔。严仲子果然没有说错，他的身边以及丞相府的前前后后，都布满了荷戈持戟的士兵。聂政看到后，自知自己进去了就出不来了，但是他毫无畏色，一直往里走去，直走到侠累的身边，举剑，一下子就结果了这个祸国殃民的家伙。

这下子左右大乱，聂政无法逃脱，四面围着数不尽的士兵，一个个持剑向他逼来，他左挡右击，几十个人在他的剑下丧命。

持剑武士木俑

战国。木俑身穿双层长袍，足穿短靴，手执长剑，气势威武。

这时候，围上来的人越来越多，聂政身上多处负伤，鲜血直流。忽然，他大叫一声，举剑向自己的面孔刺去，掀掉了自己的脸皮、挖掉了自己的眼睛，使得自己面目全非，让人无法辨识，最后向自己的胸膛狠刺一剑，结束了自己年轻的生命。

聂政死了。传说那天夜里，韩国下了特别大的雨，电闪雷鸣。人们说，这是上天在悼念这位勇士。

聂政的头被割下来，挂在城门上示众，朝廷还写下告示，谁能指出他的姓名，可以奖励1000斤的黄金。但是，经过了一个多月，还是没有人能知道他的情况。

聂政的姐姐听说韩国有一个人刺杀了丞相，刺客被斩首示众，但是至今还是不知道他的真实姓名，心里就有点怀疑他是自己那位喜欢打抱不平的弟弟，就急忙往韩国赶去。

她来到示众的地方，虽然这人头已经面目全非，但是她还是一眼就看出这是自己最亲的弟弟。她痛苦万分，趴到了地上哭了起来，哭得昏天黑地，旁边过路的人眼泪也止不住地往下掉。

一个好心的老人拉住她，小声对她说："我看小姐哭得这样伤心，你是不是这位死者的亲人啊？"

聂嫈抽泣着说："他是我的弟弟啊！"

老人赶紧捂住了她的嘴，对她说："你不要出声，赶紧离开，要是给官府知道可不得了啊。"

聂嫈对老人感激地苦笑一声："老人家，我弟弟已经死了，我今天要跟他去了。"说罢，大叫三声"天啊！"就倒在了地上。

人们走近了她的身旁看，以为她昏过去了，一看，却发现她死在了她弟弟的身旁。

韩国人知道这姐弟俩的事后，无不感动万分，周围的一些国家，如晋国、楚国、齐国、卫国等国家知道这件事后，也为他们所做的事拊掌称赞，他们说："不仅聂政是一个豪杰，而且他的姐姐也是个了不起的女子。"

43-孙膑被害

魏惠王当政以后，由于他不会治国，国家一天比一天弱下去了。惠王也感到要是这样长期下去，不但不能成就霸业，而且有可能丢掉了老祖宗的江山。因为当时各诸侯国都到处网罗人才，惠王觉得没有其他道路可走，要使得国家富强，也只好这样，没有杰出的人才，是无法称霸诸侯的。

于是，他就在天下广招贤才。有一个魏国人叫庞涓，他听到魏国传出的这个消息，就想去试试。但是他心里也有点不安，于是就去找自己的好朋友孙膑商量。

孙膑是孙武的后人，也是一个足智多谋的人。他本来是齐国人，出来求学。传说他和庞涓都跟一位叫鬼谷子的人学习军事，鬼谷子隐居在鬼谷这个地方，就以这个地名而自号。

> ➡ 前369年
> 魏惠王即位。

孙膑和鬼谷子

传说鬼谷子精通百家学问，有经天纬地之能，隐居于鬼谷，因此自号鬼谷先生。传说孙膑、庞涓、苏秦、张仪都是他的学生。

当时诸侯都传言说鬼谷子是一个神人，他上通天文，下通地理，两个人投到他的门下学习，自然大有长进。而且，孙膑还有他家祖传的《孙子兵法》，又从这里学到了很多东西。

庞涓向孙膑说明了情况，孙膑对他的主意很赞成。庞涓听他这么一说，也坚定了信心,第二天他就准备好要出发了。临行前,他来向孙膑告别,商定要是他在魏国混得不错,就将孙膑介绍过去。这句话说到了孙膑的心坎里,因为和好朋友在一起,他心里有说不出的高兴。

庞涓见到了魏惠王,向他说明了自己用兵、治国的方法。魏惠王一听,认为他不同凡响,就封他为大将军,并兼任军师。他果然有不凡的表现,出兵去攻打一些小国,都取得了胜利。惠王一高兴,又给他加了官。

有一天,墨子的一个学生叫作禽滑厘的,去见孙膑,他们俩也是好朋友,禽滑厘就问他有这么大的本事,为什么不出去做点事。孙膑说:"我的好朋友庞涓在魏国做官,他答应要是顺利,就把我推荐上去。"

禽滑厘就感到很奇怪,庞涓不是已经当上大将军了,为什么到现在还不推荐他?这里面一定有什么文章。他就对孙膑说:"你等着,我正有事要到魏都去,顺便帮你打听打听。"

禽滑厘来到了魏都,看到现在庞涓的派头可大了,一副傲慢的样子,哪里还会把孙膑放在眼里,心里感到很不舒服,就自己直接去见魏惠王,向他推荐孙膑。魏惠王说:"你说他好,难道他还能比我的庞将军好吗?"

禽滑厘哈哈大笑道:"你眼里恐怕就只有个庞将军了。这位孙膑哪是你们的庞将军所能比的,他得到他的祖先的兵法,真是用兵如神啊。"

魏惠王就把庞涓找来,问他为什么不引荐他的朋友孙膑。庞涓一听,脸马上红了,知道一定是有人在后面说了孙膑的事,他本来觉得孙膑比自己能干,担心他来了惠王会轻视自己,出于嫉妒,就把这事按下不表,这下惠王提出来了,还有什么办法呢,只好如实说了。惠王把他责备了一通,就叫他赶快写信让孙膑来。

孙膑收到了朋友的信,自然非常高兴,就来到了魏都,见到了朋友,道不尽的谢意。魏惠王要封他为副统帅,庞涓就在背后说:"哪有我们师兄弟俩同掌军权的。"魏惠王一听,也觉得有理,就给孙膑封了个较为低的官。

自打孙膑来了后,庞涓的心里就很不好受,他生怕师兄会抢了他的功劳。而孙膑一点也不知道庞涓的心意,每当魏惠王向他征求意见时,他总是如实说来,说得魏惠王连连点头。魏惠王有时还当着庞涓的面说孙膑比他强,说得庞涓的脸红一阵白一阵。这样,庞涓由嫉妒变成了一定要除掉这个影响自己前途的人。

庞涓虽然有本事，但是是个小人，小人只会干小人的事。他设下一个圈套，他模仿孙膑的笔迹写了一封信给齐王，说是他在魏国干得不愉快，惠王是个大草包，不能重用自己，因此想回齐国。

这封信被拿到魏惠王那里，魏王看了，脸色铁青。庞涓说："孙膑这人是有本事，但是他就是对我们魏国不贴心，要是他到了齐国，将来一定是我们魏国的大患，不如现在就把他杀了。"

魏惠王觉得这样也不好，我刚刚请了他来，他又这么有本事，如果把他杀了，以后还有谁敢来，就没有同意。

庞涓说："这也好，我来劝劝他。他要是愿意留下，就证明他没有二心；他要是一定要走，那事情就不妙了，大王到时再发落。"魏惠王就同意了。

他到了孙膑这里又说了另外一套话，就造出孙膑家里的哥哥有事让他回去一趟的谎言，孙膑说："要是哥哥有事，我是要回去的，我就怕大王不同意。"庞涓说："你给大王请个假，我再给你说说。"

就这样，孙膑就去向魏惠王请假了。魏惠王大怒，这人果然有另投他国之心，就叫人把他捆起来，交给庞涓发落。

庞涓一看到孙膑的样子，就大叫道："这真是天大的冤枉，我一定到大王跟前给你说说。"

错金银马首形铜辕饰

战国魏国车马具。1951年出土于河南辉县固围村。长13.7厘米，高8.8厘米，管径4.8厘米。这件铜辕饰呈马首形，头部和颈部错金饰卷毛纹、鳞纹，工艺考究，是战国时期错金银铜器的典型代表作品之一。现藏于中国国家博物馆。

他煞有介事地走到了外面转悠了一圈，又回到了孙膑这儿，说道："大王一定要把你杀了，我在他面前反复恳求，他才答应饶你的性命，但是要按魏国的法令，在你的脸上刺上字，去掉你的膝盖骨。"

孙膑对他感激涕零，心想，我有了这样一个朋友，就是死了，心里也是安的。

孙膑受过刑之后，庞涓假惺惺地把他接回了自己的家，给他治疗，亲自送饭给他吃。一个多月后，孙膑的伤痊愈了，但是他的脸上留下了永久的耻辱印记，他的腿已经完全不能走路了，他成了一个残废人。

庞涓害了孙膑，心里还觉得不满足，他朝思暮想，就想得到孙家祖传的《孙子兵法》，而这孙膑从来没和他说。庞涓想，只有得到了《孙子兵法》，我也许才能真正超过他，就想趁这个机会，看孙膑是不是能把它交出来。

一天，他向残废了的孙膑提出了这件事，孙膑说："师弟的救命之恩，我没齿难忘，这点小事又算得了什么，不过，我身边确实没有这本书。但是不要紧，我都能记得，你拿东西来，我给你写下。"

44-孙庞斗智

话说庞涓让孙膑写下兵书，孙膑答应了。上古时候写书可跟我们现在不一样，他们没有纸，没有笔，就用刀在竹简或木片上刻字，当然这样速度就非常慢。而孙膑又是个残废人，干起来不能像正常人那样，为了感激他朋友的知遇之恩，他白天写，晚上写，累了就打个盹，接着再干。

但是庞涓对这部兵书也追得越来越紧，叫一个老头儿天天盯着他，让他加快速度。

一天，庞涓把这老头叫去，问他孙膑一天能写多少字，老头将情况告诉他，他就嫌孙膑写得慢，让这老头盯紧他。老头觉得这事有点奇怪，就向庞涓身边的人打听，有个人告诉他："我家将军说那孙膑的肚子里装着宝贝，一定要快快把它掏出来，等到全掏完了，那个残废人也就没有用了。"

老头就问："你家将军准备怎么处置这残废人？"

那人低声告诉他："你可千万不要和任何人说起这事，这事完了，可能那个人就也完了。"

这老头听到这话，心里很不是滋味，因为他觉得这孙膑不但有本事，而且对人也好，不像这位庞将军，整天趾高气扬的。出于同情，也出于正义，他就把详细情况告诉了孙膑。

孙膑听了这话，气得半天说不出话来，想不到和他朝夕相处的同学，原来是这样的人面兽心。他早就感觉到惠王突然之间怀疑起他来很不正常，更怀疑自己差点送了命而庞涓却常常是一副很高兴的样子。现在一切都清楚了。

足智多谋的孙膑只有用装疯来对付这个坏家伙。当天晚上，那老头再送饭来，他不但不吃，而且一会儿大笑，一会儿大哭，把饭菜扔到了地下，嘴里还不住地说："鬼谷子来救我命。"

老头害怕了，就把庞涓叫来。庞涓见到他这样，就叫人把他抬到猪圈里。

孙膑在猪圈里睡着了，醒了以后，就抓里面的猪粪往嘴里填。庞涓看到他是真疯了，也就没法子逼他写兵书了。

孙膑的另一个好朋友禽滑厘知道孙膑给庞涓害成这个样子，止不住地流下了眼泪，就和齐国的大臣田忌商量了一个办法，以齐威王的名义给魏王送礼。这事就交给禽滑厘。

禽滑厘来到了魏国，向魏国献了礼，魏王热情款待他。半夜里他从旅馆偷偷地跑出来，来到猪圈里，老朋友相见，痛哭流涕。第二天早晨，齐国的代表离开魏国，就将孙膑偷偷地藏在车子里，将他救出了火海。

孙膑到了齐国田忌的门下，齐国人知道他的本事，又知道他的不幸遭遇，把他传为神一般的人物。田忌把他推荐给齐威王，并建议威王封他为大将军。但是孙膑说："我一个残废人怎么能担如此重任，人家见了，不说我们齐国无人吗？"于是就拜田忌为大将，他为军师。

> **TIPS**
> **田氏代齐**
>
> 指的是战国初年陈国公族田完后裔取代齐国姜姓为齐侯的事件。齐桓公十四年（前672年），陈厉公之子田完逃亡至齐国，被封为工正，田氏自此在齐国立足。公元前386年，田禾被周安王正式册命为齐侯。公元前379年，齐康公卒，田氏并其地，至此田齐完全取代姜齐。

这时候，魏国派庞涓领兵攻打赵国，围了邯郸（hán dān）很长一段时间。后来，赵国向齐国求救，齐威王派田忌和孙膑带兵去救赵国，孙膑坐在一个车子里，为田忌出主意。

在行军路上，孙膑对田忌说："赵国打不过魏国，还不等我们到了邯郸，那地方可能已经被魏军灭了，不如我们现在攻打魏国的城市，放出风来，魏军首尾不相顾，一定会转而回国，这样赵国可救。"田忌就用了他的主张。

齐军又在魏军可能抽身回国的途中埋伏了部队。果然，庞涓一听后方有难，魏王让他们抽兵回国，他们只好放弃了赵国，向自己的国家开去。

这下正中了齐军的圈套，魏军正好钻进了齐军的包围圈中，庞涓还没弄清楚怎么回事，就被埋伏的齐军一顿猛打，魏军七零八落，仓皇出逃。

在逃跑途中，庞涓忍不住回头看了看，一下看到齐军的大旗上写着一个"孙"字，又听探子回来报，说是什么齐国得到了一个孙武的后代，这人非常会用兵，这次的军阵就是他布的。

庞涓忍不住倒抽一口冷气，原来我以为这残废人死了，而他却活着做了我的对头，又想到他朝思暮想的兵书，一不留神，从马上摔了下来，弄得一身烂泥巴，兵士们把他扶上马，他这才三魂丢了两魂地向回跑。

这个漂亮的战役，历史上叫作"围魏救赵"，这多亏孙膑出的好点子。后来，魏惠王又派庞涓去攻打韩国，因为韩国想和赵国结成联盟来打魏国，所以魏国先下了手。

韩国也向齐国求救，齐威王同样派田忌和孙膑统率五万大兵去救韩。他们俩一商量，上次所用的方法

TIPS
田忌赛马

齐国的大将田忌喜欢赛马，与齐威王约定赛马，马分上、中、下三等，比赛时，双方对等而出，由于齐威王每个等级的马都比田忌的强，所以反复比赛，田忌都输了。田忌有好友孙膑，熟谙兵法，孙膑献计，田忌采纳。先以下等马对齐威王上等马，首局田忌输。第二局，田忌以上等马对齐威王中等马，田忌胜。第三局，田忌以中等马对齐威王下等马，又胜一局。田忌三局两胜，以计胜威王。此一故事中包含着调整策略可以转败为胜的道理。

◆ 前353年

齐魏桂陵之战，魏败。

➡ 前341年

齐魏马陵之战，魏军大败，主将庞涓死。

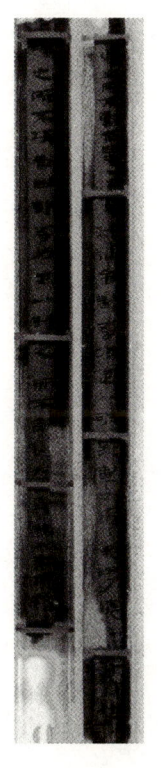

抄写于汉初的《孙膑兵法》竹简

1972年出土于山东省临沂市银雀山汉墓。竹简共222枚，16篇，存6000余字。该书在《汉书·艺文志》中被称为《齐孙子》，亡佚上千年又失而复得。

很奏效，就采用了"围魏救韩"的方法。他们不直接去韩国打魏军，而是挥师直指魏国，攻打魏国的首都大梁（今河南开封）。

庞涓听到齐国的大军打进了魏国，只好返回自己的国家。这次他愈加小心，生怕半途中被齐国的埋伏吃掉，就这样一路心情不安地到了魏国。

他们在途中发现齐兵在露营中所用的炉灶，庞涓就派人去数了数，这炉灶足够十万人做饭吃，庞涓吓得面如死灰。部队再向前推进，又发现了齐军的另外一个营地，数了数炉灶，做饭只够五万人吃的。庞涓心想，那五万人到了什么地方去了呢？

他们胆战心惊地向前走，又到了齐军的一个营地，数了数炉灶，只够三万人做饭吃。庞涓思忖（cǔn），齐军越来越少，这到底是什么原因呢，他百思不得其解。突然他把大腿一拍，说："我明白了，一定是齐国的士兵感到征战辛苦，中途逃掉了。齐国一向胆子小，今天看来，果然如此。"

其实，这是孙膑设下的圈套，让庞涓松懈斗志，这会儿，齐军正在马陵道上等庞涓来送死呢！

马陵道是一条狭窄的山谷，两边高山耸立，中间的谷地又深又长，不见天日。这天，庞涓领兵走到这里，已经是半夜，天上又没有月亮，漆黑漆黑的。士兵们胆战心惊地在前边走，庞涓在后边，心里也七上八下。

天太黑，部队看不见路，庞涓就传令让人点起火把。有一个士兵忽然发现山间有一棵大树的皮被剥了，上面写着一行字："庞涓死于此处。"

大家都不敢作声，庞涓叫道："前边的部队为什么不快点走？"

那士兵说:"我们看到大树上写着字。"

庞涓上前一看,感到大事不好,一定是中了敌人的埋伏。他正准备传令让士兵回撤,只听四面山上喊声震天,无数支箭射向山谷。庞涓还没反应过来,身上就中了几十支箭,倒下马,死了。

魏军大败,死伤大半。孙膑命令不要再追赶逃兵,他来到了山谷下,亲手割下了庞涓的头,班师凯旋。

因为他立了大功,齐威王要封他大官,被他拒绝了。他把自己亲手抄录的《孙子兵法》送给了齐威王,自己隐居起来了。

45-商鞅变法

商鞅(yāng)是战国时期的重要思想家,他本来是卫国人,出身于贵族之家。他从小就十分好学,对战国时期流行的刑名之学非常感兴趣,曾经在魏国的相国公叔痤家当过几年小官。

虽然魏国国君对他很好,但是他感到魏国当时力量太薄弱,不足以发挥自己的才能。当时,秦国为了成就霸业,在各国招募人才,秦孝公声称,要是谁能使秦国富强起来,就封他做大官。

这样一来,秦国招徕了大量的人才。在魏国的商鞅听到这一情况,也前往秦国。商鞅到秦国是通过别人的介绍而去的,秦孝公接见了他,商鞅就向他说明自己的治国道理。

一开始,秦孝公对他所说的内容一点也不感兴趣,商鞅走了,秦孝公就埋怨介绍商鞅的人。后来,商鞅又去向秦孝公说了治国的道理,秦孝公仍然提不

> 前356年
>
> **秦孝公任用商鞅为左庶长,开始变法。**

起兴致。但是第四次，商鞅给秦孝公谈以强国之术治理国家，一下说到他的心坎里，他听得津津有味，连饭都忘了吃，谈了几天几夜，秦孝公都不觉得疲劳。

秦孝公为商鞅所说动，决定在国家里实行变法，改变原来的方法，推行商鞅颁布的新法令，任命商鞅为国家的要官。

要改革就要触及各方利益，这次变法首先触动的就是那些富人和一些达官贵人。有许多大臣就在秦孝公的面前进言，要他慎重对待，不要听信商鞅那一套。

秦孝公这下子真是为难了，从道理上说，他认为商鞅的变法主张都是非常精彩的，他愿意实行；但是从感情上说，他又觉得这一变法得罪了这么多的大臣，国家就不稳定了，他又不敢实行这种变法。

他心里没了主意，就把大臣们召集到一起，听听他们的意见。一个叫甘龙的大臣首先发言："我们国家现在的制度是祖先传下来的，祖宗的家法怎么能变呢？"

大臣杜挚说："变法肯定会带来国家的不稳定，老百姓乱了起来，那还了得！"实际上他们考虑的主要是自己的利益。

商鞅却理直气壮地说："你们说现在的法是祖先留下来的，那么哪一套法是使得国家富强起来的？天下哪里有一成不变的法，只有变法适应时势的发展，国家才能兴盛，才能成就我们的霸业。"

秦孝公觉得还是商鞅说得对，就坚定了他的变法决心，商鞅的变法于是得以执行。

商鞅的变法主要包括三个部分：一个是实行连坐法，就是把老百姓组织起来，几家为一个组，让他们互相监督，如果其中有一个人犯罪了，其他人也要跟着受惩罚；再就是鼓励发展生产，废除井田，实行重农抑商制度；第三是鼓励在军事上杀敌立功，军队中官位大小的任免，就是要看他立下的功绩有多大。

他的法是好的，但是在执行过程中却遇到了很多麻烦。新法执行起来有不少不方便的地方，执法不严的现象十分普遍。另一个重要的问题是当初商鞅没有考虑到的，就是当官者的犯罪问题。按照新法，若是犯罪，大臣和普通老百姓一样论处，但是做起来难度太大。

正在这个时候，太子犯了罪，执法的人员犹豫起来，商鞅面见秦孝公说：

商鞅方升及其铭文

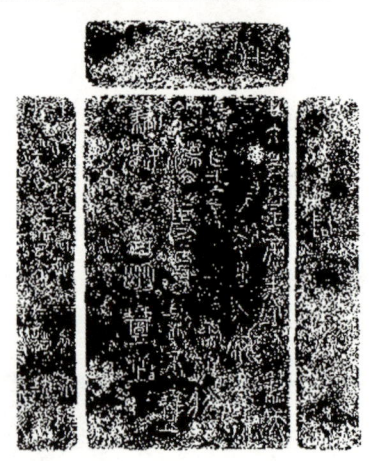

方升高2.32厘米，通长18.7厘米，容积202.15毫升，重690克。这是秦孝公十八年（前344年）商鞅任秦国大良造时监制的1升标准量器。升斗呈长方形，直壁，后有长方形柄。量器三侧面和底部均刻有铭文，其中底部铭文为加刻的秦始皇二十六年（前221年）的诏书，说明秦始皇统一度量衡时沿用了商鞅变法时所制定的标准。现藏于上海市博物馆。

"现在老百姓中存在着一些执法不严的情况，就是因为上面不能很好地遵守。现在太子触犯了法，要是大王能大义灭亲，处罚太子，那么老百姓就一定会心服口服的。"

但是考虑到太子是王位的继承人，是不能处罚的，他们就想了一个变通的办法，就是处罚他的老师们。于是就以他的两位老师公子虔和公孙贾做替罪羊，割掉了公子虔的鼻子，公孙贾的脸上被刺了许多字。

老百姓知道这事后，无不欢欣鼓舞，新法执行得非常顺利，秦国的力量大增，国力雄厚，人民安居乐业，前方将士英勇杀敌，所向披靡。

秦孝公对商鞅也愈加器重，封他为大良造，这是朝廷中一种重要的官位。并让他领兵去攻打魏国，当时魏国的力量已经很弱，秦军一到，魏兵不堪一击。秦军接连攻下敌人多个城池，最后一直打到魏国的都城，将都城也攻下。

商鞅凯旋，秦国的老百姓都自觉地到路边欢迎他，由于商鞅功勋卓著，秦孝公就把商等15个城市封给了他。商鞅原来不叫商鞅，叫卫鞅，因为这时他有了商的封地，他才叫商鞅。

> **前338年**
> 秦孝公死，子嬴驷即位，是为秦惠文王，又称秦惠王。

过了几年，秦孝公去世了，他的儿子秦惠文王即位，这就是那位曾经受到过商鞅惩罚的太子。太子当政，表面上仍然支持商鞅的变法，而且对他也很尊重，并且时常在公开场合称赞他对国家做出的贡献。

但是商鞅的一些朋友看得很清楚，秦惠文王是个很阴险的人，说不定哪天要对商鞅下毒手，就私下里劝商鞅赶快离开秦国。而商鞅一方面是为秦惠文王的假象所迷惑，另一方面又贪恋在秦国的荣华富贵，所以就不想走。

商鞅在推行变法的过程中使国家繁荣昌盛，但是也侵犯了不少人的利益，一些贵族早就对他恨之入骨，秦惠文王一上台，他们就在背后说商鞅的坏话。而秦惠文王也是明推暗纵，这些人在背后千方百计捏造他的罪名。

太子的两位老师受了商鞅的奇耻大辱，怎能甘心，他们给国王出了个点子，说是商鞅现在想谋反。秦惠文王一听这办法不错，就以谋反为名，下令逮捕他。

商鞅听到这个消息，就化装外逃，逃到边境，天色已晚，要找一个旅店投宿，他到了一个客店，老板向他要证件，商鞅说没有，老板说："商君颁布的命令，留宿必须有证件，如果留宿没有证件的人，一旦查下来，我们就要连坐，和住店的人一起论罪。"

商鞅感叹道："我颁布的命令现在惩治起我了。"就离开了旅店。

他趁着天色黑暗，混在人群中，逃出了秦国。他到了魏国，而魏国人知道是他，立即把他捉了起来，因为正是他领兵使魏国吃了那么多的败仗。

魏国为了和秦国修好，就把商鞅押送到秦国。在把他押往秦都的途中，他逃跑了。他来到自己的封地商，组织了不少人马向北出击。惠文王得知这一消息，就立即发兵攻打商鞅。

商鞅兵马非常少，哪里是秦国大军的对手，最后兵败被杀。商鞅虽然被杀，但是他对秦国的强盛做出了很大的贡献，秦国的人民感谢他，要是没有他，后来秦国统一天下也不会有可能。

46-庄子和惠子的故事

提起庄子，人们立即想到他那灿烂瑰丽的文章，他那放荡不羁的人格，他那独特新奇的思想，庄子是一个非常有魅力的人。

他生活在战国的末期梁惠王和齐宣王在位的时候，他的名字叫庄周。关于他的出生地有很多种说法，一般认为，他是宋国蒙人，其地在今天的河南商丘东北。他做过蒙地的漆园吏，这是个很小的官。史书上说他家里很穷，有时候穷到连饭都吃不上的地步，他曾向当时的一个小官僚监河侯家借粮食。

庄子是一位大哲学家，但是他的哲学不是通过抽象的概念来表述，而是通过大量生动的故事来表述的，这些故事中无不寄寓着深深的哲理。

惠施是庄子的老朋友，后人又称他为惠子。惠子也是当时的一位重要的思想家。庄子和惠子既是老朋友，又是老对手。有一次，庄子到梁国去，而这时

> **TIPS**
> **《庄子》**
>
> 战国时道家学派的重要著作，共33篇，分内、外、杂三篇，内篇一般认为是庄周所作，外篇和杂篇一般认为是庄子的后学所作。本书集中反映了中国古代最有智慧的思想家之一庄子的哲学思想。

惠子正在梁做相国，当时庄子的本事比惠子大，在诸侯中的名声也比惠子高。

有的人就对惠子说："这次庄子可是冲着你来的，他是想当你的相国。"惠子听到后，将信将疑，于是就在国中反复搜查，搜了三天三夜。没有找到。庄子自己主动去见惠子，他给惠子讲了一个故事。他说南方有一种鸟叫作鹓雏（yuān chú），这是一种非常神奇的鸟，它从南海一直飞到北海，它一定要落

羽人戏凤

汉画像石。凤是传说中的百鸟之王，雄鸟称凤，雌鸟为凰，通称凤凰。传说凤凰是天界神鸟，在天下太平时才到人间来。羽人戏凤的场景常在汉画像石中出现，反映了汉人期望羽化升仙的神仙观念。

在高贵的梧桐树上，一定要吃最好的食物，一定要喝最清洁的泉水。有一只猫头鹰得到一只臭老鼠，看到鹓雏从远方飞来，心里紧张极了，以为对方要吃它的东西，就对着天大叫起来。

庄子说完这个故事后说："你以为你的职务对我来说就不是臭老鼠吗？"

他俩常常在一起辩论。有一次，他们来到濠梁河上，庄子看到河中的鱼在自由自在的游动，就说："鱼游得是这样的从容，鱼真快乐极了。"

惠子就说："你不是鱼，你怎么知道鱼的快乐？"

庄子反唇相讥："你不是我，怎么知道我不知道鱼的快乐？"

惠子实在是个聪明的人，马上就说："我不是你，我是不知道你的快乐；这也就是说，你不是鱼，你也不知道鱼的快乐。"

庄子说："我现在实际上就是濠上之鱼啊。"惠子再不能说其他什么了。

庄子的妻子死了，惠子去吊丧。他来到庄子家，这时被庄子奇怪的行动所吸引，他看到庄子坐在门前，两腿盘着，一边敲着一个盆子，一边唱着歌。

惠子上到他的跟前，说道："你也太过分了，你妻子死了，你不伤心也罢，怎么能在这里唱起歌来呢？"

庄子说："你真是有所不知啊，她今天又回到自己的生命之本，难道这不是一件高兴的事吗？像一般人那样号啕大哭，那是不知命的表现。"

有一次，惠子对庄子说："有人送我一颗葫芦种子，后来结了一个很大很大的葫芦，我用它来盛水，可以盛五担水，但是就是拿不起来。我用它来做瓢，就是因为它太大，而没办法用。最后我干脆把它给打坏了。"

他是要用这个比喻来挖苦庄子，言下之意是说庄子所谈的理论，都是虚夸荒诞而没有用的玩意儿。

庄子不慌不忙地说："真可惜，你竟然不会用大的东西。葫芦这么大，你何不用它来做一只船？"

惠子又说："现在我有一棵大树，虽然长得很粗，但是歪歪扭扭，一点用处都没有，这是一个大而无用的东西。"惠子还是在抨击庄子的思想。

庄子说："那你就让这棵树长大，夏天来到的时候，你在它的下面乘凉，不也是很快乐的事吗？"庄子的意思是说，我的思想就是供给你们这些平常人乘凉的大树。

后来，惠子死了，庄子非常痛苦，他失去了一位能和自己辩论的好对手。几年以后，他来到了惠子的墓前，对随从们说："自从他死后，我再也找不到这样的朋友了。"

> **TIPS**
> **庄周梦蝶**
>
> 语出《庄子·齐物论》。其云："昔者庄周梦为胡蝶，栩栩然胡蝶也，自喻适志与，不知周也。俄然觉，则蘧（qú）蘧然周也。不知周之梦为胡蝶与，胡蝶之梦为周与？周与胡蝶，则必有分矣。此之谓物化。"庄子通过对梦中化为蝴蝶和梦醒蝴蝶化己的描述和探讨，提出了其哲学的基本思想——"物化"的概念。

47-张仪的三寸不烂之舌

战国时期，七雄并存，这就是齐、楚、燕、韩、赵、魏、秦七国。秦国的力量越来越大，其他六个国家就商量着如何打败秦国，一些有识之士提出了"合纵"抗秦的计划，而秦国为了不被这种计划所瓦解，就采取了各个击破的办法，这个方法叫作"连横"。在这个联盟与反联盟的斗争中，有一个人起到了巨大的作用，这个人就是巧舌如簧、能言善辩的张仪。

张仪本来是魏国人，没有显赫的家世，但是他从小就非常好学，上至天文，下至地理，只要是能读的书他无不喜欢，他这人又非常有计谋，从小同伴们都说他鬼点子多。

他长大以后，和当时另外一个著名的人物苏秦同学。他们的老师传说也叫鬼谷子，人们把他说得非常神，说他什么东西都能算出来。张仪学习努力，进步特快，连苏秦也得承认，他不如张仪。

张仪学成以后，就到诸侯各国去转转，希望借此能为日后找一个饭碗。他到了楚国，楚国的令尹把他留在自己家里做门客，这时候令尹家丢了一个玉璧，有的人对令尹说："一定是张仪这小子偷的，他很穷。"令尹就叫人把他捉住，狠狠地打了一顿。

要说张仪也还真亏心，他并没有偷东西，被人侮辱，真是气死了，他拖着遍体鳞伤的身子回到家中，妻子对他说："你以后可别读那倒霉的书，别再喜欢什么游说，瞧把你打成什么样子。"

张仪好像并不在乎所受的伤，说："你瞧瞧我的舌头还在不在？"

妻子就笑他："当然还在。"

张仪说："舌头在就好，我就什么都不怕了。"

这时，他的同学苏秦已经为诸侯国所重视，比他混得好，苏秦提出的结成联盟抗击秦国的主张，得到很多国家的赞成。张仪想找到苏秦，让他帮助推荐一下，做一点事情。

这苏秦对他这位同学太了解了，认为他日后一定会成大器，就设下一计。他对自己的手下人说："当今之世，能够说服秦国的人只有张仪。但是他很穷，我怕他图小利，贪享受，我先来侮辱他，但是到后来我再来暗暗地帮他一把,让他到秦国去,在秦国做点工作,使秦国不要破坏我们的合纵联盟。"

苏秦这时当赵国的相国。张仪到了这里,苏秦几天都没见他,有意怠慢他,给他吃最差的东西,住得连仆人都不如。他心里对老同学这一做法非常气愤。

苏秦到底见了他,但是说话之间,居高临下,对他很不客气,张仪一气之下,就离开了赵国,心想,我一定要报这个仇。

要报这个仇,张仪想到只有到秦国去,于是张仪就到了秦国。临行之时,苏秦派了一个人,带了许多金银财宝,随他一道。苏秦嘱咐他,一定要和张仪住在一起。

因为张仪带来了很多的礼物,秦惠王会见了他。他在秦国渐渐地立住了脚跟。

他随行的那位赵国人要离开他回国去,向他告别,张仪说:"我能在秦国立足下来,您帮了我的大忙,你不和我在一起共成大事,为什么要走呢?"

那人说:"我的使命已经结束,不瞒你说,我是苏秦派来暗中帮助你的。"张仪这时才恍然大悟,想起自己心里本来那么恨苏秦,而苏秦恰恰是自己的恩人,就感到自己和苏秦相比,实在是差远了。他就决心一定在秦王的面前,给赵国多说点好话,苏秦曲线救国的目的也就达到了。

48-张仪和楚怀王

张仪的口才实在是好,他在秦王面前常常是口若悬河,当时秦惠王正在为"合纵"的事伤脑筋,六个国家都联合起来对付他,虽然秦国比别的国家强大,

浮雕谷纹璧

出土于湖北江陵包山2号墓。外径14.5厘米。璧是古代的一种玉质环状物,形状通常呈扁圆形。玉璧最早出现于新石器时代晚期,是礼天之物,以良渚文化最为多见。璧分大璧、谷璧、蒲璧,按礼制分别为天子和诸侯、子爵、男爵所执。谷璧饰股纹,取养人之意。

◆ 前328年

秦惠王任张仪为相国,张仪提议以连横对抗苏秦之合纵。

◆ 前328年

楚怀王即位。他是合纵长。

但是却很难对付这样大的联盟。

张仪提出自己的一套看法,这就是历史上著名的以"连横"来对付"合纵"的主张。张仪"连横"法的要点,就是采取各个击破的办法,挑起六国之间的矛盾,和一些国家保持亲近的关系,从而使得松散的联盟名不副实。

他这一招果然很灵。公元前318年,楚、赵、魏、韩、燕五国组成一支联军,攻打秦国的函谷关,张仪采取他的"连横"法,使五国之间本来就具有的矛盾更加激化,它们的心不齐,怎么能取得胜利呢,结果给秦军打得大败。

由于张仪的方法的确很奏效,秦惠王就很重用他,他被封为相国。

公元前314年,燕国发生了内乱,齐国趁机攻打燕国,燕国差一点给消灭了,这样一来,齐国的力量就越来越强了。当时六国联盟的大老板是楚国,楚国不但地域广大,而且国力强盛,楚怀王统治国家也确实有点办法,所以楚国在诸侯国中的威望非常高。

> **前318年**
> 魏相公孙衍促成楚、赵、魏、韩、燕五国结盟,第一次合纵攻秦,战于函谷关,联军大败。

> **前314年**
> 燕国内乱,齐遣大将匡章伐燕,杀燕王姬哙。

战国形势图

公元前453年,晋国韩、赵、魏三家攻灭智氏,瓜分晋国,中国开始进入战国时代。战国时期战争频繁,诸侯兼并激烈,诸侯国较春秋时期大大减少,但并不只有人们所熟知的战国七雄,鲁、宋、卫、郑、东周、西周等国都在战国时期存在了相当长的时间。

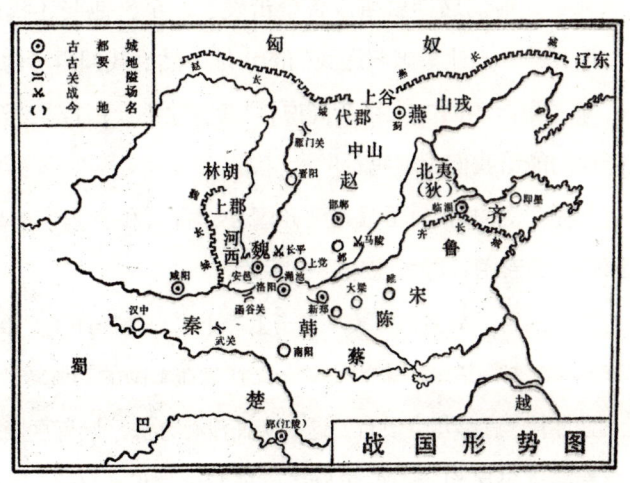

楚国看齐国强大了，就和齐国建立了统一战线。秦惠王很害怕，要是这两个国家齐心协力来对付秦，秦就未必能战胜它们。

秦惠王派张仪到楚国去游说。张仪说："大王不必担心，我这一去，楚齐的联盟就没有用了。"

张仪到了楚国，为了打通关节，送给大夫靳尚许多金银财宝，让他在楚怀王面前好好疏通疏通。俗话说，"拿人家的手短，吃人家的嘴软"，靳尚在楚怀王面前就替秦国说好话。

张仪见到了楚怀王，给他论起了天下大事，他说："如今天下最强的国家就数秦、楚、齐三国，我们秦国要是倾向于齐国，那么齐国就强，要是我们倾向于楚国，那么你们楚国就强，我们国王是诚心诚意地要和楚国交好，要是你们放弃齐楚联盟，我们可以归还你们的商於六百里土地，那可是真正的好地啊。"

楚怀王一听说要归还他朝思暮想的商於之地，心里乐开了花，当时就答应了张仪的提议。

朝廷大多数人当然听国王的，既然国王说好，他们也说好，准没错。但是也有说不好的，这就是大臣陈轸。因为可能得到商於之地，许多大臣都很高兴，陈轸却说："你们还高兴呢，我看你们将会死无葬身之地。"

这话把楚怀王说恼了，他说："你这话是什么意思？"

陈轸说："秦国有虎狼之心，而张仪是个不讲信义的小人，他们为什么这么看重我们，就是因为我们跟齐国结成了联盟。如果我们和齐国断了交，他们高兴死了，他们这样就可以各个击破了，至于他要还我们的土地，那全是假话。依我看，先让秦国归还我们的土地，然后我们再考虑和齐国断交。"

拿了秦国东西的大臣靳尚说："秦国才不会那样呆呢，你要是不和齐国断交，他们能给我们土地吗？"

于是，楚怀王一面派人到齐国去，宣布和齐国切断联盟关系；一面又派人跟张仪到秦国，办理土地移交手续。

张仪回到了秦国，假装从车子上摔下来，腿摔坏了，躲在家里，一连三个月没有上朝，害得楚国派来的使者一天到晚在秦国的都城转悠，就是见不到张仪，还土地的事一点影儿也没有。这人实在没有办法，只有直接去找秦惠王。

秦惠王早已和张仪商量好了，就敷衍他说："你们楚国要土地，这心情可以理解，但是你们为什么和齐国的关系还是藕断丝连呢？"

楚国的使者回来告诉楚怀王，楚怀王就痛下决心，派一个勇士到齐国大骂齐国和他们的国王。齐王实在恨透了这个不讲信义的楚国，一气之下，就派人到秦国，和秦国商量建立联盟，来共同对付楚国。

张仪看自己的目的已经达到，他没有用一兵一卒，齐楚联盟就被他瓦解了，抑制不住心中的快乐，就上朝了。

说来也巧，正好碰到了在朝廷门口转悠的楚国使者，张仪装成一副吃惊的样子，说："你们为什么不去接收土地，还在这里耽搁时间干什么？"

楚国的使者说："秦王让我等你伤好了，再办理移交手续。"

张仪说："不就是那六里的土地吗，哪里用得着惊动秦王。"

楚国的使者以为自己听错了。说："怎么是六里，不是商於的六百里之地吗？"

张仪这时装得十分吃惊的样子，说："我说是六里，怎么可能是六百里，我秦国的土地都是用鲜血换来的，怎么可以白白送人呢？"

使者回到楚国，告诉怀王这一情况，怀王恨得差点没把眼睛瞪出来，发誓不打倒秦国，誓不罢休。公元前312年，楚怀王派了十万大军去攻打秦国。

秦国派魏章为大将，统率十万大军去迎击，又派人到齐国，让齐国也出兵，这样就形成了对楚国的夹攻之势。这场战斗以楚国彻底失败而结束，楚国的领兵大将都被俘虏了，十万大兵，只剩下两三万，输得实在太惨了。楚国不但没有要回被秦霸占的商於之

> 前312年
> 丹阳之战，秦败楚。

地，而且汉中的大片土地也落到了秦国之手。

软弱就会被欺负，别的诸侯国看到楚国现在这个样子，也想捞点便宜，韩国和魏国就趁机在和楚国接壤的边境上占领楚国的土地。

楚怀王这下给吓呆了，他赶快派屈原到齐国去跟人家赔不是，又派陈轸到秦国去求和，楚王还要他传达，只要秦国答应退兵，楚国可以再拿出两个城市给秦国。

秦惠王听后，很鄙夷地一笑，说道："回去告诉你家大王，他给的这两座城市我不要了，我想拿商、於两个地方来换楚国的中部地区，要是他答应了，我就退兵。"

老臣陈轸一肚子羞愧地回来了，告诉了楚怀王这一情况，楚怀王这时最恨的就是张仪，对陈轸说："你去告诉秦惠王，我愿意将整个楚国中部地区换一个张仪。"

秦惠王听到这话后，心里犯起了嘀咕，张仪是我们秦国的功臣，我怎么能将他往虎口里送呢。但是张仪却非常镇静，他笑着说："我一个人能换回楚国的那么一大片土地，那真是太上算了，我愿意去。"

秦惠王仍然心存怀疑，张仪在他的耳边轻轻地说了一些话，他的脸上浮现出轻松的笑容，就答应了楚怀王的请求。

张仪本知道到楚国是送死，但他为什么还来呢，原来张仪知道楚国中有两个人，一个人是楚怀王的宠妃郑袖，一个人是大夫靳尚，这两个人都很贪财，张仪就投其所好，临行时准备了很多东西，到了楚国就分别让随行的人送给他俩。他们看到了这么多的金银财宝，笑得合不上嘴，就满口答应给张仪说好话。

楚怀王见到了张仪，就命令人将他关了起来，准备过几天杀掉他，以报大仇。在张仪被关的这几天，大夫靳尚和楚怀王的宠妃郑袖就轮番在楚怀王面

赏功宴乐铜壶铭纹画面

战国楚国。铜壶于1965年在四川成都百花潭出土。壶内铭纹描绘了宴饮、狩猎、战争场面。刻画了200多个人物，表现了精湛的技艺。现藏于四川博物院。

前为他说话，郑袖更是一把鼻涕一把泪地说："要是你把张仪杀了，秦国人一定会打过来的，那时候我们娘儿几个还有命吗？"

楚怀王只好听他们的话，将张仪放了，并且在张仪临行之前，还让张仪传话，要和秦国永修旧好。

张仪平安而还，从此以后，楚国是一天比一天弱，诸侯们见到楚国有如此强大的国力，都让秦国降伏了，谁还敢再和秦国作对。到这时，"合纵"是真正解体了。

49-爱国诗人屈原

屈原是我国古代伟大的爱国诗人，他可歌可泣的事迹今天仍然感动着千千万万的中国人。

屈原刚出生的时候，他的父亲对他寄予厚望，以"正则"为他的名，以"灵均"为他的字，就是要让他遵循天地正道，维护人间法则。后来他又叫屈平。

> 约前340年
> 屈原出生。

屈原出生于一个世代贵族的家庭，他从小就不负众望，显示出不同凡响的德操。他有远大的抱负，又十分刻苦地学习古代文化典籍，了解那个风起云涌的时代，他十分讲究个人的修养，时刻按照严格的标准来要求自己。所以他长到青年的时候，就出落成一个既具有崇高人格风范，又满腹才华的人。

后来他来到朝廷做官，抱着一腔热情，要为楚国的强大做出自己的贡献。他在朝廷时间不长，就显示出卓越的才能，他精于外交事业，善于言谈，对于国家的重大问题都能提出自己独特的见解，而且他具有一般人所不具有的丰富的知识，他的记忆力好得惊人。

楚怀王非常喜欢这位既有才华，又非常正直的年轻人。所以国家很多重要的事情都委托给他来做。屈原在宫廷内，可以直接参与制定国家大计，其他诸侯国的客人来了，他又被委任为接待官，他的谈吐得体，又能坚持国家原则，所以他在诸侯中有很高的威望。

但是，当时的楚国朝廷是一片混乱的地方，楚怀王不明真相，轻信奸臣，而一些大臣不是在考虑楚国在诸侯中的命运，而是在考虑自己的得失。其中上官大夫靳（jìn）尚就是典型的一个。

靳尚本来在宫廷中的位置是非常高的，楚怀王非常欣赏他，他因此骄纵无比，不把任何人放在眼里。但是自从屈原来到宫廷以后，楚怀王就明显有点疏远他。怀王重用屈原，这引起了靳尚的嫉妒。而屈原心胸坦荡，根本不把这些事情放在眼里，自己照样干自己的事。

但是，以靳尚为首的一些大臣越来越对屈原不满，屈原所感到的压力也越来越大，在屈原的心目中，楚国的政坛十分黑暗：很多人贪婪无比，尽情地掠夺国家的财富，以求得自己的享乐；不少人结党营私，排斥异己，把个上层社会搞得乌烟瘴气。对此，屈原心中痛苦万分。

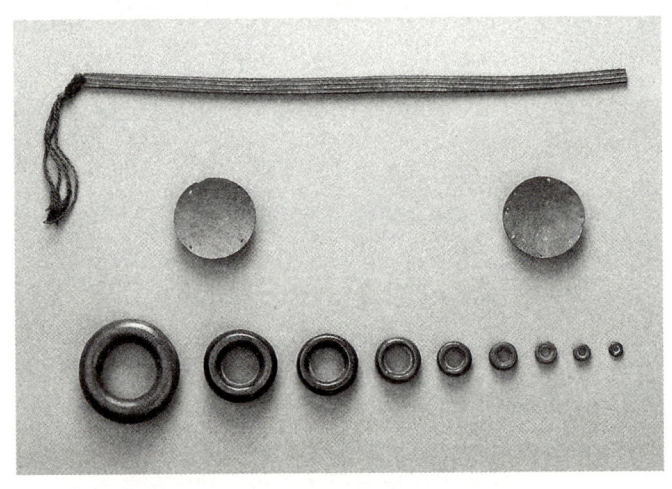

天平和环权

战国楚器物。1954年出土于湖南长沙左家公山。一套天平由一根木制天平杆和二铜盘组成。木杆呈扁条形，长27厘米，正中钻一孔，孔内穿丝线为提钮。铜盘直径4厘米，边缘有四个用来穿丝线的小孔，穿丝线后分别系于秤杆两端，组成提钮天平。环权为铜制砝码，因呈环形得名，共9枚，重量自小至大为0.6克、1.2克、2.1克、4.6克、8克、15.6克、31.3克、61.82克、125克。这是非常难得的一组古代成套衡器。

但是他并没有消沉，为了振兴楚国的事业，他兢兢业业地工作，尽心地培养国家的未来人才。虽然他的做法一次次被那些不怀好意的大臣所攻击，但他还是矢志不渝地去做。

这样经过一段时间，靳尚等人实在忍受不了了，就向屈原伸出了黑手。有一次，楚怀王让屈原起草一个法规文件，屈原接受这一任务以后，就夜以继日地去做。靳尚知道这件事后，就到了屈原的寓所。

他看到屈原的文件后，就上前夺下看，屈原怕他玩什么鬼花招，就不让他看。靳尚碰了一鼻子灰，出来后，心里实在气难消，就直接去觐见怀王，他对楚怀王说："怀王啊，这个屈原你真不能再宠他了，你瞧他在后面说些什么？"

楚怀王就急不可耐地说："他说什么？"

靳尚说："他说'给大王起草法令，除了我屈原谁也干不了'。你瞧瞧他有多狂。"

楚怀王听后，沉默不语，半晌才说："瞧我怎样收拾他。"

从此以后，楚怀王就有意疏远屈原，重要的问题不让他参加，国家的法令再也不让他起草了，国家的外交大事情屈原也是不沾边的。屈原多次向楚怀王表露自己的心声，但是楚怀王就是不理睬他。

在这种情况之下，屈原心里可难受了，他扪（mén）心自问，自认为对国家没有干过任何亏心的事，他想离开朝廷，到一个干净的地方去，但是他又不放心国家，不放心他所爱戴的国王。他在心底里发誓："以苍天为证，我所做的一切都是为了国家和国王。"他暗暗地下定决心，只要是为了国家和国王，就是自己失去了生命，也是不会后悔的。

但是，这时屈原更多的是担心：他担心楚怀王不辨真伪，会失去了楚国称霸诸侯的机会；他担心奸佞当道，最后会葬送了国家的前途；他更担心朝廷大臣的贪婪，使得人民会受更多的磨难。他最少担心的是他自己，因为他这时，已经把自己的生命置之度外了。

这个时候，正是楚国的多事之秋。秦国为了拆散齐国和楚国的联盟，派张仪到楚国，以土地来诱惑楚怀王，楚怀王后来果然上了钩，看上了秦国所说的商於之地，自己切断了和齐国的联盟关系。屈原和一些有识之士反对这一做法，但是此时的楚怀王已经是非不分，哪里能把他们的话放在心上。

屈原等人担心的事后来果然应验了，秦国最后骗了楚国，不但没有给楚国土地，而且拆散了齐楚联盟。后来秦国又玩花招，说秦国以前得罪了楚国，秦国现在愿意拿秦的汉中之地来和楚国求和。楚怀王一提到秦国，首先气不过的就是张仪，就说："你们要讲和可以，我不要你们的土地，我只要一个张仪。"

张仪知道这事后，从容地说："我一个人能代替秦国的那么多土地，我愿意到楚国去做人质。"张仪就这样来到了楚国。

当时，屈原正被派往齐国，以安抚对方。而张仪凭着自己的三寸不烂之舌，也凭着背后所玩的一些小花招——他送给了靳尚和楚怀王的宠妃郑袖大量的金银财宝，这两个人接受了他的贿赂，就一个劲地在楚怀王面前为张仪说话——昏庸的楚怀王最后竟然将张仪给放了。

等到屈原回来，听说张仪来到楚国，就去见楚怀王说："大王为什么不把这个害人虫杀了？"楚怀王后悔地说："我已经把他给放了。"

从楚怀王的宫殿出来，屈原真是欲哭无泪，他恨敌人怎么对楚国一刻也不肯放手，他更恨国家昏庸的朝政。

这之后，秦昭王又想打楚国的主意，就派人到楚国，说是请楚怀王到秦国去举行一次同盟会，楚怀王就准备接受这个邀请。屈原知道此事后，星夜赶往王宫，对楚怀王说："大王，你可不能去秦国啊，秦王是一个无信无义的人，秦国有虎狼之心，您可千万要提防。"

但是楚怀王的儿子子兰却上前对他说："这是秦国的厚意，你又怎么能不去呢？如果你不去，岂不自绝于秦国，这对我们楚国是极为不利的。"最后，楚怀王还是听从子兰的话，决定到秦国去。

楚怀王来到秦国的武关，秦国的部队就埋伏在后边，断了他的后路。楚怀王毫无办法，只得硬着头皮到秦国要和他盟会的地方去。

楚怀王到了那地方，秦国根本不谈要盟会的事，而是把他扣起来，让他割让土地。楚怀王怒斥秦国不讲信义，秦国哪里管得了这些。后来楚怀王偷偷地跑到了赵国，赵国不敢得罪秦国，就把他送回了秦国。

最后，楚怀王就死在了秦国，临死前，面对自己祖国的方向，老泪纵

> **前299年**
> 楚怀王客死于秦，子熊横即位，是为楚顷襄王。

横。但是他的后悔已经晚了。

楚怀王死了，楚顷襄王即位。他任命子兰为令尹。子兰和屈原是老对头，所以千方百计地迫害屈原，楚顷襄王听从子兰的话，靳尚也想尽办法说屈原的坏话，最后楚顷襄王决定将屈原放逐。

这时的屈原已经受到多种打击，他的身心受到了极大的摧残，他在沅湘一带江畔行走，披着长发，面容蜡黄，脸上全无表情，他就这样漫无目的地向前走。后来他遇到一个渔夫。渔夫就问他："您不就是楚国的三闾大夫吗，您怎么来到了这里？"

屈原大夫行吟图

屈原（约前340年—约前278年）是楚国贵族，他提倡"美政"，主张对内彰明法度，举贤任能，对外联齐抗秦。历仕楚怀王和楚顷襄王，因为谗言和与君主意见不一致，多次被流放。他是先秦时期著名的诗人，在流放期间他创作了《离骚》《九章》《九歌》《天问》等许多具有楚地楚风特色的诗歌，是《楚辞》的代表作家，对中国文学的发展有重要影响。

屈原说："世人都醉了，而我独自清醒；世人都浑浊，唯有我清新干净，所以便落得这样的下场。"

渔夫就说："先生，恕我直言，您为什么不随波逐流，糊糊涂涂过日子，何必那样认真呢？"

屈原说："我宁愿死，也不会改变自己的追求，不愿意随波逐流。"

> **前278年**
> 秦将白起攻破楚都郢（今湖北江陵）。屈原悲愤交加，怀石自沉于汨罗江，以身殉国。

后来屈原就投汨（mì）罗江自杀了。他是一个伟大的政治人物，同时，他还是一位伟大的诗人，他所创作的大量诗作成为后世不可逾越的高峰。

50-独特的文学形式——楚辞

我们今天所说的楚辞,是指战国末期到汉代初期以屈原为代表的一批作家所创造的独特的文学形式。这些作家包括宋玉和淮南小山等,其中以屈原的成就为最大。

屈原的作品主要有《离骚》《九歌》《九章》等,尤其是《离骚》可以说是我们古代中国文学的顶峰之作之一,它是屈原在极端苦闷的情况下创作的,赋中反映了屈原的重要思想,反映了他对祖国刻骨铭心的爱,也反映了他为了祖国的利益而不惜牺牲自己生命的崇高精神。

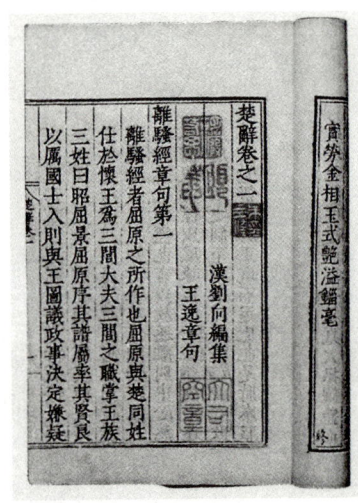

《楚辞》书影

《楚辞》是西汉刘向搜集先秦屈原、宋玉至汉代淮南小山等人的作品编辑而成的,这是我国第一部浪漫主义诗歌总集。这些诗歌多是在楚国民歌的基础上加工形成的,篇中又大量描写楚地的风物,并运用楚地方言词汇,具有楚风楚韵,故称"楚辞"。

以屈原的作品为代表的楚辞中还体现了当时楚国人的思想观念和文化追求。

首先,它反映了楚国人对"远"的重视。

屈赋中体现了一种尚"远"的精神气质,这一精神也是楚文化的基本特点,它对后代产生了极为深远的影响。楚文化中就有一种摆脱有限的思想,这我们可以通过一幅画来看。

1973年5月在长沙东南子弹库楚墓出土的帛画《人物御龙帛画》,画面中央为一男子,着冠,有须,有空袍服,腰佩长剑,手执缰绳,他的脚下有一巨龙,正被缰绳牵引,巨龙呈飘飞状态,龙头高昂,龙身平伏,龙尾翘起,上面有一鹤,昂首向天。上方为一舆盖,人被置于龙车中,三条飘带迎风摆拂,和人物衣裙飘动方向一致,体现龙车运动的特征。画面表现的是龙车使灵魂升天的内容。

《人物御龙帛画》与楚文化的"游观"精神正相合,屈原所说的"驾八龙之婉婉兮，载云旗之委蛇（yí）"，我们在这里获得了直观的印证。此图的龙游之状体现了"周流于天"的精神，其中反映了楚人突破现实、向往无限苍穹的理想。

屈赋以诗的形式突现了楚人神游远逝的精神。屈原说："忽反顾以游目兮，将往观乎四荒。""览相观于四极兮，周流乎天余乃下。""何离心之可同兮，吾将远逝以自疏。"（以上见《离骚》）

屈原要摆脱"竞进贪婪"的浊世而荒天求女，不畏远路，执着地做精神的远足，"驷玉虬以乘鹥（yì）兮，溘（kè）埃风余上征"。他要"往观乎四方""远逝以自疏"，从而给寂寞的心灵以从容舒展的空间和机会，在纵肆烂漫中慰藉郁闷的心灵。这一精神在后代留下了深深的印迹，如汉赋中所表现的"大人游宇宙"的心态就与此有密切关系。

《人物御龙帛画》

战国帛画。长37.5厘米，宽28厘米。1973年长沙子弹库1号墓出土。帛画人物形象生动传神，线条精微细腻、流畅舒展，是中国早期肖像画的杰出代表。现藏于湖南省博物馆。

其次，楚辞中十分注意情感的表现。

刘勰在《文心雕龙·辨骚》中说："故其叙情怨，则郁伊而易感。"楚辞具有浓郁的情感，这是楚辞魅力的重要根源之一。如在《离骚》中，屈原直抒胸臆，强烈的感情荡漾在字里行间，全诗如长河泻落，奔腾直下，始终充满着一种"怨愤"。诗人几乎是声声血泪地诉说着自己痛苦的情感历程。诗人少怀大志，长大后就将自我和国家的利益几乎融在一起，他为了实现振兴楚国的"美政"，"滋兰以九畹（wǎn）兮，又树蕙以百亩"，怎奈国王昏庸，奸佞当道，使他报国无门，心中忍受着无边的痛苦。诗人将这种强烈的情感冲动化为具体的理想探求的过程，诗中就对这种情感冲突的过程进行了细致的描述。

他通过引入神话，将理想的追求化为荒天求女，从而"路漫漫其修远兮，吾将上下而求索"，但是他遇到的女子不是庸俗不堪，就是放荡不羁，只好放弃这种追求。于是诗人又进入了另一种思想冲突中，即是：九州何其博大，何不去国而离乡？认为没有必要一直留在楚国。最后作者又在灵魂的拷问中放弃了这一念头。《离骚》最后写道："既莫足与为美政兮，吾将从彭咸之所居。"以一死来报效祖国。诗中多处出现"长太息而掩涕兮""揽茹蕙以掩涕兮，霑（zhān）余襟之浪浪"这样的句子，诗人的痛苦就在其神奇的想象过程中流淌。强烈的感情使得此诗富有独特的魅力。汉人班固曾经就此批评屈原"露才扬己，愤怼沉江"，正说明他的诗作不合儒家道德规范，这也正是屈赋的重要特点之一。

最后，楚辞还体现了楚人崇尚华艳的风气。

由于受到南方自然山水和楚国巫术文化的影响，楚辞散发出艳丽的色彩。刘勰在《文心雕龙·辨骚》中特别指出了楚辞"艳"的特点，他说："故《骚经》《九章》，朗丽以哀志；《九歌》《九辩》，绮靡以伤情；《远游》《天问》，瑰诡而惠巧；《招魂》《大招》，耀艳而深华。"他认为，楚辞在创造浓艳的风格和奇幻的意象组合方面达到高峰，所谓"惊采绝艳，难与并能"。

龙凤虎纹绣罗

战国楚国。1982年出土于湖北江陵马山1号墓。花纹绣在灰白色素罗上，长29.5厘米，宽21厘米。纹样的主题是龙、凤、虎和蛇（小龙）争斗，一侧为斑斓的猛虎追扑一条大龙，另一侧为展开双翅的凤鸟踏着蛇，花草枝蔓把它们连接成菱形。现藏于湖北省荆州博物馆。

在中国文化史上，这一点尤其具有积极的意义。因为从文化的整体发展上看，先秦时代的文化刚刚从远古时代的质木无文中过渡而来，文化创造中的"饰"尚处于非常有限的地步。先秦儒家强调道德教化，因而对文饰总是持保留的态度。而道家强调回归自然，将一切文饰都斥之为虚伪。墨子对文饰更是激烈抨击。楚文化中所保留的文饰一脉，对促进文学艺术的正常发展，对社会文化的正常开展都起到了十分重要的作用。

楚辞十分重视鲜活生命的美，对声、色、味的感觉予以充分的重视。在楚辞中香草美人式的比喻俯拾即是。《湘夫人》则展示了一个萧瑟凄清的深秋景象，对自然物的描绘重在烘托出气氛，其中"袅袅兮秋风，洞庭波兮木叶下"一句被后代称为"千古言秋之祖"。

51-田单的火牛阵

公元前284年，燕昭王封乐毅为上将军，由乐毅率领大军，联合秦、楚、赵、魏、韩等国的部队，同心合力攻打齐国，因为燕昭王的父亲就是被齐国杀害的。

面对这样强大的兵力，齐国当然不是对手。齐军节节败退，联军乘胜追击，一气打下了齐国70多个城池，最后只剩下莒（jǔ）和即墨两个地方了。

乐毅听说齐国的国君逃到了莒，就派大军围攻。但是这时联军内部发生了矛盾，楚国人本来就不是心甘情愿来打齐国的，这时他们看到有机会，就趁机杀了齐王，占领了莒，燕国的部队进不去，就抽兵去打即墨。

大军围攻即墨，这个城市目前已是危如累卵，但是城中的军民却是十分地勇敢，他们英勇反抗，守城的大夫战死，城里的人就推举田单来担当他们的大将军，因为他们相信他。

说起田单，即墨的人无不称赞，他本来是齐国国都临淄的一个小官，临淄失守，他逃到了即墨。他到这里时间不长，但是他的足智多谋，他的英勇善战，给这个城市的人民留下了深刻的印象。他担任大将军

> **前284年**
> 乐毅率燕、赵、秦、楚、韩、魏六国军队攻齐，攻入齐都临淄，连下齐国70余城。

> **前284年**
> 楚将淖（zhuō）齿杀齐湣（mǐn）王于莒。莒人立齐湣王子田法章为王，是为齐襄王。

TIPS
千金买马骨
燕昭王想招纳贤才，谋士郭隗给他讲一个故事。有个爱马的国君想用千金买千里马，三年不得。宫中有侍臣愿当此任，数月后却用五百金买回了千里马骨。国君见而大怒。侍臣道："金不是白费的。人知你花了五百金买死马，定相信你是真心实意爱马，定有人上门献来。"不出一年，果有三匹千里马献来。郭隗以这个故事说明重要的是真心诚意地礼遇贤才，方可得到贤能之人的帮助。

以后，就发誓要守住城市，直到战到最后一个人。

为了对付敌人的反扑，田单做了充分的准备，他把自己的家人、亲戚以及自己手下的人一起编进了部队，和部队一起训练。他自己更是身先士卒，和战士吃在一起，训练在一起。经过他的训练，部队的战斗力得到了很大的提高，大家都决心在田单的领导下，战斗到生命的最后一刻。

田单觉得，燕国是一个小国，它之所以有今天，主要在于有乐毅的智慧，所以他就想办法来挑拨乐毅和燕王之间的关系。这时，燕昭王已经去世，他的儿子燕惠王即位，燕惠王本来就与乐毅有矛盾，田单就选择了这个突破口。

他派人到燕国去造谣，说乐毅领兵在齐国打仗，长期不回去，他是想自己当王，他在外面招兵买马，等到时机成熟，他就会回去，将燕惠王废掉，自己当国王。

燕惠王是个小心眼，听人这么一说，就信以为真。他本来就觉得乐毅长期在外，怕玩什么花招，想派人换回他，这下他下了决心，召乐毅回去，任命骑劫去顶替他。

乐毅是个聪明人，他知道燕惠王是不信任他，要是回去，他肯定是会被燕惠王杀掉的，就把兵权交给了骑劫，自己回赵国老家去了。

乐毅一走，燕军的战斗力受到了很大的影响，将士们都知道乐毅是他们国家最有智慧的谋士，现在将他换走，消灭齐国已经是没有什么希望了，所以军心大乱。

田单又派人到燕军中散布谣言，说齐国人最害怕的，就是燕国军队把齐国俘虏的鼻子挖掉，拉出去示众，这样一做，齐国人就会吓得趴下去，马上会投降。

燕国的军队听到这话，信以为真，就把齐国一些俘虏的鼻子挖掉，拉到街上去。齐国人看到这种情况，怒火从心中而起，大家暗暗地下定决心，一定要将燕国打败。田单用小小的损失获得了大胜利。

田单趁这个机会，进行了充分的准备，他下令把全城的牛都集中起来，共有一千多头，给每一头牛都披上大红的衣服，上面画上五颜六色的群龙图，牛角上都捆上锋利的尖刀，尾巴上扎起了一大捆芦苇，上面浸上了油，就像是一把大扫帚。

火牛阵图

前279年，燕将乐毅兵围即墨三年之久，城仍未破。即墨守将田单施反间计，燕惠王中计，以骑劫代乐毅为将。田单设火牛阵，在牛角上绑上锋利的尖刀，牛尾捆上浸满油脂的芦苇，火燃牛尾，火牛疯狂奔向燕军，横冲直撞，齐军跟在后面冲锋，燕军大败。齐军趁势收复齐国失地，将燕军逐出齐境，从莒地迎齐襄王归临淄。即墨之战是中国历史上著名的以弱胜强的战争。

> **前279年**
> 即墨之战，齐将田单以火牛阵大破燕军，并恢复失地，迎齐襄王入临淄。

这一切都准备好了以后，又选了五千多名精兵，也一个个穿着花衣，画上大花脸，手持着兵器，跟在牛的后面。

在行动前的一天晚上，田单命人在城墙上打出一个个口子，把牛全都放出去。第二天清晨，田单一声令下，将士们立即行动起来，他们先将牛的尾巴上的芦苇一起点着，牛一见后面起了火，个个暴躁如雷，一个劲地往前冲，向敌人的阵营中闯去。五千多士兵跟着牛跑，一时间，火光冲天，浓烟四起，喊声震天。牛叫声，人喊声，战鼓声，混杂在一起。

燕国的将士还在梦乡，听到外面这么大的声音，都惊醒了，他们还没弄清楚是什么情况，田单的人马已经杀了过来。火牛冲进敌人的军营中，烧起了营帐，牛撞到了人，这人马上就一命呜呼了。

当燕国的将士看到后边上来的一个个奇怪而凶猛的人，更是吓得没命，以为是天兵来了，都闭着眼睛往外逃，人与人互相践踏，死伤不计其数，燕军大败。

田单率领大军也跟了上来，挥师直下，燕军作鸟兽散，兵败如山倒。齐兵乘胜追击，一下子将围困他们很久的敌人赶到了国门之外。

52-鸡鸣狗盗之徒

齐国的孟尝君是战国时代一位重要的人物,他的父亲田婴曾是齐国的贤相,孟尝君叫田文。他父亲有40多个儿子,他出生于五月端午,父亲以为不吉利,就让他的妈妈把他溺死,但是他的妈妈实在舍不得,就没有照他父亲的话去做,而是将他养大了。

田婴以为这个不吉利的孩子早已不在了,哪知有一天,田文的妈妈告诉田婴真实情况,田婴非常不高兴,就痛骂田文的妈妈。这时田文说:"父亲,这不是妈妈的责任,是我的责任。你怎么知道我的出生就不吉利呢?我能奇迹般活到了今天,这是天意,受命于天,你又有何忧虑呢?"

田婴听到这个十多岁的孩子能说出这样的话,心想这孩子也许真是一个不平凡的种子。

长大以后,有一天,他和父亲在一起聊天,他说:"父亲你真是朝廷重臣,你做了三代相国,国家又怎样了呢?国家并没富裕,国土并未增多,但是我们家却富有万金。你的门下有如此多宾客,就是贤人不曾见到一个。再说,我们家室内地上铺的是锦绣绸缎,老百姓却无衣可穿;妻妾、家人,鱼、肉吃腻了,但是老百姓却连糠菜都吃不上,对此我实在不理解。"

父亲给他说得脸红一阵白一阵,要是别人这样说他,恐怕现在脑袋就要搬家了,但这毕竟是他的儿子。他心里暗暗想,这孩子要么是安邦治国之能臣,要么是祸国殃

薛侯行壶

春秋时薛国铜器。1978年出土于山东滕州薛国故城遗址。通高22厘米。薛和莒是山东地区除齐、鲁两国之外的大国。薛国为任姓,西周初年所封,战国初期被齐所灭。公元前321年,齐威王封田婴为薛公,薛地为其封邑。该壶现藏济宁市博物馆。

民之孽种，对他越发不敢小视了。

后来他父亲死了，他接下了父亲的封地，被封为孟尝君。

孟尝君在他的封地上热情地对待八方士人，他以自己的诚意和对国家的一腔忠心赢得了天下人的赞颂。他的门人越来越多，最多时达到好几千人。凡到他门下的人，都一律平等，不分贵贱。

孟尝君对自己要求也极严，他和客人谈话，屏风后面总是有一个人在那里站着，记录孟尝君所说过的话。过后，他都要来查检，如果发现自己说话有不当的地方，他就会亲自登门去道歉。

有一天夜晚，他曾和客人在一起吃饭，有一个人站在那把灯光遮住了，客人认为这是对自己不重视，就把饭碗一推，起身要走。孟尝君见此，亲自将自己的饭端到他的面前，请他进食，使得那人很惭愧。这人后来逢人就说，孟尝君真是天下少有的贤士，待人十分真诚。许多人听他这么一说，来到孟尝君的门下看个究竟，发现果然如此。由于孟尝君的为人，从他这里出去的人都把他视为知己。

齐国这时候和楚国结成联盟，秦国把这视为眼中钉，就想打齐的主意。秦昭王听说孟尝君十分贤良，又是齐国权倾朝野的大臣，就想拉拢孟尝君。他派人去说服孟尝君，让他做秦国的丞相。孟尝君开始时有此意，后来经他的门下人说服，他放弃了这一想法。

又过了几年，秦国使了各种办法，将孟尝君弄到秦国，秦昭王封他为秦国的丞相。有的人对秦昭王说："孟尝君是个忠诚之人，他又是齐国的大臣，现在他做秦国的相国，如果齐秦之间出现了什么事情，孟尝君一定先齐国后秦国，这样秦国就危险了。"

秦昭王一听这话说得有理，说道："那就把他送回去吧？"

那人说："把他送回去对秦国也是不利的，孟尝君在我们国家已经做了一段时间官，他知道了秦国很多情况。"

秦昭王于是就找了一个理由，解了孟尝君的官，将他囚禁起来，而且想把他杀了，以免后患。

孟尝君是一个很有办法的人，他趁一个人来探望他的机会，让那人到秦昭王宠爱的妃子那里给他传一个信，让她想办法救他。这个女人以前曾与孟尝君有交情，但是她很贪图财物，对来者说："要我在大王面前说一句话并不难，那要看孟尝君是不是愿意送我一件银狐皮袍。"

这女人知道孟尝君那儿有这个天下无双的宝贝，价值千金。传话人就把话转告给孟尝君。

孟尝君一听，可抓了瞎："不好，我是有这件宝贝，但是我已经作见面礼物送给了秦昭王。"原来秦昭王也知道孟尝君给他的是天下无双的宝贝，十分看重，就把它藏在国库里。

孟尝君和他的手下人商量，大家感到都没有办法。话说孟尝君有一个门人，在做孟尝君的宾客之前，曾经干过小偷，那人说："也许我能帮你取回这件宝贝。"

那天夜里，那人从狗洞里钻进了秦宫，好不容易在宫廷的仓库中发现了这件宝贝。孟尝君把它送给了秦昭王的爱妃，那爱妃在秦昭王面前为孟尝君说话，秦昭王同意放孟尝君回国。

孟尝君拿了秦国的关文，生怕秦昭王变卦，就骑着快马星夜赶路。他为了万全起见，将关文上的名字改掉，自己也改名换姓，以防在函谷关被扣。

他们一行到了函谷关时已是深夜，当时函谷关还关着。按照当时秦国的规定，函谷关在鸡叫以后才能打开，这时离鸡叫还有一段时间。孟尝君又急又累，满头大汗。

而这边秦昭王放了孟尝君之后，又感到后悔，就派人去追赶。孟尝君在万般无奈之下，突发奇想，他问手下人是不是有会学鸡叫的。

事情就巧得很，偏偏就有一个人会学鸡叫。那人将双手捂住嘴巴，一声鸡叫，跟真的鸡叫没什么差别，这下周围其他的鸡也叫起来了。函谷关的把门人觉得好怪，今晚没睡多久鸡就叫了，揉着眼睛，打开了关门。

《云梦睡虎地秦简·编年记》

1975年出土于湖北云梦睡虎地11号秦墓。共53简，简长23.2厘米，宽0.6厘米。简文用秦隶书写，分上、下两栏，逐条记载了秦国自昭王元年（前306年）至始皇帝三十年（前217年）间的大事，同时记录了一个名叫"喜"（推测即墓主）的人的生平。《编年记》所载秦国史事有部分较史籍详尽或为史籍所缺，对研究秦国历史有重要作用。现藏于湖北省博物馆。

孟尝君一干人马一纵而出，脱离了危险。秦兵追到之时，孟尝君已经在自己的国家里驰骋了。

这次救孟尝君命的两个人，都是极为一般的人，当初接受他俩为门人，他的学生中还有人表示坚决反对。说来也怪，正是这一个鸡鸣一个狗盗之人，使孟尝君逃此大难。后来人们说小偷为鸡鸣狗盗之徒，就是受到这个事件的影响。

53-狡兔三窟

孟尝君从秦国逃难回国途中，到了赵国，见到了赵国的贤臣平原君，平原君和他一见如故，谈得非常投机，就一定要留他住下来。孟尝君推辞，说国内有重要事情等着他，不便于留在赵国。他就离开了赵，回到了齐国。

齐国的国王感到很对不起孟尝君，因为这次到秦国，是他出的主意。为了弥补自己的过失，孟尝君回来的时候，齐王不但不怪罪他，而且还任用他为相国。

孟尝君在齐国很得人心，他手下的门人也越来越多。这几千门人要管理起来也还真不容易，有一些人有点本事，有一些人干脆就是来混饭吃的。所以逼得孟尝君只得定了一条规矩，在他手下的人，按照能力和德行分成不同的等级，一等的人出去可以有车马，二等的人吃饭有鱼有肉，三等的人只给他一些粗茶淡饭。

有一个叫冯谖（xuān）的人，是一位老头儿，家里很穷，有的人就劝他到孟尝君那儿弄口饭吃。

有一天，他就来到了孟尝君的家，双方行过见面礼后，孟尝君问："请问先生有什么爱好？"

他说："我没什么爱好。"

孟尝君又问："您在什么方面有专长？"

他说："我一点专长也没有。"

孟尝君觉得这人与众不同，他每次问来者情况的时候，对方总是说自己这也能干，那也能干，唯独这个古怪的老头不这样说，真是诚实得可爱。于是，孟尝君就笑了笑，说："那好吧，您就留下。"

孟尝君的许多门人听到冯谖的这一番话，以为他是一个没有本事的人，而且他们也认为主人也很瞧不起他，所以就把他归到第三等人中，给他吃非常差的食物。

冯谖也不说什么。过了一段时间，有一天，他闲着没事，靠在一根柱子上，弹着自己的剑，歪着头唱道："长剑，长剑啊，咱们回去吧，在这里也吃不到鱼肉。"

有的人就把这话告诉了孟尝君，孟尝君说："那就给他鱼肉吃吧，享受和二等人一样的待遇。"

冯谖吃到了鱼肉，他似乎对这还是不满足。一天，他又靠在柱子上，弹着剑唱了起来："长剑啊，长剑，咱们回去吧，在这里也没有车子坐。"

大伙都笑话他，说他本来穷得那个样，在家里连粗饭都吃不成，在这里过的日子真不错，他还不知足。这话又传到了孟尝君的耳朵边，孟尝君也觉得这人挺怪，就说："那就给他车子坐。"

于是，这冯谖吃着好东西，出门坐着大马车，好不威风。有一天，他经过以前的一位朋友家，就对那人说："孟尝君对我不错，把我当客人看。"

就这样，又过了一段时间，冯谖又不满意了，他又弹起了他的剑，唱道："长剑啊，长剑，咱们不如回家吧，在这里也没有东西来负担我的家庭。"

大伙这时候实在忍受不住了，当面说他贪得无厌。孟尝君知道这件事后，把他叫到了自己的身边，对他说："你家里有什么负担吗？"

冯谖说："不瞒您说，我家有老母，我在这里，她老人家就没有生活来源了，我不忍心自己日子过得很好，她却在受苦。"孟尝君就派人给他老母亲送些吃的东西和用的东西。

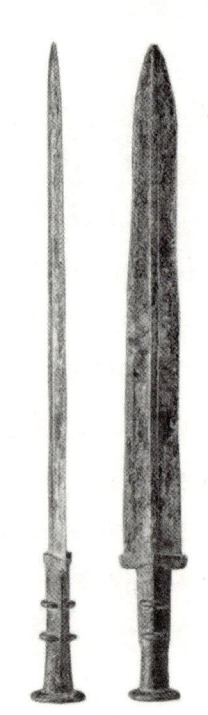

青铜剑

春秋晚期开始，铸剑术有了空前的发展，剑身被加长，杀伤范围增大，剑由防身武器逐渐变为实战兵器被大量用于步战和骑战中。此一时期青铜剑的形状趋于统一，并开始出现了铁剑。

从此以后，再也听不到冯谖唱歌的声音了。

孟尝君担任相国，很忙，他遇到一些重要的事情，常常喜欢征求门人的意见。他也常叫门人去办一些事。有一次，孟尝君遇到一件很麻烦的事，他封地上的许多人欠他的债不还。他感觉这可不得了，因为他门下有三千多口人要吃饭，如果他们都不还债，大家不是要喝西北风吗？

他就让人去收债，问了半天，没有一个人答应。孟尝君心里很不高兴，平时吃他的，穿他的，一到做事的时候，都不作声了。他正想着，突然站起一个人来，这人不是别人，正是冯谖。

第二天，他向孟尝君告别，就问孟尝君："我回来时要不要从封地上带点东西？"

孟尝君就随口答道："你看我家缺少什么，你就给我带点回来。"

冯谖到了封地，就问起了老百姓，他们为什么不还债。老百姓都来向他求情，说今年歉收，好多人家挨饿，欠老爷的债根本还不起。

冯谖就让他们回家把债契都拿来，老百姓们也不知道怎么回事，就都取来债契。冯谖二话没说，把他们的债契集中到一起，点了一把火，全烧了。

老百姓全都惊呆了，当他们明白发生了什么事情后，就一个个跪在地下，称他为他们的救命恩人。

冯谖驾着车子回到了孟尝君家。第二天一大早，他就去拜见孟尝君，孟尝君问他怎么回来得这么快，问他债收过了没有，他说："全收过了。"

孟尝君问他给自己带回了什么东西，他说："我临行之时，先生对我说，看家里缺少什么就给带点什么。我看你家什么都有，里屋里有金银财宝，后宫有很多美女，什么都不少，少的就是'义'，我就给你把'义'买回来了。"

孟尝君给他的这番话说得昏头昏脑，问道："你给我买回了什么义？"

冯谖不慌不忙地说："你家过着这么好的日子，老百姓却连饭都吃不上，你还让我去收债，所以我觉得你缺少的就是这个义。我把他们的债契全烧了，债全免了，他们都高呼你万岁。我这不是给你买回了义吗？"

"算了吧，你这一句话使我损失了多少东西。"孟尝君气得脸色苍白，拂袖而去。

孟尝君当齐国的相国,秦国非常害怕,因为他们曾经迫害过他。秦王看到孟尝君的声名越来越大,要是他有朝一日当上齐国的国王,那秦国可就要遭殃了。他就派人到齐王那里去挑拨,说孟尝君正在各个方面做准备,时机一成熟就废掉齐王自己来干。

齐王本来对孟尝君近年来的声名越来越大就非常担心,秦国人所散布的谣言可以说是说到了他的心坎上了,他很快就找了一个理由把孟尝君给罢了官。

孟尝君这时真是落难之人了,他的门人几乎跑光了,只剩下冯谖这老头。孟尝君和他一道来到了自己的封地。

封地上的人听到孟尝君要来这里,简直把这当作了最大的喜事。百姓们扶老携幼,到几十里外去迎接他们的恩人,人们见到孟尝君,一个个跪在地下磕头。

冯谖对他说:"我当初给你买的义,今天不是见到了吗?"

孟尝君对他点了点头,感到心中有一种十分甜蜜的东西在升腾。他想:人人都说我孟尝君贤良,我今天才见到真正贤良的人。

他们在封地上度过了一段十分美好的时光。一天,冯谖对孟尝君说:"你不是在此图享乐的人,你应该去为老百姓做事。"

孟尝君说:"我在这里过日子,胜过神仙,还有什么可以追求的呢?"

冯谖不同意他的话,说:"我曾经听人说,狡兔要有三窟(也就是三个洞)。你今天只得了一窟,怎么能高枕无忧了呢?我来为你再找另外两个窟。"

于是孟尝君就给了他五百辆车,五百斤金子,让

TIPS

梁惠王

即魏惠王(前400年—前319年),名魏䓨,他是魏武侯之子,魏文侯之孙,公元前369年即位,在位50年。公元前361年魏惠王由安邑迁都大梁(今河南开封),此后,魏国亦称梁国,所以人称梁惠王。梁惠王在位期间,两次败于齐国,国力由盛转衰。

他到梁国去。冯谖来到梁国,送上了礼物,梁惠王看到这么多的礼物,自然很高兴。冯谖顺势对他说:"齐国把他的大臣孟尝君解了官,现在他闲在家里没事。天下人都知道,孟尝君是一个多么有才能、有德行的人。齐国这样做,实际上给诸侯各国提供了一个机会,现在大家都在抢着把他请到自己的国家,如果你梁国及早动手,也许还有这个希望。"他这一番话把梁惠王说得头直点。

于是梁惠王就把原来的相国任命为上将军,把自己国家相国的位置空出来,这叫作虚席以待。他从国库中拿出一千斤黄金,又加上百余辆车子,去迎请孟尝君,让冯谖在前面开路。

冯谖提前来见到孟尝君,对他说:"梁国拿了这么多东西来请你,齐国一定会知道,我看先生不久就可以回齐国朝廷了。"

梁国的使者到了,请他出山,但是孟尝君拒绝了。后来,梁国又来邀请他三次,他还是拒绝了。冯谖的意思是只要他造声势,好让齐国来请他。

果然不出他们所料,齐王一听到别的国家对他们的故臣这么重视,要是孟尝君真到别的国家效力,那对齐国是相当不利的,立即派人带着更多的礼物前来,并且写了一封亲笔信,向孟尝君承认自己的错误,让他不计前嫌,回来为国效力。

冯谖告诫孟尝君道:"你先别答应。你要趁此机会向齐王请求把先王祭祀祖先的礼器放在薛地的宗庙里,这样薛地就安全了,你的地位也稳固了。"孟尝君照做了,齐王答应了他的请求。

孟尝君最后实现了回齐国的愿望,齐国仍然任命他为相国,冯谖成了孟尝君的第一谋士。孟尝君和冯谖聊天的时候,冯谖说:"现在你没有什么可忧虑的了,你的三窟都已找到了,你可以高枕无忧了。"

54-完璧归赵

公元前283年,赵惠文王得到了一块非常宝贵的玉璧,相传它是楚国人卞和采到的,所以当时人们又叫它"和氏璧"。这块玉璧几经坎坷,才被识出是一块举世无双的无价之宝,玉璧到了赵惠文王手里,更是被万分珍爱。

秦昭王听说赵国得了这个宝贝,心里痒痒的,就想据为己有,于是派一位使者携带着自己的一封信去见赵惠文王。信中说，秦国愿意拿15座城市换这块玉。

赵惠文王拿到信后，就和他的大臣们商量，君臣们都觉得这事很为难：要是把玉给秦国，秦国是一个十分强盛的国家，怕它得了玉，不守信用，又不给赵国城市；要是不给秦国这块玉，那秦国谁又敢得罪，秦王要是怪罪起来，赵国是受不了的。

君臣商量了半天，还是没有什么好办法。赵惠文王说："我看最好的办法是派一个人到秦国去，看是不是能说服秦国改变主意。"

大臣们你看看我，我看看你，谁也不敢伸这个头。有一个叫缪贤的宦官说："大王，我推荐一个人，叫蔺（lìn）相如，他是我的门客，他也许能胜任这件事。"

赵惠文王说："这件事非同小可，你怎么看出他能完成这一任务呢？"

于是缪贤就给他说了以前的一件事。

缪贤以前曾经做过一件不好的事，觉得在赵国实在待不下去了，就想逃到燕国去，因为以前燕王见到他时对他很好，有一次还握着他的手说："我愿意成为先生的朋友，日后要有什么事情用得着我的话请来告诉我。"所以他就准备起身去燕国，但是门客蔺相如却极力反对。

蔺相如说："你不能到燕国去，你到燕国，实际上就是逃离自己的国家赵国，赵国当然对你不高兴。你到了燕国，燕国比赵国的力量弱得多，他们怎么敢留你呢，他们一定会把你送回来。到那时你就太被动了。我看你还不如袒露着身体，向大王请罪，这样他也许能宽恕你。"后来缪贤就听了他的劝告，向赵惠文王请罪，赵惠文王果然宽恕了他。

TIPS

和氏璧

中国历史上著名的美玉，又称荆玉、和璞等，今已失传。据《韩非子》记载，相传楚国人卞和获得一块璞玉，献给楚厉王，楚厉王让雕玉者鉴，被认定为石头。楚厉王认为卞和说谎，砍去其左足。楚厉王驾崩，楚武王即位，卞和将此璞玉献给他。他让雕玉者鉴，又被认定为石头，他砍去卞和的右足。楚武王驾崩，楚文王即位，卞和抱璞哭于楚山之下，三天三夜，泪尽而出血。楚文王派人问其由，卞和说："我不是为双足而伤心，而是为人们不识玉而伤心。"楚文王于是派雕玉者剖其璞，果然为宝玉。于是名之为"和氏璧"。故事隐喻一世不知宝、知音难觅的意思。

缪贤将这事说了后，强调道："这是个非常有头脑的人，又对国家十分忠心，我认为他一定能完成这次的任务。"

赵惠文王就让人把蔺相如请来，想听听他对秦国目前想跟赵国交换玉璧这件事的看法。

蔺相如说："秦国强，我们赵国弱，所以我们对秦国的要求不能不答应。要是我们不给他们玉璧，就是我们的不对了；但是要是我们给了秦国玉璧，秦国不给我们15座城市，那就是他们的不对。依我之见，我们可以给他们玉璧，让他们权衡去。"

赵惠文王说："如果我们答应给秦国玉璧，先生愿意为我们出使秦国吗？"

蔺相如说："如果大王信任我，我愿意前往，要是秦国真把十五座城市给我们，我就将玉璧留给他们。若是秦国要骗去玉璧，而不给我们城市，我一定将玉璧完好无损地带回来。"

就这样，蔺相如带着玉璧来到了秦国。秦昭王一听说赵国果真将玉璧送来了，喜出望外，赶紧召集朝中大臣，在王宫中会见蔺相如。

蔺相如恭恭敬敬地将玉璧捧到了秦昭王的面前。秦昭王一见，大惊失色，天下居然还有这样绝妙的物品，美轮美奂，光彩艳丽。他左瞻右玩，看了好半天，喜欢之意，难以用语言传达。

秦昭王高兴，就把玉璧拿给大臣们欣赏。群臣们见到这稀世之宝，没有不称奇的。

蔺相如站在一边，看到眼前这种景况，心里想，这秦昭王果然不怀好意，心里全然没有要给我们城市的意思。于是他就上前对秦昭王说："大王，这块玉璧是绝世宝贝，但是您也许没有注意，它还是有一点毛病，请让我指出来给您看。"

秦昭王听他这么一说，就把玉璧交给了蔺相如。蔺相如拿到玉璧，向后退了几步，靠到了后边的柱子上，圆瞪着眼睛，满脸怒气，对秦王说道："我王知道和氏璧是稀世之宝，因为你喜欢这个宝贝，愿意拿15座城市来换，所以派我来这里，但是今天看起来，你傲慢无礼，毫无诚意，要我们的玉璧，又不想给我们城市。现在玉璧就在我的手里，如果你一定要逼我，我就和这玉璧一起在这柱子上撞碎。"

说着，对着柱子就要把玉璧砸过去。

秦昭王怕他真的要砸玉璧，忙说："先生，请不要这样，我说的话怎么会不算数呢！"接着，又让左右取来地图，把准备给赵国的15座城市指给蔺相如看。

蔺相如看透了他们的心思，他们是要通过这来骗取自己手中的玉璧，就说："我家大王对这事可真是非常重视，为了送这宝贝，在家里斋戒了五日，而且我临行之时，他还举行了隆重的欢送仪式。如果你也是诚心诚意的话，你也应该同样斋戒，然后你才能接受这玉璧。"

秦昭王皱了皱眉头，心想，你宝贝已经在这里了，料想也逃脱不了我的手心，就答应了，吩咐手下将蔺相如送到了宾馆暂且住下来。

蔺相如到了宾馆，心知秦昭王虽然是答应了斋戒，但是他的不怀好意是明摆着的，就吩咐随从的人扮成一个穷苦老百姓，将玉璧藏在怀里，偷偷地溜出了秦国，把玉璧完好地送回了赵国。

过了五天，秦昭王斋戒结束，就集中群臣和外国使节，来举行受璧仪式。蔺相如从容地走到了宫殿中，对秦昭王说道："贵国自穆公以来，共有二十几位君主，但是没有一位能守信义。我担心你也蒙骗我，使我赵国既失去了宝贝，又得不到你秦国的城市，所以我已经派人将玉璧携回国内。秦王要是真有诚意，就把15座城市先割让给我们赵国，你们秦国是当今的强国，我们赵国哪里敢不交出玉璧呢。"

秦昭王听了他的这席话，感到羞愧难当，自己在家还被人教训了一顿，当着这么多客人的面，也不好发作，只好忍气吞声。左右卫士按着手中的剑，只要他们的大王一声令下，蔺相如就会被他们杀掉。

但是秦昭王最后还是没有杀蔺相如，他想，杀了这一个人，只能出出气，那又有什么用呢，闹出去了，还不惹人耻笑，所以就把蔺相如放了。

蔺相如到了赵国，赵惠文王到城外欢迎他，并且封他为上大夫。

55-渑池之会

公元前279年，秦昭王又派使者到赵国去，邀请赵惠文王到秦国的渑（miǎn）池相会。

赵惠文王害怕秦，就不想去，已是赵国大夫的蔺相如和大将廉颇商量，一致认为，如果赵惠文王不去，那么就会显示出赵国的软弱和胆小，以后秦更不会把赵国放在眼里，于是他俩一起去见赵惠文王，劝他赴会。

赵惠文王出于不得已，只好硬着头皮上了路，他让相如作随员同往，让廉颇留在家中，辅助太子保卫国家。

廉颇带领几千人马护送赵王一行到赵国边境，再往前就进入秦国了，他对赵惠文王说："大王这次到秦国去，一定要多加小心，秦国有虎狼之心，诡计多端，你的安危难以预测，所以你在秦国的时间最多不能超过30天，如果你30天不回来，请让我拥立太子为王，这样也断绝了秦王要挟您的念头。"赵惠文王点了点头。

赵惠文王到了渑池，秦王热情地欢迎他，为他举行宴会，席间，宾主饮酒相谈，秦昭王有了醉意，仗着这一点醉意，就对赵惠文王说："听说赵王爱听好音乐，而且瑟弹得很好，今天高朋相会，何不为我们演奏一曲？"

赵惠文王满心不愿意，但是也无法推托，只好弹了一支曲子。秦昭王称赞了几句，就请御史上前做记录，御史记完后，高声念道："某年某月某日，秦王和赵王在渑池相会，赵王为秦王弹瑟。"

赵惠文王知道这明显是侮辱自己，气得不得了。

正在这时，蔺相如走到了前面，他手上拿着一个缶（fǒu，古代的一种用陶做成的打击乐器），只见他跪在秦昭王的面前，说道："赵王听说秦王很精通秦国的音乐，我为大王献上缶，请你也演奏一番，好给大伙助兴。"

秦昭王当然非常生气，很不愿意，但当他的眼光和相如的不容拒绝的目光碰到一起时，他感到这个老对手的确是不好对付，蔺相如跪在那里，眼光里充满了愤怒，正在秦昭王迟疑之时，蔺相如说道："你们秦国虽然强大，但是也不能仗势欺人，现在我俩相距不过五步，我可以把我的血溅洒到大王身上。"

秦昭王这时心里被胆怯所占据，只好拿起棒子，在缶上敲了起来。

蔺相如也把赵国的御史叫到了面前，让他记道："某年某月某日，秦王为赵王击缶。"

秦国的大臣们看到蔺相如这样，就很不服气，有个人大声说道："请你们赵王拿出15座城市来给我们秦王祝寿。"

廉颇蔺相如将相和

渑池会之后，赵王封蔺相如为上卿，地位在廉颇之上。廉颇认为自己战功显赫，蔺相如只是有口舌之功，根本不能和自己相比，因而不能忍受蔺相如地位在自己之上，扬言见到蔺相如要羞辱他。蔺相如得知后，为了国家大义，避而不见廉颇。廉颇了解实情后，为蔺相如折服，到他门前负荆请罪。二人重归于好，共同保卫赵国。

蔺相如也喊道："请你们秦王也把你们的都城咸阳献给赵王来做寿礼吧。"

就是在这样紧张的环境中，蔺相如毫无畏色，以他的机智和秦国的君臣周旋，不让一分一毫，直到宴会结束，秦国始终没有占到赵国一点便宜。

在国内，廉颇协助太子已经做好了一切防御的准备，调集了大量兵力驻扎在秦赵边境，派人整天观察秦国的动静。

渑池之会后，赵惠文王平安回到国内。

56-平原君杀美妾

平原君名叫赵胜，他是赵惠文王的弟弟，平原君的弟兄很多，其中以平原君最诚实贤良。当时有很多人来投靠他，有赵国的，也有其他国家的，他的门下多的时候有几千人。

他在乡间有一套庄宅，紧靠着附近的农民家。隔壁有一个农夫腿不好，走路一跛（bǒ）一跛的，经常

TIPS
战国四公子

指战国末期的赵国平原君赵胜、魏国信陵君魏无忌、楚国春申君黄歇和齐国孟尝君田文四位贵公子。他们礼贤下士，广招宾客，都有门人数千，形成了一股强大的势力。

到门前的井里去打水，就从平原君家的门前过。

平原君有一个妾，长得十分漂亮，每日上午她常常站在楼上看外面的风景。一次她看到这个跛足人担着水，一歪一歪的，水桶里的水也一晃一晃，这美人不由得大笑，惊动了这位担水人。

第二天，跛足人来到了平原君的家，对平原君说："我听别人说，您喜欢结交天下贤良之人，天下之人不远千里而来者很多，而且很多人说，您对投奔来的人非常好，如果他们和您的家人美妾发生争执，您总是向着他们。我是您的邻居，腿有点不好，腰有点驼，而您的爱妾见到而笑话我，这是对我的极大侮辱，我想得到那位笑我的人的人头。"

平原君给他这段话吓了一大跳，就开玩笑地答应道："好，好，好。"

那人离开了。平原君对他的家人说："这个家伙

TIPS

《战国策》

又称《国策》，是一部国别体史学著作，共12策，33卷，497篇，主要记述的是战国时四方游说之士的言行策略。《战国策》记事始于战国初年，止于秦灭六国，前后约240年，是一部了解战国历史风云的重要历史著作。

三家分晋前形势图

春秋晚期，晋国公室（诸侯国君及其宗室）软弱，无力再约束私家（卿大夫之家），六位执政卿大夫之间斗争激烈，最后剩下韩、赵、魏、智四家势力坐大，其中以智氏实力最强。公元前453年，智伯侵占韩、魏，又胁迫他们联合攻赵。赵简子游说韩、魏联合起来，一起消灭了智氏，三分晋地。公元前403年，周威烈王发诏正式承认韩、赵、魏的诸侯国地位。

心真狠，就因为一笑而杀我的美人，这不是太过分了吗？"他当然不会杀了心爱的美人。

后来，发生了一件奇怪的事，他的门人越来越少了，不到一年时间，他的门人只剩下一半，平原君就觉得很奇怪。一天，他问手下的一个学生："我赵胜待你们不薄，对你们也没有失礼的地方，为什么一个个离我而去呢？"

那人说："不为别的，您对我们够好的了，就为了您不杀笑跛脚的人，这虽然是一件小事，但说明了您内心深处还是爱美色而轻视贤士，既然您有这样的念头，人们何不另择他枝呢？"

平原君这才恍然大悟，回到后室，拿着刀找到了那个美人，举起刀就要杀她。那美人以为是开玩笑，心里三分疑七分怕地说道："老爷，您怎么和我玩起这个来了？"

平原君正色道："你笑那位跛脚人，我今天只有杀了你，才能谢天下之罪。"

美人一看是真的了，当下就吓得倒在了地上，哭着哀求他，平原君望着她那娇小的身躯，望着她那泪流粉面的容颜，他的手软了。但是他想到天下的大任，发出一声疯狂的嘶叫，冲到了美人的身边，割下了她的头。

他的门客从昏迷中救醒了他，他冷静地说："我做了我该做的事。现在我就到那人家去。"他拎着人头，到了邻居的家里，向他赔礼道歉。

这之后，他的门下人又开始增加了。平原君重士而贱妾，竟然杀了自己的美人的事，就这样一传十，十传百，使得那些士人相信他、崇拜他。

当时，天下号称有四大贤士，这就是齐国的孟尝君、魏国的信陵君、楚国的春申君和赵国的平原君。

57-毛遂自荐

当年，秦国的部队包围邯郸时，赵国的形势十分危急，秦国的力量如此强大，现在又兵临城下，赵国和它决战取胜的可能很小，赵惠文王急得像热锅上的蚂蚁。

> **前260年**
> 秦赵长平之战，秦胜，坑杀赵国40万降兵。

> **前259年10月—前257年12月**
> 邯郸之战。秦兵围赵都邯郸，楚、魏救赵，大败秦军。

相国平原君认为，在这种情况下，只有联合楚国。楚国和秦国素有仇恨，秦国是楚国的心头大患，如果和楚国结成联盟，那么秦兵可破，这就叫合纵抗敌。

现在的问题是楚国是不是愿意和赵国结成联盟。楚国对赵国也有疑心，楚王又是一个很难对付的人，所以赵惠文王心中没有底。赵王只有请平原君出马，希望凭他的德行、他的智慧去说服楚王。

平原君说："我这次去事必成，如果我能说服他，这最好。如果楚王不信这一套，那么我就挟持他在楚国的宫廷之内歃（shà）血为盟，合纵抗秦的联盟一定能建立。"

歃血是古代一种结盟的仪式，就是将牲畜的血涂在嘴上，以示信义，春秋战国时期，诸侯之间经常使用。

出发之前，平原君说："我要挑选20名文武全才的人和我一道。"

他的手下一共有3000多人，要选20个人很容易。但是平原君又是一个非常严苛的人，他挑来挑去，挑了半天，只挑出19个人。就剩下一个人，他反复挑选，就是不满意。

正在他为难之际，有一个人突然站了出来，只见这人长得五大三粗，一副自信的样子，三步并两步就走到了平原君的面前。平原君以怀疑的目光打量着他，看他似乎有点面熟。那人道："也许公子不大认识我，我是您的门客毛遂，您要选20个人到楚国，现在还少一个人，我可能就是您要找的最后一个人了。"

底下的人发出一阵轻轻的笑声，有的人在窃窃私语，大家都很轻蔑地瞧着他。平原君见这人如此冒失，一点也不谦虚，就说："你在我的门下有几年了？"

毛遂说："三年了。"下面又是一阵哄笑。

平原君慢慢地说："我听人说，方今之世，贤人在世上，就像一个锥子放在袋子里，它的尖子很快会从袋中露出来的。你在我的门下已经三年了，你并没有做出什么重要的事使大家称颂你，我也没听说你有什么大的能耐。这就证明你的本事是十分有限的。我看你还是留下吧。不过，你的这种精神倒是值得大家学习的。"

毛遂听到平原君这番明显瞧不起自己的话，也不急，也不慌，也不脸红，他依旧信心很足地说："公子你说得很对，我以前没有露出尖来，就是你没有把我放到袋子里去，今天我正是请求公子把我放到袋子里去。"

平原君这时在心里已经从一开始的轻视，到现在的非常喜欢这毛头小伙子了。瞧着他那自信的样子，瞧着他那不同凡响的谈吐，他已经感到有一个尖儿露了出来。于是，他就带上了毛遂，一起到楚国去完成国家的重大使命。

其他19个人都笑话毛遂，他们一路上经常私下拿他开玩笑。

平原君到了楚国，就和楚王商量合纵之事。但是楚王一开始是王顾左右而言他；再就是申说自己的国家目前是如何如何的困难，打不起这场战斗；再就是楚国的国力有限，要是得罪了秦国这样的大国，日后将难以在诸侯中相处。任凭平原君怎么说，楚王就是不答应。平原君从早上，一直讲到中午，嘴皮都说干了，但是楚王似乎毫不为其所动，真把

苏秦

苏秦（？—前284年），战国时期东周人，是当时著名的纵横家，主张合纵攻秦。据《史记》记载，苏秦周游列国推广其合纵思想，为东方六国信任，佩六国相印，为纵约长，使得秦国不敢出函谷关15年。

平原君急得满头大汗。

平原君的门人在下面听得都不耐烦了，有一个人说："这位毛遂先生不是夸下海口，说是他能说服楚王的嘛，现在正是机会，你赶快上。"大家想看看他的笑话。

毛遂瞧了他们一眼，真的大步流星地走了上去。他一只手按着剑，两道剑眉怒竖，一双大眼睛闪着不容怀疑的光芒。只见他走到平原君的身旁，说道："公子，合纵抗秦之利害关系两句话就能说清楚，怎么和他从早上就说起，说到了中午，还没有说成？"

楚王看到这位不速之客，说道："这是何人？"

平原君说："是我的门人。"楚王喝道："还不给我下去，我正和你们家公子商量大事，你来干什么？"

毛遂按着剑，有意地向楚王面前走了一步，大声说道："你之所以对我无礼，是因为你坐在家里，依仗着你们人多，但是就在这十步之内，你能显示出你楚国人多的优势吗？大王的性命实际上就握在我毛遂的手里，我家主人就在你的面前，你为什么对我无礼？人们常说，打狗还要看主人，你对我无礼，实际上就是侮辱我家主人。"

楚王被他一顿闷棍，打得不知如何是好，他用求助的眼光望着平原君，平原君示意他听毛遂的话。

毛遂继续说："我听说，商汤当时只有70里地，但是后来他取得了天下，周文王只有百十里之地，后来使得诸侯们都向他俯首称臣，可见，国家的兴盛，不在于士兵和土地的多少，而靠的是仁义，靠的是势。今天楚国方圆有5000里，将士有百万，这正是称霸的基础，以楚之强大，天下谁能抗衡？但是可悲的是，白起只是一个非常一般的将领，率领的人马还不足一万，他却能一而再，再而三地打败你们楚国，不但占领了你们重要的战略要地，还污辱了你们楚国的先人，这真是你们楚国百世的遗憾之事，连我们赵国人都为大王而羞愧。但是你却不以此为耻，还在家里睡大觉，是要等着别人来彻底消灭你不成！我家公子提出合纵之术，不是为了赵国，恰恰是为了你们楚国。真是不知好歹，当着我家主人的面竟敢侮辱我，你这到底是为哪般？"

楚王被一个毛头小伙子教训了一顿，而且教训得还句句在理，使他下不了台，心里想，赵国真是人才辈出，和他们结盟也许不是一件很坏的事，就说："那就依这位毛先生的话，我们楚赵两国结成联盟，为了我们两国的利益来共同抵抗秦军。"

毛遂怕只是敷衍，便说："合纵的战略是不是就定下了？"

楚王说："当然是定了。"

毛遂就对站在台下的楚王的手下人说："快取鸡血、狗血、马血来。"

一会儿，血取上来了，毛遂接过盘子，跪在楚王的面前，将血举到了楚王的胸前，说："请大王歃血为盟，你先来，接下来是我家主人，再下就是我。"楚王一一照办了。

由于毛遂的勇敢和智慧，楚赵之盟结成了。楚王派春申君率领八万大军救赵，对解邯郸之围起到了极大的作用。

58-信陵君救赵

信陵君是战国时期一个重要的人物。秦国攻打赵国，包围了邯郸很长时间，赵国为了国家的命运，派人到诸侯间寻求援助。诸侯们大都认识到，秦国是他们共同的敌人，现在赵国所面临的危难，也可能是以后自己国家所面临的，所以有识之士都知道，只有共同抵抗秦国才是唯一的出路。这样，楚国派来了大军，和秦国进行正面的战斗。

而魏国军队是这次救赵的主力部队，魏国的十万大军，在解邯郸之围中发挥了至关重要的作用。但是魏国派了这么多的兵，他们的国王魏安釐王还蒙在鼓里，这是怎么回事呢？

原来，这是他们的贤相信陵君在背后所做的事。

赵国的平原君和信陵君是亲戚，平原君的夫人是信陵君的姐姐，而信陵君又是魏王的弟弟。秦国包围邯郸的时候，平原君是最忙的，在他到楚国求救兵的时候，他又给自己的内弟信陵君写了一封信，让他给魏王做工作，出兵救赵。

信陵君说服了自己的哥哥魏王，魏王派大将晋鄙率领十万大军去救赵。

秦昭王知道这事慌了，现在楚国已发兵了，如果魏国的部队再上去，那么邯郸就无法攻下了。他实在是个老谋深算的人,他知道魏国的弱点,就派大臣到魏国去,企图拆散他们的联盟。

秦国的大臣对魏王说:"邯郸早晚会被打下来的,我们大王说,谁要是救赵,我们打了赵之后就来打他们。"

这下把魏国吓倒了。魏王一方面许诺不跟秦国作对,另一方面星夜派人到前方,告诉晋鄙,让他按兵不动。

晋鄙的十万大军就要接近邯郸了,听了魏王的命令赶紧往后撤,退到邺(yè)城这个地方驻扎下来。

邯郸城危在旦夕,平原君从楚国回来之后,见魏国的部队还没有到,心里急得要命,就派人到魏国去催兵,并且让他们带了一封信,信中责备信陵君,说:"我一向很佩服先生,看你很像个有义气的人,想你是会急人所难的,但是今日之事使我重新认识了你,即使你看不起我,你也应该为你的姐姐想想。"

信陵君听到魏国没有出兵的情况就感到很难过了,又知道平原君这样数落他,心里非常难受,想来想去,还是先去找他的哥哥把情况弄清。

他的哥哥告诉他详细情况,信陵君说:"秦国有虎狼之心,不论你今天是不是出兵救赵,他们以后都会攻打我们魏国的,我们要救魏国,只有先救赵国,赵国要是亡了,那么我们魏国也不会晚了。"

但是魏王还是害怕秦国,拒绝了弟弟的意见,信陵君就这样一次次去说服,但是也一次次被他的哥哥拒绝。

他感到实在没有办法说动魏王,就决心孤注一掷,把自己的一千多门客组织起来,自己亲自率领,到赵国去,和秦国决一死战。信陵君是一个很得人心的人,后来又有很多人听从他的号召,跟他一道到赵国去。

他的队伍出发了,经过城门的时候,他去见自己的一位老朋友侯嬴,这时侯嬴已经70多岁了。他见到了这位品德高尚的老人,就说明了自己的想法,想听听他的意见,但是侯嬴的反应却十分冷淡,他说:"我老了,不能和你们一道去了。"

信陵君告别了老人,继续前进。一路上,他想来想去,越想越不对劲:侯嬴是我的老朋友,今日事情如此重大,他却没对我说一句贴心的话,对我这样的冷淡，是不是我这里出了什么问题。

想着想着，信陵君停住了马，忽然，他命令大队人马赶快往回走，他的手下人也不知道怎么回事，就糊里糊涂地往回走。他往城里走来，远远地就看到侯嬴在那里等候他们，见到面，老人就说："我早就料定你会回来的。"

信陵君感到更加奇怪。"你怎么会知道我会回来的？"信陵君问道。

侯嬴说："秦国的部队是那样的多，你就用这点人马去救赵，还不是把肥肉往老虎口中送。公子平时对我恩重如山，在这生死关头，我却对你那样冷淡，没有对你说一句有用的话，你要是不回来问我那才怪呢。"

信陵君这才恍然大悟，就向他请教。侯嬴将他领到一间小屋子里，让他坐下，不慌不忙地对他说："魏王现在最喜欢的妃子是如姬。你难道不记得了吗？你是如姬的大恩人啊。"

信陵君说："现在说她有什么用？"

侯嬴说："要想让魏国出兵，她是唯一可以帮你忙的人。"

信陵君把头直点，侯嬴说："你这一点人马去，一点用也没有，要救赵必须有成千上万的人马。"

信陵君说："我当然想多调些人马去，但是我手上没有虎符啊！"信陵君所说的虎符，就是战国时期国王授给大将调动部队的凭证，一般用铜铸成老虎的样子，分成两半，一半由在外领兵的大将拿着，一半由国王保存起来。

阳陵虎符

阳陵虎符为秦始皇时期的虎符，呈卧虎状，高3.14厘米，长8.9厘米。现藏于中国国家博物馆。虎符是古代国君调遣军队的凭证，最早出现于春秋时期，盛行于战国和秦汉两代。

侯嬴说："现在那一半的虎符就在魏王寝宫内，你难道没有想到，如姬不正是可以自由出入寝宫的人？"

这句话提醒了信陵君。侯嬴看他已经领会了其中的妙意，就对他说："我有个好朋友叫朱亥，力大无比，他使着一个大铁锤，到时让他跟你一道去。如果你拿了虎符，而晋鄙不买你的账，你就让朱亥出面，保险事情能够解决。"

信陵君找到了如姬，向她说明了来意。如姬一向佩服公子的崇高人格，另外他又是自己的大恩人，自然就答应了信陵君的事。她便趁魏王睡觉之时，偷走了虎符。

信陵君带上朱亥离开京城，临行时，去向侯嬴告别，侯嬴说："我算到你们见到晋鄙的时候，那也正是我结束自己性命的时候，我到时向北自刎来报答公子。"

信陵君含泪告别了老人，向魏军驻地进发，见到了晋鄙，对他说："将军辛苦了，大王特让我来代劳。"

晋鄙听后心里一惊，急忙说："你是不是带来了信物？"信陵君就把虎符拿给他看。晋鄙仔细地看，心里想，是真的，但我没有犯什么错误，怎么撤了我的官，就说："大王有没有写信来给我？"

信陵君知道他怀疑自己，就说："大王给我虎符还不行，哪里要写什么信？"

晋鄙说："我看你俩还是在这里休息几天，等我把部队整理好，再交给你。"

信陵君知道他是在玩诡计，说道："现在军情如此紧急，哪里容得耽搁！"晋鄙还是露出不情愿的样子。

信陵君向站在他旁边的朱亥使了个眼色，说时迟，那时快，朱亥举起大锤，砸了下去，将这个可怜的大将军砸得粉身碎骨。

信陵君拿着虎符，站在高处，向将士们喊道："我奉大王之命来统率兵马，如有不听命令者，就和晋鄙一样论处。"将士们都知道他是个贤人，对他平时就很敬重，所以都信任他。

信陵君见将士们相信自己，就说："如今秦国攻打赵国，如果赵国亡了，那么秦国也会用同样的方法对待我们的。邯郸危在旦夕，我们这就出兵去解救，在我们的部队中，有父子同来的，父亲可以回去；有弟兄一起来的，哥哥可以回去；有独生子女的，就不要上前线了，回去好好奉养你们的父母。"

就这样，信陵君选了八万精兵，浩浩荡荡向邯郸进发。

秦国本来以为魏国的部队不会来的，也就没有防备，所以当魏国的部队从后面打上来时，秦国的将士一时乱了阵脚，而平原君也从邯郸城内杀了出来，两下夹攻，秦兵大败，损失了大半人马，只好撤下兵来，邯郸之围也由此而解了。

59-荆轲刺秦王

> 前227年
> 燕太子丹派荆轲刺杀秦王嬴政，行动失败，荆轲被杀。

荆轲是中国古代一位十分著名的勇士，他出生在战国末期的卫国，从小就热爱读书，喜欢结交朋友，为人正直，很受人们的喜爱，人们常常尊称他为庆卿。他后来又到燕国去，燕国人知道他的为人，也很尊敬他，称他为荆卿。

荆轲最喜欢做两件事：一是读书，上至天文，下至地理，以及兵书、卜书等，他都很喜欢读，所以他有非常好的修养；另外，他又非常喜欢击剑，他练剑可以说到了如醉如痴的地步，白天练，晚上练，有时夜里做梦也在练，所以他年纪轻轻，就有一手好剑术，在卫国的时候，人们和他比剑术，还没有人胜过他。

他有远大的抱负，曾经亲自面见卫元君，说明治国之理，要为国家做一点事，但是卫元君不欣赏他，他感到自己有志不能施展，于是就离开了卫国，来到燕国。

他是一个有身份的人，又读了许多书，但是他一点架子也没有。在燕国时，他专门喜欢和下层的人打成一片，他结交的人中，有杀狗的、卖肉的，真可谓三教九流，无所不交。

他的朋友中有一个人名叫高渐离，高渐离和他气味相投，整天在一起。高渐离击得一手好筑（古代一种弦乐器），有时候，他俩高兴了，喝足了酒，荆轲舞着剑，高渐离击着筑，在大街上耍弄起来，好不热闹，能引来无数的过往行人。

有时高渐离击着筑，荆轲就唱起来，声音呜呜然，唱着唱着，俩人突然都哭起来了，哭声震天，人们以为出了什么事，等他俩哭痛快了，就擦擦眼泪，旁若无人地离开了。

荆轲虽然和这些下层人打交道，但是他并没有忘记自己的志向，他仍然嗜书如命，不忘沉思，和他接触的人，都感觉到他既有豪爽的一面，又有深沉的一面。当时燕国有一个著名的士人叫田光，对他非常赏识，认为他将来必成大器。

燕国的太子丹曾经在赵国做人质，那时秦王政就出生在赵，这个政就是后来赫赫有名的秦始皇，在赵国时，他和太子丹在一起玩，处得很好。后来太子丹回国了，政也回到了秦国，被立为秦王。

燕国和秦国发生争执，太子丹又到秦国做人质，但是秦王政不念旧交，对太子丹很不好，太子丹对此耿耿于怀。他逃回国内以后，就想报仇，你对我不仁，我也对你不义。

当时秦国的力量越来越大，远非小小的燕国所能比，诸侯间也谈秦色变。秦王攻打齐国、楚国等国家，节节胜利，一直打到燕国的国界边，燕国上下一片惊恐，都担心秦国会进攻他们的国家。

太子丹这时是旧仇加新恨，对国家的命运忧心忡忡，他请教自己的老师鞠武，老师说："我们小小的燕国是无法和这么强大的秦国作对的，如今秦国对诸侯虎视眈眈，据山河之险，雄视各国，其势不可相敌。"

太子丹说："难道我们就没有办法对付秦国的虎狼之心了吗？"

鞠武说："只有慢慢来。"

这时候，秦国有一个将领得罪了秦王，就逃到了燕国，太子丹对他非常好，把自己的房子让出来给他住。他的老师鞠武说："我看这样不好，收留秦国的将领，也就得罪了秦国。秦国有虎狼之心，我们燕国怎么能以卵击石呢？"

老师让他把秦国的将领送到匈奴去，但是太子丹认为这样就是不仁不义，他不愿意这样做。

鞠武眼看着国家就要遭殃，他这时又不能说服这位执拗的学生，就对他说："燕国目前处于危亡边缘，你可去请教田光先生，也许他能帮你。"

太子丹就请老师引荐，他的老师答应了。

鞠武请自己的老朋友田光帮助他的学生，田光非常爽快地答应了，他来

 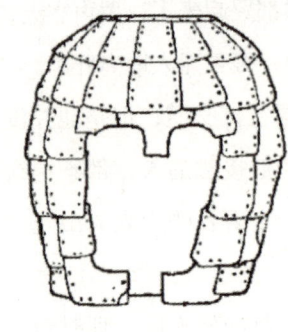 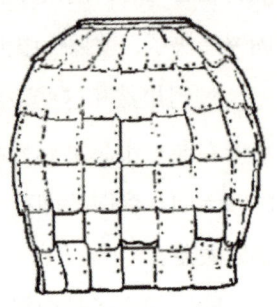

战国时期燕国铁胄

战国之前,头盔都被称之为胄。战国时期,随着技术革新,头盔的形制如同口袋,不再是整盔铸造,有了一定的可变性,防护范围也更大,被称作兜鍪(móu)。

到太子的住所,太子见到田先生亲自来,急忙迎出太子宫,跪着迎接田光到自己的内屋。双方坐定,太子丹将左右的人都请出去,和田光单独交谈,他说:"我们燕国和秦国势不两立,如今秦国就在我们的国门前耀武扬威,我们该怎么做呢?请先生指教。"

田光说:"老夫不才,不能帮先生成就大业;但我有一个朋友,也许他能帮助你成此大事。"

太子丹听他这么一说,异常高兴,就说:"您能不能带我一道去见这位豪客。"田光点了点头。

太子丹觉得此事实在重大,就对田光说:"这事只有我和先生知道,万望先生不要对外人说起。"田光点了点头。

田光年纪大了,弓着腰去见荆轲,说明了来意,说太子丹有要事相商,万请他能看在自己的面子上,给他以帮助。荆轲和田光是至交,而荆轲又是一个豪爽的人,他自然把这事答应了下来。

临行时,田光对荆轲说:"这事非同寻常,我和太子告别时,太子对我说,要千万保密。我曾听别人说,年纪大了做事不要使别人怀疑,今天太子和我说这话,那是对我有点疑心,一个人的行为使别人有疑心,那是关系到人的品质的大问题。"说完,拔出剑要自杀,荆轲急忙拦住。

田光说:"你快快去见太子,就说我已经死了。"荆轲刚出门,田光就自杀身亡。

荆轲来到太子的住处，说田光已死之事，太子跪倒在地，痛哭流涕，半天才停止，他跪着用膝盖走到荆轲的身边，说："田先生之死，对我打击实在太大了，我说让先生保密，并无不信任之意，只是事情太重大，而先生是这样的节义之人，以死来表示他将不会泄露此事，真令我钦佩不已。"

太子又对荆轲行跪拜之礼，荆轲扶起了他，太子说："当今之世，天下大乱，秦有虎狼之心，所以搞得整个天下不得安宁，秦王不除，天下不能治。我一直想找到一位有智慧、有勇气的人，来替天下人除掉这个恶魔，这样秦群龙无首，诸侯各国一起出动，也许能消灭它。"

荆轲听出太子这话的弦外之音，就说："我已明白太子的意思，只是我无才无勇，不足以当此大任。"

太子说："这事非先生莫属。"坚决请求他帮助，荆轲看无法推脱，就答应了。

于是太子为荆轲造了最好的房子，给他送上最好的礼品，让他享受人间最大的乐事，并封他为上卿。

荆轲也不说什么，默默地享受着这一切。这时，秦王更加嚣张，他们打败了赵国，将赵国的土地一起归为秦有，一直向北打到燕的北部疆界。太子丹慌忙去找荆轲，荆轲说："你不来找我，我也要去找你了。"

他俩计划好了具体细节，荆轲说："这事太大，不能有任何闪失。我需要两件东西。"

太子说："只要你说出来，再难的东西我也会把它弄到。"

荆轲说："这第一件事是找一把匕首，这匕首不但要无比锋利，而且要能把毒药注入其中。"

太子说："这不难办到。请问这第二件是？"

荆轲说："我说出来请太子不要怪罪于我。"

太子请他直说。荆轲说："我要得到你的大将樊於期的人头。"这一句话把太子吓得目瞪口呆。

荆轲说："我要能见到秦王必须得到他的信任，樊於期本来是秦国的大将，因和秦王有仇恨才逃到我们燕国，而秦王以一千斤的金子来买他的人头，我反复思考，觉得这恐怕是唯一能使秦王相信我的办法。"

太子说:"樊於期是忠义之士,人家有难来投靠我们,现在我因自己之事,而加害于他,实在不忍心。"

荆轲知道太子不会忍心杀害樊将军,就私下里一人前往樊将军处,荆轲说:"秦王对你可真是做绝了,他杀害你家中的所有亲人,而且还悬赏大量的金子要你的人头,你将怎样对待这事?"

樊将军仰天长叹,老泪纵横,说:"我也常常想到这件事,我真是恨这个人恨到了骨髓里,但是又没有什么好的办法。"

荆轲说:"现在有一件事情可以解燕国之难,而且也能报你的深仇。"

樊将军急问是何事,荆轲说:"愿借将军的人头去见秦王,秦王一定会相信我,只要我能到他的身边,我就会拔出藏在身上的匕首将其杀死,这样燕可救,仇可报矣。我实在想不出什么比这更好的办法,愿先生饶恕我的直言。"

樊将军听荆轲这么一说,一下子跪到了他的面前,将右手抓了起来,使劲地攥(zuàn)紧了拳头,这是古代的一种风俗,表示扼腕的意思,对他说:"这是我日日夜夜思虑的事情,今天壮士所言正是我所想的,我能以自己的生命为刺杀秦王做一点事,万死不辞。"

樊将军说罢,一刀插进了自己的胸膛,结束了生命。荆轲跪在他的面前,低头痛泣,口中喃喃道:"多谢将军,您先行一步,我这就随您来。"

太子听说樊将军已死,急往樊将军家,伏在将军的尸体上痛哭,哀伤得如同丧失了自己的父亲。事已至此,他也无可奈何,只有命人将首级取下,放在一个盒子中保存好。

太子派人在全国搜寻匕首,后来在徐夫人处得到一把匕首,这一匕首号称天下第一,他又取来大量的金子,让人重新打制,将毒药置于其中。这样打出的刀锋利无比,削铁如泥。为了便于行事,荆轲还向太子丹要了一个随行的人,太子为他选了一个猛士叫秦舞阳。

一切准备齐备,荆轲就要出发了。那是一个寒冷的冬天,燕国知道这件事的一些重要人物都到易水之滨来送荆轲,大家都穿着白色的衣服,当然他最好的朋友高渐离也来到了这里。

荆轲向众位拱手道别,他心里知道,这一行,就成永别了,不禁泪如雨下,这时只听到一阵浑厚而又凄怆的歌声在易水之滨回荡:"风萧萧兮易水寒，壮士一去兮不复还。"

那是高渐离的歌唱，送行的人为这歌声所感染，一起失声痛哭起来。荆轲实在忍受不了这一场面，骑着马，头也不敢回，纵马而去。

荆轲到了秦国，先用重金贿赂秦王所宠爱的大臣蒙嘉，蒙嘉就为他到秦王面前做说客，他对秦王说："燕国非常佩服大王的声威，他的国王愿做你的臣民，他的整个国家愿为你的国土，只是想请您能保存燕国的香火不至断掉，为了表示他们的诚意，他们特将樊於期杀掉，现正派人将他的人头送来。"

秦王一听，将桌子一拍，道："真是天上掉下来一个好消息。"马上穿上会客的礼服，在华丽的咸阳宫举行仪式欢迎荆轲。

荆轲捧着樊於期的头，一步一步地走入咸阳宫，秦舞阳走在他的后边，他捧着燕国的地图，献这图是为了表示燕臣服于秦。走到大殿的最高处时，只听鼓乐齐鸣，群臣一起高呼万岁，走在荆轲后边的秦舞阳被这场面吓着了，脸色苍白，腿不住地颤抖，秦国的大臣们看到了，就觉得很奇怪，眼睛一起盯着秦舞阳。秦王也明显注意到眼前发生的事。

在这千钧一发之际，荆轲却十分镇静，他回头向秦舞阳笑了笑，上前对秦王说："请大王不要见怪，我们都是小国家的人，没有见过这等场面，所以有点紧张。"

秦王一颗悬着的心才落到了地上，也笑着说："我看他没有你胆子大，你

荆轲刺秦王

山东省嘉祥县武氏祠汉画像石。画面表现的是荆轲被砍断腿后向秦王投掷匕首的场景。

把他所拿的地图拿给我看看吧。"

荆轲就回身将他的地图拿起，双手捧给秦王看，这地图是用布书写的，一层一层包裹起来，荆轲就把匕首藏在这地图的最后一层，秦王将这张地图看得非常认真，一直翻到了最后一层，露出了匕首。

后代有一句成语叫作"图穷匕见"，就是形容这一场面的，"穷"也就是"尽头"的意思。说时迟，那时快，荆轲一手执匕首，一手抓住秦王的衣袖，用力向他的胸膛刺去，秦王身子往后一闪，没有刺中，刺到了袖子上，袖子被齐齐地割掉了。

秦王刚转身，就用力地拔他的剑，但是他的剑太长，而剑又插得很紧，自己又紧张得没了主意，所以剑就是拔不出来。

荆轲拿着匕首追杀他，他就绕着宫殿的大柱跑，他的手下大臣们看到这一场面吓得面如死灰。当时秦国有这样的规定，大臣们进宫不准带任何武器，所以他们眼见得大王被别人追杀，却没有武器去和荆轲拼杀，只有空着手和荆轲周旋。

荆轲毕竟是力大无比的勇士，秦王不是他的对手，他的匕首就要刺到秦王的喉咙时，不料却被下面的大臣扔来的一个药袋砸中了眼睛，所以这一次又落空了。

秦王仓皇之间，忽然听到一位大臣的话："大王，把剑往后推。"

一句话提醒了他，他把剑鞘（qiào）往后一按，剑立即弹了出来，秦王这时有了长剑，就正面和荆轲杀了起来，几个回合就把荆轲的腿砍断了。

荆轲拖着残废之身，已经无法和秦王厮杀了，他这时孤注一掷，将剑朝秦王的头上扔去，正对着秦王的头飞来，秦王不自觉中知道大事不好，将头朝旁边一闪，匕首"嗖"的一声飞到了旁边的铜柱子上，火光四溅，直直地插在柱子上。

秦王趁势砍杀荆轲，荆轲全身被砍了八刀，他知道自己不能完成刺杀秦王的任务，就靠在一根柱子上，对着秦王大笑，骂道："你这个恶魔，我今天事情之所以不成，是因为我想把你活捉到，让你归还诸侯的土地，因而失去了杀你的机会。"

秦王被他骂得呆呆地站在那里，他的手下人一起上去，杀死了荆轲。

荆轲虽然被杀了，但是他的勇敢无畏的行动，受到了后代无数人的赞颂。

大　秦　帝　国

秦国本是西周时华夏族在中国西北建立的一个诸侯国。春秋时,秦穆公成就了霸业,成为中原四大霸主中最强盛的一个。战国时,秦孝公用商鞅之法进行变法,强军固农,国力如日中天。公元前246年,秦王嬴政即位,国力进一步加强。从公元前230年开始,至公元前221年的十年间里,秦国相继灭了六国,建立了中国历史上第一个大一统王朝——秦朝,结束了长达500多年的分裂割据局面。

雄才大略的秦始皇北击匈奴,南服百越,首创皇帝制度,强化中央集权和对地方的控制,设立郡县制,打破自西周以来的世卿世禄制度。秦始皇下令修建长城,将游牧民族挡在塞外,固守王朝的边疆;统一文字和度量衡,增进了文化的传播;焚书坑儒,在一定程度上也扑灭了春秋战国时代思想自由、百家争鸣的智慧之火。他的一系列政策对秦国乃至后世,都产生了不可估量的影响。

他是"始皇帝",希望生命能永恒,秦王朝可以无限绵延。他的愿望没有实现,自己作为皇帝在位不过11年,秦王朝也勉强传了三代就灭亡了。公元前210年,秦始皇在为求长生不老而进行的巡视途中猝然离世,将这个帝国抛掷到风雨飘摇之中。他的儿子秦二世无法撑持他留下的局面,佞臣(如赵高)当道,治国无方,在经过一系列荒唐运作之后,不到四年便在赵高的心腹阎乐的逼迫下,自杀于望夷宫。秦二世的离世,也标志着这个不可一世的大帝国轰然倒塌。迎接它的是陈胜、吴广领导的大规模农民起义,是楚汉相争。最终刘邦建立了一个新的政权——汉帝国。

60-秦始皇统一中国

秦始皇是中国古代的第一个皇帝,他在统一中国的过程中立下了很大的功劳,但是他又是一个非常残忍的人,他的残暴统治曾给当时的人们带来了无边的灾难。

秦始皇出生的时候,秦国的国力已经很强大了,13岁的时候,他的父亲去世,他继承了王位。

秦始皇依靠秦国的将士们,东征西讨,很快平定了中原。这时发生了一件事,在秦国的一些外国人,想里通外国,密谋造反。秦始皇知道以后,就决定驱逐外国人,还下了一道逐客令。

大臣李斯写了一篇《谏逐客书》,列举了大量的例子,说明客居秦国的外国人对秦国强大所做的贡献,而目前国家正是用人之际,驱逐一些有用的人才,这必然会对国家的事业不利。秦始皇听从了李斯的劝告,并重用了他。

在秦国攻打赵国和燕国的过程中,燕太子丹曾派荆轲来刺杀秦王,但是没成功。从此以后,秦王更加坚定了他消灭敌国的决心。到了他39岁的时候,他就消灭了六国,匡定中原。中国第一次获得了统一。

> **前221年**
> 秦统一六国。秦始皇颁发统一度量衡和货币诏书,确定黄金和半两钱为两种基本的货币。

他对手下大臣们说:"我今天建立的江山,千秋万代都能传下去,我就是始皇帝,我以后就是二世、三世,一直到万世。"

秦始皇统一后,做了一系列的大事。他把天下分为36郡,把天下的兵器都收集起来,集中到秦国的首都咸阳,用它们铸造成大钟和12个铜人,放置在宫廷中。

他还统一了法制和度量衡，统一了车轮的轨宽，并且统一了文字，小篆就是秦国创立的。

这时候的秦国真是一个大国，它的土地向东一直延伸到朝鲜和大海，向北到黄河以北阴山一带，并且一直扩展到南方的很多地区。

秦始皇把天下的财富都集中到咸阳，在渭水一带建造了大量的建筑，豪华的宫殿到处都是，诸侯中的美人和乐器也被集中到咸阳，供给他享用。

他到东方去巡视，在大山上勒石记功，在泰山上设立了祭坛，立下了石碑。

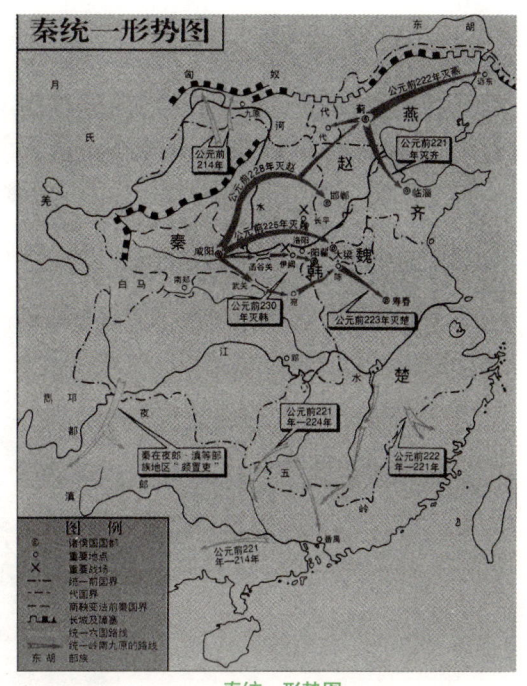

秦统一形势图

公元前249年，秦灭东周，从此天下没有名义上的共主了。从公元前230年开始，秦国先后大举进攻东方六国。公元前230年灭韩，公元前228年灭赵，公元前225年灭魏，公元前224年灭楚，公元前222年灭燕，公元前221年灭齐，至此，秦王嬴政统一了全中国。

又过了几年，丞相李斯上表给秦始皇说："如今我们虽然统一了国家，但是思想却没有统一，在我们的国家什么样的思想都有，人们各以自己的思想来非议当今，标新立异，招摇撞骗，这样对于国家是很危险的。我看皇帝不如将不是秦国的历史的书一起烧毁，除非朝廷掌管文书的人，谁私自收藏《诗经》《尚书》和诸子百家之书的，都要让他交给朝廷，集中起来一起烧掉。"

秦始皇听从了李斯的话。大火烧了几十天，无数上古时代的文化典籍，就这样都被付之一炬。

秦始皇又在渭水之滨建立阿房（ē páng）宫，当时动用的人就有70多万，它的规模之巨大，装饰之豪华，在我国历史上是少有的。后来阿房宫被项羽的一把大火全部烧毁。

为了追求不朽，秦始皇曾派人去找长生不老之药，他说："我是非常羡慕真人的生活的，从今以后，我就不称'朕'了，就称'真人'吧。"

秦始皇修万里长城，是他统一以后所做的最重要的事之一。长城逶迤万里，雄伟壮丽，体现了中华民族的伟大创造力和昂扬的精神，但是长城也记载了我们中华民族的一段苦难历程，一段不堪回首的岁月。在长城的建设过程中，数以万计的普通百姓付出了自己的汗水，甚至有不少还付出了生命。

秦始皇是中国历史上的一个伟大人物，他实现了中华民族的统一，结束了中华民族长期战乱的历史，使得无数代人民渴望和平的愿望变成了现实。他就像挥动着长鞭的战神，转眼间，消灭了诸侯各国，掌控了天下四方，登上皇帝宝座。

他统一中国以后做了许多重要的事情，采取了一系列措施，加强了统一后的中国的稳定。但是秦始皇是一个暴君，他为了使他的嬴氏江山世世代代传承下去，残暴地对待人民，焚书坑儒，愚弄百姓，执行残酷的刑法，以暴力来治理国家，使得很多人不是在敌人的刀剑下丧生，反而是在他的血腥统治下丧生。他的漠视人命、独断专行和高压政策，让他在历史上留下了暴君的恶名。

阿房宫

阿房宫是公元前212年秦始皇下令修建的朝宫，秦始皇意在将其作为秦朝的政治中心。阿房宫工程浩大，尚未建成秦朝就灭亡了。项羽进入咸阳后，一把大火将其烧毁，留给后人无尽的想象。

61-秦始皇求长生

秦始皇统一天下之后，对国家的政治、经济制度做了一番新的调整、规定，他把过去六国的文字、度量衡器等全部统一起来，又制定了一系列新的法令、政策等，全国出现了一番安定、统一的气象。这时候，秦始皇又觉得老是住在一个地方太乏味了，准备到全国各地去巡视、游览一番。

公元前219年春天，秦始皇第一次东游，出发之前，地方官早已经按要求把他要走的道路修好了。修好的道路被称作驰道，又宽阔，又平坦，两旁还栽着青松，一年四季郁郁葱葱，非常好看。秦始皇在宽阔的驰道上，看着美丽的景色，兴致勃勃。

不多久，来到了山东泰山，秦始皇对随从人员说："古代三皇五帝，经常在泰山举行封禅大典，今天我到了这里，不可不刻石留铭，以彰显盛德。"秦始皇又吩咐大臣们，准备效法三皇五帝，在泰山举行封禅仪式。

这一天，秦始皇率领大臣们举行过封禅仪式以后，徐徐下山。忽然间，天空中阴云翻滚、暴风骤起，倾盆大雨劈头盖脸地泼将下来，封禅的队伍大乱，人群被淋得像落汤鸡一样。大家拥着秦始皇的车驾，躲在山腰的五棵大松树下避雨。这五棵大松树枝叶浓密，雨水只能从旁边滴下，秦始皇的御车停在松树下，就像停在屋檐（yán）下一样，很少能淋到雨。一会儿，雨过天晴，秦始皇说这五棵树护驾有功，封为"五大夫"，至今泰山上还留有"五大夫松"遗迹。

泰山封禅以后，秦始皇沿渤海东行，又祭祀了成山、芝罘（fú）等，再向南到琅琊山，在琅琊山建了

TIPS

孟姜女哭长城

秦始皇征四方劳工建长城，相传孟姜女的丈夫范喜良新婚刚三天，就被征去修长城，后劳累而死，埋骨于长城墙下。冬天到了，孟姜女千里送寒衣，到了长城边，却得知丈夫早已去世。她就趴在长城上哭了三天三夜，长城墙忽然倒塌了，她找到了丈夫的尸骨。她埋葬了丈夫后，也投海自杀。这个故事说明巍峨的长城，承载着多少建设者的汗水和血泪。

➡ 前219年

秦始皇东巡，封禅泰山，刻碑颂德。

琅琊台，在台上住了几个月。这琅琊台面对大海，秦始皇天天在台上遥望，忽见海中隐隐有楼阁高耸，又有人影往来，车马行走，秦始皇连称怪事。左右大臣告诉他，海上有三座神山，叫蓬莱、方丈、瀛洲，是神仙居住的地方，今天被皇帝见到了。秦始皇恍然大悟说："对了！我早年听说海上有神山，山上有神仙居住，神仙都吃一种长生不老药，可惜我没福气碰上。"说完又连连叹气。

恰好有一个方士叫徐福，他说神仙也可以求得，只要心诚，吃素几天，然后领着童男童女，乘船入海，就能到达神山，自然可以求到仙药。秦始皇立即命徐福照计划去求药。徐福去了好几天，却被风浪打了回来，仙药没有求到，这使秦始皇非常失望。

日本阿须贺神社内的徐福宫

秦始皇派遣方士徐福出海求仙，徐福带领童男童女3000人出海，一去不回。传说他们东渡到了日本岛，并在那里繁衍生息。徐福东渡日本的传说在日本家喻户晓，为了纪念这位给蛮荒时代日本带去先进文明的中国人，日本的很多地方都有纪念徐福的神像、神社、墓地和公园。

又过了三四年，秦始皇念念不忘求仙找药的事情，又再次命令东游。他想，只要求到仙药，就可终身不死，未来有什么事情都可预先知道，这不就可以千秋万代地当皇帝了吗？这使他求仙的决心更大了。当秦始皇来到碣（jié）石（今河北昌黎北部）时，正巧有一个叫卢生的儒生，他知道秦始皇求仙的心思，就投其所好，说他能找到仙人，秦始皇就让他航海去求仙。哪知道这卢生跑了几趟，都没找到仙人，更没求到长生药，便编了许多谎言来骗秦始皇，说下次怎样怎样就能找到仙药了。秦始皇一心迷在求仙上，把卢生的话句句当真，赐给他许多钱财，让他为自己去求仙找药。

秦始皇迷信仙药，一时间，那些方士们纷纷来向秦始皇上书，有的说自己能找到神仙，有的说自己能炼成长生不死丹。秦始皇把这些人一起留在咸阳，给他们优厚的待遇，让他们去求仙找药。公元前212年，秦始皇又找来卢生，询问求仙的办法。卢生骗他说："我到海上跑了好几趟，始终遇不上仙人，我想这中间可能有鬼神在阻碍。作为君主，他的行动不能让别人知道，这样就能避开恶鬼，恶鬼远离之后，'真人'才能到来。"秦始皇说："什么是'真人'呢？"卢生说："'真人'入水不湿，入火不热，腾云驾雾，无处不在，万年不死，与天地同寿。您现在天天处理繁重的事务，心在尘世之中，像这样求仙，恐怕难以碰到呢！"

秦始皇听了，信以为真，又让卢生给骗了一次。

卢生每骗一次秦始皇，都急出一身汗来。按秦国的法律，欺骗是要判死罪的，卢生想这样总不是办法，便和另一个方士侯生商量妥当，偷偷地跑掉了。

秦始皇得知卢生、侯生逃跑，不由得十分愤怒，他想，我把文学儒生和方士们找到咸阳来，无非想让他们帮我治天下、炼仙丹，这些方士们自称有本事，却骗了我一场后逃跑了，那些文学儒生们想必也都是骗子。现在咸阳城中，这样的儒生有几百人，难免有妖言惑众的，这次要彻底清查一番！秦始皇下诏，把城中的儒生全部抓起来考察，让御史官查明后向上报告。

这些办案的御史官揣摩秦始皇的意思是要给儒生们重重治罪，便将这些人屈打成招，个个承认诽谤朝廷，定成死罪，报给秦始皇。秦始皇夸奖御史有干才，下诏批准，把这些儒生全部赶进深谷中活埋，共坑杀了460多人。这就是有名的"坑儒"事件（坑，挖抗掩埋的意思）。在这之前，秦始皇曾下令，把全国民间所藏的学术著作等各类经典全部烧掉，只留农业书、法律书等不烧。这被称作"焚（fén）书"，与"坑儒"合称为"焚书坑儒"。

秦始皇被方士们骗了一场之后，还不醒悟，仍然想去找仙药。公元前210年，他又一次东巡，派徐福到东海去找仙药，哪知道徐福一去不回，秦始皇也在回咸阳的路上病死，只活了50岁。

62-沙丘之谋

公元前210年，秦始皇再次到东海上去寻找长生不老药，派徐福带着3000对童男童女去海上找仙药，自己带人在岸上等着。可等了很长时间都没见徐福回来，秦始皇只好带着人马返回。

焚书坑儒

公元前213年，为了禁止百姓以私学诽谤朝政，始皇下令焚书，除《秦记》和少数医药、占卜、种树等书籍外，大量文化典籍被烧毁。公元前212年，始皇以方士诽谤皇帝、妖言惑众为由，牵连坑杀460多名儒生。这两件事被合称为"焚书坑儒"。

实际上，徐福这一次是欺骗了秦始皇，他根本就没去寻找仙药，却带着3000对童男童女在一个荒芜的海岛上住了下来，用船上带着的种子、农具等，在岛上开荒种地，过着世外桃源般的生活。据说这个岛就在现在的日本境内，并且至今还留着徐福的坟墓。

秦始皇没等到仙药，只好返回咸阳，走到平原津（今山东平原西南）时，突然病倒了，神情恍惚，心绪不宁。走到沙丘（今河北广宗西北）时，病情更加严重。丞相李斯看秦始皇快不行了，几次想问，万一皇帝去世之后，该由谁来接任皇帝之位。秦始皇当时才50岁，虽然有20多个儿子，但他根本没考虑过立太子的事情，更没想到自己会早死，谁要是在他面前谈起立太子和死的问题，谁就一定会倒霉。所以，李斯虽然明知秦始皇要死了，也不敢去问怎么办丧事的问题。直到死神真正降临到秦始皇头上时，他才不得不考虑这个问题，写了一封遗书，要他正在北方监督蒙恬（tián）的大儿子扶苏回来主办

秦始皇陵兵马俑

1974年在陕西省西安市临潼区骊山发现。兵马俑坑是秦始皇陵的陪葬坑，规模宏大，位于陵园东侧1500米处。坑里的兵马俑按兵法布阵，兵马俑的塑造，以现实生活为基础，艺术手法细腻、明快。陶俑装束、神态各异，具有鲜明的个性和强烈的时代特征，艺术价值极高。秦始皇陵兵马俑被称为世界第八大奇迹。

◆ 前210年

7月，秦始皇病死于沙丘，李斯、赵高合谋立少子胡亥为帝，是为秦二世。

自己的后事。遗书写好，刚刚封完，还没来得及传令发出，秦始皇就咽下了最后一口气。

当时，和秦始皇同行的大臣有丞相李斯，宦官赵高，还有秦始皇最喜欢的小儿子胡亥，知道秦始皇去世的只有李斯、赵高和胡亥三人。李斯是丞相，他有主持大事的权力，李斯与赵高商量，暂时不把皇帝去世的消息对外说，抓紧时间赶回咸阳，等公子扶苏回来当了皇帝后再向全国发布消息，并催促赵高赶快把秦始皇的遗书发出去。

可是赵高有他自己的想法，他和胡亥的关系非常好，想让胡亥当皇帝，不愿让扶苏当皇帝，便生出一套计策来。首先，赵高先去做胡亥的工作。他对胡亥说："始皇帝去世，遗书只留给长子扶苏一个人，对其他的子女没有表示，一旦扶苏回来当了皇帝，公子您的地位就要受到大大的威胁了！"胡亥说："父皇已经这么定下来了，我们只能去遵守而已，还有什么办法呢？"赵高说："现在，知道皇帝去世的，只有李斯和我以及您，我们三个人只要不说，谁能知道？我负责去说服丞相，不用您费心！"胡亥也是个很贪心的

第一部　远古至秦

人，见赵高愿意为自己去做工作，当然乐得答应。

赵高找到李斯，李斯问："皇帝发给扶苏的遗书寄出没有？"赵高说："遗书现在胡亥手中，我正是为这件事情来和你商量的。现在皇帝去世，外人都不知道，皇帝遗书的事，也只有你我二人晓得。我想，立谁为太子，全在于我俩口中一句话，不知你是怎么想的？"李斯一听，大惊失色说："皇帝留下的遗书中已经说得明明白白，你怎么却说全凭我俩一句话？这不是犯罪吗？"赵高笑着说："你别急，我问你几件事。你想想，你的才能，能不能比得上蒙恬？你的功劳，有没有蒙恬大？你的智慧有没有蒙恬广？你的人缘关系有没有蒙恬好？你和公子扶苏的关系有没有蒙恬深？"赵高一口气问了五个问题，李斯沉默了半天，这才回答说："没有。"赵高说："这就对了，你想想，扶苏如果当了太子，继承了皇位，势必重用蒙恬，你还能保住现在的富贵吗？"李斯怕的就是这一点，忙问赵高应该怎么办。赵高说："公子胡亥是我教育长大的，他仁慈忠厚，聪明能干。我俩立胡亥为太子，他当皇帝后，当然最感谢你这个丞相，你的功名富贵恐怕比现在还要大得多！"李斯说："这样做还是不妥，我们还是按皇上遗书办事为好！"赵高把脸色一沉说："我最后再忠告你一句，你我共事多年，交情深厚，我才把这内部秘密跟你说。现在，公子胡亥已经掌握了主动权，你顺着来，可以更加飞黄腾达；你要是逆着来，惹得胡亥动怒，到时候我这个老朋友也帮不了你的忙。你自己看着办吧！"说完，赵高站起来要走，李斯早已浑身冒出汗来，心里一阵难过，鼻子一酸，眼泪也流了下来，喃喃自语道："主上，您信任我、重用我，我却要对不起您了！"言下之意是说，他要违背秦始皇的意思，同意帮助胡亥了。

赵高见李斯已经同意，非常高兴，急忙回去告诉胡亥说："李斯已经同意，现在就行动吧！"胡亥见丞相

小篆体十二字砖

秦。出土于山西夏县禹王城的西汉安邑官遗址。长30.8厘米，宽26.7厘米，厚4厘米。砖文为："海内皆臣，岁登成孰，道毋饥人。"现藏于中国国家博物馆。

也支持自己，非常高兴，马上和赵高策划起来。

第二天，他们假传秦始皇的诏书，立公子胡亥为太子，又造一封书信，信中责怪公子扶苏和大将蒙恬不忠，命他们自杀。信由胡亥的心腹送出。这一系列的事情，李斯都是眼睁睁地看着赵高办出来的，但他也只是默不作声，不敢有任何异议。

一切妥当之后，赵高传诏书说，皇帝的车驾继续返回。这时候，秦始皇已死，赵高把秦始皇的尸体放在一种大车中，赵高自己也乘车跟随左右，一路上不断发出命令。大家不见皇帝，只见赵高发布命令，都知道皇帝性格古怪，谁也不敢问。一路上，经过各州县，官吏们都来问候，回报办事情况，都见不到皇帝的面，但是回报的事情样样都被批准，官员们个个高兴，谁也没怀疑皇帝已经去世好多天了。

这时候正是夏季，天气相当热，秦始皇的尸体不几天便发出一种臭味来。赵高怕人们怀疑，命令各大车上都装上许多鲍（bào）鱼，鲍鱼也有一股很臭的味道，大家被臭得捂着鼻子走路，但都知道皇帝脾气古怪，谁也不敢问。就这样，一路臭到了咸阳，谁也没发现秦始皇已死。

到了咸阳后，胡亥派出送信的使者回报说："公子扶苏已经自杀而死，大将蒙恬也被关进监狱里了。"胡亥、赵高这才彻底地放了心，传出命令，说皇帝已去世，由太子胡亥即位为皇帝，称二世皇帝，历史上把胡亥称为秦二世。

63-二世亡秦

秦二世胡亥即位当皇帝以后的第一件事情就是安葬秦始皇。秦始皇早在活着的时候，便为自己造好了陵墓。这陵墓在骊山上（骊山，又作郦山，在今陕西临潼东南，山上有烽火台，相传为周幽王烽火戏诸侯的地方，山的西北有唐朝的华清宫故址，有温泉华清池；秦始皇的墓在山的东北部），坟墓四周有五六里路，坟墓里面造得和城池一样，墓内有天文地理图形，还用巨大的珍珠镶嵌在墓内，当作天上的日月星辰，又用水银做成江河湖海，十多万人造了十多年才造成。为了防止后人盗墓偷宝，坟墓里还暗藏了许多复杂而巧妙的机

铜马车

秦。1980年出土于秦始皇陵。共两辆，一平面呈横长方形为立车，另一平面呈凸字形为安车。两车皆为古代单辕双轮车，按照秦代真人车马1/2的比例制作。车通体彩绘，有云纹、几何纹、夔龙纹等图案，色彩艳丽丰富。车、马、俑部件均单独铸造成型，再经多种工艺加工和组合，制作工艺十分精湛。它们真实完整地反映了秦代用于交通运载的车具鞍马的制作和配置水平，对研究古代舆服制度具有极高的学术价值。现收藏于秦始皇陵博物院。

关，只要一碰机关，便有许多毒箭射出，立刻致人毙命。

秦始皇下葬这天，秦二世带着满朝文武大臣和皇宫里的妃子、宫女们一起来送葬。秦二世突然传出一道命令："先帝宫中的宫女、妃子们，凡是没生过孩子的，一律陪先帝下葬，生过孩子的可以留下！"这道命令一下，只有少部分人被选出来，其他的宫女、妃子们一个个号啕大哭。哭也没用，她们很快便被封在墓中，一个也活不成。

活埋了嫔妃们以后，工匠们一层层地从里面往外面封墓，秦二世忽然想："墓里有无数金银财宝，这些工匠都熟悉墓中的道路，而且个个心灵手巧，如果他们将来盗墓偷宝怎么办？"便向赵高请教，赵高悄悄地说："只有一个办法，把他们也全部封在墓中，一个也不让活着出来！"秦二世点点头，调来许多士兵，一阵箭雨，将快要出来的工匠们全部射死，又迅速封好墓道，这些工匠们都成了屈死的冤魂。

秦二世觉得父亲做皇帝非常威风，经常外出巡游，便和赵高、李斯一起商量，决定沿着父皇当年走过的路线再去巡游一番。他把秦始皇当年刻石立碑的地方都看了一遍，发现石碑上对父皇的功德写得不充分，于是在旧碑旁边，再立新碑，把他认为没讲完的话，再补刻上去，竭尽全力吹嘘秦始皇的功劳。在治国办法上，秦二世把父亲用的刑罚、法律进一步具体化，加以补充，刑法更加严峻，弄得老百姓苦不堪言，甚至连大臣们也都发出牢骚来。

秦始皇、秦二世铜双诏版

秦。长13.4厘米，宽11.5厘米。正面刻有秦始皇二十六年（前221年）统一度量衡和秦二世元年（前209年）补刻的诏书。现藏于中国国家博物馆。

秦始皇有20多个子女，秦二世的皇帝位置是抢过来的，"沙丘之谋"虽然隐藏得很严密，可到了后来渐渐地露了馅，弟兄们都知道秦二世的皇位是抢来的，大家经常私下里谈论这件事情。很快，秦二世知道了弟兄们对自己的不满，感到不放心，又找来赵高问计。赵高说："现在朝中旧臣，大部分都有许多功劳，他们倚仗有功，瞧不起您，您的弟兄姐妹们就更加如此了。我想，应该把他们全部铲除，另外换一些新官员上任，这些新官员必定忠心耿耿地帮助您，您看怎么样？"秦二世大喜，就把这事交给赵高去办。

不几天，朝中传出诏书，把12个公子（秦二世的弟兄）、10个公主和一些老臣全部逮捕下狱，罪名是谋反，由郎中令赵高负责审理这件案子。

赵高接手这件案子后，根本不去调查，把他们一个个地用刑拷打，赵高自己编了许多罪名和供词，强迫他们承认，谁不承认就用刑，一直打到他招供为止。这些王公大臣、王子和娇滴滴的公主们，怎么受得了严刑拷打的罪，忙不迭地承认了罪名，结果，12个王子、10个公主，还有许多被牵连进谋反案的大臣，几十人全部被杀头，秦二世觉得赵高办事很得力，更加相信他了。

赵高做了许多坏事后，生怕别的大臣们在皇帝面前说自己的坏话，想用计把胡亥和大臣们分开，便对秦二世说："您知道皇帝要怎样才能让臣下敬畏、服从吗？"秦二世摇摇头。赵高说："从前，先帝在位几十年，树起了威信，所以人人怕他，他才天天和大臣在一起讨论天下大事，大臣们也不敢乱说乱动。现在，您才当了一年皇帝，却天天跟大臣们在一起，假如您有哪一次处理问题不当，讲话有漏洞，那些大臣们必定瞧不起您，您以后就控制不住他们了。皇帝与大臣相处，只能让大臣听见声音，不能天天见面，您只要选几个侍臣去处理国事就行了，您自己应该住在深宫中，大臣们奏事，先经过侍臣，再转到您手中，您就有时间不慌不忙地去办这些事，别人看您办事这么稳当，自然把您尊为英明的圣主了。"秦二世听赵高这么一说，正好为自己偷懒不上朝找到了一个理由，便把朝政大事一股脑儿地全交给赵高去办，自己则躲进深宫里，天天吃喝玩乐。

公元前209年，陈胜、吴广起义之后，天下各路英雄豪杰纷纷响应，到第二年，天下已经有一大半不是秦朝的了。这时候，朝中大事全由赵高把持，秦二世连天下大乱的真实情况都不知道，还以为天下太平得很呢！

这一天，秦二世来到城外的望夷宫，这时恰巧赵高不在身旁，别的大臣乘机将起义军快打到咸阳的消息告诉他，秦二世大惊失色，连忙传诏，责令赵高领兵去平定起义军。

赵高除了有一些诡计以外，根本不懂得打仗，见秦二世指派自己去领兵打仗，心中紧张，转念一想，刘邦和项羽领导的楚军很快就要打过来了，到时候自己也难逃一死，不如先杀死秦二世，再和楚军讲和。这样，赵高派阎乐去逼死秦二世，当秦二世被捉住时，他吓得要死，求阎乐带他见丞相赵高（赵高害死丞相李斯，自己当了丞相，见下篇《指鹿为马》），阎乐不同意，说就是丞相叫自己来杀皇帝的，秦二世只好自杀。

秦二世死后，子婴即位，子婴也只当了四十几天的秦王，刘邦就兵临咸阳城下，他只好出城投降。秦朝统一天下后，只存在了十几年便宣告灭亡。

◀ 前209年

7月，陈胜、吴广大泽乡起义，在陈建号称王，号"张楚"。
9月，刘邦起兵于沛，项梁、项羽起兵于吴。齐、赵、燕、魏等六国后裔也纷纷起兵反秦。

◀ 前207年

10月，刘邦军入咸阳，秦王子婴降，秦朝灭亡。

64-指鹿为马

秦二世胡亥当了皇帝以后，认为在自己当皇帝这件事上只有赵高立的功劳最大，便把赵高的官升为郎中令，而其他的人一律按原职位不变，连李斯也没得到封赏。

赵高是个宦官，成天和皇帝住在一起，再说，秦二世曾经拜赵高为老师，两人有师生之情，赵高又精通法律，秦二世便把处理国家大事的权力全部交给赵高，这正是赵高所日夜盼望的，他便利用这样的好机会胆大妄为起来。

首先，赵高要除掉和自己有仇的人。当年，秦始皇在世的时候，赵高曾经犯过法，秦始皇让蒙毅去审理赵高的案子，蒙毅认真审理过后，发现赵高犯的罪很重，应该杀头，便如实向秦始皇报告，给赵高定的刑罚是杀头。秦始皇因为赵高是自己最喜爱的儿子胡亥的老师，又精通秦朝的法典，是个有用的人，便对赵高警告了一番后，免去杀头的罪，仍然留在身边任用，赵高才侥幸保住了一条性命。现在，赵高等于是掌握了生杀大权，终于可以编造个罪名来杀掉蒙毅了。

蒙毅和蒙恬是亲弟兄，两人都是秦朝的有功之臣。赵高决定从杀蒙恬这条线索上顺藤摸瓜，把蒙毅也干掉。

秦二世夺权后，假造秦始皇遗书，要公子扶苏和大将蒙恬自杀，公子扶苏立即自杀了，蒙恬还关在牢中。秦二世想饶了蒙恬，赵高却坚决说蒙恬要造反，不杀不行，秦二世便派人去杀了蒙恬。蒙恬一死，赵高又在秦二世面前说蒙毅的坏话，说蒙毅一直坚持要立扶苏为太子，现在对皇帝又很不满意，蒙家功劳太

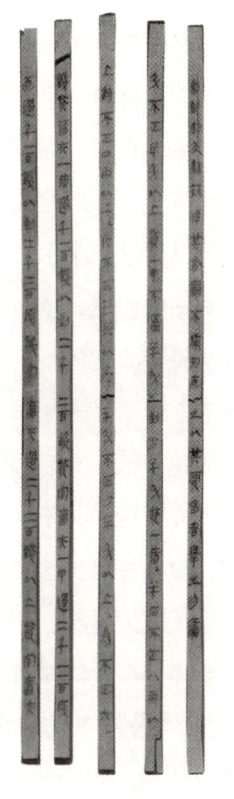

秦律竹简

1975年出土于云梦睡虎地11号墓。竹简共201枚，每条律文后常系有律名，计有《田律》《仓律》《金布律》等十八种秦律。此外，还有《工人程》《封诊式》《牛羊课》之类的单行法令或条款资料。现藏于湖北省博物馆。

大，如果不及早除掉，将来有可能是大祸害。胡亥对赵高的话深信不疑，便同意由赵高去审理这件案子，赵高当然毫不费力地杀掉了蒙毅。

紧接着，赵高又捏造了许多罪名，把那些平时和自己有仇的、看不顺眼的人一个个地治了罪，杀了头，又把秦二世隔离进了深宫，让他成天和宫女们在一起饮酒玩乐，自己则把持了朝政大权。

到这时候，朝廷中已经没有人能对赵高构成威胁了，唯一可能对赵高不利的就是左丞相李斯。在秦二世当皇帝这件事上，李斯也是主谋人之一，而且李斯是秦朝的元老，李斯如果领头反对赵高的话，赵高的处境将会非常危险。为了消除这个隐患，赵高决定早点对李斯下手。

这一天，赵高找到李斯，对李斯说："现在二世皇帝成天玩乐，不理国家大事，我是个地位很低的宦官，没办法阻止他，可你是国家的重臣、老臣，你应该阻止他才是啊，不然怎么算作忠臣呢？"李斯不知道赵高是在设陷阱害自己，认为赵高真是为国家大事着想，便说："我怎么不想劝阻呢？只是没办法见到皇帝的面，叫我怎么劝阻呢？"赵高说："这好办，我有办法，这几天你在家等着，一有机会我就派人去告诉你。"这时候正是陈胜、吴广起义军步步逼近的时候，李斯急于要和皇帝商量这件事情，便天天在家等候消息。

过了两天，赵高果然派人通知李斯说："皇帝现在没事，赶快进宫去议事！"李斯慌忙穿好朝服，急忙赶到皇宫求见皇帝。而这时秦二世正在玩得快活的时候，场中在演杂技，他的身边坐着几个美人，他喝着酒，看着表演，高兴得开怀大笑，忽然听说丞相李

TIPS

韩非

韩非（约前280年—前233年），战国时韩国新郑（今属河南郑州）人，他是韩国的公子，和李斯同为荀子的学生，是先秦法家的代表人物。后入秦，嬴政欣赏他的才能而不能用，因其弹劾上卿姚贾而将之下狱。李斯嫉妒他的才能，给韩非毒药令其自杀。韩非著有《韩非子》传世，深刻阐述了他的思想。其思想对秦国富国强兵、统一六国起到了重要作用。

斯求见，非常扫兴，就不高兴地说："叫他明天来！"李斯只好明天来。到了第二天，他又被挡在官门外进不去。李斯不敢再去，可赵高又派人催促说皇帝现在闲着，让他赶快去议事，李斯又跑了一趟，还是被挡了回来。这样来了三次，秦二世很不高兴，觉得李斯在故意让自己难堪。

赵高见火候已到，对秦二世说："李斯这样三番五次地跑来，一定没安好心，您要防备他。我听他说过，在帮您当皇帝这件事上，他功劳很大，本来指望您能给他封个王侯的，可没得到，心情很不愉快，便和他的大儿子李由一同计划谋反，您千万要小心提防他！"

秦二世说："谋反？这不大可能吧？"赵高连忙说："怎么不可能？陈胜、吴广两个叛贼和李斯是邻县人，陈胜起兵，李斯大儿子李由就在那里当官，为什么不领兵出击？这肯定是串通好了的嘛！"秦二世觉得事情重大，决定先派人去调查一下李由的情况再说。

李斯几次进官没见着皇帝，已觉得情况不妙，又听说皇帝派人去调查李由的情况了，知道自己上了赵高的当，便上书秦二世，指责赵高是奸臣，秦二世更加恼火，驳回李斯的奏章。

李斯见自己的奏章被驳回，心中着慌，便联络右丞相冯去疾、将军冯劫一道上书，请秦二世减缓刑法，罢修阿房宫（阿房宫是秦始皇开始修的，秦二世觉得不够庄严，又在原来基础上扩建，动用的人力、物力比原来还要多），罢免赵高，这样便可阻止天下局势发展得更加混乱。秦二世看过奏章，更加愤怒，赵高又在旁边添油加醋，怂恿秦二世将三人一起罢官论罪。秦二世立即下诏，将三人逮进狱中。

当御林军去逮捕冯去疾、冯劫二人时，他俩认为这是奇耻大辱，古代以来刑不上大夫，自己身居将相之位，怎能戴刑具、进监狱，便自杀了断。李斯还指望将来能有真相大白的那一天，便进牢服刑。

赵高买通审案官员，先在牢中审讯，强迫李斯承认他们父子共同谋反，李斯大呼冤枉，但只要李斯一喊冤，立即就有大棒劈头盖脸地往下打，李斯被打怕了，只好屈打成招，说是什么就承认什么。

审案官把李斯的供词送给秦二世看，秦二世很高兴，说幸亏赵高看得准，会办事，便把李斯定成死罪。又过了几天，派去调查李由的官员回来了，他先向赵高报告，说李由已经战死，死无对证。赵高指示他造了个李由造反被杀的假情报报告给皇帝，秦二世听后更加愤怒，下令将李斯全家一道处死，李斯本人受五刑而死（五刑是：先刺字，再割鼻子，再截断左右脚趾，再砍头，最后剁成肉泥）。

李斯死后，秦二世便任命赵高为丞相，赵高的权势更大了。为了进一步验证自己的威信，一天，赵高牵了一头鹿上殿，对秦二世说，要献给他一匹宝马，秦二世一看，原来是一头鹿，便笑着说："明明是一头鹿，怎么说是马呢？"赵高坚持说是马，秦二世问左右的人，要大家讲到底是鹿还是马。有的人怕赵高，默不作声，有的人附和着说是马，也有几个人说是鹿，赵高记下了这几个说是鹿的人，几天后，把这些人一个个都杀掉了，从此后，朝廷中谁也不敢和赵高对着干了。

公元前207年，刘邦大军攻下了武定，秦朝首都咸阳处于十分危险的境地。赵高怕起义军打进咸阳后，自己也要遭罪，便杀了秦二世，立子婴为秦王（不敢称帝了），想将来以此为条件，与起义军和平谈判。可子婴早就不满意赵高了，上台没几天，就杀掉了赵高。不久，刘邦大军攻到咸阳，子婴开城投降。

65-陈胜、吴广起义

秦二世胡亥即位后，实行的政策比秦始皇的还要残暴，劳动人民生活在水深火热之中，最后终于爆发了举世震惊的农民大起义。

公元前209年7月，一支由900多农民组成的队伍被派往渔阳（今北京密云西南）去充军驻防，这些农民长期受奴役，情绪低落，一路上又遇到了连绵的阴雨，道路泥泞不堪。他们衣不蔽体，在风雨中冻得瑟瑟发抖，大多数人赤着脚在泥水中一步一步地艰难跋涉，行军速度极慢。押送队伍的军人却骑着马，穿着暖和的衣服，动不动就用鞭子抽他们，大家都敢怒而不敢言。最后，队伍实在走不动了，在蕲（qí）县大泽乡（今安徽宿州境内）驻扎了下来，想等路干了再走。

按当时秦朝的法律，凡是到边界上驻防的戍卒，一定要按时到达，如果误了日期，一律杀头。这支到渔阳去驻防的队伍早已错过了指定的日期，大家都知道，现在在路上多拖一天就能多活一天，早一天到达，就早一天死亡，人群中笼罩着一种死气沉沉的气氛。

在这支长途跋涉的队伍中,有两个人被指定为屯长,也就是这支队伍的领头人,一个叫陈胜,是阳城(今河南方城)人;一个叫吴广,阳夏(今河南太康)人。他俩既是头头,也是普通士兵,和大家一样,不能按时到达目的地就要被杀头。

陈胜是个胸有大志的人,早就对自己贫困的生活不满意了。当年,陈胜和一伙人为富人当雇工,天天顶着烈日,迎着风雨下地劳动。有一天,陈胜和工友们在地里锄草,他把锄头靠在地头,对大家说:"我们大家以后要是谁富贵了,可不要忘记我们这些穷朋友啊!"工友中一个人笑着说:"像我们这样为别人当雇工的人,什么时候才能富贵得起来呀?"大家也都跟着笑话他。陈胜叹了一口气说:"唉!小麻雀哪知道鸿雁的宏图大志啊!"

现在,陈胜到了选择生还是死的紧急关头了,他把吴广找来,和吴广商量说:"我们到渔阳去驻防,路这么远,时间这么紧,又碰上下雨,怎么能赶得到呢?现在已经延误了日期,我们赶到也是死,不去也是死,依我看,不如起来造反,说不定能杀出一条生路来!"吴广这个人为人很忠厚,平时对士兵很关心,也觉得大家这么白白送死太可惜,就同意联合起来轰轰烈烈地干一番事业。于是,陈胜与吴广二人便商量起具体的行动计划来。

吴广弄了一块绸布条,用红色的朱砂在上面写了"陈胜王"三个字,跑到渔民下渔网的地方,从渔网中捞出一条鱼来,将布条塞进鱼肚子。第二天,士兵们买了渔民的鱼来吃,发现鱼肚子里有布,还有字,识字的人认得是"陈胜王"三个字,便互相转告说,陈胜就是我们屯长的名字。

这天晚上,士兵们都睡下了,忽然,不远处的小树林里响起了一种奇怪的声音,仔细一听,原来是狐狸叫唤的声音,还能听出人的声音来,那声音分明在说:"大楚兴,陈胜王;陈胜王,大楚兴!"第二天早上,士兵们交头接耳地议论,都用手指着陈胜讲悄悄话。陈胜和吴广两人心里清楚,嘴里却一个字都不说。

这天上午,负责押送的军尉要驱赶士兵们上路,陈胜和吴广却故意不作声,吴广还咕咕哝哝地说:"走了这么多天,累死人了,还不如回家去算了!"押送的军尉一听吴广说要逃跑,那还了得,拿起大木棒就要来打吴广,

陈胜、吴广起义

秦二世元年（前209年）七月，戍卒陈胜、吴广等因失期当处死，揭竿起义，从此拉开反抗秦朝暴政的序幕。这是中国历史上第一次大规模农民起义，陈胜的"王侯将相，宁有种乎"鼓舞了后世许多平民起来反抗封建暴政。

吴广竟然夺过军尉的木棒扔掉了，士兵们平时很爱戴吴广，见吴广受辱，一起愤愤不平，军尉更加恼火，拔出腰中的剑要来斩吴广。陈胜见时机已经成熟，一个箭步冲上前去，夺过剑，杀掉了这个军尉，吴广又冲上去，和陈胜合伙，把另外几个押送的军人也解决掉了。

这时，陈胜和吴广往中间一站，把900多人集中到一起，陈胜说："兄弟们！我们遇上了大雨，已经耽误了行军日期，按规定是要杀头的，即使不杀头，到边界驻防的，也没几个能活下来，像这样窝窝囊囊地死去，太不值得！男子汉大丈夫要干一番大事业，难道那些王侯将相都是从娘胎里带来的吗？"

陈胜一番鼓动性的演说，使大家热血沸腾，900多人发出雷鸣般的吼声，表示愿意和陈胜、吴广一起发动起义。大家推举陈胜为将军，吴广为都尉，脱下右边的衣袖作为标志，纷纷拿起刀、枪、木棒等，有的还扛着锄头、铁锹，用竹竿绑着布作为旗帜，就这样展开了轰轰烈烈的起义斗争。

起义军首先占领了蕲县，然后分兵两路，一路由葛婴率领，向东挺进；另一路主力部队由陈胜亲自率领，向西进攻。陈胜的主力部队一路上势如破竹，很快就占领了今安徽、河南两地的许多州县，当起义军到达陈县（今河南淮阳）时，已经发展到几万人了。这时候，大家推举陈胜为王，建立了张楚政权，这是我国古代农民起义所建立的第一个政权。

在陈胜、吴广起义的推动下，全国各地的穷苦百姓纷纷响应，原来被秦始皇消灭了的六国的贵族后代，也举起了造反的大旗。在全国各路起义军的打击下，秦王朝不堪一击，两年多的时间内便宣告灭亡，庞大的帝国迅速土崩瓦解。

图表助读版

中华上下五千年

汉至南北朝

02

朱良志 主编

华文出版社
SINO-CULTURE PRESS

第二部
汉至南北朝

西汉风云

　　西汉是中国历史上继秦帝国之后建立的第二个大一统帝国，刘邦在楚汉相争中，最终灭了项羽，于公元前202年正式建立汉政权，定都长安（今西安），经历了12位帝王后被外戚王莽篡位，前后延续了210年，史称"西汉"。

　　刘邦和项羽的楚汉相争，是中国历史上最令人难忘的战争之一。虽然持续时间不长，但触及的范围之广，引起社会变化之剧烈，斗争过程之跌宕起伏，都使后人忍不住对这个时期心驰神往。楚汉争锋时那些风云激荡的故事，真让沉浸其中之人体会到酣畅淋漓的生命感受。如刀光剑影的鸿门宴，令人振奋的《大风歌》，让人心情不能平静的霸王别姬，用兵如神的淮阴侯韩信，等等，都昭示着这个时代的特殊魅力。

　　刘邦之后，吕后当政，给这个建立不久的帝国带来了危机和变数，一时间诸吕当道，差一点将这个大一统的帝国送上了没落的道路。好在动荡延续时间不长。其后便是"文景之治"，汉文帝重黄老之学，强调无为而治，重视与民休养生息，给在连年战争中生灵涂炭的国家带来了生机。汉景帝时平定七国之乱，国家谷仓丰满，国运亨通。

　　汉武帝是中国历史上大有作为的一代君主。他继位后，实行罢黜百家、独尊儒术的思想战略，推行对外开放的文化方针，派张骞多次出使西域，开辟丝绸之路这条东西交流的大动脉，打开了中国和西域乃至欧亚大陆的经济、文化、思想交往的通道。汉武帝还施行"推恩令"削藩，加强了中央集权。在位期间，东并朝鲜，南据越南，西逾葱岭，北逐匈奴，确定了汉王朝的基本疆域。

西汉末年出现了一个叫"新"的朝代,那是王莽建立的政权,他代汉而立,虽然最终失败,但却动摇了这个大帝国的根基。

西汉是文学繁荣的时代,司马相如等文学家的汉代大赋,应和着这个恢宏帝国的梦想。司马迁以顽强的意志和非凡的智慧,完成《史记》一书,开创了我国纪传体史学著作的先河,此书又是一部伟大的文学巨著,对后代中国文学的发展产生了深远的影响。

66-楚霸王项羽

项羽是战国时楚国著名将领项燕的孙子。秦始皇统一全国后,项羽和他的叔父项梁一起在故乡下相(今江苏宿迁西南)过着隐居的生活。后来,项羽的叔父项梁和人争斗,失手杀死了一个人,在故乡无法存身,叔侄俩逃到吴中(今江苏苏州一带)定居下来。

项羽从小就长得身材高大,勇猛有力,有着一副很英武的相貌,叔父项梁觉得项羽是个人才,便苦心孤诣地教他读书识字。起先,项羽也认真地学习,但不久,便对读书丝毫不感兴趣了,叔叔很生气,责怪他,他说:"读书,能认得自己的名字就行了,学那么多干什么?"项梁想:不读书也行,那就教你练武吧!于是,项梁教项羽学习剑术。起初,项羽很高兴,进步也很快,可是不多久便嫌烦起来,对叔父说:"练武学剑,只能和一个人单打独斗,我要学那种能与千军万马搏斗的功夫!"项梁说:"好,那就教你读兵书,学行军打仗的本事!"项羽非常高兴,很认真地学起来。

有一年,秦始皇南巡来到吴、越一带,路过项羽住的地方,项羽和叔父项梁夹在一大群人中观看。项羽看到秦始皇坐在高高的车中,前后左右车马簇拥,人们纷纷让开道路,官员、百姓们都跪地迎接,显得威风凛凛,禁不住怦然心动,脱口而出:"这个人我可以取代他!"项梁听到项羽这么一喊,吓得浑身出汗,连忙用手捂住项羽的嘴巴,说:"住口,这是要犯杀头之罪的!"幸好秦始皇的车队离得远,没有听到。

公元前209年,陈胜、吴广在大泽乡发动了农民大起义,全国各地的老百姓纷纷起兵响应,秦朝的统治立刻陷入了摇摇欲坠的境地之中。这时,项羽所在的会稽地方长官殷通请项梁到府中议事,殷通说:"现在天下大乱,正是消灭秦朝的大好时机,我想乘这时候起兵,请您和桓楚做领兵大将,怎么样?"项梁说:"很好,不过桓楚不在这里,他因为犯了罪,逃亡在外,只有我的侄儿项羽知道他在哪儿,我去将项羽找来,让项羽去寻找桓楚。"说完,项梁来到府外,对项羽小声地说了一番话,再回到会稽守殷通的府中,项羽也随着项梁一道来到大厅中坐下。项梁对项羽使了一个眼色,点了点头,项羽走到殷通身边,突然拔出长剑,一剑砍死殷通,周围士兵大惊,一齐拥了上来,项羽一声大喝，连杀了一二十人，其他的人见项羽如此神勇，一个个吓得跪地求饶。

项梁将殷通的大印取过来，佩在身上，将各级官吏召集到府中，当众宣布："我现在杀了殷通，我就是会稽的最高长官，我决定起兵灭秦，愿随我一道起义的，请站过来！"

话音一落，大家一齐拥了过来。项梁将地方上的豪杰、绅士一个个安排了合适的官位，组织起八千精兵，由项羽总领，发兵渡江北上，加入了推翻秦王朝的起义大军潮流中。项梁听从谋士范增的建议，在民间找到了一个楚国的王孙，立为楚怀王，以楚怀王的名义号令天下，共同灭秦。由于项梁领导有方，项羽英勇善战，项梁大军很快成为全国力量最强的一支起义军。

为对付各路起义军，秦二世皇帝（这时秦始皇已死）派大将章邯率兵镇压起义。项梁因为屡战屡胜，滋生了骄傲自满的情绪，在和章邯的一次战斗中，兵败而死。章邯打败了项梁后，立即率兵转攻赵国，攻破了邯郸，在巨鹿（今河北平乡）围住了赵王，赵王派出使臣，向各路起义军求援。

楚怀王派宋义和项羽共同领军去救赵王，又让宋义为上将军，而让项羽当宋义的副手，并交代宋义控制项羽，不让项羽立功。宋义带着这样的心思，按兵不动，急得项羽抓耳挠腮，几次请战，宋义都不同意，后来干脆下了一道命令："没有我的命令任何人不准出战，再有要出战的，立即斩首！"项羽

巨鹿之战

公元前207年，秦将章邯率军40余万破赵，兵围赵王于巨鹿。楚怀王派宋义、项羽率军救援，宋义坐观成败，项羽杀之，领兵渡过漳水，破釜沉舟，背水一战，以6万楚军大败章邯。诸侯震恐，均表示服从项羽调度，项羽从此确立了在秦末起义军中的领导地位。

一看，这道命令实际上是冲自己来的，大怒之下，冲进中军帐中，一剑杀死了宋义，自号上将军。项羽立即率兵前去救援赵国，在渡过漳水时，他命令士兵凿沉了船，打破了锅，每人只带三天的干粮，轻装上阵，表示出要与秦兵决一死战的决心。士兵们见没有退路，在与秦兵的战斗中，个个奋勇争先，杀得秦兵血流成河。赶来救赵的各路起义军起初都按兵不动，看到项羽军队如此神勇，个个魂魄震动。战斗胜利结束，各路起义军首领来向项羽祝贺，一个个跪在地上用膝盖走路，连头都不敢抬，一齐表示愿意接受项羽的领导。这一仗以后，项羽实际上成了全国起义军的总首领，很快，各路起义军英勇奋战，推翻了秦朝统治。项羽尊楚怀王为义帝，将各路起义军首领分别封为王、侯，最后，自己号称西楚霸王（表示自己是总霸王），定都彭城（今江苏徐州）。

▶ 前206年
项羽自立为西楚霸王，分封十八路诸侯。

67-汉高祖刘邦

刘邦是泗水郡丰邑（今江苏丰县）人，年轻时候生得相貌堂堂，史书记载说他长着一副龙似的面孔，是个非常英俊的美男子。但刘邦却是个游手好闲的人，他不愿读书，也不愿从事劳动，只喜欢喝酒，结交狐朋狗友，到处吃白食，他父亲气不过，骂他是"无赖"。

刘邦虽然"无赖"，可他却很有胆量和志气。当秦始皇南巡到沛县时，刘邦和大家一起去观看，看到皇帝那样大的气势，就叹了一口气说："男子汉大丈夫，就要像这个样子！"

在丰邑这个地方有一个吕公，是个从外地搬来不久的人，很有钱，也很有学问，地方上有钱有势的人都愿意和吕公交往，刘邦也想和他打交道。恰好逢到吕公做寿，前去祝寿的人非常多，吕公规定：凡是带来千钱以上的客人可以到堂上就座，不足千钱的在堂下就座。刘邦口袋里一个钱都没有，却对接待的人说自己的贺礼是万钱，吕公连忙亲自出门迎接。一见到刘邦本人，吕公便被他的相貌吸引住了，认为这个人将来一定是个非凡的人物，不但不计较刘邦撒谎，还把自己的小女儿嫁给刘邦，这小女儿名叫吕雉，就是后来的吕后。

刘邦到30多岁后，才当了个亭长，亭长是当时地方上最小的官员，担任的职责往往是苦差，经常要押送一些犯人到北方去修长城或造宫殿。有一次，刘邦押送100多犯人到咸阳去，这些犯人实际上都没有罪，刘邦也很同情他们，看得不严，在路途上陆续逃走了许多人。按秦朝当时的法律，押送犯人时犯人逃走便要判亭长死罪，刘邦想，这样到了咸阳，等于送死，还不如自己也逃掉算了，便把人集中起来，宣布放了他们，让他们自由逃亡，自己也跑到偏僻地方躲起来。有几十个无家可归的人表示愿和刘邦一起走，刘邦便带领他们一齐在山林中四处逃亡。

汉高祖刘邦像

刘邦（前256年—前195年），沛县丰邑人。公元前209年9月起兵反秦，率军先入咸阳，秦王子婴向他投降。项羽分封诸侯，刘邦为汉王。后与项羽争夺天下，在垓下大败项羽，统一天下，建立汉朝，被尊为高祖。

公元前209年，陈胜、吴广发动了起义，全国各地纷纷响应，原来被秦始皇灭掉的六国的后代又纷纷出现，自立为王。刘邦在萧何、樊哙（kuài）等人的帮助下，攻下了沛县，自称沛公，很快便聚齐了两三千人马。

不久，陈胜、吴广战死，项梁、项羽叔侄俩的力量强大起来，刘邦便率领自己的人马投奔项梁，项梁认为刘邦是个难得的人才，便专门拨出一支队伍给刘邦领导，让刘邦和项羽等大将并肩作战。

> 前205年

4月,刘邦东渡黄河,号召天下共讨项羽,楚汉战争爆发。

> 前203年

楚汉以鸿沟为界,中分天下,西归汉,东属楚。12月,项羽战败,自刎而死。

> 前202年

刘邦即皇帝位,建立汉朝,定都长安,是为汉高祖。

在农民起义军的打击下,秦朝统治很快便被推翻了,项羽成了各路起义军的霸主,他自称西楚霸王,分别把各路起义军领袖封为王侯,刘邦被封为汉王,住在汉中,管辖范围相当于今天的四川一带。刘邦不甘心住在这么偏远的地方,便接受了韩信的计策,一面慢吞吞地修理从西川出来的栈道,麻痹项羽的注意力,一面从陈仓(今陕西宝鸡东)突然出兵,向项羽发动进攻,发起了历史上有名的楚汉战争。

在楚汉战争中,刘邦一开始总是打败仗,好几次差点把性命都弄丢了,好在刘邦任用了一大批像张良、萧何、韩信这样杰出的文武人才。刘邦后方稳固,兵力充足,终于反败为胜,最后,在垓下围住了项羽的军队,用四面楚歌的计策(让士兵们唱楚国的民歌,项羽的士兵都是楚国人,听到家乡的歌声,纷纷想家,失去了斗志)打败了项羽,最后取得了战争的胜利。

楚汉战争结束,刘邦当上了皇帝。

在刘邦当皇帝的这一段时间里,他听从自己的大臣萧何、张良、陈平等人的计谋,采用"无为而治""与民休息"的政策,对老百姓减轻税收,鼓励他们从事农业生产,在灾荒的年成里有时还免除农民的税收,提高他们生产的积极性。同时,刘邦还大规模地裁减军队,让大部分士兵复员回家,又解放了许多奴隶,恢复他们自由人的身份,让他们参加生产,自食其力。

在国防上,刘邦与边境各国尽量不发动战争,并与匈奴和亲,安定了边境,也就省下了大量的军费和人力、物力,使国家的经济得到了较快的发展。

刘邦死后,他的儿子汉惠帝当了皇帝,给刘邦上尊号为高皇帝,后来,历史上便称刘邦为汉高祖。

68-鸿门宴

公元前207年,刘邦和项羽各领一支起义军分头向当时的秦国都城咸阳进发,临行前,楚怀王对刘邦和项羽说:"你们俩谁先攻进咸阳城,谁就在关中称王!"刘邦率领军队,奋勇前进,很快便打到了咸阳城外,10万大军把咸阳城围得水泄不通。秦王子婴想逃逃不掉,想打打不过,只得大开城门,向刘邦大军投降。

刘邦率领大军进了咸阳,把军队驻扎在霸上(古地名,在今天的西安市东,是当时咸阳、长安附近的军事要地),自己进了皇宫。刘邦一进皇宫,看到富丽堂皇的建筑,取不尽用不完的金银财宝,成群结队的美丽如花的宫女,一时间高兴得晕头转向,再也不愿出去。大将樊哙看出了刘邦的心思,劝他不要贪图享受,可刘邦就是不听,樊哙没办法,出去把张良找进来,让张良来劝刘邦。

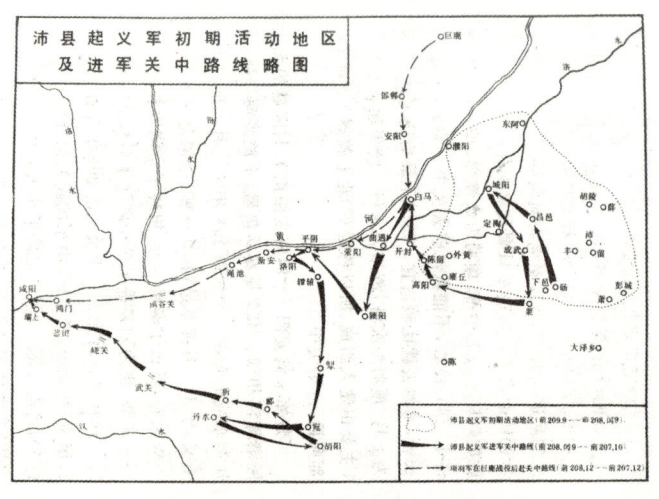

沛县起义军初期活动地区及进军关中路线略图

公元前208年10月,楚怀王令项羽、刘邦各领一军西进咸阳,项羽被秦军主力牵制;刘邦先北上略地至城阳,收陈、楚散兵,再西进,不利,南下至栗,再向西,过高阳,下陈留,攻开封不利,转战白马,破之,又下曲遇、颍阳、平阴,在洛阳兵败,南进,先后下轘(chōu)、宛、丹水、胡阳等,用张良计,破武关,与秦军战于蓝田,破之,兵至霸上,秦王子婴降,刘邦入咸阳。

张良来到刘邦跟前，对刘邦说："秦朝皇帝残暴无道，才落了个惨败的下场，沛公您推翻了昏庸腐败的秦朝，是为老百姓做了好事，如果您也贪图享受，不求上进，那么您很快就会失败的！俗话说，良药苦口利于病，忠言逆耳利于行，请您多考虑考虑我们说的话！"

张良的一番话提醒了刘邦，刘邦立即出了皇宫，住到霸上的军营中，并下命令把秦国的仓库、宫殿封闭起来，宣布废除秦国的一切法令，只实行三条新法令：杀人者偿命，伤人者判罪，偷窃者受罚。这就是有名的"约法三章"。

不久，项羽军队也节节胜利，逼近咸阳，来到函谷关前。刘邦的军队把守着函谷关，不让项羽大军过关，项羽大怒，立即发兵进攻，不到一天便攻下了函谷关，大军在鸿门（今陕西临潼东）驻扎下来。

当天晚上，项羽和部下商量怎样对付刘邦，谋士范增说："我听说刘邦进了咸阳后，不贪钱财，把秦国的仓库、宫殿都封起来，还和老百姓约法三章，大家都很感谢他。我看刘邦的志向大得很，这个人要早点除掉，免得日后生乱！"项羽说："哼！我破一个刘邦，有什么难处！今天已经晚了，明天一早，发兵咸阳，把刘邦捉起来杀掉！"

项羽有一个远房叔父叫项伯，他和刘邦的谋士张良是好朋友，他想："现在项羽有大军40万，刘邦才10万人。肯定打不过项羽，刘邦兵败不要紧，张良不是要遭罪了吗？我要赶快去救他！"于是，项伯连夜赶到霸上，找到张良，告诉他，明天项羽就要攻打刘邦，请张良赶快逃命。

张良听说这个消息，连忙去告诉刘邦。刘邦一听说项羽要来打自己，当时就吓坏了，连忙问张良该怎么办，张良说："现在唯一的办法是先求项伯回去向项羽说明，沛公进关并没有称王的意思，您早已封锁了库房、宫殿，专等项羽大军来到时移交；派兵守函谷关，是为防止盗贼的，不是冲项羽来的。您明天一早要亲自到项羽军中去请罪，迎接项羽进咸阳。"刘邦哪有不依的道理，向项伯苦苦哀求，项伯碍于张良的交情，只得答应回去劝项羽暂时不要进军。

第二天一早，刘邦领着张良、樊哙等人来到项羽军营外面求见，项羽早听项伯说过刘邦要来，便请刘邦进来。

刘邦进帐，见项羽坐在座位上一动不动，范增和项伯分别站在两边，连

《鸿门宴》壁画（摹本）

西汉晚期。原画1953年出土于洛阳烧沟61号汉墓。壁画取材于《史记·项羽本纪》之鸿门宴的情节，壁画共画有八个人物，人物动态、神情刻画细腻而有张力，色彩对比强烈。画面气韵生动，把紧张的场面和人物丰富的内心都一一固定在有限的画卷中，具有很强的艺术性。

忙向项羽行礼道歉，把张良教他说的话又说了一遍。项羽看到刘邦这么实在，这么有礼貌，心里的火气也减掉了许多，便站起来请刘邦三人坐下说话，又传令摆酒设宴，款待刘邦和张良等人。

酒席摆上来后，项羽大杯大杯地喝酒，范增心里着急，举着自己身上佩戴的玉玦向项羽示意，要项羽乘机杀了刘邦，项羽却毫不在意，继续喝酒。范增没办法，偷偷走到后面，对大将项庄说："你进去为项羽舞剑助酒兴，舞到刘邦跟前时，一剑把刘邦杀死！"

项庄果然进去舞剑，项伯知道项庄舞剑的本意是要杀沛公，便拔出剑来与项庄对舞，说两人对舞才好看，时时用身体挡住沛公刘邦，项庄一时下不了手。张良见情况危急，走出帐外，对樊哙说了酒席上的情况。樊哙大惊，立即一手持剑，一手拿盾牌，冲进大帐中，杀气腾腾。项羽问："这是什么人？"张良说："他是为沛公赶车的。"项羽让他喝酒，还给他一只生猪腿。樊哙一边喝酒，一边吃生肉，很快便吃完了，项羽非常欣赏他。这时，刘邦站起来说要去上厕所，还故意对樊哙说："快出去，不要在这里胡闹！"樊哙便跟在刘邦身后出了大帐。

张良跟在刘邦身后，叫刘邦和樊哙赶快走，张良看着刘邦在樊哙的保护下没命地逃出了鸿门军营，然后，才慢慢地回到项羽大帐中，对项羽说："沛公酒量不行，已经先走了，让我给您说一声，请您早点率领大军进咸阳。"

项羽这时候已喝得有点醉了，也就没有怪罪张良，让张良也回到霸上去了。

69-霸王别姬

楚汉战争打了很长时间，汉王刘邦的军队接连吃了好几次败仗，节节败退，在荥阳（今河南荥阳）驻扎下来，牢牢地守住阵地，任凭项羽怎么叫骂挑战都死守不出，急得项羽无可奈何，就这样相持了几个月后，双方的粮草都消耗得差不多了，感到很难维持下去。

这时候，汉王刘邦的父亲、妻子吕雉和一儿一女四个人都被项羽捉住，关在军中，随时有生命危险。刘邦又没有能力救回父亲和老婆孩子，便想和项羽和平谈判，请项羽放回自己的亲人，双方停战，提出的条件非常低。项羽这时候也处在进退两难的境地中，他的军粮也快用完了，一时又打败不了刘邦，刘邦的大将韩信却在自己的后方纵横扫荡，自己抽不出身去对付韩信，原来分封的许多王侯又纷纷造反，项羽想早点去平定后方，也想和刘邦谈判停战。这样，双方很快便达成了协议，以荥阳东南20里外的古运河鸿沟为界线，沟东边的土地属楚霸王，沟西边的土地属汉王刘邦（这就是后来"楚河汉界"的出处），项羽还同意归还刘邦的父亲和妻子儿女。

双方谈判停战后，项羽急急忙忙地领兵退走，去平定自己后方的战火，刘邦也想拔营退兵，张良和陈平阻拦道："大王为什么要退兵？"刘邦说："我和项羽已经谈妥停战了，项羽已经走了，我留这里干什么？"

张良和陈平一起说："我们和项羽和谈，是想救回您的父亲和老婆孩子，现在您的亲人都回来了，目的已经达到，正好再和项羽决战。而现在项羽大军疲惫不堪，又没有了粮

张良画像

张良（约前250年—前186年），字子房，颍川城父人。他家世代为韩国贵族，曾在博浪狙杀秦始皇为韩国报仇，失败后逃亡。后助刘邦争夺天下，运筹帷幄（wò），功成得封为留侯。

草,乘他撤退时,我们从后面追杀,必定会打败项羽。再说,分封的许多诸侯都已经归顺了您,您已经占有了大半个国家,只要消灭了项羽,就能当上皇帝,这个大好机会怎么能白白放过呢?"

刘邦听了张良和陈平的建议,立即改变主意,一面向各路诸侯发出通知,约他们共同攻打项羽,一面整顿军马,追击项羽的军队。

为了彻底打败项羽,刘邦又接受张良和陈平的建议,将大将军韩信封为齐王,又给彭越加封,命令他们立即发兵追击项羽。这样,韩信一路,彭越一路,刘邦率领淮南王英布为一路,三路大军,紧跟在项羽军队的屁股后面追杀,项羽的军队虽然英勇善战,但因为缺乏粮草,不能停留,便边打边退,想到了老家彭城后,取得粮草,整顿好兵马,再和刘邦决战。

项羽的军队好不容易退到垓下,离彭城还很远,却被韩信用十面埋伏的计策困住了。项羽把军队驻扎好以后,自己爬到一个小山头上。四面一望,只见汉军四面八方围住了自己,人多得像蚂蚁一样,项羽这时才后悔当初在鸿门宴上没有杀死刘邦。

天黑以后,汉兵的包围圈缩得更小了,张良又想了一个计策,叫汉军全部高唱楚国的地方民歌,项羽的士兵都是楚国人,听到了家乡的民歌,一个个

韩信九里山十面埋伏困项羽

清末年画。孙文雅印制。现藏于上海图书馆。该年画表现的是项羽被困垓下,与汉军诸将大战的场景。由于是民间年画,画面史实不够严谨,如让后人灌夫、田蚡、刘章(即朱虚侯,该年画成两人)等人一起加入战斗。

牵动了思念故乡、想念亲人的感情，纷纷落泪，失去了斗志，许多人乘着黑夜开小差逃跑，有的跑到汉军营中投降。

项羽在军营中正要休息，忽然听到漫山遍野的楚歌，大惊失色道："哪来这么多的楚国人？难道汉王已经把楚国全部占领了吗？！"这时，士兵来报告说："许多将士都连夜打开营门，投降汉王去了！"项羽觉得大势已去，丧气地坐在帐中，喝起了闷酒。

项羽有一个漂亮的妻子叫虞姬，虞姬见项羽这么难过，也陪着他落泪，一面还不断地给项羽倒酒。项羽看看虞姬，想想自己目前的处境，情不自禁地边喝酒边唱起来："力拔山兮气盖世，时不利兮骓（zhuī）不逝，骓不逝兮可奈何，虞兮虞兮奈若何？"（大意是：我力大能拔起山来，我英雄气魄盖世无双，可是时运不好，乌骓马也不能快跑了，我该怎么办？虞姬啊，你又怎么办呢？）

霸王别姬

京剧剧照。项羽被困垓下，四面楚歌，英雄末路。其妻虞姬为不受辱，毅然自杀。此一情节极富感染力，后衍生出京剧经典曲目《霸王别姬》。

唱完歌，项羽伤心地落起泪来，虞姬更加伤心，突然从项羽腰间拔出宝剑，一剑割断了自己的喉管，项羽想救护，已经来不及了，眼看着虞姬倒在自己怀中死去。项羽大哭一场，埋掉了虞姬。

第二天一早，项羽率兵突围，跑到淮河边上时，只剩下一二百人跟着自己，汉军紧紧地追赶着项羽。项羽继续逃跑，逃到乌江（今安徽和县境内）时，乌江亭长驾着一只小船来接项羽，请项羽赶快过江去，项羽笑着说："当年，我从江东起兵，率八千子弟兵过江，现在只剩下我一个人回去，我还有什么脸面去见江东的父老乡亲！"便将乌骓马交给亭长，让亭长把马渡过江去，自己下马提剑冲进汉军中，左砍右杀，负了很多处伤，最后自刎而死。

70-冒顿单于

从秦朝末年农民大起义到西汉建立初期这一段时间里，中原天下大乱，诸侯国互相攻杀，暂时放松了对北方少数民族的防备，乘这个机会，北方的匈奴逐渐强大起来，出了一个著名的领袖叫冒顿单于（mò dú chán yú，匈奴人称国王为单于）。

冒顿的父亲是匈奴国王头曼单于，冒顿是父亲的第一个阏氏（yān zhī，即妻子）生的，按道理将来应该继承单于的位置，可头曼单于不喜欢大儿子，便把冒顿送到月氏（ròu zhī）国去做人质。

冒顿被送到月氏去以后，头曼单于立即对月氏发起了进攻，想激怒月氏国王，借月氏国王的手来杀掉自己的儿子冒顿。月氏国王果然非常愤怒，把冒顿关起来，准备杀了他。

冒顿从小就很聪明勇敢，他不想眼睁睁地等死，便杀掉了看守自己的士兵，偷了一匹马，逃回匈奴。头曼见儿子这么勇敢，很高兴，拨给他一万多骑兵，让他领兵打仗。

冒顿在训练自己的部下时，特意制作了一种响箭，对部下说："只要我的响箭朝什么东西射过去，你们就要全部向这个东西射击，谁要是不射，我就砍了他的头！"

在一次打猎中，冒顿向没有目标的地方射出了响箭，士兵们也跟着射。但也有几个人没有跟着射箭，冒顿立即杀了这几个士兵。过了几天，在打猎时，冒顿对自己的马射出了一枝响箭，大家纷纷向马匹射箭，有几个人不敢射，冒顿毫不客气地杀了这几个人。又有一次，冒顿对自己的妻子射出了响箭，许多人不敢跟着射，冒顿又把这些人全部杀掉了。后来，在一次打猎中，冒顿向自己父亲骑的马射出了响箭，士兵们立即向马匹射箭，没有一个落后，冒顿知道，自己的计划可以实现了。

一次，冒顿领着自己的士兵跟着父亲出猎，他突然对自己的父亲射出一枝响箭，部下士兵们立即向头曼单于乱箭射去，头曼单于一下子便被射死。冒顿顺利地夺过了单于的位置，并把自己的后母和后母的子女全部杀光。

冒顿当了单于后，邻国东胡想试探冒顿的能力，便写信给冒顿，要他的一匹千里马，冒顿的大臣们都不同意，冒顿却很爽快地答应了。不久，东胡又要冒顿选一个老婆给他，冒顿的大臣们更愤怒了，而冒顿不但同意了，而且在自己的阏氏中挑了一个漂亮的送去。从此，东胡国认为冒顿没什么可怕的，放松了对冒顿单于的警惕。

狩猎纹骨饰

西汉。1956年出土于内蒙古包头市郊。高7.7厘米，直径4.5厘米。古代游牧民族以牧畜和射猎禽兽为生，生活、生产用品也多和禽兽有关。这是一件用兽骨制成的装饰品，其外壁用针刻画出飞鸟、奔跑的野猪、射箭的猎人等图案，造型生动，技法熟练，形象地反映了匈奴的游牧生活。现藏于中国国家博物馆。

后来，东胡又向冒顿要一片荒凉的土地，大臣们说，反正那片土地荒凉得很，给就给吧。冒顿大怒说："土地是国家的根本，怎么能随便送人！给我将同意送土地的人全部杀了！"冒顿传令，集中全国的军队，袭击东胡，谁敢怠慢，就杀头！于是，他亲率全国的精兵，向东胡发起进攻，东胡本来就没有防备冒顿，被他挥兵直进，连国王都被杀掉了。

消灭了东胡，冒顿又向西灭掉了月氏，吞并了许多少数民族部落，成了北方当时最强大的一支力量。

在汉高祖刘邦的时候，冒顿单于领兵南下攻破了马邑（今山西朔州境内），镇守在这里的韩王信投降匈奴。冒顿单于又乘胜前进，一直打到太原，高祖刘邦亲自领兵去抵抗。

当时，正是大雪连天，气候特别寒冷，刘邦的士兵不习惯北方的寒冷，连手指脚趾都冻掉了。冒顿单于觉得有机可乘，便假装打不过汉军，向北逃跑，想把汉兵引到更加寒冷的地方去消灭掉，刘邦果然跟着追了过来，在白登山（今山西大同东北）陷入了冒顿单于四十万大军的包围圈中，形势非常危急。

这时，刘邦听从陈平的建议，偷偷地派人给冒顿单于的阏氏送了一份厚礼，请她劝冒顿退兵。阏氏得了许多宝贝，答应了刘邦的要求，对冒顿单于说："大王您已经把国土扩大到不能再大了，中原人和我们的生活习惯不同，您就是当了皇帝也管不好，再说您不一定就能胜得了，不如退到自己的老家去。"冒顿单于觉得阏氏的话有道理，便撤兵解围，刘邦乘机逃回，这就是历史上的"白登之围"。

刘邦逃出来以后，觉得匈奴太强大，一时战胜不了，以和平为好，便派出使者，要求结亲和谈，冒顿

> 前200年
> 汉高祖攻打匈奴，被冒顿围困于白登山，用陈平计脱困。

白登山

汉朝刚建立，匈奴强盛，严重威胁北方。刘邦不顾大臣娄敬阻拦，执意亲征匈奴，结果被围困在白登山，后用陈平之计贿赂单于阏氏，始得脱困。回朝后赏赐娄敬，用其策与匈奴和亲。

单于也乐于同意，两家达成了互相通亲、和平共处的协议。后来，在汉文帝、汉景帝时代，和亲关系得到了进一步发展，边界上虽然有一些小的冲突，但主要是和平的，这种局面维持了很长一段时间。

71-淮阴侯韩信

在汉高祖刘邦的军事将领中，淮阴侯韩信是个杰出的人才，如果没有韩信的帮助，刘邦很可能打不过项羽。

韩信的家乡是淮阴（今江苏淮安境内），出身很穷苦，当时，有钱人才能读书做事，被地方上推荐当官，像韩信这样穷的人家是根本得不到官做的。不过韩信的志向很大，总觉得自己将来会干成大事。

但是，志向归志向，没钱就没饭吃，没饭吃肚子就饿。没办法，韩信便经常在人家吃饭的时候到别人家里去，人家不好意思，也请他随便吃点，他就经常这样在别人家就便吃饭。

在韩信经常去的人家里，有一家男人是个亭长，家里生活不错，亭长也对韩信比较好，可是亭长老婆不乐意。有一天，亭长老婆知道韩信要来吃早饭，便早早地吃过了饭，收拾干净了天才大亮，等韩信来时饭菜已经吃光了，韩信知道别人不愿接待他，非常生气。

城外有一条河，河边经常有一些年纪大的妇女在那里洗东西，其中有一个妇女见韩信经常显出饥饿的样子，便将自己带来的饭给韩信吃，一连十几天，天天如此，韩信非常感激。

韩信身材高大，喜欢佩戴刀剑，一些青年人见他这么穷，还装模作样地带着剑，一起讥笑他，有一个小青年说："你不是有刀吗？有种你就捅我一刀，要不就从我裤裆下面钻过去！"韩信忍了半天，终于从他的裤裆下面爬了过去，大家哄堂大笑。

后来，项梁起兵反秦，韩信投到项梁部下，项梁死后，韩信又跟随项羽打仗。项羽虽然作战勇敢、关心士兵，但他不善于发现人才，韩信在项羽部下得不到重用，韩信便投到刘邦手下，刘邦也没发现韩信有什么特殊的能力，也不重用他。一次，有十几个士兵犯了罪，连同韩信一起要被杀头，韩信被绑在刑场上时大声喊道："难道汉王不想夺取天下了吗？怎么这么不重视人才呢！"正好夏侯婴路过，他见韩信是个人才，便放了他，并向刘邦推荐他，刘邦让韩信当了个小官。

刘邦被分封为汉王，带着人马进了西蜀，韩信也跟着进了西蜀。入蜀后，韩信仍然得不到重用，萧何在刘邦面前说了一次，也没引起刘邦的重视。不久，刘邦手下的将军们偷偷地走了许多，韩信也打点起包袱准备到别的地方去。萧何听说韩信逃走的消息，来不及向刘邦报告，骑着马，连夜去追赶韩信，好说歹说，终于把韩信给拉了回来。

刘邦起初听说萧何也跑了，非常恼火，等萧何回来说是追韩信去了，刘邦说："那么多人走了，你都不追，为什么单单去追韩信？"萧何说："韩信是个天下少有的将才，您要是还想取得天下的话，就想办法留住韩信，要想留住韩信，必须让他为大将才行。"刘邦见萧何这么看重韩信，便举行了一个隆重的仪式，正式任命韩信为大将。韩信当了大将以后，给刘邦献了一条"明修栈道，暗度陈仓"的妙计，表面上派军队慢慢修理西蜀通往外地的通路，让项羽了解汉王的行动，在栈道刚修了一点点的时候，却突然发兵，从陈仓道口出川，以迅雷不及掩耳之势，打败了堵在刘邦门口的章邯，大军向东挺进，和项羽交锋，拉开了楚汉战争的序幕。

萧何画像

萧何（前257年—前193年），沛县丰邑人，刘邦的得力助手，被封为丞相。楚汉相争，萧何安抚百姓、保障粮食和兵员补给，对刘邦取胜起了重要作用。西汉建立，萧何制定律令制度，保障了汉朝社会的稳定发展。曹参继萧何后为相，沿用其政策，史称"萧规曹随"。

在楚汉战争中，韩信率领大军，英勇奋战，立下了无数战功，被刘邦封为齐王。最后，几路大军追击项羽，韩信在垓下用十面埋伏的计策困住了项羽的军队，张良又用四面楚歌的计策扰乱了项羽的军心，项羽兵败逃亡，最后在乌江自杀。

楚汉战争结束，刘邦正式当了皇帝，改封韩信为楚王。韩信到了自己的封地后，过去在项羽手下共事的一个老朋友钟离眛（mò）来投靠韩信，韩信将钟离眛收留下来。刘邦知道后，命令韩信将钟离眛捉起来送到他那儿去。韩信开始时还犹豫，不愿出卖朋友，这么一来，有人在刘邦面前说韩信想造反，韩信为了保住自己，便将钟离眛杀了。刘邦还是不放心，假说到外地巡视，路过韩信的楚国，突然将韩信抓起来，准备治他的罪，韩信叹口气说："天下的飞鸟打

TIPS

韩信点兵

俗话说，韩信点兵，多多益善。刘邦曾问韩信："你觉得我能带多少兵？"韩信说："最多十万。""那你能带多少兵？"刘邦问。韩信回答说："多多益善！"刘邦说："我为什么带兵没有你多呢？"韩信说："主公是驾驭将军的人才，而将军是训练士兵的。"

吕后斩韩信图

公元前197年，赵相陈豨（xī）谋反，汉高祖刘邦亲征。已被降为淮阴侯的韩信称病不随，在京疑似响应陈豨。吕后与萧何设计杀韩信于长乐宫，夷灭三族。萧何也是使韩信得到刘邦重用的关键人物，所以有"成也萧何，败也萧何"之语。

完了，还要弓箭干什么；已经没有敌人存在了，还要将军干什么呢？我也确实该死了！"

刘邦把韩信带到洛阳，因为造反的证据不足，将他降为淮阴侯，让他回老家去做官，后来历史上称韩信为淮阴侯。

72-吕后执政

公元前195年，汉高祖刘邦病重，自己也知道治不好了，便着手安排后事。

刘邦最担心的事情只有一件，就是自己死后，国家能不能由自己的子孙来当皇帝，他怕自己的一些老功臣们将来造反夺皇位，便把朝中的大臣和自己的儿子、侄子、亲戚等一齐召集到自己的病床前，杀了一匹白马，将白马的血掺在酒中，每个人喝一碗，并且要人人发誓说："今后，不是姓刘的，不准封王，不是对国家有功的人，不得封侯，谁违反了这个誓言，就大家一起去攻击他！"（这就是历史上的白马之盟。）大家都发过誓，刘邦才算放心，没过多久便去世了。

刘邦死后，太子刘盈继承了皇位，历史上称汉惠帝。汉惠帝即位时才16岁，身体也不太健康，文弱得很，尊称母亲吕雉为太后，把国家大事都交给太后裁决。吕太后乘机把自己的几个弟弟拉进皇宫，一个个地封了官，吕氏的权势一天天地大了起来。

吕后生平最恨的一个人是戚姬，戚姬是当年楚汉战争时刘邦在逃跑途中娶的一个小老婆。戚姬生了一个儿子，叫如意，封为赵王。刘邦非常宠爱这个儿子，几次想让如意当太子，将来继承自己的皇位，因老臣们一起反对，才没有办成。如果如意做了太子，那吕后的儿子刘盈就很难在皇宫里住下去，因此，吕后非常痛恨戚姬，刘邦在世的时候，无法下手，刘邦一死，吕后当了太后，掌管了皇宫中的事情，便开始报复戚姬了。

首先，吕后把戚姬关进冷宫，把戚姬一头长发全部拔光，让她穿上犯人的衣服，在宫中做苦工。然后，吕后又传诏，把赵王如意召进宫中，乘汉惠帝不在家的时候把如意用毒药毒死。汉惠帝对母亲的这种做法非常反感，但也没胆量去反对。

吕后杀了如意以后，还觉得不解恨，又把戚姬的手臂、腿脚砍断，用药把戚姬的眼睛熏瞎、耳朵烧聋，又给她吃了哑药，丢进厕所中去，还让汉惠帝去看，说这个动物叫"人彘（zhì）"。汉惠帝很害怕，问是什么人被弄成这样子，宫女告诉他是戚姬，一下子把汉惠帝吓得昏死过去，醒来以后，他大骂他妈妈吕后"不是人"。从此后便得了一种怪病，身体更弱了。

为了更好地控制儿子，吕后还把自己的外孙女嫁给汉惠帝当皇后，就是说让舅舅娶外甥女做妻子，汉惠帝不愿意，但又不敢反对，只好接受。从此后，汉惠帝成天喝酒喝得醉醺醺的，国家大事也不管，不久便病死在宫中。

汉惠帝一死，大臣们一起来哭丧，吕后也呜呜地哭，可是却一滴眼泪都没有，大臣们见吕后只哭却并不显得伤心，都猜不透这中间的原因。张良有个儿子叫张辟彊（qiáng），他看出了吕后的心思，来到左丞相陈平府中，对陈平说："太后只有一个儿子，儿子

> ◀ 前195年
>
> 刘邦因讨伐英布叛乱，被流矢射中，其后病重不起。同年去世，太子刘盈继位，是为汉惠帝。

"汉并天下"瓦当

西汉。最早出土于陕西西安汉长安城遗址。直径17.5厘米。此瓦当为纪念刘邦打败项羽，统一天下而做。现藏于中国国家博物馆。

> ◀ 前188年
>
> 汉惠帝死，吕后立年幼皇太子刘恭为帝（史称前少帝），开始临朝称制。

死了,她却并不伤心,您知道这是什么原因吗?"陈平说不知道。张辟彊说:"太后没有儿子了,她现在生怕你们这些开国的老臣对她不利,她这时考虑的是怎样除掉你们几个老臣,保护她自己的地位。你们要想保住性命,只有一个办法,那就是保举太后的兄弟、侄子等人当大将军,掌管兵权,让太后觉得安全了,她就不会不放心你们这些老臣了。"

陈平马上进了皇宫,面见太后,保举吕太后的侄子吕台、吕产为将军,分管南北禁兵,这么一来,皇城中的兵权都归了吕氏一家,太后放了心,这才把心思转到已死的儿子身上,放声痛哭,泪如雨下。安葬了汉惠帝,吕太后立少帝为皇帝,少帝年龄太小,便由吕太后执政,天下大事都由吕太后做主。

吕太后掌权以后,为所欲为,想把自己娘家的亲戚一起封王,在上朝时向大臣们征求意见,右丞相王陵坚决反对,说:"高祖去世前,与我们杀白马立誓,不是姓刘的不得封王,今天怎么能不遵守誓言!"吕后被王陵问得哑口无言,气得脸上一阵青一阵红,左丞相陈平、太尉周勃生怕吕后恼羞成怒,事情反而要坏,便一齐说:"当年高祖管理天下,分封子弟为王,现在是吕太后管理天下,当然也可以分封子弟为王!"这才安抚了吕后,也救了王陵。吕后转怒为喜,将自己娘家的亲戚一个个分封为王侯。

从此后,汉朝朝廷的军政大权全部落到吕后和她的亲戚、亲信手中。

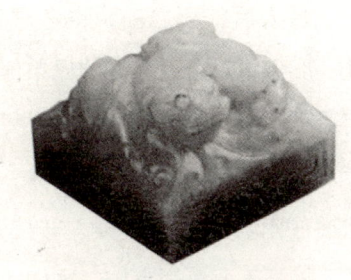

皇后之玺

西汉。高2厘米,印面边长2.8厘米,重33克,以新疆和田羊脂白玉雕成。印纽雕成一只螭(chī)虎形象,印面篆书"皇后之玺"四个字,印身四面刻有云纹。"皇后之玺"是迄今发现的唯一的汉代皇后玉玺。现藏于陕西历史博物馆。

73-除灭诸吕

吕雉当了太后,主持了朝政大权,把自己的兄弟、侄儿、妹妹都分别封为王侯,掌管国家军政大权,大臣们原来都是刘邦的部下,心里不服,但又不敢公开反对,有些眼光长远的人便静静地等候机会,等到吕太后病故时,大家认为机会来到了,纷纷准备动手。

吕太后临死之前,也考虑到自己死后会天下大乱,形势将对自己娘家的兄弟侄儿们不利,便在临死前留下遗嘱,封赵王吕禄为上将,统领北军,梁王吕产为相国,统领南军,让吕禄、吕产在自己死后牢牢把握住南、北军的兵符,守住皇宫,控制住少帝刘弘,轻易不要离开京城,这样才能保证安全。吕禄、吕产二人果然遵照遗嘱办事,连为太后送葬都不参加,死守在皇城中,这么一来,要想除掉吕氏弟兄便非常困难了。

左丞相陈平和太尉周勃二人早就想消灭吕氏的力量,已经互相商量了许多年。吕太后一死,陈平与周勃便紧锣密鼓地行动起来。陈平认为,当前夺回朝政大权的关键是要除掉吕禄、吕产二人,夺回被他们掌管的南、北两军的兵权,但当下没有下手的机会,只好耐心地等待。

吕禄有一个女婿叫刘章,是汉高祖刘邦的孙子,封为朱虚侯。刘章虽然是吕禄的女婿,但他痛恨吕后和他的弟兄掌权,一心想恢复自己刘家的天下。他表面上和吕氏家族关系处得很好,讨得吕后的喜欢,暗地里却结交一些有胆有识的勇士,时刻准备行动。吕后一死,刘章也加快了行动的步伐,他也知道,吕

> ◀ 前180年
>
> 吕后死。陈平、周勃平定诸吕之乱,拥立代王刘恒为帝,是为汉文帝。

汉代三公示意图

三公周已有之,《尚书大传》以司徒、司空、司马为三公,《周礼》以太傅、太师、太保为三公。秦以丞相取代三公,决天下大事,又设太尉(管理军事)、御史大夫(掌刑宪、典章等)为丞相副手,是为秦朝三公。汉初承秦制,三公职位不变。西汉后期,将三公改称司徒、司空、司马。东汉光武帝时限制三公权力,其地位开始下降。

禄、吕产掌握着军权,不容易消灭,最好是里应外合才能达到目的。于是,刘章写了一封信,派人悄悄地送给他的哥哥齐王刘襄,叫刘襄在当地发兵,口号是除灭诸吕,自己在皇宫中作为内应,如果除掉了吕氏弟兄,自己和一帮大臣们便奉刘襄为皇帝。

刘襄早就不服吕后专权,接到了刘章的书信,说事成后可让自己当皇帝,立即发兵,还把琅琊王刘泽也拉进来,两家同时起兵,向长安进攻。

消息传到京城,陈平与周勃非常高兴,而吕禄、吕产却大惊失色,赶快调兵遣将,去平定叛乱。当时朝中大将虽然不少,却都不怎么服从吕氏弟兄的管理,只有颍阴侯灌婴对吕氏弟兄态度不错,而且灌婴也很有军事才能,吕氏兄弟便任命灌婴为大将军,率领几万大军去平定叛乱。

其实,灌婴是丞相陈平和太尉周勃早就联系好的人物,他平时对吕氏不错,那是装出来的,现在被任命为大将军,他根本就不准备打刘襄,领着大军到了荥阳,便按兵不动,暗地里却向齐王刘襄通风报信,刘襄也停下兵马,双方只守不攻,静等京城内部发生变化。

丞相陈平见时机已经成熟,和周勃商量决定,将掌管皇帝符节(皇帝传达命令的一种证件)的纪通找到,让纪通和周勃一道到吕禄的北军军营去,由纪通假传皇帝的诏书，要吕禄把北军兵权交给太尉周勃，又让吕禄的好朋友郦寄找到吕禄，对吕禄说："皇帝有命令，让周勃掌管北军，你可以继续当你的王爷，你只要交出兵符，回到自己的领地去就行了！"吕禄起初有点怀疑，但既然好朋友郦寄也这么说，便不再犹豫，将北军兵符、将印交给郦寄，郦寄又转交给周勃。

周勃拿到了兵符、将印，大喜过望，把军士们召集起来，大声说："现在，我要除掉吕氏弟兄，保护刘家的天下，你们愿意保护吕氏的脱掉右边衣袖，愿意保护刘氏的，脱去左边衣袖！"话一说完，大家一齐脱去左边衣袖，表示愿意帮助刘家。

夺得了北军兵权，陈平和周勃让刘章领1000名精兵去守护皇宫大门，不让南军首领吕产进入皇宫，再想办法夺过南军的兵符和将印。

刘章带着1000人去守护宫门，正巧碰到吕产在宫门外面来回踱步，原来吕产也正想进皇宫去，守门士兵早已奉了陈平的命令，不让吕产进去，恰巧被刘章碰上，刘章不问三七二十一，命令士兵捉拿吕产，吕产没逃多远，便被士兵捉住，刘章挥手一剑便将吕产杀死。

杀了吕产，刘章直奔长乐宫，去夺南军的兵权。守卫长乐宫的是吕更始，也是吕氏家人，吕更始见刘章来到，不知干什么，出门迎接。刘章不说话，等吕更始走过来，也是出其不意地一剑杀了吕更始，然后冲进宫中，大叫："皇帝有旨，只杀吕家弟兄，其他人一律无罪！"大家一起帮刘章杀吕氏弟兄，顺利地夺回了南军兵权。

汉文帝亲尝汤药

这是二十四孝的第二个故事，说是薄太后病重，汉文帝亲自侍奉，衣不解带，亲尝汤药，孝行传天下。后人为了纪念他，将其列入二十四孝第二孝。

吕产一死，南军兵权夺回，陈平、周勃在朝中把吕氏家族的几百人全部逮捕杀光，迎立代王刘恒入城当皇帝，这就是后来的汉文帝。

74-七国之乱

> 前157年
> 汉文帝死，太子刘启即位，是为汉景帝。

汉高祖刘邦将自己的子侄们分封在全国各地为王，给他们很大的军事和政治权力，想依靠这些诸侯王的势力来巩固汉朝的天下，这些王爷们只要不犯大罪，王位就可一代代地传下去。后来每换一个皇帝上台，就要封几个诸侯王，到汉景帝当皇帝时，已经封了28个诸侯王。

这些分散在全国各地的诸侯王们，各人有各人的领地，在自己这一片领地上，他们就像皇帝一样地发号施令，没人有权过问。日子一长，他们想干什么就干什么，有的不断扩大自己的领土，有的自己开采铜矿铸钱，有的甚至想当皇帝。

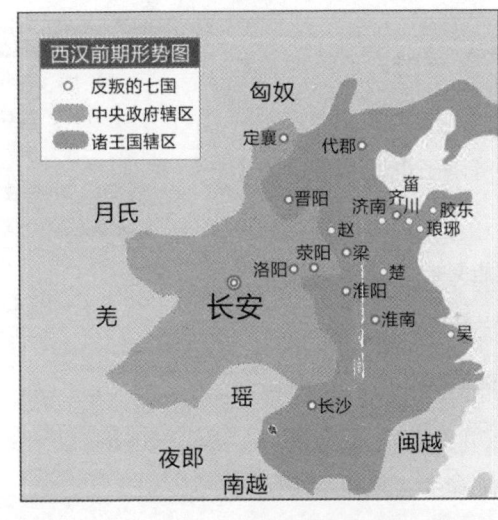

西汉前期形势图

汉初沿袭秦朝郡县制，同时分封诸侯，同姓王和异姓王的封国也占据了大片国土，郡、国并行。诸侯王享有极大的自主权，危害汉朝的稳定。在异姓王被消灭后，于汉景帝时爆发了同姓王的七国之乱。直到汉武帝颁行推恩令，同姓王的封国才逐渐消失。

御史大夫晁错是个很有眼光的人，他觉得，诸侯王的势力如果不加以有效地控制，任其发展下去，将会对国家不利，便向汉景帝上书，分析诸侯王的功劳与过错，建议把他们的领地收回一部分，削弱他们的势力，势力小了，即使发生动乱，也不会带来多大损失。汉景帝早就看出诸侯王的势力太大，想采取措施加以控制，便同意晁错的建议，委托晁错具体办理。

晁错先从楚王刘戊下手，说他不遵守孝道，在太后去世期间还饮酒作乐，应该杀头，可从轻发落，削掉部分领地，景帝将楚王的东海郡收回。晁错又将赵王刘遂、胶西王刘卬（áng）分别削去一部分封地。在准备再削吴王刘濞（bì）的封地时，发生了动乱。

吴王刘濞听说了楚王、赵王、胶西王都被削了封地，心想很快就要轮到自己了，不如借这个机会造反，说不定还能够扩大自己的地盘。

刘濞做好准备，果然听说朝廷要来削夺自己的封地，心中大怒，立即要发兵造反，但又怕自己的力量太单薄，便给20多个诸侯王分别发出通知，说奸臣晁错当权，要对我们刘家的天下不利，我们不如乘机起兵，逼皇上杀死晁错。

吴王的通知一发出去，已经被削去了封地的赵王、楚王、胶西王早就窝了一肚子的火，立即表示同意，胶东王、菑（zī）川王、济南王也发兵响应。七个藩王约好了时间，一同举兵，先向最近的梁王刘武发动进攻，打出了诛灭晁错的旗号，矛头直指长安，这就是西汉史上著名的"七国之乱"。

曾做过吴王刘濞丞相的袁盎（àng）和晁错有仇，便通过窦婴的关系向汉景帝建议："七国发兵，目的是要杀了晁错，并收回削地命令，只要皇帝接受这个要求就行了。"汉景帝本来已派周亚夫领兵去平定叛乱了，听袁盎这么一说，心想："既然杀了晁错

> **前154年**
>
> 晁错上《削藩策》，吴、楚等七国以"清君侧，诛晁错"为名发动"七国之乱"。

就能罢战，何必舍不得呢？"袁盎还向汉景帝表示，只要杀了晁错，自己保证能去劝吴王等人收兵。汉景帝便派人秘密地杀了晁错，然后派袁盎做使者，劝吴王、楚王等收兵。

袁盎带着皇帝的使节，来到吴王刘濞军前，对吴王说："晁错已被杀死了，皇帝也不再坚持削夺诸侯王的封地了，请你们快退兵吧！"吴王刘濞大笑："我早就想当皇帝了，不乘这个机会下手，还等什么？你当我真的只想杀一个晁错吗？"他不但不同意退兵，还把袁盎关了起来。汉景帝知道了真情后，一面后悔不该杀了晁错，一面命令周亚夫赶快出兵。

周亚夫到了荥阳后，会齐各路人马，在各个要道处布置了军马，挡住吴王和楚王的大军，不让他们前进，却又不和他决战，双方对峙起来。过了几天，周亚夫命令自己的主力大军向后退出三天的路程，吴王和楚王见周亚夫大军向后撤退，以为周亚夫害怕了，更加轻敌，连忙通知其他几个诸侯王奋力前进，自己和楚王率军紧追在周亚夫的军队后面。

周亚夫退够了以后，又命令士兵驻扎下来，教士兵关紧营门，不和敌人决战，如果敌人进攻，就用弓箭将他们射回。吴王的军队急得不得了，冲了好几回大营，都被弓箭射住，白白丢了许多人的性命。

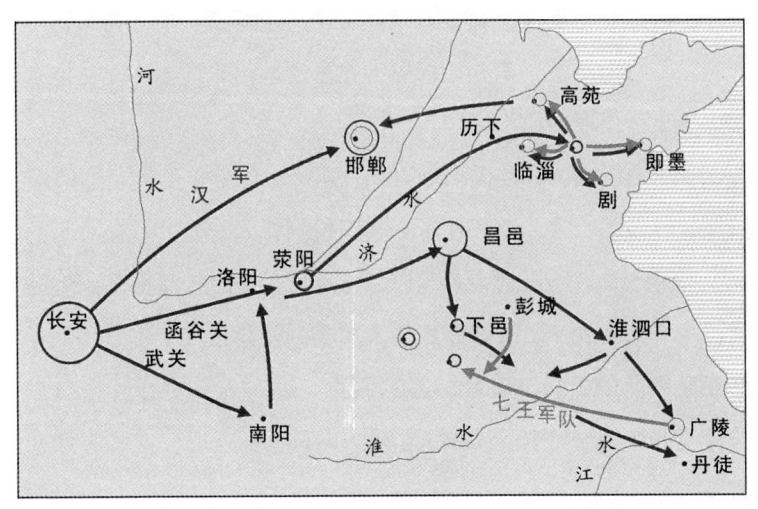

七国之乱示意图

为加强中央集权，削弱诸侯王势力，汉景帝采纳晁错建议，推行削藩政策。吴、楚等七国诸侯王以"诛晁错，清君侧"的名义发动叛乱。汉景帝违心诛杀晁错，而叛军却不肯退兵。汉景帝命太尉周亚夫平叛，周亚夫献计以梁国拖延叛军，自己率兵绕到叛军后方，在淮泗口切断叛军粮道，大破叛军。三个月内叛乱平息。

在和敌人相持的时候，周亚夫又派出两支精兵，绕到敌人后面，把吴、楚两军的粮草全部抢了过来，能运的运走，运不走的就地烧毁，吴楚大军几十万，一天没粮就急得嗷嗷叫。不几天吴楚联军便军粮断绝，吴王父子两人悄悄地逃走了，士兵们也逃跑的逃跑、投降的投降，周亚夫乘机发动进攻，楚王兵败自杀；吴王逃到东越，被东越王诱杀。

吴王、楚王一死，其他各小王侯纷纷投降，不到三个月，"七国之乱"便被周亚夫平定下去了。

75-被饿死的丞相周亚夫

公元前158年冬天，匈奴国忽然发动骑兵6万袭击西汉的边疆，汉文帝接到边关的告急文书后，立即派出三支部队出兵反击。三路大军发出后，文帝生怕首都长安受到敌军的侵犯，又派出三路军队驻扎在长安城外，起保卫首都的作用。一路是刘礼，驻兵霸上；一路是徐厉，驻兵棘门（今陕西咸阳东北）；再一路是河内太守周亚夫，驻兵细柳（今陕西咸阳西南渭河北岸）。

为了鼓励将士们的斗志，汉文帝亲自出城慰劳军队，先到霸上，后到棘门。这两处军营把守得都很松懈，直到汉文帝进了军营、离守将大营不远时，士兵们才向领军将领报告，刘礼、徐厉都忙不迭地出帐迎接，跪在地上连头都不敢抬，生怕皇帝怪罪自己没能早点出门迎接。

可是当皇帝的车队来到细柳军营时，情况就大变样了。老远地看去，只见军营门外战旗飘扬，守卫森严，军士的刀枪剑戟闪着光芒，在太阳的映照下晃人眼睛。皇帝的车驾还没到大营门口，守门士兵个个张弓搭箭，手持刀枪，大声喝问："干什么的？"好像碰到敌人军队一样紧张。

皇帝车队领队的人拿出皇帝出巡的证件，说："皇帝有令，亲自来慰劳将士，赶快开门迎接！"守营士兵说："不！我们军人只听从将军的号令，等我们向将军报告！"

过了一会儿，里面的士兵到营门口回答道："大将军有令，请皇帝车队进营，但车马必须缓缓行走！"汉文帝的车驾果然缓缓地进了军营。走不多远，周亚夫领着一班军官整齐地站在中军大帐门前迎接，周亚夫说："皇上，我现在穿的是军装,只能给您行军礼了,请原谅!"跟在周亚夫身后的军官也都行了个军礼,汉文帝情不自禁地从车座上站起身来还礼。

汉文帝慰劳完了将士,在回城的路上,感慨万千地对身边人说:"周亚夫的细柳营才是真正的军营!周亚夫是个了不起的人才!"这一下,周亚夫的军队一下子出了名,后代便把纪律严明、战斗力强的军队的军营称为"细柳营"。

西汉玄甲骑兵

"玄甲"用三排长条形铁甲片上下左右固定编扎而成,只是扼要地防护前胸、前腹和后背。铁甲片一旦扎牢,甲身便像龟壳一样坚固不易变形。玄甲可能是因其像天象四宿之玄武(龟)而得名。

经过这次劳军,汉文帝发现周亚夫是个难得的军事将领,他在临终前对自己的儿子刘启(也就是后来的汉景帝)说:"在将军中,周亚夫这个人才极为难得,国家如有什么急事,可以让周亚夫领兵出征!"

汉景帝刘启继承皇位以后,牢记着父亲临终前的话,时刻准备任用周亚夫。

不久,吴王刘濞和楚王等七个诸侯王起兵造反(见《七国之乱》),势头凶猛,汉景帝立即将周亚夫升为太尉,拨给他36员将军,命周亚夫立即发兵平定叛乱。

周亚夫领了皇帝的命令,出其不意地率兵到了荥阳。他针对当时吴、楚各国兵精粮少的情况,采取了避开敌人精锐部队,固守不战,截断敌军粮草,等敌兵疲劳之后再出击的战略,很快平定了七国叛乱,为国家立了大功。

当周亚夫大军屯扎在荥阳的时候,梁王刘武在睢阳(今河南睢阳)被吴、楚大军围困,加紧向周亚夫求救,周亚夫想:"我军数量不多,如果分兵救梁王减少了兵力,容易被叛军击败,现在暂不去救,让梁王想办法坚守,等我把敌军的后方打乱,梁王的危险自然也就不存在了。"于是,周亚夫不但不去救梁王,也不与叛军作战,梁王气得大骂周亚夫见死不救,但也只得拼命守住睢阳，果然没出危险。但是，从此后，梁王便对周亚夫怀恨在心，生着点子要报仇。

平定了七国之乱后，汉景帝对周亚夫更加信任，不断提拔，最后让周亚夫当了丞相。周亚夫当了丞相后，仍然像治理军队那样严明，连皇帝的错误也当面批评。汉景帝要将自己的小舅子王信封侯，周亚夫说王信功劳不够，坚决不同意，汉景帝只好打消了念头，从此后，也就对周亚夫开始讨厌起来。王信知道是周亚夫不让自己封侯，更加气愤，便和梁王刘武一唱一和地在汉景帝面前议论周亚夫的不是，时间一长，汉景帝更加不喜欢周亚夫了。

有一天，汉景帝接到一封告密信，说周亚夫私自购买军用器械，试图造反。汉景帝立即将周亚夫下到牢中，派人去审问定罪。

原来，周亚夫的儿子见父亲年纪老了，为他准备办丧事时用的器材，被别人诬告到皇帝那里，周亚夫儿子听说了，赶去向执法官解释，可人家连听都不愿听便将他赶走。

当周亚夫被带到刑部审问时，说自己家购买的是办丧事时用的器材，不是禁品，自己根本不想造反。主持审问的御史说："丞相，你即使活着不想造反，谁保你死后不会想造反？何必抵赖呢？"周亚夫听了这番话，气得再也不说一句话，回到牢中后，拒绝吃东西，一连五天水米不进，竟然活活饿死在大牢中。

76-才调无伦的贾谊

西汉初期，涌现出一大批杰出的人才，被后人称为"才调无伦"（才气、学问无人能比得上）的贾谊便是当时一个很有名的政治家和文学家。

贾谊只活了33岁，主要生活在汉文帝当皇帝的年代里。贾谊的老家在洛阳，青少年时便名气很大，18岁时被汉文帝召到京城，任为博士。当时的博士主管朝廷中的文献、档案等，时刻要接受皇帝关于治理国家的各方面内容的询问，每次当皇帝有问题提出来的时候，朝中的博士们都想抢着回答，可总是答不好，而贾谊一说起来，却滔滔不绝，说的意见又非常准确，令同行们个个佩服，汉文帝也很欣赏贾谊的才华。

公元前178年，汉文帝准备进一步提拔贾谊。这事被朝廷中一些保守的老臣们知道，他们坚决反对，说贾谊言过其实，只会说大话，将来一定会扰乱国家大事，还给贾谊捏造了许多罪名。汉文帝打消了念头，开始疏远贾谊，贾谊感到委屈，经常发出一些牢骚话来，汉文帝听了，很不高兴，干脆把贾谊任命为长沙王吴著的太傅，打发贾谊离开了首都。

公元前173年，汉文帝的弟弟、淮南王刘长阴谋造反，被汉文帝夺去了王位，刘长绝食而死，汉文帝觉得对不起弟弟，又把刘长的儿子一个个加封为公侯，还把负责刘长生活的许多大臣全部判了死罪。贾谊在长沙听到这个消息以后，给汉文帝写了一封奏章，反对汉文帝的做法，认为刘长是有罪的，刘长的死是应该的，不能再让他的儿子继承王位，言辞相当激烈。

贾谊画像

贾谊（前200年—前168年），洛阳人，西汉初年著名政论家、文学家。贾谊少有才名，为文帝赏识，迁太中博士，然受朝中老臣排挤，出为长沙王太傅。后又为梁怀王太傅，怀王坠马死，贾谊自疚，抑郁而亡，时年33岁。有《贾长沙集》传世。

汉文帝把贾谊赶出首都以后，一直没听到贾谊的消息，忽然接到了贾谊从远处寄来的奏章，想起了贾谊的学问很好，虽然不同意贾谊的议论，但还是决定把贾谊调到自己身边来办事。贾谊接到汉文帝的诏书，急急忙忙地从长沙赶到长安，等候皇帝的召见。

当贾谊来到长安的时候，汉文帝刚刚祭过了鬼神天地，听说贾谊到了，立即召见，两人一见面，汉文帝便用鬼神到底有没有、是什么样的这一系列问题来问贾谊。贾谊本来准备好了一肚子的主张和建议，全是关于怎样治理国家的大问题，现在听汉文帝问起了鬼神的事情，只得一一回答。贾谊的学问非常丰富，谈起鬼神的事情也是头头是道，汉文帝听了，连连点头，还不断地把座位向贾谊身边挪动，侧耳静听，一直讲到半夜，才算结束。汉文帝感慨地说："想不到贾生的学问更加高深了！"便任命贾谊为自己的儿子梁王刘揖的太傅。

几年后，梁王刘揖入朝拜见皇帝，骑马时不小心摔到地上，流血过多而死。按当时的规矩，诸侯王年轻时，太傅（老师）对他的生活起居要负责任。梁王骑马受伤而死，贾谊应该负照顾不周的责任，贾谊觉得自己的罪过不轻，成天哭哭啼啼，忧伤过度，竟然病死了。

在贾谊短短的一生中，他的政治机遇不好，早早地便离开了人间，没做出什么丰功伟绩来，可是他的文学成就却是非常著名的，他是中国古代文学史上的重要作家。

贾谊的文学创作主要是政论性散文，代表作有《过秦论》（上、中、下）、《论积贮疏》、《陈政事疏》（又名《治安策》）等多篇散文，都是写给汉文帝看的。《过秦论》主要讨论秦朝的错误，"过"就是过失、错误的意思，文章说：秦朝在很短的时间里便灭亡了，原因是不施仁义，用打天下的战争方式来守天下，所以加速了灭亡。文章言辞美丽，气势磅礴，表现力很强，还曲折地表达了贾谊对当时汉朝政治制度中一些缺点的批评和意见。《论积贮疏》是贾谊又一篇政论文，他劝皇帝和掌权的大臣们要注意发展农业生产，多储存粮食，并且指出了轻视农业生产的危害性。

《陈政事疏》是一篇长达万字的政论文，把他自己对当时天下的时事见解全部写了出来，警告皇帝和当权派们要发愤图强，不能为国家表面安定的形势所迷惑，要注意消除隐藏着的危机。

贾谊的政论文很多，对汉文帝制定政策也确实起到了很大的作用。这些政论文一直流传到今天，具有很高的文学、艺术价值。

陶仓

西汉。1975年出土于湖北省江陵县凤凰山。高34.5厘米，腰径20厘米，仓盖顶部有一只飞鸟。西汉经过汉文帝、汉景帝两代君主的无为而治，与民休息，经济得到了极大的恢复和发展，人民生活富足安定。陶仓模型出土时内有4束稻穗，反映出稻米已经是当地的重要主食，也是当时经济得到恢复和发展的象征。

TIPS

文景之治

汉代建国以后，实行黄老之治，以德化民，轻徭薄赋，与民休息，医治连年战争造成的民生凋敝之苦。到汉文帝和汉景帝时期，国家出现了空前稳定繁荣的局面，人民生活安定富足，史称"文景之治"。

77-仓公淳于意

在中国古代医学史上,出了很多著名的医生,被人们称为"神医",西汉时期的仓公淳于意便是一个有名的"神医"。

淳于意复姓淳于,是山东临淄人,读书人出身,后来当了太仓令(官名),是一个地方上的下级官员,但他不喜欢做官,喜爱医术,便辞了官,专门去做医生。

实际上,淳于意在年轻时就开始行医了,他结合自己所见到的病人的实际情况,发现很多前人传下来的处方都不正确,便不断总结经验教训,改正治病的处方。到淳于意正式退职专门做医生的时候,他更加精心钻研医道,医术愈发高明,远近的人都来求他治病。

淳于意观察病情时的最大特点是为病人把脉,通过病人脉搏跳动的不同情况,诊断不同病情,对症下药,每次都很灵验。

有一次,齐国有个侍御史得了病,头痛难忍,许多医生都把他的病当头痛病治,结果都治不好,仓公诊了他的脉搏以后,知道侍御史的病已经很重了,无法可救,便对病人的弟弟说:"你哥哥的病是治不好的,他得的不是头痛病,头痛是表面现象,病根在肠胃中,肠胃上面长了一个疽,五天后肿胀,八天后化脓,病人一定会吐出许多脓水而死。导致发病的原因是喝酒太多(相当于今天说的酒精中毒),伤了肝脏,已经无法可治,快准备后事吧!"

后来,病人果然在第八天吐出许多脓血后死去,应了淳于意的话。

有一个郎中令得了病,请了许多医生看,大家都说病因在内脏,治来治去总治不好,淳于意诊断病情后说:"这个病是一种涌疝(shàn),表现是某一内脏表面肿起,多见于腹股沟,病人大小便困难。"病人说:"一点儿不错,已三天解不出大小便了。"淳于意用药后,三天之内,病情好转,病人立即能起床了。

淳于意的名气越来越大,请他治病的人越来越多,淳于意长年在外行医,有时候为人治病也不及时,有的病人因此病重甚至病死,病人家属埋怨淳于意,说他治病把人害死了,地方官立即派人将淳于意抓了起来,送到长安去,由司法部门判罪。按当时的法律,犯了这种罪要判肉刑(肉刑有三种:

在脸上刺字、砍去脚趾、割掉鼻子），在临出门时，淳于意的妻子和五个女儿一起哭哭啼啼地来送行。淳于意看着自己的五个女儿，叹气说："没有儿子，到了紧急时候，女儿一点儿用都没有！"

淳于意最小的女儿叫缇（tí）萦，当时才十四五岁，见父亲无辜受刑，一家人都没有主意，坚决要和父亲一道到长安去，救父亲免灾。

到了长安以后，缇萦给当时的皇帝（汉文帝）写了一封信，信里说："我是个小姑娘，我叫淳于缇萦，我父亲淳于意是个医生，医术还不错，现在他犯了罪，要被判为肉刑。我想这种刑法太重了，人死了就不能再活，身体的任何部分被割掉了就不会再长出来，他连改正错误、重新做人的机会都没有了。我情愿代父亲赎罪，到长安来做奴隶，请皇上给我父亲一个改正的机会。"

汉文帝看到了这封信，觉得小姑娘的话很有道理，肉刑也确实是严重了一点儿，便召见淳于意，让他自己说说他是怎么行医的。淳于意将自己行医的情况写了一份长长的表章，献给汉文帝，汉文帝是个比较仁慈的皇帝，觉得淳于意确实有本事，便免除了淳于意的肉刑，让他回去继续行医。就在这一年，汉文帝又下一道命令，在全国废除肉刑，改为使用其他处分办法。这就是"缇萦救父"的故事。

淳于意死后，被称为"仓公"，司马迁著《史记》，将淳于意和战国时的神医扁鹊列在同一个传

太医丞印

汉印。太医是专门为皇帝和后宫贵人及部分高级官员治病的医官。汉朝设有太医令和太医丞，太医令为长官，太医丞是副职。现藏于故宫博物院。

TIPS

扁鹊

扁鹊（前407年—前310年），春秋战国时名医，渤海郡郑（今河北沧州）人，本名秦缓。由于他医术高明，对我国医学贡献巨大，擅长各科，创立了我国的切脉诊断的方法，人们以黄帝时代神医扁鹊来称呼他。

里，后代人们往往只知道"缇萦救父"的故事，却不知道淳于意是个很了不起的医生。

78-司马相如和汉赋

赋，最初是我国古典文学中的一种表现手法，含有铺叙的意义，古人解释《诗经》说：诗有六种表现手法，即风、赋、比、兴、雅、颂。直到西汉武帝刘彻的时候，赋才发展成为既像诗歌又像散文的一种独立的文体。

创作汉赋最有成就的人是司马相如。司马相如原名长卿，出生在蜀郡成都（今四川成都），从小就很认真刻苦地读书，特别喜欢读史书，他对赵国的蔺相如特别佩服，便把自己的名字改成了相如。

司马相如年轻的时候便在汉景帝的宫中当了个武骑常侍，但汉景帝不喜欢文学创作，也没发现司马相如这个人才。一次，梁孝王带着邹阳、枚乘等人来朝见汉景帝，枚乘早就以辞赋创作而出了名，司马相如和他们很合得来，便辞去了皇宫中的职位，到梁孝王府中去供职。梁孝王收留了司马相如，让司马相如和他的其他文士们住在一起，这段时间里，司马相如创作了不少作品，流传到今天的有《子虚赋》等。

不久，梁孝王生病去世，依附在梁孝王府中的文士们纷纷走散，司马相如也回到了老家，因家里很穷，便来到临邛（今四川邛崃[qióng lái]），过着流浪文人的生活。临邛的县令王吉对司马相如非常尊敬，听说司马相如来了，便每天去看望他。开始，司马相如还接见他，到后来，相如不耐烦了，便经常不见王吉，而王吉反而更加恭敬。王吉对司马相如的这种态度立刻惊动了地方上一些有钱有势的人，大家见地方长官都这么尊重司马相如，其他人哪个敢不尊敬他！

在临邛这个地方，有一个最富的人家，这就是卓王孙家，他家里光仆人就有800多人。卓王孙很想见见司马相如是个什么样的人，便选了个日子，在家里大宴宾客，将王吉和地方上百来个有头有脸的人全部请到。客人到齐了，就缺一个司马相如，一直等到下午，司马相如还没出现，王吉见司马相如没到，便亲自去把司马相如拖了来。

大家喝酒喝到最高兴的时候，王吉叫人取来一张琴，请司马相如弹一曲，司马相如也不客气，一连弹了好几支曲子，把许多宾客都听呆了，都说从来没听过这么好听的音乐。

卓王孙有个女儿叫卓文君，又聪明又漂亮，精通音律，刚结婚就死了丈夫，不得已住在家里，她听到这么美妙的琴声，也出来偷看，一下子就爱上了司马相如。后来两人通了几回信，更加增进了感情，卓文君便在一天夜里偷跑出来，和司马相如一道回到了成都老家。

回家以后，司马相如还是穷，卓文君的父亲恨他丢了自己的老脸，不认这个女婿。司马相如和卓文君想了个办法，又回到临邛，在街上租了个小门面，开了个小酒馆，卓文君亲自卖酒，

文君听琴

卓文君是临邛大富商卓王孙之女，新寡居家，好音律。司马相如以琴心挑之，文君夜奔相如，同驰归成都。家贫不能自立，又返回临邛，开一家小酒馆，让文君当垆。卓王孙耻而分财与之。此事成为一段千古佳话。

司马相如与仆人一起洗盘子洗碗。消息传到卓王孙的耳朵里，卓王孙气得没办法，只得把女儿原来的嫁妆全部给她送去，另加100多个仆人，还送去100多万钱财。这样，司马相如和卓文君又过上了富裕的生活。

汉武帝刘彻当皇帝后，非常喜欢辞赋。有一天，他读到了司马相如的《子虚赋》，读了一遍又一遍，喜欢得不得了，还叹气说："我怎么就没福气遇到这样的大臣！"宫廷里管猎犬的官杨得意说："这个人是我的同乡，现在还活着，您要见他，一点儿也不难！"汉武帝一听，立即传诏，要司马相如进京。司马相如见到汉武帝后，对汉武帝说："《子虚赋》只体现了诸侯王的规

格,还不够皇家的气派,我还能写更好、气派更大的!"汉武帝很高兴,让他赶快做。不多久,司马相如又写了一篇大赋叫《上林赋》。《上林赋》比《子虚赋》果然更有气派,但两篇赋的特点、内容大体上差不多,都是写皇家园林如何大,皇帝出游如何有声势,极其讲究文字的工整、节奏的和

讲经画像砖

东汉。出土于四川德阳。汉武帝从董仲舒之议,独尊儒术,并以儒术取士,朝野上下讲经之风盛行。该图为当时讲经授课的场景,反映了蜀地文化的兴盛。

谐,并且用了许多典故,读起来非常有气势,赋的结尾,还很巧妙地说:气派当然要大,但皇帝如果长期陷入游乐之中,那会对国家不利的。还有一点劝告的意思。

汉代的大赋在汉武帝时期得到了繁荣,随着时代的发展,大赋逐渐被改革、简化了,到东汉时,小赋流行起来,小赋创作的代表人物是扬雄,此外,创作小赋的作者也非常多,这种简短精练的赋作更加受读者的喜欢。

79-飞将军李广

西汉早期,特别是在汉武帝执政的时间里,汉朝经常发动攻击匈奴的战争,在和匈奴作战的年月里,锻炼出许多勇猛的将军,李广便是其中之一。因为李广作战勇敢,骑马的技术和射箭的技术都非常精,他被称为"飞将军"。

李广家的祖上在秦朝的时候就是武将,家传的绝技是箭术,李广和他一个堂弟李蔡都很精通射箭。

汉文帝十四年(前166年)时,匈奴侵犯汉朝边疆,李广应征入伍,因为他作战勇敢,杀敌有功,被提拔为中郎将。汉文帝非常欣赏李广的勇猛,曾经对李广说:"可惜啊,你这一身好本事,要是生在高祖的时代里,为高祖冲锋陷阵,一定能立大功,受大奖,即使封万户侯也不算过分。"

汉景帝时,李广跟随周亚夫参加了平定七国之乱的战斗,表现出惊人的

李广骑射画像砖

西晋。出土于敦煌佛爷庙湾壁画墓,共7块。传说李广有一次出猎,看见草丛中有一石头,以为是老虎,引弓射之,没羽而入。后发现是石头,再射就射不进了。现藏于敦煌博物馆。

勇敢,立了许多战功,被任命为上谷(今河北张家口一带)太守。上谷靠近边防,经常和匈奴作战,公孙昆邪爱惜李广的才能,劝皇帝把李广从边远的地方调近一点,免得天天和匈奴打仗,假如哪一次失手,被匈奴人杀伤了,会影响将士的斗志,国家也失去了一个大将,像李广这样的将军应该在国家有重要战事时使用。汉景帝同意公孙昆邪的请求,把李广转调到上郡(今陕西绥德一带)当守将,这里仍然离匈奴较近,李广还是经常和匈奴作战。

有一次,匈奴对上郡发动了全面的进攻,汉景帝派一名宦官到上郡督战,抗击匈奴。一天,这名督军领着几十个骑兵巡视军营,在途中遇到三个匈奴人,他见对方只有三个人,心想还不把他们捉来算了,命令部下冲上去抓匈奴人。哪知道这三个人极其勇猛,拿出弓箭把汉军几十个人射得死的死、伤的伤,督军自己也中了一箭,狼狈地逃回军营。

李广听了督军的描述,说道:"这一定是匈奴的射雕手!看我去擒他!"于是他带上100多名骑兵,一直追出几十里路,他下令叫自己的士兵分成左右两边包抄上去,自己纵马飞奔,张弓搭箭,嗖、嗖两箭射死两人,捉住其中一人,一问,果然是匈奴的射雕手。

李广捉住这个俘虏,准备返回军营,忽然看见从山后面杀出一支军队,原来是匈奴的大队人马,足有几千人。李广部下的骑兵一个个惊慌失措,不知是逃跑好,还是战斗好,李广心想:"我现在离自己的军营几十里路,如果掉头逃跑,匈奴兵追上来远远地用箭射来,我们会全部死亡;如果迎战,也只会全部阵亡；只有给对方造成假象，让对方认为我们是来引诱他们的，不敢追赶，我们才有逃命的可能。"

李广命令士兵们停下来，不要走，士兵们只好停下来。匈奴军队首领见汉军只有百把人却不急着逃走，认为他们是来引诱自己上当的，命令自己的部队停止前进，匈奴兵一停止前进，李广干脆让士兵们下马休息，匈奴兵更不敢来追。这时候，李广看到对面匈奴兵中有一员骑白马的将军走上前来，他一抬手，翻身上马，冲到白马将军不远处，开弓放箭，射死了白马将军，又慢慢地回到原地，下马休息。匈奴兵更加认准了李广是来引诱自己的，正好天色又黑了，便率兵撤回。

事后，李广把自己的想法告诉了部下，大家都佩服他，认为他不光勇猛，也很有智慧。

张强弩的蹶（jué）张力士形象
汉代以石计算弩的张力，一石约合现在30.24千克。根据居延汉简记载，射程在120步到200步的五石以上的强弩难以靠双臂的力量张开，需要用蹶张、腰引才能开弓。汉画像石中常可看见口衔羽箭、身背箭菔（fú）的武士用双脚踏定一张弩弓的弓背、双手拽弓弦奋力向上射击的画面。

一次，在雁门的战斗中，李广受伤被俘，匈奴人将李广绑起来，放在马背上驮着走。李广假装病死不动，走了十几里路后，偷偷看清边上一个年轻的匈奴兵骑着一匹很好的马，乘大家不注意，就挣断绳索，一跃跳上了那个年轻的士兵的马背，夺过他身上的弓箭，把士兵推下马去，自己打马狂奔，匈奴兵来追，李广一路逃跑，一路射箭，最后逃回营地。按当时法律，大将兵败被俘要杀头的，但武帝见他杀了敌人逃回来，饶了他的死罪，降为平民。

李广在镇守边疆时，不但会用兵，也很爱护士兵。沙漠里水少，行军时，遇到有水的地方，士兵们如果没有全部喝过水的话，李广自己也不喝，等士兵们全部喝完了,自己才喝水;士兵们都吃了饭,李广才吃饭。李广治理军队非常宽大,没有什么严格的法令,要求士兵们个个练好武艺,提高警惕,作战时各自独力战斗。士兵们都很敬重李广,只要李广一声令下,大家都拼命作战,所以李广的军队战斗力很强。

80-刚直敢言的汲黯

汲黯(jí àn)是汉武帝时的主爵都尉,这个人性格刚直,行为端正,对那些故作姿态的人非常反感,而他一旦对谁反感,一定会当面讲出来,大家都很怕他。

和汲黯同时的一个大臣叫公孙弘,他最善于拍汉武帝的马屁,又会装腔作势,当了很大的官(御史大夫),却故意穿着粗布衣服,表示自己生活俭朴,汲黯在汉武帝面前批评他说:"公孙弘的官位已经达到一等了,每年的薪水很丰厚,他却故意穿着粗布衣裳,装给别人看,这是一种伪君子行为!"

汉武帝对汲黯的话不敢不听,立即派人把公孙弘叫来,和汲黯当面对质,问公孙弘是不是真有这么回事。

公孙弘说:"是有这么回事,我这种做法不对。古代最了不起的大臣像管仲

前141年

汉景帝死,太子刘彻即位,是为汉武帝。

汉武帝画像

汉武帝刘彻7岁被立为太子,16岁登基,在位54年。他在位期间,施行"推恩令"削藩,加强中央集权;"罢黜百家,独尊儒术",统一思想;武力征服匈奴,开发西南地区,国力强盛。由于连年征战,到汉武帝执政晚期,国库空虚,国力衰竭。汉武帝下《轮台罪己诏》悔过。

就生活得很豪华，但他却把齐国的事情办得很好。我今天是御史大夫，却穿着和下层小官员一样的衣服，汲黯和我是好朋友，他批评得很对、很对！"

汉武帝见公孙弘这么谦虚，也不好怪罪他，反而认为他勇于承认错误，对他很有好感，后来不断提拔公孙弘，一直让他当到丞相。公孙弘当了丞相后，便暗暗排挤汲黯，让汲黯当了个右内史。右内史部中任职的全是贵族出身的人，历来是最难管的地方，公孙弘让汲黯去当右内史，实际上是给汲黯小鞋穿，汲黯知道公孙弘是在为难自己，却也毫不畏惧。

公孙弘有一个好朋友叫张汤，两人在朝廷里互相吹捧，互相抬高，总是千方百计地猜汉武帝的心思，看准了汉武帝喜欢什么，他们就说什么，汉武帝想做什么，他们就做什么。张汤任用了一个当时很有名气的文人倪宽，让倪宽代替自己办理各种大小案件。倪宽主张法律要严，执行起来也死板得很，实际上这在当时是好事，可汲黯历来主张刑法要宽松，不要对老百姓太苛刻了，为这个事常和倪宽争吵，倪宽知道汲黯很犟（jiàng），也不和他多计较。

一次，汲黯对倪宽办案太严而不满，却拿张汤出气，说："人们都说小人不能当大官，说得很对。你们看张汤这种做法，一点儿也不讲仁义，如果让张汤这样的人治理天下，那人们连路都不敢走了，只好把两只脚叠起来走路，一分开就要犯法！"

说完这些话，汲黯还觉得不够，又跑到汉武帝跟前去发牢骚，对汉武帝说："您使用大臣，就像堆柴草一样，越到后来的柴草却越堆得高！我真不能理解！"话中的意思是指公孙弘、张汤做官做得比自己还要大。汉武帝给汲黯问得脸上一阵红一阵白，答不出话来，等汲黯走了后，他只好苦笑着对旁边的人说："这个汲黯平时不学习，越来越粗鲁，讲话也没有分寸了！"

实际上，汉武帝最怕的大臣就是汲黯，因为汲黯经常当面指出汉武帝的过失，一点儿情面都不留。

郡国五铢钱

郡国五铢钱始铸于汉武帝元狩五年（前118年），青铜材质。正面篆书"五铢"二字，光背。为各郡国自铸，没有统一的样式。

汉武帝是个好大喜功、很要面子的人，最怕汲黯来这一套，所以看到汲黯就害怕。一听说汲黯来了，他总是要连忙把衣服帽子整理整齐，才敢接待。有一次，汉武帝在帐中闲坐，衣服敞着，帽子也未戴，老远听见汲黯的声音，赶快躲起来，汲黯对着汉武帝躲的地方奏事，还没说完，汉武帝连声说："可以可以，立即去办！"等汲黯退出大厅老远，他才敢重新出来。而汉武帝对别的任何人都不尊重，像丞相公孙弘来谈事情，汉武帝经常不戴帽子，即使像卫青这样功劳又大、又是皇帝姐夫的人，汉武帝都不尊重，甚至一边解小便一边听卫青谈事情。

汉武帝有一次问严助说："依你看，汲黯是个什么样的人？"严助说："汲黯这个人正直得很，不怕权势，让他当一个大官，不一定比别的人强，但要把天下大事交给他办，委托他辅助小皇帝，他一定会忠于职守，坚定地办好每一件事情，什么力量也改变不了他！"汉武帝也认为严助说得很对。

晚年时，汉武帝派汲黯任淮阳（今河南淮阳）太守，汲黯在赴任之前对李息说："我现在要离开京都，到淮阳去，不能经常向皇帝提建议了，你是当今一品官，要告诉皇帝，御史大夫张汤是个奸诈的小人，他专门迎合皇帝的意思，做了许多坏事，你要时刻提醒皇帝，要不然，等张汤被杀头的时候，你也逃不掉。"李息害怕张汤的势力，不敢向汉武帝说。后来张汤果然被治罪，汉武帝听说汲黯曾告诉李息，让李息多提醒皇帝，而李息胆小不敢说，便连同李息也一道治了罪。

TIPS

东方朔

东方朔（前154年—前93年），字曼倩，平原（今山东德州一带）人。他是著名的文学家，汉武帝时，任常侍郎、太中大夫等职。他性格诙谐，往往在笑谈中，陈述自己的政治主张，然而汉武帝把他当俳优看待，始终不予重用。因为东方朔知识渊博、诙谐多智，民间有许多关于他的传说，说他识得十方异物，是西王母的侍臣，等等。古代神话志怪小说及《神异经》就是托名东方朔写的。

81-卫青与霍去病

卫青和他的姐姐卫子夫，本来都是平阳公主的家奴，卫青是骑马看家的，卫子夫则是平阳公主的女仆，职责是为客人歌舞助兴。

平阳公主是汉武帝刘彻的姐姐，汉武帝到中年时还没有儿子，平阳公主便注意为汉武帝选拔宫女。当汉武帝来到平阳公主家做客时，平阳公主把卫子夫叫出来，为汉武帝歌舞助兴，汉武帝一下就看中了卫子夫，第二天便将卫子夫带进宫中，卫青也跟着进了皇宫当差，后来被提拔当了官。

公元前129年，匈奴发兵进攻汉朝领土，汉武帝任卫青为车骑将军，和公孙敖、公孙贺、李广四人，各领一万兵马分四路迎敌。

在这四路兵马中，李广资格最老，作战能力最强，匈奴人集中大军把李广杀得大败。公孙敖在和匈奴兵的遭遇战中也是损兵折将，大败了一场。公孙贺走了很远没碰到一个敌人，不敢前进，收兵回程，算是不胜不败。而卫青这一路兵马一直攻到雁门（今山西代县），雁门的匈奴军队只有千把人，被卫青杀掉几百，卫青大获全胜，回朝报喜。四路兵马，两路战败，一路无功，只有卫青大胜，汉武帝很高兴，加封卫青为关内侯。就在这时候，卫青的姐姐卫子夫又生了个儿子，真是双喜临门，汉武帝将卫子夫封为皇后，卫青的地位又得到了提高。

张掖太守虎符

西汉。长5.6厘米，高2.5厘米。此件虎符是西汉政府颁发到张掖郡的虎符。汉代于汉文帝二年（前178年）九月始用铜虎符发兵。铜虎符分左右两半，左半发给各郡，右半留京师。国家要发兵作战，遣使者到郡，郡守必须对验虎符方能生效。在汉代，发兵除了要对验虎符，还需要有玺书或诏书。虎符是发兵信物，诏书是为了明确统兵长官的职权和任务。现藏于中国国家博物馆。

这年秋天，匈奴在边境上不断骚扰，很不安宁，汉武帝又派卫青领3万兵马去防守。卫青和匈奴大战一场，杀伤匈奴兵几千人，回朝报捷，汉武帝对卫青更加信任。

公元前125年，汉武帝又派卫青领3万兵马，从高阙（今内蒙古杭锦后旗西北）进攻匈奴，同时又派苏建、李沮、公孙贺、李蔡等人，同时率兵从朔方

（今内蒙古鄂尔多斯西）进攻匈奴，这些大将的兵马都归卫青统一指挥。又派李息、张次公出兵右北平（今内蒙古宁城一带），和卫青的大队人马相配合。这一次，汉武帝下定决心要彻底征服匈奴，所以派出了重兵。

匈奴的右贤王听说汉朝大军出动，知道抵抗不了，准备向后撤退。右贤王估计汉军还有几天才能到达，所以不急不忙地后退，哪知道卫青领着几万人马，连夜赶路，在一天的半夜里将匈奴兵营团团围住，杀声连天。这一仗，俘虏匈奴兵15000多人，小王爷十多个，夺得牲口数十万匹，右贤王只剩几百人逃走。这一场大捷报传入京城，汉武帝喜出望外，对卫青重重封赏，将他加为大将军，统六师兵马，连卫青的三个儿子都封了侯。

卫青当了大将军，成了朝廷中最得势的大臣，连汉武帝的姐姐平阳公主都爱上了他，便托人说亲，嫁给卫青，卫青一下子又成了汉武帝的姐夫，朝廷上下，人人对他尊敬三分。

公元前124年，匈奴再次大举进攻，汉武帝派卫青领兵前去抵抗。这次出兵，卫青将自己的外甥霍去病带着一道出征，霍去病当时才18岁，但是他武艺强、胆量大，在卫青手下当了个剽姚校尉（后人又称霍去病为霍剽姚，剽音piāo），带领800多个精壮的士兵。

马踏匈奴

汉大将霍去病墓前雕塑。雕塑表现的是一匹汉朝战马踩踏一名匈奴的瞬间。石马高1.68米，长1.9米，英姿勃发。该雕塑是霍去病赫赫战功的象征。

当卫青大队在和匈奴先头部队交战的时候，霍去病领着自己的800多名勇士单独前进，要去寻找匈奴的主力交战。

霍去病和自己部下800多人一直向北前进了几百里路，才看到匈奴的军营，霍去病乘匈奴兵没发觉，指挥部下一窝蜂地冲杀过去，匈奴人没想到汉兵会跑到这么远的地方来，一时反应不过来，被杀得落花流水。这一仗，霍去病800多勇士杀了匈奴2000多人，连匈奴单于的相国大臣、叔父都当了俘虏，匈奴单于的伯父被霍去病亲手杀死。

当卫青在后面清点战果的时候，不知霍去病到哪里去了。过了两天，霍

《漠北之战图》

公元前119年春，汉武帝派遣大将军卫青、骠骑将军霍去病各率5万骑兵及数万步兵分两路深入漠北，与匈奴大决战，两路大军共歼灭匈奴9万余人，匈奴元气大伤，危害汉朝百余年的匈奴边患已基本解除。

去病才领着人马，带着俘虏回来。这次霍去病得胜回朝，汉武帝将霍去病封为冠军侯。

公元前119年，汉武帝又派大将军卫青和骠骑将军霍去病各自率领5万骑兵，向匈奴发动进攻。这一次，汉武帝命令卫青和霍去病分路进发，卫青追逐匈奴兵马来到赵信城，得到了许多粮草，住了几天后便返回都城。

霍去病还像过去一样，挥军深入，一直前进了2000多里路，和匈奴左贤王相遇，大战一场，打败了左贤王，捉住了匈奴屯头王、韩王等80多名高级将官，在狼居胥山（今内蒙古五原西北黄河北岸）立碑纪事，举行庆功典礼后返回首都。汉武帝对霍去病一再加封，特地增设大司马官职，让卫青和霍去病共同兼任。

卫青和霍去病是汉武帝时代的两名勇将，也成了后代人心目中保国安邦的英雄。

> 前119年
>
> 漠北之战，霍去病大胜，封狼居胥山，匈奴北徙。

82-司马迁和他的《史记》

司马迁是我国古代最伟大的历史学家,他出生在汉景帝刘启一朝,死在汉武帝刘彻的后期,一生活动的时间大体上和汉武帝同时。

司马迁的父亲叫司马谈,是汉武帝的太史令,专门掌管天文星历、历史典籍和文书记录工作。司马谈很有文化修养,对中国古代诸子百家的学术思想有深入的研究,我们现在说的儒家、墨家、法家、道家等学术流派最早就是司马谈提出主张划分的。司马谈在担任史官的时间里,认真搜集资料,积累了大量的史料,想写一本真实记载中国历史的著作。司马迁出生在这样的家庭里,从小就受到良好的文化教育,加上家里保存了许多图书,都为他后来写《史记》打下了很好的基础。

为了进一步丰富自己的知识,司马迁在20岁左右时,游览了祖国南北的名山大川,访问了一些历史事件发生的地点和当事人,接触到基层劳动人民,对当时的国家情况有了比较深入的了解,这些知识,也使他后来的《史记》的内容更加丰富,语言更加生动。

公元前110年,司马迁的父亲去世,两年后,汉武帝任命司马迁为太史令,继续从事他父亲生前的工作。司马迁在跟着汉武帝到处出巡的日子里,不断扩充自己的资料,又利用职务的方便,把国家图书馆里珍藏的图书资料认真地进行了整理。经过几年的准备,司马迁在40岁左右时,开始了编写《史记》的工作。

就在司马迁全力以赴地编写《史记》的时候,发生了一件事情,给司马迁一个沉重的打击,差点害他丢掉了生命。

公元前99年,汉武帝派骑都尉李陵和贰师将军李广利出兵攻打匈奴。李陵是飞将军李广的孙子,像李广一样英勇善战,他率5000步兵深入匈奴境内,一直打到东陵稽山(今蒙古国境内),准备回师时被匈奴3万多兵马围困住,李陵率领部下苦战了许多天,最后被匈奴活捉。消息传到长安,说李陵投降了匈奴,汉武帝非常痛苦,下令杀死李陵的母亲和妻子。朝廷中的大臣没一个敢劝阻,司马迁却要讲几句公道话,他说李陵英勇战斗,杀了许多匈奴兵,最后不得已而暂时投降，将来肯定会找机会回来的。汉武帝认为司马迁在为叛徒说话，下令将司马迁抓起来，也判成死罪。

当时，按法律规定，像司马迁这种情况，有两种办法可以不杀头，一是向朝廷交50万钱，二是接受腐刑（即割去男性生殖器）。司马迁想到自己的史书才开了个头，自己如果死了，就无法完成这部著作，可是又没有那么多钱来买命，痛苦万分之后，选择接受了腐刑。

受刑以后，司马迁被放了出来，继续写他的《史记》。汉武帝见司马迁有学问，又让他当了中书令，这是一种由宦官担任的职务，位置比太史令高得多，当了中书令以后，成天和皇帝在一起，虽然职务升高了，司马迁内心的痛苦却更加沉重了。这时，他一个好朋友叫任安，写信给司马迁，要他利用自己现在职务的方便，多向皇帝推荐人才，司马迁更加难受，给任安写了一封回信，把自己受刑以后的痛苦心情详细地向朋友倾诉，说自己要不是因为这一部史书没写成，早就不愿活在世上了。在信里，他告诉任安，这部书已经完成了，他要把它藏起来，留给后人，还叙述了自己对编写史书的看法。这封信就是一直流传到今天的著名的书信体散文《报任安书》（又叫《报任少卿书》，任安的官名是少卿）。

司马迁祠

位于陕西省韩城市芝川镇。始建于西晋永嘉四年（310年），距今已有1700余年。司马迁是我国古代著名的历史学家，其所著《史记》被鲁迅誉为"史家之绝唱，无韵之《离骚》"。

司马迁给自己花了许多年心血写成的这部史书取了个名字，叫《太史公书》。到东汉以后，人们逐渐把这本书称为《史记》，直到今天，我们一直把它叫作《史记》。

《史记》全书526500多字，共有本纪12篇，表10篇，书8篇，世家30

篇，列传70篇，记载的历史从上古传说中的黄帝起直到司马迁当时的年代，对历史上的政治、经济、文化、军事、民族风情等都做了详细的记载，被后人称为百科全书式的通史。

《史记》又是对到当时以前的历史和历史学的一次总结，司马迁在《史记》中开创的纪传体，被后代的历史学家一直继承沿用下来。《史记》还是一部伟大的文学著作，在中国古代文学史上具有独一无二的地位。

83-苏武与李陵

公元前100年，匈奴且鞮（dī）侯单于派使者带着书信到长安来，向汉武帝表示希望两家永远和好，不再打仗。汉武帝看了匈奴的书信，非常高兴，派苏武为大使，带着厚礼去匈奴答礼，同意两家和好。

苏武来到匈奴，见了单于且鞮侯，交上了汉武帝的书信和礼物，等候回信，好回长安交差，哪知道就在这时发生了一件事：

早在苏武出使匈奴之前，汉朝有一个叫卫律的人在匈奴出使，他听说自己的好朋友李延年在朝廷被杀，便留在匈奴，不回汉朝，匈奴人对卫律很信任，让他当了相国。卫律手下有一个从人叫虞常，他不愿跟卫律一道在匈奴生活，想杀死卫律后再回汉朝去。这时，正好苏武来匈奴出使，苏武手下有一个副使中郎将张胜和虞常是早年的朋友，虞常和张胜商量杀卫律的事，张胜觉得，如果杀了卫律，回到长安，肯定会立一大功，便不告诉苏武，暗暗和虞常做准备。

这一天，且鞮侯单于外出打猎，虞常和张胜组织了70多人，准备用箭射死卫律，抢走且鞮侯单于的母亲回长安去。不料走漏了风声，单于的子弟们立即发兵，将虞常逮捕起来，报告且鞮侯单于，单于让卫律亲自审问这件事。

虞常受不了卫律的严刑拷打，便将张胜参与同谋的事说了出来。张胜在虞常被捕时，便告诉了苏武，苏武急得拔剑自杀，幸亏张胜、常惠二人拉住，才未自杀成功。

等卫律问清楚案件后，他将苏武叫到庭中对质，要苏武投降匈奴，苏武对自己的从人常惠说："事情到了这一地步，为了免得受污辱，还是死了的好！"又拔剑自杀，卫律冲上去拉住苏武的手，他才没死成，可脖子上已经割了一道很深的口子，出血太多，当场昏死过去。

卫律找来医生，医生把苏武放在土坑里，又在一旁安放微火以保持温度，又给苏武上了药，终于救活了苏武。卫律让常惠好好照看苏武，又叫医生认真地为苏武治疗，自己赶快去向且鞮侯单于报告。

苏武病好以后，卫律又去逼苏武投降，苏武坚决不答应。苏武越不答应，且鞮侯单于越觉得苏武是个人才，便把苏武放在一个大地窖中，不给吃喝，以为苏武饿急了就会投降。

正好天下大雪，苏武吃融化的雪水，嚼吞睡觉用的毛皮毡子，四五天过后，仍然活得很好。单于认为苏武是神人，只好放他出来，送到北海（今贝加尔湖）边，让他放羊。单于给苏武一群公羊，对苏武说："什么时候这些羊生了小羊羔，你就可以回长安去了。"苏武在北海放羊，捕捉草地里的野鼠充饥，挖草根，喝凉水，就是不肯投降。

苏武出使以后，很长时间没回长安，汉武帝知道匈奴又翻了脸了，便派贰师将军李广利、假司马赵充国、李陵等人，几次出兵进攻匈奴。

李陵是飞将军李广的孙子，英勇善战，率领5000人直到东陵稽山，没遇到匈奴军队，准备回师时，突然与匈奴3万多骑兵相遇，李陵指挥5000人顽强抵抗，最后矢尽粮绝，受伤被俘，被押在匈奴兵营中。消息传到长安，汉武帝听说李陵兵败投降，非常愤怒，立即杀了李陵的母亲和妻子。李陵悲痛万分，便真的投降了匈奴。匈奴单于欣赏李陵的勇敢，立他为右校

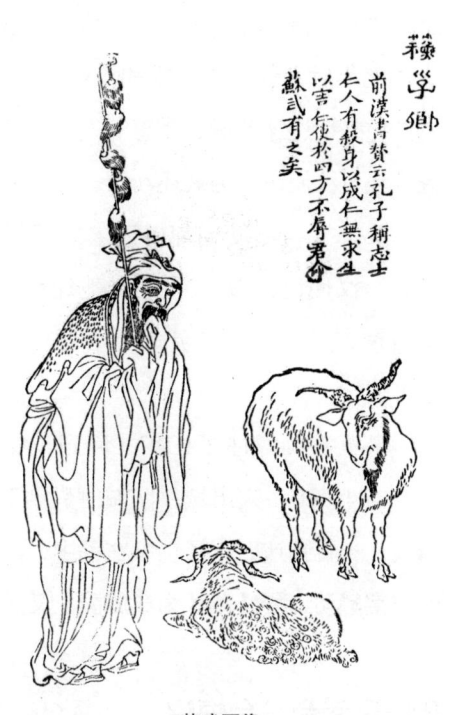

苏武画像

清代版画。苏武（前140年—前60年），字子卿，杜陵（今陕西西安）人。天汉元年（前100年），以中郎将持节出使匈奴，被扣留，矢志不降，历19年才被放回汉朝。

王。李陵便和卫律一同辅助匈奴单于。

李陵和苏武本来是好朋友，李陵投降匈奴后，便来劝苏武投降。

这时，苏武在北海放羊已经十几年了，李陵带着酒菜饮食来看苏武，两人一同饮酒谈天，李陵说："单于知道我和你交情不错，让我来劝劝你。你虽然忠于国家，但你困在这里，哪个知道呢？你的家属已经死得差不多了，何必再受这份苦呢？"

苏武知道自己母亲病死，妻子改嫁，儿女们也不知道怎么样了，可他还是不肯投降。李陵劝了多少次，他就是不答应，李陵感到有点难为情，便不再坚持劝说，留了许多吃喝的东西，自己去向单于报告。

几年后，匈奴又请求和汉朝恢复和平，汉昭帝（当时汉武帝已死）派使者说，必须送还苏武、常惠等人，才可以和谈。当汉朝使者来到匈奴时，常惠偷偷地对汉使说，苏武还活着，在北海放羊。

第二天，汉使向匈奴请求放回苏武和常惠，匈奴单于说："苏武早就死了！"汉使说："苏武没死！他还在北海上放羊，前不久有一只大雁给我朝皇帝捎去一封信，说苏武还活着！"匈奴人更加认为苏武是神了，只得放了苏武。

苏武在匈奴住了19年才回到长安，去的时候才40岁，回来已经快60岁了，当年100多人出城，回城时只剩下常惠等9人。苏武当年出使匈奴时拿的节杖，一直到这时，还仍拿在手中，他亲自把它交还到汉武帝的祠庙中，汉昭帝非常感动，拜任苏武为典属国，又送他许多土地和钱财。

84-汉武帝轮台悔诏

汉武帝从小便有远大的志向，他喜欢读书，重视知识分子，重视人才，在他继承皇位的这一年，他便下了一道诏书，要大臣们给自己推荐人才，特别是要推荐那些有学问、有胆量、敢讲真话、品德良好的人才。诏书一下，全国各地的诸侯、大臣们一起积极行动，不多久，便从全国各地选拔了100多名人才。

汉武帝接到各地报来的名单一看，立即接见这些从全国各地选来的人

> **前136年**
>
> 汉武帝按照董仲舒的建议，"罢黜百家，独尊儒术"。

董仲舒画像

董仲舒（前179年—前104年），广川人。公元前134年，董仲舒上《举贤良对策》，提出了"天人感应""大一统"学说，主张"罢黜百家，独尊儒术"。汉武帝准以施行，提拔布衣出身的儒生公孙弘为丞相，推行以儒取士。儒学成为中国社会正统思想，影响长达二千多年。

TIPS

察举制

古代选拔官吏的一种制度。它是与先秦的世官制和唐宋以后的科举制相区别的一种选拔制度。开始实行于汉武帝元光元年（前134年），由地方长官在辖区内随时考察、选取人才，并推荐给上级或中央，经过试用考核后，再任命官职。

才，把他们召集在一起，一个个地询问，出的题目都是如何治理国家、如何整顿政治等。最后，又命令每人写一篇文章，把自己的观点在文章中细细地阐述一遍，不到半天时间，答卷一张张交到汉武帝手中。

汉武帝把这些答卷收集起来，一份一份地阅读，

大多数答卷都是一些老套套，都是一些歌功颂德的虚话，没什么新观点。当汉武帝读到广川县（今河北景县西南）推荐的一个叫董仲舒的读书人的答卷时，他的眼睛亮了起来，把这篇文章一连读了几遍，连连叫好。原来，董仲舒在文章中提出治理国家的对策是，第一要办学，其次要多选拔品德端正的人才。又提出大一统的理论，说要加重皇权，统一法令和制度，强化对各个地区的管制。最后又提出了治理国家的思想应该以孔子儒家的思想为标准，凡是不符合孔子的儒家思想要求的，要一律排除，这样，老百姓有了一个统一的行动标准，国家就好管理了，这就是"罢黜（chù，罢免、革除的意思）百家，独尊儒术"的由来。

汉武帝的性格比较好动，崇尚天下大一统的局面，幻想着把国家治理得繁荣昌盛，超过古代一切圣明的君主，所以，董仲舒的理论正好符合汉武帝的要求，他对董仲舒大大地赞赏了一番。汉武帝一生的治国实践，很多方面都是按照董仲舒的理论进行的。

汉武帝有一个很大的弱点，那就是相信迷信和鬼神，经常求神问卜，希望自己能长生不老。一些投机分子便趁机装神弄鬼，把汉武帝说成是天上的神人，说他是神和人结合起来的帝王，是古今以来最英明、最伟大的君王，还为他采炼了许多丹药让他吃，并说吃了药会长生不老，每次派兵出去打仗，都有一些装神弄鬼的人为汉武帝求上帝保佑。汉武帝对这些东西非常相信。

但是，有一件事使汉武帝对鬼神的态度发生了变化，使他对自己一生的行为做了一次彻底的检讨，这就是贰师将军李广利投降匈奴的事件。

公元前90年，匈奴对汉朝的五原（今内蒙古包头西北）、酒泉（今甘肃酒泉）二郡发动进攻。汉武帝派李广利等人领兵七万前去迎敌，李广利出兵之前和丞相刘屈氂（máo）商量，要刘屈氂设法让自己的外甥昌邑王立为太子。刘屈氂和他的夫人在家请了女巫，诅咒汉武帝早死，只要汉武帝一死，便与李广利里应外合，立昌邑王为皇帝。谁知这件事情被人告发了，汉武帝大怒，把丞相刘屈氂一家、李广利的一家老小全部杀了，还连累了许多朝廷官员。李广利在前方听说这件事后，便投降了匈奴。

汉武帝杀了李广利一家以后，心中想不通，为什么许多事情都和神鬼有关？难道神鬼保佑都是假的？又想到自己派出许多方士（专门以求神、炼丹为职业的人）去求仙访神，他们说在东海上发现了神仙，可怎么总见不到？这时候，汉武帝已经70来岁了，身体渐渐差了起来，想自己亲自去求仙，看神的事情到底是真是假。

汉武帝带着许多方士，来到东莱（今山东龙口一

TIPS

巫蛊之祸

巫蛊是一种巫术，将木偶人埋于地下，诅咒所怨者，被诅咒的人据说会有灾难。汉武帝征和二年（前91年），丞相公孙贺的儿子公孙敬声被人告发，用巫蛊咒汉武帝，与阳石公主通奸，汉武帝宠臣江充奉命查巫蛊案，用酷刑逼人认罪，后数万人因此连坐而死。江充又陷害太子，皇后和太子刘据相继自杀。史称此为"巫蛊之祸"。

马蹄金

马蹄金是汉武帝太始二年（前95年）应祥瑞而制，一般为皇帝给诸侯王的赏赐物，重约250克，相当于汉代的一斤，底面呈圆形，内凹、中空，状如马蹄，故名。2015年12月，在南昌海昏侯墓出土大量马蹄金，分大小两种，大马蹄金分别铸有"上""中""下"三字之一。

带），准备亲自登船出海去求神仙，刚刚上船，海上风暴大起，海浪像小山一样向船涌来，吓得汉武帝连退几步，打消了出海的念头，命令回都城去。经过泰山，汉武帝祭过了神，召集大臣们说："我从当皇帝以来，所作所为相当混乱，国家的老百姓跟在我后面吃了不少苦，今后，凡是有伤害老百姓利益的事情，一律不准！"大鸿胪（官名）田千秋说："现在朝廷任用了许多方士，他们成天只是谈论神仙，浪费了国家许多物资，应该下令叫他们回乡劳动去。"汉武帝觉得田千秋说得很对，立即下令解散了全部方士。

桑弘羊

桑弘羊（？—前80年），洛阳人，西汉政治家、理财专家。他是汉武帝时期重臣，在汉武帝的大力支持下，先后推行算缗、告缗、盐铁官营、均输、平准、币制改革、酒榷等经济政策。这些措施大幅增加了政府的财政收入，为汉武帝连年对外用兵提供了重要的经济支持。桑弘羊的经济思想对后世产生了重要影响。公元前80年，桑弘羊因与大将军霍光政见不同，卷入燕王刘旦和上官桀谋反事件被杀。

搜粟都尉桑弘羊又上书说："轮台（今新疆轮台东南）地方有水田5000多顷，应该在那里派驻士兵，一面种田一面防止外敌入侵。"汉武帝这时候已经认识到长年打仗使人民痛苦不堪，觉得不能再实行老政策了，便就桑弘羊的奏表下了一道诏书，叫《轮台罪己诏》（罪己，检讨自己错误的意思），说自己不愿再向远方派驻军队和邻国打仗，过去的这些行为对国家极为有害，当前最重要的是发展农业生产，免除那些沉重的税收和严酷的法律，让人们过上安定的日子，军事上只要能防守就行了。诏书还检讨了自己多年在边疆发动战争的过失。

汉武帝从下过这道诏书以后，果然改变了过去的一些好大喜功的坏行为，认真治理国家，"轮台悔诏"是汉武帝对自己进行正确认识和评价的一种表现。

85-霍光执政

汉武帝一生当了50多年皇帝,做了许多大事,国家也非常强大,到了公元前88年时,汉武帝已觉得自己身体越来越不行了,不得不考虑两件事:

一件事是自己死后由谁继承皇位,当时他有好几个儿子,但他最喜欢的是才8岁的小儿子刘弗陵(这就是后来的汉昭帝),决定把皇位传给刘弗陵。但是,刘弗陵太小,不会治理国家,必须有一个人帮助他才行,他想来想去,觉得只有大臣霍光合适,便决定让霍光来主持朝政大事。

还有一件事是汉武帝最担心的事情,就是小儿子当了皇帝,他的母亲当然就是皇太后,皇太后有权治理国家,儿子不懂事,母亲管国家,肯定要用自己娘家人来当大臣,这就会给政权造成混乱。因此,汉武帝又决定,立刘弗陵为太子,同时杀掉刘弗陵的母亲钩弋夫人。钩弋夫人当时很年轻,也是汉武帝最喜欢的一个妃子,但为了自己国家的安定,他还是狠下心来把钩弋夫人杀了。这件事叫"子立母死",是一种很残忍的做法。

茂陵

汉武帝刘彻的陵墓,位于陕西省咸阳兴平市。于公元前139年至公元前87年间建成,历时53年,有李夫人、卫青、霍去病、霍光等人的墓葬陪葬,是汉代帝王陵墓中规模最大、修造时间最长、陪葬品最丰富的一座。

> 前87年
> 汉武帝死，太子刘弗陵即位，时年8岁，是为汉昭帝。

第二年，汉武帝病死，死之前，交代霍光帮助太子继位，同时又发诏书，加封霍光为大司马大将军，和车骑将军金日䃅（mì dī）、左将军上官桀、丞相田千秋、御史大夫桑弘羊一起辅助治理国家大事。

霍光主持朝政的时候，实行了一系列与民休息、发展生产的政策，国家非常安定。

时间一晃就是4年，汉昭帝已经12岁了，上官桀想把自己6岁的孙女嫁给皇帝，这孙女也是霍光的外孙女。霍光说女孩太小，不同意，可是上官桀和他的儿子（也是霍光的女婿）上官安非常恼火，一心要做成这件事，他们通过盖长公主的门路，从皇宫里发出诏书，立上官桀的孙女为皇后，霍光也不好再反对了，可是从此以后，上官桀渐渐和霍光产生了分歧。

同样痛恨霍光的还有一个人，这就是汉武帝的三儿子、被封为燕王的刘旦，他认为他的两个哥哥都死了，汉武帝一死，按年龄大小排列应该轮到自己当皇帝，可汉武帝却让才8岁的小弟弟当了皇帝，又让霍光主持朝政，便找借口想进京，霍光没答应他。刘旦不甘心，和另外几个人商量，准备造反，自己当皇帝。可是事情泄露，霍光考虑到汉昭帝刚上台，马上就对兄长们动刑不好，便将燕王刘旦从轻处置，命令他入京谢罪。刘旦不得不听，但从此以后便更恨霍光，就和上官桀父子、桑弘

霍光画像

霍光（？—前68年），字子孟，河东平阳（今山西临汾）人。他是霍去病同父异母的弟弟，由霍去病引荐给汉武帝，成为汉武帝的重要谋臣。汉武帝死时，命他辅佐汉昭帝，从此执掌汉室近20年。霍光执政期间，曾废立昌邑王，汉宣帝刘询也是他所立。他死后三年，霍家因谋反被灭族。

羊等人串通起来谋害霍光。

　　汉昭帝14岁这年，有一天忽然接到燕王刘旦的一封书信，信中说："霍光出城阅兵，用的是皇帝的车驾，还擅自调动幕府的一个校尉，有心要造反，我愿意立即带兵进京，除掉霍光。"汉昭帝看了书信，什么话也不说，照原来一样办理事情。

　　霍光听说这事后，吓得赶紧朝见皇帝，脱掉帽子，跪地磕头谢罪。汉昭帝说："大将军不要怕，你尽管戴上帽子、抬起头来。我知道这是有人在陷害你，你出城阅兵，不过10天时间，燕王送信来，10天根本到不了长安，这封信明明是假的；再说，你真要造反，调动一个校尉有什么用？"又对丞相田千秋说："立即查明这封信是怎么来的！"大家都觉得昭帝小小年纪竟然这么聪明，非常高兴。丞相去查这封信的来历，这封信本来是御史大夫桑弘羊和上官桀他们合伙伪造的，自然查不出来，时间一长，也就不了了之。

　　从此以后，汉昭帝更加信任霍光，上官桀父子心里更加不安，秘密商量要由盖长公主出面，请霍光赴宴，在酒里下毒，毒死霍光后，废掉汉昭帝，让上官桀当皇帝。这事情商量来商量去，不知怎么走漏了消息，被霍光探听清楚了，霍光和汉昭帝一起商量，立即动手，捕杀了上官桀父子和桑弘羊，盖长公主和燕王刘旦也服毒自杀。汉昭帝虽然聪明，可惜寿命不长，在21岁的时候，就得病去世了。霍光和大家商量，找出汉武帝的孙子昌邑王刘贺来当了皇帝。

　　昌邑王刘贺是个只知道贪图享乐的家伙，他当皇帝以后，更加像发了疯一样地吃喝玩乐，把国家大事放在一边。霍光和大司农田延年等人商量后，废除了刘贺，在汉武帝留下的子孙中选了一个叫刘询的当了

TIPS

刘贺

刘贺（约前93年—前59年），汉武帝之孙，西汉第九位皇帝，在位时间不到一个月，是西汉历史上在位时间最短的皇帝。元康三年（前63年），汉宣帝封刘贺为海昏侯，食邑四千户，封地在今江西省南昌市。2011年，考古学家开始对南昌市新建区的海昏侯墓进行抢救性发掘，于2016年3月2日确认墓主身份为第一代海昏侯刘贺。海昏侯墓是中国发现的面积最大、保存最好、内涵最丰富的汉代列侯等级墓葬。

皇帝，这就是后来的汉宣帝。

汉宣帝即位后，在霍光和一班大臣的帮助下，精心治国，汉朝又强盛起来。

86-昭君出塞

公元前57年，正是汉宣帝的五凤元年，匈奴国发生内乱，一下出了五个单于，各占一方，互相攻战，一连打了四五年的仗，各自都筋疲力尽，剩下了两股比较强大的势力，一个是呼韩邪单于，一个是郅支单于。为了保护自己的地盘，呼韩邪单于送自己的儿子到汉朝，表示愿意和汉朝和好，请汉朝帮助他打击郅支单于。郅支单于听说后，也将自己的儿子送到汉朝，表示要和汉朝和好，要求汉朝帮助自己，不要去帮助呼韩邪。

当呼韩邪单于到达长安时，汉宣帝非常高兴，命令朝中大臣们出城迎接，用对待本国王公的礼节迎接他，汉宣帝本人到甘泉宫去接受呼韩邪单于的朝见。接见后，汉宣帝又亲自陪他到住处去，三番五次的宴请他，还把呼韩邪留在长安住了一个多月，临走时，呼韩邪表示要代汉朝保卫西域，请汉朝放心。

呼韩邪与汉朝建立了这样好的关系，西域各个小国一齐表示愿与汉朝和好，郅支单于本来要和呼韩邪为敌的，这时见汉对呼韩邪这么好，只好停止战争，对汉朝恭恭敬敬地服从。这么一来，在汉宣帝当皇帝时，边界战争很少，国内也很安定，汉朝进入了

前74年

汉昭帝死，霍光立昌邑王刘贺为帝。刘贺在位27天，被废。霍光改立戾太子刘据之孙刘病已（后改名为刘询）为帝，是为汉宣帝。

前57年

匈奴五单于争立，国内大乱，分裂为东、西两部。

前51年

匈奴呼韩邪单于朝汉，称藩。

透雕双驼纹铜带饰
西汉。1987年出土于宁夏同心县倒墩子，长9.8厘米，宽4.9厘米。青铜带饰是匈奴人皮带上的重要装饰，此带饰内透雕两头正在啃食牧草的骆驼，驼头上方饰有两个兽头。它是西汉中晚期归属汉廷的匈奴人的重要遗物。

一个很强盛的时期。

一直到公元前36年汉元帝的时候，匈奴国的郅支单于和康居国结成亲家，杀掉了汉朝派驻的使者。当时正好是西域都护骑都尉甘延寿和助手陈汤在都护府驻扎兵马，甘延寿和陈汤发动突然袭击，杀了郅支单于，打败了康居国的兵马，匈奴的骚乱再一次被平定下来。

公元前34年，呼韩邪单于因为汉朝帮他杀掉了郅支单于，消灭了自己的一股敌对力量，非常感谢，便亲自来到长安，向汉朝表示臣服，并且希望汉朝按过去的老办法，嫁一个公主给他做妻子。

汉朝嫁公主给匈奴的单于做妻子，这是从汉高祖刘邦就开始了的。当年，汉高祖和匈奴打仗，在白登地方被围，脱围以后，知道一时征服不了匈奴，便和匈奴和亲，在后宫里选一个王室的女儿嫁给匈奴的单于，说是自己的女儿，并且陪嫁许多金银珠宝，这样来保持两国的关系。到后来，汉朝和匈奴长期处于打打停停的局面，和亲的事也是常有的。不过已经是在后宫里选宫女送去，而不是选王室成员了。

汉元帝见匈奴诚心诚意地来求亲，便答应了他的要求，下令在后宫里选一个宫女嫁到匈奴去。

当时，在皇宫里有许多从全国各地选来的美女，让皇帝在美女中选拔妃子。按当时的规定，宫女们进了皇宫，先由画匠们为她们分别画一张像，将画像送给皇帝，皇帝看中谁，谁就可以来到皇帝身边。宫女们为了能早日见到皇帝，都给画匠送去许多钱，求他把自己画得美一些。

宫女里面有一个叫王嫱（qiáng）的姑娘，人称王昭君，她自信自己长得很美，不肯给画匠送礼，画

◀ 前49年
汉宣帝死，太子刘奭（shì）即位，是为汉元帝。

◀ 前33年
王昭君出塞，与匈奴呼韩邪单于成婚。

匠给她画像时便漫不经心，所以她进宫几年了，也没机会见到皇帝。

汉元帝答应了呼韩邪单于，便在画像中找那相貌一般的，正好找到了王昭君的画像，便决定将王昭君嫁到匈奴去。

哪知道，这个假公主临走之前要向皇帝告辞，汉元帝这才看到了王昭君的长相，她简直比自己后宫的妃子们要漂亮百倍，汉元帝心中直后悔，可这时后悔已经来不及了。呼韩邪单于却非常高兴，他这么大年纪却还娶了个又年轻又漂亮的"公主"。

昭君嫁到匈奴后，生了一个儿子，两个女儿，虽然远离家乡，生活却也安定得很。

在中国文学史上，很多诗人都写过有关王昭君的诗。人们都很怀念王昭君，说她嫁到匈奴后，非常想家，匈奴境内的草是白的，唯独她坟墓上的草是青的。以王昭君的故事为题材，产生了许多文艺作品。

《昭君出塞图》

明仇英绘。汉元帝时，匈奴呼韩邪单于三次进长安朝见汉元帝，希望与汉朝和亲。汉元帝于后宫选宫女王昭君封为公主，嫁与呼韩邪。昭君到匈奴后被封为"宁胡阏氏"。在汉朝的帮助下，呼韩邪统一了匈奴全境。呼韩邪死后，其长子继位。按照匈奴的习俗，昭君又做了新单于的阏氏。汉朝与匈奴的和平持续了半世纪之久，王昭君做出了重大贡献。昭君出塞的事迹千古流传，后世文人墨客对其人其事多有吟咏、图画。

87-王莽代汉

王莽，字巨君，他的姑母王政君是汉元帝的皇后，王莽的叔父王凤、王根都是朝中掌握大权的人物。当时，王氏家族的弟兄个个贪图享受，不求上进，对人也非常傲慢，只有王莽勤奋学习，生活俭朴，待人也非常有礼貌，他的叔父王凤、王根等人都很喜欢他，把家族的希望寄托在王莽的身上。

公元前1年，汉哀帝刘欣去世，汉平帝刘衎（kàn）即位，汉平帝这时只有九岁，什么都不懂，由太皇太后王政君主持朝政，王政君重用自己的侄儿王莽，封王莽为大司马，代替自己主管国家大事。

王莽当权以后，想做几件事情来获得大家的诚心拥护，他想了一个办法：

这年正月，越棠氏向汉朝进贡一只白雉，说是越棠氏信服汉朝，特此将珍贵动物白雉进贡（白雉就是白色的野鸡）。越棠氏使者一到，一些喜欢给王莽吹捧的人立即找到了一条根据，说是在周朝的时候，周公辅助小皇帝，德高望重，感动了越棠氏，向周朝进贡了一只白雉，被封为"周公"，现在王莽执政，越棠氏又进贡白雉，这一定也是王莽的声望惊动了他们，应该给王莽加封为"安汉公"，"安汉"的意思是说现在的天下是靠王莽来安定的。大臣们联名上表，请求太皇太后王政君封王莽为安汉公，王政君只好同意。实际上，这件事完全是王莽自己一手策划出来的。

> **前1年**
> 汉哀帝死，王莽立中山王刘衎为帝，时年9岁，是为汉平帝。太皇太后王氏临朝，大司马王莽秉政。

四神瓦当

"四神"分别是青龙、白虎、朱雀、玄武，代表天上东、西、南、北四个方位的星宿。在汉代，人们深信四神与天地万物、阴阳五德有密切关系，有护佑四方的神力，因此四神常出现在宫殿装饰瓦当及铜镜上。王莽以四神瓦当装饰其宗庙，祈望其驱邪镇宅，保佑宗庙乃至江山社稷永固。

王莽经过几次推让，最后装作不得已，接受了"安汉公"的封号。当了安汉公后，王莽更加注意自己的行动，对家里的人也要求很严，不准他们过豪华奢侈的生活。传说王莽的老婆过生日这天，朝中许多大官的夫人都来祝贺，这些贵族夫人们个个穿着华丽的衣服，坐着漂亮的车子，到王莽家门前下车，王莽的夫人站在门里迎接，她穿着一身粗布衣服，态度非常恭敬，有些人都把她当成是家里的用人，一打听，原来就是王莽的夫人，大家都非常惊讶。这天宴会上，吃的是一般的饭菜，许多人都吃不下，后来一问，原来王莽家日常生活就是这样，大家对王莽的俭朴更加佩服。经过这次生日宴会，大家把王莽一家吹捧得上了天，这使王莽非常高兴。

　　一年夏天，久旱不雨，农田干得冒烟，同时又发生了蝗虫灾害。王莽非常焦急，一面向太皇太后上表，准备救济灾民，同时自己带头不吃荤菜，捐出钱100万，田30顷，做救灾用。在王莽的号召下，满朝文武大臣个个踊跃捐款，共有230多人参加了这次捐钱捐地的活动。不久，天降大雨，大家都说这是安汉公王莽功德无量，感动了天地，又在朝廷中称赞王莽。

　　汉平帝12岁这年，王莽提议为皇帝选皇后，大臣们推荐了许多人家的女儿，王莽自己的女儿也在。王莽又想了一个办法，对太皇太后说："我自己没有好的能力，我女儿也没有好的相貌，为皇帝选皇后，就不要选我的女儿了吧，就是我王家人中，也不选比较好。"这话一传出去，朝中大臣们一起反对，有些人干脆直接向太皇太后建议，不要再选来选去了，就是安汉公王莽的女儿就行了！这么一来，太皇太后依照大臣们的意思，下旨准办，选定了王莽的女儿做皇后，立即嫁进皇宫。王莽又成了皇帝的老丈人，身份更加重要了。

　　当汉平帝进宫时，王莽把他的母亲卫夫人送去外面居住，汉平帝渐渐长大，多次请求想去看看自己的母亲，王莽总是不同意，他逐渐对王莽不满，经常在背后怨恨王莽。早已有人把这些情况告诉了王莽，王莽觉得，汉平帝才14岁，就这么有主见，将来长大了更不得了，便借着给皇帝献椒酒的机会，在酒里放毒，毒死了他。

　　汉平帝一死，王莽坚持在汉宣帝的孙子辈中选一个当皇帝，最后选中了才两岁的刘婴，历史上称孺子婴（孺子就是小孩子）。又有一些大臣声称，皇帝太小，应该学习古代周公摄政的故事，由王莽来摄政。有一个叫谢嚣的大臣又说在某处淘井时发现一块白石头，上有"告安汉公莽为皇帝"的字样，证明王莽可以摄政。太皇太后王政君坚决不同意，但大臣们一再请求，她只好让王莽当了"摄皇帝"。

王莽当了摄皇帝后，实际上就是皇帝了，但他还不满意，始终想去掉"摄"这个字。正好，这年发生了一件"金匮藏书"的事，把王莽推上了皇帝的宝座。

◀ 6年

汉平帝死，王莽立2岁的刘婴为皇太子，世称"孺子婴"，由王莽"居摄践祚"。

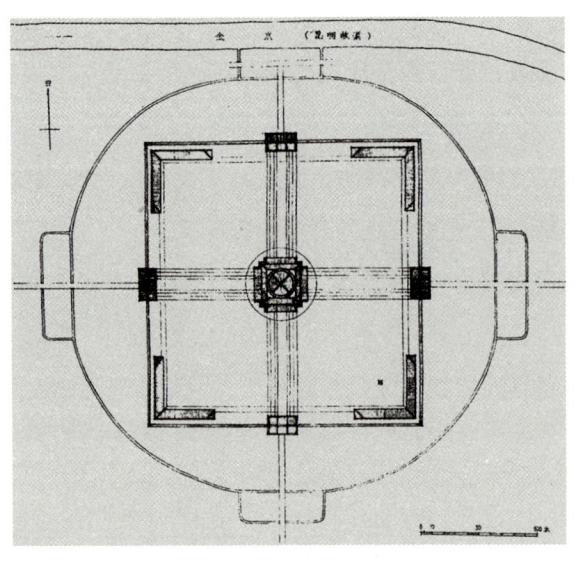

长安城南郊礼制建筑复原图

王莽代汉后，为了缓和剧烈的社会矛盾，采取了一系列的措施"托古改制"，企图回归西周礼乐文明。他按照《周礼》的记载推行新政，屡次改变币制、更改官制与官名，并恢复了"井田制"。刑罚、礼仪、车服等仪式，都要求恢复周礼模式。由于王莽食古不化、政令频更，人民未得其利，先受其害，社会矛盾进一步加剧，最终导致了新朝的灭亡。

梓潼（今四川梓潼）这地方有一个无赖名叫哀章，他偷偷地做了一个金匮（铜柜），在里面放了两支签，上面刻着要王莽当皇帝的字样，然后穿着一身黄衣服，在黄昏时候送进汉高祖刘邦的庙里，对守庙的人讲了几句话便走了。守庙官将这个金匮的事情告诉了上级官吏，王莽接到金匮后，打开一看，里面写着要自己当皇帝的字样，还写了11个大臣的名字。王莽自己也知道是有人伪造的，但正好利用一下，便领着大臣们到高祖庙里跪受金匮，又对太皇太后说了一通胡言乱语，便走上大殿，穿起皇帝朝服，大臣们纷纷祝贺。

王莽当了皇帝后，定国号为"新"，把衣服、旗号的颜色改成黄色，然后又照金匮藏书中指示的11个人名单，一个个地找到朝中封官。11人中大多数是已经当了官的人，那个叫哀章的无赖汉也在其中，还有一个叫王盛、一个叫王兴的人怎么也找不到，最后找到了，原来一个是守城门的，一个是走街串巷卖烧饼的，两个人像在梦中一样，也当了大官。

> 8年
> 王莽即天子位，定国号新。

88-绿林、赤眉大起义

王莽建立了新朝以后，他想整顿一下当时的社会秩序，摆脱社会危机，就下令实行改制，即通过恢复古代的井田制度，禁止奴隶买卖来发展生产。王莽规定：全国的土地改为"王田"，私人家的奴隶改为"私属"，一律不准买卖。一夫一妻可以分得一百亩田，一个男子不足八口的家庭不准超过九百亩（九百亩就是一井），多出来的田必须拿出来公分。王莽还规定：粮食、布帛、税收全部归国家控制，铸钱、盐、铁、造酒等行业一律归政府经营。这些改革看起来很好，可实际上只是把大量的财富全部抢到了皇家手里，土地也全部被大贵族们占去了，老百姓仍然没有土地，这样的"改革"结果只是使老百姓更加穷苦，在这样的情况下，终于爆发了全国性的农民大起义。

> 17年
> 绿林起义。

18年，山东琅邪（láng yá，今山东诸城）人樊崇在莒县（今山东莒县）发动了农民起义，起义军以泰山为立足点，不到一年的时间就发展到数万人，起义军提出了"杀人者死，伤人者偿伤"（杀人偿命、

> 18年
> 赤眉起义。

新莽时期的各种货币

王莽从居摄开始到败亡,一共进行了五次货币改革。币制复杂混乱,极大妨碍了民间交易,且每次改制的新货币都较小,而币值却越来越高,变相掠夺了民间财富。币制改革是王莽败亡的原因之一。

伤人赔偿治伤)的口号,号召力很强,很快便把势力发展到几个省。这股起义军推樊崇为最高首领,作战的时候,都把眉毛涂成红色,所以被称为"赤眉军"。

当赤眉军节节胜利的时候,青、徐二州州牧田况给王莽上了一封书信,信中把天下大乱的责任归在朝廷官员身上,建议说:"要想平定叛乱,必须认真选拔好地方长官,让地方官们好好地安顿受灾的老百姓,把老百姓集中到大城内,多积粮草,固守城池,起义兵攻不下城,时间长了又没有粮草,自然要退,那时候对起义军镇压也行,招降也行。否则,光发兵镇压,只会给老百姓增加负担,老百姓觉得官府还不如起义兵,那就很危险了!"王莽看了这封书信,心里很不高兴,不但不依,反而把田况从山东调回长安,另外派人去代替。

21年,王莽派太师王匡和更始将军廉丹去镇压樊崇的起义军,这些官府军队沿途烧杀抢劫,而赤眉军却纪律严明,老百姓很喜欢赤眉军,当时有几句歌谣说:"宁逢赤眉,莫逢太师(王匡);太师尚可,更始(廉丹)杀我。"在梁郡(今河南商丘)一带,赤眉军和王匡、廉丹的十几万大军展开激战,廉丹战死,王匡逃走,十几万大军全部覆没,赤眉军军威大振。

和赤眉军同时发动起义的,还有长江中游北部的以王匡(这个王匡不是王莽的太师王匡)、王凤为首领的起义军,这支起义军以绿林山(今湖北京山大洪山北麓)为根据地,所以历史上称他们为绿林军。绿林军发展得也很快,不久就壮大到近万人,王莽派大司马费兴到荆州去镇压绿林军,临行时,王莽问费兴准备采取什么办法平定叛乱。费兴说:"那一带的老百姓本来是靠捕鱼、种地过日子的，我们的改制夺去了他们的生路，他们才造反的，我准备让他们回家种田、打鱼，借钱给他们买牛、买地、减轻税收，他们就会安定下来。"王莽认为费兴是在讽刺自己，立即罢了他的官，另派别人去镇压绿林军。

22年，绿林山一带传染病流行，绿林军分两路进行转移，一路由王常、成丹率领，向西前进，称作"下江兵"，一路由王匡、王凤、马武率领，向北前进，称为"新市兵"。当新市兵前进到平林（今湖北随县东北）时，又有陈牧的起义军几千人响应，这支队伍被称作"平林兵"，绿林军的声势日益壮大。

在绿林军不断壮大时，原来西汉的一些皇族成

"更始"五铢铜母范

出土于西安三桥镇，为刘玄灭王莽后于更始二年（24年）迁都长安时所铸。现藏于上海博物馆。范盒背面有铭文十字，标明铸造年代和刻工名字。

> 23年
> 绿林军拥立刘玄为帝，是为更始帝。昆阳之战，绿林军攻入长安，王莽被商人杀死，新朝结束。

员也加入了农民起义兵，刘玄加入了平林兵，刘縯（yǐn）、刘秀（后来的东汉光武帝）在舂陵（今湖北枣阳境内）起兵反对王莽，号称"舂陵兵"，并且加入了绿林军，和新市兵、平林兵联合作战，每战必胜，起义军队伍很快发展到10万多人。23年，绿林军在淯阳（今河南南阳南部，淯音yù）推选刘玄当了皇帝，年号为更始，历史上又称刘玄为更始帝。

王莽听说刘玄当了皇帝，赶紧召集了几十万大军去镇压绿林军。绿林军在昆阳（今河南叶县）和王莽军队大战一场，以少胜多，打败了王莽的40多万军队。绿林军又乘胜前进，攻下长安，王莽被起义军乱刀砍死，只存在了十几年的新朝就这样灭亡了。

当绿林军拥立刘玄当皇帝后，赤眉军又选了一个15岁的皇帝后代刘盆子当了皇帝，然后向长安进发。

新朝灭亡后，绿林军、赤眉军之间又展开斗争，最后是刘秀取得了胜利，重新建立了汉朝政权，以洛阳为首都，历史上称为东汉，把刘秀称为光武帝。

89-昆阳之战

绿林军在淯阳拥立刘玄当了皇帝，势力更加强大，刘縯、刘秀又分别率兵前进，刘縯困住了宛城，刘秀接连攻占了昆阳、定陵（今河南舞阳东北）、郾县（今河南郾城）等地，消息报到王莽宫中，王莽赶快在全国调集大兵42万，让大司空王邑、大司徒王寻率领，兵进昆阳，进攻绿林军。

王莽在征兵时，还发现了一个猛将，名叫巨毋霸，这人能驱赶狮、虎等猛兽作战，王莽让巨毋霸做先锋，一路张牙舞爪、耀武扬威地前来。又选了几百名精通军事的参谋，归王邑指挥。

刘秀、王凤、王常、李轶等人正率领几千人驻守在昆阳城中，听败退的绿林军士兵说，王莽的军队势力如何如何大，猛兽如何如何凶狠，一齐吓得没有办法，连王凤、王常这些身经百战的领袖都吓得面色发白。

王凤说："王莽兵马这么强悍，昆阳城又小，人又少，看来是很难守住，不如趁早退兵，保护妻子老小。"大家都认为王凤说得有理，可刘秀却大声说："既然兵少食薄，全体将士更要同心守城，才能成功。如果敌兵还没到，我们就准备逃跑，敌人势必要乘胜追赶，那时我们得到的地盘又要全部丢光，只怕想保住妻子老小也做不到了！"对刘秀的话，大家都不在意，各自开始整理行装，准备逃走。

大家还没做好走的准备，忽然又有探马来报告："王莽大军已经到了城北，人数大约有几十万，看不到部队的尾巴在哪里，足足一百多里路内全是王莽的军队！"起义军的将领们这时全都吓坏了，心想：即使逃走也逃不掉了，只有死守昆阳，等待救兵，于是，都来和刘秀商量。

刘秀说："大家听我一句话，我们城中有八九千人，依靠坚固的城墙，和

汉墓壁画中的对战图

壁画中一着甲武士正进攻另一赤膊武士,赤膊武士正在逃走并反身用刀格挡。着甲武士之甲已有腿裙下甲,其双袖为圆盾状铠甲,其形制为后世俄罗斯武士的盾牌常用。

敌人相持下去,未必就会失败。目前只要派出几个人,到郾县和定陵两县去讨来援兵,内外夹击,可以解困。只是谁能守城,谁能冲出去求救兵,请大家自己报告!"问了几遍,没人敢回答。刘秀自己大声说:"各位守住昆阳,我去求救兵!"当天半夜,刘秀领着13个将士,骑着马,突然冲出城门,王邑的军队刚到城下,还没扎好军营,刘秀等人轻易地从南门逃出了。

第二天清早,王邑指挥大军,把昆阳围了十几圈,猛烈攻打。将军严尤向王邑建议说:"昆阳虽然很小,但城墙非常坚固,一时攻不下来,现在刘玄在宛城称帝,不如乘机进攻宛城,破了宛城,捉了刘玄,还怕昆阳不投降吗?"王邑摇头说:"不!我们现在大军号称百万,遇城不攻下来,怎么显示威风?等我破了昆阳,再向宛城前进!"随即指挥大军更加猛烈地攻城。

王凤领着将士们在城中苦苦死守了十几天,眼看就守不住了,便送出一封书信,表示愿意投降。王邑认为自己很快就能攻下昆阳,想杀个痛快,就不理王凤的投降要求。

刘秀和李轶等人赶到郾县和定陵县,集中了几千人,冒险来救昆阳。刘秀自己当先锋,领着1000多人,远远地向王邑大营挑战。王邑见绿林军只千把人,根本不重视,派出几千人前去迎敌。刘秀指挥士兵,奋勇冲杀,把几千人打得落花流水,大家见刘秀这么勇敢,个个佩服,紧跟着刘秀杀敌。

王邑见自己的前军败退,还不在乎,又重新派出几千骑兵去阻挡刘秀,仍然阻挡不住，刘秀直冲到昆阳城下，对城上守兵大声喊道："你们不要怕！宛城的援兵已经全部出发，马上就到昆阳！"刘秀又故意将一封书信失落在城下，内容是宛城兵马已经出发，让守军再坚持一阵子，王邑的士兵把这封信拾到，送给王邑，王邑心中也有点着慌。

刘秀选出3000名士兵当敢死队，亲自率领着冲王邑的大营，这些敢死队个个不怕死，以一当十，王寻大军人数虽多，但都是你指望我去打，我指望你去打，人人不尽力，见刘秀的敢死队这么拼命，只好逃跑。大司徒王寻领着士兵来阻挡刘秀的敢死队，被敢死队乱刀杀死。王邑听说王寻被杀，没心思再战，传令退兵，王邑军马一退，刘秀的敢死队个个争先，拼命砍杀，城中守将王凤见援军得胜，又领兵冲杀出来，两下里一夹攻，王邑的军队彻底溃败，42万大军被杀掉1万多人，其余全部逃散。刘秀传令士兵多收拾粮草物资，却不去追杀敌军。

这次昆阳大战，是刘秀推翻王莽过程中的一场重要战役，为他建立东汉政权打下了良好基础。

90-傀儡皇帝刘盆子

当绿林军拥立刘玄当了皇帝之后，赤眉军首领樊崇率领自己的军队也来归顺刘玄，后来觉得自己也是一支起义军的领袖，怎么能受刘玄管制呢？再说，刘玄也未必就是真正的汉朝皇族的子孙，自己也可以到民间去寻找一个真正的皇族子孙，将他立为皇帝，这样既可以号召天下的起义军，又可以和刘玄相对抗，自己的地位也会比现在高得多。

樊崇下令，在自己的军中和民间寻找汉朝皇族的真正子孙，一下子找出70多人。经过反复查找，最后选定三人，一个是西安侯刘孝，一个是刘茂，一个是刘盆子，刘茂和刘盆子是亲兄弟，樊崇决定在这三个人中选定一个当皇帝。

这三个人到底谁合适？起义军将领之间争论不下，最后决定由三人抓阄，准备三个书札，两份空着，一份写着"上将军"三个字，谁摸到有字的，谁就当皇帝。三个人按年龄大小依次抓阄，刘孝年龄最大，刘孝先摸，刘盆子这时才15岁,最后抓。可偏偏被刘盆子抓到了有字的一封,起义军将领们一齐跪下磕头,自称臣子。

刘盆子原来是樊崇起义军中右校刘侠卿的放牛娃,是正在放牛时被请来的,披头散发,衣服破得不成样子。他平时看到这些起义军将领们威风凛凛的样子就很害怕,现在忽然看他们一齐向自己磕头,更加不知道怎么办才好,慌忙跑到自己原来住的地方,还要去看管牛马,樊崇送去皇帝的车马,又把刘盆子拖出来。刘盆子当了皇帝后,还是个小孩子脾气,经常偷跑出去和放牛娃们玩耍,樊崇没办法,只好把刘盆子找回来,关进一间屋子中,不让他出门。刘盆子当的是个名义上的皇帝,起义军中的大小事情,仍然是樊崇说了算。

标准的西汉戎服式样

西汉戎服为统一标准化着装,头戴武弁(biàn),内着襦(rú)衣,外罩禅衣,下穿裤,脚穿靴履,以履为主,有圆头平底、月牙形头等样式。戎服汉俑在陕西咸阳杨家湾汉墓多有出土。

樊崇立了刘盆子为皇帝后,认为一个天下不能有两个皇帝,便发兵进攻长安,很快便攻破长安城,将刘玄和他的大臣们一起捉住。刘玄对着15岁的放牛娃刘盆子下跪投降,刘盆子也不知道怎么说话才好,还是丞相徐宣教他说了两个字"免礼",刘玄才敢站起来。

刘玄被樊崇活捉之前,绿林军的首领王匡、张卬等人早已投降了赤眉军,这时候坚决主张杀掉刘玄。樊崇一开始还不同意,后来,听说刘秀当了皇帝,大军迟早要往长安进发,便授意王匡等人,假借打猎为名,把刘玄带出城去,在打猎过程中绞死。刘玄从被拥立为"更始帝"开始,总共只当了两年多的皇帝。

刘盆子当了皇帝之后，只是个傀儡，什么事情都无能力过问。刘盆子还有一个哥哥叫刘恭，原来是刘玄的大臣，当赤眉军立刘盆子当皇帝的时候，刘玄把刘恭关进监狱，赤眉军攻破长安后才把刘恭救了出来。刘恭是个很有主见的人，他知道弟弟是个傀儡，便告诉他，让他早点辞掉这个皇帝的差使，或许能保住性命。在一次赤眉军大会上，刘恭对起义军将领们说："我弟弟被各位立为皇帝，我们很是感激，可是一年多来，他什么也不会做，只怕将来对国家有害，他情愿从现在起退位，回家当个老百姓去！"刘盆子也解下玉玺大印，向众人磕头，说自己只是个不懂事的孩子，情愿交出大印，回家种田、放牛去。樊崇等一班将领坚决不同意，强拉硬拽，又将刘盆子扶到位子上坐好，硬把大印给他系好，刘盆子大声哭喊，也没有用。

27年，汉光武帝刘秀派出冯异为征西大将军，扫荡赤眉军的势力，在宜阳（今河南宜阳）打败了赤眉军主力，赤眉军首领樊崇等率兵投降。光武帝刘秀见刘盆子很可怜，赐给他很多财物，让刘盆子在自己叔父刘良手下当了个小官，刘盆子倒也安安稳稳地过了一辈子。

东汉延祚

东汉第一位皇帝是光武帝刘秀。刘秀在王莽新政引起的动乱中趁势而起，于25年恢复汉祚，将国都移到洛阳。后人将定都于长安的汉政权称为"西汉"，将定都于洛阳的汉政权称为"东汉"。东汉前后经历了195年，至220年，在三分天下的三国建立后，遂告终结，前后传了八世，共出现了14位帝王。

刘秀建立政权时，国家很不安定，西蜀的公孙述称帝，被称为伏波将军的马援在收复失地、安定边疆中立下汗马功劳。他广开言路，手下的祭遵、宋弘、董宣三位大臣，被人称为"直臣"，他们都敢于在他面前直谏，匡正谬误，对这个帝国的兴盛起到了重要的推动作用。东汉在汉明帝和汉章帝在位时，进入全盛时期。

东汉中期外戚干政、宦官当道，戚宦相争使当时的政治生态迅速恶化。汉顺帝当政时，曾出现了主要由宦官担任的"十九侯"，他们给国家带来了灾难性的后果。东汉后期国力衰退，相继出现汉桓帝、汉灵帝等多位昏庸无道的君主，加速了这个帝国的灭亡。184年，爆发了黄巾军大起义。虽然这次起义最终被镇压了下去，但却严重动摇了东汉的根基。190年，董卓之乱又起，汉室大权旁落，东汉末年长达数十年的军阀混战，便由此拉开了序幕。

东汉虽然在颠簸中行进，但却是我国科技、文化的大繁荣时期。经学的发达，丰富了治国理政的思想。班固的《汉书》是我国第一部纪传体断代史，在史学界具有崇高威望。张衡发明的地动仪和浑天仪，蔡伦发明的造纸术，都推动了华夏文明的大发展。

91-光武中兴

昆阳大战以后,刘秀在起义军中的威望超过所有的将领。在昆阳大战之前,刘縯攻破了宛城,并带着更始皇帝刘玄住进了宛城,刘玄的许多事情都依赖刘縯来办理,渐渐地,刘縯、刘秀兄弟俩的名字在绿林军中已经人尽皆知。

刘縯、刘秀的权力越来越大,引起了绿林军中一大批首领的不满。大将军王凤、李轶等人便在刘玄面前议论,说刘縯迟早要自己当皇帝,建议刘玄早点做决定,杀掉刘縯。可刘玄胆小,不敢干,几次都没能下手,最后还是李轶等人找了个借口,杀了刘縯。

刘縯被杀的时候,刘秀领兵在外地驻扎,他知道自己弟兄俩在起义军中功劳太大,已经使很多人不放心了,在这样的时候,自己如果不更加小心一点儿,灾难接着就会落到自己的头上。所以,他只偷偷地痛哭了一场,暗暗下定决心要为哥哥报仇,可表面上却不动声色,连孝也不戴,连忙动身到宛城去向刘玄请罪。

当刘秀来到宛城时,和他比较要好的大将都来向他表示安慰,刘秀只是表面上回了个礼,没有什么特殊的表示;说到昆阳大战,刘秀又说都是别人的功劳,自己并没做多少事情;见了刘玄,刘秀磕头请罪,说哥哥有罪,自己也脱不了关系。刘玄见刘秀这么诚恳,一点儿也不怪自己,反而觉得不好意思,为了安慰刘秀,加封

光武帝画像

刘秀(前5年—57年),字文叔,南阳郡蔡阳(今湖北枣阳)人。他是西汉景帝之子长沙定王的后裔,西汉末年起兵反王莽,先后打败更始帝、刘盆子、隗(wěi)嚣、公孙述等势力,重建汉朝,史称"光武中兴"。

他为武信侯，拜为破虏大将军，并将他留在自己身边听候任用。

刘玄称帝不久，赤眉军不服，也发兵称王，和刘玄抗争，同时，庐江又出了个淮南王，打起旗号。刘玄准备派兵去镇压，大司徒刘赐全力推荐刘秀，于是刘玄任命刘秀行大司马事，领兵往河北一带去安定各州县。

刘秀只带着自己的亲信几百人渡过黄河，一路上都是绿林军的占领地，这时候已改称汉朝了。刘秀将王莽原来制定的一些残暴法令全部废除，恢复使用西汉时期的条律，下级官吏和老百姓们都非常高兴，听说刘秀来了，都跑到街上去迎接。

当刘秀来到邺城（今河北临漳西和河南安阳一带）时，他的同窗邓禹前来拜会，刘秀和邓禹进行了长时间的谈话，邓禹劝刘秀招揽人才，收服人心，自己立大业，当皇帝，不要老是听别人的指挥。刘秀非常高兴，让邓禹留在自己的身边，有事可以经常一起商量。不久，刘秀又和自己原来的部下冯异相逢，冯异是个很受士兵拥护的将军，士兵们称他为"大树将军"。原来，冯异这个人为人谦虚谨慎，从不和人争执，在走路时，见到别的将军骑马或坐车过来的时候，冯异总是让到路边；他领导的军队，无论前进还是后退，都很有秩序；在休息的时候，别的将军喜欢坐在一起，互相吹嘘自己的功劳，而冯异经常一个人坐在一棵大树下休息，从不和别人争论。因此，别人送他一个外号叫"大树将军"，军中的将士们都很尊重他。冯异也劝刘秀多收服人心，多做有益于老百姓的事，将来有机会可以自己当皇帝，并且表示自己愿意一心一意地跟着刘秀打天下。

TIPS

云台二十八将

云台二十八将是指助汉光武帝刘秀统一、重兴汉室的二十八员功勋卓著的大将。永平三年（60年），汉明帝命人将此二十八位大将之像画在洛阳南宫云台阁的墙壁上，史称"云台二十八将"。其中有邓禹、吴汉、耿弇（yǎn）等，但为了避嫌，和皇室有亲戚关系的将领都没有被列入云台二十八将，如伏波将军马援（其女为汉明帝皇后）。后人把这些将领与神话传说中的天庭二十八星宿名称相对应，这就是"云台廿（niàn）八宿"。

刘秀接受了邓禹和冯异等人的建议，处处注意为老百姓做事，名望越来越大，很快便将河北、河南一带的各个独立势力消灭的消灭，收降的收降。当刘秀收服邯郸时，他给刘玄送去一份捷报，刘玄这时候已经进了长安，分封了许多诸侯王，也将刘秀封为萧王。

25年，刘秀在洛阳一带消灭了原来赤眉起义军的大部分力量，正式宣告称帝，后来攻下洛阳，以洛阳为首都，名称仍然叫"汉"。历史上，把刘邦建立的汉朝叫"前汉"，刘秀建立的汉朝叫"后汉"，又因为刘邦的首都在长安，刘秀的首都在洛阳，两个首都一个在西，一个在东，所以又分别称"西汉""东汉"。刘秀被称为"光武帝"。

> **25年**
> 刘秀称帝，是为汉光武帝。建元建武，定都洛阳，史称东汉。

刘秀建立东汉以后，基本上继承了西汉时期的社会政治制度。经过几年的战争，刘秀逐渐消灭了原来各地的起义军，同时又不断调整经济政策，发展生产，与民休息，改革官僚制度，注意招揽人才。刘秀之后的几个皇帝都继承了他的做法，东汉的社会经济在从刘秀到汉和帝刘肇（zhào）的几十年里，获得了较大的发展。同时，汉族和边疆各少数民族的关系也逐渐稳定，汉朝又强大起来，历史上把这一时期称为"光武中兴"。

92-伏波将军马援

汉光武帝刘秀初期很重视选拔和使用人才，并且能对这些人才给予合理的利用，这也是刘秀能重新使汉朝强大起来的一个原因，伏波将军马援就是一个很难得的人才。

马援，字文渊，扶风茂陵（今陕西兴平）人，少年时父亲去世，跟着哥哥生活，哥哥很看重他，认为他将来一定会有大出息。在王莽建立新朝的时候，马援被地方上选择做了扶风郡的督邮。有一次押送一批罪犯到上级监狱去，这些罪犯实际上都是穷苦百姓，一路上悲悲啼啼的，很痛苦，马援非常同情他们，于是把他们一齐放走，让他们各自逃命去。放走了犯人以后，他自己也四处逃亡，藏了起

《三才图会》中关于马援的记载

马援（前14年—49年），字文渊，扶风茂陵（今陕西杨凌西北）人，东汉开国功臣之一，官至伏波将军。《三才图会》是明人王圻及其子王思义编的百科式图录类书，共108卷。此书汇集诸家书中有关天地诸物图像，图文互证。

来。几年后，正好是王莽大赦天下，马援回到家乡，以放牛放马为生。他很会经营，没几年时间，牛羊群就已经达到几千头，粮食也积累了几万斛，成了远近闻名的有钱人，很多人都到他那里去做客。这时候，马援已经步入中年了，但他还是很有雄心，他曾经对客人感慨说："男子汉大丈夫要穷当益坚，老当益壮！"

当绿林军、赤眉军大起义时，天下混乱，马援看到老百姓过着艰难的生活，又感叹说："人生在世，如果有钱财，要用来接济穷人，一个钱舍不得花，光当个守财奴，有什么意思。"于是，马援把自己的家产全部分给了亲戚朋友和穷人，自己又出去奔波。正好西州大将军隗嚣招揽人才，马援便投到隗嚣的部下，被隗嚣留为绥德将军，帮助隗嚣办理事务。

当刘秀建立东汉王朝的时候，西蜀的公孙述也自己称王，隗嚣不知道是服从刘秀好还是服从公孙述好，便派马援先到西蜀去探查一下情况。马援到西蜀跑了一趟，回来对隗嚣说："公孙述不知道使用人才，狂妄自大，只晓得占一块地盘，将来肯定不长久，你应该一心归顺东方（指刘秀）才是！"隗嚣让马援再到洛阳去一趟，马援到洛阳，见了刘秀。刘秀很赏识马援，对马援非常客气，虚心地和马援讨论天下大事，并留马援在洛阳住了一个多月，其间亲自和马援长谈了十几次。马援认为刘秀为人非常大度，有真正的帝王风度，回

去后便极力劝隗嚣归顺刘秀,并且说刘秀比汉高祖刘邦还要了不起,隗嚣这才决定归顺刘秀。

马援劝隗嚣归顺刘秀后,不久,刘秀封马援为中大夫,后又任命他为陇西太守。在当陇西太守时,马援安定了羌族的几次兵乱,修理城池,鼓励老百姓开荒种地,发展生产,陇西一带安定了很长时间,当地的羌族等少数民族人民都很喜欢他。

42年,岭南交趾郡(今越南北部)发生了兵变,交趾太守被杀,岭南60多个城池都被攻破。叛军为首的是姐妹两个女将,一个叫征侧,一个叫征贰,征侧还自立为王,和汉朝对抗。刘秀听到南方的警报,立即任命马援为伏波将军,去镇压南方的兵变。马援从水路航海前进,突然袭击,把征侧、征贰姐妹俩和一些残兵追进南方的大山中。又经过一年时间的相持,终于平定了这次兵变。马援率领得胜军队回到交趾,在交趾建了一个铜柱,铜柱上写着:"大汉伏波将军马援建此",然后回到朝廷报功。

48年,临沅县(今湖南常德境内)方面飞马紧急报告,武威将军刘尚征南蛮,大败逃回,现在临沅又被蛮兵围困,请求发兵解救。马援听说后,向刘秀请战,刘秀默默地想了好一会儿才说:"将军,你已经很老了,到那么远的地方去打仗,你恐怕不能承受了!"马援忙说:"我虽然62岁了,但不能算老,请您看我还能披挂上马!"刘秀还没答话,马援已经跑出宫殿,取过铠甲,穿戴起来,又让卫士们牵过战马,一跳而上,在马背上挺直腰杆,四面奔驰了一番。刘秀看到马援这样矫健英勇,非常佩服,说:"这老人家真精神!"于是他同意马援领4万多人去出征打仗。

> **TIPS**
>
> **薏苡(yì yǐ)明珠**
>
> 东汉伏波将军马援,战功赫赫,深得汉光武帝信任,却招致人的嫉恨。攻交趾时,大胜,归而带一车薏仁,准备在北方种植。后不幸病亡。有人向汉光武帝进谗,说他带回的是明珠,汉光武帝大怒,派人撤回封诰,使其妻儿蒙冤,甚至使马援无法安葬。后人遂以"薏苡明珠"来比喻颠倒黑白、使人蒙冤受屈之事。

马援领兵紧急出发，赶到下隽（今湖北通城）时，已经快过年了，在下隽城内过了年，立即发兵向壶头山进军。在距壶头山几十里的地方，打了一仗，马援大获全胜，一直将败兵赶到壶头山的山头上，马援领兵在山下四面围困，准备用断粮断水的办法来制敌取胜。可是马援毕竟太老了，没等到战斗最后取得胜利，便生病去世了。

93-刘秀的三个直臣

汉光武帝刘秀有三个不怕死、敢说话、敢执法的大臣，一个叫祭（zhài）遵，一个叫宋弘，一个叫董宣。

当刘秀还是破虏将军的时候，手下专管军令的是祭遵，这个人执法非常严厉，不管谁违反了军令，他都会严厉地治罪。一次，刘秀最喜欢的一个舍儿（身边的亲信）违反了军令，被祭遵当场杀头。士兵们向刘秀报告，刘秀非常气愤，想治祭遵的罪，主簿陈副提醒刘秀说："你治理军队，最讲究法纪严明，祭遵执法办事，不应该治罪呀！"刘秀一听，顿时省悟过来，不但不怪祭遵，反而封他为刺奸将军。刘秀还对自己的将军们说："你们要严格遵守纪律，谁敢不守纪律，遇到祭遵，我可救不了你们，祭遵连我最喜欢的人都敢杀头，你们谁要是违犯了军令，祭遵会更不客气的。"

宋弘原来是西汉平帝时的官员，刘秀当了皇帝后，将他任命为大司空，宋弘推荐桓谭为刘秀弹琴。一次，刘秀召集文武大臣开会，令桓谭奏琴，当时宋弘也坐在大臣席上，桓谭看到宋弘一副严肃的相貌，吓得琴都弹不好。刘秀问桓谭是怎么回事，宋弘向刘秀磕头请罪，说是自己选人不当。刘秀也不怪宋弘，从此以后，集会时便不再听琴了。

有一次，宋弘和刘秀商量事情，看到刘秀房里的墙壁上、屏风上画着许多美女，宋弘立即批评刘秀好色，弄得刘秀很不好意思，只好把画着美女像的屏风全部撤掉了。

刘秀有一个姐姐，被封为湖阳公主，湖阳公主的丈夫在跟刘秀一起打仗时牺牲了，她一直守寡在家里。刘秀看姐姐一个人怪可怜的，劝她改嫁，问她喜欢谁，湖阳公主说她喜欢宋弘，刘秀便想为姐姐做这个媒人。

当宋弘又一次进宫和刘秀讨论事情时,刘秀说:"俗话说,贵易交、富易妻。(当大官了,交的朋友就变了;有了钱变成了富人,就要换妻子。)这是凡人常有的事情,不知道你是怎么看的?"宋弘一听就知道刘秀话里是什么意思了,他严肃地说:"贫贱的交情不可忘记,共患难的妻子不可丢弃!人怎么能忘记过去呢?"刘秀见宋弘这么坚决地拒绝了自己,就不好意思再说下去了。后来,湖阳公主也没再提改嫁的事情。

湖阳公主被拒绝以后,一直过着单身的生活。刘秀见她可怜,便送给她许多钱财,赐给她许多奴仆,尽量让她生活得舒适些。

在湖阳公主的奴仆中,夹杂着不少不法分子,他们什么都敢干,甚至于敢青天白日里杀人,杀了人、干了坏事就往公主府里一躲,地方官不敢进去抓犯人,这些奴仆们越来越胆大。

洛阳令董宣是个不怕死的硬汉子,他发誓要抓住犯人。湖阳公主家有一个仆人在外面杀了人后,躲进公主府中,董宣等了许多天,都没抓到这个人。一次,公主外出游玩,这个杀人的仆人骑着马,洋洋得意地走在队伍前头。董宣早已派人探听清楚了,便派人突然拦住公主的车马队伍,公主大怒,命令董宣让路,董宣毫不客气,指责公主包庇罪犯,不光犯人有罪,连她自己都有罪,并严厉地命令罪犯下马。这个仆人没办法,只好下马向董宣请罪,他以为有公主在身边,向董宣谢个罪就没事了。哪知道董宣毫不客气,把手中刀一挥,将仆人砍作两段,算是就地正法,然后他才把公主放了过去。

湖阳公主回到府中,越想越气,哭着跑到刘秀面前,告了董宣一状,说董宣欺负自己。刘秀一听,也非常恼火,立即传旨,叫董宣进宫。董宣一来,刘秀命令武士们拿大棍子来打他,董宣并不害怕,他说:"请皇上听我说一句话,然后听凭处死!"刘秀准许后,董宣大声说:"皇上您振兴汉朝皇室,以

官员出行图(局部)

东汉。1972年至1973年发掘于内蒙古和林格尔新店子1号墓。壁画中随着墓主的官职不断升高,车马随从也不断增多。画面内容主次分明、疏密有致,给人一种宏伟、壮观的鲜明印象。

道德治天下，现在湖阳公主纵容恶奴犯法杀人，不处置杀人犯，以后怎么治理天下？不用您打，我自杀就是了！"说完话，董宣低头向大殿上的石柱冲去，撞得头破血流，可没撞死，爬起来还要再撞。刘秀觉得董宣说得有理，就让武士们拉住他，不让他再撞，但要他向湖阳公主磕头，求她原谅。董宣就是不磕头。湖阳公主对刘秀说："你当年还是老百姓的时候就很有威风，今天怎么当了皇帝反而不行了呢？"刘秀笑着说："皇帝和老百姓毕竟不一样啊！"又对董宣说："硬脖子的家伙，快回去吧！"董宣这才出了宫门。

过了几天，刘秀发下诏书，奖励董宣敢于执法的精神，赐钱30万。董宣接了诏书，并把皇帝赐的钱全部散发给自己的部下。

94-燕然山刻石记功

东汉章帝年间，汉章帝的妻子窦皇后在皇帝面前不断挑拨，使皇帝废除了宋贵人和梁贵人，并将宋、梁两家在朝里做官的人全部免官，而让窦皇后的哥哥窦宪任虎贲中郎将，弟弟窦笃为黄门侍郎。窦氏兄弟把持了皇宫中的事务，地位一下子变得至高无上，朝中一些惯会投机取巧的大臣们纷纷来拍窦家的马屁。

窦宪仗着妹妹是皇后，自己又是大官，在朝中作威作福，什么便宜都敢占。他听说沁水公主有一块田园，土地肥美，便强迫她卖给他，但出的价格却很低。沁水公主不敢和窦宪计较，只好忍气吞声地卖了这块地。对这件事，沁水公主自己不敢说，可却有人不服气，给汉章帝写了一封奏章，把这件事的来龙去脉说得清清楚楚。汉章帝起初不敢相信，便乘外出巡

> 75年
>
> 汉明帝死，太子刘炟（dá）即位，是为汉章帝。

游的时候，故意经过沁水公主的那片田园，并对窦宪突然发问，问他是不是买下了那片田园。窦宪不敢承认，但又不敢抵赖，急得支支吾吾，汉章帝便知道人们的告状是真的了。

回到宫中，汉章帝把窦宪叫了过去，对他一顿臭骂，骂过又说："以沁水公主这样高贵的身份，你都敢强买她的田产，那平民百姓的财物你还有什么不敢抢的？你可知道，丢掉你这样的人，就像丢掉一只死老鼠一样！"一番话把窦宪吓得浑身出汗，不住地磕头。幸好窦皇后听说了这个消息，连忙出来说情，汉章帝碍于窦皇后的面子，这才免了窦宪的罪。从此以后，汉章帝再也不重用他了。

88年春，汉章帝突然病死，当时他仅30来岁，死前也没来得及交代后事，于是窦皇后立即把窦宪和窦笃请进内宫，要求立太子当皇帝，处理后事的大权也交给了他俩。窦宪召集大臣们议事，把太子刘肇立为皇帝，这就是东汉和帝，汉和帝这时才10岁，尚不懂事，朝中大权便由窦宪把持。又尊称窦皇后为太后，窦太后想让窦宪当太傅，代替皇帝处理国事，窦宪到底不敢接受，而是推荐太尉邓彪，窦太后便下诏书让邓彪为太傅。

邓彪当了太傅后，名义上是大臣中官位最高的，实际上大权全部掌握在窦氏手中。有事要办，窦宪在宫里直接和窦太后商量，先与窦太后商量好，再让太傅邓彪向窦太后申请，窦太后当然允许。这么一来，邓彪这个太傅，实际上是个傀儡，朝廷中的大臣们，人人都让着窦家兄弟几分。

汉章帝去世，汉和帝即位，皇族子孙们一齐到洛阳来吊丧，其中有一个叫刘畅的也在。刘畅是刘秀的哥哥刘縯的孙子，想乘这次机会多讨好窦太后，让窦

TIPS

沁园春

词牌名，创始于晚唐，据说此词牌名源于汉朝窦宪倚势变相强夺沁水公主田园之典故。宋吴曾《能改斋漫录》说："今世乐府，传《沁园春》词。案《后汉书》：'窦宪女弟立为皇后，宪恃宫掖声势，遂以贱直请夺沁水公主园。'然则沁园者，公主之园也。故唐人类用之。"

◀ **88年**

汉章帝死，太子刘肇即位，时年10岁，是为汉和帝。

太后给自己升官,便通过后宫的关系拜见了窦太后。他对窦太后大加吹捧,窦太后一高兴,天天叫刘畅进宫去陪她聊天。刘畅很乐意,可窦宪不高兴了,他认为刘畅在与自己争权,便买通一个刺客,偷偷地把刘畅杀死。

刘畅一死,窦太后非常愤怒,下令严厉查办,一定要查到凶手。查来查去,原来凶手就是窦宪,这使窦太后更加愤怒,她命令窦宪进宫见她,将窦宪关在宫中,软禁起来。

窦宪被关在深宫中,非常害怕,生怕窦太后什么时候把自己杀了,或者把自己的官给削了,那样活着还不如死了好。想来想去,他决定上书窦太后,请求让自己领兵去讨伐匈奴,将功赎罪。窦太后将哥哥关起来,也只是一时的发火,并不想治他的罪,正好窦宪要求去平定匈奴,便马上表示同意。

窦宪接到窦太后的命令后,带着耿秉,领着军队来到鸡鹿塞(今内蒙古磴口西北)驻扎下来,这时,度辽将军邓鸿领着自己的兵马来和窦宪大部队会合,南单于屯屠何也率领本部人马,来配合窦宪作战。窦宪把各路将领召集到一起,一一分配了战斗任务,在稽落山(今蒙古国呼赫山脉)前摆开战场,要和北匈奴决战。

当汉军布置好战场时,北匈奴单于也领兵来到,两军大杀一阵,匈奴兵大败,只得向北逃跑,窦宪亲自率领大军追赶。这一仗匈奴伤亡13000多人,汉军收降了北匈奴80多个部落,出塞3000多里。窦宪认为自己这一仗的胜利是没人能比得上的,于是登上燕然山(今蒙古国杭爱山),让班固写一篇铭文,记述这次战斗的胜利。班固作了一篇《封燕然山铭》,窦宪命工匠刻在山石上,之后,他一面率领大军南归,一面让军司马梁讽带着钱物,领着几千骑兵,继续向北收降匈奴各部落。

95-班固兄妹写《汉书》

班固,字孟坚,扶风安陵(今陕西咸阳东北)人,是我国古代自司马迁之后又一位著名的历史学家、文学家。

班固出身于贵族家庭,祖上在西汉时一直是当大官的,在王莽废汉创立新朝的时候,班固的父亲班彪不愿去讨好王莽,于是没得到重用,家里的经济状况开始逐渐败落起来。

班固的父亲班彪在当时是一个名气很大的文人，社会上许多知名人士都愿和他交往。班彪不光学问好，还特别喜欢历史，他经常读司马迁写的《史记》，但是《史记》只写到汉武帝时期，后面就没有记录了。班彪准备接着司马迁的思路写下去，写了《后传》60多篇，还没全部完成，就生病去世了。

班固整理父亲的遗书时，发现父亲写的史书很不详细，便重新搜集资料，补写这套史书。正当班固一心写书的时候，却有人给汉明帝刘庄上了一份表章，说班固私自在家里改写国家的史书。改动国史这在当时是要判死罪的，汉明帝立即下令把班固抓了起来，关进牢中。

班固的弟弟班超见哥哥不明不白地被抓了起来，觉得太不公平，他知道这事要不说清楚是要杀头的，于是便给汉明帝写了一封信，说明自己的哥哥不是改作国史，而是想补写国史，这是一件好事。

汉明帝读了班超的信，觉得不能轻易给班固定罪，便下令将班固写的东西取来看看。下面的官员把班固的书稿送来后，汉明帝看了之后觉得班固的学问很了不起，便任命班固、班超弟兄俩为兰台令史，专门编写史书（班超后来从军）。班固反而得到了一个大好机会，他进了皇宫，堂堂正正地写起《汉书》来。

正当班固集中全副精力编写《汉书》之时，在92年，发生了大将军窦宪弟兄被杀事件。这时候，汉明帝已经去世，在位的是汉和帝，班固的官职是中护军，他和窦宪的交往很密切，汉和帝认为班固是窦宪的亲信，自然也将他免除了官职。本来，皇帝都不追究了，班固保住性命总是可以的，可当时的洛阳令

> **92年**
> 汉和帝与宦官郑众定议，诛大将军窦宪，东汉进入宦官专权时期。

种兢和班固有仇，便给班固另加了一个罪名，将他逮捕入狱，严刑拷打。这时候的班固已经60岁了，实在禁不住折磨，一气一苦便死在狱中。

班固死后，《汉书》虽已基本完成，但其中的八表和《天文志》还没有最后写成，汉和帝想找人接着写下去，可是当时没有合适的人选，只有班固的妹妹班昭能够担任这项工作，于是他便让班昭来继续做这件事。

班昭，字惠班，是我国古代著名的女文学家、史学家，她的丈夫姓曹，于是当时又被称为"曹大家"（"家"在这里读音为gū）。她从小和两位兄长一起接受过良好的文化教育，史学、文学的知识都非常精通。班昭接受了皇帝的命令，完成了《汉书》没写完的部分。班昭除了补写《汉书》以外，还写了许多诗、文，现在流传下来的有《上邓太后疏》和《女诫》等。

《汉书》是我国古代的第一部纪传体断代史，它的编写体例和《史记》基本相同，而它写的内容只是汉朝这一个朝代发生的事情。班固的这种编写方法为后代史学家做出了一个榜样，现在的"二十四史"除《史记》是一部通史以外，其余的在《汉书》以后的22部史书都是断代史，和《汉书》的写作方法一致。

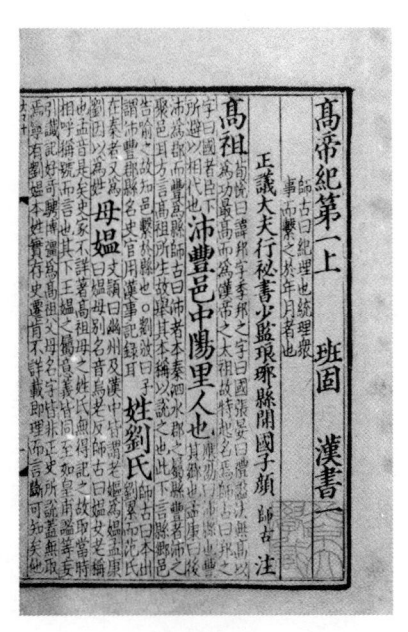

《汉书》书影

《汉书》为东汉史学家班固编撰，是一部纪传体断代史，常与《史记》相提并论。后世多有注本，其中以唐代颜师古注和清代王先谦补注最为著名。

《汉书》全书分12纪、8表、10志、70列传，共100篇，记载了从汉高祖刘邦到王莽地皇四年这230年间的主要事情，后人有将《汉书》又分成120卷的，也有分成100卷的。

与《史记》相比，《汉书》记述的历史事件更加详细，在体例的编排方面，班固也有他许多创新的地方，还增添了政治史、文艺、地理等方面的内容。在历史上，《汉书》是一部能和《史记》相提并论的史书。

96-定远侯班超

班超是班固的弟弟,早年生活很艰苦,只能靠为别人抄书过日子,天天抄书,累得他头昏眼花。有一天,班超把手中的毛笔一扔,叹一口气说:"男子汉大丈夫,不能在边疆上立功封侯,成天在这笔墨中讨生活,有什么意思!"后来他果然靠军功被封为定远侯,这就是成语"投笔从戎(róng)"的由来。

班超很有志向,同事们却笑话他,但当时在朝廷掌握大权的窦固却很器重班超,任命班超为假司马,让班超和郭恂(xún)一道出使西域各国。

班超和郭恂第一站来到鄯(shàn)善国,国王见汉朝使者来到,非常热情,可是几天以后,却渐渐冷淡下来。班超悄悄地向自己的随行人员询问:"我们才来时,鄯善国王非常热情,这几天却明显冷淡下来。你们知道是什么原因吗?"大家一齐摇头。班超说:"依我看,肯定是北边其他国家也派来了使者,要和鄯善国结盟,鄯善国王还没拿定主意,正在考虑呢!"

第二天,班超进见鄯善国王,劈头就问:"匈奴使者来了好几天,现在到哪里去了?"国王以为班超已经知道了匈奴使者的事情,只好把匈奴使者的事情一一告诉了班超。

班超回到自己的住处,和同伴们商量说:"匈奴使者来了才几天,鄯善国王就对我们不客气了,假如他们听了匈奴的话,把我们抓起来,只怕我们这辈子都回不了家了。"大家听了班超的话,都急得没办法,一齐问班超应该怎

班超画像

班超(32年—102年),字仲升,扶风郡平陵县(今陕西咸阳东北)人。他投笔从戎,在西域30余年,对边疆稳定、民族融合做出了重大贡献。

TIPS

张骞出使西域

汉武帝本想联合大月氏夹击匈奴,于是派张骞出使西域,公元前139年和公元前119年,张骞两次出使西域,远至康居、月氏、大夏等国。张骞出使西域促进了不同文化之间的交流,中原文化通过开辟的丝绸之路传入西域诸国,西域诸国的农业、果树栽培、音乐等也传入中原地区,丝绸之路成为一条中外文化交流的大动脉。

办才好。班超说:"现在没别的办法,只有杀了匈奴使者,让鄯善国王害怕,逼他和我们结盟。今天晚上我们在外面放火,然后趁乱冲进匈奴使者住的地方,杀了匈奴使者!"和班超一道来的人开始很害怕,但想想也没别的办法,只好同意。

这天夜里,西北风呼呼地刮着,班超让其他人在匈奴使者住处外面埋伏好,自己领着几个人,四面放火,大火一起,又大声喊杀,班超一马当先冲进匈奴使者帐篷中,杀死了三个使者。第二天清早,他提着匈奴使者的脑袋,送给鄯善国王,鄯善国王见汉朝使者这么厉害,连忙赔罪,还让班超将自己的儿子带回长安做人质,并表示永远和汉朝和好。

班超回到长安,汉明帝刘庄大喜,又派班超再次西行,到于阗国去结盟。

于阗国王名叫广德,对班超等人很傲慢,他不相信汉朝如何强大,招来一个女巫,要女巫问神,可不可以和汉朝结盟。女巫装神弄鬼地跳了一会儿,睁眼说道:"不要听汉朝使者的话!神人发火了,神说汉使有一匹好马,要求杀这匹马来祭祀他!"班超早听到女巫说的话了,他对广德说,要女巫自己来取马,他才能给。女巫来要马时,班超拔出佩刀,一刀斩下了女巫的头。他提着女巫的头来见广德,对广德说了自己杀匈奴使者、强迫鄯善国王投降的经过,广德一听,觉得汉朝一个普通使者都这么了不起,汉朝一定很强大,便杀掉了匈奴派驻在于阗国的官员,还表示愿意和汉朝结盟,并年年进贡。

鄯善、于阗在西域都是大国,这两个大国都投降了汉朝,其他的小部落便一齐降汉,班超向窦固报告,窦固让他在西域驻守。

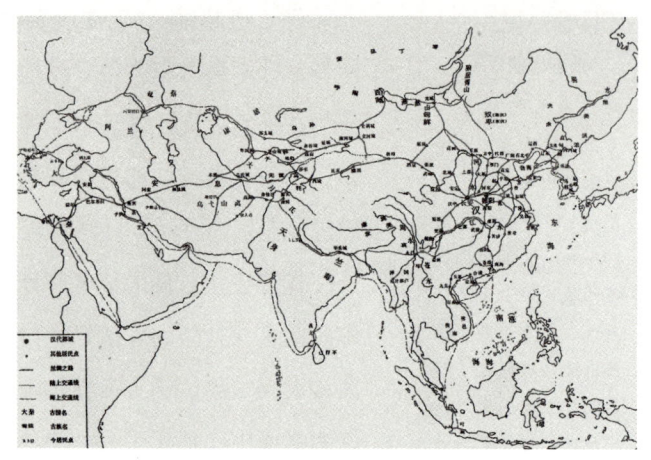

汉代中外交通示意图

汉朝国力强盛,中外贸易频繁,张骞和班超先后出使、经营西域,形成了以长安、洛阳为中心的与西亚诸国交通的陆上丝绸之路;水运形成了以徐闻港、合浦港为起点的与东南亚诸国交通的海上丝绸之路。

83年,这时已是东汉章帝时期了,班超已经在西域驻守了很长时间。这一年,莎车国、疏勒国、龟兹(qiū cí)国分别撕毁了和汉朝结盟的约定,起兵反汉。班超在西域,利用各国之间的矛盾,先后将叛乱的头领一个个杀掉,再次平定了西域。班超的军队大展神威,各小国的国王、大臣们被班超吓破了胆,再不敢造反,大家又安定了许多年,班超也被封为西域都护。

到了汉和帝刘肇的第二年即90年,月氏国王给班超写信,请求汉朝嫁一个公主给他,并表示两家永远和好。班超把月氏国王的书信扔到地上,拒绝了这个请求,月氏国王很恼火,立即派副国王谢带兵7万多人进攻班超。

班超这时只有几千名士兵,怎么能抵挡得住月氏的7万多人呢?班超手下的人都很紧张,而班超自己却非常镇静,他对部下说:"月氏虽然兵多,但他们路程太远,粮草一定跟不上,我们只要坚守不出,用不了一个月,他们就会投降。"

果然,月氏士兵围攻了很多天,班超始终不出城决战。月氏的粮食已经没有了,便派使者带着金钱到龟兹去借粮,班超却预先埋伏士兵在半路上杀掉了月氏的使者,还把人头带回城,挂在城墙一角,月氏国副国王谢大惊失色,只得向班超请求停战,表示从此再也不和汉朝打仗了。班超接受了月氏副国王谢的请求,放他领兵返回,他回去向月氏国王一说,国王也非常害怕,再也不敢向班超进攻了。月氏一败,西域各国纷纷再次请求和汉朝和好,班超向朝廷上表,皇帝格外高兴,加封班超为定远侯,果然兑现了班超"西域封侯"的话。

班超在西域住了几十年，71岁这年，他因思念故乡，多次向皇帝请求，让他回到长安，皇帝总是让他继续在西域建功立业。后来，班超通过妹妹班昭向汉和帝上了一道表章，感动了汉和帝，这才同意班超回到长安。回到长安不过个把月时间，班超便生病去世了。

97-虞诩用计破羌兵

> **106年**
> 汉殇帝死，无子，邓太后立汉章帝之孙、清河王刘庆之子刘祜为帝，是为汉安帝。

东汉安帝刘祜（hù）的元初年间（114年—119年），西南方的羌（qiāng）人发动武装起义，进攻汉朝的城池，汉安帝派任尚为中郎将，到与羌人交界的地方去驻守。

朝歌县县长虞诩（xǔ）对任尚建议说："兵法上说：'弱不攻强，走不逐飞'（逐，追逐，是说在地上跑的追不上在天上飞的）。这是不变的道理。我们和羌兵打仗，羌兵骑马，一天能跑几百里路，来得快，去得也快，我们用步兵追击骑兵，怎么能赶得上？我们现在有步兵20多万，长期驻扎在这里，真打起仗来却没什么用处，只能等着羌兵来打我们。依我看，我们解散掉大部分地方军队，让士兵们回乡去参加劳动，但每人必须交出一部分钱来，大约20个人出的钱就可以买一匹马，这样大约可买一万多匹马，再选一万多青壮年，训练成骑兵。我们有一万多骑兵，羌人最多只有几千个骑兵，在数量上我们占绝对优势，无论防守还是进攻，都很有用，这样既减轻了老百

骑马石俑

东汉。出土于河北望都2号墓，通高79厘米。雕刻的是一位买鱼沽酒、骑马而归者，人物神态怡然自得。

姓的负担，又有利于保卫边界，不是一举两得的大好事吗？"

任尚把虞诩的计划写成奏章，向皇帝请示，皇帝立即批准实行。任尚按虞诩的办法，精选出一万骑兵，率领这一万多人进攻丁奚城（今宁夏灵武南），首战大胜。城中叛军首领杜季贡防守不住，开城逃跑。汉军杀死叛军400多人，夺得大量的牛马财物。任尚又将这次胜利的情况向皇帝详细报告，叙述虞诩的功劳。邓太后加封虞诩为武都（今甘肃东南）太守，命令虞诩立即上任。

虞诩接到任命后，立即率领下属到武都去上任，走到陈仓时，有人报告说前面有几千个羌兵驻守，不能通过。虞诩叫随行人员停下来，说要去调集大队人马来保护自己，又假造了一封信，信中说支援的兵马很快就到，并故意让羌兵知道。羌兵已经在丁奚城吃了一次亏，便赶快撤兵到别的地方去了，虞诩顺利地通过了陈仓道。

通过陈仓以后，虞诩叫部下的士兵加紧赶路，一天走100多里，一住下来，又故意挖出比自己士兵人数多出一倍数量的锅灶来，每天多挖一倍。部下的官员不懂，向虞诩说："古代孙子用兵，兵员不断增加，挖灶数不断减少，你却不增兵而加灶，这是什么道理？再说，古代行军打仗，一天只行军几十里路，防备事故发生，你却一天走100多里。这里面又有什么道理？"虞诩答道："我们只有几百人，羌兵有几千人，走慢了肯定会被他们追上，只有走快才安全。再说，我每天增灶，说明兵马人数不断增加，加上走得又快，羌兵会认为我们人多势众，不怕追赶，反而不来追击，这样我们才能安全到达武都。"后来，羌人果然不敢紧追，虞诩这才平安到达武都，部下的官员们都非常佩服虞诩的智慧。

虞诩到了武都，一查兵员人数，不足3000人，他非常着急，只好加紧训练。不久虞诩就接到报告说："羌兵几万人正在进攻赤亭（今甘肃成县西北），情况很紧急。"虞诩先不忙着去救援，却派出一支战斗力很弱的部队去赤亭进攻羌兵，两军一接触，汉兵立即败退逃回武都城中，羌兵随后追来，把武都围住。

羌兵围住武都以后，开始向城内进攻，虞诩命令士兵放箭。羌兵攻了几次都没攻进来，反而死伤了许多士兵，只好暂时退下，等候机会再来攻城。

虞诩见羌兵退走，知道他们还会再来，便又使了一条疑兵计。第二天一大早，虞诩将城门大开,把3000士兵全部带出城外,他命令士兵们一会儿出东门进北门,一会儿又出北门进东门,每出一次门,就换一次衣服和旗帜。羌兵远远看到汉军不断进出,穿的衣服、旗号又不同,认为汉兵正在布置进攻,也不知道有多少汉兵在汉中,于是不敢继续进攻,连忙后退。

当羌兵退到一条浅水河滩上时,队形变乱了,人人争着往前走,忽然听到无数的官兵喊杀声,本来就很乱的队伍,更加杂乱无章,完全失去了战斗力,大家丢下物资,拼命逃跑,汉兵乘势追赶,羌兵大败逃走。

虞诩在赤亭、武都的这一战,有力地维护了武都郡的安定。

98-宦官十九侯

> **125年**
> 汉安帝死,北乡侯刘懿即位,因其年幼,由阎太后及其兄阎显把持朝政。刘懿在位7月即病死,史称汉前少帝。

125年,东汉安帝刘祜带着阎皇后和一帮最信任的宦官们一同出游,途中他得了急病,突然死亡。汉安帝死之前只能用眼睛看着阎皇后和她的哥哥阎显等人,一句话也说不出来,阎皇后急得直哭,阎显弟兄和中常侍樊丰、大长秋江京等人连忙阻止,不让阎皇后哭,他们对阎皇后说:"现在皇上在路途中去世了,被废掉的太子刘保还在京城中,如果被朝中大臣知道了皇帝去世的消息,在京城里把刘保扶上皇帝的位置,那我们这些人就要死无葬身之地了!"

阎皇后听他们说得有理,忙问应该怎么办好,樊丰和江京都说:"现在对外不能说皇上已死,只说皇上身体不舒服,不能出来接见大臣,我们赶快回去,到城内后再对外发布消息说皇上已经去世,那时候事情就由我们决定了。"

大家商量妥当以后,立即返程回京,只说皇帝生了病，不能接见大臣们，阎皇后和樊丰、江京等人每天早晚都装模作样地给皇帝请安，也一天三餐往皇帝的车内送。这样在路上走了四天，才回到洛阳城中。回城后，阎皇后等人还装模作样地向上天祷告，保佑皇上早日病好，第二天就传出皇帝去世的消息。

阎皇后和哥哥阎显召集大臣们商量另立新皇帝的事，有人提出，被废掉的太子刘保无罪，应该当皇帝，可是阎皇后不同意，最后大家决定，让北乡侯刘懿来当皇帝（这北乡侯是个几岁的小孩子，历史上不认为他是正统皇帝，只叫作"少帝"），这就是汉少帝。汉少帝太小，不会管理国家大事，便由阎皇后（这时已是皇太后）来主持朝政。阎太后在皇宫中主持大事，把皇宫以外的国家大事全部交给哥哥阎显来负责，阎显又把自己的亲信全部提拔到司徒、太尉的高位，大家串通一气，把持了朝政。

在扶立汉少帝当皇帝的过程中，宦官樊丰、谢恽（yùn）、周广等立了大功，阎显怕他们将来和自己争权，便给阎太后上了一道表章，说这几个宦官和大将军耿宝一伙串通起来，想造反，又说汉安帝的奶妈王圣母女俩也参与了谋反，罪名很重，应该处罚。阎太后下诏同意，耿宝被贬官后自杀，樊丰、谢恽、周广被拷打而死，王圣母女二人被流放到边疆去做苦工。阎显又把自己的弟弟阎景封为卫尉，阎耀封为城门校尉，一家弟兄几人，都当了大官，在朝廷中作威作福。

几个月以后，汉少帝突然得病，且病情不断加重，怎么治也治不好，眼看着又要归天，大家又考虑起谁当皇帝的事情来。

在宫中有一个中常侍叫孙程，他总想立功封侯，平时和樊丰、江京等人不和。樊丰死后，江京还在，孙程心想，只要有江京在，自己也出不了头，如果汉少帝病死，自己组织一帮人，将前太子刘保迎入城中，立为皇帝，这个功劳可就大啦，自己一定会被作为大功臣看待的！孙程找到刘保的谒者（官名）长兴渠，说："太子刘保无故被废，完全是一帮奸臣干的，现在小皇帝病重，我准备迎接太子当皇帝，把阎显和江京等人除掉，你看怎么样？"长兴渠大喜，他同意孙程的想法，表示愿意尽力帮助。

孙程回到宫中，和自己平时要好的人一商量，一下子就召集起18个人来，这18个人都是宦官，职务是中黄门。大家在一起商定：第二天夜里，各

汉代龟纽铜印

汉代铜印长、宽、高一般都在2厘米左右。印章级别的高低一般以印纽为准，龟纽是汉代高级官吏的印纽，金、银官印均为龟纽，年俸2000石的官吏的铜印也用龟纽。

人藏着短刀，闯进皇宫内殿，杀掉内殿守卫江京，迎太子入宫。

在孙程等十几人商量举事之前，汉少帝病死。阎显和阎太后商量后，立即发出诏书，把皇族子孙在外封王的全部召进洛阳，从中选出一个当皇帝，这样便可控制住各路王侯了。

第二天傍晚，孙程带领自己约好的18个人，一拥闯进崇德殿，江京等人正在值班，看到孙程带着一大班人进来，便上去查问，孙程也不和江京说话，拔出利刃，一刀杀了江京，又将值班的刘安、陈达一一杀死。孙程将利刃架在最后一个值班官李闰脖子上，强迫李闰同意迎立太子刘保当皇帝，李闰怕死，连忙答应，爬起来和孙程等十几人一道，将刘保迎入皇宫，扶上宝座，让他当了皇帝。这就是汉顺帝即位的经过。

孙程立了汉顺帝后，马上以汉顺帝的名义，将阎显弟兄一个个捉拿归案，并统统杀头，朝中的一些旧臣，个个不满意阎显一家，纷纷出来帮忙，几天之内，朝廷就安顿下来。不久，汉顺帝发出诏书，加封孙程等19个宦官为侯爵，共掌朝政大权，这就是东汉的"宦官十九侯"。

> **125年11月**
>
> 汉少帝死，宦官拥立汉安帝废太子刘保即位，是为汉顺帝。

99-张衡和地动仪

在古代的时候,由于科学技术不够发达,人们便把一些自然界的现象说成是由神的力量在主使着,比如太阳、月亮、星星的升起和落下,风雨、雷电的出现,山川的形状,地震,海啸等,都被说成是神的力量,人们在神的力量面前显得无能为力。

但是,人类对自然的探索是不屈不挠的,特别是对天文的观察和研究,到东汉时期已经很有成就。在东汉后期,人们对天地的看法已经基本形成了三种观点:一种叫盖天说,一种叫宣夜说,一种叫浑天说。

盖天说形成比较早,这种观点把天说成一个大型的盖笠,把地说成一个翻盖过来的盘子,认为天和地都是中间高四面低。或者说天是圆的盖子,地是像棋盘一样方的,天不断转动,方向是向左的,而太阳、月亮向右行,随着天的转动升起或落下。这种说法,到东汉时已经不怎么能吸引人了。

宣夜说认为天是又高又远、无穷无尽的,天的这种青色实际上是太高太远而造成的,并不是实在的东西,日月星辰等只是悬挂在空中行走。这种说法比较接近科学了,但限于当时的科学观察手段,人们也不愿接受它。

地动仪模型

地动仪为东汉张衡发明的预测地震的仪器,今已失传。仪器制成后,曾成功预测了陇西(今甘肃天水)的地震。

浑天说在当时比较受到大家的欢迎,浑天说认为:天像一个鸡蛋,地就像鸡蛋中间的蛋黄,处在天的中间,天大而地小,天的里外都有水,天地都乘着空气在运行。

大科学家张衡就是主张浑天说的,张衡还根据这个理论制造了一个测量天文的仪器,名叫"浑天仪"。这个浑天仪是利用水的力量来旋转的,在这个浑天仪上,日月星辰的升起和落下都看得很清楚。

张衡在科学上最大的贡献是他对

如何测量地震进行了详细的研究。在长期观察日、月运行的过程中，他逐步掌握了许多大自然的科学规律，认识到地动完全是一种自然界的现象，和人事没有关系，而且是可以预测的。张衡认为，地震是地底下的一种力量在运动，肯定会有一些迹象可以观察，他经过不懈的努力，制造出了测报地震的仪器，叫"地动仪"。这种地动仪是用青铜做的，形状有点儿像个坛子，四面均匀地铸着八条小龙，每条龙的嘴里有一颗小珠子，龙嘴下面各有一个张着嘴巴的蛤蟆。地动仪的内部有一个机关，和龙嘴相连接，当某一个方向有地心力传过来时，引动地动仪的内部机关，牵动龙嘴张开，珠子便落到了蛤蟆的嘴里，这就说明这个方向的地区已经或者将要发生地震，这时就应该及时发出地震的警报。

在当时的社会里，从王公大臣到一般老百姓，都把地震看成一种神秘的现象，认为是不吉利的象征，他们对张衡的说法，都不大相信。

138年2月的一天，地动仪西边的一条龙嘴里的珠子掉了下来，发出"当"的一声脆响，张衡报告说西边发生了大地震。张衡的报告传出后，大家都没什么地动的感觉，都认为张衡是在骗人，有些与他关系不好的人乘机说他是在故意造谣生事。可是过了几天，西部果然传来报告说，在离洛阳1000里的金城、陇西一带发生了大地震，有的地方连山都被震塌了，经过这一回，人们才相信张衡的地动仪真的管用。

张衡不光是个科学家，他还很会写文章，他写过两篇赋，分别叫《西京赋》和《东京赋》，西京指长安，东京指洛阳，两篇赋把两京的繁华写得很透彻，并且还把王公贵族的奢侈生活描写得非常生动。张衡写文章也像他搞科学研究一样，非常严谨，他是经过深思熟虑、反复修改，花了10年的时间才写出来的。据说他的文章写出来以后，两京都非常轰动。

张衡的科学成就是伟大的，而他的文学才能也是非常出色的，像这样的人，却得不到重用。最终他被赶出京城，贬到外地去做河间相，他在任内严厉打击不法分子，使得境内大定。三年后他辞官时，被朝廷征为尚书。到62岁那年，死在尚书任上。

100-跋扈将军梁冀的下场

144年，汉顺帝病死，大臣们立两岁的太子刘炳为皇帝，这就是汉冲帝。汉顺帝的梁皇后被尊为皇太后，按照规矩，汉冲帝年幼不能管事，由梁太后执政，梁太后让自己的哥哥梁冀当大将军，和父亲梁商共同治理国家。

汉冲帝刘炳只当了一年皇帝，第二年就病死了，死时才3岁。一国不能没有皇帝，于是梁太后又和大臣们商量再立一个新皇帝。

大家在诸侯王的后代中反复筛选，最后找到两个王孙，一个是清河王刘蒜，一个是刘缵（zuǎn），当时刘缵才8岁，大家都建议让已经成年的刘蒜当皇帝。可是，梁冀和妹妹梁太后一商量，认为小皇帝好控制，于是决定让刘缵当皇帝，也不管朝廷内大臣的反对，秘密地把刘缵迎进皇宫，立即宣布刘缵即位，这就是汉质帝。汉质帝当朝，仍然由梁太后和梁冀管理国家大事。

梁冀作为主持朝廷大政的将军，又是梁太后的哥哥，没人敢和他比，他想干什么就干什么，对小皇帝一点儿都不尊重。汉质帝这时候已经懂一点儿道理了，对梁冀的横行霸道很不高兴，一天上朝的时候，他看到梁冀目中无人的样子，指着梁冀对别人说："这是个跋扈（强暴、蛮不讲理的意思，扈音hù）大将军！"

梁冀本来对汉质帝没有留心过，现在忽然听他说出来这么一句话，明显是已经对自己不满意了，皇帝还这么小，就已对自己不满意，将来长大了还得了吗？梁冀越想越恨，便在汉质帝喜欢吃的饼子里放了毒药，把他毒死了。

> **144年9月**
> 汉顺帝病死，太子刘炳即位，时年2岁，是为汉冲帝。

> **145年2月**
> 汉冲帝病死。大将军梁冀立汉章帝玄孙、渤海王之子刘缵为帝，时年8岁，是为汉质帝。

汉质帝一死，大家又面临着重新选立皇帝的事情，大臣们认为，之前在选立皇帝的时候，曾经准备用刘蒜的，后来选定了刘缵，现在毫无疑问地应该让刘蒜来当皇帝了。

可是梁冀和梁太后不愿意，因为在这之前，梁冀的小妹妹嫁给了蠡吾侯刘志，刘志也是皇族子孙，如果让刘志当了皇帝，梁冀就是双料的国舅了，这样更容易控制皇帝，于是梁冀便和梁太后决定立刘志当皇帝。当梁冀召集公卿大臣们商量时，许多人都反对，可梁冀却大声地说："太后已经决定了，立蠡吾侯为帝，现在罢会！"就这样，刘志当上了皇帝，这就是汉桓帝。汉桓帝即位这年才15岁，也是梁冀当家，梁冀又让汉桓帝下诏书，将他的弟弟梁不疑、梁蒙都封为列侯，连梁冀的儿子梁胤都封为襄邑侯。不久，汉桓帝又立梁冀的小妹妹为皇后。

> **146年7月**
> 汉质帝为梁冀毒死，蠡吾侯刘志即位，是为汉桓帝。

梁冀扶持了几个小皇帝，认为自己已经彻底掌握了朝中的大权，没人再敢和自己对抗，便放心地过起豪华奢侈的生活来。他在大街的两面各建起一栋高楼，一边让妻子孙寿住，一边自己住，两座楼之间由曲曲折折的回廊连通，门窗的框、壁全部雕上各种美丽的花纹图样，又在附近建高台、筑花园、造园林，夫妇俩在园林中乘车游览，过着比皇帝还要豪华的生活。后来梁冀又嫌园林不够大，又建了一个兔苑，养了无数的兔子，他不准任何人碰，谁不在意碰了兔子，就将谁杀头。有一次，为保护兔苑里的兔子，他一下子杀死30多人。

梁冀不光生活豪华，还无穷无尽地搜刮财富，有时是明要，有时干脆就抢。当时有一个富人叫孙奋，梁冀将自己骑的马抵押给他，向他借钱5000万，可孙奋只肯给3000万。梁冀非常生气，便向地方官告状，说孙奋的母亲是自己府中的女仆，在自己家偷了东西跑出去，被孙奋藏起来了，说偷去的东西共有白金十斛、紫金千斤，应该追还。地方官也知道这事是假的，但不敢不服从，于是将孙奋全家抓起来，抄家抄得钱1.7亿，一大半送给梁冀，其余的上交国库，孙奋也被活活打死。

在朝廷中，谁敢反对梁冀，梁冀就把他或罢官免职，或治罪杀头，或派人刺杀，许多敢讲话的大臣都不明不白地被整死了。

汉桓帝渐渐地长大成人，对梁冀残忍地乱杀大臣非常不满意，想处置梁冀。有一次，汉桓帝借上厕所的机会，偷偷地问小太监唐衡说："官廷里的人，哪些人和梁冀家不和？"唐衡说："中常侍单（shàn）超、小黄门左悺、中常侍徐璜、黄门令具瑗（yuàn），这五个人都与梁氏家族关系不和，但他们都不敢说。"（中常侍、小黄门、黄门令等都是太监官名。）汉桓帝立即将这五个人召进内廷秘密商量除掉梁冀的事情，他决定派御林军突然行动，逮捕梁冀。

当御林军包围梁冀的大将军府时，梁冀还不知道是怎么回事，一问，原来是皇帝下命令免了他的官，并要他交出大印。跋扈惯了的梁冀一下子就像泄了气的皮球，瘫在地上，他捧起毒药服下自杀，妻子孙寿也服毒而死。

梁冀死后，皇帝在他家抄出价值30多亿的财产，

舞乐画像砖

东汉。在汉画像砖中，歌舞伎乐的场景常和庖厨、宴饮的画面出现在一起，生动地再现了墓主生前的享乐生活。在四川、河南等地多有出土。

◀ 159年

汉桓帝依靠宦官单超等诛大将军梁冀。

把梁氏家族的人全部免官，并下令全国免交半年的租钱。然后，又将五个太监同时封侯，称为"五侯"，共同掌握朝政大权，政权从外戚手里再次转到宦官手中。东汉末年，宦官和外戚就这样轮流执政。

101-黄巾大起义

东汉末年，朝政腐败不堪，皇帝和宦官们结成一伙，成天过着花天酒地的生活，朝廷里往往是小人得志，有名望的正直大臣都被赶出京城。

在汉桓帝的时候，许多不怕死的大臣一个个地给皇帝上书，要皇帝选拔贤良正直的人到朝廷中掌权，不要让宦官执政；还说宦官本来是没有的，只是到汉武帝时才让他们在宫廷里当小官，本来只是宫廷中的奴隶，都是些心智不健全的小人，不可任用。宦官们为了保护自己，在汉桓帝面前成天说大臣们的坏话。京城中的太学生们又和许多大臣联合起来，攻击宦官，宦官们说这是太学生和奸臣结党营私，想蓄谋造反，要皇帝把他们全部抓起来正法。汉桓帝下诏同意，宦官们便在全国到处搜捕"党人"，共抓了200多人，全部关进监狱里，有的人被夺去了生命，大部分人被罢官赶走，并且一辈子禁止再做官。这就是汉末有名的"党锢事件"（锢音gù，禁的意思）。

到了汉灵帝的时候，他比汉桓帝昏庸得更厉害，汉灵帝和宦官们乱花钱，钱不够用就卖官。汉灵帝在西园开设了一个卖官场所，规定2000石的官阶，定价2000万；400石的官阶，定价400万。如果真的有能力，也可以减半收钱。后来汉灵帝觉得不过瘾，连三

李膺（yīng）画像

李膺（110年—169年），字元礼，颍川襄城（今河南襄城）人。他是东汉名士，曾任司隶校尉，第一次党锢之祸时被迫害下狱，后释归，在第二次党锢之祸中被杀。

TIPS

三君、八俊

东汉时期，官僚士大夫相互标榜，有"三君""八俊""八顾""八及""八厨"等。"三君"指窦武、刘淑、陈蕃，意指他们是世人所崇尚之人；"八俊"指李膺、荀昱、杜密、王畅、刘祐、魏朗、赵典、朱宇，意指他们都是人中英杰。

公九卿之类的大官也卖，公的价钱为千万，卿的价钱为百万，不过公、卿的买卖是悄悄地进行的。这样，谁都可以买官做，有些钱不够的，可以打个欠条，等当官以后加倍还钱，这么一来，买官做的大多数是坏人，好人谁也不愿去。坏人当了官，又拼命地搜刮老百姓，老百姓的生活越过越苦，而汉灵帝看到自己一下子得了这么多钱，高兴得合不拢嘴，还认为自己很聪明、很有办法。

在这样的形势下，人民忍无可忍，终于在184年爆发了黄巾大起义。

黄巾大起义的首领是张角，张角是冀州巨鹿（今河北境内）人，早年在民间行医，他利用在民间广泛流传的《太平经》中的内容，创立了太平道教。他利用行医、布道的方便，广收门徒，自称"大贤良师"，拥有几十万门徒。张角把门徒分成36方，各方的人数不等，大的万人左右，小的也有六七千人，每个方设一个首领，名叫"渠帅"，并等待时机举行起义。

在张角组织力量的时候，朝廷的地方官也看出了苗头，向汉灵帝报告，汉灵帝只顾享乐，并没有重视此事。太平道教的力量得到了大发展，很快遍及了北方七八个州郡。

张角和自己的弟弟张宝、张梁以及一班高级首领们商量，准备在184年3月5日这天发动起义，这一天是甲子日。张角提出了"苍天已死，黄天当立，岁在甲子，天下大吉"的口号，选定起义的这一天正是甲子年的甲子日，这么做主要是用来鼓舞自己的门徒。

正当张角弟兄加紧活动时，太平道教内部出了叛徒，济南的首领马元义被朝廷杀了头，官府下令捉拿张角弟兄。

← 167年12月
汉桓帝死，无子。窦太后立解渎亭侯刘宏为帝，是为汉灵帝。

← 184年
黄巾起义爆发。

"苍天乃死"字砖

汉末。出土于曹操宗族墓群。现藏于亳州博物馆。东汉末年，吏治腐败，民生困苦。张角兄弟创建"太平道"，广收门徒。184年，张角在冀州巨鹿郡起义，口号是："苍天已死，黄天当立，岁在甲子，天下大吉。"由于义军头包黄巾，故称"黄巾军"。黄巾军先后受到东汉官军和地方军阀的围剿，最终于192年完全失败。

张角得到这一消息,立即通知各地首领,在2月提前起义,张角自称"天公将军",封弟弟张宝为"地公将军"、张梁为"人公将军"。起义军全部扎黄色的头巾,所以又被叫作"黄巾军"。

黄巾军的主力有三支:一支在河南禹县,由波才领导;一支在河北威县,由张角弟兄领导;一支在河南南阳,由张曼成领导。三支主力从三个方向对首都洛阳形成了包围的态势。起义军每到一个地方,便放火烧官府,没收官府财物,势力发展很快。

朝廷对黄巾军非常害怕,立即调动全国各处的兵马来镇压起义。起初,黄巾军英勇作战,官府军队被打得大败,后来,由于组织指挥不够得力,黄巾军连吃了几次败仗。

在黄巾军和朝廷军队相持时,张角病死,张梁接任了张角的位置。连打了几个胜仗后,张梁产生了轻敌情绪,被汉军将领皇甫嵩半夜偷袭,黄巾军3万多人战死,张梁自己也阵亡。黄巾军最大的一支主力部队被消灭了。

张角、张梁的主力部队被消灭后,朝廷的军队占了上风,黄巾军一天天地败退下来,到年底便被彻底镇压了。

这次黄巾大起义总共经历了9个多月,它使东汉王朝的统治陷入了摇摆不定的危机之中。

102-桃园结义的传说

东汉末年,政治腐败,灾祸连年,人民生活非常困苦,老百姓被逼得实在是活不下去了,便纷纷起来造反。黄巾起义就是当时规模最大的一次起义活动。黄巾军一路扫荡州县,势如破竹,官兵接连战败,一连串的告急文书送到皇帝手中,京城上下大为震惊,皇帝紧急传诏,命令各地方官起兵扫灭黄巾军。

幽州太守刘焉接到皇帝的诏书之后,和部下讨论如何抵抗黄巾起义军,邹靖说:"现在黄巾军人数众多,势力强大,我们兵少将弱,单靠这些现有的军队是挡不住黄巾军的,依我看,应立即向所属各县发下榜文,就地招募民兵,训练之后守城。"刘焉觉得这个办法可行,立即写下几十道榜文,分送幽州所辖各地张贴。

招兵的榜文行到涿县（今河北涿州），很多人来看榜文，其中有一人姓刘名备，字玄德，当年27岁，正值壮年，也夹在人群中看那招兵的榜文。刘备本出身于皇族，先祖是西汉景帝的玄孙，传到刘备这一代时，早已衰败，地方上已没人知道了。刘备从小便很有抱负，立志要干一番大事业，可因为家贫，又没有后台，再有本事也没人赏识，直到快30岁了，还没娶上老婆。为了维持生活，刘备还要亲自编草席、草鞋拿到集上去卖，换点儿钱买些柴米油盐，今天他正是到集市上来卖草席的。刘备读着招兵的榜文，想想自己寒酸的身世，看看天下大乱的形势，不知道自己什么时候才能出人头地，他越想越难过，不觉长长地叹了一声："唉……"

刘备一声气刚叹完，忽然听到背后响起一个又粗又严厉的声音："男子汉大丈夫，没本事为国家出力，空叹气有什么用！"刘备吃了一惊，心想："这个人好厉害！"转过头一看，只见一个黑大汉，身材比自己高出半个头，一脸像钢叉的胡须一根根地立着，一双豹子眼，正威严地瞪着自己。刘备被他瞪得有点儿惭愧，连忙解释说："我正是关心天下大事，这才叹息的。请问这位壮士家住哪里，尊姓大名？"这位大汉见刘备很虚心，又长得浓眉大眼，一看便觉得印象不错，便说："我姓张名飞，字翼德，就是本地人。我平时最喜欢和天下英雄豪杰交往，我看你一表人才，一定是个英雄豪杰，却为什么像没有主见似的在这里叹气？"刘备连忙通了姓名，将自己的想法说了一遍，张飞一听很高兴，大声地说："既然你有大志，我也很想这么做！我愿意拿出钱财，招兵买马，拉出一支队伍，为国家出力！"刘备大喜，二人越谈越投机，张飞邀请刘备到酒家去，二人边喝酒边谈心。

刘备与张飞正在喝酒谈天谈得高兴，忽然看见一个红脸大汉推着货车来到酒家门前，这人放下推车，走进酒家，几乎把整个门都堵住了，他边走边大声喊："店家，快拿酒来，我喝了好当兵去！"声若洪钟，震人耳鼓，刘备和张飞都情不自禁地向这位大汉望去，只见这人身材极高，生着一双丹凤眼，不怒自威，往店中一站，威风凛凛。刘备立即请他与自己同桌坐下，请教他的姓名。这大汉也不客气，喝了一碗酒后说："我姓关名羽，字云长，老家是河东解良（今山西境内），五六年前，我看不惯一个土豪仗势欺人，一顿棍棒打死了他，逃了出来，此后一直在流浪，今天听说官府招兵，特地来当兵的！"

桃园结义

故事出自《三国演义》。讲述汉末刘备、关羽、张飞三人在桃园杀白马祭天盟誓,结为异姓兄弟,福祸相共,共创大业的事情。

刘备和张飞连忙将自己的意图告诉了关羽,关羽鼓掌叫道:"好,既然二位已经拿定了主意,那我们就一起干!"三人一边喝酒一边谈论起来,越谈越高兴,张飞说:"既然如此,我们三人为什么不结拜成弟兄呢?我们团结一心,定可以干成大事!这样,你们明天到我家去,我家屋后桃园里正是桃花盛开,我们在园中,祭告天地,结成弟兄,二位看怎么样?"刘备、关羽都极力赞成。

第二天,张飞在桃园中杀了一头牛一匹马,摆下香案,三人跪在香案前,对天发誓:"不求同年同月生,只求同年同月死!"拜了天地,发过誓,推算年龄,刘备最长,为老大,关羽为老二,张飞为老三,三人行事,一切听从大哥的主意。

后来,刘备、关羽、张飞三人同生共死,南征北战,创立了蜀汉,三人的友谊到死都没变。这就是民间广为流传的桃园结义的故事。

(注:在史书记载中,桃园结义并无其事,因其在民间社会影响极大,故列入。)

103-十常侍之乱

在汉灵帝当皇帝的这段时间内,他最欣赏12个宦官,对他们的建议言听计从,国家大事都交给他们去办。这12个人是张让、赵忠、毕岚、栗嵩、段珪(guī)、高望、张恭、韩悝(kuī)、宋典、夏恽(yùn)、郭胜、孙璋,他们的职务都是中常侍,当时人概称他们为"十常侍"。此外,汉灵帝还宠信一位叫蹇硕的小黄门，让他做了军队元帅兼上军校尉。这些宦官串通一气，在皇帝面前报喜不报忧，汉灵帝被他们弄得晕头转向，还以为自己非常英明，朝中文武官员都是敢怒而不敢言。

汉灵帝有两个儿子：一个叫刘协，是宫中一个王美人（女官名）生的；一个叫刘辩，是何皇后生的，已经立为太子。何皇后的哥哥何进也被封为大将军，担当着掌握兵权的重任。在这两个儿子中，汉灵帝比较喜欢王美人生的孩子刘协，想改立刘协为太子，让刘协将来继承自己的皇位，但害怕会引起内乱，所以一直没有提起这件事。

189年，汉灵帝病危，他知道自己快不行了，便和蹇硕商量让刘协继承皇位的事，蹇硕说："要立刘协，必须先除掉大将军何进，免除后患！"汉灵帝认为蹇硕说得对，便命令何进进宫，说是有大事情要商量。何进不知道皇帝要杀自己，便快步往皇宫走去。何进来到宫门口，司马潘隐拉住何进说："大将军不可进宫，蹇硕要借皇帝的手杀你！"何进大吃一惊，连忙回到自己家中，请来一班大臣商量对策，依何进的意思，是想趁此机会将朝中掌权的太监一股脑儿地全部杀光，大家有的赞成，有的反对，一时拿不定主意。

正在商量对策，潘隐来到，对大家说："皇帝已经驾崩，现在十常侍准备暂不发表，要把何进大将军诱进宫中杀掉，再立刘协为皇帝！"何进和一班大臣们都非常愤怒，有人说："当前最要紧的是先决定一个继承皇位的人，然后再以皇帝的名义诛杀宦官！"何

熹平石经残石

东汉熹平四年（175年），汉灵帝下令将《周易》《尚书》《诗经》《仪礼》《春秋》《公羊传》和《论语》七种经书刊刻于石，立于洛阳太学。共46石，20余万字，为书法家蔡邕（yōng）手书隶书。因熹平四年开刻，故名。石经刻成后屡经战乱，损毁严重，唐宋以来，多有残石出土。残石今分别藏于西安碑林、上海博物馆和台北故宫博物院等地。

> **189年4月**
>
> 汉灵帝死，太子刘辩即位，是为汉后少帝。

进问："谁愿和我同去？"袁绍挺身而出，愿带5000精兵入宫，杀宦官，保新君主即位。

于是，袁绍率领5000精兵随同何进进了皇宫，在汉灵帝的棺材旁边拥立太子刘辩当了皇帝，大家对新皇帝三拜九叩，山呼万岁，袁绍立即进宫来捉拿十常侍。张让、郭胜等人早已知道何进要杀自己，便先杀了蹇硕，然后一齐来到后宫，请何皇后（这时已尊为太后）代向何进说情，保自己一条性命，并说以前的坏事都是蹇硕一个人干的，现在蹇硕已经被杀掉了。何太后立即把何进请进内宫，对何进说："我兄妹俩出身低贱，你本来只是卖肉的小商人，如不是内侍们帮忙，我兄妹俩怎能有今天的大富贵？你杀完了宦官，谁来给我们帮忙？"何进听信了妹妹的话，出来对袁绍等兵将们说："蹇硕想谋害我，现在已经被杀掉了，与其他人无关，我已经调查清楚了，大家保新君有功，我要论功行赏，现在请回吧！"

刘辩当了皇帝，何进既是国舅，又是大将军，朝廷大权掌握在他一个人手中。袁绍等一班大臣都劝何进早点除掉宫中的宦官，免得将来生事，可是何太后不同意这么做。何进和袁绍一商量，决定调京城以外的兵马入城，用地方的力量逼太后同意诛杀宦官。

十常侍知道了何进的计划后，决定先下手除掉何进再说，以张让为首，一行人来到何太后宫中，说何进听外人计策，非要杀掉他们，请何太后做主。何太后让他们到大将军府中去请罪，张让说他们不敢去，最好是何太后把何国舅请进宫中，他们在宫中向何国舅赔罪道歉。何太后信以为真，便写一道诏书，传何进到宫中议事。

何进接到妹妹的诏书,也不怀疑,就独自进宫了。张让等人早就埋伏好士兵,何进一进宫就关闭了宫门,把他抓住,宦官们斥责了他一顿,就把他杀了。

杀了何进后,张让等人传出消息说何进谋反,已经伏诛,并做了一些人事安排。袁绍和何进的部将听说后大怒,一起率兵攻打宫门,他们杀进宫去,见到太监就杀。张让、段珪见大事不妙,连忙劫持着皇帝刘辩和陈留王刘协,冲出人群向城外逃跑,士兵们随后追赶,张让投河自杀,段珪在慌乱中丢掉了皇帝和陈留王,一个人落荒而逃,后被追兵捉住杀掉,其他几个人也统统被杀。

皇帝刘辩和陈留王刘协二人被乱军拥出城后,吓得在荒郊野外的乱草丛中过了一夜,第二天才被出城寻找的袁绍接回。

104-董卓专权

董卓以清除宦官、保护皇帝为名,率兵进入京城,并将大将军何进原来管辖的兵马全部划归自己管理。掌握了兵权,就等于掌握了国家的命根子,董卓在一夜之间便由一个一般的西凉刺史变成了朝廷权威最重的大臣,文武百官甚至连皇帝都要看董卓的眼色行事。

董卓进京之后,发现皇帝刘辩糊里糊涂,没什么本事,而刘辩的弟弟陈留王刘协却显得聪明精干、气度不凡,董卓觉得应该让刘协来当皇帝,便和自己的心腹部下李儒商量这件事,李儒说:"目前,天下纷乱得很,朝廷里文武大臣中没个主心骨,您这个时候废掉刘辩,改立刘协当皇帝,有几个好处:第一,可以看出朝中哪些人是真心拥护你,哪些人反对你,正好把那些反对你的人除掉,这样你便牢牢地巩固了自己在朝廷中的位置;第二,你立了陈留王当皇帝,陈留王一定会感谢你的大恩大德,今后会更加重用你。这叫一举多得,再好没有的事!"于是,董卓和李儒又商量好了具体行动方案,决定在第二天召集群臣开会,在会上宣布改立刘协当皇帝的事情,谁不听就杀掉谁。

文武大臣们听说董卓召集开会，谁也不敢不来，于是大家早早地就到齐了。董卓先请大家喝酒，喝了一会儿酒，董卓便宣布了自己的主张，征求大家的意见。文武百官乍一听董卓的话，都吓得发了呆，他们都在心里反对，可是都害怕董卓的势力，便闷着不作声，谁也不愿表态。荆州刺史丁原实在忍耐不住，挺身而出，指责董卓的行为是在造反，说："现在的皇帝毫无过失，怎么能轻易地说废就废呢？你作为一个大臣，竟敢说出这种话，这是大逆不道！"董卓大怒，拔剑要来杀丁原，丁原也毫不示弱，要和董卓拼命。董卓的部将李儒看到丁原的干儿子吕布威风凛凛地站在丁原身后，他知道吕布武艺超人，弄不好要吃亏，便劝住了董卓，双方停止了争斗，废立皇帝的事也只好暂时放了下来。

董卓觉得，要想达到自己的目的，必须消灭一切反对自己的力量，当前的丁原和他的干儿子吕布便是第一块绊脚石，必须首先搬掉，他派吕布的同乡好友李肃带着大批金银珠宝和自己心爱的宝马——赤兔马去劝吕布投降。吕布是个势利小人，果然贪图名利，当天便杀了自己的干爹丁原，提着丁原的脑袋来投降董卓，又认董卓做了干爹。

TIPS

赤兔马

本名"赤菟（tú）"，"菟"指"於（wū）菟"，是老虎的别称，意指这马像老虎一样凶猛。赤兔马是东汉时大将吕布之坐骑，有"人中吕布，马中赤兔"之称，吕布死后，被曹操赠予关羽。据说此马毛色呈红色，能日行千里。

吕布画像

吕布（？—198年），字奉先，五原郡九原县（今内蒙古包头境内）人。吕布以勇武闻名，有"人中吕布，马中赤兔"之称。然其人少谋而多猜忌，反复无常，终败亡于曹操之手。

董卓消灭了丁原，又得到了吕布这样一员大将，更加肆无忌惮（dàn），再次把废立皇帝的事情提了出来。

这一次，董卓还像上次那样，把文武百官集中起来，让他们喝酒议事，却让吕布率领1000多铁甲军，全副武装地站在大厅里，虎视眈眈地看着大家。然后，董卓一手按剑，高声说道："当今皇帝愚蠢糊涂，不能管理国家，我要将他废掉，立陈留王刘协为皇帝，你们谁敢不同意，就地斩杀！"大臣们个个害怕，不敢反对，可袁绍偏偏不服，大声反对。董卓拔剑来杀袁绍，袁绍也拔剑要杀董卓，双方一时僵住了。李儒劝住了董卓，袁绍见大臣们都不敢支持自己，便愤怒地离开会议厅，把自己的官印丢了，单人独马跑到冀州（今京、津、冀一带）去了。

袁绍一走，董卓指着袁绍的叔父、太傅（太子的老师）袁隗说："你侄儿无礼，我看在你的面子上，不杀他！你说，皇帝该不该废？我做得对不对？"袁隗早已吓得全身发抖，慌不迭地表示同意，到会的文武大臣们见太傅都同意，自己还有什么话说，也一起表示同意。第二天，董卓写了一份文表，在朝会上宣读一通，把刘辩赶进冷宫居住，让陈留王当了皇帝。不久又找了个罪名，把刘辩和他的母亲何太后一齐杀了。

董卓废了皇帝刘辩，又不明不白地把刘辩母子杀死，大臣们敢怒不敢言。袁绍乘机从冀州发兵来攻打董卓，并号令天下的英雄豪杰一起来帮助自己。当时有曹操、孙坚、公孙瓒、刘备等人一齐来帮助袁绍。董卓派吕布来与袁绍对抗，两军对垒，吕布吃了个败仗。董卓觉得再打下去对自己不利，决定将皇帝从洛阳迁移到长安（今西安），靠长安的地势来挡住袁绍

> **189年9月**
> 董卓废汉少帝，立陈留王刘协为帝，是为汉献帝。

的进攻。

董卓离开洛阳的时候,把洛阳城中有钱的人家抢劫一空,还说他们是乱党,将其全部杀头,还强迫洛阳城中的老百姓和自己一齐到长安去。临行时,他下令在洛阳城放了一把大火,把皇宫和民房全部烧光,又派吕布把皇帝家的坟墓挖开,将坟墓里的珠宝全部装上大车,据为己有,浩浩荡荡地就往长安去了。

(注:在史书记载中,有关丁原与董卓矛盾由来的记录极少,又史载吕布为丁原部下,并非义子,丁原为并州刺史。此根据小说《三国演义》写成,大事基本符合史实。)

105-三除董卓

董卓废了皇帝后,在朝中大权独揽,为所欲为,把杀人抢劫当作儿戏,朝中的文官武将个个愤怒,有的人便想刺杀董卓。有个叫伍孚的人,天天将一把匕首藏在衣服里面,想找机会刺杀董卓。一次在上朝时,伍孚与董卓相遇,他乘董卓不防备,抽出匕首便刺,董卓反应也相当快,抓住他持刀的手扭打起来,并立刻呼唤部下过来,把伍孚抓住,杀死了他。

刺杀董卓的勇士伍孚虽然被杀死了,但这并没吓住朝中一些勇敢的大臣。司徒王允假称自己过生日,把朝中的一些旧臣请回家中赴宴。宴会上,王允忽然大哭,大家不解,便问:"今天是您的生日,您为什么要哭呢?"

王允说:"今天并不是我的生日,我想和诸位叙一叙,怕董卓怀疑,才故意说是生日请客。当前,董卓专权,国家遭罪,我们没能力除掉董卓,我越想越伤心,所以才哭!"

王允说完又哭,那些老臣们都没有什么主见,也一个个地跟着哭起来。当时曹操也在酒席上喝酒,见这么多人在哭,哈哈大笑一声说:"你们都没出息!像这样哭下去,哪一天能把董卓哭死?!"

王允说:"大家都在为国家大事伤心,你却大笑,是什么道理?"

曹操说:"我笑你们这么多人,光会哭,却没有杀董卓的计策!我有一个办法,能杀掉董卓!"

王允立即走下座位,对曹操作了个揖,说:"你有什么计策,快请讲!"

曹操说:"听说您有一口七宝刀,请将这把宝刀借给我,我明天到董卓家中，诈说是献刀，乘董卓不注意，一刀杀了他！"

王允大喜，立即取出七宝刀交给了曹操。

第二天，曹操带着七宝刀，来到董卓的丞相府中，正好董卓在起居室里休息。曹操和董卓叙了一会儿话，吕布出去办事了，董卓躺在床上翻身朝里休息，曹操拔出宝刀准备刺。

就在曹操拔刀的一刹那，董卓从墙上的镜子中看到曹操拔刀的动作，连忙翻过身问道："你要干什么？"

曹操心虚，恰好听到吕布的声音在外面响起，连忙双手将七宝刀举起，说自己新得到一口宝刀，特地来献给丞相。董卓很高兴，便让吕布收起七宝刀。曹操这时已吓得浑身大汗，找了个借口便骑马出城，再也不敢回头。

曹操一走，董卓知道了大臣们对自己不服，从此更加小心地防守，要想杀董卓，比以前更难了。

王允见几次谋杀董卓都没有成功，知道再想谋杀他已经很难了，必须另想办法。王允想："董卓的干儿子吕布是个贪图钱财、女人的小人，董卓也有这个毛病，我就从他俩这个毛病上下手，使个连环计，让他父子俩自相残杀！"

王允有个干女儿，叫貂（diāo）蝉，刚刚16岁，能歌善舞，长得也是十分漂亮，人见人爱。王允先将吕布请到家中喝酒，酒喝到中途时让貂蝉出来为吕布劝酒，又让貂蝉边唱边舞。吕布见貂蝉歌唱得好，舞跳得好，人又长得美，心里爱得发慌，连酒都忘了喝。王允趁机说要把女儿嫁给吕布，吕布高兴得连连磕头行礼，并说备齐了聘礼后就来迎娶。

过了几天，王允又找个借口把董卓请到家中喝酒，也在中途让貂蝉出来劝酒助兴，董卓果然也被貂蝉迷住了。王允趁机表示愿将貂蝉送给董卓做妾，董卓高兴得连酒都不喝了，立即带着貂蝉回府去了。

董卓一走，吕布便来质问王允，问他为什么答应把女儿嫁给自己却又转送给了董卓。王允故意说是董卓将貂蝉带回府中，要选个日子给吕布和貂蝉举办婚礼，吕布这才高高兴兴地走了。

哪知道一连过了许多天，董卓根本不提为吕布办婚礼的事情，吕布一打听，原来董卓自己把貂蝉留下来做了妾，吕布恨得牙根发痒！

貂蝉趁机挑拨董卓和吕布的关系，一面对吕布说，是董卓强迫自己嫁给他的,一面又对董卓说:"吕布经常来调戏我,请您为我做主!"

这么一来,董卓和吕布之间的关系越来越坏,董卓甚至要杀吕布,幸亏李儒从中劝解,才暂时平息了风波。

王允知道时机已经成熟,便将吕布请到家中,先和吕布谈论董卓强占貂蝉的事,挑起吕布的怒火,然后和吕布共同策划如何杀死董卓,吕布这时候对董卓早已经恨之入骨,他表示愿意亲手杀死董卓。

王允派人告诉董卓说,皇帝要将位子让给他,请他快快上朝接受,并说一切事情由自己主持。董卓高高兴兴地带着吕布一起进皇宫。一到皇城,吕布就将士兵留在城外,自己陪董卓进了皇城,董卓到了大殿上一看,见王允等人率领一批士兵全副武装地在等他,发现形势不对,连忙想逃,并喊吕布保护自己,吕布应声举剑,一剑杀死了董卓。

这样,经过长期的策划,王允终于顺利地除掉了董卓。

(注:曹操献刀刺董卓、王允施美人计之说史料不载,因其在民间广为流传,故列入。)

除凶暴吕布助司徒

《三国演义》载王允设美人计,诱使吕布除掉董卓,画面表现的正是吕布刺杀董卓的场景。

貂蝉画像

貂蝉在正史中并无记载。她是民间传说中的四大美女之一,相传貂蝉拜月,月见其容貌之美而入云不出,"闭月羞花"之"闭月"指此事。

106-经学大师郑玄

郑玄，字康成，生于127年，卒于200年，山东高密人，是东汉末年著名的经学家。

从西汉武帝刘彻开始，儒家思想逐步成了统治思想。统治者和学者们把儒家的几部代表著作如《礼记》《论语》《孟子》《易》《尚书》还有《诗经》等当作经典，要求人民学习、领会，朝廷选拔官员往往要考证他的学问，考试的内容也多是经典里的内容。这些经典著作的语言都非常古朴，时代又比较远，很难读懂，所以，专门解释这些经典的内容，就成了一门很热门的学问。在学习、研究、注解这些经典方面有成就的人便被称为"经学家"，郑玄便是一位著名的经学家。

在对"经"的内容的看法上，大体形成了两大派，分别叫"今文学派"和"古文学派"。这两个学派在形式上的区别在于：从西汉中期到东汉后期，社会流行的是隶书文字，对用这种文字写出来的经典的解释，被称为"今文经学"，而对用汉以前通用的篆籀（zhuàn zhòu）文字写出来的经典的解释，被称为"古文经学"。在内容上的区别在于：今文经学是政府推行的、占统治地位的官方学派，古文经学是流传在民间的学派。郑玄对经学的贡献就在于把这两派的思想进行了融合，并形成了自己一个新的流派——"郑学"。

郑玄出身于士大夫家庭，从小受过较好的文化教育，年轻时曾担任过乡啬（sè）夫的职务。乡啬夫是县级以下的小官，郑玄一直不想当这个官，他的兴趣在于读书做学问，后来干脆辞职来到京城，进太学拜

TIPS

孔壁得书

西汉景帝末年，鲁恭王拆孔子旧宅来扩建宫殿，在墙壁中发现大批古书，其中有《尚书》《逸书》《礼古经》《逸礼》《礼记》《春秋左氏传》《古孝经》《古论语》等，这些经书都是用战国时六国文字写成，与汉代通行的隶书不同，被称为"孔壁古文经"。

师，学习了《公羊春秋》《九章算术》《礼记》《左氏春秋》等。

当时，在全国经学家中最有名的是经学大师马融。马融学问渊博，有学生好几百人，其中优秀的学生有50多人。马融教学很严格，他只亲自教几个学习成绩好的，其他的一般学生就让这些高才生去教学。郑玄觉得要想真正学到好东西，必须去拜马融为师，于是他便从洛阳动身，千里迢迢赶到扶风茂陵去向马融求学。马融仍然按老规矩办，新来的学生由自己的高才生去转教，郑玄虽然拜在马融名下当了三年学生，却从未见过马融长得什么样，但是他仍然刻苦学习。

后来，马融遇到了一个关于图纬的问题，很长时间都没搞懂，有个学生向马融推荐了郑玄，说郑玄精通数学，或许可以解决这个问题，郑玄这才算真正和老师见了一面。郑玄果然帮助老师解决了这个问题，并把自己这么多年来一直没能解决的问题全部提出来向马融请教，马融也尽量给他满意的解释，并且对郑玄非常满意。解决了问题之后，郑玄便向老师告辞，他要回山东老家去，马融对自己的学生说："郑玄这次回去，可把我的学问带到东边去发扬光大了。"

郑玄回到家乡以后，一面种田，一面读书，一面收徒讲学。几年时间内，郑玄远近闻名，全国各地的人都来拜他为师，他的学生有几千人。

汉桓帝末年，发生了"党锢事件"。郑玄以博学、品行端正而闻名远近，却被作为"党人"抓了起来，要禁锢终身，一辈子不准做官，一直到十几年后黄巾起义爆发，汉灵帝大赦（shè）天下，郑玄才重新获得了自由，这时候，郑玄已经60岁了。

郑玄获得自由以后，大家又纷纷

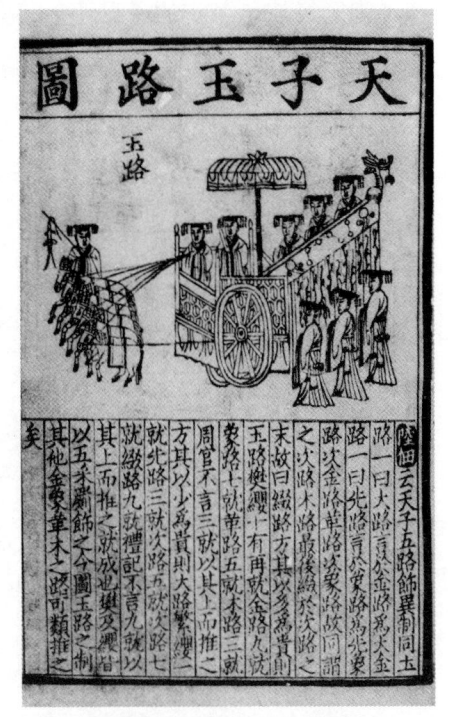

郑玄注《周礼》之"天子玉路图"

郑玄为东汉大儒，他兼通今古文经学，编注群经，集汉代经学之大成。唐贞观年间诏郑玄配享孔庙。天子玉路为六马所拉的玉饰车辇。

请他出去做官，他全都谢绝了，只是一心一意地著书立说。董卓当太师的时候，推荐郑玄当赵相，郑玄没有去。大将军袁绍推荐郑玄当左中郎将，他也没有去。这么一来，他的名气更大了。最后，皇帝下令，让郑玄当大司农，还用大车把他接到京城。不久，他又说自己有病，坚持要回到山东老家去。200年，袁绍和曹操在官渡大战，袁绍强拉郑玄从军，郑玄只好拖着有病的身体跟着军队行走，后来在元城（今河北大名）病死。

郑玄既通今文经学，又通古文经学，并且对两家的精华都予以吸取，对两家不对的地方都提出了大胆批评。郑玄一生注解过许多经典，今天仍保存在《十三经注疏》中的《毛诗》《周礼》《仪礼》《礼记》四部注解，详细渊博，具有很高的学术价值，特别是他对《毛诗》的注释，具有很高的文学价值。

郑玄一生先后教过一万多名学生，他在教学过程中能打破门户之见，注意教学方法，教出了不少好学生，是古代教育大家之一。

107-官渡之战

200年，袁绍起大军10万，向许昌进发，口号是"消灭曹操，保国安民"。曹操急忙调几万精兵来迎战，双方在官渡（今河南中牟东北）安营扎寨，准备交战。

在袁绍起兵时，谋士田丰反对向许昌进兵，他劝袁绍不要去和曹操打仗，另一个谋士逢纪和田丰关系不好，乘机说田丰的坏话，袁绍一怒之下，认为田丰是故意坏自己的事，立即要杀田丰。大家一齐求饶，

200年

官渡之战爆发，曹操军以弱胜强，战胜了袁绍军。此战奠定了曹操统一北方的基础。

袁绍才把田丰关进牢中，说等自己杀败曹操回来再和他算账。袁绍大军来到官渡，谋士沮授向袁绍建议说："我军虽然人多，但是勇猛不如曹兵，曹操军队虽然很少，但是非常精锐，可是粮草却不如我军充足，我们只要在这里守着，和曹操打消耗战，曹操一定会吃败仗的。"

袁绍听完又不高兴了，说："田丰阻挡我出兵，你不让我出战，你们都没安好心！"他传令将沮授关起来，说等破了曹操后再治他的罪。

曹操的军队在官渡驻扎下来以后，探听到袁绍大兵是自己的数倍，人人害怕。曹操召集部下商量怎样才能打败袁绍，谋士荀攸（yōu）说："袁绍人马虽多，但并不可怕，袁军不如我军精壮勇敢，我们应抓紧时间进攻，快速取胜，如果时间拖长了，粮草供应不上，那我们就会被袁绍打败。"

第二天一早，双方大军列成阵势，混战一场，袁军人多势众，取得了胜利，曹操退守营寨，不再出战，袁绍却把大军再向前推进一步，在官渡水边下寨。

在官渡水边，袁绍和曹操的军队相持了一个多月，曹操的军粮已经接济不上了，曹操想退兵回许昌去，谋士荀彧建议再坚持一下，他说："袁绍军队太多，时间一长，就会露出破绽来，那时我们突然进攻，一定会大获全胜。"谋士荀攸又建议："两军打仗，粮草是根本保障。袁绍有10万大军，对粮草的需求量更大，如果出奇兵截断袁绍运粮的通道，袁绍军心必定不稳，10万人，心情一不稳，我们的机会就多了，要胜

袁绍画像

袁绍（？—202年），字本初，汝南汝阳（今河南商水西南）人。袁绍曾为讨伐董卓联军盟主，势力最盛时有冀、青、并、幽四州，在官渡之战中败于曹操。

TIPS

望梅止渴

据说曹操率领大兵出去打仗，迷了路，三军皆渴，乃下令说："前面有片大梅林，结了很多果子，又甘又酸，可以解渴。"士卒听到，口皆生津，得以坚持到找到水源。事见《世说新语·假谲》。

袁绍，也不是难事。"曹操便派徐晃去断袁绍的运粮通道，又让张辽和许褚在后救援，一战成功，烧光了几千辆运粮的军车，给袁绍军队造成了很大的混乱。

袁绍有一个谋士叫许攸，很有见识，他和曹操小时候是很要好的朋友，了解曹操的性格和用兵的特点，知道曹操军中已经没有多少粮草了，便向袁绍建议，请袁绍兵分两路，一路和曹军对敌，一路去偷袭许昌，使曹操前后受敌，那样曹操必败无疑。

袁绍生性多疑，知道许攸和曹操过去是好朋友，不相信许攸对战况的分析。恰好袁绍的部下审配因为许攸的家人犯了法，将许攸家人收捕起来了。许攸一气之下，连夜奔到曹操军中，来投靠曹操，曹操大喜，向许攸请教，问用什么办法才能早点战胜袁绍。许攸说："袁绍大军10万，不可一日无粮，如果断了袁绍的粮草，袁军必会不战自败。现在，袁绍大军的粮草大部分囤积在乌巢，守粮将官叫淳于琼，这个人为人骄纵，手下虽有士兵，但防备不严。你乘机用精兵袭击那里，出其不意，一把火把粮草烧光，袁军没了粮草，不到三天，便会大败而逃！"

曹操采纳了许攸的计策，亲自领着5000精兵，打着袁绍军队的旗号，连夜往乌巢赶去。

一路上，遇到有士兵盘问，曹军都回答是袁绍派

TIPS

白马之战

官渡之战初期，袁绍派大将颜良兵围白马（今河南滑县），曹操用声东击西之计，佯装袭击袁绍后方。袁绍中计分兵救援，曹操立即派关羽突袭白马，关羽阵斩颜良，解白马之围。

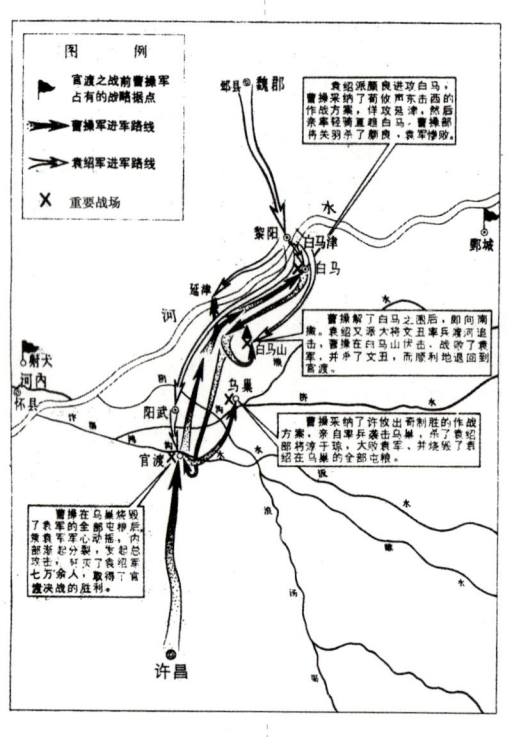

官渡之战示意图

建安五年（200年），曹操军与袁绍军相持于官渡，展开战略决战。曹军奇袭袁军在乌巢的粮仓，继而击溃袁军主力。此战奠定了曹操统一中国北方的基础。

遣而来，正要去乌巢保护粮草，很顺利地就通过了各路关卡。到了乌巢，他们便四下里放起火来，淳于琼领兵抵挡不住，被曹兵活捉，粮草也被烧光。

听说乌巢被攻击，袁绍军中人心惶惶，士兵们早已失去了斗志。但袁绍认为，要是能趁曹操不在军营时攻下其大本营，曹军必败，于是派大将张郃、高览去攻打曹操大营。张郃认为曹营防备森严，一时难以攻下，建议先派重兵救乌巢。袁绍不听，谋士郭图也指责张郃的计策不好。果然，张、高二将攻曹营无功，郭图却向袁绍说是他们不尽力，他们怕袁绍怪罪，又见大势已去，就投降了曹操。袁军既失粮草，又无大将，军心大乱，溃散殆尽。袁绍慌忙带着身边的八百骑兵渡河逃走。

这一仗，曹操以少胜多打败了袁绍的10万军队，并乘胜前进，占领了袁绍的全部地盘，消灭了北方的割据势力。

108-汉献帝两除曹操

董卓被除掉以后，又发生了董卓的部下李傕（jué）、郭汜（sì）的兵乱，局势动荡了好多年都不得安稳，直到曹操迎汉献帝迁都许昌、当了丞相之后，在曹操的精心治理下，国家才慢慢地安定下来。

东汉到后期的时候，政治很腐败，曹操当丞相期间，对朝廷多年留下来的老毛病进行了大力整顿，他要求大小事情都要经过他同意，才能决定下来。这样时间一长，从汉献帝到一般大臣，都认为曹操太霸道了，不少人公开地或者暗地里反对曹操。可曹操也毫不客气，对那些反对他的人给予全力打击，有的被降职，有的甚至被判刑、杀头。汉献帝觉得自己这个皇帝当着没意思，于是要想办法除掉曹操。

汉献帝在朝臣中摸底，看谁能承担起除掉曹操的任务。想来想去，只有车骑将军董承，既是皇亲国戚（董承的女儿嫁给了汉献帝），又是官位很高的大臣。汉献帝想把董承找进皇宫中商量，又怕太引人注意，使秘密泄露，便把自己的诏书缝在一条衣带中赐给董承，并对董承做出种种暗示。

董承回家以后，仔细检查衣带，发现了皇帝的诏书，便和自己的几个好朋友吴子兰、王服、种辑等人策划怎样除掉曹操。他们觉得刘备是个人才，便拉刘备一同加入行动。

刘备当时在京城住着，他也早对曹操心存不满，就参与了董承等人的谋划。事情还没办，正巧，袁绍的弟弟袁术领兵到青州去，曹操派刘备去堵击袁术，他拨了一支兵马，让刘备率领，刘备就离开京城，发展自己的势力去了。

200年的时候，董承的谋划泄露了出去，被曹操得知，曹操立即派兵把董承、吴子兰、王服、种辑等人捉起来，全部处死。

曹操清除了内部的隐患后，想起了刘备，觉得刘备将来会是自己最大的对手，一定要趁他势力不够大时消灭掉他，否则会后悔一辈子的。曹操的谋士们提出了一些不同意见，他们害怕在攻刘备时袁绍会乘机袭击后方，劝曹操要谨慎一点才是。祭酒郭嘉支持曹操的意见，郭嘉认为，刘备现在力量不强，打刘备很容易，而袁绍这个人性格软弱多虑，办事不果断，他要先观望一下才会决定出不出兵，等他下定决心出兵，我们早已消灭了刘备，结束战斗了。当时，刘备在徐州驻扎，曹操大军一至，他果然被击败，只得丢掉徐州，投奔袁绍去了。

当曹操攻徐州时，袁绍的谋士们建议袁绍乘机去袭击曹操的后方，袁绍一直犹豫着不肯行动，直到刘备失败逃走时，袁绍才醒悟过来，这时却已经来不及了。

董国舅内阁受诏

汉献帝要除掉曹操，下诏让国舅董承去办此事，他将诏书缝制在衣带中，与衣服一起赐给董承。因此，此诏又称"衣带诏"。后事情败露，董承被杀。

TIPS

青梅煮酒论英雄

三国时，董承约刘备等立下盟约来除曹操，刘备生怕曹操生疑，每日浇水种菜以示胸无大志。一日，曹操请刘备饮酒，桌上放着一盘青梅，一樽煮过的酒，二人对坐而饮，议论天下英雄。当曹操说到"天下英雄，唯使君与操耳"，刘备大惊失色，筷子掉到了地下，当时正好雷雨大作，刘备以此掩饰了内心的慌乱。故事出自《三国演义》。

曹操打败了刘备，又在官渡和袁绍大战一场，打败了袁绍，乘胜平定了河北一带。汉献帝给曹操不断加封，直到曹操当了魏王。

从董承谋杀曹操不成被处死以后，汉献帝和皇后伏氏更加不安起来，伏皇后给自己的父亲伏完写信，在信中数说曹操怎样专权，要求父亲看准机会，帮助皇帝除掉曹操。伏完是个比较淡泊的人，不愿为这些名利之事去争夺，便把伏皇后这封信收藏起来，根本没准备去实行。到曹操当上魏公时，伏完已经去世了。伏完家的用人发现了伏皇后的书信，将信送到曹操手里，曹操立即起身进入皇宫，逼汉献帝废了伏皇后，并立自己的女儿曹节为皇后。

曹操为整顿东汉末年的国家政治，做了许多事情，立下了许多功劳，可皇帝还嫌他专横，几次想害他，这是不公平的。过去许多戏剧作品中常常把曹操描写成又奸又恶的坏人，这也不是公平的。

109-文姬归汉

东汉末年，汉灵帝时期，有一个大文豪名叫蔡邕，天下的文人没有不知道他的名字的。当时，宦官几乎掌握了国家的权力，谁要想出头当官，非巴结宦官不可，而蔡邕自认为自己有才气有学问，不屑于巴结宦官，因此他很不得志。

董卓当权的时候，一面拼命镇压那些反对他的人，一面又拉拢一些有名气的人到朝廷里做官，蔡邕就是他重点拉拢的对象。董卓给蔡邕连升三级，让他当了侍中。蔡邕虽然知道董卓是个大奸臣，但还是感谢他对自己的重用。董

蔡邕墓

蔡邕（133年—192年），字伯喈，陈留郡圉县（今河南杞县）人，汉末文学家、书法家、音乐家。因同情董卓而被王允所杀。河南禹州市、开封市祥符区、杞县、尉氏，江苏常州市等地都有蔡邕墓。

卓死时，他忍不住表示叹息同情，结果被司徒王允关进监狱，最后死在狱中，社会上有名望的人都替他感到可惜。

蔡邕有一个女儿叫蔡文姬，长得很美，而且非常聪明，精通诗、文、音乐，蔡邕非常喜欢这个女儿。

董卓被除掉以后，发生了李傕、郭汜的大混战，长安、洛阳等地的老百姓被乱兵弄得到处逃难，过着痛苦的流亡生活。蔡文姬也夹在逃难的人流里四处奔波。

在汉朝早年，北方的匈奴一直和汉王朝处于打打停停的状态，关系时好时坏。当汉朝自身统治不稳定时，南匈奴也乘机到中原来抢夺财物。蔡文姬在逃难时被匈奴军队连人带行李一起掳了回去，匈奴军队的首领见蔡文姬长得非常好看，就把她送给了左贤王，蔡文姬就做了左贤王的夫人。

蔡文姬做了左贤王的夫人后，在匈奴一住就是12年，她生了两个孩子，左贤王对她很好，他们日子过得很不错，可是蔡文姬还是思念自己的家乡和亲朋好友。

曹操打败了袁绍，平定了乌桓，安定了中国的中原地带，国力渐渐强盛起来，匈奴也派使者到中国来，想和汉朝建立友好关系。这时，曹操打听到自己的好朋友蔡邕的女儿蔡文姬还留在匈奴，便通过外交手段，把蔡文姬又接了回来。

蔡文姬回到汉朝以后，由曹操做主，将她嫁给董祀做妻子。董祀对蔡文姬很好，两人过着幸福的生活。

哪知道好景不长，董祀受牵连犯了罪，按当时的法律应该杀头。蔡文姬觉得自己的命运真是太苦了，便去向曹操求情，希望他能饶了董祀的死罪。

当蔡文姬来到曹操王府门外求见的时候，曹操正在大厅里招待客人，这些人都知道蔡邕，有的和曹操一样，还是蔡邕的好朋友，他们都想见一见蔡文姬，看看蔡文姬的情况怎么样。

曹操让人把蔡文姬带进大厅里，只见蔡文姬披散着头发，大冬天穿着很单薄的衣服，一脸的泪痕，一进大厅便给曹操跪下，哭着求他饶了董祀的死罪。曹操被蔡文姬求得心软了，参加宴会的人也很同情蔡文姬，曹操便派一匹快马给董祀送去了免罪的文书。

曹操又想起来，蔡邕有很多藏书，如果整理出来，将是一笔很好的财富。他问蔡文姬："你父亲的作品和藏书还在不在？"蔡文姬说："父亲留给我的藏书有2000多卷，在战乱逃难时全部丢失了，不过我还记得400多卷，能够背诵出来。"曹操说要派人去帮她整理，蔡文姬说："只要给我一些纸和笔，我可以写出来。"

后来，蔡文姬便在家中将父亲蔡邕的作品一一整理出来，交给了曹操。

另外，据历史记载，蔡文姬精通音乐，她自己作词、谱曲，创作了一首名曲，叫《胡笳十八拍》，她的丈夫董祀用琴弹奏了出来，在当时很轰动，现在，一些古代文学作品的选本中还保存有《胡笳十八拍》的歌词。

"文姬归汉"的故事，是我国古代文学史上的一件美谈。

110-孙策借兵收江东

在东汉末年的军阀争夺战争中，长沙太守孙坚兵败而死，并失去了原先占有的大片地盘。孙坚死后，他部下的兵马死的死，逃的逃，他的大儿子孙策只带着几个人投在袁术手下，当了个很小的武官。孙策为袁术冲锋陷阵，立了许多军功，可是袁术就是不重用他。

实际上，袁术也知道孙策是个很了不起的人才，经常想："我要有一个像孙策这样的儿子来继承我的事业，那该多好啊！"可是袁术是个心胸非常狭窄的人，他生怕孙策有了大出息以后，自己就控制不住他了，所以他有意不让孙策得到提拔，而是经常将一些行军打仗的苦差事交给他去做。

孙策是个文武双全、胸有大志的人物，他怎么甘心一辈子跟在袁术后面受袁

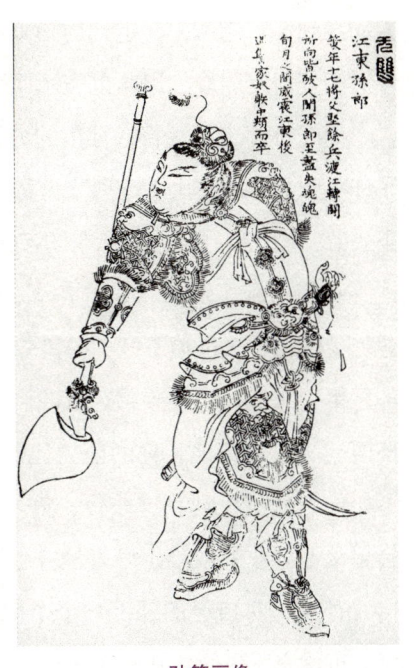

孙策画像

孙策（175年—200年），字伯符，吴郡富春（今浙江富阳）人，三国时期孙吴的奠基者之一。准备北伐时，出猎遇刺而亡，年仅26岁。

术的管辖呢？他想回到江东去，收回自己父亲当年失去的土地，但是他手中没有军队，光靠自己一个人的力量，就是有三头六臂也不行！想来想去，孙策终于想到了一个向袁术讨要父亲旧部的合适理由。他见袁术派他的舅父吴景作为督军中郎将去和扬州刺史刘繇（yáo）作战，吴景久战不胜，他便决定借此机会向袁术要兵马，名义上是为舅父助战，实为趁机攻取江东。

于是，孙策找了个好时机，对袁术说：“我家过去长年居于江东一带，对江东人多有恩情。现在我舅父被刘繇的部下挡在横江之外，久攻不下，我愿意带兵去为舅父助阵。等攻下横江郡，我还可以在当地招募士兵，大约能招募到三万人，到时候我再领着他们协助您平定天下，成就一番事业。”袁术也知道孙策对自己不满，但他觉得江东当时有好几个割据势力，孙策在那里翻不出什么水花，就答应了孙策的请求，把孙坚的旧部还给了他。

孙策领了这支人马，赶紧带着自己父亲生前的部将程普、黄盖、韩当等人动身到江东老家去，走到历阳（今安徽和县境内）时，恰巧又碰上了自己少年时的好朋友周瑜，周瑜也表示愿助孙策干一番大事。

有了许多文官武将，孙策的力量迅速强大起来，很快便打败了刘繇，收复了许多州县。地方上的一些文武豪杰都知道孙策是孙坚的儿子，纷纷来孙策手下效劳，没几年，孙策将江东的各州各县全部占领。

孙策占领了江东，正准备干一番大事业，可惜好景不长，他一次出猎时遇刺受伤，怎么也治不好。孙策知道自己寿命要尽了，便将部下的文武将官全部召集到床前，又将弟弟孙权叫到身边，取出自己的将印，交给孙权说：“东征西战、攻城克地，你的能力比不上我，但在使用人才、保住家业方面，我不如你。从祖上到我这一代，好不容易才开辟了江东这一块领地，你要经常想想父辈创业的艰难，好好地守住它！”

孙策又对自己的部下一个个地交代一番，要他们好好帮助自己的弟弟孙权，布置完后事便离开了人间。

孙权接管江东以后，遵照孙策的嘱咐，讲文习武，任用贤才，发展经济，江东的势力很快地壮大了起来。

为了帮助孙权治理江东，周瑜又推荐了一个名人给孙权，这人就是鲁肃。孙权一见鲁肃，打从心眼里喜欢他，与他好像多年未谋面的老朋友一样，谈得非常投

周瑜画像

周瑜（175年—210年），字公瑾，庐江舒县（今安徽合肥境内）人。周瑜是孙策好友，助孙策、孙权兄弟打下孙吴基业。据《三国志》记载，周瑜风度翩翩、精通音律，即使喝了三盅酒，只要弹奏者有些微差错，他都能察觉并扭头去看误弹者。唐人李端《听筝》诗"欲得周郎顾，时时误拂弦"即用此典故。

▶ **208年**

赤壁之战爆发，孙刘联军以少胜多，大破曹军。

机，经常和他在一起讨论天下大事。一天，孙权和鲁肃边喝酒边交谈，一直谈到深夜，孙权问："现在天下乱得很，我想当一个当代的名臣，帮助皇帝治理好国家，你看我该怎么做才好？"

鲁肃说："依我看，汉朝江山要想恢复，那是不可能的事情了，现在各路诸侯都拼命扩大自己的实力，互相吞并，谁也没想真正帮皇帝的忙。您现在第一步是要在江东站稳，然后乘现在曹操没精力注意我们的时候，把势力发展到江北去，攻下荆州，占领长江上游，那样就可攻可守，一有机会便可向西、向北方面进攻，达到统一天下的大业，这才是您应该考虑的！"

鲁肃的一番话，正合孙权的心思，孙权高兴得不得了，他按照这个方针治理江东，后来当了吴国皇帝，一直传了好几代。

111-赤壁之战

经过官渡之战，曹操打败了袁绍，乘胜前进，又消灭了袁绍几个儿子的残余部队，很快统一了北方的大片国土。汉献帝封曹操为丞相，经过一段时间的整顿，曹操又把朝廷上的大事治理得井井有条，随后便准备向南进军，消灭其他军事力量。

当时，在南方的力量有两家最强大：一是荆州的刘表，刘表是汉朝皇帝的后代，祖孙几代管理着荆州几十个州县，兵精粮足，不可小觑（qù）；二是在江东刚刚崛起的孙权，孙权继承了他兄长孙策的事业，在江东大显身手，事业兴旺发达，将来必定是中原的一大劲敌。因此，曹操决定发兵南下，先攻下荆州，再渡江消灭孙权。

在曹操大军出发之前，荆州刺史刘表已经去世，刘表的小儿子刘琮继承了父亲的刺史官位，听说曹操大军到来，他早就吓破了胆，哪里还敢抵抗，只能慌慌忙忙地开城投降。当时，刘备还没有自己的地盘，他在荆州的新野（今河南新野）暂时居住，虽有诸葛亮为军师，关羽、张飞、赵云为大将，但兵员太少，无力与曹操对抗，只好领兵逃走。因此，曹操几乎没遇到什么抵抗便拿下了荆州，收服了荆州几万水陆兵马，直达长江北岸下寨，随后又加紧操练水军，准备向江东进攻。

曹操大军这时已号称80万，在江北扎下几十里长的营寨，他给孙权送去一封书信，说自己领来了80万兵马，要和孙权较量一番，如果孙权识时务的话，就早早投降。

曹操大军一到北岸，江东的人士便焦急不安起来，有的主张坚决与曹兵打一仗，靠着江东的地理优势，说不定还能胜利；有的主张投降，因为双方实力相差太大，江东只有不足20万可以打仗的军队，而曹操却有大兵80万，这样打起来，怎么可能胜利呢？大家争论纷纷，相持不下，连孙权也没了主意。

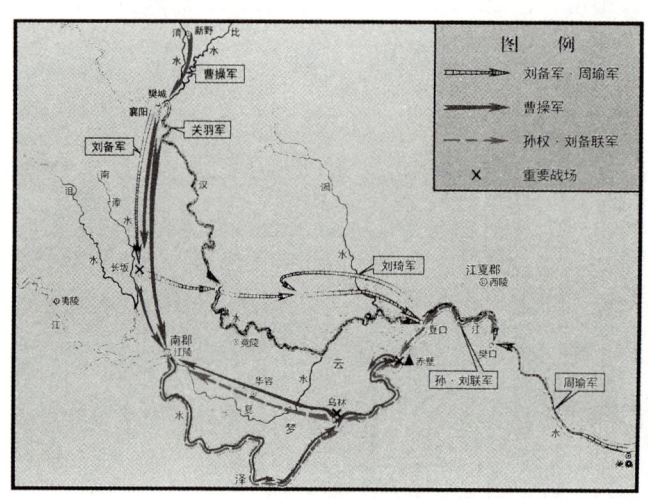

赤壁之战示意图

207年，曹操率军南下攻打荆州，刘琮投降，刘备率军退至江陵。曹军在长坂打败刘军，刘军退至夏口。孙权、刘备结盟抗曹。208年，曹军与孙刘联军会战于赤壁。联军顺风纵火，大败曹军于乌林。曹操率残部从华容逃归北方。

> **TIPS**
>
> **舌战群儒**
>
> 赤壁之战前，孙权手下诸多谋士主张降曹，而谋士鲁肃主张联刘抗曹，但他怕自己说服不了孙权和群臣，就请诸葛亮来当说客。诸葛亮慷慨陈词，历数吴蜀联合抗曹之好处，东吴谋士中先后有张昭、虞翻、步骘、薛综、陆绩、严畯、程德枢等与之辩论，但都无法与诸葛亮争锋。《三国演义》中此段描写非常精彩。

> **TIPS**
>
> **群英会**
>
> 《三国演义》第四十五回有"群英会蒋干中计"一段，讲赤壁之战时，周瑜怕荆州归降曹操的水军统领蔡瑁、张允妨碍破曹。时周瑜同窗蒋干为曹操谋士，请缨去东吴说服周瑜来归降。周瑜将计就计，设盛宴款待蒋干，号称"群英会"。后与蒋干共眠，假装酒醉，故意将伪造的蔡瑁、张允二人的投降书放于案头，蒋干见之，大为惊恐。连夜返回江北，告知曹操，曹操即刻斩了蔡、张两人。周瑜不动声色而除去心头大患。

在当时的东吴大臣中，鲁肃是坚决主张抗敌的，他对孙权说："那些主张投降的人，都是为自己考虑的，因为他们投降以后，还照样当官，说不定官还当得大些，而你孙权如果投降了，就被别人控制了，祖上留下来的产业也就保不住了！"孙权觉得鲁肃是个忠臣，很感动，他也想抗敌，但不知怎么打才好。

鲁肃想："诸葛亮是个很有智谋的人，如果能和刘备联合起来共同抵抗，再把诸葛亮请到江东来做做工作，那就可以压倒投降派了。"于是鲁肃亲自过江来见刘备，想请诸葛亮到江东去商量一下对策。诸葛亮也是主张孙权、刘备两家联合抗曹的，见鲁肃来请，马上和他一道过江，见了孙权，仔细分析抗敌的有利条件和胜利的把握，加上江东的军事统帅周瑜也赞成抗击曹操，这才最后定下了孙刘联合抗曹的策略。

既然决定要打，下一步就是怎么打的问题，周瑜认为，千里大江水面上，两军交战制胜的最好办法就是用火攻。但是火攻有两个难处，第一是火种怎么送进对方船队，如果用船装载火种的话，怎样才能接近？第二是即使接近了对方的船队，能使对方的战船燃烧起来，但一只船着火，另外的船如果马上开走，就不能给对方造成损失，必须有什么办法，把对方的船固定起来，让它们着火以后还分散不开，这才能够达到目的。

为了解决第一个问题，周瑜使了个计策，人称"苦肉计"。他故意在商量军务时和老将黄盖发生冲突，他把黄盖一顿痛打，打得起不了床，然后让黄盖献一份投降书，说某月某日要率领船队去投降曹军，那时再在船队上装满火箭、火把、火药，等船队接近曹营时便可烧毁曹军大船。

另一个问题却因为曹操自己的考虑不周而消于无形了。原来，曹操的士兵大多数是北方人，不服水土，不通水性，容易晕船，于是曹操把船队用大铁环、铁链锁起来，形成一个整体，人马都可以在上面行走，这样就解决了北方士兵晕船、呕吐的苦恼，却也留下了隐患。

传说，当一切安排妥当之后，又出现了一个大问题，那就是当时季节正是冬末，常刮西北风，曹军在北，吴军在南，如果火攻曹军时刮北风的话，火势反而会烧到自己身上，这个问题使周瑜急得吃下不饭、睡不着觉。

诸葛亮看透了周瑜的心思，说自己可以"借"东南风，周瑜虽不相信，但抱着试一试的心思，便按诸葛亮的要求，办好了备用物品，让诸葛亮"借风"。诸葛亮果然"借"来了东南风，东南风一起，他就回到刘备的大本营中去了。这就是历史故事传说中的"诸葛借风"，实际上，诸葛亮"借"风是假的，而他精通天文地理、气象知识倒是真的，后来的传说把他进一步神化了。

黄盖的投降书尽管也受到一些人的怀疑，但却被曹操高兴地接受了，曹操认为，这正是自己大破江东的极好时机。

到黄盖假投降的日子，黄盖领着20多只战船，趁曹军不备，把火种射进曹操的水军寨中，连天的大火立即燃烧起来，把曹操的战船全部烧光。周瑜等人又在岸上埋伏了许多兵马，乘胜追击堵截，把曹操的几十万人马杀得溃不成军，曹操只得狼狈地逃回中原。

赤壁之战是我国古代军事史上一场著名的以少胜多、以弱胜强的战役，这一战之后，曹操再也没向江东发动大规模的进攻。

三 分 天 下

东汉灭亡之后，曹魏、蜀汉和东吴政权分别建立，由汉的一统天下到此时的三国鼎立，国家又一次陷入了分裂之中，这段时期史称"三国"。三国自220年起，大致经过60年风云激荡的岁月，至280年止。

在三分天下的数十年时间中，最使人钦佩的人是诸葛亮。他简直就是智慧的化身，他"鞠躬尽瘁，死而后已"的精神与西周时"周公吐哺，天下归心"的品德一样，如日月高悬，鼓舞着后世的人们。

风云的时代，有无数风云人物。传说曹丕和曹植在皇位争夺中，曹丕逼迫曹植在七步之内作出一首诗来，曹植当场吟出"本是同根生，相煎何太急"的所谓七步诗，虽然于争夺皇位无补，但却震撼着一代又一代人的心。神医华佗为曹操治头痛病，历史上传说他欲将曹操开颅，以致曹操动了对他的杀念，虽然不一定真有其事，但也可看出华佗的医术已经到了何等程度。在三国竞争中，关键在得人，在积德，这里有雄才大略的一代英豪，又有迂腐甚至愚昧，而成为人俎上之物的庸才。有"生子当如孙仲谋"的一代智慧之君，又有任人宰割、惹人嗤笑的刘阿斗。这些历史人物每每惹人遐思。

三分天下的后期，曹魏政权内部发生变化，大权旁落于司马懿家族，以至到后来"司马昭之心，路人皆知"，代魏而立只是时间问题。263年，司马昭灭蜀。司马昭病故之后，他的儿子司马炎正式代魏而立，国号为"晋"。到了280年，晋国终于灭了吴国，结束了天下分裂的局势，统一了全国。

112-刘备建立蜀国

刘备,字玄德,他的远祖是西汉景帝刘启的儿子中山靖王,祖上多少代都是朝廷的大官,后来却因为过失被免除了官爵,到刘备这一代时,已经变成一个普普通通的老百姓了。

刘备很小的时候就死了父亲,家里很穷,但他并不注意去积累钱财,而是喜欢结交朋友,谈论天下大事,雄心勃勃地想干一番大事业。

184年,黄巾起义爆发,刘备响应朝廷的号召,加入了镇压农民起义的队伍。由于他作战勇敢,黄巾起义被镇压之后便被封为安喜(今河北定州东南)县尉,后来一直做到了徐州地方的行政长官。

当时正是东汉末年,天下大乱,手中掌握着军队的军阀们你争我战,刘备也想在中间争得一块地盘。可是打来打去,刘备的人马越来越少,地盘也越来越小,被曹操逼得无处藏身,他只好带着自己的人马跑到荆州去投靠刘表。

经过长时间的失败以后,刘备认识到:要在动乱中站稳脚跟、扩大地盘,最重要的是人才,自己只有一些武将是不行的,必须找到能够安邦定国的大才才行,于是刘备便用心地到处访求。后来,司马徽和徐庶都向刘备推荐诸葛亮,说诸葛亮的才能比齐桓公的名臣管仲还要高。刘备很高兴,要徐庶去把诸葛亮找来,徐庶说:"像诸葛亮这样的人才,只能您自己当面去请。"刘备觉得有道理,便动身去请诸葛亮出来帮助自己。

诸葛亮隐居在隆中,起初不愿出山,刘备一连跑了三趟,诸葛亮见刘备确实是一片诚心,这才同意出山(这就是成语"三顾

《三顾茅庐图》(局部)

明戴进绘。诸葛亮隐居在南阳隆中,刘备在新野时亲往拜访,去了三次才见到他。诸葛亮以《隆中对》折服刘备,出山相帮,最终助刘备建立蜀国。三顾茅庐成了后世求贤若渴的象征。

茅庐"的由来）。临行前，诸葛亮还为刘备将来的行动做了一个大体的计划，诸葛亮说："当前，曹操当了丞相，把握着朝廷大权，稳住了北方的大片领土，势力最大；孙权占据了江东，靠着长江天险，而且人才济济，势力很强。你应该乘荆州、益州地区还没有被强大力量占据的时候，先占据荆州，站稳脚跟，再取益州，然后再向中原进军，这样才有可能成就您保护汉朝江山的大业！"刘备听了，恰似在黑暗中摸索前进时突然在眼前亮起了一盏明灯，对诸葛亮佩服得五体投地。

诸葛亮出山以后，立即表现出杰出的军事才能和外交才能，他帮助刘备和孙权联合，打败了曹操号称80万的大军，在荆州取得了立足之地。取得荆州后，刘备又得到了庞统作为谋士。当时在一些知名人士中流传着一句话："卧龙、凤雏，二人得一，可安天下。"卧龙是诸葛亮，凤雏是指庞统，刘备一下子得了这两个人才，高兴无比，认定自己会成就一番大业。

211年，曹操准备向西进兵，先讨伐汉中（今陕西汉中东部）的张鲁，张鲁一灭，与汉中相邻的益州刘璋也要遭殃，因此，这个消息一传出，刘璋便紧张起来，要谋士们想办法。刘璋的别驾从事张松早就想迎接刘备进来，乘机劝刘璋将刘备请进益州，共同抵抗曹兵，刘璋觉得刘备和自己同姓，还沾点亲戚，便同意了这个计划。

刘备留下诸葛亮守荆州，自己和庞统带着3万多人马来到益州，刘璋率领部下热情欢迎，并大摆宴席招待刘备。张松、庞统等人劝刘备乘机在宴会上下手，杀了刘璋，夺过益州，刘备没同意。

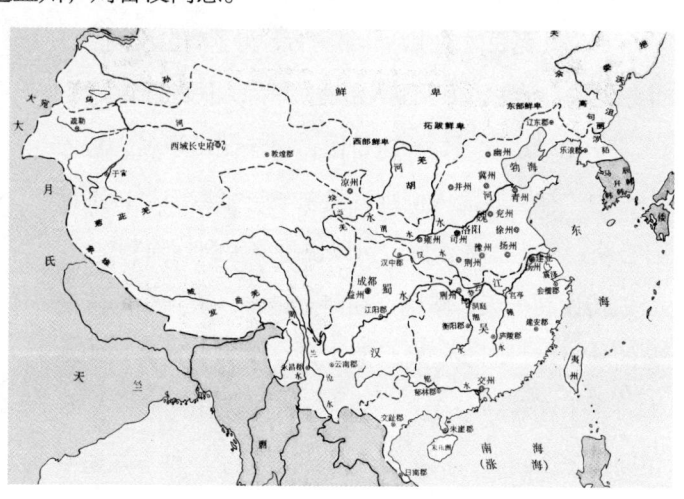

三国鼎立示意图

三国时期，天下共分为14州，曹魏所领州有司隶、徐州、青州、豫州、冀州、并州、幽州、兖州、凉州、雍州、荆州北部、扬州北部，蜀汉占有益州，孙吴占有荆州、扬州、交州。

后来，刘璋知道了刘备密谋占据益州的计划后，便接受了部下的建议，要赶刘备回去，刘备乘机翻脸，先杀了白水关（今四川广元东北）的守将杨怀、高沛，同时向益州挺进。到214年，刘备占取了益州的全部土地。到219年，刘备又打退了曹操的军队，将原来属于张鲁管辖的州县全部夺了过来。这年的秋天，刘备自立为汉中王，到这个时候，魏、蜀、吴三国鼎立的态势便形成了。

220年10月，曹操的儿子曹丕废掉了汉献帝，自己称起皇帝来，建立了魏国，汉王朝宣告灭亡。为了将汉王朝的统治延续下去，刘备在第二年也当起了皇帝，称国号为"汉"，为了和前代的汉朝区别，又叫"蜀汉"。

> **220年**
> 曹操死，子曹丕袭魏王位。汉献帝禅位于曹丕，汉亡。曹丕即位，国号魏，建元黄初，是为魏文帝。

113-神医华佗

华佗，字元化，东汉末年沛国谯县（今安徽亳州）人。

华佗年轻时很有学问，在地方上的名气也相当大，地方官好几次推荐他去做官，但他看到当时的政治黑暗得很，不愿去当官，就都回绝了。

当时，老百姓的生活非常穷苦，得了病也没钱治，华佗便决心学医，为天下人治病，解除人民的痛苦。

华佗一边学习，一边行医，很快便出了名，被人们称为"神医"。人们都说只要华佗来看一下，不论什么病，马上就能治好，可以说是"手到病除"。

传说有一天，华佗正在路上走着，听到一阵阵痛苦的呻吟声，回头一看，原来是一个男人推着一辆小车，车上睡着一个病人，病人不断地发出哼哼声。华佗问是怎么回事，推车的人说："他得了一种不知道叫什么名字的病，想吃东西，可是喉咙堵住了，东西咽不下去。我现在为他找医生治病去。"

华佗走到病人身边，让病人张开口，他看了看，对推车人说："你到前面去，不远处有一家卖大饼的店铺，向老板要一些大蒜、薤（xiè）菜和醋，多吃一些下去，病就会好。"病人果然照办，吃下去后便吐出一条蛇来，病马上就好了，他高兴得不得了。他到华佗家去表示感谢时，看到华佗家里挂着许多和自己吐出来的蛇一样的小蛇。

有一个县官生了一种奇怪的病，请了很多医生都看不好，最后请到了华佗。华佗到他家看了病情后，知道这个人的病完全是情绪不稳而导致的，只要让他发一顿火、大生一场气，病就会好。于是，华佗看过以后，也不开药方，伸手要了许多钱就走了。这县官以为华佗取药去了，哪知道等了两天他也不来，县官非常生气，便让自己的儿子去催华佗，华佗把县官的病因告诉了县官之子，然后让他带一封信给生病的县官。县官以为华佗让儿子把药方带来了，连忙打开一看，原来华佗根本没开什么药方，只是在信中把他痛骂了一顿，他气得暴跳如雷，大声地命令士兵去捉华佗，要杀他解气。华佗还没捉到，县官气得吐出一大摊黑色的血来，病居然一下子就好了，他这才明白原来华佗给自己治好病了。

在长期的行医中，华佗发明了一种叫作"麻沸散"的药，相当于现在的麻药。病人如果内脏有毛病的话，华佗就先让他吃下麻沸散，然后再为病人做剖腹手术，病人一点儿也感觉不到疼痛。这是医学史上的一大发明。

华佗还发明了一种体育锻炼的方法，叫作"五禽戏"，其动作是模仿五种动物的运动方式，这五种动物就是虎、鹿、熊、猿、鸟。华佗认为，这些动物都很健康，和它们不停地运动有关，健康人学习这些动物的运动方式，就能增强体质，防治疾病。传说华佗自己精通这些体育运动，所以一直保养得很好。

华佗的"神医"名声越传越远，曹操害头痛病害了很多年，便请华佗来给自己医治，吃了华佗开的药以后，病马上就好了。曹操认为病已经除掉了，问华佗会不会再发作，华佗说："您的病时间很长了，一时除不了根，要慢慢地治疗才行。"曹操便要华佗留在自己身边做事，时刻为自己治病。

起初，华佗勉强在丞相府里住着，日子一长，就觉得不耐烦了，便说家里有信来，要回家去探亲，他回去以后，便再也不来为曹操看病。曹操非常生气，派人硬将华佗捉来，关在牢中，要华佗长期和自己住在一起，彻底除掉自己头痛病的病根，华佗不愿意表态，曹操便杀了华佗。

华佗在临死前几天，将自己一生行医记录下来的处方、经验等一卷书送给看押他的士兵，并对士兵说："这是医书，你学会了，可以行医，治病救人。"士兵见华佗是个犯人，不敢要他的东西，怕被上司怪罪，华佗也不多说话，点了一把火，烧掉了这本医书。

114-曹丕与曹植

曹操当了丞相后，继续进行统一全国的大业，认真革除东汉王朝留下来的弊政，发展生产、振兴经济，立下了很大的功劳，被汉献帝封为魏公，后来又当了魏王。

可是，随着曹操年纪的不断增大，接班人的问题自然而然地被提了出来，曹操自己也为这件事不断地操心，在几个儿子中来回地犹豫。

曹操有五个嫡子，老大曹昂早年死了，现有四个嫡子，按年龄顺序是：曹丕、曹彰、曹植、曹熊。其中，曹彰勇猛过人，但没有智谋，根本不能继承自己的事业；曹熊年幼，常年生病，身体不行，也不能继承自己的事业。剩下的就是曹丕和曹植两人，曹操便留心这两个儿子，看谁的才能更强，就让谁接自己的班。曹丕和曹植两人也知道这中间的关节，便用各种方式表现自己，希望父亲能选中自己当接班人。

起初，曹操比较喜欢曹植，因为曹植聪明伶俐，博学多才，在天下名士中的影响很大，后代有这样一种说法："天下的才学有十斗，曹植一个人便占了八

TIPS

建安七子

指汉建安年间（196年—220年）的七位文学家，包括孔融、陈琳、王粲、徐干、阮瑀、应玚、刘桢。他们的诗风慷慨任气，成为唐宋以来诗坛效法之范本。曹丕的《典论·论文》首次将七人相提并论。

斗。"也就是说曹植的学问、才气，天下无双，后世赞美一个人有学问有才气，往往会说他"才高八斗"。而曹丕却比较内向，关心政治大事较多，也不像曹植那样名气大。因此，曹操在别人跟前透露出要让曹植接班的意思。

曹丕知道这一消息后，又急又怕，秘密地将当时很有文才的吴质请进自己府内商量对策，为了不被别人知道，曹丕派人用巨大的竹筐子把吴质抬进家中，对外只说是运布匹进府。

曹丕的行动被曹植的心腹谋士杨修查得清清楚楚，杨修告诉了曹操这件事，曹操很生气，便派人在曹丕的府门外注意观察，看此事是真是假。曹丕也是个非常聪明的人，他见府外多了一些陌生人，知道行动被别人发现，便再请教吴质该怎么办，吴质说："这事很容易，明天你再用同样的筐子在同样的时间，真的装一筐子布匹进府，让他们检查好了。"

第二天，曹操派出的暗探果然又看到有人往曹丕府里抬东西，于是不问青红皂白，命令停下，打开筐子一看，里面果然是布匹，暗探回去向曹操一报告，曹操想："这杨修在中间搞鬼，想破坏我们的父子关系。"便不再怀疑曹丕。

为了试探一下曹丕和曹植谁更有才干，曹操故意让他俩出城去办事，同时又偷偷地打招呼，叫守城门的军士不放他们出门，看他们怎么处理这件事。曹丕先出城，城门守军不让出，曹丕只好回家向父亲交代。曹植听说城门守军不让通过，便请教杨修该怎么办。杨修说："你奉魏王的命令出城办事，哪个敢阻挡你，就杀了他！"曹植按杨修出的点子，杀掉了一个阻挡自己的士兵，办成了事情，曹操认为曹植比曹

TIPS

鸡肋

诸葛亮智取汉中，曹操兵退斜谷中，正进退维谷之时，正好厨师端来一碗鸡汤，曹操见其中有鸡肋，感慨沉吟。此时夏侯惇入帐，问夜晚行军口号，曹操就顺口说："鸡肋！鸡肋！"杨修见传"鸡肋"二字，就收拾行装，准备归去。夏侯惇惊问："杨公为何收拾行装？"杨修说："鸡肋者，食之无肉，弃之可惜。魏王以此为口号，说明他早想退兵了。"曹操前后多次被杨修看破心思，加上杨修恃才狂放，又是袁术的外甥，为曹操所忌，后来因事杀之。

丕有能力。后来，有人告诉曹操，这是杨修教曹植这样做的。曹操从此便非常讨厌杨修。

为了进一步考察曹丕和曹植的才能，曹操经常提出一些治国、治兵的问题考他们。开始时，曹丕比曹植有见识些，后来曹植和杨修商量这事，杨修为曹植写了十几条提纲。曹植把这些提纲一一记熟，每次曹操提问，他都能对答如流，进步特别快，连曹操也怀疑起来。曹丕经过长期侦察，知道是杨修出了点子，便花钱买通了曹植身边的仆人，把这提纲偷出来送给曹操，曹操更加愤怒，打消了让曹植继承自己位置的想法。

曹操经常要领兵出巡，每次曹丕、曹植都来送行，送别时，曹植往往出口成章，朗诵一些美妙的诗文，预祝父亲早日大功告成、平安归来，大家都极口赞美曹植的才华；而曹丕总是装出一副忠诚厚道的样子，把父亲送出一程又送一程，临分手时还会流出眼泪来。曹操觉得，曹植虽然有才华，但是虚浮得很，不适合接自己的班，而曹丕为人老实，谨慎持重，可以委托重任给他，暗自下了选曹丕当接班人的决心。

220年，曹操病死，去世前，曹操留下遗言，要曹丕来继承自己的位置。华歆（xīn）等一班大臣早已从汉献帝那里取来了诏书，让曹丕继承曹操的魏王封号。

曹丕当上了魏王，第一件大事就是处理兄弟之间的名分问题。他先夺过老二曹彰的兵权，接着让兄弟们回自己的封地去。过了一段日子，曹丕又找各种借口指责曹植犯了种种错误，将他的爵位一再更改，对他严加防范。

曹丕对曹植始终不放心。据说，有一次，他趁曹植入京朝见，将曹植召入王宫中，准备找个理由将这个兄

兄逼弟曹植赋诗

故事见于《世说新语·文学》，原《七步诗》为："煮豆持作羹，漉（lù）菽以为汁。萁（qí）在釜下燃，豆在釜中泣。本是同根生，相煎何太急！"今常见诗句源自《三国演义》。

弟杀掉。他们的母亲知道曹丕要害自己的弟弟，便出来求情说："曹植是你的亲弟弟，你可不能杀他啊！"曹丕连忙满口答应。

华歆认为曹植名气大、影响大，如果不赶早除掉他，将来一定会带来祸害，劝曹丕不要手软。两人商量好，让曹植当堂作诗，如写不出来，就问他个虚言欺众的罪名，杀了他；如写了出来，就乘机当众羞辱他一下。

曹植被带进王宫，当着许多大臣的面，曹丕出了个题目，要曹植在七步之内作出一首诗来，作不出来就杀头，但曹植不到七步便作出了一首诗。曹丕还不罢休，又要他在自己一出题目时，张口便作出一首诗来，曹丕以兄弟为题，要曹植随口作诗，曹植真不含糊，当场作出一首诗：

煮豆燃豆萁，豆在釜中泣。
本是同根生，相煎何太急！

曹丕几次都没能难倒曹植，只得饶了他，让他回到自己住的地方去。

这便是广为流传的"七步诗"的故事。后来，人们把才思敏捷、出口成章叫作"七步成吟"，又把自己人打自己人叫作"煮豆燃萁"。

曹丕当上魏王不久，便废了汉献帝，去掉了汉朝的年号，建立了魏国，自称皇帝。

曹植后半生过着很清苦的日子，他成天生活在文学创作活动中，写了大量的诗歌、散文。曹植的文学创作，在中国古代文学史上成就很大，作品的艺术价值也非常高。

115-吕蒙用计夺荆州

刘备当了汉中王以后，封关羽为前将军，同一年命令关羽从荆州领兵出击，讨伐中原。

关羽接到了刘备的命令，首先向襄阳发动进攻，没多久便攻下了襄阳。大军一路前进，曹操又派大将于禁领兵增援樊城，被关羽放水淹了七军，于禁也被关羽活捉。消息传到许都，曹操大惊，生怕关羽一路杀到许都，自己也要

《关羽擒将图》

明商喜绘。长237厘米，宽200厘米。现藏于故宫博物院。219年，关羽北伐，下襄阳，围樊城，水淹七军，降于禁，斩庞德，威震华夏。

受危险，便想将都城迁到别的地方去。司马懿建议说："关羽虽然得胜，我们却不必害怕。东吴孙权和刘备两家关系已经恶化，只要魏王您给孙权写一封信，答应送给孙权一些地盘，叫孙权在江南起兵攻击关羽的后方，让关羽两面受敌，关羽必败。"

孙权早就想把荆州全部夺过来，接到曹操的书信后，立即召集文武将官商量这事。这时候，东吴的领兵主帅鲁肃已经去世，接替鲁肃位置的是吕蒙。吕蒙是个很聪明而且也很有胆量的人，也极力主张向荆州进攻。

吕蒙说："刘备、关羽等人反复无常，不守信用，原来说得了益州就将荆州全交给我们的，到今天也不给。现在，关羽要集中精力对付魏兵，我们趁机攻占整个荆州，占了荆州，就占了全部的长江天险，江东的力量就更强了。"孙权同意吕蒙的建议，让吕蒙加紧准备。

吕蒙得了孙权的将令，回到陆口（今湖北嘉鱼西南）时发现，关羽在对江设了许多烽火台，派有重兵防守，要想渡江，相当困难。最后，他想了一条计策。

吕蒙给孙权写了一封信，说自己身体很不好，要求回家养病，请孙权另派一名大将来代替自己。孙权不知道吕蒙是什么用意，便召吕蒙前去询问。

TIPS

吴下阿蒙

三国吴国名将吕蒙，因读书少，没有学识，常遭人嗤笑。孙权要他多学习古代书籍，他总以事多推脱。后在孙权的力促下，他读书上进，进步极快，深通谋略。一次与鲁肃议事，鲁肃见他知识如此渊博，不禁惊奇地说："你不是原来那个吴下阿蒙了。"

TIPS

刮骨疗伤

三国时，关羽曾被一支带毒的冷箭射中左臂，医生用刀为他刮骨去毒，当时帐里帐外的人见之面色如土，而关羽仍然饮酒食肉，谈笑自如，全无痛苦的样子。

吕蒙对孙权说:"关羽现在对我们防备得很严密,我诈说回来养病,您派一个资格浅一些的大将去守陆口,关羽定会放松警惕。他现在攻樊城正在紧要关头,必定会把原来防陆口的兵力调到樊城去,我们再突然渡江进攻,荆州就很容易被攻下了。"

孙权问:"谁去守陆口合适些呢?"

吕蒙答:"陆逊是个文武双全的将才,用陆逊守陆口,非常适合,而且陆逊名气不大,关羽必定不防备。"

当吕蒙和陆逊两人一个上任一个下任的时候,关羽正在樊城和曹仁对抗。他很担心东吴,生怕东吴在自己的后方发兵,特别是怕吕蒙领兵,因为吕蒙很会用兵,战略战术高明得很,所以对江南的防备非常谨慎,等到听说吕蒙换成了陆逊,他的心中一块石头落了地。

过了几天,陆逊又给关羽写了一封信,信中称赞关羽用兵如神,襄阳、樊城一仗,威名传遍了天下。他又说:"我是个年轻的后生,见识很不高明,请您冲着孙刘两家联盟的情谊,多多指教我……"

关羽最喜欢听奉承话,见陆逊这么谦虚,便把假话当成了真的,再也不担心江南的进攻,又把自己的守军调了一大部分到樊城来,准备和曹仁决战。陆逊把这些情况探听得清清楚楚,一一向吕蒙做了报告。

吕蒙知道攻克荆州的时机已经成熟,立即请示孙权发兵,孙权任命吕蒙为前部,进攻荆州南郡。

吕蒙选大船几十条,把士兵藏在船舱里,让在船上摇橹划船的士兵都穿上商人做生意时穿的白衣服,并慢慢地摇船来到江对岸停住,对关羽的守兵说:"我们这是做生意、装货的船,遇到大风,在这里停一下,风一停就走。"守

关云长败走麦城

吕蒙用计白衣渡江,夺取荆州,与曹军合攻关羽,关羽军心涣散,败走麦城,被吴军所擒,拒降被杀。

城的士兵见是商船，也就让他们靠在岸边上。

半夜以后，船舱里的士兵悄悄地上了岸，和城内的内奸里应外合，打开城门，大军一拥而入，轻而易举地便占领了关羽在荆州的大本营南郡。

吕蒙夺了南郡城，关羽和一些将官们的家属都在城中，吕蒙派人把这些家属好好地保护起来，及时送钱送粮，不断地探望他们的生活情况，还发布了一道严格的命令："不准拿老百姓的一件东西！"正好这时天下雨，有一个士兵拿了老百姓的一顶斗笠遮盖铠（kǎi）甲，被吕蒙遇到，这士兵还是吕蒙的同乡，但吕蒙也不讲情面，杀了这个士兵，于是，士兵们个个严守军纪。

吕蒙还采取了分散关羽军心的做法，遇到有关羽的使者来时，吕蒙故意让他在城中自由走动，城中的军人家属纷纷托他带信给自己的亲人，叫他们早点回家。这时候，曹操的大将徐晃又领兵来救樊城，和关羽对敌，关羽的军心已乱，又听说南郡已被吕蒙占领了，军队一下失去了战斗力，最后只剩下几百人退到麦城（今湖北当阳东南）。吕蒙大军围住了麦城，城中粮草吃尽，关羽不得已向外突围，被吕蒙的伏兵捉住杀掉，荆州全部归了孙权。

116-猇亭大战

关羽被杀，荆州被孙权夺去以后，刘备非常愤怒，几次要发兵攻打东吴，都被丞相诸葛亮和大臣们劝阻住了。

221年，刘备由汉中王改称皇帝。他当了皇帝后的第一件事，就是发兵进攻东吴，夺回荆州，为关羽报仇雪恨。诸葛亮、赵云，还有一班大臣们都反对

> **221年**
> 刘备在成都称帝，国号蜀，建元章武，是为蜀昭烈帝。

这种做法，他们主张应坚持过去的方针，联合东吴，攻打魏国，因为这时候曹丕已经废掉了汉献帝，自己当上了魏国的皇帝，所以魏国是当前的头号敌人。可刘备坚决不听，率领兵马，向东吴发动进攻。

刘备大军进入东吴地界以后，一路势如破竹，在短短的时间内，便向前推进了五六百里路程。孙权非常惊慌，一面派出使者，向曹丕表示祝贺，愿意向曹丕称臣，要求曹丕发兵为自己解围；同时，又派大将陆逊为大都督、安东中郎将孙桓等几位将军为先锋，领5万大军抵抗刘备的进攻。

孙权降魏受九锡
221年，刘备尽起西蜀之兵伐吴，为关羽报仇。孙权求和不成，未免两面受敌，向魏国上表称臣，曹丕加封孙权为吴王，授九锡。

孙桓在夷道和刘备的先锋交战，被刘备的军队重重围困，急得手忙脚乱，赶忙派使者向大都督陆逊求救。

听说孙桓被困，大将们都建议陆逊赶快去救他，陆逊却说："夷道城很坚固，粮食很足，孙桓很得士兵的拥护，他会守住城的，等我打败了刘备，孙桓自然就出来了。"大家又请求说："现在刘备领兵深入我军阵地，我们为什么不和他交锋？"

陆逊说："你们各自守住自己的军营，挡住刘备前进的道路，没有我的军令，不准出兵。"将军们还要坚持出兵，陆逊生气了，说："再有不听命令、坚持要出兵的，立即斩首！"将军们见陆逊真的发火了，只好不作声，心里可不服气，认为陆逊是不敢和刘备打仗，都在心里笑话他。

刘备听说孙权派大将陆逊领兵出战，知道将有一场大战，于是将大军开到猇亭（今湖北宜昌西北，猇音xiāo），安下营寨，准备和陆逊决战。哪知接连挑战了十几天，吴兵仍不肯出战，刘备急了起来，又派吴班率领数千人平地立营，企图诱惑吴军出战。

吴军的大将们忍耐不住，果然都要出去迎战，陆逊不同意，说："这是刘备的诱敌计策，他在不远处山谷里一定还埋伏着精兵，我们出关就会中计。"将军们不相信，几天后，他们见不远处山谷里真的出来许多精锐部队，人数大概有8000左右，大家这才信服陆逊的眼光。

陆逊依靠坚守不出的战略，破坏了刘备想要依靠优势兵力速战速决的战略意图，蜀军的士气渐渐低了下去。两军就这样相持了半年多，季节已经到了夏天，气候炎热，刘备令自己的部队全部移到树林里，靠近水边上安营扎寨，好就水乘凉，蜀兵移动时，陆逊也不去管他，等蜀兵安营结束，陆逊这才说："打败刘备的日子到了！"

陆逊召集大将们说："刘备打了一辈子的仗，很会用兵，现在他领兵攻吴，开始肯定会考虑得非常周到，不容易对付，但时间一长，士兵的锐气都消失了，必然会出现考虑不周到的地方。现在，他的弱点暴露了，打败蜀兵，就在这一战了！"陆逊传令，让军队先攻击蜀军的一个营，探探虚实。

不到半天时间，派出去的几名将军吃了败仗回来了，他们向陆逊报告说："蜀兵防范得非常严密，我们攻击一处，其他地方立即一起来围攻我们，行动很迅速，我们没办法取胜，只得败回来了。"

陆逊笑笑说："派你们去，本就是作为试探的，真正要打败刘备，得看之后的行动。全体将军，过来听候命令！"

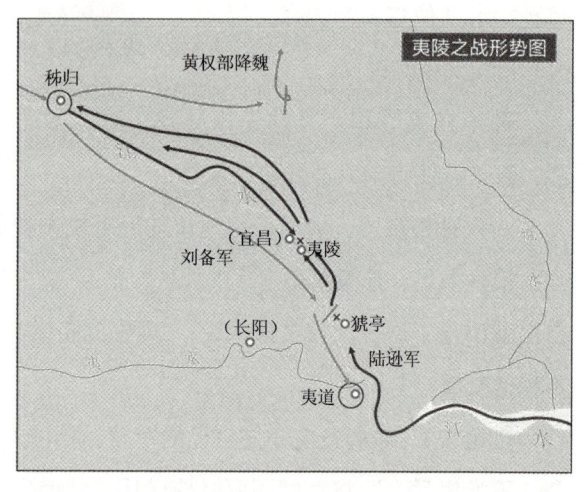

夷陵之战形势图

221年7月，刘备兴兵伐吴，先占领秭（zǐ）归，吴军避其锋芒，撤退至猇亭、夷道一带，与蜀军相持。刘备在夷陵布下数百里营寨，被吴将陆逊火烧连营，大败。夷陵之战是三国历史上三大战役之一。

等大家来到陆逊的军营中，陆逊这才说出了自己的战术——火攻！他命令士兵们人人带着火种，偷偷地绕到蜀军大营后面，突然放火，又把各路将领的行动路线安排好。

这一天，刘备正在和部下商量进兵的事情，忽然得到报告说军营起火，刘备上马出营指挥救火，哪知道火势越来越大，直烧到自己身边来，忙乱中，忽然从四面八方冲出无数的吴兵来，蜀兵大乱，四散逃命，死伤无数。刘备领着士兵拼命冲出火阵，却又被陆逊埋伏好的军队冲杀了几次，等冲出包围圈、脱离危险时，只剩下很少人马。幸亏跑得快，加上有赵云等人接应，刘备才安全地撤到白帝城（今重庆奉节东白帝山上）住了下来。

刘备这时候已经60多岁了，一累一吓，竟然病得起不了床，一场病生了大约半年的时间，他知道自己的性命不长了，便把诸葛亮和一些老臣叫到白帝城，安排好后事便死了。诸葛亮扶刘备的儿子刘禅当了皇帝。历史上把刘备称作蜀先主，而把刘禅称作蜀后主。

117-鞠躬尽瘁，死而后已

"鞠躬尽瘁（cuì），死而后已"是诸葛亮《出师表》中的名言，《出师表》是诸葛亮领兵进攻魏国之前给蜀汉后主刘禅的请战书。诸葛亮一生中多次领兵出征，每次都要向刘禅上表请求，有两份《出师表》被保留下来，流传到了今天，为了区别这两篇文章，又分别将它们称为《前出师表》和《后出师表》。这两句名言是《后出师表》中的，也是诸葛亮一生行为的概括。

诸葛亮生在汉朝末年天下大乱的时候，虽然有雄

> **222年**
> 刘备病死，子刘禅即位，是为蜀后主。

> **227年**
> 为完成兴汉大业，诸葛亮上《出师表》请求伐魏，但先后五次北伐均未成功。

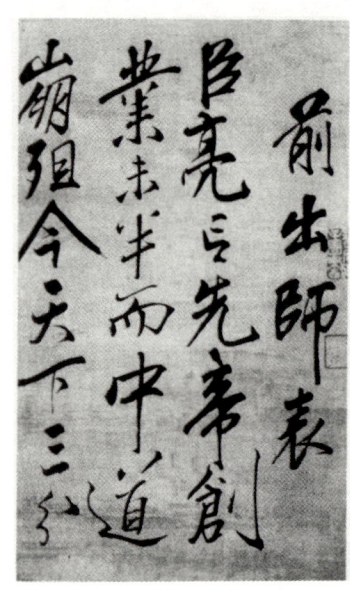

岳飞书诸葛亮《前出师表》

《前出师表》是诸葛亮北伐前给刘禅的请战书，情词恳切，感人至深。

心大志但无法施展，只好隐居在荆州，以种田为生。刘备到处寻访人才，三顾草庐，才将诸葛亮请了出来。诸葛亮被刘备的诚心所感动，帮助刘备东征西战，占领了西蜀，和曹操、孙权形成三分天下的局面。刘备进攻东吴兵败，病死在白帝城，临死之前，托诸葛亮帮助自己的儿子刘禅治理好天下，并且说："如果要是刘禅不值得辅佐的话，就请你自己在西蜀称王。"诸葛亮痛哭流涕，发誓要一辈子帮助刘禅治理国家。

刘禅当了蜀国的皇帝以后，封诸葛亮为武乡侯，掌管全国的军政大事，对诸葛亮言听计从。

就在刘禅继承父亲的皇位后不久，发生了雍闿（yōng kǎi）、朱褒、高定的叛乱，雍闿还串通了南中地区的少数民族首领孟获一起来造反，蜀汉南方半个国家都陷入了动乱之中，如果不及时平定下来，将会造成很严重的后果。

根据当时蜀国的情况，诸葛亮决定亲自领兵去平定这次叛乱。出兵之前，参军马谡对诸葛亮建议说："南方少数民族地区的首脑们早就对国家的管理不服气，认为他们自己有能力自治，甚至想代替我们来治理整个国家，所以我们要从心理上战胜他们，让他们心服口服，彻底服从统治。这就不能光用武力镇压，而是要收服他们的人心，否则，今年平定了叛乱，明年他们又要造反。"

诸葛亮认为马谡的话非常有道理，在与孟获的战斗中，他不辞劳苦，将孟获捉住又放掉，放掉又捉住，捉住再放掉，一连捉了七次，还问孟获服不服气，如果不服气，还可以回去整顿人马再来较量。这时，孟获彻底地被折服了，痛哭流涕地表示再也不造反了，他愿意接受朝廷的统治。从此之后，南方安稳了很长一段时间。

平定了内部动乱，诸葛亮又加强了和东吴孙权的联盟，内外全部安定以后，诸葛亮开始实行自己消灭魏国、恢复汉朝天下的计划，一次一次地向魏国发动进攻。

当时，魏国占据着中原的大部分土地，在曹操和曹丕等几代人的领导下，生产和经济得到较大的发展，物产丰富，人心稳定，国力也相当强盛。相比起来，蜀国虽然也很有经济实力，但毕竟比不上中原。而且，由于多年的战争和动乱，老百姓痛苦不堪，都不想打仗，在这样的形势下，一次次的用兵打仗，是很难获得胜利的。对于这样的形势，诸葛亮也很清楚，但他一直坚持要进攻中原，主要原因就是他要报答刘备对自己的重用之恩，要尽自己一切力量去实现刘备兴复汉室的心愿。

在诸葛亮的后半生中，他多次进攻中原（小说中说是"六出祁山"），但都因为路程太远，粮草接应不上而中途退兵。最后一次，诸葛亮一面用"木牛""流马"搬运粮草，一面让士兵和当地农民在一起种地，准备用持久战的办法来打败魏国。可是，诸葛亮因为多年的辛苦奔波，既要指挥打仗，又要治理国家，还要亲自过问军队中的一些很细小的事情，他累垮了身体，最终死在五丈原（今陕西岐山南）的军营中，只活了54岁。一直到死前，他还在为国家的事务操劳，正好和他自己《后出师表》中的名言相符合：鞠躬尽瘁，死而后已。即尽我全部精力去工作、奋斗，只有在死了以后才会停止下来。

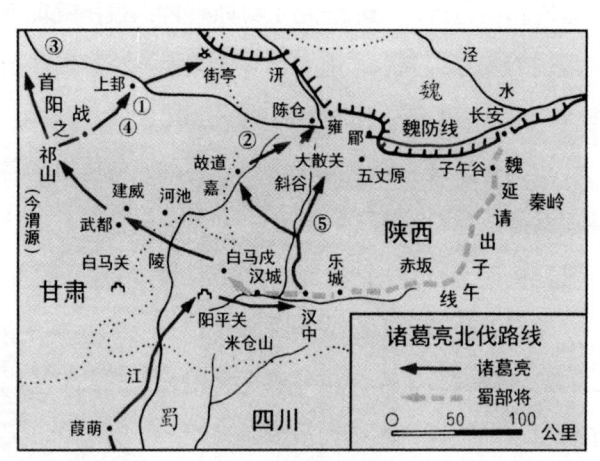

诸葛亮北伐路线图

228年—234年，诸葛亮五次出兵北伐魏国，除首战失街亭失利，其余四次均有功，然因粮草不继而撤兵。

诸葛亮不光勤勤恳恳地办事，对报酬也要得很少，而且不给后代留下多少遗产。他在生前曾上书给刘禅说："我家在成都有15顷田、800棵桑树，您不要再给什么奖励了。至于我个人，在军队中吃的都是国家的，更不要额外的物资。即使我死了，也不能让家里留下许多钱财，否则就对不起国家。"

诸葛亮死后，他的言行都流传了下来，充满智慧和良好品德的他成了后人学习的榜样。

118-孔明挥泪斩马谡

227年，诸葛亮率兵首次进攻魏国，先做出要从郿城（今陕西眉县，郿音méi）进攻的样子，引得魏国大都督把主要军力集中在郿城防守，却突然出其不意地向祁山逼近，大军一路上势如破竹，很快就攻下了魏国的安定、天水、南安等三处城池。消息传到魏国首都，举国上下一片震惊。

> ← 226年
> 魏文帝死，太子曹睿即位，是为魏明帝。

这时，魏国皇帝是刚刚上台的曹睿，他启用了名将司马懿，让司马懿领兵到长安来和自己会合，然后同其他将领一起前去抵抗蜀兵。

诸葛亮也知道，在魏国的大臣中，只有司马懿最会用兵，也只有司马懿最了解自己的特点，所以司马懿是自己一个强有力的对手。司马懿是个很有胆量的人，他肯定会出兵攻占街亭（今甘肃秦安境内）。街亭是蜀军运送粮草的主要道路，也是蜀军退回汉中的唯一通道，如果让司马懿占领了街亭，就等于掐（qiā）住了蜀军的咽喉，这是一个战略地位极强的要道。

诸葛亮召集将官们商量，问谁愿意领兵去把守街亭，魏延、吴懿、马谡等都抢着去，诸葛亮比较相信马谡，因为

魏晋时期的具装骑兵
汉末以来，战争频繁，由于战争的需要，到了魏晋时期已经出现了人和马都披铠甲的具装骑兵。

马谡平时表现得很有智慧，便让马谡率领人马去守街亭，又特地派了一个作战经验丰富的大将王平去协助他。临出发之前，诸葛亮反复交代："街亭是我军的根本，如果街亭失守，不光战争要失败，甚至连自己的性命都要搭上，万万不可粗心！"

马谡和王平来到街亭一看地势，便产生了轻敌的想法，觉得这将是自己打败魏兵、建功立业、大显身手的好机会。在怎样守卫的问题上，马谡和王平发生了争吵，王平要在要道口扎营，以挡住魏军前进的道路，而马谡却要在山上扎营，还说从上往下冲击，会一举打败围攻山头的敌人。王平担心对方断绝他们的水路或者用火攻，马谡不但不听，还笑话王平不懂军法，最后只让王平领5000来人去要道口扎营。

司马懿来到街亭后，果然采取了围住山头、断绝水路的战术，马谡命令士兵们往山下冲锋，司马懿命令士兵们用弓箭往上射击，蜀兵死伤无数，只得退回山上，士兵们失去了斗志，许多人竟然投降了魏军。王平只有5000来士兵，冲了几次，也没办法给马谡解围，马谡只得领兵突围，街亭轻而易举地就被魏军占领了。

司马懿占领了街亭，见马谡逃跑，也不去追赶，急忙调动大军去进攻诸葛亮的主力部队，想乘蜀兵还没准备好的时候，打它个措手不及。

诸葛亮不断派人打听街亭方面的情况，等到街亭失守的消息传来时，诸葛亮知道已经没办法再挽回这次失败了，他一面退到西城中，一面向各处传令，赶快带着老百姓和粮草等退回汉中，要在司马懿大军来到之前安全撤走。

还没等到诸葛亮离开西城，司马懿的大军已经像一窝蜂似的来到西城脚下，诸葛亮手下的将士们一个个惊慌失措，诸葛亮见逃也来不及了，打也打不过，便急中生智，冒险用了一个"空城计"：他叫士兵们打开四面城门，将军旗、士兵一齐隐藏起来，然后自己带两个小童，捧一张五弦琴，在城墙头上叮叮咚咚地弹起琴来。

司马懿见诸葛亮这种摆设，不知道是什么原因，经过反复观察，他认为：诸葛亮一直是个很小心谨慎的人，绝对不会冒险让自己没有军队保护，城墙上看不到一个士兵，反而说明城里面有很多士兵在埋伏着，便命令退兵。

就这样，诸葛亮用疑兵之计吓退了司马懿和他的10万大军，安全地撤回了西蜀。

回到西蜀以后，诸葛亮把将官们召集起来，处理这次街亭失败的事件，他要将马谡处死。马谡承认了自己的罪过，对诸葛亮判自己死罪也心服口服，他只是向诸葛亮提出，自己的妻子儿女，请诸葛亮多多关照。诸葛亮和马谡本来关系就很好，但他不愿让个人感情破坏了军中的法纪，他一面流泪，一面答应马谡的请求，保证照顾好马谡的儿女。

斩了马谡以后，诸葛亮认真检讨自己的错误，觉得自己用人不当是造成这次街亭失守、全军惨败的根本原因，便向皇帝刘禅上表，请求免除自己的丞相职务，降官三级。刘禅同意了诸葛亮的请求，降了他的官职，但还要求他代理丞相的事务。

（注：《资治通鉴》等史书记载，街亭之战魏军统帅为张郃而非司马懿，"空城计"故事初见于《三国志》裴松之注中所引诸葛亮轶事，可信度也不高。因此故事在民间广为流传，影响极大，故不按正史编写。）

119-襄平之战

自诸葛亮死后，蜀国和魏国好几年内不再打仗，双方各自退兵保守自己的疆土，人民的生活安定了相当长的一段时间。然而此时，魏国北方的矛盾又渐渐激化了。

238年，魏国辽东太守公孙渊造反，自称燕王，他派遣使臣与孙权联络，并多次侵扰魏国北方。

公孙渊的祖父名叫公孙度，父亲名叫公孙康，先后任辽东太守。当年曹操打败袁绍，袁绍的儿子袁尚、袁熙逃跑到幽州、辽东一带，被公孙康杀死，献给曹操，于是公孙康被封为广平侯。公孙康去世时，

> 237年
>
> 公孙渊反魏，击败幽州刺史毌（guàn）丘俭，自立为燕王。

因公孙渊年纪太小，由他的叔叔公孙恭接任了辽东太守的职位，公孙渊长大以后，夺过了辽东太守的职位。公孙渊当太守后，反复无常，一会儿投降吴国，一会儿投降魏国，后来干脆自封为燕王，公开和魏国相对抗。

魏明帝曹睿看出了公孙渊的野心，派幽州刺史毌丘俭出兵讨伐，毌丘俭却没能成功平叛，于是，曹睿召回了太尉司马懿，与他商量怎么对付公孙渊。司马懿对曹睿说："公孙渊造反，没什么大不了，我只要领4万兵马去，就可以消灭他。"

曹睿问："依你看来，公孙渊大概会采取什么战术？"司马懿说："公孙渊听说我大军来到，他最好的战术是赶快逃走，这是上计；如果不逃走，最好是拒守辽东，凭辽河抗拒我军，这是中计；如果他既不逃跑，又不坚持固守辽东，只是坐守襄平（今辽宁辽阳）老巢，这是最差劲的后手，肯定会被我生擒活捉。"

司马懿画像

司马懿（179年—251年），字仲达，河内郡温县（今河南温县）人。208年，他被曹操强征出仕，历仕曹魏四主，后期完全掌控魏国朝政，是西晋王朝的奠基人。

曹睿问："公孙渊会采取上计吗？"司马懿说："公孙渊一伙虽然凶狠狡猾，但不懂兵法，他肯定会先占据辽河抵抗，打不过就退守襄平老巢。我计算了一下，大军出征，去100天，回100天，作战100天，休息60天，一年时间，我就可以回来了。"

公孙渊听说司马懿领兵来打自己，非常紧张，赶快派出使者向东吴求救。吴主孙权早就想除掉公孙渊，便假意发兵到边界上驻扎，实际上是在等公孙渊兵败时好乘机进攻。

司马懿大军到达辽东后，公孙渊果然据守辽河，坚壁高垒，阻击魏军，想用拖的办法来打败司马懿。

司马懿知道公孙渊的计划是想拖垮自己，便用了个声东击西的计策，先部署大量兵力，大张旗鼓地向南袭击公孙渊在辽河上设置的围堑，吸引公孙渊的主力部队前来迎战，接着却悄悄指挥军队渡过辽河到达敌军北面，直接向敌军老巢襄平进攻。公孙渊的部将卑衍果然率领主力向南面迎击，等到听说襄平被围困时，又赶快掉头回保襄平，在半路与司马懿决战，又是大败。司马懿将全部军马发到襄平城下，公孙渊只得收缩军马，撤进城中，坚守不出，被司马懿逼上了绝路。

这时，正碰上秋雨连绵的季节，大雨下了一二十天，辽河水猛涨，魏兵军营四面涨水，魏兵被淹在泥水中，日子非常难过。许多将军来请求司马懿把军队移到远处高地上驻扎，司马懿坚决不许，为了让大家理解自己的作战意图，司马懿对部下说："现在，我们粮多兵少，而公孙渊城中兵多粮少，再坚持一段时间，他粮草运不进来，军心一乱，我们就可乘机进攻，彻底消灭他们了。"大家都佩服司马懿的分析。

又过了一段时间，天色晴了，天一晴，司马懿立即下令攻城，四面筑起土山，士兵们登高攻城，城中守军死伤极大，加上粮草已快用完，眼看就守不住了。公孙渊知道再打下去只有死路一条，无可奈何，只得派人出来请求投降。司马懿的本意就是要彻底消灭公孙渊，根本不准他投降，不但将使者杀头，还将人头送还给公孙渊，要公孙渊自己把自己捆绑起来，到魏军中来投降。公孙渊没有办法，生怕自己一到魏营，就会被司马懿杀死，便又派一个使者到司马懿军前说，愿意限期送人质来做抵押，自己马上率领全城官员来投降。司马懿又把使者怒骂了一顿，不答应公孙渊的条件。

公孙渊到这时已经山穷水尽，半夜里他偷开城门，向南逃跑，被司马懿早已埋伏好的军队堵住前路。司马懿大军又在背后紧紧追赶，捕杀了公孙渊父子，又杀死了公孙渊手下官员数千人。

120-高平陵之变

司马懿平定了公孙渊的叛乱之后，领兵返回，中途接到皇帝曹睿的诏书，要他将军队带到长安镇守，等候皇上的命令。可是没过几天，又传来曹睿的诏书，要他火速领兵到首都洛阳来。几天之内，接到两种不同的诏书，司马懿不知道朝中发生了什么新情况，顾不上休息，加紧往洛阳前进。

原来，曹睿这时已经病重，便把朝廷大事委托自己的叔叔燕王曹宇主管。曹宇得到曹睿的重用，使中书监刘放和中书令孙资二人大为难受，他俩想掌管朝政大权，便在曹睿面前说曹宇的坏话，又说曹宇已经是燕王了，用王爷来主持国家大事，会出现意想不到的后果，他们又推荐曹真的儿子曹爽，说曹爽很能干。曹睿这时候已经病得很重了，便决定由刘放和孙资两人代自己拟定一份诏书，任曹爽为大将军，辅佐自己的养子曹芳，又令司马懿为太尉，掌管军权，和曹爽共同辅佐曹芳。

曹睿死后，司马懿和曹爽共同扶持曹芳当了皇帝。这时候的曹芳才8岁，根本不懂事，国家的所有事情都由曹爽和司马懿两人决定，而曹爽因为自己太年轻，没有经验，大小事情都要问过司马懿后才敢办理，把司马懿当成长辈看待。这时候的司马懿，真正掌握了国家大权。

曹爽当了大将军以后，手下聚集了一批很有学问的人，其中有五个人最受曹爽的信任，这五个人是毕轨、何晏、邓飏、李胜、丁谧（mì），他们对曹爽把大权交给司马懿很不服气。丁谧说："国家大权，应该由曹氏宗族内的人来掌握，怎么能让司马懿说了算！假如司马懿有心造反，你怎么能控制得住他？"曹爽觉得有道理，问丁谧应该怎么办才好，丁谧说："可以封司马懿为太傅，让他官做到最高等级，可是没有实权，把兵权夺过来归你自己掌握，这样才能确保安全。"

> 239年
> 魏明帝死，齐王曹芳即位，时年8岁。

正始二年造铜弩机

弩是由弓发展而来的一种远射程杀伤性武器，在古代战争中极为重要。春秋时楚人首先用弩，至三国时期军中已普遍使用。现已出土多件正始二年铜弩机。

曹爽便对皇帝说司马懿功劳大、声望高，应该当太傅，而管理军队这样的事情应该由年轻人来办。皇帝同意了，司马懿被封为太傅，交出了兵权。曹爽乘机将自己的弟弟曹羲、曹训、曹彦安排做管理军队的将军。从此以后，朝廷中的军政大权全落到曹爽弟兄几人的身上，司马懿也不加阻止，冷冷地等待时机。

几年以后，曹爽兄弟权势越来越重，司马懿长年推说有病，也不来参与国家事务。曹爽更加放心地过着放荡的生活，他一面私自建筑宫殿，一面四处游玩，各地方送给皇帝东西，都要经过曹爽挑选以后才给皇帝送去。曹爽特别喜欢外出打猎，经常许多天不回城，司农桓范不放心，劝曹爽不要经常外出，要留在京城中，防止京城中发生变故，曹爽不听。

曹爽虽然不听别人的劝告，但他总还有点儿不放心司马懿，想派人去看看司马懿到底是真病还是假病。恰好他的心腹谋士李胜被封为荆州刺史，即将离开京城去荆州上任，曹爽要李胜去向司马懿告别，顺便看看司马懿的病情。

李胜来到司马懿家中，见司马懿靠在床上，头发散乱，脸色苍老，眼睛都睁不开，看到李胜，他不知是谁，大声地问李胜叫什么名字。李胜告诉司马懿："我叫李胜，被任命为荆州刺史，现在来向您告别的！"司马懿听不见，答错了许多话，直到李胜用笔写出来自己是到哪里去，司马懿这才搞清楚了。一会儿，司马懿指着自己的嘴，旁边两个女仆端来茶汤，司马懿就着茶碗喝茶，弄得茶水泼了一身，水没喝完，便累得倒在枕头上喘不过气来。李胜再也不好说话，告别了司马懿的儿子司马师和司马昭，来到曹爽的大将军府上，把司马懿的情况一一向曹爽报告，曹爽听了更加放心了。

其实，司马懿根本就没有病，所有的答话和病状，都是他装出来的，目的就是骗曹爽放心，让他不防备自己，以后好乘乱对他下手。

248年正月，曹爽兄弟随同皇帝曹芳一起去祭扫高平陵（曹睿的坟墓）。司马懿立即动手，派儿子司马师发兵守住司马门，他夺过了曹爽弟兄在京城中的军营，派自己的亲信去管理军队。司马懿又打开武器库，将自己的军队武装起来，守住洛水桥。司马懿还进入皇宫，向郭太后上了一份表章。说大将军曹爽任用小人，不理国事，应该夺去曹爽弟兄的兵权，免得将来出娄子。郭太后本来就不喜欢曹爽，马上同意了司马懿的请求，并且还以太后的名义下了一道诏书。

司马懿又向皇帝曹芳献上一份表章，说曹爽任命一大批小人，把持了朝廷的军权，上上下下都很不满，万一发生了叛乱，后果将不堪设想，自己不得已才起兵，目的只是罢免曹爽弟兄的大权，而且太后已经同意了我的做法，等等。曹爽接到司马懿给皇帝的奏章，又听说太傅司马懿在城中发动了兵变，要夺自己弟兄几个的兵权，当时就吓得像木头人似的。从城中逃出来的桓范劝曹爽当机立断，发诏书，起兵和司马懿对抗，但曹爽贪生怕死，反而派出侍中许允、尚书陈泰，向司马懿探口风。司马懿让他俩告诉曹爽，只要曹爽交出兵权，保证不伤他弟兄的生命。许允、陈泰走后，司马懿又将殿中校尉尹大目招来，让尹大目再去劝曹爽，保证不伤曹爽弟兄和家属的性命。曹爽最后交出了兵权，和皇帝一道回城，向司马懿投降。

曹爽等人一回城，司马懿便给他们安了个图谋造反的大罪名，将曹爽弟兄四人和亲属，连同亲信们一起逮捕起来，判了死刑。这就是魏国末年发生的著名的"高平陵之变"。

121-司马昭弟兄

司马懿病死以后，大儿子司马师接着治理魏国。司马师一面打击曹氏宗族的力量，一面让自己的弟弟司马昭掌握军队的许多权力，还把自己的亲信安排在国家的各个重要岗位上。朝中不管议论什么大事，都直接向司马师请示，司马师当着皇帝曹芳的面处理大小事情，也不向皇帝曹芳请示，他根本不把皇帝放在眼里。

这时候，曹芳已经20多岁了，当皇帝也当了十几年，却一直没能亲自掌握大权，许多大臣对司马师在朝廷里横行霸道的行径，非常反感，想压制他一下。

这其中第一个人是张皇后的父亲张缉，他对司马师非常不满，因为司马师说张缉女儿当了皇后，他就不能再在朝中做官，免得外戚（皇后的亲戚）干扰国家大事，于是就让张缉在家闲居；第二个人是夏侯玄，夏侯玄和曹爽是好朋友，曹爽被司马懿杀死，夏侯玄心里不快，对司马师掌权更加反感；第三个人是李丰，李丰是夏侯玄的好朋友，李丰的儿子又娶了齐长公主，也算是皇亲。他们常在一起议论国家大事。

李丰和张缉密谋要杀掉司马师，之后让夏侯玄做大将军、张缉做骠骑将军。不知怎的，这事走漏了风声，被司马师探听到了消息，他先下手为强，发兵将李丰、夏侯玄、张缉等人捉起来杀掉，又带着军士开进皇宫，把张缉的女儿张皇后抓出来，关进冷宫。

从此以后，司马师更加无所顾忌，他认为曹芳对自己怀恨在心，迟早要对自己不利，便利用自己的权威，强迫朝中大臣同意自己的意见，在254年废了曹芳，将高贵乡公曹髦（máo）立为皇帝。

第二年，扬州都督毌丘俭和扬州刺史文钦起兵造反，声称司马师擅自废除皇帝，这是大逆不道的行为，他们要为天下人伸张正义。司马师亲自领兵去镇压毌丘俭和文钦的叛乱。战争结束，回到许昌，司马师眼病复发而死在军营中，临死之前，司马师把兵权和将印亲手交给弟弟司马昭。司马昭按钟会的意思，领兵驻到洛水南岸，用大军对朝廷施加压力。曹髦不得已，下诏让司马昭继承司马师的位置，掌管朝中大权。

司马昭掌权之后，比他的哥哥司马师还要厉害，他不光压制朝中大臣，对皇帝更不恭敬。皇帝曹髦本来就很年轻，现在被司马昭看得像小孩子一样，心里很不高兴，但也不敢明说。

有一年，在一口井中两次出现黄龙的形象，大臣们一起向皇帝祝贺，说龙是吉祥的动物，龙的出现，

> **254年**
> 司马师废曹芳为齐王，立高贵乡公曹髦为帝。

预示着魏国天下有大的发展。可是曹髦反对，他说："龙本来应该在大海里，或者在天上腾云驾雾，现在龙住在井里，和那些小泥鳅、黄鳝住在一起，有什么值得祝贺的！"曹髦还特地为这事写了一首诗，叫《潜龙诗》。

曹髦的诗很快便被司马昭知道了，司马昭知道曹髦已经对自己很不满意，便在上朝时对曹髦进行讽刺挖苦，曹髦实在受不了，召集侍中王沈、尚书王经、散骑常侍王业等人商量，决定亲自动手杀掉司马昭。大家都说这事做不得，因为现在曹髦没有军队，绝对杀不了司马昭，要他等待一段时间，等有机会再下手。

曹髦愤怒地说："司马昭的心思，天下人哪个看不出来，他早就想造反了（成语'司马昭之心，路人皆知'就是从这里出来的），我要不杀他，他很快就要杀我，你们不必阻挡！我亲自去！"

曹髦到皇宫中搜罗了几百个老弱残兵，驾着车子要去讨伐司马昭。王沈和王业两人早已把这个消息告诉了司马昭，当曹髦的军队出了皇宫门的时候，就被司马昭派来的贾充领兵堵住了。曹髦要冲过去，贾充却喝令部下冲上去堵住皇帝，太子舍人（官名）成济在贾充的指示下，杀死了曹髦，曹髦带出来的老弱残兵也一哄而散。

曹髦被杀以后，司马昭才故意装作惊讶，跑出来治办丧事。司马昭把罪名推给成济，将成济杀头治罪，然后又立曹璜（曹璜后改名为曹奂）为皇帝，进一步控制了魏国的大权。

> **260年**
> 曹髦被杀，司马昭立曹奂为帝，是为魏元帝。

122-钟会与邓艾

司马昭立曹奂当了皇帝后，很快便安定了魏国的形势，又发兵进攻西蜀。

司马昭派出三路人马：一路是镇西将军钟会，钟会是当年魏国太傅钟繇的儿子，从小胸有大志，聪明过人，帮助司马昭立下了许多功劳，很得司马昭的信任；一路是征西将军邓艾，邓艾这人出身很低，但很有见识，从小帮人放羊的时候，就常常指着山河地形，说这里可以驻兵，那里可以打仗，后来逐步被提拔为南安（今甘肃陇西东）太守，和钟会齐名，都是司马昭信任的大将；一路是雍州刺史诸葛绪。钟会和邓艾分兵进攻西蜀，诸葛绪在后接应。

钟会领着10万大军向西蜀进攻，一路上根本没受到阻拦，一直攻到阳平关下，阳安关（北宋改名为阳平关，今陕西汉中境内）守将傅佥据险死守，钟会被堵在关下，不能前进。后来，蜀主刘禅派来为阳安关增援的蒋舒投降了钟会，钟会这才攻下了阳安关，继续前进到剑阁，又被姜维大军阻住，诸葛绪不久赶到，和钟会合兵在一起。

邓艾敢于冒险，他率领自己部队的3万多人，抄阴平（今甘肃文县西北）小道进蜀，经过了无数艰难险阻，一直前进到江油附近，准备攻城。江油城小兵少，根本不能抵抗，守城将军开城投降。邓艾乘胜进兵，连着攻下了涪城（今四川绵阳，涪音fú）、绵竹，兵临蜀国首都成都城下，蜀国君臣出城投降。到此为止，蜀国灭亡。

姜维和部下人马在剑阁和钟会对抗，听说蜀主刘

> **TIPS**
>
> **钟繇**
>
> 钟繇（？—230年），字元常，颍川长社（今河南许昌）人。曹丕称帝后，历任廷尉、太尉、太傅等职，累封定陵侯。钟繇是三国时期著名的书法家，擅长篆、隶、真、行、草多种书体，被后世尊为"楷书鼻祖"，与东晋王羲之合称"钟王"。有子钟毓（yù）、钟会，皆英才。

← 263年

魏派大将邓艾、钟会攻蜀，蜀主刘禅降邓艾，蜀灭。

禅已经投降，大家一齐表示要和魏军决战一场。可姜维这时有了新的计策，他想到了邓艾和钟会互相不服气，现在邓艾首先攻下了成都，必定骄傲，钟会心里肯定嫉妒（jí dù）。这时候自己去投降钟会，取得钟会的信任，挑拨钟会和邓艾的关系，用钟会的力量杀掉邓艾，自己再趁机杀了钟会，就可以重新恢复蜀国。姜维将自己的计策和大将廖（liào）化、张嶷（yí）等人一说，大家都表示赞成。

姜维率领全部人马来投降钟会，果然获得了钟会的信任，钟会让姜维继续领导原来的军队，他们一起率领大军，开到涪城驻扎下来。姜维找机会挑拨钟会与邓艾的关系，撺掇钟会造反，打算借钟会之手先除掉邓艾和其他魏将，然后自己再除掉钟会，便可以恢复蜀汉了。钟会也是个很有野心的人，听了姜维的建议，便越发信任他了。

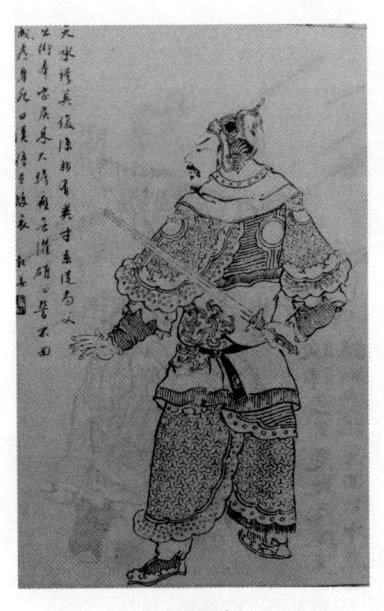

姜维画像

姜维（202年—264年），字伯约，天水冀县（今甘肃甘谷）人。姜维早年为魏将，诸葛亮第一次北伐时，他被怀疑有异心，不得已降蜀，深受诸葛亮器重。诸葛亮死后，姜维累升至大将军，多次举兵北伐。

邓艾收降了蜀国皇帝刘禅后，封刘禅为王，又向司马昭上书，请求乘胜向吴国发动进攻。司马昭用皇帝的名义下了一道诏书，将邓艾封为太尉，钟会封为司徒，又要求邓艾不管干什么事，要事先向皇帝请示，不得自作主张。邓艾接到这封诏书，很不高兴，说了许多牢骚话。

邓艾的牢骚话，立即被钟会知道了，于是钟会向司马昭上了一道表章，说邓艾对司马昭的命令不服气，早晚要谋反。司马昭接到钟会的书信，一面下诏书让钟会发兵逮捕邓艾，并将邓艾押送到洛阳来，一面又为了防止钟会造反，亲自领兵，带着皇帝一道进蜀，说是帮助钟会捉拿邓艾。

钟会接到司马昭逮捕邓艾的命令后，先让监军卫瓘（guàn）领一队士兵突然袭击，捉住邓艾父子，自己率领10万大军随后进驻成都，把邓艾的军队全部收编过来。

钟会进了成都，认为时机已经成熟，就决定起兵谋反，想让姜维先率5万人出斜谷做前锋，自己率大兵跟随其后，攻入长安、洛阳。

于是，钟会把全体文武将官召集起来，突然宣布要起义，说是奉郭太后的诏书，讨伐司马昭，谁反对就杀谁的头！大家知道不同意不行，只好勉强签字画押，表示同意。钟会知道这些人只是表面上同意，心里并不服，不能放他们回去，便把这些人全部关了起来，派精兵看守。

有人向钟会建议说："这些将官们表面不反对，实际上是不满意的，不如全部杀光，免得生乱。"钟会犹豫不决。正在此时，忽然听到房子外面杀声四起，原来是护军胡烈被看守起来后，利用随侍亲兵散布消息，说钟会要把手下兵将尽数杀了，胡烈的儿子听说了这个消息，带兵冲进宫中。魏兵突然大批涌进，姜维、钟会抵挡不住，被乱兵杀死。姜维精心设计的一场"假投降"的巧计化成了泡影。

钟会死后，监军卫瓘生怕邓艾放出来后会对自己进行报复，便派大将田续领兵追上正押回洛阳的邓艾父子，二话不说，杀死了邓艾父子二人。

123-乐不思蜀

当司马昭积极准备进攻西蜀的时候，蜀国后主刘禅却在过着花天酒地的安逸生活。刘禅认为：蜀国地势险要，魏兵根本打不进来，只要自己不去进攻别人，就可以安安稳稳地过生活，为什么不享受呢！

刘禅最信任的大臣要算是中常侍黄皓，黄皓只会挖空心思地让刘禅高兴，朝中谁不买他的账就告谁，只要在刘禅面前一说，刘禅就会把那些反对黄皓的人或免除官职，或赶出京城，蜀国的文武大臣都恨透了黄皓。

大将军姜维接受了诸葛亮的临终嘱咐，立志要完成诸葛亮未完成的事业，他亲自率领蜀国兵马，一次又一次地进攻魏国，可每次都讨不了好处。黄皓乘机在刘禅面前讲姜维的坏话，要刘禅免除姜维的职务，让他的好朋友阎宇来代替姜维。

姜维知道了黄皓的阴谋，入宫对刘禅说："黄皓是个大奸臣，他拉帮结派，谁反对他，他就整谁。他成天在您面前说好话，讨您喜欢，老百姓们都恨透了他。您再不除掉他，只怕国家就要败坏在他的手里。"刘禅却不以为然，笑着说："一个黄皓，只不过为我跑跑腿，办些杂事，他怎么能坏了国家大事，大将军不要太多心了。以前他对你不太好，我叫他出来给你当面道歉。"姜维见刘禅是这个态度，也没有什么好说的，只好默默无言地退出。

几个月以后，姜维在沓（tà）中听说了司马昭打算派兵进攻西蜀的消息，立即向后主刘禅报告，请求出兵抵抗。刘禅和黄皓商量，黄皓对刘禅说："这又是姜维在谎报军情，他想出兵打仗，好向您讨功劳，我想蜀中地势险峻，魏兵不敢来，也进不来，您可以放心。如果您真不放心，我知道城里有一个巫师，他知道未来会发生

直百五铢

三国时蜀汉的钱币。刘备于214年发行"直百钱"，直百钱有面文"直百五铢"和"直百"两种。直百钱一枚价值相当于五铢钱一百枚，是一种大值虚币。

什么事情，问一问就行了。"刘禅让黄皓去问，黄皓问过以后对刘禅说："巫师说皇上福分无穷，根本没有敌人来侵略！"刘禅信以为真，再也不理这些军事，姜维一连上了几次表章，都被丢到一边去了。事后很长一段时间，也没见到魏兵进入西蜀，刘禅越发相信黄皓的话是对的，对黄皓更加信任。

等到大军将至，刘禅这才大吃一惊，知道魏兵真的要攻打蜀汉，他连忙下令，叫姜维、廖化等人领兵抗敌。可这时已经迟了，没多久，邓艾便兵临城下，将成都围了起来。

邓艾大军一到，成都城中乱作一团，刘禅急得直哭，不知是逃跑好，还是投降好，最后他决定，以保全生命为上，出城投降。刘禅将自己捆绑起来，抬着棺材，带领大臣们出城向邓艾投降，邓艾封刘禅为车骑将军。

不久，钟会、邓艾两人争功，钟会叛乱不成，被乱兵杀死，司马昭派贾充入蜀，将刘禅押送到洛阳，刘禅到洛阳时，只有郤（xì）正等几个官员跟随。

司马昭等刘禅到了，封刘禅为安乐公，这种封爵，实际上是一种带有侮辱性的戏弄，可刘禅却高兴得很。一天，司马昭在宫里举办大型宴会，叫刘禅也来参加，宴会中，刘禅喝酒吃肉，高兴得很。司马昭想试探一下刘禅的心

思，就让乐工吹奏蜀国的音乐，让舞女们跳蜀国的舞蹈，刘禅看得更加高兴。司马昭故意问刘禅："你想不想回到蜀国老家去啊？"刘禅答说："我在这里过得很快活，不想回蜀国老家。"（文言叫："此间乐，不思蜀"，成语"乐不思蜀"便是这么来的。）

等到宴会结束，郤正对刘禅说："下次司马昭再问您想不想家，您就说父辈的坟墓都葬在蜀中，怎能不想家呢？这样，说不定他能放您回到蜀国去。"后来，当司马昭又问起这事时，刘禅果然用郤正的话来回答，司马昭听了觉得奇怪，说："你说的话好像是郤正说的？"刘禅连忙点头说："对，对，正是他教我说的！"刘禅这么老实，使司马昭大大高兴了一阵子，司马昭手下的人也都笑话刘禅的痴呆。

后来，人们都把刘禅称作"扶不起来的天子"，因为刘禅的小名叫"阿（ē）斗"，又说他是"扶不起来的阿斗"。"阿斗"这个词，甚至成了愚蠢人的代名词。

124-羊祜与堕泪碑

西晋初年，吴国仍然据守在江东，依靠着长江天险，和西晋相持不下，司马炎派征南大将军羊祜镇守襄阳，一方面为防止吴国向西晋进攻，另一方面也做进攻吴国的打算。

羊祜到襄阳以后，仔细分析了当时的形势，觉得一时很难除掉东吴。由于自己驻守的襄阳郡很穷，士兵的战斗力也不强，于是他制定了一条策略：屯兵驻守、发展生产、积蓄力量、等待机会。

这时候，吴国皇帝是孙权的孙子，名叫孙皓

> **265年**
> 魏元帝禅位于司马炎，魏亡。司马炎即位，国号晋，定都洛阳，改元泰始，是为晋武帝。

（hào），孙皓是个残暴的君主，自己生活非常放荡，但对大臣却动不动就杀头，幸好他任用了陆凯做丞相，陆凯治国有方，国内基本上是安定的。羊祜已经准备了足够的粮草，士兵也训练得非常精干，但就是不敢轻易动手攻吴，因为时机还不够成熟。

吴国皇帝孙皓虽然不精心治国，但他对西晋还是有戒心的，他任命陆抗镇守荆州，以防止西晋的进攻。羊祜碰到了陆抗，知道又是一个强硬的对手，只好再次打消了攻吴的念头。原来，在陆抗镇守荆州之前，吴国的西陵督军步阐向西晋投降，陆抗领兵攻打西陵，晋武帝一面让羊祜向西陵前进，一面通知荆州刺史杨肇先去攻击陆抗。陆抗分兵两路，一路继续攻西陵，一路阻挡杨肇的进攻，他打败了杨肇，攻克了西陵，羊祜还没赶到，战局已经结束了，羊祜只好领兵回襄阳。所以，现在陆抗驻守荆州，两人互相了解，谁也不敢轻易向对方发动进攻。

孙皓画像

孙皓（242年—284年），字元宗，一名彭祖，字皓宗，三国时吴国末代皇帝。在位期间昏庸暴虐、专好杀戮，归晋后被封为归命侯。

羊祜采取一种攻心的战术，与吴国军民和平共处，有时行军到吴晋两国边界时，士兵们向吴国老百姓要粮草，羊祜必定让士兵们按价付钱。有时候，吴、晋两家军队在边界上打猎，有受了伤的野兽从吴国那边跑过来，羊祜必定让士兵把野兽再给吴军送去，两家的军队互不侵犯。有时候，吴国人进入晋国境内，不守法纪，被晋军杀了头，羊祜还让士兵把犯人的尸体送回家乡去，犯人的家属都非常感谢他。有时候，在两家的小规模冲突中，晋军俘虏了吴军士兵，羊祜一定要一个个地问话，谁愿意回去就让他回去，谁愿意留在晋国，就让他留在晋国，当兵、种地都行，吴国的士兵回去后，都争相称赞羊祜为人仁义。

陆抗知道羊祜是在采取攻心战术，但也很佩服他的胸怀，两人经常互相写信问候，后来还互相赠送一些礼物。有一次，陆抗送了一坛好酒给羊祜，羊祜当着送酒人的面，打开坛子就喝，还连连说："好酒！好酒！"当羊祜听说陆抗生病的时候，他将自己经常用的药给陆抗送一点儿过去，陆抗也当着送药人的面把药吃了下去，并向羊祜的使者表示感谢。别人怪他不该轻信对手，如果下了毒怎么办。陆抗笑着说："羊祜是那种在药里面下毒的人吗？"羊祜和陆抗，是敌对的两个国家的将军，但他俩之间的友谊和理解却比一般的朋友还要深得多。

陆抗在边境上和羊祜互相打心理战，晋武帝司马炎对羊祜很信任，可吴国的孙皓却怀疑陆抗私通敌国，下诏书指责陆抗，并且对陆抗进行压制，凡是陆抗提的建议，一概不用。陆抗又是气愤，又是对边防操心不已，不久就去世了。

羊祜见吴国皇帝怀疑大臣，认为这是内部不安定的表现，便上书晋武帝司马炎，请求攻吴。司马炎一直不敢下决心，多次召集大臣们讨论，大家都反对攻吴，司马炎便通知羊祜不要着急，还需等待时机。羊祜连续几次上表，请求攻吴，可司马炎就是不敢下决心。

268年，羊祜病重，请求回朝，司马炎把羊祜接进都城，与羊祜交谈，决定听从他的建议，早点向东吴发兵。司马炎让人转告羊祜，请他养好病后，指挥将领们伐吴，羊祜说："讨伐吴国的事，我已经不行了，不过我可以拟定计策，委托良将代我出征。"不久，羊祜病死，死前留下遗书，推荐老将杜预作为讨伐东吴的主帅。司马炎按照羊祜的推荐，任命杜预出征，果然很快便平定了吴国。

羊祜死后，襄阳的老百姓听到这个消息，一齐痛哭，连集市贸易都停止进行。老百姓们追忆羊祜当年镇守襄阳时，为发展生产做的许多事情，又记得羊祜平时喜欢游览岘山（又名岘首山，在今湖北襄阳南面。岘音xiàn），便在山上建庙，常年祭祀，又在庙外树碑，刻了羊祜平生的事迹。老百姓们看见这个碑，想起羊祜当年对人们的好处，便伤心落泪，人们称这块碑为"堕泪碑"。

两晋风华

晋朝延续时间有150多年，自司马炎称帝的265年开始，一直到420年宋武帝刘裕建立刘宋政权结束。晋朝分为西晋和东晋两个时期，西晋定都于洛阳，东晋的首都在建康（今南京）。相比而言，西晋是一个大一统的王朝，东晋则面对分裂割据的局面，与五胡十六国以及之后的北魏对峙而立。晋朝共传15位皇帝。

西晋建国之后，发展得并不顺利。晋惠帝司马衷愚笨无能，诸王纷纷争权夺利，以致出现了史书上称为"八王之乱"的长期内乱，消耗了这个新王朝的实力，最终导致永嘉之乱后东晋被迫退守南方。

两晋时期是一个重身份的时代，所谓上品无寒门，下品无士族。诗人左思曾经写道："郁郁涧底松，离离山上苗。以彼径寸茎，荫此百尺条。世胄蹑高位，英俊沉下僚。地势使之然，由来非一朝。"不少豪门贵族治国无方，生活却骄奢淫逸，善于显富斗奢。散骑常侍石崇和后将军王恺之间的斗富，就是这个时代上演的无数丑剧中的典型一出。

两晋时期还是一个重思想的时代，佛教的传入激起了思想碰撞的火花。两晋文人名士好清谈，嗜玄学，一大批具有独特人格魅力的学者、诗人、艺术家横空出世。如以阮籍和嵇康为代表的竹林七贤，凭借其深刻的思想和超凡脱俗的行为方式，真可以说得上风华绝代。当嵇康为人陷害，走上刑场时，有3000名太学生相送，一句"《广陵散》从此绝矣"，令人千载之后读之，都不禁动容。诗人陶渊明以他清简淡逸的诗歌诠释他的人生哲学，这位推崇"寒华徒自荣"（华，通"花"，指菊花；荣，开花）的诗人的作品和为人风范，成为后人竞相祖述的范式，正像白居易所说："常爱陶彭泽，文思何高玄。"他以浅近的语言，揭示了深邃的人生哲理。此时期艺术也极为发达，大画家顾恺之的艺术作品与艺术观点至今还在对人们产生影响，而二王的书法更是那个风流倜傥时代的精神写照。

两晋时期也是征战连绵的时代，其中最著名的战役是东晋与苻坚的前秦政权之间的淝水之战。谢安在不动声色中，举重若轻地安排调度，前秦虽有百万大兵，遮天蔽日地扑来，处于弱势的东晋终以计谋和勇气取得了决定性的胜利。然而，这场战役虽然为这个王朝赢得了暂时的安宁，却并没有从根本上改变其衰势。东晋末年朝纲混乱，大将军刘裕抓住机会，于420年取代东晋自立，历史由此进入南北朝时期。

125-司马炎发诏灭吴

当征南大将军羊祜镇守襄阳的时候，就开始做灭吴的准备工作了。他发现了一个了不起的将才，这就是王濬（jùn），他认为王濬将来一定会建立奇功，成为国家的栋梁，叮嘱王濬早做灭吴的准备。王濬这时是晋国的益州刺史，驻守在长江上游，他认为，要消灭吴国，沿长江而下，从水路进攻是一条主要路线，可以直达吴国的首都建邺（今南京）。而从水路进军，必须有船，他开始计划造一种大船，这种船一条可装2000人，长120步，用大木头建成坚固的船楼，四面开门，船上能够骑马奔走，并且在船头上画着各种怪兽，说是用来吓唬江里的神鬼的。

当王濬在长江上游全力以赴造船的时候，吴国皇帝孙皓正在尽情地享受。吴国的建平太守吾彦在江心里看到有碎木屑、竹片漂流下来，经过推测，他知道上游正在造船，而且是大船。他立即向皇帝报告，认为要加强防守，不要让晋国偷袭成功，同时，一面打造铁锁链，沉放在江中，专门对付大船。吴国皇帝孙皓把吾彦的奏章放在一边，连看都不看。

羊祜去世前，推荐杜预代替自己的职务，让杜预准备灭吴的工作。279年，王濬、杜预同时上表，请司马炎发兵灭吴。王濬在表章中说，目前吴国皇帝孙皓极其残暴，内部君臣之间互相不和，正是攻克吴国的大好时机。杜预在表章中鼓励司马炎说，这个时候出兵伐吴，是最好的时机，吴国政权已经到了摇摇欲坠的时候，错过了这个时机，恐怕就没有这么好的机会了。

当杜预和王濬的表章送进皇宫的时候，司马炎正在和张华下棋，张华听说杜预、王濬主张进兵伐吴，立即推开棋盘，站起身来对司马炎说："杜预的建议应该接受，现在，吴主孙皓已经失去了民心，这时候出兵，将会一举成功，不必再犹豫了。"

司马炎又向贾充、荀勖（xù）等人征求意见，贾充、荀勖都认为不能出兵。山涛还议论说，如果外部安定了，天下统一了，内部迟早会出现问题，不如留着吴国这一股敌对势力，有这个敌国存在，大家一致对外，内部才不会出现动乱。司马炎在大臣们的意见和建议中想来想去，最后决定出兵伐吴，统一天下。

279年11月，司马炎发出诏书，决定出兵伐吴，共调集了六路大军二十几万兵马，从各个方向全面向吴国进军。一路是镇军将军司马伷（zhòu），从滁（chú）州方向出发；一路是安东将军王浑，从江西出发；一路是建威将军王戎（róng），从武昌出发；一路是平南将军胡奋，从夏口出发；一路是征南大将军杜预，从江陵出发；一路是龙骧（xiāng）将军王濬和广武将军唐彬，从益州出发，顺江而下。六路大军以贾充为主帅，杨济为副帅。

当司马炎任命贾充为主帅时，贾充不愿意接受这个任务，司马炎很恼火，对贾充说："你不去，我自己去！"贾充见司马炎不高兴了，有点害怕，这才答应出征。

晋国的六路大军一路上势如破竹，很快，杜预攻下了江陵，胡奋攻下了公安，王濬这一支队伍比较艰苦，但也战果最大。王濬探到江中有铁锁链在水里阻挡，便造了几十个大木筏，木筏上面站着稻草人，稻草人身上穿着军甲，手中拿着武器，让水性好的水手躲在水底，推着木筏在前面开道。当木筏行到有铁锁链的地方时，铁锁链从水底撞上来，却被木筏顺水牵走；又用许多长达十几丈的火把，火把里面灌上麻油，乘风烧断江上的铁链铁锁，大船乘胜前进，一路毫无阻碍。到第二年春天，吴国首都建邺被攻克，吴主孙皓率领臣民，自捆自绑，出

降孙皓三分归一统

三国末年，吴末帝孙皓昏庸暴虐，吴国民变四起，处于内忧外患之中。280年，西晋王濬兵临建邺城下，孙皓率百官投降，被司马炎封为归命侯。

▶ **280年**

西晋灭吴，统一天下。

城投降。

司马炎灭掉了吴国，统一了天下，结束了长达几十年的动乱和战争。

126-行为古怪的文豪阮籍

从魏国末年到晋朝建立之前，是一段特殊的时期。司马昭父子俩早就有心要推翻魏国皇帝，自己来取而代之，因此非常注意社会上各种人士对自己的态度，特别是那些官位较高、名气较大的文人的态度，如果这些人不和司马氏合作，就有杀头的危险。阮籍就生活在这样的时代里。

阮籍的父亲叫阮瑀（yǔ），是曹操和曹丕时代最有影响的文人之一（"建安七子"之一）。阮籍在父亲的教导下，从小就读了许多书，有时候关起门来读书，一读就是几个月不出门。阮籍喜欢古代老子和庄子的学说，喜欢游山玩水，他精通音乐，特别贪酒，经常一醉就是几十天不醒。别人都说他痴呆，实际上他是不愿意与司马氏合作，但又没能力公开反对，便借用这种消极对抗的办法。

当年，司马昭主持魏国的国家大事，他想拉拢阮籍来为自己服务，利用阮籍在上层社会中的影响来巩固自己的地位，便派人去向阮籍求亲，要阮籍把女儿嫁给自己的儿子司马炎（就是后来的晋武帝）。如果换了一个巴结上司的人，肯定会高兴得不得了，可阮籍不愿意，他不想和司马家族攀亲，但又不能公开拒绝，便整天喝酒喝得烂醉，媒人去提亲，跑了一趟又一趟，每次都看到阮籍喝醉了酒，呼呼地在沉睡。时间一长，老是说不上话，司马昭事情又多，便把结亲这件事丢下了。

阮籍不愿与司马氏合作的态度不光表现在成天喝酒上，他在做官问题上也是忽而合作，忽而又不合作。早在司马懿当太傅、曹爽当大将军执政的时候，曹爽请阮籍出来做官，阮籍借口说有病而不干。不久，司马懿杀了曹爽，聘请阮籍出来当从事中郎，这一下使阮籍名声大增。司马昭当晋公时，阮籍也挂名做了个不大不小的官。有一次，阮籍对司马昭说："我曾去过东平，那里的风土人情很好，您让我去做官吧。"司马昭很高兴，任命他为东平相。阮籍骑着驴子上任去了。到了东平府，他把围墙拆掉，大门打掉，让府衙门内外直通，还废除了许多繁杂的法令，只做了十几天的官就回来了。

阮籍好喝酒是出了名的，他听说步兵厨的一个厨师很会酿酒，存着300多斛（hú）酒，就又要求去步兵营当官，被任命为步兵校尉（后来文学史上又称阮籍为阮步兵），喝完了存酒，他又不干了。喝酒使他终日昏昏沉沉的，也救了他的命，司马昭有一个谋士叫何曾，他知道阮籍瞧不惯司马氏当权，建议杀了阮籍，可司马昭认为阮籍只是好喝酒，成天迷迷糊糊地过日子，虽然名气很大，但还没有反对自己的实际行动，犯不着去杀他，便一直对他抱容忍的态度。

阮籍还喜欢发一些看起来奇怪实际上很有道理的议论。有一次，阮籍参加一个酒会，大家在谈论某某地方一个人杀死了自己的母亲，阮籍说："咳！杀父亲还差不多，怎么能杀母亲呢！"出席宴会的都是上层社会中有身份的人，都讲究礼法，见阮籍发出这种议论，都感到奇怪，怪他不该胡说。阮籍又不慌不忙地说："小鸡小鸭、小猪小狗这些禽兽只知道有母亲不知道有父亲，杀父亲的人就和这些禽兽一样，而杀母亲却连这些禽兽都不如了！"这话说出来，大家又纷纷佩服阮籍有见识。

在和社会上各种人士交往时，阮籍有他自己的一套独特办法。他不喜欢的人来拜访他，他能坐上大半天一句话都不说，他厌烦的人来看他，他就翻出白眼珠来看着客人，而他自己喜欢的朋友来时，他又用青（黑）眼看着客人。这就是"青白眼"的来历。后人常用"垂青""青睐（看）"来形容对某一人或物表示欣赏、钟爱。

实际上，阮籍的内心很不平静，他对社会的现状和形势还是有一定认识的。他自己成天喝酒喝得烂醉，当他儿子也学他的样子成天喝酒时，他又制止

TIPS

阮咸

阮咸，生卒年不详，字仲容，陈留尉氏（今河南开封南）人，阮籍之侄，与阮籍并称为"大小阮"。阮咸精通音乐，每到正月元旦聚会时，在殿堂奏乐，他亲自调整五音，音韵没有不和谐的。阮咸这种乐器就是由他得名的。他与嵇康、阮籍、山涛、向秀、刘伶、王戎并称为"竹林七贤"。

儿子，不让他喝酒。他还写过一篇著名的文章，叫《大人先生传》，文章说："社会上的一些自认为品德高尚、行为规矩的'君子'们，成天小心谨慎地说话、做事，自以为很安全，这就像虱（shī）子处在裤缝里一样。虱子成天不出裤缝中，自认为又有吃又有喝，很安全，可一旦被火烧着裤子，它能逃到哪里去？我们这些文人名士处在这个社会上就像虱子住在裤裆里一样！"这种比喻虽然滑稽，可很准确地表达了阮籍对当时社会的认识。

在中国古代文学史上，阮籍是个很了不起的文学家。他的代表作是82篇《咏怀》，都是五言古体诗，大都是写景抒情、表达自己对现实生活的观点和感情的作品，流露出阮籍对社会爱憎分明的认识。阮籍死后，后人把他的作品编成一本集子，叫《阮步兵集》。

127-不合时宜的文豪嵇康

嵇（jī）康生于223年，死于262年，虽然只活了39岁，可却留下了许多不同凡响的作品和事迹。

嵇康和阮籍是同一时代的人，在社会上的名气也和阮籍一样大，和他俩齐名的还有山涛、向秀、王戎、刘伶、阮咸等，因为他们七个人都隐居在山阳，又喜欢在竹林里游玩、喝酒、写诗作文，被世人称作"竹林七贤"。

当时，阮籍的态度是不和当权者合作，但又不与当权者作对，讲的话都是不着边际的，别人想找他的罪名都找不到。嵇康也这么做，但他不如阮籍做得彻底，经常在自己的诗歌和文章中讽刺当权者，矛头主要对着当时把持国家大权的司马师、司马昭弟兄。由于嵇康的名气很大，他的诗、文一写出来，立即在社会上广为流传，很快就会传到司马师弟兄俩的手里，引起他们的注意。这也成了后来他被杀的原因。

嵇康当时也在朝廷当了个只拿薪水不做实事的挂名官员，叫"中散大夫"，文学史上后来称嵇康叫"嵇中散"。他也认识到自己喜欢发议论，话讲多了会为自己招来灾难，便和"竹林七贤"们隐居起来，各干各的事情。嵇康喜欢打铁，常常在门前柳树底下打铁，帮人家打造一些家用的铁器，别人给钱不给钱他都不在乎。

竹林七贤砖画

砖画共出土了四套，出土地点分别是南京西善桥、丹阳胡桥、丹阳吴家村和丹阳金家村四座南朝大墓，内容、形式大致相同。其中西善桥出土的最完整、最精美，年代也最早，时间在东晋至刘宋期间。西善桥出土的画像砖由200多块古墓砖拼嵌成，长244厘米，高88厘米，出土时分东西两块，一块为嵇康、阮籍、山涛、王戎四人，另一块为向秀、刘伶、阮咸、荣启期四人。其中荣启期为春秋时期高士。画面中人物之间以银杏、青松、垂柳、阔叶竹、槐树等植物相隔。该画像砖现藏于南京博物院。

嵇康有一个对头叫钟会，是司马师的亲信，文章也写得非常好，但名气不如嵇康大。他想和嵇康拉上关系，请嵇康为自己的文章提一些评论意见，扩大自己的知名度。钟会也知道嵇康这个人不好打交道，但又想结交他，便将自己的一篇文章《四本论》写好后给嵇康送去，到了嵇康家门前却不敢进去，就把文章卷成一卷，扔进嵇康家中，掉头就跑，生怕嵇康追出来把文章还给自己。可是书丢进去后便没了音信，从此，钟会便对嵇康怀恨在心，想找嵇康的碴儿。

当嵇康在山阳隐居、以打铁消磨时光的时候，有一次，钟会带着人大摇大摆地来拜访嵇康，嵇康对钟会不理不睬，继续打自己的铁。钟会看了半天，见嵇康不说话，自己也不说话，转身要走，这时候嵇康半讽刺地问他："你是听到了什么来的？又看到什么东

> **TIPS**
>
> **魏晋玄学**
>
> 这是魏晋时代的一种崇尚老庄的哲学思潮。魏晋时人注重《老子》《庄子》和《周易》，称之为"三玄"，其中《老子》《庄子》被视为"玄宗"。魏晋玄学讨论的主要问题包括崇有贵无之辨、名教自然之辨、言意之辨、圣人有情无情之辨、才性之辨、声无哀乐之辨等。魏晋玄学的主要代表人物有何晏、王弼、阮籍、嵇康、向秀、郭象等。

西才走了呢?"钟会也毫不客气地回答说:"我听到了我听到的东西来的,看到了我看到的东西才走的!"(问:"何所闻而来,何所见而去?"答:"闻所闻而来,见所见而去。")

261年,山涛给嵇康写了一封信,让嵇康出山做官。嵇康接到山涛的信以后,写了一封回信,回信叫《与山巨源绝交书》(巨源是山涛的字),在信里面,嵇康把山涛狠狠地讽刺挖苦了一顿,故意说自己没学问,不能干大事,根本不配和山涛这样的人相提并论,文章语句委婉而又尖利,讽刺得非常深刻,是我国文学史上一篇著名的书信体散文。嵇康的这一篇文章,看起来是和山涛断绝朋友关系,实际上表明了自己对司马氏专权的痛恨,司马昭看了这篇文章后,十分震怒,下决心要除掉嵇康。

正好这时候发生了一件事情。嵇康有一个朋友叫吕安,吕安有一个哥哥叫吕巽(xùn),吕巽和嵇康也有交往,但这个人品行不好,他侮辱了弟弟吕安的老婆后,怕吕安说出去,便向司马昭告密说吕安想造反,司马昭立即下令把吕安抓了起来。嵇康冲着朋友情分,从中调解,钟会乘机说嵇康和吕安勾结,司马昭又把嵇康抓了起来,判成死罪。

嵇康坐牢的时候,许多朋友去向司马昭求情,几千个太学生也集体向朝廷请求免除嵇康的死罪,司马昭不但不同意,还把许多自己不喜欢的名人抓进牢中,判了各种刑罚。

嵇康一生写了许多诗文,在社会上广为流传,可因为他的诗语言太过尖锐,当时编选文集时剔除了他的许多作品。在梁朝时尚有集15卷,到宋朝以后只有10卷了,现在有《嵇中散集》保存下来。

TIPS

山涛

山涛(205年—283年),字巨源,河内郡怀县(今河南武陟)人,三国至西晋时期名士,"竹林七贤"之一。山涛好老庄,西晋时,官大鸿胪、吏部尚书、太子少傅、左仆射等。山涛每选用官吏,都先秉承司马炎之意旨,且亲做评论,时人称为"山公启事"。

嵇康还是著名的音乐家,他著有一篇讨论音乐的文章叫《声无哀乐论》,说音乐本身没什么哀和乐的分别,关键在于人欣赏时的心情。嵇康不光精通乐理,也擅长弹琴,在他走上刑场之前,弹了一首名曲《广陵散》,声调悲壮、激烈,非常感人。嵇康死后,《广陵散》失传,成了绝响。

128-晋惠帝和贾南风

265年,司马炎当了皇帝,建立了晋朝。之后,他在选立太子的问题上遇到了麻烦。

当时,杨皇后生了三个儿子,老大叫司马轨,两岁时就生病死了,剩下老二司马衷、老三司马东,要立太子,只有在这两个孩子中选择。按常理,应该选立年龄大的司马衷为太子,可这个儿子智力非常差,七八岁了,连一个字都教不会,司马炎不想让他当太子,怕他长大后不会治国。可是杨皇后非常喜欢司马衷,一天到晚在司马炎面前嘀嘀咕咕,要司马衷为太子,还说立太子应该按年龄大小来排列。司马炎宠爱的赵夫人又在司马炎跟前帮杨皇后说话,说司马衷虽然现在糊涂一点,但他毕竟是个小孩,将来长大了说不定还大器晚成呢!司马炎受不了这两个人的天天劝说,加上杨皇后的哥哥杨骏等人也帮司马衷说话,这样,他在267年正式立司马衷为太子。

过了几年,太子已经十二三岁,按皇家规矩应该选择太子妃了。这又是一件大事,太子就是将来的皇帝,太子妃当然就是将来的皇后了。所以大臣们都很关心这件事。

车骑将军贾充是晋朝的功臣,当年就是他帮助司马昭杀掉了曹髦的,在征讨蜀国时也立过大功,被司马炎封为鲁公。他正好有两个女儿在家等待出嫁,年龄与太子相仿,大女儿叫贾南风,小女儿叫贾午,两个女儿都不漂亮,而贾南风特别丑陋,如果公平地竞争,是没有可能被选为太子妃的。贾充和妻子郭槐一商量,决定走走后门试试。

贾充的妻子郭槐买通皇宫里的仆人,给杨皇后送去很多礼物,又在杨皇后面前拼命地吹嘘贾充的女儿怎样有才,怎样好品行,就是相貌差一点。杨皇后被人说动了心,又来劝司马炎,说贾充是国家的功臣,他的女儿贾南风又有德行，又有才学，应该选作太子妃，至于相貌不怎么好看那是小事一桩。司马炎本来想让卫瓘的女儿入选的，经不住皇后的劝说，倒有点动心了。一次，在和大臣们宴会时，司马炎又谈起了为太子选妃的事情，侍中荀勖又极力称赞贾充女儿，说得天花乱坠，司马炎一高兴，说："那就让贾充的女儿当太子妃吧！"这件事就这么定了下来。

时间一晃就是好几年过去了，太子司马衷还是那么糊里糊涂，司马炎暗暗担心，有些心直口快的大臣也旁敲侧击地为这件事向司马炎进谏。有一次，卫瓘借着酒兴壮着胆，打算向司马炎说几句话，可话到嘴边又咽了回去，最后用手摸着武帝的座椅说："好一个宝座啊！"司马炎听出了卫瓘的话外音，但也不好明说，含糊应付过去。

经卫瓘这么一说以后，司马炎决定要彻底查一下太子的本事，如果真是笨得不可收拾，那只有废掉他，换一个太子。司马炎想出一个办法，将太子和太子宫中的官员召集到一起，就治国治民的事出了几个题目，要太子写出答卷来。太子根本没这个能耐，还是太子妃贾南风让张泓将答卷写好，让太子抄好，送给司马炎，司马炎一看，觉得还可以，也就放心了。

290年，司马炎病死，太子司马衷继位为皇帝，这就是晋惠帝。晋惠帝封贾南风为皇后，将朝政大权交给舅舅杨骏弟兄三人掌管，内部事务全由贾南风负责。

晋惠帝完全是个傀儡皇帝，在中国古代的帝王中，他要算是最愚蠢的一个。有一年发生了水灾，下级官员报告说老百姓没饭吃，要求政府开仓放粮，司马衷不理解，他说："没饭吃为什么不吃肉粥呢？"弄

TIPS

卫玠（jiè）

卫玠（286年—312年），字叔宝，卫瓘之孙，河东安邑（今山西夏县）人，西晋玄学家。他姿容甚美，被认为是玉人，他每次出门坐在大车上，都有无数人观看。卫玠身体羸弱，27岁就病逝，时人称"看杀卫玠"。

▶ 290年

晋武帝死，太子司马衷即位，是为晋惠帝。

得大臣们哭笑不得。还有一次，他和宫中的内侍们一道游园，听到园中蛤蟆大声地叫，他奇怪地问左右的从人："蛤蟆这么乱叫，是为官家而叫，还是为私家而叫？"左右的众人都笑话他呆头呆脑，但又不得不敷衍他，说："在官家地里的就是为官家叫，在私家地里的就是为私家叫。"晋惠帝听了很高兴，直点头。

和晋惠帝相比，他的皇后贾南风却是个非常精明而又非常凶狠的女人，她见国舅杨骏弟兄三人掌握了朝政大权，自己家人没什么大官，便下手将杨骏弟兄三人全部杀死，连太后都关进冷宫，自己操纵了全国的军政大权。贾南风的胡作非为激起了公愤，赵王司马伦于300年起兵进京，杀掉了贾南风。从此，西晋王朝便陷入了动荡不安之中。

129-周处刚直取祸

西晋的官僚贵族大多数是争权夺利、钩心斗角的，但也有性情刚直、不怕强暴的人，周处就是其中的一个。

周处的父亲名叫周鲂（fáng），当年是吴国的鄱阳（今江西鄱阳东，鄱音pó）太守。周处很小的时候父亲就去世了，没有人管教，他就成天四处游逛，也不去读书学文，只是喜欢和人打架斗狠。因为周处身长力大，平常的人都斗不过他，随着年龄的增长，他渐渐地长成一个勇壮的小伙子，坏脾气却一点也没改，乡亲邻居们都怕他，把他和南山上的猛虎、长桥下的恶蛟并称为当地的三害，可他自己却还不知道。

一天，周处在乡里闲逛，几个老人显得很忧伤，周处问："老人家，今年的收成不错啊，你怎么好像很忧愁哇？"老人说："三害没除，有什么可高兴的？"周处问："哪三害呢？"老人气愤地说："南山上有一只白额猛虎，经常出来伤人，许多猎人去围猎，都没打到它，反而被它咬伤了好几个；长桥下有一条恶蛟（蛟是古代传说中的水中怪物，带有一种神话色彩，今人解说为鳄鱼或鲨鱼），神出鬼没，也经常吃人，这叫人怎么能高兴得起来呢？"周处说："这不才两害吗？怎么说三害呢？""老人直说道："这第三害就是你了！"周处见别人把他和老虎、恶蛟并称为三害，心里很惊讶，也有点难过，但他的好强心也被刺激起来了，他说："这有什么难，凭我一双手,将三害一齐除掉!"

周处回到家里,拿着宝剑,背着弓箭,进了南山,果然碰到了猛虎,周处连射两箭,都射中了老虎的要害,没费多大力气就杀掉了老虎。杀了老虎,周处又到长桥下面等待恶蛟出来,他和恶蛟搏斗了三天三夜,在水中沉浮了几十里路才把恶蛟杀死。乡里的邻居们认为周处和恶蛟拼了个两败俱伤,三害都除掉了,大家都很高兴,哪知道他第四天却拖着疲倦的身子回到了乡里。乡邻见他回来,都有点担心,周处感慨地对大家说:"二害都除了,我周处从今天起,改过从善,决不让乡亲们失望!"

周处下决心改错,想拜个名师来学文,当时吴国的陆机和陆云弟兄俩名气很大,他就决定找陆机、陆云去。在陆机的家里,周处只碰到了陆机的弟弟陆云,周处很难过地对陆云说:"过去,我只顾自己痛快,做了不少坏事,现在要改恶从善了,只怕是年纪太大了吧!"陆云鼓励他说:"一点也不晚,你正在壮年,从头学起,只要有志,完全来得及!"

从此,周处严格要求自己,认真地读书,很快便被地方官选拔出来做官。吴国灭亡后,周处来到洛阳,当了广汉(在今四川射洪)太守。做官期间,他执法公正,不怕权贵,一直被提拔到散骑常侍的位置,很快又被任命为御史中丞。

御史的职责主要是纠察各级官吏的行为,有什么情况及时向皇帝报告。晋室皇族成员梁王司马肜(róng)曾经违反了国家法律,朝廷大臣因为他是国家的诸侯王,都不敢处罚他,而周处却不在乎。他照样向皇帝告发,并把司马肜的罪行记录在案,司马肜从此便痛恨周处,总想找机会整他。

TIPS

陆机、陆云

陆机(261年—303年),字士衡;陆云(262年—303年),字士龙。二人是吴丞相陆逊之孙、大司马陆抗之子,吴郡吴县(今江苏苏州)人。兄弟俩才华卓绝,极富文才,并称"二陆"。后陆机卷入"八王之乱",为成都王司马颖率军讨伐长沙王司马乂(yì),兵败被杀,夷三族。

晋惠帝司马衷在位初期，秦、雍二州的氐（dī）、羌少数民族起义，首领齐万年自称皇帝，和晋朝对抗，梁王司马肜飞速将情况报告皇帝，朝廷令梁王司马肜、安西将军夏侯骏领兵镇压起义，任周处为建威将军，做大军的先锋。周处见这个任命令自己归梁王指挥，想到梁王与自己有仇，他肯定让自己当先锋和起义军打仗，自己只要去了，多半就不能活着回来，但如果不去，也不能活，他便下定决心，硬着头皮接受了任务。当时也有许多人看到了这一点，中书令陈准向皇帝上表，说周处是个英勇果敢的人，让他和梁王、夏侯骏这样的皇亲国戚一道出战，必定被司马肜送进敌军阵中，而司马肜决不会去救援他，这样只会白白丧失一员大将；应该同时派一个大将配合周处一同进兵，才能稳稳地获胜。这个表上去后，根本没有回应。

梁王司马肜果然把这次出兵当作一次报复的机会，只派给周处5000骑兵，说："你是朝廷的忠臣，又很勇猛，你打先锋，先去和叛军作战，我在后面接应你。"可当周处领兵和起义军作战时，几天也不见援兵到来，最后战死在军中。

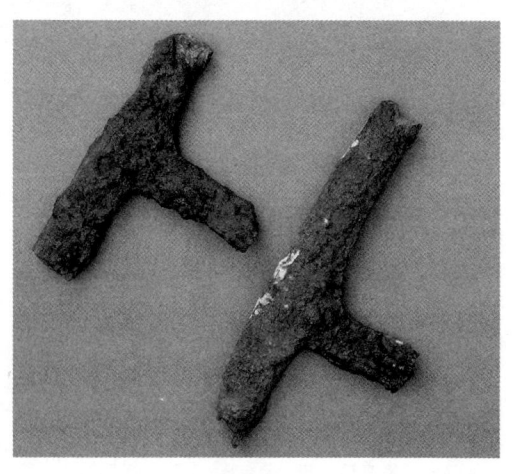

铁戟

西晋。1953年出土于江苏宜兴周处墓。左戟残长16.8厘米，右戟残长23厘米。297年，周处因得罪权贵，被派往西北镇压氐族、羌族起义，被害战死沙场，归葬宜兴。此为其墓中随葬品。

周处的战死，完全是梁王故意造成的，许多大臣都知道这是件明摆着的事情，却都不敢说话，那些被周处批评过的官僚们还幸灾乐祸，朝廷里也把这事当作小事一桩。

130-八王之乱

291年，晋惠帝司马衷的皇后贾南风和楚王司马玮（wěi）合谋，杀掉了当时掌权的杨骏。杨骏是杨太后的哥哥，非常受晋武帝司马炎的信任，在晋武帝后期便主持了国家大事，和两个弟弟杨珧（yáo）、杨济一起，被称为"三杨"。晋惠帝继位后，杨骏以太尉的身份主理军国大事，大权独揽，司马氏皇族和皇后贾南风都非常反感。贾南风突然袭击，说杨骏谋反，把"三杨"和他们的全家抓起来杀掉，把杨太后关进冷宫饿死。之后，贾南风任用汝南王司马亮和太保卫瓘管理政事，又让杀杨骏有功的楚王司马玮管禁军。司马玮目中无人，横行霸道，听说卫瓘要夺自己的兵权，便和贾南风合计，说汝南王司马亮和卫瓘合谋造反，杀了司马亮和卫瓘，朝中权力全归贾南风掌握。

贾南风虽然是皇后，可她没有孩子，当时的太子不是自己生的，她就把太子先废掉后又杀死。赵王司马伦乘机和梁王司马肜发动兵变，把贾南风捉了起来，废掉了她的皇后位置。

赵王司马伦是个很有心计的人，他先前总是拍贾南风的马屁，取得了贾南风的信任，别人都认为他是贾氏的死党，实际上他是个野心很大的人，当贾南风废杀太子时，他默不作声，等太子被杀死，他突然起兵，废除贾后，自封为相国。在301年，又废除晋惠帝，自己当了皇帝。

司马伦废晋惠帝自己当皇帝，引起了分封在各地的王侯的极大不满。镇东大将军司马冏（jiǒng）首先领兵举事，要讨伐司马伦，恢复晋惠帝的位置，他通知成都王司马颖、河间王司马颙（yóng）一同起兵，司马伦也通知河间王司马颙就地讨伐司马冏。司马颙见司马冏和司马颖的势力强大，便帮助司马冏而不帮司马伦。三个王侯的大军打进京城，杀掉了司马伦和他的亲信孙秀，将晋惠帝接进都城，恢复了皇帝位。

司马冏恢复了晋惠帝的帝位，立了大功，在朝中掌管大权，而司马颙却没得到多少好处，便联合长沙王司马乂，发兵讨伐司马冏。司马颙认为，司马乂的力量比不上司马冏，肯定会被司马冏打败，然后自己再打败司马冏，最后再废掉晋惠帝，换一个皇帝，自己来当宰相。哪知道如意算盘打得好，却落了个空，司马乂发兵成功，司马冏被杀，晋惠帝因为司马乂有功，任命司马乂为太尉，总管军政大事，掌握了实权。司马颙却一无所得，便再次联合成都王司马颖共同攻击司马乂，可是接连打了几仗，司马颖连连失败。司马颙准备退军算了，却突然传来好消息，东海王司马越和禁军将领朱默合谋，夜中捉住了司马乂，用火烧死。成都王司马颖被任为丞相，住在邺城，遥控朝政。司马颙被任为太宰，居住在长安。

304年，东海王司马越不满司马颖独掌大权，以皇帝的名义，发兵攻击司马颖，结果连败几次，只得逃回自己的封地去了，司马颖便把晋惠帝劫持到邺城，由自己控制起来。

当皇帝被劫持到邺城的时候，司马颙的大将张方乘虚占据了洛阳。不久，安北将军王浚（jùn）和司马越的弟弟司马腾联合起来进攻司马颖，司马颖大败，带着晋惠帝一道逃到洛阳。洛阳守将张方又逼晋惠帝和司马颖迁居长安，接受司马颙的管辖，司马颙削掉了司马颖的官职，自己以太宰的身份主管全国军事。

305年，东海王司马越再次发兵进攻司马颙，这时候，司马颖的部下将军汲桑等人攻下了邺城，将司马颖接回邺城。司马颙抵不住许多诸侯的进攻，丢下晋惠帝独自逃跑，晋惠帝这才被司马越再一次接回洛阳，仍然当他的皇帝。晋惠帝任司马越为太傅，总管大权。司马越派人找到司马颙，请他回朝，让他当司空，司马颙信以为真，在回洛阳的途中不明不白地被人杀死。

司马越掌权以后，不满意晋惠帝，便将晋惠帝毒死，然后立司马炎的第二十五个儿子司马炽（chì）为皇帝，这就是晋怀帝。到这时候，"八王之乱"宣告结束。

所谓"八王之乱"，指的就是从303年到305年这一段时间内，诸侯王互相攻杀的事件，这八个王是汝南王司马亮、楚王司马玮、齐王司马冏、赵王司马伦、长沙王司马乂、河间王司马颙、东海王司马越、成都王司马颖。实际上，参加"八王之乱"的

持刀陶俑

西晋。1958年出土于湖南长沙金盆岭。左俑高20厘米，右俑高17厘米。这两件陶俑头戴平巾帻（zé），身穿襦（短上衣）和裤，手持刀，其身份应该是武吏。现藏于中国国家博物馆。

◀ 307年

东海王司马越毒死晋惠帝，立皇太弟司马炽为帝，是为晋怀帝。

诸侯王不止八个,《晋书》将这八个人合为一篇传记,统称八王,后代将这一事件通称为"八王之乱"。

131-争权斗富的西晋贵族

西晋初年,晋武帝司马炎在治国方面比较能接受大臣的建议,减轻人民的负担,朝廷的政治还算比较清正。可当司马炎消灭了吴国,统一天下以后,他开始忘乎所以起来,生活上逐渐奢侈腐化,对大臣们的合理建议也听不进去了。特别是他在任用政府官员方面所采取的一系列措施,是加速西晋灭亡的原因。

司马炎废掉魏元帝后,他想:"我轻而易举地就废了魏国,建立了自己的天下,魏国的大臣们竟然没有一个人敢讲话,这是什么原因?"司马炎认为,这中间根本的原因就是魏国皇帝的家族势力不够强大,诸侯王没有实力,如果魏国皇帝及时分封自己的子弟,让子弟们拥有足够的权力,那么任何人都不能在朝廷内发动兵变,即使发动了兵变,也没办法站稳脚跟。于是,司马炎把自己家族同姓的人一个个地分封为王侯,让他们各镇一方,并且掌握着很大的军事权力,像这样的诸侯王,共封了几十个。

在晋王朝建立过程中,还有许多大功臣,司马炎给这些功臣以极高的封赏,还实行了九品中正制,按等级选拔人才。这种选拔的结果是,能在高位当官的人,他家的子弟就能及时被选到政府各级岗位上当官,中国古代有一句俗话叫"朝中有人好做官",就是这个道理。而出身比较低的人,就很难被选拔出来当官,本事

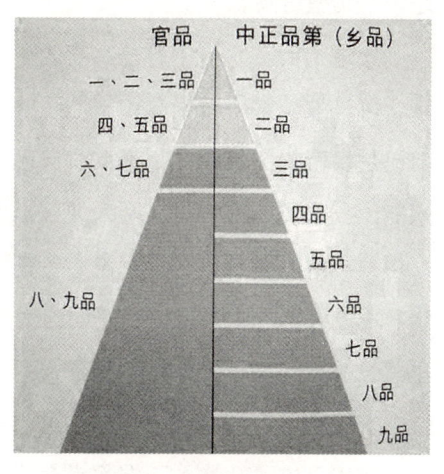

九品中正制

九品中正制是魏晋南北朝时期重要的选官制度,由魏文帝曹丕开始实行,持续了近400年。中正是品评人才的官职名称,各州郡设大中正一人,大中正下有小中正数人。大小中正按照家世、行状对所辖地区人才进行定品,共分为九品。定品主要依据的是行状(品行才能),家世只作参考。但晋以后完全以家世来定品级,形成了"上品无寒门,下品无势族"的局面。

再大也不行，一般的老百姓更加没有希望。所以当时流传着一句俗话，叫："上品无寒门，下品无势族"，就是说，在高级官员位置上，没有家庭出身低贱的，在下级官员位置上，也没有家庭出身高贵的。朝廷的文武官员，大多数出身于世代官僚的家庭。如征南将军羊祜是汉末南阳太守羊续的孙子、司马师的妻弟；太傅何曾是魏国太仆何夔的儿子；安东将军王浑是魏国司徒王昶（chǎng）的儿子；侍中裴颜（wěi）是魏国中书令裴秀的儿子；后将军王恺是魏国司徒王朗的孙子、司马昭的妻弟，也就是司马炎的亲舅舅了。

这些贵族子弟，世世代代过着豪华的生活，大多数人只会搜刮钱财，争权夺利，王恺和石崇比富，就是一个典型事例。

王恺当时在京城中算是富有的了，没人敢和他比斗，可是散骑常侍石崇却比王恺还要有钱。王恺以为自己是皇帝的舅舅，谁都不敢和自己比斗，难道你石崇能比我家还要富有吗？两人便互相比较起来。王恺家用糖洗锅刷餐具，石崇听说后，在家里用蜡烛当柴烧。王恺在自己常经过的道路两边用紫丝布做成了40里路长的步障，石崇却用织锦布做了50里的步障。王恺把家里的所有房屋都用香料刷过，石崇却用红色的石蜡涂墙。比了几次，王恺都没有斗过石崇，更加不服气，忽然想起司马炎有一株二尺来高的红珊瑚，还是海边上进贡来的，就去向晋武帝把红珊瑚借到家中，然后带着几个从人，抬着红珊瑚来到石崇家，认为石崇这下非斗输不可。那知道石崇反而抄起一把铁尺，乒乓几下，把珊瑚打得粉碎，这下王恺可恼火了，要和石崇拼命。石崇却笑笑说："这点小东西，值几个钱？"喊家人从后面抬出几十株珊瑚来，

TIPS

绿珠

绿珠（？—300年），西晋石崇的宠妾，姿容曼妙，善吹笛，善歌舞。"八王之乱"时赵王司马伦党羽孙秀求取绿珠，石崇不与，便陷石崇获罪，绿珠为报主恩坠楼而死。石崇与绿珠之事成为著名文学典故。

最大的有三四尺高，最小的也比王恺带来的好，石崇对王恺说："我赔你的珊瑚树。这么多珊瑚树中，任你挑选！"王恺气得发呆，心想连皇帝都比不过他，我还和他争什么！一转身，掉头就走。

石崇的出身也是贵族，父亲是魏国时的司徒石苞，石崇因伐吴有功，被封为安阳乡侯，又调任荆州刺史。在荆州做官时，石崇经常让自己的亲兵扮成强盗，去抢有钱人家，他就是这样豪富起来的。

这些占据高位的豪门贵族，除了斗富，就是争权，在朝廷里钩心斗角，如司空卫瓘掌握着大权，司马炎经常和他讨论军政大事，中书监荀勖就很不高兴，和贾充联合起来攻击卫瓘，幸亏司马炎知道卫瓘是个忠臣，没听他们的挑拨，然而卫瓘到底在晋惠帝时期没能逃过一劫。张华在当时是个文武全才，辅助晋武帝、晋惠帝两代都很有功劳，可赵王司马伦发动兵变时，将张华也杀掉了事。

晋王朝对大臣、王公们不是滥赏，就是滥杀，这些贵族出身的王公大臣又一个个地争权夺利，给国家带来了深重的灾难。

132-清谈误国的王衍

西晋的王公大臣们，虽然已经富贵得无以复加了，可大多数人仍然是极其吝啬，或者在虚名上下功夫，只是不愿意为治国多动脑筋，王戎、王衍弟兄，便是典型的代表。

王戎在晋武帝司马炎时，已经做官做到了司徒，但他不为朝廷出谋划策，却对自己田庄山林收入的小算盘打得非常精细。王戎的田庄非常多，他不放心让别人代收租子，自己成天摆弄着牙筹（运算的工具），算来算去。王戎家有一株良种李子树，结的李子又大又甜，他的李子拿到市上去，比任何人家的价格都卖得高。他怕别人买了李子回家，用核子再来种树，抢了自己的生意，叫家里人用特殊的工具，把李子核儿钻通，才将李子拿出去卖，这样，别人即使想种，核子也没有用了。

王戎的堂弟王衍，更是个徒有虚名的人。王衍还是少年的时候，就长得风度翩翩，神清气朗，和人交谈，也是显得特别聪明。有一次，王衍拜见山涛，山涛对他非常欣赏，当他送王衍出门时，叹息道："哪家的娘亲，能生出这样聪明的小儿？可惜误国误民的，也一定是他！"

司马炎也听说了王衍的名气，问王衍的堂兄王戎："你的弟弟王衍，在当今社会上，哪个名人可以和他相比？"王戎说："当今天下，没人能和王衍比，要比也是在古人中才有。"司马炎见王戎都这么推荐，便加倍重用王衍，接连加封，年纪轻轻，就让他当了尚书郎。王衍在当元城（今河北大名东部）县令时，成天只会清谈，不理政事，就这样，他的名气反而更大，不久又被提拔到首都，当了黄门侍郎。当了黄门侍郎后，王衍更是与上层贵族交往密切，家中贵客盈门，每当满堂宾客时，王衍总是手执拂尘坐在首席侃侃而谈，拂尘的手柄是玉制的，和王衍的手同样颜色，映衬得手指很好看。他谈的都是老子、庄子等道家学说，和当时的社会事务没有关系。有时候他觉得说得不很妥当，就经常更改观点，别人送他一个外号，叫"信口雌黄"（随便乱说），他也不在乎，仍然行事如故。

王衍自认为是名人雅士，可他的妻子却不一样。他妻子姓郭，和贾充的妻子郭槐是一家人，非常贪财爱钱，王衍看不起他老婆的做法，在家里闭口不谈钱的事情。他的妻子想办法逼他开口讲"钱"字，有一天晚上，等王衍睡觉以后，她用钱把他睡的床四面堵起来，王衍只要下床，就要碰钱，必定要说"钱"字。可王衍硬是有本事不说钱，他早上睡醒时，见四面都是钱，堵住了下床的路，便躺在床上，喊来一个

> **TIPS**
> **魏晋清谈**
>
> 魏晋时，士大夫承袭东汉清议的风气，常聚在一起畅谈，所谈不涉俗事，专就一些玄学问题析理问难，反复辩论，成为一时风尚，谓之清谈。

青瓷香薰

西晋。1953年出土于江苏宜兴周处墓。高19.5厘米。香薰上部是熏笼，下部是承盘。熏笼似球状，表面镂刻三层三角形气孔，顶端站立着一只展翅欲飞的鸟。使用时，将香料置于其中点燃，让香气从香薰孔隙中释放，以去除污浊气味。

用人说:"把这些阿堵物都拿走!"阿堵物在后来便成了钱的代名词。

王衍对妻子一味拼命地攒钱,很不高兴,但又不敢阻止妻子,便想了一个办法。王衍有一个朋友是幽州刺史,名叫李阳,这个人刚直得很,王衍的妻子有点怕他,王衍便对妻子郭氏说:"你这么贪财,不光是我认为不妥当,连李阳都反对你这么做呢!"郭氏果然稍为注意了一点。

在晋怀帝司马炽的年代里,王衍做官做到了司徒,他为了保住自己的富贵,想把自己的弟兄们一起推到重要岗位上,他对当时的太傅司马越说:"当今天下大乱,治理国家,一定要用文武双全的人才!"司马越认为说得对,问王衍哪些人是这样的人才。王衍说自己有一个亲弟弟叫王澄,还有一个堂弟叫王敦,都是天下一流的好人才。司马越很信任王衍,便奏请晋怀帝批准,让王澄当荆州刺史,王敦当了青州刺史,王衍高兴地对两个弟弟说:"古人说,狡兔三窟,才能常保平安。现在你们两个人,一个在荆州,那里地势险固;一个在青州,那里背靠东海,也是个险要的地方。你们俩在地方上为一方诸侯,我在朝廷中掌握大权,弟兄三人,真可以说是有'三窟'了。"

311年,太傅司马越病死,汉将石勒发兵攻晋,在苦县(今河南鹿邑)捉住了王衍,石勒指着王衍的鼻子责骂道:"晋国上下,乱到这个地步,全是你们这班大臣的责任,你是太尉,怎么会把军队治得这么差!"王衍说:"我从小就不想当官,勉强在朝中任职,一切大事都是皇族亲王主持。如果说晋室灭亡,那也是天意,您今天正可以顺应天意,灭晋建国呢!"石勒讽刺道:"你从少年就在朝为官,现在头发都白了,还当着太尉高官,统领军事,却说什么不想当官,骗得了谁?"王衍被问得满脸羞愧,默默无语。当天夜里,石勒命令士兵把关押王衍等人的房子的墙壁推倒,一班俘虏全部被压死。

133-永嘉之乱中的晋怀帝

西晋末年,益州(治所在今成都)爆发流民起义。流民起义的首领李特病死以后,李特的儿子李雄率领流民继续战斗,在成都建立了成国政权,李雄自称成王,改元为建兴元年,追尊父亲李特为景王,后来不久改王为帝,在西蜀一带,和晋国政权对抗了很长时间。

当李特流民起义发生时，五部大都督刘渊已经在到处招兵买马，积蓄力量，占据了很大的地盘。刘渊的祖上是匈奴人，从汉高祖刘邦开始，汉皇族和匈奴贵族通婚，一些匈奴贵族认为自己是汉皇室刘家的后代，逐渐改姓刘。东汉末年，曹操征服了匈奴，把匈奴分为五大部，每个部设一个部帅，刘渊的父亲刘豹便是其中的一个部帅。304年，正是"八王之乱"发生时，刘渊借口说回匈奴借兵帮助司马颖作战，跑回匈奴贵族的聚居地离石（今山西离石），召集匈奴五个部族，被拥为大单于，发兵攻打当时正在与晋军作战的鲜卑族军队。当李雄自号成王的消息传来后，刘渊决定也自封王号，刘渊认为自己本是汉朝皇家的外甥，和汉皇族是兄弟关系，现在汉朝灭了，自己称王，正好用"汉"的名称，便正式称为汉王。308年，刘渊觉得自己的势力够大了，便在平阳（今山西临汾）自称皇帝，派出大将王弥、刘曜领兵攻打洛阳，但两次进攻都没有成功。

刘渊去世以后，他的儿子刘聪当了皇帝，刘聪继续让王弥和刘曜领兵攻晋。这一次，王弥和刘曜不是直接向晋国首都洛阳进军，而是领兵在各地转战，把洛阳以外的地方一一占领，割断晋王朝和地方上的关系。当刘曜、王弥在各地打击晋王朝力量时，晋怀帝让东海王司马越率兵20万与汉军作战。司马越当时执掌了朝廷的军政大权，对晋怀帝非常瞧不起，晋怀帝也不放心他，想借地方力量来除掉司马越，司马越对晋怀帝也抱有戒心，在和汉军作战时，只满足于维持

"亲晋胡王"青铜印和印文

西晋。印面为正方形，边长2.5厘米。铜印上为兽形钮，印文为篆书"亲晋胡王"四字。西晋初年，北方草原的匈奴部落分四次内附，此印章应该是西晋政权颁发给内附的匈奴王的。现藏于中国国家博物馆。

◀ 304年

刘渊在离石称汉王，建汉（后改为赵，史称前赵或汉赵），十六国开始。

◀ 308年

刘渊正式称帝，改年号为永凤，是为赵光文帝。

◀ 310年

刘渊死，太子刘和即位。刘聪杀刘和自立为帝，是为赵昭武帝。

现状，也不去积极打击汉军。

311年，正是晋怀帝元嘉五年，东海王司马越病死，兵权交到了太尉王衍手中。王衍是崇尚清谈、徒具虚名的空头理论家，他想把晋军主力部队撤到郯（tán）城去，刚走到苦县，就被当时身为刘聪部下的石勒的骑兵包围。石勒轻而易举地攻破县城，晋军主力10万多人溃不成军，全部被杀，随军转移的晋朝皇室成员48个诸侯王全都被杀，大批官员丧生，王衍本人也被石勒冷嘲热讽一顿之后杀死。

> **311年6月**
> 刘聪攻破洛阳，晋怀帝在逃往长安途中被俘。

王衍所统领的晋主力部队被消灭以后，刘聪又派刘曜、王弥率军攻下了洛阳。汉军拥进皇城，见人就杀，见东西就抢，晋怀帝被俘虏，从王公大臣到一般老百姓，被杀死的有两万多人。刘曜让士兵把这些尸体全部运到洛水北岸埋葬，士兵们在城中放火烧毁宫殿和官府衙门，一座气势雄伟的洛阳城几乎化为一堆灰烬，这就是有名的"永嘉之乱"。

晋怀帝被俘虏以后，由汉军大将呼延晏派人押送到汉国首都平阳。刘聪听说晋怀帝被押到，升殿高坐，封呼延晏为镇南大将军，将晋怀帝和随行人员押上大殿。晋怀帝见了刘聪，弯腰行礼，自称臣子。刘聪封晋怀帝为平阿公，留在平阳居住。

不久，刘聪设宴，召晋怀帝出席宴会，喝了几杯酒以后，嘲笑地问晋怀帝："这么多年来，你们司马家族互相攻战，兄弟之间就像仇敌一样，这是什么道理啊？"晋怀帝低着头说："这是上帝要灭我们司马氏江山，所以叫我们弟兄之间互相攻战，而您的大汉天下也就建立起来了。"听得刘聪开怀大笑。

晋怀帝在平阳的俘虏生活过得很快，不知不觉地一年时间就过去了。新年这一天，刘聪在光极殿大摆宴席，召集文武大臣出席，为了炫耀自己的威风，刘聪命令晋怀帝改穿一身青色衣服，打扮成奴仆的模样，站在酒席旁边为参加宴会的人倒酒。晋怀帝不得不捧着酒壶，低着头，一杯一杯地为客人倒酒，满脸通红。随同晋怀帝一道被俘的几个旧臣偷偷地痛哭流泪，这些情景都被刘聪看见了，刘聪大为恼火，把晋怀帝赶出大殿。

几个月以后，刘聪到底不放心，派人用毒酒毒死了晋怀帝，当晋怀帝被杀的消息传到长安以后，秦王司马邺被大臣们立为皇帝，这就是西晋的最后一个皇帝——晋愍（mǐn）帝。

◀ 313年
刘聪毒杀晋怀帝，西晋立秦王司马邺为帝，是为晋愍帝。

134-流民起义与成汉政权

西晋从晋惠帝司马衷执政以后，朝中的实际掌权者换来换去，诸侯王互相攻战，天下大乱，老百姓流离失所，不得不外出逃荒要饭。正好又碰上连年的水、旱、蝗虫灾害，秦州、雍州、幽州一带农业连年歉收，朝廷的租税还不断增加，老百姓在家里更待不下去了，纷纷向收成好一些的地方迁移，这些人被当时的官府称为"流人"（或叫流民）。

据《晋书》记载，当时，河东（今山西永济一带）、平阳（今山西临汾一带）、上党（今山西长治一带）等地方的流民主要在颍川（今河南禹州）、襄城（今河南襄城）、汝南、南阳一带，流民都是拖儿带女，一家数口，有几万家。另外在湖北、湖南的流民也有几万家。在氐族首领齐万年起兵反晋的战争年代里，甘肃天水一带又有数万流民流入汉中（今陕西汉中）。这些流民无家可归，到处求食，当地的居民不欢迎他们，流民到处打工，找活做，只想混一口饭吃。逐渐地，流民和土著居民发生了矛盾，互相打斗的情况时常发生，而政府官员却不能妥善地处理好这些矛盾，于是便发生了多次流民起义的事件。有些起义规模小，很快被镇压下去了，而其中以李特率领的起义规模最大，起义兵占据了许多州县，还建立了政权，给西晋的统治造成了很大的威胁。

秦始皇建国时，在巴西宕渠（今四川渠县东北，宕音dàng）设郡，让当地的老百姓用钱、帛交税，当地老百姓把钱、帛交的税称为"賨（cóng）"，这些人便被称为"賨人"。李特家的祖上就是賨人。在东汉末年，李特家人迁到汉中，属张鲁的管辖区，曹操消灭张鲁以后，把李特祖上一族人500多家全部迁到略阳（今陕西略阳），这些人又被称作巴氐。当齐万年发兵时，李特和他的弟弟李庠（xiáng）、李流已经成了汉中一带流民的首领，他把自己多年积聚起来的钱财都分给无粮无钱的穷苦流民，很受流民的爱戴。

当李特的流民大营移到汉中一带时，又向政府请求让他们继续流动到巴蜀去生活，朝廷不允许，派侍御史李苾（bì）去安抚流民。李特乘机拿出大量的珍珠宝贝去贿赂李苾，李苾便向朝廷上表，说流民有十几万口，汉中一郡没办法救济他们，应该让他们再往前走，到广大的巴蜀地区去求生。朝廷信以为真，同意流民们到巴蜀去求生。当李特率领流民从剑阁入蜀时，看到入蜀道路如此险要，不禁感叹地说："当年刘禅有这么险要的地段，却拱手向外人投降，真是个蠢家伙！"

益州刺史赵廞（xīn）见李特生得很勇壮，便把李特收为部将，后来又怕李特弟兄在流民中势力太大，就杀了李特的弟弟李庠，李特率领自己的兵马，进攻成都，杀了赵廞。

赵廞死后，晋国朝廷又派出罗尚当益

汉兴铜钱

汉兴铜钱是十六国时期成汉政权铸造、颁行的钱币。直径16.7厘米，重0.7克至1.1克不等。汉兴是成汉昭文皇帝李寿的年号，汉兴钱是中国最早的年号钱，是中国古代钱币从重量记名到年号记名的转折点。

州刺史。罗尚强迫流民返回故乡，还派部下士兵去驱赶流民，这些士兵乘乱夺取流民的财产，流民们非常愤怒。302年，李特正式率领流民发动了武装起义。

李特起兵后，自称持节大都督、镇北大将军，李流为镇东大将军，兼号东督护。李特的流民起义兵战斗力很强，节节胜利，打得朝廷军队四散奔逃。李特还学习当年汉高祖刘邦的办法，和蜀中人民约法三章，每到一处就开仓放粮，救济穷苦老百姓，军队的纪律也非常好。老百姓把李特的流民起义军和益州刺史罗尚相比，说"李特尚可，罗尚杀我"，对起义军比较欢迎。

当李特攻下了成都外城以后，他认为大局已定，只要攻下内城，据守蜀中，依靠蜀道天险，朝廷也对自己无可奈何，就产生了轻敌的情绪。罗尚手下一个将军出城向李特假投降，摸清了李特起义军情况，和朝廷派来的援兵里应外合，打败了李特的起义军，李特生病去世，李特的弟弟李流和李特的儿子李雄继续坚持战斗。

303年，李流病死，李雄统领了流民起义军，在304年攻下了成都，自己称王，建大成国，到306年称帝，号成汉政权。

在李雄统治蜀地这段时间里，成汉国力得到了加强，生产得到了发展，政治清和。成汉政权传了好几代，一直到347年才结束。

> **304年**
> 巴氏人李雄在成都称王，建大成国。

135-前赵与后赵

汉主刘聪死后，儿子刘粲即位为汉国皇帝，封妻子靳氏为皇后，用皇族弟兄刘景为太宰，刘骥为大司马，刘颙（yǐ）为太师，又任命呼延晏为太保，靳准为大司空。

> **318年**
> 刘聪死，太子刘粲即位，是为赵隐帝。

靳准是靳皇后的娘家父辈，不满意刘氏家族人掌权，想夺过大权来自己掌握，便对刘粲说："我听到一些大臣在议论，要杀掉太保呼延晏和我二人，让大司马刘骥执掌朝政大权，你要不早点想办法，一旦让大司马等人发动叛乱得手，那可就迟了。"刘粲本来就是个行为凶残的家伙，他获得现在的皇帝位置，完全是靠阴谋诡计得来的。本来，刘粲的父亲刘聪继承刘渊的皇位时，准备将来把皇位让给自己的弟弟刘乂的，所以立刘乂为皇太弟，刘粲费尽心思，用阴谋诡计杀掉了叔叔刘乂，才取得了这个皇帝位置。现在听说，自己的弟兄要来夺自己的位子，他不能不担心，便不问三七二十一，把刘景、刘骥、刘颚等人一齐抓起来杀了头。太傅朱纪、太保呼延晏、太尉范隆等人见刘粲这样残暴，便逃出都城，到长安投奔刘曜去了。

刘景等人被杀后，刘粲任命靳准为大将军，录尚书事，主管军政大权，自己成天在后宫里吃喝玩乐，军国大事全由靳准做主。

靳准掌握了国家大权，乘机发动了兵变，率领士兵冲进皇宫，把正在喝酒玩乐的刘粲捉住，刘粲吓得跪在地上向靳准磕头。靳准宣布了刘粲的一系列罪状，命令将刘粲和刘氏家属全部处死，并且把汉国的第一代皇帝刘渊和第二代皇帝刘聪的坟墓挖开，把刘聪死尸的头割掉。然后，靳准自号大将军、汉天王，派出使者向东晋元帝司马睿称臣，表示把天下仍然归还给晋朝。

当靳准杀刘粲称汉天王时，刘渊的侄儿刘曜是汉国的相国，在长安镇守，总领汉政权的军队大权，他听说后便从长安进军平乱，走到赤壁（今山西河津西北）时，正好碰到从平阳逃出来的呼延晏、朱纪等三人，他们把靳准兵变、杀灭刘氏家族人的情况一一向刘曜报

◆ 318年

刘粲被杀，其叔刘曜即位，是为赵昭文帝。

告，刘曜大哭，发誓要报仇。这时，呼延晏等人对刘曜说："现在刘粲已死，汉国无主，您应该先将名分明确下来，用皇帝的名义来号令天下，这样就名正言顺了。"刘曜便在赤壁筑坛，祭拜天地祖先，正式登位号称皇帝，这一年是318年。刘曜任朱纪为司徒、呼延晏为司空，其他人各任原职，又特别任石勒为大司马大将军，晋爵为赵公，又传令征北将军刘雅、镇北将军刘策，同时发兵，配合自己和石勒大军进攻平阳。

当刘曜和石勒的两路大军进攻平阳时，靳准部下将领杀掉靳准，推选靳准弟弟靳明为主帅，将汉政权的传国玉玺送到刘曜军中，平阳士兵一万五千多人出城投降了刘曜。刘曜恨透了靳氏家族的人，把来投降的靳明和靳家全部男女人口杀光。当靳明投降刘曜时，石勒大军已先到达平阳，攻进平阳后，把平阳城中投降的十多万羌、羯（jié）等少数民族部落全部迁移到自己管辖的范围内，这么一来，刘曜和石勒之间便产生了矛盾。

319年，刘曜把首都迁移到长安，立刘熙为皇太子，大封宗室诸王侯，又接受呼延晏的建议，改国号为赵，这就是十六国时期的前赵。历史上的前赵是指从刘渊到刘曜这一段时间的匈奴族政权，这一政权在刘渊时称号为汉，在刘曜时改为赵，称为前赵。

从325年起，石勒与刘曜之间展开了拉锯式的战争。起初，刘曜的军队连连获胜，但石勒和他的养子石虎顽强抵抗。直到328年，刘曜虽然打了胜仗却不敢乘胜前进，反而被石勒、石虎父子打败，金墉城一战，刘曜兵败被俘，不久被杀。第二年，石勒彻底消灭了刘曜的残余力量，前赵至此灭亡。历史上为了把石勒的赵国和刘曜的赵国区别开来，称刘曜建立的赵

丰货钱币

丰货钱币是十六国时期后赵石勒铸造、颁行的货币。钱径多为2.4厘米，重2.1克至2.8克不等。钱文由右向左横读，有篆书、隶书两种。

TIPS

石勒、石虎

石勒（274年—333年）是羯族人，年轻时曾被卖做奴隶，在"八王之乱"时兴兵，后建立了后赵，史称后赵明帝。后赵是当时北方最强大的国家。石勒死后，其子石弘继位。石虎（295年—349年）是石勒的侄子与养子，由于其武艺超凡且勇猛过人，受到石勒的宠信，被封为征虏将军。后来，他杀了石弘，于335年自立为帝，是后赵极为残暴的国君。

← 319年

刘曜迁都长安，改国号为"赵"，史称前赵或汉赵。同年，石勒在襄国（今河北邢台）自立为王，史称后赵或石赵。

国为前赵，石勒建立的赵国为后赵。

136-江左王导

当西晋北方大乱时，江南一带却相对安定一些。朝廷任命琅琊王司马睿为安东将军，坐镇建邺，都督扬州军事。

司马睿当时非常年轻，在王公贵族中没有多少声望，拥戴他的文武将官不多，这使司马睿感到势单力孤，忧心忡忡。

司马睿有一个最亲信的人叫王导，王导出身于世家大族，在上层社会名气很大，而且王导非常有胆识，能准确地判断天下大势，所以，司马睿非常尊重王导。当他从下邳到江南任职时，将王导带着一道同行，让王导为自己的司马，军政大事都向王导请教。

王导认为，江东一带经济、文化都发达，人们比较讲究出身、门第和名望，琅琊王司马睿资历太浅，很难服人，必须有上层社会的大官僚、大贵族、大名人支持，才能显出他的身份来，王导便为司马睿谋划了一个办法。

当地有一个风俗，每年春天清明节前后，居民们都到江边去修禊（xì），求神保佑，消祸免灾。这一天，江边、集市上是人山人海，所有的大小官僚、有钱人都要去，王导便陪着司马睿也到江边去看热闹。

王导让司马睿坐着肩舆（一种用人力扛抬的代步工具，有的上面有顶，有的无顶）在前面走，王导率领着高级官员，骑着马，神情很恭敬地跟在左右，随行的兵士们个个仪表庄严，非常有气魄。当地的有钱人和大小官僚都知道王导是大家族中的名流，他都对司马睿这么尊敬，别人谁还敢不尊重呢？都认为这个司马睿肯定大有来头。

在江边修禊的人中，江东的大贵族顾荣、纪瞻等也在，他俩看到王导和司马睿的风采，心里也很佩服，便主动地在道路旁边向司马睿下跪行礼，司马睿马上让队伍停下来，自己下地，向顾荣、纪瞻还礼，神色非常谦虚、安详，这使顾荣和纪瞻都深受感动。

回城后，王导对司马睿说："今天外出，效果已经很好，下一步应该将顾荣、贺循、纪瞻等人请出来做官，他们在江东一带深受地方人拥戴，只要顾荣等人愿来，其他人将会一个个地跟着来求你收纳了。"司马睿便写了一封信，让王导拿着，亲自去请贺循、顾荣等人，这些人见王导亲自来送信，真是天大的面子，都很乐意出来做官，便跟着王导来见司马睿，司马睿将他们一一封官，收在自己的门下。

平时，司马睿对王导这一帮大名人们非常尊重，只要他们有什么建议，都乐于接受。不到几年，江东一带变得非常安定、富饶，北方的许多贵族士大夫们纷纷跑到江东来避乱，王导和司马睿又乘机多方面招揽人才，共得到106人，司马睿将这106人征集到一起，任为掾属（帮助主要官员办事的官员，不需朝廷任命。掾音yuàn），当时称作"百六掾"。

在这些官员中，王导成了核心人物。北方的许多名流来到江东后，起初都不放心，认为司马睿势力太弱，后来和王导一接触，觉得王导是个了不起的人才，便一起集中在王导的身边，共同为司马睿服务。

在建邺城南有一座劳劳山，山上有七个亭子，名叫"新亭"，王导经常和同僚们去新亭游览。有一次，王导和几个同僚在新亭集会，饮酒作诗，周顗喝了几杯酒，想到故乡在北方，而北方此时正是战火纷飞，不免流下泪水来，说道："风景年年都是一样的，可这大好江山却变样了！"越想越伤心，竟然放声痛哭起来，别人见他一哭，触动了心事，也跟着哭起来，一时间新亭内外一片抽泣之声。王导从容地放下酒杯，站起身来，慷慨激昂地说："我们大家聚在一起，应共同出力，恢复晋室大好河山，怎能这么精神不振，只会流眼泪呢！"一席话说得大家心服口服，一齐拜谢王导的指教。后来的"新亭对泣"说的

TIPS
顾荣施炙

顾荣是西晋末年拥护司马氏政权南渡的江南士族首脑，他在洛阳时，有一次吃烤肉，看见烤肉的用人面露馋色，于是把自己的那份肉给他吃了，别人告诉他主仆有别，他说："怎么可以让人整天烤肉却从不让他尝烤肉的滋味呢？"后来永嘉之乱顾荣南下，在多次危难之时，他都得到这个用人施救。这个典故含有要人推己及人和知恩图报的双重意义。

◀ 317年

晋愍帝被杀，西晋灭亡。王导等在建康拥立琅琊王司马睿为帝，是为晋元帝。东晋开始。

就是这段故事。

317年，司马睿在建康（313年，因避晋愍帝司马邺的名讳，将建邺改为建康，即今天南京市）称帝，史称晋元帝。从此后，晋朝的国都设在建康，晋朝的国土也就在江东一片，所以历史上称这个朝代为东晋。

东晋的建立，在很大程度上归功于王导的王氏家族，所以当时又有"王马共天下"的俗语，"王"指王导家族，"马"指司马氏皇帝。

137-王敦之乱

在东晋的大官贵族中，王氏家族名望最高，权力也是最大。从西晋初年开始，王戎就很受司马炎的信任，王衍是王戎的堂弟，在西晋后期成为主管朝政的大臣，与东海王司马越平起平坐。王衍还将自己的弟兄王澄、王敦等分别任命为荆州刺史和青州刺史，说这是"狡兔三窟"之计，可保证自己永远富贵。后来王衍被石勒杀死，王澄、王敦还在荆州、青州，没有遇害，成了东晋元帝司马睿的重臣。东晋时扶司马睿当皇帝最有功劳的是王导，王导与王敦等人也是叔伯弟兄，所以在东晋朝，王氏家族地位最高。

王敦是个极其残忍凶狠的人，当年，大贵族王恺、石崇互相斗富，经常把朝中有权有势的大官请到家中赴宴。王恺设宴会，让家中的女艺人吹笛助兴，只要有一点走调，王恺便将吹笛人杀掉，客人们对王恺动不动就杀人很不安，而王敦却毫不在乎。石崇设宴，让家中的美女劝酒，客人不喝，就杀掉倒酒的美女，王导虽然不会喝酒，也勉强喝下去，而王敦却不干，他不想喝就不喝，看

陶女俑

东晋。1955年出土于江苏南京。高33.7厘米。这件女俑上身穿窄袖襦（rú），下穿长裙，头上戴巾，其身份应该是家内侍女。东晋时，大量流民南下，为了逃避赋税，往往成为门阀士族家的佃户、门客、仆从等。

着石崇连杀了三个美女。王导实在看不下去，责备王敦，说他太固执，而王敦却说："他杀他家的人，跟我有什么关系？跟你又有什么关系？"

王澄是王敦的堂弟，是个大名士，很受王衍赏识，他很看不起王敦。王敦一直不服气王衍高看王澄，暗暗怀恨这个堂弟。当王澄在荆州被打败逃到王敦处避难时，王敦就不怎么尊重他了，王澄还想摆出架子来教训王敦，王敦一气之下，就把王澄和他的卫兵全部杀了。

当司马睿正式称帝以后，王敦在江南的声望越来越大，他为平定流民起义立了大功，一直被提升到大将军的位置。当时，王导在东晋首都内执政，王敦在长江中上游总管兵权，王氏弟兄权力太重，老百姓都唱出了"王与马，共天下"的民谣。晋元帝司马睿想控制一下王氏弟兄的权力，便任用刘隗、刁协、戴渊、周顗等人为亲信。王敦不满，上表给司马睿，要求重用王导，晋元帝不但不予理睬，还在军事上逐渐分散王敦的权力。王敦更加不满了，终于在永昌元年（322年）发动兵变。

王敦从武昌发兵，王敦的死党沈充从吴兴（今浙江湖州一带）起兵响应，南北同时向建康进攻。王敦的发兵理由是清除皇帝司马睿身边的奸臣，这奸臣就是刘隗，他还给晋元帝写了一封奏章，说刘隗强占国家的财产，不会治理国家，弄得老百姓生活很穷苦，等等。

晋元帝见王敦造反，非常气愤，立即让刘隗、戴渊守卫京城，任命王

石头城遗址

位于江苏南京。石头城是在清凉山上依山而建的独立于建康的小城。城周长约3000米，最早可追溯到战国时楚威王建的金陵邑。三国时孙权定都建康，在金陵邑原址上筑城，取名石头。原来是土筑，东晋义熙初年用砖加砌。石头城处于古长江险要之处，为兵家必争之地，有石城虎踞之称。石头城成为六朝时都城的一处重要军事屏障。后来长江河道西移，石头城军事价值减弱，明代朱元璋定都南京，于洪武二年（1369年）兴修城墙，石头城墙成为南京城墙的一部分。

导、戴渊、周𫖮等人领兵防御王敦，又命令右将军周札专门守卫石头城（石头城故址在今江苏南京市清凉山，是当时的军事重镇）。王敦领兵来到石头城下，用部将杜弘的建议，猛攻石头城，城中守将周札坚持不住，率兵投降，王敦的士兵基本上没有伤亡，便占领了石头城。周𫖮、刘隗等人本来就不会打仗，士兵们与王敦的军队一接触就四散奔逃，溃不成军。王导这时候也不愿出去和王敦作战，只说自己士兵战败，晋元帝急得坐卧不安，只得把刘隗、刁协找来，流着泪对他们说："你俩赶快逃命吧，王敦是一定要杀了你俩的！"刁协和刘隗这才领着家里的人出城逃命去了。

王敦占据了石头城，晋元帝的士兵失去了战斗力，眼看着只能任王敦宰割了。可王敦还不想背一个造反的名声，他装成一副忠臣的面孔，派人对晋元帝说自己起兵是迫不得已，只要杀掉皇帝身边的几个奸臣就行了。晋元帝司马睿无可奈何，只得发下诏书，说王敦不但无罪，而且有功，给他加封为丞相，封武昌郡公。诏书到达时，王敦坚决推辞，不受加封，但也不听元帝退兵的命令，在石头城驻扎下来，也不去朝见皇帝。

这次兵变后，王敦实际上掌握了东晋的军事、政治的全部权力。他把和他政见不合的人杀死的杀死、免官的免官，还任用了一批个人的亲信、死党，然后才再次领兵回到武昌镇守。此后，晋元帝父子都对王敦恨之入骨。

138-伯仁之死

周𫖮，字伯仁，汝南（今河南汝南）人，在西晋动乱期间跟随晋元帝司马睿渡江，他的兄弟周嵩、周谟也都一道渡江南下，在司马睿部下任职。司马睿当皇帝后，周𫖮被任命为吏部尚书，深得司马睿的信任。

周𫖮为人非常豪放直爽，敢说真话，而且不怕权势，王导和周𫖮的私人关系很好。传说，周𫖮身体很胖，肚皮很大，夏天的时候，王导和周𫖮一起袒胸露腹地乘凉，王导把头枕在周𫖮的膝盖上，手摸着周的肚皮，开玩笑说："你这肚皮这么肥大，里面装着什么东西？"周𫖮很轻松地说："这里面什么也没有，不过能装下像你这样的人二三百个！"这种话如果不是老朋友之间是不会说出来的，王导听了，不但不觉得恼火，反而开怀地一笑了之。

后来，王敦、王导弟兄俩的权力越来越大，而且王敦的性格很暴躁，别人都不敢说他，周𫖮却敢于批评王敦、王导弟兄，司马睿便逐渐地把国家大事的决定权交给周𫖮等人，疏远了王敦、王导弟兄。王敦首先沉不住气了，常在背后说周𫖮的坏话，王导也慢慢地对周𫖮有点记恨起来。

当王敦从武昌发兵进攻建康时，王导和王氏家族人都住在建康，王敦喊出除灭刘隗的口号，刘隗也在建康请求司马睿早日杀掉王氏家族中的人，但司马睿认为王导还是比较忠诚的，没有对王氏家族进行诛杀。王导见王敦造反，吓得吃不下饭、睡不着觉，领着堂兄弟王遂（suì）、王廙（yì）和宗族中的20多人，每天到宫门外请罪。周𫖮上朝时，经过王导一家人的面前，王导大声呼喊道："伯仁，我家100多口人，全靠您照顾了！"周𫖮听到王导的喊声，就像没听到一样，昂着头走过去。

但是，当周𫖮和司马睿谈论起王敦、王导弟兄的事情时，周𫖮极力为王导开脱，说王导是忠诚的，他不光扶助皇帝在江东站稳脚跟有功，而且不愿和王敦一同造反，将来王导也是国家的有用人才，司马睿觉得周𫖮说得很对，没有治王导一家的罪过。周𫖮和司马睿往往一谈就是半天，周𫖮退朝时，王导仍然领着家族弟兄在宫门外等候，隔老远喊"伯仁！伯仁"，希望周𫖮能停下来和自己讲一下官中的情况。可是周𫖮仍然像进宫时那样，一句话也不说，却故意大声地和自己同行的人开玩笑说："今年要杀掉那些造反的贼臣，夺过黄金印来！"

王导见周𫖮对自己不理不睬，皇帝又始终不表明

TIPS

名士狂傲

晋元帝有一次大宴群臣，于酒酣之际，元帝高兴地对群臣说："众位爱卿，今日名臣共聚一堂，此情此景大概和尧舜之时差不多吧？"周𫖮在堂下借醉朗声答道："虽然都是帝王治理天下，可如今的世道怎能比得上尧舜盛世呢？"元帝大怒，下诏将周𫖮下狱，不日处死。数日后，元帝愤怒平息，才将周𫖮放出。大家都去探望他，周𫖮对他们说："我就知道我死不了，这点事不至于死罪嘛。"

态度，认为周颢一定在皇帝面前说自己的坏话，心里暗暗痛恨周颢。实际上，王导不知道，周颢不但当面向司马睿为王导说情，回到家中以后，又特地写了一封书信为王导说情。这样，司马睿不但不怪罪王导，还亲自接见了王导，并委任王导为前锋大都督，和戴渊、周颢等人一起发兵防御王敦，王导根本不知道是周颢救了自己。

不久，王敦攻破石头城，司马睿被迫下诏，说王敦不但无罪，而且有功，对他进一步加封，任凭王敦如何处置朝中的大臣。王敦最担心也最痛恨的就是周颢和戴渊二人，便向自己的堂弟王导征求意见，王敦问："周颢、戴渊二人，名望极高，大江南北都非常推重他们，依你看，是不是应该任命为朝廷重臣？"王导对王敦的提问不作回答。王敦又问道："那是不是应该把他俩的官品降到尚书令、尚书仆射（yè）一级呢？"王导仍然不作声。王敦再问道："既然不能用，那就早点一起杀掉，免得将来造成祸害！"王导仍然默默地不作声。王敦见王导一直不发话，显然是同意杀掉周颢和戴渊二人，便派出兵士，把周颢和戴渊捉了起来。

周颢被绑赴刑场，经过皇家祖庙时，大声疾呼："贼臣王敦，坏了国家社稷，乱杀忠臣，神鬼有灵验的话，早点杀了王敦这个贼子！"士兵们用兵器打周颢的嘴，牙打掉了，周颢仍然继续叫骂。

周颢死后，王导主持国政。一次，王导清点大臣们给皇帝上奏的书表，见到了周颢援救自己的奏章，这才知道自己错怪了周颢，周颢的死完全是自己态度不明朗而造成的。他手里拿着周颢的表章，痛哭流涕地说："我虽没亲手杀了伯仁，伯仁实际上是因为我而被杀

> **TIPS**
>
> **戴渊锋颖**
>
> 晋人戴渊年轻时，好游侠，行为不检点，常劫掠行旅之人。一次大文豪陆机回洛阳，带了很多东西，戴渊在岸上坐在椅子上指挥他人行掠，史书上说他"神姿锋颖"，虽然干的不是道德之事，但神情超远，气度不凡。陆机在很远处见此状况，对他远远地喊道："卿有如此才分，为何干劫掠之事！"戴渊便泣涕无言，弃剑投奔陆机，陆机也非常器重他，常向他人推荐他。在晋室南渡后，戴渊被封为征西将军。

的。九泉之下，我永远对不起这样一个好朋友了！"后来，王导的这句名言便在历史上流传了下来，文言说法是："吾虽不杀伯仁，伯仁由我而死。"

139-司马绍平叛

自从王敦兵变把持政权后，晋元帝司马睿的几个心腹忠臣死的死、逃的逃，司马睿的心情非常压抑，又气又怒，竟然在323年病死，太子司马绍即位为帝，这就是东晋的明帝。司马睿还留下遗嘱，让王导辅佐太子执政。

> ← 323年
>
> 晋元帝病死，太子司马绍即位，是为晋明帝。

晋明帝司马绍比他父亲更有胆略，更勇敢。据说他从小就很聪明，有一次，他父亲问他："你说长安和日边相比，哪个更远些？"司马绍回答说："长安近些。"父亲问："为什么？"司马绍答："只听人说从长安来，没听人说从日边来！"司马睿认为儿子很聪明，想让儿子表现一下，便在许多大臣面前再次问他同样的问题，认为他肯定还像昨天一样回答，哪知道司马绍却说："日近！"司马睿很惊讶，问："为什么？"司马绍回答说："抬头就能看到太阳，却看不到长安，所以知道太阳近。"司马睿非常满意，大臣们也都非常赞赏。司马绍即位后，不满意王敦的专横，便一步步地做准备工作，起用郗（xī）鉴为尚书令，把他作为心腹依靠力量，和郗鉴秘密策划怎样灭掉王敦。

王敦早就对司马绍不满意，当年司马睿立司马绍为太子时，他就坚决反对，没反对得了；后来王敦发动兵变，还想找个借口杀掉太子司马绍，大家一致反对，才没有做成。现在司马绍当了皇帝，王敦更不放

TIPS

郗鉴

郗鉴（269年－339年），字道徽，高平金乡（今山东金乡）人。郗鉴历仕晋惠帝、晋元帝、晋明帝、晋成帝，参与讨平王敦之乱、苏峻之乱，受晋明帝遗诏辅佐成帝，官拜太尉，为东晋名臣。郗鉴少时孤贫，但博览经书、躬耕吟咏，为人风仪清远。他是著名书法家，有《灾祸帖》存于《淳化阁帖》中。

心，心想干脆灭掉晋国，自己当皇帝，便和自己的死党沈充、钱凤等人商量怎样起兵，并积极准备。王敦从武昌移到姑熟镇守，实际上也是为将来再次发动兵变打下基础，因为姑孰到建康很近。

司马绍也知道了王敦的阴谋，准备立即发兵，但对王敦兵营情形不清楚，便改换了服装，只带几个随从，偷偷地到王敦大营中来侦察军事部署情况。王敦正在营中午睡，忽听有人报告说有几个人骑着马在营垒中走来走去，并描述了其中一个领头的相貌，王敦大惊说："这一定是司马绍，快追！"当王敦的五匹马追出去后，司马绍已经走掉了。传说司马绍逃走时，见路旁有一个卖烧饼的老太太，司马绍把自己的一根镶着七色宝石的马鞭送给他，说如果有骑兵追来，就把这根马鞭拿给他们看，又让士兵们用冷水把马刚拉下来的粪便泼湿。当追兵来到路口时，向卖烧饼的老太太问有没有人刚从这里逃走，老太太拿出马鞭来，五个骑兵见马鞭非常漂亮，拿过来你看看，我看看，耽误了很长时间，再看路旁的马粪已经冷透了，认为人已经逃远了，便不再去追。

王敦在积极准备起兵的时候，忽然得了病，而且病势一天天地沉重起来，和钱凤商量起兵的事情，钱凤问应该采取什么办法，王敦因为自己病重，不怎么有信心了，便说出了三种选择："第一，如果我病死的话，你们大家将军队解散，归降朝廷，保全性命，这是上计；第二，是退驻武昌，按时间向朝廷进贡，拥兵自保，这是中计；第三，是乘我还活着，发兵顺江而下，说不定能取胜，但假如兵败而死，那这就是下计了。"钱凤出来和同伙们商量王敦提的三计，他认为王敦的三计中，第三个计是上计，应该立即发兵东下，凭自家庞大的军事实力，一定能胜，大家都同意钱凤的意见，便发信给沈充，约定同时起兵。

同时，司马绍也做好了准备工作，他任命王导为大都督；丹阳尹温峤（qiáo）为中垒将军，与右将军卞敦共守石头城；以光禄勋应詹为护军将军，总督朱雀桥南诸军事；以郗鉴行卫将军，督从驾诸军事；以庾（yǔ）亮领左卫将军；以卞壸（kǔn）行中军将军；又调兖州刺史刘遐（xiá）、临淮内史苏峻、徐州刺史王邃、豫州刺史祖约等进京护卫，正式发诏讨伐王敦。

王敦一面给朝廷上表，要求除掉温峤，想再重演过去讨伐刘隗的故事；一面命堂兄王含为主帅，与钱凤、邓岳、周抚等人率领水陆大军五万，向秦淮河南岸进攻，却被苏峻、刘遐的大军打败。王敦在重病中听说王含兵败，还大骂这个堂兄不中用，准备自己带病出任主帅，还没起床，便倒下去死了。

王敦一死，晋军大振，沈充、钱凤接连战败，在战斗中被杀，王含、王应父子二人逃到荆州投奔荆州刺史王舒。王舒虽然也是王氏家族之人，但他不支持王敦，当王含父子俩来到荆州时，王舒将他们沉在江中淹死。到这时，王敦的叛乱终于被彻底扫平。

140-祖逖北伐

当中原天下大乱时，晋王朝中涌现了许多想平定天下的仁人志士，祖逖（tì）便是其中的一个。

祖逖字士稚，祖上世代都是大官，祖逖在少年时，就因为聪明、有志而被地方官举为孝廉、秀才。祖逖有个很要好的朋友叫刘琨，两人曾一道当过司州主簿，经常在一起谈论天下大事，谈到深夜后就在一张床上同睡。半夜里，听到野外公鸡打鸣报晓，他便用脚把刘琨推醒，说："鸡叫了，天快亮了，这是催人奋发向上的声音，起来锻炼吧！"然后，他们便起床练习武艺。这就是历史上有名的"闻鸡起舞"的故事。

"八王之乱"前后，晋国首都洛阳及几个大都市先后多次发生战争，老百姓家破人亡，纷纷出来逃难，祖逖率领着自己亲族几百户人家，向淮河以南逃亡。祖逖在逃荒时，将自己乘坐的马车腾出来装载老弱病残，吃的粮食和治病的药物都分给一道逃难的人，天冷了还把自己身上的衣服脱下来给身体病弱的人穿，大家都非常崇拜、信任祖逖，共同推举他为

> **TIPS**
> **庾亮**
> 庾亮（289年—340年），字元规，颍川鄢陵（今河南鄢陵）人，好玄谈。他曾与晋明帝司马绍结为布衣之交，其妹庾文君为司马绍皇后。他辅佐了东晋几代君主，执政期间有意北伐，身死未成。庾亮姿容俊美，善谈玄理，举止严肃遵礼，书法亦有高格。

> **TIPS**
> **刘琨**
> 刘琨（271年—318年），字越石，西汉中山靖王刘胜之后，西晋著名政治家、军事家、文学家。永嘉之乱后，他据守晋阳近十年，是北方抗击前赵的中坚力量。他的诗多描写边塞生活，诗风健朗，对唐代诗风影响甚大。

"行主"，自愿听从祖逖的指挥。

祖逖逃到泗口（今江苏淮安西南）时，晋琅琊王司马睿知道了祖逖的名气，任命祖逖为徐州刺史，不久又任为军咨祭酒，坐镇京口（在今江苏省镇江市，是东晋和南朝时长江下游的军事重镇），在这期间，祖逖积极招集流亡的勇士，筹备粮草，为将来平定中原做准备。

313年，晋愍帝司马邺在长安称帝，这时候的晋皇朝已经非常软弱了，晋愍帝连像样的车马都没有，许多文武大臣连上朝穿戴的衣服都没有，只好草草应付过去。这样的皇朝，连保住元气都很困难，更谈不上恢复王业了。当时的琅琊王司马睿镇守建康，江南大片土地基本上是比较安定的，而且经济也比较繁荣，晋愍帝任命司马睿为左丞相，发了一道诏书，要司马睿领兵北伐。

司马睿在王导、王敦和江东士族的支持下，刚刚稳定了江南的局面，内部也有许多矛盾。他看到中原那么混乱，根本不想向北发展，只求在江南安定下来就行了，所以接到晋愍帝的诏书以后，只是上表祝贺，闭口不提发兵的事情。晋愍帝又发了一封诏书，催司马睿向北进兵，并派出专门使者登门催促。司马睿对使者说："江南一带刚刚安定，还腾不出力量来，只能等一段时间再说。"又写了一封回信让使者带给皇帝。

司马睿两次拒绝北伐，祖逖觉得非常可惜，连忙给司马睿提出建议，他说："国家这样动乱不安，主要原因是皇室弟兄自相残杀，引来了外敌入侵，导致了中原大乱。现在，老百姓过着惨痛的生活，人人都想奋发图强，使天下再兴旺起来。您如果能看到这一点，选几个像我这样的人出来领兵北伐，天下肯定会闻风响应，恢复晋王朝的天下，根本不是难事！"

由于祖逖坚决要求北伐，司马睿同意了他的请求，任命他为奋威将军、豫州刺史，拨给1000人的军粮和3000匹布，但不给武器、不给士兵，让祖逖自己去招收士兵，打造兵器。祖逖知道司马睿不支持北伐，但他也不在乎，他将自己原来领过江南来的亲族100多户人组织起来，铸造兵器铠甲，招募了一些青壮年当兵，率领部下渡江北上。当渡船开到江心中时，祖逖敲着船桨（jiǎng）发誓说："我要不能平定中原，决不渡江回来，请这大江的流水为证！"话说得慷慨激昂，大家都非常振奋。这就是祖逖"中流击楫"（楫音

jí，船桨）的故事。

祖逖渡过长江，向中原挺进。当时的中原是武装堡主们的割据势力的天下，这些堡主们各自占据一块地盘，聚集了数百户人家。祖逖将堡主们有的打败，有的收降，力量迅速扩大起来，很快便收复了黄河以南的大片领土。

石勒见祖逖力量越来越强，便将主动进攻改为防守。祖逖一时也难以获得进攻优势，便和石勒保持均衡对抗状态，在自己的占领区内努力发展生产，想等待时机渡过黄河。

就在祖逖积极向北挺进时，东晋内部却发生了一系列的内乱，司马睿又派来新的将领领导祖逖，让祖逖听从新将领的指挥。祖逖眼看自己受到的阻碍越来越多，既失望又气愤，于321年病死，当时是56岁。祖逖死后，当地老百姓像为父母送丧那样为他治办后事，还建了祠堂纪念他。

141-桓温北伐

346年，东晋的大将桓温镇守荆州，管理着长江中上游的军事。这时候，在西蜀一带，存在着李势的蜀汉政权，北方存在着许多少数民族的政权。桓温认为这些势力的存在对东晋是一个威胁，再说，自己长期当军事首领，手中握有兵权，不用显得自己无能，便经常和自己的部下商量北伐的事情。

一次，江夏相袁乔对桓温说："胡人（北方少数民族）、蜀人都是我们的敌人，并且对我们长期构成危害，胡、蜀两处比较起来，蜀国地势险要，但实力较弱，容易攻取，不像胡人那么强大。现在，蜀汉政权的头头李势残暴无道，我们选一支精兵，奇袭蜀国，李氏政权一战就可消灭！"桓温大喜，立即向皇帝上表，请求讨伐西蜀。这时候，当皇帝的是2岁的晋穆帝司马聃，朝中大事由褚（chǔ）太后做主，太后同意了桓温的请求。桓温便率领益州刺史周抚、南郡太守司马无忌出兵攻蜀，第二年便打到成都，李势投降，蜀国被扫平。

蜀汉灭亡以后，桓温在朝廷中的威名更大了，朝廷中的大臣很害怕，任用殷浩来与桓温对抗。桓温很不高兴，常常对别人说殷浩的坏话，桓温说：

> 347年
> 桓温灭成汉。

"我和殷浩少年时在一起玩骑竹马的游戏,我玩过了就扔掉竹马,他却把我的竹马捡回家,你们说,这么小气的人怎能治理国家?"

殷浩本来是个文人,被朝廷重用以后,连续几次领兵北伐,想恢复晋朝原来的山河。352年,殷浩从寿春出发,进攻后赵,在许昌战败,退守寿春。第二年,殷浩再次从寿春出发,领兵7万北伐,在山桑(今安徽蒙城北)因羌族将领姚襄叛变,被姚襄袭击而战败,领着残兵败将逃到谯城(今安徽亳州)。桓温乘机向朝廷上书,说殷浩连年吃败仗,毫无用处,应该降为老百姓。于是殷浩被免官为民。殷浩想不通,成天默默不语,用手指在空中写"咄(duō)咄怪事"四个字,不久病死。

> 354年
> 桓温第一次北伐。

殷浩被免官的第二年,即公元354年,桓温自己领兵北伐,共发动水陆军4万,水军从襄阳入均口(今湖北均县西),步兵向武关(今陕西丹凤东)进发,进攻前秦,一路势如破竹,接连打了几个胜仗。前秦苻健领6000来人退入长安,保守长安小城,桓温大军一直进到灞上驻下。关中的父老乡亲听说晋国的军队来了,纷纷抬着慰劳品来迎接桓温的军队,有些老人流着泪说:"想不到今天又看到了官军!"许多郡县的长官都在考虑向桓温投降。

这时候,桓温如果乘胜前进,能够一鼓作气打下长安,可他只是驻军灞上,按兵不动。这时候,北海人王猛来拜见桓温。王猛在当时是个很有学问、名气极大的人,但他不拘小节,不修仪表,求见桓温时穿着一身脏兮兮的短衣服,简直像乞丐一样。桓温见王猛虽然外貌不怎么显眼,但他有很好的气质,便虚心地接待王猛,问他:"我奉天子命令,领雄师10万北上，现在到了这里，怎么地方上的豪杰、英雄等却不来见我呢？"王猛说："你奔袭数千里来到这里，节节胜利，面对长安小城，却不进攻，大家不知道你到底怎么想的，所以不敢轻易地来见你。"王猛一边谈论天下大事，一边在身上抓摸，时不时地摸出一只虱子放在嘴里，桓温却非常认真地听他讲话，根本不在乎这些。这就是"王猛扪虱谈天下"的故事。后来，因为军粮接济不上，桓温收兵退回襄阳。

356年，东晋委任桓温为征讨大都督，再次举行北伐。桓温从江陵出发，行过金城（今江苏句容县北部），见到自己当年任琅邪太守时种的柳树已经成林，感叹时间过得太快，说："木犹如此，人何以堪！"（树木都长这样了，人怎么经得起岁月的消磨！）桓温这次出兵，又是接连获胜，占领了洛阳，桓温将洛阳故城整修一番，想请皇帝把首都再移到洛阳来，朝廷的君臣不愿意迁移，桓温很不高兴，留下将领镇守洛阳，自己领兵回朝。

⬅ **356年**
桓温第二次北伐。

369年，桓温从姑孰领兵5万北伐，在进军途中，也打了几个小规模的胜仗，但因决心不够坚决，加上客观条件不够成熟，最后接连败给燕国军队，特别是在襄邑（今河南睢县境内）一战，桓温军队死亡3万多人，大败而回。

⬅ **369年**
桓温第三次北伐。

桓温几次北伐，虽有胜利，但最后都放弃了战果，桓温不满朝廷，与朝廷的矛盾越来越大。

142-平民出身的将军陶侃

西晋从晋武帝司马炎开始，在任用大臣的制度上形成了一个很不好的习惯：看重家庭出身。凡是祖上做大官的人家，后代便很容易被任命各种官职，平民百姓的后代再有才能也很难做到高级官员的位置，而陶侃（kǎn）却是一个例外。

陶侃出生在一个普通人家庭，非常聪明、勇敢，在西晋末年，他靠军功逐渐当上了大官，当司马睿还是琅琊王的时候，陶侃已在王敦的手下当武昌太守。这一段时间正是西晋将灭、东晋即将建立的过渡时期。

当时，西晋已经基本上失去了自己的天下，汉国政权占领了北方的大片土地，只有琅琊王司马睿坐镇的沿江、江东一带可以说是晋朝的天下，北方的汉国与其他大大小小的割据势力都想和晋国争夺地盘，位居长江中上游的荆州就成了争夺的焦点。当琅琊王司马睿派周顗去任荆州刺史时，立即遭到杜弢（tāo）的围攻，被赶到浔水城中，围困起来。周顗发信求援，王敦派武昌太守陶侃等领兵去救，陶侃让明威将军朱伺为先锋，猛攻杜弢，杜弢败走，陶侃又对朱伺说："杜弢走后，肯定要去攻我们的武昌，你立即领兵先回，堵住他，我随后就来。"当朱伺赶到武昌城下时，刚刚安下营寨，杜弢的大军果然到了武昌，朱伺率领部下军马奋不顾身地向杜弢发动进攻，陶侃又领主力军从后方赶到，两下夹攻，杜弢大败，全军覆没。王敦接到陶侃的捷报时，非常高兴，便奏请朝廷封陶侃为荆州刺史。

荆州平定以后，司马睿加封王敦为镇东大将军，都督六大州的军事，封汉安侯。王敦手握兵权以后，不但不重用陶侃，反而对陶侃起了疑心，怕陶侃将来势力太大不好收拾，便又命令陶侃去进攻石城的杜曾，因为当时杜曾的兵力非常强大，王敦想让陶侃败在杜曾的手下，以便逐渐消灭陶侃。那知道陶侃又再次打败了杜曾，收回石城，名声反而比以前更大。这使王敦更加难受，想干脆杀掉陶侃。

陶侃不知道王敦要谋害自己，他完成任务后要回江陵去，临行前去向王敦告别，陶侃的部将朱伺等人劝他不要去，说王敦正在怀疑你，你去了恐怕没有什么好处。陶侃把头一昂，更加坚定地要去辞行。陶侃来到王敦的驻守地，王敦果然传令让陶侃先留下来，免了陶侃荆州刺史的职务，让自己的堂弟王廙去代替陶侃。陶侃部下都上书求陶侃回荆州，王敦更不同意让陶侃回去。这么一来，陶侃的部下郑攀、马俊等人起兵造反，赶走王廙，投降了敌人。王敦的心腹钱凤对王敦说："陶侃指使他的部下造反，应赶快杀掉，免除后患！"王敦马上起了杀陶侃的念头，亲自披着铠甲，拿着兵器要去杀陶侃，走到门口又走回来，解下兵器铠甲，过一会儿又穿起，折腾了好几次。

王敦的表现被陶侃知道后，非常气愤，主动来到王敦的军营中，大声地说："你要早一点儿决断，像这么犹犹豫豫地，能干成什么大事！"说完话掉头就走。陶侃的这几句话，实际上是冒险，他知道，自己如果害怕了，想逃走的话，王敦肯定要下决心杀了自己，刺激他一下，他反而不会杀自己的。果然，王敦决定不杀陶侃，任命陶侃为广州刺史，让他立即上任去。

当时的广州在国家的南方，是很穷、很偏僻的地方，到这里当刺史，职位没变，实际上等于贬了官。陶侃到广州以后，认真地治理地方事务，严格执行法令，鼓励老百姓发展生产。有一次，他看到一个走路的人有意无意地拔田里半熟的稻穗，陶侃问他干什么，他说闹着玩，陶侃非常生气，命令士兵把他抓起来，狠狠地抽了一顿鞭子，打得皮开肉绽。大家见陶侃这么重视粮食生产，都认真地种田，粮食越种越好。

陶侃到了南方以后，虽然没仗打了，他还坚持锻炼。他每天早上搬一百块砖头到院子里，晚上又搬回屋里去，天天不间断。别人问他为什么要搬砖头，他说要认真锻炼筋骨，否则打起仗来怎么办？

陶侃平时非常细心，把做木工活剩下的木屑、竹钉都让人收起来保存着，别人不知道为什么。后来春节期间，下雨下雪，门前门后路上又湿又滑，陶侃将木屑撒在路上，又干爽又清洁，大家都佩服他的远见。当桓温伐蜀时，造船需要用大量的竹钉，陶侃早年保存的大量竹钉又全部派上了用场，部下的将士们都非常佩服陶侃的远见。

TIPS

截发留宾

陶侃少时家贫，父早亡，与母亲湛氏相依为命。有一次大雪天，同郡孝廉戴逵（kuí）来访，陶母将长发剪下，让陶侃拿到集市卖了，换米待客。她还把草席铡（zhá）碎给客人的马当饲料，终于令客人满意而回。后来戴逵到处为陶侃宣扬，陶侃由此得名。

TIPS

陶母责子

陶侃年轻时做过管渔业的小官。有一次，他派人把一坛腌鱼送给母亲。陶母问使者："这是哪来的鱼？"使者答道："是官府的。"陶母就把腌鱼封好让使者带回，并且写了一封信责备陶侃："你身为官吏，却把官府的东西拿回给我，这样不但没有一点好处，反而增添我的担忧啊。"

后来，陶侃不断立功、加官，一直做到了大司马。

143-苻坚统一北方

苻坚是氐族人，祖父苻洪本是前赵政权刘曜的将领，刘曜被石虎打败，苻洪投降石虎，被石虎封为冠军将军，后又任为龙骧将军，立了很多战功。351年，苻洪自称大将军、大单于、三秦王。

苻洪死后，儿子苻健去掉秦王的称号，接受东晋的加封，不久又打败杜洪，占据长安，自称天王、大单于。352年，苻健去掉天王的称号，自称皇帝，把大单于的称号给了儿子苻苌（cháng），这就是前秦政权。354年，东晋大将桓温北伐时，苻健虽然退守长安小城，但他采取了"收麦清野"的战术，断了桓温的军粮，桓温最后只得败退回去，前秦的政权更加稳定下来。

355年，苻健病死，太子苻生继位，由于苻生性格残忍，任意杀害大臣，苻坚等人在357年发动政变，杀死了苻生，夺过了皇位。

苻坚字永固，是苻洪的孙子，平时喜欢结交有才干的人，苻坚夺取政权后，重用王猛、吕婆楼等一大批能臣，迅速地统一了北方的大片国土。

在苻坚统一北方的活动中，王猛的功劳最大。王猛字景略，从小很穷，依靠贩卖畚（běn）箕过日子，但他喜欢学习，特别爱读兵书，有雄才大略。当桓温北伐驻军霸上时，他去拜见桓温，实际上是观察一下桓温这个人，如果可能的话，他想投奔晋朝，建功立业。可当他和桓温交谈过以后，发现桓温并不真

> 351年
> 氐人苻健称天王，建立前秦，年号皇始，次年，即皇帝位，是为前秦景明皇帝。

> 355年
> 苻健死，太子苻生即位，是为前秦厉王。

> 357年
> 苻坚杀死苻生，成功夺位，是为前秦宣昭帝。

想统一天下，只是借北伐来抬高自己的身价，便打消了投奔东晋的念头，拒绝了桓温的邀请。而当苻坚派吕婆楼来邀请他时，他和吕婆楼一见如故，谈得很投机，等到和苻坚见了面，谈得更加投机。就像刘备找到了诸葛亮一样，苻坚对王猛也是言听计从，他让王猛、吕婆楼、权翼、薛瓒（zàn）四人共同帮助自己。

在王猛的策划下，苻坚制定了一系列的政策，第一是控制权贵，诛杀那些倚势欺人的恶霸豪强，连皇亲国戚都不放过，一下子改变了政治风气。第二是与民休息，对受过战争侵扰的地方，将老百姓的租税减收，提倡节约，反对奢侈。第三是大力兴办教育，建了许多学校，鼓励学习，苻坚自己还多次亲自到学校去检查，品定人才。第四是鼓励农民开荒种地，发展农业生产。这一系列的措施实行后，前秦的经济事业得到了很大的发展，为统一北方打下了基础。

军事上，苻坚重用王猛等人，对敌国采取了各个击破的办法。369年，东晋桓温北伐，与燕作战，燕主慕容暐（wěi）向苻坚求救，答应把虎牢（今河南荥阳境内）以西的地方送给苻坚作为报答。等苻坚出兵帮助慕容暐打败桓温以后，慕容暐又不愿割地，苻坚乘机派王猛进攻燕国，攻下邺城，俘虏了燕主慕容暐，苻坚入城，把燕国的城池、财物全部收归自己。前燕到此灭亡，这也使苻坚的力量进一步壮大。

376年，苻坚又消灭了前凉，把凉州豪绅7000多户迁移到关中。同年，又派大将苻洛出兵攻代国，俘虏了代王什翼犍（jiān），代国灭亡。接着，又攻下了东晋的襄阳等地，打到离广陵（今江苏扬州）100来里的地方，东晋上下一片慌乱。接着，苻坚又任命

◀ 370年
前秦灭前燕。

◀ 376年
前秦灭前凉、代国。至此，前秦统一了北方。

了徐州刺史，驻彭城；兖州刺史，驻胡陆；扬州刺史，驻下邳。苻坚的军事力量和国土范围达到了最高峰。

380年以后，苻坚的势力又逐渐向西延伸，发动了几次战争，在边境和邻国树起了大国的威信。到384年，苻坚派大将吕光平定了西域36国，西域各小国纷纷向前秦进贡。

在苻坚势力范围不断扩大、东晋感到压力越来越重的时候，苻坚最得力的大臣王猛病死了。王猛在临死之前对苻坚说："边境的鲜卑、羌虏等民族，历来是我们的仇敌，你要一个个地消灭它们，不断巩固自己。至于东晋政权，虽然目前被压缩在江南一带，但他们是正统传下来的，不可冒险进攻，要与东晋建立和平关系。"王猛的死令苻坚极其伤心，他痛苦地说："这是上天不让我统一天下才夺走了我的心腹大臣！"

"大秦龙兴化牟古圣"瓦当

这是十六国之前秦的瓦当。出土于河北易县。直径17.5厘米。瓦当以凸起的圆芯为中心划分成8个扇形小格，每格一字，为"大秦龙兴化牟古圣"，书体介于楷体和隶书之间。现藏于陕西历史博物馆。

按理说，王猛在临死之前还交代苻坚不要进攻东晋，苻坚应牢记王猛的话，可苻坚被自己的胜利弄得骄傲起来，冒险发动了对东晋的战争，结果落了个大败而回的下场。

144-夫人城

378年，前秦国力非常强盛，逐渐向南推进，攻占东晋的地盘。这年二月，苻坚发出大军十几万，分几路向东晋的襄阳进发：一路是荆州刺史杨安，率领本部兵马为先锋，与征虏将军石越同出鲁阳关（今河南鲁山西南）；一路是冠军将军京兆尹慕容垂等，领兵5万出南乡；一路是领军将军苟池等领兵

4万出武当，约定在襄阳城下会齐，并且限定时间攻克襄阳。

东晋派在襄阳驻守的是大将朱序。朱序听说苻坚发出10多万军队来攻，心里并不怎么在意，朱序认为：秦军久住北方，不会水战，襄阳依靠汉水为险，秦军一时半会渡不过河来，等到敌军渡水时，再发兵从水上打击，可以首战告捷，挫尽敌人的锐气。

前秦的征虏将军石越，是个既勇敢又很会打仗的将军，他知道自己的部队不会水战，如果要搜罗战船在汉水上和晋兵打仗，肯定会失败；但是他认为，正因为秦军不会水战，晋军肯定会放松警惕，只要突然攻到襄阳城下，就可获胜。石越亲自率领着5000骑兵，骑着马，从水面上游过来，突然出现在襄阳城外。

朱序已经开始准备抵御敌人，但没想到敌人会来得这么快，等到石越的五千骑兵快到襄阳时才手忙脚乱起来，立即加紧部署，调兵守城。当内城全部修筑好也防守好了的时候，外城却还没做好防备工作。石越骑兵一攻而入，又把襄阳水军的战船夺过去100多艘，用这100多艘船把其他的秦军陆陆续续地渡过汉水，秦军10多万人，一齐集合在襄阳城下。

当朱序在城上布置防守时，朱序的母亲也领着家里的女佣一齐出来观战。朱夫人见儿子忙着指挥士兵打退秦军的进攻，她一面慰问士兵，一面到处察看。走到城西北角时，看到这里的城墙不够坚固，老夫人皱着眉头说："这里的城墙这么差，怎能挡住进攻呢？"便亲自率领家中的男女用人搬运砖头，在城中再筑起一道城墙来。人手不够，朱老夫人让家人到全城老百姓家中去动员妇女们一齐出来筑墙，还把自己家中的布匹、首饰等一起拿出来，作为砌城墙的报酬，一天一夜便在内城里斜斜地筑起一道城墙来。第二天，秦兵果然从西北角攻破老城，幸亏有新城挡住了秦兵的进攻。这时候，襄阳的军民都知道朱序母亲有见识，非常佩服，把她率领妇女们建起来的这座内城叫作"夫人城"。

秦军围攻襄阳攻了半年多，还是没能攻破城池。苻坚非常生气，派人捎信告诉攻城的主将苻丕："如果到明年春天还攻不下襄阳城的话，你就在城下自杀，不要回来了！"苻丕接到苻坚的命令，只好加紧攻城，朱序仍加紧固守，双方相持不下。后来，朱序还瞄准敌人疲劳不堪时，突然领兵出城，向秦军一顿冲杀,弄得苻丕狼狈不堪,只好引兵暂退。朱序看到秦兵退远了,认为秦兵一时半会儿不会再攻城了,城中守军都非常辛苦,便下令让大家休息。

当东晋军队因休息放松防守的时候,苻丕突然又半夜杀回,朱序连忙领兵抵抗。正在拼命作战时,他忽然看到手下将领李伯护率领一队士兵冲过来,连喊伯护过来。李伯护来到朱序身前,突然下手,刺伤了朱序的战马,朱序跌下马来,被李伯护捉住送给苻丕。朱序的母亲在内城失守的时候领着几百士兵逃了出去,到此,襄阳城被秦军占领。

当朱序被送到长安时,苻坚很赞赏朱序的忠诚和勇敢,把朱序留在身边,封了个度支尚书,却把叛变投降自己的李伯护杀头治罪。

武士俑

东晋。陶俑身着盔甲,左腿跪地半蹲,右手执环首刀,左手持长盾。两件武器是南北朝步兵的标准装备。

朱序虽然在秦军中做事,可心中时刻想回到东晋去。淝水之战中,朱序向谢玄、谢石透露了秦军内情,为晋军打败苻坚立了大功。淝水之战后朱序又回到了东晋。

145-淝水之战

苻坚统一了北方以后,便想南下进攻东晋,据《晋书》记载,苻坚进攻东晋,统一全国的决心非常大,他说:"我登皇帝位已经很久了,北方全部统一,只有东晋还在南方存在着,我一直为没消灭东晋而感到不安,甚至连饭都吃不下去。现在我全国兵力可达百万之多,文武将官人才济济,讨伐东晋将会像秋风扫落叶一样简单！"

苻坚一说出进攻东晋的打算以后，立即遭到朝中大多数大臣的反对。苻坚最器重的大臣之一——左仆射权翼说："现在晋国虽然力量薄弱得很，但还比较清明，还有一帮子像谢安这样著名的大臣在辅助，朝廷内部团结得很，老百姓生活也很安定。这时候向东晋进兵，恐怕很难有胜利的把握。"苻坚却不同意这种意见，他说："东晋君臣固然是比较开明的，开明的君主在历史上有的是，难道秦始皇消灭六国时，六国的君臣都是残暴无道的吗？"

苻坚的弟弟苻融也坚决反对进攻东晋，他说："我们边境上布满了鲜卑、羌、羯等部落，他们和我们始终是仇敌。如果这时候我们起全国大军南下，国内必定空虚，这些部落的首领如果乘机发兵攻我后方的话，那我们不但灭不了东晋，连自己国家的领土都要受到侵犯，这是一件非常冒险的事情。"苻融还用王猛临去世前的话提醒苻坚，说王猛告诫过苻坚，千万不要南下攻晋，重点要防备边境上和国内的各少数民族部落。苻融苦口婆心地说了许多，但苻坚怎么也听不进去，还是坚持要南下出兵。有的大臣还指出，东晋依靠长江天险，我军渡不过去，苻坚骄傲地说："我有大军百万，骑兵们把马鞭扔进长江，便堵断了长江的流水，长江天险有什么可怕！"

在大臣们反对南下的争吵中，却还有一些人坚决主张南下，秘书监朱肜说，攻打东晋一定会马到成功，只要我军一到，晋国守军就会纷纷溃散逃跑，用不着打仗便胜利了。还有一些人则唯恐天下不乱，竭力鼓动苻坚攻晋，想乘乱夺权，如后来的后燕国主慕容垂、后秦国主姚苌当时都在苻坚朝中任职，他们对苻坚说："进攻东晋，只在皇帝一人决定，不要听大臣们吵吵闹闹的，当年司马炎进攻吴国时，不也有许多人反对吗，结果还是胜利了。"这么一来，苻坚更下定了决心，发出了进攻的命令。他令苻融为前锋主帅，领兵25万，先行出发。苻坚自己率领60万大军，从长安出发，又下令益州、凉州、幽州、冀州各路首领同时发兵，大军100多万，前后列队1000多里，水陆并进。

在这段时间里，东晋朝廷内部还比较安定团结。桓温还未暴露出夺权的野心就死了，桓温的弟弟桓冲掌管着东晋的大部分兵权，镇守在长江上游；谢

> **383年**
> 苻坚南征，淝水之战爆发，前秦失败。

TIPS
乌衣巷

乌衣巷是晋代王、谢两家所居之里巷，两族豪富子弟喜欢穿乌衣以显身份尊贵，因此得名。乌衣巷在南京秦淮河南岸，到唐朝时已沦为废墟。唐刘禹锡有《乌衣巷》诗云："朱雀桥边野草花，乌衣巷口夕阳斜。旧时王谢堂前燕，飞入寻常百姓家。"

安为司徒，谢玄为广陵相兼管江北军事，又兼领徐州刺史，镇守广陵。大臣之间比较团结，军事力量也相当强，谢玄在广陵训练出以刘牢之等人为将领的北府兵，作战非常勇敢，战斗力很强，完全可以抵御外敌的进攻。应该说，东晋这时是相当强盛的。

苻坚大军出发，到九月时，前锋苻融25万大兵已到颍口。东晋江淮一带守军立即飞报朝廷，晋孝武帝立即召谢安等大臣商量抵抗秦军的事情，任命尚书仆射谢石为征虏将军，任徐、兖二州刺史谢玄为前锋都督，与辅国将军谢琰（yǎn）、西中郎将桓伊等领兵8万抵御秦军前锋。用8万人抵抗25万人，在数量上明显不利，朝中军民心中恐慌，连谢玄自己也没把握，特地向叔叔谢安问计，谢安说："已经有了安排了。"谢玄不便再问，过了好一会儿，又让自己的部下张玄再次问计，谢安悠悠地说："等明天再说吧。"第二天，谢玄急匆匆地去向谢安登门请教，谢安正在召集亲戚朋友一道去山中别墅内游玩，让谢玄陪着一起去，谢玄只好一道同行。一直玩到深夜才回家，谢安仍然闭口不谈打仗的事情。过了两天，桓冲派人送信，要选3000精兵来帮助守护建康，谢安对使者说："朝廷已经布置好了，兵员够用，请桓将军留下人马自己用吧。"使者回报桓冲，桓冲认为谢安没本事，只派他自己的儿子、侄子领兵，一伙小青年，哪懂行军打仗的事情，心里暗暗叫苦。

不久，苻融大军攻下寿阳，活捉了守将徐元喜。晋将胡彬在增援途中听说寿阳已破，便退守硖石（山名，在今安徽淮南西部。硖音xiá），秦军大举进攻硖石，秦卫将军梁成又领兵5万，沿淮河安营，阻住东晋军队前进道路。谢石、谢玄大军来到洛涧（又名洛水，在今安徽淮南东部，现名洛河），距梁成军队25里处，停下来不敢前进。胡彬被秦军围住，援兵又不能到达，写了一封信给谢玄和谢石，告诉他们说军中粮食已经没有了，请求赶快出兵支持。哪知道送信的人又被秦军捉去了。苻融得到了这个消息，立即派人告诉苻坚说："晋军兵力不多，抓紧进攻，不要让晋军逃走！"苻坚这时大军刚到项城，得到这一情报，便留下主力，自己领着8000人昼夜行军，赶到苻融军中。

苻坚想："如果晋军能投降的话，免得打仗，最好不过。"便派原来是晋国将领的朱序去向谢石劝降。朱序接到这一任务，来到晋军营中，反过来对谢玄、谢石说："苻坚有大军百万，现在只有30来万到达，应趁早发兵攻击！"谢玄送走朱序，便和谢石、谢琰商量进攻办法，决定先在洛涧进攻梁成的军队。

谢玄派自己的北府军首领刘牢之领精兵5000人，直奔洛涧，北府兵人人奋勇。刘牢之一马当先，直冲入梁成阵中，一槊（shuò，一种兵器）打死了主将梁成，又砍死了弋阳太守王咏；谢玄、谢石又接应过来，把秦军5万人马杀得死伤1万多。苻坚、苻融听到梁成失败的消息，赶快退进寿阳，登城远望，只见晋军队伍整齐，铠甲明亮，八面威风，苻坚心中感到不安，又调过头看到八公山上草木一片深郁，好像有千军万马，苻坚心惊肉跳地说："这也像是大军呢！""八公山上，草木皆兵"的成语便是这么来的。

苻坚、苻融虽然害怕，但还是要和晋军决一死战，率领军队到淝水（又名东肥河，发源于安徽合肥西北将军岭，经寿县、淮南八公山，入淮河）安营，准备和晋军决战。谢玄大军到了淝水，

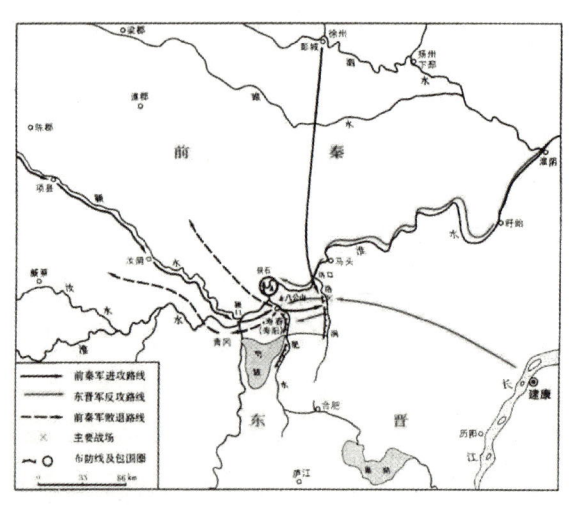

淝水之战图

淝水之战中，前秦先锋苻融先攻占寿阳，晋将胡彬援救不及，退守硖石，被困。晋军得朱序密报，先发制人，先锋刘牢之率5000名精兵先在洛涧攻破秦将梁成军5万；晋军进至淝水，两军决战，晋军大破前秦军队，杀其前锋主帅苻融。

因秦军在对岸堵住，不能过河，谢玄向秦军喊道："请你们后退一段路，让我们渡过去，和你们决战！"苻坚的将官们反对后退，可苻坚说应该后退，不然什么时候才能决战呢。苻坚又说："我军后退后，晋军渡河，乘他渡到一半时，发兵攻击，这不是稳操胜算吗？"大家认为不错，连苻融也同意。

秦军正列着整齐的队伍，一退便不可收拾，晋军先头部队渡过河后，便用弓箭射击秦军，秦军只顾后退，来不及反攻，忽然听到有人大声呼喊："不得了，秦军败了！"这么一喊，秦军更加慌乱起来，拼命后退，人马乱成一堆。苻融骑马来整理乱军，怎么也堵不住！忙乱中苻融被战马摔到地下，晋军正好追到，一拥而上，把他砍死。

秦军一败，不可收拾，苻坚吓得连乘坐的车子都丢掉了。秦军连逃了几天几夜，听到刮风声和鹤鸣声都以为是晋军追来了，更加快了逃命的速度，"风声鹤唳（lì）"的故事便出在这里。秦军百万，战死的不多，互相踩踏而死、逃命累死、病死的却占大多数，这就是历史上有名的淝水之战。

当谢石、谢玄大获全胜的消息传到建康时，谢安正在下棋，接到书信，随便看了一眼，便放在桌上，继续下棋。客人问是什么事，谢安说："小儿辈已经打败了苻坚了。"客人向谢安祝贺，谢安装着一副不在乎的样子。下完了棋，客人告辞，谢安回室内去，心里高兴，连木屐的齿脱落了都不知道，一脚高一脚低地在屋中走来走去。

146-将门才女谢道韫

东晋与前秦苻坚的淝水之战，东晋取得了空前的胜利。这一仗的主要指挥者是谢安，主要作战将领是谢安的侄子谢玄、弟弟谢石、儿子谢琰等，这一战胜利之后，谢家出了一大批高级军事将领，谢氏家族的名望更加高涨。在这个涌现出许多名将的家庭里，又出现了一个远近闻名的女才子，名叫谢道韫（yùn）。

谢道韫的父亲叫谢奕（yì），是谢安的哥哥、谢玄的父亲，是东晋朝的安西将军。谢道韫从小就会写诗作文，很有才气，和弟兄们在一起读书，表现得比所有的人都更有灵气，叔叔谢安对这个侄女特别看重。有一次，谢安想了解一下谢道韫的学习情况,特地问她:"你认为《诗经》中,哪一首诗或者哪一句诗最好?"谢道韫认为是《大雅·嵩高》篇最好,谢安认为她的眼光很准,体现出高雅的欣赏品味。

有一年冬天,天下着大雪,谢安举行家庭宴会,把家族的弟兄、子侄们都邀请到了一起,喝酒赏雪。谢安情绪很好,想试一下侄子们的才能,便问道:"你们常年读诗读文,说说这飘飘的大雪像什么?用什么做比喻比较准确?"侄儿谢朗想了想说:"这就像白花花的盐撒在空中一样。"谢安听了,觉得这个比喻不怎么样,但也还有一点像。谢道韫当时也在座,便说:"像盐撒在空中,不好,不够飘逸,应该说像春风吹得柳絮(xù)满天飞扬。"谢安听了谢道韫的比喻,连连说好,而且越想越觉得这个比喻贴切,不住口地夸奖谢道韫聪明、有才气,并且叫她就这个题目写了诗。后来,人们把女才子有才气、会作诗文称为"咏絮才",就是从这个典故来的。

谢道韫长大后,嫁给了王羲之的儿子王凝之,王家在当时也是东晋一朝有数的大家族,东晋时贵族们的婚姻非常讲究家庭出身,王、谢两大家结成亲家可算是门当户对、非常合理。王羲之是当时著名的书法家,儿子王凝之、王献之也都以书法出名,谢安认为侄女谢道韫嫁给王凝之,一定是才貌相配、门户相当,是一件很称心的大喜事。所以当谢道韫回娘家看望娘家亲戚的时候,谢安认为侄女肯定是喜气洋洋的,可一见面却大吃一惊,谢道韫瘦了许多,而且情绪非常低沉,好像对这桩亲事很不满意。谢安问她道:"王郎是羲之的爱子,也没听说他有什么恶劣的品行,你怎么显得很不高兴似的呢?"谢道韫仔细地说了丈夫的情况,谢安听了直摇头叹气,但也没有办法。

原来,谢道韫的丈夫王凝之是个很迂腐的人,他除了会书法以外,什么都不会。他信奉五

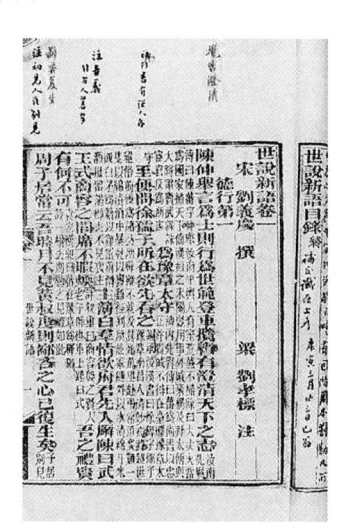

《世说新语》书影

《世说新语》为刘宋临川王刘义庆组织门客编纂的志人小说,书中收录了汉末至刘宋初期的名士的言行与轶事1000多则,共分为36门。书中所载均为历史上的真实人物,事迹与言行则真实与传闻兼有,叙事具有很高的艺术性。鲁迅称它:"记言则玄远冷隽,记行则高简瑰奇。"

斗米道，迷信神鬼，家里经常有客人登门拜访，都由王凝之的弟弟王献之接待。王献之不光书法名气大，而且也博学多闻，善于交际和清谈，经常和家里来访的客人在一起畅谈，有时难免就一些玄学的问题互相争论，王献之虽然聪明，也有被人家辩论得讲不出话来的时候，每到这时候，谢道韫便出来为献之解围。谢道韫让仆人们在客厅中设一道屏风，自己坐在屏风后面解答客人们提出的问题。有时候她代王献之辩论，却能反过来把客人难倒。京城中到处传说着谢道韫的才学名气，人们到王凝之家去，并不是拜会王凝之，而是想领教谢道韫的才学。

不久，谢道韫的丈夫王凝之被调任为会稽内史，全家搬到会稽居住。就在这一年，沿海的孙恩发动起义，起义军力量不断向内地延伸，已经打到了离会稽不远的地方。这时候，作为地方长官的王凝之应该调兵遣将，积极防御才是，可他不这么做，他相信鬼神的力量，在大厅中设起了天师的神位，天天烧香念经，磕头求天兵下降，赶走贼兵。守城军士天天报告孙恩的进程，等孙恩到了会稽城下，王凝之才着了慌，披头散发，手执宝剑，不断地念咒烧符，像发了疯一样，部下的将领请他发令，出城去和孙恩的军队作战，王凝之却说："不用！我已经借来了许多神兵替我把守关口，敌人就算有十万，也不可怕！"哪知道直到敌人冲进城中，打到府门外边，既没有官军抵抗，更没有"神兵"保护，王凝之只好慌忙逃命，连老婆都顾不上带走，没走到多远，便被孙恩的士兵捉住杀了头，连和他一起逃跑的几个孩子也统统被杀了头。

谢道韫听说敌人已经进了城，又听说王凝之父子都死了，这才放声痛哭，准备出走。她只带了几个家

TIPS
五斗米教与孙恩起义

五斗米教又称天师道教，是中国道教的早期流派，创始于东汉时期，或以为张陵为其创始人。此教中教徒常为人治病，病者出米五斗，所以称为五斗米教。孙恩是东晋末年的起义军领袖，本为东晋士族，家族世代信奉五斗米教，本人继其叔孙泰后为五斗米教教主，后率教众起兵反晋，盛时有八郡数十万部众。他领导的起义，是东晋规模最大、历时最久的一次起义。汉末张鲁也是依靠五斗米教教众起义的，并最终成为割据势力之一。

中的奴仆用人，自己坐着一顶小轿，出门不远便被敌兵围住，她竟然从仆人手中接过钢刀，亲自作战，由于家中是武将世家，谢道韫也看会了一点儿功夫，竟然连杀了两个乱兵，最后还是寡不敌众，被活捉送到孙恩面前。

谢道韫见了孙恩，毫不害怕，不慌不忙地回答孙恩的问题。孙恩本来就知道谢道韫是个有名的女才子，一见面后看到她又这样从容镇定，内心非常佩服，对谢道韫更加尊重，便下令将谢道韫和她身边的外孙刘涛一起释放。

谢道韫后来一直独身住在会稽，孙恩起义失败后，东晋收复了会稽城，新任的会稽太守刘柳对谢道韫非常关注，曾经和她叙谈了很长时间，发现谢道韫果然不同一般常人。

谢道韫一生写了许多诗文，并被汇集成册，一直流传下来。

147-大书法家王羲之

王羲之生在东晋时期，和当时名声最大的贵族王导来自一个家族，父亲王旷也在晋朝做官。王羲之从小就很聪明，家里的人对他的希望很大，指望他长大后做官，为家族争光。

王羲之的父亲王旷在当时也是个有名气的书法家，他想把儿子培养成超过自己的大书法家，便给他请了一个老师，就是在当时很有名气的女书法家卫铄（shuò），又称卫夫人。

据说，卫夫人的书法是学习汉朝蔡邕和魏国太傅钟繇的，在成就上还超过了前人，卫夫人和王羲之家有亲戚关系（据考证，卫夫人是王羲之的姨母，王羲之有一幅字叫《姨母帖》就是为卫夫人而写的）。所以，卫夫人教王羲之写字时，教得比较认真。

有一天，王羲之在父亲的枕头下发现了一本专门讲书法道理的《笔法》，便偷来阅读，还照着上面讲的道理写字。当时，社会风气很重视书法和绘画，有关这方面的书籍很受欢迎，而《笔法》又是前人留下来的珍品，轻易不给人看，加上当时王羲之才12岁，所以他父亲不愿让他过早地学习此书。等到发现王羲之已经在偷着读《笔法》时，父亲对他说："等你长大了再读吧。"可王羲之的母亲却说："等他长大了，说不定就来不及了，他既然想学,就让他学吧!"

从此后,王羲之的书法技艺大大长进,已经完全不像一个孩子写的字了。卫夫人看到了这个情况,激动地说:"他一定已经读过《笔法》了,最近的字写得这么老成,将来成就和名气一定没人能比得上,我恐怕要远远地落在他的后面了!"

王羲之成年以后,在朝廷里做了官,交往的都是上层人士,他的书法更加广为人知,名气越来越大,大家都想求他写一幅字,可他一般情况下不给别人写。有一次,他到一个学生家去,看到学生家一张桌子很光滑,木质也好,他拿过笔就在桌上写了几行字,这个学生看到王羲之写了字,高兴得无法形容。可是有一天学生出门去了,他父亲来给他收拾东西,看到崭新的桌子上写了黑字,觉得不好看,便想把字擦掉,使尽力气也擦不掉,干脆拿刀来刮,刮掉一层,不行,还有字,又刮一层,一直刮了三分厚才把字刮去(入木三分这一成语便是根据这一传说来的),学生回家后,后悔不迭。

还有一次,王羲之看到一个老太太在卖纸做的扇子,没什么人来买,王羲之向老太太把扇子要过来,在上面写了几个字,交代老太太说:"你只要喊'快来买王羲之写字的扇子!'就行了。"老太太照着一喊,果然一下就卖完了全部纸扇。

王羲之还有一个习惯,就是特别喜欢大白鹅。他模仿鹅在水里游戏的各种姿态写字,从中体会很深,便养了许多大白鹅,专门用来欣赏。山阴(今浙江绍兴)地方有一个老道士,想请王羲之抄写一部老子的《道德经》,但又怕他不愿意写,打听到王羲之喜欢白鹅的消息,便养了一大群品种很好的鹅,道士还故意让人告诉王羲之:某某地方有一群白鹅,很好看。王羲之听说后,立即跑去看,果然见一群大白鹅正在山林中一个池塘里游水,青翠的山、碧绿的树的影子映在澄清的池水里,白鹅在水面上忘情地追逐。这美妙的景色和美丽的白鹅把王羲之看得发了呆,他便打听鹅的主人是谁,道士恰好在这时候出现,说这群鹅是自己的,王羲之问他肯不肯卖,道士说:"只要你愿意要,我全部奉送,不过有个条件,请你为我们抄一部《道德经》。"王羲之满口答应下来,王羲之写字换鹅的故事就这么流传了下来。

353年,是东晋穆帝的永和九年,上层贵族名人40来人在兰亭(今浙江绍

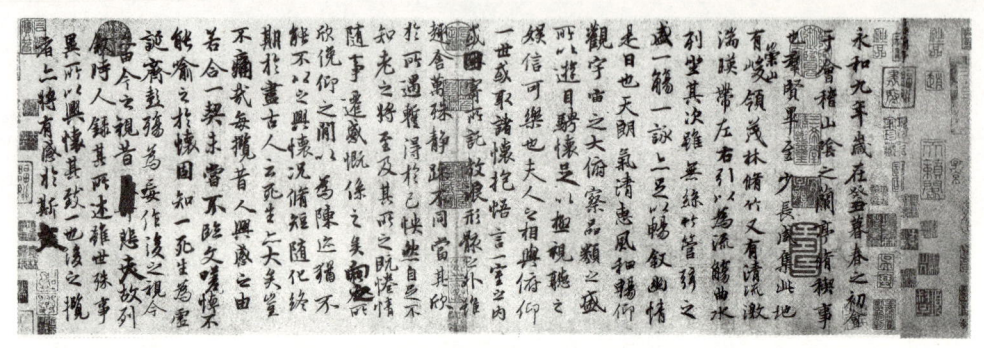

《兰亭集序》冯承素摹本

唐代。纵24.5cm，横69.9cm。东晋王羲之的《兰亭集序》被称为"天下第一行书"，真迹不存，现存摹本中以冯承素摹本最著名。现藏于北京故宫博物院。

兴西南）集会，喝酒作诗，非常愉快，大家提议把各人写的诗汇集起来，编成一个集子，叫作《兰亭集》，一致推荐王羲之为这部诗集作个序言，并把这个序言写下来。王羲之也不推辞，写下了《兰亭集序》。这个序被保留下来，到唐朝时，唐太宗李世民让人模仿王羲之笔迹原样，把《兰亭集序》抄了几份，后来，王羲之写的原本不知流到哪里去了，唐朝临摹下来的字帖一直流传到今天。《兰亭集序》被中国历代书法家所珍爱，有人称它为"中国第一帖"。

王羲之的儿子王献之，也是中国历史上的大书法家，现在人们谈论书法家的时候，常把"二王"并提，"二王"就是王羲之、王献之父子俩。

148-传神写照与画龙点睛

魏晋南北朝时期，是我国文学、艺术充分发展的时期，绘画的成就也非常突出，涌现了一大批名画家，留下许多作品，并有许多美妙的传说流传下来。这里面，东晋的顾恺之留下的传说故事很有意思。

顾恺之（348年—409年），字长康，小名虎头，是晋陵无锡人，少年时候就聪明好学而且多才多艺，特别是绘画的技巧非常高超。和他同时的谢安是江南大族，文学艺术欣赏水平很高，他认为顾恺之的画是从古以来没有过的精品。谢安都这样看重，其他人当然更加赞赏。

顾恺之被人称为"三绝"，三绝是画绝、才绝、痴绝，就是说，他的绘画、才学都是绝代精品，没人能比得上，而他的"痴"也是没人能够比得上的。据说顾恺之很珍惜自己的画，轻易不送人，自己收集起来满满一橱柜，怕别人来硬要或是偷，便在柜外面上了一把锁，贴了一张封条，存在自己的好朋友桓玄的家里。桓玄非常喜爱顾恺之的画，但顾恺之不送给他，他又不好意思去要，现在顾恺之把画送到自己家来收藏，正好提供了机会，桓玄取下封条，打开柜锁，把一柜子的画全部偷走，然后又把封条贴好，柜子锁上，等顾恺之要的时候送回去。当顾恺之打开橱柜时，柜子里什么都没有，他怎么想也想不通，最后他想到自己画的大多是人物，画得又这么好，肯定是画有了灵气，变化腾飞走了，这就像人得道成仙一样。

想通了这个问题后，顾恺之非常高兴，到处告诉别人自己的画从柜子里腾飞了的事情，别人听了直想笑，但谁也不去点破他，所以人们在"画绝""才绝"以外又送他一个"痴绝"，凑成了"三绝"的外号。

顾恺之对作画的态度非常认真，他画人，往往不画眼睛，有时要到几年后才点上眼睛，别人问为什么不当时点睛，他说："人的四肢大体上都差不多，没什么美和丑的，画出来也不显得多么生动，而眼睛这地方才是传神写照的。""传神写照"是指最生动、逼

《洛神赋图》之洛神

《洛神赋图》是东晋顾恺之的画作，是根据曹植的《洛神赋》创作的画卷，真迹已失，传世古本共有7件，分别藏于北京故宫博物院（2件）、辽宁省博物馆、台北故宫博物院、美国弗利尔美术馆（2件）、伦敦大英博物馆。

《女史箴（zhēn）图》（局部）

《女史箴图》东晋顾恺之根据西晋张华的《女史箴》创作的画卷，反映了古代宫廷妇女应当遵守的一些道德规范。顾恺之将箴文分为12段，每一段绘成一幅画，并将相应箴文题于画侧，以起到"庄言警世"的作用。真迹已失，现存9段唐代摹本，藏于伦敦大英博物馆。

真地表现出人物的精神、风采的意思。

有了这样认真的精神和作风，顾恺之的每一幅画都是精品，人们争着去看、去买。他曾经为一家寺庙画佛祖的像，这时寺庙刚刚落成，寺里的和尚请朝中当官的人施舍，这些人也还大方，一捐款就是几万，最多的达到10万，而顾恺之自己在捐款簿上写下了100万的数字，寺中住持让他把钱拿来，顾恺之却不慌不忙地请他们准备好一方墙壁，把门关起来，自己关在里面一个多月，吃饭睡觉都不出来，画成了一幅佛像。在给佛像点眼睛时，他对寺中住持说："明天开寺门让人观看，第一天来看佛像的必须拿出10万钱，第二天来看拿5万，第三天以后，来看佛像就随便施舍了。"

到了第二天，寺门一开，佛像光彩照人，大家争着来看，有钱有名望的人都想来看佛像，也乘机出一下风头，不到一天就捐了100多万。从这里可以想象得出当时顾恺之的画是怎样受人欢迎的。

到了南朝的梁朝时，又出了一个一代大画师张僧繇，他画的像更加逼真，开始使用凹凸的立体晕染法，使画出来的人和物简直像活的一样。传说他在一个寺庙墙壁上画了四条龙，都没画眼睛，别人要求他把龙睛点上，他点了两条龙，忽然雷电大作，两条龙竟然飞上天去了，另两条龙没点眼睛，便仍留在墙壁上。"画龙点睛"的故事便是这样流传下来的。张僧繇的画法对唐宋以后的绘画产生了很大的影响。

149-桓玄与短暂的楚政权

东晋到了末年以后，皇帝一个比一个差劲。晋孝武帝司马曜起初还能认真地治理国家，到了后来，

◀ 396年
晋孝武帝死，太子司马德宗即位，是为晋安帝。

越来越昏庸。396年9月的一个夜间,晋孝武帝与他很宠爱的妃子张贵人在一起喝酒,张贵人不会喝,晋孝武帝强迫她喝,并且自己一个劲地喝,喝得差不多时,吓唬张贵人说:"你不听我的话,不喝酒,我明天废了你。你不要认为你长得漂亮,你已经30岁了,我有许多比你漂亮的美女,难道离了你就不行吗?"晋孝武帝是喝了酒说这些话的,说完就睡着了,张贵人认为这是真的,便趁晋孝武帝睡熟的时候,和侍女一起,用被子把晋孝武帝活活地闷死,第二天对别人说是暴病而死的。这时正是司马道子掌权,他不进行追究,别人当然也不过问。

晋孝武帝死后,太子司马德宗即位为帝,这就是晋安帝。晋安帝是个弱智儿,几岁的时候都不会说话,路也走不全,连冷暖饱饿都不知道,长大后结巴得很厉害,话都说不清,随时需要有人侍候,这样的皇帝怎么能治好国家呢?朝廷的大权,便完全落到了司马道子和司马元显父子两个人的手里。

司马道子早在晋孝武帝执政的时候,便被封为琅琊王。晋孝武帝和司马道子是同母兄弟,他把治理国家的大权都交给了司马道子,司马道子并没有多少真才实学,只会拉帮结派,排斥异己。当时谢安还活着,谢安自从淝水大战后名气变得非常大,司马道子非常嫉妒他,便成天讲谢安的坏话,又和谢安的女婿王国宝搅在一起,共同诽谤谢安。这王国宝虽然是谢安的女婿,但谢安认为他德行不好,不重用他,王国宝心中怀恨,便巴结司马道子,帮助司马道子攻击自己的岳父。两个人狼狈为奸,互相吹捧,把皇帝架空起来。

后来,晋孝武帝察觉了司马道子的专权,便任用了王恭、殷仲堪、王珣、王雅等人,一方面分司马道子的权力,一方面监视司马道子。王国宝乘机巴结晋孝武帝,晋孝武帝更加重用王国宝。到晋安帝的时候,王国宝进位为仆射,又兼管了东宫的御林军,气焰更为嚣张,但他还是有点畏惧王恭和殷仲堪二人,想夺掉他们的兵权。这事很快便传到王恭等人的耳中。

397年,王恭、殷仲堪等上书朝廷,要除掉大奸臣王国宝。大军发出,消息传到朝廷,王国宝非常害怕,上书辞职,表示自己并不真想当官,结果又后悔,便又假传诏书,恢复自己的职务。司马道子早就不满意王国宝了,乘机说王国宝伪造诏书,把王国宝抓起来杀掉了,这次兵变便平了下去。

到了第二年,王恭、殷仲堪分别从京口、荆州发兵,讨伐司马道子,原因是司马道子随意剥夺他们的兵权，桓玄也在广州发兵响应。司马道子派自己的儿子司马元显为总督，讨伐王恭等人，司马元显买通了北府军将领刘牢之，杀了王恭，这次起兵便被打败，但朝廷也没继续往下追究，桓玄等人仍然掌握着军权。

399年，东晋内乱又起，桓玄进攻江陵，杀死殷仲堪和杨佺期，夺过了荆州、雍州的兵权。朝廷认为他平乱有功，加封他为荆、江二州刺史，都督八州军事，桓玄的权力达到了顶峰。

桓玄掌管军事大权后，把家族中的兄弟子侄等人一一封官，统领了各地方的兵权，野心越来越大，他看到当皇帝的晋安帝不过是个白痴，便想夺取这个皇帝位置。他几次给朝廷写信，说在自己统管的范围内有吉祥物出现，这等于告诉朝廷中的执政大臣，桓玄是真命天子，应该做皇帝才是。司马道子和司马元显都非常担心桓玄将来会发动政变，处处采取措施，控制桓玄的势力。而这时候桓玄在长江上游驻守，他也反过来控制朝廷，把上游的物资扣押住，不让往下游运送，对东晋皇室进行封锁，这时候，桓玄的野心已经完全暴露出来了。

402年初，东晋任命司马元显为征讨大都督，率领刘牢之等人征讨桓玄，桓玄早就想发兵了，就乘这个机会，起兵造反。这时候，前锋都督刘牢之心存犹豫，不积极作战，还表示愿意投降桓玄。桓玄表面上同意，稳住刘牢之，进兵打败了晋国军队，攻进建康，杀掉了司马道子和司马元显父子二人。后来他又杀掉了刘牢之，独掌了朝廷的大权。

403年底，桓玄想当皇帝的真面目终于暴露了出来，他逼晋安帝退位，把皇帝位置"让"给自己，改

TIPS
身无长物

指除自身之外，再没有多余的东西。语出《世说新语·德行》。王恭从会稽回来，王大去看他，看到王恭坐着一张六尺长的竹席上，就问他，有没有多余的，给他一条。王恭未说话，王大走后，就叫家人将此席送给王大。王大后来知道，大惊，对他说："我本来以为你有多余的，哪知就此一条。"王恭说："我从来没有多余的东西。"

◀ 403年

桓玄篡晋，改国号为楚。

国号为楚，自称楚皇帝。

到了第二年初，北府兵将领，原来是刘牢之部下的将领刘裕、刘毅、何无忌等人发兵攻击桓玄。桓玄战败，逃到江陵，组织了一次反攻，也宣告失败，就在这年被益州督护冯迁杀死，刘裕重新抬出晋安帝复位，桓玄的楚政权只存在了短短的一年多时间。

> 404年
> 桓楚灭亡，晋安帝复位。

150-陶渊明与田园诗

东晋到了末年，一度曾经平安稳定的局面消失了，门阀士族把握了大权，不是出身世家的人就不能当官，尤其不能当大官。掌权者内部充满了钩心斗角的争斗。淝水之战胜利之后，稍微稳定了一段时间，后来，晋孝武帝司马曜重用司马道子，排挤谢安等人；之后又是司马元显掌权，王国宝乱政，各地又不断发生兵变或起义；桓玄的势力大起来以后，又废了晋安帝司马德宗；刘裕又带兵打败了桓玄，最后刘裕干脆废了晋国皇帝，自己建立起南朝的宋政权。

大诗人陶渊明就生活在东晋末年，陶渊明的曾祖父是东晋初期的大将陶侃，曾经当过大司马，陶渊明的祖父、父亲也都当过太守一级的官。由于陶家不是士族出身，没有多少财产，传到陶渊明这一代时，已经和一般的平民差不多了。

陶渊明从小就喜欢读书、作诗、写文章，而且也很有雄心壮志，但他看到当时政局那么混乱，又不想出来做官，思想一直处在矛盾斗争的状态中。直到29岁以后，他才正式出来做官，十多年里，做过几次官，但都非常小，不仅不能实现自己的理想，还要和他自己认为不值得交往的人应酬，这使他感到非常痛苦。在陶渊明当彭泽（今江西彭泽）县令时，因为有一个督邮要来视察，按规定陶渊明应该穿戴整齐去迎接他，还要向他行礼，陶渊明很难受，说："我不能为五斗米折腰！"就是说不愿为五斗米的薪水去向自己瞧不起的人弯腰行礼。他便交出官印，告辞回家。

辞官回家的路上，是陶渊明心情最愉快的时候，他写过一篇《归去来辞》记载自己的心情，说自己恨不得一步跨进家门，和妻子、儿女一起过悠闲自在的日子。"归去来"大致就是回去的意思，后人常把"归去来"比喻为不在名利场上竞争奔波。

陶渊明离开了官场，回到了寻阳柴桑（今江西九江西南），过着自己种田、自己织布的自给自足的日子，生活过得很苦。他曾在诗中说家中连一天的余粮都没有了，但却生活得非常自在，他和乡亲们一齐下田劳动，一起喝酒聊天，互相照顾，心情非常好。

陶渊明在隐居的日子里写了许多诗，这些诗把田园风光描写得美极了。陶渊明的诗歌语言极其平淡、自然，与当时社会上流行的讲究辞藻的风气完全不同，但是他的诗歌语言富有表现力，能用简单的几句话，把自己的心情、周围的场景、田园的美丽风光写得栩栩如生，让你读了一遍又一遍，越读越有深味。

陶渊明画像

陶渊明（？—427年），字元亮，又名潜，朋友私谥"靖节"，世称靖节先生，寻阳柴桑人。陶渊明是东晋末年至南朝宋初期的伟大诗人，当时以隐士知名，至唐其诗价值被发现，到宋代负有盛名。

陶渊明一生有几个爱好，一是爱喝酒，诗歌中经常写到酒，有一组诗题目就叫《饮酒》；一是爱菊花，他认为菊花最高雅，当重阳节来临时，喝着酒，赏着菊，是最美妙的事情，他的诗歌名句"采菊东篱下，悠然见南山"被后代诗人大力推崇。陶渊明还把自己家的房前屋后都种上了菊花，后代人把菊花和人品联系起来，作为高雅的象征。

到晚年的时候，陶渊明还写了一篇充满了幻想色彩的《桃花源记》。文章说有一个捕鱼人有一天沿着一条小河捕鱼，看到一片桃花林，树上盛开桃花，便沿着流水向上走，想找到它的发源处，进了一个山口，里面土地肥沃，人情淳朴，大家都拉他到家里去做客，还做许多好吃的给这个人吃，告诉他，他们是在秦朝时逃难来到这里的，便不再出去了。他们不知道外面发生了什么事，根本不知道秦朝以后是汉朝，汉朝以后又有魏晋，成语"不知有汉，无论魏晋"就是这么来的。这个捕鱼人住了很多天，回家时一路做了记号，然后告诉当地太守，一同沿着记号来寻找，可怎么也找不到。以后，不少当地名人也想来寻找，但都没找到。

陶渊明写了这个故事，说明他对当时社会的不满，把自己的理想寄托在幻想中。"桃花源"成了理想世界的代名词。

陶渊明在生前不怎么受人重视，别人只知道他是个隐士，对他的诗文作品并不理解。他死后，作品对当时影响也不大；可到了唐朝以后，陶渊明诗歌的艺术价值终于被人们发现，影响越来越大，在我国文学史上产生了深远而又广泛的影响。

151-五胡十六国

从309年到439年这130年的时间内，我国北方的少数民族人民不断起义，共有匈奴、鲜卑、羯、氐、羌五个民族举行了起义。我国古代把少数民族人称为"胡人"，所以这五个民族被称为"五胡"，他们的起义成果往往被少数民族的上层贵族分子所夺取，前后建立了16个政权（另外还有冉魏、西燕、后蜀政权习惯上不计算在内）。这16个政权互相攻战，乍兴乍亡，建国的时间都很短暂，而且特别混乱，是中国历史上一段特殊的时期，历史上称为"五胡十六国"时期，或简称十六国时期。

这16个政权存在的时间都很短，最长的百十来年，最短的才十几年或几年，占领的国土面积也不大。它们为什么这么快便兴起或灭亡了呢？

从当时的情况来看，他们建立政权的基础并不十分牢固，建立政权之初，有的开始还比较开明，政治上也较清廉，但一旦坐稳了江山，立即贪图享乐,政权内部勾心斗角,互相攻杀,统治者残酷地压迫、剥削人民,拿人命当儿戏,你杀来,我杀去,新建的政权很容易便被推翻了。从几个政权的变更中便可看出这一特点来。

如刘渊建立汉政权以后,传到刘聪这一代,刘聪对掌握兵权的石勒和刘曜产生了怀疑,刘曜和石勒干脆不服刘聪的管制,各自称王称帝,建立起自己的政权。刘曜继承皇位后,将汉改成赵,历史上称前赵,后来被石勒建立的后赵消灭。

又如建立夏国政权的赫连勃勃,他曾经在苻坚手下当大将,被苻坚封为西单于,势力扩大后,遭到北魏拓跋珪的进攻,失败后逃到后秦高平公没亦于(人名)手下。没亦于很器重赫连勃勃,把女儿嫁给他,可赫连勃勃却在406年杀了岳父没亦于,将岳父的兵力收归自己,于407年建立夏政权,自称天王、大单于。418年,他在灞上称皇帝,留下太子守长安,自己迁到新建的都城统万城(在今内蒙古乌审旗南白城子)。他好大喜功,建立统万城时,动用了十几万人,自称"统一天下,君临万邦",所以给首都起名为"统万城"。

这统万城有四个城门,东门叫招魏门,南门叫朝宋门,西门叫服凉门,北门叫平朔门,意思是平定四面八方。建这座城时,用工十分残酷,筑墙的土要蒸过才能用,筑好的墙用铁锥刺戳检查,如能刺进一寸深,就杀死筑墙的人,并把被杀死的人也埋进墙里,所以城墙非常牢固。打造兵器更残酷,他让匠人们造出剑、矛和盾牌,造成之后,用矛与盾互相比试,如果盾被剑砍破或

大夏真兴铜钱

十六国时期夏国武烈帝赫连勃勃铸造、颁行的钱币。钱文为隶书,顺时针读,"大(太)夏"为国号,"真兴"为年号。这是历史上首例国号年号合璧钱。

被矛戳穿,就杀掉造盾的人;如戳不穿又说剑、矛不锋利,就杀掉造矛和剑的人。大臣们如果用不满的眼光看他,他就挖掉这个人的眼睛;如果对他笑一下,就割破他的嘴;有人敢劝阻他做什么事情,他就先割舌头,后杀脑袋。像这样残暴的帝王,谁还愿意和他一起共事呢?赫连勃勃病死后不久,夏国政权也就灭亡了。

384年，慕容垂建立了后燕政权，到396年便病死，太子慕容宝继位为帝。慕容宝即位以后，立即检索国内户口，受到贵族们的强烈反对，内部危机一触即发。这时，北魏太祖拓跋珪率大军40万向后燕进攻，围住了后燕的首都中山（今河北定州），兵临城下时，后燕的政权内部还在互相残杀，慕容宝逃出中山，留慕容详守城，慕容详就在孤城中称帝，想过一下皇帝瘾，然而又被慕容麟杀死，慕容麟又称帝，不到两个月便被攻破城池，丢了性命。

后来又是慕容盛、慕容熙先后称帝，他们的寿命都很短，而且都在极短的统治时期内尽力享受，不顾百姓死活。

其他各小国政权也都是匆匆建立，又匆匆灭亡的，十六国的不断更迭变化，给人们带来了极大的痛苦。

附：

十六国年表

国名	创建者	民族	起止年代(公元)	被谁消灭
汉、前赵	刘渊	匈奴	304—329	后赵
前凉	张轨	汉	320—376	前秦
成汉	李雄	巴氐	304—347	东晋
后赵	石勒	羯	319—351	冉魏
冉魏	冉闵	汉	350—352	前燕
前燕	慕容皝（huàng）	鲜卑	337—370	前秦
前秦	苻洪	氐	350—394	西秦或后秦
后秦	姚苌	羌	384—417	东晋
西燕	慕容泓	鲜卑	384—394	后燕
后燕	慕容垂	鲜卑	384—409	北燕
夏	赫连勃勃	匈奴	407—431	吐谷浑、北魏
北燕	冯跋	汉	409—436	北魏
南燕	慕容德	鲜卑	398—410	东晋
西秦	乞伏国仁	鲜卑	385—400，409—431	后秦、夏
后凉	吕光	氐	386—403	后秦
南凉	秃发乌孤	鲜卑	397—414	西秦
西凉	李暠	汉	400—421	北凉
北凉	沮渠蒙逊	匈奴	401—439	北魏
后蜀	谯（qiáo）纵	汉	405—413	东晋

南 北 对 峙

从420年到589年，历史上称为南北朝时期。这一时期，南方经过了宋、齐、梁、陈四个朝代的更替，北方则经历了北魏、东魏、西魏、北齐和北周五个政权。南北朝分裂的格局，以公元589年隋文帝灭陈作结。

南方在刘义隆统治时期，曾出现了短暂的治世"元嘉之治"，但士族与寒门之间的矛盾没有从根本上解决。梁武帝统治时期，由于皇帝沉迷于宗教，国家缺乏有效的治理，侯景之乱在朝纲松弛的状态中应运而生，消耗了南朝本来就不多的实力。在北方，北魏在平定五胡十六国之后，曾经有不短的兴盛时期，尤其是魏太武帝拓跋焘（tāo）和魏孝文帝元宏，励精图治，使得国力大盛，但这个在战争中建立的王朝却没有很好地解决府户的待遇问题，造成了北魏末年的"六镇起义"，再加上宫廷内乱，最终，这个北朝持续时间最长的王朝分裂为东魏、西魏，随即被北齐、北周取代。最终，隋文帝杨坚取代北周政权自立，并统一全国，彻底结束了两晋以来的割据乱世。在宗教方面，北朝曾因为过于浓厚的宗教氛围对国家治理造成的问题，发起过几次大规模的灭佛运动。南朝也有笃信佛教的风气，出现了所谓"南朝四百八十寺，多少楼台烟雨中"的局面，范缜（zhěn）的《神灭论》此时应运而生，批判迷信活动，宣扬无神论，反映了朴素的唯物主义精神。

152-北魏的汉化运动

东晋末年，北方的鲜卑人拓跋氏逐渐强大起来，386年正月，拓跋珪号称代王，四月改称魏王，这就是北魏。拓跋珪称王后，逐步统一了大沙漠中的各个少数民族，到397年，全部占领了黄河以北的大片土地，和东晋隔河对峙。398年，拓跋珪在平城（今山西大同）改称皇帝，以平城为首都，历史上称他为魏太祖道武帝。到了北魏的第三代皇帝魏太武帝拓跋焘时，又打败了北方的柔然，并在428年俘虏了西方的夏王赫连昌。几年后，北魏又消灭了北燕、北凉等政权，统一了北方全部领土，以长江为界，和当时的刘宋王朝隔江对峙，这就是北朝。南朝经历了宋、齐、梁、陈四个朝代，北朝先是北魏政权，统治了一百四五十年，国力相当强大，后来分裂成东魏、西魏，北周又取代了西魏，北齐取代了东魏，北周又灭掉了北齐，最后北周政权落入杨坚的手中，杨坚称帝建立了隋朝，并在589年灭掉了南朝的陈国，再次统一了全国，结束了南北分裂的局面。历史上把从刘宋、北魏开始到隋朝之前的这一段时间称为南北朝时期。

在南北朝时期的北朝，北魏的统治时间最长，势力最大。北魏政治措施中特点最显著的，是它的"汉化"运动。

北魏的汉化运动，在魏孝文帝元宏时代集中开展起来。北魏初年，国家长期处于战争状态，官员们没

386年
拓跋珪重建代国，后改国号为魏，史称北魏。

398年
拓跋珪称帝，定都平城，是为北魏太祖。

471年
北魏拓跋宏（后改名为元宏）即位，是为魏孝文帝。

"传祚无穷"瓦当

北魏。出土于山西大同。直径15.5厘米。瓦当正面为井字格,上下左右四格内写有"传祚无穷"四字,表达了北魏统治者希望皇位永传的愿望。现藏于中国国家博物馆。

有固定薪水,只靠战利品来发给奖励。逐渐统一以后,没有战利品可以再分了,许多地方官便贪污腐化,剥削人民,导致人民纷纷反抗。如果再不实行较好的政治制度,将会危及国家政权的存亡。魏孝文帝决定进行改革,改革的基本办法就是发起汉化运动,吸收汉人的治国方针,改变鲜卑族的统治方式。

汉化的第一个措施就是把首都向南迁移,早在魏太宗拓跋嗣的时候,就曾经准备把首都从平城迁到邺城,但没有迁成。到493年,魏孝文帝借口南下进兵,来到洛阳,把洛阳和邺城进行反复比较,决定迁都洛阳。这个想法一出来,立即遭到保守势力的反对,并发生了两次叛乱,但都被很快平定下去。494年,魏孝文帝正式把都城迁到了洛阳,并在第二年做出规定,凡是从北方迁到南方来的人,死后都要葬在河南,不准往河北跑,这就断绝了上层贵族想回老家的念头。

在官职的分封和俸禄(薪水)的分配上,北魏过去没有固定的名称和规定,魏孝文帝对旧官制进行了彻底的改革。他借鉴魏晋的制度,完全按照汉人的统治方式,在朝廷里设置三师、三公、尚书、中书等中央文武官员;地方官也按魏晋旧制度,设刺史、太守、县令等;对各级官员都规定了等级不同的薪水,官员们领过了朝廷发给的薪水以后,不准再去搜刮钱财,如果在朝廷发放以外再获得钱财,那就是赃款赃物,达到一匹布的价值,官员就要被判死刑。这种制度实行后,减少了贪污事件的发生,对巩固统治起到了较好的作用。

北魏孝文帝汉化最彻底的表现是禁止使用胡人的服装和语言，明文规定必须穿汉族人的服装，讲汉语，禁止讲鲜卑语，特别是对年轻人的要求非常严格，不会讲汉语的人不让当官。同时，还不准鲜卑人之间同姓结婚，要求鲜卑人必须和汉人通婚。这些措施很快地消除了汉族与少数民族之间的隔阂（hé），促进了民族之间的交流和团结。另外，鲜卑人掌握汉人语言后，会很快地学好汉族文字，掌握汉族的经典著作，这对提高鲜卑上层贵族的文化素质起到了较好的作用。

很有意思的是，魏孝文帝还下令让鲜卑贵族改用汉族人的姓。496年，魏孝文帝将拓跋姓改为元姓，所以历史上的北魏帝王有两个姓，从魏孝文帝开始，就姓元了。他还把魏太祖拓跋珪以来的鲜卑族八大著姓全部改成汉人的姓氏，如丘穆陵氏改为穆氏，步六孤氏改为陆氏，贺赖氏改为贺氏，独孤氏改为刘氏，贺楼氏改为楼氏等。

北魏的汉化运动，实际上是魏孝文帝的一次大规模的改革。魏孝文帝改革彻底地改变了鲜卑族的政治、文化传统和社会习俗，使统治者和被统治的广大地区的老百姓融为一体，也使北魏的政权迅速强大起来。魏孝文帝是中国古代一个相当了不起的帝王。

153-农学专著《齐民要术》

在南北朝时期的北魏国，出了个农业科学家叫贾思勰（xié），贾思勰曾经做过北魏的高阳太守，生平事迹没有详细的记载，他的贡献主要在他对农业技术的研究上。

他把到南北朝以前的有关农业技术方面的书籍全部搜集起来，写成一部专著，叫作《齐民要术》。这本书把北魏所在的地方即黄河流域一带的农副业生产方式、过程全部记载下来，还尽量把长江以南有关农业、副业的生产方式记载下来。书的内容非常丰富，从粮食、蔬菜的种植到水果、树木的栽培，从家禽家畜的饲养到糖、酒的酿造等都写在书中，对农业耕种的科学知识记载得尤为详细，许多道理在今天看来仍然非常实用。

《齐民要术》对耕田的要求是：耕地必须要注意土地的干燥和潮湿的程

度，要在干湿程度适中的时候翻耕，强调耕燥不耕湿。因为田地如果干燥的话，耕翻过来，虽有大土块，只要一遇到雨水，土块就会粉碎；如果土地太湿，翻过来之后，形成的大土块被太阳一晒，极其坚硬，见了雨水也只是表面潮湿，这会影响土情，使之几年都好转不了，从而影响作物的生长。书中还强调耕地以后，要耙（bà）地，把土块耙碎，使土层松细，保持水分。在耕的深浅度上也很有讲究，不同季节里或深或浅，一般是秋季耕地要深，初耕要深，春夏耕地要浅。

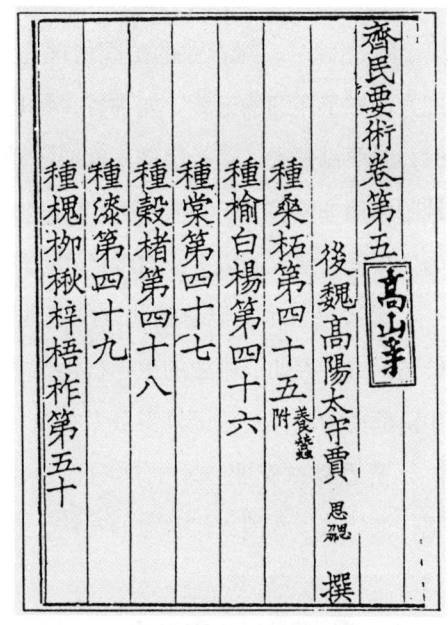

《齐民要术》书影

《齐民要术》是北魏末年农业科学家贾思勰的一部综合性农学著作。全书共10卷92篇，系统地总结了6世纪以前黄河中下游地区劳动人民农业、牧业生产的相关技术知识，还对季节、气候和不同土壤与不同农作物的关系做了详细介绍，被誉为"中国古代农业百科全书"。

耕地有讲究，土壤改良也很重要。《齐民要术》中把土壤分成很多种类型，有白土、黑土，有强土、弱土，有重土、轻土，有燥土、湿土，有缓土、紧土，等等，要根据作物生长要求经常改良土壤，使土质优化。

《齐民要术》对作物种子很有研究，认为要想有好的收成的话，种子非常重要，强调要年年选种，对种粮要采取特别的保存方法。当时的农业生产也确实比较发达，粮食出现了许多品种，《齐民要术》中就记载了当时的谷物有80多个品种，粳稻有十几个品种等。

《齐民要术》详细论述了施肥和灌溉办法，施肥的方法很多，肥料以绿肥为好，这和现代强调使用有机肥是同一道理。书中对灌溉也提出了具体的方法，种水稻要选近水的地方，而且清水灌田比浊水好，水清则稻谷美，所以处在水流上游的稻田比下游的要好。水稻插下去，成活一段时间以后，要薅（hāo）草，薅草后要放掉田里的水，让稻根晒太阳，晒到田发干为止。而在水稻即将成熟的时候，又要把田里的水放掉，这种放水晒田的办法，直到今天还为水稻种植时采用。

在北魏时，对农业的田间管理已经非常精细，《齐民要术》将当时的管理方法做了详细的记载。如种谷，谷是一种旱地作物，在谷苗长得像马耳形状时，就要锄一次，苗长出垄，就要深锄。书中指出，锄地次数要多，要勤。锄地的作用非常多，一是补齐苗，二是锄去杂草，三是松土保墒（shāng），认为如果能锄到五遍以上，对增产和收割以后的翻耕都很有好处。

《齐民要术》以总结北方的农业科学技术为主，也尽量根据文献记录，转述南方的农业、副业的生产科学技术，对南方的橙、橘、椰子都有记载，其中对蔗糖的制作方法记录得最为细致。

贾思勰对农业技术的详细记录，体现了我国古代劳动人民对农业的重视，也反映了我国古代农业的发达。

154-不怕死的史官高允

北魏太武帝拓跋焘在位的时候，重用了许多汉族大臣，并任用了许多文人为国家修史。魏太武帝对主持修国史的司徒崔浩、侍中高允等人说："国史是记载国家得失大事的，一定要尊重历史，按事实发生的情况写！"

崔浩便按照魏太武帝的意思，组织了一班文人，编写了一部国史，这部国史把魏国前朝的几个皇帝的历史事实一件件地记录了下来，涉及不少皇族里面的私事，有许多事情是很不光彩的，崔浩也照直记录下来。

当时，魏国太子总管百官，太子用了四个大臣做自己的帮手，第一个就是崔浩。崔浩从上代皇帝拓跋嗣开始就是北魏的重臣，两朝优待，使得崔浩渐渐滋生了骄傲的情绪，一般的人已经不被他放在眼里了，朝中许多大臣都去主动

崔浩像

崔浩（？—450年），字伯渊，清河郡东武城（今山东武城）。南北朝时期北魏名臣，著名的政治家、军事谋略家，推动了北魏统一北方的进程。450年，因修国史被北魏太武帝诛灭九族。

巴结他。

当崔浩主修的国史快成书时，崔浩手下的两个文人，一个叫闵湛，一个叫郗标，都来恭维他，叫他把国史刻在石碑上，立在碑林中，让天下人共同瞻仰他的文采。崔浩被吹捧得飘飘然了，果然让人们把国史刻在石碑上，这一下，北魏上代皇帝的一些生活私事被公开了，闯了大祸！

崔浩的名气太大，早就有人想找他的碴（chá）了，便向太武帝告状，说崔浩把皇家的事情夸大其词地公之于众，是有意攻击皇帝。魏太武帝大怒，立即将崔浩抓了起来，要治崔浩的罪，还要把和崔浩一同修史的人全部抓起来杀头。

和崔浩一同修国史的还有一个高允，按魏太武帝的意思，高允也将会被杀头。太子拓跋晃曾经向高允学过汉文，高允是太子的老师，太子想救高允，在魏太武帝抓高允之前找到高允，对高允说："我领你去见皇帝，皇帝问你什么话，你就照我说的意思去说，这样就能免了你的罪！"

太子先走进内庭，对魏太武帝说："修国史是崔浩一个人主持的，与高允没关系，请您免了高允的罪吧！"魏太武帝传高允觐见，问他修国史是怎么回事，哪知道高允却说："太祖纪（即拓跋珪的一篇传记）是前著作郎邓渊作的，先帝（即拓跋嗣）及您的传记是我和崔浩共同写的，崔浩只是总管，具体下笔书写，我却占了一大半。"魏太武帝大怒，瞪着眼睛对太子说："高允比崔浩的罪过还要大，怎么能免高允的罪呢？"太子见皇帝发火，忙跪下说："您的声威太大，高允有点害怕，语无伦次，所以才说了这些话。我曾经向高允问过，他说确实是崔浩写的。"高允对皇帝说："我的罪过太大，太子想保护我不死，又不敢直接向您求情，才编造了这段话。请您原谅太子的过错，治我的罪好了。"

魏太武帝见高允对太子这么忠心，火气消了一些，对太子说："高允果然很忠诚，也很耿直，死罪当头都不说假话，我免了他的罪！"便让高允站起来，立在旁边。

接着，魏太武帝又传崔浩觐见，崔浩已经吓得脸色大变，他便让人拉出崔浩，等候处置。魏太武帝令高允起草诏书，要将崔浩及下属128人全部株连五族，这一来就要杀死几千人。高允不愿写这道诏书，他说："我不知道崔浩是否犯了其他应死的罪，但修史记叙了客观事实，这是没有罪的。他的罪只是把国史刻了出来，但这个罪也不至于死，更不能把其他人都牵连进去！"魏太武帝更加愤怒，又命令把高允绑了起来，太子赶忙极力哀求，帮高允解释，魏太武帝平息了怒气，仔细想了想，觉得高允说得不错，自己差点多杀了数千人，让高允和太子先出去。

第二天，宫中到底传出诏书，将崔浩及崔浩的九族人都处死，其他牵连进来的人只杀了几个，也没连累到家族。

事后，太子责备高允说："我为你讲话，是想替你免罪，你却不听话，让皇上发火，我现在想起来，都觉得有点后怕呢。"高允却严肃地说："史书就是记载善恶，对后人进行教育的，崔浩并没有犯罪。作国史这件事，他没犯大错，不该处死。我和崔浩为同事，崔浩死了，我却活着，我感到很惭愧，觉得对不起这个朋友！"太子也为高允的话所感动。这些话后来传到魏太武帝的耳中，他也觉得做得过了头，有点后悔，曾经对人说："崔司徒死得可惜了。"

155-六镇起义

当初拓跋珪建立魏国并定都平城的时候，北魏的势力还不是很强大。到魏太武帝拓跋焘时，逐渐统治了北方的大片土地，国力强盛起来，但是，在北魏的边境线上还存在着许多政权，对北魏的发展造成了很大的威胁。当时，北方的柔然国占有整个大沙漠地区，是北魏的强敌。为了防御柔然的进攻，魏太武帝在北方与柔然接界的上千里边防线上设镇驻兵。

据史书记载，魏太武帝共建了六个大镇，镇名是沃野镇（今内蒙古五原东北）、怀朔镇（今内蒙古固阳南部）、抚冥镇（今内蒙古四子王旗东南）、武川镇（今内蒙古武川西）、柔玄镇（今内蒙古兴和西北）、怀荒镇（今河北张北）。这六镇在初建时，都是选拓跋部里的贵族豪强为将士去镇守，并且在政治上和经济上给予特殊的优待。

随着北魏国力的不断增强，国土面积不断向四方扩张，特别是从魏太武帝消灭了柔然国以后，北方六镇的待遇逐渐下降。从魏孝文帝元宏迁都洛阳、实行汉化政策以后，北镇军人的地位更低，担任士兵的府户受尽了欺凌和压迫，不少人向朝廷要求将镇改成州，把兵改成民，解除士兵的痛苦。朝廷虽然没照顾他们，但由于当时北魏国力正逐步强大，内部矛盾斗争不够激烈，所以一时还没有造成动乱。

到了500年以后，北魏的上层统治者逐渐腐化堕落，他们任意搜刮民脂民膏，把国家的财产据为己有。在西晋时候，曾经有过石崇和王恺比富的事情，到北魏孝明帝时，又出现了元雍和元琛斗富的事情。当时，高阳王元雍有着比皇宫还要壮丽、豪华的宫殿和园林，家里有奴仆6000多人，有妓女500多人，养着骏马十几匹。他邀请王公大臣们开宴会，用的器具都是用金银打造的，酒杯、饭碗、菜盘都是用水晶、玛瑙、赤玉等材料雕成的，精巧无比，家里的仓库里还藏着许多绫罗绸缎等织物。元琛对章武王元融说："传说晋朝的石崇是天下最有钱的，别人都遗憾没看到他家的钱，我想现在石崇要还活着的话，他肯定会遗憾没见到我呢！"章武王元融见元琛家这么多钱，嫉妒得回家睡了几天没起床。

魏孝明帝元诩（xǔ）是从6岁时当皇帝的，国家大事都由胡太后主持，胡太后也是个非常奢侈的人，她还喜欢恶作剧，拿王公大臣们开心。有一次，胡太后领着一些王公大臣去看国家的仓库，看到仓库里的绢帛等好布堆得像小山一样，怎么也用不完，就对他们说："你们自己背，能背动多少就全背回家！"章武王元融和一帮王公们纷纷去抢，元融抢得特别多，还没背出门，就摔倒在地，把脚跌伤了，另一个大臣李崇也死命地背，结果压伤了腰。两人好东西没捞着，还让人抬着回了家。胡太后看到大臣们的丑态，开心得不得了。

北魏的王公大臣们还特别信佛，营造了许多佛寺，每造一座佛寺就要用去无数的钱财，还经常出事故，砸死砸伤

石刻菩萨造像
北魏石像。北魏时期，佛教大盛，社会上立寺造像之风盛行。北魏佛像造像艺术融汇中外、兼采南北，达到了很高的艺术水平，著名的云冈石窟就是北魏佛像造像艺术的集中体现。

人和牛马。主持修佛寺的大臣冯熙说："佛像雕成之后，后人只看到大佛，哪能看到死人死牛呢？"根本不把人命当一回事。

就在朝廷大量搜刮钱财，王公大臣过着荒淫无耻生活的时候，老百姓被剥削得过不下日子，又加上连年水旱灾荒，人民的生活更加痛苦。原来建立在北方的六镇军民的生活尤为痛苦，最终爆发了六镇大起义。

524年3月，沃野镇人破六韩拔陵（破六韩是姓）聚众起义，杀掉了镇将，建年号为真王元年。4月，高平镇酋长胡琛，自称高平王，起兵响应破六韩拔陵。6月，秦州人莫折大提起兵，杀死刺史李彦，自称秦王。525年，柔玄镇人杜洛周在上谷起兵，建年号为真王。526年，鲜于修礼在定州起义，建年号为鲁兴元年，修礼战死后，由葛荣继续领导起义。在六镇起义中，葛荣领导的这支起义军力量最强，曾经杀死了北魏的几个亲王。528年，邢杲（gǎo）在青州北海起义，自称汉王，建年号为天统。这就是北魏历史上著名的六镇大起义。

六镇起义虽然最后都失败了，但它彻底打击了北魏的统治。在镇压六镇起义中，尔朱荣的功劳最大，后来尔朱荣被高欢消灭，这之后北魏便分裂成东魏和西魏两个政权，北魏的统治宣告结束。

156-疯狂的北齐皇帝

550年，高洋废掉东魏的孝静帝元善见，自己登上了皇位，改国号为齐，史称北齐。

高洋刚刚登上皇位的时候，还比较注重治理国家，政治、军事上都比以前大有进步，可到后来，他

TIPS

尔朱荣

尔朱荣（493年—530年），字天宝，北秀容（今山西朔州一带）人。其祖先居于尔朱川（今山西西北部），故以尔朱为姓。尔朱荣早年是契胡部的首长，在镇压六镇起义中壮大实力，528年，借口为被胡太后毒死的北魏孝明帝报仇，进军洛阳，杀死胡太后和其所立幼帝，立元子攸（即魏孝庄帝）为帝，掌控朝政，为一代权臣。后为魏孝庄帝所杀。

◀ 550年

高洋废东魏孝静帝，自立为帝，改国号为齐，史称北齐。高洋为北齐文宣帝。

越来越残暴任性，做下了许多令人发指的事情。

高洋的性情是疯疯癫癫的，一会儿糊涂，一会儿清楚。他经常带着自己宠爱的宫妃到外面去游玩，还喜欢穿着花花绿绿的衣服到处跑，夏天的时候，甚至光着膀子到外面游玩。

高洋的母亲听说高洋不成样子，便把他叫到自己的宫中，教训他要好好地当皇帝，可怎么讲他也听不进去，气得太后举起拐棍揍他。高洋被揍了几下，爬起来往外就走，走到门口，回头指着母亲说："把这个老东西嫁给胡人去！"这一下气得皇太后头昏眼花，从此发誓再不讲话。高洋出去后，知道自己话讲得不对，过了几天来向母亲请求原谅，无奈怎么跪地磕头，皇太后都不讲话，气得他爬起来，把皇太后坐的椅子掀翻，连人带椅摔出几尺远，皇太后被跌得鼻青脸肿。过了几天，高洋又觉得自己做错了，又来给母亲道歉，说母亲要不原谅他，他就要死，皇太后这才勉强原谅了他。

高洋怀疑自己的爱妃和别人有不正当的关系，便把爱妃杀死，把她的髀（bì）骨做成琵琶，一面喝酒，一面弹琵琶，唱着伤心的歌，泪水流了一脸。

有一次，高洋出去游玩，穿着一身军装，在路上遇到一个妇女，问妇女道："你说，当今的天子怎么样？"这妇女不知道他就是皇帝，说："当今皇帝疯疯癫癫的，算什么天子！"妇女的话音刚落，高洋已经举刀一挥，把妇女斩成两段。

559年，彗星出现，按当时迷信的说法，彗星出现是不吉祥的，高洋问彭城公元韶说："汉朝的光武帝刘秀为什么又重新当了皇帝？"元韶随口说道："王莽应该把刘氏家人全部杀光！"高洋自己的北齐政权就是从东魏手里夺过来的，为了不让东魏的皇族后代再来和自己争夺皇位，就把东魏皇族全部抓起来杀头，共杀掉四五十家，后来又把与元氏家族有亲戚关系的也全部杀掉，共杀了3000多人。

尽管高洋这样胡作非为，幸好有几个大臣不断地劝阻，国家的大事依靠几个重臣支持，还不算太糟。还有一些耿直的大臣经常当面批评他。开府参军裴谒之上表批评高洋，高洋很恼火，向侍中杨愔（yīn）说："谒之这个家伙，怎么这样对我讲话？"杨愔故意说："他故意批评您，让您生气，您杀了他，他就成了大忠臣啦！"高洋开心地说："我偏偏不杀他，让他当不了忠臣！"这才算救了裴谒之的一条性命。

有一个叫李集的谏官，也不怕死，当面把高洋比作历史上的暴君桀、纣，高洋大怒，命令把李集绑起来，沉到水里，过了好一会儿才捞上来，问他："我是不是桀、纣一样的暴君？"李集说："你还不如桀、纣！"高洋又把他沉到水中，反复沉了三次，问了三次，李集还是坚持自己的话，死不悔改。弄得高洋也没办法，苦笑着把他放了。

高洋死后，北齐又经历了几个皇帝，到齐后主高纬时，国家已经衰弱不堪了。当时，北周逐渐强大起来，已经对北齐形成了军事上的包围。北周的武帝宇文邕是个很能干的君主，他不断对北齐发动进攻，而高纬却不去调整国家的政策和军事防御力量，只是一味地贪图享乐，残酷地做杀人游戏。

573年，高纬把上表批评自己、劝阻自己的汉族官员一律杀死，把被杀者的家属全部发配到边境充军，妇女、小孩充作奴隶。高洋杀了3000多姓元的鲜卑人，高纬又大杀汉官，使高氏政权既与鲜卑人产生了矛盾，也与汉族人发生了矛盾，国内已经没有人再愿意支持他。

这时，他还不知道警醒。576年10月，周武帝宇文邕率领军队攻到了晋州城下时，高纬正与爱妃冯小怜在打猎，大臣们请他赶快回去部署作战，他还听冯小怜的话说："再打一回猎再走。"后来唐朝大诗人李商隐作诗讽刺这件事说："晋阳已陷休回首，更请君主猎一回。"

577年正月，周兵已经攻取了邺城，高纬还在邺城举行了一次"禅位"活动，把皇位让给才8岁的太

⬅ **565年**

皇太子高纬应天象即位为帝，尊其父高湛为太上皇。高纬即为北齐后主。

彩绘舞蹈陶俑
北齐。1987年出土于河北磁县。舞女着拂地长裙，高髻广袖，舞姿灵动。

⬅ **577年**

北周灭北齐。

子高恒，史称为齐幼主。活动一完毕，父子俩立即出逃，想去投奔南陈，走到青州的时候，被周军追上，全部被俘虏，送到长安，第二年被杀。北齐只存在了28年。

157-灭佛运动

佛教从东汉后期传入中国，在魏晋南北朝时得到了大发展，不光南朝的梁武帝信佛，北朝的皇帝和达官贵族们也都信佛，迷信宗教，在北周初期，佛教的发展达到了顶点。北魏时佛寺有6000多座，和尚尼姑有75000多人，到北周佛寺猛增到30000多座，和尚尼姑达到200多万人。佛教的畸形发展，给国家的经济带来了巨大的危害，所以有见识的君主便开始禁佛和毁佛，这类事在北朝先后发生过两次。

第一次是北魏的太武帝拓跋焘。北魏从拓跋珪开始创下国家政权的基础，到拓跋焘时力量最为强大，他南征北战，统一了中国长江以北的大片土地。拓跋焘统一北方后，决定限制佛教的发展，他规定，50岁以下的和尚必须离开寺庙，回家种田，服兵役，缴纳租税。这道命令下达后，对佛教的发展起了一定的控制作用。

445年，北魏发生了盖吴领导的大起义，拓跋焘亲自领兵镇压。平定了盖吴的起义之后，拓跋焘回到长安，看到长安佛寺中藏有兵器，还有造酒的工具，佛寺的内部还收藏着大量的财物，甚至关着许多年轻的妇女，拓跋焘十分震怒，他说："和尚不是修行、做善事、不吃荤腥、不结婚吗？这佛寺中要刀枪干什么？造酒干什么？留女人干什么？"拓跋焘的大臣崔

> **TIPS**
>
> **《洛阳伽蓝记》**
> 中国佛教史籍著作，北朝杨衒之所著。该书以散文的方式，记载北魏时期洛阳佛寺的兴衰历史，其中涉及大量当时的时事和人物，是一部集历史、地理、佛教、文学于一身的历史和人物故事类笔记。伽蓝，读qié lán，梵语音译，意为佛寺。

浩建议："佛教坑害人民，造佛像浪费钱财，应该把佛像毁掉，禁止人民信佛、出家当和尚！"

446年，拓跋焘下令："把天下所有的佛寺全部捣毁，把所有的佛经、佛像全部烧掉，把僧民全部杀光，永远禁绝佛教的流传。"

拓跋焘的禁佛运动，在当时产生了很好的效果，可是他死后，北魏的皇帝和王公大臣们又信起佛来，再一次掀起信佛、崇佛的潮流。到北周统一天下时，佛教已经发展到不可收拾的地步，于是发生了第二次灭佛运动。

西魏末年，大权掌握在宇文泰的手中，宇文泰被封为太师、大冢（zhǒng）宰，都督中外军事。宇文泰死后，爵位传给儿子宇文觉，宇文觉在557年废掉魏恭帝，建立北周政权，这就是北周的孝闵帝。宇文觉死后，北周政权动荡了一段时间，直到周武帝宇文邕掌握了皇权，北周的内部才稳定下来。

周武帝当了皇帝之后，进行了一系列的改革，其中最重要的措施之一，就是大规模的灭佛。

周武帝在灭佛之前，经过了长期的准备，还进行过几次大规模的辩论，辩论的结果是只留儒家思想，把佛教和道教一起灭掉。其中567年的一次大辩论比较有名，当时有一个和尚叫卫元嵩，他上书给周武帝，表示自己不当和尚了，他说："应把造佛像的热情和钱财用来造城池，把皇帝当成佛祖。古代尧舜的时候并没有寺庙，也不信佛教，可那时的天下太平得很，而江南的齐、梁两朝的寺庙、和尚多得数不清，可他们却很快就亡了国。"这些话很有说服力，也深深地打动了周武帝，他灭佛的决心更大了。

577年，周武帝在灭掉北齐政权后，在邺城召集

◀ 557年
宇文觉废西魏恭帝自立为帝，改国号为周，史称北周。宇文觉为北周孝闵帝。

◀ 560年
宇文邕即位，是为周武帝。

TIPS
江南春
杜牧

千里莺啼绿映红，
水村山郭酒旗风。
南朝四百八十寺，
多少楼台烟雨中。

了500多名和尚、道人参加大会，宣布灭佛。这一决定遭到了和尚们的坚决反对，慧远法师大声地和周武帝争辩，并且威胁周武帝说："你这样不敬佛、不敬神，死了以后会被打进十八层地狱，受尽苦难和折磨，一万年也不得超生投胎！"

周武帝坚决地说："只要老百姓的生活过好了，我情愿下地狱受苦！"

这次毁佛运动，没收了40000多座寺庙的房产，把寺庙的房屋作为王公大臣们的住宅；让300多万名和尚、尼姑还俗回乡，让他们成家立业，为国家服役，增添了许多劳动力，扩充了兵员；还把佛像和经书烧毁，把寺庙中和尚的用具等一一奖给有功的大臣。

这次大规模的灭佛运动，使国家的田产、户口得到了增加，负担租赋的人口多了，国中人均负担减轻了，国家的军事力量和经济力量迅速增强起来，对北周统一北方全部领土起到了积极的作用。

158-寒族帝王刘寄奴

南朝的第一个皇帝是宋武帝刘裕，刘裕字德舆，小名寄奴，祖籍彭城。据说刘裕是汉高祖刘邦弟弟刘交的后代，刘交被封为楚元王，封地在彭城，所以后代便以彭城为故乡。到了西晋永嘉之乱时期，刘裕的曾祖父刘混迁居到丹徒的京口，传到刘裕这一代时，已经非常贫穷了。刘裕小时候只能靠打柴、种地为生，特别喜欢练习武艺，后来在刘牢之的北府兵中当兵，作战时机智勇敢，官职不断提升。

404年，刘裕领兵进攻建康，赶走了桓玄，重新

彩绘贴金石菩萨像

北周。1992年在陕西西安发现。通高94厘米。雕像为白石，台座为青石。雕像为菩萨立像，头戴化佛宝冠，面相方圆，双目微睁，身佩璎珞、宝珠，手执净瓶、柳枝，着长裙，足下为双狮莲花台。现藏于陕西省西安市文物保护研究院。

扶助晋安帝司马德宗恢复了皇位。晋安帝下诏（晋安帝是个白痴，他诏书应该都是别人代写的），封琅琊王司马德文为大司马，武陵王司马遵为太保，刘毅为左将军，何无忌为右将军，特别加封刘裕为侍中，兼青州、徐州刺史和车骑将军，都督中外军事。刘裕不愿在建康做官，又改封十六州都督，驻守京口。从这时候起，刘裕代替桓玄掌握了大权，朝廷中的方针政策都由刘裕定，所谓的皇帝司马德宗，只是一个傀儡而已。

刘裕掌握了朝廷的大权以后，在军事上立下了很大的功劳。409年，刘裕率兵北上，讨伐南燕，灭了南燕政权。灭掉南燕以后，刘裕又马不停蹄地赶回南方，镇压了孙恩、卢循领导的沿海农民起义。416年，刘裕再次领导北伐，消灭了后秦政权，南燕、后秦的政权被消灭以后，东晋的领土从原来的江淮以南一带延伸到了黄河南岸，晋家王师的旗帜终于在消失100多年后再次插上了长安的城头。

刘裕的军功是东晋历代大臣中没人能比得上的，刘裕的北伐南征为他自己捞取了非常丰厚的政治资本，在朝廷里树立了很高的声望，也为他建立新政权打下了基础。

在积极对外用兵的同时，刘裕还不忘消灭自己的反对势力。荆州刺史刘毅是和刘裕同时起兵的将领，他认为自己的功劳完全可以和刘裕相匹敌，不把刘裕放在眼里。在412年冬天，刘裕突然袭击，杀掉了刘毅，除掉了自己的一个政敌。和刘裕同样出身于北府兵将领的，还有一个诸葛长民，刘裕在进攻刘毅时，便派自己的心腹刘穆之监视诸葛长民，杀掉刘毅之后，又杀掉了诸葛长民，消灭了一个个政敌，铺平了

TIPS

寄奴射蛇

寄奴是刘裕的小名。传说刘裕一次去山上砍柴，射伤一条大蛇。次日他再去，发现有几个小童在捣药，刘裕问他们为何制药，小童答道："我家大王被刘寄奴射伤，所以要医治。"刘裕问："你家大王为何不杀了那个射伤自己的人呢？"小童回答道："那人是王，不可杀。"古代的皇帝尤其是开国皇帝大都有此类灵异事件的传说，借以表明他们是天选之人。

> **419年**
> 晋安帝死，刘裕立司马德文为帝，是为晋恭帝。

> **420年**
> 晋恭帝禅位于刘裕，东晋亡。刘裕即位，国号宋，改元永初，是为宋武帝。

TIPS

谢灵运

谢灵运（385年—433年），原名公义，字灵运，以字行于世，小名客儿，世称谢客。又因为他是谢玄之孙，世袭康乐公（刘宋时被降为康乐侯），世称谢康乐。南北朝时期著名诗人，开创了中国文学的山水诗派。后来被宋文帝以"叛逆"罪名杀害。

自己通往皇位的道路。419年，刘裕被封为宋王后，偷偷地绞死了安帝司马德宗，另立司马德文为皇帝，这就是东晋的最后一个皇帝，历史上称作晋恭帝。420年，刘裕也演了一出"禅让"的戏，叫司马德文把皇帝位置让给了自己。到此，东晋灭亡，刘裕将新建的王朝称为宋，自己称帝，历史上称他作宋武帝。

宋武帝刘裕完全可以说是寒族出身，他当了皇帝后，吸取了东晋的教训，改革朝廷的政治。在他统治期间，政局相对比较安定，这和他采取的一系列政策有关。

由于自己出身低贱，宋武帝认识到要用真正有才能的人当官，不能按家庭出身来衡量人才，因而起用了许多出身寒门的很有才能的人当大官。对于世家大族，宋武帝虽然保持其经济上的优越地位，但大大削弱了他们的军政实权，有效地遏制了他们的势力膨胀。

鉴于东晋王朝不断动乱的历史教训，宋武帝很注重中央集权，在上层统治集团内部不允许任何人反对自己，当时高门士族出身的王愉、谢混等人都因反对宋武帝而被杀头。东晋时候，造反、动乱往往都是由荆州、江州两州的将领发起，所以，宋武帝对荆、江二州的控制非常严格，派驻的军政首脑统统是自己政权内部信得过的人。

在治理国家方面，宋武帝主张勤俭节约，发展生产。他采取了一些控制大地主们强占土地的措施，禁止地方的豪强恶霸侵害老百姓的利益，减轻税收，发展生产。宋武帝自己的生活也非常朴素，很少举行大的宴会，儿女们举行婚礼也不大操大办，这便带动了社会风气的变化。

和东晋皇帝不同的另一个地方，就是宋武帝比较能心平气和地听取反对意见。朝中有一个叫郑鲜之的人经常爱和宋武帝争论，常常弄得他下不了台，宋武帝虽然不高兴，但还认为他是个忠臣，叫别人向他学习。

159-元嘉之治

宋武帝执政20多年，当皇帝几年，在这期间他实行了一些比较好的政策，国家的经济形势开始好转。422年，宋武帝病死，太子刘义符即位，这就是宋少帝。

宋少帝刘义符即位以后，把国家大事当作儿戏，成天在外游玩。424年的夏天，刘义符去华林园中饮酒作乐，天晚了，他还不回宫，和自己左右的近臣同乘龙船，就在船中过夜。他还喜欢在华林园中设置市场，亲自算账收钱，出售货物。

刘义符的这些行为完全不像一个管理国家的君主的行为，大臣徐羡（xiàn）之、傅亮等人反复规劝他，要他多做点正事，可他就是不听。最后，徐羡之、傅亮等人决定奏请太后，废刘义符，另立一个比较贤明的皇帝。按当时的惯例，弟兄中间，老大被废，应该由老二即位，刘义符是刘裕的长子，如果废掉刘义符，就应该由老二刘义真继承皇位，但刘义真也不适合当皇帝，徐羡之、傅亮等人又决定先废掉刘义真的庐陵王封号，再废掉刘义符。他们先用皇帝刘义符的诏书，废除了庐陵王，然后又用皇太后的诏书，废刘义符为营阳王，并且先后将刘义符和刘义真杀掉，迎接刘裕的第三个儿子刘义隆为皇帝，这

◀ 422年
宋武帝病死，太子刘义符即位，是为宋少帝。

◀ 424年
徐羡之、傅亮废宋少帝，立刘裕第三子刘义隆为帝，是为宋文帝。

就是宋文帝。

宋文帝刘义隆当皇帝后，表面上继续使用傅亮等人辅政，但他痛恨他们杀掉了自己的哥哥，便又悄悄地杀掉了徐羡之、傅亮等人，又派檀道济、到彦之等人讨伐荆州刺史谢晦，捉住谢晦，带到建康杀了头。这样，刘义隆就把拥立自己为帝的几个"功臣"都给杀了，又对檀道济等人给予警告，说他们参加了暗杀刘义真、刘义符的行动，但因为不是主犯，所以仍然保留官职不变。在这几个措施实行之后，刘义隆才真正地把朝廷的大权集中掌握到了自己的手里。

在政治上，刘义隆算是一个比较有作为的君主，他在父亲刘裕改革的基础上，对国家的政治、经济制度继续进行改革。刘义隆首先对全国各地的官吏进行考察，对政绩好的官员及时提拔，政绩不好的官员进行降职处分。在对一些案件的处理上，刘义隆要求各地官员应多方听取民众意见，自己在朝中设立了延贤堂，亲自听取各类官司诉讼，力求刑事处分上公正合理。他还很重视教育，自己亲临国子学对学生进行考试，下令让各地官员推荐本地有名的贤人到朝廷来，供国家选拔。

在发展生产方面，刘义隆特别重视农业。东晋末年时，由于连年战争，许多田地都荒芜了，刘义隆下令各地官员发展农业，开荒种地，并且还制定了一些优惠政策在全国施行。比如凡因受灾荒而缺粮种的，由地方政府借给；让各地区之间互相调粮救济；对受灾害的农业区减收或者免收租税，让它们有能力发展再生产。从元嘉七年（430年）开始，国家恢复了铸钱，对经济的发展起到了一定的促进作用。

刘义隆从424年当皇帝，直到453年去世，这30年内，国家的经济生产得到了较大的发展，再次出现了安定、繁荣的局面，历史上称这一段时间为"元嘉之治"（元嘉是宋文帝刘义隆的年号）。

但是，在军事上，刘义隆却是个很糟糕的皇帝。他不懂得打仗，可却偏偏要自己指挥，在他统治期间，和北魏打了很多年的仗，都是以失败而告终。元嘉七年，刘义隆让到彦之带兵五万北伐，和北魏太武帝拓跋焘展开了拉锯战，最后，宋军粮食接济不上，只好败退回南方。刘义隆派檀道济前去支援，等檀道济赶到山东时，宋军已经败退，檀道济也面临着军粮缺乏的处境，只好领兵撤退。为了阻止北魏的追击，檀道济让士兵们把沙子堆在兵车上，上面用少量的米盖起来，北魏军队认为宋军粮食非常充足，才不敢追击。

449年，魏太武帝拓跋焘消灭了北方的柔然、南燕等几个小国，统一了北方的大片领土，发兵南下，进攻南宋，刘义隆也集中百万大军北上抵抗，长期对峙的南北两个强国开始了漫长的战争。在这次战争中，宋军主帅不得人心，连连战败，北魏的军队一直打到长江北岸，这场战争最后以宋军失败而告终。刘宋政权丢掉了淮北、河南等大片土地，原来势均力敌的南北力量开始发生变化，北方明显强大，刘宋政权逐渐衰弱下来。

453年，刘义隆打算废掉太子刘劭（shào），宋朝的宫廷内部又一次展开了权力的争夺。最后，刘劭杀死了父亲，自立为帝，刘劭的弟弟刘骏又杀死了刘劭和他的四个儿子，自己当了皇帝，这就是宋孝武帝。

> **453年**
> 太子刘劭杀宋文帝自立，3个月后被杀。宋文帝第三子刘骏即位，是为宋孝武帝。

160-科学发明家祖冲之

祖冲之生活在刘宋王朝的后期，祖冲之家祖上是做官出身，曾祖父祖台之曾经在晋朝当过侍中，祖父、父亲都在朝中做过官，是个有着较好文化修养的家庭。祖冲之在家庭的影响下，从小就喜爱读书，聪明博学。

当祖冲之长大成人时，正逢刘宋王朝的孝武帝时代。宋孝武帝不像祖上刘裕那样兢兢业业地治理国家，他只懂得做皇帝享福，国家的政治越来越腐朽，他还一点儿也不知道。祖冲之本来对做官就不感兴趣，现在看到国家官僚制度这么糟糕，更没兴趣来做官了，便一心埋头做学问。渐渐地，祖冲之的名气越来越大，被孝武帝听说了，孝武帝为了网罗人才，便让祖冲之到当时专门从事学术研究的"华林学省"里去当官，按现在说法，就是专门做学术研究工作。祖冲之虽然不愿做官，但是对这样可以做学问的地方还是愿意去的。这里有国家收藏的许多珍贵的文献和资料，祖冲之的学术水平很快得到了提高。

中国古代非常重视天文历法的研究，因为这首先关系到农业生产，再说，皇帝一般都认为自己是"天子"，怎能不知道天的事情呢？所以从秦朝开始，便有专门的历法在社会上使用。祖冲之在华林学省里认真观察太阳和星球的变化，经过长期的积累，得出了大量的数据，他认为从古代流传下来的天文历法不够精确，计算季节变化时有很大误差。

认识到了旧历法的误差后，祖冲之开始自己制定新的历法，经过几年的辛勤劳动，终于制定出一种新的历法，祖冲之称它为"大明历"（"大明"是宋孝武帝当时的年号）。用祖冲之的大明历计算出来的每一个回归年的天数和现代科学测定的准确天数只差50秒（每一个回归年就是两年冬至点之间的时间，从地球上观察太阳走完了一周天，也就是一周年，所以又叫一个回归年）。

462年，也就是宋孝武帝大明六年，祖冲之把自己精心测算制定出的大明历法献给皇帝，请求使用新的历法来纪年，祖冲之还指出了旧历法中的许多错误。当时的官僚们都不大相信科学，死抱着过去固定的东西不放，他们见祖冲之要改变已经用了多少代的天文历法，一齐表示怀疑，说祖冲之离经叛道，竟敢改动祖宗规定的制度，给祖冲之扣上了许多大帽子。但是祖冲之毫不害怕，据理力争，孝武帝开始不相信新历法，后来见祖冲之说得很有道理，有点动心，但也没下定决心正式使用。祖冲之的《大明历》被放了下来，一直到他去世十年后的梁天监九年（510年）才正式开始使用。

祖冲之在科学上的另一个杰出的贡献是他精确地计算出圆周率，他精确地算出圆周率在3.1415926和3.1415927之间，是世界上第一个把圆周率的数值计算到小数点后面七位数以上的科学家。他还对古代的《九章算术》这一数学著作进行了注解，编写出《缀术》一书。除此之外，祖冲之还为中国古代的许多经典著作做了注解，注释过《论语》《孝经》等。

在进行学术研究的同时，祖冲之还做出了许多科学发明和创造。他把指南车的机械原理加以改进，造出了一种新的指南车，车上有一个铜人，无论车子怎么转动，铜人的手指总是指向南方。他造出一种叫"千里船"的快船，在新亭江试航，一天能行100多里水路。祖冲之在乐游苑里利用水流为动力，造出一种水碓（duì）磨，轰动了全城，连皇帝都来看。据说祖冲之还曾仿造出孔明的木牛流马来，不用风力、人力、水力，机器就可以自己运转。

祖冲之的一生是刻苦钻研学问的一生。

161-刘宋皇室骨肉相残

在中国历史上，皇室内部互相残杀已经司空见惯，可刘宋皇室里的互相残杀却比以往的皇室发生得多，也发生得更加惨重。

宋孝武帝刘骏是杀死哥哥刘劭和他的四个儿子后才当上皇帝的，宋孝武帝大明三年（459年），皇室弟兄、竟陵王刘诞起兵造反，刘骏派心腹大臣沈庆之领兵征讨，攻克广陵后，将刘诞及其部下将士3000多人一齐杀死，刘骏竟然命令把刘诞家的女儿、媳妇、大小老婆等一齐作为奖品，奖给士兵们任意糟蹋。464年，刘骏病死，太子刘子业即位为帝。

太子刘子业当上皇帝的第二年便被人杀死了，历史上称他为宋废帝。因为后来刘宋政权不久又出现了

指南车模型

指南车是三国曹魏著名机械制造家马钧在233年—237年间制造的，南朝刘宋时期的科学家祖冲之对它加以改进，重新造出了用铜制机件传动的指南车。历代对指南车的记载较为简略，至《宋史·舆服志》才详细记载了宋代燕肃和吴德仁制造的指南车的结构和技术规范。

⬅ **464年**

宋孝武帝病死，太子刘子业即位，是为宋前废帝。

一个废帝，所以历史上又称刘子业为宋前废帝。

刘子业比他的父辈们更加残暴。他当了皇帝后胡作非为，他母亲病重在床，叫他进去，有话要对他讲，刘子业却说："病人住的地方有许多鬼，很怕人，不能去！"拒绝去看望太后。他母亲听说了这个消息，气愤得要拿刀来剖开自己的肚子，骂自己肚皮不好，怎么生出这么个儿子来！刘子业既怕又恨他的三个叔父，即湘东王刘彧（yù）、建安王刘休仁、山阳王刘休祐，他把这三个叔父叫到宫廷里来，命令手下士兵把他们装在铁笼子里，用木棍捶打。他还给他们三个人各起了一个名字，湘东王刘彧非常胖，起名叫猪王，建安王刘休仁就叫杀王，山阳王刘休祐叫贼王。他对刘彧特别痛恨，用猪食槽装满了许多猪食，强迫他爬到地上，用嘴去吃槽子里的猪食。

刘子业把立有大功的叔祖父刘义恭和四个儿子一齐杀死，为了阻止自己的弟兄们将来和自己争权，又把几个小弟弟杀死。刘子业的残暴不仁，引起了大臣们的不安和反感，他知道后，又滥杀大臣，甚至连忠心不二的心腹大臣沈庆之也被他毒死，沈庆之死的时候已经是80岁的高龄了。

更为无耻的是，刘子业还把已经出嫁了的姐姐山阴公主接回来，做自己的姘（pīn）头，还把自己的姑母强行娶为小老婆。到465年，他终于被手下的侍卫官杀死。

刘子业死后，大臣们迎接湘东王刘彧入京，立为皇帝，这就是宋明帝。

宋明帝刘彧比他的前任皇帝更加残暴，杀起皇族成员来手段更加残忍。在471年的一个月中，他就杀死了27个弟兄，而当时的北魏正在大举南攻，刘宋的

> **465年**
> 宋前废帝被杀，湘东王刘彧即位，是为宋明帝。

国土在一块一块地被北魏夺去。当时在建康城中流传着一首民歌："遥望建康城，小江逆流萦，前见子杀父，后见弟杀兄。"刘彧荒唐到连做梦也当成真事。有一天晚上，他梦见豫章太守刘愔起兵造反，梦醒后，立即派人到豫章去把刘愔杀了。

472年，宋明帝刘彧病死，太子刘昱即位当了皇帝，这就是历史上的宋后废帝。

> **472年**
> 宋明帝病死，太子刘昱即位，是为宋后废帝。

刘昱当皇帝时才10岁，完全是个小孩子。他从小就很顽皮，喜欢上树、爬竹竿，当了皇帝仍然是童心不变，不但不听大臣们的话，还经常带着自己喜欢的宫人出去游逛，有时在城市里玩，有时跑到野外去玩，母亲陈太后只好命令宫人们推着车子，自己坐在车上，远远地保护他。刘昱玩累了，随便哪里卧倒就睡，白天经常在路边睡觉，晚上也不回皇宫，在街上的小旅店中休息，怎么劝也不听。

后来，刘昱渐渐长大了，变得非常凶残。他不分白天黑夜地出去游玩，路上不准有行人挡路，甚至连牛马也不行，只要有人或牛马挡路，刘昱立即命令士兵将他（它）杀死。后来，每当刘昱要出门游玩的时候，卫兵们便上大街打招呼："皇帝要出来了！"一听说皇帝要出来，大家纷纷让开道路，躲进家中，大白天里，商店不开张，路上无行人。

有一天，刘昱到处闲逛，突然闯进禁卫军首领萧道成的家中。当时天气炎热，萧道成正在午睡，他又是个大胖子，挺着大肚皮打呼噜。刘昱看到萧道成的大肚皮，非常高兴，在他的肚脐（qí）上画了个圆圈，叫萧道成站着不动，让自己用箭射他的肚脐眼，说这是最好的箭靶子，吓得萧道成六神无主。

卫兵们怕萧道成被射死，一起对刘昱说："这样好的箭靶子要留着以后慢慢用，不能用真箭射，否则射死了萧道成，箭靶子就没有了。"刘昱觉得很好玩，便将箭头拿掉，用光头的箭杆射击，一下正中萧道成的肚脐，高兴得直跳，不断吹嘘自己的箭术。萧道成痛得直打滚，但总算保住了一条老命。

萧道成自从被刘昱捉弄之后，非常气愤，但又非常害怕，不知道他什么时候又要来拿自己的肚脐当靶子，这样下去，不被刘昱杀死，也要被他折磨死，索性先下手为强，买通了刘昱的卫士杨玉夫等人，杀死了刘昱。刘昱死的时候，才17岁。

萧道成杀死了刘昱，立明帝刘彧的第三个儿子刘准当了皇帝，这就是宋顺帝。宋顺帝即位时也才11岁，大权落在萧道成的手里。这样过了3年后，萧道成觉得不过瘾，干脆废掉了宋顺帝刘准，自己当了皇帝，改称国号为齐，史称萧道成为齐高帝。

当萧道成迫使刘准让位时，刘准吓得躲到宫殿里的佛龛（kān）下面，士兵们将他搜出来送上车子，小皇帝很害怕，问士兵们是不是要杀自己，士兵告诉他说："不杀你，只是把你换个地方，你不能再当皇帝了，由别人代替你当皇帝，你家祖上赶走晋朝皇帝时也是这么做的。"到此为止，刘宋政权宣告结束，从420年到479年，总共存在了60年。

162-和尚皇帝萧衍

南齐从高帝萧道成代宋开始（479年）到齐和帝萧宝融让给萧衍（502年）止，总共只经历了二十几年，是一个寿命极短的王朝。就是一个这么短命的王朝，也经历了七位帝王，大多数是当了几年便被人杀

> **477年**
> 萧道成杀宋后废帝，立刘准为帝，是为宋顺帝。

> **479年**
> 宋顺帝禅位于萧道成，宋亡。萧道成即位，国号齐，史称南齐。萧道成为南齐高帝。

掉了或被迫下台。

498年,东昏侯萧宝卷即位,他是个只知道玩乐、不知道治国的昏君,但他还残暴得很,谁敢批评他一句,就要被杀头,大臣们和王室的贵族们都觉得很不安全,纷纷起兵反对他。500年,雍州刺史萧衍和江夏王萧宝玄联合起兵杀奔京都,于501年杀掉了萧宝卷,立和帝萧宝融继位。

萧宝融上台以后,感谢萧衍的功劳,将萧衍先后封为相国、梁公、梁王,萧衍便一步步地掌握了朝廷的大权。

萧衍也是个政治野心很大的人,他觉得齐政权非常软弱,利用自己手中的权力,完全可以推翻它,便在自己执政期间有计划地开始了篡权的行动。他以各种罪名,把湘东王萧宝晊(zhì)弟兄三人和邵陵王萧宝攸、晋熙王萧宝嵩等一一杀掉,还赶走了几个亲王,这样,萧衍就为自己篡权扫平了道路。502年,萧衍指示谋士沈约、夏侯详、范云等人强迫萧宝融把皇位让给自己,高高兴兴地登上了皇帝的宝座,改国号为梁,因皇帝姓萧,历史上又称为萧梁,称萧衍为梁武帝。

萧衍当了皇帝后,对皇族成员实行宽容的政策,给他们很高的待遇,并且尽量做出一个勤俭、开明的帝王的样子。他每天天不亮就起床,批阅文件,生活也非常艰苦,平时生活以吃素为主,举行宴会时也全部是素食,因为他是个崇信佛教、反对杀生的人。

梁武帝的信佛,可以说是怪得出奇。他本来是信奉道家思想的,可他从504年起开始改信佛教,便在全国大力提倡信佛,还花了许多钱造了大爱敬寺、大智度寺、同泰寺等。建成同泰寺后,又开大通门,正好

498年
南齐明帝死,太子萧宝卷即位,是为齐炀(yáng)帝。

501年
萧衍杀齐炀帝,并追贬其为东昏侯,立萧宝融为帝,是为齐和帝。

502年
齐和帝禅位于萧衍,齐亡。萧衍即位,国号梁,改元天监。萧衍为梁武帝。

与寺庙对门,"大通"与"同泰"正是颠倒过来读(在古汉语中,"大"又可读成"太"音),他便把这一年的年号改为大通元年。

南京鸡鸣寺

即梁朝时的同泰寺,鸡鸣寺为朱元璋所名。寺庙位于南京鸡笼山,始建于西晋,是南京最古老的寺庙之一,是南朝的佛教中心,梁武帝曾三次舍身同泰寺出家。

这样做还不够,梁武帝还舍身事佛,亲自到寺庙里去当和尚。第一次是527年,他到同泰寺去当了和尚,三天后,大臣们将他劝了回去。第二次当和尚是在529年,梁武帝到同泰寺召开四部无遮大会,当场脱掉皇帝服装,换上和尚穿的僧袍,住进寺内不回去,大臣们怎么劝也劝不走。后来有一个大臣想了个办法,既然舍身,就是把整个身体献给佛祖了,要再出来,就必须向佛祖赎身,可以花钱把皇帝从佛祖手中买回来。于是,满朝的大臣们凑了一万万钱,送到同泰寺中,这才高高兴兴地把皇帝从佛祖手里赎买回来。到了547年,梁武帝又开一次无遮大会,第三次进同泰寺当了和尚,大臣们又照老办法,再凑了一万万钱(也有说是二万万的)把皇帝赎买回来。

梁武帝舍身信佛,造成了很大的消极影响,他经常带动大臣们给寺庙里捐钱、捐物,全国的寺庙越修越多,入寺庙里当和尚的人也越来越多,寺庙里的人不劳动,还占有大量的田产和物资,这样一来,增加了许多非劳动人口,给国家的经济、生产造成很大的危害。

梁武帝就是这样一个荒唐可笑的帝王,一方面说行善、吃素,勤俭节约,可另一方面却又为建寺庙耗费大量的人力、物力和财力。他的行善,也只是对自己的王室成员行善,甚至宗室连犯了叛变投敌罪都不加处分;而对平民百姓,他却制定了许多苛刻的刑罚。梁武帝制定的《梁律》把刑法分为几千条,老百姓动不动就要受处分。曾经有一个老婆婆对梁武帝说:"皇帝您立法,只对老百姓严,而对当官的很松,这是不利于国家的,要是能反过来,那该多好啊!"

163-无神论者范缜

在南朝的宋、齐两代，佛教逐渐兴旺起来，官方也大力提倡信佛、信神，很快便形成了一种普遍的社会风气。官方提倡的佛家思想主要有两点：一是灵魂不灭，二是因果报应。它们主要是告诉人们要安分守己，多做好事，不要犯上作乱，穷不要紧，只要你好好地做事，下一辈子就不会穷了，人的灵魂是永远不会消灭的，这辈子做好事，死了以后，下一辈子就会享福了。这种理论很适合帝王统治者的要求，如果百姓都安分守己地过穷日子，当权的王公贵族们不就可以永远过着富足的生活了吗？所以，统治者们极力鼓励人民去信神、信佛。

这种理论的欺骗性早被一些有胆识的人看破。刘宋时期的学者何承天就坚决反对佛家的因果报应说法，他写了一篇文章，叫《达性论》，认为人有生就有死，人一死，神就没有了，不可能再变成人形。他还批评佛家把人、兽、虫都当成生物一样看待的观点，认为人是天地之间最高贵的，人具有创造的能力，怎么能和自然界的小昆虫、飞禽走兽相比呢？何承天的理论在今天看来是非常正确的，但在当时并没形成多大影响。

到了南齐时代，佛教进一步昌盛起来，官封司徒的竟陵王萧子良就非常迷信佛家的有神论思想。萧子良是个很有学问的人，经常在朝廷里和皇帝在一起讨论学术问题，又是皇族出身，地位很高，在社会上的

TIPS

《幽冥录》

又作《幽明录》《幽冥记》，南朝刘宋临川王刘义庆集门客所撰志怪小说集，共有30卷。原书已散佚，鲁迅《古小说钩沉》中辑得265则，内容都是神鬼怪异之事。

青瓷莲花尊

南朝。传出土于河南上蔡。高49.5厘米。南北朝时期佛教广泛传播，莲花在佛教中象征洁净，青瓷是南北朝瓷器的主流，青瓷莲花尊是南北朝时流行的器物，多有出土。现藏于中国国家博物馆。

影响非常大。

萧子良特别喜欢招揽文人，当时京城中的许多著名人物如范云、任昉、王融、萧衍等"八友"都在他手下充当幕僚。487年，萧子良又在鸡笼山别墅里大开讲堂，请了许多著名的僧人去讲道、念经，研究佛家的学说，萧子良招揽的文人雅士们也都在座。

当时，在萧子良的幕僚中，有个叫范缜的读书人，范缜是范云的堂兄，因父亲死得早，家境比较穷，少年时曾拜京城的大学者刘瓛（huán）为师，学识非常渊博。当萧子良大规模地请僧人讲经时，他提出反对，认为佛家鼓吹的一套是非常虚妄、荒诞的，根本就没有什么神啊、灵魂啊之类的东西，而因果报应、这一世做好事下一世有好报等等，更是胡扯。

萧子良对范缜竟然这样大胆地攻击佛家学说非常生气，他问范缜："你说没有因果报应，人世上为什么有许多贫富贵贱的不同？"范缜笑着说："人的命运就像被风吹落的花瓣一样，有的从窗帘中飘进来，落在美丽的座席上；有的被风吹过篱笆，吹到墙外，落在泥土里，落在粪坑里，这都是偶然的。就像您和我一样，您是皇族出身，位极人臣，是落在座席上的花瓣。我俩一贵一贱，这里面究竟有什么因果关系呢？"萧子良被驳得讲不出话来。这时，萧子良请来的有名的高僧们也一个个地和范缜辩论，但都说不过范缜。

后来，范缜觉得这样光辩论不行，必须写出文章来证明自己的观点，他就花了很长时间，写了一部著作，叫《神灭论》。在《神灭论》中，范缜提出，人的神和人的外形是统一的，外形存在，神才存在，如果外形没有了，神也就没有了。他还举例说，神和形的关系，像锋利和刀之间的关系一样，有刀，才有锋利不锋利，如果连刀都没有了，还到哪里找锋利去呢？在《神灭论》中，范缜有力地批判了佛教和佛教的有神论思想。

范缜的《神灭论》一出来，立即轰动了全城，那些笃信佛学的大官贵族们一齐起来攻击范缜，有一个叫王琰的人写文章骂范缜说："范先生不相信神，他已经不知道他祖先的神灵在哪里了！"范缜也针锋相对地写文章回敬他说："王先生知道他祖先在哪里，却不愿自杀后去找他的祖先！"

萧子良见范缜坚持无神论的观点，自己又辩论不过他，就派"八友"中的王融去劝范缜，要他放弃自己反对佛教的观点。王融说："您很有学问，也很有才能，为什么要坚持这些不受人喜欢的理论呢？您要是放弃自己的观点，改做其他的事，我看您当个中书令不成问题。"范缜却笑着说："如果我肯那样做，别说中书令，恐怕连仆射那样大的官也已经做上了！"

范缜的《神灭论》在阐明形与神的关系、批判佛家迷信思想方面已经达到相当高的理论水平了。

164-阴险狡诈的侯景

侯景是北魏怀朔镇人，和东魏主持国政的丞相高欢是同乡，两人从小就互相了解。在北魏后期的六镇大起义期间，侯景跟随尔朱荣镇压起义，活捉了义军首领葛荣，被封为定州刺史。后来，北魏宫廷内部发生争斗，尔朱荣被杀，侯景投奔了高欢，被高欢任命为司徒、河南道行台，领兵十万，总管河南军政事务。侯景和高欢的私人交情很好，侯景曾对高欢说："请给我三万军马，我就可以横行天下，我会把南边那个当和尚的老家伙萧衍（梁武帝）捉来，给你当太平寺的主持！"

547年，高欢领兵进攻西魏失败后旧病复发，知道自己活不长久了，便将儿子高澄叫到身边，向他交代后事。

高欢对儿子说："侯景在河南住了14年，专权霸道，我活着的时候还能控制他，我死之后，你们一定驾驭不住他。朝中只有一个慕容绍宗能敌得住侯景，你只要重用慕容绍宗就行了，在我死后，千万不要把我死的消息告诉他，假造一个理由把他叫到这里来，赶快下手除掉侯景！"高澄还想问父亲怎样骗侯景，可高欢已经说不出话来了，眼一闭死去了。

高澄果然遵照父亲的嘱咐，伪造父亲的笔迹写信，让侯景立即赶到晋阳来。

侯景这个人生性多疑，心计很足，他早年和高欢有一个约定，互相之间写信，要做一个记号。高澄伪造父亲手迹写信，却不知道有这么个记号，侯景接到信一看，就知道是假的。侯景平时看不起高澄，曾经说过这样的话："高王（即高欢）在世，我听他的；高王死后，我决不听那个鲜卑小儿（指高澄）的指挥！"这话也传到了高澄的耳中，两人便互相猜疑起来。因此，当侯景接到高澄这封信时,估计高欢已死,便先向西魏求援,又向梁朝投降,说要带河南的大片土地来归降。

当梁武帝萧衍接到侯景的投降信时,非常高兴,大臣们却反对,他们告诉梁武帝说,侯景是个反复无常的小人,他一来,说不定会把灾难带到江南来。可萧衍不同意,他说他昨夜刚做了一个梦,梦见自己的天下太平得很,今天就接到侯景的投降信,这完全是神在指示着。他决定接受侯景的投降,并且封侯景为河南王、大将军。侯景被高澄的军队打败,只领800多残兵败将逃进了寿春,萧衍又封他为南豫州刺史。

侯景来到梁朝以后,见到梁朝的士族们享受着很大的特权(在宋、齐两朝,寒人执政,士族大部分没多少实权。到梁武帝时,重新任用士族出身的官僚,并给他们很大的特权,连犯了罪也不追究),便想和士族拉上关系,请求与王、谢大族通婚。王、谢大族是南朝几个朝代中名望最高的大族,根本瞧不起侯景,不答应他,侯景就请梁武帝帮忙,梁武帝说:"王、谢两族门第太高了,与你不配,你还是降低一点要求,可以和朱、张这样的大族通婚。"为这事,侯景心里极不痛快,非常气愤。

548年,侯景听说梁武帝要和东魏和谈,坚决反对,但没反对成,便在这年的八月在寿阳造反,让临贺王萧正德在建康作为内应。侯景造反的理由是要杀掉皇帝身边的中领军朱异、少府卿徐驎等大臣。

当时,梁王朝的武装防卫非常松懈,只有3000兵马沿江巡防。侯景从采石矶渡江,萧正德又派大船接应,当侯景大军来到建康城下的时候,建康城中还不知道已经发生了叛乱。直到大军快进都城了,太子

TIPS

萧纲

萧纲(503年—551年),即梁简文帝,字世缵,梁武帝第三子。侯景之乱时,梁武帝被饿死,萧纲即位为帝,后被侯景所杀。萧纲好文学,倡导宫体诗,对唐代近体诗的形成有深刻影响。

萧纲才向梁武帝报告，仓促应战。

侯景没费多少气力，便打进了建康城、石头城和白下城，进而围住台城。台城是萧梁的皇宫所在地，守卫比较严密，一时难以攻下，侯景便采取了攻坚和攻心相结合的战术。他让士兵们大肆抢掠，又把大贵族们家中的奴隶们全部放出，让他们自由。中领军朱异的一个家人偷偷跑出来投降侯景，侯景将他封为仪同（官名），并让他穿着锦袍，骑着高头大马，在台城下走来走去，还对台城上的人说："朱异干了50年，才当了个中领军，我昨天投奔侯王（指侯景），今天就封为仪同（官名）！"这么一来，台城中大贵族们家中的用人、奴隶等纷纷偷跑出来。

当侯景围攻台城的时候，梁王朝的救兵达30多万，但一个都不上前，看着侯景攻破了台城。549年3月，台城失守，侯景进城，自称大丞相，把梁武帝关了起来，并活活饿死。

165-亡国之音

萧梁末年，发生了以侯景为首的军事叛乱，在平定侯景的军事叛乱过程中，陈霸先立了大功，被封为征北大将军、南徐州刺史，镇守京口，不久又进为司空。557年，陈霸先以"禅让"的方式，废除了萧梁王朝的称号，建立了陈国政权，史称陈霸先为陈武帝。

陈霸先当了三年皇帝便生病去世，陈文帝陈蒨（qiàn）即位。从陈文帝陈蒨到陈宣帝陈顼，陈朝不断地发生内外战争，只在陈宣帝陈顼统治的时候，国内才稍微太平了几年。

◆ 549年
侯景饿死梁武帝，立太子萧纲为帝。萧纲为梁简文帝。

◆ 557年
梁敬帝禅位于陈霸先，梁亡。陈霸先即位，国号陈，改元永定。陈霸先为陈武帝。

◆ 559年
陈武帝死，侄陈蒨即位，是为陈文帝。

> **582年**
> 陈宣帝死，太子陈叔宝即位，是为陈后主。

582年，陈宣帝陈顼病死，陈叔宝即位为皇帝，史称他为陈后主。

陈后主当皇帝后，天天只知道喝酒听歌，欣赏乐舞，根本不管朝政，他最喜欢的是擅长文辞的文人和漂亮的女人，对其他的都不感兴趣。

当陈后主还是太子的时候，太子詹事江总和他关系很好，江总的文章写得很漂亮，两人经常在一起整夜地喝酒作诗，还经常出皇宫去一些下等地方游玩。陈后主当皇帝以后，把江总加封为尚书仆射，还有文人孔范等，都调进宫廷，在一起饮酒、作诗词。每次开宴会的时候，陈后主让自己最宠爱的张贵妃、孔贵妃坐在自己的左右，让孔范、江总等人又分坐两边，称这些文人为狎（xiá）客。在酒宴中，陈后主让文人狎客们填写许多诗词，配上乐曲，选了1000多个美女来演唱、跳舞。

对陈后主的放荡生活，大臣们很看不惯。侍中毛喜是陈朝的几代功臣，陈后主很尊重他，开宴会、饮酒赋诗的时候也请毛喜来参加。毛喜看到陈后主还在为父皇服丧期间就这么放荡，想劝他，但又怕他发火，便故意装作酒醉的模样，歪歪倒倒地走路。陈后主事后一想，这毛喜根本没喝醉，分明是在批评我喝酒醉后的样子，顿时感到毛喜很可恨，想把他杀掉，后经过中书舍人傅縡（zài）的劝解，才将毛喜降了官，赶出京城。

自从毛喜被赶走后，大臣们谁也不愿意去劝阻陈后主，由着他任意胡来。陈后主便天天和一些文人狎客们在一起饮酒、作曲，还让宫中的人都来学

贵妇出游画像砖

南朝。1958年出土于河南邓州学庄。长38.7厘米，宽19厘米，厚6.1厘米。画中共有四名女性，前二人为贵妇，梳双环髻，后二人为丫鬟，梳双丫髻。四人均上身穿裲（liǎng）裆衫，下穿长裙，足登高履。裲裆衫没有衣袖，只有两片衣襟，其一当胸，其一当背，唐宋时期称其为半袖，今天俗称为背心。

唱。当时比较有名的乐曲是《临春乐》《玉树后庭花》等。

贵妃张丽华，不光长得好看，而且非常聪明，很有才学，记忆力也非常好。起初，陈后主让张丽华管一些宫廷内的事情，后来，陈后主不愿上朝，让宦官把大臣们的奏章拿到内室里来批办，张丽华这时又表现出特殊的才能，宦官们读过的事情她都记得，并且能一条条地答复，陈后主非常高兴，干脆就让张丽华来处理。时间一长，张丽华说事情该怎么办就怎么办，张丽华说谁能当什么官就当什么官，朝廷上下，人人都知道是张贵妃在主持朝政，陈后主却更加放荡地吃喝玩乐，不管国家大事。

对陈后主的荒诞，傅縡再也看不下去了，他冒着被杀的危险，给陈后主上了一道表章，表章中说："皇帝现在任用小人，把忠臣当作仇敌，把老百姓当作野草任意践踏，宫中的美女们穿的长裙在地上拖着，宫里的马肥得流油，连豆粟都不吃，而老百姓却冻死、饿死在荒郊野外，我看陈朝的天下是要完蛋了！"陈后主看了这个表章，十分震怒，把傅縡叫来对他说："你想改过吗？你收回奏章，我饶你不死！"傅縡说："我宁可死，也不收回奏章，我没有过错可改，要改错的是你自己！"陈后主二话不说，便派宦官李善庆把傅縡处死。

光吃喝玩乐不算，陈后主还大造宫殿，造了景阳宫、临春阁、结绮阁、望仙阁，木料全部选用香木，并用珍珠玉石等镶嵌，据说风一吹来，香气能飘出几里路。

587年，隋文帝杨坚以杨广为统帅，发兵51万，

> **TIPS**
>
> **玉树后庭花**
> **陈叔宝**
>
> 丽宇芳林对高阁，
> 新妆艳质本倾城。
> 映户凝娇乍不进，
> 出帷含态笑相迎。
> 妖姬脸似花含露，
> 玉树流光照后庭。
> 花开花落不长久，
> 落红满地归寂中。

> **TIPS**
> **全无心肝**
>
> 陈亡国后,隋文帝杨坚待陈后主甚厚,常邀请他参加宴会,恐其伤心,特地叮嘱乐工不奏江南音乐。哪知陈后主从来不将故国放在心上,甚至想得到隋朝的一个官号。隋文帝叹息道:"这人全无心肝。"

▶ **589年**
隋灭陈,统一全国。

渡江攻陈。消息传到陈朝,大臣们请陈后主商量对策,陈后主却说:"不要怕,从前北齐、北周多次侵犯我国,不都被我们打败了吗?这次他照样会大败而回的!"一些大臣们也附和陈后主的意见,陈朝丝毫不作防备,隋军轻易地渡过长江,攻进建康。

当隋军打进建康城,守城将士来报告消息时,陈后主正在欣赏《玉树后庭花》音乐,不相信隋军已经进城,等敌人的喊杀声已经能听到时,他才吓得带着两个贵妃躲到后院的枯井中,最后被隋军搜了出来,陈朝到此灭亡。后来,人们把《玉树后庭花》称为亡国之音。

图表助读版

中华

上下五千年

隋唐两宋

03

朱良志 主编

华文出版社
SINO-CULTURE PRESS

第三部
隋唐两宋

 # 隋 唐 五 代

　　581年，隋文帝建立隋朝，到618年隋朝灭亡，前后一共持续37年。隋文帝当政之时励精图治，生产得到恢复，南北交流愈加频繁，一时间出现了国力强盛的局面，国家在统一之后迎来了难得的治世。大业元年（605年），隋炀帝即位。这位皇帝好大喜功，在他统治时期，开辟了大运河，的确给国家的发展注入了活力，但是这个巨大的工程耗费太多，使国家发展出现了危机。再加上他穷兵黩（dú）武，荒淫无度，一次次下江都，致使国力渐渐衰弱。大业十四年（618年），李渊正式称帝，唐朝代隋而立。

　　唐朝自618年开始，到907年分崩离析，前后持续289年，共经历21个皇帝。这是我国封建社会发展过程中最为强盛的时代。

　　唐太宗李世民雄才大略，不仅在平定天下的战争中屡建奇功，而且在治理国家中也显示出超人的智慧和难以企及的胸怀。他广开言路，诚心纳谏，赏罚分明，因而手下人才云集。他与魏征之间的关系，简直就是中国古代贤良之治的范本。唐朝发展中出现了一个历史上罕见的女皇帝武则天，这位女性统治者的确有过人的胆识和能力，但也有令人莫测高深的城府和凶狠毒辣的手段。与唐太宗截然不同的是，武则天欣赏告密者，对手下人全力监控，致使来俊臣这样的酷吏获得了用武之地。以武则天为主角演出的宫廷闹剧，为这个新兴的帝国蒙上了阴影。

　　唐玄宗是一位有才能的君主，他曾任用姚崇、宋璟、韩休、张九龄等贤能之臣，造就了被称为"开元之治"的盛唐治世。但他后期产生了自满的情绪，渐渐疏于管理国家，让"口蜜腹剑"的丞相李林甫小人得志，又信任

安禄山这样的野心家，加上纵情声色，在纳杨贵妃后，放纵杨国忠等外戚与宦官干政，最终造成了安史之乱的爆发。安史之乱是这个王朝由盛转衰的分水岭。这场内乱持续时间长，对国家的破坏大，几乎将唐朝带到了灭亡的边缘。在这场内乱中，有马嵬（wéi）驿兵变令人唏嘘的转折，也有像颜杲卿、颜真卿兄弟和张巡这样以身护国的功臣。唐朝后期曾有元和中兴等治世，但总体上还是在走下坡路。唐朝末年起义不断，黄巢起义给这个王朝以致命一击。907年，朱温逼唐哀帝李柷（chù）禅位，唐朝正式灭亡。自此进入五代时期。

　　说起唐朝，华夏子民都不免心潮澎湃。唐朝代表着一个繁荣强盛的帝国，又描绘着一个人才辈出的时代，是中华文明发展中辉煌的一页。唐朝统治下的长安是世界上首屈一指的大都城，中外文化交流在此时期达到了最繁盛的程度。即使仅仅从敦煌莫高窟盛唐佛像的仪容中，都可以看出这个时代从容和绚烂的风采。唐朝又是一个产生李白、杜甫、王维、白居易等无数诗人的时代，唐诗里恢宏大度的气概和微妙细腻的情感，今天仍然可以扣动我们的心弦。

　　五代时期自907年朱温代唐自立，到960年赵匡胤陈桥兵变、建立宋朝止，这是一个割据分裂的时代。"五代"指的是后梁、后唐、后晋、后汉、后周五朝，除此之外，当时还先后出现过一些割据政权，有吴、前蜀、吴越、楚、闽、南汉、荆南、后蜀、南唐、北汉等国，历史上称为"十国"。短短几十年中，这些政权像走马灯一样迅速更替，国祚从几年到几十年不等，比南北朝时期的政局更为混乱。

　　五代时期兵祸连绵，征伐不断，一些统治者残暴无德，悖逆人伦，给百姓带来了极大的苦难。在中原内乱之际，北方少数民族契丹兴起，少数民族首领耶律阿保机建立大契丹国，后来其继承人耶律德光利用后晋的"儿皇帝"石敬瑭（táng），取得幽云十六州，这为之后的中原王朝带来了极大的隐患。这一时期也有较有政绩的统治者。吴越王钱镠兴修水利的善政为江南百姓带来了一时的富足，造就了人们口耳相传的钱王射潮的传说；后周世宗柴荣在位期间也颇有作为，可惜却英年早逝。最终，宋太祖赵匡胤（yìn）抓住时机，通过陈桥驿兵变取代后周，建立了北宋王朝。

166-厉行节俭的隋文帝

隋朝的开国皇帝姓杨名坚，史称隋文帝。他出身名门望族，别的不说，单是他家中的私人军队就有3000人之多。由于位显势大，所以当周宣帝病重快死的时候，一些人便推荐他入朝做了辅政大臣，他便掌握了大权。不久，他就靠着山东士族的支持，废了才9岁的小皇帝，建立了隋朝。

隋文帝轻而易举地坐上了皇帝的宝座，心中常常怀有一种不安的情绪。他感到自己的皇位来得太容易，生怕周围的人不服他，从而又把国家轻而易举地丢掉。于是他便时时警告自己，要珍惜自己已得到的帝位，不要再轻易失去。有了这样的想法，隋文帝就思考起治国、保国的方法来。他考虑后认为为君最为重要的就是要节俭，也就是朴素节约，约束自己，不铺张浪费，不奢侈享受。

隋文帝之所以要把节俭当作治国的法宝，是因为他长期生活在上层贵族阶层，深切地认识到那种奢侈糜烂的生活既会消磨人的意志，使人养成懒惰享受的坏习惯，又会导致对百姓搜刮太凶，激起民众的反对。这些都是导致国家灭亡的祸根。

隋文帝厉行节俭，首先从自己做起。还是在做辅政大臣的时候，隋文帝就开始提倡生活节俭了，做了皇帝之后就更加注意了。隋文帝自己居住的地方布置得比较简单朴素，不像别的皇帝那样，弄得富丽堂皇，排场奢靡。宫廷中的嫔妃也都穿着普通的布衣，

> **581年**
> 周静帝禅位于杨坚，北周亡。杨坚即位，国号隋，改元开皇。杨坚为隋文帝。

不允许穿戴华丽娇艳的服饰。隋文帝所乘坐的车子都已陈旧，即使坏了，他也不换新的，而是让工匠们修理修理，反复使用。他平时所吃的饭菜也较为简单，不过是几样素菜。他明确规定，每餐的荤菜只能有一样，多了就须撤掉，还要惩办违反规定的厨师。

有一次，相州（今河南安阳一带）刺史进宫拜见隋文帝。这家伙为了讨好隋文帝，准备了不少绫罗绸缎，献媚地说："皇上，小人特地带了些好衣好料，献给皇上享用。"隋文帝十分生气，大声喝道："朕奉行节俭政策，难道你不知道吗？给我重打五十大板！"两旁随从应命而出，将那刺史按倒在地，狠狠打了五十大板，打得那家伙屁滚尿流，无地自容。隋文帝仍不解气，又命令道："把绢帛全给我烧了。"

一把大火在殿堂上燃烧起来，那些绫罗绸缎转眼之间便成了灰烬。从火光中，人们看到了隋文帝推行节俭政策的决心，也看到了他严于律己的精神。

正因为隋文帝带了个好头，底下的人也就不敢违反，节俭的政策得到了有效的实施，久而久之，就形成了一种良好的风气。当时一般的读书人，平常所穿的衣服都是普通的粗布，佩带的衣饰也只是些铜铁、骨角之类的东西，而不用金银美玉等贵重物品。从这些细节里，不难看出当时的社会风尚。

隋文帝躬行节俭，于是对百姓的疾苦就有较深的体察，为改善政治创造了良好的前提。他每天上朝亲自处理各种政事，从一大早入朝，直到太阳落山才下朝。虽然十分辛苦，但隋文帝始终做得认认真真，不敢有丝毫的懈怠，把疲倦、劳累都丢在了脑后。有时他坐着车子外出视察，只要在路上见到拿着状纸要去上告的人，他就会命随从停下马车，亲自过问一番，打听打听是怎么一回事。有时，他还悄悄地派出一些人，去体察民情风俗、百姓疾苦，考核各地官员的政绩得失，以了解一些真实的社会情况。

隋五铢钱

隋文帝为统一币制，于开皇元年（581年）开始新铸五铢钱。新钱直径在2.3厘米至2.5厘米之间，早期直径稍长。钱文"五铢"二字为篆书。隋文帝新铸五铢钱，质量精良，重如其文，每一千钱重四斤二两。隋是我国最后一个铸造五铢钱的封建王朝。

有一年，吴中地区闹饥荒，隋文帝听说后，就派人去察看百姓们在吃些什么。派去的人回来后报告隋文帝，说百姓生活十分艰苦，吃的和猪狗一样，然后还把收集来的豆皮、米糠拿给隋文帝看。隋文帝见此十分伤心，竟流下了眼泪。

第二天一上朝，隋文帝就把豆皮、米糠拿出来给大臣们看，并深深自责地说："你们看看，老百姓吃的就是这些东西，这哪里是人过的日子。我对不起百姓啊！"说着，眼泪又流了下来，大臣们也都很受感动。

隋文帝并不是装装样子而已，他是确确实实为自己的过失伤心。为此，他把平时已经较为简单的饭菜又减去了不少，并且不喝酒不吃肉。这样做有将近一年的时间。除此之外，他还亲自带领饥民到洛阳去寻食度日，并命令城中的卫兵见到逃荒的人，决不允许驱赶、逼迫他们。有时，隋文帝见到扶老携幼的人群，就把马匹赶到一边，让出道来，请百姓们先走，口里还说些"别担心，慢慢走"等有礼貌的话来安慰那些受苦受难的百姓。

隋文帝不仅以身作则，而且对他的几个儿子要求也很严，经常教育他们要节俭朴素。他的大儿子叫杨勇，被立为太子，按照古代的规矩，将来是要继承皇位的，因此，隋文帝对待杨勇要更严格一些。他常常告诫杨勇说："你是太子，应该首先奉行节俭的风尚，养成节俭的品德，这样，你才能继承我的皇位，做个好皇帝。要知道，从古至今，没有哪一个图奢侈、好享受的帝王是能够做得长久的！"

杨勇听着父亲的这些教导，口中答应着，心里却不以为然，暗笑父亲迂腐、担心太过。于是他背着隋文帝，照样讲排场，过着骄奢淫逸、醉生梦死的生活。隋文帝发觉后，又是开导，又是训斥，可杨勇总是阳奉阴违，屡教不改。于是隋文帝就把杨勇的太子身份给废了，另立了一个儿子杨广来当太子。

对于那些不节俭、讲奢靡的人，无论是大臣百官，还是自己的儿子，隋文帝基本上都能做到秉公处置，不讲私情。皇子秦王杨俊背着父亲在外面私自建造了一座华丽的府邸，并且在里面大肆挥霍，无所不为。隋文帝察觉后，立刻剥夺了杨俊的爵位，并把他锁在黑房子里关禁闭。

大臣们见隋文帝惩罚了杨俊，就一起来为他说情："秦王没什么了不起的罪过，就是多花了点钱而已。教训一顿就行了，何必要如此处罚他呢？"宰相杨素也认为罚得过重，劝隋文帝撤回处罚。隋文帝不理会，反而掷地有声地说："我是一国之君，必须依照法律秉公办事。如果皇子犯了法可以不受处罚，那我还怎么治理天下，让大家都信服我呢？"一席话说得大臣们哑口无言。这种执法严明的态度，正是隋文帝治国的另一法宝。不过，他有时在用刑上过于苛刻和随便，一旦生起气来，就忘了刑律，随便杀人。当时有个掌管司法的官员叫赵绰，是个正直的人，能严格按照刑律办事。遇上隋文帝随意用刑时，他便据理力争，使不少人免遭枉杀。

> **604年**
> 隋文帝死，太子杨广即位，是为隋炀帝。

那个代替杨勇做了太子的杨广，其实也与他的兄弟一样奢侈浮华，只不过他更狡猾，更善于掩饰自己，最终瞒过了隋文帝的眼睛，登上了太子的宝座。等隋文帝后来发觉时已经来不及了。阴险狠毒的杨广迫不及待地要做皇帝，就动手害死了父亲，登上了皇位，他就是历史上有名的暴君隋炀帝。

167-隋炀帝荒淫无度

隋炀帝杀了自己的父亲，登上了皇帝的宝座。这样一来，天下就再也没有人能约束他了，于是他恣意地挥霍享受，为所欲为。

杨广刚即位时，那个做了俘虏的陈后主死了，杨广给他评定谥（shì）号，叫作"炀"。所谓谥号，就是在帝王、贵族死后，后人根据他们生前的事迹、表现所给予的称号。古代对于谥号有一套约定的名称。大凡"好内怠政""好内远礼""去礼远众"的，都叫作"炀"。"好内"就是荒淫无耻、贪恋女色。杨广在"好内"和"远礼"这两方面都达到了登峰造极

《隋炀帝夜游图》

选自明张居正编撰的《帝鉴图说》。隋炀帝在位期间大修宫室，在东都洛阳城西营建了规模巨大的西苑。苑内有人工湖，湖上造蓬莱、方丈、瀛洲三岛，岛上多建台观殿阁。有龙鳞渠与湖联通，沿渠建有十六院，每院由一妃子主事。隋炀帝常于月夜骑马游园，弦歌欢饮达旦。此图描绘了隋炀帝夜游西苑的情景。《帝鉴图说》为明万历皇帝幼年时的教科书，图文并茂。

的地步。因此，杨广死后，与陈后主一样，也被人评为"炀"。不过，后世知道陈后主叫"炀"的不多，而提起隋炀帝，却是无人不知。

605年，也就是隋炀帝即位的第二年，他嫌原来在长安的皇宫不如意，下令把都城迁到洛阳去，当时称为东都。他把建造东都的任务，交给了管理工程建筑的大臣宇文恺来负责。宇文恺是当时最为著名的工程专家。他知道隋炀帝建造东都的心理，那就是要富丽堂皇，奢靡享乐。因此，他把工程的规模弄得特别庞大。不说别的，光每日所征发的民工，就有200万人之多。这200万人日夜不停地施工，从全国各地运送来建造宫殿需要的各种材料。有些高级的木材石料，需要到大江以南或五岭以北等很远的地方去运，路途遥远，民工们劳累不堪。有时，从江西运一根做柱子的大木就需要2000人拉，运到洛阳要花费几十万个工（一人干活一天计一个工）。许多民工被活活累死在路上。

不知花费了多少人力物力，东都才建造起来。这座新城规模巨大，城墙的周长有50里，气势雄伟地坐落在邙（máng）山南麓，城内宫殿林立，座座修得美观华丽。城的西面专门造了一座方圆二百里的大花园，叫"西苑"，专供隋炀帝游玩。园里亭台假山、奇花异草应有尽有，还凿有一个被称作"海"的人工湖。隋炀帝为了使自己玩得开心，下令要把西苑装点得四季如春。到秋、冬季，宫院里树叶凋零，他就派人用彩绫剪成花叶，扎在树枝上。苑内还饲养着各种珍禽异兽，供隋炀帝观赏、围猎。到了晚上，他便带上成群的宫女做伴，在苑里游玩，一面奏乐，一面饮酒赏月，真是过着神仙般的日子。

可是，隋炀帝还觉得不够痛快，而且老待在一个地方，他也感到没意思。他就想出去巡游，哪里好玩就去哪里，他要玩尽天下所有的好地方。

隋炀帝知道山清水秀的江南是个好地方，那可是不能不去的。隋炀帝突发奇想，从北到南，开条运河，把几条江河贯穿起来，然后坐上船，一路悠悠荡荡、平平稳稳地游过去，那就太美了。

于是，东都刚刚建好不久，隋炀帝就下令征集河南、淮北等地的民工100多万人来开凿运河。这条运河即从洛阳西苑开始，到淮水南岸的山阳（今江苏淮安）为止，取名为"通济渠"。与此同时，他又征发淮南百姓10多万，从山阳到江都（今江苏扬州），把春秋时期吴王夫差所开的一条"邗（hán）沟"疏通。后来，隋炀帝又征民工开挖"永济渠"和"江南河"。永济渠南通黄河，北到涿郡（今北京、霸州一带）。江南河从京口（今江苏镇江）引水穿过太湖流域，直达钱塘江边上的余杭（今浙江杭州）。最后，把四条运河全部连接起来，就形成了一条贯穿南北，全长近1800公里的大运河。为了完成这条大运河，隋炀帝发动了几百万人民，用了将近6年的时间。可以想象，千百万人民忍受了多么巨大的灾难和负担。

但是，大运河的开通，对南北交通有显著的改进，它成了南北交通的大动脉，对我国经济、文化的发展和祖国的统一起到了很大作用。

这些积极的作用，不知隋炀帝当时是否想到过。在运河开挖的同时，他又下令建造船只，派了很多人，费了很大力气，建造了很多又大又漂亮的船。运河一开通，这些船就派上了用场。

605年秋天，运河刚通，隋炀帝就迫不及待地要下江南。他带着皇后、妃子、宫内近臣、宦官内侍以及僧尼道士等，一行人足足有

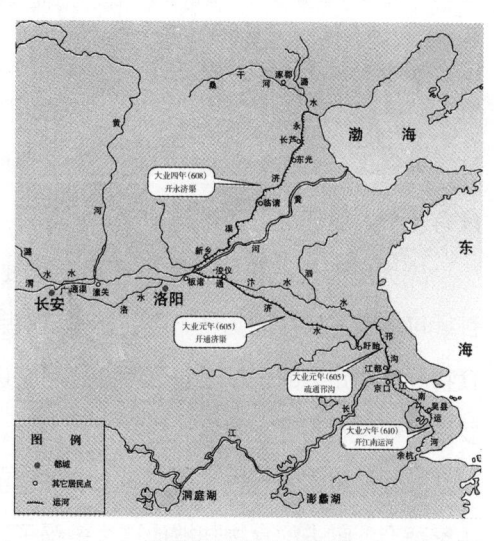

隋炀帝开凿运河示意图

隋炀帝为了漕运粮食进京和去江南赏花，大业元年（605年）开通济渠和邗沟，大业四年（608年）开通永济渠，大业六年（610年）开通江南运河。四条运河连通起来，从北京到杭州的河道全长近1800公里，这就是闻名于世的京杭大运河。

《隋炀帝游幸江都图》

选自明张居正编撰的《帝鉴图说》。605年,通济渠和邗沟刚刚开通,隋炀帝即下令南下江都。南下船队规模、随行人数和征发民夫人数都非常巨大,劳民伤财严重。隋炀帝即位后曾三下江都。

20万。隋炀帝与他的皇后分别乘坐在两条四层高的大龙船上,船中设有宫殿和160多个房间,全都装饰得金碧辉煌。接着就是宫妃、王公贵族、文武官员坐的几千条彩船。后面的几千条大船装载着卫队和他们随带的武器和帐幕。前前后后,一共有上万条大船。这些船在运河上一字排开,前不见头,后不见尾,竟有200多里长。

隋炀帝坐的龙船那样大,撑是撑不动的,那时又没有发动机械,当然只好让人在岸上拉,被征发来作纤夫的就有8万多人。为了显示皇上的威风,也是为了监督这庞大的纤夫队伍,两岸还有大队的骑兵列阵护送。

浩浩荡荡的船队终于出发了。宽广的河面上,行驶着光彩夺目的船只,两岸柳树成荫,随风飘拂,骑兵端坐在马上,面面彩旗迎风招展,到晚上,灯火通明,鼓乐喧天,说不尽的气派和豪华。这么大的游玩队伍,这么费尽心机的游玩方式,古今中外,大概没有几个人能赶得上。

庞大的游玩队伍,一路上还得要吃要喝,为了满足他们的口福,两岸的百姓可就遭了殃。隋炀帝下令,沿途500里以内的百姓,都得为他献上珍贵的食物。那些州县的官员逼着百姓办好酒席送去,有的州县一送就是数百桌。不要说隋炀帝吃不了,就连他的宫妃、太监、王公大臣们一起吃,也吃不完。吃不完的,他可不兜着走,而是挖个坑一埋了之。百姓们为了献食,很多人弄得倾家荡产,献去的食物却被他这么糟蹋了。

到了江都,玩了几个月,该游玩的地方都去过了,隋炀帝就要回洛阳。他喜欢新鲜,要抛下龙船,从陆地回去。于是,又是置办车马仪仗,又要制作百官仪仗。这么一闹腾,又耗费了百姓许多的血汗和财物。为了供奉装饰的羽毛,老百姓到处设网捕捉野兽,为完成州县官吏下达的任务,只好高价去买。一只野鸡的毛，就要花10匹绢的代价。仅从这一项来看，老百姓为了隋炀帝的纵情作乐，就不知吃了多少苦，受了多少罪。

玩过了江南，第二年，隋炀帝又转过头，到北边去游玩。为了北上，又征发了河北十余郡的百姓，为他开凿太行山，打通游玩的大路。一路北上，隋炀帝经过了不少地方。有些地方的官员向他献上了精美的食物，有的地方献不上好吃好喝的，隋炀帝就"赏罚"分明，把献食精美的官员升了职，把那些献食不合他意的官员降职处分，并调到献食精美的官员身边，要他们向其学习。这样一来，郡县的官吏就争着向他供奉食物，又多又精，却把边境的百姓们害惨了。一次献食，会夺去很多百姓维持一年生计的口粮。

隋炀帝在游玩北境时，又征发百姓100多万人修建长城，加上连年大规模地到处巡游，给百姓带来了沉重的劳役和难以承受的赋税，压得老百姓喘不过气来。可是好虚荣、爱炫耀的隋炀帝，不但不管百姓的疾苦，还征集了大量的兵马，发动了对高丽的侵略战争。这一下，给老百姓造成的灾难就更大了，无异于雪上加霜。

人们实在忍无可忍，全国各地到处燃起了起义的烈火。

隋炀帝这才害怕起来。他知道自己坏事做得太多，说不定哪一天，头颅就会被人砍下来。因此，整整四五年时间，他都过着一种风声鹤唳、草木皆兵的日子，梦中常常惊呼"有贼"，每天晚上要几个宫女像哄孩子那样，拍着摇着才能入睡。但他还是不放心，就决心去江都躲避，因为那里的起义军稍微少一些。

隋炀帝抛开国家不管，又上了南下的龙船。正要出发，有个官员手捧奏表，跪在他面前，劝他不要去江都。隋炀帝哪里肯听，还命人杀了这个官员。船到汜水（今河南荥阳，汜音sì），又有官员进谏，他又杀了这个官员，继续走他的路。到了梁郡（今河南商丘），又上来一个官员，拦住隋炀帝的船，大声进谏道："皇上，不能去江都啊！否则，天下就不是皇上的了。"说着，他失声痛哭，前额在船板上磕得鲜血直流。隋炀帝竟毫无所动，仍旧把他杀了。他就是要去江都过他的快活日子，谁阻挡就杀谁。

到了江都，隋炀帝不敢再外出游玩，整天躲在宫中，与皇后、妃子喝酒作乐，一天到晚昏昏沉沉，什么事也不管，什么事也不问。他竟毫不知耻地对皇后说："什么也别管，快快活活喝我们的酒吧！"

但是，这快活的日子已经到了头。隋炀帝身边的卫士见跟在他的后边没有出路，就发动了兵变，将这个独夫民贼处死了。

隋文帝开创的江山，就这样被葬送了。一代王朝，前后只有不到30年的时间。

168-起义军中的贵族

荒淫残暴的隋炀帝，逼得人们无法生存下去，人们只有起来反抗了。

大业七年（611年），隋炀帝准备第一次侵略高丽。在征兵征夫的过程中，山东人民受害最重，于是怒不可遏的山东人民揭竿而起，拿起武器，公开反抗残暴无度的统治，拉开了隋末农民大起义的序幕。

起义的烈火，首先从长白山（今山东邹平境内）燃烧起来。

齐郡邹平（今山东邹平）有个叫王薄的人，自称"知世郎"，他聚集了一批农民，占据长白山，树起了起义大旗。为了号召大家反抗官府，鼓动人们勇敢地加入起义的行列中来，王薄写了一首诗歌，名为《无向辽东浪死歌》：

隋末形势图

长白山前知世郎，纯着红罗绵背裆。
长槊侵天半，轮刀耀日光。
上山吃獐鹿，下山吃牛羊。
忽闻官军至，提刀向前荡。
譬如辽东死，斩头何所伤。

这首诗歌很快在百姓当中流传开来，具有很大的影响力。尤其最后两句，道出了广大人民的心声：忍受是没有出路的，与其白白送死，不如拼他一场，即使被砍了头，也没有什么值得伤心的！

隋朝末年，隋炀帝昏庸无道，横征暴敛，人民无以为生，纷纷揭竿起义。自大业七年（611年）王薄起义始，全国各地爆发的农民起义队伍有近百支，主要集中在河北、河南、山东、江淮等地，最终形成了河南瓦岗军、河北窦建德军、江淮杜伏威军三支强大的起义队伍。

王薄的队伍迅速扩大起来。接着，起义的烈火四处燃起，遍及黄河、长江流域的广大地区，规模较大的就有七八十处，起义的农民军已达几百万人。

随着形势的发展，各地的起义队伍逐渐合并，最后主要汇合成三支强大的起义军，这就是翟让、李密领导的瓦岗军，窦建德领导的河北起义军和杜伏威领导的江淮起义军。

三支队伍当中，最强大的是瓦岗军。而瓦岗军中的一个关键人物，是李密。

李密是京兆长安（今陕西西安）人，出身于贵族世家。他的祖辈从北魏到隋都是朝中大官。李密少年时，就被派在隋炀帝的宫廷里当侍卫。生性活泼的李密，在朝中值班时，老是东张西望，一副不安分的样子，就被隋炀帝开除了。

李密回家后，发愤读书，立志做个有学问的人。有一次，他骑着一头牛出门求学。他坐在牛背上，手拿一本书，牛角上还挂着一摞书，聚精会神，边走边读。正巧当时的宰相杨素路过，看到李密读书的样子，就停下马，与李密交谈了一会儿，心里很有感触。回到家里，杨素对他的儿子杨玄感说："李密是个有出息的人，比你们兄弟几个强多了。以后碰上什么重要的事，你们可以找他商量。"

613年，隋炀帝发动了第二次对高丽的进攻，派杨玄感在后方督运粮草。在这之前，杨素因受隋炀帝猜忌郁闷而死，杨玄感对这个暴君早已怀恨在心。这时他就想乘隋炀帝远在辽东，局势混乱的机会推翻隋炀帝。

杨玄感带头起义，那些用督运粮草名义征集而来的8000多青年民夫立时响应。杨玄感把这8000多人编成队伍，配上武器，准备进攻隋军。这时，他发现还少一个为自己出谋划策的人，就派人把李密请来了。

可是杨玄感却不采纳李密为他谋划的上策，即率军北上，去截住隋炀帝的归路，而采用了他的下策，发兵攻打东都洛阳。隋炀帝得到告急报告，急忙丢下进攻辽阳的计划，连夜撤回大军，派大将宇文述领兵分头去攻杨玄感。杨玄感的人马没经过训练，挡不住隋军攻势，只好往长安方向败退。宇文述紧追不舍，将杨玄感的人马团团围住，混战中，杨玄感连连兵败，最后命其弟杀了自己。

李密却趁着混战逃了出来。但没几天，他就被搜捕严密的隋军抓住了。

李密用计灌醉了押送的士卒,又趁机逃跑了。他无法抛头露面,只好东躲西藏、流浪江湖,弄得十分狼狈,有时不得不忍饥挨饿,有时只好以树皮、草根充饥。他还曾经改名换姓,在乡村里教书,不久又被识破,差一点儿被官府抓去。

李密就这样挨了两三年,日子很不好过。最后,他听说东郡(今河南滑县东)瓦岗寨有一支起义军,兵力很强,就拿定主意,投瓦岗军去了。

瓦岗军的首领叫翟让,曾在县衙门当过管理监狱的小官,只因犯了些小过,就被打入监牢判处死刑。由于他在狱中人缘较好,得到了狱卒的帮助,才死里逃生。回到家乡,他与哥哥、侄儿以及同郡青年勇士徐世勣(jì)(后降唐,改名为李勣)、单雄信(后降王世充)等一起上了瓦岗寨,举起了反隋起义的大旗。

李密到了瓦岗军,运用自己的学识和辩才,对翟让等起义领袖做了一番深刻的分析。他先数说了隋炀帝的滔天罪恶,然后阐述当前的形势,最后指出目前正是产生刘邦、项羽的时候。一番论述,使翟让等人大开眼界,都称赞李密说得好。

不久,隋炀帝派大将张须陀带着两万精兵来攻打瓦岗军。翟让曾经几次败在张须陀手里,不免有些紧张,就想引军避开。李密则认为张须陀有勇无谋,不必害怕,就劝住翟让,安排了一个"智取"的计划。李密把兵力四下埋伏起来,然后请翟让去与张须陀交锋。才一对阵,翟让就依计往后退,张须陀不知是计,挥军拼命追赶,结果落入了李密设计的包围圈,等张须陀发现中计时,已撤不出去了,结果被杀得尸横遍野,全军覆没。张须陀也在混战中被杀了。

这一仗下来,李密更受瓦岗起义军将士的崇拜,从此成了瓦岗军实际上的决策者。

到了第二年,即617年,李密又劝翟让攻克了隋朝设在东都附近最大的一个粮食仓库兴洛仓(今河南巩

社仓纳粟砖

隋。传出土于河南洛阳。长32.5厘米,宽16厘米,厚6.4厘米。砖上铭文为:"大业五年十一月廿三日,纳社仓粟壹万伍仟硕(石)讫,仓吏刘□、史赵方、仓督刘冠、正李玑。"隋初在各地置义仓(又名"社仓"),由社司掌管,收百姓一定数目余粮以备荒年赈恤之用,后收归官府掌管。此为当时社仓向官府缴纳粟粮的砖刻。

义境内），瓦岗军立即发布命令，开仓放粮。一口口装满粮食的地窖被打开了，百姓们拿着各种各样的口袋从四面八方一起拥来，大家尽情地装，尽情地拿，别提有多高兴、多激动。人们奔走相告，十分感谢瓦岗军，纷纷把自己的子弟送到起义的队伍中。河南、山东各地的农民军听到瓦岗军的声威，也陆续投奔而来。在不长的时间内，瓦岗军的队伍就扩大到了几十万人。

经过几次大战，李密的威信越来越高。瓦岗军的指挥权已集中在他的手中。翟让是个宽宏大度的人，有一股豪爽之气。他见李密屡建战功，又有头脑，觉得自己比不上他，就把首领的位子让给了李密。李密也不推辞，当仁不让地坐上了瓦岗军的第一把交椅。大家又推李密为魏公，兼任行军元帅，这样李密在洛口建立了自己的政权。

这之后，瓦岗军又乘胜攻下许多郡县，隋朝官吏兵士纷纷投降。李密又发布了讨伐隋炀帝的檄文，列举了这个暴君的十大罪状，号召人们起来推翻隋朝的统治。一时间，响应瓦岗军号召的起义军纷纷从各地赶来，归附在瓦岗军旗下。李密成了中原起义军的领袖。

这时是瓦岗军最兴盛的时候，而危机也就从这里开始产生了。

翟让放弃了首领的位子以后，他自己倒没什么，可他手下的一些将领却不服，常常劝翟让把首领的位子再要回来。翟让总是笑呵呵地拒绝。可件事传到李密耳朵里，李密可就不高兴了。与李密亲近的一些人，就怂恿李密杀掉翟让。李密为了不失去已到手的位子，就下了狠心接受了这一建议。

有一天，李密请翟让喝酒。酒席之中，李密把翟让的卫士全部支走了，然后拿出一张好弓，递给翟让，请他试箭。翟让转过身拉开弓，正要试箭，李密安排好的刀斧手就从背后将翟让砍倒了。随后，翟让的哥哥、侄儿也都被杀。另两员大将徐世勣、单雄信，一个被砍伤，一个磕头求饶。

李密为了稳住军心，就让徐世勣、单雄信等将领仍旧统率翟让的部下。形势虽然平稳下来，但杀害翟让在起义军中所造成的伤痕却已无法弥补。从此，瓦岗军开始走下坡路。

到了618年9月，瓦岗军守卫洛口仓的部将叛变，大将单雄信也投降了王世充。瓦岗军人心涣散，危机四伏，王世充乘机攻打李密，把瓦岗军彻底打垮了。

走投无路的李密，只好带着些残兵败将，逃往长安投降了唐朝。后来，他又因谋反而被杀，死时年仅37岁。

声势浩大的隋末农民起义，随着瓦岗军的覆灭，也就基本上失败了。

169-李春与赵州桥

河北省赵县城南的洨（xiáo）河上有座雄伟的石桥，叫作"赵州桥"。这座桥的设计和建造者，是隋朝时期的一个名叫李春的石匠。尽管经历了1400多年的风风雨雨和无数次的洪水冲击，赵州桥依然挺立在河面上，这不能不说是一个伟大的奇迹。据一些研究者介绍，赵州桥不仅是我国、也是全世界现存的最古老的一座石拱桥。

关于赵州桥的建造者李春，史书上并没有什么记载，这可真是件遗憾的事。虽然我们已无从了解他的生平事迹，但是我们可以断定，他既是心灵手巧、不畏辛劳的工匠，也是才智出众、富于创造精神的建筑大师。他默默地劳动一生，没有人认识到他的价值；他的劳动成果却在我国的建筑史上留下了光辉的一页，为千千万万人所津津乐道。

赵州桥也叫"安济桥"，整个桥身只有一个弧形桥洞。这种弧形桥洞以及门洞之类的建筑，在我国历来习称为"券"。石桥的券一般都是半圆形，而赵州桥的却是小于半圆的一段弧，样子十分美观，唐代文学家张鷟（zhuó）曾做了一个非常生动形象的比喻："望之如初日出云，长虹饮涧。"意思是说，看起来好像是穿出云层的一弯新月，又像是入涧饮水的一道长虹。券的两肩叫作"撞"。一般石桥的"撞"，都用石料砌实，赵州桥却与众不同，券的两肩还有两个弧形小券。人们把这种形式的桥叫作"空撞券桥"。

李春为什么要把桥造成这样呢？

原来，这样的设计符合科学原理。首先，这样节省了大量石料。科学家曾做过估算，不把撞砌实而砌成四个小券，节省的石料约为180立方米，使桥身的重量能减轻500吨左右。其次，减轻了洪水对桥身的冲击。在洪水季节，洨河暴涨，流量很大，如果把桥的撞砌实了，水流不畅，上游的水就会漫上岸来，石桥可能会承受不了洪水的冲击而倒塌。有了四个小券，增加了桥洞的过水量，自然大大减轻了洪水对桥身的冲击，保证了石桥的安全。这种空撞券桥，在欧洲直到14世纪才出现于法国，那就是法国太克河上的赛雷桥。算起来，赛雷桥比赵州桥晚了700多年，却早就被毁坏了（不是因为战争的破坏）。从这个比较中，我们更能看出李春的设计的高明与卓越。

赵州桥石栏板

隋。1952年出土于河北赵县赵州桥址。长212厘米，高84.5厘米。此石栏板两面雕龙。正面双龙身体相向，头相背，前爪互推。背面双龙相对而驰，身体绞缠，后肢撑地。现藏于中国国家博物馆。

赵州桥的设计，除了采用"空撞券桥"这种形式外，还有许多别致而值得称道的地方。例如，赵州桥的桥洞跨度很大，两端的距离长达37.4米，在当时可算是世界上最长的石拱。这样长的跨度，按照通常的设计，采用半圆形，券的高度一般是长度的一半。这样算来，赵州桥的桥洞就得有18.7米高，车马行人过桥，像是翻过一座小山，吃力而不方便。因此，跨度较长的桥，只好多造几个桥洞，以减低桥的高度，这样做，又会导致另一不足，既费石料又费工时。赵州桥的高度比通常的设计低出很多，只有7.23米，克服了两方面的缺陷，而这主要归功于李春独特的创造，他设计的桥洞不是半圆形，而是小于半圆的弧形，像一张弓。因此，赵州桥的桥面没有陡坡，比较平缓，便于车马上下与路人行走，而且省工省料，实在是一举多得、超逸绝伦的设计。

赵州桥设计的别致之处，还在于桥洞的砌法也是一反常规的做法。桥洞的砌法，常用的是"纵联式"，就像砌墙那样，一层一层往上砌，各层石块相互交错，最后形成的桥洞是一个整体，比较坚固。另一种砌法，叫作"并列式"。这种方式是先并排砌成许多道窄券，最终合成一个整券。由于各道窄券的石块之间没有联系，因此不如纵联式坚固，一般也就不为人们所乐于采用。然而李春的设计却恰恰选择了后一种。整个赵州桥的宽度是9.6米，这么宽的大券，由28道小券并列而成。李春之所以采用并列式而不用纵联式，是因为他看到了纵联式的缺点，发挥了并列式的长处。纵联式虽然坚固，但是只要有一块石块坏了，就会牵连整个桥洞，以致造成全部的倒塌，而且修补起来十分困难。恰恰相反的是，并列式的桥券，坏了一块石块，只不过是坏了一个窄券，在整个大券中是微不足道的，根本不会影响全局，而且坏了的石块，修补起来也并不困难，即使在修补的时候，桥的交通也用不着中断。正是因为李春看到了一般人所没有看到的这两种方式的短长，所以他大胆地采用了并列式，同时又吸取了纵联式的优点，即在各道窄券的石块之间加了铁钉，把各道窄券拴连在一起，成为整体，从而形成一个既相互独立又紧密联系的独特结构，达到了前所未有的坚固效果。

1400多年的漫长岁月，正是这种效果的最好体现与检验。

170-李渊起兵建唐朝

唐代的开国皇帝叫李渊，也就是唐高祖。他生长在一个贵族家庭里，7岁的时候就靠着继承祖上的爵位当上了唐国公。

大业十三年（617年），李渊被隋炀帝派到太原去做留守。当时已到了隋朝末年，社会黑暗，民不聊生，到处都在爆发农民起义。而隋炀帝只知自己享乐，这时又领着一班人马，去江南游山玩水去了，把国家大事抛在一边。

李渊一共生养了四个儿子，其中二儿子李世民很有作为。他不仅胸怀大志，而且遇事见识不凡，喜欢结交有才能的人做朋友。那些有才能的人看他慷慨仗义，处事大度，同一般的公子哥截然不同，也愿意与他打交道。李世民看到社会如此黑暗，皇帝极度荒淫无耻，预感到这样的朝代不能长久，就萌发了推翻隋炀帝的腐朽统治，自己来管理天下的强烈愿望。那时他还很年轻，只有18岁，还缺乏办事的经验，于是就在一天晚上，来到晋阳（今山西太原）狱中，借着探望朋友的名义，去向刘文静请教。

刘文静是晋阳县令，也是个有本事的人。只是因为他同农民起义的首领李密有点儿亲戚关系，便受到株连，不仅被革了职，还被投进了大狱。

李世民见到刘文静，显得既谦虚又真诚，他拉着刘文静的手，迫切地说："我是来探望你的，但我更是来向你请教的。刘大哥，你一定要帮我好好谋划谋划。"

刘文静早就看出李世民是个帅才，也了解他的志向与抱负，就向李世民提议道："如今朝政腐败，到处都有人起事造反，皇帝又不在京城，的确是打天下的好时机。要打天下，我们就必须招集人马，再加上你父亲手上的几万军队，就可以组成一支可观的力量。不出半年，我们就能打进长安，号令天下。"

李世民听了刘文静一番话，十分高兴。回到家里，就想把自己的打算告诉父亲，可又担心父亲不采纳自己的建议。怎么办呢？他想起了裴寂。

　　裴寂是隋晋阳宫里的一个副监（官名），是个奉承拍马的好手。自李渊任太原留守，他便与李渊打得火热，两人常常在一起通宵达旦地饮酒赌博。李渊是个好色之徒，裴寂便投其所好，偷偷地把宫中的美女送给李渊。李渊过着荒淫的生活，根本不去过问太原城外的战事，更不曾想过要反隋自做皇帝。李渊得了裴寂的好处，其实是有把柄落在他手里。李世民当然知道这些，于是就说服裴寂去劝说李渊。

　　这天，裴寂邀请李渊去他府中喝酒。李渊自然高兴，到了时候便去了。两人坐定，像以往一样，边喝边聊，喝得十分随意痛快。裴寂见时机已到，就乘着李渊酒酣高兴，把李世民的打算全部告诉了李渊。李渊一听，大惊失色，连忙喝住裴寂，不准他再说下去。裴寂就拿宫女的事来吓李渊，说："私享宫女的事已经暴露了，这可是该当杀头的罪，你与其坐着等死，还不如起兵造反。"

　　正说着，早已待在裴寂府中的李世民走了出来，也来劝说父亲。李渊起初还是不肯，做出一副要把李世民送官法办的样子。李世民毫不畏惧，说："父亲要告官惩办儿子，尽管去好了，我才不怕呢！"李渊见李世民十分坚定、沉着，自己倒先软了下来："我疼爱你还来不及呢，哪里忍心去告发？不过，这种造反的混账话以后可不能再说了。"说着，便抛下李世民、裴寂回家了。

　　过了不久，太原北面的突厥（我国古代北方民族之一）可汗又率兵进攻李渊管辖的城镇，李渊便派兵去阻击，可是出师不利，老是吃败仗。隋炀帝知道后，就派了使者去太原，要抓李渊到江都问罪，把李渊吓得要死。李世民见机再劝父亲："如今的形势这样危险，再不举兵可就来不及了。"

　　到了这个时候，已容不得李渊再多犹豫了，他叹了一口气，无可奈何地说："我也拿不定主意了，就听你的吧。今后，是家破人亡上断头台，还是以家为国睡龙床，就全靠你了。"

　　李世民见父亲终于答应了，兴奋不已，满怀信心地对李渊说："父亲，别担心，你一定会睡上龙床的！"

　　于是，李渊父子便开始行动起来。在李世民的建议下，李渊首先释放了刘文静，让刘文静帮助李世民去招兵买马。不过十余天，就招募了一万多人。

李渊又派人把正在河东打仗的另外两个儿子李建成和李元吉召了回来。

太原的两个副留守，一个叫王威，一个叫高君雅，他两人见李渊父子招集兵马，举动反常，便起了疑心。两人一商量，打算找个机会除掉李渊。李渊见两人嘀嘀咕咕、神神秘秘的样子，知道会对己不利，于是暗暗做了防备，使得王、高两人无从下手。过了一段时候，李渊借口他们勾结突厥，就把他们抓起来杀了。然后，又派刘文静为使，带了一份厚礼去突厥可汗那里讲和，意在稳住突厥，为起兵反隋解除后顾之忧。突厥可汗得了好处，又加上刘文静能言善辩，就同意息兵，和睦相处。

李渊见刘文静达到了出使目的，就向各郡各城发布讨隋檄文，正式打起了反隋的旗号。李渊自封为大将军，让大儿子李建成统领左路军马，让李世民统领右路军马，让四子李元吉统领中军，并把起义的兵士都称作"义兵"。这是617年6月的事情。

过了一个月，也就是到了7月，李渊做好了出兵的一切准备，于是就在太原郊外召开了誓师大会，然后率领人马从晋阳出发，向长安进军。李渊父子才出发时，只有3万人。他们一路上继续招兵买马、网罗人才，队伍越来越壮大。他们还学着农民起义军的做法，每到一处，就打开官仓，把粮食发给穷苦百姓，因此得到了人们的热烈拥护和纷纷响应，声势就更大了。

唐高祖李渊像

李渊（566年—635年），字叔德，唐朝开国皇帝，史称唐高祖。617年起兵反隋，618年称帝即位，626年禅位于李世民。

李渊率领人马，长驱直进，一路十分顺利，不久到了霍邑（今山西霍州），却遭到了隋朝将军宋老生的顽强阻击。霍邑一带道路狭窄，易守难攻，恰巧又赶上连续几天的大雨，道路泥泞，不少地段被水冲坏，部队的粮食运不上来，出现了发兵以来从未有过的困难局面。李渊是个快活惯了的人，当上太原留守也不是因为自己有什么才能，所以一遇到困难就惊慌失措起来，要打退堂鼓，撤兵回晋阳。

李世民见父亲这样经不住事，十分生气，就连劝带责备地对李渊说："如今正是秋收季节，田地里到处是粮食，哪用得着担心饿肚子！宋老生不过是仗着地势之利，没什么可怕的，如果还没打上一仗就要撤兵，那会让响应我们的义兵和百姓失望的，也会令天下人耻笑的。回到晋阳便是走上断头台，父亲，你一定不能撤兵啊！"

刘文静自然帮着李世民说话，哥哥李建成也站在李世民一边，同意弟弟的主张。李渊见没人支持他，只好改变了主意。

于是李渊领军继续攻打霍邑。李世民与其他几个人一商量，决定用计打败宋老生。8月的一天，义兵乘着清晨的大雾，沿着山边小道，急行军来到霍邑城边埋伏下来，然后派了几十名骑兵，在李建成的带领下去城下挑战。宋老生欺义兵人少，倾巢而出，亲自带着人马来战李建成，正当宋老生自以为得计的时候，李世民率领着大批人马从山头上猛冲下来，把宋老生的人马冲得不可收拾，落荒而逃。宋老生想回城中去，不料城池已被李渊率军占领，关上了城门。宋老生丢了老窝，慌乱之中，被义兵杀了。

义兵攻下霍邑，士气大振，继续向前，兵临长安城下。这时义兵的队伍已扩展到了20多万人，不久就攻下了长安。

李渊领军进入长安以后，为了安抚民心，稳定局势，便废除了隋王朝所有的苛刻法令，颁布了有利于社会安定的十二条律法，并且将隋炀帝奉为太上皇，让他的孙子杨侑（yòu）做个挂名的皇帝。

到了第二年夏天，隋炀帝手下的将士不再为他卖命，于是杀了隋炀帝。消息传到长安，李渊这才废了杨侑，自己当上了皇帝，并且把国号改为唐。

> 617年
> 李渊攻入长安，立杨广孙杨侑为帝，尊杨广为太上皇。史称杨侑为隋恭帝。

171-李世民战功显赫

李世民是历史上少有的英明君主,也是一个能攻善战的将士。

大业十一年(615年),隋炀帝又去北方游玩。突厥可汗得到消息,就率军围住了隋炀帝所在的城池雁门(今山西代县),城中兵民15万人奋力死守,情形十分危急。隋炀帝万般无奈之下,只好发布诏书,悬赏招募兵士前来救援。募兵诏书一下,郡守县令纷纷率兵赶赴雁门,为隋炀帝解围。当时的李世民只有16岁,也应募参加了救援的部队。他并不是想得隋炀帝那几个赏钱,而是想通过投军来磨炼自己,增长见识和经验。

到了军中,李世民投奔在将军云定兴的门下。他兴致勃勃,随着部队赶往雁门,一路上思考着击退突厥军队的计策。他觉得打仗不能死拼硬冲,而应该运用计谋,以巧取胜。他想着想着,一个绝妙的解围之计慢慢成熟了,就来到云定兴面前,建议道:"将军,我给你提个建议。"

云定兴是个宽厚谦虚的人,见这个毛头小伙子要给自己提建议,不仅不训斥,反倒显得很感兴趣,就说:"你提吧。"

李世民有板有眼地说起来:"我认为,突厥之所以敢围攻皇上,是以为皇上没有援兵的缘故。如今将军率军前去解围,应该把部队的距离拉开到十余里路,摆出一副大部队的架势,使突厥白天能看到我军前面的旗帜,晚上又能听到我军后面的锣鼓,从而给他们一种错觉,以为我们的援军来得很多,心里自

武士骑俑

隋。1980年出土于山西太原斛律彻墓。通高29.5厘米。此俑头戴卷沿帽,上着窄袖衫,下着红色窄腿裤,乌靴,腰佩剑,右臂弯曲,右手握缰绳,左手置胸前(原持物,今已失),马身佩饰也十分齐整。现藏于山西省考古研究所。斛律彻为铁勒族人,世袭崇国公,卒于隋开皇十五年(595年)。

然害怕，我们用不着花费气力，他们就会慌忙撤走。否则，让突厥知道了我们的实际兵力，真打起来，还不见得谁胜谁负呢！"

云定兴听了李世民的一番话，非常高兴，当下便称赞道："好，这个建议提得好，就听你的。"

于是把部队分成几批，陆续往雁门进发。快到雁门时，突厥的哨探一看，救援的部队的旗帜前后十余里，络绎不绝，吓得连忙赶回去报告："不好了，隋朝派来了很多的援兵，有几十万人之多呢！"突厥可汗一听，也慌了手脚，急忙下令撤退。

雁门之围就这样轻轻松松地解除了。而年轻的李世民，则充分地施展了自己的军事才能，经受了一次很好的磨炼。也正是在这次救援当中，李世民亲眼看见了隋炀帝的荒淫无耻和种种罪恶，深切感到这样的腐朽统治是不可能长久的。于是，一种取而代之的愿望便在他的心头牢牢地扎下了根。

两年之后，李世民就劝说自己的父亲起兵反隋。在他的一再坚持下，他的父亲李渊只好同意了。出兵不久，就打了大胜仗，攻占了长安，掌握了朝廷大权。到618年，李渊做了皇帝，建立了唐朝，但各地的战乱并没有平息，到处是占山为王的割据势力，统一的任务还相当艰巨。这个艰巨的任务，历史性地落到了李世民头上。

在多种割据势力当中，依附突厥的刘武周最为强大。他占据了雁门、楼烦（今山西宁武）、定襄（今山西定襄）等几个郡，自称皇帝，猖獗一时。619年，刘武周率军进攻唐朝城镇，接连取得了几次胜利。坐守太原的李元吉见刘武周来势凶猛，不敢抵抗，吓得把太原城白白送给了刘武周，单枪匹马逃回

> **618年**
> 李渊废隋恭帝，自立为帝，国号唐，改元武德。李渊为唐高祖。

了京城长安。刘武周得以长驱直入，势力越来越大，唐高祖在猖狂的刘武周面前，也吓得把头缩了回来，准备放弃黄河以东的土地，守住蒲津关以西，做个关西皇帝算了。

李世民坚决反对父亲的这种苟安思想，他阐明利害，并积极请战："太原是个军事要地，是我唐朝立国的根基，怎么能随随便便让给别人？黄河以东地区经济发达，物资充足，是京城的财源，是我们的生存之本，更不能轻易放弃。否则，后果将不堪设想。父皇，请让我率3万精兵，前去收复这些失地。"

唐高祖被李世民说服了，就命李世民领兵出击。李世民指挥兵马从龙门（今陕西韩城境内）渡过黄河，向刘武周的军队发动了猛烈的反攻。刘武周不甘示弱，调兵阻击。双方在柏壁一带展开了激烈的战斗，你来我往，相持不下。到了第二年的4月，这时离李世民出师长安已近半年了，兵士们都十分辛苦。李世民感到必须尽快解决战斗，拖延下去会于己不利。于是他一面布置兵力，调兵遣将，一面勉励战士们再振精神，奋力杀敌。终于在一次战斗中，把刘武周的主力部队一举击溃，大将宋金刚率军逃走。李世民率领部队在后紧追，一直追了一天一夜，追出了足足200余里。

经过长途跋涉，乘势掩杀，宋金刚的部队被杀得七零八落，赶得心惊肉跳，不少将士只好缴械受降。刘武周见大势已去，就逃往突厥。突厥不想得罪唐朝，就将刘武周杀了。失去的大片土地，经过李世民的挥军奋战，又回到了唐朝手中。

打败了刘武周之后，唐朝把西北的几股割据势力都铲平了，使后方得到了稳固。620年，唐高祖又命李世民率大军攻取东都。李世民挥师出关，锐不可当，河南许多州县望风而降，他很快就把东都（今河南洛阳）包围了。

东都这时在王世充手里。王世充是隋朝大臣，原与隋炀帝的孙子杨侗一起镇守。隋炀帝死后，王世充先奉杨侗为皇帝，后来他打败了李密的瓦岗起义军，自以为了不起，就废了杨侗，自立为帝，取国号为郑。

李世民领兵围住东都，日夜不停地攻城，王世充仗着城高墙固，躲在城里严守不出，还不断用石炮、弩箭袭击城外唐军。从头一年的秋天直打到第二年的春天，唐军仍不能攻下东都。于是有人开始动摇，建议李世民暂停进攻，回长安休整一段时间再打。

> **TIPS**
>
> **王世充**
>
> 王世充（？—621年），字行满，本为西域胡人，姓支。隋朝末年起兵群雄之一。他原是隋炀帝宠臣，在平定杨玄感作乱和河南、山东等地农民起义时立功，后占据洛阳。在隋炀帝被杀后，立越王杨侗为帝，打败瓦岗寨后，他自立为帝，后为李世民所败。

李世民坚决不同意，说："东都如今只是一座孤城，攻下它是指日可待的事，怎么能半途而废、前功尽弃呢？如果让王世充缓过气来，以后就更难打了。"为了鼓舞士气，振奋军心，李世民发布命令："攻不下东都，决不撤兵！"

其实被围在城里的王世充早慌了手脚。为了摆脱被困的挨打局面，他派人悄悄赶往河北，向窦建德求救。

窦建德是农民起义的领袖，他领导的起义军是河北一支强大的力量。但随着唐朝的兴起，他反隋的斗志逐渐泯灭，反而声称要为隋朝报仇。王世充称帝后，窦建德也自称皇帝，取国号为夏，攻占了唐军不少地方。

接到王世充的求救信，窦建德立即发兵去救王世充。他的目的是想先与王世充联合击败唐军，再寻机消灭王世充，最后夺取天下。窦建德一面发兵30万，一面派人送信给李世民，信中以命令的口气，要李世民退回关中。

窦建德的信不仅没使李世民撤退，反倒给李世民以商量准备的时间。李世民接受了部将的意见：一面继续围攻东都，一面分兵截住南下的窦建德大军。

李世民把他的弟弟留下来攻城，自己则领兵去拦截窦建德。

李世民领兵来到虎牢关（今河南荥阳境内），当头拦住窦建德。窦建德催军发起进攻，连攻几天都不能成功。李世民却一面守关，一面又派出骑兵，抄小路去切断了夏军的运粮要道。夏军的军心开始骚乱起来，很多将士都想掉头回去，有个谋士劝窦建德改道去攻上党（今山西长治），使唐兵回救关中，东都之围就可不战而解。窦建德的妻子也认为这是条好计策，应该采纳。可窦建德就是不听，还把他的妻子臭骂了一通。他自高自大，认为自己兵多势大，不愁打不垮只有3000多人的李世民。

于是窦建德全军出动，摆开一副决战的阵势，一边呐喊，一边向虎牢关冲来。李世民略一观察，就对将领们说："窦建德仗着兵多，骄傲轻敌。我们先按兵不动，等他们疲劳松懈时，再突然杀出城去，定能杀得他们措手不及，溃散而逃。"

夏军在虎牢关下摆开阵势，等待唐军出关交战。可是整整等了一上午，也没一点儿动静。夏军兵士又累又饿，许多人都懒散地坐在地上，打起了瞌睡。李世民见时机已到，就挥军杀出关来，直冲夏军大营。窦建德哪里料到李世民这一招，仓促之间慌忙应战。李世民乘着夏军的慌乱，带领一支人马猛插到夏军阵后，举起唐军大旗。夏军兵士以为大营已失，更慌了手脚，没有心思再战，顿时溃不成军。在一片混乱之中，窦建德受伤，做了俘虏。

打败了窦建德，李世民又回兵东都。王世充看看无望，只好打开城门乖乖投降。

李世民这一战，一举消灭了夏、郑两个大国，使黄河南北的广大地区都成了唐朝领地，统一事业也基本完成了。

172-玄武门之变

唐高祖做了皇帝之后，也按照一般的惯例，立大儿子李建成为太子，封李世民为秦王、李元吉为齐王。论起功劳，首屈一指的便是李世民，不要说他那两个兄弟不如他，就是他的父亲也得甘拜下风。太原起兵反隋，原来就是李世民的主意，在此后的多次战斗中，尤其是一些关键性的大战，也是李世民的功劳最大。可以说，没有李世民，就不可能有唐朝的江山，因此人们都以为，英俊少年李世民是唐王朝的实际创造者，这可不是没有道理的。

唐高祖也知道二儿子李世民的才能以及他在统一国家中起的关键作用，对他就有些另眼相看。当李世民率兵一举消灭窦建德、王世充两个割据势力，班师回到京城之后，唐高祖明白李世民的功劳实在是太大了，古代所传下来的官号爵位，都不足以酬劳李世民的显赫战功，于是就加封李世民为天策上将，身份、地位在各位王公之上。唐高祖还私下里答应李世民，要改立他为太子。

太子李建成当然不会不知道这些情况，他看李世民的功劳越来越大，地位身份越来越高，心里是又妒忌又害怕。他妒忌李世民的功劳、威信和才华，觉得自己样样不如他，总矮那么一截子似的，从而担心、害怕自己会失去太子的地位，被李世民取而代之。由妒忌、害怕，又滋生出仇恨、怨愤的心理，于是李建成就暗中勾结弟弟李元吉，想出各种法子来排挤、陷害李世民。

他们首先走的是女人路线。唐高祖自当太原留守开始，就宠爱着一些嫔妃，对这些女人，唐高祖总是百依百顺、有言必听。李建成、李元吉摸准了这一点，就经常给这些妃子送礼，不是好吃的、好玩的，就是好穿的，溜须拍马，讨她们的欢心。时间一长，两兄弟就与这些宠妃关系处得十分密切，常在一起嘀咕，说李世民的坏话，让她们为自己说好话，这些妃子对李世民本来就没什么好感。一方面，李世民从不送礼，她们认为这是李世民居功自傲，看不起人；另一方面，李世民打下东都，一些妃子向他索要隋宫里的珍宝，并为她们的亲戚谋官求职，都被李世民一口回绝了，因此怀恨在心。于是，一有机会，她们就在唐高祖面前夸奖太子，说他如何知书达礼，是个好接班人，而对李世民总是论长道短，还要唐高祖提防着点。唐高祖耳根子软，哪禁得住这些宠妃的一再吹风，就相信了她们的话，渐渐疏远了李世民。

但李世民行得正、坐得直，并没什么过失，尽管李建成、李元吉在背后捣鬼，毕竟损不了李世民什么。于是，他们就寻找机会，想害死李世民。

有一天，李建成突然派人来到秦王府，说是请秦王去喝酒。李世民知道自己的哥哥不怀好意，可又不便挑明拒绝，就去了。李建成一副殷勤的样子，拿出两壶好酒，劝李世民喝，李世民有所提防，看着李建成大杯大杯地往下灌，他却喝得很少很慢。一杯酒才下肚，他突然觉得肚子一阵疼痛，就连忙起身告辞。随从把他扶到家，李世民就忍不住呕吐起来，其中夹杂着不少血丝血块，而且疼痛仍是一阵一阵地袭来。李世民明白了，酒中有毒！他便连忙请来医生，为自己医治除毒。好在他酒喝得不多，又医治得及时，总算脱离了危险。

从此，李世民再也不去兄弟家喝酒了，而且一出门，总带着许多卫士，处处提防着那些想害他的人。

李世民有勇有谋，尤其善于用人，在他的秦王府中，聚集着一大批人才，文臣谋士有房玄龄、杜如晦等，号称十八学士；武臣大将则有尉迟敬德、秦叔宝、程咬金等，都很有名气，很有本事。李建成、李元吉懂得，要除掉李世民，就得把这些有本事的人从他身边弄走，把李世民孤立起来。

他们先采用收买的诡计。据说，李建成曾给尉迟敬德一封信，并送上满满一车子金银，说要同他交朋友，被尉迟敬德拒绝了，金银也被原封不动地退了回去。其他的文臣武将也一样，都对李世民忠心耿耿，不为太子的利诱所动。

李建成、李元吉见收买不成，便想出了更恶毒的一招。武德九年（626年），突厥又率兵进犯中原，李建成就建议唐高祖派李元吉带兵去迎击突厥，让李世民休息休息。唐高祖准奏，任命李元吉为元帅，领兵出征。李元吉接受任命之后，却请求唐高祖把尉迟敬德、秦叔宝、程咬金三员大将和秦王府的精兵都归他指挥。唐高祖哪里晓得他的险恶用心，自然也就答应了。

李世民见李元吉要调走自己的大将和精兵，知道这是李建成与李元吉的诡计，知道他们是想把将士调开之后，就大胆地向自己开刀。李世民感到形势紧迫，连忙把妻兄长孙无忌和大将尉迟敬德找来商议。两人也意识到问题的严重性，劝李世民趁早下手，先发制人。李世民有些犹豫，不忍心对亲兄弟动刀动枪的。尉迟敬德非常着急，劝道："秦王讲兄弟情分，可太子他们总想除掉你。难道太子在酒中下毒的事，秦王都忘了吗？"长孙无忌则说："我听谋士大将们都在议论，说秦王再不下手，他们可不愿等着白白送死。"

> **TIPS**
>
> **房谋杜断**
>
> 房玄龄、杜如晦是唐太宗时期的名臣，两人并称为"房杜"。其中房玄龄善于出谋划策，杜如晦善于决断大事，两人齐心辅佐唐太宗，传为美谈。

彩绘釉陶文吏（左）、武官（右）俑

唐。1972年出土于陕西礼泉郑仁泰墓。文吏俑高69厘米，头戴进德冠，上穿红色阔袖短袍，下着白色裳，足蹬黑色如意云头履。武官俑71.5厘米，头戴兜鍪，身着明光铠，下着绿地宝相花战裙，足蹬黑靴。两俑现藏于中国国家博物馆。郑仁泰参加过晋阳起兵和玄武门之变，是唐初的重要人物之一，死后陪葬昭陵。

如今是势不两立,确实不能再犹豫了。"

李世民反复考虑、权衡,觉得部下的话说得对,就下了决心。他与长孙无忌、尉迟敬德一合计,安排了一个擒杀计划,决定借唐高祖的诏令,把李建成、李元吉骗进宫中,同时在必经之路皇殿北面的玄武门那里埋下伏兵,除掉二人。

商量完毕,各人就分头行动起来,李世民连夜进宫,在唐高祖面前告了一状,把太子李建成与李元吉陷害他的有关事情,有声有色地述说一遍,最后说道:"如今我危在旦夕,请父皇为我做主!"

唐高祖听了既惊讶又生气,对李世民说:"不必担心,明天早上你们兄弟三人一起来见我,当面把问题说清不就行了吗?"于是,唐高祖即派人将召见的命令送给太子李建成和李元吉。李世民称谢退出。

第二天一大早,尉迟敬德和长孙无忌就带着一支精兵,趁着黎明的晨雾,悄悄来到玄武门埋伏下来。李世民一身盔甲,一副出征的模样,跟在队伍的后面进了玄武门。

朝见的时间到了,李建成、李元吉骑着马来到玄武门。四周出奇的空旷寂静,一个侍卫的影子也见不到。两人感到气氛有点儿反常,就停住马,嘀咕起来。李元吉说:"太子,这情形好像不对劲,还是回去再说吧。"李建成同意了,两人拨转马头,就要往回走。

李世民连忙从玄武门里纵马赶了出来,大声喊道:"殿下,别忙走!"

玄武门之变

唐武德九年(626年),秦王李世民伏兵玄武门,击杀太子李建成和齐王李元吉,迫使唐高祖李渊承认既定事实,立其为太子。不久李渊就禅位于李世民。

李建成、李元吉转过身来,见是李世民从宫中拍马而出,又看他一身出征披挂,顿时慌了手脚。李元吉伸手去拿弓箭,要射李世民,可是紧张、害怕得连弓也拉不开。李世民久惯征战,又有准备,当下眼明手快,拈弓搭箭,把李建成射下马来。李元吉拨马要逃,尉迟敬德率兵冲了出来,朝着李元吉的后背一箭射去，李元吉立时跌下马来。士兵们一拥而上，把李建成、李元吉杀死了。

李建成和李元吉手下的将士得知二人出了事，就一起仗剑挺枪，向玄武门杀来。玄武门下顿时刀光剑影，一片混战。李世民立马玄武门下，看着眼前的混战局面，思考着解决的办法。突然，他喊来尉迟敬德，要他进宫去禀告父皇。

唐高祖正等着兄弟三人去见他，听了尉迟敬德的报告，吓得六神无主。宰相萧瑀奏道："皇上可发布诏书，宣布太子和齐王的罪状，命两府的兵士放下武器，都归秦王调遣。然后，皇上让出皇位，把国事交给秦王管理就行了。"

唐高祖没有其他选择，只好采纳了萧瑀的建议，立即写了诏书，派大臣去玄武门宣读。东宫和齐王府的将士听了诏书，又见太子、齐王都已死，于是都放下兵器，停止厮杀，表示愿意投在秦王旗下。

又过了两个月，唐高祖把皇位让给了李世民，自己做了太上皇。

> **626年**
> 玄武门之变，李世民杀太子李建成。李渊禅位于李世民。李世民就是唐太宗。

173-善纳敢谏的君臣

李世民做了皇帝，他就是唐太宗。在他当政的20多年里（627年—649年），政治开明，国力强盛，百姓过上了安定殷实的生活。因此，人们称这一时期为"贞观之治"（贞观是唐太宗的年号）。

唐太宗之所以能把国家治理好，除了他雄才大略等因素之外，最为重要的一条就是善于纳谏。这一点在他的治国经历中非常突出，因而他得到了中国历史上"最善于纳谏的皇帝"的美誉。

什么叫纳谏？纳谏的意思，就是能听取不同的意见，尤其要听得进批评的意见，从中判断优劣是非，然后吸取那些好的意见来制定政策、处理事务。唐太宗能纳谏，是因为他懂得这样一个道理，一个人再有才能，也不可能是无所不知、无所不能的。

唐太宗知晓这个道理，是因为他从亲身经历的一件事中得到了启发。

勇武善战的唐太宗，非常喜爱收藏一些好的弓。在南征北战的岁月里，他收集的好弓已有几十张之多，便以为天下的好弓自己都收尽了，不会再有更好的。有一天，唐太宗拿出自己收藏的弓给造弓的工匠师傅们看，心里美滋滋的，似乎想炫耀一番。工匠们一看，便恭恭敬敬地禀告道："皇上，实不敢相瞒，这些弓其实都算不上是好弓。"

"怎么不是好弓？这可都是我四处收集得来的。"唐太宗问道。

"这些弓的木头取纹都不直，虽然很硬，射出去的箭却易歪难直。"说着，那工匠拿出一张他们制造的好弓，呈到唐太宗面前："请皇上试试这个。"

唐太宗接过来，反复看了看，拉了拉，又搭上箭，射了一下。果然是好弓！再看原来那些弓，都觉得不怎么样了。唐太宗这才明白，自己以前鉴别弓好坏的方法并不十分精当，由此悟出一个非常明显却又十分深刻的道理。

有一天，唐太宗与大臣们讨论政事，说话之间，唐太宗就把上面这件事说给大臣们听，最后感慨万分地说："我是用弓箭打下江山的，却还不能真正懂得弓的好坏。何况天下的事是这么多，我怎么可能都了解呢？你们一定要多提醒我。"

在唐太宗的鼓励下，大臣们都敢于说话了。遇上讨论事情的时候，他们也都乐意把意见当面提出来。特别是一位名叫魏征的大臣，总是不断地给唐太宗提意见，而且往往据理力争，丝毫不让。唐太宗对他也特别看重，还常常把他召进宫去，单独听取他的意见。有一次，唐太宗问魏征："古代的君王，有的明智能干，有的昏庸无能。为什么会有这样大的区别呢？"

魏征回答说："明智能干的君王，总能广泛听取大家的意见；昏庸无能的君王，却只听得进一两个人的话。吸取大家的意见，就能集思广益，众志成城；只听个别人的话，就会闭目塞听，受其蒙骗。这就是好皇帝与坏皇帝之间的区别。"

唐太宗听了，连连点头。

有个大臣的女儿，才貌双全，皇后建议把她选入宫廷，并且已经登记入册。其实这位姑娘已经与人订婚，有了婆家。但既是被选入皇宫，谁还敢说个不字呢。有人就把这事告诉了魏征。

魏征急忙进宫拜见唐太宗，劝谏道："皇上居住的是深宫大院、亭台轩榭，应该想想平民百姓是否有房住；皇上每天山珍海味、鸡鸭鱼肉，应该想想平民百姓能否填饱肚子；皇上身边嫔妃成群、美女如云，应该想想平民百姓是否有个家。"

唐太宗说："你说了这么一通道理，到底想说什么啊？"

魏征这才把来意挑明，说："人家的姑娘已许婆家，皇上却要去夺为己有，岂是一个好君王所能做的事呢？"

唐太宗连忙认错，自责不已，马上下诏，从嫔妃名册中划掉那位姑娘的名字。

从此以后，唐太宗越来越信任魏征，而魏征提的意见不仅越来越多，而且越来越尖锐，有时简直让唐太宗听不下去，下不了台阶。

有一次，刚刚上朝，魏征就为一件事与唐太宗辩论起来，君臣各说各的理，互不相让，直争得面红耳赤。唐太宗气呼呼的，真想一声令下，将魏征赶出宫去。可他又怕在大臣面前丢了善于纳谏的好名声，只好努力按住火气。退朝后回到宫中，唐太宗仍是怒气不消，愤愤地说："总有一天，我要杀掉这个乡巴佬！"

长孙皇后不明白唐太宗为什么会发那么大的火，就问："陛下想杀谁？"

唐太宗嚷道："杀谁？我要杀魏征！这个乡巴佬太猖狂了，总是当着大家的面叫我难堪。我这个皇上倒受他摆布了，哼！"

长孙皇后听了，不言不语地走进内室，换了一套朝见皇帝的正规礼服。然后回到唐太宗面前，恭恭敬敬地跪拜下去，把唐太宗给弄糊涂了。只听长孙皇后说："恭喜皇上，贺喜皇上。我听说只有英明的天子才有正直的大臣。如今魏征犯颜直谏，刚正不阿，正说明皇上的英明。所以向皇上表示祝贺。"

唐太宗听了这一席话，恍然大悟，心中的怒气一下全没了。从那以后，唐太宗不但不怨恨魏征，反而常常在大臣面前夸奖他："人家都说魏征态度暴躁、举止粗鲁，但我看那恰恰是他的妩媚、可爱的地方呢！"

在一次宴会上，唐太宗回顾自己的事业，说："过去帮我夺取天下的是房玄龄，今天帮我治理天下并为国家的长远利益谋划的是魏征。尤其是魏征，即使是古代的著名大臣，也不会比他做得更多更好了。"然后，唐太宗向大臣问道："魏征与诸葛亮哪一个更有本事？"

有个大臣回答："诸葛亮的文武全才，不是魏征好比的。"

唐太宗不以为然，赞道："魏征大仁大义，全心辅助我治理天下，想要使我达到古代尧舜的那种治国境界，诸葛亮哪能与魏征相提并论呢！"

《帝范》书影

《帝范》是唐太宗李世民写的论述为君之道的著作，为李世民一生治国经验的总结，共12篇。

魏征不管唐太宗生气也好，还是称赞他也好，还是照样给唐太宗提意见。在短短的十几年里，魏征给唐太宗提的批评、建议大大小小有两百多件。他之所以敢于直言劝谏，是因为他摸准了唐太宗最恐惧的就是亡国，因此，魏征常常引用隋朝的例子来劝谏唐太宗，唐太宗也知道魏征是帮助他避免亡国之祸的忠臣，因而能忍气接受劝谏。

643年，魏征得了重病。唐太宗每天都派人去看望他，向他表示问候，希望他还能为自己再提点意见。到了病危时，唐太宗亲自来到魏征病床前，看着魏征奄奄一息的样子，他难过得流下了眼泪，问魏征："爱卿还想要些什么？"魏征缓缓应道："我是什么也不想了，我只担心国家的前途啊！"唐太宗感慨万千，紧紧握住魏征的手，什么话也说不出来。

不久，魏征去世了，唐太宗亲自赶往吊唁（yàn）。在魏征的灵前，唐太宗想起了魏征忠君报国、犯颜直谏的件件往事，又伤心地痛哭起来。由于过分伤心，他整整五天没有上朝。唐太宗还颁发诏书，命文武百官都要去吊唁魏征，参加魏征的葬礼。

唐太宗为魏征举行了隆重的葬礼之后，一上朝议事，就对百官慨叹道：

"以铜为镜子，可以照见衣帽戴得是否端正；以历史为镜子，可以看到国家兴亡的原因；以人为镜子，可以发现自己做得对不对。如今魏征去世，我少了一面明察得失的镜子了。"

唐太宗忍住悲痛，又继续说道："前两天，我派人整理魏征的文稿，发现在一张未写完的纸上有这样几句话：'天下的人各种各样，有好有坏；任用好人则国泰民安，任用坏人则国败民穷。对于文武百官，总不免喜爱一些人怨恨一些人。一般说来，对于自己怨恨的人，则往往只看见他的坏处。因此，在用人上一定要慎重，不要被自己的感情所迷惑。如果喜爱一个人却能知道他的缺点，怨恨一个人却了解他的长处，这样就能去其不足，用其所长，国家就可以治理好了。'魏征的话说得多好啊！用这些话来对照自己，我就担心会出现这种过失。从此以后，你们大家都要向魏征学习，见我有什么做得不对的地方，就记下来告诉我，使我少出差错、犯过失。"

大臣们都十分感动，向这位善于纳谏的皇帝投出了敬佩的目光。

174-李世民赏罚严明

唐太宗执政时期，国家出现了历史上少有的政清民安的局面。这除了唐太宗善于听取大臣们的建议、批评和任用贤能之外，还与他的另一项重大改革有关，那就是注意加强法制，以严明的赏罚号令天下。

唐太宗十分重视运用法规来治理国家。他认为，赏罚是国家大事，是非常严肃的问题，万万不能马虎，奖赏了有功的人，无功的人就会受到激励；惩罚犯罪的人，就会使他们得到教训，知错而改。因此，为了用赏罚这两种手段推动国家的治理，唐太宗一上任，就着手法令的制定。他任命长孙无忌和房玄龄修订《武德律》制成《贞观律》。《贞观律》的刑罚比《隋律》减轻了许多，其中去掉死刑92条，其余还有不少地方都把刑罚减轻了。后来，唐高宗又让长孙无忌组织19名法学家，特地为《唐律》做注解，即《唐律疏议》。这是封建社会最完备的法典，成为此后各朝制定法律的蓝本。

除了"律"（即刑律）以外，唐太宗还诏令大臣们制定了"令""格"和"式"等法规。"令"是国家的制度和政令；"格"是文武百官的职责范

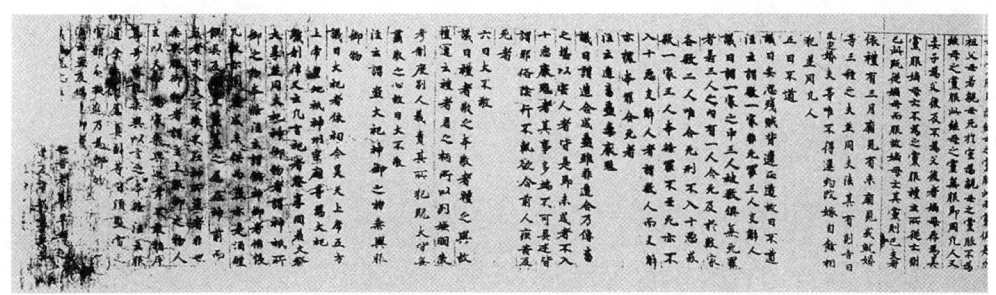

敦煌《唐律疏议》残卷

《唐律疏议》原名《律疏》，是唐朝刑律及其疏注的合编，是东亚最早的成文法之一，也是中国现存最古老、最完整的封建刑事法典，共三十卷。

围，是考核官员的依据；"式"则是包括尚书各部在内的各个部门的工作章程。"律、令、格、式"四个方面，包括的内容非常广泛，从国家的政治制度到社会经济生活，以及民间的婚丧嫁娶等，都有详细的条文规范。不论谁违反了这些规定，都须按照刑律来定刑判罪。

制定的法律，能否被贯彻执行，关键在于皇帝的态度。也就是说，皇帝自己要以身作则，尽量不做违法乱纪的事。魏征曾经对唐太宗说："作为万人之主的君王，自己首先要行得正、做得公。如能这样以身作则，用不着下命令，大家也会按法规办事。如果不能以身作则，命令下得再多也不管用。"唐太宗十分赞赏魏征的话，因而他能注意约束自己，为大家做出守法榜样。

有一年，唐太宗准备到洛阳巡游，他下了道诏书，要洛阳官员为他的出访建造一座大殿。有个名叫张玄素的大臣知道了这件事，就上书反对唐太宗这样做。他在奏疏中写道："当年皇上平定王世充的时候，把洛阳城里许多宏大奢侈的宫殿都拆了，受到了百姓的欢迎和拥护。现在还不到十年，皇上又要在洛阳重建豪华的宫殿，这样做是在学隋炀帝干坏事，最后造成的危害，恐怕比隋炀帝所带来的还要大。"

看了张玄素这用词尖锐的奏疏，唐太宗不仅很生气，而且很不服。第二天上朝的时候，唐太宗就没好气地问他："你说我还不如隋炀帝，那么与夏桀、商纣比又怎么样呢？"

张玄素随即答道："皇上如果不停止这项工程，将来的命运与商纣同样可悲。"

善于纳谏的唐太宗被这话惊醒了。他想了想，觉得自己这样做确实不好，就取消了建造宫殿的命令。

这件事既反映出唐太宗善于纳谏的优点，也体现了他约束自己的守法精神。

唐太宗能够以身作则，因而能执法严明，不讲情面。

岷州都督高甑（zèng）生，原是秦王府的老部下，同唐太宗的私交很不错。高甑生的妒忌心很重，见李靖做了宰相，就上书状告李靖，说李靖做了很多坏事。

办案的官员经过调查审理，发现高甑生所说的都是假话，完全是诬蔑。按照当时的法律，要按诬告别人罪状的刑罚来处罚诬告者。办案官员禀告了唐太宗，显出有些不便判罚的样子。唐太宗毫不犹豫，下令道："该怎么罚就怎么罚，不必问我。"

旁边有个大臣听了，上前求情道："高甑生是皇上的老部下了，立过很多战功。他这次犯罪只是一时糊涂。鉴于他是初犯，皇上还是宽恕一次吧！"

唐太宗很生气，马上驳斥道："我从太原起兵反隋以来，很多人跟着我南征北战，立下赫赫大功。这些有功的人，我是不会忘记的。但是，谁也不能居功自傲，违法胡来。如果今天不处罚高甑生，那么就不会使人信服，国家的法令就没法推行了。"

最后，高甑生被免去了官职，流放到边远地方去了。

对部下是这样，对自己的亲属甚至子女，唐太宗也能严格执法，不搞例外。唐太宗的两个叔父，自以为是皇叔，就有些不注意，结果触法犯罪。唐太宗知道后，根据罪行的轻重，分别予以处罚，一个叔父被逮捕入狱，一个叔父被流放。

唐太宗有个儿子叫李恪（kè），被封为吴王。李恪喜欢打猎，经常骑着马到田野村庄去追捕射杀野鸡、野兔之类的小动物，把百姓的庄稼践踏了不少，百姓知道他是皇子，哪敢说话，只好自认倒霉。

这事被御史台的一位官员知道了，就上朝拜见唐太宗，把李恪糟蹋庄稼的事给揭发了出来，并要求唐太宗予以处罚。

唐太宗沉默了一会儿，似乎有点儿不高兴，就问这位官员："你怎么敢告皇子的状啊？难道不怕我免了你的职吗？"

这位官员回答："我的工作就是监督百官的过失，如果我明明知道有人犯了错而知情不报，那是对皇上的不忠。皇子犯法与庶民同罪，皇上怎么会因为我告了皇子而免我的职呢？"

唐太宗听了，转怒为喜。于是按照那位官员的建议，免去了吴王李恪的爵位官职，使他的过失得到了应有的处置。

由于唐太宗以身作则，执法严明，致使贞观年间逐步形成了有令即行、有禁即止的良好风气。据史书记载，当时的官吏大多为官清廉、执法严格，迫使那些皇亲贵族、富豪劣绅缩着脑袋，不敢胡作非为、欺压百姓。

唐太宗执法严明，还表现在他注重证据、注重事实，反对逼供上。

一次，刑部尚书张亮揭发一个名叫侯君集的大臣有谋反行为，主要证据就是侯君集曾经约他一起反唐。唐太宗并不因为有张亮的揭发就定侯君集的罪，他想了想，对张亮说："这件事如果交给大理寺来审理，侯君集肯定会断然否认。他肯定会说：'这是张亮的一面之词，是诬陷我。'我们没有其他证据，对他的这种反驳就没办法驳倒。还是等等再说吧，不然会弄得很被动。"

《唐太宗主明臣直》

选自明张居正编撰的《帝鉴图说》。唐太宗在位期间，吸取隋朝灭亡的教训，大开言路，并且善于纳谏，常常因谏改过，开创了史称"贞观之治"的太平盛世。

唐太宗像是从未有过这回事一样，根本没有处罚侯君集，反而让侯君集继续做他的官，甚至还按照原来的计划，把他的画像陈列在宫廷的展览馆里。

俗话说："若要人不知，除非己莫为。"就是说，一个人干了坏事，是隐瞒不住的，总有一天会暴露出来。侯君集确实有不轨之心和谋反行为，时隔不久，他的罪行就暴露了。

直到真相大白之后，唐太宗才根据侯君集的罪证判他死刑，斩首示众。

唐太宗在执法中也犯过不少错误。可贵的是，唐太宗并不坚持错误。只要发现确是自己错了，就能及时改正。有个县令经常让衙门的侍从为自己干私活，唐太宗知道了，气得要杀这个县令，有个大臣劝谏道："法律是天下百姓的法律，并不是皇上一个人的。如今那县令不过是犯了点轻罪，按法是不应判罚死刑的。否则就会把法弄得混乱了，那叫别人如何来按法办事呢？"

唐太宗意识到自己错了，马上撤销了自己的错误判决，还破格提升了那位劝谏的大臣。

为了减少错案，唐太宗允许被告人为自己申辩。审案的官员如果有意阻挠，就会被看作是犯罪行为，要受五十或一百大板的处罚。因此，贞观时期被判死刑的很少，据史书记载，20多年只杀了29个人。

175-唐太宗手下的大将

唐太宗夺取天下、治理天下，靠的是一批才智出众的人才。而且他用人只以才能为标准，不计较他们的出身、来历。因此他所用的人来源各自不同。例如他手下最得力的几名大将，原来都不是他的属下，尉迟恭来自刘武周，李勣、秦琼、程咬金来自瓦岗军，大将李靖则是他从父亲刀下救出来的。这几员大将后来都成为历史上十分著名的人物。

那是在李渊父子准备太原起兵的时候，李靖当

> **TIPS**
>
> **凌烟阁二十四功臣**
>
> 贞观十七年（643年），为怀念当初一起打江山的功臣，唐太宗命阎立本在凌烟阁画二十四位功臣画像，他们是：长孙无忌、李孝恭、杜如晦、魏征、房玄龄、高士廉、尉迟敬德、李靖、萧瑀、段志玄、刘弘基、屈突通、殷开山、柴绍、长孙顺德、张亮、侯君集、张公谨、程知节、虞世南、刘政会、唐俭、李勣和秦琼。文臣武将都以能被绘入凌烟阁图画为荣，凌烟阁功臣成为唐代豪杰功成名就的标志。由于凌烟阁功臣多为武将，所以李贺有诗："男儿何不带吴钩，收取关山五十州。请君暂上凌烟阁，若个书生万户侯。"

时任马邑（今山西朔州）的县丞，他察觉到李氏父子有反隋苗头，就坐上车子，赶往江都向隋炀帝告发。走到长安，由于道路毁坏，不能再往前走，他被困住了。李渊打进长安，将李靖抓住。当得知他是要前往江都告发自己时，气得要命，就下令处死李靖。李靖丝毫也没有害怕的样子，大声喊道："唐公起兵为天下扫除暴乱，想成一番大事，怎么能为了个人的一点儿恩怨就杀忠义之人呢？"

李世民看李靖身材魁伟，容貌端秀，一派英俊之气，心中有些喜欢。又看李靖临危不惧，有胆有识，极力为他说情，李渊这才放了李靖，让他跟着李世民做幕僚。

李靖的本名叫药师，是京兆三原（今陕西三原东北）人。他自小就十分刻苦，精通经史，熟读兵法，是个文武全才。李靖的舅父是隋朝的一员大将，常常与李靖在一起谈论用兵之道，觉得非常畅快，于是对人说："现在可以与我一起谈论孙子和《孙子兵法》的人，除了李靖，找不出第二个人了。"

唐高祖刚刚即位不久，梁宣帝的曾孙萧铣（xiǎn）占领了一些州县，队伍迅速扩大，达到了40万，萧铣领着大军继续进攻，一时声势很盛。唐高祖便任命李孝恭为总管、李靖为行军总管，领兵讨伐萧铣。

当时正是秋汛时期，江水暴涨。面对滔滔长江，许多将领都提出，等待汛期过后再进兵。只有李靖一人不同意，坚决主张立即进兵，他向李孝恭劝说道："用兵贵在神速。目前萧铣还不知道我军已经集合。如果乘江水暴涨，顺流东下，出其不意，攻其不备，定能马到成功。"

> **TIPS**
> **风尘三侠**
> 指唐末杜光庭所著传奇《虬髯客传》中隋末唐初三位豪杰：虬髯客、李靖和红拂女。故事讲隋朝末年李靖在长安谒见司空杨素，杨素家妓红拂女倾慕李靖，随之出奔。出奔途中，二人结识了豪侠张虬髯（即虬髯客），同至太原，通过刘文静见了李世民。虬髯客本欲争夺天下，见李世民器宇不凡，知不能匹敌，遂让其家财于李靖夫妇，李靖以之辅佐李世民，终功成名就。虬髯客入扶余国自立为王。

李孝恭接受了李靖的建议，即刻发兵东下，把没有丝毫准备的萧铣军马打得落荒而逃，连续夺取了荆门、宜都等地，大军直逼夷陵（今湖北宜昌）。萧铣紧张起来，派得力大将文士弘领了几万人马，驻守清江抵抗，不让唐军过河。

得知这一情况，李靖建议李孝恭，暂时停在南岸，不要慌忙进攻，并解释说："文士弘是萧铣的得力干将，如今荆门、宜都失守，他把精锐兵马都用出来了，士气正旺，不容易对付。过一段时候，等他们的锐气衰落下去，再调兵进攻，定能获胜。"

李孝恭因为尝到快速出击的甜头，这次还想照常办理，对李靖的建议根本听不进。于是，李孝恭命李靖守南岸，自己率领主力渡河出击，结果被打得大败而归，这才后悔没听李靖的话。

文士弘打了胜仗，心情高兴，他手下的战船便零零乱乱地散在江中，只顾从水中去抢捞战利品，船队显得混乱不堪。李靖看见这一情况，立即向李孝恭请战，要带兵出击。李孝恭才吃了败仗，当然想让李靖去报仇，就同意了。

文士弘的军马洋洋得意，只顾抢东西，没想到李靖率部队反击过来，慌乱之中，根本无法抵抗，只好掉船逃命。李靖乘势追杀，使文士弘损失了400多艘战船，士兵被杀或被水淹死的有一万多人，只有文士弘带着少数人马逃跑了。

李靖领着兵马，乘胜追击。一直追到萧铣所在的江陵城下，将江陵团团围住。刚刚渡过大江之时，李靖就命将士把缴获的400多艘敌船全都丢到江中，任船只漂流而下，将领们对李靖的做法都不理解，就问道："所得的敌船，为什么不加利用，反而要白白丢掉，不是很可惜吗？"

李靖解释说："大家都知道，萧铣的属地广大，兵马众多。如今我们深入他的地盘，如果他调来援军，我们就会腹背受敌，到时进不得退不得，那就危险了。现在我把敌船抛入江中，来援兵马就会以为江陵已经失守，便不敢轻易前来，趁他们在徘徊观望时，我们就可以攻破江陵了。"将领们听了都十分佩服。

李靖于是下令攻城，势头非常凶猛。城内兵少，萧铣难以防守，又盼不到援军，只好开城投降了。各地前来的援军，见主帅已降，也都纷纷归顺。南方很快便平定下来。

这一仗充分显示了李靖高超的军事指挥才能。此后，他又连连出兵，平叛乱，扫突厥，南征北讨，战功显赫，为唐朝江山的安定做出了巨大贡献。有一次，唐高祖听说李靖又打了胜仗，就称赞起来，说："像李靖这样的帅才，即使是古代的名将白起、韩信、卫青、霍去病，也没一个能超过他啊！"

尉迟恭，字敬德，是李世民手下的另一员大将。与李靖不同，他是以勇猛善战、忠心赤胆而闻名。隋朝末年，天下大乱，群雄并起，各据一方。隋朝有个将领叫刘武周，也趁机起兵，还自称皇帝。当时尉迟恭在刘武周的大将宋金刚手下任副将。李世民打败宋金刚之后，尉迟恭与另一将领率部下8000人投降。

后来，李世民又领兵去攻打王世充。一些刘武周的降将，借着与王世充交兵的机会逃走了，一些将领对尉迟恭产生了怀疑，就把他捆绑起来，然后进帐劝李世民杀掉尉迟恭，以免留下后患。

李世民很生气，斥责道："你们错了！如果尉迟恭要叛逃，为什么不与其他人一起走呢？他没走，就说明他不想叛变。"

说着，李世民走出帐外，亲自为尉迟恭解开绳索，然后拉着他的手走进帐中，坦诚地说："我与你意气相投，从不计较小事。你放心，我是决不会听信流言而杀害有才之人的。"接着他又拿出一包黄金，说："你若是真想走，我也不拦你。这点东西就算给你作路费，表示我的心意和对你的友情。"

尉迟恭是条硬汉子，听了这话却感动得泪流满面，他两腿跪倒在地，激情澎湃地说："君王如此待我，我怎么会想离开君王呢？我一定誓死效力，报答君王的恩情。"

就在这天下午，李世民率领500骑兵外出视察，突然与王世充的一万多骑兵相遇。王世充手下的名将单雄信见围住了李世民，心中大喜，以为立功的机会到了，就拍马挺枪，直冲李世民而来。李世民拔剑相迎，没战几个回合，李世民就明显处于下风，情况十分危急。

正在这时，尉迟恭杀退围兵，飞马赶来，大声喝道："勿伤我主！"那声音如雷电轰鸣，把单雄信震得一愣，尉迟恭枪随马到，只一枪，就把单雄信挑下马去。然后，尉迟恭绰（chāo）枪左冲右突在前开路，马到之处，敌兵纷纷退去，不敢阻挡，就这样保护李世民冲出了重围。

回营后，尉迟恭尚不解恨，又立即带着大队骑兵冲杀反击。不久，大队援军又到，结果把王世充的兵马杀得大败，被杀和被俘虏的有1000多人，还活捉了王世充的一员大将。

从此，勇猛善战的尉迟恭便更出名了。敌兵一听到尉迟恭的名字，想起他冲锋陷阵、挺枪舞剑的雄姿，就会有一种不寒而栗的感觉袭上心头。

而李世民对尉迟恭却是更了解、更信任了。李世民做了皇帝之后，有人在他面前进谗言，说尉迟恭要谋反。唐太宗根本不相信，像谈家常一样向尉迟恭问道："为什么有人要说你谋反？"尉迟恭激动万分，说："我随从陛下征讨四方，身经百战，九死一生，现在天下已定，我还会造反吗？"说着便脱下衣服，让唐太宗看他那伤痕累累的身子。唐太宗感动地掉下泪来，赶忙说："快穿好衣服，我怎么会不信任你呢！"

《门神·秦叔宝》

清。秦琼（？—638年），字叔宝，齐州历城（今山东济南）人，是和尉迟恭齐名的猛将，官至左武卫大将军、翼国公。传说唐太宗未能阻止魏征梦斩泾河龙王，龙王鬼魂入梦找其偿命，唐太宗夜夜受惊，大将秦琼和尉迟恭自愿侍立宫门，唐太宗果得安眠，又念及二人辛劳，命画工图其形于门口。后民间依此将二人奉为门神。

李世民还有三员大将，那就是李勣、秦琼和程咬金。这三个人后来都成了小说、戏曲中的知名人物。"秦琼卖马""程咬金三斧头""李勣（在通俗小说里名为徐懋功，懋音mào）神机妙算"，都是广为传诵、妇孺皆知的故事。他们也都有自己的特点和长处，为唐太宗打江山和开创贞观之治都立下汗马功劳。

176-孙思邈起死回生

孙思邈（miǎo）是我国隋唐时期的著名医学家，他生于581年，正是隋朝建立的那一年，逝于683年，跨越了两个朝代。

孙思邈的老家在京兆华原（今陕西耀州）。由于家境贫困，缺吃少穿，小时候的孙思邈身体不好，常常生病，受了不少折磨。他经常见到许多穷苦百姓得了病，或是因为没钱医治，或是医治不好，年纪轻轻就被病魔夺去了生命。他看着人们哭天喊地、悲痛欲绝的情景，心里也十分伤感，头脑里便萌发出一个念头："救活一条人命，是多么重要啊！黄金虽贵，尚能够用钱买到，而人的生命是再多的钱也买不到的。"孙思邈幼小的心灵里，树立了一个宏伟的志向：我要认真学医，做个好医生，为成千上万的人解除痛苦，也为他们的亲人解除痛苦。

在这个宏伟志向的驱使下，孙思邈发愤学习，认真钻研，为了掌握广泛的知识和可靠的本领，他不辞辛劳，夜以继日，达到了废寝忘食、孜孜不倦的地步。功夫不负有心人，他通读了大量的、各种各样的书籍，获得了十分渊博的知识；他仔细深入地研究了古代留传下来的各种医书，掌握了丰富、精深的医学本领，为他今后的行医生涯打下了一个良好的基础。正因为有了这个好的基础，孙思邈行医不久便出了名，渐渐名声越来越大，连朝廷里也知道了他高超的医术，要召他去当医官。那时孙思邈还很年轻，他不愿被束缚在皇宫里，便执意推辞了。他知道他的根应当扎在千百万人民中间，只有这片肥沃的土壤，才能使他的生命焕发光彩，使他的事业蓬勃兴旺。

孙思邈不仅医术好，医德也很高，他把自己学到的医学本领，完全奉献给了那些穷苦的百姓。他不会因病人交不起诊费，就把病人拒之门外，见死不救。相反，他经常为许多病人义务治疗，把药送给他们，对于远道上门求医的病人，他还腾出房子让他们居住，亲自为病人熬汤端药，胜似对待自己的亲人。只要有人请他出诊，他总是有请必应，不管是风雪弥漫，还是夜深黎明，立即赶往医治。

有一次，一个病人得了尿潴（zhū）留，撒不出尿，小肚子胀得非常难受。他请来孙思邈，恳求道："孙医生，快救救我！尿脬（suī pao）都要胀破了！"这种病的医治，以往都是用药来排泄。当时，孙思邈看病人那么痛苦，心想："吃药怕是来不及了。怎么办呢？尿流不出来，怕是管排尿的口子不灵了。能不能用根管子插进尿道，让尿通过管子流出来呢？"孙思邈考虑一番，决定试一试。可是尿道很细，什么样的管子才能插进去呢？他苦苦思考着，十分焦急，正在这时，他看见一个小孩拿着一根烤热了的葱管在吹着玩，突然受到了启发，心想："葱管又细又软，大概可以试试。"于是，他赶忙叫人找些香葱，从中选出细韧的一根，稍加削剪，然后小心翼翼地插进病人的尿道，再用力一吹。不一会儿，尿果然顺着葱管流了出来，病人的小肚慢慢瘪了下去，病也就好了。两根小小的葱管，便消除了病人莫大的痛苦。孙思邈由此成为世界上第一个采用导尿术的人。

又有一次，孙思邈出诊回来，在路上看到几个人抬着一口棺材。棺材缝里渗出了滴滴鲜血，一个老婆婆跟在后面哭得死去活来。孙思邈被哭声所深深打动，又觉得棺材里流出的鲜血很不寻常，就连忙赶上前去，边喊边问道："快停住，快停住！棺材里装的什么人？死了多长时间啦？"老婆婆忍住哭泣，含泪答道："已有几个时辰了。"孙思邈请求说："把棺材打开，让我看看好吗？"

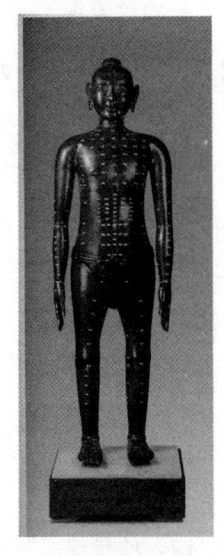

针灸铜人体模型

明仿宋制。通高213厘米。针灸是中医独特的医疗方法，其特点是在病人身体的某部位用针刺入，或用火的温热刺激烧灼局部，以达到治病的目的。前一种称作"针法"，后一种称作"灸法"，统称"针灸疗法"。北宋仁宗时期铸造了两件针灸用的铜人模具，分置医官院和相国寺。相国寺铜人毁于战火，仅剩医官院的铜人。元明两代曾屡次翻铸针灸铜人。此铜人为明正统八年（1443年）仿宋制铸造的，现藏于中国国家博物馆。

老婆婆开始不愿意，说："人都死了，还有什么希望复活呢？"孙思邈并不放弃，耐心说服老婆婆："可以试试。我看棺材里流出的鲜血，应该还是有希望的。"老婆婆听孙思邈说得有道理，就不再坚持，一边唠叨着，一边让大家打开棺材："我可怜的孩子啊！她是难产，折腾了两天两夜，受了不少罪。结果孩子没生下来，把自己的命也给搭上了。我就这么一个女儿，医生要是能把她救活，老太太我一定给你磕头。"

说话之间，棺盖已经打开。孙思邈往棺材里一看，只见那妇人脸色煞白，没有一点儿血色，忙伸手去摸妇人的脉，果然还在微微颤动。孙思邈赶紧拿出银针，选好穴位，慢慢地扎了下去，然后手指不停地捻动。不一会儿，只见那妇人呼了口气，睁开了双眼。又过了一会儿，一个胖娃娃"哇哇"地落了地，老婆婆连忙抱起婴儿，激动的泪水不住地往下流。孙思邈拿出随身携带的药，让妇人服下去。妇人渐渐完全苏醒了，脸色变得也有了血色。老婆婆抱着婴儿，扑通一声，跪倒在孙思邈面前，一面磕头，一面感激不尽地说："谢谢救命之恩！谢谢救命之恩！"孙思邈连忙把老婆婆扶起来，谦虚地说："没什么，不用谢！"周围的人看到孙思邈一针救了两条人命，都惊讶、敬佩不已，同声称赞他真是个神医。

孙思邈十分善于从生活中学习，并广泛积累、不断丰富自己的知识，在行医的过程中，他经常运用比较的方法，来分析得病的原因，开拓用药的思路。比如，山区的贫穷百姓容易得"雀麻眼"（学名叫夜盲症）。这种病人白天的视力挺正常，可是一到晚上，光线不足，就变得像麻雀一样，什么也看不到了。而有钱人常常得脚气病，症状为身上发肿，肌肉疼痛，浑身乏力。孙思邈想："为什么穷人多得夜盲症，富人多得脚气病呢？这肯定与饮食有关，不是多吃了些什么，就是少吃了些什么。"

于是孙思邈比较了穷人与富人的饮食。通过比较，他发现：富人多吃荤腥油腻、糙米细粮；而穷人的饭菜却很少有荤腥，吃的多为粗粮素食。经过反复考虑，他认为，穷人得夜盲症，很可能是很少吃荤的缘故。富人得脚气，不是由于吃荤就是由于吃细粮。于是他再仔细做了分析，发现粗粮里夹杂着不少米糠、麸子，精米、白面却把这些东西弄得一干二净，看来脚气病就是因为缺少米糠和麸子这类东西引起的。思考分析之后，孙思邈对症下药，他试用动物的肝脏治夜盲症，试用米糠和麦麸治脚气病，果然都很见效。他是世界上第一个记录脚气病的医学家，比起国外的最早记录，要早出1000年左右。

孙思邈还十分擅长针灸，在古人已知穴位的基础上，通过不断实践摸索，他又发现了不少新的穴位，并总结出一种新的治疗方法，就是哪里有病就往哪里针灸。后来，人们把这种方法归纳为四个字，叫作"以痛取穴"，也学着孙思邈的样子，把"以痛取穴"的穴叫"阿是穴"。提起阿是穴，这里有个来历。

一次，有个病人找孙思邈看病，说大腿内侧有个地方疼得要命。孙思邈给他开了一帖中药，可服了之后，并不见效。孙思邈就给病人使用针灸疗法。但是扎了几次，病人还是一个劲地喊痛。孙思邈想："除了古书上所说的那些穴位外，难道就没有其他的穴位了吗？"他一面用大拇指在病人的大腿上轻轻地掐来掐去，一面耐心、不断地问着病人："是不是这儿痛？"掐了很多地方，反复问了很多遍，病人忽然叫了起来："啊！……是，是，就是这儿！"孙思邈就在那个点上扎了一针，病人的腿痛果然好了。"那么，古书上没有这个穴位"，孙思邈想，"应当给它取个什么名字呢？噢，对啦，病人说'啊……是，是，就是这儿！'那就叫它'阿是穴'吧！"阿是穴就是这样得来的。

　　经过长期的实践和研究，孙思邈积累和搜集了大量简便而有效的药方。后来他把这些药方汇辑起来，编成了一部书，叫《千金要方》，也叫《千金方》。"千金"的意思就是说，书里所载的药方都是十分宝贵的。这时孙思邈已经70岁了。到了整整100岁的时候，孙思邈又把他后30年所积累的方子编成了另一本书，叫《千金翼方》。"翼"是辅助的意思，就是要用它来弥补前一本书的不足。在这两本书里，孙思邈一共记载了6500多个药方，不仅数量多，疗效也很好。为了纪念这位著名的医学家，人们尊称他为"药王"，把他经常采药的五台山称作"药王山"，并且在山上建了药王庙。

177-松赞干布和文成公主

　　当唐朝的国势蒸蒸日上的时候，在祖国西南的青藏高原上，出现了一个强大的民族政权——吐蕃（bō）。

　　吐蕃是今天藏族人的祖先。他们原来是汉朝羌族的一支，后来逐步西迁，在雅鲁藏布江南岸渐渐发展起来，他们征服了原来居住在西藏南郊的孟族，使孟族人沦为自己的奴隶。他们在柳林茂密的泽当（今西藏山南境内）建立碉堡，定居下来。吐蕃人慢慢地发展了农业，又从以后迁入西藏的羌人那里学习、接受汉族的农业技术，使用铁犁、铁锹等农具，兴修水利，开沟挖渠，战胜了高山和风雪，种植青稞（kē）、荞麦，畜养牦（máo）牛、羊、马，生活逐渐富裕起来。

　　大约在620年，松赞干布的父王论赞弄囊打败了西藏的其他部落，建成了一个统一的国家，当上了国王。这是个了不起的历史进步，因为统一对中小贵族和自由民有利，也有利于社会的发展。但是，那些失去了特权的氏族贵族却怀恨在心，不愿受赞普（吐蕃王的称号，意为"雄强的男子"）的控制，千方百计搞反抗。629年，一些氏族贵族发动政变，用毒药害死了论赞弄囊。王朝一片混乱，情形十分危急。

　　在这紧要关头，松赞干布勇敢地担当起平定叛乱的重任。当时他只有13岁，却已精通骑术、射箭、摔跤、击剑等各种武艺，而且爱好民歌，也能动手写诗，是个能文能武的全才，因而受到了吐蕃人的喜爱和敬重。他依靠中小贵族和自由民的拥护，经过三年多的艰苦奋战，平息了叛乱，严厉打击了氏族大贵族，巩固了吐蕃王朝的统一。

平定叛乱之后，松赞干布就把都城从泽当迁到了逻些（今拉萨）。逻些位于青藏高原的中心，有利于松赞干布更好地管理国家。

年轻的松赞干布并不满足吐蕃的贵族生活，十分热心于接受周围各族的先进文化。当他听说唐朝的经济、文化都比他们发达之后，就派出使者到长安，来要求同唐朝建立友好关系。

贞观八年（634年），松赞干布的使者第一次进了长安。唐太宗也了解吐蕃的兴起和名声，愿意同他们交往，就派使者回访吐蕃。汉藏两族友好往来的大门，从此打开了。

7年之后，也就是640年，松赞干布派大臣禄东赞出使长安，让他带了大量的黄金珠宝献给唐太宗，并代表自己向唐朝求婚。唐太宗看松赞干布的态度十分诚恳，又考虑到汉藏两族的友谊，就答应把皇族姑娘文成公主嫁给松赞干布。

传说当时到长安求亲的，除了吐蕃的禄东赞之外，还有其他四个国家的使臣。他们都带着贵重的礼物，一心想娶回唐朝的公主。唐太宗下了道命令，要求前来求亲的使者先解答五个难题，哪一国使者能够解答，哪一国就能与唐朝和亲。

第一道题目是，要求把一根很细的丝线穿过一颗有九曲孔道的明珠。第二道题目是，把100匹母马和100匹小马驹放在一起，要求辨认出它们各自的母子关系。

面对这两个难题，其他几国的使臣都直发愁，想不出什么法子来。禄东赞却很快动手干起来。他找到一只蚂蚁，在蚂蚁的腰上拴了一根马尾，然后把蚂蚁放进九曲明珠的小孔里，轻轻向孔内不断地吹气。不一会儿，蚂蚁便拖着马尾从孔的另一端爬了出来。禄东赞再把丝线接在马尾上，轻轻一拉，丝线就穿过了九曲明珠。

对于小马如何辨认母马，禄东赞用吐蕃人民在游牧方面的丰富知识，非常轻松地把问题解决了。他让人把母马和小马驹分开关了一天，不让小马驹吃饲料，连水也不给喝。第二天，再把马群放到一起。饿慌了的小马各自跑向自己的母亲去吃奶，母子关系一下子就清楚了。

还有其他三道难题，都是禄东赞取得了胜利。唐太宗看到禄东赞如此聪明、机智，十分高兴，他知道强将手下无弱兵，松赞干布一定是一个更为机智、聪明的人，于是决定将文成公主嫁给松赞干布。

这便是传说中的"五难婚使"的故事，虽然不一定是事实，但是却反映了吐蕃人民对唐蕃友好的强烈愿望，以及对完成这一使命的使者的热情赞美。

第二年正月，唐太宗派遣江夏王李道宗护送文成公主进藏。李道宗是唐太宗的堂弟，而文成公主可能就是李道宗的女儿，由此可见，唐太宗对于唐蕃联姻的重视。

文成公主的送亲队伍，除了江夏王率领的卫士之外，还有乳娘、宫女、乐队、工匠、属官等，阵势十分壮观。唐朝朝廷还为公主准备了一份丰富的嫁妆，其中有必不可少的大量的金银珍宝、绫罗绸缎，显示了公主华贵的身份和唐朝的繁荣发达；还有许多吐蕃所没有的谷物、果品、蔬菜的种子以及药材、蚕种；还有大批的医药、植树、工程技术、天文历法方面的书籍，显示了公主良好的教养和唐朝对吐蕃的真诚友谊。

文成公主出嫁的消息传到吐蕃以后，引起了吐蕃人民极大的喜悦和兴趣。为了表示对文成公主的真诚欢迎和减少她旅途的辛苦，他们在很多地方准备了马匹、牦牛、船只、食物和饮水，一路迎接文成公主。

松赞干布亲自率领一支人马，从逻些赶到柏海（今青海鄂陵湖或扎陵湖）去迎接文成公主，并在那里举行了隆重的婚礼。松赞干布看到唐朝仕女的端庄秀美，中原文物的典雅华贵，以及财富的众多、文化的发达、仪仗的精彩，心中异常高兴。他穿上汉族的袍带，打扮成唐朝的驸马，以女婿的礼节拜见江夏王，然后送江夏王回长安复命。

布达拉宫

布达拉宫是松赞干布为了迎娶唐朝文成公主而建造的，坐落于中国西藏自治区的首府拉萨市区西北玛布日山上，是世界上海拔最高的古代宫堡建筑群，集宫殿、城堡和寺院于一体，号称"世界屋脊上的明珠"。

婚礼结束后，松赞干布陪着文成公主越过雪山高原，来到逻些城。那一天，逻些城沉浸在一片欢腾的海洋之中；乐队不停地奏着乐曲，成千上万的逻些百姓，一齐从帐篷里跑出来，载歌载舞，夹道欢迎文成公主的到来。

松赞干布为了表示对文成公主的尊重，还在逻些城按照唐朝的建筑风格，建造了一座华丽的王官，就是现在的布达拉宫。

文成公主进藏，是吐蕃历史上的重大事件，留下了很多动人的传说。

青海境内有一条倒淌河，这条河从东向西流入青海湖，传说文成公主到达这条河以后，就不再坐轿子，而要骑马前进，进入草原。文成公主感到从此和家乡的距离一天比一天远了，心里非常难过，不禁失声痛哭起来。文成公主哀婉的哭声感动了天地，结果使这条河同天下所有的河都不一样，不是向东流，而是向西流。"天下江河皆东去，唯有此水向西流"的诗句，就简洁地描绘了这一现象，倒淌河的名称也因此而得来。

类似的传说还有很多。众多的传说，表明了吐蕃人民对文成公主的赞美和怀念。因为文成公主的进藏，有力地促进了汉藏经济、文化的交流，尤其对吐蕃经济、文化的发展，做出了重大的贡献。

在文成公主进藏之前，吐蕃虽然已有农业，但经营得很粗略，人民只不过是用石头围住一块地，然后撒下种子，既不会整地，也不知保持水土。唐朝的先进技术传入后，吐蕃出现了小块农田，吐蕃人学会了防止水土流失和平整土地。

吐蕃过去没有文字，无论什么事都用绳打结或在木头上刻符号来表示。文成公主就劝松赞干布设法造字。于是松赞干布指派了一些人去研究，后来这些人造出了30个字母和拼音造句的文法。松赞干布认真学习新文字，并把这些字刻在官殿的石崖上，从此吐蕃有了自己的文字。他们用吐蕃文字翻译唐朝的儒经和佛经，促进了文化的发展。

文成公主进藏所带来的巨大贡献，是吐蕃人民永远不会忘记的。在吐蕃人民中间流传着不少颂扬文成公主的诗歌，其中有一首这样赞美道：

从汉族地区来的文成公主，
带来了各种粮食三千八百种，
给吐蕃粮库打下坚实的基础；
从汉族地区来的文成公主，

带来各种手艺的工匠五千五百人，

给吐蕃工艺打开了发展的大门；

从汉族地区来的文成公主，

带来了各种牲畜共有五千五百种：

使西藏的乳酪酥油从此年年丰收。

650年，松赞干布去世了，文成公主又活了30年，这位了不起的女性，与松赞干布共同生活了10年，而在西藏生活的时间却有40年。直到今天，西藏的大昭寺和布达拉宫，还供奉着松赞干布和文成公主的塑像。

松赞干布与文成公主塑像

文成公主进藏，对西藏的社会发展做出了重大贡献，人们为了纪念松赞干布和文成公主，在大昭寺和布达拉宫供奉了他们的塑像。

178-唐玄奘西天取经

从《西游记》问世以来，"西天取经"的故事几乎家喻户晓、老幼皆知，其实《西游记》的大部分内容都是虚构的，只有唐僧是个真实的历史人物——他就是唐代的著名翻译家、探险家和佛学大师玄奘（zàng）。

玄奘是长安大慈恩寺的和尚，原名叫陈祎（yī），洛州缑氏（今河南偃师东南，缑音gōu）人。

隋开皇二十年（600年），玄奘出生在一个信仰佛教的家庭。当时佛教盛行，玄奘的二哥在洛阳净土寺出家。由于社会和家庭的双重影响，玄奘从少年时就爱好佛学，在13岁那年也当了和尚。他先在净土寺跟着哥哥学习佛家经典。后来，他游历了四川、湖北、河南、河北等地的著名寺院，拜访、求教了很多佛学大师，获得了精深而广博的学问，被人誉为佛门的"千里马"，名震长安。由于他精通印度佛学中的《经藏》《律藏》和《论藏》，因此人们尊称他为"三藏法师"。

玄奘的学问已经十分渊博，但他并不满足。在苦心钻研的过程中，他发现原来翻译过来的佛经错误很多，在许多问题上说法又不一样。当他听说天竺（今印度半岛）有很多佛经，就立下决心要去天竺取经。

可是唐朝刚刚建立不久，国家内部矛盾重重，与突厥的关系也很紧张，因此玄奘要求出境的申请，一而再、再而三地被驳回。可玄奘并不死心，他一面申请，一面抓紧时间学习梵文，了解西域、天竺等地的风俗习惯，细心做好到天竺取经的一切准备。

贞观元年（627年），玄奘在朝廷总不批准他出境的情况下，决定以冒险来实现自己的决心。他想，我是去拜师求学，有什么可害怕的呢？于是，他悄悄地跟随一些商人离开了长安，向西进发。

玄奘先到了凉州（今甘肃武威），在那里讲了一个多月的佛经。由于他的讲学影响很大，在离开凉州时被边境士兵发现，士兵要求他回长安。玄奘只好回头，但走了不远便躲藏起来。然后他乘着黑夜，逃过边卡，来到玉门关附近的瓜州（今甘肃瓜州）。

这时，玄奘骑的马已经累死了。凉州都督得知玄奘已逃离凉州，就向瓜州方面发来了追访、通缉他的公文，公文上写着："有个和尚叫玄奘，想过境去西域；各州县要严密防范，将他捉拿回国。"瓜州的州吏李昌，早就听说过玄奘的大名，他带着缉拿玄奘的公文来找玄奘，在交谈之中，李昌被玄奘那种立志求经、勇往直前的精神所感动，便当面将公文撕掉，还催促玄奘赶快出关西行。

正当玄奘准备出发的时候，他遇上了当地一个名叫石槃（pán）陀的胡族人，愿意替他带路。又遇到一位老人，这位老人十分敬佩玄奘不辞辛苦的坚定意志，就把一匹曾经往返伊吾国（今新疆哈密）15次的老马，送给了玄奘。

玄奘见有人带路，又有识途的老马，真是高兴万分，就变卖了衣服，连夜跟石槃陀一起出发，混出了玉门关。

出关之后，两个人在草丛里睡了一觉，准备继续前进。没想到一夜的辛苦，就使石槃陀改变了主意。他拔出腰刀，在玄奘的面前晃来晃去，想杀玄奘又不忍心下手。玄奘知道不可能再指望石槃陀带路，就好

《玄奘取经图》（拓本）也称《玄奘负笈图》。原碑建于1933年，在陕西西安郊外兴教寺，内有玄奘墓塔。此碑为摹刻本，原画据传为宋人所绘，现藏于日本东京国立博物馆。

意打发他回去了。

从那以后，玄奘便孤身一人在茫茫沙漠中摸索前进。一望无际的沙漠，根本没有道路可走，他只好随着一堆堆死人的骨头和驼马的粪便的踪迹朝前走。这样走了80多里路，才来到第一座烽火台。他担心被守兵发现，白天只好躲在沙沟里，等天黑时才靠近烽火台去找水喝。他凑近泉水边，低下头去，急切地喝起来。忍受了一整天煎熬的玄奘，那时是多么痛快啊！他饱饮一顿，又把皮袋装满水。

突然，一支利箭远远射来，差一点儿射中玄奘的膝盖。聪明的玄奘知道躲不过去，就索性大喊起来："我是长安来的和尚，要去西天取经，请你们别射箭！"

烽火台上的士兵跑了出来，把玄奘带进台内。他们弄清玄奘的来历之后，都非常敬佩，不仅不为难他，反而热情地款待他。临走时，他们还帮玄奘盛水，送他干粮，并且送出10多里路，给他指明通向第四座烽火台的近道。

玄奘顺利到达了第四座烽火台，也受到了热情款待。临行时，台内的官兵告诉玄奘说，第五座烽火台的校尉脾气暴躁，不能容人。为了防止意外，最好绕道走，到野马泉取水，再往西走。

玄奘离开第四座烽火台，在上不见飞鸟、下不见走兽的戈壁滩上，整整走了100多里路，他迷失了方向，根本找不到野马泉。他口渴难忍，拿起随身带的水袋，哪知才喝了几口，一不小心把一皮袋水都泼翻在沙土上了。没有水，怎么能越过沙漠呢？他便掉转马头，想回到第四座烽火台去取水。走了一会儿，他忽然想起出发前所立下的誓言：不取得真经，决不后退一步。现在怎么能遇到困难就后退呢？

想到这里，玄奘又转过马来，毅然决然地朝着西面继续前进。他以惊人的毅力，在茫茫沙漠中接连走了四夜五天，一滴水也没喝。起初他只感到唇干舌燥，后来浑身发虚，咽喉疼痛，呼吸也急促起来，眼睛也睁不开了，最后他再也支持不住，昏倒在沙漠中。到了半夜，冰凉的晨风把玄奘吹醒过来。他挣扎着站起来，牵着那匹老马，一步一步地往前走。这样走了大约十几里，终于发现了一片绿油油的草地和一池清澈的泉水。真是天无绝人之路！有了水草，玄奘才从绝境中摆脱出来。又走了两天，玄奘终于历经千辛万苦，走出了800里方圆的大沙漠，经过伊吾国来到高昌国（今新疆吐鲁番）。

从这以后，西行的玄奘又克服了不少困难，朝着目的地一步一步地迈进。最后他通过西域各国，在贞观二年的夏末到达了北印度。这时，距玄奘离开长安的日子，已将近一年了。

玄奘先在北印度一些国家游学，参观了各地的佛教圣迹，向各种学有专长的学者虚心请教。后来，他又去了中印度，那是当时佛教的学术中心。玄奘在驰名世界的那烂陀寺，恭恭敬敬地拜寺中长老、也是印度的佛学权威戒贤为师，向他虚心求教，学习了五个年头。戒贤法师当时已100多岁，已多年不讲经授学，但他为玄奘的精神所感动，破例为玄奘讲了15个月的学。

在那烂陀寺刻苦钻研了五年之后，玄奘已成为一名根基深厚的第一流佛教学者。但是，他仍不满足，又用了六年时间，到印度各地去游学，足迹遍布整个印度，饱览了印度大小100余国的藏书。六年之后，他又回到那烂陀寺，以留学生身份主持该寺的讲席，为全体僧众讲经，深受戒贤法师及僧众的赞扬。

又过了几年，玄奘在印度的名声越来越大了。有个对佛教十分虔诚的国王，便邀请玄奘去参加由他主持召开的学术辩论大会。参加这次大会的有18个国家的国王和3000多名僧侣，另有婆罗门和其他宗教教徒2000多人。玄奘以主持的身份，阐述佛教经典的精义。他旁征博引，滔滔不绝，引来了一片啧啧称赞。参加大会的数千名擅长雄辩的学者，都认为玄奘的见解正确深刻，没有人能提出不同意见。因此，当整整召开了18天的大会结束时，按照印度的习惯，玄奘坐在大象背上，由高贵的大臣作护卫，在城内巡游庆贺。成千上万的观众对着玄奘欢呼致礼，烧香散花。

贞观十九年（645年）正月，玄奘回到了长安。这时，在外游历了17年的玄奘，已是一个白发苍苍的老人。他经过将近20年的努力，走了5万里路程，周游了大小110个国家，带回了675部佛经。唐太宗听说玄奘回国，特地派了文武官员去迎接，场面十分隆重。长安人民被玄奘不折不挠的精神所感动，当玄奘到达长安时，成千上万的百姓都争着去看一看这位传奇人物的风采，把长安街道挤得水泄不通。

回国以后，玄奘开始翻译从天竺带回来的佛经，整整用了19年时间，在其他一些高僧、学者的协助下，译出了1300多万字的佛经。他还和他的弟子一道，编写了一本《大唐西域记》，把他亲自到过的和听到过的将近140个国

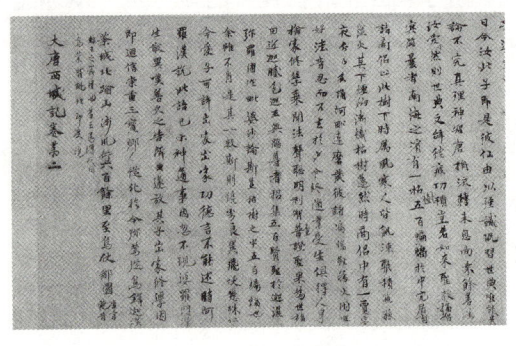

《大唐西域记》写本

唐。20世纪初发现于甘肃敦煌莫高窟。唐写本《大唐西域记》是现存最早的版本,共有卷一、卷二、卷三3个残卷。此为卷二,藏于中国国家博物馆,其余两卷分别保存于英国伦敦大英博物馆和法国巴黎国家图书馆。

家和地区的地理情况、风俗习惯记载下来,成为重要的历史和地理著作。

664年,玄奘由于长期的勤奋工作,积劳成疾,过早地离开了人世,享年不到70岁。得到他逝世的消息,长安附近500里的百姓,纷纷起来为他送葬,据说有100多万人。人们失声痛哭,深深悼念这位伟大的佛学大师和著名的翻译家。

179-历史上唯一的女皇帝

在几千年漫长的封建社会里,皇太后掌握政权、号令天下的情况并不少见,但是自封皇帝并改换朝代名称的,却只有一个人,那就是唐朝的武则天——历史上唯一的女皇帝。

武则天生于唐高祖武德七年(624年),并州文水(今山西文水)人。她的父亲武士彟(yuē)原是经营木材的大商人,后由于参加李唐建国有功,被任命为工部尚书,后又派往利州(今四川广元)和荆州(今湖北江陵)任都督。直到47岁那年,武士彟才生下个女儿,就是武则天。武则天12岁时,父亲就去世了。从此孤儿寡母,便从荆州搬回长安居住。过早地失去父亲以及东奔西走的特殊遭遇,养成了武则天倔强、好胜以及善弄机谋的个性。

武则天14岁时,被唐太宗选入宫中,封为才人(嫔妃中的第五等)。唐太宗能攻善战,喜欢收藏弓箭,爱骑烈马,当时唐太宗的御厩里有一匹性格暴躁的好马,叫"狮子骢(cōng)",长得雄壮威武,深得他的喜爱。

有一次,唐太宗带着嫔妃们去看那匹马,"狮子骢"一见来人,又是踢腿又是乱蹦,吓得嫔妃们惊叫不已,纷纷后退,惹得唐太宗哈哈大笑,就问道:"你们当中有谁不怕它而且能制服它?"

妃子们哪敢接口，14岁的武则天却勇敢地站了出来，应道："陛下，我不怕，我能制服它！"

唐太宗惊奇地看着她，问："你有什么办法？"

武则天回答："陛下只要给我三样东西就行：一条铁鞭，一把铁锤和一把匕首。这马要是调皮，就用鞭子抽它；再不服，就用铁锤敲脑袋；假如还不老实，就用匕首割断它的咽喉！"

唐太宗听了，十分赞赏武则天的胆识和气魄，对她也就有些另眼相待了。

649年，唐太宗去世。按照当时宫廷的规矩，皇帝死后，没有生过孩子的宫人，都要到佛寺去当尼姑。武则天也不能例外，只好同其他妃子一道去了感业寺。

可是，没过多久，大约是一年多时间，武则天又回到了宫中。原来继承唐太宗做了皇帝的是太子李治，他就是唐高宗。唐太宗病重时，李治进宫侍奉，看到美丽动人的武则天，顿时产生了爱慕之心，常常借机接近武则天。武则天岂能不知，也悄悄地与太子眉来眼去，暗送秋波。李治即了位，自然忘不了心上人，就把武则天从尼姑庵里接了出来，封她为昭仪（嫔妃的第二等），不久又封为宸（chén）妃，武则天更是得宠了。

武则天却并不满足，还想进一步夺取皇后的位子，于是设法陷害王皇后。进宫后不久，武则天生了个女孩，唐高宗对这女孩十分喜爱，王皇后也常常去逗这孩子玩。武则天于是想出了一个十分恶毒的诡计。

有一天，王皇后逗着这个女孩玩了一会儿，就带着宫女离开了。躲在暗处的武则天，见四周无人，赶

> **649年**
> 唐太宗死，太子李治即位，是为唐高宗。

快跑上前去，伸出双手，把小女孩活活掐死了，然后又跑开躲起来。过了一会儿，唐高宗进了内室，掀开被子，发现女孩已经死了，就问："刚才谁来过？"左右的人都说："只有皇后来过。"唐高宗气愤不已，以为是王皇后杀了他女儿。这时，武则天回来了，先是一副吃惊的样子，然后是大哭，最后是大骂王皇后。

这样一来，唐高宗就想废了王皇后，立武则天为皇后。可是这却遭到了朝中很多大臣的反对，尤其是唐高宗的舅舅长孙无忌，说什么也不同意唐高宗立武则天为皇后。

武则天便私下拉拢了一批官员，让他们为自己说话，在皇帝面前支持她。有个很有威信的大臣对唐高宗说："废立皇后是陛下的家事，自己看着办就是了，何必计较别人的看法呢？"听他这样一说，唐高宗就下定了决心，把王皇后废了，让武则天当上了皇后。

武则天很有政治方面的才能，当上了皇后之后，就开始参与朝政，她使出自己那泼辣果断的性格，逐步把那些反对她做皇后的老臣，降职的降职，流放的流放，连长孙无忌也被她逼得自杀了。她又提拔了支持自己的许敬宗、李义府做宰相，加强了自己的势力。

660年的冬天，唐高宗得了一种"风眩病"。这种病发作起来，头晕眼花，看不见东西。本来就没什么能耐的唐高宗，更无力处理政务了，就把朝政大事全部交给武则天处理。大权在握的武则天，渐渐不把唐高宗放在眼里了。唐高宗想做什么事，没有经过武则天的同意，就做不了。唐高宗又气又悔，就与宰相上官仪商量。上官仪是反对武则天掌权的，就说："皇上既然嫌皇后太专断，就干脆把她废了"。唐高宗同意了，说让上官仪代他写诏书。

两个人商量的话被武则天的心腹太监听

《武后行从图》（摹本，局部）

唐张萱绘制。长159厘米，宽80.9厘米。此图描绘的是武则天在宫廷巡行的情景。

TIPS
上官婉儿

上官婉儿（664年—710年），又称上官昭容，上官仪的孙女，唐代女政治家、诗人。武则天杀上官仪，上官婉儿随母郑氏配入内庭为婢，14岁时因聪慧能文为武则天提拔，唐中宗时被封为昭容。她掌管宫中制诰多年，有"巾帼宰相"之名，对武周时期的政治和文化发展产生过一定影响。《全唐诗》收其诗32首。

683年
唐高宗死，太子李显即位，是为唐中宗。

684年
武则天废唐中宗，立李旦为帝，是为唐睿宗。

到了。武则天得到报告，就赶去质问唐高宗。唐高宗见了武则天便慌了神，说："我本不想为难皇后，都是上官仪教我做的。"

武则天毫不客气，马上下令把上官仪杀了，与上官仪有来往的一些大臣也受到了株连，有的被贬职，有的被流放到边远地区。

从那以后，唐高宗上朝，武则天都坐在帘子后面。出头露面的是唐高宗，实际决策的却是武则天，高宗成了傀儡皇帝。

683年，唐高宗死了。他的第三个儿子李显即位，史称为唐中宗。第二年，武则天就废了他，立第四个儿子李旦为唐睿宗。不久她又把唐睿宗软禁起来，自己以太后的身份临朝听政。在唐高宗去世之前，武则天就用毒酒害死了大儿子李弘，把二儿子李贤流放到巴州（今四川巴中）。这时，武则天对被流放的李贤很不放心，就派人去往巴州，将二儿子杀了。

武则天为了掌权，做出了许多为当时人们所不能接受的事，尤其是不惜伤天害理，一再杀死自己的亲生骨肉，自然遭到了大臣们的反对。

684年，因罪贬官的徐敬业，以拥护唐中宗为口号，在扬州起兵反对武则天。武则天找宰相裴炎商议。裴炎公开对武则天说："只要太后把政权让给皇帝，徐敬业就会自动罢兵的。"武则天怒不可遏，处死了裴炎等一些逼她下台的大臣，然后任命大将，率领30万大军讨伐徐敬业。徐敬业兵少，不久就失败了。接着，武则天又以同样果断的措施，很快平定了另一起叛乱。

解决了两次兵变，武则天巩固了自己的统治，就不再满足以太后的身份执政了。有个和尚猜到了太后的心思，就伪造了一部佛经名《大云经》，献给武则天。《大云经》里说，武则天本是弥勒佛转世，佛祖要她代替唐朝皇帝统治天下。

又过一段时间，有个名叫傅游艺的官员，联络了关中900多人联名上书，请求太后即位。武则天一面推辞，一面提升了傅游艺的职务。这样一来，劝武则天做皇帝的人越来越多，据说，当时的文武百官、和尚、道士等6万余人都跟着递上了劝进书，一时十分热闹。

690年9月，武则天接受大家的请求，废掉唐睿宗，自称"圣神皇帝"，改国号为周，正式做起了皇帝。

705年11月，武则天得病去世，她正式做皇帝的时间是15年，但她的执政时间应从660年受唐高宗委托处理朝政算起，那就是45年之久。

宰相张柬之在武则天病重时，领着群臣，拥戴唐中宗复了位。武则天死后，唐中宗宣布了她的遗令，去掉帝号，只称"则天大圣皇后"，"则天"两个字，是从洛阳宫城的一个宫门而来。洛阳宫城南面有三座门，正中的一座叫则天门。唐中宗用则天两个字给母亲上了尊号，同时改掉了宫门的名字。唐朝人的文字里称她为"天后""则天太后"，而唐以后加姓，就称为"武则天"了。

武则天死后，人们按照她的遗言，为她雕了一块无字碑，竖在她的陵前。这块碑高大壮观，是用一块完整的巨石雕成，碑高7.5米，将近100吨重，碑上却没有刻一个字。在武则天看来，她的功过得失任由后人去评说，用不着在碑上来为她歌功颂德。

◆ 690年
武则天废唐睿宗，自称"圣神皇帝"，改国号为周。

◆ 705年11月
武则天病死，早在正月，唐中宗已复位。

乾陵无字碑

位于陕西省咸阳市的乾陵。现在高7.53米，宽2.1米，厚1.49米，重98.9吨。此碑为武则天陵前纪念碑，因最初未刻一字而得名。

武则天的陵墓坐落在西安市北面80公里的乾县梁山上。

180-请君入瓮

武则天临朝执政，受到了唐朝宗室和许多大臣的反对。表现最为尖锐、直接的，就是徐敬业在扬州起兵，他还请骆宾王写了一篇非常有名的文章，揭露武则天的罪状。朝廷里的大臣很多都支持徐敬业，希望能把武则天赶下台。宰相裴炎公开对武则天说："只要太后把政权让给皇帝，徐敬业就会自动罢兵的。"

武则天当机立断，先杀了裴炎，再派出大军平叛，很快就把徐敬业的叛军打败了。

通过这件事，武则天心里明白了，朝中许多大臣都对自己不满，只是自己不知道罢了。要巩固自己的统治，坐稳龙椅，就必须铲除那些反对自己的人。

但是，怎么才能知道是谁暗中反对她呢？足智多谋的武则天，想出了一个办法，那就是鼓励大家告密。

于是，她立即下发了一道命令，颁布到全国各地，明确通告：不论大小官吏、平头百姓，只要发现有人谋反，都可直接向她报告；为了保证告密人的利益，外地告密的人，当地官员不许查问，一定要替告密的人备上马车，供应好吃、好喝的，并派人护送到太后行宫，由武则天亲自召见。

至于京城人的告密，有个叫鱼保家的工匠为武则天出了个好主意，就是用铜铸了一个告密的匣子，分成四格，每一格都有机关，告密的信只能投进去，却不能再拿出来。这就为告密人保证了安全。

鱼保家是个非常聪明的能工巧匠。他制造的这个

TIPS

初唐四杰

指的是初唐时四位杰出的文学家，他们是：王勃、杨炯、卢照邻和骆宾王。四人合称始见于宋之问《祭杜学士审言文》，原并非指其诗文，而主要指骈文和赋，后来则主要用来评价他们的诗歌。他们光英朗练、有金石声的诗风影响了整个唐代的诗歌创作。

告密匣很合武则天的心意，被人们称为"鱼家匣"。鱼家匣启用没多久，鱼保家的仇人就投了一封信进去，告他曾经为徐敬业打造兵器、弓箭。

武则天得到密信，立即派出士兵，去搜查鱼保家的住宅。鱼保家被抓了起来，不多久，就被杀了。临死的时候，鱼保家懊悔万分，说："我造匣子害人，没想到也害了我自己！"

武则天对告密的人采用十分优待的政策：假使告密者所密告的确有其事，她就立即奖赏，提拔做官；假使所告与事实有出入，甚至完全是诬告，告密者也不会受丝毫的处分。

这样一来，告密的人就毫无顾忌了，想告谁就告谁，而那些做官的人，则一个个惶恐不安，度日如年，说不定哪一天灾祸就会降临到自己头上。

而那些告密的人，却一个个当了大官，在宫廷里作威作福起来。比如有个叫索元礼的胡人，没什么本事，却能说会道。他到宫中告密之后，便得到武则天赏识，一下就提拔为游击将军，专门掌管诉讼审问一类的事情。

索元礼靠告密发了家，因而对处理告密的事件特别起劲。又加上他本来就是个性情残忍、心肠毒辣的人，因此每审问一个案件，从来不管有没有证据，首先用刑罚逼供，非要让被告的人招出同谋。那些人受不了刑，只好胡扯，于是将更多无辜的人都牵扯进去。这样一来，索元礼办一个案，会带出几十个甚至几百个人。索元礼把这当成功绩汇报，武则天直夸他会办事，并多次亲自召见他，更助长了他的权势和威风。

索元礼得宠之后，一些心术不正的官吏就想效法他。其中表现最为突出的是周兴和来俊臣。这两个人为了讨得武则天的赏识和重用，各自供养了几百个流氓，让这些人专门为自己干告密的事。由于他们干得十分卖命，而且"成果"累累，不久就都被升了大官。

周兴、来俊臣对如何告密，如何编造罪名，可是下了一番功夫。只要他们想害谁，认为谁有谋反嫌疑，就能想出办法把谁搞倒。比如，他们往往在不同的地方告发某个人的罪状，而且告密揭发的事情都是一样的，造成一种确凿无疑、不容申辩的情势。尤其来俊臣的功夫更深，他与自己的党徒合起来写了一本书，名叫《告密罗织经》，专门吹嘘他编造罪状的种种手段。

这两人的鬼点子多，办起案来也更残酷。他们在一起商量、琢磨，弄出各种各样惨无人道的刑罚,完全称得上名目繁多、花样百出。

比如,他们审问犯人,不论情节轻重,总是先用酸醋灌鼻孔,然后再投入大牢。大牢里故意堆放了许多粪便,恶臭不堪,进去的人都无法忍受。

来俊臣还把他发明的许多刑罚,安上一个好听的名字,他把折磨人当成一种享乐,称得上是个十足的虐待狂。如把犯人的手脚绑起来,四周倒转,他称之为"凤凰晒翅",就是说像凤凰在晒翅膀;或者命犯人跪下,捧着刑具,上面再一块一块地加上砖头,称之为"仙人献果"。

不久,来俊臣的残酷就出了名。凡是被他抓去的人,无论是高官贵族还是小官吏,进了他的大门,便开始心惊胆战起来。到了大厅上,来俊臣把枷锁棍棒等各种刑具往"犯人"面前一放,凶神恶煞地说:"看,这就是给你享用的东西!""犯人"早已吓得魂飞体外,往往不等审问,马上跪地求饶,承认自己有罪,也顾不上是不是受了冤枉。

来俊臣恶出了名,大家都怕,所以宁愿屈招早死,也不愿遭他折磨。因此,他办的案从来不会没有结果。武则天认为他会办案,就在官廷里拨出一个房子,称为"新开门",专门供来俊臣办案使用。由于一入了"新开门",就等于进了太平间,所以人们称"新开门"为"例竟门","竟",就是死的意思,"例竟",就是说不论谁进了这个门,都照例要死。

告密弄得人人自危,残酷的办案手段更是叫人不寒而栗。有个正直的大臣对武则天说:"如今下面所告发的那些谋反的案子,多数是被冤枉的。皇上应该慎重处理,不要让那些小人挑拨了皇上与大臣们的关系啊。"

这时的武则天还听不进这种劝告。于是告密的风气越来越盛,连她的亲信、掌管禁军的将军丘神勣,也被告发谋反。武则天不问青红皂白,就把他杀了。

不久,武则天接到一封密信,说周兴与丘神勣是一伙的。武则天于是传下密旨,让来俊臣审理这件案子。

第二天,来俊臣见了周兴,装出若无其事的样子,仍像以往那样,与周兴在一起边商议边办案。到了中午,两人又弄好酒菜,开始吃喝起来。来俊臣喝了一口酒,叹着气说:"唉,最近以来,犯人们都不肯老实招认,真不知该怎么办才好!"

周兴的脸上立刻露出得意的样子，说："不招？那还不容易。最近我想出个好办法，试了试，灵得很！"

来俊臣问："什么好办法？"

周兴说："就是准备一只大瓮（一种口小肚大的坛子），底下烧上炭火。谁要是不招，就把他放进大瓮里去。还怕谁不肯招供？"

来俊臣听了，连连称赞道："好办法，好办法！"于是他叫了几个公差，按照周兴说的准备起来。不一会儿，大厅里炭火熊熊，大瓮烧得滚烫，发出一股逼人的热浪。

周兴哪里明白来俊臣的用意，奇怪地看看大瓮，又看看来俊臣。只见来俊臣站起身，突然板下脸来，说："接太后密旨，有人告发你参与谋反。"

周兴一听，吓得一身冷汗，忙申辩道："我的情况来兄是最清楚的了，我怎么会谋反呢？"

来俊臣可不管是真是假，把手往厅中一指，说："你要是不肯招认，只好请你进这只大瓮了。"

周兴知道来俊臣的为人，扑通一声跪倒在地，那头磕得像捣蒜一样，连连求饶，表示愿意招认。来俊臣根据他的口供定了个死罪，然后上报武则天。

武则天对周兴谋反的事，总有点儿怀疑，又想到周兴为自己的确很卖力，于是就免了他的死罪，把他流放到岭南去了。

周兴干的坏事太多，大家都对他恨之入骨。出了京城没多远，他就被人暗杀了。

后来，武则天的地位一天天得到了巩固。她知道索元礼、来俊臣害人太多，民愤太大，再用下去会对自己不利，于是就找了借口，把索元礼、来俊臣先后都杀了。

来俊臣被处死的那天，大家拍手称快，见了面，都像除了瘟神一样相互祝贺，说："从今天起，晚上可以睡安稳觉了。"

181-"国老"狄仁杰

武则天为了自己的地位，运用酷吏铲除那些反对自己的人。但是她却希望把国家治理好。因此，对于贤能有才的人，她又能委以重任，充分发挥他们的作用。

武则天正式做皇帝的那一年，对科举制做了进一步改善。她把参加考试的一些读书人召到宫殿里，亲自考试，开创了"殿试"的规矩。过去各州选送举人，都是把进贡的物品放在前面，武则天却把这个顺序颠倒过来，让人走在前面，表明了她对人才的重视。她还派人到各地去物色人才，只要发现真有才能的人，就不计较出身门第、资格深浅，而是破格提拔、大胆任用。很多考试落榜、在乡下教孩子读书的人，都被提拔了起来。唐玄宗开元年间的一些著名大臣，如张说（yuè）、姚崇、宋璟都是武则天时提拔起来的。

在前前后后提拔、任用的人才当中，最值得一提的是宰相狄仁杰。武则天尊称他为"国老"。

狄仁杰像

清代版画。狄仁杰（630年—700年），字怀英，并州太原（今山西太原）人，唐代名臣，武则天时期曾两次为相。

狄仁杰是太原人。他的祖父与父亲都曾在唐太宗时期做过官。狄仁杰小时候读书非常用心，只要一读书，就会完全沉浸在书本当中，忘掉身边的一切。据说，有一次，狄仁杰的邻居被人杀了，县吏前来办案，很多人围上去，七嘴八舌给县吏提供线索。可是，狄仁杰仍是一动不动地坐在桌前，专心看他的书。

那个办案的县吏有些不高兴了，就怪狄仁杰。狄仁杰昂起头，不屑一顾地答道："书本之中的圣贤太多了，我每天抓紧接待还接待不过来，哪有时间来应付你这种庸俗不堪的小官吏！"

狄仁杰后来中了举人，做了官，但他一直对自己的父母非常孝顺，而且还能够把这种美德推广到别人的身上。有个同事被朝廷派到很远的地方去任职,狄仁杰知道了,就对这个同事说:"你的母亲得了重病,如果你出了远门,谁来照顾她老人家?还是让我来代替你去吧。"于是他就去求见上司,要求代替他的同事去远地任职。

在那以后,狄仁杰由于办事得力,政绩卓著,被武则天提拔到朝廷,担任司法部门的要职。办事勤恳、踏实的狄仁杰到朝廷仅仅一年,就处理了17000件迟迟没有得到解决的案子,而且件件都判得十分公平合理。当时,朝廷上有个大将军叫权善才,误砍了唐太宗坟上的一棵柏树,处理这事的狄仁杰,便量其过失判了一定的处罚。那时还在理事的唐高宗,用笔在案宗上改批道:"立即处死。"

狄仁杰便再去面奏唐高宗,说:"权善才的过失不能判为死刑。"

唐高宗虎着脸,气呼呼地说:"权善才砍了先帝坟上的树,陷我于不孝,一定要杀。"

狄仁杰正要说话,旁边的一些大臣悄悄拉了拉他的衣袖,意思是劝他不要再说了。他推开同事那善意的手,神色严肃,说:"陛下今天只是为了一棵树,就要杀掉一个将军。千秋万代之后,人们会怎么看陛下呢?为臣不敢奉命杀权将军,为的是不让陛下落个残忍无道的恶名。"

唐高宗仔细想了想,觉得狄仁杰说得对,就免了权善才的死罪。

武则天执政之后,对狄仁杰非常器重,任命他做了宰相。有一天,武则天召见狄仁杰,问:"听说你在地方上任官的时候,政绩突出,名声很响。不过也有人在背后说你的坏话,你想知道在背后捣鬼的是些什么人吗?"

狄仁杰首先向武则天鞠了一躬,表示感谢,然后不慌不忙地说:"别人说我不好,如果的确是我有错,我就应当改正;如果陛下弄清楚错不在我,那是我的幸运。至于哪些人在背后对我说三道四,我并不想知道,因为那毫无意义。"

狄仁杰的宽宏大度,使武则天十分佩服,因而她就更重用他了。

过了不久,来俊臣得势了,因为妒忌狄仁杰,就诬告他谋反,将他打入了大牢。狄仁杰不想吃那些无谓的苦头,还没等来俊臣用刑,就一口承认了自己的"罪行"。

另有一个判官叫王德寿,与官中的一个姓杨的大臣关系不好,就想借机陷害他。于是王德寿对狄仁杰说："既然狄大人已经招认了，那可免除一死。如果你再供出别人来，还可以从宽处理。"

狄仁杰一听这话，气得脸都变了色，说："天在上，地在下，怎么能叫狄仁杰干这种缺德事呢！"说着，就朝牢监的柱子上猛撞过去，撞得血流满面。王德寿吓坏了，连忙劝住狄仁杰，不敢再逼他招供。

由于狄仁杰认罪爽快，来俊臣便根据狄仁杰所说的，胡乱定了案。而对他的看守也就比较随便起来。狄仁杰乘狱卒不注意，撕了块碎布，写了一封申诉状，然后藏在棉袄的棉絮里。

过了一阵，天气暖和起来。狄仁杰对狱官说："这棉衣用不上了，通知我的家人，让他们来把它拿回去吧。"

狱官也不怀疑，就让狄仁杰的儿子把棉衣拿走了。狄仁杰的儿子拆开棉衣，发现了父亲写的申诉状，就去求见武则天。

武则天读了狄仁杰的申诉状，就找来俊臣问话。来俊臣忙为自己辩解，说："狄仁杰在狱中仍然穿戴整齐，住得也舒服。如果他没有不轨行为，又为什么要认罪呢？"

武则天自然不相信，说："明天你把狄仁杰送来见我。"来俊臣赶到狱中，把狄仁杰梳洗打扮一番，弄出一副没有受到任何虐待的样子。

第二天，狄仁杰进了宫，拜见完毕，武则天劈头就问："你既然已承认有罪，为什么又要申诉冤枉？"

狄仁杰说："如果我不招认，恐怕早已死在监牢里了，哪还有机会来申诉我的冤枉呢？"

武则天免了狄仁杰的死罪，但仍撤了他的宰相职务，将他贬放到外地做个小县令。直到杀了来俊臣，狄仁杰才又被调回朝廷，重新做了宰相。

一天，武则天与狄仁杰交谈了一会儿，说："我想再物色个人，你看谁比较合适？"

狄仁杰问："不知陛下想要个什么样的人才？"

武则天说："我想要个能当宰相的。"

唐朝的官制里，宰相往往不止一人，有时可以四五人甚至七八人同时担任。

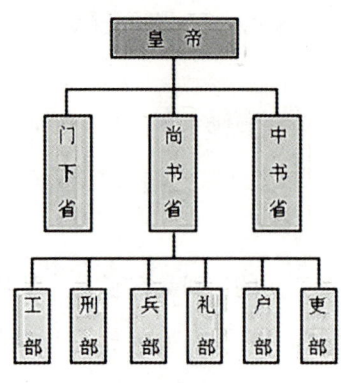

三省六部示意图

三省六部制隋朝正式确立,唐朝臻于完善,此后一直承袭到清朝。唐朝的三省为门下省、尚书省和中书省。中书省掌握全国行政大权,负责决策。门下省负责审核诏令、签署奏章,有封驳之权。尚书省负责执行诏令,下辖六部:工部主管工程建设,刑部处理司法、审计事务,兵部负责军事,礼部管理贡举、祭祀、典礼,户部负责国家财政,吏部考核、任免四品以下官员。

狄仁杰说:"陛下要用有文采、能写作的人,现在的宰相李峤、苏味道就不错。大概是陛下嫌这些文人学士过于拘谨,想找个能文能武,又有能力又有气魄的人,把国家的事情办得更好些?"

武则天听了这话,非常高兴,说:"还是国老懂得我的心啊!"

狄仁杰便把荆州(今湖北江陵)长史张柬之推荐给武则天,说:"张柬之办事周到老练,是个宰相人才。陛下不要以为他年纪太大,其实他很有韬略,只不过没机会得到重用,才能发挥不出来。如果陛下能让他当宰相,他一定会对国家效忠尽节的。"

武则天似乎觉得一下子把张柬之提拔到宰相的位置,有些太快太突然,就提拔张柬之做了洛州司马。过了一阵,武则天又要狄仁杰为她举荐人才。狄仁杰说:"老臣上次推荐的张柬之,陛下还没重用呢!"

武则天回答道:"我已提拔他了。"狄仁杰不以为然,说:"我推荐给陛下的是宰相,不是司马。"武则天这才把张柬之调到朝廷,先让他做了侍郎,不久,就让他做了宰相。

像张柬之那样,狄仁杰前后推荐了好几十个人,如桓彦范、敬晖、窦怀贞、姚崇等,后来都成了有名的宰相大臣。这些大臣都把自己看成是他的学生、后辈,对狄仁杰既尊重又敬佩,相处得十分融洽。有人见了狄仁杰,不无羡慕地称赞道:"天下桃李,都出在狄公门下了!"

武则天也十分尊重狄仁杰,她亲热地称狄仁杰为"国老",而不叫他的名字,上朝的时候,也不要他下拜。狄仁杰年纪大了,屡次向武则天辞职,要求告老还乡,可武则天总不允许。狄仁杰71岁那年,得病去世了。武则天听到消息后,十分悲痛,流着泪说:"国老一去世,我好像觉得朝堂都空了。"

此后,每当朝廷遇上大事,众臣难以决断时,武则天就感叹起来,说:

"为什么老天爷那么早就夺去了我们的国老啊！"

182-有为天子救时相

武则天去世后，唐中宗复了位，又恢复了唐的国号。但宫廷里仍不平静，唐中宗懦弱无能，他的妻子韦皇后、女儿安乐公主以及武则天的女儿太平公主，都野心不小，想效法武则天，尝尝当皇帝的滋味。这几个女人先后把持宫廷，在六七年里把朝政弄得混乱不堪。

710年，唐中宗被韦皇后与安乐公主毒死，宫里的情形十分危急。唐睿宗第三子李隆基果断起兵，杀了韦后，拥戴唐睿宗重登帝位。唐睿宗的复位，除了李隆基有大功，太平公主也起了很大作用。因此，唐睿宗当政时，太平公主权力极大，而且她与母亲武则天一样，善于谋划和结党营私。七个宰相，就有五个是她的人，文武百官，也有一大半向着她。唐睿宗做了两年皇帝就要把皇位让给李隆基，李隆基不肯接受。唐睿宗说："这皇位难道非要在灵柩之前才能接替吗？"李隆基见父皇真心禅位，便答应了下来。

李隆基做了皇帝，他就是唐玄宗，也叫唐明皇。唐玄宗生于685年。他20岁以前，正是武则天执政时代。李唐宗室受到排挤甚至被杀害，国号被改为周，父亲唐睿宗被改姓武，从皇帝降为皇嗣。这些严酷的现实，使李隆基痛心疾首，立下大志要报仇雪恨。于是他在非常恶劣的环境下，自勉自强，刻苦读书，勤奋练武，在文武两方面都掌握了些真本领。

唐玄宗即位后的第二年，太平公主仍在操纵着朝廷，并且想联合一些党羽发动叛乱。唐玄宗亲率300

▶710年
唐中宗死，李隆基与太平公主发动政变，迎唐睿宗复位。

TIPS
太平公主
太平公主（约665年—713年），史书未载其名，唐高宗李治与武则天的小女儿，极受母亲宠爱，权倾一时。后因涉谋反事，唐玄宗将其擒获，赐死于家中。

▶712年
唐睿宗禅位于太子李隆基。李隆基即唐玄宗。

多名士卒，消灭了太平公主的同党，太平公主逃跑后自杀了。到了这时，皇宫才彻底平静下来。

之后，摆在唐玄宗面前的最重要的事情，就是要治国安民，使唐王朝能够变得兴旺昌盛、长治久安。为此，他兢兢业业，勤勉政事。尤其在用人上，十分注意选贤任能。在他当政的前20多年里，出了许多名臣名将。

这里要说的姚崇就是当时一个著名的宰相。

姚崇像

姚崇（651年—721年），本名元崇，字元之，避唐玄宗开元年号，改名为崇，陕州硖石（今河南陕县）人，唐朝名臣。他是唐玄宗在位初期的宰相，执政期间与宋璟一起辅佐唐玄宗开创了开元盛世。

姚崇是很有才华的人，在武则天当政的时候，就被提拔做了官。他才思敏捷，下笔成章，曾得到武则天的赏识。唐睿宗复位后，姚崇担任兵部尚书，因为得罪了太平公主，被贬到地方上去当刺史。

唐玄宗平息了太平公主的叛乱后，想起了姚崇，很快就召他入朝议论国家大事。姚崇见唐玄宗一副虚心请教的诚恳态度，也就来了精神。他侃侃而谈，从古到今，从前朝到目前，说得头头是道，把唐玄宗都听呆了，直到深更半夜，也一点儿不觉得累。突然，唐玄宗打断姚崇的话，兴冲冲地说："朕要任你为宰相。"

姚崇很委婉地说："皇上，不是为臣不愿意为皇上效劳，只怕我没那个能耐啊！"

唐玄宗有些惊奇，说道："难道你忍心看着国家衰败下去吗？你大可不必推辞，有什么想法就说出来吧，朕一定答应你。"

姚崇说："我有十条建议，恐怕皇上不能同意，所以不敢接受任命。"

唐玄宗赶忙说："是哪十条建议？快说出来听听。"

姚崇于是一一道来。十条建议都是针对朝廷自古以来所遗留下来的弊端提出来的，例如，不能乱用刑罚；不让宦官外戚干预朝政；要允许大家对朝政提出批评意见；等等。

唐玄宗听完姚崇的建议，没有丝毫的犹豫，说："这些建议都很好，我完全能做到。"

第二天一上朝，唐玄宗就发布诏书，任命姚崇为宰相，主持朝中大事。

姚崇生怕唐玄宗忘了他的建议，就把他的十条建议写成了一篇奏章，呈给了唐玄宗。这篇奏章叫《十事要说》，是历史上十分著名的篇章之一。

姚崇当了宰相，十分勤恳，加上政务繁重，有一次便累倒了。可是他为官清廉，生了病，竟没有一所单独的房子供他养病，他只好暂住在一座寺庙里。唐玄宗很着急，派人去打听问候，才知道姚崇得的是疟疾，忽冷忽热，无法坚持上朝理事。

姚崇生病期间，他的工作便由另一个大臣来代替。但是，总有很多地方不能使唐玄宗满意。唐玄宗就对那位代理大臣说："你为何不与姚崇商量商量再办呢？"

于是，朝中一遇大事，代理大臣就赶到庙里去向姚崇请教，绝不敢擅自做主。有时，一天要来回跑很多趟，累得实在吃不消。代理大臣就启奏唐玄宗："请让姚大人搬到四方馆来住吧！"

唐玄宗立即答应了。可是姚崇却不肯搬，因为四方馆是办公的地方，怎么可以用来养病？

唐玄宗却坚持要姚崇搬过去，并说："朕设置四方馆，就是为了方便百官大臣。如今让爱卿住进去，则是为了国家的利益。朕恨不得让爱卿搬到宫廷里来住呢，何况只是个四方馆而已。爱卿还有什么好推辞的？"

姚崇见唐玄宗真心实意，又考虑到理事的方便，就恭敬不如从命了，搬进了四方馆。

姚崇只当了三年宰相，国家就有了很大起色。正当他踌躇满志，决心协助唐玄宗进一步把国家治理好的时候，河南一带发生了一次特大的蝗灾。一时之间，辽阔的中原土地，到处是成群的飞蝗。蝗群飞过的时候，密密麻麻，遮天蔽日，天地都变得黑暗起来。蝗群落到哪里，顿时一片咔嚓咔嚓的咀嚼声，成片的庄稼一下子就被啃光了。

灾情如此严重，可大家都拿不出办法，更不敢去想办法。因为那时的人们讲究迷信，以为蝗灾是老天降给人们的灾难，只能任其自生自灭。

姚崇得到灾情的报告后，向唐玄宗上了一道奏章，他认为蝗虫只是一种害虫，不应该任其猖狂，而必须采取办法来治理。唐玄宗向来信任姚崇，马上批准了他的奏章。

姚崇立刻下了一道命令，要百姓一到入夜的时候，就在田头点起火堆。引诱蝗虫飞来，然后全力扑杀。同时又在田边掘上土坑，边打边烧。

汴州（今河南开封）刺史倪若水却拒不执行姚崇的命令，他写了奏章报到朝廷里，说蝗灾是天灾，靠人为的办法是没法消除的，只有积德修行，才是消除蝗灾的唯一办法。

姚崇看了奏章，对倪若水的这种迂腐论调十分恼火，立即亲笔写了一封信给倪若水，信中警告道："如果眼睁睁地看着蝗虫逞凶，不采取措施消灭飞蝗，将来造成饥荒，你要负全部责任。"

倪若水拗不过宰相，只好发动百姓，采用姚崇提出的办法来灭蝗，效果果然很好。一下子就扑杀了14万担的蝗虫，使灾情得到了缓解。

在事实面前，倪若水服了。可是宫廷里的一些官员，却还在那里叽里咕噜说什么这种灭蝗方法过去从来没人用过。如今姚崇这样大力推广，恐怕会引出更大的灾祸。

唐玄宗听到不少大臣都在议论，就有些动摇起来，便找姚崇来问，姚崇不慌不忙地回答："做事的标准不是看老规矩，而是看有没有道理。历史上的蝗灾年头，都因没有很好扑灭蝗虫，而造成了严重灾荒。这种教训如果不吸取，任由飞蝗横行，今年的粮食就会歉收，来年百姓就要饿肚子，就要到处流浪逃荒，国家就危险了。"

唐玄宗听说蝗灾会威胁国家安全，一下子紧张起来。姚崇又说道："这件事，皇上不必多虑，就交给我办好了。真要引出什么乱子来，我一个人承担责任，到时任由皇上处置。"

姚崇顶住了许多人的反对，坚定不移地把灭蝗的事情推行到底，各地的蝗灾终于平息下来，国家避免了一场灾难，百姓也避免了一场流离失所、忍饥挨饿的痛苦。

姚崇办事不仅沉着、坚定，而且敏捷、干练。有一次，姚崇因家中有丧事请了十天假，公务积压了一大堆。与他同任宰相的另一个大臣，见事情压在案头，显得有些手忙脚乱，不知所措。后来，姚崇假毕回朝，三下五除二，不到半天，就把积压的事全处理完了，而且井井有条，件件落实。大家看了，都对他的才干敬佩得要命。

在唐玄宗及姚崇等一批贤臣们的共同努力下，国家出现了昌盛繁荣的景象。有一天，姚崇与一些官员谈心，不免有些自我欣赏起来，就问身旁一个官员："我做宰相，可以与古代什么人相比？"那个官员回答说："你虽比不上管仲、晏子，也可以说是救时宰相了。"

183-口蜜腹剑

唐玄宗在当皇帝的初期，由于他感到国家来之不易，必须好好珍惜。因此任用了姚崇、宋璟等一些贤臣，励精图治，勤俭治国，使唐王朝蓬勃发展起来，形成了中国历史上又一个有名的太平盛世，即"开元之治"（开元是唐玄宗的年号）。

可是到了开元末年，唐玄宗随着年纪的增长，眼看天下太平，百姓丰衣足食，就慢慢失去了当初那种蓬勃向上的精神，沦入安逸享乐之中。他对自己已取得的成绩十分满足，不再注意用人的贤佞（nìng）忠奸，只听得进奉承顺耳的话，却受不了批评直谏的意见。由此，奸臣便猖獗起来，忠臣则受到了排挤打击，朝政开始走下坡路。

历史上十分出名的奸相李林甫，就是在这个时候起家的。有句成语叫"口蜜腹剑"，它便是由李林甫而来的。

李林甫这个人没有其他本事，却特别善于奉承拍马。他为人处事周到圆滑，成天乐滋滋一副笑脸，说起话来甜言蜜语，特中人意，可心里其实时时处处在想法坑害别人。时间一长，大家都上过他的当，吃过他的亏，都知道他是个面善心狠的人，于是就用"口

TIPS

宋璟

宋璟（663年—737年），邢州南和（今河北南和）人，唐朝开元年间的名相，与姚崇共同辅佐唐玄宗开创开元盛世。他历仕五朝，与房玄龄、杜如晦、姚崇并称唐朝四大贤相，又工文学。宋璟死后被追赠太尉，谥号"文贞"。

有蜜，腹有剑"的话来形容他。

李林甫的起家，是从后宫开始的。他向来与宫中的宦官、嫔妃交往密切，因为他知道这些人都是侍奉皇上的。皇上的一举一动，有些什么想法，那些宦官、嫔妃都赶忙告诉李林甫。李林甫知道之后，就在说话办事上面处处迎合着唐玄宗的心思，使唐玄宗既感到特别舒畅，又觉得李林甫是个能干的人。

唐玄宗那时宠爱的妃子是武惠妃，他甚至想把她立为皇后。可是大臣们都极力反对，唐玄宗也就只好作罢。

李林甫抓住这个机会，向武惠妃讨好献殷勤，说："当不上皇后都是大臣们作梗，看来是没办法了。但是皇妃，请你放心，我一定要设法让你的儿子寿王当上皇帝。"一席话把武惠妃说得满心欢喜，她不断在唐玄宗面前说李林甫的好话。这样一来，唐玄宗就更器重李林甫了，想把他提升为宰相。

唐玄宗把自己的想法说给老宰相张九龄听，想听听张九龄的意见。张九龄是个大诗人、大文学家，不仅很有才华，而且为人正直，处事公道。他早就看出李林甫心术不正，根本就不是做官的材料，更不能做宰相，就断然否决道："宰相可不是一般的官，那可是关系到国家的前途安危的啊！李林甫这样的人怎么行呢！"

这话不久就传到了李林甫的耳朵里，他恨得咬牙切齿，时时想找机会报复张九龄。只是因为张九龄资历深、威望高，深得唐玄宗敬重，李林甫才一时找不到机会。

不久，唐玄宗又想提拔一个叫牛仙

张九龄像

清代版画。张九龄（678年—740年），字子寿，谥文献，韶州曲江（今广东韶关）人，世称"张曲江"或"文献公"。他是唐朝开元年间的最后一位名相，也是一位杰出的诗人，有《曲江集》传世。

客的将领。这个人没什么文化，但在理财方面却还有点儿才能。唐玄宗与张九龄商量这件事，又被张九龄否决了。李林甫就在唐玄宗面前挑拨，说什么像张九龄这样的书呆子，做事太小家子气，而像牛仙客那样的人才适合做宰相。唐玄宗听了，觉得李林甫真是善解人意，心里感到很舒服，而对张九龄就有些不高兴了。

第二天，唐玄宗又与张九龄提起牛仙客的事，没想到张九龄还是不同意。唐玄宗火了，怒气冲冲地质问道："难道什么事都得听你的吗？"

唐玄宗气呼呼的，越想越觉得张九龄讨厌，越想越觉得李林甫顺心如意，于是不理会张九龄的劝告，把李林甫提拔做了宰相。

李林甫做了宰相，大权在握，就天天动鬼点子，一有机会就在唐玄宗面前说张九龄的坏话，唐玄宗便不再像以前那样信任张九龄了。

有一次，武惠妃为了能让自己的儿子做上太子，将来好做皇帝，就造谣中伤太子李瑛，说李瑛和他的两个弟弟结为同党，要陷害她，还说他们骂皇上昏庸无道。武惠妃哭哭啼啼，煞有介事地一说，把唐玄宗哭得既心疼，又恼火。一气之下，唐玄宗要废掉太子。

第二天一上朝，唐玄宗就对张九龄说："朕要废太子。"张九龄觉得十分突然，就回唐玄宗道："太子向来待在宫里，安分得很，怎么能听信那些毫无根据的话，逞一时之怒，要废掉太子呢？"唐玄宗一肚子不高兴，气得不愿再说话。

张九龄是个敢于进谏的人，很有点儿当年魏征的风范。当下并不因为唐玄宗不高兴而不再进言，反而更直率地说："皇上要废太子的命令是有欠考虑的，臣下不敢听从这样的命令。"

说着，张九龄把眼光投向坐在对面的李林甫，希望他也能劝劝唐玄宗。可是李林甫却一言不发，仰起头，眼睛盯着宫殿顶上的彩色图案，装模作样，像是根本没听到唐玄宗与张九龄的对话。

张九龄见这局面，不愿再待下去，就起身告退了。等张九龄一走，李林甫就对唐玄宗说："废立太子这样的事是皇上的家事，自己做主就是了，何必要问那个书呆子？"

唐玄宗听了李林甫的话，心里像喝了蜜糖似的舒服，觉得还是李林甫理解自己，忠于自己，而那个张九龄总是与自己唱对台戏，真是可恶。渐渐地，唐玄宗有什么事都同李林甫商量，而冷淡、疏远了张九龄。

　　李林甫得到了唐玄宗的信任，就大肆地扩张起自己的势力来，把那些与自己亲近和投靠他的小人，一个一个地提拔起来做了大官。一次李林甫要提拔萧炅（jiǒng）。萧炅是个不学无术的人，就连一份普通公文也难顺畅地念下来，还常常读错字。有一天萧炅给大臣严挺之读文件，把"伏腊"读成了"伏猎"。严挺之又好气又好笑，便回过头，对张九龄说："宫廷里哪能容得下这样的'伏猎'官呢？还是打发他去地方上做个小官算了吧！"就这一句话，严挺之就把李林甫给得罪了。

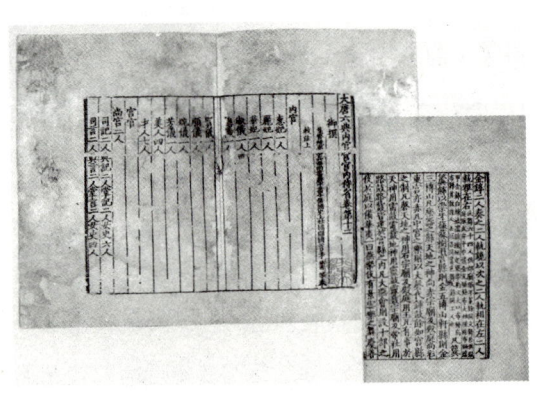

《大唐六典》书影（宋刻本）

又称《唐六典》，成书于开元年间，共三十卷，是唐人所记唐朝典章制度的文献资料。

　　不久，有位地方官犯了错，被押送到京城来审理。严挺之是个能干而又正直的人，他觉得处理过了头，就想法营救那个地方官。李林甫听说了这件事，就以私废公、无视法纪等名目，在唐玄宗面前狠狠告了一状，并且把张九龄也带进去了。这时，唐玄宗基本上只听得进李林甫一个人的话，一听有这等违法的事，便十分生气，就把严挺之贬到地方上去了，还解除了张九龄的实权，只保留了右丞相的虚位，而让李林甫代替了张九龄的职位。

　　李林甫挤掉了张九龄后，更是猖狂起来。有一天，他把那些专门向皇帝进言的谏官们召集到一起，耀武扬威地教训道："当今皇上是世上少有的英明天子，咱们做臣子的就是顺从还怕不够格呢，哪还用得着说三道四？你们看见没有，那些皇宫仪仗队所用的马匹，吃的草料相当于三品大官的俸禄，待遇好极了。但是，只要发现有哪匹马不老实，随随便便地叫一声，就会立刻把它从仪仗队中赶出去。我想，你们是不会做那种乱叫的马的。否则，到时后悔就来不及了！"

　　大臣们早就看出来唐玄宗宠信的是李林甫，又见张九龄、严挺之一个个都倒了霉，谁还敢再说话。没有人在唐玄宗耳朵边嘀咕，李林甫做起坏事来也就无所顾忌了，更是一手遮天，想干什么就干什么。

过了一段时间，唐玄宗又想起了严挺之，就问李林甫："严挺之现在怎么样了？他很有才干，还可以为我所用呢。"

李林甫心里很不高兴，但表面上却极其诚恳、认真、毕恭毕敬地说："皇上既然还惦记着他，待我去打听一下，再来禀告。"

退朝之后，李林甫派人找来严挺之的弟弟，对他说："我知道你哥哥很想回京城。这个事好办，我有办法让他回来。"

严挺之的弟弟以为李林甫真在关心他哥哥，心里十分感激，就说："谢谢丞相关心。不知有什么办法能使我哥哥再回京城。"

李林甫满面春风地说："不用客气，我和你哥是老朋友了。你写封信，让你哥给皇上写个奏章，就说得了病，请求回京城治一治。"

严挺之接到弟弟的来信，正直的他真的照李林甫说的那样上了道奏章。李林甫接到奏章，就拿去给唐玄宗看，并说："没想到严挺之年纪不大，就得了重病，干不成大事了。这样的人才，实在是可惜啊！"

唐玄宗叹了口气，说不出来的惋惜，便把严挺之的信丢到了一边。

这件事充分暴露了李林甫口蜜腹剑的嘴脸，而像严挺之这样上当受骗的人又何止一两个。

李林甫靠着他的钻营拍马、欺下瞒上，一共做了19年的宰相。正直能干的大臣全都被他排斥出朝，阿谀无能的小人个个受到提拔重用。唐王朝从此走向衰败，一蹶不振了。

184-李白视权贵如粪土

李白，字太白，是唐代最著名的大诗人之一，出生于碎叶（古城名，今属中亚），祖上是陇西成纪（今甘肃秦安东）人。李白自小聪明过人，人们见了他便赞不绝口。据说他因此有些骄傲自满起来，不再好好读书。有一天，李白又去郊外小河边嬉水游玩。突然，他看见一个白发苍苍的老婆婆，蹲在石头上正吃力地磨着什么。李白有些好奇，就走近去看，只见老婆婆手上磨的是一根铁棒。李白不明白老婆婆要磨铁棒做什么用,就问她磨什么东西,老婆婆回答说:"我要磨根绣花针。"李白更惊奇了,脱口应道:"这么粗的铁棒,怎么能磨成绣花针呢?"老婆婆哈哈一笑,说:"世上没有干不成的事。只要功夫深,铁棒能磨成针呢!"李白听了老婆婆的话,深受启发和教育,他联想到自己整天游逛,不去努力,即使再聪明,又能做成什么事呢。于是,他转身跑回家,开始勤奋地读书学习。这样他才成了一个有学问的人。

上面的故事只是个传说,我们大可不必去追究它的真实与否,而应从中获得一点启发:凡事都须下功夫,知识、学问都是靠钻研得来的。

李白聪明伶俐又勤勉好学,从小就阅读了大量的书籍,到10岁的时候,便精通诗书音律,吟诗作文十分拿手,而且还练得一手好剑法,可以说是文武兼备。他的性格属于豪放不拘的那种类型,喜欢结交朋友,常常把自己的钱拿出来,请朋友喝酒。酒席之间,李白与朋友们高谈阔论,吟诗作赋,酣畅淋漓,往往大醉而归。李白有一个时期居住在山东的徂徕山,天天与孔巢父、韩准、张叔明、裴政、陶沔等人喝酒吟诗,笑谈国事,被人们称为"竹溪六逸",他们是六个旷达不羁的人。

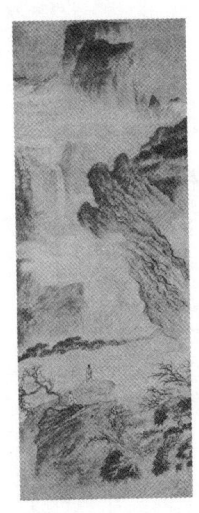

《庐山观瀑图》
清石涛绘。长207厘米,宽62厘米。画作以李白的《庐山谣寄卢侍御虚舟作》诗意为背景,以画法阐佛理,融禅法于渲染,汪洋恣肆地展现了庐山壮阔山水,意境高远。现藏于日本泉屋博古馆。

从20多岁起,李白为了增长见识,丰富阅历,就到各地去观光游览,广交天下朋友。他从南到北,走过很多地方,不仅去过长安、洛阳、金陵、江都等当时的许多大城市,还去过洞庭、庐山、会稽等许多名山胜地。由于他知识渊博,见多历广,再加上过人的才智,因此写出了很多脍炙人口、流传千古的诗篇。

日照香炉生紫烟,遥看瀑布挂前川。
飞流直下三千尺,疑是银河落九天。

这首《望庐山瀑布》,就是李白游览庐山时所写的。诗的大意是说,日光照耀着香炉峰,缭绕的云彩好像生起的紫色烟雾。远远眺望那山头的瀑布,就像一条大河挂在眼前。

飞奔而下的流水，足足有三千尺高！真叫人疑心是银河从九重天上落了下来。李白以浪漫的想象，夸张的比喻，逼真的描绘，优美的语言，形象地勾画了庐山瀑布的奇观美景，成为千古绝唱。

李白自小便抱负宏伟、志趣远大，达到了一种道德高洁、精神不俗的境界。当时读书人要想求取功名，都必须参加考试。可是李白并不满意这种一步步往上爬的常规做法。在他的一生中，他从来没有去参加过一次考试。他十分自信，相信自己是国家的栋梁之材。朝廷要用就用，不用就不用，他才不愿去受那种考试的折腾。李白常常把自己比作谢安。谢安是东晋时期著名的政治家、军事家，他认为自己一定能像谢安那样，为国家贡献自己的才干。

天宝元年（742年）正月，唐玄宗下诏，命令百官大臣推荐贤能之人。这时李白正好在京城长安。有个官员叫贺知章，也是个著名诗人，便向唐玄宗推荐，说是长安城新来了一个大诗人，名叫李白，是个天才，诗歌文章都做得十分出色。唐玄宗原先也听说过李白的大名，自然一奏就准，便命贺知章快去带李白来见他，他要当面试试李白是否真有才华。

李白听说唐玄宗要见他，心里很高兴，以为自己施展才能的机会到了，就十分爽快地跟着贺知章进了宫。唐玄宗在大殿里接见了李白，问了些问题，谈了一阵话，李白对答如流，出口成章，而且见解深刻，妙语连珠，唐玄宗听得满面春风，十分高兴，当下就称赞道："你是个普通的读书人，可连我都知道你的名字。今日一谈，果然名不虚传啊！"于是，唐玄宗把李白留在翰林院，要李白专门负责给他起草诏书。

李白生性爱喝酒，而且一喝起来，不到酩酊大醉

TIPS
饮中八仙

杜甫在《饮中八仙歌》中将贺知章、李琎（jìn）、李适之、崔宗之、苏晋、李白、张旭、焦遂八人称为"饮中八仙"，对他们嗜酒放达的形象做了生动的描述。后世多有以八人为题材的艺术作品。

不放下酒杯。李白的许多诗作都是在酒席上或酒酣耳热之后写成的，酒助诗兴、诗赖酒发是李白写诗的一个显著特点，"李白斗酒诗百篇"的诗句，就是这一特点的真实写照。所以人们都称李白为"诗仙"，这更是形象地说明了李白以酒赋诗、飘忽潇洒的独特个性。进了翰林院，李白喝酒的习惯并不因此而改变。一空下来，他便找些诗友到长安酒店里去喝酒。

这时的唐玄宗已经60出头了，却宠爱上年轻貌美的杨贵妃。杨贵妃聪明伶俐，在音乐方面有较高的修养，深得唐玄宗的欢心。于是唐玄宗每天在杨贵妃的陪伴下，饮酒作乐，不理政事。他们一边品尝着美酒佳肴，一边听着乐师们演奏乐曲、歌妓们演唱歌诗。时间长了，他们就觉得腻了，于是想编些新曲新词来听。

这一天，唐玄宗叫乐工写了一首新曲，需要填上歌词，才可演奏演唱。他想起了刚进翰林院不久的李白，就命太监去召李白进宫。太监得令去请，可是在翰林院、李白家都不见他的踪影。有人告诉太监说，李白上街喝酒去了。

太监十分着急，忙上大街上去找。他们找遍了长安城，才在一家酒店找到了他。只见李白鼾声大作，伏在桌上睡着了。太监们使劲摇着李白的肩膀，大声吆喝："快醒醒，皇上要见你。"李白睡意蒙眬，站起身，揉揉眼睛，奇怪地看了看，又坐下睡着了。太监们见李白这个样子，不由分说，便七手八脚地把李白抬进轿子，一路小跑，送到宫里。

进了宫，抬下轿来，李白仍是东倒西歪，身子根本不听使唤，连向皇上必行的朝拜礼也没法做。太监们见他醉得实在厉害，就端来一盆凉水，洒在李白脸上。李白这才慢慢清醒过来。

《太白醉酒图》

清苏六朋绘。纵204.8厘米，横93.9厘米。画作展示的是李白宫中醉酒的情形。身着灰黑服装的两位侍者衬托出着白衣的李白"酒中仙"之气度。现藏于上海市博物馆。

唐玄宗是个爱才的人，又想听李白写的歌词，心里虽有些不痛快，也不便责怪什么，就命太监备好笔砚，叫李白马上把歌词写出来。

李白席地坐下，提起毛笔，忽然觉得靴子套在脚上很不舒服，他斜眼看去，只见宦官头子高力士卑躬屈膝地站在一边，就把脚往他跟前一伸，说："把靴子给我脱掉！"

这个高力士善于钻营奉承，很得唐玄宗宠信，因此平日里打着皇上的旗号，在宫廷里耀武扬威，恣意横行。李白哪里看得惯这样的卑鄙小人，早就想找个机会治治他。高力士见李白一个小小的翰林官，居然命自己为他脱靴，心里又气又恼。可唐玄宗在一旁等着李白写歌词，他哪里敢发作呢，只好装出满不在乎的样子，跪下来给李白脱掉靴子，口里一边自我解嘲地说："酒醉成这样，真没办法。"

李白脱了靴，就挥笔写起来，根本不理睬高力士的自言自语。一阵笔走龙蛇，不大一会儿工夫，三首《清平调》歌词就写好了。唐玄宗拿过词稿，吟读起来，那隽秀的词句、鲜明的节奏，使得唐玄宗龙心大悦，即命乐工依曲演唱。

李白的才华又一次得到了唐玄宗的赞赏，但是高力士却怀恨在心。从此，他不时地在杨贵妃面前说李白的坏话。时间一长，杨贵妃对他那些说三道四、挑拨离间的话也就信了，也常常在唐玄宗身边搬弄李白的不是，使得唐玄宗渐渐改变了看法，不再重用李白。

李白傲岸不屈的性格，与宫廷里的权贵们很合不来。他也看透了，自己留在宫廷里，不过只能为皇帝、妃子消愁解闷，要想在政治上有一番作为，实现自己的理想，是没有丝毫希望的。于是，进宫还不到一年，他就弃官离开京城，重新浪迹天涯，去过那自由自在的生活去了。

185-最早测量地球的人

唐玄宗时期，有一个非常著名的科学家，叫一行和尚。他在天文、数学方面都有极精深的造诣，做了许多别人从未做过的事。

一行和尚的原名叫张遂。他出生在一个世代做官的家庭，他的祖父、父亲都是很有学问的人，而且为人正直，不慕虚荣。这样一个良好的环境，对张遂的成长起到了十分重要的作用。张遂自小聪明好学，悟性极高，阅读了很多古代书籍，尤其对天文、数学的兴趣最大。在读书的过程中，张遂善于思考，遇上一些天文、历法及算术中的疑难问题，总要寻根问底，弄个明白。

张遂还是个年轻小伙子的时候，就以他的学识远近闻名了。

当时有个著名的学者叫尹崇，住在长安城外的元都观里，收藏着各种各样的书。张遂知道以后，就经常去向尹崇请教，借了不少书来读。

有一次，张遂向尹崇借了一本西汉大学者扬雄的哲学著作《太玄经》。这本著作精奥难懂，而且涉及很多方面的科学知识。

没几天，张遂又去了元都观，把《太玄经》还给尹崇。尹崇十分惊奇，对张遂说："扬雄的这部书是很难读懂的。你不必急着还给我，拿回去再细细读读吧！"

张遂说："扬雄所说的那些道理我都搞清楚了，我想再借些其他的书。"

尹崇听了张遂的话，惊讶不已，说："这部书我已读了很多年，不知读过多少遍了，直到现在，书中的道理还有不少我还没弄明白的呢！"

张遂不慌不忙，从口袋里掏出读书笔记，恭恭敬敬地递到尹崇面前，说："这是我写的读书笔记，请老师过目。"

张遂写的笔记是一篇文章，题为《义决》，另外还绘制了一张图，取名为《大衍玄图》。

尹崇从张遂手中接过笔记，急忙读了一遍，连声称赞道："写得好！写得好！真是后生可畏啊！"

于是尹崇就与张遂讨论起《太玄经》来。只听张遂侃侃而谈，把书中的道理阐述得明白透彻。

尹崇高兴极了。从那以后，他一遇到熟人，谈起学问，就向他们推荐张遂，说："张遂是当今的颜回，真是前途无量啊！"

如此一来，长安城里的人都知道了张遂的名字，而张遂从此也不能安心地做他的学问了。当时，武则天做了皇帝，她的侄子武三思得到重用。武三思是个不学无术的人，只是因武则天的关系，才能在朝中谋得高官厚禄。武三思有了权势，怕别人看不起他，就想结交一批有学问的人来抬高自己的声望。当他听说张遂的名气之后，就派人到张遂家中去结交张遂。

张遂早就听说过武三思的种种恶行，对他趾高气扬、横行宫廷的行径很看不惯。现在又见他附庸风雅到了自己头上，根本不想理睬他，就以自己有病、不能出门为名，拒绝与武三思来往。

武三思不甘心，继续派人上门纠缠，并且威胁张遂。张遂不愿向武三思屈服，可又知道胳膊扭不过大腿，这样硬扛下去也不是办法。他只好离开长安，躲到河南嵩山去当了和尚。

张遂出了家，取了个法名叫一行。在寺庙里，一行当然必须履行佛家弟子的职责。但他忘不了钻研学问，他把自己的空闲时间全都用到读书学习上，对天文、历法继续进行研究。除了闭门读书、研究之外，一行还经常外出求学。只要听说哪儿有名师学者，他就克服一切困难，前往请教。有一次，一行听说浙江天台山国清寺有个精通数学的和尚，便打点行装出发了。从嵩山到天台山，足足有两千多里路，一行硬是一步一步走到了那里。国清寺的那位和尚为一行的求学精神深深感动，就倾其所知，对一行做了认真的指导，使一行对天文、历法的研究更加深入。

一行当了和尚，仍然不得安宁。710年，刚刚即位的唐睿宗派东都留守韦安石去召请一行。一行不愿被卷入世事的纷繁之中，就以身体有病为由谢绝了。过了七八年，唐玄宗又派人带着诏书去请他。那时，唐玄宗正是蓬勃有为的时候，对人才十分重视，唐玄宗三番五次请一行，都被拒绝。后来，唐玄宗就派了一行的远房叔叔礼部尚书张洽去召一行。唐玄宗给张洽下了死命令，一定要把一行请回长安。张洽十分惶恐，见了一行便死缠硬磨，由不得一行辩说。在这种情况下，一行只好答应了。

717年，一行又回到了长安。唐玄宗十分高兴，把一行当作自己的顾问，经常向他请教安国抚民的办法。一行见唐玄宗是个有作为的皇帝，也就乐于为他出谋划策。而且，一行还是个敢说真话的人，对唐玄宗做得不对的地方，常毫不客气地提出自己的意见。

有一次，唐玄宗要嫁女儿永穆公主，唐玄宗很喜欢她，就想把婚事办得热闹、排场大一些。一行听说了，便反对唐玄宗这样做，他说："为了公主的婚事，皇上如此铺张奢靡，却不知要消耗多少平民百姓的血汗。这样做可不是安国抚民，而是害国误民啊！"唐玄宗听了，觉得一行说得对，就改变了原来的计划。

唐玄宗见一行不仅学问高，人品也好，对他就更器重了，于是把主持修订历法的工作交给了他。

当时通行的历法，是唐高宗在位时由李淳风制定的《麟德历》，这种历法经过几十年的使用，逐渐暴露出很多误差。修正这些误差并不是件容易的事，需要进行周密的天文观测。

观测天文必须依靠天文仪器。原来已有的一些天文仪器都已破旧，不能再用。一行就同机械制造家梁令瓒合作，带领工匠一同设计制造了两具新的天文仪器。一具是用来测定太阳在天空里的位置的，叫"黄道游仪"；一具是用来表现日月星辰在天空里运行和测定时间的，叫"浑天铜仪"。

一行主持制造的这两具天文仪器都很精致。所谓黄道，就是太阳在天空里运行的轨道，测定太阳每天在天空里的位置，是编制历法必不可少的工作。黄道游仪的精致之处，就在于它不仅能测出太阳的位置，也可以测定月亮和行星的位置。一行利用这个仪器，在世界上第一次发现了恒星移动现象，大大推动了人类对恒星的观察和研究。这个发现，比英国天文学家哈雷关于恒星自行观点的提出，早了整整1000年。

浑天铜仪是用水力运转的铜铸的浑天仪。它在后汉张衡设计的基础上，又做了很大改进，使之成为一套巧妙的报时机械。这被看作是世界上最早的自动报时器。

为了修订历法，一行必须在各地测量日影。日影是太阳造成的影子。一行所用的方法是在地面上直立一根八尺高的标杆，在冬至、春风、夏至、秋分这四天里，

> **TIPS**
>
> **平朔法和定朔法**
>
> 中国古代阴阳合历，根据月相的变化周期（约29.5天）确定月份长度，大月为30天，小月为29天。在唐以前，大、小月出现的顺序被固定设置，大小相间，这就是所谓的"平朔"。由于日月运动的不均匀性，在平朔的历法中，新月往往不会准时出现在每月的第一天（朔日），从而导致对日月食的预报常出错误。隋唐时期修订历法，日月运动的不均匀性被考虑，以朔日为每月的第一天，被称为"定朔"。定朔的历法能够与真实的月相符合，也增加了各种天象预报的准确性。

测定标杆影子有多长。一行把这一工作交给了太史监南宫说主持，并向全国12个地方派出了测量人员。这一工作进行了几年时间，得到了大量的数据。

在这次大规模的测定日影的科学活动中，一行还计算了子午线的长度。子午线就是经线，一行在河南省选了差不多同在一条经线上的四个点，根据这四个地方的纬度和它们之间的距离，算出纬度相差一度，南北相距为129.22公里。这个结果虽然比现代的数据111.2公里大了1/6还多，但在那时，已是相当难能可贵了。像一行这样通过实测来计算子午线的长度，在世界上还是第一次。

一行根据自己精细的计算，编制了一部新的历法，叫作《大衍历》，它对后世的历法产生了极大的影响。由于积劳成疾，在完成《大衍历》后不久，一行就去世了，享年只有45岁。

186-安禄山拥兵叛乱

唐玄宗重用李林甫，朝廷里被弄得乌烟瘴气，正直有才的大臣都受到了排挤。不光宫廷中的文官，就是驻守在边防的一些武将，也遭到了李林甫魔爪的威胁。

唐玄宗当政初期，出于对边境安全的考虑，在一些重要的边境地区设置了10个军镇（也叫藩镇），把管理军镇的长官叫作节度使。节度使既统率军队，又兼理行政和财政，地位十分重要，权力也很大。有时一个节度使还不止管辖一个军镇，而是三四个，那样权力就更大了。因此，当时朝廷对节度使特别看重，一旦立了功，就可能被提拔到朝廷里当宰相。这已经形成了一个惯例。

李林甫对这个惯例十分反感，就千方百计想打破

TIPS

节度使

节度使是从唐朝开始设立的地方军政长官，因为任职之时，朝廷会赐以旌节，受旌节者可全权调度，故得名。唐玄宗开元、天宝年间，逐渐形成了平卢、范阳、河东、朔方、陇右、河西、安西四镇、北庭伊西、岭南、剑南等10个节度使区。天宝以后，节度使渐集军、民、财三政于一身，称霸一方，最终酿成安史之乱。宋太祖杯酒释兵权之后，节度使有名无实，到元朝时被废除。

它。因为他害怕有才干有功劳的节度使入朝之后，直接影响自己的地位。

当时，担任朔方等四个军镇节度使的王忠嗣，就被李林甫诬陷害死了。他仍不满足，为了长期垄断朝政，又建议唐玄宗用胡人来担当节度使，用的理由也冠冕堂皇，说什么胡人勇猛善战，而且在朝中没什么关系，不会联络京官搞谋反，比汉人当节度使靠得住。唐玄宗最害怕的就是边境的将领背叛他。因此，李林甫的建议很合他的心思，他就陆续提拔了一些胡人当节度使。

安禄山就是因为李林甫的个人企图而被提拔起来的胡人节度使中的一个，而且是特别被唐玄宗、李林甫看中的一个。

安禄山年轻时投奔到幽州节度使张守珪部下当兵。为了向上爬，他使出无赖加亡命徒的功夫，常常骑着马，伙同几个同伴，跑到北边的契丹、奚等少数民族部落里，施用各种欺诈、哄骗手

安西都护府地方官印

唐朝疆域辽阔，边疆聚居着许多异族，为了有效管理它们，唐朝分别设立了安西、安北、安东、安南、单于、北庭六大都护府。在武周时代立北庭都护府之后，安西都护府分管天山以南的西域地区。上图从上到下、从左到右的印信分别是：西州都督府之印、天山县之印、高昌县之印、蒲昌县之印、柳中县之印、安西都护府之印。

段，捉一些百姓来报功请赏，果然得到张守珪的赏识，被封为"捉生将"。

安禄山得到了提拔，就有些飘飘然起来，竟然在一次战斗中，不遵守将令而自行其是，结果吃了败仗。边境守将把他押送到京城，交给朝廷处分。那时，正是正直有为的张九龄当宰相，张九龄秉公执法，判处安禄山死刑。可是唐玄宗却说安禄山能干，是个人才，要下令释放他。

张九龄向唐玄宗劝谏道："安禄山不听将令，损兵折将，军法难容。而且以我的观察，安禄山绝不是个好东西，留下来会给皇上带来后患的。"

唐玄宗那时已不大听得进张九龄的话了，执意赦免了安禄山。在这之后，张九龄遭李林甫陷害，被罢了相职。安禄山却靠着钻营拍马的功夫步步高

升，竟当上了平卢（治所在今辽宁朝阳）节度使。

占据了如此重要的位置之后，安禄山仍不满足。他继续发挥自己那溜须拍马、逢迎谄媚的特长，只要朝廷有人到他的辖地来办事，无论职位高低，他都送上丰厚的贿赂。这些人得了好处，回去之后都在唐玄宗面前宣扬他的好。李林甫出于自己的打算，也跟着别人称赞安禄山。唐玄宗更信任安禄山了，就在安禄山当平卢节度使之后不到三年，又让他兼任范阳（今北京）节度使和河东（今山西太原）节度使。这三个镇节度使管辖着现在的北京、河北、山西和辽宁、山东、河南部分地区，统率着重兵18万多人。当时唐朝的边镇军队一共才不到50万人，而安禄山一人就掌握了1/3还要多。

安禄山做了三镇节度使，权力很大。他利用自己的职权，派人到处搜罗珍禽异兽、珍珠宝贝，然后源源不断地送进宫廷里去，献给唐玄宗和杨贵妃。他对唐玄宗的喜怒摸得很准，知道唐玄宗喜欢边境将领报战功，就采用卑鄙的手段，诱使平卢附近的奚人和契丹人等少数民族首领和将士来参加宴会，然后用药酒把他们灌醉，有时是绑起来作为俘虏押送到京城，有时则干脆割下头颅去报功。

这样，安禄山在唐玄宗的心目中简直成了一个大英雄，他常常被唐玄宗召到宫中去，受到非比寻常的接见。安禄山则抓住每一次朝拜的机会，使出他的浑身解数，来讨唐玄宗的喜欢。

安禄山个子很矮，长得又十分肥胖，一个大肚子挺得又高又圆，给人一种憨厚可笑的感觉。唐玄宗一见他那副样子，就忍不住要笑起来。一次，唐玄宗指着他的大肚子同安禄山开起玩笑来："你这里面装的什么东西，竟有这般庞大？"

安禄山恭恭敬敬地回答道："这里面装的只是一颗心，一颗对陛下赤诚不渝的心。"

安禄山经常进宫，与杨贵妃也熟了，竟恬不知耻地拜杨贵妃为干娘。其实杨贵妃的年纪比安禄山要小很多，可安禄山知道这个妃子在唐玄宗心目中的分量，所以一见面，总亲亲热热地叫声"干娘"，别人听了都觉得肉麻，可他却一副认认真真的样子，非常虔诚。如果在觐见唐玄宗时杨贵妃亦在场，那安禄山总是先喊"干娘"，然后拜下去，过后才喊"陛下"，再拜下去。唐玄宗有些不快活，问他为什么不先拜皇上，安禄山回答说："我们胡人的风俗，都是先拜母亲后拜父亲的。"

　　唐玄宗越来越觉得安禄山憨厚可爱了，而安禄山的心思也没有白费。到了天宝九年（750年），唐玄宗封安禄山为东平郡王。这是有唐以来封给胡人的最高爵位。唐玄宗又下令为安禄山在京城里建造了一座极其豪华的府邸，一切陈设用具，都是用名贵材料做成，就连厨房里的炊具都用金银装饰，或者全用金银制作。

胡腾舞铜像

新西兰人路易·艾黎捐赠。现藏于甘肃省博物馆。铜像高鼻深目，戴胡帽，穿窄袖广衫，足蹬靴，身背盛酒葫芦，右臂提举，左臂垂前，右腿上提，作舞蹈状。胡腾舞是从西域传入中原的一种男子独舞，与同是西域传来的胡旋舞一起在唐朝时风靡一时。传说安禄山即擅长跳胡腾舞和胡旋舞。

　　唐玄宗如此重用、信任安禄山，甚至任由他在内宫里随便进出，与他亲热得就像一家人一样。而安禄山则在出入宫廷和各种交往中，对唐玄宗的荒淫昏聩，对唐王朝政治上的腐败以及军事上的虚弱，了解得清清楚楚。他那向上爬的野心，逐步演变成起兵灭唐的阴险计划。

　　于是，安禄山秘密开始做着叛乱的各种准备。他不断地扩充兵力，从边境各族的降兵中挑选了8000人加以特别的训练，组成"壮士营"，作为发动叛乱的骨干力量。他提拔了史思明、蔡希德等一批将领，任用汉族士人高尚、严庄等为谋士，让他们为自己效力卖命、出谋划策。他畜养了几万匹战马，收集、打造了大量的兵器、弓箭，还用心腹胡将32人取代了不服他指挥的汉族将领。各种叛乱准备都在悄悄进行，只等唐玄宗一死，他就起兵叛乱。

　　这时，奸相李林甫死了。杨贵妃的堂哥杨国忠接任宰相。杨国忠没本事，是个流氓，只是仗着杨贵妃得宠，才混上了宰相的交椅。因此，安禄山很瞧不起杨国忠，不买他的账；杨国忠也看不惯安禄山，不时在唐玄宗面前说他的坏话，甚至还多次说安禄山要拥兵造反。但是唐玄宗对安禄山信任得很，根本不相信杨国忠的话，还批评杨国忠，叫他当宰相要能够容人。

　　天宝十四年（755年）十月，安禄山经过十年的精心准备，决定发动叛

> **755年**
> 安禄山起兵叛唐，"安史之乱"爆发。

乱。他假造了一份唐玄宗的诏书，然后把将士召集起来宣布道："接到皇上密令，要我立即带兵进京讨伐杨国忠。"

将士们大多觉得很突然，但既然是圣上旨意，谁又敢不从呢！

第二天，安禄山便领着15万叛军，从范阳出发。河北平原上顿时烟尘滚滚，鼓声喧天。从天宝年间以来，唐朝的统治已经腐朽不堪，军队没有丝毫的战斗准备，缺乏战斗能力，再加上那一带本来就是安禄山直接管辖的范围，因此，一见到安禄山叛军的气势，沿路的文臣武将都吓得惊慌失措，有的开城迎接叛军，有的弃城逃跑，有的坐以待毙，被叛军擒杀。叛军几乎没遇到什么抵抗就轻易占领了黄河以北24郡的大片土地。

安禄山叛乱的消息传到了长安，唐玄宗一开始还不相信，以为是有人造谣。不久，叛军逞凶陷城的警报接二连三地送到他面前，他才不得不相信。唐玄宗召集百官大臣商议对策。满朝文武都慌了神，惊吓得什么话也说不出来，只有杨国忠洋洋自得地说："怎么样，我早就说过安禄山要造反，被我说准了吧。不过没关系，皇上不必担心，安禄山的将士是不会跟他走的。我保证，用不了十天，安禄山的人头就会被人砍了送来。"

唐玄宗见杨国忠说得那么肯定，心里稍微安定一些。可是，叛军仍在长驱直进，不久就渡过了黄河，攻克了洛阳。

安禄山进了洛阳城，就迫不及待地自封为"大燕皇帝"，年号圣武。这时，离他范阳起兵，才不过三个月时间。

187-颜家兄弟兴兵讨贼

安禄山在洛阳称了帝,下一步就打算攻克潼关,打进长安去。没想到有使来报,说常山太守颜杲卿起兵反抗,把他留下的一支7000人的军队全给消灭了。安禄山得知后方不稳,很是惊慌,就派得力大将史思明、蔡希德各带一万人马,分两路去攻常山(今河北正定一带)。

颜杲卿原来是安禄山的部下,现在所任的常山太守的职务也是安禄山推荐朝廷任命的。当时,安禄山引军南下的时候,颜杲卿手下只有临时招募的1000多名青壮年。面对庞大的15万叛军,颜杲卿知道自己不是他们的对手,就不想与叛军硬拼,做那无谓的牺牲。因此,他与副守袁履谦大开城门,假意迎接安禄山进了常山。

安禄山见颜、袁二人归顺了自己,当然十分高兴,就把早已备好的紫色锦袍披在颜杲卿身上,把绯色锦袍披在袁履谦身上,以表示对二人的信任。然后,他对颜杲卿说:"你还照样当你的常山太守。等我攻下长安,一定不会亏待你。"

颜杲卿心里骂他一声,但表面上却装出很高兴的样子。

安禄山出于军事上的考虑,也是多少对颜杲卿有点儿不放心,就留下了一支7000人的兵马,让他的养子李钦凑率领,驻守在常山西面的井陉(xíng)关。井陉关是个险要的地方,既可阻挡西面而来的唐军,也可控制常山城的局势。

做了一番安排之后,安禄山领着叛军继续南下了。颜杲卿、袁履谦策马回城,没走多远,颜杲卿扯扯身上的紫袍,对袁履谦说:"这种东西,咱们为什么要穿?"袁履谦知道颜杲卿的意

颜杲卿像

清代版画。颜杲卿(692年—756年),字昕,京兆万年(今陕西长安)人。安禄山起兵叛唐时他诈降,不久即于叛军后方反正,安禄山急调大将史思明、蔡希德征讨他。颜杲卿最终兵败被杀。乾元元年(758年),颜杲卿获赠太子太保,谥号忠节。建中三年(782年),加赠司徒。

思,也不答话,两人就解开衣带,把安禄山送的锦袍抛在了路边。然后,两人发出一阵会心的大笑。

回到衙署之后,颜杲卿与袁履谦一合计,找了他们平日信任的一些官员,一同商议起兵讨伐安禄山的计划。大家都不满安禄山的反叛行为,你一言,我一语,都愿意支持颜杲卿的行动。

正在此时,颜杲卿的族弟颜真卿派来的使者卢逖到了常山,带来了颜真卿的书信,要求颜杲卿切断安禄山的退路。颜杲卿自是十分高兴,于是就与大家制定了剪除李钦凑的行动计划。

颜杲卿了解到李钦凑是个酒鬼,就假传安禄山的命令,要李钦凑带部队来常山接受犒劳。

对于酒鬼来说,"犒劳"正是求之不得的事。李钦凑接到颜杲卿传来的安禄山的命令,就领着一部分叛军将士,大模大样地来到常山。袁履谦带着一些士兵,抬着一担一担的美酒佳肴去"犒劳"那些叛军。等叛军都喝醉之后,不费吹灰之力,就把他们杀了。

与此同时颜杲卿连夜派兵赶往井陉关,将另一部分叛军也革除了。安禄山留下的7000人马,一夜之间,就被颜杲卿给瓦解了。

稳住了常山的局势之后,颜杲卿就派人分头赶往各地,去联络其他郡县共同讨伐叛军。各郡县的官员见颜杲卿带头抵抗,受到很大鼓舞,纷纷响应,黄河以北24郡,就有17个郡陆续反正。他们杀掉安禄山安插的人,重新站到朝廷一边。形势一下子急转直下,对安禄山造成了极大威胁,安禄山赶忙派兵来镇压。

史思明、蔡希德率领的两路精兵很快就赶到了,把常山城团团围住。这时离颜杲卿起兵才不过八天时间。由于时间仓促,城墙周围的防御工事都没修好。但是颜杲卿毫不畏惧,他镇定自若地指挥全城将士坚守城池。常山军民同仇敌忾,奋勇抵抗,打退了叛军一次又一次猛烈的进攻,整整坚守了六天六夜。到最后,城里的箭用完了,粮食吃光了,就连井里的水都没了。叛军这才攻下常山,杀害了一万多常山军民。筋疲力尽的颜杲卿和袁履谦,不幸被叛军抓住,然后被押送到洛阳。

颜杲卿与袁履谦被押上安禄山的大堂,他们愤怒地盯着这个反叛的国贼。安禄山似乎有点儿心虚,就问颜杲卿:"我信任你,提升你做了太守,你为什么还要背叛我?"

颜杲卿一听,气得大骂起来:"你不过是个放羊的小子,朝廷却委任你做了三镇节度使,你为什么要忘恩负义、起兵叛乱?我是唐朝的大臣,就是要为国家讨伐你这反贼。我恨不得砍下你的头!难道为国除奸也叫反叛吗?"

安禄山挨了这顿臭骂,恼羞成怒,命令士兵把颜杲卿、袁履谦押往洛阳大街,绑在一座桥的桥柱上,用残酷的刑罚折磨他们。

颜杲卿以惊人的意志,忍受着叛军的种种酷刑,嘴里仍是大骂不止。安禄山气急败坏,就叫兵士割去了颜杲卿的舌头。可这位铁骨铮铮的老人,仍旧发出含糊的骂声,两眼好像冒出两股烈火,直冲向安禄山。

恶狼一般残暴的安禄山像发了疯似的,命令刽子手把颜杲卿一刀一刀地剐死了,然后又下令屠杀了袁履谦和颜杲卿的家属30多人。

再说颜真卿。颜真卿是唐代的一个大书法家,他写的字刚劲有力,寓巧于拙,人称"颜体",与唐代另一大书法家柳公权并称为"颜柳",有"颜筋柳骨"的说法。

颜真卿不仅学问高,字写得也好,他的为人也同样令人敬佩。他原来在宫廷里担任监察御史,由于办事公正,不媚权贵,因而受到奸相杨国忠的排挤,被贬到外地,担任平原(今属山东)太守。

安禄山刚一打出反叛旗号,颜真卿就招募了一万多人的队伍,竖起讨伐叛贼的大旗。因为颜真卿对安禄山的狼子野心早就有所认识,他早就在暗地里做着抵抗叛军的准备,比如加固城墙,收集粮食,训练士兵,等等。可在表面上,他却常常与宾客外出游山玩水,划船饮酒,使得安禄山认为颜真卿不过是个爱游乐的书生,不值得担心,因此对他不加提防。

安禄山打过黄河时,把河南留守李憕(chéng)等三位反对叛乱的官员杀了。然后,他派了一个心腹带着这三位官员的头颅,到黄河以北各郡县一路

颜真卿《多宝塔感应碑》碑文(局部)

颜真卿为唐代名臣、书法家,安史之乱时曾率义军对抗叛军,被封鲁郡公,人称"颜鲁公"。《多宝塔感应碑》全称《大唐西京千福寺多宝塔感应碑》,碑文为颜真卿楷书,对后世书法影响巨大。原碑现藏于西安碑林博物馆。

跑去，威胁各地的官员。这个心腹来到平原，又拿出人头向颜真卿摆威风，猖狂地说："如果谁敢反对安大人，这就是下场。"颜真卿轻蔑地一笑，转身对部下说："我与李憕等人很熟，这根本不是他们的人头。安禄山想来吓唬咱们，大家不要上他的当。"说罢，就把安禄山的心腹给杀了。

颜真卿拉起抵抗队伍，附近十几个郡县的一些爱国官员，都带着队伍赶往平原城，与颜真卿会合。他们一致推举颜真卿为盟主，把军队交给他统一指挥。联合起来的军马有20多万人。声势十分可观。唐玄宗得知，下令升颜真卿为户部侍郎，辅助大将李光弼讨伐叛贼。

不久史思明攻陷常山，又挥军来攻平原。这时，黄河以北的大多数郡县又被叛军占领，颜真卿困守了一段时间之后，由于兵微力弱，最后只好弃城撤退，绕道去了凤翔，去见已经即位的唐肃宗。过了十几年，这位民族英雄又遭到奸臣陷害，被另一个叛乱分子李希烈杀害。

颜杲卿、颜真卿两兄弟起兵反抗叛乱，虽然时间不长，但他们的英勇抵抗拖住了叛军的兵力，为唐王朝调兵遣将争取了不少时间。

188-马嵬驿兵变

颜杲卿被安禄山残忍地杀害之后，唐王朝指派的大将李光弼、郭子仪先后率领唐军从井陉打进了河北。在安禄山的后方燃起了更猛烈的打击叛军的烈火。

李光弼、郭子仪两人长期镇守在北方和西北的边境上，是有名的大将。他们到了河北之后，靠着当地爱国人民的支持，多次打败了安禄山的大将史思明。

安禄山慌了手脚，连忙派了5万兵马去支援史思明，要他保住从洛阳到范阳的退路。郭子仪、李光弼见叛军兵力大增，就避其锋芒，采用灵活多变的战术。他们白天把自己隐蔽起来，叫叛军摸不着；晚上则去偷袭叛军，使叛军日夜不得安宁，弄得疲惫不堪。最后，两位大将决定反击叛军，在常山以东的嘉山，与史思明展开了决战。唐军奋勇出击，个个争先，消灭叛军4万多人，活捉1000多人，史思明侥幸捡了条命，狼狈不堪地逃走了。

安禄山听到史思明大败的消息，惊恐万状，把他的两个谋士严庄、高尚臭骂了一通："你们叫我造反，说是万全。现在好了，前面的潼关打了半年还打不进去，后面的退路又被截断；我只有汴州、郑州这几个孤城了，万全在哪里？"两位谋士战战兢兢，建议安禄山赶快撤军。

正当反抗叛军的斗争取得大好形势的时候，腐朽昏庸的唐王朝却帮了倒忙，使安禄山走出了困境。

原来潼关是京城长安的门户，那里形势险要，易守难攻。接受唐玄宗任命去防守潼关的是大将哥舒翰，哥舒翰英勇善战，足智多谋，他领兵到潼关之后，面对攻势正盛的叛军，采取了坚守不出的战略，叛军一筹莫展，被死死地挡在了关外。

可是唐玄宗、杨国忠听说哥舒翰按兵不动，就怀疑他别有企图，几次派使者催促哥舒翰赶快出兵，打出关去，收复失地。哥舒翰说明坚守不出的道理，唐玄宗、杨国忠哪里肯听，仍是接连派人催促哥舒翰出战，还说再违抗圣旨，就要对他严惩不贷。

哥舒翰见君命难违，顶不过去，于是痛哭起来。他知道，凭着手下的那十几万老弱残军，根本不是叛军对手，出关作战，无疑就是送死啊。

哥舒翰领兵出关不久，就在灵宝县西南（今河南三门三峡境内）一带中了叛军埋伏。经过几天苦战，唐军几乎全军覆没，仓皇逃回潼关的哥舒翰被叛变的部将抓住并送往洛阳，后来被安禄山的儿子安庆绪杀害。

潼关丢了，京城长安再也无险可守，唐玄宗忙找来杨国忠，问他该怎么办。杨国忠劝唐玄宗放弃长安，逃往四川避难。唐玄宗无法可想，只好听杨国忠的。

唐玄宗、杨国忠便急忙做起了逃跑的准备，整整忙了一个通宵。天刚发亮，唐玄宗就命龙武将军陈玄礼领着禁军，他自己带杨贵妃和她的三个姐姐、皇子、公主、亲信大臣等一大班人，悄悄离开了皇宫，

> **TIPS**
> **哥舒翰**
>
> 哥舒翰（？—757年），本为一个突厥别部的首领，后成为唐军将领，一生立功无数。安史之乱中，他被任命为尚书左仆射同中书门下平章事，赴潼关拒敌。他坚守潼关，无奈被逼出师，在灵宝之战中，被安禄山俘虏，后遭安庆绪杀害。

从西门出了长安。

皇帝逃走了,大家都还不知道。早晨,文武官员照常来早朝,可是宫门一开,宫里的人纷纷往外乱跑。大臣们惊讶极了,一打听,才知皇上不知跑哪儿去了。顿时,整个长安一片混乱,到处是慌慌张张、四处逃散的人群。

唐玄宗一行出了长安,走了大半天,一个个又饿又累。可是直到中午,也没人给他们送吃送喝的来。唐玄宗与大家一样,为了逃跑,早饭都没顾得上吃,已是饿得头昏眼花,就派人到百姓家去弄了点粗饭和麦豆之类的东西。有些好心的人,听说皇上逃难来了,没吃的,就主动做了一些饽饽送去。那些娇贵的皇子皇妃,平日见了山珍海味都没胃口,这时一个个像饿狼似的,什么也不讲究了,抄手抓起来就吃。食少人多,也不讲什么谦让礼貌了,你争我抢,狼吞虎咽,一会儿就把食物吃得个精光。

唐玄宗默默地坐在一边,手上拿着饽饽,肚子虽然咕咕直叫,他却难过得咽不下去,眼泪顺着脸颊往下流。有个送饭的老人,看着皇上那一副伤心的样子,就忍不住上前数落起来:"安禄山想造反不是一天两天了,底下的人都看出了他的野心,听说有人不断向朝廷告发,可不是被关就是被杀了,结果才把事情闹到今天这样不可收拾的地步。这些年来,在皇上的面前,尽是些溜须拍马的小人,正直能干的人都不知被弄到哪儿去了。皇上受小人蒙骗,对宫外的真实情况一点儿也听不到了。今天,要不是皇上出来避难,我怎么能见到皇上,给皇上说说我们百姓的心里话啊!"

唐玄宗那往日的威严一点儿也见不到了,只是垂头丧气地说:"这是我的不是。唉,现在后悔也来不及了!"

唐玄宗站起身,心慌意乱,挥挥手,让队伍继续出发。一路上,少吃少喝,又没个像样的地方睡觉,真是凄凄凉凉,人心惶惶。到了第三天,来到马嵬驿(今陕西兴平西)。又饿又累的士兵们,脚步越来越沉重,心情越来越沮丧。他们想到,走

《明皇幸蜀图》

又称《春山行旅图》。传唐李思训(一说李昭道)绘。此图描绘的是唐玄宗避难入蜀的情形,画家回避了唐玄宗逃难时的狼狈一面,而将其粉饰为帝王游春行乐的景象。现藏于中国台北故宫博物院。

到这步田地，吃这种无谓的苦，都是因为安禄山这个贼子搞叛乱，而这叛乱是唐玄宗和那个奸相杨国忠引起的。一想起这些，士兵们的心里就觉得有一团火在烧。

正在这时，跟着一起逃难的20多个吐蕃使者，拦住杨国忠，大声嚷嚷，要杨国忠发给他们吃的。杨国忠官腔官调，那样子叫人看了实在又恶心又气愤。士兵中不知谁大叫起来："杨国忠和胡人一起谋反啦！"接着，一支利箭向杨国忠飞去。杨国忠吓得赶忙逃跑，几个士兵追了上去，一刀把他砍下马来。愤怒的士兵一拥而上，一阵乱刀，把杨国忠剁了个粉碎。然后割下他的脑袋，用枪挑着插在驿门上示众。一些士兵又扬起刀，干脆利落地把杨国忠的儿子、杨贵妃的几个姐姐都杀了。

可是士兵们仍是怒气冲冲，他们自发地聚集起来，把驿站围了个水泄不通。他们七嘴八舌，议论纷纷，诉说着心中的愤怒，发出一阵高似一阵的喧声和喊叫。在驿站里的唐玄宗听到外面吵吵嚷嚷，不知怎么回事，就问左右的太监。太监把情况禀报玄宗。唐玄宗一听，吓得一身冷汗。没办法，他只好站起身，拄着拐杖，慢慢走到驿馆门口，对士兵们说了些安慰的话，然后要他们去休息。

士兵们谁也不想走，一张张脸上都带着愤怒的神色，死死地盯着眼前这个昏庸误国的老皇帝。唐玄宗不敢面对这些士兵，羞愧地低下头，斜倚在驿门上。正在僵持，龙武将军走上前来，对唐玄宗说道："士兵们杀了杨国忠，觉得贵妃也不能再留在皇上的身边啦。请皇上考虑士兵们的要求，忍痛割爱，把贵妃处死吧！"

这话就像一记闷棍，直打得唐玄宗晕头转向。呆了半晌，他才吞吞吐吐地说："这事我自己来处理吧。"

士兵们一听便开始起哄，杂七杂八地叫道："处死贵妃！处死贵妃！"

旁边一个大臣忙向唐玄宗劝谏道："众怒难犯啊！皇上应该马上做出决定，否则危险就更大了。"

可唐玄宗怎么割舍得下他的宠妃呢？他想了想，就辩解起来："贵妃一直住在深宫，她又不知道杨国忠的谋反行为，何必要牵扯到她的头上去呢？"

士兵们怒不可遏，叫嚷声越来越大。大宦官高力士一看情形不妙，怕再僵下去对唐玄宗不利，就把士兵要杀贵妃的原因说给唐玄宗听："贵妃虽说与谋反无关，但士兵们已杀了杨国忠，要是杨贵妃仍留在你身边，士兵们怎能不担心自己的安全？现在，只有让士兵们感到安全，皇上才不会有危险啊！"

唐玄宗见高力士也劝他，知道自己已没有选择了。他又犹豫了一会儿，终于下定了决心，叫高力士把杨贵妃引进一座佛堂，用白绫子把杨贵妃勒死了，然后让陈玄礼等去验看。

陈玄礼见杨贵妃面色惨白地倒在地上，便走出驿馆，对士兵们喊道："杨贵妃已处死了，大家回去吧！"

士兵们这才陆续散去，一场兵变终于平息下来。

马嵬驿兵变之后，唐玄宗就逃到成都去了，太子李亨则被当地百姓挽留下来主持朝政。

不久，官员们劝李亨做了皇帝，尊唐玄宗为太上皇。李亨就是唐肃宗。

> **756年**
> 太子李亨在灵武被拥立为帝，是为唐肃宗。

189-守城名将张巡

《三才图会》中的张巡像及相关记载

张巡（708年—757年），字巡，邓州南阳（今河南南阳）人。他是安史之乱中唐军名将，他与许远在内无粮草、外无援兵的情况下，以不足7000兵力死守睢阳，前后与叛军交战400余次，使叛军损失惨重，有效阻遏了叛军南犯之势，保障了唐朝东南的安全。最终因无粮无兵而兵败被俘遇害。他遇害后三天援军才到睢阳。

安禄山打过黄河之后便派出一部分叛军向东南、西南进军，企图占领江汉和江淮地区，这两个地区是有名的富庶之地，是唐王朝的税赋和军饷的主要供给地，对此，安禄山十分清楚。因此，他派出几路大军多次进攻通往这两个地区的两个重要城市——南阳和睢阳。然而，驻守这两个城市的，都是些坚强不屈的爱国将领。他们以大无畏的爱国精神，以少抗多，浴血奋战，遏制了叛军前进的势头，从而使江汉、江淮这两个地区没有遭到叛军的破坏。

在这些将领中，最令人钦佩的是守城名将张巡。

安禄山叛乱之后，谯郡太守杨万石投降了安禄山。这个不知羞耻的太守，还劝他底下的县令与他一起投降。雍丘县令令狐潮，就是在杨万石的劝说下，献了城降了敌。张巡是真源县令，也得到了杨万石的劝降，但张巡可不是那种没骨气的人。张巡不仅不降，反而率领几千名兵士去收复雍丘。然后他死死守住这座城池。

令狐潮降了安禄山，便带了4万多人的一支大军来攻打雍丘。张巡率领的守城兵马还不到3000人。令狐潮倚仗着人多，向雍丘城发起了一次又一次攻击，但都被守城的唐军打退了。在60多天当中，大小战斗共进行了300多次，4万多叛军始终没能攻下雍丘城，反倒吃了一次又一次的败仗，损伤了不少人马。令狐潮失去了信心，只好灰溜溜地撤军。张巡果断领军追杀，杀得叛军落荒而走，还俘虏了2000多人。

过了一个多月，令狐潮硬着头皮又来攻城。他知道靠硬打强攻不行，就想来软的，用过去的朋友之交拉拢张巡。令狐潮又是在城下喊话，又是写信，一再劝张巡投降，还担保他能受到安禄山的重用。

张巡对令狐潮的劝说嗤之以鼻，并给予了严厉的回斥。他还杀掉了手下六个主张投降的将领，从而更坚定了将士们守城抗敌的决心。

守城的战斗又持续了40多天。城中的箭用完了，张巡叫士兵们扎了1000多个草人，给草人穿上黑衣，系上绳子，到了晚上，士兵们在张巡的指挥下，把草人从城墙上慢慢放下去。叛军以为是唐军越城出击，赶忙朝着草人射箭。唐军在城上又是擂鼓又是呐喊，把草人放下去又拉上来。如此反复多次，轻轻松松就得到十几万支箭。后来，令狐潮才知道张巡用的是草人借箭的妙计，懊悔不已。

过了几天，叛军见城墙上又有人影在晃动，于是哈哈大笑，以为又是张巡在用草人赚他们的箭，都说："这回我们可不上当了，睡觉吧，让他们白等着。"

可这次吊下来的，是唐军的敢死队，一共500人。他们悄悄埋伏了下来，等到夜深人静叛军都睡熟时，突然向叛军兵营杀去。城里的唐军亦擂鼓助威，就像要杀出城来。叛军遭到袭击，乱成一团。令狐潮从梦中惊醒，还以为是唐军的增援兵到了，吓得不敢抵抗，慌忙下令烧掉营寨，然后狼狈逃跑了。敢死队和冲出城来的唐军乘胜追杀十多里，直杀得令狐潮屁滚尿流。

这之后令狐潮又增调一部分叛军来攻雍丘，仍是损兵折将。他不敢再与张巡交锋，只好带着人马退到雍丘西北面的陈留去了。

张巡在打败令狐潮以后，又领兵开进宁陵（今河南宁陵），消灭了另一支叛军。这时，他接到了睢阳太守许远的告急信。原来安禄山手下大将尹子奇率领13万人马，将睢阳团团围住，情况十分危急。张巡懂得睢阳的重要性，立即带领3000将士赶往睢阳，与许远一起共同守住睢阳。两人的兵力合在一起，还不到7000人。

睢阳太守许远的地位比张巡高，但是他知道张巡善于用兵，就请张巡指挥守城，他自己则负责收集军粮、修造兵器等后勤工作。这种精诚团结、不摆架子的精神，使张巡十分感动。张巡也就不推辞，一口答应了下来。他们两人密切配合，战胜了尹子奇的多次进攻。尹子奇见久攻不下，在一天夜里悄悄撤走了。

过了几个月，尹子奇得到增援兵力，便重新围住了睢阳城。张巡为了打败叛军，守住城池，充分发挥了自己的军事才能，想出各种各样的法子打击敌人。

一到晚上，张巡就命士兵们擂响战鼓，竖起大旗，摆出一副开城出击的样子，天一亮，就命兵士休息，安心睡觉。这样一来，可把叛军害惨了。一听到鼓声，尹子奇就命令集合，摆出迎战架势。紧张一晚上，却看不见一个唐兵的影子。尹子奇知道上当了，就让疲劳的士兵们脱盔卸甲，回营睡觉。可正当睡得香甜的时候，张巡和其他一些将领却各带50名骑兵，突然杀进寨来。等叛军清醒过来，准备抵挡时，张巡已经领着唐军撤走了。张巡运用这种骚扰和袭击结合的战术，不断地消耗叛军，打击叛军。

双方的兵力悬殊，张巡想射杀尹子奇，来一个擒贼先擒王，使叛军失去主帅而溃散。但是，张巡及唐军将士都不认得谁是尹子奇，尹子奇也很狡猾，上阵时总让几个将领伴随，而且穿着一样的战袍，骑着同样的战马，叫人无法辨出谁是主将。张巡眉头一皱，计上心来。

一次，叛军又来攻城，张巡便削了一支野蒿做成的箭，射到叛军阵中。只见一个叛兵拾起野蒿箭，就去报告尹子奇，尹子奇以为唐军的箭已经用完，不禁得意起来。城上的张巡看在眼里，忙吩咐勇将南霁云对准尹子奇射箭。南霁云对准洋洋自得的尹子奇一箭射去，正中尹子奇的左眼。尹子奇怪叫一声，摇摇晃晃，差一点儿跌下马来。张巡命将士立即出击，尹子奇为了逃命，自己拔了箭，血流满面，眼珠子也随箭拔了出来，疼得直钻心。他打起马没命地逃跑，才算捡回了条命。主帅一跑，叛军哪还有心思抵抗，一个个跑得比兔子还快。张巡打了个大胜仗。

尹子奇瞎了左眼，发誓要报这一箭之仇。过了几个月，他养好箭伤，又增加了几万人马，再一次包围了睢阳城。尹子奇虽有那么多兵力，可就是攻不下，就在睢阳城外挖了三道堑壕，在上面立下木栅，采取封锁策略来困住睢阳城内军民。

时间一长，城里的粮食就紧张了。一开始，士兵们每天还能分到一两多米掺上树皮等煮着吃。后来，一粒粮食也没了，连树皮都吃光了。许多士兵都饿死了，只剩下1600人，也都有病有伤的。

张巡眼看睢阳难守，就派南霁云领着几十骑兵冲出重围，到临淮节度使贺兰进明那里去求援。贺兰进明害怕叛军，想把南霁云留为己用。南霁云心急如焚，面对着丰盛的酒菜，一口也吃不下去，也根本不想吃。他流着泪，愤怒地斥责贺兰进明，然后用牙咬下一个手指，说："霁云不能完成主将交给的使命，就留下这个手指作证！"

南霁云回到睢阳，城内的情况已危急万分。为了充饥，张巡下令杀掉战马，然后是捕麻雀、逮老鼠，只要是能吃的，都吃光了，他再也想不出任何办法。这时，全城只剩下400人。但是不管是谁，将士也好，百姓也好，都只有一个信念：就算饿死在睢阳城，也决不叛变、逃跑。

终于尹子奇率领叛军用云梯攻上了睢阳城头，这时唐军将士饿得一点儿力气也没有了。张巡、许远等36名爱国将领全都被俘。尹子奇百般劝说张巡投降，张巡冷笑一声，把尹子奇臭骂一顿。恼羞成怒的尹子奇就用刀撬张巡的嘴，嚷道："听说你打仗时把牙齿都咬碎了，其实是骂人骂多了吧！"撬开一看，张巡的嘴里只剩下三四颗牙齿。

张巡奋力挣脱尹子奇的手，流出了满嘴的鲜血，大义凛然地答道："我立志扫荡叛贼，收复国土，只可惜我的兵力不够，才落到你的手里。要杀要剐随你的便！"说罢，一口鲜血狠狠地啐在了尹子奇脸上。

尹子奇气急败坏，赶忙下令把张巡等爱国将领都杀害了。

张巡、许远领着不到7000人的兵士，在睢阳城坚守了9个月，共打了400

余仗,消灭叛军12万多人,不仅为阻挡叛军南进,而且为后来安史之乱的平定,都做出了很大的贡献。

190-诗圣杜甫

杜甫是唐朝也是历史上最著名的诗人之一。他一生饱经忧患。尤其是8年的安史之乱,更使得他到处颠沛流离,受尽人间疾苦,同时也亲眼看见了广大人民所遭受的苦难。于是,杜甫用诗歌写下了当时千千万万人民的真实生活,揭露了社会的动乱和黑暗,从而成为反映那个时代的一面镜子。

杜甫是河南巩县(今河南巩义)人,出生于唐睿宗先天元年(712年),比大诗人李白小11岁。著名诗人杜审言是他的祖父,他父亲也做过官,不过到了杜甫的时候,家庭已经衰落了,生活十分困苦。这样一个贫穷的环境,更激励了杜甫勤奋好学。他7岁就能写诗,9岁就能写一手好书法,到了十四五岁时,就能与当时的文人一同吟诗作赋,即兴应答。由于杜甫自小受到艰苦的磨炼,十分懂事,养成了一种少年老成的性格,写出的诗句往往持重凝练,受到大家的一致称赞。

开元二十四年(736年),杜甫赴京赶考。以他的才学本来是不难考上的,可是那时已是奸相李林甫把持朝政,李林甫最忌恨读书人,不想让这些读书人当官来议论政事,便勾结考官,欺骗唐玄宗说这次考试没有一个够格的。然后又上了一道祝贺的奏章,说没人考得上,正表明皇上圣明,有才能的人都已得到任用了,民间再没有遗留的贤才。

杜甫见辛苦读书竟然毫无结果,心情十分郁闷,便离开长安,去山东、河南一带游历。就在这时,他认识了大诗人李白,两个人的性格很不一样,但

西安大雁塔
位于唐长安城晋昌坊(今陕西西安南)的大慈恩寺内,又名"慈恩寺塔"。652年由玄奘主持修建,塔身七层,通高64.5米,底层边长25.5米。唐代许多著名诗人都曾登临大雁塔题诗,许多新科进士以登临大雁塔题诗为莫大荣耀。天宝十一年(752年)秋,杜甫、高适、岑参、储光羲等人相约同登大雁塔,并即景赋诗,传为千古佳话。

是共同的志趣和爱好使两人成为亲密的朋友。

无论在长安还是出外游历，杜甫都过着贫困潦倒的生活，广大百姓也与他一样，受冻挨饿是常有的事。与此形成鲜明对比的是，那些豪门大族却过着花天酒地、奢侈糜烂的日子。看到这种不平等的现象，杜甫按捺不住内心的愤慨，于是写下了"朱门酒肉臭，路有冻死骨"的著名诗句，深刻揭示了社会的腐朽与黑暗。

杜甫在长安待了一阵，回到家里，却发现妻子哭得十分伤心。原来，他们的小儿子因为没什么吃的，已活活饿死了。杜甫难过极了，就用"所愧为人父，无食致夭折"的诗句，生动表露自己无力抚养幼儿，愧为人父的悲痛心情。

不久，由于唐玄宗的荒淫放纵，杨国忠的胡作非为，安史之乱爆发了。这时，已在长安奔波了10年的杜甫，刚刚得到了一个小官职。叛乱四起，他只好带着家人，挤在纷纷逃难的百姓群里，一起逃出了长安。杜甫一家经历了千辛万苦，好不容易才找了个地方把家安顿下来。过了一段时间，杜甫听说了唐肃宗在灵武即位的消息，就赶去投奔唐肃宗，没想到半路上被叛军抓住，送到了长安。到了长安，叛军看杜甫不像什么大官，就放了他，但还是不让他出城。

叛军在长安城里烧杀抢掠，无恶不作，官殿和民房都在大火中烧为灰烬。不久春天到了，到处是绿草鲜花。杜甫看着眼前这样一副兵荒马乱、凄凉衰败的样子，想到国破家亡、亲人离散的痛苦，提笔写下了《春望》这首妇孺皆知的诗篇：

国破山河在，城春草木深。
感时花溅泪，恨别鸟惊心。
烽火连三月，家书抵万金。
白头搔更短，浑欲不胜簪。

这时杜甫还写出了其他不少反映战乱的好诗，比如《月夜忆舍弟》也很出名：

戍鼓断人行，边秋一雁声。

露从今夜白，月是故乡明。
有弟皆分散，无家问死生。
寄书长不达，况乃未休兵。

　　这首诗描绘出战乱给社会、给人民带来的深重灾难和骨肉分离的思念与焦虑：边地防军的战鼓还在隆隆作响，可是四下里却已见不到一个人影，只看到孤零零的一只大雁站在枝头，发出阵阵凄厉的叫声；从今夜开始就进入了白露时节，而这时正是故乡月色最明的时候；我的弟兄们都因为战乱而离散在各处，相互间都不知道是死是活；寄出的家信总不能到达亲人的手中，这样的战乱真不知什么时候才能平息。

　　到了夏天，杜甫才从长安逃了出来。他打听到唐肃宗已去了凤翔（今陕西凤翔），就赶到凤翔去见唐肃宗。唐肃宗见杜甫一身破衣服，脚上穿着旧麻鞋，对他不辞劳苦、长途跋涉、忠于朝廷的精神很是赞赏，就给杜甫安了个左拾遗的官。

　　左拾遗不过是个向皇帝提提意见、说说看法的谏官，杜甫实际上并没得到重用，可是杜甫却做得很认真。

　　不久，发生了一件事。当时宰相叫房琯（guǎn），他底下有个门客收了别人的贿赂，唐肃宗知道了，要罢免房琯。杜甫认为房琯是个很有才能的人，不该因为这样的小事就被免去大臣的职务，就上了道奏章给唐肃宗。唐肃宗一看十分恼火，要治杜甫的罪，幸亏另一宰相张镐出来为杜甫求情，才没有处罚杜甫。

　　后来，唐肃宗派杜甫到华州（今陕西渭南境内）去做个管理祭祀、学校工作的小官。有一天，杜甫回鄜（fū）州探望家人，经过石壕村（今河南陕县东南），因为时间晚了，就到一家穷苦人家借宿。他亲

TIPS

房琯

房琯（697年—763年），字次律，河南偃师人，唐朝宰相。安史之乱中，他跟随唐玄宗入蜀。唐肃宗在灵武即位，他去投奔，深受器重，被委以平叛大任。他好空谈，不通军务，又用人失误，在陈涛斜（今陕西咸阳东）用春秋时期的车战之法，被叛军大败。后被罢为散官。

眼见到官府拉夫，竟把一个抱着孙子的老婆婆带走了，而老婆婆的三个儿子都上了前线，两个已经战死。杜甫感慨万千，悲愤交加，于是写下了一首诗叫《石壕吏》，记叙了这件令人痛心的事。像这样的诗，杜甫在华州时，前后写过六首，合起来称作"三吏三别"（《石壕吏》《潼关吏》《新安吏》《新婚别》《垂老别》《无家别》）。由于他的诗大多是写安史之乱中人民的痛苦，真实而艺术地反映了唐王朝从兴盛到衰落的过程，所以，人们高度评价杜甫的诗篇，冠以"诗史"的美誉。

第二年，杜甫辞去了华州的官职。接着，关中闹了一场大旱灾，杜甫在那里穷得过不下去，就带了全家流亡到了四川成都。他靠着一些朋友帮忙，才在成都西郊的浣花溪边造了一座草堂，稍微过了几年安定的生活。

尽管杜甫的一生历经坎坷，过着贫穷动荡的生活，但是他始终洁身自好，忠君爱国，无论怎样贫穷潦倒，他都不改变自己的志向。而最为可贵的是，杜甫有一颗高尚的心，他不仅没有被穷苦所压倒，也不抱怨发牢骚，始终真诚地关怀每一位受苦受难的同胞。《茅屋为秋风所破歌》便是他这种高贵品质的真实写照。

在四川时，有一天，他的茅屋屋顶被风吹掉了。黑暗之中，大雨倾盆，狂风乱作，杜甫又冷又饿，说不尽的凄楚伤心。可他此时所想到的却是："安得广厦千万间，大庇天下寒士俱欢颜，风雨不动安如山！呜呼，何时眼前突兀见此屋，吾庐独破受冻死亦足。"

这几句诗是说："我怎样才能得到千万间宽阔牢固的房子，让天下没房住的穷苦人都能喜笑颜开地住进去，风雨再大也能舒舒服服，安稳如山。啊呀，要是真有那一天，眼前突然出现了那些供穷人住的好房子，那么我杜甫就是睡在这样破旧的草房里被冻死，也是心甘情愿的！"

这是一种多么崇高的情怀，一种多么令人感动的品质。正因如此，杜甫又获得了"诗圣"的美名。

后来，杜甫的朋友相继去世，他又失去了帮助和依靠，只好带着家人向东流亡。770年，穷愁一生的杜甫，还是因为贫穷和疾病，死在湘江的一条小船上。

杜甫到四川以后，曾做过一个名为检校工部员外郎的小官，所以后人都称他为"杜工部"。

今天,成都有座杜甫纪念馆,叫"杜甫草堂"。那是杜甫曾经住过的地方,后人经过修缮而保存下来,以纪念这位伟大的人民诗人。

191-安史之乱的平定

唐肃宗在灵武即位时,什么都乱糟糟的,没个朝廷的样子。后来,唐肃宗请来了从前自己当太子时的一个老朋友李泌(bì)为他出谋划策;不久,朔方节度使郭子仪率领着5万人马也赶到了灵武,这才组成了一支平定叛乱的基本队伍。

李泌为唐肃宗拟订了一个反击叛军、收复失地的计划:先不忙打长安,而派郭子仪、李光弼分两路进军河北,去攻打安禄山的老巢范阳。使叛军进退两难,首尾难顾,然后再发动各路官军围攻,一举消灭叛军。

第二年春天,叛军发生了内讧,安禄山的儿子安庆绪杀了安禄山,取代父亲做了"大燕皇帝"。安庆绪是个昏庸无能的人,连话都说不好。这本来是消灭叛军的一个好时机,可是唐肃宗急于回长安,便不用李泌的计划,而让郭子仪领军去打长安,结果吃了一个败仗。郭子仪长期镇守西北边境,威望很高,吃了败仗之后,就从回纥(我国古代北方民族之一,纥音hé)借了4000精兵,然后会同唐军主力,再次发动了攻势,才把长安攻下来。接着郭子仪又收复了洛阳,安庆绪就逃到河北去了。叛军大将史思明出于无奈,便投降了唐军。

安庆绪逃到河北之后,占领了一些城市,继续为非作歹。唐肃宗得了些胜利,信心也有了,就想一鼓

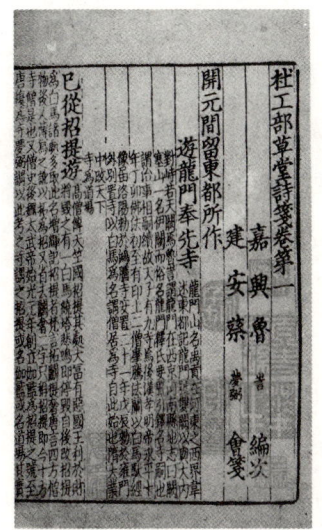

《杜工部草堂诗笺》
书影

南宋。长25.6厘米,宽15.9厘米。现藏于成都杜甫草堂博物馆。杜甫一生颠沛流离而吟咏不辍,被誉为"诗圣",现存诗1500余首。

➤ 757年

安庆绪杀安禄山,自立为"大燕皇帝"。

作气消灭叛军，于是调集了九个节度使共60万大军来围剿安庆绪。

郭子仪是著名大将，为收复长安、洛阳又立下了赫赫战功。唐肃宗为此曾亲自去慰问郭子仪的部队，并感激万分地对郭子仪说："这国家虽然是李家的，但实在是将军为我重造的啊！"唐肃宗表面上极度称赞郭子仪，其实对郭子仪很不信任，生怕他手握兵权对自己不利。因此，九镇大军元帅的要职，既不给郭子仪担任，也不让另一大将李光弼担任，却派了一个什么也不懂的太监鱼朝恩做监察官，九个节度使都得听从他的指挥。

唐军开始攻打安庆绪所在的邺城，这时已经投降的史思明又举兵反唐，从范阳赶来救援安庆绪。60万唐军摆开阵势，要与史思明的叛军决战。突然一阵狂风，刮得风沙弥漫，天昏地暗。没有统一指挥的唐朝大军，惊慌失措，稀里糊涂地就败下阵来。

吃了败仗，鱼朝恩把责任全部推到了郭子仪身上。唐肃宗也不管什么曲直分明，就信了鱼朝恩的鬼话，立即撤了郭子仪朔方节度使的职务，并命李光弼代替他。

这时，叛军的内讧又起。史思明兵多势大，根本不服安庆绪，就写信告诉安庆绪，要与他各立门户，成立什么兄弟之国。安庆绪知道自己管不了史思明，分开倒对自己有利，就带着些亲兵兴冲冲地来到史思明大寨，准备与史思明结为盟友。哪知史思明用的是调虎离山的诡计，把安庆绪和他的几位大将和大臣都杀了，自立为"大燕皇帝"。然后他整顿兵马，向洛阳方向进攻。

"得壹元宝""顺天元宝"铜钱

安史之乱叛军首领史思明称帝后所铸之钱币。史思明称帝后，先铸"得壹元宝"，因其名不吉利，又下令收回，改铸为"顺天元宝"，故传世的"得壹元宝"数量非常少。

> **759年**
> 史思明杀安庆绪并接收其部队，称帝。

李光弼接替了郭子仪，领兵来到洛阳。他见史思明来势凶猛，就把兵力转移到了有险可据的河阳（今河南孟州），占据了进可以攻、退可以守的有利地形。

李光弼领兵转移时，下令洛阳的军民全部撤离，并把能吃的全都带走，不给叛军留下一颗粮食。史思明占了洛阳，得到的不过是座一无所有的空城，要人没人，要粮没粮，待在城内又怕李光弼偷袭，只好带兵出城，在河阳南面筑好阵地，同唐军对峙。

李光弼是与郭子仪齐名的另一位唐军大将，很会用兵。他知道目前的兵力尚不如叛军，就决定与史思明斗智，以消耗叛军的力量。

史思明为了同唐军决战，从河北带来了1000多匹战马。他叫士兵们每天在河里给马洗澡，想在唐军面前摆威风，以显示他人强马壮，兵力雄厚。李光弼一看这情景，计上心头，他命士兵把军中的500匹母马和马驹集中起来。第二天，叛军又来河边放马洗澡，唐军就把马驹拴在城内，把母马都赶出城去。母马一离开马驹，都萧萧地嘶叫起来。叛军的马一听到对岸马群的叫声，就都浮水泅过河来，等马夫们发觉去拉时已经来不及了。唐军一下子就白赚了1000多匹好马。

史思明白白丢了这么多好马，气得要命，就派部将连续攻打河阳，但都被李光弼用计打败了。最后，他发了狠心，把所有的兵力一起用上，派叛将周挚打河阳的北城，自己领了一部分精兵攻打南城。

叛军在城外站了黑压压的一大片，一队一队向北城逼近。唐军将士看了，心里不免有些着慌。李光弼看出了大家的心情，就安慰、鼓励道："叛军虽多，但并不可怕。我保证，不到中午，就能击败他们，你们都要有信心。"

李光弼仔细观察了一会儿叛军阵势，就问身边的将领："叛军阵势哪面最坚固？"将士们都说是西北角。李光弼命部将郝廷玉率领300名骑兵去抵挡。然后又问敌阵还有哪面比较坚固，将士们回答说东南角。李光弼又派部将论惟贞带领200名骑兵去抵挡。

两位部将走后，李光弼把留下的将士都集中起来，当众宣布他的命令："进攻时大家都看我的旗子行动，旗子晃动慢，你们就各自选择有利的地方出战；如果旗子三次急速倒地，就是总攻的信号，你们就必须奋勇上前，决不能后退。谁后退，立即斩首！"说着，他拿了一把短刀插在自己的靴筒里，接着说："打仗就是拼命的事，我是国家的大臣，决不能死在敌人手里。你们如果在前头战死，我就在这儿自杀，与你们一道为国捐躯！"将士们听了都十分感动，人人都激起一股奋勇杀敌的勇气。

将士们都勇气百倍地杀出城去。没多久，部将郝廷玉转过马头，朝城内奔来。李光弼大吃一惊，心想："勇将都逃下了阵，这仗可就难打了。"于是传令："将郝廷玉斩首示众！"

一个兵士带着李光弼的令剑迎了上去，郝廷玉忙说："是马中了箭，不是我要后退！"于是他换了马匹，重新杀向前去。

李光弼见将士们斗志旺盛，越战越勇，就命旗手把帅旗倒地三次。将士们看见了总攻的信号，争先恐后，拼死冲向敌阵，喊杀声震天动地。叛军挡不住这猛烈的进攻，一下子就崩溃了，被唐军杀死1000多人、俘虏500人，被水淹死1000多人，还有两名大将被活捉，只有周挚带领几名骑兵逃走了。

史思明正在进攻南城，得知周挚已全军崩溃，便不敢再战，连忙带着兵马逃回了洛阳。

史思明逃到洛阳之后，李光弼从双方实力考虑，认为暂时不能轻易攻城。这时宦官鱼朝恩就在唐肃宗面前大进谗言，非要逼李光弼去力攻洛阳。面对唐肃宗接二连三发来的诏令，李光弼抗不过去，只好冒险进攻，结果吃了个大败仗，攻城失利，李光弼的主帅职位也被撤掉了。

762年，唐肃宗去世，他的长子李豫即位，这就是唐代宗。此前一年，叛军发生了第三次内讧,史思明被儿子史朝义杀死,史朝义又做了大燕皇帝。

唐代宗即位后,一方面调集兵马,又借了些回纥兵,便开始讨伐史朝义。唐军在怀州(今河南沁阳一带)大败叛军,然后逼近洛阳,史朝义把他的十万精兵全部调出,在洛阳北郊摆下一副决战的架势。唐军几次进攻都没有成功。在这关键时刻,镇西节度使马璘一马当先,独自冲入敌阵。他右冲左突,犹如猛虎下山,把敌阵冲开了一个缺口。大队唐军跟着杀了过去,把叛军杀得七零八落,被杀和自相践踏而死的叛军就有6万多人,被俘2万人。

唐军收复了洛阳,史朝义领着几百个残兵败将逃跑了。不久,走投无路的史朝义就自杀了。

闹腾了八年的"安史之乱",终于得到平定。可是,安禄山、史思明带头搞起来的分裂、割据势力,却一直在往后的100多年里兴风作浪,使唐王朝再也摆脱不了它的扰乱和破坏。

192-永贞革新

唐玄宗以后的三个皇帝,唐肃宗、唐代宗和唐德宗都是昏君,而尤以唐德宗最为昏庸无能。

有一次,唐德宗和一位大臣谈起卢杞(qǐ),竟然这样说道:"卢杞办事谨慎牢靠,我说的话他都听从。他又没学问,不能同我辩论,我觉得我的才能比他大多了。"卢杞是唐德宗的宰相,是与李林甫、杨国忠一样的奸佞小人,因为处处曲意奉承,所以得到唐德宗的重用。而唐德宗确实昏庸得可笑,他自以为是,容不得那些正直的大臣给他进谏,指出他的毛病

▶ 762年
唐肃宗死,太子李豫即位,是为唐代宗。

▶ 763年
史朝义兵败自杀,"安史之乱"平。

▶ 779年
唐代宗死,太子李适(kuò)即位,是为唐德宗。

和过失。唐德宗原有位正直能干的宰相叫陆贽（zhì），就是因为直言进谏，遭到了他的贬斥，最后死在了外地。

唐德宗为了躲避吐蕃进犯和朱泚（cǐ）的叛乱，曾经几次逃亡外地，在动乱和担惊受怕中，度过了一段较为困苦的日子。可是唐德宗没有得出什么如何治国的教训，却总结出一条必须贪财的经验。因此，后来他回到长安，就不顾一切地收集财物。

底下的那些节度使和地方官得知唐德宗的嗜好，就大肆地从老百姓身上搜刮钱财，然后拿出一小部分进贡给唐德宗，用人民的血汗来讨皇上的欢心。唐德宗每年收到的进贡钱，多则50万贯（1000钱为1贯），少也有30万贯。

得了这许多钱，唐德宗还嫌不够，还兴起了"宫市"。所谓宫市，就是让一些宦官专门上街采购官里需要的东西。这些宦官见到百姓出卖的货物，只要中意，就要强行购买，然后随便给点钱了事。到后来，他索性派了几百个太监在大街上张望，见到什么中意的，抢了就走，叫作"白望"。所以市民和商人一见到太监来了，就像见了强盗一样，吓得赶快逃跑。当时的大诗人白居易，写了一首《卖炭翁》，深刻揭示了宫市给人民带来的苦难。

那时唐德宗立了儿子李诵为太子，而且派了两位官员陪伴太子读书。陪伴太子的两位官员，一个叫王叔文，是个下棋高手；一个叫王伾（pī），能写一手好书法。这两个人都是很正直的人，尤其王叔文出身下级官员，对百姓的疾苦了解较为深刻。于是，他们常常利用陪太子读书、下棋的机会，向太子介绍一些外面的情况。太子也是个有正义感的人，当他听说宦官们借着宫市为害百姓，十分气愤，就想让父皇废除宫市，制止宦官的恶劣行径。

有一次，一些侍读的官员一起在太子居住的东宫里议论宫市的情况，太子听了，有些忍不住，冲口说道："我要面见父皇，奏请父皇废除宫市。"

那些侍读的官员听了，都不住地称赞太子，说他贤明通达，将来一定是个好皇帝。大家都说得很起劲、很高兴，只有王叔文坐在一边，一言不发。后来，别的官员都走了，太子却把王叔文单独留了下来，问道："你不是常与我说起宫市的危害吗？可为什么你刚才一句话也不说呢？"

王叔文解释道："知人知面不知心啊！眼下殿下还是不要去管那些事为好。万一这些人中有谁在皇上面前搬弄是非，说殿下想收买人心，企图抢夺皇位,那时皇上怪罪下来,太子可就说不清楚了。"

太子恍然大悟,连忙说:"多亏先生提醒。这一点我还真没想到呢!"

从那以后,太子对王叔文就更信任了。王叔文知道太子迟早要接替皇位,就悄悄地替太子物色朝廷中正直有才的官员,并与这些人密切来往,相处得十分融洽。

太子在王叔文等人的影响下,跃跃欲试,很想有一番作为。可不幸的是,过了一年,太子得了中风病,舌头发僵,说不出话来,唐德宗为此急出了病,不久就死了。805年,太子李诵带病即了位,他就是唐顺宗。

> **805年正月**
> 唐德宗死,太子李诵即位,是为唐顺宗。

唐顺宗不能说话,就重用王叔文、王伾两个人,请他们帮他出主意、处理国家大事。

正直的王叔文颇有自知之明,他知道自己的声望、资历都不够,不便公开掌握朝政大权,就请了德高望重的大臣韦执谊出面做宰相,而自己做了翰林学士,帮助顺宗起草诏书。还起用了刘禹锡、柳宗元、韩泰、韩晔(yè)、陈谏、凌准、程异等七个人,一同参与议论政事。

王叔文掌握了朝政大权,便放手进行了一系列的改革。他通过唐顺宗发布命令,废除百姓积欠官府的一部分租税,停止地方官的进奉,减低盐价,取消宫市,释放宫女,等等。单这几项,就大大减轻了老百姓的负担,尤其是取消宫市、整顿宦官欺压百姓的坏风气一项,更是叫长安百姓个个拍手称快。

刘禹锡画像

刘禹锡(772年—842年),字梦得,河南洛阳人,唐代著名文学家,被白居易称为"诗豪"。刘禹锡曾参与永贞革新,革新失败后多次被贬,然而心态始终乐观向上。

王叔文等革新派还对藩镇割据和宦官专权采取限制和削弱的措施。那些节度使、宦官当然不满，不仅百般阻挠、威胁，还千方百计从中捣鬼、搞破坏。剑南西川节度使韦皋派刘辟到长安，对王叔文进行威胁，妄图扩大割据地盘，完全控制三川地域（今四川北部、中部和湖北西北部一带）。王叔文驳回了韦皋的非分要求，并下令杀刘辟，刘辟吓得赶忙逃回了西川。

王叔文知道要革新，手中必须要有兵权，于是他选拔老将范希朝统率禁军，并且担任京城以西各镇行营的节度使，还派韩泰为行军司马，接管宦官的兵权。但是，军队及禁军的大权都在宦官和他们的亲信手中，他们采用各种手段破坏王叔文的这一重要措施。由于他们实权在握，王叔文的愿望没能实现。

对于贪官污吏，王叔文也给予了严厉的惩处。京兆尹李实是个搜刮民脂民膏的好手，即使是灾年歉收，他也逼迫百姓交齐税赋，丝毫也不能少。有一年大旱，穷苦的市民只好被迫拆掉房子，卖掉砖瓦木料；穷苦的农民被迫卖掉青苗（还没有成熟的庄稼），凑钱交纳赋税，到处是凄凉景象，不堪入目。可李实却用这些昧心钱填满了自己的腰包，供他挥霍享受。王叔文果断地宣布了这个吸血鬼的贪污罪行，把他流放到外地去了。

王叔文等革新派的一系列改革措施，给广大的穷苦百姓带来了好处，有力地抑制了宦官和官僚们的利益，扫了他们的威风，因此遭到了他们激烈的反对。

宦官头子俱文珍先以王叔文的权力太大为由，用唐顺宗的名义解除了王叔文翰林学士的职务。然后，俱文珍又勾结一批附和他们的老臣，阴谋策划废掉唐

> **TIPS**
>
> **柳宗元**
>
> 柳宗元（773年—819年），字子厚，河东（今山西运城境内）人，世称"柳河东""河东先生"，又因为他官终柳州刺史，又称其为"柳柳州"。他是唐代著名文学家，唐宋八大家之一，与韩愈同为唐代散文革新的领袖，并称"韩柳"，又与刘禹锡并称"刘柳"，与王维、孟浩然、韦应物并称"王孟韦柳"。有《河东先生集》传世。

顺宗，立太子李纯为皇帝。受到打击的一些地方官员也纷纷向朝廷上表，逼唐顺宗退位，并大肆攻击王叔文等人。

805年8月，唐顺宗迫于压力，只好宣布让位。太子李纯做了皇帝，他就是唐宪宗。唐宪宗一即位，自然听信俱文珍的话，革了王叔文、王伾的职，把二人贬谪到外地去了。柳宗元、刘禹锡等八人也都被贬到边远地区去做司马。

一场具有进步意义的政治革新运动，进行了不到一年就全盘失败了。因为它发生在唐顺宗永贞年间，所以在历史上被称为"永贞革新"，又叫"二王八司马事件"。

> 805年8月
> 唐顺宗被逼禅位，太子李纯即位，是为唐宪宗。

193-大众诗人白居易

唐代是个诗人辈出的时代，有名可查的就有两千多人，其中最为著名的有三个：李白、杜甫和白居易。白居易一生创作了2800多首诗歌和800多篇散文，这么丰硕的成果，在唐代不是数一就是数二的。白居易的诗不仅数量多，而且质量高，他的很多诗篇在当时就广为流传，比如《琵琶行》《长恨歌》《秦中吟》等。直到今天，他的诗歌还广为传诵，成为我国文学宝库中一份珍贵的遗产。

白居易，字乐天，出生于唐代宗大历七年（772年），死于会昌六年（846年）。他的祖籍在山西太原，到他祖父时迁到下邽（今陕西渭南，邽音guī）安了家，而他出生在河南新郑。白居易自小聪明过人，五六岁开始学作诗，到八九岁时就能按照复杂的声韵写格律诗。十一二岁由于藩镇割据，战乱纷起，便随

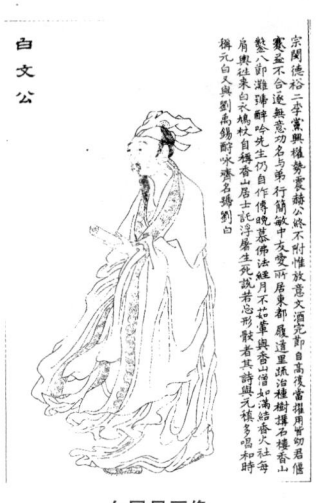

白居易画像

白居易（772年—846年），字乐天，号香山居士，又号醉吟先生，生于河南新郑，唐代著名文学家。白居易与元稹（zhěn）共同倡导新乐府运动，世称"元白"，又与刘禹锡并称"刘白"，有"诗魔"和"诗王"之称。

家人逃难到越中（今浙江绍兴一带），生活艰苦而动荡。

白居易聪明过人，学习十分刻苦。他成天与书本笔墨打交道，总是不断地读书、练书法、作诗、写文章，以致读书读得口舌都生了疮，写字写得手腕和胳膊肘上都长出了老茧。

白居易长到十五六岁时，已经是个出色的大小伙子了，而他的诗已经写得相当出色。他的父亲白季庚那时在徐州做官，看到逐渐长大的儿子，十分高兴，就对白居易说："你喜欢写诗，应该到外头去见见世面。京城长安有很多著名的诗人，你不妨去请教请教、结识结识，对你写诗会有很大帮助的。"

白居易早就想出去看看，听父亲这样一说，高兴地跳了起来。他把自己写的诗整理好，集成册子，然后就向长安出发了。

到了长安，白居易一打听，不少人都向他介绍一个叫顾况的文学家。白居易就带上自己的诗稿，去向顾况请教。长安城很大，白居易找了很长时间才找到顾况的家。

顾况是个很有才气的作家，经常有人登门请教。但他脾气有些怪怪的，高傲得很，尤其在后生晚辈面前，喜欢倚老卖老。当顾况听说又有个小伙子登门，心里不免有些嫌烦，可知道白居易也是官家子弟，不好得罪，便吩咐随从带白居易进来。

白居易见到顾况，恭恭敬敬地施了礼，然后递上自己的名帖和诗稿。顾况接过名帖，看了看，又瞅了瞅白居易，不禁哈哈大笑起来，说："最近以来，长安的米价贵得很，居住下去恐怕不那么容易呢！"

原来，那时连年战争，社会动荡不安，到处都在闹粮荒，而长安刚刚经历了朱泚叛乱，又遭受了一场巨大的破坏，因此米价飞涨，不要说一般百姓的日子很不好过，就连顾况这样的大作家也感到拮据。所以，他看到"居易"两个字,就同白居易开了个玩笑。

白居易听了顾况的话,不觉有些奇怪,但不好说什么,便垂手站在一边,怀着不安的心情看着顾况。

只见顾况拿起诗卷,漫不经心地翻阅起来。忽然,顾况的手停住,嘴里不禁轻轻地吟诵着:

> 离离原上草,一岁一枯荣。
> 野火烧不尽,春风吹又生。
> 远芳侵古道,晴翠接荒城。
> 又送王孙去,萋萋满别情。

读完这首诗,顾况脸上露出了兴奋的光芒,立即站起身,紧紧抓住白居易的手,激动地说:"啊呀,真是了不起,能写出这样好的诗句,在长安居住下去确也不难了。我还以为年轻人中没人才了,刚才跟你开了个玩笑,可别见怪。"

顾况是从内心里欣赏白居易的才能。所以从那以后,他逢人就夸白居易。有了顾况这样出名的人物做宣传,白居易不久也在长安出了名。

过了几年,白居易参加科举考试,一举考中了进士。唐宪宗知道白居易的名气传得很响,马上提拔他做了翰林学士,不久又改派他担任左拾遗。

白居易是个忠贞正直的人,做了左拾遗这样的谏官,就十分认真地履行起自己的职责来。只要遇到皇帝做了不妥当的事,别人不愿说或不敢说,他可忍不住,一定要提出自己的看法,并且还常常与皇上争辩。

有一次,唐宪宗打算任命王锷为宰相。王锷其实是个十足的奸佞小人,惯于不择手段地搜刮百姓钱财,然后用百姓的血汗来获取皇上的恩宠。对于这样

TIPS

元稹

元稹(779年—831年),字微之,洛阳人,唐朝著名文学家,曾任宰相,生平与白居易友善,是新乐府运动的领袖之一,通常将二人并称"元白"。他和白居易在元和年间相互酬答的长篇排律和流连光景的杂体诗被称为"元和体"。其诗言浅意哀,极为扣人心扉,动人肺腑。代表作有传奇《莺莺传》,诗《菊花》《离思五首》《遣悲怀三首》等,有《元氏长庆集》传世。

的人，白居易平时就看不顺眼，没想到皇上竟然要任用他做宰相。于是他就向唐宪宗进谏道："宰相是皇上的辅助大臣，一定要用贤良正直的人来担任。而王锷劣迹斑斑，哪里配做一个宰相？这样的人做宰相，对皇上又有什么好处呢？"白居易的话说得十分尖锐，而又句句在理，不容置辩，唐宪宗没办法，只好改变了原先的主意。

敢于直谏的白居易，尤其反对让宦官掌握兵权。有一年，有个节度使抗拒朝廷的命令。唐宪宗决定派个宦官领兵去讨伐，朝廷中的谏官都很清楚，让宦官领兵打仗是要误事的，于是纷纷上表阻拦。白居易见事情紧迫，就当面向唐宪宗提出反对意见，而且言辞十分激烈。唐宪宗有些受不了，气得说不出话来。下朝之后，唐宪宗气呼呼地对宰相李绛说："白居易这小子，我一手把他提拔起来，他竟敢对我如此无理，真叫人受不了！"李绛向来为人正直，听了唐宪宗的话，就劝慰道："白居易敢于向皇上直谏，恰恰说明他对皇上的忠心。如果将他治罪，只怕以后，就没人再敢进谏了。"

唐宪宗听了劝，气稍微消了些，才没定白居易的罪。可是，过了些日子，唐宪宗还是觉得白居易做左拾遗碍手碍脚，就给他另外安排了个职位。

白居易一面做官，一面不停地从事诗歌创作。他写诗可不是为了消遣娱乐，更不是矫揉造作、无病呻吟，而是直接面对现实，反映社会生活。白居易有两句话非常深刻地体现了他这种严肃的创作态度："文章合为时而著，歌诗合为事而作。""合"，就是应该的意思。"为时""为事"，都是为现实的意思。他的很多作品，尤其是著名的组诗新乐府《秦中吟》，

TIPS
武元衡

武元衡（758年—815年），字伯苍，缑氏（今河南偃师东南）人。武则天曾侄孙。唐代文学家。唐宪宗时，曾做过户部侍郎，后为剑南节度使，元和八年（813年）还朝为相。元和十年（815年）一次早朝时，被平卢节度使李师道所派刺客刺死。白居易时任太子左赞善大夫，上书要求追缉凶手，被认为越职言事，遭贬。

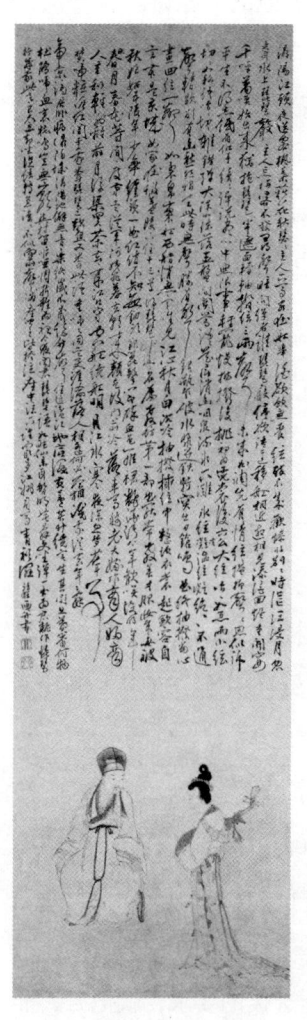

《琵琶行图》

明 郭诩绘。纵154厘米，横46.6厘米。现藏于北京故宫博物院。《琵琶行》是白居易的诗歌名篇，广为流传。此图是根据《琵琶行》诗意创作的写意人物画，表现的是白居易与歌女邂逅相逢的场景。

或揭露宦官仗势欺人的丑恶嘴脸，或讽刺官僚穷奢极欲的荒淫无耻，或书写劳动人民的痛苦遭遇，等等。正因为白居易的诗直陈时弊、讥讽黑暗现实，触犯了掌权的宦官和大官僚的利益，他们就想诬陷白居易，把他看作眼中钉，欲拔之而后快。

机会终于来了。元和十年（815年），宰相武元衡被人派刺客暗杀了。对于这样一件有复杂政治背景的事件，朝廷的大臣们谁也不想去过问。可是白居易却勇敢地站了出来，他上表给唐宪宗，主张追捕凶手。

那时，白居易早已做了太子的侍从官。宦官和官僚就以白居易不是谏官为名，攻击白居易根本不该对朝廷大事乱发议论，更不能抢在谏官前头来说三道四。并且他们还造谣，说白居易是个不孝的逆子。

昏庸的唐宪宗本来就讨厌白居易的直谏，这下他更生气了，于是把白居易贬到江州（今江西九江一带）做了司马。

白居易平白无故地被降了职，心情十分郁闷。有一次，他在江州的湓（pén）浦口送客人，遇上了一个漂泊江湖的老年歌女。这个老年歌女凄怨的琴声和悲凉的身世，引起了白居易的无限同情和满腔心事，他不久写下了著名的叙事长诗《琵琶行》，"同是天涯沦落人，相逢何必曾相识"就是其中广为传诵的名句。

白居易写的诗大都通俗易懂、朗朗上口。据说，他每作一首诗，总要先念给不识字的老婆婆听。要是老婆婆听不懂，他就改，一直改到她能听懂为止。所以他的诗深受广大百姓的欢迎，在当时广泛流传,上自王公贵族,下自普通百姓,都能背诵他的一些诗。有一次,白居易路过一个地方,正碰上他的一位朋友宴请宾客,朋友就把白居易也请去了,被请来歌舞助兴的歌女们看到白居易都十分高兴,互相传来传去,说:"写《秦中吟》《长恨歌》的大诗人来了!"

白居易的名声这样大,实在是一般诗人所难以比拟的。可是他却十分谦虚,说自己比不上孟浩然、韦应物等诗人,也比不了与他同时代的孟郊、张籍。

精益求精,永不自足,这大概是白居易在诗歌上取得伟大成就的一个重要原因。

194-朋党之争四十年

唐朝后期,宦官的势力越来越大。反对宦官专权的人,都一一被排挤出了朝廷。依附宦官的,又分成了两个派别。两派官员互相排挤打击,争吵不休,足足闹了近40年。历史上把这种争吵称为"朋党之争"。

这场争吵是从唐宪宗即位以后开始的。唐宪宗做了皇帝,想要有所作为。在一次考试中,他命主考官们要注意选拔能够直言敢谏的人。这一年的考生当中,有两个下级官员,一个叫李宗闵,一个叫牛僧孺。由于二人在下层为官,接触到一些社会现实,对朝廷的一些做法很有些看法,便在试卷里批评了当时的朝政。考官看到考卷,觉得这两个人符合皇上选拔的要求,就把二人推荐给了唐宪宗。

当时的宰相叫李吉甫,出身于士族,他自以为门第高贵,向来瞧不起那些科举出身的官员。当他听说出身低微的李宗闵、牛僧孺居然批评朝政,揭他的伤疤,气得吹胡子瞪眼,他哪里咽得下这口气,就在唐宪宗面前诬陷说:"李、牛两人哪里是皇上所想要的人。他们之所以被推荐,不过是因为与考官的私人交情好。"唐宪宗本不是个贤明的君主,就听信了李吉甫的话,不仅没提拔李宗闵和牛僧孺,而且还降了几个考官的职。

过了几年,李吉甫死了,他的儿子李德裕凭着父亲的地位,当上了翰林学士。这时,李宗闵也入朝做了官。李德裕始终忘不了李宗闵批评他父亲的那件事，总想找机会报复。

820年，唐宪宗被宦官杀了，立了他的儿子李恒做皇帝，这就是唐穆宗。唐穆宗即位后，又进行进士考试。那年的主考官叫钱徽，是个蛮正直的人。考试之前，朝中两个大臣因为有熟人参加考试，私下托钱徽照顾，钱徽秉公处理，没理睬他们。正巧李宗闵的一个亲戚应考，却被钱徽选中了。那两个被拒绝的大臣怀恨在心，就在唐穆宗面前告钱徽徇私舞弊，唐穆宗问翰林学士，李德裕出于报复，说这事是真的。唐穆宗很恼火，就降了钱徽的职，把李宗闵也贬谪到外地去了。

李宗闵知道是李德裕害了他，心里自是愤恨不已。牛僧孺很同情李宗闵，就与他结为同盟，又联络了一些科举出身的官员，处处与李德裕对着干，李德裕也不甘示弱，也同士族出身的官员联合起来，与李宗闵、牛僧孺针锋相对，两下里明争暗斗，弄得越来越厉害。

过了几年，唐文宗即了位。李宗闵依靠宦官的支持，当上了宰相。然后，他又向唐文宗推荐，把牛僧孺也提为宰相。这两个人大权在握，一同排挤李德裕，把李德裕调往西川，让他做了个节度使。

李德裕去西川就任不久，附近有个吐蕃将领来投降，趁此机会，李德裕收复了重镇维州（今四川理县）。这本来是件好事，算起来是李德裕立了一功。可是牛僧孺却对唐文宗说："收复了一座城镇于国无补，而同吐蕃搞僵了关系，那才是找上了麻烦呢。"他要唐文宗下令，让李德裕把维州还给吐蕃。唐文宗稀里糊涂，就把命令发下去了，把李德裕气得哇哇直叫。

> **820年**
> 唐宪宗死，太子李恒即位，是为唐穆宗。

> **826年**
> 唐敬宗死，宦官王守澄等拥立江王李昂即位，是为唐文宗。

《吐蕃赞普礼佛图》

敦煌莫高窟第159窟壁画。自松赞干布时期佛教传入吐蕃后，佛教逐渐在吐蕃兴盛，并最终成为吐蕃国教。安史之乱后，唐与吐蕃势力此消彼长，该壁画绘于吐蕃占领敦煌时期，是《维摩诘经变》画面的一部分，壁画左侧8人均为吐蕃人，为吐蕃赞普（王）和赞蒙（王妃）及其侍从，着吐蕃服饰。

  不久，李德裕一派的人告诉唐文宗，说让李德裕撤出维州不过是牛僧孺用来排挤李德裕的手段，是以私废公，对国家实在是有害无益。唐文宗想想，觉得很有道理，心里挺懊悔，从此对牛僧孺就疏远了。

  唐文宗的皇位是宦官立的，上了台之后又处处受到宦官的控制。对此，唐文宗很是气恼，就一心想除掉宦官。

  一次，唐文宗生了病，宦官头子王守澄就把手下一个精通医道的官员郑注介绍给文宗。唐文宗吃了郑注的药，病很快好了。唐文宗很高兴，就召见了郑注，发现他口齿伶俐，像是个能干的人，就提拔他做了御史大夫。不久，又把他的朋友李训提拔了上来，后来竟然做了宰相。

  李训、郑注两人得到了唐文宗的信任，唐文宗就把自己的心事告诉他们。这两人都是唐文宗直接提拔起来的，自然对唐文宗忠心耿耿，他们就一起商量了铲除宦官的计划。他们先想法让一个与王守澄有矛盾的宦官仇士良掌管一部分禁卫军，削弱了王守澄的兵权，然后逼他自杀。第二步，他们又联络了禁卫军将军韩约，准备除掉仇士良。

  835年的一天，唐文宗刚上朝，韩约就上殿启奏，说禁卫军大厅后院的一棵石榴树上，昨天夜里降了白露。

  李训当即带领文武百官向唐文宗庆贺，还请唐文宗亲自去后院观赏甘露。因为，天降甘露是好兆头，哪能不贺、不看呢？

唐文宗心里有数，就命李训先去察看。李训去后院转了一圈，回来禀报："我看不像是真的甘露，请皇上派人再复查一下。"

唐文宗又命仇士良带领宦官去看看。仇士良喊上韩约，让他陪自己一起去，韩约胆小，走到门边，不觉神情紧张，脸色都发白了，仇士良看了很奇怪，就问："韩将军，你这是怎么啦？"

正在这时，一阵风吹动了门边悬挂的布幕，露出了埋伏在那里的不少手执兵器的兵士。仇士良大吃一惊，连忙往回跑。李训看仇士良跑了回来，知道事情败露，忙上去拦住仇士良，旁边一个宦官抢前一步，把李训一拳打倒在地。仇士良跑到唐文宗身边，与几个宦官把唐文宗抱在手里，拉进软轿，抬进内宫去了。

唐代宦官壁画

自安史之乱始，宦官专权几乎贯穿了整个唐朝中后期。宦官权势巨大，文武百官都争相投靠他们，皇帝也常受其压迫，唐宪宗、唐文宗、唐敬宗等多位君主甚至被宦官杀死。

仇士良立即派兵出宫，追杀所有参加预谋的官员，李训、郑注全被杀害。因此事受株连被杀的就有1000多人。唐文宗和李训、郑注策划的杀宦官的计谋彻底失败了，历史上把这一事件称为"甘露之变"。

在这之前，唐文宗就被宦官操纵，对到底是用李德裕还是用牛僧孺没个主见。这样一来，唐文宗被宦官看得更死，什么都得听宦官的。因此，哪一派与宦官的关系更密切，哪一派就得势，就掌权，而另一派就没好日子过。两派势力在朝廷上就像走马灯似的，转来转去，把朝政搞得一刻也不得安宁。

李德裕做淮南节度使时，监军的宦官杨钦义被召回京城。大家都知道杨钦义回朝廷意味着什么，李德裕自然更清楚。于是他大摆酒席为杨钦义送行，另外还备上了一份丰厚的礼物。杨钦义回去以后，就在皇上面前宣扬李德裕的好，竭力地推荐李德裕。

唐文宗去世，唐武宗即位。李德裕又得了势，当上了宰相。他一上台，又大肆排斥李宗闵、牛僧孺，把两个人都贬到外地去了。

李德裕当了宰相之后，十分专横武断，朝中的大臣都愤愤不平，非常怨恨。846年，唐武宗病死，宦官们立了唐武宗的叔父李忱做了皇帝，这就是唐宣宗。唐宣宗对朋党之争很是反感，唐武宗时期的大臣他一概不用。他上台的第一天，就撤了李德裕的职。一年之后，又把他贬到崖州（今海南岛）去了。

直到这时，这场朋党之争才算收了场。然而，40年的争吵、动荡，使日趋没落的唐王朝更加混乱不堪、难以收拾了。

195-朱全忠灭唐称帝

唐朝末期，经过藩镇混战、宦官专权和朝廷官员中的朋党争吵，朝政越来越混乱。唐武宗之后的唐宣宗还算是个比较精明的皇帝，但也无法扭转这种衰败的趋势。在他之后接位的唐懿宗、唐僖宗都只知道寻欢作乐，更使朝政腐朽到了极点。统治者和地主官僚加紧剥削，使百姓的负担越来越重。又加上连续不断的灾荒，农民被弄得穷苦不堪，家破人亡，纷纷背井离乡，到处逃亡。

如此灾难深重的生活，人民再也无法忍受。从唐懿宗即位那年（859年）开始，相继爆发了多次农民起义。到了唐僖宗即位的时候，起义烈火燃烧得更旺，各路起义军会合在一起，推举黄巢为王，号称"冲天大将军"。黄巢带领起义军南征北战，势不可当，打下了一个又一个城镇，队伍越来越壮大。

881年，黄巢率领60万大军攻进了长安，受到长安百姓的热烈欢迎。起义军大将尚让坐在战马上，高

> **840年**
> 唐文宗死，宦官仇士良等拥立皇太弟即位，是为唐武宗。

> **846年**
> 唐武宗死，宦官马元贽等拥立皇太叔李忱即位，是为唐宣宗。

> **859年**
> 唐宣宗死，太子李漼（cuǐ）即位，是为唐懿宗。

> **873年**
> 唐懿宗死，太子李儇（xuān）即位，是为唐僖宗。

声喊道："黄王起兵，本来是为了百姓，不会像皇帝老儿那样虐待你们，你们可以过上安定的日子了。"

几天后，黄巢在长安大明宫即位称帝，国号叫大齐，黄巢从875年起兵，经过7年的奋斗，终于建立了自己的政权。

> ◆ 875年
> 黄巢起兵响应王仙芝起义。

可是，这个政权却十分脆弱。因为黄巢起义军在打下一个又一个地方之后就撤走了，从来没留兵防守过。因此，几十万人进了长安，便只有这一座城在自己手里，四周还都是官军的势力。没有多久，唐僖宗便调集各路兵马，将长安紧紧围住，使长安城内的粮食供应出现了严重困难。

就在起义军最困难的时候，黄巢手下大将朱温投降了朝廷，做了可耻的叛徒。

朱温是宋州砀山（今安徽砀山县，砀音dàng）人，小名朱三。他出身贫苦，却从小游手好闲，算得

王府君墓志铭（拓片）

墓碑出土于河南安阳，刻于882年。墓志一侧绘有黄巢像，旁刻"其年，黄巢坐长安，李帝奔属（当为蜀，原文如此）"字样。现藏于中国国家博物馆。

上是个泼皮无赖。黄巢起义军经过他家乡时，他参加了起义队伍。起义军占领长安，建立了大齐政权，黄巢派他做同州（今陕西大荔）防御使。后来唐王朝派军攻打长安，他看到形势危急，就摇身一变，向朝廷举手投降。唐僖宗喜出望外，立即封朱温做了宣武节度使，坐镇大梁，还赏他一个名字叫"全忠"，并命他领兵镇压起义军。

唐王朝又召来了沙陀（古代西北少数民族）贵族、雁门节度使李克用，率领4万骑兵，会同唐军一起攻打长安。起义军由于被困多日，军心不稳，挡不

住唐军攻势，只好撤出了长安。

黄巢把起义军转移到淮河中游地区，攻打陈州（今河南淮阳）。可是整整打了300天，也没能把陈州攻下来，反而使起义军遭受了巨大损失。黄巢只得带着残余部队转移，却又遭到了朱全忠、李克用的堵截、围攻。许多将士看到起义军大势已去，逃的逃、降的降，一支庞大的起义军被弄得七零八落。

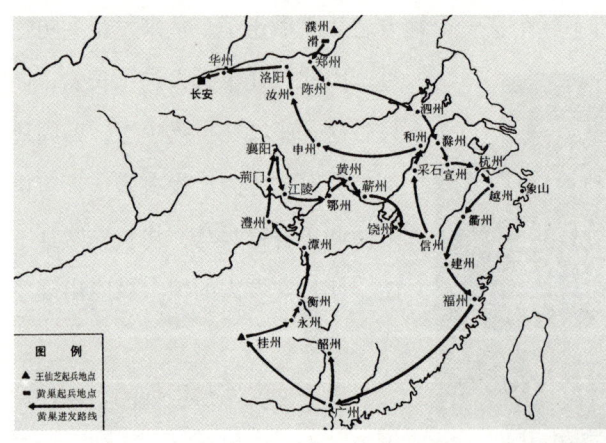

黄巢起义战略图

875年，黄巢响应王仙芝起义，采用流动作战的方式，避开藩镇力量强大的中原地区，先南下后北上，走遍今天山东、河南、安徽、浙江、江西、福建、广东、广西、湖南、湖北、陕西等广大地区，历时10年，转战大半唐朝江山，大大削弱了唐朝国力，动摇了唐朝的统治。

884年，黄巢和兄弟黄邺、黄揆（kuí）等退到泰山狼虎谷（今山东莱芜境内），官军紧追不舍。走投无路的黄巢，觉得再没有力量抵抗下去，就自杀了。至此，进行了10年的轰轰烈烈的唐末农民起义彻底失败。

黄巢起义失败后，唐僖宗到了长安，但他这个皇帝已是徒有虚名了，因为在镇压农民起义军的过程中，各地藩镇都趁机争夺地盘，扩大势力，成为大大小小的各霸一方的小王朝。朱全忠这个叛徒也以农民起义军的鲜血养肥了自己，并成为割据势力中最大的一股。

当时与朱全忠势力相当的，是河东节度使李克用。朱全忠在镇压起义军的时候就想除掉李克用。那还是在黄巢兵撤河南的时候，有一次，朱全忠受到起义军的围攻，形势危急，他就向李克用求救。李克用领兵打败了起义军，解了朱全忠的急。朱全忠大摆宴席，热情款待李克用，似乎是感谢他的救危之恩。哪知李克用喝得酩酊大醉之后，朱全忠竟然派兵围住了李克用所住的驿馆，要趁机杀死李克用。幸亏李克用手下的亲兵骁勇善战，拼命抢救，才使李克用捡了条命。

➡ 888年

唐僖宗死，皇太弟李晔即位，是为唐昭宗。

朱温画像

朱温（852年—912年），五代时期后梁第一位皇帝，宋州砀山（今安徽砀山）人。朱温原来是黄巢手下大将，后投降唐朝，唐僖宗赐名朱全忠，他即位后改名为朱晃。

从那以后，李克用就与朱全忠结下了仇，两人经常打来打去。但打仗结果却不一样，李克用只能保住河东地区，朱全忠却越打势力越大，他打败了很多其他的军阀，吞并了他们的兵马和地盘，成为一个拥有强大军队，占据广大地区的最强大的新军阀。

唐僖宗病死后，他的弟弟李晔即了位，这就是唐昭宗。唐昭宗想摆脱宦官的控制，一再利用朝中大臣来反对宦官，企图削弱宦官的力量，但都因为办事不力而一次次失败。这就惹火了那些掌权的宦官，他们把唐昭宗软禁起来，想另立一个皇帝。

朱全忠听说了这件事，认为这是自己插手朝政的好机会，便派出亲信溜进长安，秘密联络宰相崔胤，支持他消灭宦官，复立唐昭宗。崔胤有了朱全忠做后台，胆子便大起来，就发兵杀了宦官头目刘季述，让唐昭宗复了位。

唐昭宗重新上了台，就与崔胤一道，想把所有的宦官都杀了。剩下的宦官见情况不妙，便抢先下手，劫持唐昭宗到凤翔，投靠了凤翔节度使李茂贞。

崔胤见皇帝被劫走，忙向朱全忠求救。朱全忠毫不迟疑，立即发兵进攻凤翔，理直气壮地要李茂贞交出唐昭宗。李茂贞兵微将少，根本不是朱全忠的对手。朱全忠大军将凤翔紧紧围住，断绝了城内的一切粮草来源。不久城内就没了粮，又加上连日大雪，饿死、冻死的人不计其数。困在孤城里的李茂贞毫无出路，只好束手就降。

朱全忠把唐昭宗抢到手，便耀武扬威回到长安。回到长安之后，朱全忠把宦官全杀了，然后又杀了宰相崔胤。从此朝中大权就落到了朱全忠一人手上。

904年，朱全忠提出要把京城从长安迁到洛阳去。唐昭宗只能服从，连半个字也不敢多说。迁都时，朱全忠命兵士把长安的百姓全赶上去洛阳的大道，又派人把长安的宫室、官府和百姓的住房全部拆光，使长安城变成了一片废墟，还把拆下的材料顺着渭水、黄河漂流到洛阳。整整一个多月，从长安到洛阳的路上挤满了被迫迁移的长安百姓，他们扶老携幼，哭哭啼啼，一边赶路，一边大骂祸国殃民的朱全忠。

唐昭宗和皇后、皇子、公主、侍从及朝中的官员，也只得默默地离开长安，向东行进。走到半路上，朱全忠就下令杀掉了唐昭宗身边的几个官员和200多个侍从。到了洛阳，朱全忠把他的心腹将领全都安置在京城和皇宫里外的一切军事要职上，然后派亲信大将杀了唐昭宗。三天之后，他立了一个13岁的孩子做傀儡皇帝，这就是唐昭宣帝。

这之后，朱全忠又把朝廷里剩下的30多个大臣全都杀死，将尸体投进了黄河。

宦官杀了，皇帝杀了，老大臣也全没了，朱全忠要做皇帝是用不着吹灰之力了。但是狡猾的朱全忠还是不愿赤裸裸地登位，以免引起藩镇的不服和反对。他要让唐昭宣帝主动地把皇位让出来，使他"合法"地登上皇帝的宝座。

907年3月，唐昭宣帝亲笔写下禅让的"御札"，向朱全忠"禅位"。朱全忠于是正式即位称帝，下令改国号为梁，以大梁（今河南开封）为国都，自己改名叫朱晃，他就是梁太祖。

立国289年，经历了20个皇帝的唐王朝，至此宣告结束。

904年
朱全忠弑唐昭宗，立李柷为帝，是为唐昭宣帝，又称唐哀帝。

907年
唐昭宣帝禅位于朱全忠，唐亡。朱全忠称帝，定都大梁，改国号为梁，史称后梁。朱全忠为后梁太祖。

196-唐庄宗迷戏误国

在朱晃建立梁朝后的50多年里,中原地区相继建立了梁、唐、晋、汉、周等五个短暂的王朝。为了与以前相同名称的王朝区别开来,历史上把它们称作后梁、后唐、后晋、后汉和后周,合称为"五代"。五代时期,在南方和巴蜀等地,同时还存在许多或称帝、或称王的小独立王国,它们是前蜀、吴、闽、吴越、楚、南汉、南平、后蜀、南唐以及在北方建立的北汉,一共是十国。因此,五代时期又叫作"五代十国"。

朱晃建梁称帝之后,北方还有两个较大的割据势力。一个是幽州的刘仁恭,一个是河东的晋王李克用。这时,北方的契丹族开始强大起来,它的首领耶律阿保机于907年统一了契丹各部之后,率领30万人马攻入云州(今山西大同一带)。李克用因为恨透了朱晃,就与阿保机联系,想借他的兵力共同对付朱晃。双方在云州东城见了面,结为兄弟,还约定了一起攻梁的日子。可是阿保机回契丹之后,发觉朱晃势力很大,就背弃了李克用,反而与朱晃结成了同盟。

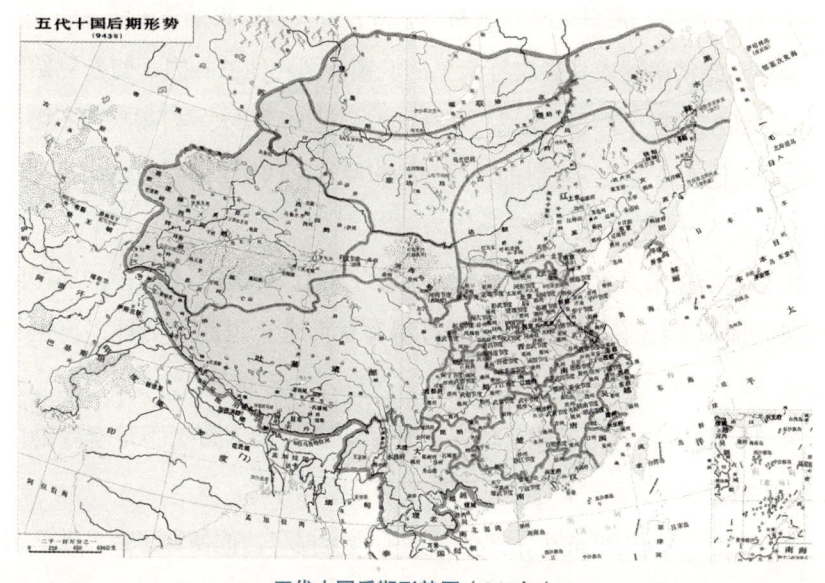

五代十国后期形势图(943年)

五代十国后期,中原王朝和割据政权都已经过数次更替了,943年的中原王朝正处于后晋出帝统治之下,与其并立的政权有后蜀、南平、南唐、吴越、闽、楚、南汉等。

李克用被人耍弄、抛弃，真是气不打一处来。再加上多年的奔波劳累，他的身体渐渐不行，而且背上又长了个疮，总是医治不好。李克用知道自己不行了，就把儿子李存勖（xù）喊到床前，满怀怨愤地说："儿啊，你父亲这一辈子打来打去，胜多败少，劳而无功，吃了别人不少的亏。这里有三支箭，代表着我的三个仇人。我是不行了，就指望你为我报仇雪恨了。这三个仇人，你都知道的，一个是朱晃，一个是刘仁恭，还有就是契丹的耶律阿保机。你一定要替你父亲报这个仇，否则，我死也不会瞑目的。"

李存勖跪在父亲的床前，双眼通红，泪水不住地往下淌。他从父亲手里接过箭，双手捧在胸前，哽咽着说："父亲，你放心，儿子记住了你的话，一定要为你报仇雪恨。"

不久，李克用就死了。李存勖牢记着父亲的临终遗言，暗暗地发愤努力。他不仅抓紧训练他的兵马，而且自己也非常勤奋，狠练冲锋陷阵的功夫，经过几年的锤炼，部队的战斗力得到了显著的提高。

李存勖把父亲留给他的三支箭供奉在家庙里，经常去祭拜。只要看到那三支箭，他就会想起父亲，想起父亲对他的期望，他就会更加勤奋、更加努力。每当有什么战事，李存勖都会在出发前派一官员，到家庙里取上那三支箭，用一只精致的口袋装起来带在身边，等打完了仗，再把箭放回原处。

李存勖经常率领人马去攻打朱晃的城镇，消耗他的兵力，使朱晃始终不得安宁。双方又进行了几次大战，李存勖把朱晃的后梁大军打得狼狈不堪。他还公开说，他就是为父亲报仇的，没想到朱晃这家伙这么不经打。朱晃又气恼又羞惭，竟然一命呜呼了。

接着，李存勖又领兵攻破幽州，活捉了刘仁恭父子。916年，耶律阿保机称帝，他率军南下，也被李存勖打得落荒而逃，退回了契丹，再也不敢轻易南下。

朱晃死后，他的儿子即了位，史称梁末帝。梁末帝更不是李存勖的对手，江山越打越小，到了923年，就全被李存勖吃掉了。

李存勖经过十几年奋斗，把他父亲的仇全报了。他便称了帝，改国号为唐，京城设在洛阳。史称李存勖建立的唐国为后唐，李存勖就是后唐庄宗。

李存勖打出天下，做了皇帝，便心满意足了，心想："仇也报了，国也立

> **923年**
> 李存勖灭后梁,称帝,定都洛阳,改国号为唐,史称后唐。李存勖为后唐庄宗。

了,现在该享享清福了。"于是,过去那种奋发自励的精神被贪图享受的欲望代替了。那还能干什么呢?他整天就是吃喝玩乐、穷奢极欲,过起了醉生梦死的生活。

在各种享乐当中,最使唐庄宗倾心的是演戏。这种癖好唐庄宗从小就有。那时晋王府里有个戏班,专门为他们李家演出。他看着好玩,也喜欢跟那些伶人混在一起,唱啊演啊,还化成各种各样的妆。后来因为忙于征战,就没时间去演戏了。如今太平了,唐庄宗演戏的瘾又犯了。于是整天与伶人们泡在一起,嬉嬉闹闹,十分有趣。唐庄宗还给自己取了个艺名叫"李天下",常常与伶人们同台演出。

有一次,唐庄宗穿上戏装准备演出,不禁有些得意起来,就连喊两声:"李天下!李天下!"突然,身边有个伶人,一伸手打了唐庄宗两个耳光。旁边的人见了,个个大惊失色,心想:"这家伙大概是吃了熊心豹子胆了吧,竟敢打皇上的嘴巴,这下可完了。"唐庄宗也给打蒙了,睁着眼,奇怪地看着这个敢打自己的人。只见那个伶人堆出一副笑脸,说:"理(与李同音)天下只有皇上一个人,皇上连喊两声,还有一个那是谁呢?"大家这才知道他是在开玩笑,可怎么能随随便便开皇上的玩笑呢!大家都还在担心,没想到唐庄宗自己倒先笑起来了,挨了打倒还很高兴。这样的皇帝实在是少见!

唐庄宗与伶人相处得这般亲密无间,伶人们自然一个个趾高气扬起来。他们可以自由地出入宫廷,这可是一般大臣也做不到的事,因而也就比大臣们更体面更风光。一般官员见了伶人还得点头哈腰,处处逢迎着他们;而伶人呢,见了这些官员则趾高气

唐庄宗画像

李存勖（885年—926年），小字亚子，代北沙陀人，生于晋阳（今山西太原），后唐开国皇帝。他在位前期励精图治，灭后梁为父报仇，又先后消灭岐国、前蜀，大大扩展了王朝的版图；在位后期，沉湎声色，宠信优伶，横征暴敛，最终因李嗣源起兵而被杀死。

昂。如果他们看谁不顺眼，或是谁得罪了他们，他们就会皇上面前告上一状，准让他吃不了兜着走。当时有个叫景进的伶人，为了讨好唐庄宗，就专门替唐庄宗刺探外面的情况，而唐庄宗也特别信任他。只要景进说谁不好，谁就会倒霉。所以官员们都十分害怕他，不时地给他送礼，希望他给自己在唐庄宗面前说个好。

唐庄宗如此宠信伶人已够出格了，可他还觉得不够，还要封伶人做官，管理朝政。有些大臣实在看不下去，就劝谏道："那些跟着皇上身经百战、出生入死的将士还没得到封赏，怎么倒让伶人先做了官，大家会怎么想呢？"

那言外之意是很清楚的，唐庄宗这样做，将士们哪能服气？不抱怨才怪呢！可是，唐庄宗对这些中肯的话已听不进去了，还是封了两个伶人做了刺史。

那些将士见伶人做了官，一个个气得要命，便对唐庄宗起了异心，不肯再为唐庄宗真心卖力、卖命。渐渐地，后唐朝廷里便发生了内乱，大将郭崇韬被杀害了，另一个大将李嗣源也受到猜忌，差一点儿丢了性命。

李嗣源是李克用的养子，将士们的心已经转到了他的身上，都拥戴李嗣源。李嗣源经不住大家的劝，就打起了反对唐庄宗的旗号。不久，李嗣源打进汴京，打算自立为帝。

唐庄宗听到这个消息，就想从洛阳赶往汴京，堵住李嗣源。没想到，他出发不久，就听说李嗣源已进了汴京，而且得到了各地将领的支持。唐庄宗感到自己陷入了孤家寡人的境地，绝望地对左右将士说："这下我可完了。"

唐庄宗回到洛阳不久，就被他的亲兵杀死了。

> **926年**
> 李嗣源自立为帝，是为后唐明宗。

李嗣源接替了唐庄宗的位子，他就是唐明宗。

197-千古遗臭儿皇帝

提起儿皇帝，大家都知道，那就是后晋的开国皇帝石敬瑭。他的名字已成为儿皇帝、卖国贼的同义语。

石敬瑭算起来也是沙陀人。沙陀是后唐北方的一个武力强悍的部落。石敬瑭原是李存勖手下的大将，是个少言语而喜欢动脑筋的人，他自幼好武，喜学兵法，尤其练就了一手好箭法，用俗话来说，就是有百步穿杨的功夫。石敬瑭功夫好，在战场上也表现得十分勇猛。据说他解过唐庄宗李存勖的围，也救过唐明宗李嗣源的命。因此，石敬瑭在后唐朝廷里是个出名的角色。唐庄宗赏识他，派他掌管亲兵，把他作为心腹大将。李嗣源把女儿嫁给他，让他做乘龙快婿。

当后唐将士发生哗变，要拥立李嗣源为皇帝时，李嗣源举棋不定，石敬瑭劝自己的岳父要下决心，说："什么事都是成在果断，败在犹豫。"于是，李嗣源果断起兵，果然成功了。

李嗣源当上皇帝的时候，已是60开外的人了。他有一帮儿子、养子和侄子，而且年纪也都不小了。人们都知道，父子兵上阵打仗互相帮衬，厉害无比，而称帝坐江山后，却往往会互相猜忌，祸从家出。

李嗣源就是这样，他的大儿子早死，二儿子顺理成章该做继承人，可他怕其他兄弟抢他的位置，就想乘父皇生病之时夺位，结果失败被杀。李嗣源为此大伤元气，不久就死了。他将皇位传给了另一个皇子李从厚。李嗣源有个养子叫李从珂（kē），在各方面如年龄、地位、战功等都与石敬瑭相似，早被看成是

> **933年**
> 唐明宗死，子李从厚即位，是为后唐闵帝。

争夺皇位的危险人物。李从厚上台之后十分忌怕他，要把他从西京留守、凤翔节度使上调离，以削弱他的兵权。哪知却促发了李从珂的叛变。李从珂从凤翔起兵，气势汹汹地杀往洛阳。

李从厚急忙召石敬瑭带兵救驾。李嗣源去世前一年，派石敬瑭任河东节度使（驻晋阳，即今山西太原），以便迎击契丹、吐谷浑、突厥等部的进犯。石敬瑭得到诏令，带上兵赶往洛阳，正巧在半路上遇到了出逃的李从厚。石敬瑭见李从厚大势已去，就让兵士把李从厚抓起来，将他的随从全杀了，然后赶去洛阳见李从珂。李从厚只做了4个月的皇帝。

> **934年**
> 李从珂杀唐闵帝，自立为帝，是为后唐末帝。

李从珂与石敬瑭向来猜忌不和，矛盾重重。他如今做了皇帝，最不放心的就是石敬瑭。石敬瑭押了李从厚来见他，并没讨到好处，反而被软禁起来。幸亏石敬瑭的妻子永宁公主和太后出面说情，唐末帝（即李从珂）才放他回河东。这无疑是放虎归山。过了几年，石敬瑭与唐末帝的矛盾越来越大，甚至公开不听唐末帝的调遣。唐末帝大怒，下令削去了石敬瑭的一切官职和爵位，并派晋州刺史张敬达率兵讨伐石敬瑭。

张敬达兵临城下，将晋阳紧紧包围起来，石敬瑭慌了手脚，忙聚部下商议，谋士桑维翰说："我们兵力不足，应赶快向契丹求援。只要契丹发兵，事情就好办了。"

石敬瑭采纳了桑维翰的建议，就派桑维翰带着他的书信，赶往契丹去搬救兵。在求救信中，石敬瑭主动提出用幽云十六州相报（幽，今北京；云，今山西

石敬瑭画像

石敬瑭（892年—942年），后晋开国皇帝。石敬瑭为唐明宗李嗣源的女婿，英勇善战，因被后唐末帝猜忌而起兵反叛。他向契丹称臣，答应割让幽云十六州于契丹，甘心做契丹的"儿皇帝"。契丹助其成功推翻后唐。

大同一带。十六州包括今河北北部、北京、天津北部、山西北部及内蒙古的一部分），并且恬不知耻地要拜比他小11岁的耶律德光为父，表示今后要永尽孝心。

这些条件实在是太无耻了，遭到了一些部将的反对。大将刘知远说："你向契丹求救，称臣就可以了，何必还要称儿呢？再说，答应给他们一些金银也无所谓，万不该割让土地。把土地割出去，以后麻烦就大了！"

石敬瑭一心想保住自己的利益，同时，还想借契丹的力量打败李从珂，过过皇帝的瘾，什么下作的条件他都能付出。他把刘知远的话抛在一边，让桑维翰去了契丹。

耶律德光是耶律阿保机的儿子，但比耶律阿保机的野心更大。他早就想率军南下，扩张自己的势力，只是一时没得到合适的机会。见了石敬瑭的信，他真是喜不自禁。但他有点儿不相信石敬瑭的话，就对桑维翰说："石敬瑭信中说的那些都能做到吗？该不是欺骗我吧？"

桑维翰说："大王放心。我主讲话是算数的。只要你解了围，救了他的急，什么事都好说。"

耶律德光高兴极了，立即率领5万骑兵，进雁门关南下，来解晋阳之围。石敬瑭得知契丹兵到，便领军杀出城来，与契丹兵夹击张敬达。张敬达大败，只得退守晋安（今山西太原南）。

耶律德光耀武扬威地来到晋阳。石敬瑭连忙领着一批部将亲自出城迎接。他来到契丹兵马大寨，紧走几步，跪倒在耶律德光面前，恭恭敬敬地说道："父亲，请受孩儿一拜。"说着便把头磕下去。旁边的人见了，都觉得肉麻，一个个露出鄙夷的神情。可石敬瑭一点儿也不在乎。耶律德光有这么个儿子，不觉心花怒放，乐滋滋地答应一声，然后是一阵哈哈大笑。

耶律德光在石敬瑭的陪同下进了晋阳城，被安置在最豪华的府邸里，受着最隆重的礼遇和款待。石敬瑭一天到晚陪伴着耶律德光，父亲长、父亲短地为他服务，可以说真是孝敬得胜过亲生父母，照顾、侍奉得无微不至。

耶律德光经过几天的接触、观察，感觉到石敬瑭真是死心塌地地投靠自己，的确是个尽忠尽孝的儿臣，便大咧咧地对石敬瑭说："我跑了3000里路来救你，总算力气没有白费。看你的相貌和气度，完全够得上做个中原的主人，我就封你做皇帝吧！"

石敬瑭喜出望外，可又担心耶律德光是在试探他，便假惺惺地推辞起来，桑维翰等人见机会难得，赶忙劝石敬瑭答应下来。石敬瑭也就不再客气，就真的做起皇帝来了。

耶律德光脱下自己身上的袍服，摘下自己头上的帽子，替石敬瑭穿起来，然后正式封石敬瑭为"大晋皇帝"，并说道："我把你看作儿子，你待我如父亲，我们俩永远是父子关系。"

石敬瑭没想到这么快就做上了皇帝，对耶律德光真是感激涕零，立即用行动来报答"父皇"，把幽云十六州割让给契丹。此后，石敬瑭又在契丹的支持下，率军南下攻打洛阳，唐末帝对属下指挥不动，连续吃败仗，到后来竟被契丹的声势吓破了胆，成天待在宫里喝闷酒，完全一副等死的样子。石敬瑭的兵打到洛阳，唐末帝便在宫里烧起一把火，带着一家老小投火自杀了。

石敬瑭灭了后唐，做了中原正式的皇帝，国号叫晋，建都汴京，他就是后晋高祖。石敬瑭时刻不忘他的恩人，每年按时向契丹贡帛30万匹。逢年过节，还派使者呈上奏章，称耶律德光为"父皇"，自称"儿皇"，向"父皇""母后"请安，并送上一大堆礼物表示他的孝心。契丹的一些贵族大臣也是石敬瑭贡奉的对象。可"父皇""母后"及贵族大臣还是不满意，常常派人责备石敬瑭，石敬瑭一点儿也没有怨愤的情绪，他总是毕恭毕敬，赔礼请罪。

晋朝的使者去契丹，总不被契丹当人看待，侮辱受气是家常便饭。这些使者回来之后，不免要发发牢骚，出出怨气，朝廷上下听了都觉得难受、丢脸，只有石敬瑭像没这回事一样。

> **936年**
> 石敬瑭灭后唐，称帝，定都汴京，改国号为晋，史称后晋。石敬瑭为后晋高祖。

石敬瑭在契丹的保护下，前后当了7年的皇帝。他的皇帝瘾是过足了，但是他的日子却很不好过。契丹"父皇"对他的勒索有增无减，使他难以从容支付，朝廷内的官员对他的无耻、卑劣的行径由反感而愤怒，直到嘲讽和指责。石敬瑭在内外交困的情况下，51岁就病死了。

石敬瑭死后，他的大儿子石重贵即了位，他就是晋出帝。晋出帝向契丹国主上奏章时，只称孙儿，不称臣。耶律德光便以此为口实，多次领兵进犯中原。最后，由于叛徒的出卖，契丹于946年攻下汴京，俘虏了晋出帝。后晋便灭亡了。

198-周世宗一战定乾坤

契丹灭了后晋，撤出开封时，河东节度使刘知远顺应民心，出来收拾残局。他先在太原称了帝，然后领兵南下。一路上军纪严明，受到了中原百姓的支持，很快收复了洛阳、汴京等地。然后，他定都汴京（今河南开封），改国号为汉，他就是后汉高祖。

刘知远在位还不到一年就死了，他的儿子刘承佑即位，就是后汉隐帝。汉隐帝做了几年皇帝，内部便起了动乱。汉隐帝秘密派人到邺都杀害大将郭威，结果没杀成，反而促使郭威发动兵变，郭威几乎是没费什么气力就推翻了汉隐帝。

第二年，即951年，郭威在将士们的拥戴下登上皇帝宝座，都城仍设在汴京，国号周，郭威就是后周太祖。周太祖是汉族人，出身贫苦，对百姓疾苦了解很深。因此当上皇帝之后，他能够保持节俭生活，并注意减轻百姓负担，废除了一些苛捐杂税；他搜罗了

942年
晋高祖死，石重贵被立为帝，是为后晋出帝。

946年
契丹灭后晋。

947年
刘知远在太原称帝。后改国号为汉，史称后汉。刘知远为后汉高祖。

948年
后汉高祖死，子刘承佑即位，是为汉隐帝。

951年
郭威灭后汉，即位称帝，建元广顺，国号周，史称后周。郭威为后周太祖。

不少人才，且能虚心听取他们的意见，还鼓励百姓积极生产，使社会得到了安定和发展。在周太祖的精心治理下，五代时期的混乱局面开始好转。

可是，周太祖仅仅在位3年就病逝了，他的养子柴荣即位。柴荣本是郭威的内侄，因为郭威没有儿子，便自小过继给郭威。柴荣跟着郭威一起种田干活，自幼养成了一种刻苦勤奋的精神，不仅胸怀大志，而且性格沉着、意志坚定；既善于骑射，又略通经史，称得上是个文武全才。周太祖在位时，他成了父皇的主要助手，挂着宰相的头衔，镇守澶州，任镇宁军节度使。

> **954年**
> 周太祖死，养子柴荣即位，是为周世宗。

柴荣即了位，他就是周世宗。周世宗上台的时候，无论是内还是外，气氛都十分紧张。

从内部来说，当时的大臣都不信任周世宗，甚至看不起这个既年轻又不是郭威亲儿子的继承人。而且那时后周的君臣之间，也没什么信义好讲，谁有本事谁就做皇帝。因此，周世宗能否坐得稳皇帝的宝座，实在是个问号。

从外面来看，形势也很严峻。后周刚刚建立的时候，后汉刘知远的弟弟刘崇不服后周统治，占据太原，成立了一个独立的割据政权，历史上称之为北汉（十国之一）。刘崇自知力量薄弱，就效法石敬瑭，投靠辽国，拜辽主为"叔皇帝"，自称"侄皇帝"，他多次在辽兵帮助下进犯周朝，都被周太祖打败。当时年轻的周世宗刚刚上台，刘崇认为灭周复汉的时机到了，就马上勾结辽兵，又一次发动进攻。刘崇自己集中了3万人马，再加1万辽军骑兵，便向潞州（今山西长治一带）进发。

刘崇犯境的消息传到汴京，周世宗立即召集大

> **TIPS**
> **三武一宗**
> 一般是指北魏太武帝拓跋焘、北周武帝宇文邕、唐武宗李炎和后周世宗柴荣。他们四人在位期间都曾经发起过"灭佛"运动，使佛教在中国的发展受到很大打击，因此在佛教史上被称为"法难"或"三武一宗之厄"。

臣商议。他十分清楚,这一仗非常重要,只能取胜,不能失败。胜了则可服众心,坐稳江山;败了则必失去众望,有亡国之危。于是,周世宗首先表态:他要亲自带兵出征。

大臣们一听周世宗要亲征迎敌,不少人都认为不妥。有人劝谏道:"皇上刚刚即位,局势不稳,人心易动,不宜带兵亲出,还是派个将军去吧!"

周世宗说:"刘崇趁我为父办理丧事,又欺我年轻刚即位,企图一举灭我周朝。他倾巢而出,亲自坐镇,我岂能不全力以赴,亲去迎战?"

周世宗声音不高,但是坚定有力,容不得丝毫的质疑。大臣们见周世宗决心很大,说得也在理,便不再多话了。可是,仍有一个老臣坚决反对,而且话说得十分尖刻。

周世宗一看,原来是太师冯道。这冯道不仅在五代时期是个著名的人物,在整个历史上也算得上是个罕见的人。他为人十分圆滑,极其世故,具有一种特殊的本领,那就是舍弃弱者,奉迎强者,而且每次总是不失时机,恰到好处。所以,从后唐明宗起到后周世宗止,已经更换了四个朝代,他却能代代吃香,一直享受着宰相、太师、太傅等高官显位。为此,冯道很有些自鸣得意,便给自己取了个别号,叫"长乐老"。因为他没有亡国的苦痛,只有侍奉新主子的快乐。

彩绘文官陶俑

五代十国之闽。1965年出土于福建省福州市北郊刘华墓。高62.5厘米。现藏于中国国家博物馆。五代时期,政权变更频繁,士大夫专侍一朝者极少,其中最典型的就是冯道。冯道历仕五朝八姓十一帝,一直尊享高位,被称为"不倒翁"。

周世宗见是这个老于世故的人在唱反调,就志气满怀地说:"过去唐太宗平定天下,不都是自己带兵?我怎么就不行呢?"

冯道嘻嘻一笑,露出一丝轻蔑的表情,说:"皇上是皇上,可不是唐太宗啊!"

周世宗知道冯道看不起他,心情不免激动起来,斩钉截铁地说:"我破刘崇,就像大山压碎一个鸡蛋那样轻松!"

冯道又回答："不过皇上不是座山。"

周世宗勃然大怒，猛地站起身，右手攥拳晃了几晃，说："我要让你看看我是不是山！"

冯道这个一向只知叩头拜主、明哲保身的圆滑老臣，竟敢顶撞、讥讽周世宗，可见当时周世宗在群臣中是多么缺乏分量和威望。因为这件事，周世宗对冯道十分反感，觉得再把冯道留在官中是一种耻辱，就打发他去管理修造周太祖坟墓的事。这下长乐老可乐不起来了。不久，冯道就积郁成疾，闷闷死去了。

周世宗领着大军迅速赶到了高平（今山西高平），速度之快，实在出乎刘崇所料。双方摆开阵势，刘崇一看周军人少，不禁有些洋洋得意起来，对左右将领说："没想到柴荣就这么几个兵。早知如此，就不向辽国借兵了。这一次，我不仅要大败周军，还要让辽国人看看我的厉害。"

周世宗画像

柴荣（921年—959年），邢州尧山（今河北隆尧）人，后周太祖郭威养子，后周世宗。柴荣是一位有作为的明君，在位期间整军练卒、裁汰冗弱、招抚流亡、减少赋税，使后周政治清明、百姓富庶，为宋太祖、宋太宗后来统一天下奠定了基础。

说着，刘崇就派人告诉辽军将领，说："你们不必参战，有我们自己就行了。"

北汉军向周军发起了攻势。周军果然抵挡不住，右边的两个大将樊爱能、何徽与北汉军马刚一交锋，就拨马往回逃跑，引起了全线动摇，形势十分危急。周世宗一看，立刻一马当先，带着身边的几十名亲兵向北汉大营杀去，士兵们见皇上亲自上阵，顿时来了精神，一个个奋勇向前，像换了支兵马一样。宿卫将赵匡胤大声喊道："皇上都不怕死，咱们还怕什么！"说着，与禁军主将张永德各领2000名亲兵冲进敌阵，北汉军被周军的勇猛气势给镇住了，纷纷开始后退。周军将士则士气更振，争先恐后，全线出击。

后面的辽军看到北汉军失败,不敢再与周军交锋,就悄悄地撤走了。

刘崇正坐在大帐里饮酒,等待胜利的捷报。没想到转眼之间,形势突变,自己的兵马如海潮一样退了回来,他赶忙上马逃跑。周军在后紧追,大获全胜,刘崇只带百余骑兵狼狈逃回晋阳,几乎全军覆没。

战斗一结束,周世宗立即集合部队,当众将临阵脱逃的樊、何二将斩首,并处罚了其他70个逃跑的将士。同时,他又从立功的将士中提拔了70人,来代替那些受罚者的职位。

高平一战,使周世宗的威望大大提高。后周不仅大败北汉,示威辽军,而且周世宗赏罚分明,震慑全军,充分展示了自己的英勇和胆识。此战也实在是周世宗皇帝基业的一个良好的开端。就是从这开始,后周政权才由乱而定、由弱变强。

周世宗在这个好开端的基础上,力图在政治和军事两个方面做出一番作为。他曾经说:"我希望做30年皇帝,用10年时间开拓疆土,用10年时间使百姓休养生息,再用10年时间把天下治理得太太平平。"

周世宗说的开拓疆土,意思就是要统一国家。面对四分五裂、支离破碎的国土,周世宗常常感到寝食不安,于是责无旁贷地把统一中国的大业担在自己的肩上。高平之战以后,在治理国家的同时,周世宗还南征北讨,扫平、收复了大片国土,正当他准备实现统一全国的愿望的时候,却病倒了。

959年,励精图治、勇于进取的周世宗怀抱遗憾去世了。但是他毕竟为统一全国开辟了一条宽敞的大道,敲响了分裂局面结束的丧钟。

199-契丹族与辽的建立

辽朝是我国北方的游牧民族——契丹族在10世纪建立的国家。

契丹族原是鲜卑族的一支,居住在辽河上游的潢河、土河流域,即今内蒙古昭乌达盟西拉木伦河、老哈河一带。

从南北朝到隋唐时期,契丹人还处在氏族社会,过着游牧和渔猎生活。全族分为八个部落,各有经选举产生的"大人"(酋长);各部落既是生产的组织,也是战斗的单位。大约在唐代初年,八部"大人"共同推举一人做联盟

《东丹王出行图》（局部）

五代后唐李赞华绘。绢本设色。纵27.8厘米，横125.1厘米。现藏于美国波士顿艺术博物馆。画中胡人姿态各异，衣冠、服饰、佩带各有不同，生动传神；马匹矫健、丰肥。李赞华本名耶律培，原是耶律阿保机的长子，被封为东丹王，后因宫廷内乱投降唐明宗，被赐名为李赞华。

首领，称为可汗，但"若有征发，诸部皆须议合，不得独举"，即是说重大战争必须得到八大部落的一致同意才行，可汗的权力很有限。这是原始社会末期部落联盟军事民主制的反映。

唐朝的时候，华北等地的汉族人不断地迁入契丹人居住的地区开荒种地，受其影响，契丹人也学会了种地、炼铁、织布和建造房屋，社会生产力逐步提高，开始进入农业文明。五代初年，出生于契丹贵族耶律氏的阿保机统一了八大部落，建立了国家。

阿保机，姓耶律氏，祖先屡任部落酋长。后梁开平元年（907年），阿保机被选为八大部落的可汗，连任9年。他注意吸收先进的汉族文化，发展本部落的势力；并对契丹族的旧风俗习惯及各种制度进行了一系列的改革，发展农业生产，加快了从奴隶社会向封建社会前进的步伐。

阿保机的部落日益强大，引起了其他七个部落的不满，七部酋长便联合起来，迫使阿保机让出了可汗之位。一年以后（916年），阿保机诱骗七部酋长赴

⬅ 916年

耶律阿保机自立为帝，国号契丹，建元神册。史称耶律阿保机为辽太祖。

宴，以伏兵杀了他们，随即统一契丹各部落，自立为皇帝，国号大契丹；并仿照汉族封建王朝体制，定年号为"神册"，正式建立了契丹政权。

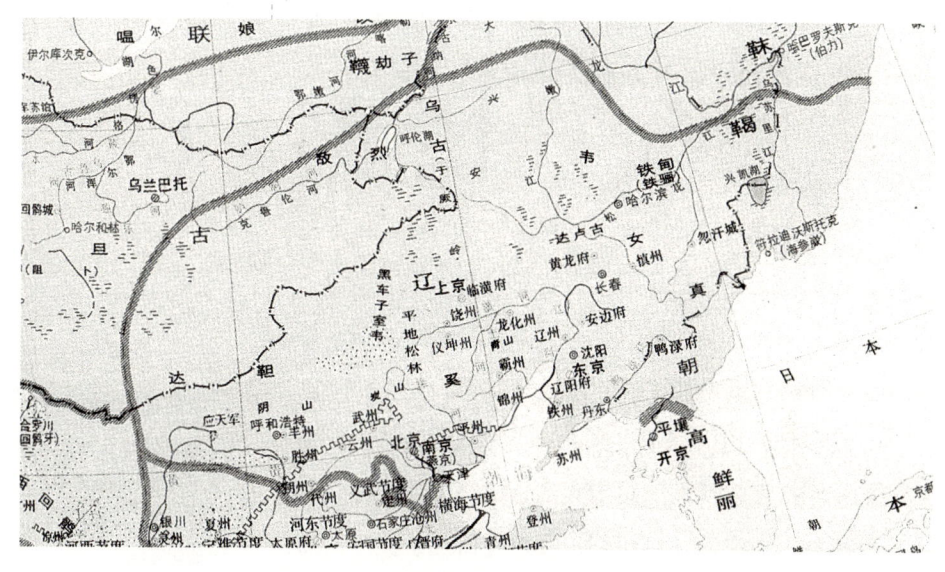

阿保机统治时期的契丹疆域

阿保机称汗后，对外战争频繁，东灭渤海国，国土东临渤海，向北到达了乌孤山（今蒙古国肯特山），向西到达了今阿尔泰山一带，国土迅速扩大。然终阿保机之世，始终不能占领幽州，进而南下争夺中原。

神册三年（918年），阿保机建西楼城为都城（后更名为上京临潢府），随后又叫人参照汉字，创制了契丹文字。契丹社会发展速度很快，开始向周围扩张领土。这时，统治中原地区的是后梁朱温及其子孙，各军阀之间混战不休，阿保机乘乱攻占了许多州县。

天赞四年（925年）阿保机率大军东征，第二年即占领了由靺鞨（mò hé）族建立的、以辽河流域为中心的渤海国，契丹成为我国北方一个强大的地方政权。阿保机去世后，由他的儿子耶律德光继承皇位。

耶律德光利用后晋石敬瑭的卖国求荣、甘当"儿

926年
辽太祖死，其子耶律德光即位，是为辽太宗。

皇帝"的可耻行径，起兵帮助石敬瑭大败后唐兵，使他登上了后晋皇位，并迫使他割让幽州（今北京）、云州（今山西大同一带）等十六州给契丹。

契丹得到幽云十六州（也称"燕云十六州"）后，即以幽州为陪都，称作"南京"，又称"燕京"。从此中原地区失去了北方的重要屏障，契丹兵可以长驱直入中原，军事上占据了优势地位。

946年12月，契丹攻占开封，灭掉了后晋。第二年，耶律德光在开封登基，表示自己是中原的皇帝，并改契丹国号为"大辽"（耶律德光即是辽太宗，尊其父耶律阿保机为辽太祖）。

耶律德光虽占据了中原，却没采取适当的安抚民心的统治措施，反而放纵士兵到处抢夺钱粮，称之为"打草谷"。中原几百里间，钱粮牲口几乎被一扫而光，此举激起了人民的奋起反抗，义兵遍及中原。耶律德光见难以统治，便借口天热率军撤退北归。947年初夏，耶律德光病死于途中。

960年，赵匡胤陈桥兵变登上皇位后，辽国是与北宋王朝对峙的北方劲敌。宋太祖赵匡胤和宋太宗赵光义数次北伐，均以失败而告终，被迫采取消极防御的方针，而辽兵则不断地南侵，步步紧逼。

1004年，即北宋景德元年，辽统和二十二年，辽圣宗耶律隆绪及其母萧太后率20万大军南下，深入到靠近黄河的澶（chán）州，正面威胁北宋都城汴京。宋真宗赵恒御驾亲征，阻敌于城下，辽军失利，双方议和：宋真宗称萧太后为叔母，每年向辽进贡白银10万两、绢20万匹，维持宋、辽边境旧状。历史上称这一次宋辽和议为"澶渊之盟"。

> **947年**
> 耶律德光在开封登基，表示自己是中原的皇帝，定都开封，改国号为辽。

> **947年**
> 辽太宗死，其侄耶律阮即位，是为辽世宗。

澶渊之盟前后数十年间，是辽的全盛时期。辽先后建立了五个京城：上京临潢府（今内蒙古巴林左旗中部）、东京辽阳府（今辽宁辽阳）、南京析津府（今北京西南）、中京大定府（今内蒙古宁城西南）、西京大同府（今山西大同）。辽还以此五京为中心，将全国划分为五大行政区域：上京道、中京道、南京道、东京道、西京道。

宋 分 南 北

宋朝，自960年陈桥兵变拥立赵匡胤为皇帝开始，一直到1279年元军攻入临安（今浙江杭州）终结，前后经历了319年，分为北宋和南宋两个时期。北宋是中国历史上又一个统一的王朝，以开封为国都；而南宋则是一个与北方的金朝对峙的偏安朝廷。1125年金军南侵，宋室蒙受靖康之耻，康王赵构在南京即位，建立了南宋政权，后定都临安。

北宋是物质文化高度繁荣的时代，国家政治制度进入了成熟的形态。在建国之初，宋太祖赵匡胤和宋太宗赵光义在完成统一大业的同时，实行与民休养生息的政策，采取重文抑武的方针，使国家实力迅速提升。后在宋真宗的励精图治之下，出现了"咸平之治"，宋真宗与辽国缔结澶渊之盟，国家初步确立了稳定的格局。北宋有一大批治国能臣，像富弼、欧阳修、韩琦、王安石等，他们抱着对国家的赤诚，推出大量变革措施，使得北宋一朝看起来像是新的政治主张的试验场。在这其中王安石变法的影响最大，虽然延续时间不长，变法最终没有能成功，但对社会的震荡却是巨大的。北宋末年，宋徽宗热心艺术，疏于朝政，而北方金国的势力日趋强大。北宋在失去一次次大好时机之后，最终金兵多路南下，先失太原，靖康之难，再失开封，宋徽宗和宋钦宗被金人掳去北方，削为庶民。北方已失去存在之地，被迫收缩到长江之南，不得不接受与金人划江而治的苦果。

南宋建国之始，就伴随着北伐中原、复国兴邦的愿望，伴随着与金人的连绵战争，一批爱国将士谱写了抗金复国的动人心曲。老臣宗泽临死还喊着"过河过河"；陆游临终前《示儿》诗中写道："王师北定中原日，家祭无忘告乃翁"；辛弃疾一腔爱国宏愿难申，有"把吴钩看了，栏杆拍遍"的壮怀；这些都是感人至深的故事。而这个时代最为感人的事件是由岳飞书写的，他母亲在他背上刺下了"尽忠报国"四字，他一生都在为抗金复国而奋斗，最终被主张投降的秦桧害死。这个忧伤的时代，这个忧伤的故事，所散发出的人性光辉，具有永恒的价值。

历史学家陈寅恪说："华夏民族之文化，历数千载之演进，造极于赵宋之世。"这不仅体现在物质文化、制度文化方面，也体现在精神文化层面。这是一个理学兴盛的时代，儒学的复兴，给国家治理带来特别的动力。宋代是一个精致的时代，宋代的瓷器、家具、绘画、书法都有独特之处，但要论说反映这个时代主体精神的文艺形式，还是要推宋词，宋词是和唐诗并驾齐驱的文学典范。以苏轼和辛弃疾为代表的豪放词派，和以柳永、李清照为代表的婉约词派，并称为这个时代的两大词派，它们都有伟大的创造。

200-陈桥兵变

后周世宗雄心勃勃，决心统一中国，结束那纷乱分割的局面。没想到他在出征途中染上了重病，回京不久便死了。算算年纪，他只有39岁，确实是令人惋惜。

> 959年
> 周世宗死，太子柴宗训即位，是为周恭帝。

周世宗死得太早太突然，继承帝位的皇子柴宗训，当时还不足6周岁。这么个不懂事的娃娃当皇帝，在那个混乱纷争的时代，其命运可想而知了。

这时的后周，它的形势、气氛，人们往往用"主少国疑"四个字加以形容，意思是说皇帝年幼无知，不能理事，朝廷上下人心浮动，议论纷纷，对前途捉摸不定，忧心忡忡。

虽然朝廷里有各种各样的议论，但焦点都集中在大将赵匡胤身上。人们都说，赵匡胤就要夺取皇位啦。

仅仅几个月工夫，这种传闻便成了现实。赵匡胤原来是周世宗手下的得力大将，前面提到的高平之战之所以能够取胜，虽然与周世宗自己的指挥若定、身先士卒有关，但赵匡胤起的作用也是非常重要的，也就是从那一仗开始，赵匡胤得到了提拔和重用。此后，赵匡胤又追随周世宗南征北讨，立下了赫赫战功，更得到周世宗的赏识，担任了殿前都点检这一禁军中最重要的职务。

话还得从头说起。周世宗曾协助养父郭威兴兵推翻后汉，因此，周世宗对于武将拥兵自重、夺取皇权的危险是深有感触的。即位后，他便采取了一些防范措施。其中很重要的一条，就是组建"殿前诸班"作为皇帝的宿卫亲军。殿前诸班中的兵士，都是从各地到都城应募的"壮士"中精选出的尤为强健的人。因而，殿前诸班就成了禁军中最为精锐的部队。组建这样一支精锐部队，又另设侍卫马步军司同殿前司分掌禁军，目的在于防范藩镇和武将拥兵夺权。原来担任殿前都点检、掌管禁军的是大将张永德。

周世宗在征讨契丹的途中，看到一块奇怪的木牌，上面写着"点检作天子"，这使得他疑心重重。不久，周世宗便病倒了。回到京城之后，他的病一天重似一天，他又想到了那块奇怪的木牌，想到了张永德是自己的亲妹婿，是将要继位的皇子的亲姑父。自己一倒，难保张永德不会作乱，周世宗越想越不放心，就把张永德撤职了，让赵匡胤来代替他。据说，那块牌子是赵匡胤派人弄的。

沧州铁狮子

后周广顺三年（953年）铸造。铁狮子坐落于河北沧州东南郊原开元寺前，据北京科技大学2001年4月测量，狮身长6.264米，宽2.981米，高5.47米，重约32吨。铁狮相传为遏水患而铸，是我国现存年代最久、形体最大的铸铁狮子。

因为他知道，只有除掉张永德，掌握禁军大权，才能进一步实现自己的宏图大业。

周世宗一死，后周最主要的军权就落在了赵匡胤手里。而且赵匡胤在禁军已有了非常坚实的根基，并不只是个空架子。当年组建殿前诸班的任务，就是赵匡胤受周世宗委托具体操办的。后来他又以殿前都虞候、殿前都指挥使的头衔直接指挥这支禁军中最精锐的部队。六年来，赵匡胤率领这支部队，屡立战功，树立了自己的权威，培植了自己的势力。他的手下有亲弟弟赵光义，有谋士赵普、李处耘等，另外他还以盟誓结义的古老方式，同石守信、王审琦等将领结成把兄弟，从而形成一个较为庞大而有力的集团，这个集团在当时的后周朝廷已占据了举足轻重的地位，一场兵变的计划，就在这个集团内开始悄悄酝酿起来。

就在柴宗训即位那年的11月，忽然传来了河北镇州（今河北正定）、定州（今河北定州）的急报，说是割据河东的北汉会合契丹兵打过来了，形势紧急，请求大军支援。

当时辅助小皇帝执政的是宰相范质、王溥。这两个人都是忠厚长者，尤其范质是个廉洁正直的人。他常说："人的鼻子能吸进去三斗好醋，才配当宰相。"虽然这显示出他有涵养、有度量的一面，但也显得有些老好人、迂腐。一听说边

陈桥驿系马槐

陈桥驿地处河南封丘县东南15千米，南临黄河，与开封隔河相望，为宋太祖黄袍加身处。系马槐树围5.4米，树龄1000余年，已枯死，中有小槐长出。

关报急，两位宰相商量，便命赵匡胤率领大军去抵抗入侵之敌。

第二年的正月初一，抗敌大军要出发了，殿前副都点检慕容延钊（zhāo）带了一部分人马先行。初三，赵匡胤率中军也离开了京城。当天晚上，中军到达开封东北40里的陈桥驿，在那里安营扎寨。

晚餐时，赵匡胤与一班亲信将领边吃喝、边商议夺皇位的事，他们都显得有些紧张和兴奋，商议的结果是让赵光义、赵普派人去鼓动将士，然后见机行事。

酒足饭饱之后，醉醺醺的赵匡胤睡觉去了。赵光义、赵普等人便开始活动起来。他们派出一些能说会道的亲信，到各个营寨去游说，口径都是一样的，说："如今皇帝年幼，不能理政，我们在外拼死拼活地打仗抗敌，有谁知道我们的辛苦、功劳！不如先立点检为帝，然后再北征不迟！"

那些中下层将领，听他们这么一说，果然情绪激昂，七嘴八舌地说："我们可不愿为那毛孩子卖命。"于是便三三两两地聚集起来，一起来见赵光义和赵普。这两人见将领们都被煽动起来，心中暗暗高兴，但嘴上却说："大家不要激动，有话慢慢说。皇上虽然年幼，但是不会亏待你们的。你们还是回去吧，明天还要行军呢。"

将领们一听都叫嚷起来："我们不走啦！要走你走吧！"有几个将领甚至拔出刀剑，举起来明晃晃地舞着，喊道："我们都商量好了，一定要请点检做天子。否则，就杀回城去，把那小皇帝给宰了。"

赵光义、赵普见群情激愤，也就不再装模作样，说道："大家既然要立点检做天子，就不能乱来，一定得听从我们的安排。"

将领们纷纷说："行，我们听你的。"

赵光义、赵普便开始布置起来。他们要大家安定军心，不能造成混乱。然后，又派人告诉留在京都的大将石守信、王审琦，要他们在京城做内应。

要立点检做天子的消息，很快就传遍了军营。兵士们一听，都又好奇又兴奋，也都没了睡意，全起来了，闹哄哄地拥到赵匡胤住的驿馆前，等着看那立天子的一幕。

赵匡胤喝了酒，倒头睡了一觉，不久就惊醒了，想到自己就要做皇帝，他紧张、兴奋得再也睡不着，躺在床上翻来覆去。后来他听见驿馆外一片吵吵嚷嚷，知道事情在顺利进行，心情就更激动了。他真想出去看看，但又知道还不到时候，只好耐心等着。

这时天已蒙蒙亮。忽然，有人开始敲门，同时喊道："快起来，我们要请点检做皇帝。"赵匡胤答应一声，赶忙起床，还没穿好衣服，门就被推开了，拥进了几个将领。他们七手八脚，把早已准备好的一件黄袍披在赵匡胤身上，然后一起跪倒在地，磕了几个头，并连喊了几声："万岁，万岁！"外边的将士也一起跪了下去，顿时"万岁"的喊声响成了一片。

为首的那几个将领，又是推又是拉，把赵匡胤扶上了马，请皇上起驾回京。

赵匡胤披着黄袍，坐在马上，看了看眼前的将士，说道："你们贪图富贵立我为天子，既然如此，那就得听我的号令。这你们能做到吗？"

众人一齐回答道："我们保证听从皇上的命令。"

赵匡胤于是下令道："少帝和太后都是我原来侍奉过的，朝廷中的大臣都与我平起平坐，你们决不能伤害他们。朝廷府库和士庶之家，也决不能抢劫侵扰。听从命令的，定有重赏；违抗命令的，诛灭九族。"

将士们都表示遵命，决不胡来。赵匡胤这才拍马起程，领着将士回到了京城。大军到了京城，果然纪律严明，丝毫没有骚扰百姓。

赵匡胤率军回京，后周群臣一个个惊慌失措，连忙关起宫门，想做顽抗。岂料石守信等开门接应，几乎没花什么气力就占据了宫廷。

赵匡胤来到殿上，不一会儿，几个将领把两位宰相带到赵匡胤的面前。赵匡胤一见，连忙一把鼻涕一把眼泪地哭起来，说："我赵某受世宗的厚恩，哪敢背叛呢？今天被三军将士所逼，不得不如此，实在是惭愧啊，还望两位丞相给我想个办法吧！"

迂腐耿直的范质正想安慰赵匡胤两句，旁边闪出军校罗彦瑰，只见他拔剑在手，大声喝道："这就是我们的天子，谁还敢来胡言乱语。"

范质给吓蒙了，不知如何是好。还是王溥明白过来了，连呼"万岁"，倒身拜了下去，范质身不由己，也就拜了下去。其他文武百官，也都被震住了，呼啦一下全都拜倒在地上。

到了这个地步，太后和小皇帝还能有什么办法。当天下午就在崇元殿举行了禅代大典，赵匡胤正式登上了皇帝的宝座，改封周恭帝柴宗训为郑王。因为赵匡胤当时兼宋州（今河南商丘）节度使，所以改国号为宋，改年号为建隆，史称赵匡胤为宋太祖。

赵匡胤把都城建在开封，因开封在后来南渡的宋室都城临安之北，所以历史上称他所建的宋朝为"北宋"。

> **960年**
> 赵匡胤黄袍加身，周恭帝禅位。赵匡胤称帝，改国号为宋，是为宋太祖。

201-杯酒释兵权

宋太祖赵匡胤取代后周即了皇位，第二天便给那些拥戴、支持自己的将领加了官、晋了爵，一个个都安排在重要的位置上。

除此之外，宋太祖又采取了一系列有效措施。例如，他严肃军纪，决不允许将士侵扰百姓；对后周太后及周恭帝十分优待；宰相范质以下文武百官，皆留用不疑；等等。这样他迅速使自己的新政权稳定下来。

然而，仍有两个节度使不服，宋朝建立刚刚几个月，他们便先后起兵发难。宋太祖采用各个击破的策略，很快平定了这两起叛乱。

这两起叛乱事件，给宋太祖敲响了警钟。他知道，那些握有兵权的人，只要稍有机会，便可能发兵闹事。他不禁回想起五代以来朝代更替的一幕幕情景，除了后梁是被长期与之对立的李克用、李存勖父子所率领的另一股军事力量推翻的,其他各朝都是被内部的将领所篡夺的。尤其让他印象深的,是他亲自参加的拥立周太祖郭威的行动,他们扯了一面黄旗裹在郭威身上,郭威便成了天子;不到十年,他自己又被人拥立,黄袍一披,顿时掌握了天下。

一想起这些,宋太祖就不免心惊肉跳。他的头脑里,整天都萦绕着这样一些问题:怎样才能使那些将领忠于自己,而不至于背叛夺权?怎样才能使自己建立的政权不至于成为第六个短命王朝?

这些问题,搅得宋太祖心绪不宁、坐卧不安。一天,宋太祖把赵普找来,说道:"今天找你来,是想同你商量一件事,这事已经弄得我好多天食不下咽、睡不安枕了。"

赵普问道:"皇上有什么事尽管说吧!"

宋太祖说:"天下自唐末以来,短短的几十年里,帝王更替不迭,战火频仍,百姓遭殃,这是什么缘故呢?我想要熄灭天下战火使国家长治久安,应该怎样做呢?"

赵普回答说:"以前的叛乱,是由于藩镇太重,君弱臣强。要想制止叛乱,就必须把兵权集中到朝廷,这样天下自然就太平无事了。"

话刚说完,宋太祖便连连称赞:"说得好!说得好!"于是便着手解决底下将领兵权过重的问题。

建隆二年(961年)三月,已经晋升为殿前都点检的慕容延钊与升任为侍卫马步军都指挥使的韩令坤,在平定二李叛乱之后,一直领大军驻扎在外,这时回京朝见宋太祖。宋太祖就以他自己曾任都点检一职为由取消了这个职务,改任慕容延钊为节度使,同时亦免去韩令坤的职务,让自己的亲信石守信来担任。

解除了这两人的禁军统帅之后,宋太祖的心情才稍微安定一些。但是他的一些亲信尤其是石守信、王审琦的兵权仍然很大,这些人是自己的好朋友,并且在拥戴自己登上皇帝宝座的过程中功劳巨大,对于这些人,颇重情义的宋太祖就有些犹豫不决,不忍下手了。

赵普为这件事多次劝过宋太祖,宋太祖总不肯答应。他总是说:"这些人都是我的好友,他们绝对不会背叛我的!"

有一天，赵普见宋太祖迟迟不肯撤换石守信、王审琦等人，就进一步劝说宋太祖，宋太祖说："你这是多虑了，这两个老朋友我还不清楚吗？"赵普说道："我不担心这两个人会叛变，但是依我看来，皇上的这两位老朋友没有统率的才能，管不住下面的将士，假使有那么一天，下面的人闹起来，把黄袍一披，只怕他们也身不由己啊！"

宋太祖恍然大悟，不觉吓出一身冷汗，呆了一会儿，才说："真亏得你提醒我！"

宋太祖这才下定了决心。

一天夜晚，宋太祖摆开筵席，宴请手下的一批大将，他的亲信、把兄弟等有功之臣如石守信、王审琦、高怀德、张令铎（duó）、赵彦徽都一一来到。过去的老朋友，如今的皇上请喝酒，大家都显得很高兴，而且一个个都是高级将领，聚在一起，那可真有一种说不出来的得意。三杯酒下肚，气氛更热烈了。只见宋太祖挥挥手，让在左右侍奉的太监全部都退下。然后端起酒杯，满带感情地说："今天在座的都是我的好兄弟！以前像这样的聚会，我们是三天两头进行的，那时大家都无拘无束，真是快活无比。如今，我做了皇帝，国家的事情实在太多，大家相聚的机会少了，显得都有些生疏了！今天各位一定要多喝几杯。"说着，将杯中酒一饮而尽。

那些大将见宋太祖动了情，也说出了自己的心里话。这个说："皇上，没关系。"那个说："我们与皇上在一起是喝得没以前多了，可我们自己还是常喝呢。"

宋太祖见大家都高兴起来，却叹了口气，像有满腹心事的样子，说："你们倒是痛快，我真有些羡慕你们。当皇帝难处就大了，还不如做个节度使自在呢！你们知道吗？做皇帝这一年多来，我可没睡过一个安稳觉呢！"

石守信等人感到迷惑不解，就问道："这是为什么？"

宋太祖接着说道："这还不是明摆着的，皇帝的位置只有一个，可谁不想夺呀，我能不担心吗？"

这句话一说出来，大家才明白过来。石守信赶忙带头跪在地上，其他人也跟着跪了下去，说："皇上怎么说这种话，如今大局已定，谁还敢对皇上起异心？"

宋太祖摇了摇头，无可奈何似的说："我不是信不过你们，我是担心你们的部下将士中，有那些贪图富贵的，或许有一天把黄袍披在你们身上，你们不想干也不行啊！"

杯酒释兵权

宋太祖建国后，因为自己是通过兵变夺位的，怕其他掌有重兵的武将也效法他的行为，因此对他们颇不放心。后来，经赵普建议，一次宴请武将时，宋太祖对他们说出了顾虑并劝他们主动交出兵权，武将都照办了。史称此事为"杯酒释兵权"。宋太祖虽然顺利解决了武将专兵的问题，但是也奠定了宋朝重文轻武的国策，此后宋朝军力一直软弱。

石守信等人听了宋太祖这番话，一个个慌了手脚，感到大祸临头，流着泪说："我们真是愚蠢，从来没想到这一点。请皇上千万可怜我们，给我们指一条生路吧！"

宋太祖这才把底兜了出来，他显得很平静、自然，带着开导的语气说："人生一世，就像阳光在门缝一闪一样，稍纵即逝。所以，那种贪图富贵的人，不过是想多积钱财，多享娱乐，使子孙也能坐享其成，不致贫穷困乏。我想，你们不如放下兵权，到地方上去做个闲官，多置办些良田美宅，给后代留下点永久的基业，自己也能快快活活地安度晚年。我再与你们结为儿女亲家，彼此亲密无间，互不相疑，那不是很好吗？"

石守信等人见宋太祖把话已说到这种份上，已没有再回旋的余地，只好一齐答道："皇上真是为我们想得太周到了。"

酒宴一散，将领们一个个闷闷不乐地回了家。突然要离开朝廷，相处多年的好朋友就要各奔东西，他们还真有些舍不得呢！可他们已答应了宋太祖，那可是容不得反悔的。

第二天一上朝，石守信等一批大将都向宋太祖请求辞职。宋太祖十分高兴，一个个照准不误，立即收回了他们手中的兵权，安排他们到不同的地方去做节度使，只有石守信还在禁军挂个并无兵权的虚职。

在这之后，宋太祖还真与这些大将结了姻亲。他先把守寡的妹妹嫁给大将高怀德，后来又把两个女儿分别嫁给了石守信和王审琦的儿子。而宋太祖的三弟赵光美，则娶了张令铎的女儿。

这就是历史上十分著名的"杯酒释兵权"。

宋太祖从那些大将手中收回了兵权之后，另选一些资历浅、威望不高、容易控制的人担任禁军将领，并且采取了一些措施，把兵权分散开来，使将领们互相牵制。

又过了一段时间，宋太祖感觉到藩镇上一些人的兵权太大，还是叫他放心不下，于是他把这"杯酒释兵权"的戏又重演了一遍。

这样一来，宋太祖就完全掌握了兵权，消除了"黄袍加身"的隐患，使北宋王朝摆脱了如五代王朝那样短命的厄运。

202-围炉定计取天下

宋太祖收回了亲信大将的兵权之后，朝廷内部消除了隐患，他便雄心勃勃，打算出兵扫平各个割据政权，使国家得到统一。

可当时遗留下来的小王国还有不少，北方有北汉，南方则有南唐、吴越、后蜀、南汉、南平等，该从哪里下手呢？这个问题，宋太祖一连考虑了好几天，总拿不定主意。不知道是先取北汉好，还是先攻南方适宜。

于是，宋太祖就想找赵普商量商量。

宋太祖自从做了皇帝，为了考察百官的言行和了解实情，喜欢穿上便服，进行私下出访，或者到一些功臣家坐坐、聊聊天。文武百官都知道宋太祖的这个特点，因此下朝回家之后，都不敢脱掉朝服，生怕宋太祖什么时候跑到家里来，弄自己个措手不及。对此，赵普最为清楚，因为宋太祖光顾最多的就是他的家，而且说来就来，从不打招呼。

这天晚上，天下起了大雪，转眼已是白茫茫一片。赵普想，这么大的雪，宋太祖该不会来了吧。于是就脱掉朝服，和妻子一起坐在火炉边，说话谈心。老夫妻俩正说着话，忽然响起了一阵敲门声。

赵普打开大门，只见宋太祖披件斗篷站在雪地里。他大吃一惊，连忙请宋太祖进屋，说道："天这么晚了，又下大雪，真没想到皇上还会出来。"

宋太祖抖抖身上的雪，边说边往里走，说："我心里头有件事，总决定不下来，弄得觉也睡不好。反正睡不着，不如出来同你商量一下。"

赵普闩（shuān）上门，跟在宋太祖后面进了屋。赵普的妻子忙向宋太祖行礼，然后拨红炭火，在炉上炖上肉，又拿出酒来招待他。她知道，宋太祖喜欢边喝酒边说话。因此，宋太祖一来，她就按照惯例张罗起来，然后打声招呼，就先去睡了。

赵普端起酒杯，请宋太祖喝酒，两眼征询似的望着太祖。宋太祖一杯酒下肚，说道："我自黄袍加身以来，实在是一天好觉也没睡过啊。你想，在我卧床的周围，尽睡着些与我心思不一、成天想算计我的人，叫我怎么能安心睡觉呢？"

《雪夜访普图》（局部）

明刘俊绘。绢本，纵143.2厘米，横75厘米。现藏于故宫博物院。画面描绘的是宋太祖于雪夜到访赵普家中商议国家大事的场景，与《宋史·赵普传》的记载相合。

赵普轻声问道："皇上是想统一天下吧？目前倒确实是个好时机。是南征还是北讨，我想听听皇上的安排。"

宋太祖微微一笑，说："我想出兵太原，先打北汉。"

赵普沉默许久才说："这一安排可不是臣下所能赞同的。"

宋太祖忙问原因，只见赵普喝了口酒，缓缓道来："太原一城当西、北两面，如果我们攻下了太原，这两边的防御就要靠我们独自担当了。我们就会受到辽朝的直接威胁。不如先拿下南方各国，回过头再取北汉。到时，我们的力量增大了，小小的北汉，这么弹丸似的一块地方，还怕它跑了不成？"

宋太祖一听，哈哈大笑起来，说："我的意思也是先南后北。刚才我只是想听听你的意见罢了。"

于是，宋太祖拿定主意，按照先南后北也即先易后难的步骤，开始出兵征讨。在短短的十年里，就消灭了南平、后蜀、南汉三个割据政权。至此，南方只剩下南唐、吴越两国了。

南唐在"十国"当中是最大的一个独立王国，管辖着如今江苏、安徽的淮河以南和福建、江西、湖南、湖北东部等大片土地。那里良田沃土，经济较为发达，再加上很少受战争破坏，人民一直过着较为安定的生活。可是南唐的君主，除了开国君主李昪（biàn）还有些作为之外，后面的两个君主都是治国理政上的低能儿，因此，把个好端端的国家弄得每况愈下，越来越不成样。尤其是最后一个君主李煜（yù），历史上称南唐后主，他对于音乐、书画十分精通，更是一个非常出名的作词能手。正因为他的精力、兴趣都在吟诗作赋、琴棋书画上，所以他对政事也就懒得过问，对如何处理国家大事可以说是一窍不通。

北宋刚刚建立时，李煜的父亲李璟（jǐng）还在位，他派出使臣向宋太祖表示祝贺，表示愿意归顺，并送去大量财物。961年，李煜即了位，他继续向宋太祖进贡。后来他看宋太祖相继吃掉了周围的三个小国，心里才开始发慌，便于971年派人给宋太祖送上一封信，表示愿意取消南唐国号，自己改称"江南国主"。他自以为对宋朝如此恭顺，就可以保持自己在江南的统治地位了。

宋太祖不动声色，却在暗暗做着攻取南唐的各种准备。他得知李煜特别信奉佛教，在都城金陵养了上万名僧侣，一退朝就换上僧衣念佛。宋太祖利用李煜这一弱点，派了一个能言善辩的人去给李煜讲佛教的"性命之说"，使李煜对佛教、迷信的一套东西更为着迷，对治国守边的事就更不闻不问了。宋太祖还用反间计，让李煜误杀了一名能攻善战的大将。为了顺

> 961年

南唐中主李璟死，太子李煜即位，是为南唐后主。

TIPS

后蜀

五代时期的十国之一，由后唐西川节度使副大使孟知祥所建。933年，后唐封孟知祥为蜀王。次年，孟知祥称帝，定都成都，最盛时疆域约为今四川大部、甘肃东南部、陕西南部、湖北西部。五代时，后蜀境内较为安定，经济文化较为发达，传国两代，965年为北宋所灭。之后，原蜀将全师雄起义，历一年被剿灭。

利渡过大江，宋朝悄悄测量了采石（今安徽马鞍山境内）江面的宽度，然后准备了大批搭造浮桥的龙船和大竹排。

到974年，消灭南唐的准备都做好了，宋太祖便命大将曹彬、潘美带10万兵马南下攻打南唐。曹彬率水军沿江东下，直达池州（今安徽贵池），根本没遇到阻挡。不日又连续攻下铜陵、芜湖、当涂（均为安徽城镇）等要地。潘美带领的步军抵达江边之后立即动手搭造浮桥，三天就完成了。宋朝的兵马像在陆地上行走一样，很快通过了长江，直逼南唐都城金陵。

听说宋朝大军来到，李煜派了一个名叫皇甫继勋的人去率军抵抗，自己却什么事也不问，成天躲在后花园与老和尚们谈经说道。皇甫继勋早就看不惯李煜那风流公子的一套，存心希望南唐快倒。因此，皇甫继勋根本不认真守城，手下有哪个偏将主张向宋军进攻，他不仅不支持，反而加以训斥。宋军兵临城下的消息，他也一直瞒着，不去禀告李煜。

宋太祖在曹彬领军出发之前，曾嘱咐曹彬，说："两国交兵除了不可避免的伤亡之外，不准随便杀一个人。攻城、打仗要有耐心，最好是让他们自己投降。"

曹彬是个办事稳妥的将军，他遵照宋太祖的旨意，从二月围住金陵之后，并不认真攻打，甚至是围而不攻。几个月过去了，李煜丝毫不知道宋军已兵临城下。这样的昏君，这样的战争，在历史上都是少见的。

五月的一天，李煜走出了后花园，站在城墙上一看，城外到处飘扬着宋军的旗帜。他这才大吃一惊，气得把皇甫继勋杀了，然后一面赶忙派大臣徐铉（xuàn）去求和，一面派人到湖口（今江西九江北部）调大将朱令赟（yūn）来解金陵之围。

徐铉是南唐少有的忠贞大臣，为人正直，能写一手好文章，而且能言善辩。为了保住南唐，他已经去过一次东京（即开封）向宋太祖求情说和。这一次，在这个时候上东京，他是做了被杀的准备的。

到了东京，见到宋太祖，徐铉就说："李煜对待皇上，就像儿子侍奉父亲一样虔诚恭顺，为什么还要刀兵相见呢？"

宋太祖反问道："既然我们是父子，有什么必要分成两家呢？"

徐铉答不上来，就苦苦恳求宋太祖手下留情，不要攻取金陵。宋太祖给他

李煜手迹

李煜是南唐最后一位国君。在政治上，他昏庸无能，最终失掉江山；在艺术上，他善诗文、精书法、工绘画、通音律，尤其以词的成就最高，对词坛影响深远。

▶ 975年
宋太祖灭南唐。

磨得不耐烦了，大手一挥，怒气冲冲地说："你不必多说了。李煜是没什么罪，但如今天下一家，国无二主，我怎么能允许有人在我的床边打呼噜睡大觉呢！"

徐铉没办法，只好回到金陵。这时已是十一月，宋军在城底下已围了八九个月。金陵城里吃的、烧的都已十分匮乏。在此之前，前来支援金陵的朱令赟的15万大军，受到宋军奇兵的攻击，弄得全军覆没，朱令赟本人也被活捉了。

曹彬认为发起攻击的时间到了，就写了封信给李煜，劝他及早投降，免得城里百姓遭殃。李煜虽已彻底绝望了，但他并不想主动投降，还希望死皮赖脸地拖下去。

曹彬于是下令攻城，出兵之前，他让将士发誓，决不对金陵进行抢掠洗劫。宋军将士憋了将近一年，一个个斗志昂扬，南唐兵马不堪一击，城池很快被攻破，李煜只好投降，做了宋太祖的俘虏。宋太祖虽然很优待他，但李煜始终念念不忘他的故国，整天以泪洗面，并写出了不少反映他的忧思愁绪的优秀诗篇。不妨摘录一首《虞美人》：

春花秋月何时了？往事知多少。小楼昨夜又东风，故国不堪回首月明中。

雕栏玉砌应犹在，只是朱颜改。问君能有几多愁？恰似一江春水向东流。

203-赵普收礼免职

赵普是宋太祖的主要谋士，十分得宋太祖的器重和信任。从前面所说的"围炉定计"，就可看出君臣之间那种非同寻常的关系。

赵普是个什么人呢？原来他只不过是个小官吏出身。当年宋太祖还在周世宗手下，奉命攻打南唐滁州（今安徽滁州）。滁州四面环山，易守难攻。宋太祖在滁州北面的清流关下，被南唐守将皇甫晖打得大败。为了早日攻下滁州，宋太祖走访了当地的百姓。有人便向宋太祖推荐了赵普，那时，百姓都管赵普叫赵学究。

宋太祖装扮成一名普通百姓，趁夜去拜访赵普。赵普果然颇有计谋，给宋太祖指明一条小道，绕过清流关，直攻滁州城，并主张宋太祖连夜出击，打敌人一个措手不及。

宋太祖听从赵普的谋划，连夜偷袭，果然取得了胜利。从此，宋太祖便对赵普另眼相看了。后来，就把赵普留在了自己的身边，让他为自己出谋划策。

陈桥兵变的那一套程序，就是赵普设计的。正因为赵普在陈桥兵变中所起的作用最大，所以宋太祖一即位就让他掌握军机大权，不久又封他做了宰相，什么事情都乐意找赵普商量。

宋太祖如此信任赵普，赵普对宋太祖也是忠心耿耿。赵普的所作所为，虽然比不上唐太宗手下的魏征，但他也是敢于经常犯颜直谏的。

有一次，赵普推荐某人担任一个官职，宋太祖不同意。第二天，赵普又向宋太祖提起那个人，仍遭到了拒绝。到了第三天，赵普还推荐那个人，惹得宋太祖生了气，一把夺过赵普的奏折，撕碎扔到地上。

赵普蹲在地上，不慌不忙地把扯碎的奏章一片一片拾了起来，退朝回家将奏章粘贴好，第二天上朝又呈给宋太祖。宋太祖没想到赵普这样坚决，拗不过他，只好同意了赵普的奏请。

又有一次，赵普又提出要给某人升官。这个人是宋太祖十分反感的，宋太祖哪会同意？可赵普仍然坚持，不肯放弃，把宋太祖给弄火了，怒气冲冲地说："我就是不同意给他升官，看你能怎么样？"

赵普似乎有些生气，也板着脸说："任用、提拔人才，是为国家着想，怎么能光凭皇上个人的喜怒来决定呢？"

这一句话，把宋太祖气得脸色发白。他忽地站起身，一甩袖子，退回了内宫。赵普见宋太祖要躲,忙跟在后面,到了内宫门口,赵普就停了下来,因为没有皇上的命令,臣子是不能进内宫的。

赵普站在内宫门口,足足有半个多时辰,就是不走。卫士们见宰相那副样子,很是过意不去,就进去向宋太祖报告。这时宋太祖的气已消了,命令太监通知赵普,说皇上同意他的请求了,让他快回家吧。

赵普敢谏,宋太祖也能纳谏。赵普懂得宋太祖怕亡国的心理,同时又倚仗自己的功劳大,有时说出的一些劝谏的话,确实十分尖锐,不是一般君主所能接受的。

据说有这样一件事,那是在解除禁军将领的兵权后不久,宋太祖想启用天雄节度使符彦卿来统领禁军。赵普认为符彦卿的权力已经很大,再让他掌握禁军会有危险,就劝宋太祖不要下这道任命。

可是宋太祖不听,仍旧拟好了诏书,交给赵普去颁发。赵普假装同意了,却把任命诏书搁在一边,扣着不发。

"神卫左第四军第二指挥第五都记"铜印1956年出土于内蒙古宁城辽中京遗址。长5.5厘米,宽5.3厘米,高4.2厘米,981年铸。印背刻"太平兴国六年八月"。"神卫"是宋禁军主力部队之一,也是皇帝卫队之一。"都"是北宋禁军基层编制,百人为都,五都为指挥,五指挥为军,十军为厢,厢分左厢、右厢。此印即为"神卫"左厢所辖第四军第二指挥第五都的印信。现藏于中国国家博物馆。

过了几天,宋太祖知道了,十分生气,就把赵普召来,质问他为何不发诏书。赵普脸不变色地把他的理由又述说了一遍。宋太祖生气地说:"我这么厚待符彦卿,他怎么会辜负我呢?"

赵普立即反驳道:"那么皇上为什么要辜负周世宗啊?"

这句话真是太刺耳了,而且揭了宋太祖的疮疤,可宋太祖竟然忍受住了,从此再也不提符彦卿的事。

宋太祖虽然重用、信任赵普,但也有对他不满意的地方。赵普当年隐居滁州,表面上装成个隐士,好像不爱什么高官厚禄、荣华富贵,其实是个连做梦都在想飞黄腾达的人。因此,他的为人处事,往往显得十分虚伪。

赵普成了宋太祖的辅助大臣后，占据了朝廷中一个十分显赫的地位，因此也就追求享受，讲起排场来了。在东京开封和西京洛阳，他先后建造了两座华丽的宅院。院中的房屋富丽堂皇，楼台亭榭也很讲究。可是，赵普却在大门处安了一个柴门，以此来标榜自己的安贫乐道、清雅高洁。

有一天，宋太祖在看了赵普的宅院之后，心里觉得很不舒服，便没好气地说："这家伙怎么表里不一啊！"

赵普的宰相做长了，权力也就越来越大。底下的人知道他与宋太祖的关系不一般，就想方设法同赵普套近乎，拍他的马屁，还不时送礼物给他。就连那些割据王国的君王也来巴结他。

一次，吴越王钱俶（chù）派人给赵普送了封信，还捎带了十坛"海产"。赵普让来人把"海产"一坛一坛地放在院子里，正想拆开书信来看，没想到宋太祖突然走了进来。

赵普显得十分紧张，连忙叩拜宋太祖，然后请宋太祖进屋安坐。

宋太祖看看满头冒汗的赵普，又看看放在院子里的十个坛子，问道："坛子里装的什么呀？"

赵普回答："是吴越送来的海产。"

宋太祖笑了笑，说："既然是吴越送来的海产，那一定不错。快打开看看吧！"

赵普就命仆人将坛子打开。坛盖一开，在场的人都傻了，赵普更是吓得汗如雨下。原来坛子里根本不是什么海产，而是一块一块的金子。

宋太祖一看就动了气，把脸虎着，阴沉沉的。他一向反对官员接受贿赂、滥用职权、以私废公，今天

> **TIPS**
>
> **吴越国**
>
> 五代时期的十国之一，建于907年，开国君主为钱镠，定都杭州。它最强盛之时，地域包括13州，包括今浙江省全境、江苏省东南部（苏州市）、上海市和福建省东北部（福州市）一带地区。尊后梁、后唐、后晋、后汉、后周和北宋等中原王朝为正朔，接受其册封。吴越国重视农桑，与东南沿海诸国交往密切，国家强盛。978年，钱弘俶"纳土归宋"。国家前后有72年。

居然给自己撞上了,那赵普在背后不知收了多少好处了!

赵普急忙跪倒在地,惶恐不安地说:"我还没来得及看信,确实不知坛里装的是什么,绝不是有意蒙骗皇上。请皇上明察、恕罪!"

宋太祖带着讥讽的口吻说道:"你就放心收下吧!那些人以为国家大事都是由你们书生决定的呢!"

宋太祖本来对赵普的虚伪就有些看不惯,如此一来,就产生了怀疑和猜忌,渐渐地对他疏远起来。

过了不久,有官员告发赵普,说他违反禁令,私运木材。原来,宋太祖曾颁发命令,禁止私运秦、陇(今陕西、甘肃一带)的木材。赵普为盖宅院,已触犯了这条禁令。他的部下看赵普弄了没事,就借着赵普的名义,偷偷地把秦、陇的木材运到东京贩卖。这件事赵普自然推卸不了责任,宋太祖大发雷霆,要治赵普的罪。幸亏许多大臣为赵普说情,宋太祖也念他功劳不小,不忍下手,就把他的宰相职位给撤了。

204-杨业受害

> 976年
> 宋太祖死,其弟赵光义即位,是为宋太宗。

宋太祖为了实现统一大业,从963年开始,经过13年的努力,消灭了南方五国。接着,他又挥师北上,攻打北汉都城太原。北汉抵挡不住,请来了辽朝兵马,内外一夹击,结果宋军吃了败仗。宋太祖领着败军回到京城之后,不久就病死了,他的弟弟赵光义承袭皇位,他就是宋太宗。

宋太宗也是历史上一个较有作为的皇帝,他决心完成哥哥宋太祖未竟的事业,使国家得到统一。978年5月,吴越王钱俶向宋朝俯首称臣,献出了领地,并取消"吴越"国号。至此，南方的割据势力全部铲除，南方宣告统一。

第二年一开年，宋太宗马上将进军的矛头指向北方，他亲自挂帅出征，安排了四路人马攻打太原。宋太宗吸取了宋太祖前一次失败的教训，预料到辽军又会支援北汉，就分出一支人马，抢先攻占了太原以北忻州（今山西忻州）北面石关岭一带的交通要道。当辽朝援军到达时，由于宋军占领了有利地形，又是以逸待劳，因而大败辽军。这样，太原就完全陷入宋军的包围之中了。没了援兵，断了粮草，走投无路的北汉国主刘继元只好投降了。

刘继元手下有名大将，叫刘继业，是位武艺高强而又忠贞刚直的人。刘继业见刘继元投降了，才放下兵器来降宋太宗。宋太宗早听过他的名气，见他肯投诚，自然十分高兴，立即叫他取消北汉的赐姓，恢复杨姓，单名一个业字，派他继续领兵驻守边境。

宋太宗灭了北汉，雄心勃勃，便乘胜向辽朝进军，打算早早收复五代时被辽所占领的幽云十六州。刚开始，宋军进展顺利，凌厉的攻势使一些辽朝守将纷纷投降。但打到幽州（今北京市）时，却久攻不下。辽朝又派大将耶律休哥领重兵增援，与宋军在高梁河（今北京市城西）摆开阵势，大战一场。宋军已连续作战几个月，十分疲劳，战斗力大大减弱。结果被击得大败，宋太宗脚上也中了一箭，仓皇之中，乘着驴车，逃回了东京。

幽州之战以后，辽兵经常侵扰宋朝边境上的一些城镇，为了打击辽兵，保卫边境，宋太宗派大将杨业任代州刺史，坐镇雁门关。

980年3月，辽兵又进犯宋朝疆土。他们派出10万

◆ 979年
宋太宗灭北汉，统一全国。

TIPS

幽云十六州

也称"燕云十六州""幽蓟十六州"，包括燕（幽）、蓟、瀛、莫、涿、檀、顺、云、儒、妫、武、新、蔚、应、寰、朔，共十六州。幽云十六州地势居高临下、易守难攻，具有重要的战略地缘价值。936年，后唐河东节度使石敬瑭反唐自立为帝，向契丹求援。契丹出兵扶植其建立后晋，石敬瑭将幽云十六州割让给契丹作为酬劳。此后的后汉、后周、北宋等中原王朝都未能完全收复它，使得王朝一直受北方王朝的威胁。

大军,气势汹汹地杀往雁门关。驻守雁门关的宋军将士却只有几千人。杨业知道双方的兵力相差悬殊,既不能硬拼,也不能困守。他思考一番,决定采取防守与出击相结合的战术。他把大部分兵马留在城内,布置他们坚守。自己则率领几百名骑兵,悄悄出关,从西侧的羊肠小道绕到雁门关以北,插到了辽兵后方。辽兵一路南进,没受到什么抵抗,正在耀武扬威、得意之时,突然,背后喊声震天,一支神兵从天而降,吓得他们一阵胆寒。杨业率着骑兵如猛虎下山一般,左冲右突,猛杀狠劈,一下子就把辽兵打得混乱不堪。辽军在慌乱之中,弄不清宋军到底有多少人马,于是你推我,我挤你,如潮水一样,向北逃去。杨业乘势追杀,杀死了辽朝驸马萧咄李,活捉了将军李重诲,杀死杀伤大批辽兵,打退了辽军的进攻。

这一仗,打出了宋军的威风,更使杨业得到了一个响当当的称号——"杨无敌"。据说,从那以后,辽军只要一看到"杨"字旗号,就悄悄引军撤退,不敢与杨业交锋。

宋太宗得知雁门关大捷,十分高兴,便给杨业封赏升官。可是不少人见杨业立功受赏,心里便有气,就给宋太宗上奏章,无中生有地说了杨业许多坏话。宋太宗还算明智,根本不相信那些胡言,他把奏章封好,派人送给杨业。杨业一看,十分激动,更坚定了他报答宋朝、为宋太宗出力的决心。

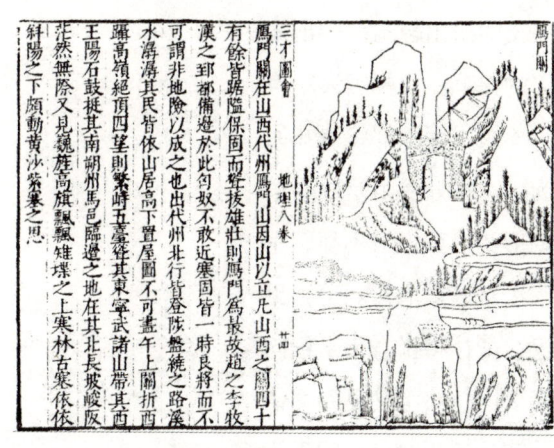

《三才图会》中绘制的雁门关图及其介绍

雁门关位于距山西省忻州市代县县城北约20千米的雁门山中,是长城上的重要关隘,以"险"著称,自古为中原王朝与游牧民族交战之地,有"天下九塞,雁门为首"之说。北宋初期,雁门关一带是宋辽激烈争夺的战场。

此后,宋辽双方只是在边境上对峙,互有胜负。宋太宗也失去了原先的那股锐气,把进攻辽朝、收复失地的事暂且搁置下了。

过了几年,辽朝的朝政发生了变化。辽景宗耶律贤病死,继位的辽圣宗耶律隆绪才12岁，权力落到了母亲萧太后手上。宋朝有个守边的官员，给宋太宗呈了道奏章，认为辽王年少，母后专权，朝廷较为混乱，可以趁此机会收复北方失地。宋太宗觉得这个意见不错，便于986年，派出三路大军，再次大举进攻幽、云地区。

> 982年
> 辽景宗死，太子耶律隆绪即位，是为辽圣宗。

宋太宗派出三路兵马：一路由大将曹彬率领，进攻目标为幽州，是此次出击的主力；另一路由田重进统领，向飞狐关（今河北涞源北）挺进；第三路以潘美为主帅，杨业为副帅，从雁门关出击，攻取云（今山西大同）、朔（今山西朔城）等州。三路兵马在幽州城下会合，形成对幽州的三面包围。

三路兵马出击之后，皆一路顺风，旗开得胜。尤其潘美、杨业所率兵马迅速杀出雁门关，收复了云州、朔州等四个州。但曹彬率领的主力在取得了初步的进展之后，就受到了幽州守将耶律休哥的有力反击。

耶律休哥是个很会用兵的人，他因为兵少，不愿与曹彬大举正面交锋，就在夜间派出轻骑，袭击宋军营寨，又派精兵截断了宋军的粮草。曹彬因大军粮草供应不济，只得被迫退军。不久，手下部将得知另两路兵马已获大胜，觉得作为主力失败受阻是耻辱，便吵着要出击。其实，当时的形势对曹彬很不利，军马粮草不足，而辽朝又已派了大军赶来增援。曹彬见将士请战情绪很高，迫不得已，便让将士身带干粮向涿州进发。他们在路上走了四天，一路上又受到耶律休哥轻骑的袭击，边战边走，到达涿州时，已困乏不堪，而干粮也吃完了。在这种困难的情况下，曹彬只好又引军撤退，结果被辽兵一路追杀，死伤无数，大败而逃。

宋太宗得知主力失败，赶快命令另两路宋军一起撤退。

潘美、杨业接到命令，就领兵掩护四个州的百姓撤回宋境。辽将耶律斜轸在后紧追不舍，接连几次打败宋军。到了八月，潘美、杨业撤到了朔州南面的狼牙村，这时，辽军已占领了寰州（今山西朔州东，寰音huán），来势十分凶猛。杨业见这副被动挨打的架势，觉得不应与辽兵正面接触，而主张绕道而行，派出一些精兵在途中的要道口埋下几千弓箭手，再用骑兵在中路接应，保证宋军和百姓安全退到宋朝境内。监军王侁（shēn）一向妒忌杨业，听了杨业的话，便不分青红皂白，立即表示反对，说："我们的兵马有好几万，又都是精兵，何必要怕辽军？依我看，我们用不着绕来绕去，尽管沿着雁门大道，大摇大摆地走回去，看辽军能把我们怎样。"

辽国策马勇士

辽国由北方游牧民族契丹族建立，契丹族是马背上的民族，族中男女老幼皆能骑马。骑兵是辽国的立国之本，契丹骑兵骁勇善战，在对北宋、西夏的战争中常获胜。

杨业见王侁一味说大话，根本不懂得打仗，又好气又好笑，但他笑不出来，而是很焦急地说："如果这样做，我们一定要吃败仗，百姓也会遭殃。"

王侁哪里听得进去，把头一昂，带着嘲笑的语气说："杨将军不是大名在外，无敌于天下吗？今天怎么不敢迎战了，是不是有什么其他想法？"

听了这种话，杨业只觉得有团怒火在胸中燃烧，立时高声辩驳道："我杨某不是那种怕死的人，为了报答宋太宗的知遇之恩，即使肝脑涂地，也在所不惜。我是看目前的形势对我们不利，不忍心让兵士们去白白送死。你们坚持要打，那就打好了，这个头阵就由我来担当！"

主帅潘美默不作声，其实就是支持王侁的意见，杨业只好整顿人马，要往朔州迎敌。他感到一种说不出的悲哀充满心头，不觉泪流满面，激动地对潘美说："这次出击肯定会失败，我本来是想瞅准机会，痛击敌人，报答皇上，可惜这个愿望实现不了啦！如今大家说我怕死避敌，那只好让我先死给你们看，看看我是不是怕死！"

说着，杨业一跃跨上了战马，指着前面的陈家谷口又对潘美说道："请你们在这里埋伏下步兵弓箭手，我失败后退到这里，你们从两边杀出，予以接应，或许还能转败为胜。"

杨业领着部下，朝辽军迎了上去。没走多远，就遭到了辽兵的伏击。杨业虽然英勇无比，手下的将士也个个善战，但是辽军兵力占了绝对优势，杀退一批，另一批又涌了上来。杨业冲杀了一阵，看看抵挡不住，就边打边退，把辽军引向了陈家谷。

杨业退到谷口，已是太阳落山，两面静悄悄的，根本没个宋军的影子。原来，杨业走后，王侁在谷口等了几个小时，看杨业没回来，以为一定是杨业击败了辽军，怕在那里争不到功劳，就不顾前约，催促潘美把伏兵撤走。当二人率军离开陈家谷20里的时候，就听到了杨业战败的消息，但他们贪生怕死，不仅不回师救援，反而从另一条小道逃跑了。

杨业见主帅不按约定，随便撤走了人马，气得眼冒金星，只好转过身来，领着部下与追上来的辽兵继续拼杀。他们从中午一直杀到天黑，杀退了辽兵一次又一次的进攻。

但是辽兵越来越多，杨业的兵士却越来越少，杨业不忍心看着全军覆没，便含泪向士兵们喊道："你们都各有父母妻子，不要跟我一起死在这里，快突围出去吧，也好让皇上知道我们的情况。"

杨业与士兵们平时就相处得很好，建立了深厚的感情。他们听了杨业的话，看着杨业浴血奋战的情景，一个个感动得热泪盈眶，谁也不愿意撤走。渐渐地兵士们都战死了，杨业的儿子杨延玉和70多岁的老

TIPS

杨家将

北宋时一个著名的家族，为这个王朝的建立和稳定立下了汗马之功。杨业（？—986年），又名杨继业，并州太原（今山西太原）人。北宋大将军，以骁勇善战著称，人称"杨无敌"。杨家将的第二代代表人物是杨业儿子杨延昭，从小得到父亲的培养，年轻时就英勇善战，领军在外，能善待部下，严以律己，身先士卒。镇守边防二十几年，辽国将士闻风丧胆。辽国人认为，天上北斗七星中，其中第六颗是专克辽国的，杨延昭就被他们看作这样的克星，所以人们又称他为"杨六郎"。杨家将的第三代是杨延昭之子杨文广，一生戎马边塞，对安定北疆起到了极大作用，他年轻时就被提拔为成州团练使、龙神卫四厢都指挥使，后迁兴州防御使，参加对西夏的防御作战。杨氏数代守卫边疆，一门忠烈，为百姓所敬仰，人们将其事迹编成故事、平话、戏剧，广为流传。明代《杨家府演义》一书就是演义杨家将故事的长篇小说。

将王贵也牺牲了。杨业浑身受伤有好几十处，仍然奋勇杀敌，在身边兵士几乎全部战死的情况下，他还亲手杀死了不少追兵。最后，他的战马中箭倒地，把杨业摔了下来，他才被一拥而上的辽兵抓住了。

杨业被俘后，辽军知道他是个将才，就百般劝他投降。杨业无限悲愤地说："我今日遭奸臣陷害，弄得全军覆没，还有什么脸活下去呢？"他开始绝食，不吃不喝，决心以死来表白自己的一片忠心，来报答那些殉难疆场的将士。

宋太宗获悉杨业战死的消息，非常难过，分别处罚了王侁、潘美二人。

杨业的儿子和孙子后来继承杨业的事业，也成了抗敌名将。

后来，在民间广泛流传的杨家将的故事，就是在杨业事迹的基础上发展起来的。

205-澶渊之盟

宋太宗两次征讨辽朝，都以失败而告终，大大消磨了他的锐气，就不再去想收复失地的事了。不久又爆发了王小波、李顺起义，弄得宋太宗手忙脚乱，从此对辽完全采取一种守势。为了防止辽军进犯，宋王朝在与辽国交界的地方，挖掘了一些河道，称为界河。在另一些地方种上了树木，似乎想用河道、树木来抵挡一阵，实在是有点儿滑稽。

宋朝转向一味防守，辽军便猖狂起来，多次进犯宋朝边境。到了1004年，辽国调动20万大军，由萧太后、辽圣宗亲自率领，大举南下，打到了靠近黄河的澶州（今河南濮阳，濮音pú），直逼京城汴京。

> ◆ 997年
> 宋太宗死，太子赵恒即位，是为宋真宗。

告急文书接二连三地传到京城。宋太宗早已去世，继承皇位的是他的儿子赵恒，他就是宋真宗。宋真宗拿着告急文书，不知如何是好，立即召集文武大臣商议。

参知政事（即副宰相）王钦若是南方人，劝宋真宗迁都金陵（今江苏南京）；另一个参知政事叫陈尧叟，是蜀地人，便主张宋真宗应搬到成都去。

刚刚重回朝廷的宰相寇准，一听这种没骨气的话，气得大声喝道："谁主张迁都，就应斩谁的头！如今大敌当前，应当上下一致，同心协力，与敌人拼个死活！"

寇准的话震得在场人谁也不敢出声，王钦若、陈尧叟二人则又羞又恼，脸涨得通红，宋真宗还是拿不定主意。

寇准看宋真宗还在犹豫，便又劝勉道："只要皇上亲自率兵出征，就能振奋军心，一定能打败辽兵。如果放弃京城一逃了之，人心就会涣散，辽军就要长驱直入，天下就保不住了。"

宋真宗听了寇准这一番话，胆子壮了起来，便决定率兵亲征，命寇准随同他指挥军马。这事定下之后，宋真宗不免对寇准投去信任、感激的目光，庆幸自己在关键时候，把寇准召回朝廷。

原来，在宋太宗在位的时候，寇准就担任过副宰相等重要职位，他办事果断爽快，尤其正直敢谏，深得宋太宗赏识。

有一次，寇准入朝议事，因为一件事情与宋太宗发生分歧。寇准以为自己是对的，就始终坚持，不肯退让，说话也十分尖锐，把宋太宗给弄火了。宋太宗站起来，不想再与寇准说下去，气冲冲地要回内宫。寇准连忙拉住宋太宗的衣袍，不让他离去，一定要请宋太宗坐下听完他的话。宋太宗没办法，只好再坐下来。后来，宋太宗想想这件事，还觉得挺得意，说："我有寇准，就像唐太宗有魏征一样。"

寇准也正因为办事正直，为人正派，得罪了朝中的权贵，结果遭人陷害，被贬斥出朝，到地方上做官去了。

宋真宗一上任，有人就向他推荐寇准，认为寇准忠心耿耿、办事果断，是宰相的好人选。宋真宗也听说过寇准的为人处事，但又担心他好强任性，会于己不利，就不想用。那个大臣劝道："如今辽军犯境，国事危急，正需要像

宋真宗画像

宋真宗赵恒（968年—1022年）是宋朝第三位皇帝，宋太宗第三子，母为元德皇后李氏。初名为赵德昌，后改赵元休、赵元侃，至道元年（995年）被立为太子，改名恒。在位期间与辽国签订澶渊之盟，维持了宋辽两国多年和平，开创了咸平之治。

寇准这样一心为国，主持正义的人来为皇上分忧呢。"

宋真宗终于接受了意见，把寇准召回朝，委以重任。果然，在这关键时候，寇准力主迎战，确实给了宋真宗一点儿安慰。

于是宋真宗便在寇准等大臣的陪同下，率着大军，出了汴京，来到韦城（今河南滑县东南）。守卫澶州的将士听说皇上亲自出征，不禁精神大振。

可是那些主张逃跑的大臣，随着部队离辽军越来越近，心里便越来越害怕，总想找机会，掉头就跑。他们趁寇准不在的时候，不断地在宋真宗耳边唠叨，劝他避开辽军锋芒，以免遭到不测。

宋真宗本是个没主见的人，率兵迎敌的态度本就不够坚决。他经不住那些大臣三番五次的劝说，又动摇起来，就找寇准来问道："大家都认为往南跑好，你看呢？"

寇准一听，知道又是那些小人在弄鬼，就忍住气，耐心而坚定地对宋真宗说："那些劝皇上南逃的人，实在是胆小无知。如今大敌逼近，人心动荡不安，在这紧要关头，皇上只能前进，决不能后退半步。如果皇上敢于迎敌而上，就会给日夜盼望皇上大军的河北将士以莫大鼓舞，我们就能一鼓作气，打退辽军；如果皇上临阵退缩，就会大失人心，大失军心，将士哪还愿意冲锋陷阵，到时辽军一气杀来，势如破竹，皇上就是逃到金陵怕也没用啊！"

寇准这一番话，真是苦口婆心，陈明利害，叫宋真宗没有一丝反驳的机会。可宋真宗心里还是害怕面敌临阵，那多危险啊！

寇准见宋真宗一言不发，看出他胆小怕敌的心理，就想找个武将来帮他劝说劝说，壮壮皇上的胆。这么想着，他就走出行营。一出门，正好遇上了殿前都指挥使高琼。寇准二话不说，冲着高琼就问道："将军受国家栽培多年，应该怎样报答呢？"

高琼见是宰相，忙回道："末将愿誓死报国！"

寇准知道高琼的为人，很受感动，就一手抓住高琼的手，说："同我一起劝劝皇上。"

两人手拉手进了行营，寇准先把自己的看法又向宋真宗说了一遍，然后说："我的意见到底对不对，请皇上不妨问问高将军。"

高琼连忙说道："宰相说得对，我们决不能逃跑，再说，禁军将士的家属都在东京，谁愿意南逃。只要皇上亲征澶州，我们誓死报国，辽兵绝不是我们的对手！"

宋真宗在寇准、高琼和将士们的催促下，这才勉强动身去了澶州。澶州城横跨黄河两岸。到了南城，举目一望，只见北岸一带，密密麻麻，布满了辽军的营寨。宋真宗一看，又惊慌起来，不想渡河去北城。

寇准又上前劝说催促，他没好气地说："如今各路大军云集澶州，皇上还有什么可怕的？"高琼在旁，又帮着劝，宋真宗终于壮着胆子，渡过黄河，进了澶州北城。

宋真宗登上北城门楼，检阅宋军将士。将士们远远看宋真宗的黄龙大旗御盖，士气高涨，欢声雷动，一声接着一声地高呼"万岁"。

喊声惊动了辽军，辽军就派出几千骑兵前来攻城。寇准下令开城迎敌，士气大振的宋军个个奋勇向前，很快打退了辽军的进攻，杀死杀伤很多辽兵。过了几天，辽军主帅萧挞览带了几个将领视察澶州地形，被宋军发现，一阵密箭发出去，把萧挞览射下马来。

辽军主帅一死，萧太后有些害怕了，又听说宋真宗率兵亲征，觉得宋朝不好对付，就想讲和算了。于是她派了个使者来议和，要宋朝割让土地。

寇准不仅反对议和，而且还主张乘胜出击，收复幽云十六州。那些主张议和的人，看当面说不过寇准，就在背后说他的坏话，说他想利用军队，图谋不轨。寇准有口难辩，不便再坚持自己的意见，只好同意议和。

在议和的条件上，宋真宗不想割让土地。这一点还不错，但多出些银子

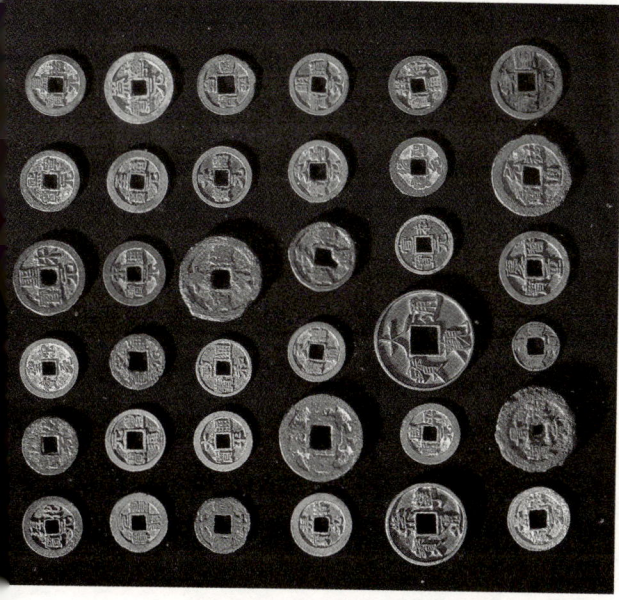

北宋铜铁钱

宋初社会经济迅猛发展,北宋政府每年铸钱量相当于唐代每年铸钱量的20倍。铜钱、铁钱、纸币、金币、银币等多样币种并行,铁钱于两宋达到鼎盛。宋钱以年号钱为主,两宋改年号57次,铸年号宝文钱43种。淳化元年(990年)五月改铸发行淳化元宝钱,宋太宗亲书隶、行、草三体钱文,是皇帝亲书钱文之始,也是行、草入钱之始。宋代铜钱和铁钱是中国历代货币中品种最多、版别最繁复的钱币。

和绢帛,他就觉得无所谓了。宋真宗对派去议和的大臣曹利用说:"如果迫不得已,他们就是每年要100万的赔银,也可答应下来。"

寇准听了真是难受极了,可当着宋真宗的面又不便再争。曹利用刚离开行营,寇准便紧跟着出了门。到了门外,寇准一把抓住曹利用的手,下命令似的说:"虽然皇上同意给100万,但是,你答应的数目决不能超过30万。否则,我要你的脑袋!"

曹利用到了辽营,不敢胡来,果然按照寇准的要求与萧太后讨价还价,并最后以那个数目确定下来,具体为:每年给辽朝绢帛20万匹,银10万两。因为这次和约是在澶渊(即澶州)签订的,所以后代称之为"澶渊之盟"。

曹利用签约回来,宋真宗正在吃饭,就先让个太监出来问结果,曹利用伸出三个指头。太监追问一声:"300万?"曹利用想卖关子,笑一笑,不置可否。宋真宗一听是300万,不觉大吃一惊,说:"太多了!"可停了一会儿,又轻松下来,"能了结一桩大事,多些就多些吧。"等到曹利用告诉他是30万时,这个一心妥协的皇帝高兴万分,直夸曹利用会办事。主张抗战、忠心耿耿的寇准却在这之后不久,又遭王钦若等小人诬陷,被宋真宗撤去了宰相职务。

206-元昊建西夏

在我国西北地区,有个少数民族叫党项族。他们原来居住在青海和四川西北部,过着游牧和狩猎生活。到唐朝后期,因不堪吐蕃贵族的压迫,便迁移到甘肃、宁夏边境和陕西北部一带，与汉族人民生活在一起，逐渐得到了发展。到后来，竟形成了一支地方割据势力。

宋朝建立不久，党项贵族内部为了争权夺利，发生了内讧，首领李继捧归附宋朝，宋太宗命李继捧将亲属一起搬到汴京，想趁机铲除这股势力。但他的弟弟李继迁识破了宋太宗的意图，不愿搬迁，带着家属和一些亲信，逃到了党项族居住的地斤泽（今内蒙古伊金霍洛旗西南），慢慢积蓄力量，准备反宋。

从983年开始，李继迁不断出兵攻打宋军，由于力量不足，老是吃败仗，后来便投降了辽国。990年，辽国封李继迁为夏国王。李继迁有了辽国的支持，力量又逐渐壮大起来。此后宋朝多次出兵，可始终没能消灭这股割据势力。

宋真宗继位之后，既要面对辽国的进攻，又要应付西夏王的侵扰，而他是个胆小怕事的人，只是一味妥协求和、退让保安，就承认了李继迁的割据势力，封他为夏州刺史、定难军节度使。

1004年，李继迁在与吐蕃人的战斗中中箭死去。宋真宗又封他的儿子李德明为西平王，每年赐给他大批银、绢，这样才使边境安定了30多年。

李德明是个本分知足的人，有了爵位，又有银、绢，他就不想滋事了，并且对宋王朝还有些感恩戴德。

李德明的儿子长大成人后，却是个胸怀大志、不甘寂寞的人，他就是元昊（hào）。元昊聪慧，颇能苦学，对汉文、佛学都很精通。他多次领兵大败吐蕃，不断扩大地盘，他对父亲甘于向宋朝称臣的苟安局面很不满意，多次劝说父亲与宋朝决裂。李德明不答应，反过来提醒儿子，说："我们今天能穿上锦衣绸缎，那都是宋朝的赏赐啊，怎么好意思背叛他们呢！"

着宋式官服的西夏文官

西夏为党项族人建立的政权。西夏人秃发易服，但其官员仪服基本与宋官样式相同。图中文官戴幞（fú）头，穿靴执笏，穿紫衣、绯衣，常在重大庆典或接受宋辽赐典时穿。

西夏文刻石残片

1972年出土于宁夏银川西夏皇陵。高21厘米，宽15.5厘米。现藏于中国国家博物馆。西夏皇陵每座陵墓前原均有石碑，但都已被砸毁，现仅存残片。碑石皆用西夏文和汉文刻成，此残片的文字为西夏文。西夏文为表意文字，共5000余字，笔画繁复，形体方整，结构仿汉字，又有其特点。

➡ **1038年**
李元昊称帝，国号大夏，定都兴庆，是为夏景宗。

元昊气昂昂地回答："我们党项族的风俗，就是牧牛羊、穿皮毛。男子汉不应仰人鼻息，应该开创自己的事业！"

李德明并不听儿子的，可是元昊依旧打着自己的算盘。1031年，李德明一死，元昊继承了西平王的爵位，就立即按照自己的志向大张旗鼓地行动起来，又是设置官职，又是整顿军马，准备摆脱宋朝的控制，自立门户。

元昊的称帝计划，受到了党项旧贵族的反对。有个叫山喜的贵族，算起来与元昊的母亲同族，阴谋杀害元昊，以阻止他建国称帝。元昊发觉了山喜的企图，就把他及他的同族全部处死了。

不久，元昊的叔父山遇也出面劝元昊不要称帝，而且三番两次，惹得元昊极度反感。他就暗中让人诬告山遇，告山遇密谋造反。山遇得知后，被迫逃往宋朝。哪知宋朝的官员胆小怕事，生怕得罪元昊惹出事来，就把山遇抓起来送交元昊。元昊毫不客气，把自己的叔父杀了。

经过一段时间的准备，元昊于1038年正式宣布称帝，国号大夏，定都兴庆（今宁夏银川）。因为它位处宋朝的西北，所以历史上称之为"西夏"，称元昊为夏景宗。

西夏所辖的区域，大致为今天的甘肃、宁夏、青海、陕西和内蒙古的一部分地区。

夏景宗称帝之后，立即仿照宋朝制度，建制设官，又命人模拟汉字，创造西夏文字。西夏文字不仅在西夏统治的近200年中一直通用，而且在西夏灭亡以后，还流传了相当长的时间，对西夏的政治、经济、文化的发展，起到了重要作用。

207-好水川之战

元昊称帝后的第二年,就上表要求宋朝承认。宋王朝对元昊的做法,本来就又惊又怒,怎么会承认它呢?不仅不承认,宋王朝还下令削去元昊西平王的爵位,断绝贸易往来,甚至在边境关卡上张榜,悬赏捉拿元昊。

宋王朝的这种反应,既大大出乎元昊意料,也激怒了元昊。他立即整顿兵马,向宋朝进攻。

宋朝军队的设置,由于宋太祖防止兵变,采用了分散驻扎的办法,并且使兵将分离,造成兵不识将、将不识兵的结果,因而大大削弱了战斗力。

当元昊进犯宋朝西北边地,宋军在西北驻防的兵士共有三四十万之多。照理说,这么多兵马,是完全可以打败元昊的,可是宋军这些人马却分散在24个州的几百个堡垒之中,而且各个州的兵马都直接由朝廷指挥,彼此之间根本没有配合,再加上宋朝军队已有好多年没打仗,将士都缺乏训练。相比之下,西夏的军队却是统一指挥,机动灵活,训练有素,战斗力强,因此宋军总是吃败仗。

过了一年,元昊又亲自带兵进犯延州(今陕西延安)。驻守延州的宋将叫范雍,是个无能之辈。他见元昊来势凶猛,吓得不敢出城迎战。

"鄜延第四将带器械"铜牌

北宋。高6厘米,宽4.2厘米。现藏于中国国家博物馆。鄜延路是北宋为防御西夏进犯而设置的帅司之一,以延州为治所。

元昊见宋军龟缩在城内,一时攻不进去,便派出一些士兵去诈降,让他们做内应。范雍不知是计,以为元昊军心不稳,既收留了诈降的西夏士兵,又放松了守城的措施。元昊乘机攻打延州,里应外合,很快攻下了延州城,杀死杀伤宋军1万多人,范雍带着些残兵落荒而逃。

宋仁宗赵祯得知范雍损兵失城,十分生气,就撤了范雍的职,另派大臣韩琦和范仲淹赶往陕西,指挥宋军抵抗西夏的战斗。

范仲淹风尘仆仆来到延州，马上对边境上的军队建制做了一些改革，他把延州16000马合并为六路，派六名将领各率一路，每日进行训练。由于措施得力，训练扎实有效，散漫疲沓、缺乏管理的宋军迅速提高了战斗力。

西夏将士看到宋军的面貌突然大变，而且防守严密，都十分惊奇，再也不敢轻易出兵了。他们一打听，才知道是范仲淹治军有方的结果。西夏将士都不由得感叹道："小范老子（指范仲淹）胸中有雄兵数万，可不像大范老子（指范雍）那样好欺负了。"

1041年3月，元昊又亲率大军南侵。他打探到延州在范仲淹的布防下力量加强，不宜进攻，就挥军向渭州（今甘肃平凉）杀去。元昊又玩起诡计，先派人去向韩琦求和。

韩琦一眼就识破了元昊的花招，他叮嘱部下说："元昊无缘无故派人求和，一定是缓兵之计，你们必须严加防守。"果然，西夏军马不久就逼近了怀远城（今甘肃平凉西北）。

在抗击西夏的战略战术上，范仲淹与韩琦有着不同的主张。范仲淹认为敌强我弱，应该加强防守，以消磨西夏军马的锐气。韩琦却主张多出击，才能打退西夏军马的进犯。

因此，坐镇渭州的韩琦，见西夏军到，就命大将任福领兵出击。

任福出发前，韩琦有些不放心，一再吩咐任福，说："元昊诡计多端，不好对付，你一定要小心，不

西夏墓画中的武士形象
墓画出土于内蒙古自治区阿拉善盟额济纳旗的黑水城遗址。黑水城是西夏西边重要的边防要塞，为十二监军司之一黑山威福司治所。西夏国内各民族杂居，国人以汉人为多，军队中有大量汉族部队，所以西夏甲胄的款式，受宋式影响很大，衣甲一如中原。

要妄自深入,以免上他的当。"

任福领兵出了城,朝着西夏军马迎了上去。与夏军一相遇,他发现夏军人少,就命士兵奋勇出击。那些夏兵一交手,似乎不堪一击,丢下战马、骆驼就跑。任福杀得兴起,就忘了韩琦的嘱咐,在夏军的后面紧追不舍,整整追了三天,来到了好水川(今宁夏隆德西北)。这时,天已黑了下来。任福就让士兵就地休息,打算第二天再去追杀西夏军马。

第二天,任福领着兵马,沿着好水川继续追赶,一直追到六盘山下,仍不见西夏兵的人影。宋军将士又疲劳又迷惑,正在彷徨之际,有个士兵惊叫起来:"将军,这里有几个泥盒子。"停了一下,又说:"里面还有声音呢。"士兵们都十分惊奇,一齐看着任福。

任福停住马,不假思索,命道:"打开看看。"几个士兵七手八脚把泥盒子打开。突然,一百多只鸽子凌空飞起,在宋军的上空盘旋飞翔。

任福和将士们看着这些鸽子,一起都呆住了,不知是怎么回事。任福怔了一会儿,立刻就恍然大悟。这一定是元昊弄的鬼。他马上下令将士快退,可是已经来不及了。只听四面杀声阵阵,潜伏在山头林间的西夏军一齐杀出,那箭就像雨似的向宋军飞来。

原来,那小股夏军就是元昊设下的诱饵,他在六盘山埋下了10万精兵,并用鸽子作为信号。鸽子一飞,四下的夏军像得了命令似的,便一齐冲杀出来,将宋军紧紧围在中间。

宋军被这突然袭击打得晕头转向,阵脚全乱了。他们各自为战,奋力抵抗。无奈几天的急行军已使士兵们十分疲累,又处在挨打的地形,更何况西夏

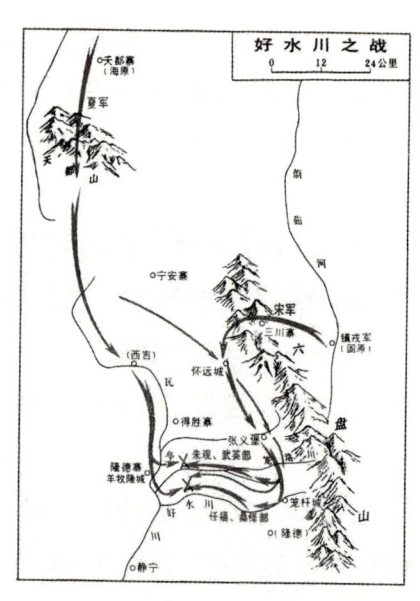

宋夏好水川之战示意图

宋康定二年(1041年),西夏王元昊率军10万南下攻宋,将主力埋伏在好水川口,另一部分攻打怀远,引诱宋军深入。宋朝西北前线主帅韩琦派大将任福、桑怿等率军五万迎击。夏军佯败,任福中计,追击至好水川,遇伏,任福、桑怿等力战殉国,士卒损失1万多人。

兵以逸待劳，人数上又占绝对优势，宋军将士不是战死了，就是被逼到悬崖上摔死了。

任福拼命厮杀，西夏兵近不了他身，就用箭射他。最后，任福全身中了十几箭，也战死在阵地上。曾经有人劝任福突围逃跑，但他不肯，悲壮地说："我中了元昊奸计，遭此大败，心中实在有愧，只能以死报国了！"

宋仁宗听说宋军在好水川又遭惨败，一怒之下把韩琦、范仲淹两人都给撤了。

元昊打了胜仗，继续向宋朝进逼。1042年，他又出兵攻打宋朝边境，打死了10多名宋军将领，俘虏了近1万名宋军士兵，还缴获了五六百匹战马，然后乘胜打到渭州，掠走大批居民，抢夺无数财物，然后才耀武扬威地撤回去。

宋仁宗见老是吃败仗，不免害怕起来，就主动要求议和。由于连年开战，西夏国内的情况也十分糟糕，尤其是人民的反战情绪非常强烈，因此，元昊就势下台，答应议和。

1044年12月，宋夏达成了协议。宋朝承认元昊称帝，并正式封他为夏国王，西夏名义上仍对宋称臣。就是为了这个名义，宋朝每年要赐给西夏绢13万匹，银5万两，茶2万斤。逢年过节和元昊的生日，还得再加上一大批。

腐败的宋王朝花了大量的钱财，才买回来一时的苟安。

208-范仲淹忧国忧民

好水川一战，宋军惨败，范仲淹其实没什么责任，可因为受人诬陷，也就与韩琦一起受到了处分。后来，宋军连连败在西夏手里，损失惨重，宋仁宗又不得不重新起用韩琦、范仲淹。

韩、范二人重新上任之后，同心协力，加强防守，使宋夏边境安定了一阵子，尤其范仲淹指挥得力，屡屡挫败夏军，声名传得更响了。

宋仁宗觉得范仲淹确实是个人才，就于1043年把他调到身边，封为参知政事，不仅让范仲淹掌管国家大事，并且要他提出一套治国的方案。

原来，宋王朝由于内政腐败，加上与辽朝和西夏连年征战，消耗太大，还须付出大量赔款，因此国库空虚，入不敷出，财政极为困难。宋仁宗想依靠范仲淹来扭转朝政的困难局面。

范仲淹不觉有些犹豫起来。虽说他对朝政的弊端了解得很透，早就有了改革设想。但是，他知道，改革谈何容易，弄不好就会身败名裂，甚至家破人亡。

范仲淹想起了自己前几年所经历的一次遭遇。

那还是在第一次去陕西抗击西夏之前，当时范仲淹在朝廷里担任谏官。宰相吕夷简利用职权，把自己的一些狐朋狗友安排到各个地方去做官。对于这种徇私情、害国政的做法，范仲淹非常气愤，就大胆向宋仁宗做了揭发。吕夷简恼羞成怒，反咬一口，诬告范仲淹交结朋党、挑拨君臣关系，昏庸的宋仁宗宠信吕夷简，就把范仲淹贬谪出朝了。

想起这件事，范仲淹就心寒。提个意见就遭贬，那改革还得了吗？可是，宋仁宗却再三催促他，要他尽快拿出措施。

范仲淹是个正直的人，不忍心看着朝政就这么腐败、混乱下去。于是排除担忧，横下心来，拟出一个改革方案呈交给宋仁宗。

宋仁宗接过方案，认真地看起来，只见上面工工整整写着一条条的改革措施：

一、必须定期考核官吏，按各人的政绩决定提拔还是降职；

二、严格限制大臣子弟靠父亲的关系得官；

三、改革科举制度；

四、慎重选择任用地方长官。

还有几条是关于提倡农桑、减轻劳役、加强军备、严格法令等方面的，总共是十条。

宋仁宗非常高兴，立刻照准不误，诏令范仲淹在全国推行这十条改革措施。当时宋仁宗的年号为"庆历"，所以历史上把这次改革称为"庆历新政"。

《科举考试图》

宋。宋朝是科举承前启后的朝代，也是臻于成熟的朝代。宋朝以文人治国，通过科举考试取士的总人数超过10万名，是封建王朝之最。"朝为田舍郎，暮登天子堂"是宋代科举改变寒士命运的真实写照。

为了推行新政，范仲淹准备派一批"按察史"到各地去考察。然后根据考察结果，对各级官员进行升降甚至罢免。

朝中的另一位大臣叫富弼（bì），也是个主张改革的人。宋仁宗让他协助范仲淹一同负责推行新政的事。

范仲淹就与富弼商量，审核派到各路（宋代的路相当于现在的省）去担当按察使的人选。范仲淹对候选名单反复审看，一发现有贪赃枉法等不轨行为的人员，就毫不客气地把他们的名字勾掉，准备再补充一些。

富弼在旁边看着范仲淹勾来勾去，已勾掉了不少人，有些不安，就半劝半玩笑地说："范公，你这大笔一勾倒是容易，可要害得一家子哭鼻子了。"

范仲淹放下笔严肃地说："要是一家子不哭，可要害得一路的百姓都要哭了！"

富弼听了范仲淹的话，既佩服又感动。是啊，要是让那些无耻小人去视察，怎么能反映下面的真实情况呢？那将会有多少人家因此受害吃苦啊！

范仲淹的新政一推行，立即遭到了那些守旧官僚的强烈反对。一些权贵大臣、贪官污吏尤其闹得厉害，他们为了保护自己的利益，不择手段地攻击范仲淹、攻击新政。他们天天在宋仁宗面前搬弄是非，说范仲淹的坏话，说他交结朋党，滥用职权。

范仲淹见反对派势力太大、太强硬，闹得简直不可开交，而宋仁宗却也动摇软弱，不像以前那样支持他了，他觉得再弄下去会对自己十分不利，就自动要求离开朝廷。宋仁宗正是求之不得，立即把范仲淹打发出朝了事。富弼也被贬到河北去了。

范仲淹刚走，他所推行的新政就让宋仁宗下令全部废止了，前后才不过一年多时间。

> **TIPS**
>
> **富弼**
>
> 富弼（1004年—1083年），字彦国，洛阳人。北宋著名政治家，曾多次出使辽国，对宋、辽、西夏三国关系有透彻的了解，助宋朝打破辽夏同盟，使宋、辽、西夏三国鼎立的格局逐渐稳定下来。富弼曾与范仲淹等共同推行庆历新政，但反对王安石变法，至和二年（1055年）和熙宁二年（1069年）两度为丞相，为昭勋阁二十四功臣之一。

范仲淹因为改革，得罪了权贵，政治抱负无法施展，反而遭贬斥受打击，一生历尽坎坷，很不得志。但是他却并不消沉，而是以一种积极向上的精神来对待所面临的一切。著名散文《岳阳楼记》就是范仲淹那种可贵精神的真实写照。

岳阳楼

岳阳楼位于今湖南省岳阳市，是"江南三大名楼"之一。始建于220年前后，相传其前身为东吴大将鲁肃的"阅军楼"，两晋南北朝时期称为"巴陵城楼"，唐李白赋诗后始称"岳阳楼"，宋范仲淹《岳阳楼记》使岳阳楼著称于世。

就在范仲淹遭贬到邓州（今河南邓州）之后不久，他的一位在岳州（今湖南岳阳）做官的老朋友滕子京，把当地的名胜岳阳楼修葺一番之后，请范仲淹写篇文章以做纪念。

范仲淹打开老朋友送来的有关岳阳楼的材料，似乎面对浩渺的洞庭湖水，不禁浮想联翩。他回顾古往今来的世事沧桑，联想到自己和朋友的坎坷经历，不禁感慨万端，写下了《岳阳楼记》这篇以景寓情、情景交融的千古佳作。文中的名句"居庙堂之高，则忧其民；处江湖之远，则忧其君""先天下之忧而忧，后天下之乐而乐"，充分展示了范仲淹那忧国忧民的崇高胸怀和以天下安危为己任的伟大抱负，教育和鼓舞了后代千千万万的人。

209-欧阳修不负母教

欧阳修是与范仲淹同期的一位杰出的文学家和史学家，他是唐宋散文八大家之一，在历史上享有很高的声誉。他之所以能取得那么高的成就，与他早年受到母亲良好的教育是分不开的。

欧阳修，字永叔，庐陵（今江西吉安）人。他还在四岁的时候，父亲就病逝了，剩下他们孤儿寡母，生活难以维持。母亲就带着儿子去了随州（今湖北随州），依靠他叔父过日子。欧阳修的母亲是个贤惠有志、颇有教养的人，一心要把儿子培养成人,希望他将来有出息。可家里穷,买不起纸笔,怎么办呢?母亲看到屋前的池塘边长着荻草,就用荻草秆在地上划,教儿子认字。欧阳修很聪明,也拿着荻草秆在地上划来划去,小小年纪就跟母亲学了不少字。

欧阳修在母亲的精心教育下,养成了勤奋好学的习惯。还是10岁的时候,欧阳修就常常到附近藏书多的人家去借书读,反复吟诵。有一次,欧阳修在一家姓李的人家借书,发现废纸篓里有一本旧书,拿出来一翻,原来是唐代文学家韩愈的文集,就向主人要了来,带回家细细阅读。

宋朝初年,人们写文章,大都只追求辞藻华丽,讲究句子和句子的对称,却不顾文章的内容,非常空洞。而韩愈的文章中那透彻的说理、流畅的文笔,使欧阳修越读越觉得有意思,连吃饭、睡觉都忘了。他一边反复诵读,一边认真琢磨,努力学习韩文的风格。

功夫不负有心人,欧阳修长大之后,到东京参加进士考试,连考三场,他都得了第一。

欧阳修被推举到西京(今河南洛阳)做留守推官,当了西京留守钱惟演的助手。那时,欧阳修才不过20出头。钱惟演手下有不少幕僚,都很会写文章。有一次,钱惟演新盖了一座馆舍,竣工之后,就请了三个幕僚,各写一篇文章来记述建房的事,欧阳修也在被邀请之列。

过了一天,三个人的文章都写好了。钱惟演就让大家互相传看、评议。三篇文章,一篇700多字,一篇300多字,欧阳修的是500多字。大家都认为是300多字的那一篇最好,不仅文字精练,而且叙事清晰,

TIPS
韩愈

韩愈(768年—824年),字退之,河南河阳(今河南孟州)人。贞元八年(792年)登进士第,累官监察御史、都官员外郎、史馆修撰、中书舍人等。曾因谏迎佛骨被贬至潮州。晚年官至吏部侍郎。韩愈工诗善文,是唐代古文运动的发起人,是唐宋八大家之一,也是唐代儒学复兴的关键人物。苏轼在《潮州韩文公庙碑》中高度赞扬他发起古文运动的功绩,评价他"文起八代之衰,而道济天下之溺"。

结构严谨。写这篇文章的人叫尹师鲁，欧阳修读了他的文章，十分佩服。到了晚上，他就带上酒，专门去拜访尹师鲁，向他请教作文的心得。两人一边喝酒，一边讨论文章的作法，谈得十分投机，尹师鲁对欧阳修说："你的文章写得不错，只是格调不高，空话多了些。"

欧阳修明白了自己文章的缺点，立即动手重写了一篇。重写的这篇比尹师鲁的那篇还少20多字，显得更为清晰精致。尹师鲁非常钦佩，在人面前称赞道："欧阳修进步惊人啊，简直是一日千里！"

欧阳修后来入朝做了官。虽然官职不高，但却正直敢谏，在朝廷中很有影响。那年范仲淹得罪吕夷简，被贬到南方时，有个叫高若讷的谏官，不但不为范仲淹辩驳，反而幸灾乐祸，认为他该贬。

欧阳修非常气愤，就写了封信给高若讷，严厉指责他

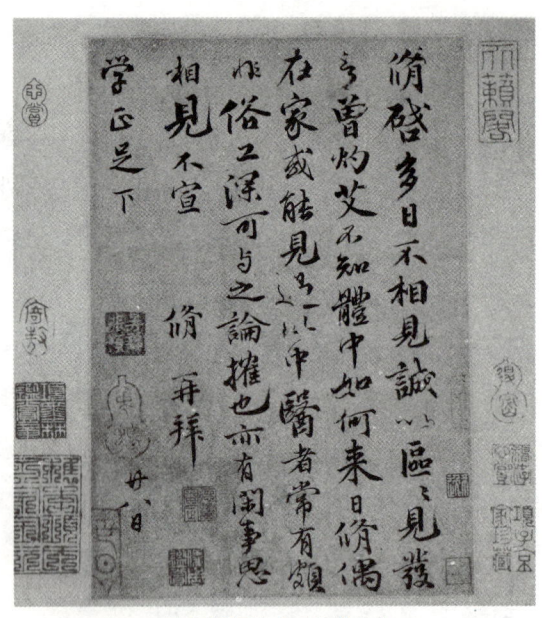

欧阳修行楷书《灼艾帖》

《灼艾帖》是欧阳修写给长子欧阳发的一封信。纵25厘米，横18厘米，6行69字。现藏于故宫博物院。

的这种无耻行为。信中说："你作为一个谏官，做出这等事，居然还有脸出入朝中，真是不知道世界上还有羞耻二字。"

欧阳修觉得还不够，又写了篇文章给宋仁宗，就是那篇著名的《朋党论》。文章为范仲淹辩护，驳斥那些用"朋党"罪名陷害范仲淹的小人。

欧阳修因为替范仲淹辩护，也被降职到外地，过了4年，才回到京城。

范仲淹返朝推行新政，欧阳修坚决支持。范仲淹受到诬陷，他又出来为范仲淹说话，权贵们大为恼火，于是无中生有，给欧阳修罗织一些罪名，也把他贬到滁州（今安徽滁州）去了。

欧阳修在滁州做太守，写了篇散文叫《醉翁亭记》，也是传诵千古的佳作。据说他为了写好这篇文章，进行了反复的修改。如文章的开头，原来分

东南西北，一一记叙滁州四面各有什么山，一下子就花去了好几十字。欧阳修觉得太啰唆，就反复修改，到定稿时，只剩下"环滁皆山也"五个字，既精练，又把要表达的意思都表达清楚了。

欧阳修在地方上做了10多年的官，又被宋仁宗调回京城，担任翰林学士。由于他一贯反对浮华艰涩的文风，提倡文章要写得通俗流畅，因此，做了翰林学士之后，他便宣传自己的主张，积极倡导改革文风。

有一年，京城举行进士考试，朝廷派他任主考官。于是他就以自己的主张来评判考卷，对那些华而不实的文章，一概不予录取。因此，落选的考生，对欧阳修很不满，甚至当面辱骂欧阳修。

这样一来，考场的文风就有了变化，大家都学着写内容充实、语言朴素的文章了。

欧阳修是个有多方面才能的人，散文、诗、词都写得很好。他以自己丰富的创作和积极的倡导行为，成为北宋古文运动的领袖。他还积极培养人才，著名的散文家曾巩、王安石、苏洵、苏轼、苏辙，都曾经得到他的提拔和推荐。

210-包拯执法如山

千百年来，民间广泛流传着一个传奇式的清官的故事，这清官就是北宋的包拯。经过小说、戏曲以及电视的渲染，他更是成为妇孺皆知的人物。包公、包青天、包龙图，也早已成为清廉正直、秉公执法、铁面无私的代名词。

包拯是庐州合肥（今安徽合肥）人，28岁中了进士，便在天长（今安徽天长）做县令。包拯一踏上仕

> **TIPS**
>
> **龙图阁**
> 北宋阁名，建于宋真宗咸平四年（1001年），阁中收藏各种典籍、图画、珍宝，也包括皇帝御书，兼有今天图书馆、博物馆、档案馆的功能。景德四年（1007年），置龙图阁学士，为正三品。包拯曾做过龙图阁大学士。

途，就在办案上表现出非同寻常的才智。

一天，有个农民来县衙告状，说他家的牛昨晚拴在牛棚，被人割了舌头，请求县老爷为他做主，查明此案。

包拯向这个农民询问了一些问题，估计是有人想陷害他，但又没办法证实，就对农民说："你先回去吧！"

那农民不肯走，哭着说："如今我的牛血流不止，不能吃东西，看来是活不长了，那该怎么办呢？"

包拯说："你回家把牛宰了，但一定别声张，什么人都不要说。"

原来，按当时的法律，是不能私自宰杀耕牛的，何况耕牛是农民的重要财产，他怎么舍得杀呢！

农民回家后，果真把牛宰了。

过了几天，有个人跑到衙门告状，说："有人违反官府命令，私宰耕牛。"

包拯盘问道："你知道他为什么宰杀耕牛吗？"

那人吞吞吐吐地回答："不……不清楚。听人说好像牛舌头被割……割掉了。"

包拯又追问一句："你是听谁说的？"

那人支支吾吾，回答不上来了。包拯把脸一沉，厉声喝道："好大胆的家伙，割了人家的牛舌，倒来状告别人私宰耕牛！"

那人大吃一惊，扑通一声跪倒在地，连忙认罪求饶。

一件无头案立刻真相大白了。包拯的名声从此传扬了出去，大家都知道有个审判牛舌案的包公。

包拯做官期间，每到一个地方，都要为当地的百姓办一些实事，清理一些冤案。因此，他的声名越来越响。他办案不徇私情、执法如山，这一点最令人称道。

包拯在庐州府做官的时候，他的一些亲戚以为有了靠山，就大胆妄为起来。

一次，包拯的一个堂舅犯了法，被人告到包拯那里。包拯十分恼火，立即派人把堂舅抓到官府。面对堂舅，包拯一边责问，一边训斥，比对一般的犯人更为严厉。

堂舅见这个堂外甥这样规矩办案，吓得跪地求饶，另一些亲戚也赶来替他求情。包拯一概不理，冷冷地说："不是我不讲情义，谁叫他犯法呢？"说着，即命堂役将堂舅按倒在地，当众打了他一顿板子，然后又根据罪行，判了处罚。

亲戚们看到这种情形，吓得再也没有敢犯法的了。

包拯办案出了名，后来被宋仁宗调到了朝廷里，做了一名谏官。包拯做谏官，也是尽职尽责，给宋仁宗提出不少好的建议。比如，他针对当时的积弊，提出了裁减多余的官吏、兵员和减少不必要的开支等主张，要求宋仁宗锐意改革。

宋仁宗见包拯果然刚正不阿，就调他去任开封知府，想借他的清廉刚正、执法如山来整顿一下开封的秩序。

有一年，开封发大水，河道阻塞，积水排不出去。包拯一调查，原来是一些宦官、权贵侵占河道，用来修筑花园、亭台。包拯立刻下令，要求大家把河道上的建筑全部拆掉。

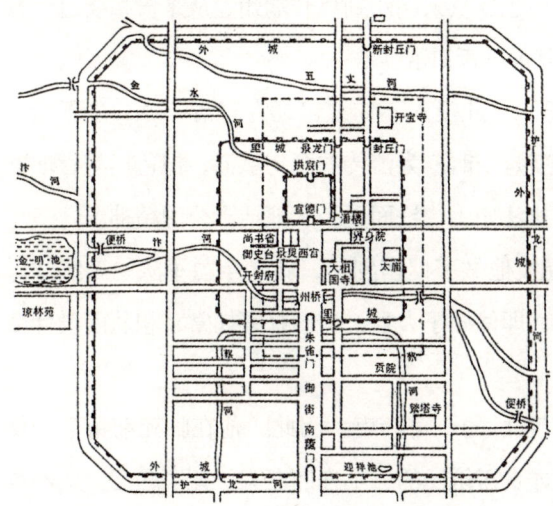

北宋开封府图

开封是北宋都城，人口超过百万，是当时世界上最繁华的大都市之一。五代、宋初，任开封府尹者多为储君，周世宗、宋太宗、宋真宗都曾担任此职。寇准、欧阳修、包拯、范仲淹、宗泽等北宋名臣也曾出任开封府。宋代的城市废除了魏晋以来的市坊制度和宵禁制度，拆毁了分割各居民区的坊墙，百姓可以在城内任何地方开设店铺，而不再局限在专门的"市"中。

有个权贵就是不肯拆，包拯就派人去催促。那权贵拿出一张地契，死活狡辩，说那是他家的产业。派去的人回来报告包拯，包拯便亲自登门去查问处理。包拯详细检查一番，发现地契是那权贵自己伪造的，十分恼火，立即勒令权贵限期拆掉花园。回来后，他还写了份奏章，向宋仁宗揭发那权贵的恶行。

那权贵见包拯执法如山，毫不妥协，怕事情闹大了对自己没好处，只好

包公祠

包拯是古代著名的清官，他廉洁公正，不附权贵，铁面无私，且英明决断，敢于替百姓申不平，故有"包青天"之名。他明察秋毫、断案如神的故事在我国家喻户晓，"包青天"成了清官的代名词。在河南开封、安徽合肥、广东肇庆等地都有包公祠纪念他。

乖乖拆了花园。

京城的权贵都知道包拯的厉害，吓得把头缩起来了。有个人就想送点什么好处给包拯，企图收买他，了解包拯的人就劝他说："别操那份心了，包拯哪会吃你那一套。"

原来包拯曾在端州（今广东肇庆）做过官。那里出产的砚台叫端砚，是名贵的文具和工艺品，每年必须向官廷进贡一批。在端州为官的人，常利用进贡的机会，私下贪污，而且贪污的数量要比进贡的多出几十倍。而包拯从去端州到离开端州，从来没私要过一方砚台，这种廉洁奉公的精神早就远近皆知了。

想收买包公的人只好作罢。从此没人不知道包拯为官清廉，一尘不染。"关节不到，有阎罗包老"，就是当时广为流传的两句歌谣，把包拯与管地狱的神相提并论，高度赞扬了他执法如山、铁面无私、廉洁奉公的精神。

宋仁宗对包拯很器重，提拔他做了枢密副使，就是全国军队的副统帅。在生活上，包拯一向非常俭朴，即使做了大官，仍旧朴素如常，和从前没什么两样。

包拯平生最痛恨那些坑害百姓的贪官污吏，因此，他在临死前留下一篇遗嘱，训示道：后世子孙做官如贪污坑民的，不许回老家，死了之后，也不得葬在包家祖坟上。

211-王安石变法

宋仁宗整整做了40年皇帝，虽说也想有所作为，但最终也没成什么气候，国家反倒在他的手上被搞得越来越衰弱了。

> **1063年**
> 宋仁宗死，太子赵曙即位，是为宋英宗。

> **1067年**
> 宋英宗死，太子赵顼即位，是为宋神宗。

TIPS
四相簪（zān）花

这是北宋时期的一个典故，出自沈括《梦溪笔谈·补笔谈》。韩琦任扬州太守期间，府中后园有一种名叫"金缠腰"的芍药花开了四朵，韩琦请了当时在杭州的大理寺属员王珪、王安石、陈升之三人同来赏花。四人欢宴，各簪花一支。过了30年，四人都先后做了宰相。此事遂成为千古流传的佳话。

宋仁宗之后是宋英宗。宋英宗只做了4年皇帝，就病死了，继位的是太子赵顼（xū），也就是宋神宗。

宋神宗是宋代有名的年轻皇帝，他即位的时候只有20岁，逝世的时候也才37岁。在他执政的18年里，他始终锐意革新，在我国几千年的封建历史上，是少见的改革皇帝。

宋神宗主要重用的改革人物是王安石。

王安石，字介甫，抚州临川（今江西抚州西）人。他20岁就中了进士，文章写得十分出色，得到了欧阳修的赞赏，从此开始了仕途。

王安石担任过鄞县（今浙江宁波，鄞音yín）知县，由于治政有方，使那里的百姓感念不已。鄞县是个常发灾荒的地方，王安石一到那里，就组织农民兴修水利，疏通河道。每逢青黄不接，王安石就把官仓的存粮分给揭不开锅的农民，等到秋收之后，再让借粮的农民加纳少量利息还给官府，这样既帮助农民渡过了难关，又使官府的存粮有所增加并能不断换成新粮。

王安石先后做了20年的地方官，名声越来越大，后被宋仁宗调进朝廷，当上了专门管理财政的官。他根据自己多年的观察和管理经验，向宋仁宗提交了一份长达一万字的奏章，申述了自己对改革财政的主张。宋仁宗已被范仲淹新政的推行弄怕了，一看到改革两个字就头疼，于是把王安石的奏章丢到一边，根本不予过问。王安石看到朝政混乱不堪的样子实在痛心，可又什么也不能干，真是难受极了，他不愿做那种安于现状、整日蒙混的官，就趁着为母亲奔丧的时候，辞职回家了。

如今宋神宗上台了，这个想做一番事业的年轻皇帝一即位就向朝中的元老大臣富弼询问富国强兵的方法。由于庆历新政的失败及所受的打击，富弼早已丧失了改革的锐气，这时的他因为久居高位而变得老于世故和因循守旧了。他不仅不支持宋神宗改革的热情，反而泼了宋神宗一头的冷水。

宋神宗从元老大臣那里得不到支持，就想到了早有所闻的王安石。这时的王安石在江宁（今江苏南京）做知府。宋神宗立即下了一道命令，把王安石调到京城做翰林学士，让他随时向自己陈述政见。

王安石一进京，宋神宗就单独召见他，恳切地说："朕早就知道你的才华和为人，你有什么好的意见和设想，就告诉朕，决不要有什么顾虑。"然后他就问道："你看我们现在该先从哪儿下手呢？"

王安石胸有成竹，坚定地回答："应先从改革旧的法度、建立新的法制开始。"

宋神宗又问："当年唐太宗是如何做的呢？"这表明了这个年轻皇帝励精图治，力图使宋朝变得像盛唐那样强盛的迫切愿望。

王安石很受鼓舞，回去后立即就变法立制写了份详细的意见书，第二天一上朝就交给宋神宗。宋神宗看了很高兴，又向王安石询问具体的实施方法，王安石只简略地做了些回答，宋神宗大为赞赏，夸道："你说得实在太好了，这都是朕从来没听说过的啊！"

宋神宗坚定了变法图强的决心，不久就提升王安石为参知政事，让他进入最高执政机构，实行变法。接着，又设置了一个专门拟定变法措施的机构"制置三司条例司"，由王安石来主持。这样，影响深远的"熙宁变法"（熙宁是宋神宗的年号）便大张旗鼓地开展起来了。

王安石提出的变法内容，大致包括九个方面，其中主要的有这样几项：

一、青苗法。就是用官仓的粮食接济春天缺粮的农民，到秋收加息十分之二归还。这是王安石在鄞县用过的方法，如今向全国推广。

二、免役法。又称募役法。对于官府的各种差役，民户不再自己轮流担当，而改由官府雇人充任。民户则按贫富等级交纳免役钱，原来不服役的官僚、地主也要交一半的钱。这样既增加了官府收入，又减轻了人民的劳役负担。

三、农田水利法。即对地方上兴修水利、开垦荒地实行奖励政策。

四、方田均税法。由政府重新丈量土地，核实土地数量，按照土地的多少好坏纳税，官僚、地主也不得例外。

五、保甲法。政府把农民按住户组织起来，每十家为一保，五保为一大保，十大保为一都保。家里有两个以上成年男子的，抽一个当保丁，农闲练兵，战时编入军队。

王安石的新法一经推行，就收到了显著效果，对巩固宋王朝的统治，增加国家的收入起到了积极作用。

可是大官及大地主等保守派却极力反对变法，因为新法触犯了他们的利益。这些人纷纷起来，采用各种手段攻击新法，咒骂、诋毁推行新法的王安石。

宋代农耕场景

宋朝政府非常重视农业，为了更好地了解国家实际的农业生产情况，宋仁宗曾命画师在每日所用屏风上如实绘制乡村的农耕场景，称为《耕织图》。此图为南宋《耕获图》，描绘了农民从播种到收获的农耕生产过程，类似《耕织图》。纵24.8厘米，横25.7厘米，现藏于故宫博物院。

就在新法实行不久后，有个地方发生了地震。保守派就把这事同变法牵扯到一起，说什么王安石变法得罪了老天爷，老天爷发怒了。有个地方发生旱灾，灾民被迫流亡，有个保守分子便专请画工画了幅《流民图》，作为密件呈送宋神宗，攻击说："变法造成了旱灾，只要罢免王安石，停止变法，老天就会下雨。"

攻击的人多了，宋神宗就有些犹豫起来。有一次，宋神宗找王安石问道："外面有很多人都在议论，说我们不怕天变、不听人言、不守祖宗之法，你觉得是怎么回事呢？"

王安石哪相信那一套，他带着既是鼓励宋神宗又是自勉的口吻，说道："灾害不过是自然现象，不是人的行为造成的；只要自己做得对，不要在乎别人的议论，祖宗的规矩也不是一成不变的，不能死抱着不放。"

王安石说得句句在理，而且非常坚定。后人便把他这种坚持变法的战斗精神，概括为"三不"精神。

但是宋神宗却并不像王安石那样坚决。后来，宋神宗的祖母曹太后和母亲高太后，也在宋神宗面前哭哭啼啼施加压力，说王安石随便改了祖宗之法，把天下都搞乱了，逼着宋神宗罢免王安石，停止新法，搅得宋神宗心绪不定，不禁有些动摇起来。再加上保守派的势力非常强大，反对十分激烈，王安石不得不两次被迫辞职。第二次辞职后，他再也没出来做官。

王安石辞职之后，宋神宗仍坚持实行王安石的新法，直到他去世。之后，继任的宋哲宗年纪太小，由高太后执政，高太后启用反对变法的代表人物司马光。司马光掌握了大权后，就把新法一个个废除了。

212-司马光编《通鉴》

提起司马光，就得先说说他小时候破缸救人的故事。

司马光出生在陕州夏县（今山西夏县）一个做官人的家庭里。他自小受到较好的教育，显得聪明伶俐。7岁的时候，便开始专心读书，而且十分刻苦，即使在三九严寒、滴水成冰和三伏盛夏、酷热难当的时候，他都照样读书写字。人们见了，都说这孩子真老成，将来一定会有出息。

有一天，小小的司马光与邻居小朋友一起在院子里玩捉迷藏的游戏。院子里有口大缸，里面盛着满满的一缸水。有个小孩扒着缸沿爬上爬下，小手一没抓稳，便滑进了水缸里，整个身子都看不见了。其他孩子见出了事，吓得不知如何是好，有的哭着喊着，有的撒开小腿就跑开了。这时，只见司马光不慌不忙，搬起一块石头，用尽力气朝水缸砸去。"砰"的一声，水缸砸破了，里面的水一下子全淌了出来，小孩得救了。

见他小小年纪有胆有识，大家都十分惊奇。一传十，十传百，远远近近的人都知道了司马光破缸救人的事。据说，当时东京和洛阳还有人把这件事画成图画呢。

司马光与王安石本是十分要好的朋友。王安石受宋神宗器重，回到朝廷主持改革的时候，司马光是翰林学士。由于司马光思想保守，那时就开始与王安石谈不到一起去了。到后来，王安石被升为宰相，提出并推行了一系列的改革措施。司马光不仅一条也不同意，而且是拼命地反对。由于司马光的学识和影响以及他反对变法的强硬态度，他竟成了反对派的领袖人物，同老朋友王安石完全闹翻了。

在反对变法的种种活动中，司马光曾以老朋友的身份，给王安石写过一封信，他责备王安石侵犯其他官员的职权，招惹是非，搜敛钱财，还死不接受别人的意见。

王安石收到司马光的信后，针对司马光的四点责难，回信一一做了驳斥。王安石写道："我进行法制改革，是遵照皇上的号令，怎么能说是侵犯别人的职权；为国家做事理政，怎么能说是招惹是非；为朝廷、百姓理财，怎么能说是搜敛财富；批驳错误的论调，怎么能说是不接受别人的意见呢？"

王安石的回信，针锋相对，义正词严，把司马光驳得没有话说。再说，又有皇帝为王安石撑腰，司马光尽管非常生气，也奈何不了王安石。于是，司马光就向宋神宗辞职，离开京城到了洛阳，专心写他的书去了。

原来，司马光是个对历史很有研究的人。还是在小时候念书时，司马光就表现出对历史的兴趣。那时，司马光跟一个塾师学习，老师给他讲了《春秋左氏传》，司马光非常感兴趣，放学回家，就讲给家里人听，讲得井井有条，头头是道。

司马光当了官之后，仍持续不断地钻研历史，研读了很多历史著作。在学习钻研的过程中，他发现自古以来的历史著作虽然卷帙（zhì）浩繁，但是却没有一部上下贯穿的通史。另外，在司马光看来，各种各样的史书实在太多，皇帝看不过来，如果编一部通史，也可给皇帝读史书提供点方便。于是，他萌发了一个强烈的愿望，打算自己动手来编一部通史，打破这个尚无通史的局限。

立下了这个宏大的志向，司马光便着手编撰。他参考了众多的历史著作，花费了两年的时间，完成了一部从战国到秦末的史书。他按照自己的设想，给书取名为《通志》。

《通志》编成之时，正是宋英宗在位的时候。司马光就把这部书献给了宋英宗，宋英宗读过之后，觉得大开眼界，认为此书对自己治国理政很有帮助。于是下令为司马光专门设立了一个书局，让司马光全权组织编写人员，准许他们借阅官府的藏书。

宋英宗的支持使司马光得到了极大的鼓舞，他立即邀请了当时著名的史学家刘恕、刘攽(bān)和范祖禹等做助手，组成一个编写机构，把《通志》继续写下去。

《资治通鉴》手稿

现存手稿为长卷形状，29行，计460余字。楷书，夹有小字，多有改动涂抹。记载东晋永昌元年事。史事叙文后，有谢人惠物状5行，也是司马光手迹。最后为题跋。全卷印有各家收藏印及皇室印100余方，多在卷前、卷尾，卷中行文内也有不少。现藏于国家典籍博物馆。

到了宋神宗即位，司马光又把新编好的一部分稿子献给宋神宗。

宋神宗是个有作为的皇帝，他读了司马光的稿子后，更是高兴，而且体会很深。他认为司马光的书，不仅可以帮助做皇帝的人了解历代的盛衰起落，而且这种盛衰起落，就像一面镜子一样，让人可以常常对照借鉴。所以，宋神宗就把《通志》这个书名改为《资治通鉴》。"资治"是帮助治理，"鉴"的原义是镜子，用来表示警戒和教训的意思。后来，人们又把《资治通鉴》简称为《通鉴》。

后来司马光辞职罢官，回到洛阳一心编写《资治通鉴》，前后一共花了19年，才把这部著作全部写完。《通鉴》采用的是编年体，也就是按照历史年代的发展顺序，逐年写出历史上每年发生的大事的体例。它记载了自公元前403年到959年，也即从战国始到五代止的1363年的历史。

司马光为了编写这部宏大的著作，付出了艰辛的劳动。在那19年里，他起早贪黑，夜以继日，不停地翻阅、查找资料，不停地伏案写作。为了使《通鉴》早日完成，司马光给自己做了一个很特别的枕头，自名为"警枕"。这个枕头是由一段容易滚动的圆木做成，只要一翻身，枕头就会滚动，把他惊醒。司马光已经十分勤奋辛苦了，可他却还要用这个枕头来提醒、警诫自己不要睡得太多，以免影响写作。

司马光的努力没有白费，他以自己辛勤的劳动为后人留下了一笔宝贵的财富。人们认为，《资治通鉴》材料丰富，剪裁有致，考证严格，而且文字精练，富于文采，是我国史学史上最有价值的著作之一。而司马光也因此成为历史上著名的史学家。

213-宋代三大发明

我国古代的四大发明——造纸、活字印刷术、指南针和火药，是中华民族对人类文明的重大贡献。而后三样发明，都是在宋代出现的。

根据资料记载，最早的印刷术，是隋唐之际发明的雕版印刷。它是先用手工刻出阳文反字，涂上黑墨，然后复印在纸上。这种方法比手抄要经济许多。但雕版所花的工夫太长，而且刻好一块木板，要改动一个字，就得全部重刻；如果要印别的书，又得重新雕字。

宋代庆历年间（1041年—1049年），有个叫毕昇的工匠，觉得雕版印刷很费事，就想改变这种状况，他经过反复琢磨，终于发明了胶泥活字印刷术。

所谓胶泥活字，就是用胶泥做成的单字。先用一种很细的黏土，做成许多方块，刻上反字，一字一枚，然后放在土窑里用火烧硬，再按字韵顺序排列在专用的盒子里。排印时把一个个活字捡排在铁框里。铁框的底部撒上松香、蜂蜡、纸灰等带有黏合性的混合物，将排好字的铁框拿到火上加热、压平。待冷却凝固后，框中的活字既平整又坚固，就成为版型，涂上墨就能印刷。印刷时，可以用两块铁框同时交替进行。一版在印刷，另一版便继续排字，使印刷不会中断。每版可印1000次以上，速度快，质量好。经常用的字，就刻制几十个活字；冷僻的字，随用随刻，立即烧硬就可使用。印版中发现错字，也可随时更换。完毕之后，

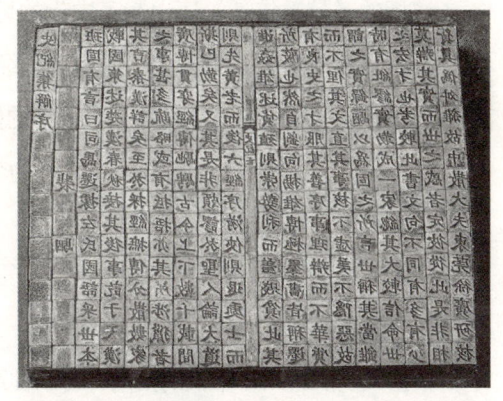

根据《梦溪笔谈》的记载复原的泥活字版

《梦溪笔谈》是北宋科学家沈括的笔记体著作，内容涉及自然科学、工艺技术及社会历史现象等各方面。对毕昇及其活字印刷术的最早记载就是出现在该书中的，这也是关于毕昇和泥活字的唯一原始记录。书中详细叙述了泥活字和活字印版的制作工艺，是后人复原泥活字版的根据。

将版型放在火上烘烤一下，等脂蜡熔化活字就会从铁框上脱落下来，然后供重复排版使用。

毕昇所创造的胶泥活字印刷，是一套完整的印刷技术，已具有制作活字、排版和印刷三个环节，与现代铅字排印原理基本一致，它是现代铅字印刷的前身。

后来活字印刷术流传到了国外，最早传入朝鲜。大约在13世纪初，朝鲜人在学习宋代活字的基础上，首先发明了金属活字，然后又传入亚洲其他各国。欧洲人采用活字印刷则比较晚，那已是15世纪中期以后的事了。

提起印刷术，不能不提到宋代一个非常著名的科学家沈括。

沈括是钱塘（今浙江杭州）人，出生于1031年，死于1095年。他一生在科学的很多方面做出了贡献。

沈括晚年的时候，写下了一部科学著作，叫《梦溪笔谈》。这是一部宏伟的著作，论述、记载了包括天文、历法、数学、物理、化学、生物、地理、地质、医学、考古、文学、音乐和绘画等许多方面的内容。其中最为著名的就是记载了毕昇发明和运用活字印刷的情况。可以这样说，如果没有沈括的记载，我们今天就不知道是毕昇发明了活字印刷术。

沈括的《梦溪笔谈》还记载了宋代的另一重大发明，那就是指南针。

早在东汉以前，我国的劳动人民就已经知道利用天然磁石制成一种形状像勺、能辨别南北方向的工具，那就是最早的指南针，当时把它称作"司南"。

"司南"在磨制成形的过程中，因为受击发热而容易失去磁性，因此制成后的磁性较弱，指南效果不好。

宋代人针对"司南"的不足，创造了人工磁化的方法，使指南针的使用获得了重大进步。

根据人们的总结，宋代的指南针有四种不同形式：一种是把指南针浮在水面上，让它自由转动；一种是把指南针放在手指甲上，利用指甲的光滑，指针可以灵活转动；另一种是把它放在光滑的碗唇上，使它旋转；而最好的一种，就是用蜡把细丝线缀在指南针的正中，将它悬挂在无风的场所，让它灵活转动。

宋代人在发明了可以准确指示方向的指南针之后，立即将之应用于航海。在北宋末年一些人所写的书籍中，就有关于海上航行应用指南针的记载。

沈括对指南针的使用方法及其性能有细致的观察和研究。因此，在利用指南针进行地形测量时，他发现磁针所指的方向并不是正南，往往是稍向东偏移。这种物理现象，欧洲人是直到哥伦布远渡大西洋时才发现的，沈括的发现整整早出了400年。

水浮法指南针（模型）

水浮法指南针是北宋时期发明的，沈括的《梦溪笔谈》中对其做了详细记载，此模型就是根据其记载复原的。口径10厘米，高2.3厘米。这种指南针是将磁针横向穿过数小段灯芯草，然后放在盛水的碗中。灯芯草浮在水面，连同磁针也浮在水面，静止时，磁针两端分别指示南北。碗中之水具有保持水平的特性，只要不是倾覆或急剧的震荡，磁针就能继续使用。水浮法指南针是早期最常用的一种实用指南针，它的优点是制作简便，缺点是稳定性较差，容易受水波荡漾的干扰。

火药在宋代之前早已经出现了，但配方不合理，因此没有获得广泛应用。到了宋代，火药配方有了改进，增加了硝的含量，并加入了其他易燃、易爆及有毒原料，从而使火药真正具备了威力。

火药有了威力，宋代人就把它运用到军事上。大约在9—10世纪，火药已经被用来制造兵器。970年，有个叫冯继升的人，向宋太祖演示了火箭的制造法。这种火箭的用法是，点燃箭头附近装的用火药制成的燃烧物，用弓射向敌营，它可以被看作是最早的火药兵器。

到了后来，火药兵器的种类越来越多，最后出现了利用火药的爆炸性能制造的铁火炮，也就是炸弹。

火药的制造方法，在13世纪的时候，传入了伊斯兰教国家。大约100年之后，欧洲人在与伊斯兰教国家的战争中，才学到火药武器的制造方法。

214-多才多艺的苏东坡

苏东坡就是宋代的大文豪苏轼，苏轼多才多艺，他的名字在当时就广为人知。即使到今天，人们一提起苏轼，也几乎没人不知道的。

苏轼，字子瞻，号东坡居士，眉州眉山（今四川眉山）人。他的父亲苏洵和弟弟苏辙都是北宋有名的文学家，他们被人们合称为"三苏"，而且都一起被列入"唐宋八大家"之中。

提起三苏，这里面还有一段有趣的故事。

苏轼20岁那年，和弟弟苏辙一起参加了京城的考试。当年的主考官就是大名鼎鼎的欧阳修。欧阳修在判定试卷的时候，觉得苏轼所写的文章实在是好，甚至觉得自己都不一定能写出来。由于试卷是密封的，欧阳修并不知那篇文章是谁写的。他想了想，觉得能写出这样文章的人，除了他的弟子曾巩之外，可能不会有别人了。为了避嫌，欧阳修就把那份卷子判为第二。

等到发榜的时候，欧阳修才知道写那好文章的人不是曾巩，而是个叫苏轼的年轻人，心里便有些过意不去。后来，苏轼按照考生的惯例，去拜见主考老师。苏轼温文尔雅，气度不凡，而且谈吐潇洒，举止大方，处处显出出众的才华。欧阳修既高兴，又惭愧，便对他的老同事，也是宋代的一位著名诗人梅尧臣说："这样出众的人才，真是难得，我应该让他高出一头呢！"成语"出人头地"就是由此而来的。欧阳修的这句话，既表明了自己谦虚、爱才的心情，同时更形象地表达出年轻的苏轼那不同凡响的才华。

与苏轼一起赴考的苏辙也高中了，苏洵作为父亲，在高兴之余却不免有些伤心、感触。原来，苏洵少年时期，没认真读书，到27岁那年，见别人都一个个上进了，这才发狠攻读。第二年参加考试，却没考上。苏洵一气之下，就把过去所写的文章全烧了，然后从头再学，果然进步很大，还教出了两个有出息的儿子。

如今苏洵心里就有感慨了，他把自己写的文章托人送给欧阳修，名义上是请求指教，其实是有点儿毛遂自荐的意思。欧阳修是个最重文才的人，他看了苏洵的文章，非常欣赏，就向宰相韩琦推荐，结果，没经考试，就破格把苏洵任命为秘书省校书郎。

父子三人于是在京城都出了名。苏轼从政为官，由于种种原因，总是郁郁不得志，但是他的才华，却得到了充分的施展。

苏轼曾被贬职到黄州（今湖北黄冈），挂了个什么权也没有的空头官衔，与流放其实没两样。苏轼穷得过不了日子，就弄了块地种起来，还在东边

《后赤壁赋图》
明杜冀龙绘。苏轼的前、后《赤壁赋》是千古传颂的名篇,早在北宋就有人根据文意作画,存世最早的是北宋乔仲常《后赤壁赋图》,现藏于美国纳尔逊艾特金斯艺术博物馆。此后,《后赤壁赋》画面成了历代画家常画的题材。

TIPS

苏门四学士

围绕在苏轼周围的黄庭坚、秦观、晁补之、张耒(lěi)四位文人,被称为苏门四学士。黄庭坚,字鲁直,号山谷,诗人,尤以书法著名,与苏轼并称为"苏黄"。秦观,字太虚,又字少游,尤以词名世。晁补之,字无咎,在诗、文、词方面均有不凡造诣。张耒,字文潜,是一位学者和诗人。他们四人深受苏轼垂青,最先就是由苏轼将他们合在一起称扬的。

的山坡上盖了间房屋,给自己取了个别号叫"东坡"。因此后人就常用苏东坡来称呼他。

就在这个时候,苏轼常常去游览山水,然后写成诗文,以抒发他苦闷的心情。著名的散文《前赤壁赋》和《后赤壁赋》就是这时写成的。

1082年农历七月十六日的一个夜晚,苏轼约了几个友人,乘着皎洁的月光,驾着小船到赤壁去游览。他们饮酒赋诗,吹箫吟唱,真是畅快极了。但苏轼一想三国时期的曹操和周瑜大战的情景,不禁触景伤情,感慨万千。回家之后,苏轼就写下了《前赤壁赋》。

过了三个月,苏轼和两个友人再游赤壁,又写了一篇《后赤壁赋》。

苏轼的两篇文章都写得十分优美,而且写出了两种完全不同的境界。同是游赤壁,前篇写秋游,"清风徐来,水波不兴""白露横江,水光接天",句句写出秋夜之景。后篇写冬游,"霜露既降,木叶尽脱""江流有声,断岸千尺。山高月小,水落石出",句句都扣紧冬夜特色,给人以美的享受。

其实,苏轼所游的赤壁,并不是曹、吴大战的地方。三国赤壁在今天武汉的上游,而黄州却在武汉下游。黄州赤壁因为苏轼的诗文和他的差错而出了名,人们把它称作"东坡赤壁"。

苏轼不仅文章写得好,同时也是写诗填词的高手。比如他的许多诗就非常脍炙人口,且举两首:

横看成岭侧成峰，远近高低各不同。
不识庐山真面目，只缘身在此山中。

水光潋滟晴方好，山色空蒙雨亦奇。
欲把西湖比西子，淡妆浓抹总相宜。

苏轼在词的创作上贡献尤其大，他开创了一个新的词派，使词的面貌焕然一新。

词是自中唐从民间逐步发展起来的，直到苏轼所处的时代，前后已有300余年的历史。虽然出现了不少名家名作，但词一直被认为是"诗余"，是"小道"，因此词的题材非常狭窄。特别是晚唐五代，词人一直流连于花间樽酒之间，词大都写的是离别的伤感、男女的爱情，形式上处处受到音乐的束缚。而苏轼的词，在内容上却完全打破了内容题材上的束缚，各种生活内容尤其是反映农村景象和生活的题材，在苏轼的词中都有表现，这是一个了不起的突破。苏轼因此开创了一个新的词派，叫"豪放派"。《念奴娇·赤壁怀古》是他豪放风格的代表作。这首词也是在游赤壁后写的，词的上半阕（què）写道：

大江东去，浪淘尽，千古风流人物。
故垒西边，人道是，三国周郎赤壁。
乱石穿空，惊涛拍岸，卷起千堆雪。
江山如画，一时多少豪杰。

有一次，苏轼带点儿自我得意地问一个唱歌的人说："我的词与柳永（北宋著名词人）的词相比，怎么样？"那人也是个风趣的人，回答道："柳永

TIPS

豪放派和婉约派

豪放和婉约，是宋词两大风格流派。豪放派以苏轼、辛弃疾为代表，婉约派以柳永、李清照为代表。豪放派，气势恢宏，风度健朗；婉约派，优柔细腻，缠绵悱恻。据南宋俞文豹《吹剑续录》载："东坡在玉堂，有幕士善歌，因问：'我词何如柳七？'对曰：'柳郎中词，只合十七八女郎，执红牙板，歌杨柳岸晓风残月。学士词，须关西大汉，执铜琵琶，铁绰板，唱大江东去。'公为之绝倒。"

> **TIPS**
> **柳永**
> 柳永（约984年—约1053年），原名三变，字景庄，后改名柳永，字耆卿，因排行第七，又称柳七，福建崇安人，北宋婉约派词的代表人物。他工音律，一生创格了大量词牌。其词尤其注意吸收下层人的生活，词风清畅，人多传诵。时人有"凡有井水处，即能歌柳词"的说法。

的词，只适宜十七八岁的女孩，手拿红牙拍板，唱'杨柳岸晓风残月'（柳永的名句）。你的词，须要关西大汉，手拿铁板，高唱'大江东去'。"这个回答，十分形象地说出了苏轼的词与另一词派（婉约派）风格上的区别。

苏轼还是个大书法家。他擅长行书和楷书，吸取了许多前辈名家的特长，且能自创新意，他用笔丰腴跌宕，具有一种天真烂漫的情趣。在书法史上，苏轼与蔡襄、黄庭坚、米芾并称"宋四家"，至今仍有不少人在学习他的书法。

215-昏君贼臣乱朝政

宋神宗去世之后，他的母亲高太后临朝执政，任用司马光做宰相，把新法全给废了。高太后当政八年便死了，宋哲宗开始亲政。宋哲宗看不惯祖母的那一套做法，执政之后又立即起用变法派。但是，重新上台的那些变法派，并没真心去搞改革，而是把精力放在对保守派的报复上。并且在变法派的内部也时常发生纷争，更有些投机分子借着变法的旗号大谋私利。整个朝廷陷于派系纷争和争权夺利之中。不久，宋哲宗得病死了。由于他没有儿子，皇位便传给了他的弟弟端王赵佶（jí），也就是宋徽宗。自此，朝政更是腐败不堪了。

> **1085年**
> 宋神宗死，太子赵煦即位，是为宋哲宗。

> **1100年**
> 宋哲宗死，其弟赵佶即位，是为宋徽宗。

宋徽宗是历史上出名的风流天子和昏君。说他是风流天子，是因为他在文学艺术方面有点儿才能，能写诗、作文章，也能画画、弄书法，的确可以称得上"风流"二字。

宋徽宗对玩乐有特别的嗜好。只要是好玩的东西，他都有兴趣。不论是谁，朝中大臣也好，官廷宦官也罢，甚至市井流浪汉，只要能使他高兴，使他玩得快活，就能得到他的信任和重用。

有个叫高俅的人，原来不过是宋徽宗做皇帝之前府中的一个小听差，也就是跑跑腿、干干杂务活。但是高俅有点儿小特长，就是能踢出一脚好毬（qiú，就是蹴鞠游戏），宋徽宗一向对他十分赏识。做了皇帝之后，他便把这个能使他开心的高俅很快提拔起来做了官。没几年工夫，高俅竟然当上了官廷禁军的头领。

那些与高俅一起在端王府当差的人，看到高俅平步青云，一再升官，自然有些羡慕，便向宋徽宗表示了也想得到提拔重用的要求。宋徽宗居然毫不掩饰地说："你们有高俅那样的好手脚吗？"那意思很清楚，谁要是也能像高俅那样善于踢毬，便也能得到高官厚禄。

宋徽宗一门心思地追欢逐乐，贪玩成性，却根本不懂得如何管理国家大事。因此，在他当政的20年里，受到重用的都是些奸臣贼子。他们千方百计地迎合宋徽宗的心思，满足他的嗜好，而对老百姓却是百般勒索、敲诈，无恶不作。

蔡京是"六贼"之首，坏事干得最多。他在宋徽宗还未即位之前，就在朝廷里做官，是个投机分子，总在变法派和保守派之间变来变去，哪一派掌权得势，他就站在哪一派而反对另一派，弄得两派人都讨厌他。因此，他曾两度被排挤、贬职出朝。但是他并不死心，一心等待和寻找东山再起的机会。

宋徽宗《芙蓉锦鸡图》
绢本设色，纵81.5厘米，横53.6厘米。现藏故宫博物院。宋徽宗善书画，其自创书法字体被称为"瘦金体"，其花鸟画自成"院体"，是少见的艺术天才。《宋史》评价他"诸事皆能，独不能为君耳"。

TIPS

蹴鞠（cù jū）

蹴鞠，又名"蹋鞠""筑球""踢圆"等，"蹴"是踏、踢的意思，"鞠"最早是外包皮革、内实米糠的球；"蹴鞠"就是指古人踢皮球的娱乐活动，与踢足球类似。蹴鞠在我国源远流长，早在战国时期就是流行的娱乐游戏，从汉代开始成为兵家练兵之法，宋代出现了专门的蹴鞠组织与蹴鞠者，清代开始流行冰上蹴鞠。

宋徽宗即位之后,有一次,宦官童贯专程到杭州去搜罗字画供宋徽宗赏玩。那时,蔡京被贬在杭州做官。蔡京知道童贯是宋徽宗宠信的人,就想方设法讨好他。童贯在杭州的那些日子,他极尽逢迎拍马的本事,白日黑夜地陪伴着童贯吃喝玩乐,还把自己的字画献给他。

童贯得了蔡京的好处,就在宋徽宗面前极力推荐蔡京,把蔡京说成是少有的人才。蔡京还拉拢了一些与他关系密切的人为他说话、活动。这些家伙也就替蔡京吹嘘,他们对宋徽宗说:"如果皇上要继承神宗的遗志推行新法,就一定得重用蔡京。"

宋徽宗居然相信了,马上把蔡京召回京城,第二年就让他做了宰相。

蔡京一坐上宰相的宝座,便露出了他凶恶的嘴脸。他要报复、打击那些曾经说他坏话,害他贬职出外的人。蔡京拿变法作棍子,把那些正直的官员,无论是保守的还是支持变法的,都看作是奸党而照打不误。蔡京撺掇宋徽宗在朝廷的端礼门前立了一块党人碑,把司马光、文彦博、苏轼、苏辙等120人都列为元祐(为宋哲宗前期的年号)奸党,对活着的一律降职流放,对已死的统统削去官衔。朝廷中正直的官员一一被排挤出朝,而蔡京的亲信、同伙却一个个受到重用,做了大官。

蔡京在排除异己,扩张自己势力的同时,还开始不择手段地搜刮钱财,一方面是为了满足宋徽宗的奢侈生活,同时也是为了满足他自己享乐挥霍的欲望。

例如盐,它是人们生活的必需品。过去,西北一带是官卖,即商人向地方政府交钱买盐钞(领盐的凭证),然后再凭盐钞买官盐。东南一带则由地方专卖。蔡京觉得这样做刮不到油水,就将卖盐的专利全部收归朝廷,由朝廷统一办理,也就是说,商人必须向朝廷交钱买

元祐党籍碑拓片

崇宁元年(1102年)九月,蔡京上奏将司马光等120人列为元祐奸党,由宋徽宗御笔书写其名,镌刻于端礼门的石碑上,昭示天下。次年六月,党人名单增至309人,刻石文德殿东壁,并令各州县刻石。"元祐党人"的认定实际上已经与变法关系不大了,更多的是出于宋徽宗特别是蔡京排斥异己的需要。

盐钞再到地方上买盐。蔡京掌握了这个权力，便经常变换盐钞，旧钞还没用完，又开始发新钞。没用完的旧钞须再贴钱才能换上新钞，并且限期截止、作废。很多商人因为没钱贴换，只好眼睁睁地看着几十万旧钞变成废纸，急得寻死觅活。

蔡京用这个卑鄙的方法来坑害商人，轻轻松松地就捞到了大笔的钱财。更出格的是，蔡京还用卖官位来赚钱。他把一些官职公开标价，只要出钱就能买到。"三千索，直秘阁；五百贯，擢通判"，当时流传的这首民间歌谣，就揭露了他们公开卖官的伎俩。

免役法本是王安石变法的一个重要内容，给广大人民带来了好处。保守派不顾大家的反对，硬是把它给废除了。司马光当权的时候，限令各地在五天之内废除免役法，恢复差役，别人都觉得时间太仓促，来不及办。蔡京那时是开封府知府，他却在五天里办好了这件事，由此得到司马光的称赞。现在蔡京自己当宰相，又打起了变法的旗号。他以恢复免役法为由头，设立各种各样的名目，向老百姓成倍地增收雇役钱。有一个州，原来所收的雇役钱只有400贯（当时每1000文钱叫1贯），到他手里却收到3万贯，整整提高到原来的75倍。如此变本加厉地剥削人民，可以看出蔡京这家伙是多么狠毒。

宋徽宗利用蔡京搜刮来的钱财，整日沉迷在荒淫与享乐之中。他还觉得不过瘾，时常变化着花样来寻乐。有个叫朱勔（miǎn）的投机商人，看到蔡京、童贯受宠，有权有势，就想法巴结、讨好他们。

朱勔通过蔡京、童贯，也知道了宋徽宗的癖好和心思，就千方百计地逢迎宋徽宗。那时，宋徽宗对玩字画、摸古董有些腻了，象牙、牛角、金银、竹藤等雕刻或丝织品，也提不起他的兴趣。朱勔就想："什么东西能提起皇帝老儿的精神呢？"

朱勔想到了奇花异石。他先试着找了一些珍异花木和花石进献给宋徽宗，宋徽宗一见，果然眉开眼笑，龙心大悦。于是他立即传下命令，在盛产奇花异石的江南名城苏州设立一个专门搜罗花石的机构——苏杭应奉局，由朱勔全权负责。

从此，朱勔便仗着皇帝的金字招牌，招罗了一批差官，专门为宋徽宗搜奇觅胜。他们为非作歹，为所欲为，到处搜刮，弄得东南一带的百姓日夜不宁。只要听说哪个百姓家中有些精巧别致的石块或花木，他们就闯上门去，指手画脚地一吆喝，便贴上黄封条，这就算是进贡皇帝的东西了，并气势汹汹地下令道："这是皇上喜欢的东西，你们要精心保护，弄坏了就找你们算账！"不少人就因此被这帮家伙扣上个"大不敬"的罪名，受到盘剥敲诈，甚至落入监牢之中。一些人家竟被闹得倾家荡产，家破人亡。

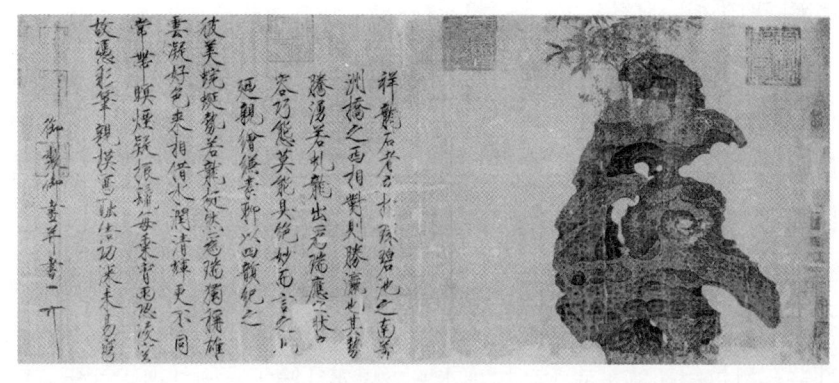

宋徽宗《祥龙石图》

绢本设色，长127.5厘米，宽53.8厘米。现藏于故宫博物院。画卷右部为宫苑中珍奇石头"祥龙石"，左部为以"瘦金体"所书的题记、题诗。

搜刮来的花石，还需要用船只运送到东京。船只不够，朱勔就把那些运粮的船只和商船堵截下来，把船上的货物倒掉，强行要他们为皇上运送花石。运送花石的船队在江河里来往穿梭，民夫们为运送花石日夜奔忙。人们把这种运送的队伍叫作"花石纲"。一见到"花石纲"，百姓们都吓得赶快退避。因为说不定，就随便把谁也给拉去为皇帝卖命。

花石源源不断地送到都城，宋徽宗越来越高兴，朱勔的官也就越做越大。老百姓把朱勔的应奉局称作"东南小朝廷"。可以想见，朱勔权势有多么的大，他的坑民害人又是如何猖狂了。

其他几个受宠的贼臣，也同样是作恶多端。用不着多说，皇帝荒淫享乐，贼臣横行霸道，这样的朝政，只能是越来越黑暗，越来越腐败了。

正是在这种黑暗、腐败的统治下，方腊和宋江起义相继爆发了。起义沉重地打击了北宋王朝的统治，使这个腐朽的朝廷变得更加摇摇欲坠，虚弱不堪了。

216-女真族的兴起

女真族的前身是隋唐时期的"黑水靺鞨",他们居住在黑龙江、松花江流域和长白山麓,过着以渔猎为主的氏族生活,唐末五代时,始称"女真",为渤海国所统治。

辽国在灭渤海国之后,为了削弱女真族的实力,采取分而治之的办法。把他们中间受汉文化影响较深的数千户大姓迁到东京辽阳以南,过定居农耕的生活,并编入辽的户籍,直接加以控制,这一部分称作"熟女真"。其余大部分留居原地、未入辽的户籍的女真人,仍过着游牧生活,被称作"生女真"。

生女真有72个部落,"地方千余里,户口十余万",散居于河流沿岸和山谷之中。10世纪中叶以后,生女真的社会经济有了较快的发展。其中的完颜部落在11世纪初就定居于按出虎水(今黑龙江哈尔滨阿什河)一带,已摆脱了随水草迁徙的穴居野处的生活,开始种植五谷,制造舟车,建房造屋,过定居的农耕生活,而且还学会了烧炭和炼铁。

铁器的使用,大大推动了生女真生产力的发展,剩余产品和贫富分化出现,为奴隶制的产生创造了条件。到了11世纪中叶后,生女真的势力范围已相当广阔,北到今黑龙江两岸,东达今日本海,南至长白山下。生女真逐渐形成了以完颜部为核心的部落联盟,为反抗辽朝的奴役和建立奴隶制国家奠定了基础。

女真族的快速发展,受到辽政权的忌恨和阻碍,辽统治者更加残酷地剥削和压榨女真人。辽朝后期,特别是最后一任皇帝天祚(zuò)帝(1101年—1125年)耶律延禧统治时期,对生女真各部压榨和勒索得越来越严重。生女真的各种

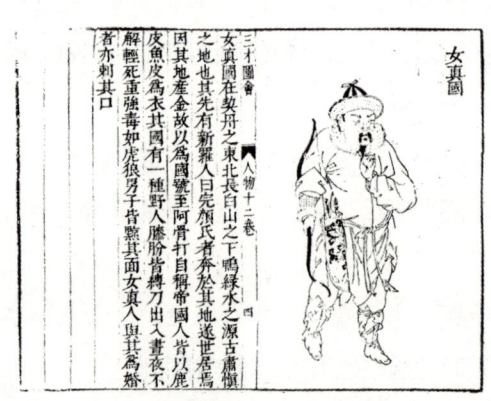

《三才图会》中有关女真的记载

女真族源自古代肃慎部族,汉至晋时期称"挹(yì)娄",南北朝时期称"勿吉",隋唐时期称"黑水靺鞨",宋元时期称"女真"。在明朝初期分为建州女真、海西女真、东海女真三大部,建州女真建立了清朝。

土产如人参、貂皮、黄金、珍珠、好马以及美貌的女子等，都受到辽统治者疯狂的掠夺。

以天祚帝为代表的辽统治集团灭亡前的疯狂挣扎，激起了女真人的切齿痛恨和顽强反抗，汹涌澎湃的反辽浪潮遍地卷起，而最终推翻了辽政权的是以完颜部为核心的生女真部落联盟的武装反抗。

12世纪初，女真族的杰出英雄完颜阿骨打出任完颜部酋长和生女真部落联盟的首领。阿骨打智勇双全，深得各部的拥护和爱戴，成为生女真各部众望所归的反辽领袖。经过一段时间的充分准备后，阿骨打于辽天庆四年（1114年）九月誓师反辽。他们以少胜多，节节胜利。先在宁江州和出河店（今黑龙江肇源县境内）打败了貌似强大的10万辽军，大批战俘成了女真各部首领的奴隶；接着又攻占了辽河以东原属辽国的大片地区。这些新占领的地区，主要是汉人和契丹人从事农业生产的地区，这些地区的封建文化和经济比生女真各部更先进，从多方面进一步增加了女真的实力。

1115年正月，阿骨打在女真贵族的拥戴之下，在按出虎水附近的会宁（今黑龙江阿城南）正式建元称帝，国号为"金"，这是由河而得名的，女真语中"按出虎"就是"金"的意思，定都上京会宁府（今黑龙江阿城南），阿骨打就是金太祖。

这年秋天，阿骨打率领金兵夺取辽国的重镇黄龙府（今吉林农安）。辽天祚帝急忙率领几十万大军前往讨伐，但因内部不稳，又慌忙撤退。归途中被金兵打得全面溃败，死尸丢了100余里，从此辽国元气大伤，再也没有与金抗衡的能力了。

随后几年，阿骨打又率金兵相继攻占了辽东京和

> **TIPS**
>
> **猛安谋克**
>
> 猛安，又译萌眼；谋克，又译毛克。猛安谋克是金代女真族的军事和社会组织单位。《金史·兵志》记载，女真初起时，"其部长曰孛堇，行兵则称曰猛安、谋克，从其多寡以为号。猛安者，千夫长也；谋克者，百夫长也"。猛安、谋克最初的人数并不固定，1114年，金太祖始定制以300户为谋克，10谋克为猛安。

上京，基本上控制了今东北地区。凡女真人攻占的地区，都会挑选青壮年和好马充实军队，扩大兵力。在占领了辽东京（辽阳）以后，原被辽迁到这一地区的熟女真，也归属在了阿骨打的统率下。

金国在建立之初，还是一个发展中的奴隶制国家，但阿骨打比较注意吸收先进的汉文化，重用一些受汉文化影响很深的渤海国人做谋士，还参照汉字创制了女真文字。随着女真攻占的土地增多，他们受到汉文化的影响也越来越大，金逐渐向封建政权转化，国力日益强盛。

契丹大字铜印

辽国建立后，仿照汉制设立官职，颁发官印。此印形制宽大厚重，是辽代国家制度的重要物证。契丹文是辽代参照汉字创制的官方文字，包括契丹大字和契丹小字两种文字。大字和小字都有表意和表音的成分，小字的表音成分比大字多。1211年，西辽灭亡，契丹文字成为死文字。目前，大字和小字都没有完全解读出来。

217-阿骨打灭辽建金

北宋王朝在一天天衰落，与此同时，我国东北部的女真族，却一天天强大起来。女真族是我国少数民族之一，具有悠久的历史，主要生活在黑龙江、松花江流域和长白山一带。

女真族从10世纪辽国建立的时候起，就受辽国的奴役和压迫。辽王朝为了便于自己的统治，就把实力较强的一部分女真人迁到辽阳以南，编进辽国的户籍，由辽国的官员直接控制，人们把这部分女真人称为"熟女真"。还有一部分留在老地方、没被编进辽国国籍的女真人，则被称为"生女真"。

生女真有大大小小的部落好几十个，其中有个较大部落，叫完颜部。完颜部到了11世纪中期的时候，开始强盛起来，附近一些部落纷纷归附。到11世纪末，完颜部统一了黑龙江和乌苏里江流域大部分地区。

12世纪初，逐渐强大起来的完颜部有了一个新的酋长，这就是完颜阿骨打。阿骨打对辽国的奴役和压迫非常不满，决心率领女真人民，摆脱辽国的统治。

阿骨打之所以有如此强烈的灭辽愿望，除了早就不满辽国的压榨外，还在于他亲身经历了这样一件事：

那是在阿骨打当上酋长的前一年，也即1112年。这年春天，辽天祚帝耶律延禧到东北春州（在今吉林省）巡游，他命令当地的女真各部酋长都去春州朝见他。

阿骨打的父亲那时已得了重病，出不了门，就由阿骨打代替父亲去了春州。

到了春州之后，阿骨打参加了辽天祚帝举行的头鱼宴。按照当地的风俗，每年春季最早捕到的鱼，应该先供奉给死去的祖先，并且应当在此时摆酒设宴，以示庆祝，这就是所谓的头鱼宴。辽天祚帝不过是想利用这个机会摆摆威风。

果然，辽天祚帝几杯酒下肚，就让酋长们给他跳舞助兴。那些酋长看辽天祚帝拿他们当猴耍，当然不乐意，可又惧怕辽天祚帝，只好挨个儿离开座位，像个小丑似的跳起舞来。

阿骨打见了这一幕，真是气愤极了。该轮到他跳了，他一动不动地坐在那里，两只眼睛紧紧地盯

女真猎人画像

12世纪初，女真族尚处于奴隶社会，狩猎在女真人的社会经济中占有重要的地位，弓箭是女真猎人的重要武器。

着辽天祚帝，显出一副冷漠高傲的神情。辽天祚帝见阿骨打不听命令，十分生气，就一再催促。一些酋长怕出事，也就帮着劝他。可是无论怎么催促、劝说，阿骨打就是不跳，辽天祚帝下不了台，可在那个场面上，又不便发作，头鱼宴只好不欢而散。

散席之后，辽天祚帝对大臣萧奉先说："阿骨打这小子竟然不听我的命令，太可恨了。不如杀了他，免得将来给我找麻烦。"

萧奉先以为阿骨打没什么大错，杀了他会引起其他酋长的不满，反而不利。再说，阿骨打就是算野心，一个小小的部落，也成不了什么气候。

辽天祚帝见他说得有理，就算了。

阿骨打回到部落，抗辽的决心越来越大。不久，他继承父亲做了酋长，开始积极修建城堡，训练兵马，又联合女真其他部落，准备攻打辽国。

辽天祚帝知悉阿骨打在备战，就派人去责问他。阿骨打见自己的意图

已经暴露了，便对部下说："辽人要动手了，我们要先发制人，以免陷于被动。"

1114年9月，阿骨打亲自率兵进攻辽国。他的军队只有2500人，但在阿骨打的训练下，个个勇猛善战，再加上辽将没有准备，一出师便获得大胜。辽天祚帝立刻派出10万大军前往镇压，又遭到阿骨打骑兵的袭击。早已衰落腐败的辽朝军队，根本没有战斗力，那么多兵马竟给几千人的一支队伍打垮了。阿骨打一路挺进，兵马很快发展到一万多人。

第二年，即1115年，阿骨打在会宁府（今黑龙江阿城南）正式称帝，国号大金。阿骨打称了皇帝，立即乘胜攻打辽朝东北重镇黄龙府（今吉林农安）。辽天祚帝赶忙派了20多万人去防守，结果又吃了个大败仗。辽天祚帝想与金朝讲和，可阿骨打不愿意，还指名道姓要辽天祚帝投降。

辽天祚帝不甘心失败，仗着自己还有不少人马，便集中了好几十万人组成一支大军，自己亲自率领，浩浩荡荡开往黄龙府，摆出一副要同阿骨打决一死战的姿态。

阿骨打毫不畏惧，指挥将士做好各种准备，以抵抗辽朝大军。恰在这时，辽朝发生内乱，辽天祚帝不敢再待下去，连忙命令撤兵。阿骨打抓住辽军撤退之时，逼在屁股后面狠狠地追击辽军，把几十万的辽军打得狼狈不堪。

金军连续击败辽军的消息传到宋朝。宋徽宗与蔡京、童贯一商量，就想趁辽国忙于应付金朝的机会，收复后晋以来被辽国侵占的幽云十六州。有人向宋徽宗提了条"联金灭辽"的计策，得到了宋徽宗的赞赏。宋徽宗就派人从山东渡海，前往金朝会见阿骨打，主

> **1115年**
>
> 完颜阿骨打建国，国号金，年号收国，建都会宁府。同年12月，加号大圣皇帝，次年改年号为天辅。史称完颜阿骨打为金太祖。

动要求与阿骨打联合，一起夹攻辽朝。阿骨打正想通过战争，进一步扩大自己的势力，立即表示同意。

这之后，宋朝与金朝互派使者，来往几次，经过多次协商，双方订立了一个联合攻辽的军事同盟，被称作"海上之盟"。双方还约定，在灭掉辽朝之后，宋朝收回幽云失地，但必须把每年送给辽朝的银、绢，如数转交给金国。

这时，童贯刚领兵镇压了方腊起义，就按照与金国的协议，带领15万大军去攻打燕京。童贯以为辽军主力已被金军消灭，打燕京会轻而易举，马到成功。没想到，宋军比辽军还要虚弱，还要不堪一击。他领兵攻城，接连两次吃败仗，不仅没收复城池，反而损兵折将，还把多年积蓄下来的粮草、武器给丢光了。

童贯自知难以交差，就派人秘密出使金军，请金军帮忙打燕京，以逃避自己的罪责。金军遂于1123年初，从大同进居庸关，很快打下了燕京。但金军却不肯把燕京白白还给宋朝，童贯只好答应把燕京的每年100万贯租税钱献给金朝，这样才把燕京赎了回来。

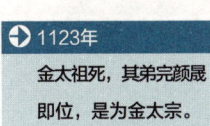

1123年
金太祖死，其弟完颜晟即位，是为金太宗。

1125年
金太宗灭辽。

不久，阿骨打病亡了。他的弟弟完颜晟（shèng）即位，史称金太宗。

1125年春天，金太宗俘虏了辽天祚帝。辽国从此灭亡。

218-李纲誓死守京城

金军在把燕京等几座城池的金帛财物一掠而空之后，才撤出燕京等地。宋王朝名义上收复了燕京及其所属六州，其实只是得到几座空城而已，而每年都要付给金国大批银、绢，还要帮金国收税。如此奇耻大辱的事，宋徽宗却以为是了不起的胜利，不仅沉醉在收复燕云的祝贺声中，而且还给童贯等人加官晋爵。

宋王朝正在飘飘然的时候，金太宗却加紧南侵攻宋的准备。因为金太宗知道，宋朝太腐朽、太软弱无能，只要一动兵，就可捞到大笔大笔的好处，只是苦于一时找不到出兵的借口。

就在这时，有个降金的辽将因看不惯金军的掳掠行为而起兵抗金，兵败后逃往宋朝。金太宗就以此为借口，大举进攻宋朝。

金军南侵的队伍分为东西两路。东路由斡离不（斡离是姓）率领，攻打燕京；西路由粘罕率领，进攻太原，两路人马计划在东京会合。

西路金军进攻太原，遭到了太原军民的英勇抵抗，被堵截在太原城下。东路金军才开到燕京城下，宋朝守将郭药师便投降了，然后他充当了金朝的先锋，为金军做向导。

东路金军自此一路南下，几乎没遇到什么阻挡，宋军一听说金兵来了，都吓得闻风而逃。金军到达黄河的时候，竟看不到一个宋朝守军的影子。金兵便靠着只能坐几个人的小船，来回摆渡，用了好几天才把人马渡过河。斡离不既十分庆幸又十分鄙夷地说："宋王朝真是没有可用的人了。如果这黄河上有那么一两千人把守，我等岂能渡过黄河呢！"说完，他就挥师直逼宋朝都城东京（今开封）。

还是在斡离不打下燕京的消息传到东京的时候，宋徽宗就惧作一团了。他在做了一番姿态之后，写下"传位东宫"的诏书，宣布退位，自己当太上皇。一听说金兵已过了黄河，他吓得连夜逃出东京，到亳州（今安徽亳州）避难去了。

> ◀ 1125年12月
> 宋徽宗禅位，太子赵桓即位，次年改年号为靖康，是为宋钦宗。

继位的是太子赵桓,也就是宋钦宗。宋钦宗也是个软弱无能的人,大概只是为了得到皇位,才愿意接受宋徽宗的退让。因此,当金兵逼近东京时,宋钦宗也准备逃离京城,宰相白时中、李邦彦等一帮大臣,也都个个惊慌失措,一齐劝说宋钦宗弃城逃跑。

开封城墙

开封城墙全长14.4公里,是中国现存的仅次于南京城墙的第二大古代城垣建筑。历经多次战乱和黄河泛滥,经多个朝代修复,如今的城墙之下叠压着5层古城墙,其规模、格局乃至重要坐标都未改变。

就在这满朝文武的一片喊逃声中,有个职位不高的官员却勇敢地站了出来,他坚决主张率军抵抗。这个人就是李纲。

李纲带着质问的口吻对宋钦宗说:"太上皇(指宋徽宗)把皇位让给皇上,是为了让皇上便于率兵抗金的。如今将士们都在等着皇上发布命令,皇上怎么能弃城逃走呢?"

宋钦宗被李纲问得说不出话来,白时中像解围似的搭了腔,说:"金军凶猛强悍,我们能守得住吗?"

李纲立即予以驳斥:"天下的城池就数京城最坚固,如果京城都守不住,还有什么地方能守得住?"

有几个官员在旁边嘀咕,说是东京的城池不够坚固,怕是抵挡不住金兵的进攻。

李纲见有人帮腔,非常恼火,怒气冲冲地说:"谁说城池不坚固?我早就视察过了,京城的城楼又高又坚固。要说有什么不足,就是护城河水浅、河面窄了些。即使这样,只要多安排几个弓箭手,金兵便没法过来。"

接着,李纲又提出了一系列守城的具体措施,并鼓励宋钦宗,只要团结军民,共同抗敌,就一定能够打败金兵。过几天各地援军一到,就能组织反攻,把金兵赶走。

宋钦宗还是犹豫不定,问道:"那么,这守城的重任由谁来担当呢?"

李纲看了看白时中、李邦彦，说道："这样的重任，自然应由宰相来承担。"

白时中、李邦彦一听，又急又怕，脸都变了色。老奸巨猾的白时中就把李纲推了出去，大声嚷道："李纲，难道你能领兵打仗不成？"

李纲轻蔑地看了白时中一眼，神色从容地回应道："只要皇上信任我，让我领兵守城，我愿意担负这一重任，誓死守住京城！"

宋钦宗见李纲态度这样坚决，就把守城的事交给他全权负责。

第二天，李纲一早上朝，却看见皇宫前已经备好车辆，禁军排好队伍，就等宋钦宗上车出发了。原来宋钦宗心里还是害怕，又加上白时中和一批宦官仍偷偷劝他逃跑，于是他又改变了主意。

李纲火冒三丈，严厉地对禁军将士说："你们倒说说，是愿意守卫京城，还是愿意弃城逃跑？"

禁军将士异口同声："愿意守卫京城，不愿逃跑！"

李纲见军心振奋，便带着几个禁军将领一起进宫去见宋钦宗。见到宋钦宗，李纲劈头就说："禁军将士的家属都在京城，他们可不愿离开。皇上真要强迫他们走，万一他们半路上逃回来，还有谁保卫皇上？况且金兵已经逼近，如果知道皇上的车辆还没走远，定会派快马追赶，皇上又怎么能跑得掉？"

宋钦宗一听，觉得逃跑比待在城里更危险，就不敢再说走了。

李纲立即出宫向将士们宣布："皇上已决定留守京城。今后谁再说逃，一律斩首！"将士们听了心情非常激动，一起欢呼起来。

李纲连忙率领京城军民，抓紧进行守城的各种准备工作。大家斗志昂扬，李纲指挥有力，仅仅用了三天，就做好了各种准备。

斡离不率领金兵把东京包围了。金军到达的当天晚上，就发起了进攻。他们出动了几十条火船，从上游顺流而下，打算火攻东京的宣泽门，打开攻城的缺口。李纲派出敢死队在城下列队防守，用挠钩钩住金军火船，使它们无法靠近城墙；又指挥将士在城上用石块向火船投击，把火船打沉，船上的金兵纷纷落水。

斡离不见宋朝京城坚固，守备严密，一时难以攻下，就玩起了用和议辅助进攻的把戏。他一面继续加紧攻城，一面派人通知北宋，说是愿意讲和，并提出讲和条件：要宋朝赔出上百上千万的金银、牛马、绸缎；割让太原、中山、河间三镇土地；宋钦宗要尊称金太宗为伯父，还要派宰相、亲王到金营做人质。

昏庸无能的宋钦宗一心求和，居然愿意答应这些苛刻的条件，而且还下令在京城搜刮、强借金银运送给金军。

李纲气极了，不仅坚决不同意，而且竭力反对宋钦宗赔款割地的做法。

宋钦宗对李纲的主张根本听不进去，更对李纲产生了反感。

不久，宋朝援军从四面赶到京城，策划了一起夜袭金营的行动。由于计划泄露，吃了个败仗。一些反对李纲的人，就把责任推到李纲头上。宋钦宗正嫌李纲碍事，一边向金军道歉，一边撤了李纲的职，以表明他与金兵议和的决心。

宋钦宗的这一无耻行为，激起了开封军民的极大义愤，尤其是太学里的学生，更是个个恨得咬牙切齿。其中有个太学生叫陈东，是个一身正气、敢作敢为的人。在东京被金兵包围时，他曾经带领太学生三次上书宋钦宗，要求处斩蔡京、童贯、朱勔等"六贼"，迫使宋钦宗不得不把六贼惩办。

这一天，陈东又带领着几百名太学生，来到皇宫的宣德门外，为李纲请愿，要求恢复李纲的职位，惩办李邦彦、白时中等奸臣。东京的军民听说太学生请愿，也都自发地聚集起来，一起拥到皇宫门口，有好几万人之多。

宋钦宗害怕了，只好将李纲召进宫，又派人向学生和军民们宣布，立即恢复李纲的职务。

李纲复职之后，重新整顿兵马，准备狠狠打击金军。斡离不见无机可乘，又担心孤军深入，给人切断了后路，不等宋朝交足赔款，就急忙撤走了。

219-靖康之耻

金军在迫不得已的情况下撤离了开封。有个大将叫种师道，是从外地赶来救援京城的一个很有作战经验的将领。他向宋钦宗建议，趁金兵退渡黄河时来一次袭击，给这些入侵者以狠狠的打击。这实在是个好主意，可宋钦宗不听，他怕种师道擅自进军，得罪了金兵，就免了种师道的职。

宋钦宗和一帮主和的大臣，见金兵一走，都以为求和的目的达到了，自此天下便可以太平无事，于是宋钦宗派人把宋徽宗接了回来，让各地赶来救援的兵马也都回到原地去，他又重新沉浸在荒淫享乐之中。

李纲看在眼里，急在心里，他提醒宋钦宗要加强备战，做好迎击金兵再度入侵的准备。宋钦宗嘴上说知道，可并不相信金兵会再来。李纲再提醒，宋钦宗就嫌烦，他根本不想听李纲那些关于备战的话。到后来，宋钦宗及一帮主和的大臣，竟把李纲的提醒斥之为危言耸听，开封的百姓得知李纲的建议不被采纳，都非常气愤，就编了一句话来揭露宋钦宗的可恶嘴脸，说是"城门闭，言路开；城门开，言路闭"，这句话把宋钦宗战时惊慌失措，需要别人来为他分担安危，平时则自以为是，不听劝谏的昏庸无能的情态，暴露得淋漓尽致。

斡离不的东路金兵撤退之后，西路金兵却加强了对太原的进攻。宋钦宗派了支部队去增援，结果在半路上被金兵包围，大败而归，领兵的将领也牺牲了。那些主张议和投降的大臣一直嫌李纲碍手碍脚，就乘机撺掇宋钦宗把李纲派到河北前线去指挥作战。

有些正直的大臣向宋钦宗进谏道："在这样的时候，不能让李纲离开朝廷。"

宋钦宗哪里听得进去，而且他还催促李纲快快动身，觉得李纲在朝中多待一天，他就多一天的不舒服。

李纲没办法，只好领着1万多人，在各种出征准备都没做好的情况下，就匆匆率兵出了京城。

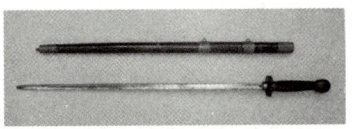 

李纲锏

传世品。通长96.5厘米，鞘长76厘米，总重4.5千克（锏重3.6千克，鞘重0.9千克）。现藏于福建省博物馆。锏为钢铁铸造，锏身近格处错金篆书"靖康元年李纲制"一行七字，清晰醒目。所配锏鞘为清代圆形红木套鞘，鞘体表面镶嵌银饰花卉、蝙蝠、古磬、垂璎珞等图案。锏为古代兵器，宋代一般多作为高级将领随身佩带之物。此锏或为李纲在靖康元年（1126年）请专人铸造的御金之兵器。

李纲率军到了河阳，就在那里招募兵士，修整武器，搜集军需粮草，准备组建一支较为像样的部队去解太原之围。宋钦宗知道后，命他解散已召集起来的兵马，立即赶往太原，并且还给李纲制造种种障碍，使李纲不能指挥所率领的宋军将领。

赶到太原，李纲制定了一个很好的解围计划，打算分三路进攻金兵。可是李纲只是个挂名的统帅，那些将领们表面上答应服从李纲调遣，其实并不按调遣行事。三路人马各作主张，缺乏统一指挥，结果吃了个大败仗。

李纲出兵失利的事传到朝廷，那些主降派大臣又开始攻击他，说他一天到晚主张抗金御敌，真打起来却又不管用。宋钦宗就撤了李纲的职，把他流放到南方去了。

靖康元年（1126年）八月，金兵在撤离开封后，经过几个月的休整，又以宋朝不按条约割让太原、河间、中山三镇为借口，仍派粘罕、斡离不分东西两路大举南侵。

粘罕的西路军加上原来的一部分金兵，对太原发起了猛攻。这时的太原，已被整整围困了8个多月。太原军民在守将王禀的指挥下，打退了金兵一次又一次进攻。那时，太原城中已断了粮，他们就杀牛、马、骡子充饥，牛、马吃完了，就煮弓弩上的皮革吃，老百姓天天吃野草糠皮。到了九月，城池终于被金兵攻破。王禀和士兵们饿着肚子，与金兵展开巷战，没一个人投降，最后全部牺牲了。

太原失守之后，两路金兵继续南下，就再也没遇到什么阻挡。各路宋军将领听说京城有难，都主动带兵前来救援。可是宋钦宗和那些投降派大臣，还想用金帛财物来求得金兵的撤军，竟命令各路援军都退回原地。

于是，宋钦宗派出一批批使者，分头到粘罕和斡离不的营中，给他们送上大量的金帛宝玉，低三下四地乞请他们暂缓进军，表示愿意把太原等三镇的税赋换成相当的银钱进贡给金朝，甚至表示愿意与金朝以黄河为界，把河北、河东的土地全割给金朝。

金兵根本不答应，他们已看透了宋王朝的腐败无能，早已打好了一举灭宋的如意算盘。

粘罕的西路军到达黄河北岸，探听到在黄河南岸，仍有12万步兵和1万骑兵的宋军把守,便不敢强行渡河。到了晚上,粘罕命兵士搬出所有的战鼓,虚张声势,猛敲猛擂了一晚上,把南岸的宋军敲得惊慌失措,拔寨而逃。第二天,金兵顺顺当当地渡过了黄河。

斡离不率领的东路军,接连攻下几座城池,也渡过了黄河。两路金兵长驱直入,不断向东京逼近。宋钦宗吓得不知如何是好,那些主降派大臣又弹起了求和老调,不断在宋钦宗面前吹风,说是除了求和没别的办法。宋钦宗就连忙派他的弟弟康王赵构到斡离不那里去求和。

赵构不敢去金营,生怕被金兵扣留下来。可君命难违,只好硬着头皮出发了,到了磁州(今河北磁县),当地的老百姓听说赵构要去金营求和,都非常气愤。他们拦住赵构的马匹,不让他再往前走。赵构心里本来就怕,也不坚持要去,就跑到相州(今河南安阳)躲了起来。

到了十一月下旬,两路金兵先后抵达了开封,把开封再次包围了起来。宋钦宗这才有些懊悔。他想把李纲再召回来,可已经来不及了,朝廷中的抗战派官员早就被一个个排挤出去,剩下的那些人谁也不能为他分忧,京城的守军不过是些七零八落的禁军,怎能挡得住强大的金兵?

正在宋钦宗急得束手无策的时候,来了一群地痞无赖。为首的两个人分别叫郭京、刘无忌,他们吹嘘自己会使"法术",说只要聚集7777个"神兵",就能打败金兵。宋钦宗和一些朝廷大臣居然把这些家伙当成救命稻草,让他们搜罗了一些人充当"神兵"。谁知"神兵"一出城,就被金兵击垮了。金军乘势攻破了开封城池。

城破之后,宋军将士和开封百姓要求和金兵进行巷战。宋钦宗怎么敢抵抗?他对求和还抱着幻想,就派宰相何㮚到金营去求和。粘罕、斡离不假装同意,对何㮚

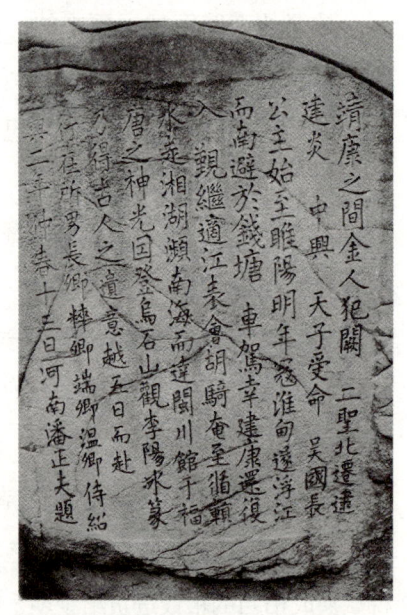

记述靖康之难的福建乌山石刻

靖康之难后,频繁的战乱使千千万万的人流离失所,大量的百姓向南方迁移,分散于江、浙、闽、赣等各府州。这是中国历史上规模最大的人口南移,对南方的政治、经济和文化产生了深远影响。

说:"我们并不想灭掉宋朝,你回去让钦宗来商议割地,我们就退兵。"

宋钦宗马上带了几个大臣赶到金营,跪倒在金兵面前,向粘罕、斡离不交上降表,俯首称臣。可粘罕、斡离不却变了卦,当即提出要废除宋钦宗,另立一个宋朝的国君。宋钦宗见保不住帝位,便放声大哭起来,这才真正懊悔当初没听李纲的话,没用李纲这样坚持抗战的人。

可懊悔又有什么用呢?金军派人进了开封城,查封了府库中的金银财物,勒索去金1000万锭,银2000万锭,绢1000万匹。宋钦宗还派出20多名官员,帮金兵在皇亲国戚、官吏和百姓家中查抄翻找,前前后后翻抄了将近一个月,金兵除了搜刮去大量金银财宝,还把珍贵的文物资料也一抢而空。

> **1127年**
> 金灭北宋,俘虏宋徽宗和宋钦宗。

1127年春天,金军把宋钦宗叫到金营里扣留了起来。过了几天,宋徽宗也被押解到金营。金太宗下令废了宋徽宗和宋钦宗。过了不久,金军把两位俘虏皇帝和皇族、官吏以及各种手工业匠人等3000多人,一起押解去了金国。

北宋王朝就这样灭亡了,史称之为"靖康之难"。

金兵将北宋君臣、贵族及珍宝押往北方

靖康二年(1127年)四月,金兵掳走北宋徽、钦二帝和后妃、宗室、大臣、手工业匠人3000多人及无数金银财宝,北还上京,北宋灭亡。

220-李纲毅然赴职

金兵灭了北宋王朝，废了宋钦宗，立了一个投降派头子张邦昌做傀儡皇帝，取国号为"楚"，想利用他来控制南方人民，然后才押着俘虏皇帝、满载着掳掠来的金银财宝，撤兵北去。

这时，原来躲在相州的康王赵构已逃到了南京（今河南商丘）。一些宋朝官员就拥护赵构继承皇位，赵构就是宋高宗。宋高宗是个有名的昏君，即位之后不断南逃，最后把京城定在临安，所以历史上把这个偏安的小朝廷称作南宋。

宋高宗做了皇帝之后，张邦昌可就混不下去了。在人民的一片痛骂和反对声中，张邦昌只好取消了自己的帝号。这个卖国政权只存在了三十几天。

宋高宗即位之后，就把朝中政事交给了黄潜善、汪伯彦二人。这二人都是奸佞之徒，在对待金兵入侵这件事情上，他们一向主张逃跑，主张求和投降。因此，两人一上台，就急不可耐地派出使者，向金国表示求和投降的态度。这两个无耻的家伙，生怕他们的低三下四也不被金人认可，竟让那个臭名昭著的张邦昌写信给粘罕和斡离不，说愿意与金朝以黄河为界，把河北、河东等许多还在宋军手里的州郡奉送给金朝，以表示他们卖国投降的诚心。

宋高宗对黄、汪的所作所为睁一只眼闭一只眼，因为他与他的父亲、哥哥一样，都非常害怕同金人打仗。他重用黄、汪这样的投降派，却把力主抗金的河北兵马府副元帅宗泽贬出了朝廷。但是，宋高宗又想使自己的小朝廷在百姓面前有个较好的形象，使他那

> ◀ 1127年
>
> 赵构在南京应天府（今河南商丘）称帝，改年号建炎，是为宋高宗。

刚刚建起的岌岌可危的政权能够稳固下来。宋高宗知道，他的这个目的，黄、汪二人是没法为他实现的。因为这两个人太没威信，对全国军民来说太缺乏号召力。于是宋高宗想到了以保卫开封而名震天下的李纲，想用李纲的影响力和威信，为他的小朝廷撑一下门面。

宋高宗就下了道诏书，任命李纲为宰相，并派人立即去召李纲。

那些投降派大臣哪知道宋高宗的心思，见宋高宗重用李纲，便极力反对。有个叫颜岐的大臣，竟恬不知耻地对宋高宗说："金人最讨厌的就是李纲这样的人，皇上怎么能用他呢？虽然任命的诏书已发下去了，那也不要紧，最好还是趁他尚未到任把他罢免了吧！"

宋高宗当然知道李纲是不会叫金人喜欢的，但他有自己的意图，就没理睬颜岐。

颜岐见宋高宗不听他的，气急败坏，就把反对起用李纲的奏章封好，派人带着去阻拦李纲。

李纲接到宋高宗的诏书，真是感慨万千。他立即动身，赶往小朝廷就任。

走到半路，李纲忽然被人拦住了，说是要送封信给李大人。李纲拆开一看，原来是颜岐反对起用他的奏章。

李纲草草看过，不觉愤怒异常，大声说道："这帮奸臣一心想投降，竟如此无耻、猖狂，我李纲岂能受他们摆布！"说着，便把颜岐的奏章摔在地上，毅然向南京继续赶路。

李纲边走边想，官中都是一帮投降派，都盼着宋高宗反对他，在背后说他的坏话，这样的宰相可不好当啊，可自己又不能退缩，否则，正合投降派的心意。怎么办呢？他觉得，应该说服宋高宗，让他支持自己的主张。这么一想，他便有了主意。

到了南京，见到宋高宗，李纲就对他说："目前朝廷的当务之急，就是重振纲纪，抗击金兵，使两位圣上早日回来，使四方的百姓都过上安定的日子。这样的重任，就是靠皇上和做宰相的去担当完成啊，我知道自己没什么才能，恐怕难以协助皇上完成这样的重任。"

宋高宗没想到李纲会辞职，忙说道："我知道你是个忠义的人，你可千万不能推辞啊！"

李纲说:"皇上一定要把这重任交给我的话,我要效法唐朝姚崇任宰相时的做法,也要向皇上提出十件事,如果皇上肯采纳施行,我才敢接受任命。"

宋高宗到这时只好应道:"你有什么话尽管说吧,我可以做到的就按照你说的去做好了。"

宋高宗这话说得并不坚决,因此,李纲所提出的十条建议,宋高宗都没有做到。

但李纲为了国家却是忠心耿耿。他殚精竭虑地为宋高宗出谋划策,提出并落实了种种抵抗金兵的措施,力图迅速恢复宋王朝的元气,扭转那种被动挨打的局面。他就任宰相之后,便与投降派展开了一系列针锋相对的斗争。

当时最关键的问题,就是对金国是求和还是抵抗。李纲旗帜鲜明,主张停止一切议和活动,专心做好各种防守准备。可黄潜善、汪伯彦等却主张要求和。为了达到求和的目的,他们打着去探望和迎请被俘北去的两位皇帝的幌子,不断地派出使者带着奇珍异宝去奉献给金朝贵族,向他们献媚讨好。

官窑贯耳瓶

宋。传世品。高23厘米,口径8.3厘米,足径9.6厘米。现藏于中国国家博物馆。官窑是由中央官府开设的窑场,专门烧制御用器,其中有不少是仿古造型的陈设品。这只贯耳瓶即仿自青铜投壶,造型端庄,釉色厚润,是宋代官窑瓷器中的珍品。

有一次,李纲听说他们又派人带了礼物去了金国,非常气愤,就当着宋高宗的面斥责黄、汪二人。李纲说:"在今天的这种局面下,我们只能学习越王勾践卧薪尝胆、奋发图强的志气,决不能学他用财物去贿赂吴国的做法。"

汪伯彦说:"如今徽宗、钦宗二帝尚在金人手里。你主张抗击金人,那不是要置二帝于死地吗?"

李纲怒斥道:"你们那种一味求和、投降的办法,绝救不了徽、钦二帝,只会助长金人的嚣张气焰。只要我们认真备战,我们就能打败金国,到那时,金人就会自动把两位圣上送回来。"

宋高宗并不真想让宋徽宗、宋钦宗回来，他默不作声，显然站在黄潜善、汪伯彦一边。

投降派不能容忍李纲的所作所为，就开始大肆攻击李纲。他们把李纲驳斥投降言论诬蔑为"杜绝言路"，把他整顿朝政扣上独霸朝廷的罪名，要求宋高宗罢免李纲。

宋高宗也觉得李纲当宰相处处不能顺遂自己的心意，再加上他本不是真心重用李纲，不久，就以李纲反对他南迁为名，罢了李纲的职。

221-宗泽至死呼"过河"

李纲只做了75天的宰相，就被免了职。他虽然任职时间很短，但却做了大量的事情。其中，被黄潜善、汪伯彦排挤出朝廷的宗泽，就是在李纲的一再推荐下，又重新得到重用的。李纲对宋高宗说："要收复东京，就一定得起用宗泽。"

宋高宗便依了李纲的推荐，派宗泽担任开封府知府，不久又加封他为东京留守，负责那里的守卫事宜。

宗泽这时已将近70岁了，他是个忠诚正直的人，自从宋哲宗元祐六年（1091年）登上仕途以来，一直受到排挤而郁郁不得志。但宗泽并不抱怨丧气，他始终忠贞自守，关心国家的前途、命运。当他听说金兵破了开封、掳走二帝的时候，非常焦急、气愤，就带着部下抗击金兵，想把二帝从金兵手里夺回来。只是因为孤军奋战，才没有达到自己的目的。他勇敢善战，抱有鲜明的抗金立场，因此受到人们的赞扬。

如今，要他到开封去主持抗金，宗泽是又高兴又激动。就在这之前不久，宗泽写了篇文章，表明了自己老当益壮，要以天下的重任为己任的雄心。宗泽便是抱着这雄心，来到了开封。

开封本是座闻名于世的繁华都市，可是经过金兵的洗劫，已是破败不堪。百姓和兵士混杂居住，又加上靠近黄河，金兵常在北岸活动。整个开封陷入了物资奇缺、社会秩序混乱的糟糕境地。

宗泽一到开封，立即着手整顿开封的秩序。宗泽依靠当地百姓的帮助，捕杀了一批曾勾结金兵抢掠残害百姓的恶棍，并发布命令："今后凡是抢劫居民财物的，一律按军法处斩。"命令一下，开封百姓无不叫好。那些地痞流氓见宗泽执法严明，一个个吓得把头缩了起来，开封的秩序渐渐安定下来。

当时开封城内的宋军数量不多，还都是些临时招募来的乌合之众，从没受过训练，又缺乏纪律。宗泽知道，单凭这些军队，不可能保卫开封，抵挡金军的再次入侵，于是就积极联络义军，将义军团结在自己的周围，组成了一支抗击金兵的庞大力量。

所谓义军，就是百姓自发组成的抗击金兵的队伍。河北人民不堪忍受金兵的掠夺烧杀，在各个地方都兴起了抗击金兵的力量。河东有个义军首领叫王善，手下的人马已发展到70万人，想夺取开封作为据点。宗泽听到了这个消息，就单人单骑赶到了王善营中。宗泽见到王善，十分诚恳地说："如今正是国家生死存亡的危急关头，假如有几个像你这样的英雄，大家齐心协力共同抗敌，金人怎么敢再侵犯我们呢？"说着，宗泽忍不住流下了难过、激动的泪水。

王善一向敬重宗泽的为人，听了宗泽的一席话越发佩服，当下也感动得热泪盈眶，拱手说道："我愿为国家效力，听从大人指挥。"

宗泽说服了王善之后，又派人去联络其他的义军。依靠着宗泽的声望和努力，许多义军首领如丁进、王再兴、李贵、杨进等，都聚集到宗泽的旗下。这些义军都有人马几万甚至几十万。总共加起来，云集在开封一带的义兵，大约有180万之多。这样一来，开封四周的抗金力量就非常壮大了，城里的百姓也更加心安了。

在安定民心、团结义军的基础上，宗泽积极营建开封的防务。他把开封城的周围，划分成一定的防区，派人分别负责守御，并依据四面的地形修筑了24座堡垒，沿着黄河设立营寨，一座座营寨相互连接，密集得就像鱼鳞一样，被称作"连珠寨"，再加上河东、河北各地义军民兵的呼应，开封城的防御变得十分强大。

宗泽做好了防御的准备，打算出兵北上，收复失地。正在这时，得知李纲因反对宋高宗南逃而被撤了职。宗泽十分焦急，立即渡过黄河，约集河北各路义军将领共同抗击金兵。同时，他又递上奏章，要求宋高宗启驾回开封，主持抗金大事。宋高宗得到宗泽奏章，不便回绝，于是就敷衍着，并不提具体的迁回开封的日期。宗泽接二连三地上疏，奏请宋高宗快去开封，但奏章全被黄潜善扣了下来。过了不久，宋高宗就从南京逃到扬州去了。

建炎元年（1127年）十二月，距离宗泽到开封就任才不过五个月时间，金兵又分三路大举进攻。金太宗派大将兀术（wù zhú，又叫完颜宗弼）攻打开封。另外由粘罕率领的一路金兵，在占领汜水关（今河南荥阳西北）后，也率军向开封进逼，对开封形成夹击。宗泽不慌不忙，派出几千精兵，绕到兀术的背后，截断敌人退路，然后安排伏兵夹击，把兀术打得狼狈而逃。由于宗泽指挥得力，宋军和义军奋勇作战，再加上开封牢固的防守措施，金兵夹攻开封的计划被粉碎了。

第二年二月，兀术又领兵从郑州进犯开封。宗泽巧布阵势，又一次派精兵绕到金兵背后，将兀术击败。宗泽得到捷报，知道金兵还很强，不是那么容易垮掉，又派遣部将阎中立、郭俊民、李景良等，领兵去郑州增援。

果然，阎中立等三人在半路上遇到了粘罕的大军。金兵人多，宋军人少，结果吃了败仗。阎中立战死了，李景良逃跑了，郭俊民竟丢下武器，投降了金兵。

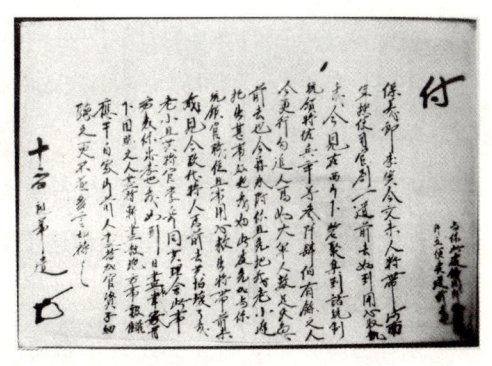

河东义军书信

南宋。1966年在山西灵石绵山被采药农民于石缝中发现，被保存于一铜罐中。文件共五件，均用白麻纸书写，保存完好。长30厘米至60厘米不等，宽24厘米至44厘米不等。其中四件有建炎二年（1128）年款。信札内容相互关联。第一件为鄜延路经略安抚使授义军首领李实为进武校尉的委任状；第二、三两件为统制武仪写给李实的书信；第四件为河东路都统制李武功应许委任李实为成忠郎的书札；第五件为河东陕西路经制使司正式委任李实为成忠郎的书札，除人名、事迹为墨书，余文为刻板印刷。这些书札，表现了南宋建立前后，河北、河东义军与官军联手，共同抵御金兵侵犯的史实。现藏于山西博物院。

宗泽得知这一消息之后，立即派人抓住了李景良。宗泽大声斥责道："打仗失败是兵家常事，倒可原谅，但失败后私自逃跑，就于法难容了。"说完，便下令将李景良斩了。

郭俊民投降之后，粘罕派了一名使者与他一起到开封，劝宗泽投降。宗泽勃然大怒，指着郭俊民骂道："你这个贪生怕死的家伙，做了叛徒，居然还有脸来见我！来人，推下去斩了！"然后，宗泽又下令斩了金兵使者。

宗泽号令严明，部下将士无不奋勇向前。一次，有个叫张捴（zǒng）的将领，领着1000多人马去救援滑州，而金兵却有一万多人。有人就劝张捴，不如避敌锋芒，看看形势再说。张捴凛然答道："避敌偷生，叫我有什么脸再去见宗将军！"于是率兵与金兵展开血战，最后终于战死了。

宗泽指挥有力，将士奋勇争先，接连多次打败金兵。金军一提到宗泽，都是既害怕又敬佩，都把他称作宗爷爷。

宗泽领着开封军民和义军，打了一个又一个胜仗，越打信心越足，认为完全有把握收复中原。于是他就给宋高宗上奏章，一心希望宋高宗能回到开封。宗泽前前后后，一共给宋高宗写了20多道奏章，可竟如石沉大海，一点回音也没有。

宗泽受不了这个气，忧愤交加，积郁成疾，背上竟生出个大毒疮来，年已古稀的宗泽终于卧床不起了。

宗泽的部将得知宗泽病重了，就一起去探望他，宗泽看着他的部将，心里既难过又激动，就嘱咐道："我是因为不能为国报仇雪耻，心里郁闷，才得了病。你们如能抗金灭敌，为国雪耻，我死了也就没什么遗憾了。"

部将们听了，没有一个不感动得掉下泪来，异口同声地回答道："大人放心，我们一定尽力去完成大人的心愿。"

等到部将都退出离开的时候，宗泽口中又吟起了唐代大诗人杜甫的诗句："出师未捷身先死，长使英雄泪满襟。"

这天晚上，风雨交加，宗泽已奄奄一息了，可他仍没有对家里的事说上一个字，最后只听他连呼三声："过河！过河！过河！"

开封军民听到宗泽去世的消息，都为这位老英雄流下了伤心的热泪。

接替宗泽担任东京留守的，是投降派官员杜充。他一到开封，就把宗泽的抗金设施给肆意破坏了。宗泽召集起来的义兵，因为不满杜充的倒行逆施而纷纷散去。没多久，开封及大片中原土地又落在了金兵手里。

222-夫妻逞威阻兀术

宋高宗逃到扬州后，自以为离金人远得很，可以放心大胆地取乐，他对国家的事不闻不问，整天沉醉在花天酒地之中。

1129年正月，金将粘罕带兵南下，一路攻城陷镇，势如破竹。黄潜善、汪伯彦身为宰相，知情不报，也不安排抗敌事宜，像没事人一样，仍过着他们的舒心日子。直到金兵先锋攻到天长（今安徽天长），逼近扬州之时，宋高宗才得到警报。他吓得魂不附体，只带了几个随身太监，一气逃到江边。然后找了一只船，连夜过江逃命。那慌慌张张的样子，同丧家之犬实在没什么两样。

金兵打进扬州，烧杀抢掠，肆意妄为。这支金兵先锋，目的是要活捉宋高宗，消灭南宋。他们见宋高宗已经逃走，就在肆虐了一番之后退回了北方。

宋高宗从镇江一路逃到临安。朝廷上下对黄潜善、汪伯彦二人荒唐误国的行为非常气愤。宋高宗迫于无奈，才免了两人的职。不久，朝廷发生了一起兵变，宋高宗曾一度被赶下台。幸亏有几个大臣支持宋高宗，才平息了兵变，使他复了位。

宋高宗复位之后，又接连不断派出使者，向金国求和，可金人根本不理睬他。到了10月，金太宗又派兀术率大军南侵，接连攻下许多城市。到11月初时，兀术的大军占领了建康（今江苏南京）。宋高宗得到消息，慌忙逃到越州（今浙江绍兴），又从越州逃到

TIPS

苗刘兵变

南宋建炎三年（1129年）苗傅和刘正彦发动兵变，诛杀宋高宗赵构宠幸的权臣及宦官，以清君侧，逼迫宋高宗将皇位禅让给3岁的皇太子赵旉（fū）。大将刘光世、张浚、韩世忠、张俊、吕颐浩等兴兵勤王，宋高宗复位，诛苗、刘二人。

明州（今浙江宁波）。兀术过江之后，盯着宋高宗的屁股一路猛追，逼得他只好乘船逃向温州沿海。直到金兵北撤，宋高宗才返回临安。

1130年3月，当金军北撤到了镇江附近的时候，他们遭到了宋军大将韩世忠的拦击。当初兀术领兵渡江南下时，韩世忠出于无奈，从镇江撤了出去。他算定兀术还会从镇江撤回，就招募了100多条大海船，重新回到镇江，截住金兵的退路。

金兀术来到镇江，一看江面上布满了战船，一打听才知道是韩世忠率领的宋军，就派出使者去见韩世忠，同他约定决战的日期。

韩世忠立即同意决战，并把决战的日期定在第二天。

这时，韩世忠的妻子梁氏也在军中，她是个有胆识又懂武艺的女将，她提醒丈夫道："我们的人马不过才8000，而金兵却有10万，力量对比悬殊，一定得好好安排才行。"

韩世忠哈哈大笑起来，说："夫人提醒得好，有什么妙计就说出来吧。"

梁氏说："两军交战勇者胜。来日交战时，我掌中军，专门负责守御，你领着前后二队四面截杀。我在楼船上竖旗击鼓，你们看我的旗指向哪里，就杀向哪里。"

韩世忠连连点头，说："我也有条妙计，叫作'擒贼先擒王'。"说着，忙唤来一位将领，交代一番，命他带200人立即去金山龙王庙埋伏。

金山（今江苏镇江西北）紧靠着江面，居高临下，其中尤以龙王庙一带最为高峻险要。韩世忠估计金兀术一定会到那里去侦察，探看宋军的阵势虚实，所以派了人去打埋伏。

果然不出韩世忠所料，宋军刚刚埋伏下来不久，就见5个金兵骑马上了金山，到龙王庙前察看宋军动静。宋兵等金兵走近，一起冲杀出来。金兵见中了埋伏，忙掉转马头逃跑。宋兵追杀上去，抓住了2名金兵，其余3人奔逃得快，溜掉了。其中一人穿红战袍、系着玉腰带，那就是金兀术。韩世忠得知，不免惋惜一番。

第二天，宋金两军在江边摆开阵势，决战开始了。韩世忠指挥将士，拼命厮杀，他自己更是身先士卒，冲杀在最前面。梁氏一身戎装，站在江心的一艘大船上，两手挥舞，擂响了进军的战鼓，身旁一位女兵，高举红旗，按照韩

《中兴四将图》

传为南宋绍熙年间（1190年—1194年）画院待诏刘松年绘。绢本设色，纵26厘米，横90.4厘米。现藏于中国国家博物馆。南宋建立之初，金兵为逼迫南宋朝廷投降，多次兴兵南下，宋朝军民进行了顽强抵御，遏止了金人的南犯，最终双方议和，以淮河至大散关（今陕西宝鸡南）一线为界，形成宋金长期对峙的局面，历史上称此为宋室的"中兴"。这幅《中兴四将图》自右向左依次绘刘光世、韩世忠、张俊、岳飞四将，他们在抵抗金兵、保证南宋政权的建立与巩固过程中起了重大作用，被誉为"中兴四将"。画卷上四将皆戴软软巾，着窄袖长袍，腰系玉带；四人身后各立一名侍从，侍从着中长袍，以皮革围腰，足蹬长靴，或佩剑，或悬弓箭，颇有军士风范。四位将领均有王爵，岳飞追封鄂王，刘光世追封鄜王，韩世忠追封蕲王，张俊追封循王。

夫人的命令，一会儿指向东边，一会儿又指向西边。将士们本来就积蓄了对金兵的满腔怒火，个个勇猛向前，以一当十。又见主帅夫人亲自擂鼓助战，他们更是斗志倍增，拼死血战。金兵向来耀武扬威，没想到今天遇到了这样敢战死战的宋军，一下子慌了手脚，纷纷败退。前面一退，后面也跟着退。兵败如山倒，金兵虽然人多也无济于事。一场交锋下来，金兵死伤惨重。

兀术吃了败仗，又急又怕，就派了个使者向韩世忠求饶，说是只要放他们过江，他们愿意把从江南抢来的财物全还给宋军。韩世忠严词拒绝，将金兵来使斥退。

兀术见韩世忠不肯放他过江，只好带着将士，乘船逆江而上，想绕过江去。韩世忠知兀术心思，立即命将士开船，也沿江而上。金兵沿着南岸，宋军沿着北岸，两军相对而行，一丝也不放松。到了晚上，金兵的船队驶入了黄天荡。哪知黄天荡是条死港，走到最后就没有了出路。兀术急得团团转，忙悬赏求计。有人告诉兀术，说那里本来有一条河道，可以直达建康，那故道就在往北10余里处，只要开凿出来，就可绝处逢生了。

兀术命人找到河道，立即下令全体将士一起开挖。10万金兵挖了一个通宵，开掘出一条30多里长的水道。

兀术指挥兵士过了黄天荡，逃到建康，正在庆幸，没想到又遇上岳飞部队的堵击，杀得金兵心惊胆战。兀术见过不去，与将领们一商量，又退回了黄天荡。

金兵回到黄天荡，还以为韩世忠已经离去。哪知韩世忠将船一字排开，还在那儿等着呢。金兵进不得进，退不得退，在黄天荡整整被困了48天，将士们叫苦不迭。兀术急得直跳，就想用小船渡江。韩世忠早已准备好大批带着铁索的挠钩。宋军站在大船上，等金兵小船渡江时，用挠钩把小船钩住，再用铁索一拉。小船翻了，金兵都掉到江里淹死了。

兀术见硬渡不行，便请求与韩世忠上阵对话。韩世忠登上大船，只听兀术哀求道："韩将军，请放我们过江吧，今后我们再也不侵犯贵国了。"韩世忠冷笑一声，答道："要想过江可以，必须先还我大宋江山。否则，就别想逃命！"

兀术无话可说，只好灰溜溜退了回去。他回到营中，与部下商量过江的办法。兀术十分困惑，向他的将领们问道："宋军行船就像我们骑马一样来去如飞，我们怎样才能渡过江去呢？"

有个将领建议，说是只有悬赏让人献计，或许能摆脱眼前的困境。

兀术觉得也只有这个办法了。悬赏令传下去不久，果然有个汉奸跑来献计。那汉奸说："宋军的大海船之所以跑得快，是靠风帆带动的。你们挑个没风的日子渡江，宋军就赶不上了。"

过了几天，正遇上个大晴天，江面上风平浪静。金兵连忙登上小船，偷偷渡过江去。韩世忠发现了，命将士开船拦击。由于天晴无风，大船驶不动，根本赶不上金兵小船。韩世忠正在着急，只见一只金兵小船迎面开来。到了跟前，小船中金兵用火箭射宋军的船帆。船帆着了火，连带整个大船都烧了起来。船上的宋军纷纷落水，韩世忠只好弃了大船，乘上小船退回了镇江。

兀术好不容易摆脱了韩世忠的阻击。过江之后，他带兵回到建康，在那里又是一阵掳掠，然后才动身返回北方。经过静安镇（今江苏江宁西北）时，兀术又遭到岳飞的袭击，被杀得狼狈逃跑。

223-岳飞抗金报国

岳飞,字鹏举,相州汤阴(今河南汤阴县)人,出生于一个世代务农的家庭。岳飞出世还未满月,多年失修的黄河决口,把他家冲得一无所有。岳飞一家从此过着十分艰难的日子。少年时代的岳飞就开始下地干活,只有到晚上才能读书。岳飞的记性特别好,读过的书大都牢记不忘。他读书很勤奋又肯动脑筋,特别喜欢读《左传》和《孙子兵法》。

岳飞自小喜欢武艺,力气也特别大,十几岁的时候,就能拉300斤的硬弓。村子里有个叫周同的人,武艺高强,岳飞就拜他为师,把他的功夫都学到了手。他能左右开弓,百发百中,一杆长枪在他手里,使得有如蛟龙出海,迅猛无比,一县之内没人能赶得上他。

岳飞画像

岳飞(1103年—1142年),字鹏举,相州汤阴人。他是南宋抗金名将,中兴四将之首,为秦桧以"莫须有"之罪杀害。宋孝宗时为岳飞平反,追谥武穆,后又追谥忠武,封鄂王。

后来,周同去世了。岳飞十分怀念自己的师傅,每逢初一、十五就到周同墓前祭祀,从不间断。他的父亲见儿子这样尊重老师,有情有义,抑制不住心头的高兴,鼓励道:"儿子,你有这样的情义,应该为国家效力,为挽救国家而献身,那才是真正的大仁大义啊!"

岳飞回答:"儿子一定听父亲的话,舍身报国,为国为民,尽忠尽义。"

到了20岁那年,岳飞应募从军。相传,出发前岳飞的母亲让岳飞跪在自己的面前,取出银针,在岳飞的背脊上深深刺上了"尽忠报国"四个大字,然后叮嘱道:"儿啊,你一定要勇猛杀敌,赶走金寇,为国尽忠,为民报仇啊。"

岳飞看着多年来辛辛苦苦把他抚养成人的父母,心里一阵辛酸,他含着热泪说:"父母的教诲，儿子一定牢记。"

岳飞参军后，由于勇敢善战，不久就被提拔为下级武官。宋高宗即位之后，虽然重用了主战派大臣李纲，但其实根本没有抵抗金兵、收复国土的远大志向，在投降派的怂恿下，宋高宗准备借着巡视的名义逃往东南。

主张抗战的将士，见宋高宗这副样子，心里凉了半截。岳飞抑制不住满腔的愤怒，就给宋高宗写了封数千言的奏章，劝说他取消南巡的成命，亲率大军，渡过黄河，收复中原。

宋高宗见到岳飞的奏章，十分恼火，一旁的黄潜善、汪伯彦两位奸臣更是骂骂咧咧，说什么像岳飞这样的小人物，竟敢对皇上的行动乱加干涉，那还得了，于是就把岳飞革职除名，打发他回家。

岳飞一腔报国热忱，竟落得这般下场，但他并不灰心。在朋友的引荐下，岳飞投奔了当时的一位抗金名将张所。张所听说岳飞武艺高强，作战勇敢，就问他：

"听说你勇敢善战，那么以你的本领，大概能敌得住多少敌人？"

岳飞回答："作战光靠个人的勇敢是不行的，更要懂得运用谋略。比如春秋时晋国的栾枝装败诱敌，打败了楚将；楚国的屈瑕借打柴麻痹对方，战胜了绞国，这些都是依靠谋略而取得胜利的。"

张所听了岳飞这一番回答，很感意外，更有些佩服。他觉得岳飞不仅仅是个猛将，而且是个颇有智谋的帅才。

后来，岳飞转到了宗泽的部下，在几次战斗中，岳飞都表现得十分突出，宗泽不禁喜欢上了他，但宗泽以为岳飞不过是勇猛，大概没有读过兵书，不懂得阵法，就对他说："你的智慧、勇敢和武艺，就是古代的良将也不过如此了，但这还不够，应该多读点兵书，学习作战的阵法。"说着拿出一套古代的作战阵图交给了岳飞。

过了几天，宗泽问岳飞看得怎么样了，并要他谈谈学后的心得。岳飞说："那些图我都仔细看过了。虽然都是好阵势，但我以为古今情况不一样，不能生搬硬套，而应该灵活地加以运用。也就是所谓的运用之妙，存乎一心。"

宗泽听了，连连称赞岳飞说得好，对他更是另眼相看了。

宗泽死后，岳飞又转到了杜充手下。杜充是个贪生怕死的人，他接替宗泽的职位之后，不顾手下的将领反对，扔下东京，逃到了建康，后来干脆投降了金兵。

杜充手下的各路人马也都纷纷散伙，只剩下岳飞所掌管的那部分将士。岳飞以他的报国精神和真诚态度，将士兵紧紧地团结在自己的周围，他们不仅没有散伙、逃跑，反而抓住机会，狠狠打击了金兀术的人马，收复了建康。就是从这两次袭击金兀术开始，岳飞成为有名的抗金将领。

没几年，岳飞由于战功显著而一再受到提拔。岳飞32岁那年，被封为清远军（今宁夏同心东南）节度使，成为与韩世忠、张俊、刘光世齐名的四大将领之一。

绍兴六年（1136年）八月，岳飞领军北伐刘豫伪齐政权，取得了很大进展。后来却因朝廷支持不力，对新收复的地区既不派兵驻守，又没有接济粮草。致使孤军深入的岳家军只好撤了回来，收复的失地，又被伪齐重新占领。

岳飞撤军回返的路上，心中十分苦恼，他想起自己已经30多岁了，却仍没有实现驱逐金兵、收复失地的愿望，他越想越苦恼，越想越气愤，于是口中吟出了一首《满江红》，用这首词来抒发自己的满腔感慨。

> 怒发冲冠，凭栏处，潇潇雨歇。
> 抬望眼，仰天长啸，壮怀激烈。
> 三十功名尘与土，八千里路云和月。
> 莫等闲，白了少年头，空悲切。

TIPS

伪齐

靖康之难后，金国占领了宋朝在北方的大片领土，由于其本身尚处于奴隶社会晚期，无力统治处于发达的封建社会的北宋国土，也为了避免境内北宋遗民起义的直接打击，于是通过扶持一些傀儡政权来间接统治。伪齐就是北宋叛臣、原济南知府刘豫在金国扶植下所建立的傀儡政权，国号大齐，又简称齐。大齐建于1130年，亡于1137年。

靖康耻，犹未雪。

臣子恨，何时灭？

驾长车，踏破贺兰山缺。

壮志饥餐胡虏肉，笑谈渴饮匈奴血。

待从头，收拾旧山河，朝天阙。

绍兴七年，伪齐政权垮台，而宋高宗却听信了奸臣秦桧的建议，与金国签订丧权辱国的和约，宋朝向金国称臣，每年向金国进贡白银25万两、绢25万匹。

岳飞听到签订和约的事，肺都气炸了，他上表坚决反对，同时提醒宋高宗，认为金国签订和约不过是一种阴谋，他们迟早还会来进攻的。对于岳飞的这些忠告，宋高宗哪里听得进去。

铁浮图

又称铁浮屠，浮屠是佛语中铁塔的意思。铁浮图为具装重骑兵，人马俱披重型盔甲，为金兵精锐，战斗力和防御力都极强，是金兀术依赖的"常胜军"。1140年，金军南侵，铁浮图分别为名将刘锜和岳飞所破，全军覆没。

绍兴十年五月，和约不过才签了一年多的时间，兀术又举兵进攻南宋，把伪齐原来的土地又差不多夺回去了。岳飞将手下的将领一一派遣出去抵抗金兵，自己坐镇郾城指挥。

兀术打听到岳飞身边只有很少的一点人马，连忙率领15000名精兵直杀郾城，并且调用了自己进军以来常胜不败的铁浮图和拐子马，想乘虚而入，一举消灭岳飞。

岳飞镇定自若，他先教给兵士们对付铁浮图和拐子马的方法，然后命令儿子岳云出城破敌，说道："这一仗只能胜不能败！如若失败，定斩不饶！"

岳云挥舞着80斤重的两个铁锤，杀向金兵。兀术抵挡不住，便放出铁浮图、拐子马。岳家军按照岳飞的方法，手执长刀、长斧专砍马腿。重骑兵铁浮图都是几匹马连在一起的，一匹马倒了，另外几匹马也就动不起来，轻骑兵拐子马更是禁不住长刀、长斧的砍杀。霎时间，人仰马翻，15000骑兵都四分五裂、七颠八倒。

兀术见铁浮图、拐子马被岳云杀得一败涂地，不可收拾，不禁伤心地哭起来，说："我自起兵以来，都是靠铁浮图、拐子马取胜的，这下可彻底完了。"

但兀术并不服气，他又聚集了12万金兵要与岳飞再战一场。结果又被岳飞打得大败而逃。岳飞掩军追杀，一直追到离东京只有45里的朱仙镇。

在朱仙镇，兀术又调集了10万人马，准备孤注一掷，与岳飞背水一战。这时的金兵士气低落，又被岳家军打怕了，两军相交，岳家军个个奋勇争先，金兵却是争相逃命。兀术制止不住败退的士兵，也只得飞马逃命。他一边逃，一边不由地感叹道："撼山易，撼岳家军难啊！"

224-乞和求降的秦桧

在宋徽宗、宋钦宗被金兵俘虏时，秦桧和他的妻子王氏及侍从等也被俘到金京。秦桧在金太宗面前低声下气、百依百顺。金太宗认为他很忠诚，又有才干，就把他交给大将挞懒任用。从此，秦桧亦步亦趋地追随着挞懒，逐渐成为他的亲信。

1130年，金将挞懒带兵进攻淮北重镇山阳（今江苏淮安），命秦桧同行。为什么要秦桧同行呢？从挞懒的策略看，内外勾结，才能彻底打败南宋。这个"内"，只有秦桧可用。而秦桧投降女真贵族的面目，在南宋朝野还没有彻底暴露，所以金统治者准备把秦桧作为合适的人选派回朝廷做内应。山阳城被攻陷后，金兵纷纷入城。秦桧等则登船而去，行到附近的涟水（今江苏涟水），被南宋水寨统领丁不异的巡逻兵抓住，并要杀他。秦桧说："我是御史中丞秦桧，这里有没有秀才，应该知道我的姓名。"有个卖酒的王秀才，从不认识秦桧，但装作认得秦桧的样子，一见就作个大揖说："中丞劳苦，回来不容易啊。"大家以为王秀才认识秦桧，就不杀他了，而是以礼相待，后来把他们送到了临安。

秦桧回到南宋，隐瞒真相，说是杀死监视他们的金兵夺船而来的。臣僚们随即提出一连串的问题：孙傅、何栗、司马朴是同秦桧一起被俘的，为什么只有秦桧独回？从燕山府（今北京城西南）到楚州2800百里，要跋山涉水，难道路上没有碰上盘查询问，怎能杀死监守人员，一帆风顺地南归？再说，即使敌人防备不严，让他偷跑了，他一定十分匆忙，又怎能带着王氏一起走？这些疑问只有他的密友宰相范宗尹和同知枢密院李回为他辩解，他们反复说明他是忠于赵家皇朝的。

秦桧南归后，送给宋高宗的第一件"见面礼"就是：要想天下无事，就得"南人归南，北人归北"。南宋的军队和将领主要是西北、河北和山东等地人组成的，如果照秦桧"北人归北"的主张去办，就等于把北方土地全部奉献给女真贵族，而且大批不愿投降金朝而南下的北方人士，都得回去受金人统治。这就等于南宋自己解除武装，表明对金放弃武力抵抗。秦桧奉送宋高宗的第二件"见面礼"是他递上了一份写给女真军事贵族挞懒的"求和书"。宋高宗感到秦桧的主张很合他口味，他对大臣们说："秦桧比谁都忠。有了他，我高兴得晚上都睡不着觉呢。"他立刻任命秦桧做礼部尚书；三个月后，又提升他当副宰相；又过半年，秦桧就爬上了宰相的宝座。

秦桧当了宰相之后，就明目张胆地干起卖国求和的勾当来。因为遭到南宋王朝内部许多大臣的谴责，宋高宗迫于舆论的压力，曾一度罢免了秦桧的相位。

过了不久，秦桧又重新上台。这时，人民支持下的抗金斗争节节胜利，使秦桧大为恐慌。因为金朝是他的后台，金朝一败，他在南宋也就站不住脚了。于是他就唆使宋高宗发出命令，命已经打到朱仙镇的岳飞从前线退兵。

岳飞突然接到宋高宗的撤兵命令，目瞪口呆，明明胜利在望，却要火速撤兵，真让人百思不得其解。无奈，他只好写了一封奏章，上达朝廷，陈述进兵的理由。他写道："金兵屡进中原，每遭失败，士气低落，内外震惊。兀术正打算扔掉笨重物资，渡河北逃。而我军斗志正旺，摩拳擦掌，加上两河义军闻风响应，我强敌弱的形势显而易见，大功告成指日可待。机不可失，时不再来，只宜火速进军，切不可撤兵回朝。臣日夜盘算，计划已经成熟，望陛下三思！"

看来，岳飞是不会轻易撤兵的。

秦桧眼珠一转，想出了一条毒计。他先命令张俊、刘光世等大将的人马从前线撤退，然后说岳飞孤军不可久留，严令迅速退兵。宋高宗、秦桧一天之内连下12道金牌（红漆木牌上写黄金字，有紧急军情时，由皇帝直接发出），紧催撤兵。

岳飞见其他军队都已撤退，自己如不撤兵，就有被敌人包围的危险。回头再看看这十分紧急、十分严厉的"圣旨"，他又是愤怒，又是伤心，望着金牌，点点头，长叹一口气说："咱们这一走，10年的艰苦经营，就毁于一旦了！陛下，这并不是我没有尽到责任，实在是当权的秦桧在耍阴谋呀！"

虽然兵书上讲"将在外，君命有所不受"，但不遵圣旨，难免会引起宋高宗猜忌。如果朝廷不予支持，抗金也就难以取得成功。这样，岳飞只好撤兵了。在撤兵前，为了防备兀术闻讯派兵偷袭，他故意放出风声，说明天将要渡河。兀术害怕汴京城内百姓做岳家军的内应，于是连夜弃城，向北逃了100多里。

南宋石刻武士

南宋石刻武士位于浙江省宁波市东钱湖畔，有上百个之多。南宋的兵器铠甲精益求精，制式严整，成为甲胄发展的巅峰。

一听说岳飞要撤兵，当地的老百姓扶老携幼，纷纷赶来挽留。他们挡住岳飞的坐骑，痛哭着诉说："我们烧香磕头，运送粮草，迎接您来，这连敌人都知道。今天您一走，我们还有活路吗？"

岳飞听了，也是热泪滚滚，有什么法子呢？难道是他岳飞愿意这样做吗？他停下马，取出金牌给他们看，说："朝廷有诏书，我不敢私自留在这里啊！"

人民不愿让他走，但又不能不让他走，因为违抗圣旨，会给岳飞招来大罪；岳飞不愿走，但又不能不走，因为不听皇帝的命令，就是不忠诚啊！人民哭，军队哭，岳飞也哭，整个大地处于一片悲痛的恸哭声中。

岳飞只好再三安慰百姓，劝他们搬到襄阳六州去，在那里给他们拨一些荒地，开垦耕种。为此，他命令留兵几天，掩护百姓撤退。当时，愿意搬到襄阳六州去的人有成千上万家，大路上百姓们成群结队，浩浩荡荡，络绎不绝。

在兀术丢掉东京向北撤退的时候，忽然，有一个卑鄙无耻的书生，骑着马从后面赶来，大叫："太子不要走，东京可以守了，岳飞退兵了。"

"岳飞用500骑兵打败我们10万大军，百姓日夜盼他们打过来，东京还能守得住？"兀术不相信，摇着头说。

"自古以来，从没有过奸臣在内，而大将能够立功在外的。依我看，岳飞就要大祸临头，哪还谈得上立功呢？"书生因为知道秦桧与金有勾结，就摇头晃脑说出这一番话来。

兀术听了，恍然大悟，马上掉转马头，带兵回到东京。一打听，岳家军果然已经撤退了，便急忙整顿兵马，向南杀去，结果把岳飞收复的郑州、颍昌、蔡州等大片土地又夺了回去。

1141年4月，秦桧唯恐重要将领难以控制，就想法收他们的兵权，以扫除不利于他投降活动的障碍。于是他密奏召三大将韩世忠、张俊、岳飞入朝，"论功行赏"。三将到临安，韩世忠、张俊被任命为枢密使，岳飞为副使，名义上是提升，实际上是解除了他们的兵权。

岳飞的兵权被解除后，秦桧就派人向金朝求和，经谈判，达成了以下议和条件：以淮水中流作为

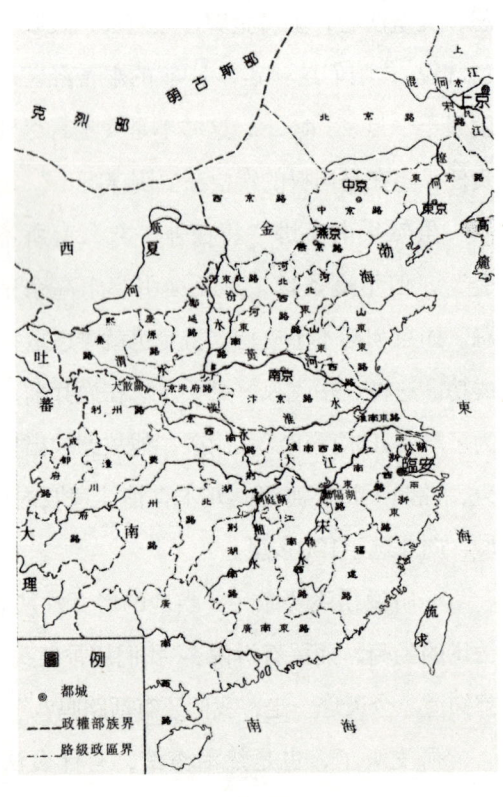

南宋与金划界图

宋绍兴十一年（1141年），宋、金议和，宋向金纳贡称臣，以淮河至大散关一线为界，从此开始了宋、金长期对峙的局面。

宋、金的分界线；淮水以西的唐、邓两州，全部割让给金；每年向金贡纳银25万两、绢25万匹；等等。历史上把这次屈辱投降的和约叫作"绍兴和议"（绍兴是宋高宗的年号）。

225-岳飞冤死风波亭

颖昌之战后不久，兀术秘密写信给秦桧说："你一天到晚请求讲和，而岳飞却正想进攻河北，还杀死我女婿，此仇非报不可，必须杀了岳飞，才可以议和。"他向秦桧明确提出以害死岳飞为议和的条件。

秦桧接到主子的密信，就向岳飞下毒手了。

为了置岳飞于死地，秦桧等人千方百计地罗织岳飞的"罪状"。

张俊在秦桧的授意下，先是利用岳家军的内部矛盾，对岳飞的部下王贵进行威胁和利诱，要他诬陷岳飞，王贵终于屈从。接着，他们又收买张宪的前军副统制王俊。此人过去在军中做过刽子手，有一次，他的同僚中有一个名叫呼千的人得罪了他，他便捏造罪名加以陷害，致使呼千受到惩罚，而他却因此升为都头。此后，他专门告发别人，以致官运亨通，步步高升，人们因此称他为"王雕儿"。但是自从他被编入岳家军后，五六年来却寸功未立，一官不升，而且每每因奸贪而遭到张宪的制裁，所以一直怀恨在心。张俊得到这样一个无赖小人，当然喜出望外，便立即命人代他写好一份《告首状》，唆使他出面诬告岳飞的部将张宪，说张宪为了迫使朝廷将军权交还给岳飞，阴谋裹挟大军开往襄阳。

王雕儿接受这项任务后，便乘张宪去京口（今江苏镇江）枢密行府参见张俊的机会，向王贵投送那份《告首状》。王贵明知这是彻头彻尾的诬陷，却屈从于秦桧、张俊的压力，违心地将此《告首状》送交秦桧的心腹林大声，林大声又急忙转递到京口枢密行府张俊手中。

九月初八，张俊收到王俊的《告首状》，立即组织枢密院的官吏审查此案，严刑逼供，企图将张宪屈打成招。然而，无论经受怎样的折磨，张宪始终咬紧牙关，决不让他们的阴谋得逞。张俊等一不做，二不休，又捏造岳飞儿子岳云曾写信给张宪，唆使张宪阴谋制造兵变，以威胁朝廷。因此，张俊又立即逮捕了与张宪同来京口的岳云，把他打得死去活来，但仍然得不到张俊所要的口供，只得将二人一并解往临安。

张宪、岳云的囚车到达临安，秦桧命将二人暂时看押在大理寺中，自己则上朝奏报皇上。宋高宗听到此事，大吃一惊，因为他事前并未知悉详情，感到非常突然。

秦桧奏请宋高宗下诏，把岳飞抓来，与张宪、岳云当面对质，将案情弄清，从而定罪严惩。宋高宗答应让秦桧全权处理此案。

秦桧派人把岳飞抓来后，立刻在大理寺对他进行了审讯。负责审讯这一案件的，是御史中丞何铸与大理寺卿周三畏。

何铸慑于秦桧的淫威，两个月前曾弹劾了岳飞。这次他又奉命主持审讯。

何铸问："有人投书密告，说你擢任枢密副使以后，心怀不满，想恢复兵权，阴谋叛乱。可有此事？"

岳飞回答说："如欲叛变，我早已去向鄂州，何必只身来到临安！"

何铸又问："你指使岳云写信给张宪，叫他虚报边警，恐吓朝廷，企图恢复你的兵权，是否属实？"

岳飞反问说："书信在何处？"

何铸说："密告人说，张宪、岳云畏罪，已将书信焚毁。"

岳飞再反问："张宪、岳云有无口供？"

何铸说："没有。"

岳飞愤怒地说："既无口供，又无物证，这如何能构成罪状！"

> **TIPS**
>
> **大理寺**
>
> 大理寺是国家掌管审判案件的部门，长官名为大理寺卿，属九卿之列。此官署设置可追溯到南北朝的北齐政权，当时设有大理寺，主要是处理刑法方面的事务，唐宋以来因袭此制。明清时期与刑部、都察院并称为"三法司"。

何铸理屈词穷,但又不愿就此罢休。他向岳飞提出王俊的《告首状》可作为证据,说:"岳少保,大理寺奉旨开庭审讯,这些事情,你应从实招认。"

岳飞强压住满腔怒火,沉着地为自己和张宪、岳云辩白冤情。他将王俊《告首状》中的矛盾,一一指陈,痛加驳斥,讲得有理有据。他反问何铸:"王俊既然早已跟张宪反目成仇,那么张宪如有谋反之意,这样的机密大事,怎么会毫无顾虑地向王俊倾吐?更何况我原先的亲卫军的头领们,怎么都会一无所知呢?"

岳飞慷慨陈词,列举金兵历次南侵,他都亲书奏章,请缨抗战,而每次作战,他又都亲冒矢石,出生入死。他披肝沥胆,毕生致力于报效国家,何曾有一言一行背叛过祖国!他越讲越激动,最后解开了上身的衣衫,袒露出背部所刺的"尽忠报国"四个大字。何铸等人看了,都为之动容。

良心还没有泯灭的何铸,又一次审查了所有的案卷,发现王俊所提供的材料,实在是自相矛盾,漏洞百出,明显是诬陷之词。他想强敌未灭,就这样无故地陷害一员大将,朝廷必然会失去军心,对于社稷的长治久安非常不利,于是便如实向秦桧说了自己的想法。秦桧理屈词穷,但为了实现既定的阴谋,又改派万俟卨(mò qí xiè,万俟是姓,卨是名)来审讯岳飞。

万俟卨把王俊等人捏造的物证摆在面前,向岳飞大声呵斥道:"国家有哪点亏负了你们,你们父子却要与张宪共同谋反?"

岳飞怒火填膺,大声说道:"我可以对天发誓,我绝对没有半点负国的行为!你们既主持国法,就不该陷害忠良!"

TIPS

《说岳全传》

《说岳全传》是依托于岳飞抗金的历史史实,虚构的以岳飞、岳雷父子抗金为题材的长篇章回体英雄传奇小说,由清代钱彩编次、金丰增订,共80回。歌颂了岳飞等将士精忠报国、英勇作战的忠勇行为,鞭笞了秦桧等人卖国求荣、陷害忠良的丑恶罪行。同时,书中也宣扬了因果报应的迷信思想。

万俟卨冷笑了几声，问："你说你没有反意，那么你可记得，游天竺寺时，你曾在墙壁上题过'寒门何载富贵'那句话吗！"陪审的官吏立即随声附和说："既然写下那样的话，岂不是要造反吗？"

岳飞望了望高高在上的万俟卨之流，望了望周围阴森森的大堂，感到自己的命运已经完全掌握在这些奸佞小人的手里，一任他们摆布，任何争辩也不能洗刷自己的不白之冤了！于是他长叹一声，说道："想不到我竟落在秦桧这个卖国贼手中，使我十几年来的报国忠心，全部付诸东流了！"说罢，他闭上眼睛，任凭狱卒百般拷打，再也不说一句话。

岳飞的冤狱震动了朝野。百姓们一批又一批涌向大理寺"鼓噪"，要求释放岳飞；朝廷上的一些正义之士，也纷纷上书，为岳飞仗义执言。韩世忠虽已罢去枢密使官职，仍前往质问秦桧："要定岳飞罪，究竟有何证据？"秦桧含糊其词地回答说："岳飞给张宪的书信，内容虽不清楚，但这样的事情，莫须有（就是'也许有'的意思）！"韩世忠气愤地对秦桧说："相公，你这'莫须有'三字，怎么能使天下人心服呢！"

1141年11月，宋廷终于和金签订了辱国丧权的"盟书"。

岳飞的案子，由于朝野的反对，一直久拖未决。

时间推移，不觉到了腊月二十九，眼看新的一年就要来临。秦桧一个人闷闷不乐地坐在书房里，手里拿着刚吃剩下的柑子皮，下意识地用指甲在上面来回画个不停。杀岳飞吧，没有证据，民情汹汹，难以平服；不杀岳飞吧，金方又不答应，万一兀术借口翻脸，那更不得了！正在这时，他的老婆王氏警告他说："你做事真是太不果断！你岂不知道，捉虎容易放虎难啊！"秦桧在他老婆的提示下，恍然大悟，立即写了一张纸条，命亲信送到大理寺。

万俟卨等奉命匆匆上书，奏请将岳飞处以斩刑，张宪、岳云处以绞刑。

宋高宗接到奏章，当时就提起朱笔，批道："岳飞特赐死。张宪、岳云并依军法施行。杨沂中监斩。"

临刑前，万俟卨等最后一次提审岳飞，企图逼岳飞在他们炮制的"供状"上画押。岳飞知道自己已面临最后时刻，却视死如归，昂然转过身来，取过笔，在供状上写了8个大字：

天日昭昭！天日昭昭！

除夕之夜，北风呼啸，漫天大雪。

屡建奇功的岳飞，终于在监狱里的风波亭中被迫喝下了宋高宗"御赐"的毒酒！张宪、岳云同时也被押赴刑场。

岳飞死后，各地纷纷立庙纪念岳飞，除了鄂州、临安以外，岳飞的故乡汤阴县城和岳飞大破金兵的朱仙镇也都相继修建了岳飞庙。

今天，杭州西子湖畔的岳王庙已焕然一新：巍峨的大门上，高悬着"岳王庙"三字金匾；雄伟的大殿里，彩塑着岳飞的戎装坐像；塑像顶端有岳飞手书的"还我河山"匾额。后园是岳飞的坟墓，墓前有两个铁栅栏分放左右，内有

杭州岳王庙中的岳飞塑像

岳王庙位于西湖栖霞岭南麓，南宋始建，分为墓园、忠烈祠、启忠祠三部分。此为忠烈祠内岳飞彩塑像，高4.54米，为20世纪重塑。

反绑双手、赤身跪地的秦桧、王氏、张俊、万俟卨四个铁像，使人见而掩鼻。这四个奸臣铁像，历来被人们戳指唾面，百般咒骂，受到了历史的无情惩罚。而岳飞则百世流芳，受到人民的纪念和尊敬。

226-辛弃疾生擒张安国

辛弃疾于1140年诞生在山东济南一个世代仕宦的家庭，那时山东和南宋北方的其他土地已被女真贵族建立的金政权的铁蹄践踏了12个年头。辛弃疾父亲早亡，从小靠祖父抚养。祖父投靠金政权做了个小官，但辛弃疾却从小就立下了恢复中原的凌云壮志。他不但刻苦攻读诗书典籍，而且潜心练习刀枪武艺。后来，他在济南南部山区组织了一支2000多人的抗金武装力量。当时，潼关以东、淮水以北广大地区的人民武装队伍纷纷建立，其中以济南农民耿京领导的最为壮大。耿京以山东东平府为据点，拥有25万人马，自称"天平军节度使"。为了加强抗金力量，辛弃疾就带了队伍投奔耿京。当时，辛弃疾

23岁，已是一位有名望的文人，得到耿京器重，被委任为掌书记。可是，就在辛弃疾奉耿京之命前往江南与南宋朝廷取得联系时，耿京却被叛徒张安国杀害，张安国还诱骗了一部分队伍叛附金营。为了伸张正义，惩处叛徒，替耿京报仇，辛弃疾与伙伴决定出其不意，夜袭金营，生擒张安国。

当天晚上，辛弃疾挑了50名勇士，个个骑上快马，带着刀剑，向金营直奔而去。快到金营的时候，天已经黑了，他们都下了马，把马拴在树上，然后乘黑悄悄地摸进了金营。

金营里灯火辉煌，张安国正在跟两个金将喝酒猜拳。张安国看见辛弃疾和勇士们拿着刀剑冲进来，吓得魂都没有了，但瞅了瞅两旁一字排开的兵丁护卫，看到他们都举着刀斧，便又壮了胆，喊道："来人！将这小子给俺捆了！"

但是，就在这个时候，辛弃疾已拔出宝刀，一个箭步跃上了张安国的餐桌，将宝刀对准了张安国。张安国像一头待宰的肥猪，瘫在羊皮椅中，不敢有丝毫动弹。

"谁敢上来，我就一刀结果了这个狼心狗肺的家伙的性命！"辛弃疾大义凛然地瞥了一眼张安国手下的兵丁，那些兵一时吓得目瞪口呆，不知如何对付才好。这些兵丁大都是张安国的老部下，他们都知道辛弃疾武艺过人，勇不可当。一年前，耿京手下有个叫义端的小头头，偷走了"天平军"的印信，妄图投奔金营。义端是在辛弃疾带动下才参加耿京的队伍的，耿京见义端窃走印信后失踪，便怀疑辛弃疾跟他有勾结，要将辛弃疾处死。辛弃疾说："请给我三天期限，我定将此贼擒来！"结果，辛弃疾当晚就将义端擒获，并把他杀了。这件事曾在耿京的队伍中传为美谈，因此士卒们人人都知道辛弃疾的厉害，耿京也因此对辛弃疾更为信任。如今，眼看张安国已被辛弃疾捉住，他们更不敢轻举妄动了。

这个时候，辛弃疾带来的50名骑兵，早已在帐篷外解决了守夜的敌兵。他们留一部分在外守卫，一部分冲进帐篷，迅速地解除了里面敌人的武装，并将张安国五花大绑，口中塞了块布，扔进一只大口袋中。

"撤！"辛弃疾一声令下，骑兵们扛着装有张安国的大口袋，立即退出帐篷，并将口袋捆在一匹马上。但是，他们的行动，已被金兵察觉。东南

> **TIPS**
>
> **破阵子·为陈同甫赋壮词以寄之**
> **辛弃疾**
>
> 醉里挑灯看剑，梦回吹角连营。八百里分麾下炙，五十弦翻塞外声。沙场秋点兵。马作的卢飞快，弓如霹雳弦惊。了却君王天下事，赢得生前身后名。可怜白发生！

西北四方都响起了胡笳"呜呜"的紧急集合声，整个敌人营地，人影幢幢，刀光闪闪，战马嘶鸣，敌兵从四面八方朝张安国的帐篷围来。

"放火！"辛弃疾当机立断，命令部下点着了张安国的帐篷。顿时，火借风势，熊熊燃烧，烈焰冲天！

"失火啦！快救火！"整个敌营乱作一团。

辛弃疾心想，金营的士兵中，有不少是被张安国诱骗来的，应当设法将他们带走。于是，他骑在战马上，大声疾呼："弟兄们！我是辛弃疾！叛徒张安国已被擒获！为了使中原的山山水水重见天日，不愿替金人卖命的，快随我冲出重围！"

说罢，他双腿一夹，战马如离弦之箭，直朝敌丛奔驰。他迅猛地挥舞着宝刀，左砍右劈，敌人纷纷倒下，发出一阵阵嗷嗷的惨叫。那些被张安国诱骗来的人听了辛弃疾的话，纷纷聚集在辛弃疾的人马后，一齐杀出敌营。

辛弃疾等人分成两路冲出重围之后，惊魂方定的金兵将领不甘心他们的失败，仓皇吹起号角，集中了几百名精锐的骑兵，拼命追赶辛弃疾一行，妄图将这支由20余人组成的义军队伍一网打尽，重新夺回叛徒张安国。

夜，黎明前夕的夜，仍然是黑沉沉的，但在星光之下，道路的影子还依稀可辨。金兵凭借着他们擅长的骑射本领，把同已经奔波了半夜的辛弃疾等人的距离迅速缩短了。在广阔无垠的原野上，两支队伍的杂乱马蹄声，渐渐响成一片……东方的天空已经流出了鱼肚色，几百名追兵看得愈加清楚，他们的吼叫声也听得愈加分明了。

辛弃疾骑着乌龙驹，故意放慢了速度。

"逮活的！要逮活的！"金兵将领以为辛弃疾是由于筋疲力尽而掉了队，高兴地狂叫起来。

辛弃疾转头瞥了追兵一眼，然后镇静地取下弓，取出箭，搭上弦，猛一转身，一声霹雳似的鸣响，为首的金将应弦倒栽马下。

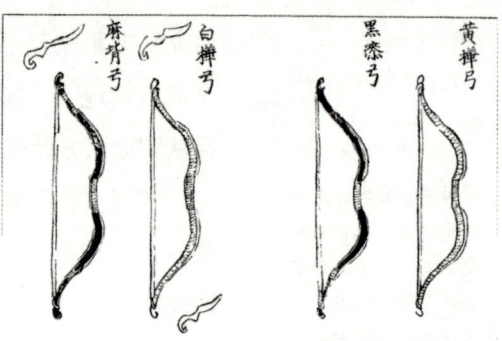

《武经总要》上的宋朝复合弓

中国古代的冷兵器，主要是步兵兵器，在宋代达到了完全成熟的阶段。《武经总要》是北宋官修的一部军事著作，其中大篇幅介绍了武器的制造。书中介绍了4种弓：黄桦弓、黑漆弓、白桦弓、麻背弓。它们都是复合弓。

追兵吃了一惊，纷纷勒住了马。

惊慌失措的追兵叽里呱啦地叫唤起来。

第二支箭又搭到了辛弃疾的弦上："这次要那个黄脸汉的狗命！"

"啊！"黄脸皮的金将惨叫一声，正想转身向追兵丛中缩去，然而颈脖子上早已端端正正地插上了一支箭。

追兵的阵脚完全乱了，气势也完全尽了。当辛弃疾的弓弦上搭上第三支箭的时候，他们纷纷掉转马头逃跑。

辛弃疾的脸上露出了胜利的微笑。

为了防止金兵再次追来，辛弃疾在原地又坚守了半个时辰。看着金兵不敢再来，才返身赶上自己的队伍。

他们不分昼夜地继续向南驰去。就这样饥不暇食、渴不暇饮地奔走了两天一夜，终于渡过了淮河，进入南宋境内。稍事休息后，又把张安国押解过江，交给了南宋朝廷。

南宋朝廷接受了辛弃疾等人的意见，将张安国绑赴建康（今江苏南京）的刑场，在群众面前一刀斩了，并且把这个叛贼的首级挂在城门口，号令示众。

这时，辛弃疾才23岁。

227-陆游和他的《示儿》诗

陆游画像

陆游（1125年—1210年），字务观，号放翁，越州山阴人，南宋著名的文学家、史学家、爱国诗人。

南宋时期，出现了许多具有爱国思想的文学作家。陆游就是其中最杰出的代表。

陆游是越州山阴（今浙江绍兴）人，字务观，号放翁。他虽然出身于一个官僚地主家庭，但是他的父亲陆宰是有名的爱国志士。幼年时期，陆游跟随他的家人逃到外地避难，过着"儿时万死避胡兵"的乱离生活。悲痛的经历和家庭的熏陶，使他从小就有忧国忧民的思想。为了报国，他非常好学，决心要读万卷书，对兵书尤其喜爱。他不愿做一个纸上谈兵的"书生"，而要成为"上马能击贼"的适应时代要求的有作为的人物。

陆游在十七八岁的时候就有诗名了。29岁那年，他参加两浙地区的考试，被取为第一名。恰巧奸相秦桧的孙子秦埙（xūn）也参加了这次考试，秦桧在考试前就暗示考官，要让秦埙得第一名，考官没买他的账，还是秉公办事，让陆游得了第一名。陆游因此也得罪了秦桧，遭到压抑。一直到秦桧死后三年，陆游才有机会进入仕途，在福州、镇江等地任州县下级小官。当时主和派把持国家大权，陆游连自己的一个小小官职也保不住，终于罢官家居。后来到46岁，才千里迢迢，到四川去担任夔州通判。"道路半年行不到，江山万里看无穷。"沿途他凭吊了屈原、李白、杜甫等大诗人的遗迹，饱览大江两岸的秀丽景色，更广泛地接触了社会现实。后来他在川陕宣抚使王炎手下襄赞军务，有机会身临抗金前方。他身穿戎装，戍卫在大散关头，来往于南郑（今陕西汉中）各地，考察地理形势，看到了人民的爱国热情，这更加激发了他的爱国思想。

不久，王炎被调走，陆游也被调到成都，在安抚使范成大部下当参议官。范成大是他的老朋友，虽说是上下级关系，却并不讲究一般的官场礼节。陆游的抗金志愿得不到实现，心里气闷，就常常喝酒写诗，来抒发自己的爱国感情。但是，一般官场上的人看不惯他，说他不讲礼法，思想颓放。陆游听了，也不愿跟这些人啰唆，索性给自己起了个别号，叫"放翁"，后来人们就称他"陆放翁"。

陆游作为一个诗人，最使后人敬佩的，就是他一生关心国家大事。面对着当时国家分裂的现实，他抱着"一身报国有万死"的牺牲精神，在《夜读兵书》诗中写道："平生万里心，执戈王前驱。战死士所有，耻复守妻孥！"表达了自己愿意战死沙场、为国立功的心情。

陆游在川、陕生活的9年，是他一生中的重要时期，也是诗歌创作收获最多的时期。这就是陆游把自己的全部诗歌编为《剑南诗稿》、把自己的文章编为《渭南文集》的原因。

陆游54岁时离开四川东归，先在江西做地方官。他眼见人民的疾苦，在灾荒的岁月里打开义仓，以粮食赈济灾民，明明是办了好事，却遭到上级官僚的反对，以"擅权"的罪名罢了他的官职，他在家又闲居了6年。后来他做严州知州，写了大量爱国诗篇，为祖国而歌唱，刺痛了当权的主和派，不久又被以"嘲咏风月"的罪名革职。陆游带着非常愤慨的心情，回到了自己的故乡，66岁以后，他的绝大部分岁月是在家乡度过的，这使他有机会"身杂老农间"，同农民的思想感情逐步接近。有时，他还身带药包，替村里人医病。环境和生活的变化，使他的晚年作品能比较深刻地揭露农村中封建压迫的现实，也描绘了美丽的田园风光。

1209年立秋以后，陆游病倒了，而且病得很重。在这之前陆游常常生病，身体时好时坏，反复了好几次。但是，前几次的毛病都比较轻，吃了一点药以后，病势就慢慢地好转了。有时候，他还能勉强支撑着，到外面去走动走动。然而，这次不同，他病了100多天，吃药也不见效，病势越来越严重。

这位85岁的老人，知道自己这次的病是很难有好转的希望了。但是，他对抗金事业，还是那么念念不忘。他想到中原的沦陷，朝廷的腐败，人民的苦难，他又想到参加进士考试，想到上马杀敌，江西遇水灾，最后，他想到了死。他想到一个人总是要死的，现在活了这么大的年纪，对于死，他并不感到有什么可怕。10年前，他曾经想到过死，而且写出"死前恨不见中原"的诗句。现在，当陆游想到中原还落在金统治者的手里，自己一生立志恢复中原的理想已成为泡影，心里就感到万分沉痛。可是，陆游并不绝望，他始终相信将来中原是一定能够收复的。特别是当他想到以前抗金名将宗泽临死的时候，还大呼三声"过河！"他那瘦黄衰老的脸上，立刻浮起一种充满自信的微笑。

陆游病危的时候，左邻右舍的人们和他的儿子，都含着满眶热泪，一起拥到他的床边。

这时，陆游的眼神已经失去光彩，嘴里在不停地喘着气，看样子不大能

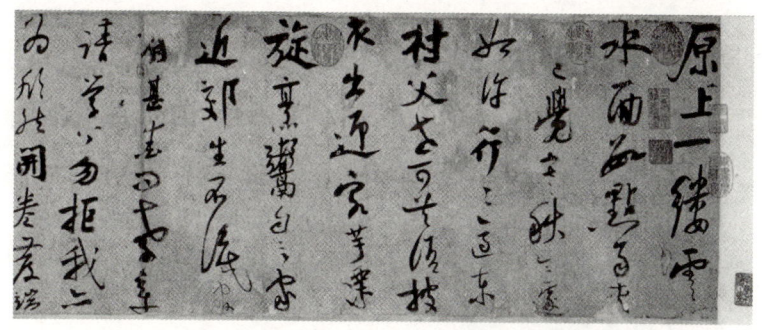

陆游《自书诗卷》（局部）

纸本，纵31厘米，横701厘米。现藏于辽宁省博物馆。除了诗文外，书法也是陆游理想的寄托。陆游擅长正、行、草三体书法，尤精于草书。朱熹称其"笔札精妙，意致深远"。

说话了。可是，当他看到前来的乡亲和自己的儿子的时候，他忽然又振作起来，眼睛瞪大。他吃力地点着头，要儿子站到身边来，当儿子一走近，他紧紧地握着儿子的手说："如果大军收复了失地，统一中原的那一天，我们家里举行祭祀，你千万不要忘记把胜利的消息告诉我啊！"

说完，陆游才慢慢地松开了手。可是，他还不放心，他怕儿子以后会把他的话忘了，于是要儿子去把纸笔拿来。

陆游看到儿子手里捧着纸笔，精神立刻振作起来，他支撑着慢慢地提起笔来，写下了一首《示儿》诗：

> 死去元知万事空,
> 但悲不见九州同。
> 王师北定中原日,
> 家祭无忘告乃翁!

写完了,人们看着他徐徐地闭上了眼睛。陆游就是这样怀着念念不忘收复失地的悲愤的心情与世长辞的。

陆游虽然逝世了,但是,他这一首充满血泪的《示儿》诗以及其他许多爱国诗篇,却永远流传在人间,为广大人民千古传诵,直到今天还震撼着我们的心灵,激起我们对投降派的憎恨和对祖国的热爱。

228- "蟋蟀宰相" 贾似道

> 三百年余历数更,
> 东南万里看升平。
> 黄金台上麒麟阁,
> 混一元勋是贾生。
> ——《贾似道》

这是元代诗人刘埙的一首咏史诗。诗的大意是:宋代建国300多年终于改朝换代了。由于贾似道的专权,南宋末年东南地区的老百姓曾经一度盼望升平的景象被断送了。可是南宋朝廷居然把贾似道吹捧为宋朝的元勋(立大功的人),让他登上"黄金台"(燕昭王曾经建筑"黄金台"招揽天下有才干的人)、绘图"麒麟阁"(汉宣帝时曾经让人绘霍光、赵充国、苏武等11位功臣图像于未央宫内麒麟阁),把这种崇高的荣誉集中在他一个人身上。全诗以辛辣的手法给这个误国权奸以无情的鞭挞,并帮助人们认识到南宋末年封建朝廷的腐朽。

贾似道是台州(今浙江台州)人,他少年落魄,整天游荡,饮酒赌博,不务正业。后来依靠父荫(皇帝赐官给大臣或功臣的子孙),当了个嘉兴(今浙江嘉兴)司仓(掌管仓库)的小官。他的姐姐被选入宫中,成为宋理宗宠爱的贵妃后,贾似道当上了"国舅",从此官运亨通。在1234年以后的几年当中,被渐渐提拔,做了籍田令、太常丞、军器监、太宗正丞等京官。

1259年7月,忽必烈领兵大举渡江,把鄂州(今湖北武昌)围住。宋理宗十分恐慌,紧急命令各路宋军援救鄂州;又任命贾似道担任右丞相兼枢密使,到汉阳督战。贾似道在战场上十分怕死。有一次,他听说前面有一队蒙古兵,吓得直打哆嗦,嘴里连声叫着:"怎么办?怎么办?"后来,蒙古兵抢了一些财物走了,贾似道才拍拍胸口,喘了口气。

由于害怕蒙古军的猛烈进攻,贾似道出战不久就私下派遣宋京到忽必烈军营出使求和,表示愿意称臣,交纳岁币。忽必烈不允。11月,蒙古内部出现争夺汗位的斗争,忽必烈闻讯,急于脱身返回漠北去争汗位。贾似道探知此事,再次遣宋京联络忽必烈,忽必烈这时同意了贾似道的请求:划江为界,南宋向蒙古称臣,每年向蒙古贡银20万两、绢20万匹。第二年蒙古军撤回北方。

鄂州的围困解除,贾似道无耻地隐瞒了私自求降订约的真相,却抓了一些蒙古兵俘虏,吹嘘各路宋军取得大胜,不但赶跑了鄂州的蒙古兵,还把长江一带的敌人势力全部肃清了。宋理宗不辨真伪,专门下了一道诏书,赞赏贾似道奋不顾身,指挥有方,加封他为少师、卫国公。第二年,忽必烈即了汗位。他想起了在鄂州跟贾似道订下的和议,就派使者郝经到南宋去,要求履行和约议定的条件。贾似道一听郝经要到临安来,怕他的骗局露馅,赶快派人把郝经等一伙使者扣阻在真州(今江苏仪征境内)一带。忽必烈听到这个消息,气得要命。因为那时候,蒙古内部发生了内讧,忽必烈需要全力对付内部的敌对势力,只好暂时把南宋这一

宋代银锭

南宋时期,白银已广泛流通使用,政府常以银铸钱,上缴朝廷、地方留存、商业支付以及"赡军"(即军需开支)等也常用银锭结算。银锭在当时种类不多,有50两、25两、12两、6两等。

头搁起来。

贾似道靠欺骗过日子，居然做了10多年的宰相。宋理宗死后，贾似道拥立赵禥（qí）做皇帝，史称为宋度宗。宋度宗荒淫昏庸，整天以酒色为事，把朝政完全交给了贾似道，称他为"师臣"，拜魏国公，地位高得没人能跟他比。宋度宗还特许贾似道三天上朝一次处理政事，后来改为每六天一次、十天一次。平时由吏人抱文书到贾公馆请示，这个时候的贾似道跟皇帝已没什么两样了。

贾似道专权以后，闭口不谈兵事，每天和一群文人在一起歌颂太平，过起醉生梦死的生活来。他白天出入青楼酒肆，晚上与妓女在西湖泛舟游乐，通宵不返。他冶游狎妓，在临安是出了名的。宋理宗在世时，一天晚上登高眺望，只见西湖上的灯火异常明亮。他对身边的人说："这一定又是似道。"第二天一问，果然是他。1270年，正当襄阳、樊城被围困，南宋前线形势十分危急的时候，贾似道却悠闲地躺在葛岭私宅中，过着极端腐朽的生活。他在住处建起了楼阁亭榭，并建造"半闲堂"，在堂中摆上自己的塑像，请道士供奉。他还纳官女、娼妓、年轻貌美的尼姑为妾，日夜玩乐。贾似道又请来从前的赌友关门赌博，不许别人偷看。他的一个侍妾的哥哥，来贾府探看妹妹，正站在大门口想进去，被贾似道看见，立即将他捆起来投入火中。贾似道对身边的

> **1260年**
> 忽必烈即汉位，被尊为薛禅汗。

> **1264年**
> 宋理宗死，太子赵禥即位，是为宋度宗。

TIPS

题临安邸
林升

山外青山楼外楼，
西湖歌舞几时休！
暖风熏得游人醉，
直把杭州作汴州。

青玉双鹤佩

宋。长6.8厘米，宽4.3厘米。清宫旧藏，现藏于故宫博物院。质似白玉，微带青色，鹤头相对，双鹤嘴尖、翅膀相接，做展翅欲飞状。上部有孔，供穿系。史载宋徽宗好道教，把鹤作为祥瑞之物。双鹤题材玉雕自宋代逐渐增多。

侍妾也极其残酷。有一名侍妾因为看到西湖上有两个游客，只说了一声"多美的少年"，贾似道非常嫉恨，立刻让人砍下了她的头。

贾似道不仅荒淫、好赌，还爱养、爱斗蟋蟀。一次他正与众多的侍妾蹲在地上兴致勃勃地看斗蟋蟀，一位狎客对他开玩笑说："这也是相国的军国大事吗？"贾似道只是笑笑，一点也不感到耻辱。贾似道对斗蟋蟀很有研究，他著有《促织经》（促织即蟋蟀）一书，专门介绍他养蟋蟀的经验，后人痛恨地称他为"蟋蟀宰相"。

贾似道还特别爱好珍宝、古玩。他将搜刮来的珍宝、古玩集中起来，特意建造"多宝阁"储存，每天他都要去观赏一次。为了搜刮这些东西，贾似道不择手段，他听说已故的兵部尚书余玠有一条价值很高的玉带，专门派人去访求。当他听说这条玉带已随余玠殉葬之后，居然命人掘墓开棺弄到手来。

1271年，忽必烈称帝，改国号为元，他就是元世祖。元世祖借口南宋不执行和约，还扣留蒙古使者郝经一行人，派大将刘整、阿术领兵进攻襄阳（今湖北襄阳），宋军连战连败，襄阳城被围了五年。贾似道把前线的消息封锁起来，不让宋度宗知道。有个官员上奏章向宋度宗告急，奏章落在贾似道手里，那个官员马上被革职了。

一天，宋度宗从一个宫女那里得到襄阳被围的消息，十分惊异。他询问贾似道，贾似道却当面掩盖事实说："蒙军已经退走，陛下怎么知道襄阳被围？"宋度宗告诉他是身边的一个宫女说的，贾似道马上捏造出一个罪名，将那名宫女处死。从那以后，宋度宗再也听不到元军进攻的消息了。

> **1271年**
> 忽必烈称帝，改国号为元，是为元世祖。忽必烈是大蒙古国的末代可汗，同时也是元朝的开国皇帝。

由于贾似道集团指挥不力，长期延误宋元战事，形势一天天恶化。1273年1月，樊城被元军攻破。襄阳被围多年，粮尽援绝，城中拆屋当柴烧，缝纸当衣服穿，宋将吕文焕不断向朝廷告急。军情如此危急，贾似道不能不有所表示。但他又很怕死，因此他一面假惺惺地向皇帝要求亲临前线，一面又暗地里指使人上奏皇帝，把自己留在朝中。2月，吕文焕献出襄阳城，投降了元朝，消息传来，贾似道对宋度宗说："如果早让我去前线，决不会造成今天这种局面。"这样，贾似道既巧妙地把襄阳失陷的责任推给了别人，又乘机表现了自己的"爱国热忱"。

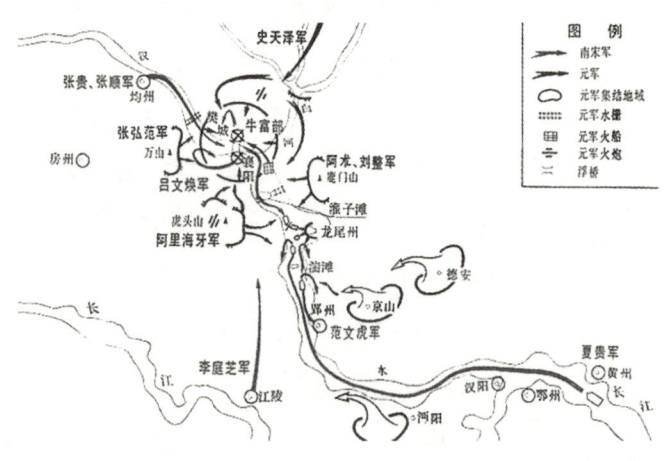

宋元襄樊之战示意图

咸淳三年（1267年）忽必烈派蒙将阿术、刘整率军进攻襄阳，襄樊之战开始。中经宋吕文焕反包围战，张贵、张顺援襄之战，龙尾洲之战和樊城之战，终因孤城无援，咸淳九年（1273年）吕文焕力竭降元，历时近6年，以南宋襄阳失陷而告终。

正当国难当头之际，贾似道的母亲胡氏活到83岁老死了。贾似道身为执政宰相，不仅不积极组织抗元，反而乘办丧事的机会，大摆排场，炫耀自己的权位。朝廷赐给他水银、龙脑各500两，银1万两，绢1万匹，田6000多亩。宋度宗亲自前去祭奠。太后以下的皇亲国戚以及朝中大臣也家家设祭。有的祭台搭到好几丈高，为了装祭品，还摔死了好几个人。贾似道回台州治丧，动用皇帝的仪仗送葬。下葬那天，整天下雨，山洪猛涨，所有送葬的官员都站立在水中，连动也不敢动一下，整个丧事的耗费无法计算。

元世祖看到南宋腐败到这样的地步，决定一鼓作气消灭南宋。他于1274

年6月派丞相伯颜率领大军,水陆并进,由襄阳顺汉水而入长江。沿江重镇郢、汉阳、鄂州相继被攻陷。12月,伯颜用4万人守鄂州,自己率领大军与另一支元军阿术的队伍一同东下,向临安进发。在此之前,宋度宗已于8月去世,年仅4岁的赵㬎(xiǎn)即位,这就是宋恭帝,皇太后垂帘听政。迫于朝野的强大压力,贾似道在临安设立都督府准备迎战,可暗地里却又派使臣到元营求和,伯颜拒绝议和,命令元军在长江两岸发起进攻。宋军全线崩溃,贾似道狼狈地逃到扬州。经过这一次交战,宋军主力丧失殆尽。

> 1274年
> 宋度宗死,皇子赵㬎即位,是为宋恭帝。

贾似道回到临安,皇太后降旨罢免了他,并将他流放循州(今广东梅州一带)。在流放循州的路上,贾似道被押送的县尉郑虎臣杀死,一代权奸就此结束了罪恶的一生。

229-崖山决战

1278年3月,经历了100多天海上颠簸的南宋行朝(指帝王出京后临时寓居的官署或住宅),终于找到一个有机会喘气的落脚点——碙州(广东雷州湾处东南海中的一个岛屿,碙音gāng)。然而,平地又起风波,9岁的宋端宗突然在3月病死。这在一些官兵看来,是"海上朝廷"寿命已尽的不祥之兆。为了避免与行朝同归于尽,他们要求各自寻路求生。就在这树倒猢狲散的紧急关头,陆秀夫挺身而出,大义凛然,鼓动大家说:"端宗驾崩,卫王还在。当年少康能够凭借500人马、十里方圆中兴夏朝,难道我文武百官不能依靠几十万兵民、万顷碧海复兴大宋王朝?"在陆秀夫的鼓动下,众人又立卫王为帝,这就是赵昺

> 1276年
> 元军攻占临安,宋恭帝被俘。南宋军民立益王赵昰(shì)为帝,是为宋端宗。

> 1278年
> 宋端宗死,其弟赵昺即位,是为宋末帝。

（bǐng）皇帝。陆秀夫便在这危难的关头，受命接任左丞相，与张世杰力挽狂澜，共撑危局。6月，他们又在戎马倥偬中将行朝转移到崖山。

崖山在今天广东新会南80里的海中，与奇石山相对，像两扇大门，周围潮汐湍急，船只行走十分艰难，是一处可据险固守的天然堡垒，因此为行朝所选中。船队靠岸后，张世杰、陆秀夫立即派人进山伐木，在岛上建造行宫30间，军屋3000间，供君臣将校休息。余下的20万士卒继续留在船上生活。为了迎接意料中的殊死搏斗，他们又命令随军匠人修造舰船，赶制兵器。

这时候，元朝大将张弘范向元世祖报告说，如果不迅速扑灭南方的小朝廷，恐怕有更多的宋人会响应。元世祖就派张弘范为元帅，李恒为副帅，率领精兵2万人，分水陆两路南下。

张弘范先派兵攻打驻守在潮州（今广东潮阳）的文天祥。文天祥兵少势孤，被迫转移到海丰（今广东海丰）的一座荒山岭上。元军突然赶到，文天祥被俘虏了。

元兵把文天祥送到张弘范大营，张弘范假献殷勤，给文天祥松了绑，把他留在营里，接着，就下命令集中水军开往崖山。

元军到了崖山，张弘范逼迫文天祥写信给南宋守将张世杰，劝他率众投降。张弘范的卑鄙伎俩，激起了文天祥的极大愤慨，他毅然决然地拒绝说："我自己不能救父母，难道会劝别人背叛父母吗？"张弘范不肯罢休，继续威逼，文天祥便提笔写下日前途经零丁洋（今广东中山南海面）写的一首七律《过零丁洋》：

　　辛苦遭逢起一经，
　　干戈寥落四周星。
　　山河破碎风飘絮，
　　身世浮沉雨打萍。

文天祥画像

文天祥（1236年—1283年），字宋瑞，一字履善，吉州庐陵（今江西吉安）人，宋末政治家、文学家、爱国诗人，抗元名臣，与陆秀夫、张世杰并称为"宋末三杰"。

惶恐滩头说惶恐,

零丁洋里叹零丁。

人生自古谁无死,

留取丹心照汗青。

张弘范读了这首慷慨壮烈的诗作,特别是最末一联"人生自古谁无死,留取丹心照汗青",视死如归,令他大失所望。他想:"如果张世杰读了这首诗,岂不更加坚定了尽忠宋室、名垂汗青的志向?"于是,他怀着沮丧但又钦佩的矛盾心情,把文天祥这一珍贵的手迹悄悄地收藏起来。他眼看劝降毫无希望,就只有拼命攻打了。

艨艟（méng chōng）

南宋对水军非常重视,在中后期,沿江、沿淮和沿海各重要的府州军,大都设有水军。艨艟是一种船身蒙有生牛皮的攻击性快艇,能够抵御箭石攻击,常用来冲击敌阵。

1279年1月,张弘范率舟师攻崖山,这时有人向张世杰进言:"元军已用战船堵塞海口,使我进退两难。不如尽早突围,另择途径登陆,即使不胜,也有回旋余地,尚可引兵西走。"张世杰深知士卒久居海上,战事艰苦,军心浮动,一旦登陆,难免溃散,于是回答道:"我军连年疲于海上奔命,何时方休?莫如趁这个机会与元军一决胜负。"随后毅然下令焚烧岛上行宫军屋,全部人马再次登船,然后依山面海,将千艘战船用粗大绳缆联结成一字长蛇阵,又在四周高筑楼栅,宛如城堞,将幼帝赵昺的座船安置在中间,诏示将士与舰船共存亡。

崖山北部海面水浅,大船行驶极易触礁,张弘范把船调到南部海面水深处,与张世杰的水军接战,同时断绝了行朝运输淡水的通道。张弘范发现宋军战船集结,游弋不便,就用数艘轻舟,满载膏油柴草,乘风放火,妄图火烧连营,一举取胜。没曾想张世杰早有准备,事先已在舰船上涂上了厚厚的湿泥,并缚上长木伸向前方,使得元军的火船无法接近,火攻失灵。张弘范无奈,增派舟师围困海口,害得宋军连续10多天以干粮充饥,用海水解渴,疲惫不堪,纷纷病倒。这时,李恒率部从广州赶到崖山与张弘范会师,张弘范命令他控制崖山北部海面,准备南北夹攻。

2月6日早上,乌云漫天,风吼海啸。元军选择这样一个恶劣天气发动总攻,是想先从精神上压垮疲惫的宋军。交战之前,张弘范把元军精锐分成四路,自己亲率一路。在向将校部署出击路线时,他说:"宋军舰船停泊在崖山西面,涨潮之后必然向东漂移,我军要趁这个有利天时发起猛攻。各路舟师以帅船鼓乐为号,闻风而动,不得有误。违令者斩!"随后由李恒带领一路舟师,乘早潮退去、水流由北向南的机会,顺流对宋军进行试探性的攻击,以求宋军暴露强弱虚实。张世杰率部英勇抗击,双方火拼厮杀,几经较量,没有分出胜负。到了中午,潮水猛涨,宋军舰船果真东移。张弘范见时机已到,便命令帅船大奏鼓乐;张世杰不知道这是元军再次发动进攻的信号,误以为是敌船官兵在战斗间隙饮酒作乐,所以未加戒备。不料,元军竟在鼓乐声中从南北两面同时冲杀过来,迫使宋军腹背受敌,仓促迎战。由于连日海上劳顿,宋军得不到休整,士卒体力大都衰竭,突然遭到猛烈进攻,士气很难振作。如果在这时有一环瓦解,整个防线就会全部崩溃。在这关系南宋命运的决战中,不幸的事情终于发生了!在元军各路舟师的强攻下,宋军的船队中突然有一艘战船的桅顶绳子断了,旗子落了下来,顷刻之间,许多舰船的樯旗也随之纷纷降落。张世杰见旗倒兵散,大势已去,连忙调集亲兵砍断船缆,准备轻装冲开血路,杀出重围。

到了傍晚,风雨更大了。张世杰趁着海面混乱,派人驾轻舟去幼帝赵昺的座船,接他脱离险境,以便找机会安全转移。赵昺的座船由陆秀夫守着,他对张世杰派去接赵昺的小船,闹不清是真是假,怕小皇帝落在元军手中,就拒绝了使

宋王台

宋末帝投海前的休息处。原址位于香港的旧启德机场之客运大楼(土瓜湾)原来的位置上,现时被迁移到马头围道新修筑的宋王台道。

者的要求。他回过头对赵昺说："国家到了这步田地，陛下也只好以身殉国了。"于是他背着赵昺一起跳进了大海，淹没在滚滚波涛里了。

  张世杰久候不见接赵昺的轻舟归来，便知凶多吉少，于是果断突围，在夜幕下夺路而去。几天以后，许多死里逃生的将士，又驾驶舰船集聚在张世杰的座船周围，停泊在南恩州（今广东阳江）的海陵山脚下。他们当中，有人给张世杰带来了陆秀夫背负赵昺共同殉难的噩耗。张世杰悲痛不已。正在这时，不幸之中又遇不幸，飓风再次袭来。舰船将士劝他上岸暂避，张世杰绝望地回答："无济于事了，还是与诸君同甘共苦吧。"随后，他迈着沉重的脚步，艰难地登上座船舵楼，痛苦地俯视着风浪中飘摇的宋军残船，焚香祷告上天说："我为赵氏江山存亡可谓鞠躬尽瘁了！一君身亡，复立一君，如今又亡，大宋自此再无君可立了。我在崖山没有殉身，是指望元军退后再立新君，光复宋朝江山。然而，国事发展如此令人失望。难道这是天意吗？"张世杰说到此处，突然坠身入海，滚滚波涛又接纳了一代英杰……

  崖山海战结束后，持续了150多年的南宋宣告灭亡。

图表助读版

中华
上下五千年

元明清

04

朱良志 主编

华文出版社
SINO-CULTURE PRESS

第四部

元明清

 大　哉　乾　元

　　13世纪初叶，蒙古人崛起，成吉思汗的大军横扫世界。在中国的北方，蒙古人先后攻下西夏与金国，将西北、华北大部分地区笼括在其版图之内。在西方，蒙古人先后发动三次西征，取得节节胜利，从而建立了一个横跨欧亚的大蒙古国。成吉思汗去世后，其子阔窝台、孙蒙哥、忽必烈等继承其大业，继续向南推进。1271年，忽必烈取《易经》"大哉乾元"之意，改国号为"大元"，定都于大都（今北京）。1279年（至元十六年），元军在崖山海战中消灭南宋，结束了中华大地长期分裂和战争的局面。但元政权享国时期不长，1368年，朱元璋灭元而建立明朝。如果从1271年算起，元朝前后持续了97年，一共经过了五代11位帝王。

　　一代天骄成吉思汗成就了蒙古帝国的大业，他横征世界，勇猛无比。在世界文明史上，还没有任何一位帝王建立过如此巨大的国家。忽必烈统一中华版图用了很长时间，其过程非常惨烈。一种处于落后形态的文明占领先进文明主导的地区，其治国的难度可想而知。蒙古人统一中国之后，虽然治国方面推行了不少弊政，如将当时的人分为四等，由此使汉族人在任职、科举、待遇等方面都受到极大的限制，但也实行了不少具有积极意义的政策，如重视学习汉族文化，将儒家思想提升到治国方略的高度，实行行省制度，推行纸币，重视对外贸易等。这个在马背上取得政权的帝国，在其发展过程中大兴文治，任用贤能，出现了很多治理国家的能臣，如耶律楚材、郝经等。

　　元代是科技高度发展的时期。大科学家郭守敬在天文、历法方面有重大的贡献，他发明了简仪、仰仪、圭表、景符、窥几、正方案、候极仪、立运仪、证理仪、定时仪和日月食仪等十几种天文仪器。王祯精于农业研究，他

的《农政全书》具有重要的科学价值。南方的黄道婆改进和创新了棉纺织技术，促进了南方棉纺织业的发展。

　　元代是文学艺术繁荣的时期。在绘画上，我们常说宋元传统。元代绘画出现了书画家赵孟頫和"元四家"（黄公望、倪瓒、王蒙和吴镇），他们将传统绘画尤其是文人画推向更高的境界。说到文学，我们常说唐诗宋词元曲。元代是戏曲繁荣的时代，以大戏剧家关汉卿为代表的杂剧作家创作了大量脍炙人口的作品，至今还在为人们所传播和欣赏。意大利旅行家马可·波罗的《马可·波罗游记》记载了元代城市文明、南北风俗、宗教和政治的全幅景观，让西方人对这个庞大帝国的繁荣留下了极深的印象。

230-蒙古族的兴起与统一

蒙古族很早以前就生息在我国北方的草原上,是一个历史悠久、勤劳勇敢的民族,也是一个在中国和世界历史上有过重大影响的民族。

在我国内蒙古自治区东北部,有一片广阔无垠、水草丰美的大草原——呼伦贝尔草原,这里就是蒙古族的摇篮。

天苍苍、野茫茫的呼伦贝尔草原位于大兴安岭西部、额尔古纳河上游,自古以来就是一个水草丰美的草原牧场,也一直是游牧民族的历史摇篮。鲜卑人、契丹人、女真人、蒙古人都是在这个"摇篮"里长大的,又在这里度过了他们的青春年华。或者说他们是在这个历史舞台的后台装备好了、梳妆打扮好了,然后才走上历史的大舞台,演出一幕幕波澜壮阔的戏剧。当他们走上历史舞台的时候,已经不仅仅是一群牧人,而且是一群有组织的、全副武装的骑手和战士了。

大约在唐朝初期,蒙古人的祖先就已经居住在额尔古纳河上游一带,并不断地向周围发展了;10世纪后,这里出现了许多大大小小的部落,其中一支比较大的部落叫作"蒙兀"。"蒙兀"是蒙古一语最早的汉文译写,见于《旧唐书》;后来还有一些同音不同字的译写,如"萌古""萌骨""蒙古"等,到了元代,已普遍地称为"蒙古"。

12世纪初,蒙古的大小部落还处于原始社会的不同阶段,主要从事畜牧业生产,过着游牧生活。他们"以黑车白帐为家",放牧兼打猎,擅长骑马射箭。在比较大的部落中,除了蒙古部之外,还有塔塔尔、克烈、乃蛮、弘吉剌、汪古和篾尔乞等部落;其中塔塔尔部,又称作"鞑靼"部,

内蒙古莫尔道嘎白鹿岛

传说远古一只雄青狼和一只雌白鹿结为夫妇,他们来到斡难、客鲁涟、土剌三大河上游的不儿罕山麓住了下来,生儿育女,一代一代繁衍不息。成吉思汗所属的乞颜惕部就是他们的后代。

是当时最强大的部落联盟，所以史书上常以鞑靼作为草原各部的通称。蒙古部当时还只是一个部落的名称，到了蒙古统一草原各部落之后，才成为通称。

到12世纪中期，蒙古族已出现了简单的手工业，如冶铁、木工等，并开始使用铁制的生产工具和武器。蒙古族有一个古老的传说：在部落征战中，蒙古部落曾经失败得只剩下两男两女，他们逃到一个四周都是山谷和树林的草原上——"额尔古涅昆"（意为险峻的山坡），在那里繁衍生息。后来，人口多了，地方也就太小了，必须打通山谷，才能向外发展——他们做了70个大风箱，架起许多柴火，烧了几天几夜的大火，将山坡都烧熔了，流出许多铁水，辟开了一条通道，终于走出山谷，来到了广阔无垠的大草原上。

这个传说象征性地反映了蒙古族祖先的一段历史发展过程：从氏族到部落，从额尔古纳河到呼伦贝尔大草原……

随着铁器的使用，社会经济有了显著的发展，畜牧业产品增加了，有了更多的马匹和毛皮等可用于向汉人交换物品，这样就增加了接受先进文化影响的机会。随着社会经济的发展，各部落的贫富分化日益明显，出现了部落贵族、牧民和奴隶等阶级与阶层。各部落之间战争日趋增多——通过掠夺人口、牲畜等扩大财富和权力，加剧了部落之间的分化和兼并，促进了部落联盟及其首领的产生。

蒙古族的杰出领袖成吉思汗，就是在这样的历史背景下完成蒙古族统一大业的。

成吉思汗，原名铁木真（也译帖木真），1162年出生于蒙古高原上的斡难河（今鄂嫩河）畔。蒙古族的分支孛儿只斤部有两个强大的氏族，一个叫

> **TIPS**
> **那可儿**
> 蒙古汗国和元朝时，贵族那颜的亲兵和仆从。一般为自由民或贵族氏族成员出身，以"誓约"形式与贵族首领结合，接受领主的赡养和保护，战时为主人策划和征战。成吉思汗的那可儿，为他统一蒙古和进行军事扩张的军事指挥官。

乞颜氏，一个叫泰赤乌氏。铁木真的父亲也速该是乞颜氏的首领。在铁木真出生时，也速该参加了蒙古部对塔塔尔部的战争。他们抓住了塔塔尔部的两个首领，其中一个叫铁木真。为了纪念这次战斗的胜利，也速该把自己刚出生的儿子取名为铁木真。这个铁木真，便是后来那个举世闻名的成吉思汗。

铁木真9岁那年，父亲也速该带着他去弘吉剌部求婚。弘吉剌部首领看到铁木真机灵、聪慧，心里很是满意，就答应把女儿孛儿帖许配给铁木真。按照当时的风俗，男子往往留在女家入赘（zhuì）。也速该就把铁木真留了下来，自己则独自先回了家。

也速该在回家的路上，路过塔塔尔人的营帐，正碰上塔塔尔人举行宴会，他便接受邀请坐下喝起酒来。塔塔尔人认出也速该是他们的仇人，就悄悄在酒中下了毒。

宴会结束后，也速该继续踏上了回家的路途。走着走着，他觉得肚子很疼，而且越疼越厉害。他勉强支撑到家时，已是奄奄一息。他明白自己是受了塔塔尔人的暗算，就把妻子诃额伦叫到跟前，恳求道："你一定要把铁木真兄弟抚养成人，教育他们继承祖业，替我报仇雪恨！"诃额伦哽咽着点点头。不一会儿，也速该就死了。

也速该死后，这个只剩下孤儿寡母的家庭，不仅势力中衰，失去了在部落中的统治地位，而且还常常受别人的欺辱。原来同乞颜氏一起游牧的泰赤乌氏族，此时趁机扩大自己的势力，要求乞颜氏的部众和属民都跟他们一起去游牧，还凭借着人多势众，把铁木真家的牲畜全部赶走了。

从此，铁木真的母亲带着几个幼小的孩子，过着十分艰苦的生活。他们经常只能靠采集野果、挖野菜和草根过日子。母亲含辛茹苦，克服一切困难尽心抚育自己的孩子；铁木真聪明懂事，在艰苦岁月的磨炼下，逐渐长大成人。他出落得身材高大，目光炯炯有神，养成了不怕困难的坚强性格和善于观察事物、富于谋略的杰出才能。

泰赤乌氏族的首领担心乞颜氏重新壮大会威胁自己的地位，就纠集族众去袭击铁木真的驻地，企图除掉铁木真。

泰赤乌氏人包围了铁木真一家，并扬言只要交出铁木真一人就行。铁木真为了不使家人和族众受难，就孤身一人逃往高山密林之中。

泰赤乌氏人对铁木真紧追不舍，他们把山林包围起来，又在各个路口布置了岗哨。铁木真在密林中整整躲了七天七夜，什么吃的也没有，他只能嚼草根、野菜充饥。到后来，他实在忍受不下去了，便走出密林，结果被泰赤乌氏人抓住了。

铁木真被套上木枷（jiā），送往泰赤乌氏族的营地。他们百般嘲笑、侮辱铁木真，铁木真咬着牙，默默地忍受着这一切。一天晚上，铁木真乘看守不注意跑了出来。然后在一些好心人的帮助下，逃回了家。

这是铁木真早年第一次遇到灾祸。此后不久，铁木真又遭遇了两次大难。一次是几个强盗偷抢铁木真的马匹，铁木真奋勇追赶，独自与强盗展开了激烈的搏斗，后来在一个猛士的帮助下，才杀退了强盗，夺回了马匹。到最后，铁木真一不小心被强盗射中了颈脖，差一点儿丢了性命。

铁木真第三次遇难，是在他新婚后不久。篾尔乞部为了报仇，突然袭击铁木真。铁木真没有力量抵抗，只好指挥家人和部族逃进了深山，这才躲过一场劫难。由于撤退仓促，他的妻子孛儿帖被篾尔乞人掳去了。

铁木真悲痛不已，决心救出妻子。他自己兵力不够，于是向克烈部的首领王罕请求支援。在这之前，也就是铁木真在娶回妻子孛儿帖的时候，铁木真为了扩充实力、振兴家族，把妻子的珍贵嫁妆黑貂皮献给了克烈部首领王罕，取得了王罕的信任。当时，王罕就答应铁木真，愿意为他收集离去的部众，帮助他把旧部再建立起来。如今，铁木真遇到困难，就去请王罕帮忙，王罕一口答应了。

铁木真又去借札答阑部的人马。札答阑部的首领札木合是铁木真儿时的朋友，一见铁木真求援，立即表示同意。

于是，铁木真在王罕、札木合的帮助下，出动联军，进攻篾尔乞人的驻地，把篾尔乞人打得溃不成军，狼狈而逃。铁木真救回了自己的妻子，还俘虏了许多篾尔乞人。

蒙古骑兵

蒙古族被誉为"骑在马背上的民族"，蒙古骑兵训练有素、纪律严明、战术灵活，战斗力极强，是一支令人生畏的部队。

这一仗，显示了铁木真的政治才能。他乘击败篾尔乞人的机会，收拢和团结了一批人，组建了自己的军队，让自己的部落从此走向了兴旺发展的道路。

两个敌对的蒙古部落在战斗

12世纪末的蒙古草原尚未统一，分散着大大小小数十个部落，部落之间战争频繁。成吉思汗就成长在这样的环境之中，最终统一了蒙古草原。

铁木真的势力越来越大，引起了盟友札木合的妒忌，最后两人终于反目成仇。1189年，一部分贵族拥立铁木真为汗，并得到了克烈部首领王罕的承认。札木合很不服气，恼羞成怒，于是召集了蒙古部的其余首领，凑成3万人马，分成十三翼，向铁木真发起了攻击。铁木真也把自己的队伍分成十三翼进行迎击。在这场历史上著名的十三翼之战里，铁木真因为应战仓促而失败。

札木合打败了铁木真之后，就满足于局部的胜利，而没有继续追击。同时，札木合残酷地对待俘获来的铁木真的部属和儿童，竟惨无人道地把俘虏扔进锅里活活煮死。他的这种残酷行为引起了札木合势力内部许多氏族的不满，他们纷纷离开札木合，投向铁木真。十三翼之战铁木真虽然失利，但实力并未受到很大损失。由于札木合的失误，铁木真不仅很快恢复了元气，而且部落势力还有所增大。

十三翼战斗之后，铁木真又利用塔塔尔人被金朝击溃的机会，再一次与克烈部首领王罕联合阻击塔塔尔人，并捕杀了他们的首领。塔塔尔人以前曾把蒙古部的首领抓住献给金朝处死了。因此，这次胜利实现了蒙古部落复仇的愿望，更大大提高了铁木真的威望。同时，金朝丞相完颜襄还授予铁木真以"札兀惕忽里"（诸部统领）的称号，使铁木真成为蒙古部名正言顺的首领。

从1200年开始，铁木真凭借着自己的势力和才智，南征北讨，立志要使蒙古草原得到统一。1201年，铁木真联合王罕，击败了札木合纠集的包括泰赤乌、塔塔尔、篾尔乞等11个部落的联军。在这次战斗中，铁木真彻底打垮了泰赤乌部落，出了一口多年的闷气。

1202年，铁木真主动出击，决定消灭塔塔尔部，以报杀父之仇。这时，铁木真的军队已经有了严明的军纪，出发之前，铁木真发布命令："如果打败了敌人，决不允许私自抢掠财物，要等完全胜利之后统一分配战利品；如果被迫逃回原地，必须重新杀回去。败退后不敢再返回拼杀的，一律斩首示众。"

由于纪律严明，铁木真的部下勇敢奋战，一举打垮了强盛一时的塔塔尔部。过了几年，铁木真又消灭了草原上的最后两个部落——克烈部和乃蛮部。

1206年春天，铁木真在蒙古部原来居住的斡难河源头召集全体贵族、将领举行大会。在会上，大家推举铁木真为大汗，号"成吉思"，以大蒙古为国号。"成吉思"是海洋的意思，"成吉思汗"就是像海洋一样的统治者。

于是，在东起兴安岭、西至阿尔泰山、南到大沙漠、北达贝加尔湖的广阔土地上，出现了蒙古历史上第一个军事奴隶制的强大国家——大蒙古国，或称蒙古汗国。成吉思汗领导统一了的蒙古族正式登上了历史的大舞台。

成吉思汗在统一了草原之后，又连续用兵，四处征讨，不断扩大自己的势力和地盘。纵观他的一生，一共"灭国四十"，在历史上写下了光辉的一页，不愧是"一代天骄"。

1227年，成吉思汗在进攻西夏时得病身亡。继承汗位的是他的三儿子窝阔台。

◀ **1206年**

铁木真统一蒙古各部，建国，被推举为大汗，尊称为成吉思汗。

◀ **1227年**

成吉思汗死，遗命第三子窝阔台即位。由于蒙古的库里勒台制（部落议事会制度）仍起作用，窝阔台不能因其父的遗命即位，而要等库里勒台的最后决定。汗位空缺的两年里，拖雷监摄国政。1229年秋，蒙古宗王和重要大臣举行大会，推选新大汗，窝阔台才当选大汗。

231-"一代天骄"成吉思汗

成吉思汗在统一蒙古族各部落的战争中，显示了一个真正英雄的本色：雄才大略，气度非凡；善于利用一切有利于自己的力量，结成军事联盟击败自己面临的强敌；善于在失败和挫折时保存和恢复自己的力量，在顺利与成功时迅速地发展和壮大自己的力量。他组织和造就了一支勇敢善战的强大武装——一支勇往直前、疾如快风的铁骑兵。他的铁骑踏破了欧亚大陆的千山万水，对中国历史乃至世界历史的进程都产生了深远的影响。

蒙古族各部的统一和大蒙古国的建立，结束了蒙古高原上长期混战的局面，使原来社会发展不同步的各部，在较高的社会经济发展水平上统一起来，促进了社会生产力的显著发展，这是历史的进步。

为了巩固统一、促进发展，成吉思汗建立了一套奴隶制国家制度。

在政治和军事制度方面，打破了从前以血缘为纽带的氏族部落组织，把蒙古各部所属的牧户全部按十进位的军事体制编组。每十户设一个十户长，每百户设一个百户长，每千户设一个千户长，由下至上，层层隶属。这是一种具有草原特点的军事组织和行政、生产组织相结合的制度。牧民们平时必须向国家和各级奴隶主缴纳钱物，定期服兵役和各种劳役，战时则跃马弯弓，参加战斗，成吉思汗建立了一支拥有10万人的强大的常备军。

常备军的核心是护卫军——他们不用战、牧两栖，而是"专职"的军人。在长期的战争实践磨炼中，成吉思汗深知，一支强有力的护卫军，对于保护自己和打击敌人都有极其重要的作用。于是他从千户长、百户长等人的子弟中，挑选身强体壮、富有战斗力的青壮年一万人充当护卫军。

护卫军平时轮班守卫和侍候成吉思汗，地位高于在外的千户长，由他直接指挥，这万余人的护卫军是整个大蒙古国军事力量的核心，是成吉思汗对外征战时最可靠、最得力、最精锐的中坚力量和突击部队。

成吉思汗还任命了负责处理民事诉讼的断事官，制定和颁行成文的法典《大札撒》，用法令的形式规定了个体牧民和奴隶主贵族之间的隶属关系和应尽义务，结束了过去那种任意屠杀和掳掠的局面。

忠翊侍卫亲军弩军百户印

1956年出土于内蒙古自治区乌兰察布市广义隆土城子。边长6.4厘米，通高7厘米。印为铜印，印背有长方柱体纽，印文为阳文八思巴文"忠翊侍卫亲军弩军百户印"11字，印纽右侧阴刻印文的汉字铭文，左侧阴刻汉字"中书礼部造""至治元年五月□日"。元代的禁兵称为"宿卫诸军"，负责警卫京师，侍卫亲军是宿卫诸军之一。弩军是侍卫亲军中的特殊兵种，设一个千户所，下辖10个百户。现藏于中国国家博物馆。

  蒙古部原来没有文字，成吉思汗在战胜乃蛮部后，命乃蛮部的塔塔统阿用畏兀儿文字母拼写蒙古语，创造蒙古文字。这对推行国家法令和发展蒙古族的文化大有好处。成吉思汗本人始终信仰萨满教宣扬的"长生天"——永恒的天神，因此他还任命了专门掌管萨满教事务的别乞（教长），利用宗教的力量来帮助自己统治和安定人心。

  千户制、护卫军、断事官和教长等，是大蒙古国建立初期国家机器的主要部分，是成吉思汗根据当时的实际情况创制出来的。它顺应并加速了当时蒙古经济的发展，标志着蒙古高原诸部落从野蛮向文明迈进，从原始社会进入了奴隶制社会乃至早期游牧封建社会。

  大蒙古国建立之后，成吉思汗凭借其10万铁骑的强大军事实力，向邻境发动频繁的战争，不断扩大本国的领土。

  建国第二年（1207年），成吉思汗就开始了对蒙古高原周围地区的征伐。他派长子术赤出兵北方，征服了北方的各个森林部落，彻底完成了统一蒙古各

TIPS

萨满教

一种民间宗教信仰派别，它是在原始宗教基础上发展起来的，一般认为，通古斯语称巫师为萨满，故称此教为萨满教。萨满教主要流传于中国的东北地区，满族人的祖先女真人信奉此教。西北边疆地区操阿尔泰语系满—通古斯语族、蒙古语族、突厥语族的一些民族，也信奉此教。北方的鄂伦春族、鄂温克族、赫哲族和达斡尔族到20世纪50年代初还保留对该教的信仰。萨满教对这些民族的生产、生活和社会习俗等各个领域产生过重大影响。

部的任务；随后便征伐西夏，大军直指西夏的首都中兴府（今宁夏银川市）城下，迫使西夏国王襄宗献女求和；然后，矛头又对准了富庶的中原地区，向南方发动进攻。当时统治中原的是金朝——也是从东北起家、之后南下占据中原的游牧民族建立的王朝。长期以来，金朝对蒙古高原各部进行残酷的统治和搜刮，不仅每年都要收取大量的赋税和实物，而且还施行残暴的"减丁"政策——每隔三年派兵北上大量剿杀蒙古人口。另外，极力挑拨蒙古各部落之间不和，使其互相残杀，或者用武力去征伐乃至剿灭某个较强的部落。

成吉思汗曾经接受过金朝的官职，也曾经配合金兵击败过塔塔尔部，但他内心里是憎恨金朝的，并不愿意臣服于它，一旦羽翼丰满，他就要大举反攻了。经过较为充分的准备，成吉思汗于1211年挥师南下，在野狐岭战役中，击溃号称40万的金朝大军，先后攻占了华北和东北的大部分州县，掠取了大量的人口、牲畜和财物。1215年，成吉思汗又攻占了金朝的中都（今北京），掠走了中都金国国库里的全部珍宝财物，迫使金宣宗献公主、金帛求和，并将都城从中都迁到南京（今河南开封）。

成吉思汗对金朝的战争，虽有反对民族压迫的性质，但其主要目的是掠夺和复仇，所以在攻占了许多州县后又主动撤走了。这次大规模的南下征伐，掠得无数的财物、人口和马匹，极大地充足了国家的经济实力，军队也得以迅速地扩大和增强，为下一步的对外征战打下了坚实的物质基础。

成吉思汗从建立大蒙古国开始，20余年中，伐金朝，灭西辽、西夏，西征中亚、西南亚、欧洲的大片地区，形成了历史上空前辽阔的、横跨欧亚大陆的蒙古大帝国。

1227年，"一代天骄"成吉思汗病死于今甘肃六盘山下的清水县行宫。

232-蒙古铁骑的三次西征

成吉思汗南征金朝，攻城略地，丰厚的掠夺物不仅迅速地扩充了蒙古国的经济实力，也极大地助长了蒙古统治集团的野心。为了满足其"各分土地、共享富贵"的贪欲，他们凭借强大的武装力量，发动了空前规模的军事扩张行动，在几乎整个13世纪中，蒙古铁骑踏遍了东自黄海、西至多瑙河的广大欧亚地区。

成吉思汗伐金时,远在今新疆、中亚一代的西辽发生政变,局势混乱。于是成吉思汗撤兵回返,于1218年派大将统数万大军乘乱进攻并灭掉了西辽。从此,蒙古铁骑打开了进入中亚、欧洲的通道。

> **1218年**
> 蒙古灭西辽。

西辽既灭,蒙古军队乘胜前进。1219年秋天,成吉思汗借口蒙古商队被花剌子模杀害,亲率20万大军进攻花剌子模。

花剌子模是中亚大国,位于今中亚里海、咸海和锡尔河一带,以阿姆河流域为中心,国势伸至阿富汗和波斯。由于花剌子模国王摩诃末腐败无能,没有把军队和人民组织起来有效地抵抗蒙古铁骑,他在成吉思汗四路大军的围攻之下,畏敌逃跑,直跑到里海中的一个小岛上死去。后来,摩诃末的儿子企图重整旗鼓,却又被成吉思汗打败了,他一直败退到申河(今印度河),逃入波涛汹涌的河中只身逃脱。花剌子模就这样灭亡了。

> **1231年**
> 蒙古灭花剌子模。

蒙古铁骑继续西进,相继攻占了今阿塞拜疆、格鲁吉亚等国家,并越过高加索山脉南下到今伊朗北部地区。另一支蒙古大军越过伏尔加河,直达今乌克兰

蒙古骑兵作战图
蒙古军队以骑兵为主,作战时轻骑兵与重骑兵穿插列阵。轻骑兵配有硬弓,以及箭头较轻的箭,擅长以弓射的方式来远距离攻击;重骑兵则全身披甲,配有大弯刀和近距离使用的弓,适合近距离砍杀。蒙古骑兵战术灵活多变,很少有军队能在野战中打败他们。

的亚速海、克里米亚半岛和第聂伯河地区，自此建立起横跨亚欧的大蒙古国。

成吉思汗将所占领的广大地域分封给他的三个儿子作为世袭领地。长子术赤据有原花剌子模等地，称为"钦察汗国"，建都城于拔都萨莱（今伏尔加河下游）；1224年术赤死后，其子拔都继承汗位。二子察合台得到原西辽等地，称"察合台汗国"，建都城于阿力麻里（今新疆霍城西北）。三子窝阔台分得乃蛮故地——额尔齐斯河上游和巴尔喀什湖以东地区，称"窝阔台汗国"，建都也迷里（今新疆额敏境内）。

蒙古铁骑对外扩张的另一进攻方向是南方诸国：金、西夏、南宋、吐蕃和大理等。从1205年至1209年，蒙古军三次攻入西夏，迫使西夏俯首称臣、献女纳贡。成吉思汗西征时，曾要求西夏派兵从征，西夏国王没有应命。西征归来后，成吉思汗借口西夏国王违命，于1226年秋率大军亲征西夏。灵州（今宁夏灵武西南）一战，西夏主力丧失殆尽，蒙古大军将西夏都城中兴府（今宁夏银川）重重围困起来，第二年6月，西夏国王坚持不住了，请求投降，但要延缓一个月才献出都城。7月，成吉思汗病死在六盘山南麓的兵营中，终年65岁。他临死前叮嘱部下秘不发丧，待西夏国王献城时，予以捕杀并屠城。西夏就此灭亡。

成吉思汗死后，他的儿子们统领蒙古铁骑继承他未完的事业，继续西征。

1235年至1244年，蒙古铁骑在征服了金朝之后发动了第二次西征，又称为"长子西征"——因为这次西征是成吉思汗四个儿子的长子率领的。他们是：成吉思汗的长子术赤的长子拔都，二子察合台的长子拜答儿，三子窝阔台的长子贵由，四子拖雷的长子蒙哥。1240年

> **1227年**
> 成吉思汗死。
> 蒙古灭西夏。

蒙古大军征服斡罗思（今伏尔加河以西）诸部，接着铁骑踏过东欧平原的波烈儿（今波兰）和马札儿（今匈牙利），直达亚得里亚海滨，震撼了整个欧洲，后因接到窝阔台去世的消息而班师东返。

　　1251年，拖雷之子蒙哥继承大汗之位，随后决定派弟弟旭烈兀西征。于是从1253年到1259年，蒙古铁骑又进行了第三次西征。旭烈兀于1257年攻灭了木剌夷（今伊朗境内）后，继续往南征伐，于第二年包围了黑衣大食国的首都报达（今伊拉克首都巴格达），大食国的哈里发（国王）被迫献城投降。蒙古铁骑至此仍未停步，继续向西攻占了美索不达米亚，逼近埃及，若再往前去就踏上非洲大陆了。

　　1260年，蒙哥之弟、旭烈兀之兄忽必烈登上了大汗之位，他将新占领的西南亚地区封给旭烈兀，称"伊利汗国"——其疆域东起阿姆河，西至小亚细亚（今土耳其），北接钦察汗国，南达阿拉伯海。旭烈兀的儿子阿八哈即位后定都于马鲁加（今伊朗大不里士）。伊利汗国与此前的钦察汗国、察合台汗国、窝阔台汗国一起，合称"四大汗国"。它们同大蒙古国

> **1251年**
> 蒙哥继承蒙古大汗之位。

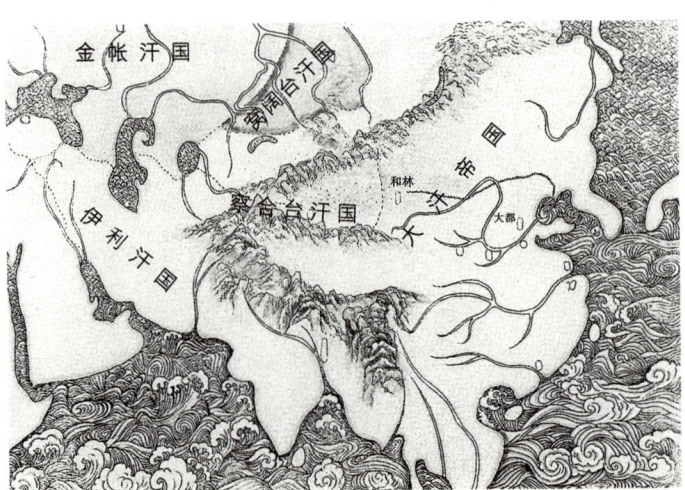

四大汗国分布图

这是一幅中世纪的蒙古四大汗国分布图。四大汗国连绵于欧亚大陆，其统治者在血统上均出自成吉思汗"黄金家族"，彼此血脉相连，因此同奉大汗帝国（元朝）为宗主国。由于钦察汗国的建立者拔都的大帐使用金顶，欧洲史书中又把钦察汗国称为金帐汗国。

以及后来的元朝一直保持形式上的藩属关系，由此形成了历史上空前辽阔的、横跨欧亚大陆的蒙古大帝国。但是，蒙古帝国因为疆域太辽阔，又是军事征服下的一个不稳定的政治军事联合体，缺乏共同的经济和文化基础，所以四大汗国建立之后，各自独立发展，很快就成为几个独立的汗国。不过，在元朝中期以前，元朝与四大汗国之间一直保持着良好的关系。

当时文明程度并不先进的蒙古民族为什么能取得如此辉煌的赫赫战果？其原因有很多，也较为复杂，但以下两个方面是最为基本的：

一方面，由成吉思汗等领导的大蒙古国是新兴势力，朝气蓬勃，正处于上升时期。成吉思汗"以弓马之利取天下"——蒙古民族那种军民一体、骁勇善战的游牧民族的特质有利于发动大规模的战争行为，特别是在其上升时期。这已被历史所证明，如此前的契丹族、女真族，此后的满族等都是这样。成吉思汗从统一各部落的战争开始，在长期的战斗实践中锻炼和造就了一支十分强大的军队。这支主

蒙古军攻城图

选自波斯史学家志费尼所著《世界征服者史》。从成吉思汗时代开始，蒙古帝国前后共发动了三次西征，本图描绘的是蒙古军队在中亚地区进攻城市的场景。在蒙古扩张中后期，蒙古军队在攻城战中都会制造大量的攻城器械，其中最重要的是回回炮，这是一种巨型的超长射程的抛石机，破坏力非常大。

要由骑兵组成的精锐的快速部队，善于长距离奔袭和突击，能采取大规模的战略迂回和包围战术，又能较快地采用新的军事装备和技术，并把它运用到战斗中去，在战争中学习战争——如攻城时的炮击强敌、先扫外围、后攻主敌、长期围困、退兵回袭等。缔造者成吉思汗本人也是世界军事史上的杰出军事家，

他"深沉有大略，用兵如神"。他和他指挥的蒙古铁骑为中国古代军事史乃至世界古代军事史写下了辉煌的篇章。

另一方面，蒙古铁骑的对手或是过于弱小，或是更为落后，或是曾经强大却已腐朽衰落，如蒙古的两大强敌金朝和花剌子模两国，均是政府腐败、君主昏庸、军无战力。在这样一种背景下，蒙古铁骑的优势得以充分发挥，成吉思汗的政治军事才华得以充分施展。

蒙古铁骑三次西征的结果，虽然客观上在进一步打开欧亚交通、促进中西文化交流方面起了积极的作用，但蒙古铁骑所到之处，烧毁城镇、屠杀民众、破坏了生产和大片先进的文明地区，这一场又一场十分残酷的战争，使有关各国人民在一个时期内遭受了巨大的损失，经受了深重的苦难。

233-开国勋臣木华黎

成吉思汗西征欧亚，取得了赫赫战果，诸多原因中有一个是他有一个稳定的后方。这要归功于主管中原军政事务的大臣木华黎。

木华黎与博尔术、博尔忽、赤老温一起号称"四杰"，是大蒙古国的开国勋臣和主要领导人之一，也是成吉思汗的主要谋臣、武将。

早在1206年大蒙古国建立之时，成吉思汗就任命木华黎为左翼万户长，管辖大蒙古国东半部的军政事务。此后他随成吉思汗南征北战，屡立功勋，是一位杰出的军事统帅，也是能对成吉思汗施以重大影响的少数几个人之一。

1217年，成吉思汗全力准备西征，就将主管中原的重任交给了木华黎。他封木华黎为太师和国王，并赐给他一颗金印，上刻"子孙传国，世世不绝"8个大字。他对木华黎说："太行山以北的草原，我自己管理；太行山以南，就全交给你了！"他还颁给木华黎一面帅旗，并告诫众将说："木华黎竖起这面旗帜发号施令，就像我亲临一样！"

成吉思汗西征带走了蒙古铁骑的主力，只留下1万多骑兵给木华黎；木华黎另外抽调契丹人、女真人和汉人组建新军，编成一支10万人的大军。以燕京（今北京）、西京（今山西大同）及其以北地区为依托，不断地向盘踞中原的金朝进攻。到1221年夏天，木华黎已经攻下了黄河以北的绝大部分地区；

接着又从河中（今山西永济）渡过黄河，向西安进击。因为重病，木华黎于1223年病死于闻喜（今山西闻喜）。临终前，他对家人说："我协助国家建树大业，东征西讨40余年，没有什么可遗憾的，唯有汴京还没有攻下！"

木华黎经管中原的主要功绩，并不在于军事上的攻城略地，而是在于政治上的经营管理。从他统领中原事务的1217年开始，他接受了一些汉族将领的建议，一改过去蒙古铁骑烧杀抢掠的惯例，下令禁止滥杀和乱抢，顿时"军中肃然，吏民大悦"。他还改变过去屠城抢掠后就撤的做法，注意恢复农业生产，大力收服汉族地主武装，力图长期占领和统治中原地区。

此前，黄河之北、燕京、西京地区一片混乱，金朝已经败退，蒙古人烧杀抢掠之后就走，这些地区处于一种两不管的真空状态。于是，各路地方豪强纷纷招兵买马，自主管理，成为割据一方的武装势力。木华黎经管中原后，采取了收复吸附的政策：凡归降的地方豪强，一律就地授官，或原职不动，或改授高职，并依旧管辖原有的地盘。因此，越来越多的地方豪强纷纷归顺木华黎，蒙古在中原的势力大增，金朝原有的地方机构土崩瓦解，彻底溃退。

木华黎规定，归附蒙古的各地方豪强必须承担两项基本义务：出兵从征和缴纳贡赋。同时，大蒙古国承认他们称霸一方的管辖权力，而且这种权力是世袭的，并以武力保障其不被侵占。于是，各地方豪强为了自己的利益，努力恢复生产，维持安定，使这些地区的生产力逐步得到恢复和发展，为大蒙古国提供了丰厚的财政收入和充足的兵源，进一步增强了大蒙古国的实力，有力地保障了成吉思汗西征的后方安定

TIPS
史天泽
史天泽（1202年—1275年），字润甫，燕京永清（今属河北）人。元代将领。少随父史秉直归降木华黎。20多岁接替兄史天倪为都元帅，屡建奇功。历授五路万户、河南等路宣抚使、中书右丞相、枢密副使、中书左丞相等职。至元十一年（1274年），奉命与伯颜等统军出征南宋，至郢州时因病北还，次年病逝于真定。作为元朝名将，史天泽善于军事指挥，足智多谋，品德高尚，人以郭子仪、曹彬等比之。史天泽及其家族是汉地世侯的首要代表，为巩固和发展蒙古贵族在中原的统治立了大功，其本人是元朝唯一的官至右丞相高位的汉族显贵。

及物资供给。更重要的是，木华黎的这种"大棒加胡萝卜"政策对后来产生了深远的影响：蒙古统治者与汉族地主联合起来，稳定了蒙古对中原的占领和统治，为以后攻占南宋和元朝的建立奠定了良好基础。这一政策还在一定程度上保住了中原先进的封建文明的主要物质基础，制约了蒙古贵族在中原地区肆意游牧的行为，避免了造成更大的破坏，反过来又给蒙古游牧民族以先进文明的深刻影响。

234-长春真人邱处机

金、元两代的统治者都是先从北方草原上的游牧民族发展起来，最后入主中原的。他们原有的政治、经济和文化水平都落后于汉族，因此统治手段较为落后，为了巩固和加强对中原的统治和管理，他们不得不学习汉族的统治方法，接受汉族的政治、经济和文化，因此，金、元两朝都扶持宗教以便控制民众，而处于战乱之中的人们也需要宗教信仰帮助自己得以解脱。金、元之际的道教就是在这样一个大背景下得到了发展。因为宋代推崇道教，宋徽宗甚至自号"道君皇帝"，并因此导致了诸多弊端，朝野和民众对道教产生了不信任感，故南方天师道（正一教）在南宋及金、元时期发展趋于停滞。而在金、元控制的北方，因为上述等诸多原因而发展形成了三个道教新派别：全真教、大道教、太一教。其中以全真教最为兴盛。

全真教的创始人为金代著名的道士王重阳（1112年—1170年），他在山东传有七大弟子——邱处机、马钰、谭处端、刘处玄、王处一、郝大通、孙不

邱处机画像

邱处机（1148年—1227年），字通密，道号长春子，登州栖霞（今山东栖霞）人，道教全真教第五任掌教。

二，尤以邱处机影响最大。

邱处机，元代著名道士，号长春真人。他20岁时拜王重阳为师，苦修多年，声名满天下，南宋、金、蒙古三国皇帝都争相结交他。

蒙古伐金后，北方地区战乱频繁，幸存的人们更多地依附于全真教寻求寄托。邱处机掌教时，"全真教徒满天下"，成为各种势力都想拉拢和利用的对象。"一代天骄"成吉思汗在西征中，专门派人到山东延请邱处机。

在成吉思汗的不断诏请下，已73岁的邱处机于1221年2月从宣德州（今河北宣化）出发，先奔东北，到呼伦湖；然后向西横穿蒙古高原，翻越阿尔泰山，再沿天山北路西行渡过阿姆河，于1222年4月到达大雪山成吉思汗行营，行程历时一年零两个月。如从莱州动身算起，则途中历时4年。邱处机感觉是："千山及万水，不知是何处。"

成吉思汗称邱处机为神仙，让他住在自己帐篷旁边的帐篷中，并特许他见面时不用跪拜。邱处机以70多岁的高龄，远行万里来见成吉思汗，主要目的之一就是想劝导蒙古军队不要乱杀人，"拯亿兆于沧海横流之下"。他讲道三次，并多次劝说成吉思汗："统一天下者，必在乎不嗜杀人；治国之方，以敬天爱民为本；长生之道，以清心寡欲为要。"成吉思汗虽然觉得他说得有些道理，但自认为难以做到。

1223年2月，邱处机起程东返，于第二年2月到达燕京（今北京）。成吉思汗虽然没有听从邱处机的劝告，但允准全真教人可以免除赋税，并任命邱处机总管天下道教，企图利用他在广大教徒中的威望来发展和加强自己对中原地区的统治。

全真教的祖师王重阳规定：本门弟子不得做官，

> **TIPS**
> **《长春真人西游记》**
> 这是一本记载长春真人邱处机应成吉思汗之邀西行会面过程中所见所闻的笔记，对了解13世纪西域、漠北的山川地理、风土人情、重要事件等具有重要价值，并涉及大量全真教发展的情况。作者李志常（1193年—1256年），为邱处机西行时随行弟子之一，后亦任全真教掌教。

要永远安居于民间。邱处机根据当时的天下大势，改变了这一教条，他主动与统治者合作，改革全真道教，得到了朝野的普遍支持，使全真派一时发展到空前兴盛的境地。

1227年7月，邱处机与成吉思汗同年同月去世。

235-窝阔台与拖雷灭金

蒙古铁骑第一次攻金后，成吉思汗就准备全面征伐金朝。此时，木华黎已占稳了金朝黄河以北的绝大部分地区；成吉思汗自己则率大军从西方攻来，打算先灭西夏，后灭金朝。就在西夏灭亡的前夕，成吉思汗病死于军中。成吉思汗临死之际，留下了一个思考已久的灭金方略："金的精兵在潼关，南有连绵的群山，北依天险黄河，一时难以攻破。如果借道宋朝的地方，宋与金世代相仇，必定答允；那就可以从唐、邓进兵，直指汴京。金都城危急，必然召回守潼关的军队回师支援。但从潼关至汴京，兵行千里，人困马疲，即使赶到也没有什么战斗力了。我们就肯定能够打败他们了！"

此计划虽好，但群龙无首，成吉思汗的死使这个计划推迟了两年才得以实施。1229年8月，成吉思汗的第三个儿子窝阔台继承汗位，第四个儿子拖雷担任监国之职。他们遵照父亲的遗言，采取联宋灭金的策略，做好多方面的准备。

两年后，蒙古大军兵分三路，大举南下。

第一路拖雷右军实施战略大迂回，从陕西宝鸡入大

窝阔台即位

蒙古大汗的产生必须经过忽里勒台大会（部落贵族议事会）的选举，才算合法。1229年秋，在忽里勒台大会上，经过40天的争执，最后窝阔台被推举为大汗，并且采用了"合罕"（可汗）的称号。

散关,向南绕道南宋管辖的凤州(今陕西凤县)、洋州(今陕西洋县)、金州(今陕西安康)、房州(今湖北房县),然后渡汉江北上进入今河南南阳地区。

第二路为窝阔台亲率中军,从洛阳东面40里处、河水最浅的地方渡过黄河,向东攻下郑州,与拖雷大军南北呼应夹击金朝的都城汴京。另有一路从济南出发的左军已进抵汴京东北面的曹州(今山东菏泽)。

三路大军直指金朝的首都,金哀宗完颜守绪急令驻守潼关的大军回援。驻守潼关的金朝大将完颜合达等先是率几十万大军南下阻截拖雷,扑空之后又折向东北救援汴京。结果,在钧州(今河南禹州)西北面的三峰山下,蒙古铁骑与金国大军相遇,双方在风雪弥漫中激战一昼夜,完颜合达率领的金朝30万精锐之师全军覆没,主将被俘虏并杀害。

蒙古人骄傲地向金朝通告:"你们所依赖的就是黄河天险与完颜合达的精兵,现在,我们已渡过了黄河,又杀了完颜合达,你们还不赶快投降!"

窝阔台与拖雷两支大军会师钧州,潼关留守的金兵投降,蒙古铁骑占领了河南大部分地区。1132年3月,窝阔台与拖雷北返,留下大将速不台进击汴京。

速不台率蒙军围城数月,汴京城中粮食吃尽,加之瘟疫流行,城中200多万人口死亡近半数。年底,金哀宗完颜守绪逃出汴京,先到归德(今河南商丘境内),接着又逃到了蔡州(今河南汝南)。第二年4月,汴京守将崔立献城投降,速不台入城杀掉金王朝全部宗室近属,将皇宫里的后妃和珍宝财物派人押送到哈拉和林给窝阔台。

1234年正月,蒙古铁骑攻破蔡州外城。金哀宗完颜守绪急忙传位给完颜承麟(即金末帝),希望他能

> **1234年**
> 金哀宗禅位于完颜承麟。完颜承麟为金末帝,初即位就被俘,金朝灭亡。

逃脱，以保留金朝的一点血脉。完颜承麟即位仪式刚刚结束，蒙古军队已攻入蔡州城，完颜守绪上吊自杀，完颜承麟被俘，至此，金朝彻底灭亡。

成吉思汗遗留的灭金战略，终于由他的两个小儿子窝阔台和拖雷完成了。1232年，拖雷在北返途中病死，蒙古国政由窝阔台一人主持。

窝阔台是成吉思汗生前亲自选定的接班人。他认为这第三个儿子才华出众、意志坚定、见识敏锐，能够全面继承他的大业。后来的事实也证明了成吉思汗的远见卓识和窝阔台的足负重任。

窝阔台治理大蒙古国，为它的发展做出了极大的贡献。他自己说继承父亲的大位以后，做了四件大事：征服了金朝，设置了驿站制度，在干旱的草原上打了水井，在各城镇设立守备部队。其实，除了上面四件大事外，窝阔台还做了很多的大事：在大蒙古都城哈拉和林兴建宫殿；确立游牧区的赋税制度；派子侄辈第二次西征，铁骑直达亚得里亚海边；等等。但他最大的贡献是初步建立了对中原地区的统治制度，为以后忽必烈建立元朝、统一中国打下了良好的基础。

元朝驿站

元朝的驿叫"站赤"，分陆站、水站两种。陆站用马、牛、驴和车、轿，水站用船。全国有站赤1500余所，由通政院负责管理，担负着经常性的公文、情报传递和一些军需物资的运输任务。元朝设有专门的站户来保障站赤的供给。元朝疆域辽阔，驿站制度是元朝政府的神经与血液网络，对维持其统治具有重大的作用。

236-以儒治国的耶律楚材

窝阔台治理大蒙古国10余年，业绩非凡。他是大蒙古国发展史上一个承先启后的人物：既多方面继承和发展了成吉思汗开创的大业，又为后来蒙哥、忽必烈的继续发展奠定了很好的基础。这些业绩的取得与他任用了一位杰出的政治家——中书令耶律楚材是分不开的。

耶律楚材本是契丹族人，但他的家庭却是一个已经汉化了的封建士大夫家庭，他从小受到汉民族文化很深的影响。他3岁丧父，由母亲抚养教诲成人，从小便博览群书，受儒家、老庄和禅宗思想的影响深刻。

耶律楚材生长于金中都，曾做过金朝的中级官员。成吉思汗攻占金中都后，访贤求能，发现了他。此后他跟随成吉思汗西征，深受信任和重视，成吉思汗曾对窝阔台说："长髯（rán，胡须）人是上天赐给我们家的，你以后要把治国的大事委托给他。"因为耶律楚材身材高大，美髯垂胸，所以称他"长髯人"。

窝阔台继承大位之后，任命耶律楚材主管黄河以北汉民的赋税工作。当时一些蒙古族大臣认为：汉人没什么用处，不如全部杀掉，空出地来种草放牧。耶律楚材却坚决反对，他劝告窝阔台说："这样好的地方，什么东西求不到，怎么能说没有用处。"他主持黄河以北的中原地区恢复农业和手工业生产，征收赋税，建立有关行政机构。

1231年，耶律楚材将他征收的白银50万两、绢8万匹、粮食40万石交给了窝阔台。窝阔台喜出望外，当天就将中书省交给他管，并让他全面负责黄河以北中原地区的政治、经济事务。

耶律楚材画像

耶律楚材（1190年—1244年），字晋卿，号玉泉老人，又号湛然居士，契丹族，蒙古帝国时期的名臣。他建议窝阔台以儒家治国之道统治国家，并制定了各种施政方略，为蒙古帝国的发展和元朝的建立奠定了基础。

耶律楚材任中书令后，做了几件有关国计民生的大事：

一是特别注意保存中原的人口。他向窝阔台建议让降民回乡，不再滥杀，如蒙古军进入汴京后，打算按惯例屠杀全城人口，经耶律楚材反复劝说，窝阔台最后同意只杀皇族，其余都赦免，这就使得近150万人刀下活命。

二是将中原人口编入国家平民户籍，不再分给诸王公大臣，这就避免了大量的劳动人口沦为奴隶，扭转了使中原倒退到奴隶社会的趋势。

三是制定了较为合理的中原赋税制度。这有利于当时遭受多次战争破坏的人民休养生息，又为国家提供了稳定的财政收入，同时也削弱了蒙古贵族的特权。

四是经常性地向窝阔台灌输孔孟之道，宣讲"马上能得天下，却不能治天下"的道理。窝阔台采纳了他的许多建议：请名儒向皇太子和诸王公大臣的子弟讲解儒家经典义理；通过考试选拔优秀儒生担任官职；设立编修所，编辑出版汉文化典籍；等等。这些措施的实行，是耶律楚材在蒙古征服中原的特殊情况下，为保存中原文化传统做出的重大贡献。

可惜，窝阔台并没有全听从耶律楚材的建议，这些建议遭到许多蒙古贵族和西域商人的极力反对，因为这直接影响了他们的利益。在窝阔台去世后，耶律楚材更加不受重用，他有志难伸，最后忧愤而死。他死后，还有人诬告他侵吞了中原地区一半的赋税收入。但抄家的结果是只查到一些书画印章和大量书籍，几乎没有什么财产。

耶律楚材主政中原时期，努力用中原先进的农业文明去影响和改变落后的大蒙古国的游牧文明，使蒙古统治者朝着中原先进的封建文明方向进步。

耶律楚材是中国13世纪的一位杰出的政治家。

237-元世祖忽必烈

成吉思汗的孙子忽必烈，同他的祖父一样是一位杰出的军事统帅，也是一位出色的政治家。

自1241年窝阔台去世至1251年蒙哥即位，大蒙古国经历了10年的混乱时

> **1241年**
> 窝阔台汗死,乃马真后摄政。

> **1246年**
> 贵由继承汗位。忽必烈建元后,贵由被追尊为元定宗。

> **1248年**
> 贵由汗死,蒙古国进入"三岁无君"时期。

期。先是窝阔台之妻乃马真摄政,虽然窝阔台和她的长子贵由于1246年继承汗位,但实际上还是乃马真主事。两年后贵由死于"西巡"途中,拖雷诸子与窝阔台的子孙们展开了激烈的汗位争夺战,许多王公大臣都卷了进去,致使大蒙古国"三岁无君",直到蒙哥登上大汗之位,斗争才告一段落。

拖雷和妻子唆鲁禾帖尼有四个儿子:蒙哥、忽必烈、旭烈兀和阿里不哥。他们从小就受到良好的教育和汉文化的影响——他们的母亲很有心计,从中原请来名儒、贤士给儿子们讲解治国之道,其中忽必烈深受影响,渐渐悟到治理中原必须用汉文化的道理。蒙哥即位的当年,就任命忽必烈主持漠南地区的军政事务。在10年混乱中,当初耶律楚材的治理措施全都被废除了,中原人民重又陷入暴政之下,土地荒芜,人口流散,生产力受到极大的损害。

忽必烈主政中原后,苦心经营。他选贤任能,清政去贪,劝农耕种,逐渐理出头绪,恢复了大部分生产力,将中原治理得井井有条,控制了中国北方大量的人力和雄厚的物力,同时进一步接触了中原先进的封建政治、经济和文化。他联合汉族和其他各族的官僚绅士,利用各地的武装豪强,笼络了一大批汉族知识分子以及各族商人和僧侣,全面扩大了自己的统治基础,为以后实现统一中国做准备。他的下一步目标就是向南进攻,灭掉南宋。

金朝灭亡之后,蒙古与南宋之间的缓冲地带已不存在,形成了直接的对立。一开始,南宋的如意算盘是占据黄河和潼关以抵挡蒙古铁骑的南下,谁知刚占据开封和洛阳不久,宋军就被前来争夺的蒙古军队打败,只好撤退。从此以后,在江淮河汉之间,在四川等地，蒙古对南宋展开了全面的进攻。

蒙古军队在对南宋作战的初期，并不太顺利，于是决定采用战略大迂回的战术，先征吐蕃（今青海东部等地），再攻大理（今云南等地），然后包抄南宋。1252年6月，忽必烈率军南征大理。蒙古铁骑由北向南，不到半年时间就从今甘肃经青海、四川到达云南，先后越过了大渡河、大雪山、金沙江等险绝之地，完成了中国古代军事史上罕见的万里远征创举。第二年初，大理国灭亡，吐蕃也表示臣服，整个西南地区被蒙古军队控制，形成了对南宋王朝从南北两面夹攻的形势。1253年底，忽必烈留大将兀良合台镇守，自己返回北方。

◀ 1253年
蒙古灭大理。

南征的胜利和治理中原的成绩显示了忽必烈杰出的文治武功，他的声望在汉族地主阶级中日渐上升，许多豪强士绅纷纷靠拢忽必烈，表示愿意接受他的统治。忽必烈的周围聚集了一大批汉族文武人才，如刘秉忠、许衡、姚枢等文士，李璮（tǎn）、史天倪、张柔等武将。这些都为他进一步统治中原奠定了深厚的基础。

但是，忽必烈采用汉法治理中原却损害了蒙古贵族和西域商人的利益，他的声望之大也影响到了蒙哥的威信和皇权。经一些人的挑拨，蒙哥对忽必烈产生了猜忌，下令解除了忽必烈的兵权并派人调查他，形势十分危急。关键时刻，忽必烈接受了姚枢的建议，不正面抗争，并且将妻子儿女送作人质，表明自己并无异图，并亲自去向蒙哥当面解释。最终，蒙哥消除了疑虑，兄弟和好如初，忽必烈又重新掌握了兵权。

1258年，蒙古大军兵分三路全面征伐南宋。

TIPS
刘秉忠

刘秉忠（1216年—1274年），初名刘侃、子聪，字仲晦，邢州（今河北省邢台市）人。刘秉忠和阿拉伯人也黑迭儿按照古代汉族都城的传统布局，设计了元大都，奠定了北京市最初的城市布局。同时，他为政治体制、典章制度的制定发挥了重大作用。

钓鱼城古战场遗址

1242年,南宋兵部侍郎余玠出守四川,他到任后革除弊政,遴选州县官吏,招贤纳士,大兴屯田,整顿军纪,使军势大振。为了抵御蒙古军队的进犯,他采纳播州人冉琎、冉璞兄弟的建议,先后筑青居、钓鱼、云顶等10余城,屯兵聚粮。其中,钓鱼城守军在宋蒙战争中坚守了36年之久,历经大小战斗200余次,并曾击伤蒙哥大汗,致其伤重而亡。

1259年
蒙哥汗死。

1260年
3月,忽必烈在开平即位为汗。4月,阿里不哥在哈拉和林被拥立为汗。汗位之争展开,持续4年,忽必烈胜。

蒙哥亲率一支大军主攻长江上游的战略要冲重庆,另有一路军在其东面配合;忽必烈大军从华北平原南下直攻鄂州(今湖北武昌),南面有兀良合台的大军北上配合。蒙哥和忽必烈的大军像两把钢刀砍向南宋长江防线的腰部。

蒙古铁骑的几路大军,烧杀掠抢,来势汹汹,却受到南宋军民的顽强阻击。蒙哥率领的主力部队在四川进展极慢,包围了钓鱼城(今重庆合川东)半年多,却屡攻不克;蒙哥自己也身受重伤,1259年死于军中。

忽必烈在围攻鄂州时得知蒙哥死讯,同时又听说留守都城的弟弟阿里不哥正准备继承汗位,便要回军与阿里不哥争夺大汗宝座。正好,这时南宋宰相贾似道请求割地赔款求和,忽必烈便顺水推舟,订下和约,然后迅速率军北返。

1260年3月,忽必烈在开平(今内蒙古多伦西北)召集部分王公大臣集会,在他们的拥护下,他抢先登上大汗之位。随后,阿里不哥在另一些王公大臣的拥戴下也宣布继承蒙哥的汗位。这样,大蒙古国同时有两个可汗,他们既是亲兄弟,又互相对立,并各有一部分皇族大臣的拥护,这事讲理是讲不清的,只有靠武力来解决了。经过4年的内战,忽必烈大获全胜,众叛亲离、走投无路的阿里不哥只好率残部到开平投降。

忽必烈与阿里不哥之争，是蒙古贵族统治集团内部的斗争，成吉思汗的后裔大多都被卷了进去。忽必烈由于掌握了中原地区的人力、物力和财力，得到汉族地主阶级的大力支持，而获得了全胜，并因此奠定了元朝建立和巩固的基础。

忽必烈即位之初，就颁诏指出，自成吉思汗创业以来的50余年中，单凭武功，缺乏文治，他表示自己要大力推行汉法。他在皇权巩固之后，更是全力以赴地实施用汉法治理国家的方针。因此，他在位的34年间（1260年—1294年）取得了非凡的业绩。

第一，镇压了内部的武装叛乱和割据势力，建立和巩固了统一全国的元王朝。

建元前后，忽必烈面临着如何统一中国的历史重任，他采取了一系列的正确措施，主要是推行汉法。因为这触动了蒙古旧贵族的利益，因此遭到他们的激烈反对，他们一再发动叛乱。忽必烈成功地镇压了阿里不哥、海都等叛乱的蒙古旧贵族，削平了割据山东的李璮等地方豪强，征灭了腐朽的南宋王朝，最终完成了统一大业。这是中国历史上的又一次大统一，对于推动我国实现多民族的融合与统一有着重大的历史意义。比如，他任命八思巴掌管西藏地方行政事务，结束了西藏300年的战乱局面，促进了中国的历史进程。

第二，废弃"旧章"，推行汉法。

忽必烈之前的蒙古游牧贵族落后、野蛮的统治方式，导致了中国北方社会经济的破坏和衰退，并给人民带来了无穷的战乱灾害。忽必烈即位之后，大力废除蒙古贵族的旧制度，全面采用汉法，即承袭宋、金

> **TIPS**
> **元代户口分类**
> 元代将居民按职业划分为若干种户，不同类别的种户享受的权利不同，义务也不同。常见的种户有民、军、站、匠、盐、儒、僧、道等，其中民户是元代户籍人口中最大的一类，以农民为主体，也包括手工业者和商人，由户部管理。户一经划定，世代相承，不得随意变动。

以来的封建政治、经济及文化制度，并在新的历史条件下加以某些改进，使上层建筑能够适应经济基础。这对于社会的安定和进步发挥了积极的作用。

忽必烈推行汉法的主要内容有：建立年号、国号和礼仪制度，并把都城从漠北的哈拉和林迁到中原地区的大都；建立国家机构和职官制度，确定中央集权的封建专制统治，如建立中书省和各行省，设立主管军务的枢密院，创建纠察百官的御史台等；承认和提倡以儒学为主体的汉族传统文化，并设立国子监，用汉文化教育蒙古贵族子弟，各地的学校也有了恢复乃至发展，这些都有利于中原传统文化的保存。

第三，实行重视农业生产的政策，恢复和发展社会生产力。

忽必烈即位之初，就在各地设立专门管理农业和林业的机构，鼓励开荒、兴修水利，禁止军队占用农田作牧场而毁坏庄稼，重新开通了3000里长的运河。不到10年的时间，中原地区长期遭到破坏的农业生产基本得到恢复，有些还得到了进一步的发展。这些都为中原传统文化的保存和延续提供了可靠的物质基础。

忽必烈的一系列做法，虽然主观上的根本目的是为了维护自己的统治，但在客观上却符合历史发展的必然趋势——落后的游牧奴隶文明必定要适应先进的农业封建文明。适应得越好，越能发展和巩固统治；反之，不能适应或适应后又反复，必然要遭到历史的报应。忽必烈晚年已经不能坚持推行汉法，他之后的统治者们，大多没有继承他先进的一方面，却发展了其落后的一方面，导致元朝中后期阶级和民族矛盾日益激烈，统治集团内部争权夺利的斗争也更加尖锐——这也是大一统的元朝为什么不到百年就灭亡的主要原因之一。

238-元的建立与南宋的灭亡

忽必烈即位之初，由于忙于镇压内部的叛乱，巩固自己的地位，暂时放松了对南宋的进攻。这本是南宋巩固长江防线甚至乘蒙古内乱北进的好时机，但南宋统治者却不思危亡，反而自己窝里斗。

此时南宋朝中大权掌握在奸相贾似道手中，误国害民的贾似道对外怯懦怕死，不敢抗争；对内却弄权称霸，排斥异己，将许多有功的将领或罢去兵权，或逮捕下狱。前线的战将有功不赏，犯罪不罚，人人心怀疑惧，不肯出力甚至主动投降蒙古。贾似道把持下的南宋政权极其黑暗腐朽，灭亡的命运已经注定。

1261年，南宋驻守四川的骁将刘整因遭受贾似道等人的迫害而投降了蒙古。他对南宋的军情十分熟悉，1267年，他向忽必烈献策说："攻宋战略，应当先打襄阳，如果得到襄阳，由汉水进入长江，再顺流而下就可以平定南宋了。"忽必烈采纳了刘整的建议，派刘整和大将阿术领重兵围攻襄阳。

襄阳位于汉水南岸的一个河湾里，东、北、东南三面临水，易守难攻。与襄阳隔水相望的北岸是樊城，汉水上架有浮桥沟通两城往来。南宋在这两座城里都驻有重兵，城池坚固，粮食充足。从1267年至1273年，蒙古军队围攻它们6年都未能攻入。但孤城毕竟难以久守，加上南宋又迟迟不派援兵，在蒙古军新式大炮的轰击之下，樊城先被攻破，接着襄阳守将吕文焕投降。

就在蒙古军围攻襄阳期间，忽必烈于1271年宣布将大蒙古国号改为"大元"。新国号是取自《易经》中"大哉乾元"之意，表示国家极其广大。第二年，忽必烈将首都迁到新建的大都城，这意味着其统治中心已从蒙古高原移到中原地区，而下一步就是灭掉南宋，统一中国了。

襄阳古城墙

襄阳为历代兵家必争之地。南宋末年的襄阳之战是元军南下攻宋的关键一战。襄阳之战历时38年，双方死伤人数超过40万人。最终，南宋守将吕文焕坚守孤城6年后降元，元军占领襄阳，打开了南宋长江中游的门户。此后，元军通过吕文焕招降旧部，迅速占领了江淮大片地区，兵临南宋都城临安城下。

元朝的建立，标志着蒙、汉各族地主阶级的进一步联合，数千年的汉文化封建统治制度被蒙古族的新王朝延续下来了。

1274年6月，忽必烈发布伐宋诏书，命左丞相伯颜为统帅率领20万大军，水陆并进。临行时忽必烈告诫伯颜不得滥杀无辜，说明他不是想发动一轮新的烧杀掳掠，而是决心征服江南各地，统一中国。

伯颜大军从汉水入长江，以南宋降将吕文焕统领的水军为先锋，顺江东下，一路势如破竹，捷报频传。南宋的贾似道既无意抵抗，又求和不得，他在朝野舆论的压力下勉强率领13万精兵，携带大批后勤物资溯江而上，迎战元军，大小船只相连百余里。

两军在池州（今安徽贵池）下游的丁家洲相遇，贾似道见元军来势凶猛，吓得心惊胆战，未经交战便鸣金收兵，13万大军顷刻崩溃。元军乘胜追击，直逼南宋都城临安。除少数将领坚持率众抵抗外，南宋各地的大小官吏纷纷投降。

> **1279年**
> 元灭南宋，统一全国。

南宋朝廷一面将贾似道贬职处分，一面再三向元军求和，最后只好投降。1276年初，伯颜进入临安，俘获宋恭帝及两宫太后和大批皇室宗亲及大臣等，并将他们北上押至大都。第二年又以水军下海追击陆秀夫、张世杰、文天祥诸人拥立的宋端宗。1279年2月，文天祥等战败被俘，陆秀夫抱着年仅9岁的南宋小皇帝在广东崖山（今广东新会南）跳海而死。至此南宋王朝终于灭亡，全国各地都被元朝所统一。

元朝的统一是历史发展的必然趋势。以忽必烈为代表的蒙古统治集团，是从奴隶主贵族转化过来的封建地主阶级的新兴统治力量，他们必然战胜南宋没落腐朽的统治集团，完成统一中国的历史任务。元朝结束了唐末以来中国大地长期分裂割据的政治局面，奠定了元、明、清三代600多年国家统一的局面，在中国历史上具有深远的影响。

239-元代的纸币与钞法

我国是世界上最早使用货币的国家之一。最初是用一种海生的贝壳作货币，商、周时期的墓葬里，经常出土这种贝币，甲骨文里也多有记载。到了商代晚期，便出现了用铜制成的铜贝，这是人类最早使用的金属货币。

秦始皇统一中国后，废除了战国时期各国不一的货币，统一了全国的币制，用黄金和铜钱作法定货币。以后历代相沿，后来又出现了银币和铁币，宋代则开始使用纸币。

宋代是我国封建社会商品经济空前繁荣的时期，货币需求量猛增，由于金属货币携带不便，最终纸币产生了。北宋时，四川的商人自己印行了一种叫作"交子"的纸币来代替铁钱，这是我国使用纸币的开始，也是世界上最早的纸币。它的出现是货币发展史上的又一个里程碑。"交子"可以兑换现钱，也可以流通，后因发行人破产而遭禁。宋仁宗天圣元年（1023年）改由政府限额发行。南宋发行的纸币称为"交子""会子"。到了元代中统元年（1260年），第一次出现了不兑换的纸币"中统宝钞"，并长期使用，纸币成了主要的货币。

中统元宝交钞

元朝纸币。树皮纸印造，长16.4厘米，宽9.4厘米，正面上下方及背面上方均盖有红色官印。该纸币于元世祖中统元年（1260年）发行，一直流通使用至元末。中统钞发行初期，以金银为准备金，币值较稳定。后印造无限额，钞法大坏。

元代在忽必烈即位前的30余年间，就在部分地区印制、流通过会子。1260年，忽必烈即位后接受了刘秉忠等人的建议，于当年印造了中统交钞和中统元宝钞，但此后长期正式流通的是后者。

中统元宝钞，民间简称中统钞，票面面额共有9种：一十文、二十文、三十文、五十文、一百文、二百文、五百文、一贯文、二贯文。每两贯同白银一两,每十五贯同黄金一两。从此纸钞通行于全国各地,包括大漠以北、西藏等地,也曾流通于高丽和东南亚的一些国家。

伴随纸币的通行,元朝同时实施了严密的钞法,其主要内容有:中统钞以银为本,持钞者可以随时向官府换银;印造有定额,国家财政要收支平衡;国家储备粮食以便控制米价,并以此来调节物价;伪造纸币者,处以严刑;等等。钞法考虑到诸多方面,比较周到,所以纸钞发行后,流通情况很好,"百货价平",甚至有人重视纸钞甚于金银。

可惜,不到20年的时间,钞法就开始败坏:随着当权者的腐败和政府财政的入不敷出,纸钞的发行额急剧增加,终于导致了纸币贬值和物价飞涨。元朝统治者们不从根本上解决问题,而是治标不治本,他们改换名目,以新钞来代旧钞。1287年,元朝印造发行了至元宝钞,以1∶5的比例(至元钞一贯相当于中统钞五贯)兑换;1309年,又印造发行了至大宝钞,它与至元宝钞的比例也是1∶5。与此同时,伪造纸钞的人也越来越多。

总之,统治者贪婪享受的腐败本性,决定了他们不可能根治钞法的弊病。随着财政收支的赤字不断增大,用多印纸币的办法来填补亏空,只能是扬汤止沸,饮鸩止渴。当纸币贬值到最低的时候,也就是元朝统治全面崩溃的时候了。

240-元代的行省制度

忽必烈建立的元朝实现了中国历史上一次新的大统一。元朝的版图之大,超过了汉唐盛世。它东起黄

> **TIPS**
> **宝钞都提举司**
> 这是元代掌领印造、发行钞币事务的机构。官员有达鲁花赤、都提举、副达鲁花赤、提举、同提举、副提举等。此外和林、畏兀儿、陕西、四川、西夏、中兴等路、江南四省等地曾先后设置交钞提举司,掌管这些地区印造、发行钞币之事,但不常设。明代亦设此机构,归户部管。

海和东海，西达东欧和西亚，北到北冰洋，南至南海和今越南、泰国北部，是中国历史上版图最大的王朝。

元朝为了对辽阔的疆域进行统治，将全国领土分为两大部分：一部分由皇帝直接统治，主要是原来的金、南宋、西夏、大理等地区；另一部分则分给皇族的亲王统治，主要是西域地区，如察合台汗国、钦察汗国、伊利汗国等。

元朝皇帝直接统治的行政区，划分为12个大的政区，实施行省制度。元朝的行政机构是同其中央集权制相适应的，行省制度是自秦汉以来中央集权制度的一个重大发展，从魏、晋、南北朝开始，中央的行政机构开始称为尚书省、中书省等。"行省"就是中央机构到地方上仍然行使中央机构权力的机关的称呼，开始并不辖地，只为了临时性军事需要而设，事毕即撤。后来为了加强对地方的控制，设立了行台省，名义上是中央分支机构，实际上已成为州以上的一级行政区划。

金朝初期，因为它的统治中心在北方，不便控制中原，便在开封等地设立行台省。金后期为了加强地方行政，又设立了陕西、河北、山东等行省。"行省"的名称，从金朝初年就开始使用了。元朝初年沿用了金的行省制度，占一地区就设一行省，它们都是为军事行动需要而临时设立的，只是因军事行动频繁，长时间不能撤，于是逐渐演变为常设机构。这些行省辖区相对固定，形成州县之上的一级行政区域，成为正式的地方行政机构，其内涵已与金朝的行省大不相同。

元朝的中央一级行政机构，主要有总理政务的中书省、掌管兵权的枢密院和管监察事务的御史台等。中书省设有中书令、右丞相、左丞相、平章政事、右丞、左丞、参知政事等，以中书令为最高首脑。中书省下设吏部、户部、礼部、兵部、刑部、工部等。六部之下，就是一级地方行政机构行中书省。所谓行中书省，就是代表中书省在地方上行使职权的机关，简称行省或省。

首都大都附近的地区（今河北、山西、山东等地）直属中书省管辖，称为"腹里"。其余10个行省分别是：

岭北行省，辖地为今蒙古戈壁大沙漠以北直达北冰洋、西至鄂毕河的广

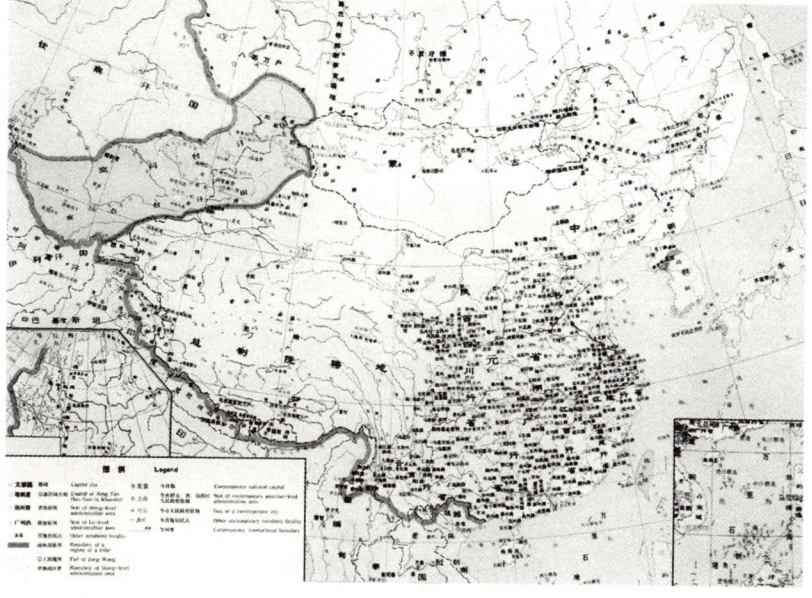

元朝疆域及行省

元朝疆域辽阔，为了对帝国进行有效的统治，忽必烈时期就开始实施行省制，到元英宗时期，全国划分成为13个一级行政区：1个中书省辖地、1个宣政院辖地、11个行中书省。其中征东行省即高丽国，行省负责人由高丽王兼任，性质与内地行省不同，故也有人认为只有10个行中书省。

大地区，省会在和林（今蒙古国哈拉和林），这是区域最大的一个省，其中大部分地区为蒙古诸王的封地及部落的游牧地；

辽阳行省，辖今东北地区，省会在辽阳（今辽宁辽阳）；

河南行省，辖黄河以南、长江以北的今鄂、豫、皖、苏之地，省会在汴梁（今河南开封）；

陕西行省，辖今陕西及甘肃、宁夏的黄河以东地区，省会在奉元（今西安）；

甘肃行省，辖今甘肃、宁夏的黄河以西及青海东北部、内蒙古西部诸地，省会在甘州（今甘肃张掖）；

四川行省，辖今四川西部及湖北恩施地区，省会在成都；

云南行省，辖今云南及贵州西部、四川凉山，以及缅甸、越南、老挝北部诸地，省会在昆明；

湖广行省，辖今湖南、广西及贵州大部和湖北长江以南诸地，省会在武昌；

江西行省，辖今江西、广东及湖南桂阳诸地，省会在龙兴（今江西南昌）；

江浙行省，辖今浙江、福建及皖南、苏南和上海诸地，省会在杭州；

此外还有一个宣政院管辖的吐蕃地区，包括今西藏及青海大部、四川雅安以西地区。

因为行省是皇帝的派出机构，其官员配置也与中书省类似，有丞相、平章政事、右丞、左丞、参知政事等职。只是为了防止外职过重，行省的丞相职务往往空缺，由平章政事等主要官员直接向皇帝负责。行省的权力极大，它统辖政务、钱粮、兵甲、屯田、漕运、军事等，行省之下，则有路、府、州、县等常设行政机构。

元代的疆域十分辽阔，每个省的管辖区域要比现在的省大得多，几个边疆省尤其如此。例如，辽阳省的管辖范围，除了今东北地区外，还包括今俄罗斯境内的黑龙江下游地区和库页岛等地；江浙行省还包括今澎湖、台湾等一系列岛屿。行省制度加强了这些地区与中央的联系，使中央得以如管辖内地一般管理这些地方。

与行省制度相关联的还有驿站制度。元朝在全国各地设有1400处驿站，仅辽阳省就有100多处。驿站分陆站和水站，水站用船，陆站用马、牛、驴或车；后来元朝还设置过海站，甚至在冰天雪地的黑龙江流域设狗站——通过狗拉雪橇在冰封的大地奔走。由此，元朝形成了以大都为中心的四通八达的交通网络，驿路上使臣们往来不绝，大大加强了中央与行省、行省与行省之间的联系。各种公文可以快速传

> **TIPS**
>
> **投下分封制**
>
> 这是元朝为了实现国家有效统治而实行的一种制度。投下，意即"头项之下"，是指诸王、驸马、勋臣所属的人户或封地。投下领主享有政治、经济特权，建有独立的官僚机构，对所属人户进行统治。元代的投下户，按照规定，除负担朝廷的兵、站诸役，及提供部分丝料国赋之外，还需向投下领主缴纳五户丝（每五户出丝一斤，上交给领主）。五户丝制是元代投下制度的基本赋税形态。

元代急递铺令牌

元代急递铺只有持有海青令牌者可以换乘铺马，并有专用驿道，以便快速传递公文或军事情报。每铺间隔于10—15里或10—25里，设专人传递文书或军事情报。传递速度按一昼夜计算，一昼夜行400—500里，加急时可以达到一昼夜700—800里。

递，加强了中央对地方的控制和指挥。与驿站相辅的，还有急递铺，传递紧急公文时，一昼夜可传400里地。

元朝的行省制度对以后的明、清两代产生了积极的影响，初步奠定了今天中国的行省规模。明朝改革行省为"承宣布政使司"，不管军事，专管民政事务，但人们习惯上仍然称作行省，以后"省"就成了地方行政区划的专有名称。清沿明制，将全国划分为直隶、江苏、安徽、山西、山东、河南、陕西、甘肃、浙江、江西、湖北、湖南、四川、福建、广东、广西、云南、贵州等18个省；清末又增设了新疆、台湾、奉天、吉林、黑龙江等5省，至此，全国除青海、西藏、内蒙古等地外，共有23个省，这同今日的省、自治区（不算直辖市）的设置方法已相差无几。

241-南粮北调与河海漕运

建立元朝的蒙古人，原本是北方大草原上的游牧民族，一般不从事粮食生产，但京城大都及军队却需要大量的粮食，因此元代的漕运便得到了空前的发展。

漕运是指把各地农民上缴国家的粮食调往京城，通常主要是指把南方的粮食调往北方。因为中国的主要产粮区在南方，而统治中心大多在北方，漕运便成为南粮北调的一种特殊形式。隋、唐以来南方经济发展快于北方，加上大运河的开通，更利南北交通，为南粮北调提供了方便。

元灭南宋后占据了南方产粮区，便开始了南粮北调。最初是水陆联运——当时大运河还未能全线贯通，部分地段仍需陆运配合。随后，从1282年开始，元朝政府先后修浚、开通了济州河、会通河，使集中在扬州的漕粮装上船后可以直抵通州（今北京通州）。1292年，由郭守敬主持，在通州至大都之间修了一条160多里长的新运河，忽必烈赐名为"通惠河"。

通惠河的开通，使从临安（今杭州）到大都（今北京）的大运河全线贯通，并连接了钱塘江、长江、淮河、黄河、海河五大水系，成为元代最重要的一条南北交通线，加强了京城大都与长江中下游经济发达地区的联系。

不过，大运河毕竟河道较浅，不能通行大船，因此漕运运输量有限。大都城的民用粮食大部分靠商人从南方贩运而来，而元朝政府的漕粮，则主要依靠海上运输。

在通过大运河漕运粮食的同时，从1282年起又开始了海运粮食。从长江口的刘家港（今江苏太仓）起程，沿海岸线北上绕山东半岛、大沽口，再溯河而上至通州。1290年以后，随着海运新航道的启用和通惠河的开通，海运可直达大都，运量也迅速增加，一年能运二三百万石，而同期的河运一年不过几十万石。这样，大都的粮食供应就比较充裕了，上至皇帝，下至平民百姓，多依靠海运来的粮食。

漕粮的海运，一方面解决了北方的粮食问题，另一方面也大大地促进了造船和航海技术的发展。例如，最初沿海岸航行，从刘家港至大沽口需要两个月，后改为深水直航，顺风时10余天便能到。运粮的船，也由最初只能装300石的小船，逐渐越造越大，最大的船能装八九千石。每年春秋两次海上漕运，成百上千艘运粮船在广阔无垠的海上乘风破浪，非常壮观，可以说是中国历史上空前的壮举。

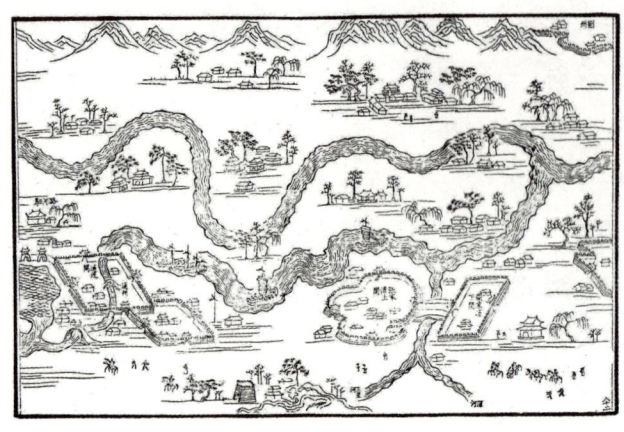

《运河图》张家湾通河闸段

张家湾在今北京市通州区东南，原为卢沟河与白河汇流处，是南北水陆交通要道。元明清时期东南漕粮多经此转运入通州，再至京师，故均设仓储粮于此。

242-海外贸易与对外交通

元朝时期，实现了大一统的中国，是当时世界上疆域最广、最强大、最富庶的国家，声望威震亚、欧、非三洲。因此，中国与亚、欧、非诸国的交通往来及政治、经济、文化上的联系有了空前的发展，各国的使节、商人、旅行家和传教士络绎不绝地来到中国。

中国的近邻高丽（朝鲜）、日本以及安南（越南）、真腊（柬埔寨）、缅国（缅甸）、罗斛（泰国）、木剌由（马来半岛）等东南亚诸国，都与元朝有密切的联系。高丽与日本派来大批的留学生，许多高丽人长期定居于中国。南亚的僧加剌（斯里兰卡）、尼波罗（尼泊尔）及印度半岛诸国与中国的交往也很频繁。至于中亚和西亚的波斯、阿拉伯各国，当时都在伊利汗国的统辖下，与元朝的往来更是畅通无阻，十分密切。

中国与欧洲和非洲的交往，也达到了前代所未曾有过的深入程度。除了著名的《马可·波罗游记》作者马可·波罗外，罗马教皇和法国曾先后派使节来到中国，元朝也曾派人出使欧洲诸国；元朝的使臣还到过非洲的马达加斯加等东非国家；著名的旅行家、摩洛哥人伊本拔图塔也曾来中国长期旅行，并担任过元朝的官职，他写的旅行记中记载了许多亲眼所见的中国情况。

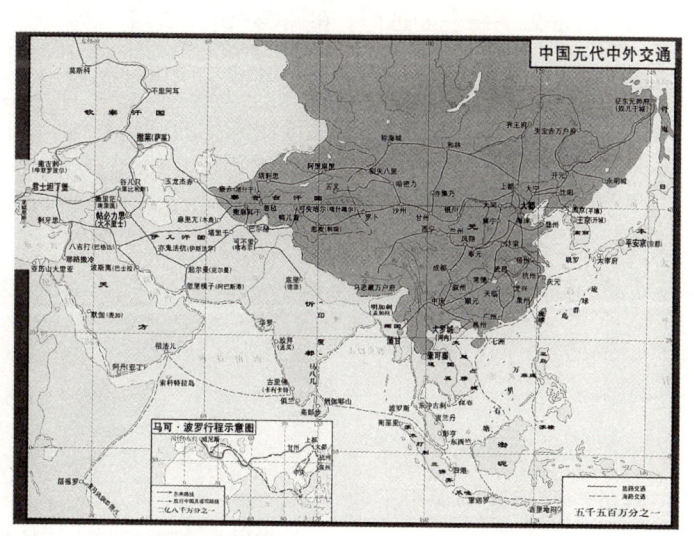

元代中外交通图

元代疆域辽阔，中西海、陆交通空前扩展与畅通，大大促进了与亚、欧、非诸国的政治、经济、文化交流。陆路交通以元大都为中心向四周辐射，海路交通则以扬州、泉州、广州等港口为始发港。

由于中外交通的频繁，中国人发明的罗盘、火药、印刷术经阿拉伯人传入西欧，同时阿拉伯人的天文学、医学、算学知识陆续传到中国，基督教也开始传入中国内地。

元朝的海外贸易也很发达。在灭亡南宋之前，陆道贸易占元朝对外贸易的主流。元朝的丝绸之路，从敦煌分天山南北两路往西，通向中亚、西亚和黑海北岸。灭南宋之后，海道贸易逐渐占据主要地位——海运运载货物量更多、来往更便捷、可达到的地域更广。

宋代的海外贸易已十分繁盛，元代海外贸易比宋代还要发达。元朝政府灭南宋后，原在南宋任泉州市舶使多年的阿拉伯商人蒲寿庚降元，元朝政府即任命他为福建左丞，处理泉州一带的海外贸易。当时管理海外贸易的机构叫作市舶提举司，简称市舶司。元朝先后在泉州、庆元（今浙江宁波）、上海、温州、广州、杭州等地设立7个市舶司，后经过改组合并，到1297年，并为泉州、广州和庆元三个长期存在的市舶司。广州是我国最早兴起的海外贸易口岸，宋代时居诸港之首；宋元之际，由于屡经战火而元气大伤。

泉州在元代最为繁荣，取代广州成为第一大港，也是当时世界上最大的港口，也是著名的"海上丝绸之路"的起点。因为泉州全城遍植刺桐，所以"刺桐港"的名声誉满海外，其繁荣程度比宋代的广州有过之而无不及。宋代时，与其有海外贸易关系的国家和地区，不过五六十个，而元代则多至140余个。元代海上贸易的范围，东到高丽、日本，西达波斯湾、红海和非洲东海岸。

海船从中国输出的货物主要是丝绸和瓷器等手工业品，进口的商品主要有丁香、豆蔻、胡椒等药物，象牙、犀牛角、珍珠、钻石、沉香等宝物和香料。元代海外贸易的兴旺，是以东南沿海及长江中下游地区发达的手工业和农业生产为依凭的；同时它又

> **TIPS**
> **清净寺**
> 清净寺又名艾苏哈卜大寺，位于福建泉州涂门街，是我国现存最早的具有伊斯兰建筑风格的清真寺，由来华的阿拉伯人创建于1009年。此寺是仿照叙利亚大马士革伊斯兰教礼拜堂的建筑形式建造的，占地面积约2500平方米。现存的清净寺是由伊朗人艾哈默德在1309年重修的。

龙泉窑瓷碗

元。1969年出土于广东珠海蚊洲岛海底元代沉船。口径15.7—17厘米。瓷器是元代重要的出口商品之一。从沉船的位置来看，海船应该是从广州出发，途经蚊洲岛时沉没。现藏于中国国家博物馆。

有力地促进了这些地区商品经济的发展。

元代频繁的中外交往和发达的海外贸易,大大加强了中国人民与世界各国人民的文化交流和友好往来:一方面让中国的精神文明和物质文明得以对世界做出自己的贡献;另一方面又使中国人民在与世界各国人民的交往中,能够学习到外国文明的长处。

243-《马可·波罗游记》

蒙古铁骑的几次西征打开了欧洲和亚洲之间的通道,促进了中外文化的交流,《马可·波罗游记》就是这种交流的成果之一。马可·波罗生于1254年,是意大利威尼斯人。威尼斯是一个具有经商传统的城市,是当时地中海的商业中心和东西方贸易的集散地。马可·波罗正是出身于一个商人家庭,他的父亲和叔叔都是威尼斯的大商人,都曾到过中国,并且受到了忽必烈的接见,他们回到威尼斯后,经常讲述一些东方见闻给马可·波罗听,在这个少年的心灵中种下了渴望经商和漫游东方的种子。

1271年,17岁的马可·波罗随父亲和叔叔一道从水城威尼斯起程来中国。他们先乘船横渡地中海来到耶路撒冷,然后经小亚细亚半岛、底格里斯河谷来到古城巴格达。接着,他们继续南下到达波斯湾的海港忽里模子,原想从这里乘船去中国,又怕海上风暴险恶,最后决定还是从陆路走。他们北上越过伊朗高原及沙漠地带后折向东行,翻过帕米尔高原到达可失哈儿(今新疆喀什),沿着丝绸之路继续东行,穿过塔里木盆地和罗布泊南缘的和田、且末诸城,越过沙漠

马可·波罗画像

马可·波罗(1254年—1324年),威尼斯旅行家、商人。马可·波罗著有《马可·波罗游记》,记载了他在中国游历17年的所见所闻,在欧洲广为流传,激起了欧洲人对东方的热烈向往。

到达沙洲（今甘肃敦煌）；再经过河西走廊上的肃州（今甘肃酒泉）、凉州（今甘肃武威）后，北上宁夏（今银川），穿过草原，最后到达上都（今内蒙古锡林郭勒境内）。他们沿途历经千辛万苦，费时三年半，到上都时已是1275年的夏天了。

忽必烈很高兴地接见了马可·波罗一行人，并且把他们留在大都居住、任职。年轻的马可·波罗聪明谨慎，擅长辞令，很快熟悉了蒙古的风俗习惯，学会了骑马射箭和蒙古语等语言，获得了忽必烈的器重。忽必烈曾两次派他巡视南方：一次是陆路，从大都经保定、太原、奉元（今西安）、成都，最后渡过金沙江到达云南；另一次是沿大运河南下，经过运河沿线的济南、扬州、南京、苏州、杭州等地，最后到达福州和泉州。据说他还奉命出使过南洋和东南亚。

马可·波罗和父亲、叔叔在中国住了17年，不免思念故乡，他们于1291年初离开大都，随同出嫁波斯的公主返程回国。这次，他们走的是水路：从泉州起程，过南海，穿马六甲海峡，横越印度洋，约在1293年初春到达波斯湾的忽里模子海港。

马可·波罗等在波斯略做停留，便从陆路北上回家。可是他们在途中遭到抢劫，直到1295年才回到阔别24年的故乡威尼斯。他的东方之行轰动了整个城市，人们争相观睹，听他讲述神奇的东方之旅。13年后，威尼斯和热那亚两城邦发生战争，马可·波罗自告奋勇地参战，他担任舰长，后因兵败被俘，关在热那亚的监狱里。作为一个见多识广的旅行家，马可·波罗的东方之行已使他闻名欧洲，即使在狱中，也不断有人找他询问有关东方的见闻。最后，由马可·波罗口述，由同狱的小说家鲁思梯切笔录，他们

> **TIPS**
> 《真腊风土记》
>
> 元周达观著。1295年，周达观作为随员跟从元朝使臣出访真腊国（今柬埔寨）。1297年返回后，周达观以游记形式写成此书，书中记录了当时柬埔寨的吴哥城的建筑和雕刻艺术，详细描绘了当地居民的生活、经济、风俗习惯、语言文字、服饰等，并对柬埔寨的物产、山川、动植物等都有记载，内容丰富广泛。这本书是记载吴哥时代柬埔寨历史的唯一文字材料。同时，书中还记载了海船的航线以及用指南针导航的针位，是研究元代海上交通的重要资料。

在狱中用当时流行的法语写成了《马可·波罗游记》。这本游记传抄出狱后，人们争相传诵，很快就用几十种文字传抄和翻译出上百种版本，轰动了整个欧洲。游记分为四卷：第一卷记述了从威尼斯到元上都这一路东行的见闻；第二卷记述了有关忽必烈和中国的见闻；第三卷记述了中国的近邻日本及东亚、南亚的有关情况；第四卷记述了北亚及成吉思汗后裔之间的战争等。

《马可·波罗游记》记述了100多个城市，涉及亚洲的大多数国家，但叙述最多的是中国，特别是他居住多年的元大都以及杭州等地的风土人情、气候物产、朝政宗教等。

这本游记对后来欧洲航海家和探险家的影响很大，促进了欧洲航海事业的发展。例如，哥伦布就是带着西班牙国王致中国皇帝的信出海远航，最终发现了新大陆，开辟了欧洲到美洲的新航线。

19世纪以来，各国学术界对《马可·波罗游记》进行了广泛的研究，公认它提供了许多极有历史价值的资料，涉及地理、民族、社会、政治、经济、宗教和文化等很多方面。

《马可·波罗游记》是第一本把东方地大物博的中国介绍给西方的著作，书中渗透了对中国人民的友好情感。这本书是当时中西方文化交流的产物，而作者本人则是那个时代的伟大的旅行家。

244-元代的喇嘛教

元代的蒙古统治者对宗教采取兼容并蓄、广为利用的政策，因此各种宗教都比较兴盛，但最受推崇、最为盛行的是佛教及其在西藏的分支喇嘛教。

成吉思汗及窝阔台等都信仰萨满教，但对其他各种宗教采取了较为宽容的态度。忽必烈继承了成吉思汗对各种宗教宽容的政策，但他自己则只尊崇佛教，信奉喇嘛教。他尊西藏大喇嘛八思巴为国师，命他制定蒙古新字，并下诏颁行天下，俗称"八思巴字"。此后元朝的皇帝和后妃们都以喇嘛为国师，由他们传授佛戒。喇嘛们不仅在政治上拥有特权，而且在经济上又可免去各种赋税和差役，还常常得到元朝政府的赏赐。另外，元朝政府还设置了专门的机构来管理各宗教的事务。例如，宣政院，院使（主管官员）从一品，掌管佛教；集贤院，院使从二品，掌管道教；崇福院，院使从二品，掌管基督教……其中管佛教的宣政院地位最高，由此可以看出佛教最受尊崇；事实上，佛教的势力也确实最大。

乘驿圆牌

铁质，通高18厘米，直径11.5厘米，重249克。现藏于西藏日喀则扎什伦布寺。牌上有金字八思巴蒙文五行，意为"靠长生天的气力，皇帝圣旨，谁若不从，即要问罪"。从成吉思汗时代开始，蒙古政府一直通过使用牌符对驿站交通严加控制。这种乘驿圆牌自元世祖至元十四年（1277年）开始使用，并且只有在发生军情急务时才能使用。此种圆牌有金字、银字两种。

据统计，元至元二十八年（1291年），全国共有庙宇42300多所，僧尼213000多人。

喇嘛教是中国佛教重要的一支，因其主要在藏族地区形成、流传和发展，故名"藏传佛教"，俗称"喇嘛教"。"喇嘛"是藏语音译，原义为"上师、上人、长老"，是对佛教僧侣的尊称。

忽必烈尊西藏喇嘛教萨迦派的第五代祖师八思巴为帝师。元代的帝师是极有权威的，历代皇帝即位都要由帝师受戒。每逢帝师从藏区来内地，所有王公大臣都要前往迎接。

佛教兴盛，寺院经济也随之发达。大的寺庙有成百上千的僧人，占有几百亩至上千亩的田地，而且基本不用纳税；个别寺院占有几万顷甚至十几万顷的土地。他们强占土地，掠夺民财，奸淫妇女，作恶多端，却受到特权的保护。

寺院的土地和其他产业名义上是归寺院僧众共有的，但实际上完全掌握在住持等上层僧侣手中。寺院的住持和上层僧侣往往把寺院的金银谷物据为己有，

> **TIPS**
>
> **红教和黄教**
>
> 藏传佛教的两个教派。黄教，又称格鲁派，创建于1409年，是著名宗教改革家宗喀巴所创的一个教派，此派重视戒律。由于宗喀巴及其追随者戴黄色僧帽，故又称黄教。黄教有甘丹寺、哲蚌寺、色拉寺、扎什伦布寺、塔尔寺、拉卜楞寺等六大寺院。红教，又称宁玛派，形成于11世纪，是藏传佛教中产生的最早的教派。此教保留了不少西藏本教（又称苯教）的教义，重视传统经典，所以被称为宁玛（藏语意为古、旧）派。该教派僧人只戴红色僧帽，因而又称红教。红教以密宗修习为主，在汉地也多有影响。

他们盖房造屋，开设店铺，饮酒吃荤，娶妻蓄妾，生活上几乎同大地主完全一样。

元代统治者在修寺院、造佛寺、赏赐喇嘛上浪费了大量钱财，这也是后来元朝政府财政崩溃的原因之一。

245-元朝的民族压迫政策

元朝的蒙古族统治者虽然推行了汉法统治，对各族地主阶级采取了笼络的政策，但其根本目的是为了维护蒙古贵族的统治和特权，广大的人民，特别是汉族劳动人民，处于社会的最底层，遭受着沉重的民族压迫和阶级剥削。

蒙古统治者实行露骨的民族歧视和民族压迫政策，其中最突出的是把全国人划分为四个等级——这是元朝政治制度的一大特征。

第一等级是蒙古人，包括成吉思汗统一蒙古高原的过程中组成蒙古民族的各个部落；第二等级是色目人，色目是"各色各目"的意思，包括中国西北各民族及居留中国的中亚、东欧人；第三等级是汉人，是指原来金朝统治下的汉族和汉化了的女真、契丹等族及云南、四川的汉族人；第四等级是南人，指忽必烈灭南宋时仍在南宋统治下的汉族和其他各族人民，因北方人常称南方人为"蛮子"，故南人又称蛮子。

四个等级中以蒙古人的地位为最高，南人最低。有时四级又可归为两段：蒙古人、色目人为高，汉人、南人为低。

民族等级之间的差别，表现在社会生活的各个方面。在政治方面，中央政府各部门的首席长官都由蒙古人担任，色目人很少，汉人一般只能担任副职，而南人在

胡人持卷文吏俑

元。1954年出土于山东省济南市祝甸。高31厘米。现藏于山东省博物馆。俑为泥质黑陶，脸有浓密须髯，深目高鼻，身穿长袍，头部所缠头巾为典型西域裹头。俑左手残缺，右手持文卷，呈摆臂前行状，极富动感。

南宋灭亡之后很长一段时期内，几乎没有什么人在中央做官。地方官吏中，省级官员一般都由蒙古人、色目人担任，汉人和南人一般只能担任州、县等中下级官员。

在军事方面，元朝军队有蒙古军、探马赤军、汉军和新附军（南宋降军）的区别。战争时各军酌情调用，但以蒙古军为主力，军权都掌握在蒙古将军手中。灭南宋后，汉军平时不准执持兵器，禁止汉族猎人执持弓箭，甚至连寺庙里面也不准陈设真刀真枪。又将散落在汉人和南人手中的弓箭和其他武器全部收缴，收进兵器库里，由蒙古人、色目人掌管，汉人、南人连过问的权利也没有。

在法律方面，规定蒙古人、色目人和汉族人分属不同的机关审理。犯了同样的罪，由于民族等级不同，罪罚也不相同。例如，规定蒙古人打死汉人、南人，只罚其出征，再出一份"烧埋银"就了事；而汉人和南人若打死蒙古人，除了处以死刑外，还要出50两"烧埋银"。法律还规定，只许蒙古人打汉人，不许汉人还手，否则予以严惩。

在经济方面，对于汉人、南人强行征收粮畜及赋税，蒙古人等例外。例如，元朝政府强取民间马匹，凡汉人、南人的马全部取走，色目人的马取1/3，蒙古人的马则不征取。

元朝有很多法令，都是针对汉人和南人而制定的，并且明确指出蒙古人不受这些法令的约束。例如，不许汉人、南人习武、集会，其中夜间点灯也要受到管制，有的蒙古贵族甚至狂妄地叫嚣，要杀尽张、王、李、赵等几大姓的汉人。

元朝统治者为了自己的利益特权，强行划分民族等级，公然实行民族歧视和民族压迫政策，造成了民族之间严重的矛盾和隔阂。这必然会导致被压迫民族的强烈不满和反抗情绪，民族矛盾和阶级矛盾交织在一起，使元代的社会矛盾显得更加复杂和尖锐。

从元灭南宋时起，长江以南地区被压迫民族的反抗斗争就从没有停止过，正是他们的不屈斗争最终推翻了残暴的元朝统治。民族等级的划分，恰似元朝统治者为加速自己的灭亡而自掘的坟墓。

246-从金中都到元大都

北京，位于华北大平原的西北边缘，地处平原与山地交界地带，西、北部群山环抱，东南一带古代为大片沼泽，后形成冲积平原。它的西南角接近太行山下，是通向华北平原的门户；北部为燕山余脉，西北和东北可通过南口及古北口等山谷通往内蒙古高原和松辽大平原。雄伟险要的地理环境，使之成为天然的军事要地。

古称北京为"燕"和"蓟"，司马迁在《史记》中就有周武王封召公于燕的记载，距今已有3000多年的历史了。春秋战国时期，蓟城是"战国七雄"之一的燕国的都城。从秦汉到隋唐，它一直都是军事重镇，也是汉族和少数民族进行贸易的大都会，虽然地名更改多次，但城市的基本地理位置变动不大。

辽代称北京为"南京"，也称"燕京"，以之作为辽国的陪都，但北京真正成为都城，是在金朝。

金灭辽之后约30年，于贞元元年（1153年），正式将都城从上京会宁府（今黑龙江阿城南）迁到北京，改称"中都"。这是北京从军事重镇和贸易中心成为政治中心的转折点，此后，元、明、清三代均以北京为首都。

金中都是在辽南京城的旧址上扩建而成的，其位置在今北京城的南部，俯瞰近似正方形，周长约15公里，每边各有三座城门。皇帝居住的宫城位于城内中部偏西南处，呈规整的长方形。金大定十九年（1179年）又在城东北郊建立了离宫——大宁宫（其中心部位，在今北海公园琼华岛和团城一带）。

宏伟壮丽的中都城，对后来元代大都城的建设影响极大。

金朝在北京建都60余年。金贞佑三年（1215年），蒙古骑兵突破南口天险，攻占中都，全城毁于一片火海之中。元世祖忽必烈即位之初，采取两都制度，以开平（今蒙古多伦西北）为主要都城，称为"上都"，以中都为陪都。1267年，忽必烈决定建设中都新城，并立即征集工匠，组建工程指挥机构，任命曾主持上都城建设的汉人刘秉忠负责规划营建。

刘秉忠首先进行了十分详细的地形测量，然后制定了总体建设规划。

在修建房屋和街道之前，先埋设了全城的下水道，再逐步按规划好的城市蓝图修建。

1271年，忽必烈公开废除"蒙古"国号，按照《易经》中"大哉乾元"之意，改国号为"大元"。第二年，忽必烈又命名正在营建的中都新城为"大都"，宣布建都于此，而以上都开平为夏都（陪都），蒙古人则称大都为"汗八里克"，意即汗城。迁都于此，意味着政治中心的南移，忽必烈决心灭南宋，做统治全国的皇帝。

元大都城在地址的选择上，有意避开了金中都的废墟。但又把未遭破坏的、风景优美的大宁宫及附近的大片湖面（当时称为"海子"）包括了进去，作为城市的中心部分。元大都在城市的设计布局上体现了我国传统的建都原则：三重城垣，中轴对称，前朝后市，左祖右社。

元大都图

至元四年（1267年），忽必烈命汉族官员刘秉忠负责在金朝中都的基础上规划营建新都城，阿拉伯人也黑迭儿负责设计新宫殿，郭守敬担任都水监，修治元大都至通州的运河。到至元二十二年（1285年）时，大都重要建筑陆续竣工，开始迁入居民。到至元三十一年（1294年）时，元大都的营建工作基本完毕，前后历时近30年。

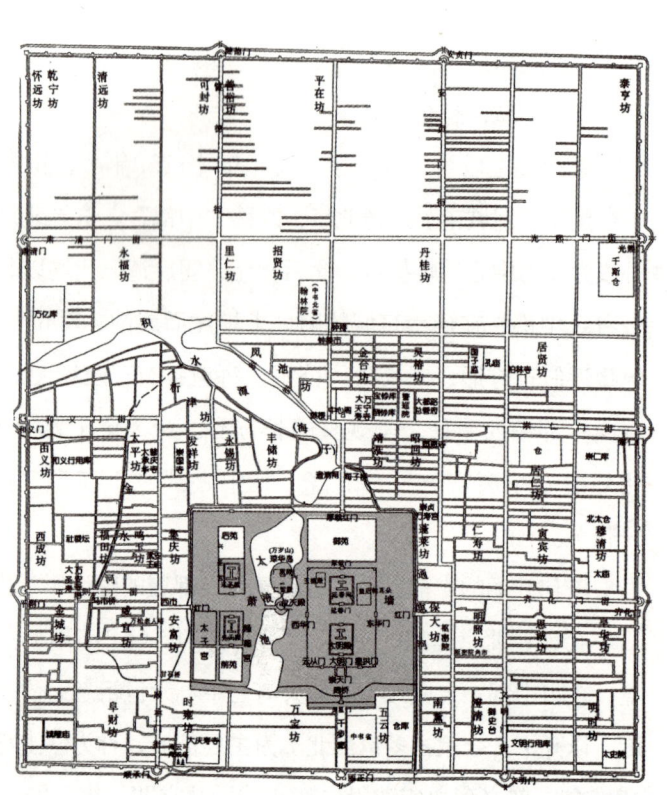

第一重城墙为外城，即整个城市的外轮廓。外城长约28公里，平面略呈南北向长方形。城墙全部用土夯（hāng）成，外面是又宽又深的护城河。城四角建有巨大的角楼，如现在北京建国门外的古观象台，就是当时的东南角楼。

外城共有11座城门，很别致。据说，设计者刘秉忠以此象征神话传说中三头六臂的哪吒：南面三座门象征他的三头，东西两边各三座门象征他的六臂，北面的两座门则是他的双足。

第二重城墙为皇城，周长约10公里，位于全城南部的中央地区。皇城的中部是太液池，即后来的北海与中南海；东部即宫城，西部有兴圣宫和隆福宫。皇城是皇帝居住和办公的地方，即为"前朝"；皇城后面的海子（今什刹海）是商船云集的地方，这一带是商业中心，即为"后市"。

皇城的东部（左方）建有太庙，是皇帝祭祖先的地方；西部（右方）建有社稷坛，是皇帝祭土地的地方。人们称之为"左祖右社"。

最里面一重是宫城，即紫禁城。宫城的中心线向南北两端延伸，也就是整个大都的南北中轴线。这样的设计十分鲜明地突出了宫城的位置，显示了这个封建王朝统治中心至高无上的地位。

大都城的干道系统基本上是整齐方正的方格网状。全城被干道划分成50个街坊，坊内有数条平行的小巷，称为"胡同"。胡同多为东西向，宽约五到七米；两条胡同之间相隔约70米，由一些四合院式住宅并联而成。这种东西向胡同的布局方式很适合满足北方住宅对光照、通风和交通的需要。城内的居民约有10万户、四五十万人。

元大都的兴建，是中国建筑史上光辉的一页：它继承、总结和发展了古代都城规划、建设的优秀传统，并为以后明、清北京城的发展奠定了基础；它规模宏大，宫殿壮丽，人口众多，商业发达，是自隋、唐长安以后，新建的最大的都城，也是当时世界上最著名的大城市之一。

247-阿尼哥与藏式白塔

蒙古铁骑的西征和南进，不仅打开了欧洲和亚洲之间的通道，也增强了中国和其他国家、地区科技与文化的交流。大都城里大圣寿万安寺中白塔的建造，就是其中一个文化交流的例子。

大圣寿万安寺，明代重建时更名为妙应寺，位于今天北京阜成门内大街路北。寺内有一座通体洁白的佛塔，因为先建塔后建寺，塔比寺更出名，所以人们习惯将妙应寺称为白塔寺。

主持设计、建造这座白塔的是一位名叫阿尼哥的尼泊尔人。

阿尼哥是尼波罗（今译尼泊尔）国王的后裔，生于1245年，死于1306年。他有建筑、雕塑及绘画等多方面的杰出才能，在元朝做官40余年，成绩斐然，屡建功勋，为藏传佛教文化及其建筑技艺传入中原做出了卓越贡献。

1260年，忽必烈让西藏喇嘛教首领八思巴在西藏建造金塔，并下诏尼波罗国王选派工匠来藏——因为当时的尼波罗聚集了一大批能工巧匠。年仅17岁的阿尼哥入选，并担任了80位工匠的领队。

金塔建成后，八思巴又将19岁的阿尼哥推荐给忽必烈。很快，他以自己的聪慧和多才多艺得到了忽必烈的赏识和重用。据说，蒙古人从金国汴梁掠来一个针灸铜人模型，但已经损坏，怎么也修不好，忽必烈请阿尼哥试一试，阿尼哥出手不凡，很快就修好了。忽必烈非常高兴，从此让他参与了许多重大工程，不断升迁他的官职。1278年，忽必烈任命阿尼哥为光禄大夫、大司徒，兼领将作院，让他主管全国工程建设。

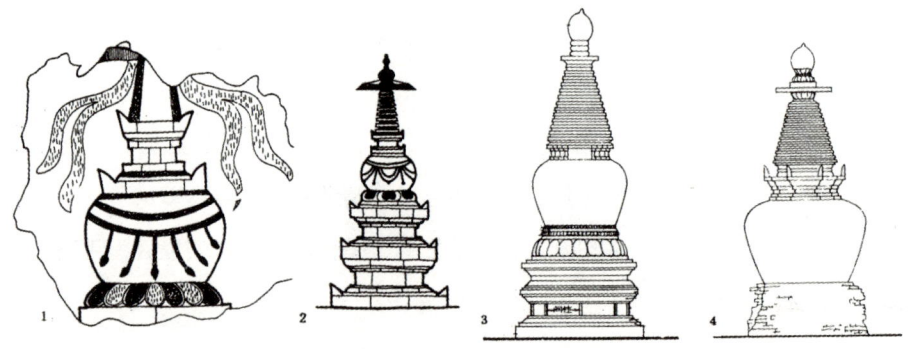

元代的几种喇嘛塔形状

喇嘛塔是藏传佛教的寺塔建筑，大致分为灵塔和经塔两类，盛行于元、明之际。其基本结构相同，包括基座、塔身、塔脖子（相轮）和塔刹等部分。图示塔从左至右分别为：吐鲁番出土经幡上绘的塔、敦煌石窟元代壁画中的塔、北京护国寺西塔、北京护国寺东塔。

阿尼哥在中国主持建造了几项重大的建筑工程，包括佛塔、寺庙和宫观等，其中最有名的便是1271年—1279年间设计建造的大圣寿万安寺白塔了。

白塔由塔基、塔身、相轮三部分组成，高约51米，全部用砖砌造，外涂白灰，具有明显的印度式宝塔的风格。

塔基是两层方形折角式须弥座，高约9米。塔身像一个倒扣的大钵，直径约18米，造型丰满、浑厚。塔身之上，便是节节拔起、层层收缩的相轮，俗称"十三天"。相轮是佛塔等级的标志，有一、三、五、七、九、十一、十三等级别，十三层相轮的佛塔是最高等级的，也就是为供奉佛舍利（佛骨）而建的佛塔。

相轮的顶部是一个像伞一样的华盖，直径约10米，四周挂着许多流苏和风铃。微风吹过，铃声叮当作响，节奏有致，声音悦耳。相轮之上还竖起一个高约5米的铜质鎏金宝顶，直刺蓝天白云。整个白塔设计精细，结构严谨，正如史书所称赞的那样："制度之巧，古今罕有。"它既借鉴了印度和尼泊尔佛塔的形式，又融合了中国民族建筑的一些特色，堪称喇嘛塔中的精品。

白塔寺白塔

白塔寺也叫"妙应寺"，位于北京市西城区阜成门内大街上。白塔建于元代，由尼泊尔工匠阿尼哥主持修建，是中国现存年代最早、规模最大的喇嘛塔。塔成后忽必烈又下令以塔为中心建寺，寺原名"大圣寿万安寺"，"妙应寺"为明代重建时命名。

除了建筑，阿尼哥还精通佛教绘画和造像技艺，元大都和上都等地寺庙中许多铜铸和泥塑的佛像都出自他手。他塑造的是一种梵（fàn）式佛像，也称藏式佛像，与中原的汉唐式佛像有明显的不同。他是中国藏式佛像的创始人，对后代影响很大，自元代起藏式佛像就逐渐取代了汉唐式佛像。

248-元好问

元好问，字裕之，号遗山，1190年生于太原府忻州（今山西忻州，忻音 xīn），1257年去世，他是北魏鲜卑族拓跋氏的后代。元好问是个天才诗人，他8岁就会写诗。少年时代，他游学天下，饱览了祖国的大好河山，结交了许多诗酒朋友，一直怀有建功立业、报效国家的大志。20岁时，元好问已经名闻天下，当时的礼部尚书赵秉文见到他的诗歌后，非常赞赏，认为他是自唐朝杜甫以来最优秀的诗人。

元好问生活在我国历史上比较短命的金朝，金朝自从灭了北宋以后，就和南宋形成了对峙的局面。作为上层统治者的女真贵族们满足于现状，既不防备南宋的北伐，也不注意北边蒙古人的进攻。1211年，蒙古族领袖成吉思汗在克鲁伦河誓师南下，向金国发动了进攻。1213年，蒙古军队沿太行山南端行进，势如破竹，在攻破元好问的家乡忻州城时，发生了一场恶战。蒙古军进城以后，杀死了10万多人，元好问的哥哥元好古也死在这场战乱中。为逃避战乱，元好问带着家人到处流浪，最后在河南福昌（今河南宜阳境内）住下来。1218年，元好问又迁到河南嵩山下面的登封居住，他从这时起开始了诗歌理论研究和著述。

金哀宗大正八年（1231年），在战乱中元好问被任命为南阳县令。这年的8月，元好问被皇帝召进京城，任尚书都省掾，他又带着一家老小迁到首都汴京（今河南开封）。这时候，战争的形势越来越糟糕，成吉思汗的军队勇不可当。成吉思汗下令："蒙古大军一到，金军驻守军队必须投降，如敢于抵抗的话，就将全城的老百姓全部杀光，连妇女儿童都不饶。"这使得金朝的军民非常害怕，有些将士看到自己的城池守不住了，为了保全老百姓的生命，干脆开城投降。

1233年春天，金国汴京守将崔立开城投降，金国皇宫的后妃等500多人被杀，元好问也成了俘虏，被蒙古军队押到聊城（今山东聊城），关押了两年。本来他已经痛不欲生了，后来他听说了金朝彻底灭亡的消息，反而决定要坚强地活下去。

1239年，元好问回到了阔别20多年的故乡忻州，专门从事著作活动。在他一生往后的岁月里，他编成了金朝的诗歌总集《中州集》，全书10卷，收录了金朝210多人的诗作；还编写了一本金末的史料书籍《壬辰杂编》，为后人编写金史提供了大量的原始材料。

元好问一生写了许多诗歌，他的诗风格豪放、意境阔大，体现了北方的山河气象。从1211年蒙古进攻金国、金军节节败退之后，元好问的诗歌多描写战乱下祖国山河的破碎情况，大量地描写人民生活的痛苦，控诉战争的罪恶，也对当时上层统治者流露出了不满情绪。特别是元好问在从汴京被押往聊城的途中，写下了许多绝望悲哀的诗歌，其中有一首诗是描写当时蒙古军队押送俘虏的场面和被押送人的心情的：

山无洞穴水无船，单骑驱人动数千。
直使今年留得在，更教何处过明年？

元好问还是个诗歌理论家。他在青年时代创作了30首《论诗》诗，用七言绝句诗的形式，表达了他对诗歌创作的观点。他反对华而不实的诗风，提倡自然、清新的诗风，要求诗歌中要有一股豪迈的气概，还要描写出真情实感来。他自己的创作也正是按照这个思路进行的，他的诗以七言律诗、古诗写得较好。

元好问一生的著作非常丰富，今天留下来的诗歌有1300多首，还有历史著作、笔记、医学等十几种著作。

249-书画大家赵孟𫖯

赵孟𫖯，字子昂，号松雪道人等，宋太祖赵匡胤的第十一世孙，在第四世祖时被赐居浙江湖州，所以赵孟𫖯是湖州人。

赵孟𫖯生在南宋末年，从小就非常聪明好学，14岁时就被选去做官。宋朝灭亡以后，赵孟𫖯有一段时间赋闲在家。元朝皇帝为了缓和当时蒙古与汉族人民之间的矛盾，制定了一切礼节、文化制度都以汉人的制度为标准的政策，并在全国各地寻找南宋留下来的知识分子。至元二十三年（1286年），元朝的行台御史程钜夫奉元世祖忽必烈的命令到江南去寻找宋朝遗民。第二年，他将赵孟𫖯推荐给皇帝,忽必烈非常喜欢,让赵孟𫖯代自己发了一道诏书,通告天下。诏书写成以后,忽必烈看了极口称赞,说他把自己想说的话全都写了出来。从此忽必烈对赵孟𫖯非常器重,不断提拔他的官阶,一直提拔到翰林学士承旨、荣禄大夫的高位,赵孟𫖯成了全国闻名的重要人物。

赵孟𫖯的出名,并不是因为他的官做得大,而是因为他的书法和绘画在当时的影响特别大,对当时和后代产生了深远的影响。

赵孟𫖯的书法成就非常高,是当时和后代的书法家们公认的大家。明代的大书法家董其昌认为赵孟𫖯的书法艺术已经超过了唐朝的水平,可以直接和晋代的王羲之、王献之相提并论,有的人还说他的书法成就连王羲之都超过了。赵孟𫖯学书法,早年从学王羲之、王献之入手,行书、草书的章法、结构大多取法二王,从赵孟𫖯临写的《兰亭序》字帖中可以看出这一特点来。赵孟𫖯的篆书是学石鼓文的,隶书则多是学习魏国太傅钟繇的。赵孟𫖯练书法非常勤苦,他每天坚持练笔,对字的笔画、结体都非常熟悉,写起字来速度极快,据说他写正楷,一天能写一万多字。赵孟𫖯的书法手迹在当时已经为天下人视为珍宝,连日本、天竺等国家都把他的书法作品当珍品收藏起来。

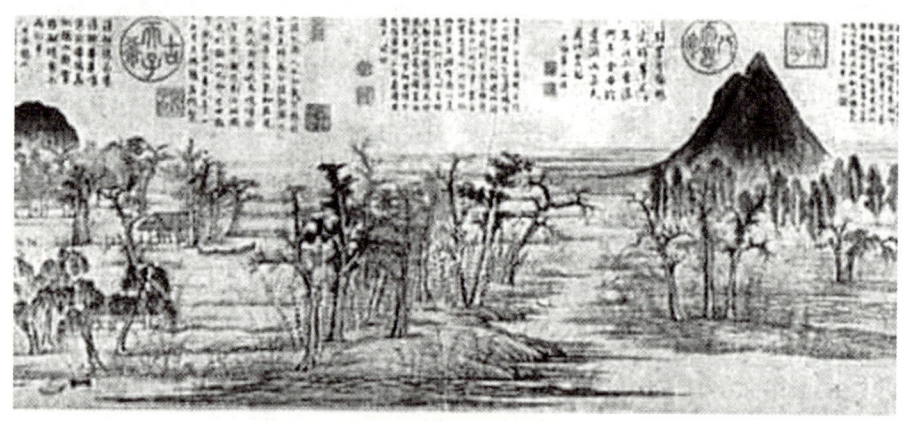

《鹊华秋色图》

元赵孟𫖯绘。纸本设色,纵28.4厘米,横93.2厘米。画面描绘的是山东济南郊区的鹊山和华不注山一带的秋天景色,画境清旷恬淡,表现出恬静而悠闲的田园风味。现藏于台北故宫博物院。

赵孟𫖯的绘画成就和书法成就一样大,他对各种题材的画法都很精通,既擅长画山水,也精通画人物、花鸟、鞍马、竹石等。

从南宋末年到元朝初年,画坛上风行的是南宋学院派画风,以夏圭、马远的山水画为规范，大家都去学"马夏"的画法，形成了一种呆板的缺乏创造的绘画风气。赵孟頫以自己的绘画成就改变了这一风气，这正是赵孟頫对绘画艺术最大的贡献。

赵孟頫提出了"师古"的口号，号召人们在学习绘画时要有"古意"。所谓"师古""古意"，就是说不要把眼光盯在南宋以来形成的画院传统上，而是要向大自然学习，要有个人的独创性，反对形式主义。学习古人，应该创造出超越古人的东西来，这才是根本。赵孟頫自己的绘画成就恰好说明了这个道理，所以他的影响力非常大。

由于赵孟頫也是个大书法家，精通书法艺术，他在作画时，常把书法的技法也带进来。他提倡绘画要有书法的笔墨趣味，认为书法和绘画所用的材料是相同的，其中所蕴含的道理也是相同的，二者应该相互借鉴。赵孟頫的这一理论，在今天看来，仍然是很有意义的。

除了书法和绘画以外，赵孟頫的诗文创作成就也是非常大的，尤其是他的七言诗，技巧纯熟，流转自如。后人评价他的诗歌成就，说他完全可以和延祐四大家相比（延祐是元仁宗的年号，延祐四大家是虞集、杨载、范梈、揭傒斯，梈音pēng），只是他的书画名气太大，因而盖过了自己的诗名。

中国古代非常讲究"忠孝"这个观念，赵孟頫出身宋朝皇族，却在元朝皇帝统治下做官，这对一些封建文人来说，等于背叛了自己的祖宗和国家，不少知识分子便用这一点来批评赵孟頫，甚至因为这个原因，连他的书、画也加以贬低。赵孟頫自己也始终处在这样一种自我责备的情绪中，晚年写了许多诗咏叹自己这种痛苦的心情。

TIPS

元四家

元代四位大画家的合称，他们是黄公望、倪瓒、王蒙和吴镇。四位画家风格不同，但都继承了五代北宋以来文人画的传统。黄公望画风浑成，人以"浑厚华滋"评之，代表作有《富春山居图》等。倪瓒画风萧疏简逸，代表作有《容膝斋图》等。黄号大痴，倪号迂翁，在四家中，又以此二家对明、清画影响最大，所以后人又有得失在"痴迂之间"的说法。王蒙画风细密绚烂，笔墨功夫极高，代表作有《葛稚川移居图》等。吴镇好墨戏，一生画过几十本渔父图，也兼工竹、梅。四人创造的法式，一直影响至今，不但对绘画深有影响，而且影响到园林、建筑、戏剧、音乐等方面。

赵孟頫的妻子管道昇、儿子赵雍也都是很有成就的画家,并且都有作品流传下来。今天,赵孟頫的书画作品在世界好几个国家和地区都有保存,还有文集《松雪斋文集》《松雪词》等流传于世。

250-大科学家郭守敬

郭守敬(1231年—1316年)是元代杰出的科学家,在天文、数学、水利工程和仪器制造等方面都有重大成就,尤其在天文研究和天文仪器的制造方面享誉世界,也是中国古代著名的天文学家。1970年,国际天文学会将月球背面的一座环形山命名为"郭守敬";1977年,中国紫金山天文台又将一颗新发现的小行星命名为"郭守敬"。

郭守敬,字若思,邢台(今河北邢台)人。他的祖父郭荣是一位精通数学和水利的学者,对少年时代的郭守敬影响很大。他从小就喜欢观察自然界,探索事物的奥秘,喜欢自己动手制作玩具。他的祖父与当时的几位大学者刘秉忠、张文谦等都是好朋友,还送郭守敬到他们手下去学习。20岁时,郭守敬就在水利方面初显才华。

郭守敬32岁那年,张文谦欣赏他的才能,郑重地将他推荐给忽必烈。忽必烈召见时,郭守敬提出六项发展华北平原水利的新建议,大受忽必烈的赞赏,被任命为水利官员,跟随张文谦到西北地区,修复了河套灌区上的许

《卢沟运筏图》

元佚名绘。绢本设色,纵143.6厘米,横105厘米。画面描绘的是元大都建设时通过卢沟和卢沟桥运输建筑木料的场景。卢沟桥位于大都城外西南方,桥下是现名永定河的卢沟,在元代是航运繁忙的河流。现藏于中国国家博物馆。

多古渠，使当地农业生产大获丰收。他后来官至工部郎中，成为元朝政府主管水利的主要官员，主持了京杭大运河的修复通航等重大工程。

郭守敬在主持水利工程时，经常要测量地形高低。经过研究，他以海平面为基准，比较了大都与汴梁地形高下之差。这是我国地理学上最早形成和运用"海拔"概念测地形的实例。

早在元朝统一全国之前，刘秉忠就提出应当修改历法，因为辽、金以来沿用的《大明历》年代久远，误差渐大。后来，忽必烈接受了这个建议，于1276年设立专门机构太史局来修订历法，并派张文谦、王恂和郭守敬等主持此事。

为了准确地观测天象，郭守敬首先动手研制天文仪器。他认为"历之本在于测验，而测验之器莫先于仪表"。在整个修订历法的过程中，郭守敬先后创制了简仪、高表、候极仪、浑天象、玲珑仪、仰仪、立运仪、景符、日月食仪、定时仪等十几种精巧的天文仪器。据《元史》记载，郭守敬研制的天文仪器"皆臻于精妙，卓见绝识，盖有古人所未及者"。1279年，由郭守敬设计主持，在大都城东南修建了一座观测天象的"灵台"，这是当时世界上设备最完善的天文台。

简仪模型

元初郭守敬创制的一种测定天体位置的天文仪器。长4.7米，宽3.25米，高3.1米。因将结构繁复的浑仪革新简化而成，故称简仪。包括赤道经纬仪、地平经纬仪和正方案三部分，能同时测量地平经度、纬度。现存简仪是明正统二年至七年（1437年—1442年）间依据元代简仪仿造的，只是在正方案部位安放日晷，其余如故。原物藏于南京市紫金山天文台。

郭守敬用自己研制的仪器，在天文观测上取得了一系列的重大成就。例如，他重新测定了黄道平面和赤道平面的交角为23度33分5秒3，比以往认为的24度精确了不少；还测出了前人未命名的恒星1000余颗，使记录的星数从1464颗增加到2500颗，并编制了星表，而欧洲在14世纪文艺复兴前，仅测得1022颗。由此可见，郭守敬的天文观测业绩在当时确实处于世界领先水平。

至元十八年（1281年），郭守敬等人经多年辛劳编成的《授时历》正式颁布。新历以365.2425天为一年，与地球绕太阳一圈的实际时间相比，仅差26秒。这与现在各国通用的格利哥里历数值相同，但却早了300余年。因为这部历法的节气推算比较准确，对农业生产帮助很大，所以很快就被中国的一些近邻国家所采用。

郭守敬的科学成绩还有很多。他的著作有14种，共100多卷，可惜至今大都已失传。但郭守敬所取得的那些杰出成就，使他的英名永远在中国科技史乃至世界科技史册上闪耀着光辉。

251-黄道婆和棉纺织业

中国古代农村的经济形态是农业和手工业相结合的自然经济，"你耕田来我织布"正是这种男耕女织的农家生产活动的形象写照。到了元代，家庭的棉纺织业逐步发展和替代了传统的丝纺织和麻纺织手工业，而对此做出了重大贡献的就是元代著名的女纺织家黄道婆。

黄道婆是一位普通的劳动妇女，历史上对她的事迹记载得很少，但她早年的不幸遭遇和对棉纺织技术的贡献，却在劳动人民中长期流传了下来。她是松江乌泥泾镇（今上海华泾北）人，大约出生于南宋末年。关于她的真实姓名、生卒年代和详细身世，现已无法考证，"黄道婆"是后人对她的称呼。

据传说，黄道婆从小就给人家当童养媳，受尽折磨和歧视，尽管她拼命干活，仍逃脱不了公婆和丈夫的虐待。后来，她实在无法忍受下去了，便勇敢地逃出家门，躲在一条海船上，随船漂流到海南岛的崖州（今海南崖州）。

中国是丝绸的故乡。棉花大约是在东汉时从印度传入我国的，先是在西北和西南等地种植，然后逐渐传入内地。南宋时，崖州一带的棉纺织技术已经很发达了，黎族人民已创造出了一整套的生产工具和生产技术，当地的黎族妇女已能织出各种比较精美的棉纺织品。

黄道婆到崖州后，虚心向黎族人民学习棉纺织技术，很快就熟悉了当地比较先进的制棉工具，掌握了全套的技术操作，并成为一个技艺精湛的纺织

> **TIPS**
>
> **撒答剌欺**
>
> "撒答剌欺"为西域传统织锦的一种，因产于中亚布哈拉（今乌兹别克境内）以北的一个名叫撒答剌的村镇而得名。元朝政府专设有撒答剌欺提举司，由回回人扎马剌丁率领工匠织造撒答剌欺。这种织锦多用犬、兔毛根据中亚、波斯丝织品精织而成，非常精美。

能手。

几十年过去了，年约半百的黄道婆越来越思念故乡，便在元贞年间（1295年—1297年）乘海船回到了阔别多年的故乡。

当时，江南地区的棉纺工具和棉纺技术都远远落后于海南岛，生产效率十分低下。黄道婆回乡时，从崖州带来了全套的新工具和新技术。她织出来的棉织品又光洁、又漂亮，很快就远近闻名，许多人来向她学习。她也毫无保留地将新技术传授给大家，并结合当地的传统工艺技术，不断地进行改进和创新，促使乌泥泾乃至整个江南地区的棉纺织技术提高到一个新的水平。

黄道婆对棉纺织业的贡献，主要体现在两个方面：改进纺织工具和提高生产技术。

黄道婆改进和推广了一整套的生产工具。例如，她成倍地提高了轧棉效率的轧车，将原来只有一尺五寸长的弹棉花的椎弓，改为四尺多长，将手指拨弦改为木槌敲击弓弦，这不仅极大地提高了产量，而且也提高了质量——弹出的棉花又松软、又均匀；她指导木工将原来的单锭手摇纺车改为三锭脚踏纺车，既减轻了劳动强度，又成倍地提高了工作效率；她还创制了提花织布机，能织出许多美丽的花布。

黄道婆在自己原有的海南

水转大纺车

纺车是古代手工纺织生产的重要工具。水转大纺车发明于宋代，元代盛行于中原地区，主要用于加工麻纱和蚕丝。它依靠水力引动32枚纱锭运转，一昼夜可纺纱100斤，是当时世界上最先进的纺纱机械。

技术基础上加以改进，又总结和创新出一套比原来更先进的织造技术，并广为传授。用她的工具和技术织成的被、褥、带、手巾等，上面织有折枝、团凤、棋局、字样等花纹或图案，鲜艳生动得像是一幅幅图画。在黄道婆传授和改进技术的基础上，她的家乡棉纺织业迅速发展，成为当时全国的棉纺织业中心，并很快将技术传播出去，带动了长江中下游的广大地域棉纺织业的技术革新，改变了中国广大人民衣着的物质内容，使一般平民百姓从只能穿粗麻布衣服，到可以穿上又软和、又舒适的棉布衣服。这对14世纪及以后中国社会经济的发展和变化起了积极的作用，也是当时社会生产力发展的一个标志。

黄道婆以自己的杰出贡献，载入了我国纺织业的发展史册，在中国科技史上也占有一席之地，永远受到后人的敬仰。

252-王祯与《农书》

在元代，中国出现了三部重要的农学著作：《农桑辑要》《农书》《农桑衣食撮要》。

《农桑辑要》是元初司农司编写的。元初的统治者比较重视农业，如忽必烈推行汉法的主要内容之一，就是实行劝农政策，恢复和发展农业生产，为此，他在政府机构里设立了司农司，专门管理农桑水利，并派出官员巡视各地的农业情况。《农桑辑要》就是为了推广当时的先进耕作技术而组织农业专家们编写的，书成于1273年。

《农桑辑要》全书共7卷，分为10个部分，约6万字。例如，"典训"部分介绍了我国古代有关农业生

> **TIPS**
>
> **《农桑衣食撮要》**
>
> 元鲁明善著。该书以月令体裁写成，分为12月，逐月列出农事，讲解各种农事的做法。例如，书中说："务农桑，则衣食足；衣食足，则民可教以礼义；民可教以礼义，则国家天下可久安长治也。"反映出作者重农桑的思想。

产的传统习惯和重视农业的言论；"耕垦"部分介绍了整地技术和丰产经验；"播种、瓜菜、药草"等部分介绍了各类作物和果木的栽培技术；此外还有家畜的饲养技术等。因为此书切合实用，故颁行全国后曾多次刊印，对农业生产起了很好的指导作用。

但三部书中，最为著名的还是王祯撰写的《农书》。

王祯，字伯善，东平（今山东东平）人，生卒年代不详。因为史书很少记载他的生平事迹，我们现在只知道，他从元贞元年（1295年）起做过6年的旌德（今安徽旌德）县尹，并于1300年调任永丰（今江西广丰）县尹。他任职时注意劝导百姓务农，并立志写一部尽量完备的农书，历时十几年，该农书终于在1313年定稿出版。

王祯为了撰写《农书》，不仅广泛地研读了许多古代农业文献，还吸收了当时南北各地劳动人民在生产实践中创造的新经验，提出了一些新见解。《农书》是一部继往开来的农学著作。

与《农桑辑要》局限于北方不同，王祯的《农书》兼及大江南北，它是我国第一部在全国范围内对整个农业做系统研究的书，也是集北魏《齐民要术》以来我国各地农业生产经验之大成的一部农学名著，具有很高的科学价值。

木绵軠（kuáng）床图

选自元王祯《农书》，清乾隆活字本。现藏于中国国家博物馆。在元代之前，纺好的棉线要通过框架式拨车缠绕成把，以便进行之后的工序，但一架拨车一次只能缠绕一根棉线，效率较低。元初，首先在今福建地区创造并使用了軠床，功能与拨车相似，但是可以同时缠绕8根棉线并使其成把，效率大大提高。

《农书》分为三大部分，约13万字，篇幅比《农桑辑要》大一倍以上。第一部分是"农桑通诀"，包括农业史和主要耕作技术，比较全面、系统地论述了农业的各方面问题，并且对南北农事进行了分析比较；第二部分是"百谷谱"，分别介绍了各种谷物、蔬菜、瓜果、竹木、麻、棉、茶等农作物的起源、性能和栽培方法；第三部分是"农器图谱"，主要介绍农业生产工具、农业器械，绘图280余幅，并附有简要的文字说明，介绍这些农器的构造、来源、演变和用法。

王祯的《农书》有两个鲜明的特点：一是内容非常丰富，从农、林、牧、副、渔等各个方面到土、肥、水、管等生产技术，都做了较为详细的论述，并且着眼全国，南北兼顾；二是图文并茂，全书以绝大部分篇幅，结合附图介绍各种农业器械的性能和构造，这在中国农学史上是空前的，它不仅保存了很多宝贵的资料，而且成为以后这类著作的蓝本，对后代农学影响极大。另外，书中还记载了许多民间的宝贵经验和作者的独到见解。

王祯不仅是一位卓越的农学家，同时还是一位杰出的机械制造和设计家。他将一些失传已久的古代机械恢复了原貌并加以改进运用，还设计了多种农业和手工业用的机械。但他的最大贡献是改进了活字印刷技术——用木活字代替毕昇的胶泥活字；他还独具匠心地创造了"转轮拣字盘"，极大地提高了排字的速度。《农书》中有关印刷技术的篇章，是印刷技术乃至中国科技史上的珍贵文献。

253-关汉卿与元代杂剧

元代是我国戏曲史上的黄金时代，涌现出大量优秀的文学剧本。据史料记载，在元代前期，有姓名的杂剧作家有80多人，作品有500多种，保存到今天的元代杂剧剧本也有160多种，不少剧本至今还在上演。在这些作家、作品中，以关汉卿的成就最大、影响最广。

关汉卿是大都（今北京）人，号已斋叟，主要生活在元朝前期。关汉卿本是金朝的遗民，金朝灭亡后，他不愿在元朝做官，主要从事杂剧的创作、表演和研究。

关汉卿一生写了60多种杂剧,比较完整地保存到今天的有《感天动地窦娥冤》(又称《窦娥冤》)、《包待制三勘蝴蝶梦》、《望江亭》、《关大王单刀会》(《单刀会》)等10多种。

关汉卿的杂剧有着非常深刻的思想内容,在今天看来还有着积极的教育意义,如最著名的杂剧《窦娥冤》便是揭露封建社会的黑暗和残酷的。主人公窦娥是个命运悲惨的下层社会的弱女子,她从小死了母亲,后被卖给蔡婆婆作童养媳,蔡婆婆是个放高利贷的,和独生儿子一起生活,窦娥嫁过来不久,丈夫又生病去世,这个家庭便剩下了一老一小两个寡妇。村中的无赖张驴

元代杂剧壁画

山西洪洞县霍山广胜寺的明应王殿绘有一幅题名"大行散乐忠都秀在此作场"的元代戏剧壁画,是我国目前发现的唯一的大型元代戏剧壁画,是研究我国戏剧发展史和舞台艺术的珍贵资料。壁画宽3米,高4米,为泰定元年(1323年)四月所绘,至今近700年。忠都秀是戏班台柱女艺人之名。

儿父子俩强迫窦娥和她的婆婆嫁给他们父子俩,窦娥不愿意,张驴儿就想用毒药毒死蔡婆婆来陷害窦娥,哪知道反而毒死了自己的父亲,他却反咬一口,恶人先告状,说窦娥下毒药害死了公公(张驴儿的父亲)。官司打到县里,糊涂的县官认定窦娥是凶手,要她承认是自己毒死了公公,窦娥坚决不承认。县官严刑拷打,窦娥还是不服,县官要拷打蔡婆婆,窦娥为了免除婆婆的痛苦,宁愿自己受冤枉,便承认是自己毒死了张驴儿的父亲。一场冤案铸成,窦娥被判死罪。

当窦娥被绑赴刑场杀头的时候,她把对社会、对天地的怨气充分地表现了出来,大声地唾骂社会的黑暗和不公正,连天地鬼神都统统地大骂一通。到死后,她仍然阴魂不散,帮助官府查明了官司,使案情真相大白。

在这出剧里,窦娥的冤屈具有震撼人心、感天动地的力量,充分体现了

作者关汉卿对当时社会的看法。

关汉卿不光创作剧本,他还经常自己登台演出,和演员们生活在一起,著名的杂剧演员朱帘秀和他是好朋友。当时杂剧界认为某某人剧写得好、演得好,便称他为"小汉卿"。由于长期深入生活,登台演出,关汉卿的艺术才能特别广泛,他在散曲《南吕·一枝花·不伏老》里,说自己会围棋、歌舞、吹弹、吟诗、书法、蹴鞠等,并且表明自己顽强不屈的性格。

和关汉卿同期的杂剧作家还有许多,如王实甫、康进之、马致远、高文秀、白朴等,他们创作的著名剧目有《西厢记》《李逵负荆》《汉宫秋》等。

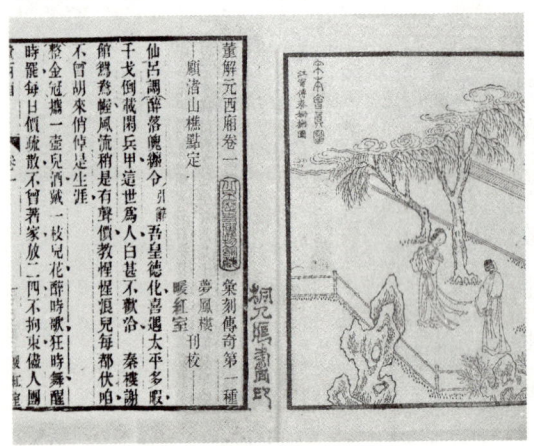

明刊本董解元《西厢记诸宫调》书影

在王实甫的《西厢记》之前,影响最大的同题材戏是金代董解元撰的《西厢记诸宫调》,内容取材于唐代元稹的《莺莺传》,但情节有重要改变,突出了红娘、莺莺、张生与老夫人的矛盾,结局是张生与莺莺结为良缘。文段用14种宫调套曲来演唱,故称诸宫调。因用琵琶伴奏,此书又叫《弦索西厢》或《西厢弹词》,后人一般称之为《董西厢》。元代王实甫的《西厢记》就是以此书为基础改编的,其全名为《崔莺莺待月西厢记》。王剧一上演就博得男女青年的喜爱,被誉为"《西厢记》天下夺魁"。

王实甫创作的《西厢记》是一出妇孺皆知的戏剧,剧本写的是穷书生张生和相国千金小姐崔莺莺的爱情故事,其中丫鬟红娘的形象塑造得尤其生动,深受人们的欢迎和喜爱。《西厢记》的文学艺术成就极高,被当时的文人推为杂剧之首。

马致远创作的《汉宫秋》写的是汉朝王昭君出塞的故事,表现了一种爱国主义的思想倾向。马致远的文学成就还表现在他的散曲创作中,他的散曲以小令写得最好,又以写景抒情为特长。他的小令《天净沙·秋思》被称为写秋天自然景物和人物心情的"秋思之祖",全文是:

枯藤老树昏鸦，小桥流水人家，古道西风瘦马。

夕阳西下，断肠人在天涯。

30来个字，把秋天傍晚的景物写得非常生动，并且写出了一种萧瑟苍凉的意境。

元代杂剧经过一大批文人、作家的辛勤创作，逐渐形成了固定的艺术样式：表演方式上，把歌曲、舞蹈、宾白有机地结合起来，形成了完整的文学剧本；结构形式上，通常是一本四折为一个独立的剧本，叙述一个完整的故事，少数为多本连演，有的还在第一折前面加个楔（xiē）子，对故事的由来做简要的介绍，这种形式类似于今天的序幕。

元代的杂剧和散曲被后人统称为元曲，是中国文学遗产中的一块瑰宝。

254-蒙古族的第一部史书

元代的历史学成就虽然不高，但却给我们留下了一部具有特殊历史价值的著作——《蒙古秘史》。它不仅是蒙古族的第一部史书，同时也是我国北方游牧民族的第一部史书。

《蒙古秘史》的作者是谁，目前还不知道，成书年代也未能确切考定，大约在1240年至1264年之间。原书是用畏兀儿体蒙古文写成的，明初译成汉文后原书反而找不到了，倒是汉译本保存了下来。

全书12卷，后人将其分成280余节。这部书的独特之处在于它的每一节都由三个部分组成：原蒙古文的汉字音写；汉字音写上面是逐词

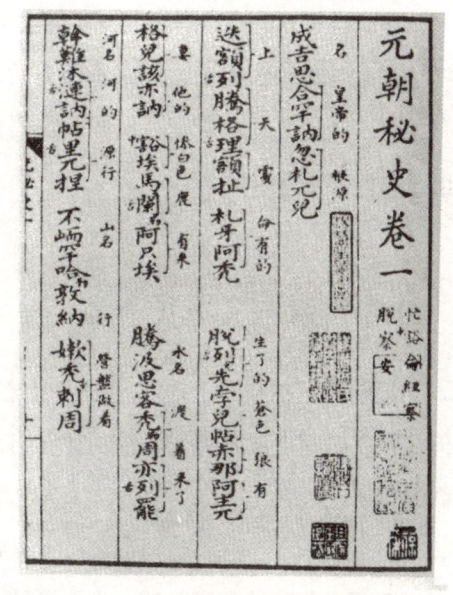

《元朝秘史》书影

《元朝秘史》又称《蒙古秘史》，是一部记述蒙古民族形成、发展、壮大之历程的史书，也是蒙古族现存最早的史书。该书写成后被密藏了140余年才被发现并流传。

的汉译，称为"旁译"；最后是全节的汉文译文，称为"总译"。三部分中最有意义的是原蒙古文的汉字音写。它为古代蒙古语、元代汉语音韵等提供了宝贵的研究对象和研究资料，在语言学、史学、文学等方面引起了广泛的关注，日益受到国内外学术界的重视。经过专家们的研究，《蒙古秘史》现已基本复原为当初的文字。复原后的《蒙古秘史》，已有汉语、日语、德语、匈牙利语、英语及现代蒙古文等多种译本出版。

《蒙古秘史》全书的主人公是成吉思汗。书中写了他的成长过程及如何一次又一次地打败强敌、统一蒙古各部的辉煌业绩；同时十分生动传神地向人们展示了当时草原社会生活的广阔图景和许多具体细节。其写作手法是在散文体论述中不时插入英雄叙事诗，人物讲话基本都用诗歌的语言。全书的时间跨度较大，从成吉思汗的远祖一直写到窝阔台时期。

总之，《蒙古秘史》一书不仅为后代保存了许多有关蒙古族历史的珍贵资料，同时在语言学及文学上也有极大的资料价值。

255-元朝的腐败与衰落

元朝虽然在空间上地域辽阔，超过了汉唐盛世，但在存在时间上却不能与汉唐相比，可以说是一个短命的王朝。

从1279年元朝建立，到1294年忽必烈去世，元朝处于一个上升的鼎盛时期。忽必烈死后，他的孙子铁穆耳即位（即元成宗），那是一段政局平稳的时期，但政权内部已经开始腐败，各种过去隐藏的矛盾也逐渐显露出来。

> **1294年**
> 元世祖死，其孙铁穆耳即位，是为元成宗。

> **1307年**
> 元成宗死，海山继承皇位，是为元武宗。

从1307年元成宗死后，元朝就开始了激烈的皇位争夺斗争，政治斗争连绵不断，一直持续到元朝灭亡。从1308年至1333年，25年元朝中换了8个皇帝；特别是从1328年到1333年，不过5年时间，竟换了5个皇帝。每换一个皇帝，都要出现一次皇室内部相互残杀的惨剧，弄得统治集团四分五裂，并且给人民大众带来了极大的灾难。

从元朝第三代皇帝元武宗海山开始，皇帝们一个比一个昏庸糊涂，根本不知道如何处理国政，更不会用人，甚至把官职作为礼物随意赠送。例如，元武宗即位的当年，就不经过总理政务的中书省，自己直接授予880余人官职。

不会治国的皇帝们用起钱来却是挥霍无度，他们最大的两项开支是赏赐和做佛事。元代皇帝都信奉喇嘛教，每个皇帝即位后都要兴修佛寺，大做佛事，耗费大量的钱财，有时这项开支竟能占国家总经费的2/3。至于赏赐则更惊人，元朝的岁赐制度，无非是通过赏赐使蒙古和色目贵族分享全国的财政收入，从经济上保证这些贵族的生活享受。如元武宗即位不到一年，就用去钞820余万锭，而当时每年的国库收入仅280万锭。但他比起元仁宗的挥霍来，还是小巫见大巫，元仁宗竟然一年用掉2000万锭。

> **1311年**
> 元武宗死，皇太弟爱育黎拔力八达即位，是为元仁宗。

为了弥补巨额的财政亏空，元朝政府一方面滥发纸币，导致纸币贬值，物价飞涨，经济崩溃；另一方面则是肆无忌惮地搜刮老百姓，到元文宗时，各种赋税比忽必烈建国之初增加了100余倍，老百姓还怎么活？只有造反一条路了！

> **1328年**
> 元泰定帝死，元武宗次子图帖睦尔被拥立为帝，是为元文宗。

由于皇帝昏庸无能，政权往往落入一两位大臣手中，大臣们的权势甚至已凌驾于皇帝之上。例如，元文宗时的燕帖木儿，因为扶持元文宗有功，被封为太平王，并受命"独为丞相"，总裁中书省政务；所有王公大臣、公主、驸马，都不得直接上奏皇帝，必须通过他才行。其权力之大，使他更加肆无忌惮。他在生活上也极其荒淫，占有的女子难以计数，其中光宗室之女就有40余人，甚至娶了前朝皇帝元泰定帝的皇后为妻，最后体亏溺血而死。

再如元顺帝即位后，大权尽归伯颜之手，伯颜既掌中书省，又被封为太师、秦王，一身兼有30余职，官衔长达246字。他调用皇帝侍卫保护自己，一旦出行，随侍便塞满大街小巷，皇帝自己反而没有几个侍卫，这使得天下人皆知有伯颜而不知有元顺帝。

上行下效，元朝末年贪官污吏横行，要钱的名目无奇不有，连担任监察纪检的官员也公开地到处要钱。土地兼并之风也越来越甚，大官僚大地主有时一人就占有成千上万顷的田地。农民们失去了赖以生存的土地，加上水旱之害不断，生活十分困苦。天灾人祸交织，濒于死亡边缘的人民被迫落草为"寇"，农民起义遍及各地，最后形成席卷全国的起义浪潮。元王朝自己敲响了自己灭亡的丧钟。

> **1333年**
> 元宁宗死，其兄妥懽（huān）帖睦尔即位，是为元顺帝。

256-红巾军起义与元的灭亡

元朝末年，在河南、江淮一带有一种民间广传的宗教，叫白莲教。他们信奉阿弥陀佛，宣扬"弥勒佛下生"和"明王出世"，天下将要大乱，光明就在眼前，以此作为宣传和发动起义的工具。这些口号在当时的历史条件下，唤起了生活在黑暗社会中的广大农民对美好生活的向往，成为动员广大群众参加起义的有力口号。

元顺帝至正十一年（1351年），元末农民大起义

TIPS

白莲教

白莲教是渊源于佛教净土宗的流传民间的一种秘密宗教结社。相传净土宗始祖东晋释慧远在庐山东林寺与刘遗民等结白莲社共同念佛,后世信徒以为楷模。到南宋绍兴年间,昆山僧人茅子元(法名慈照)在流行的净土结社的基础上创建新教门,称白莲宗,即白莲教。早期的白莲教崇奉阿弥陀佛,教义简单,易为下层人民所接受,常被利用做组织人民反抗压迫的工具。在元、明两代,白莲教曾多次组织农民起义。到清初,白莲教发展成为反清秘密组织,嘉庆元年(1796年)的白莲教大起义是嘉庆年间规模最大的一次起义。

元末农民战争形势图

元朝吏治腐败,统治者横征暴敛,到元末全国税额比元初增加了20倍,加上元朝的恶法和灾荒,人们无以为生,纷纷起义。规模较大的起义从至正八年(1348年)方国珍在海上起义始,至正十一年(1351年)刘福通等在颍州起兵、徐寿辉于蕲州起兵,至正十三年(1353年)张士诚起兵,义军成燎原之势。

终于大规模爆发了。当时元朝政府调派了15万民工修治黄河,但官吏克扣太狠,民工们饥寒交迫,怨声载道。白莲教首领韩山童、刘福通等人认为起义时机已到。他们偷偷地在工地上埋下一个独眼的石人,在石人背上刻了一句话,然后到处传播一句民谣:"石人一只眼,挑动黄河天下反。"民工们挖出了石人,见石人背上刻了这句民谣,一时人人惊奇,以为民谣真的应验了。于是韩山童聚众3000人发动起义,对外宣称自己为宋徽宗八世孙,"当为中国主"。不料风声泄露,韩山童被捕牺牲,他的妻子杨氏和儿子韩林儿等逃脱。刘福通等率领起义军余部继续战斗,占领了颍州(今安徽阜阳),不久又攻占了今河南东部的一些州、县,队伍很快发展到十几万人。

因为这支起义军人人头包红巾,所以称为红巾军;又因他们烧香拜弥勒佛,也称香军。刘福通等在

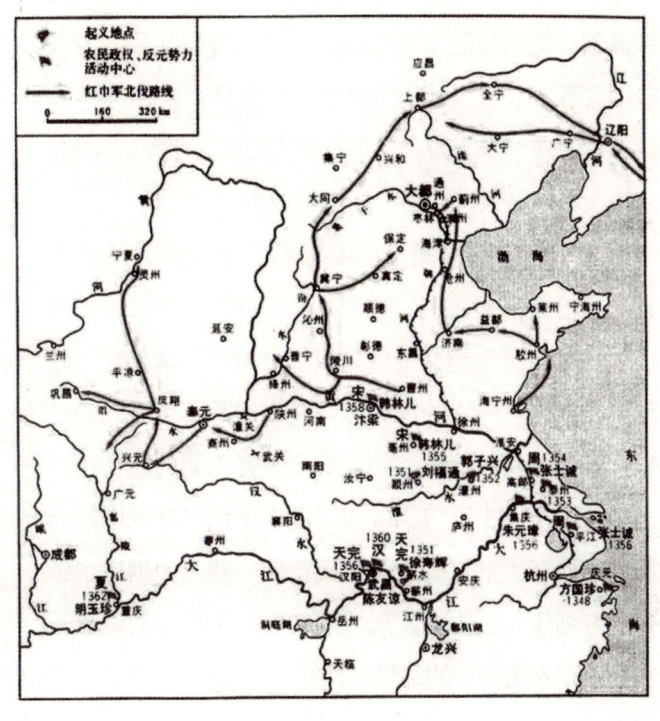

第四部 元明清

颍州起义成功后，立即得到各地的广泛响应。江淮河汉之间数支红巾军崛起，如彭莹玉、徐寿辉、芝麻李（李二）、布王三（王权）等。此外还有一些反元武装相继崛起，如浙东的方国珍、江苏的张士诚等。

刘福通领导的主力红巾军在战斗中不断壮大，并于元至正十五年（1355年）拥奉韩林儿在亳州（今安徽亳州）建都称帝，国号大宋。随后，红巾军兵分三路北伐，横扫河南、山东、河北、山西等地，直逼京城大都。可惜红巾军由于兵力分散，缺乏统一作战方略，三路北伐大军各自为战，加之队伍内部不和，互相攻杀，起义军内部发生动乱，不久便在元朝的大举反攻下归于失败。

当红巾军正在和元军主力进行艰苦斗争的时候，朱元璋开始自立旗号，逐渐发展了自己的势力。贫农出身的朱元璋当过和尚，后投奔郭子兴，当了一名红巾军，不久被提拔为大将。郭子兴死后，朱元璋统领其部，先后战胜了陈友谅、张士诚等，收降了方国珍。元至正二十七年（1367年）十月，朱元璋派徐达、常遇春率步、骑兵二十几万人北伐，于第二年8月进入大都，结束了元王朝的黑暗统治。

元末红巾军大起义的浪潮席卷了全国，从韩山童、刘福通举起义旗，到朱元璋建立明王朝止，前后历时17年。虽然起义最后失败了，被朱元璋篡夺了胜利果实，但它伟大的历史意义及作用是不可磨灭的：它摧毁了元朝的统治基础，决定了元王朝的灭亡；打击了蒙、汉地主阶级，改变了元末土地日益集中的局面，解放了大批奴隶，为农民得到一些土地创造了条件，有利于生产力的发展。明初社会生产力的发展，正是元末农民战争的结果。

TIPS

方国珍

方国珍（1319年—1374年），又名方谷珍，台州黄岩（今浙江黄岩）人，元末明初浙东农民起义军领袖，曾占据浙东一带。方国珍是元末最早的起义军领袖，后降明，为明官。

257-陈友谅中计

元朝末年，韩山童、刘福通领导的农民起义虽然失败了，但全国各地的其他起义军力量却迅速壮大起来，到后来，又逐渐演变成了起义军之间争夺天下的战争。在当时的各路起义军中，以朱元璋的力量最强，只有陈友谅的军队能与之抗衡。

陈友谅原先是反元义军将领徐寿辉的部将，后来他将徐寿辉杀了，自立为王，定国号为汉。陈友谅占有湖南、湖北、江西等大块地盘，成为当时南方一个比较强大的割据政权。他认为朱元璋是自己扩大势力的强大敌人，便率领几万水军，顺江东下，攻打朱元璋所在的应天府（今江苏南京）。

朱元璋得到消息，赶忙召集各位大将商量对策，大家讨论了好一阵子，也没有个结论。最后，新来的谋士刘基出了个好计谋。

刘基告诉朱元璋说："敌人远道而来，一定很疲劳，我们以逸待劳，再用诈降计诱他们深入，还怕打不了胜仗？"

朱元璋听了很高兴，再经细细商量就定下了计策。此任务交给了康茂才，朱元璋要他写信给他的老相识陈友谅，假装投降。为了分散陈友谅的兵力，朱元璋又叫康茂才在信中说要陈友谅兵分三路攻打应天府，自己做他的内应。

为了不使陈友谅起疑心，康茂才把信写好后，就派自己的老仆人、过去给陈友谅当过差的老头送给陈友谅。陈友谅见了老仆人送来的信，不仅没有怀疑，还非常感激，忙问："康兄现在哪里？"

老仆人说："他已带了一队兵马驻守在江东桥，接应大王您。"

陈友谅又问："江东桥是个什么样子？"

老仆人说："很好认，是座大木桥。"

陈友谅美美地款待了老仆人一顿才把他送走，临走时，对老仆人说："你赶快回去通知康兄，我马上就去江东桥，到了桥边，我以叫几声'老康'为暗号，请他出来接应我。"

老仆人回来后，把这些话一五一十告诉了朱元璋和刘基，刘基连夜派人拆了江东木桥，砌成一座石桥。朱元璋又按陈友谅的逃兵所提供的情报，了解到了陈友谅的进兵路线，他派徐达、常遇春等几员大将，在沿江几个重要关口分别埋下伏兵，自己则亲自率领大军守在卢龙山（今南京狮子山）指挥，规定按信号行事，举红旗就是说敌人已经到了，举黄旗就是命令伏兵出击。

陈友谅在老仆人走后，亲自带领全体水军径直驶向江东桥。谁知到了约定地点，只有石桥，却没有木桥。陈友谅连喊几声"老康"，都没有人答应，他知道自己上当了，赶忙下令撤退。

朱元璋见陈友谅果然中计进了伏击圈，迅速命令士兵举黄旗。顿时，战鼓齐鸣，杀声震天，岸上伏兵和水港里的水军一齐杀将出来。

陈友谅遭到突如其来的袭击，哪里招架得住，几万水军死伤无数。陈友谅在部将的保护下，夺船而逃，2万多兵士被俘，100多艘战船被缴获。

应天一仗，陈友谅损兵折将，元气大伤，而朱元璋却从此声势越来越强大。陈友谅不肯甘心，发誓道："不报此仇，誓不为人。"陈友谅养精蓄锐三年，造了几百艘战船，率领60万水军攻打洪都（今江西南昌）。朱元璋亲率20万大军救援洪都，鄱阳湖一战，朱元璋把湖口封住，与陈友谅连战三天三夜，由于陈友谅兵力是朱军的几倍，朱军失利较多。

鄱阳湖水战

鄱阳湖水战是朱元璋与陈友谅之间的决战，是继赤壁之战后著名的以少胜多的水战战例。陈友谅战船为巨舰，以铁索联结，朱军采用火攻，陈军死伤甚重。陈友谅率军突围，中箭身亡，余部投降。战争前后历时37天，规模空前。

最后一位大将向朱元璋献计说："这个仗，不用火攻是打不赢的。"朱元璋认为这是条妙计，随即派了7条小船，装满火药，每条船后面带着一条轻快的小船。到了太阳落山的时候，正好刮起了东北风，朱元璋大喜，说："真是天助我也。"他随即挑选了几十名壮士，组成敢死队，驾着7条小船，顺风点火，用火船直冲陈友谅的船队。风越刮越大，风助火势，火越烧越旺。陈友谅所有大船全部起火，水军全军覆没，陈友谅自己在突围时被朱军乱箭射死在湖口。

朱 明 王 朝

  明朝是我国又一个持续时间长、由汉族人统治的大一统王朝。自1368年朱元璋建立明政权、定都应天府（今南京），一直到1644年，崇祯帝在李自成大军攻入北京后，于景山自尽，明朝前后持续275年，一共传了16位皇帝。1420年，燕王朱棣夺了建文帝的帝位，迁都到顺天府（今北京），如今北京残存的明城遗迹就是在这次迁都过程中陆续建立起来的。

  朱元璋发迹于元末红巾军农民起义中。他在扩大势力范围的过程中，采纳朱升"高筑墙，广积粮，缓称王"的建议，加上宣传得当，一步步消灭了其他割据势力和强大的元帝国，最终完成了统一。然而，在平定天下、建立国家之后，他却对功臣们百般猜忌，竟致狠下毒手。在明初的四大案件——胡惟庸案、蓝玉案、空印案与郭桓案中，被诛杀的功臣及其家属和所谓同党有数万人，这严重毒化了这个新兴王朝的政治气息；另外，朱元璋还通过强硬的手段进行了反腐工作，打击了一批贪官污吏，在一定程度上遏制了腐败现象。朱元璋去世之后，皇太孙朱允炆（wén）即位，年号建文。远在北方的朱元璋第四子燕王朱棣以"清君侧，靖国难"的名义起兵，攻占南京，建文帝下落不明，史称"靖难之役"。靖难之役严重损害了初建的明王朝的国力，但永乐帝（即明成祖）朱棣定都北京之后，励精图治，让国家显出兴旺之象。他尤其为人们所称颂的是派郑和七下西洋，促进了中外文化的交流。

  明代的政治总离不了藩王之乱和宦官专政。明代分封藩王，藩王各霸一方，内乱也由此而起。除了靖难之役，其中最为著名的就是宸濠之乱。宁王朱宸濠在南昌发动叛乱，影响了南方大部分地区，最后叛乱由赣南巡抚王守仁平定。宦官专政在明代屡见不鲜，明英宗时的太监王振专政、明武宗时的刘瑾专政以及明末时阉党魏忠贤专政是其中最为臭名昭著的几次。皇帝的荒淫昏庸、不理政务，加上部分宦官的肆意妄为、压榨百姓，渐渐将国家送上覆亡的边缘，使得明王朝的巨轮最终沉没于农民起义的浪潮之中。

　　明代虽然大体上算是承平的时代，但也伴随着不断的战争。从早期与北方蒙元残余势力的战争，到瓦剌军由于明英宗的糊涂和太监王振的乱指挥而觑得时机，攻打到北京城下，再到嘉靖年间，属于蒙古的鞑靼部落进攻到北京一带的"庚戌之变"：明代军人为保卫国家，与入侵的游牧民族展开了持续的斗争。在明代中晚期，倭寇不断骚扰我国南部地区，造成了连年的战事。明代末年亦有不少爱国志士与清军坚持作战。这些战事为人民群众造成了深重的灾难，但其中也涌现出不少爱国志士，谱写出一章章可歌可泣的诗篇，于谦、戚继光、袁崇焕、史可法就是其中的代表。

　　从总体上说，明代虽然内部矛盾不断，外部战争不息，最终因为长年的弊政大失民心，形成农民大起义的局面，但它也是一个文明昌盛的时代。明代商品经济极为繁荣，出现了早期资本主义的萌芽。科技在这个时期也获得了发展。李时珍撰写《本草纲目》对中医药研究做出贡献，徐光启介绍西方科技、促进了中西文明的交流。在文化方面，王阳明心学的流行唤醒了民众的自我意识，四大奇书和汤显祖等剧作家的戏曲，为市民生活增添了色彩。

258-刘基借口辞官

刘基,字伯温,原来只是元朝的一个小官员,由于不满元朝的政治腐败,经常写一些针砭时弊的文章,于是被革职回到老家青田(今浙江青田)。

朱元璋的势力向南发展的时候,一次军队打到刘基老家。朱元璋请刘基做了他的谋士,在许多谋士中,刘基要算是最出色的了。刘基在朱元璋消灭南方大敌陈友谅、张士诚的多次战争中,提出了许多妙计与良策。朱元璋对刘基非常信任,常常把自己得到刘基比作西汉时刘邦得到张良,认为刘基使自己如虎添翼。

刘基不仅在军事上有好谋略,而且精通天文历法,对很多事情的发展趋势和结果都能有一个比较准确的预见,很多人说他能掐会算。人们在评价刘基的才能的时候,总是说:"诸葛亮也不过如此。"

在朱元璋消灭陈友谅、在南京自立为吴王的时候,江南大旱,大地龟裂,禾苗干枯,原野一片焦黄。朱元璋很着急,就问刘基:"为什么会有这么大的干旱,你能不能求老天下一场大雨?"

刘基说:"老天长期不下雨,是因为关在牢房里的人有冤枉。"

朱元璋以为干旱真是由于老天惩罚造成的,就相信了刘基的话,并派刘基重新审查牢房里的犯人,一查,果然有不少是冤案。刘基把这一情况向朱元璋奏明后,对冤案都平了反,把抓错了的人都放了。

这事处理完毕之后,果然乌云陡起,狂风大作,雷电交加,倾盆大雨哗哗就下起来了,一场大雨解了干旱,朱元璋很高兴。

其实,天能不能下雨与解决狱中冤案是毫不相干的,刘基只不过是借此机会劝谏朱元璋平反冤案,防止错杀无辜。而天真的下起大雨也不是巧合,而是刘基懂得气象知识,预测到天要下雨。

1368年,朱元璋建立明朝,刘基作为第一号开国功臣,做了御史中丞。后来他因严格执法,处斩了丞相李善长的一个亲信,因而得罪了李善长。

恰巧这一年，京城又遇上大旱。朱元璋又让刘基想办法求天下雨，刘基乘机对朱元璋说："有两件事要能办好，天就有可能下雨。第一件，要对在战争中死亡的将士的家属子女，给予抚恤；第二件，在修筑万里长城中死亡的工匠，尸骨还暴露在田野上，要全部掩埋好。"

朱元璋由于求雨心切，就同意了刘基的要求，抚恤了将士家属，掩埋了工匠尸骨。

刘基本来预测这次也能下雨的，所以才提出办好这两件事的要求，谁知这次预测并不准，过了十几天，也没见下一滴雨，还是那样骄阳似火。

这一下可使朱元璋大为失望，李善长为了报复刘基，趁机在一旁添油加醋地说刘基的坏话。朱元璋非常恼火，要拿刘基问罪，吓得刘基不知所措。正好这时候，刘基的妻子病死，他就以此为借口请假，辞官回到老家去了。后来朱元璋几次想请他再回朝廷做官，并拜他为丞相，都被他婉言谢绝了。

259-功臣遭难

明太祖朱元璋之所以能够推翻元朝、建立明朝，主要是因为他善于用人，广招人才。他手下聚集了一大批谋士战将，这些人对他忠心耿耿，屡建奇功，可以说都是他的功臣。

按理说，明太祖做了皇帝以后，这些功臣都应该论功行赏，各得其所，但是他却对那些帮助他开国的功臣一百个不放心，猜疑心越来越重。为了防止这些功臣谋反，他专门设立了一个叫"锦衣卫"的特务机构。这个机构的任务就是侦察和监视大臣们的活动。

> **1368年**
> 朱元璋在应天府称帝，国号大明，年号洪武，是为明太祖。

TIPS

《郁离子》

明刘基著。离，意取于《周易》之离卦。郁，光明之意。郁离，含有文明天下的意思。该书继承《庄子》的写作方法，是本寓言体政论散文集，涉及很多政治和哲学问题，读来让人深受启发。

不论大臣们在哪里有什么活动，锦衣卫都会报告明太祖，因此，他对每一个大臣的一言一行都了解得一清二楚。如果谁被怀疑有什么不轨行为，立即就会被打入监牢，甚至有砍头的危险。

明太祖对待朝廷官员极其严酷，大臣们上朝的时候，稍不留意，有让他看着不顺眼的，就会被当场按在地上打板子，这叫"廷杖"，有的被打得皮开肉绽，有的被当场打死。这使得大小官员天天提心吊胆地过日子，每天上朝前，那些大臣们总是愁眉苦脸地向家人告别，也不知上朝以后，还能不能活着回来。如果能活着回来，家里人都要高兴一番。

1380年，开国功臣、当朝丞相胡惟庸被告发谋反，明太祖当天就

锦衣卫印

明木印。印面边长11.5厘米，厚1厘米，通高4厘米。印面篆刻"锦衣卫印"四字，背面刻"成化十四年三法司置"。三法司指刑部、都察院、大理寺三个典刑狱的机构。现藏于中国国家博物馆。

把胡惟庸处死，并灭其九族。同时，他还借机大加追究，要将胡惟庸的同党统统扫灭，这样一来，凡是平时跟胡惟庸来往多一些的人都受到了株连，全部被杀头，然后再满门抄斩，这次共杀了15000多人。就这样，明太祖还不放心，又将那些被怀疑是胡惟庸同党的朝廷文武官员全部杀了，造成了骇人听闻的宫廷大屠杀，历史上称为"胡惟庸案件"。

还有大学士宋濂，是跟随明太祖多年的老臣，其地位不亚于刘基，明太祖本来十分器重他，后来还让他当过太子朱标的老师。宋濂一向小心从事，忠心耿耿，生怕有得罪明太祖的地方。尽管这样，明太祖还是对他不放心。一天，宋濂约几个朋友在自己家小聚，吃了顿便宴。第二天一上朝，明太祖就问宋濂说："宋爱卿，你昨天请了哪些朋友呀？喝酒没有？准备了哪些菜呀？"宋濂不敢隐瞒，如实回答了明太祖。明太祖夸赞说："嗯，宋爱卿是个大忠臣，跟随我19年了，从来没说过人家坏话，也不说假话，是个贤才呀！"

宋濂到68岁时辞官不做，告老还乡，临走时，明太祖还送他一匹锦缎，

说:"好好留着,等你到100岁的时候,算是我给的祝寿衣。"

宋濂的孙子宋慎也是朝廷官员,胡惟庸案件发生后不久,有人告发宋慎是胡惟庸的同党,宋慎被明太祖砍了头。按照明朝的株连政策,宋慎一家是要被满门抄斩的,于是牵连到宋濂,明太祖派兵到宋濂老家浙江金华,把宋濂抓到南京,也要把老宋濂处死。

这事很快被马皇后知道了,她就去求见明太祖,为宋濂求情说:"皇上您不能杀宋濂。就是老百姓为孩子请个老师,还要恭恭敬敬地对待,宋濂是皇帝家请的太子的老师,怎么能这样对待他呢?再说,宋老先生早已回到乡下了,他怎么会知道他孙子在京城里的事呢?"

明太祖听了火气更大,他不听马皇后的劝解,说非杀了宋濂不可。当天,马皇后陪明太祖一道用餐,马皇后老是呆呆地坐在桌边,不吃也不喝,往日从来没有这样过,明太祖好生奇怪,问马皇后是不是生病了。马皇后说:"我没生病,是因为宋老先生犯了死罪,我心里为他难过,正在为他祷告呢。"

马皇后跟明太祖是患难夫妻,明太祖向来都很尊重马皇后,他听马皇后说得很有道理,自己也觉得感情上对不住宋濂,于是下令免了宋濂的死罪,让宋濂充军到茂州(今四川茂县)。当时宋濂已经70多岁了,哪里经得起这样的惊吓,再加上押往茂州一路上过度劳累,没到茂州就死了。

宋濂死后,过了十几年,又有人向明太祖告发,说老臣李善长跟胡惟庸关系密切,胡惟庸蓄意谋反,李善长都知道,却袖手旁观,不向皇上报告,犯了大逆不道罪。论功劳,李善长算是开国功臣;论关系,李善长是明太祖的亲家;论感情,明太祖最信任李善长,一直重用他,在开国封功臣的时候,明太祖曾赐给李善长两道免死铁券,就是说李善长犯的罪再大也可以不被处死。这一次,明太祖却翻了脸,把已经70多岁的李善长和他家男女老幼70多口全部处死。

紧接着,明太祖怕胡惟庸的同党还没有肃清,又进行了一次大清查,结果凡被怀疑是胡惟庸同党的,一律满门抄斩。

此后,明太祖总还是不放心那些大臣,就收回了他们的军政大权。他取消了丞相职位,由皇帝直接管辖吏部、户部、礼部、兵部、刑部、工部;废除了掌管军队的大都督府,分设左、中、右、前、后五个都督府,分散军权。这样一来,打仗的时候由皇帝直接调动军队,一切权力都集中到皇帝手中。

胡惟庸案件平静后，过了3年，锦衣卫又向明太祖告发，说大将蓝玉谋反，明太祖杀了蓝玉后，又追查蓝玉同党。这样，又有15000余人因受株连而惨遭杀害。

至此，明朝的功臣基本被铲除了，明太祖成了历史上出了名的专制君主之一。

260-朱棣篡位

明太祖杀了许多权位较高的功臣以后，把他的24个儿子分封到各地做藩王，有的藩王还建立了军队，各据一方。明太祖本想这样一来，所有政权都在朱家掌握之中，明朝的统治就可以巩固了。谁知后来，就因为封了藩王，藩王势力不断扩大，才引起统治者内部大乱。

明太祖60多岁的时候，太子朱标得了大病，太医把全部本领都拿出来也没治好太子的病。朱标死了以后，他的长子朱允炆被立为皇太孙。历朝历代，皇帝传位都是传给太子，太子一般都是皇帝的长子，谁被立为太子，谁将来就是理所当然的皇帝。朱允炆被立为皇太孙，其地位也就是与皇太子一样，明太祖一旦

> **TIPS**
> **蓝玉案**
> 蓝玉是明代初年的大臣，统率部队立下了显赫战功。他又是太子妃的舅父，在明代朝野有很高威信。有人告发蓝玉谋反，朱元璋诛杀了蓝玉，还大肆株连杀戮功臣。因蓝玉案被株连杀戮的人多达15000多人。蓝玉案是明初洪武四大案之一。

北平行都指挥使司夜巡铜牌
明。宽12厘米，高14厘米。铜牌一面文字为"令"字，另一面文字为"肃字肆佰陆拾肆号，北平行都指挥使司夜巡铜牌"。1391年，朱元璋封第十七子朱权为宁王，其王府在大宁（今内蒙古宁城附近），大宁为北平行都指挥使司所在地。此牌为大宁士兵夜间巡逻所配。现藏于中国国家博物馆。

驾崩，他就是理所当然的皇帝。各地的藩王多数是皇太孙的叔父，他们眼睁睁地看着皇位将由侄儿继承，心里都感到不平衡。其中，最恨朱允炆的要数明太祖的四儿子朱棣。朱棣长期带兵驻守北平（今北京），屡立战功，他认为朱允炆无功无能，将来让他继承皇位，太叫人不服了。

朱棣是个比较精明能干的皇子，比朱允炆大十几岁，从小就看不起朱允炆。传说有一次，明太祖让朱允炆对对子，想考考他的学问。明太祖出的上联是"风吹马尾千条线"，朱允炆想了一会儿，很快对出下联，"雨打羊毛一片膻"。明太祖把脸一沉，说他对得不好，说一片膻气不受欢迎。其实，朱允炆下联对得是很工整的，只不过是他太忠厚不会说奉承话罢了。当时正好朱棣也在旁边，见侄儿倒了霉，他倒幸灾乐祸，跑上前来向明太祖献殷勤地说："孩儿也想对个下联。"

明太祖听了笑着说："好哇，你说说看。"

朱棣说："日照龙鳞万点金。"

明太祖一听，眉开眼笑，一个劲地夸奖朱棣对得好。原来那"龙"字，自古以来就象征皇帝，朱棣对的下联不过是想讨明太祖欢心而已。从此以后，朱棣就更瞧不起朱允炆了。

朱允炆虽然忠厚老实，但还是看出朱棣瞧不起自己，可是对他却无可奈何。有一天朱允炆一个人站在东宫东角门口，长吁短叹的，他的伴读老师黄子澄路过这里，见朱允炆愁眉不展，就说："敢问皇太孙，是不是遇到了什么为难的事情？"朱允炆说："我老是在想，我的叔父们现在都是一方藩王，有的手里还有很大的兵权，将来不知怎么能管得住他们。"

黄子澄听了吃了一惊，心想这皇太孙还真有点心

> **1398年**
>
> 明太祖死，皇太孙朱允炆即位，是为明惠帝。

计，随即安慰朱允炆说："这怕什么，皇太孙殿下是皇朝正统，还怕藩王造反呀？"接着又向朱允炆讲了汉景帝平定七国之乱的故事，说："当时吴楚七国那样强大，但等到他们造反的时候，汉景帝一出兵，就把他们打垮了，正统毕竟是正统。"黄子澄一阵安慰以后，朱允炆才放下心来。

1398年，明太祖驾崩，皇太孙朱允炆登上了皇位，他就是明惠帝，改年号为建文。明惠帝即位不久，京城里就到处传播一个坏消息，说几个藩王相互串联，准备造反。明惠帝马上惊慌起来，赶忙找黄子澄来商量，他问黄子澄说："先生还记得在东角门说的话吗？"

黄子澄说："我哪里能忘记呢！"

明惠帝说："那你看现在该怎么办呢？"

黄子澄说："请圣上放心！"

说完，黄子澄就退了出去，找到明惠帝的另一个亲信大臣齐泰共同商量对策。

齐泰说："所有藩王中，要数燕王朱棣兵力最强，而且野心最大、最骄横，我们可以先从燕王下手，削减他的兵权，以后再逐个收拾其他藩王。"

黄子澄一听，连忙摆手说："这不行，燕王早有准备，稍有点风声，就会打草惊蛇，不如先从周王开刀，周王在开封，容易同燕王策应，如果先除掉周王，等于砍掉了燕王的一只胳膊，下一步再消灭燕王也就容易多了。"

两人计议已定，就来回奏明惠帝，明惠帝表示赞同。于是他找了个碴儿把周王抓到南京，削去其王位，把他充军到云南，还接连削了三个藩王的王位。

燕王得到这些消息，也不敢轻举妄动。为了麻痹明惠帝，他整天装疯卖傻，胡说乱讲，有时候一连几天躺在地上不起来，人家都说他得了精神病。明惠帝听说燕王得病了，就派使臣去探望。当时正值盛夏，天气炎热，但使臣却看到燕王蹲在火炉边上烤火，一边烤一边还喊着："我冷死啦，我冷死啦……"使臣把这一情景告诉明惠帝，老实的明惠帝还真的相信燕王得病了。

黄子澄和齐泰却始终怀疑这是假的，他们认为燕王一定是在装病。于是他们派人到北平把燕王的家眷都抓起来，同时秘密命令北平指挥使张信带兵捉拿燕王，并通知燕王府内一向忠于明惠帝的官员做内应。不料张信是燕王的亲信，把这些秘密——报告了燕王。

张信告密以后，燕王很快就把那些做内应的官员都抓起来了，随后宣布起兵造反。燕王知道明惠帝是合法皇帝，如果公开造反，会招来众人反对，弄得不好，不仅反不成，反而会被大家剿灭，于是就找了个冠冕堂皇的理由，说要帮助明惠帝讨伐奸臣黄子澄、齐泰。燕王的军队就这样浩浩荡荡向南开进了。

燕王长期带兵，有丰富的打仗经验，又早已暗中练兵，手下都是精兵强将。所以他起兵南下，一路势如破竹，眼看就要打到南京了。明惠帝真的害怕起来，却又想不出什么办法来，他心想燕王是冲着黄子澄和齐泰来的，便撤了黄子澄、齐泰的职，以为这样兴许燕王会退兵。想不到燕王还不罢休，并步步进逼，明惠帝也只有派兵抵抗了。

1402年，明惠帝的朝廷军与燕军在淮北相遇，双方打得十分激烈，燕王下了死命令说："只能进，不能退。"燕军越战越勇，阻断了朝廷军的运粮通道，战了数日，朝廷军大败。

燕军多次取胜，很快兵临南京城下。明惠帝见情况危急，一面紧闭城门，要将士们拼死守城；一面派人同燕王议和，以割让土地、分疆而制为条件，要燕王立刻退兵。燕王拒不答应。

京城被燕军围了好几天，守城军士早已疲惫不堪，守城大将李景隆打开城门向燕军投降。燕王率军冲进城里，只见皇宫起火，浓烟

> **TIPS**
> **宁王朱权**
> 朱权（1378年—1448年），朱元璋第十七子，封为宁王。明代著名文学家、戏剧家。靖难之役中，他被朱棣绑架，共同反叛建文帝，朱棣即位后，将他改封于南昌。由于朱棣的猜忌，他只好寄意道教、戏剧、文学，最终郁闷而死。

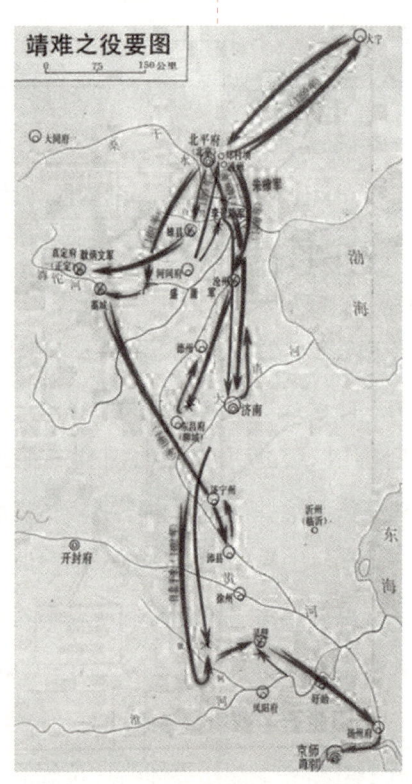

靖难之役要图

明建文帝元年（1399年），燕王朱棣以"清君侧"为名挥师南下，战事历时4年，以朱棣胜利告终，史称"靖难之役"。战争开始前三年，燕军虽然胜多败少，但是占领领土不多，并不占优势。第四年正月，燕王朱棣趁南京空虚，亲率大军直扑南京，一举攻克南京，夺取了帝位。

滚滚，大火熊熊，他赶紧派兵救火，待大火扑灭，已经有不少人被烧死了。燕王派人四下查寻明惠帝的下落，但都没找着。一个宫里人说，城门没开之前，皇上就下令焚烧皇宫，着火以后，皇上和皇后一同跳到大火里自尽了。

燕王夺了京城，安了民，就在南京登了皇位，他就是明成祖。1421年，明成祖把都城迁到了北平，并改名北京。

261-郑和下西洋

明成祖夺得皇位以后，一切都很顺心，唯独有一件事使他放心不下，总觉得心里有个疙瘩，那就是攻进南京城的时候，扑灭皇宫大火后，并没有找到明惠帝的尸骸，也不知明惠帝到底死了没有。京城里众说纷纭，有人说明惠帝根本没有跳入火海，在燕军进城时，趁着混乱逃走了，也有人说明惠帝现在已经做了和尚了。明成祖一想到这件事心里就犯疑惑：万一明惠帝没死，在外面重新招罗人马，以朝廷的名义来讨伐他这个叛逆，那该怎么办呢？他越想越害怕。为了弄个清楚，他派了几个亲信大臣到各地秘密查访，一查查了二三十年也没查到。后来，明成祖暗想，明惠帝会不会逃到海外去了呢？当时，明朝的航海业在世界上是比较发达的。明成祖盘算，如果派人到海外去传扬我大明朝的国威，同洋人做点生意，顺便查访明惠帝的下落，不是一举两得吗？于是他决定派一个船队出使西洋各国。

主意已定，人选问题又使明成祖费了一番脑筋。这个也不行，那个也不行，最后明成祖想到了跟随他多年的心腹宦官郑和，他倒是一个最合适的人选。

郑和本来姓马，名叫马三保，是回族人，出生在

> **1402年**
> 朱棣攻入南京，即皇帝位，是为明成祖。

TIPS
方孝孺
方孝孺（1357年－1402年），字希直，一字希古，号逊志，宁海（今浙江宁波）人，明代著名学者、诗人和政治家。他在汉中府任教授时，蜀献王将其书斋命名为"正学"，故世称其为"正学先生"。靖难之时，燕王朱棣挥师进入京师，众人投降燕王，方孝孺拒不投降，后被处死。方正学，在明清以来不少文人中，是节气和正义的代表。

云南，他的祖上都信伊斯兰教，还到过伊斯兰教的圣地麦加去朝过圣。他小时候，父亲经常向他讲述一些外国的情况，因此他对外国的情况也多少了解一些。由于家里比较穷，郑和很早就进燕王府做了太监。郑和机灵又能干，很得燕王欢心，燕王赐了他一个名字叫郑和，民间却仍把他叫作三保太监。人们多数在书上见到郑和的名字，时间长了，却把马三保这个名字给忘了。

明成祖把出使西洋的任务交给了郑和，郑和于1405年6月，带着一支船队出发了。船队共62艘大船，船长44丈合138米，宽18丈合56.5米，在当时世界上也少有这样的船；船队共有水手、技术人员、翻译、医生等27800多人。船队从苏州刘家河（今江苏太仓浏河）出发，经福建入海，浩浩荡荡，一路向南，扬帆而去。

郑和一号宝船（模型）

郑和宝船共62艘，供船队的指挥人员、使团人员及外国使节乘坐。同时，宝船载有明朝皇帝赏赐给西洋各国的礼物，西洋各国进贡的贡品，以及船队在海外通过贸易交换得来的物品。船名"宝船"，意为"运宝之船"。

郑和船队，经台湾海峡，过南海，首先到达占城（今越南南部），后来又到了爪哇、旧港（今印度尼西亚苏门答腊岛东南）、苏门答腊、满剌加、古里、锡兰等国家。郑和一行带着许多金银珠宝，每到一个国家，他先把明成祖的信递交给国王，然后赠送礼物，希望他们同大明朝进行友好往来。这些国王见郑和船队人那么多，船那么大，从未见过，又看郑和对自己热情友好，并不是来威吓掠夺他们的，所以他们都非常热情地接待了船队。

郑和这次出使，直到第三年9月才回来。郑和回国的时候，各国国王也都纷纷派出使臣，让他们带着礼物跟他一道到大明朝来回访。郑和船队在出使西洋的航程中，多次遇到狂风巨浪，由于多数水手经验丰富，总算一路平安。最后在经过旧港的时候，却遇到一件麻烦事。

旧港这个地方海盗出没，最不安全。海盗的总头子叫陈祖义，占据着一个海岛，招罗了一帮海盗在这里占岛为王，专门抢劫过往商船的财物。他听说郑和的船队要打这里经过，船上有大批金银珍宝，高兴得手舞足蹈。他同伙计们商量了一条计策，待郑和船队一到，他们表面装作去迎接，实际打算瞅准时机，趁郑和不防备的时候，一起动手，发动抢劫。

不料，陈祖义的这个诡计走漏了风声，被当地人施进卿知道了，施进卿就派人暗地里向郑和告了密。郑和哪里把几个小海盗放在眼里，觉得凭着船上两万兵士，也能把海盗给压倒了，心想一定要利用这次机会，狠狠教训一下那些胡作非为的海盗。当船队停靠旧港港口的时候，他叫各船散开，并命令船上兵士准备刀枪、火药，随时准备出击。

等到夜深人静的时候，海上没有一点风浪，陈祖义带着海盗乘坐10条小船驶向港口，想趁郑和不备发动突然袭击。其实，陈祖义的行动早在郑和监视之中，待他们进了包围圈之后，郑和才命令攻击。只听郑和的座船上轰隆一声炮响，本来散开的船，很快围拢过来，把陈祖义的贼船团团围住。郑和船上兵多势众，而且早有准备，海盗等于笼中之鸟，败得一塌糊涂。陈祖义想逃无路，只得乖乖当了俘虏。郑和命人把陈祖义捆绑起来，押回国内。

到了京城，郑和把陈祖义交给明成祖处置。各国使臣拜见了明成祖，送上礼物，要求与明朝友好往来。明成祖接见郑和时，夸奖他出色地完成了出使任务，高兴得不得了。

这次郑和出使，并没能查到明惠帝任何线索，明成祖确信明惠帝应该是死了，不需要再去查寻。但与外国交往，一方面能提高明朝的威望，另一方面

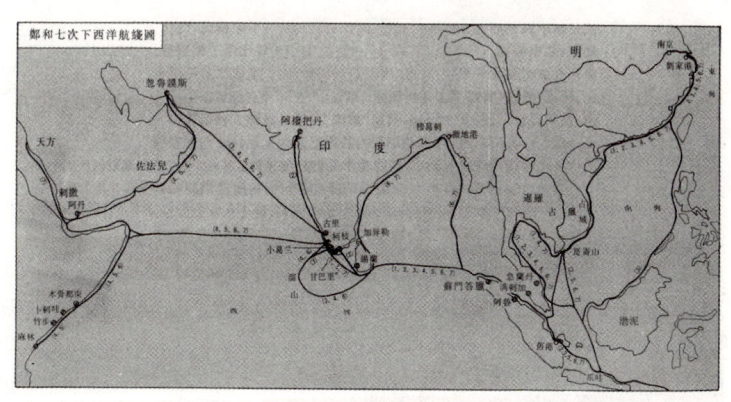

郑和七次下西洋航线图

自永乐三年（1405年）到宣德八年（1433年）间，明政府派遣郑和前后七次下西洋。郑和下西洋到访了西太平洋、印度洋周边的30多个国家，最远曾到达东非和红海，是中国古代规模最大、船只最多、海员最多、时间最久的海上航行。

又可以同外国做做生意，很有好处。因此，明成祖认为继续同外国交往很有必要，接着一次又一次派郑和出使西洋。郑和前后一共出使西洋七次，历史上称为"郑和七次下西洋"，共与30多个国家友好往来。最后一次，也是最远的一次，郑和的船队到达了非洲的木骨都束（今索马里），为我国的航海事业和对外友好往来开创了新纪元。

在郑和第六次出使归来的时候，明成祖得病死了，他的儿子朱高炽即位，这就是明仁宗。明仁宗不到一年也死了，继承皇位的是只有八九岁的明宣宗朱瞻基，由他的祖母徐太后和三个大臣执政。郑和在明宣宗时期还奉命下了一次西洋，后来，大臣们认为，郑和七次下西洋花费太大，国家承担不起，于是出使的事情就中断了，航海事业也就此停止。

> **1424年**
> 明成祖死，太子朱高炽即位，是为明仁宗。

> **1425年**
> 明仁宗死，太子朱瞻基即位，是为明宣宗。

262-宦官当权误国事

明太祖在位的时候，为了坐稳他的皇帝宝座，采用了两大防范措施：一是设立锦衣卫，监视大臣，削减他们的权力；二是不让宦官过问国事，并立了一条规矩写在大铁牌上，挂在宫里，要后世皇帝都来遵守。谁知到明成祖即位的时候，这条规矩就不起作用了。

明成祖用武力从朱允炆手中夺取皇位以后，怕大臣们不服他的统治，特别信任那些宦官。迁都北京以后，明成祖就在东安门外设立了"东厂"，"东厂"这个机构同明太祖的"锦衣卫"性质是一样的，专门探听和侦察大臣和老百姓中有没有反朝廷的言行，稍有嫌疑，马上就给予严厉的处置。明成祖让身边的亲信太监去当东厂提督，因为他怕大臣跟自己不贴心。

这样，从明成祖时起，宦官的权力就越来越大了。到明宣宗的时候，连奏章也交给宦官代笔批阅（代皇帝批阅奏章的机构叫司礼监），宦官的权力进一步加大。

有一年，皇宫里太监不够用，需要到民间去招收一批。蔚州（今河北蔚县，蔚音yù）有一个流氓，名叫王振，从小读书，几次科举考试都没有考中，只好在县里做了教官，后来犯了罪，按大明律条，至少可以判他充军到边防，结果被人保了下来。他听说皇宫下来招收太监，就应召进宫做了太监。宫里那些太监大多不识字，唯有王振识字通文，太监们就都叫他王先生。因为他在宫里小有名声，明宣宗就派他当了太子朱祁镇的老师。朱祁镇年幼，特别顽皮，王振就顺从着他，带着他玩，想着点子、出着花样让他玩得快活。小朱祁镇特别喜欢王振。

> **1435年**
> 明宣宗死，太子朱祁镇即位，是为明英宗。

明宣宗死后，9岁的太子朱祁镇当了皇帝，他就是明英宗。王振作为皇帝的老师，也就执掌了司礼监，替明英宗批阅奏章。明英宗只知道玩耍，哪里懂什么国事，因此，朝廷里的一切军政大权都集中在王振手里。朝廷里的文武百官，谁也不敢得罪王振，弄不好要么是被撤职，要么就是充军。那些皇亲国戚也都巴结王振，称他为"翁父"。王振的地位处在一人之下、万人之上，成了明朝第一个权力最大的宦官。

明朝初期，我国北方蒙古族的瓦剌部落逐渐强盛起来。1449年，瓦剌首领也先派3000使者到北京，向明朝进贡一些马匹以后，要明朝给他赏金。王振接见了瓦剌使者，发现也先谎报人数，就减少了赏金，降低了马价。也先为他儿子向明朝求婚也遭到了王振的拒绝。也先派使者来明朝，本来就是挑衅。这样一来，也先恼羞成怒，亲自率兵进攻明朝的大同。

边关告急，朝廷召集大臣商讨对策，王振极力主张明英宗亲征，其实王振也有私心，他怕自己在蔚州的大批田产被瓦剌侵占。兵部尚书邝埜（kuàng yě）和兵部侍郎于谦，经过认真分析，他们认为打仗最忌讳打无准备之仗，眼下朝廷准备不充分，皇上不能亲征。明英宗也没有个主张，但他只听王振的，就按王振说的办，无论大臣们怎么劝谏，他都不理睬，决定御驾亲征。

明英宗同王振、邝埜等100多朝廷官员，率领50万大军，匆匆忙忙赶向大同，留下郕（chéng）王朱祁钰（yù）和于谦守京城。

平时，明英宗就没有注意训练军队，军队纪律相当涣散。这次出兵大同，思想上、物质上都没准备好，加上路途遥远，路上又遇大风暴雨，只走了几天，粮食就供应不上了，士兵们一路劳累，又冷又饿，叫苦连天。好容易才挨到大同，士兵们看到城外明军士兵尸横遍野，更是胆战心惊。一位大臣心想，凭这样低落的士气，只能是打败仗，就向明英宗劝谏，说不如退兵。王振听了火冒三丈，把那位大臣臭骂一顿，罚跪一天。

明军在郊外驻扎了几天，前锋军先在大同城下与瓦剌军交战，一上阵，就被瓦剌军杀得全军覆没。王振慌了手脚，忙下令撤兵回北京。因为大同离蔚州很近，王振心想，何不借此机会到老家去走一趟，也好让老家人看看我王振今日如何威风。于是他劝明英宗到蔚州去住几天，明英宗也就同意了。撤兵就是要抢时间，哪能耽搁呢！真是"狗头军师保糊涂大王"。

几十万大军浩浩荡荡开向蔚州，已经走了大约40多里了，王振忽然灵机一动，不好，这么多兵马到了蔚州，自家的庄稼不就被糟蹋啦，那损失可就大了。他又赶忙下令往回走。这样来回一折腾，时间就被耽误了，瓦剌的追兵赶到，明军边战边退，一直退到土木堡（今河北怀来东）。

明军退到土木堡的时候，太阳刚落山，一位大臣一看这里地形不好，没有任何防御屏障，就劝明英宗说："趁天黑之前，再赶一程路，前面就是怀来城了，等进了怀来城再休息也不迟。万一瓦剌军追来了还可以防守。"王振又是大发雷霆，因为他装运财产的几千辆车子还没到，他不放心，所以硬是要明军驻扎下来。

第二天，天刚蒙蒙亮，瓦剌军就追到土木堡了，把明军围得严严实实。明英宗知道自己已成笼中之鸟，无法逃脱了，只好派人向也先求和。也先见明军人数比自己多，硬打对瓦剌军不利，便将计就计，假装议和，停止攻击。明英宗和王振一听信以为真，以为万事大吉了，于是下令让士兵们找水喝去。

明军被瓦剌军追赶几天，士兵们口渴得嗓子里直冒烟，但是土木堡没有水源，离土木堡15里的地方才有条河，但已被瓦剌军占领。前一天晚上士兵们就地挖井，挖了两丈多深也没见到一滴水，一直口渴难忍，一听皇上让他们找水喝去，阵地上就像炸开了锅，士兵们不要命地往外跑，将领们怎么也制止不住。瓦剌军早就埋伏在周围，见明军大乱，瓦剌军的伏兵从四面八方喊杀过来，都抡起大刀长矛，边冲杀边叫喊"投降的不杀"。明军士兵丢盔弃甲，争路逃跑，瓦剌军紧追不舍，明军死伤无数，兵部尚书邝埜也被瓦剌军杀死。

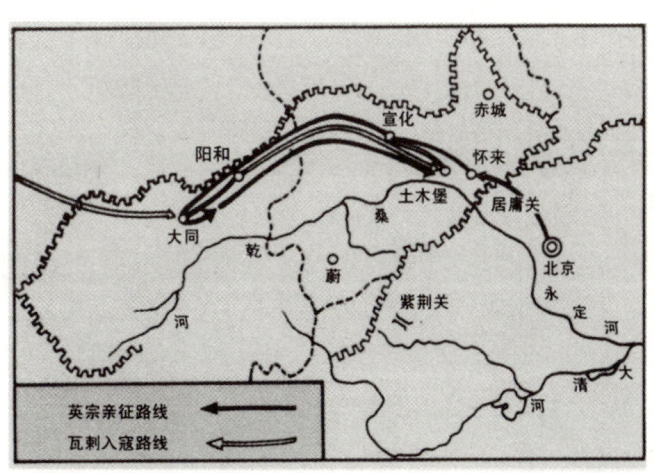

土木之变示意图

正统十四年（1449年）七月，瓦剌首领也先亲率部众进犯明境，前线大同战败战报不断。明英宗在宦官王振鼓动下亲征，因前锋战败撤退，在土木堡被也先大军追及，明英宗被俘。

明英宗带着残余的禁军想突围，几次都没能冲杀出去。王振平日里趾高气扬，这时也自知狗命难逃，吓得瑟瑟发抖。禁军将领樊忠对王振的胡作非为早已恨之入骨，这时看到王振那个熊样，气愤地举起大铁锤说："我要为天下老百姓除了你这个奸贼！"一锤砸死了王振。

明英宗见多次冲不出包围圈，就跳下马，盘腿坐在地上等死，瓦剌军轻轻松松地就把明英宗俘虏了，历史上称这次事件为"土木之变"。

263-于谦冤死

明军在土木堡被瓦剌军打得惨败和明英宗被俘的消息很快传到京城。皇太后和皇后焦急不安，哭哭啼啼。国不能一日无主，她们想，必须先把皇帝赎回来才是，于是从宫中内库挑选了一大批金银珍宝、绫罗绸缎，派太监暗地里送给瓦剌军。也先笑眯眯地收下了这些金银财物，可就是不肯释放明英宗。

京城里本来留下的守兵就不多，大家都怕瓦剌军打来抵挡不住，那次在土木堡逃出来的残兵，又在京城大街上窜来窜去的，更加剧了京城人的恐惧感。

皇太后花了大把的金银，也没能把皇帝赎回来。为了使人心稳定下来，皇太后就下了道懿旨，宣布由郕王朱祁钰监国，也就是代行皇帝职权，并召集大臣商量一个对付瓦剌的良策。大臣们你一言我一语，都说不出个好办法。大臣徐有贞提出自己的主张说："现在瓦剌军强大，明军兵力不如瓦剌军，又没有战斗力，如果瓦剌军杀到京城，那京城就很难守住。不如先逃到南方，暂避锋芒，待养精蓄锐，力量强大时，再作反攻的打算。"

兵部侍郎于谦听了徐有贞这番软骨头的话，气不打一处来，向皇太后和郕王说："主张逃跑的人都应该杀头。京城丧失了，那还像一个国家吗？朝廷南迁，那大明朝的气势不就完了吗？历史上已有了南宋将朝廷南迁，失了京城、丢了国土，最后被元兵消灭的沉痛教训了，难道还要我大明朝重蹈南宋的覆辙吗？"

皇太后对于谦的主张表示赞许，同时得到多数大臣的一致支持，便把守城的指挥权交给了于谦。

于谦是浙江钱塘（今杭州境内）人，从小志向远大，决心以宋朝的文天祥为榜样。后来他考中进士，踏上了仕途。他在做地方官的时候，始终是勤政廉明、执法如山。他在担任河南巡抚期间，发展生产，赈济灾荒，关心老百姓的疾苦，很受老百姓的敬佩。在宦官王振专权的时候，朝廷腐败，贪污受贿成风，于谦却一尘不染，从不收受别人礼物。有人说："你不愿收金银珠宝，收点地方土特产怕什么？"于谦笑

> **TIPS**
>
> **石灰吟**
> **于谦**
>
> 千锤万凿出深山，
> 烈火焚烧若等闲。
> 粉骨碎身浑不怕，
> 要留清白在人间。

着把两袖一摆说："我只有两袖清风。"由于于谦刚正不阿，从来不向王振献媚讨好送礼物，因而得罪了王振，王振就想着法子整于谦。他自己说不出于谦的半个不是，就让他的心腹制造谎言，诬告于谦谋反，然后给于谦定罪名将他打入死牢。山西和河南的地方官、老百姓听到于谦遭小人谗言而被定死罪的消息都不服，成千上万的人向明英宗请愿，要求释放于谦，王振一看众怒难犯，只得把于谦放了，让他官复原职。

这次京城危急，于谦积极主张坚持抵抗瓦剌的进攻，并担负起守城重任。他调整兵力部署，调兵遣将，在京城和附近各关口加强了防守兵力，整顿了军纪，清除了瓦剌军在明军中的奸细，为迎接战斗做好一切准备。

一天，监国郕王上朝，大臣们吵吵嚷嚷，一致要求公布王振的罪状，郕王虽是监国，但毕竟不是皇帝，哪敢做这个主。大臣们见郕王不宣布就不肯退朝。宦官马顺是王振的同党，他想把大臣们喝退，谁知一下激怒了众臣，一干大臣冲上去把他揪了下来，对他拳打脚踢，大家把对王振的气都撒在了马顺身上，直到把马顺打死才解了心头之恨。

郕王吓坏了，想躲进内宫。于谦把他拦住了，说："王振是导致这场战争失败的罪魁祸首，因他才招来灾难，不惩办是不能消除民愤的，要想臣民安心，还是请殿下宣布王振罪行。"郕王听从了于谦的意见，公布了王振罪行，抄了王家，杀了一些同党。

瓦剌首领也先把明英宗俘虏去，并不想杀他，而是想挟持着明英宗来扰乱明朝。明英宗长期不能归，朝廷没有皇帝也不是事。于谦同大臣们奏请皇太后宣布让郕王正式做皇帝，把被俘在外的明英宗改称太上皇。

郕王就这样正式登基称帝了，史称明代宗。

> **1449年**
> 于谦等拥立郕王朱祁钰为帝，尊明英宗为太上皇。朱祁钰为明代宗。

也先知道明朝换了新主,一定是打算誓死抵抗,但他还是不甘心,于是借口送还明英宗,进犯京城。瓦剌军很快打到北京城外,在西直门外扎了营。于谦立刻把各路将领召集起来商讨计策,大将石亨主张把城外的守军撤进城,关住城门,过些日子也先会退兵的。

于谦反对说:"这不行,也先如此骄横,如果退守城内,等于长他人威风,我们必须主动出击,狠狠打击敌人,打掉他的气焰。"于是他便派各路将领分别带兵在九门外布阵,并亲自率兵驻守德胜门外。

将士全部出城,摆开阵势以后,于谦命令关闭全部城门,这等于是告诉全体将士,只能拼死一战,否则是没有退路的。他还下了一道

德胜门箭楼

德胜门箭楼始建于明正统二年(1437年),为北京内城九门之一,用"以德取胜"之意,故名"德胜门"。德胜门箭楼和瓮城一起,构成保护城门的军事堡垒,明于谦曾在此大败瓦剌军,取得了北京保卫战的胜利。

军令:无论将领士兵,临阵后退和脱逃的,一律斩首。主帅决心一定,全军将士斗志高昂,士气大振。

接到朝廷命令,各地明军也陆续开到城外,这时明军已增到22万,声势浩大,众志成城。

也先早已急不可待了,发动了几次进攻,都遭到失败,明军同他连续厮杀了5天,城外的老百姓也来助战,瓦剌军惨败,死伤大半。也先连连失利,不敢蛮战,带着明英宗和残兵败将慌忙撤退。于谦又用火炮轰击,瓦剌军死伤无数。保卫京城的战斗,大获全胜。

于谦保卫京城有功,受到朝野上下的爱戴,明代宗也很敬重他。

也先被打败以后,看到大明王朝不是好欺负的,想到留着明英宗也没用了,就把明英宗放回了北京。

1457年,明英宗已回京六七年了,一直处在太上皇的位子上,没有实

权。这一年，明代宗得了场大病，久治不愈。徐有贞和石亨乘机勾结宦官，带兵冲进宫里，逼着明代宗退位，拥戴明英宗复位。没多久，明代宗就死了。

北京告急的时候，徐有贞主张逃跑，石亨主张退兵闭城，都曾遭到于谦的驳斥，他们早就想报复。这回明英宗在他们的操纵下复位了，他们就在明英宗跟前一个劲地说于谦坏话。明英宗对于谦在他流亡期间帮助明代宗称帝，也窝着一肚子火，竟不顾于谦为保卫明朝立下的大功，给他定了一个莫须有的罪名，将他罢官杀死。

京城百姓听说于谦被害，都哭得惊天动地。至今，人们还怀念着这位民族英雄。

264-昏君斩权宦

自瓦剌部落攻击明朝以后，明朝就开始逐渐由鼎盛走向衰落。自明英宗开始，以后的明朝皇帝大多昏庸无能，因此，朝纲不正，国力衰退，尤其是宦官专权，使朝政更加混乱。明宪宗即位以后，权力最大的宦官是汪直，他专干陷害忠良的勾当，不知有多少忠于朝廷的官员、百姓被他害死。

到明武宗朱厚照继承皇位时，宦官专权的局面更为严重。他最信任的宦官有8个，这些人整天陪着明武宗玩球打猎，领头的叫刘瑾。由于皇帝的宠信，他们依官仗势，横行霸道，被人们统称为"八虎"。

朝廷上下官员，对他们的所作所为深恶痛绝，都劝明武宗除掉"八虎"。这帮家伙得到消息后，就在明武宗面前又哭又闹。明武宗哪里还能记得大臣们的劝谏，不仅不杀这"八虎"，反而命刘瑾执掌司礼监，还把另外两只"虎"安排担任东厂和西厂的提督。

> **1457年**
> 明英宗发动夺门之变，复位，改元天顺，废明代宗为郕王，杀于谦。不久，明代宗死。

> **1464年**
> 明英宗死，太子朱见深即位，是为明宪宗。

> **1503年**
> 明孝宗死，太子朱厚照即位，是为明武宗。

刘瑾最会在明武宗面前拍马逢迎，明武宗贪图享乐，刘瑾每天都为他选美寻欢，并且专门在他玩得最起劲的时候，捧一大沓奏章给他批阅。明武宗总是责怪刘瑾，把奏章推给刘瑾，说："这些小事都要我亲自做，要你们干什么？"

有了皇帝这句话，刘瑾以后就不再把奏章送给明武宗批阅了。传下的圣旨，实际上都是刘瑾的"圣旨"。刘瑾斗大字不识几筐，自己又不能亲自批奏章，便把奏章带回家让其亲友代批。王公大臣们都知道再重要的奏章明武宗也看不到，所以，每次上奏什么事情，就把副本送给刘瑾，正本送给朝廷。当时人们讽刺地说："当朝两个皇帝：一个坐皇帝，一个站皇帝。"

刘瑾也自知做的坏事太多，怕人不服他，于是派出大批特务刺探大臣们的行动，最后连东厂、西厂的特务本身也受到监视，因为他又另外设了一个"内行厂"。这么多特务，整天抓人，凡是被他们抓去的，都被用酷刑整死了。

刘瑾不仅残酷迫害无辜，还到处敲诈勒索。地方官员进京办事不送礼，就会招来刘瑾的麻烦，送少了还不行，一次至少两万两银子，有的官员进京如果带的银两不够，就得向富豪人家借高利贷，回去再还。

1510年，安化王朱寘鐇（zhì fán）谋反，明武宗派杨一清做宁夏、延绥总督，讨伐安化王，并派宦官张永做监军。杨一清在陕西做过都督，为巩固边防立过功，由于他比较刚直，从不趋附刘瑾这样的权贵，刘瑾便把他视为眼中钉，就想法诬陷迫害他，经大臣们的极力营救，明武宗才免他一死，但还是将他革职回乡。这回明武宗要利用他平定安化王叛乱，才重新起用他。

这次杨一清、张永平叛，一点儿也没费力气，他们刚到宁夏，杨一清原来的部将早已平定叛乱，俘虏了反王朱寘鐇。杨一清、张永把朱寘鐇押到京城交给皇帝。

杨一清知道张永是皇宫里的"八虎"之一，而且知道"八虎"之间有矛盾，特别是刘瑾得势后跟张永也有矛盾。这次杨一清要利用他们之间的矛盾，借张永的手除掉刘瑾这个大奸贼。

一路上，杨一清故意说这次平定叛乱，全仗张永的支持，把他的功劳说得大大的，张永听了乐滋滋的，然后杨一清秘密地跟张永说："平定一个藩王的叛乱是很容易的，但朝廷内部有了祸患就不好办了。"

张永听了吃了一惊,说:"你是什么意思?什么内部祸患?"

杨一清不好直说,就在手心里写了一个"瑾"字伸给张永看。

张永一看,心里已有数,但马上又摇摇头说:"不太好办,他每天都在皇上身边,别人接近不了他,而且他的耳目众多,有一点风声他都会知道的,怎么能除掉他呢?"

杨一清说:"这不要紧,皇上不是也很信任你吗?这次平叛,你立了大功,皇上一定会召见你,到时候你就向皇上奏明,说因为有刘瑾做内应,与朱寘镭合谋,朱寘镭才敢谋反的。这样,皇上肯定砍刘瑾的头。"

张永拿不定主意,说:"如果皇上不信呢?"

杨一清说:"如果皇上不信,你就痛哭流涕,甚至可以说以死担保,以表现你对皇上的一片忠诚,皇上是会信的。这事越快越好,迟了就怕走漏风声。"

张永对刘瑾的不满,只能放在心里,听杨一清这么说,心想,这次一定要向皇上奏他一本。

杨一清和张永把朱寘镭押到北京,上报朝廷,明武宗果然召见了张永。当天晚上,张永就按照杨一清说的,当面向明武宗揭发刘瑾与朱寘镭串通谋反。明武宗当即叫张永带领禁军去捉拿刘瑾。刘瑾正在家里睡大觉,张永没费吹灰之力,就把他捉住,关进了大牢。

把刘瑾抓来后,明武宗又下令抄了他的家,共抄出黄金24万锭、银元宝500万锭,而珠宝玉器更是不计其数。竟然还从他家抄出龙袍玉带,盔甲武器,正好验证了张永的揭发,明武宗大为吃惊,立即将刘瑾处死。

刘瑾被处死以后,朝廷内外无不拍手称快。

虽然杨一清用计杀了刘瑾,但明武宗的昏庸腐败是没人能改

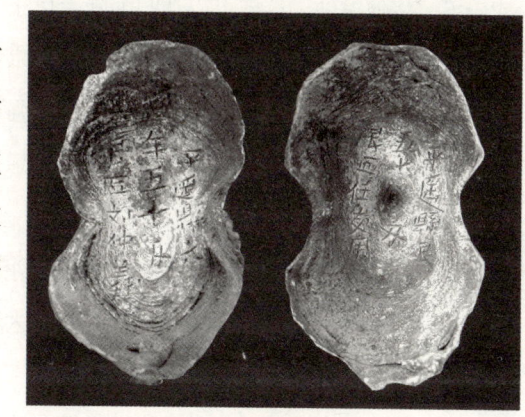

明代银锭

白银是明代主要的流通货币之一,铸锭盛行。明代银锭美观大方,其形制为中国银锭的代表造型。大锭上都铸印有铸造地名、重量及工匠姓名等,小锭上有时还铸印有年号。

变得了的。由于朝廷腐败，民不聊生，农民起义此起彼伏。

265-武宗观渔

明武宗是一个昏庸的皇帝，不学无术，常常听信谗言，弄得奸佞得势、忠臣遭贬，终于酿成宁王朱宸濠反叛的大祸。明武宗先派江西巡抚孙燧（suì）与按察司副使许逵秘密活动，伺机铲平叛乱，但没能成功。后又派佥（qiān）都御史王守仁平叛。王守仁虽然年轻，但足智多谋，经过许多周折，终于平息了这场叛乱，擒获了贼首朱宸濠。

王守仁擒获朱宸濠以后，立即上奏明武宗，请求将反贼就地正法，以除后患。明武宗没有准奏，太监张忠、安边伯许泰乘机谗毁王守仁。随后他们又给王守仁写了封书信，说不要将朱宸濠押解到京师，现在皇上要御驾亲征，先将朱宸濠放回鄱阳湖，皇上再亲自同他交战一下，将他擒住，这样可以功归朝廷。可王守仁并没有理睬，也没等皇上下旨，便押着朱宸濠上京城来了。谁知张忠、许泰又派人将王守仁半途截住，强迫王守仁交出朱宸濠，王守仁坚决不从，又绕道杭州想从水路押朱宸濠到京。不料到杭州又遇上太监张永，王守仁将朱宸濠交给张永，自己就回江西去了。没两天，张永就将朱宸濠押到南京，这时，明武宗也到达南京。明武宗好大喜功，先下令在城外设一个大广场，广场上竖着"威武大将军"的旗帜，然后自己穿着战袍出城，来到广场中间，命令各路军队将广场围住，再将朱宸濠放出来，去掉枷锁，叫他直直地站好，自己又亲自擂起战鼓，让众兵士一拥而上，把朱宸濠捆绑起来，算是皇上

> **TIPS**
> **王守仁**
> 王守仁（1472年—1529年），字伯安，号阳明，绍兴余姚（今浙江余姚）人，明代著名军事家和大哲学家。他继承南宋陆象山的心学主张，发为致良知的学说，对400多年来的中国思想史产生重大影响。有《王阳明全集》传世。

亲征的战果，然后凯旋进城。

按理说朱宸濠叛乱已经平息，贼首已交给明武宗任他处置，他御驾亲征也该结束，该启驾回京了，但他偏偏不肯回京。实际上明武宗从京城到南京只是借"亲征"的名义出来游山玩水的。他一路上选美行乐，哪里还记得京师国事。明武宗自正德十四年冬到南京，直到十五年正月，也不提回京师的事。经大学士杨一清婉言劝谏，才勉强起驾回京。

明武宗及随从数千人从南京出发，路过扬州，到了宝应，遇一大湖，名叫泛光湖，明武宗见湖面如镜，湖水清澈见底，游鱼历历可见，不禁一阵惊喜，说："好一个捕鱼的地方。"于是传旨停船。扬州知府蒋瑶听说皇上到此，赶来接驾。明武宗随即下了口谕，让蒋瑶筹备渔网、渔船等捕鱼用具。蒋瑶不敢怠慢，迅速筹办齐备，呈交上来。明武宗命官人和左右侍从到湖中捕鱼，按捕鱼多少赏罚。大家划着渔船，分散到湖中，各船撒起网来。明武宗治国无方，却最喜欢打猎和看捕鱼。这时明武宗打开舱门，坐在船上观渔，只见三三两两，收网取鱼，顿感心旷神怡。大约有半天的时间，各船都悠悠荡荡地摇回来了，大家纷纷将鱼交给明武宗，明武宗一一给了赏赐。明武宗忽然发现一大堆鱼中，有一条鱼有好几尺长，眼睛突出，老大的嘴巴，跟一般鱼大不一样，他开玩笑说："这条鱼又大又奇特，足足可以值500两金子。"随从江彬听了明武宗这话心中暗喜，上次想敲蒋瑶的竹杠没敲成，窝了一肚子火，这回机会来了，于是他启奏明武宗："从泛光湖里捕来的鱼应该卖给地方官。"明武宗准奏。江彬得了圣旨，立即将大鱼送给蒋瑶，并按明武宗说的价，向蒋瑶要钱，蒋瑶哪有那么多金子？因为没有钱，他只好自己来向皇帝复命。明武宗问："扬州有什么特产吗？"蒋瑶回答说："没有什么特产。"明武宗很不高兴地说："苎麻白布，不是扬州的特产吗？"蒋瑶不敢再多说了，只好领命备办500匹细布作贡品献给皇帝。这么多的布，不知要超过那条鱼价多少倍。

明武宗得了500匹细布才下旨开船，继续向京城进发。从扬州到达清江浦，太监张阳家张灯结彩，为明武宗大摆筵席，接连热闹三天。明武宗观渔的瘾又上来了，问张阳："我路过泛光湖看捕鱼，真是痛快，清江浦是著名的水乡，想必有大湖大泽可以捕鱼吧？"张阳回答说："启禀皇上，这里有一个大潭，各条山涧里的水都汇流到那里，水很深，鱼头繁密，可以在那里下网捕鱼。"明武宗听了非常高兴，说："那太好了，你去准备捕鱼器具，明天我去看捕鱼。"

第二天，明武宗带着侍从来到大潭边，他环视四周，山峰层峦叠嶂，古木参天，群峰环抱着这个深水潭，真是景色优美，独具风格。明武宗对张阳说："这潭占地面积不算太大，很幽静，但要想在这里捕鱼，不能用大船，只能用小渔船。"张阳说："这里就有小渔船可以取用。"明武宗随即跳上大船，往潭中驶去，船行不到一里，果然看见两岸泊有许多小渔船。于是，明武宗叫侍从官人各驾渔船，四下散开张网捕鱼。明武宗在大船上观看捕鱼，越看兴趣越浓，便想亲自试试。张阳着急地劝谏说："圣上不能亲自到动荡不定的大浪中去。"明武宗说："怕什么，我是威武大将军，还怕那点小风浪吗？"于是他跃上小船，四个太监也跟随上了小船。两个太监撒网，两个太监划桨。小船渐渐荡入中流，眼见水中有一条大白鱼，翻上翻下，银鳞灿烂生光。明武宗说："这条鱼真可爱，怎么不把它捉住？"两个太监急忙撒网，这鱼也真刁滑，两个太监网来网去却怎么也捉不住。明武宗生气了，竟然自己从船中拿出鱼叉，亲手投向那大白鱼，不防用力太大，船猛地歪向一侧，明武宗连同四个太监，扑通扑通都掉到水里去了。

皇上落水，这可不得了，幸亏划船的两个太监会游泳，他们急忙游到明武宗身旁，各架起他的一只胳膊，将他举出水面。周围小渔船闻讯都赶过来了，将明武宗扶上大船。另两个太监也被救了起来。明武宗平生不会游泳，这次南游，整天寻花拈草，大伤元气，当时又正是寒风凛冽，经落水后一惊一冻，他已是气息奄奄、不省人事了。

266-杨廷和计除江彬

明武宗在南京接受了被俘的反王朱宸濠，以亲征凯旋的名义，降下特别旨意，命定国公徐光祚、驸马都尉蔡震、武定侯郭勋祭告宗庙社稷，以示自己上对得起列祖列宗，下对得起黎民百姓。过了一些时日，又补了一次郊外祭祀大典，明武宗亲自主祭。到了天坛，按照常规行了大礼，献爵时，明武宗刚刚跪拜，只觉心慌，头晕目眩，支撑不住。侍从赶紧上前挽住他的胳臂，半天才起来。忽地他"哇啦"一声，吐出大口鲜血。明武宗感到满口的腥味，浑身发抖，大礼也就行不下去了。他便委托王公大臣祭奠，草草收场，自己起驾回宫。

转眼到了阴历年底，家家户户都放鞭炮、贴春联，忙着过年，明武宗因病未愈不能起床，大臣们也就免了朝贺问安了。他一病就是几个月，又到了春天，恰巧遇上日食，京城人都说这不是个好兆头。

从朝廷官员到京城百姓，都为皇帝久病不愈担心。唯有江彬毫不在意，他仗着过去明武宗对他的宠信，更加骄横恣肆，竟假传圣旨，将西厅改为威武团营，自称兵马提督。他的属下士兵，也都狐假虎威，搜刮民财。

明武宗病情日渐加重，御医精心调治，却也不见效。司礼监魏彬背地里询问御医，皇上的病能不能治好，御医只是摇头。尔后，魏彬来到内阁，对大学士杨廷和说："皇上的病不见好转，御医已经用尽了办法，不如悬赏重金，求助于民间。"杨廷和听了，知道他话中有话，不便明说，沉吟了一会儿才说："御医长期侍奉皇上，是有一定经验的，就像人与人之间的关系一样，总是先亲后疏。亲近的人，关系自然密切；疏远的人，是不可能有多好的关系的。我想还是亲近的人靠得住。"魏彬点头。

又过了两天，明武宗病情更加沉重，昏昏沉沉中，他睁眼看见陈敬、苏进两个太监侍候着，就同他们说："我已经不行了，可禀皇太后，请众臣商议今后国事为好。"喘息了一阵他又说："以前的朝中政事都是我的错误，与你们无干，希望你们今后要小心从事，不得妄为！"陈敬、苏进遵旨，通报了皇太后，等皇太后来到时，明武宗已不能说话，他淌了几点眼泪，双脚一伸，就咽气了，年仅31岁。

皇太后急召杨廷和商议立新皇

康陵赑屃（bì xì）碑

康陵在北京市昌平区莲花山东麓，为明武宗朱厚照和皇后夏氏的合葬陵墓。赑屃又称龟趺（fū）、霸下，是古代中国神话中龙生九子之一，象征长寿和吉祥，貌似龟而好负重，多为石碑、石柱之底台及墙头装饰。

帝事宜。杨廷和说："江彬不想做明朝臣子，按他现在的势力，可能要谋反。如果他听说皇上驾崩，一定会扶立其他藩王，起兵造反。这是个大祸害，太后要记着点才好。"

皇太后说："那怎么办呢？"

杨廷和说："只有暂时保密不发丧，先选定新皇帝再说。"

随即皇太后又与诸位信臣商定，由明宪宗孙朱厚熜（cōng）继承皇位，颁诏群臣。杨廷和一面将明武宗入殓，一面迎新主入宫。

当时新主未到，朝廷大事全由杨廷和一人主持。他禀明皇太后，要求改革弊政，皇太后一一照允。杨廷和就假称明武宗遗旨，解散了所有威武团练营，所有调来的边兵，一律给重资叫他们回去；把豹房里的僧番全部赶走；解散教坊司乐人员；遣退各地选送的妇女；停止一切不是急办的土木工程；收缴宣府行宫金库，全部归到内宫国库；京城内外皇店一律撤销。

这些措施，给了江彬一个沉重的打击。他整日忙着团练的事，不知道明武宗驾崩，直到奉遗诏解散团练营时才大惊失色。都督李琮认为，杨廷和已对江彬起了疑心，不如造反，万一不成，也好逃到塞外去。

江彬犹豫不决，请许泰来商议，许泰也拿不定主意，说："杨廷和他们既然这样做，想必已经做了充分准备，有恃无恐，请提督慎重考虑。"

江彬说："我也不做这方面打算了，但不知道杨廷和他们是什么意思。"

许泰说："让我先去探听一下再说。"

江彬点头同意。

许泰进宫来到内阁，正好遇上杨廷和，杨廷和和颜悦色地说："许伯爵来得正好，近来因大行皇帝突然驾崩，我们忙得不可开交，先皇遗旨解散团营，遣回边兵，多亏了你们才能办成。现在根据皇太后懿旨，已迎立新皇，许多国家大事需要商讨，请许伯爵回去报告江提督一同来商量。"

许泰欣然答应而去。杨廷和料定他已中计，随即召魏彬、张永等入宫，秘密策划，并禀报皇太后，得到允准。

隔了一天，江彬带着卫士，骑马来到皇宫，正要进大内哭灵。早已守候着的魏彬对江彬说："不慌，坤宁宫刚刚落成，尚未齐备，奉皇太后懿旨，请到工部举行祭典，江公正好来了，真是太巧了。"江彬听了，满心欢喜，说：

"皇太后旨意,谁敢不遵呢?"

随后,江彬换上朝服,入宫参加祭典。

祭典一结束,刚好又遇到太监张永,张永一定要留江彬饮酒,江彬再三推辞不掉,就跟张永去喝酒了,在张永办事室内,入座对饮起来。二人刚饮几杯,忽传皇太后懿旨到:立即将江彬逮捕入狱。江彬扔掉酒杯,推翻案桌,转身就跑,跑到西安门,门已关上。慌忙转身往北跑,快到北安门,见门没关,稍松了一口气,正准备穿过城门出去,前面忽然过来一队兵马,拦住去路,一齐拥上,将他捆绑起来,江彬大声斥骂,众士兵也不予理睬。

江彬被关进大牢,许泰和太监张忠、都督李琮一点儿也不知道,他们先后赶来,一一被擒住,关到江彬的同一个牢房中,然后锦衣卫查抄了江彬的家,共抄出金70柜、银2200百柜、珠宝玉器不计其数,还抄出内外奏折100多本,都是江彬截留隐藏家中的。刑部按罪定刑,准备判他死刑,只等新皇登位,再奏请批准。

数日后,新皇已接进宫来,午时将近,举行盛典,朱厚熜正式即位,这就是明世宗。

明世宗即位后,刑部即将江彬一案入奏,当即得到批准。于是从狱中提出江彬,绑赴法场,凌迟处死。李琮是江彬心腹,也受到同样的刑罚,只有张忠、许泰未做最后判决,后来竟因为他们拉拢了一些上层关系为他们说情,被免除了死罪,充军边境。

267-杨继盛斗严嵩

明世宗即位后,看到明朝逐渐衰落,一开始,还

> **1521年**
> 明武宗死,明宪宗之孙朱厚熜即位,是为明世宗。

TIPS

青词

又称绿章,是道教中举行斋醮(jiào)时献给上天的奏章祝文,形式为韵文,因写在青藤纸上得名。明嘉靖帝迷信道教,爱好青词,善写青词者常能够得到重用,嘉靖一朝宰辅多以写青词进身。

在政治上进行了改良，对税收制度进行了一些调整，对宦官的权力加以限制，但都没有多大效果。后来明世宗迷信道教，在宫内设置仙坛，也就没有心思料理朝政了。一些会投机的大臣，都来迎合他信道教的心理，赢得他的信任和重用。大学士严嵩（sōng）因为祭神文书写得好，获取了明世宗的好感，很快被提拔为内阁首辅（即宰相）。

严嵩当了首辅后，除了对明世宗进行拍马奉承，还跟儿子严世蕃一起，结党营私，贪赃枉法，作威作福，干尽了坏事。许多没有血性的朝廷官员都投靠了严嵩，为自己找个靠山。朝廷里的官员有30多个是严嵩的干儿子，这些干儿子各把持一个重要部门，这样朝廷里的大权就都操纵在严嵩的手里了。

瓦剌部落强盛后的几十年里，北方蒙古族的鞑靼部落也逐渐强大起来，统一了蒙古各部，对明朝构成极大的威胁。严嵩却不练兵、不备战，反而大量地贪污军饷，让边防兵士受冻挨饿。鞑靼首领俺答经常带兵侵扰边境，几次打到内地，明军不战而退。俺答长驱直入，不费一兵一卒就打到北京郊外。明世宗慌忙派仇鸾为大将，保卫北京，又令各地明军速来北京增援，统归仇鸾指挥。仇鸾是严嵩的同党，严嵩怕他打了败仗以后自己不好交代，就指使仇鸾不要与鞑靼兵交战。结果，十几万明军一箭没发，坐视鞑靼人烧杀掳掠，抢走大批人口、牲畜、财物。

明代的茶马互市

茶马互市起源于唐、宋时期，是中原王朝与西北少数民族之间的以茶马互易为中心内容的贸易往来。在明朝时期，茶马互市达到鼎盛状态，明政府对茶马互市非常重视，设立了专门管理茶马互市的机构——茶马司，制定了一系列健全茶马互市的措施。

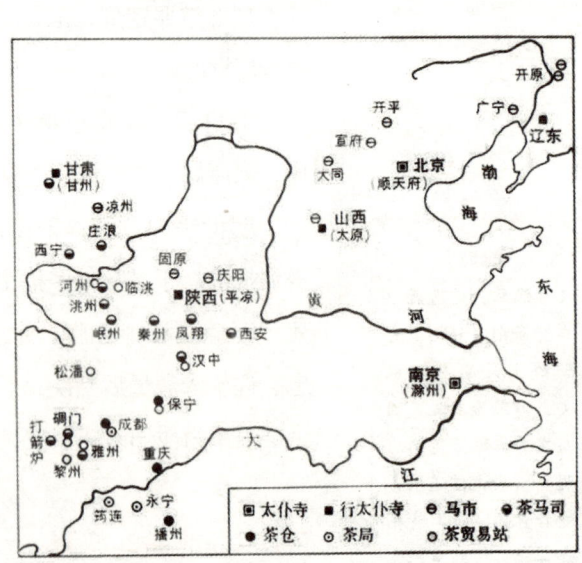

仇鸾不仅不抵抗，而且暗中勾结俺答，同他议和，做了许多丧权辱国的事情。仇鸾的行为激起了大臣们的义愤，大臣们一致反对议和，其中最坚决的

是兵部员外郎杨继盛。

杨继盛是保定容城人，家里很穷，7岁时丧母，继母偏心，待他不好，很小就叫他放牛。当他每次经过村里私塾门口的时候，看到跟自己差不多大的孩子都在快快活活地念书，心里非常羡慕，就跟哥哥说："我也要读书。"哥哥说他年纪还小，不能读书。杨继盛说："我能放牛，怎么不能读书？"哥哥将他的话告诉了父亲，父亲见他人小志气大，就让他一边放牛，一边读书。杨继盛很聪明，进步很快，老师很喜欢他。他后来考中了进士，到京城里做了官，很多大臣都很赏识他的才能。

杨继盛是一个正直的朝廷官员，对严嵩、仇鸾的丧权辱国行为切齿痛恨，于是上奏明世宗，反对议和。他在奏章中写道："我明朝人多地广，只要朝廷发愤图强，发展生产，选强将，练精兵，就不怕打不败鞑靼。"明世宗一开始还很赞同杨继盛的看法，后来又禁不住仇鸾花言巧语的劝谏，说同鞑靼议和有多少多少好处。明世宗一点儿头脑也没有，不仅没有采纳杨继盛的建议，反而听信仇鸾谗言，把杨继盛贬到狄道（今甘肃临洮）做了典史小官。

到了狄道，杨继盛还是一样信心十足。狄道是临洮的一个少数民族聚居地，这里的人大都不识字，对外又不交通，所以这里非常贫穷落后。杨继盛第一件事就是办学校，他选了100多名青少年到学校念书。有些孩子家里没有钱，上不起学，杨继盛就把夫人的衣物和自己的马卖掉来救济他们。老百姓看杨继盛对他们这样好，都很爱戴他，尊称他为"杨父"。

杨继盛遭到贬职以后，明世宗接受了仇鸾议和的主张，明朝与鞑靼停止了战争，但俺答很快就变卦了，又常来侵袭边境地区。明世宗一看同鞑靼议和明朝并没有得到什么好处，还没等他降罪下来，仇鸾就吓得病死了。这时候，明世宗才想起，当初应该接受杨继盛的建议，当时降了他的职，实在是委屈他了，于是又把杨继盛调回京城。

严嵩见皇上这样信任杨继盛，就想来拉拢杨继盛，杨继盛却越发痛恨严嵩。他回到京城没几天，就上奏明世宗，要求惩办严嵩，揭发了严嵩十大罪状，条条都有确凿的证据。他在奏章中说，严嵩十大罪状，妇孺皆知，唯有皇上一直受他的蒙骗，那是因为还有"五奸"，就是严嵩在朝廷上下的间谍、爪牙、亲戚、奴才、心腹。这些人整天来往于皇上左右，从不向皇上说真话，皇上哪里会知道这些实情呢？

　　杨继盛的这个奏章，足可以致严嵩死命，严嵩又气又急，跑到明世宗那里，一边为自己开脱罪责，一边诬告杨继盛，说杨继盛如何如何对朝廷不忠。明世宗听了大怒，第二天上朝时，把杨继盛打了100廷杖，然后打入大牢。

　　杨继盛被打得体无完肤，腿上的肉被打开了，鲜红地翻过来，惨不忍睹，连狱卒看了都差点流泪。但杨继盛是条硬汉子，一点儿也不在乎。亲友给他送来蛇胆治伤，他却笑着说："蛇胆，用不着，我自己有胆。"

　　杨继盛被关了3年大牢，一直都没打听到他有什么罪证。一些大臣想营救他，严嵩也觉得没有理由再关他。可是严嵩的同党害怕把杨继盛放出来后，杨继盛又会跟他们过不去，就跟严嵩说："杨继盛不杀，将来总归是我们的一条祸根。"严嵩一想，杨继盛要是放出来，对自己的威胁太大了，于是便下了狠心，撺掇明世宗把杨继盛处死了。

　　由于严嵩长期把持朝政，各要害部门都有他的爪牙、亲信，明世宗对他也感到厌烦了。一天，明世宗请道士蓝道行扶乩（就是求神仙，乩读jī），这位蓝道士对严嵩犯下的滔天罪行也深恶痛绝，就借神仙的口叙述严嵩的罪状，劝明世宗除掉严嵩，说这是神仙的意思。明世宗相信了，但下不了决心，御史邹应龙平时也最恨严嵩，得知此事后，认为应该借这个机会攻击严嵩，杀杀他的威风，一想到杨继盛为此而招来杀身之祸时，他又犹豫了。想来想去，他决定先从严嵩的儿子严世蕃下手，上奏皇上惩办他，只要严世蕃被治罪，严嵩老狗一定会受到牵连。

　　主意已定，邹应龙就向明世宗上了一道奏章，明世宗果然惩办了严世蕃，让其充军到雷州，同时勒令严嵩辞官回乡。

　　严世蕃及其同党根本没有到雷州充军，而是偷偷溜回老家，收罗江洋大盗，勾结汉奸和倭寇，准备叛逃到日本。御史林润得知后，又向明世宗揭发了此事。

　　昏庸的明世宗看到林润的奏章，大为震惊，这才完全明白严嵩一伙瞒天过海，什么事都能做出来。他立刻派兵捉拿严世蕃及同党，下令一律斩头示众，并对严嵩给予削职为民的处罚。

268-抗倭名将戚继光

崇武古城

崇武古城坐落在福建省泉州市惠安县东南海滨，始建于1387年，是江夏侯周德兴经略海防时为抵御倭寇所建，是中国现存最完整的丁字型石砌古城。

TIPS

俞大猷

俞大猷（1503年—1579年），字志辅，又字逊尧，号虚江，晋江（今福建晋江）人，明代抗倭名将。他在对倭寇作战中，立下无数战功，所统领的部队被称为"俞家军"。他与戚继光并称为"俞龙戚虎"。

明朝经常受到外族的侵扰。明世宗在位的时候，日本的大批海盗商人经常在东南沿海骚扰。明朝的一些土豪、奸商也同这些海盗勾结，残害百姓，抢夺财物，闹得鸡犬不宁。历史上把这种海盗称为"倭寇"。

奸商汪直、徐海与海盗来往密切，在他们的勾结下，1553年，倭寇集结了几百艘海船，在浙江、江苏沿海登陆，然后分头进攻，抢劫掠夺沿海十几个城市。这些地方的官兵见了倭寇就逃，谁也不敢抵抗。

倭寇每到一城抢掠都如进了无人之地，没有一点阻挡，很轻易得手，因此越来越猖狂，侵略越来越严重，就连整日贪欢的明世宗也害怕起来，要严嵩设法把倭寇赶走。严嵩正感到手足无措的时候，严嵩的同党赵文华却给明世宗出了个鬼主意，说要想赶走倭寇，只有向海神祈祷。明世宗是个信神弄鬼的昏庸皇帝，也就信了赵文华的话，派他到浙江向东海祷告海神。

赵文华说的本来就是鬼话，祷告了好一阵子，倭寇不仅没退，而且越来越猖狂。朝廷只得派老将俞大猷（yóu）去抵抗。俞大猷对海防比较熟悉，也很有经验，所以他一到浙江，就打了几个胜仗，倭寇稍微有些收敛。但由于浙江总督被赵文华陷害，俞大猷也受牵连被革职坐牢，沿海防备也没派人接管，倭寇就又猖獗起来了。朝廷见大势不好，又派山东将领戚继光到浙江抗倭。

戚继光是山东蓬莱人，骁勇善战，他一到浙江就检阅军队，见那里军队纪律涣散，没有战斗力，于是决定重新招募新军。听说戚继光要招兵抗倭，许多青年都纷纷来投军，连一些地主武装也自愿参加抗倭队伍。新军很快招到4000多人。

戚继光有勇有谋，精通兵法。他根据南方沼泽河湖多的特点，研究了新的布阵方法，并亲自训练新兵，教他们使用各种兵器。经过严格的训练，他的新军战斗力很强，戚家军的威名也渐渐传开了。

那些倭寇见戚继光来指挥海防，又练新军，不敢轻易来骚扰。过了几年，倭寇袭击台州（今浙江临海）一带，戚继光带领新军赶到台州，那些游荡惯了的海盗队伍，别看平日猖狂，一遇到戚家军，就乱了阵脚，根本不是戚家军的对手，一击即溃，接连九次交锋，戚家军都大获全胜。剩下的海盗残兵败将逃到海船上，戚继光命令用大炮轰击，倭寇的船一个个被击中起火，大部分倭兵被烧死或掉到海里淹死。

倭寇见浙江海防守卫严密，不敢再来侵犯。1562年，他们又到福建沿海大举进犯，几路倭寇分别占据了宁德和牛田，声势浩大，福州的守将抵挡不住，忙向朝廷告急。朝廷又把戚继光从浙江调往福建救援，戚继光带着新军直奔宁德，他探听到倭兵的巢穴在宁德城外十里的横屿岛上，小岛独树海中，四面是水，地势十分险要，易守难攻。倭寇在岛上扎营盘踞，福建的守兵不敢攻打。

戚继光探听到敌人的巢穴，就亲自到横屿岛对面察看岛上地形，计划着进攻策略。他了解到小岛与海岸相隔的水道又窄又深，凫水不行，用船目标太大，也不行。当天晚上，海潮退去的时候，戚继光命令每个兵士带上一捆干草，到了横屿岛对岸，把干草扔到水里，几千捆干草一捆一捆往前垒，竟铺成一条草路。戚继光命令士兵踏着草捆，神不知鬼不觉地冲到了岛上，直插倭寇大营。当时倭兵正在睡觉，哪里知道戚家军如神兵天将，一下子落到大营里。时间不长，一场激战就结束了，岛上2000多倭兵全部被歼灭。

戚家军攻下横屿岛，立刻又进牛田。到了牛田附近，戚继光又用了一计。为了麻痹敌人，他故意传令说："远途行军，人困马乏，先就地休整一下再作打算。"这话很快被倭寇探听到了，他们真以为戚家军不会马上进攻，就没有怎么防备。当天晚上戚继光就命令向牛田发动进攻。倭兵毫无戒备，匆忙

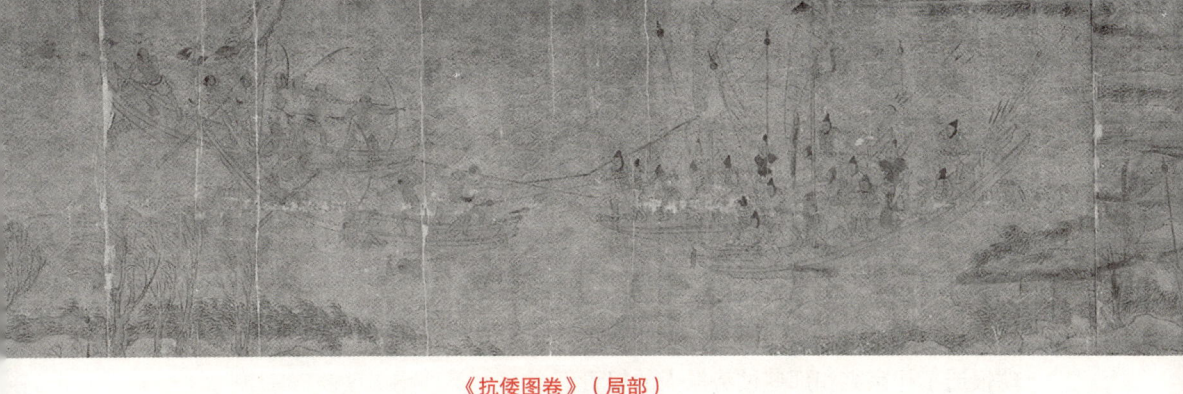

《抗倭图卷》（局部）

明佚名绘。绢本设色，纵31.1厘米，横572.7厘米。这是反映明嘉靖年间（1522年—1566年）浙江沿海军民抗击倭寇侵扰的历史画卷。现藏于中国国家博物馆。

应战，哪里抵挡得住戚家军的猛烈攻势，倭军很快败退，残兵逃往兴化。戚家军连夜追击，一路上又连续攻破倭兵60多个营寨，消灭了逃敌，盘踞在牛田的倭寇也被全部消灭了。到天蒙蒙亮的时候，戚家军开进兴化城，城里的老百姓才知道城外的倭寇已全部被戚家军消灭了。听到这个消息，大家奔走相告，无不拍手称快，纷纷杀猪宰牛慰劳戚家军。

1563年，倭寇又来侵犯福建，攻下兴化。这时俞大猷已被朝廷重新起用，官复原职，当了福建总兵，戚继光为副总兵。两个抗倭名将结合到一起，更是威力无比，他们大败倭寇，很快就收复了兴化。以后两军又多次配合，把倭寇打得一败涂地。到1565年，在东南沿海横行几十年的倭寇基本被肃清了，戚继光的名字，也被世代传扬。

269-海瑞骂皇帝

在严嵩掌权的时候，朝野上下谁都让他几分。可是浙江淳安县的一个小小的知县却能秉公执法，为百姓做主，特别是对严嵩在下面的同党，毫不留情。

这人叫海瑞，是广东琼山人，他很小的时候，父亲就去世了，家境十分贫寒，母亲辛辛苦苦把他抚养成人，供他读书。海瑞考中举人以后，当过县里的学堂教谕，不久被朝廷调任浙江淳安知县。

过去，那些县官多为贪赃枉法的家伙，审判案件时，谁贿赂钱财多，谁就有理，所以定案多数是不公正的。海瑞来到淳安以后，把过去所有积案，都拿过来认真审理，再难办的案件，他都要查得清清楚楚、明明白白，然后再给个公正的判决。他从不因惧怕权贵而亏待百姓，老百姓都说："淳安来了个'包青天'，真是百姓之福啊！"

浙江总督胡宗宪是严嵩在浙江最大的同党，由于有严嵩给他撑腰，他谁都不怕，在地方上鱼肉百姓，敲诈勒索，哪个要是招惹了他，那就要遭难。海瑞恨透了胡宗宪和那些仗势欺人的权贵们。

有一次，胡宗宪的儿子到处寻欢作乐，带着一帮人经过淳安，住在县衙的官驿里。要是过去那些县官，见总督大人的公子住在官驿，那是抬举本县，一定是山珍海味、请客送礼。可是海瑞却不买这个账，他一来淳安，就立下一个规矩，不管是哪里来的达官贵人，一律看作常客，不搞特殊招待。

胡公子按照他平常到其他县里前呼后拥、引为上宾的习惯，正等待县太爷来款待他，谁知一看驿吏送上来的竟是普通饭菜，县太爷也没照面。他认为海瑞瞧不起他，一恼火，呼啦一下把饭桌子给掀翻了，还命令随从把送饭的驿吏绑起来，倒吊在屋梁上，狠打一顿。

官驿里的差役赶紧把这个情况向海瑞报告，海瑞对胡宗宪儿子的所作所为早有耳闻，很讨厌这个家伙。现在他竟敢到本县来指手画脚，还吊打驿吏，心里就在盘算，何不用计惩治他一番。听了差役的报告，海瑞并没有感到震惊，对左右说："总督大人为官是清廉的，他早就吩咐过我们，对过往官吏，招待从简，不得铺张浪费。他对他的孩子们的教育也是很严格的，现在来的这个花花公子，哪里像是总督大人的公子，他一定不是好人，是个招摇撞骗的冒牌货。"

说完，命令左右带了一队差役同他一道，把胡宗宪儿子及随从一起抓到县衙来升堂审讯。那个胡公子仗着自己是总督胡宗宪的儿子，以为谁也不敢把他怎么样，在大堂上吼叫起来："我是总督的儿子，你这狗官，还不快放了我，否则，小心你那乌纱帽！"

海瑞忽然站了起来，指着胡公子说："你胆敢冒充胡总督的公子，给我打！"教训他一顿之后，还搜出1000多两银子，全部被没收充公，最后海瑞把他赶出淳安县境。

胡公子回到杭州就向父亲哭诉海瑞责罚他的经过，这时海瑞写给总督的报告也送到了，说有一小人冒充胡公子，到淳安招摇撞骗，竟敢吊打我官驿驿吏，我们对他进行了应有的处罚。胡宗宪看报告中并没涉及自己，尽管儿子吃了大亏，但也不好追究海瑞，如果把事情闹出去，人家戳自己的脊梁骨，那就太丢面子了，就认吃这个哑巴亏吧。

这件事就这样过去了。过了一阵子，朝廷又派出个钦差大臣御史鄢懋卿（yān mào qīng）到浙江视察。这鄢懋卿也投靠了严嵩，做了严嵩的干儿子，依仗干老子权势，到处敲诈，行为恶劣。他到哪里，地方官都要"孝敬"他一大笔钱财，否则，他就想着法子整人家，地方官只要听说鄢懋卿来了，没有哪个不犯愁的。不见他，要是怪罪下来，怕担待不起；见了他，就要送他大笔钱财，这钱又不容易凑。但是鄢懋卿还偏偏喜欢装作一个清官，这次到浙江视察，预先已通知各州县，说他一向生活俭朴，招待不得铺张。

海瑞接到了鄢懋卿要到淳安的通知，趁他还没到淳安的时候，就提前写了封信派人送给鄢懋卿，信里说："我们接到大人要到本县来的通知，要我们招待从简，但据说大人在其他地方都是花天酒地、大摆筵席，我们如果按照通知要求的办，就怕怠慢了大人；如果同其他地方一样铺张，又怕违背了大人的意思。请问大人：我们到底应该怎么办才好？"

鄢懋卿看过海瑞的信，气得直咬牙，恨不得把海瑞抓来一口吞掉。但是海瑞不惧权贵、铁面无私的性格，他也早有耳闻，又听说胡宗宪的儿子刚在海瑞那里吃了个大闷亏，他也有点惧怕了，就改变了主意，不去淳安了。

鄢懋卿当时虽然没能把海瑞怎么样，却对海瑞一直怀恨在心。他回到京城以后，叫他的同党在明世宗跟前告了海瑞一个恶状，说海瑞身为朝廷命官，却藐视朝廷，结果海瑞的淳安县令被革职了。

严嵩被革职后，因鄢懋卿是严嵩的同党，他也被治罪充军。海瑞被重新起用，不久，又被调到京城做官。

海瑞到了京城，对皇帝昏庸、朝廷腐败的现象更是屡见不鲜。那时候，明世宗已有20多年没有上朝了，整天在宫里同道士们乩仙求神，炼长生不老"金丹"药，大臣们谁也不敢说皇帝半个"不"字。海瑞虽然官职不大，但他凭着一身正气，大胆地给明世宗写了一道奏章，劝他重理朝纲，并把朝廷上下形形色色的腐败现象和造成腐败的原因揭露出来。海瑞在奏章中写道："朝纲不正，吏贪官横，民不聊生，水深火热，天下百姓，怨声载道，不满陛下，望能醒悟，治理天下，重振明威。"

海瑞刚直，做事从不后悔。他料定这样做，一定会触怒皇上，降他死罪。他在回家的路上，就顺便买了口棺材带着，到家后他的妻子儿女一看，都感到纳闷，海瑞把这件事一说，妻儿们都吓呆了。他把妻子儿女都安排逃往外地，自己则在家等着，准备被逮处死。

海瑞的这道奏章，果然在朝廷上下掀起一场轩然大波。许多大臣为海瑞捏着一把汗。明世宗气得把奏章扔到地上，喝令左右："快把海瑞拿下，别让他跑了！"一个宦官说："他这个书呆子，知道自己触怒圣颜是犯了死罪，已经自己安排后事去了，不会跑的。"

海瑞被抓了起来，严刑拷打以后，被打入了大牢。过了好多年，明世宗死了，明穆宗朱载垕（hòu）即位，这才把海瑞释放了。

270-张居正的强国举措

大学士张居正因为很有才能，明穆宗对他非常信任。1572年，明穆宗病死，太子朱翊（yì）钧即位，他就是明神宗。明穆宗遗诏命张居正等三个大臣辅政。

在三个辅政大臣中，张居正为首辅。张居正根据明穆宗的嘱托，像老师教学生一样，精心辅导着10岁的小皇帝。为了能让明神宗很快接受他的一套政治办法，张居正编了一本有图有文的历史故事书，叫作《帝鉴图说》，他每天给明神宗讲解。这本书编得很

◀ 1567年
明世宗死，裕王朱载垕即位，是为明穆宗。

◀ 1572年
明穆宗死，太子朱翊钧即位，是为明神宗。

有趣味，明神宗非常喜欢，总是入神地听张居正讲解。有一次，张居正讲完汉文帝在细柳训练军队的故事，说："陛下一定要注意加强武备，不然，太平日子长了，不注意训练军队，万一有变，就很难应付形势。"明神宗点头说："你说得好。"

又一次，张居正讲了宋仁宗不喜欢用珠宝玉器作装饰品的故事，说完明神宗就赞同地说："对呀，圣明的君主应当把贤臣视为宝贝，把珠宝玉器看得那么重有什么用呢？"张居正见一个不过10岁的孩子能说出这样有抱负、有头脑的话，打心眼里高兴。心想他将来一定是一代明君，就接着说："贤明的君主都重视发展农业生产，视粮食为宝，而轻视珠玉。因为粮食是万民生存之本，珠玉既不能充饥，也不能御寒，有什么用呢？"

张居正对明神宗就像严师要求学生一样，明神宗也把张居正看作是自己真正的老师，在他眼里，这样的严师是可敬而又可畏的。皇太后和宦官冯保极力支持张居正，所以朝中大事必须由张居正拿出主意才算决定。

张居正是明朝一个比较精明的政治家，做了首辅这个官职，也把他的才华充分显示了出来。他利用他所掌握的权力，整顿了军事、政治、经济等方面的秩序，制定了一系列富国强兵的政策。

早在明世宗的时候，倭寇就被戚继光打败，南方一直比较安宁，但北方鞑靼贵族还经常来骚扰边境，侵入内地，成为明朝最大的威胁。张居正又把戚继光调到北方，镇守蓟州。戚继光到了北方，察看地形，加强防御工事，在山海关到居庸关的长城上修筑了

八达岭长城

现存长城大多为明代重建，八达岭长城建于明弘治十八年（1505年），位于北京市延庆区军都山关沟古道北口。八达岭长城为居庸关的重要前哨，古称"居庸之险不在关而在八达岭"。

3000多个城堡，加强了守卫巡逻。戚继光的军队，在抗倭时号称戚家军。戚家军训练有素，纪律严明，武器精良，多次打败鞑靼军的进攻。鞑靼首领俺答看到明朝又逐渐兴盛强大，明军已不再是仇鸾所带的窝囊兵了，不敢再与明朝作对，于是表示愿意同明朝和好，要求恢复通商，并愿意做明朝的臣民，张居正答应了俺答的要求，并以朝廷的名义，封俺答为顺义王。张居正为防止俺答再次变卦，就一面与鞑靼通商，一面在边境加紧屯田练兵，加强防务。俺答知道明朝备战的目的，也真的不敢再有撕毁协议的想法了。所以在后来的二三十年里，明朝与鞑靼之间没有发生过战争。北方各族人民生活安定，生产也很快得到发展。

由于黄河多年得不到修治，河床抬高，河水经常泛滥成灾，大批农田被淹，既影响了农业生产，又影响了航运，使老百姓流离失所，苦不堪言。张居正命水利官员潘季驯督修黄河水利工程。潘季驯堵塞决口，疏通河道，修筑了堤防，黄河不再泛滥，航运畅通，农业生产恢复和发展了，老百姓都能安居乐业了。

过去，由于朝廷腐败，土地被大地主大量兼并，大地主还瞒天过海，逃避税收，钱财都流到富豪的腰包，国库却越来越空。张居正下令丈量土地，登记造册，经过清查，查出一大批皇亲国戚、地主豪强隐瞒土地、偷税漏税。这一举动使一些豪强地主的行为受到抑制。之后，张居正把各种赋税劳役与土地税收合并起来，折合银两一并征收。这种税收改革的办法，叫作"一条鞭法"。经过税收制度改革，防止和减少了官吏的舞弊行为，国家收入增多了，农民负担也相对减轻。

张居正用了10年时间，大胆改革，消除弊端，使本来十分腐败的朝廷有了转机，国家粮满仓、银满库，国力大大增强。但张居正的改革措施，势必会触犯豪强地主的利益，他们对张居正恨得要命。

在这个节骨眼上，正好张居正的父亲在江陵（今湖北荆州）病死，按封建礼教，张居正应该离职奔丧，在家守孝3年。但张居正认为忠孝不能两全，他还是以国事为重，担心自己离开会影响自己一手推行的改革，因此，经过明神宗和一些大臣的一再挽留，他留下来继续任职，只是叫他儿子奔丧去了。这样一来，那些恨张居正的人就大做文章，说张居正不为父奔丧，攻击他居心不良，并上奏明神宗，要求弹劾张居正，甚至有人在大街小巷张贴小报，攻击中伤张居正。明神宗认为这不是张居正的错，下令说，再有反对张居正留任、要求弹劾张居正的，一律处死，这才得到平静。

明神宗渐渐长大了，由于所有权力都集中在张居正手中，他反而没有事干，一批亲近的太监就整天想着法子让他取乐。一天，明神宗喝醉了酒，不明不白地将两个小太监打得死去活来，也没有人敢去劝阻。后来皇太后听说了这件事，非常生气，就派人去把明神宗叫来，先狠狠地指责了一顿，然后叫左右把《汉书·霍光传》拿给明神宗看。书的大意是：西汉霍光辅政的时候，昌邑王即位不久，被皇太后和霍光废掉了皇位。明神宗读完一卷，觉得现在的张居正就是当年的霍光，恍然大悟，吓得赶忙跪下向皇太后求饶。

后来，张居正做主，把那些尽出馊主意的太监全部赶走，皇太后让张居正代明神宗起草了一个自己责备自己的罪己诏，宣告于朝廷上下。从这件事以后，明神宗对张居正也开始怀恨起来。

1582年，张居正逝世了，明神宗亲自执政。原来对张居正不满的那些大臣，又对张居正发起攻击，说他如何的专横。第二年，明神宗竟听信谗言，撤销了张居正的全部封爵，抄了张居正的家，把张居正的十几个子孙关在屋里活活饿死，他的大儿子被拷打后自杀了。张居正的改革也就结束了，明朝政治又逐渐走向腐败。

明神宗到底也不是一个明君。

271-痛打税监的葛贤

明神宗朱翊钧一生醉生梦死，贪图钱财，追求享乐。到他亲自执政以后，更是没完没了地搜罗金银珠宝，大肆挥霍。国库空了，他就千方百计地去搜刮老百姓。

那时，手工业逐步发展，东南沿海的商业也日渐繁荣。苏州的丝织业最为发达，家业较大些的织机户纷纷开设工场，雇用织工，在这些工场当雇工的总人数已有好几千人，资本主义已在这里出现了萌芽。工商业城市的繁荣，让朝廷也大有利益可图。为在民间搜刮更多的钱财，明神宗派出大批宦官到东南沿海城市收税，这种收税的宦官叫税监。税监们不但征收大量的苛捐杂税，还乘机敲诈勒索，坑害百姓。

孙隆就是一个坏透了顶的税监。他一到苏州，就勾结那些地痞恶棍，到处设立关卡，凡是经过关卡的绸缎布匹，都要征收重税。很多商贩因缴不起税，都不敢进城做买卖。这一年苏州遭了水灾，桑田被淹，桑农无法养蚕，机户收不到蚕丝，不得不停工解散雇工。朝廷不但不来赈济灾民，孙隆还要向机户收税，规定每台织机收税银3钱，每匹绸缎收税银5分，就是变卖家产也得缴。

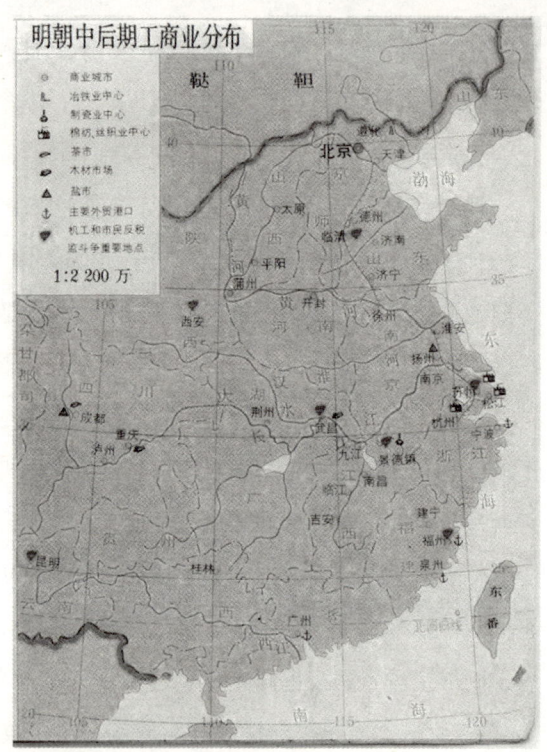

明朝中后期工商业分布图

明朝中后期，逐渐放开了互市贸易和私人海外贸易，商业贸易很快兴盛起来。江南地区的工商业尤其繁荣，兴起了众多工商业城市，并出现了资本主义的萌芽。随着贸易的发展，世界上将近一半的白银流入了中国。

这样，许多织造工场只能关闭，甚至破产，织工也就失业了，弄得民愤很大。

织工葛贤失业后，到街上另找活干，路过葑(fēng)门，见到孙隆手下的几个税棍正在围打一个卖瓜的农民，葛贤向围观的人一打听，才知道那瓜农挑瓜进城，经过税卡时，税棍们硬要逼他缴税。瓜还没卖，哪里有钱缴税！缴不出税钱，税棍就抢瓜；等那农民卖了瓜，买了点米回来的时候，卡子里税棍早就盯住他，仍要逼他缴税，交不出就抢米，农民苦苦哀求，说家里等米下锅，不答应用米抵税，又遭到税棍的毒打。

葛贤平常对税监的强盗行为早就窝着一肚子火没地方出，看到眼前的情景，不禁怒火中烧，再也忍不住了，他振臂高声呼喊："打这些恶棍！"一呼百应，路边的群众听到呼喊，也都涌向税卡。税棍黄建节见势不妙，想夺路逃跑，但他已在群众的重重包围之中，插翅也难飞了，群众拾起乱石瓦片，雨点般向他狠狠地砸去，这个作恶多端的家伙，在飞舞的乱石中头破血流，当场毙命。

这时候，人越聚越多，群情激愤。葛贤看到黄建节被打死，知道大事不好，就和群众一起到玄妙观开会商量。大家的反抗情绪越来越高涨，都说一不做，二不休，继续跟他们干。于是推举葛贤等20多人作为首领，去找孙隆算账。葛贤他们兵分两路，一路打到那些税棍的家，把他们的房子全都放火烧了；另一路浩浩荡荡，挥舞棍棒，冲进苏州税监衙门去捉拿孙隆。孙隆听到呐喊声震天，吓得颤颤抖抖，从后院墙爬了出去，逃到杭州去了。

朝廷税监被打还了得？一下惊动了苏州知府，他便下令捉拿参加暴动的人。葛贤得到消息，不愿让大家受到牵连，于是自己到苏州知府衙门说："领头的就是我，要杀头我一个人顶着，与其他人不相干。"

知府正发愁怕抓不到为首的不好交差，见葛贤自己来投案，哪肯放过他，就把他关进了大牢。

葛贤被关进监狱的那天，苏州市民都含泪为他送行。进了监狱，又有上千人为他送来酒饭衣物，表示慰问。葛贤再三推辞，可是谁也不肯再带回去，葛贤推辞不过，只好收下，然后分给被押的难友。

明朝统治者看到市民对葛贤如此爱戴，怕杀了葛贤会引起更大的民愤，到时候更不好收拾局面，把葛贤关了两年监牢后就释放了。这件事，对那些横行霸道的税监、税棍确实震动不小，他们的强盗行为也稍有收敛。

272-药王李时珍

李时珍是蕲州（今湖北蕲春，蕲音qí）人，出生在一个医生世家，他的祖父和父亲都是蕲州有名的医生。父亲李闻言对药草很有研究，他所开的处方和配制的草药，治病疗效很高。李时珍从小就受到家庭医道的熏陶，父亲每次采药回来都要问问这个药草叫什么名字，那个药草有什么功效，能治什么病，还经常同伙伴们上山采药。时间一长，各种草药的名称、采摘、炮制方法及其作用、效力，他都掌握了。日积月累，他的医药知识也不断地丰富了。

在封建社会，民间医生的社会地位是很低的，上流社会的人根本看不起医生。李时珍的父亲虽然自己是医生，但他不想叫李时珍再当医生，让人瞧不起，他要李时珍读书应科举考试，因为走科举这条路能取得功名，光耀门楣。其实李时珍对医药兴趣浓厚，哪想去读书做官呢？但父命也不能违抗。在父亲的督促下，李时珍14岁考中秀才，后来三次参加举人考试都落榜了。别人都说："这么聪明好学的孩子没考取，真是太可惜了。"而李时珍却没有灰心丧气，他一心想当个好医生，为穷苦百姓治病，对医道和药方的钻研更加刻苦。

几次乡试落榜以后，李时珍就正式跟着父亲学医了。正好在这一年，家乡闹了一场洪水灾害，水退了之后，疫病流行，李时珍父子日夜奔忙，救治百姓。生病的大多数是穷人，李时珍父子对穷人都有一片同情心，穷人找他们看病，他们总是精心治疗，不计报酬。老百姓对他们高明的医术和高尚的医德满口称颂，都说他们父子真是穷人的好医生。

李时珍一边行医治病，一边钻研医术，他阅读了大量的医药书籍，从中汲取了营养。明朝以前，古代医书就已经有不少了，其中影响最大的是汉代的《神农本草经》，但这些书还满足不了李时珍的需要，他借经常给一些王公贵族看病的机会，从这些藏书比较多的人家借阅图书。他的医学知识不断丰富，医术越来越高明，名气也越来越大。请他看过病的人，到处宣传说李时珍人好医术高，附近州县没有不知道李时珍的，有个大病小灾的都来请李时珍去看。

有一次，封地在武昌的楚王的儿子得了抽风病，楚王府的医官治不好，楚王急得不得了。后来有人告诉楚王，说李时珍能治好这种病。楚王听了就赶快派人去请李时珍。李时珍来到王府，根据自己的临床经验，看看王子的脸色，号了号脉，确认这是因肠胃不好引起的。找到了病因，才好对症下药，李时珍开了一个药方，王子没吃两剂，病就好了。

楚王对李时珍感激不尽，经过三番五次的挽留，李时珍留在了王府。

明世宗一共在位45年，但他很少关心国事，只知整天尽情享乐，可又怕自己将来会老死，享受不到这种快活的日子，那真是太可惜了。于是他就设法寻找长生不老的药方，并信了道教，想借助神仙的力量帮助自己实现愿望。

为了保证自己不会老死，明世宗于1556年下令叫各地官员向朝廷推荐名医。这时李时珍正好在楚王府里，楚王为了讨好明世宗，就将李时珍推荐给朝廷。这一年，李时珍被调到京城太医院任医官。

明世宗虽然招罗了天下各地名医，但对医学并不重视，还是想做道场、炼金丹，认为这些才是使自己长生不老的真

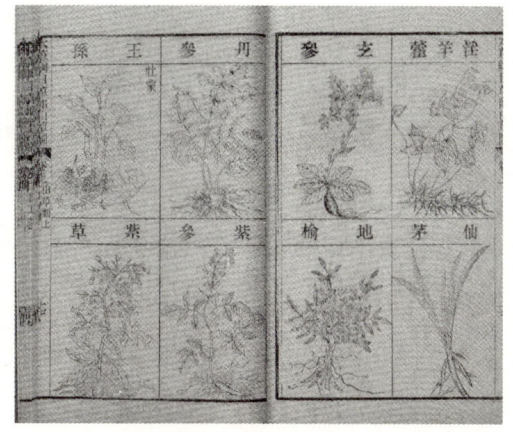

《本草纲目》书影

《本草纲目》为明代医学家李时珍历时二十七年编著的中医本草著作，共52卷，收药1892种，附图1109种，药方10000余条。

正途径。李时珍对明世宗这一套不信科学、只讲迷信的做法很看不惯，而且自己本来的意愿是要为穷苦百姓治病，待在太医院里实在没意思。因此，一年多后，他就辞官回乡了。

李时珍在回乡的路上，顺便到许多名山大川去游览。他并不是到各处去欣赏景色，而是为了他的医学，为了对草药的研究，要把他所掌握的草药的药用性质都搞清楚。一天他到了武当山（今湖北武当山），听说山上出产一种叫榔梅的"仙果"，吃了可以使人返老还童，官廷贵族都当作宝贝，当地老百姓不得采摘，地方官每年都要将这里的"仙果"千里迢迢送到京城，进贡朝廷。李时珍不相信会有那么大功效的"仙果"。为了弄个明白，他冒着生命危险，攀登悬崖绝壁，采到一颗榔梅，把它带回家仔细研究之后发现，那不是什么仙果，它的样子跟一般梅子差不多，只不过是一种鲜美可口、能够止渴生津的水果。

李时珍在长期的医疗实践中积累了丰富的医药科学资料，他发现一些医书上的记载有不少是错误的，经过许多年代，人们又陆续发现不少古书上没有记载的药草，于是他决心重新整理编写一本更加实用可靠的药书。从太医院辞职以后，他就把大部分精力花在编写药书上，对药草的功效一个一个地验证。有的不好拿病人做试验，他就自己亲自尝试。有一次，他误尝了一种

毒草，差点丢了性命。他把经过尝试验证的药草一个一个地记下来，又对搜集来的药方进行一个个地筛选整理，共花了近30年的时间，终于写成了著名的医药著作《本草纲目》。书里共记载了1892种药草，10000多个药方，为我国乃至世界医药科学做出了伟大的贡献。

《本草纲目》是我国医药宝库中一颗璀璨的明珠，成书以后，流传到世界许多国家，现已被翻译成日文、英文、德文、法文、俄文、拉丁文等多种文字，成为全世界研究医药学的经典著作。

273-萨尔浒之战

爱新觉罗·努尔哈赤在赫图阿拉（今辽宁新宾附近）建立后金以后，进行政治整顿，发展生产，扩大兵力。1618年，努尔哈赤召集八旗首领商议如何对付明朝的大计，而后与将士誓师，宣布与明朝为敌，说有七件事同明朝结下了冤仇，叫作"七大恨"。这第一恨就是明朝无故挑衅，杀了他的祖父和父亲。因这最大仇恨，他要与明朝不共戴天，决定出兵讨伐明朝。

誓师以后，努尔哈赤亲率两万兵马进攻抚顺。到了抚顺，他先写了一封信，劝明军守将投降。明军守将李永芳见后金军来势凶猛浩大，不敢前去应战，见努尔哈赤写来了劝降书，就此不战而降。后金军没费一兵一卒，就拿下了抚顺，掳掠人口、牲畜30多万。辽东巡抚派兵救援抚顺，半路上被后金军截住，明军战败，努尔哈赤命令把抚顺城毁掉以后，带着战利品回赫图阿拉去了。

> **1616年**
> 努尔哈赤在赫图阿拉称汗，建立后金，割据辽东，建元天命。

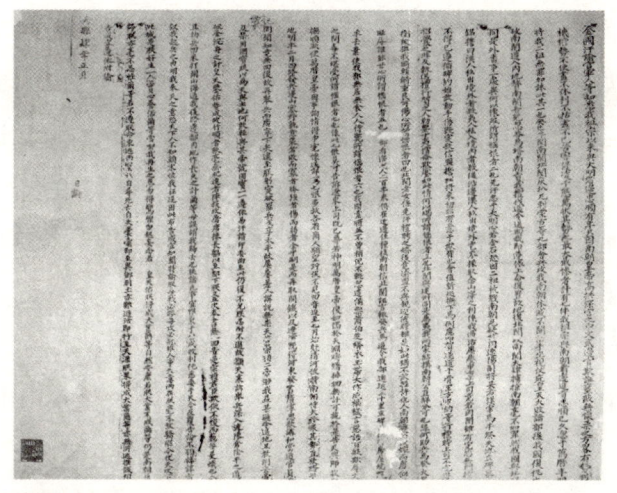

"七大恨"木刻揭榜

万历四十六年（1618年），努尔哈赤以"七大恨"为由，起兵讨伐明朝。此为天聪四年（1630年）皇太极兵临北京城下后于返程途中刊布谕民的木刻揭榜，最接近原始版本。现藏于北京大学。

　　明神宗得知李永芳投降、抚顺城被毁的消息，大发雷霆，派杨镐任辽东经略使，率兵去讨伐后金。杨镐接了圣旨，急忙调兵遣将，集中了10万人马，分兵四路进攻赫图阿拉。其中，中路左翼由山海关总兵杜松率领，右翼由辽东总兵李如柏率领，北路由开原总兵马林率领，南路由辽阳总兵刘綎（tīng）率领。杨镐坐镇沈阳指挥，为了虚张声势，对外宣传把10万人马说成40万大军。努尔哈赤的八旗军总共不过6万人，一些将士听说明军40万，感到力量悬殊，认为自己力量太过单薄，都害怕起来，纷纷跑来找努尔哈赤问计策。努尔哈赤却镇定自若，对大家说："不要怕，不管他分几路兵来，我们都是一路去应战。"

　　努尔哈赤的探马回来报告说，杜松的中路是杨镐的主力，已经从抚顺出发往这边打过来了。努尔哈赤就集中了全部兵力，迎战杜松。

　　杜松身经百战，有着丰富的战斗经验，这次却失算了，遭到惨败。他从抚顺出发的时候，天正下着大雪，气候非常恶劣。由于想抢个头功，他冒雪进军，首先攻占了萨尔浒（今辽宁抚顺东）山口，没有停顿就分兵两路，一半扎营萨尔浒，另挑选出一半精兵攻打界藩城（今辽宁新宾西北）。

　　努尔哈赤见杜松兵力分散，暗自高兴，先不去救援界藩城，而是集中全部兵力截断杜松后路，一鼓作气攻下萨尔浒的明军大营。明军留在大营的将士多为残弱之卒，禁不住八旗兵的突袭猛攻，一兵一卒也没剩下。攻下大营，努尔哈赤又调头去救援界藩城。杜松到了界藩城下，刚刚发起攻击，手下将士听说给后金军抄了后路，都无意攻城，军心开始动摇。驻守在界藩城的后金守军，从山上冲了下来，如猛虎下山，杜松被杀得溃不成军。正好努尔哈赤也率援兵赶到，后金军两面合围，把杜松军围得水泄不通。杜松奋力拼杀，想杀出一条血路，突出重围，却被乱箭射中头部，从马上摔下来，栽死了。主将战死，部下就没有了主心骨，后金军包围圈缩小，明军被杀得横尸成堆，血流成河。杜松率领的中路左翼军全部覆没。

马林率北路军从开原出发，开往赫图阿拉，刚到离萨尔浒40里的地方，听说杜松全军覆没，吓得不敢前进，就地扎营，挖了三道壕沟，准备依山守卫。

努尔哈赤仍然使用集中兵力、各个击破的战略，以攻为守。杜松军被歼之后，努尔哈赤又率八旗兵掉头赶回萨尔浒，攻破了马林军营，马林见势不妙，慌忙撤回开原，刚到开原，马林军就被后金军打散了，第二路明军又是惨败。

坐镇沈阳指挥的杨镐，以为凭着自己10万明军去对付6万后金兵绰绰有余，若分四路进击，努尔哈赤一定应接不暇。他正等待明军从前线传回各路的捷报，没料到一连两天接到的都是两路明军覆灭的噩讯，把他给吓晕了。他知道自己战略上出了失误。10万兵马，分成四路，一路只有2万多兵力，努尔哈赤虽然只有6万人马，但他兵力集中，对付杨镐的每一路军都差不多是3∶1，杨镐哪有不失败的呢？想到这里，他连忙快马传令叫另两路军停止前进。可是良机已经错过，调整战术已为时已晚了。

李如柏本来就胆小，他率领的中路右翼军行动最缓慢，他采取的是观望态度，还没出兵，接到杨镐停止进军的命令，就急忙撤退了。在山上巡逻的后金哨兵，远远看见明军撤退，一起击鼓呐喊，明军兵士以为后面追来了大批的后金军，顿时大乱，兵士们抱头鼠窜，拼命逃跑，被撞倒起不来的就被踩死踩伤了。李如柏的右翼军也溃散了。

最后只剩刘綎率领的南路军。刘綎是明军中有名的战将，一把120斤重的大刀，在他手上却觉得轻如小草，人称刘大刀，努尔哈赤也怕他三分。当杨镐停止进军命令发出的时候，刘綎已经率军深入后金军阵地，没有接到命令，也不知道其他各路明军失败的消息。刘𬘩军纪律严明，兵士训练有素，加上武器火药也多，进入后金阵地以后，勇猛冲杀，连拔后金军几个大营。

努尔哈赤对刘𬘩的骁勇善战早已听说，他分析了一下敌情，做了对比，认为后金军连续作战，已经很疲劳，而刘军气势旺盛，硬拼是不行的。于是他心生一计，选了一个明军降兵，冒充杜松部下，把努尔哈赤以杜松名义写的一封信送给刘𬘩，说杜松已经到达赫图阿拉城下，只等刘𬘩军去会师，合力攻城，抄了努尔哈赤的老窝，不要恋战小股敌人。刘𬘩信以为真，生怕杜松夺去头功，马上收兵，命令火速进军赫图阿拉。这里山高坡陡，涧深路窄，兵马不能并列前行，只有改成单列进军，刚走不多远，忽听杀声四起，努尔哈赤设计埋伏在这里的后金兵，从四面八方向刘𬘩杀来。刘𬘩军难以招架，且战且退。努尔哈赤又派一队后金军全副明军打扮，谎称是杜松军前来接应的。刘𬘩又大上其当，把人马带进了努尔哈赤的包围圈。后金军里应外合，杀声阵阵，刘𬘩军乱得像锅粥，真假难分。刘𬘩挥舞大刀，左杀右砍，砍杀了不少后金兵。但毕竟寡不敌众，刘𬘩左右臂都被后金军砍成重伤，落马身亡。

从杨镐出兵到结束，这次大战只经历了5天时间，明军10万兵马损失一大半，文武将官战死300多人，损失惨重，明朝大伤元气。历史上把这次战争叫作"萨尔浒大战"。萨尔浒大战以后，努尔哈赤的后金政权迁都沈阳，将沈阳改称盛京。

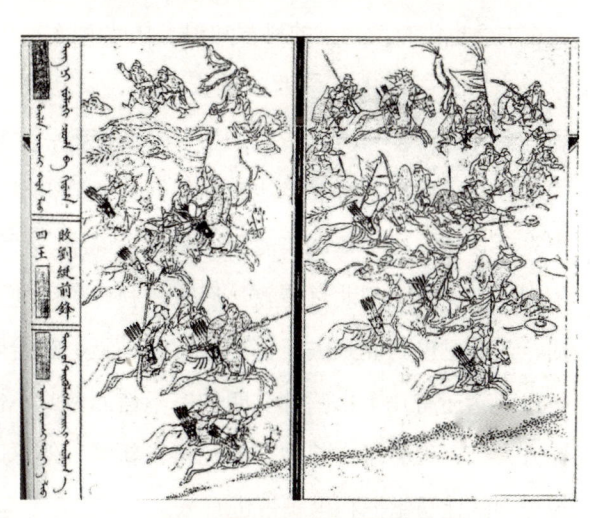

《满洲实录》中描绘的萨尔浒之战场面

《满洲实录》又名《清太祖实录战迹图》，八卷。书成于天聪九年(1635年)，绘有满洲起源传说及明万历十一年(1583年)努尔哈赤起兵后征战事迹各图，附以满、汉文图说。萨尔浒之战役是明清战争史上具有决定性意义的一场战争，是著名的以少胜多的战役。

274-科学家徐光启

徐光启是上海人,我国古代著名的科学家。明世宗的时候,上海沿海一带经常遭到倭寇的袭击。徐光启小时候,经常听父亲讲上海人民反抗倭寇侵略的英勇故事,很受启发和感动,特别敬佩像戚继光那样的抗倭爱国名将,他从小就有一股爱国热情。

徐光启从小就爱读书,聪明好学,十几岁就考中了秀才。长大以后,有一次参加科举考试,经过南京,住了几天。听说南京来了个欧洲传教士,名叫利玛窦,常借传教机会,讲些西方科学知识,南京有不少读书人跟利玛窦有交往。经别人介绍,徐光启也认识了利玛窦,他听了利玛窦讲他从没有听说过、在古书上也没有读到过的科学知识,从此就爱上了西方科学。

当时,中国人不信西方的天主教,朝廷也不支持西方人来明朝传教。利玛窦传播科学知识,主要是为了方便传教,他认为皇帝不支持,他在中国的传教就很难扩大影响,他想,如何才能取得皇帝的支持呢?只有用中国尚不完全具备的科学知识才能吸引皇帝,说服皇帝让他传教。当时明朝规定,不准外国传教士到北京传教。后来,利玛窦请地方大臣在皇帝面前为他说好话,他自己也到北京去了,通过宦官马堂,送给明神宗几本《圣经》和几幅圣母图,还有几个自鸣钟。明神宗不信西教,不懂《圣经》,也不知圣母是何方人氏,但看了自鸣钟,倒觉得怪新鲜,他琢磨不透这铁疙瘩怎么能自动报时,就让马堂把利玛窦带进宫来。

明神宗见了利玛窦,问他是何方人氏,利玛窦本来是意大利人,因为郑和七下西洋,明朝和西洋各国交往密切,他为了自我炫耀,就说是大西洋国人。明神宗赏赐给利玛窦一些财物,并允许他在北京传教。这样,利玛窦就经常同朝廷官员接触了,他的传教活动也在北京开展起来。

过了几年,徐光启考中了进士,到了北京,在翰林院做了文职官员。听说利玛窦也早已到了北京,他很高兴。他认为掌握了科学,再应用到各个方面,对富国强兵是大有益处的,于是就去拜利玛窦为师,向他学习天文、地理、数学、测量、武器制造等各种科学知识。

利玛窦与徐光启

利玛窦是意大利的天主教耶稣会传教士,于明朝万历年间来中国传教,是天主教在中国传教的最早开拓者之一,也是第一位对中国典籍进行钻研的西方学者。1610年,利玛窦病逝于北京,成为首位安葬于北京的西方传教士。利玛窦与徐光启结下了深厚的友谊,二人合译了欧几里得《几何原本》的前6卷。

从此,徐光启一有空就到利玛窦那里,听他讲授科学知识。有一次,徐光启又到利玛窦那儿去学习,听利玛窦讲到西方有一本数学著作叫《几何原本》,可惜很不容易用汉文把它翻译过来。徐光启听后说:"这书这么好,只要你肯指教,我一定要把它翻译成汉文。"利玛窦看徐光启决心很大,很受感动,于是就答应了。后来,徐光启每天离开翰林院,就直奔利玛窦住所,与他合作翻译《几何原本》。利玛窦讲述,徐光启则翻译记录。当时,中国还没有人翻译过国外数学著作,要把原著准确地翻译成汉文,确实难度很大。徐光启整整花了一年多时间,逐字逐句翻译,反复推敲、修改,常常是废寝忘食、通宵达旦。经过他的艰苦努力,终于将《几何原本》的前6卷较为准确地翻译成汉文本。后来,几何学在中国得到广泛的应用。

《几何原本》翻译完成以后,徐光启又同利玛窦和另外一个传教士熊三拔合作,翻译了测量、水利等方面的科学著作。徐光启在利玛窦那里学到了不少天文学方面的知识,他把中国古代历法与西方的天文科学结合起来,进行了深刻的研究,得到了很大的提高。

徐光启研究科学是多方面的。父亲病死那年,他回到上海奔丧守孝。这年江南遭遇了大水灾,庄稼全被淹了。水退下去以后,他帮助老百姓从福建引来一批甘薯秧苗,要大家栽种,自己还在荒地上带头试

> **TIPS**
> 《几何原本》
>
> 《几何原本》,又称《几何》,15卷,是古希腊数学家欧几里得的一部数学著作,大约成书于300年,是几何学的奠基之作。明代学者徐光启与传教士利玛窦合作将其前6卷平面几何部分翻译成中文,后9卷是1857年由清代数学家李善兰和英国人伟烈亚力译完的。

种，结果收获丰硕。他看甘薯不仅福建沿海能够种植，上海也可以种植，于是就编了一本小册子，介绍如何种植甘薯。后来甘薯的种植就从福建推广到浙江一带，又很快推广到江淮流域。

徐光启不仅研究科学，对国事也非常关心。当杨镐四路大军差点在萨尔浒全军覆没的消息传到京城以后，满朝文武官员都大为震惊，大臣们纷纷呼吁朝廷挑选强将，增加兵力，征讨后金。徐光启一连向明神宗上了三道奏章，认为后金越来越强大，已明显与我明朝为敌，成为朝廷最大威胁，若要挽救危险的局面，只有选出精干人才，训练新兵，才能抵抗住后金将来可能对朝廷的侵略，他自愿承担训练新兵的重任。明神宗知道他是个文官，又听说他也通晓军事，且有这般热忱，就批准他到通州招募训练新兵。

徐光启满怀希望，决心练好新兵，加强国防。不料朝廷各部门腐败透顶，练兵衙门建成以后，徐光启既要不到人也要不到军饷，急得团团转，好容易要来一点军饷，就到通州检阅新兵，谁知7000多新兵大多是老弱病残。徐光启大失所望，眼看自己的抱负不能实现，没有办法，只好辞去新兵衙门的职务。

明神宗死后，他的儿子朱常洛即位，这就是明光宗。不久明光宗也病死了，太子朱由校即位，这就是明熹宗。明熹宗执政后，又召徐光启进京。徐光启复官后，见后金对明朝的威胁越来越大，而明朝的防御能力越来越差，他又上奏朝廷，极力主张多造西洋大炮。兵部尚书却极力反对，为此，他们之间争执不休，矛盾很大。结果徐光启没有斗过那个势力大的兵部尚书，又被排挤出来。

徐光启辞官回乡时，已是年过花甲的老人。由于

TIPS
红丸案

1620年，即位不到一月的明光宗病重，鸿胪寺丞李可灼进献仙丹，因颜色为红，称为红丸，明光宗服后致死。有人怀疑为郑贵妃下毒，在追查元凶中，触发了党争与私仇，由此诛杀了大量的官员。这是明末三大案件之一。

◀ 1620年

明神宗死，太子朱常洛即位，是为明光宗。明光宗即位一个月就死了，太子朱由校即位，是为明熹宗。

他本来就喜欢研究农业科学，回乡后，就在自家田里干农活，同时做些试验，经过长期的研究记录，写成了一部很有名的著作，叫《农政全书》。

275-左光斗与史可法

在明神宗在位的后期，有个大臣叫顾宪成，为人正直，经常针对时弊上书朝廷，触犯了明神宗，被撤了职。

顾宪成回到老家无锡，与几个志向相投的朋友在东门外东林书院讲学。周围许多读书人听说顾宪成学识渊博，都赶到东林书院听顾宪成讲学，书院里挤得满满的，有的人挤不进去了，就干脆在走廊上、窗下听，都听得津津有味。顾宪成因对时政不满得罪皇帝才被免职，所以在讲学时，他经常议论到朝廷的黑暗，还经常

东林书院旧址

东林书院旧址在无锡市东门苏家弄内，为明东林党人讲学和议论朝政活动的中心。著名楹联"风声、雨声、读书声，声声入耳；家事、国事、天下事，事事关心"即悬挂在书院内依庸堂上。

揭露一些朝臣的丑恶行为。一说到这些，他情绪就激动起来。听讲学的人都对顾宪成的见解表示赞同，京城里也有不少大臣支持顾宪成。东林书院不仅在无锡名声越来越大，而且在京城里的声誉和影响也越来越大了。那些受到顾宪成批驳的宦官权贵，对顾宪成切齿痛恨。他们把支持东林书院的人称为"东林党人"，将东林党人视为眼中钉肉中刺。

到明熹宗即位的时候，一部分支持东林书院的大臣掌握了朝中大权，其中声望最高、比较能秉公办事又正直的要算杨涟和左光斗了。一次，朝廷派左光斗到京城近郊视察，并担任这个地方的科举考试主考官。

有一天，北风呼啸，下着鹅毛大雪。左光斗在地方官署喝了几盅酒，看

到外面的雪景迷人，游兴大起，便带了几个随从骑马踏雪。几个人边走边聊，来到一座古寺跟前，便下马到寺里去稍事休息一下。

推开寺门，进到院中，只见左边走廊边上有一间小房，一个书生伏在桌上睡着了，边上还有几卷墨迹未干的文稿。左光斗走到近前，没有作声，拿起文稿来看。一看这稿卷，文字端庄清秀，词句精彩、不落俗套。左光斗看看熟睡的书生，暗自称赞：好文才。他放回文稿，准备出去，转而想到，外面大雪飘飘，天寒地冻，这书生身上衣裳单薄，这样睡着，着了凉怎么办？想到这里，他解下自己披着的貂皮披风，给那书生轻轻地盖上。

左光斗等退出门外，掩上门，让一随从到和尚那里去打听一下这个书生的身份来历。随从回来报称，那书生名叫史可法，是新来京城准备应考的，史可法的名字就这样深深印在左光斗的脑海里了。

过了几天开考了，左光斗端坐在主考官案几边，堂上小吏一一高喊着考生的名字，左光斗对每个考生都细细打量。当喊到史可法的名字，他的眼睛好像也更亮些，身子往前一倾，伏在案几上，注意看那送考卷上来的考生，果然是那天在古寺里见到的那个书生。左光斗接过试卷，认真阅读，觉得文章品位很高，当场评他为第一名。

考试结束后，左光斗叫史可法到他官署去。左光斗接见了史可法，勉励他要好好读书，好好做事，将来要做国家的栋梁。史可法一一应承，谈了好一阵子，左光斗又把史可法带到后堂，把他介绍给夫人认识，并在夫人面前夸奖史可法说："我们几个孩子都是无能之辈，将来我的事业得全靠这个才子来继承了。"

此后，左光斗与史可法建立了深厚的友谊和亲密的师生之情。因为史可法家里很穷，为了好接济他，左光斗让他住进官府，自己也好经常去指点他读书。有时候，左光斗公务处理完了，深更半夜还要到史可法的房间去看看他，两人一谈起学问来就忘记了睡觉，常常彻夜不眠。史可法对左光斗也非常敬重。

杨涟和左光斗一心要下番功夫，重整朝政，使明朝再强盛起来。但明熹宗和前面的几代皇帝一样，昏庸无道。他宠信一个奸宦魏忠贤，把特务机构东厂交给魏忠贤掌管。魏忠贤是个十恶不赦的家伙，他依仗权势，结党营私，受贿卖官，敲诈勒索，坏事做绝。那些反对东林党人的官僚都来巴结魏忠贤，甘愿做他的鹰犬走狗，充当他的耳目，他们结成一伙，专门坑害官员百姓，历史上称这帮坏蛋为"阉党"。杨涟对阉党的所作所为痛恨至极，就冒死给明熹宗写了一道奏章，揭露魏忠贤贪赃枉法、陷害忠良的罪行，共数列了魏忠贤的24条罪状。左光斗及一些支持东林党的人都声援支持杨涟。

这样不仅让皇帝难堪，也捅了魏忠贤的马蜂窝，魏忠贤勾结他的阉党，在明熹宗面前诬陷攻击左光斗、杨涟，说他们是东林党人，并罗列罪状，上奏皇帝。他们被投入监牢，还被用重刑拷打逼供，同时还有一大批东林党人被逮捕。

左光斗被陷害入狱，可急坏了史可法。他想去看看恩师，狱卒说："上头有话，谁也不准进去。"他就每天从早到晚，在牢门外转来转去，想偷个空子进去探望老师，可是阉党看管太严，怎么也进不去。

无论阉党如何用刑，左光斗始终不屈服。史可法听说左光斗快要被折磨致死，于是不顾安危，拿了50两银子，苦苦哀求狱卒，说没有别的意思，只想见老师最后一面。狱卒见史可法如此诚心，受了感动，终于同意帮助史可法找机会去见老师。当晚，史可法换上一件破破烂烂的农民衣服，穿着草鞋，背着粪筐，拿着粪铲，装成一个拾粪的人。趁没人注意的时候，狱卒把他带到了左光斗的牢房。

史可法见左光斗戴着镣铐，坐在墙拐角处，遍体鳞伤，面部已被烙铁烧烫得认不出来了，左腿肌肉已经腐烂，露出了骨头，他一阵心酸，泪如泉涌。他走到左光斗跟前，跪了下来，抱着他的腿抽泣不已。

左光斗已睁不开眼，看不见来人的模样，但他从哭泣声中已辨出是史可法。他举起手，用尽力气，忍着绞心的疼痛，硬把眼睛扒开了。他用愤怒的目光瞪着史可法，骂道："你这个蠢材！到这里来干什么？！这是什么地方？你能来吗？！国家已被他们糟蹋成这个样子，有许多事情等着你去做，我已经不行了，你还跑到这来，万一被他们发现，那不是送死吗？那将来的事情谁来干？！"左光斗把一切希望都寄托在史可法身上，他多么想见一下这个得意的门生，但还是怕他遭到不测，所以才这样恶狠狠地跟他说话。

史可法还是一个劲地抽泣，没有起身，左光斗见他不走，就狠狠地说："你再不走，我就干脆把你收拾了，省得让他们来害你。"说着，举起镣铐，像真的要砸过来。史可法不敢再说什么，只好强忍悲痛，退了出来，依依不舍地告别了老师。

没过几天，左光斗和杨涟等人就被魏忠贤杀害了。左光斗被杀之后，史可法又买通狱卒，领回左光斗的尸首好好地将他埋葬了。

276-虎丘"五人墓"

左光斗、杨涟等人被魏忠贤杀害以后，凭着明熹宗对魏忠贤的宠信，朝中大权就自然落到魏忠贤手中。凡是过去巴结他的人，都得到重用提拔，分布朝廷的各个重要位置上。有的帮他出谋划策想歪点子，有的帮他专门干害人坑人的特务勾当。老百姓给这帮穷凶极恶的家伙取了一些绰号，叫"五虎""五彪""十狗""十孩儿""四十孙"。

魏忠贤的权力大到了极点，几乎与皇帝并驾齐驱，谁不巴结奉承他，谁就要遭到厄运。他出门的时候，排场跟皇帝一模一样。大家也把他当作皇帝看，有个朝廷里的官员竟称他为"九千岁"，那是因为皇帝才能称

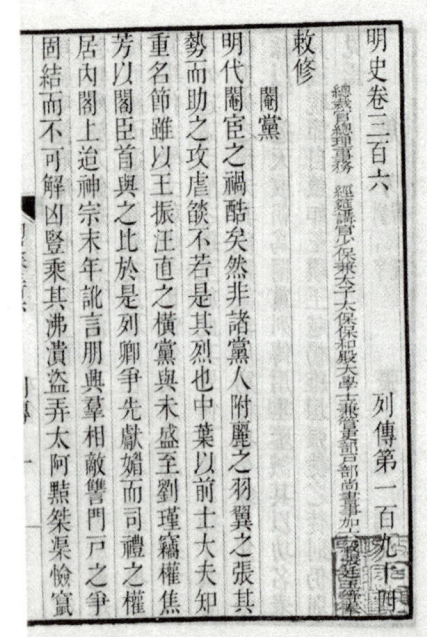

《明史·阉党传》书影

自明成祖朱棣以来，明代宦官权力极大，宦官干政对明代政治产生了重要的影响。明代著名的专权宦官有王振、刘瑾、魏忠贤等，由于他们掌握着朝政大权，许多士大夫依附他们助纣为虐，这一群人被称为"阉党"。

"万岁"，他到底不是皇帝，所以不能称万岁。魏忠贤听人家称他为"九千岁"，心里乐滋滋的，赏了那个官员。以后他就成了"九千岁"了。浙江一个巡抚，为讨好魏忠贤，挖空心思，竟要出个更新的花样来，给魏忠贤造了个祠堂。过去人家造祠堂，都是用来纪念死人的，魏忠贤还没死，怎么能咒他死而造祠堂来呢？原来这巡抚想得真绝，他把它叫作"生祠"，魏忠贤不仅没有责怪他，还重重赏了他。生祠一造出来，就有人反对，反对的人立刻就被魏忠贤革了职。以后，各地官员得罪不起魏忠贤，也纷纷为他造了生祠。

阉党当权，朝廷上下被搅得乌烟瘴气。稍微正直一点的官员，因对阉党的行为看不惯，都纷纷辞了职。有个叫周顺昌的官员也看不惯阉党横行，请了长假回老家苏州。这一年，魏忠贤又大肆逮捕东林党人，东厂特务带着兵士将一个属于东林党人的朝廷官员押往北京。经过苏州时，周顺昌为他送行，摆了酒席，席间指名道姓地痛骂魏忠贤。这事很快被报告给魏忠贤，魏忠贤大怒，命东厂出兵由南京巡抚毛一鹭带领，去苏州捉拿周顺昌，押到京城治罪。

京城派人来捉周顺昌的消息，很快在苏州大街小巷传开了，轰动了苏州城。20多年前，在葛贤领导下，苏州人民曾与宦官孙隆斗争，痛打税监。现在魏忠贤的特务又来抓人，大家都义愤填膺。周顺昌代表了大家反对阉党的心愿而受到迫害，大家自然同情他、支持他。特务士兵一到苏州，成千上万的市民就拥上街头，声援周顺昌。

市民们拦住毛一鹭的轿子，阻住他们的去路，选了几名善于言辞的秀才向毛一鹭请愿，要求取消逮捕周顺昌的命令。毛一鹭不敢违抗魏忠贤的命令，但眼前见群众的声势浩大，吓得浑身直冒冷汗，半句话也说不出来。那些特务士兵可急了，其中一个士兵把铁镣往地上一扔，两手掐腰，厉声喝道："我们是东厂来的，谁敢阻拦就抓谁！"这个士兵的话和举动也太欺负人了，"哗啦"的铁镣声，一下把大家的怒火给激了起来，马上就有人责问士兵："原来你们是东厂来的，不是皇上派来的吗？"

那士兵还没来得及回答，后面的群众就高喊起来："打东厂来的奸贼！"一呼百应，在"打！"的喊声中大家向毛一鹭和士兵们冲了过来。那些士兵见状抱头鼠窜，不要命地逃跑。他们哪里还能跑得掉，早在群众的包围之中了。愤怒的群众抓住他们，拳打脚踢，直打得他们喊爹叫娘，平日里狗仗人势的气焰一点也没有了。一个士兵被击中心窝，在地上滚了几下就翘辫子了。其余士兵个个被打得鼻青脸肿，头破血流，跌跌撞撞地逃走了。

市民们都感到打得很痛快，总算出了口恶气，干脆一不做，二不休，再找毛一鹭算账，大家又涌到毛一鹭的轿前，一掀门帘，轿子里没人。毛一鹭早就趁着混乱溜走了，他慌不择路，窜到一条小巷里东碰西撞才跑出去。他怕后面人追上来抓住他，惊慌中见有一茅坑，就钻了进去，躲在拐角处直发抖。等到市民散去，街上平静了，随从们才找到这里，把毛一鹭从茅坑里拉出来。

那些东厂特务逃回京城，又哭又叫，向魏忠贤告了恶状，魏忠贤气急败坏地马上命令毛一鹭派重兵前去苏州镇压。毛一鹭再次带兵来到苏州，把那天带头闹事的颜佩韦、杨念如、马杰、沈扬、周文元五人捉拿起来，定了死罪。过了几天，这五个人就被押赴刑场处斩，临刑时，他们还痛骂魏贤忠、毛一鹭，整个苏州市民都沉浸在悲痛之中。

这五人英勇就义之后，市民们出钱，从刽子手那里领回了尸首，隆重地将他们安葬在虎丘东边的山塘，还立了墓碑，碑上写了四个大字"五人之墓"。

苏州市民暴动，虽然遭到朝廷镇压，但东厂特务的嚣张气焰却被打了下去，以后再不敢到处乱抓人了。

277-袁崇焕扬威宁远城

魏忠贤整天只想着如何整治老百姓，坑害忠良贤臣的本事大得很，而在如何对付外敌侵扰方面，却是个无能之辈。当朝廷上下被魏忠贤阉党搅得一团糟的时候，努尔哈赤的后金军正在辽东不断向明军发起攻击，屠杀百姓，抢掠财物。萨尔浒大战，明军一败涂地，朝廷又派一名老将熊廷弼出关收拾残局，指挥辽东军事。熊廷弼是个通军事、有才干的老将，由他来指挥军事，定能扭转局面。但是，广宁（今辽宁北镇）巡抚王化贞却认为熊廷弼来指挥军事，自己的身份地位就下降了，于是他处处刁难熊廷弼，千方百计地阻挠熊廷弼对军事的指挥。

1622年，后金军大举进攻广宁。敌军未到，身为广宁巡抚的王化贞竟带头弃城而逃，躲进关内。熊廷弼无法抵御，只得保护一些老百姓退到山海关内。

后金军不费吹灰之力，就攻占了广宁。广宁失守，朝廷不问缘由，把负责军事指挥的熊廷弼和广宁巡抚王化贞一起治罪，打进监牢。魏忠贤真会乘人之危，这时候还来敲诈熊廷弼，他要熊廷弼拿4万两银子来赎身，否则必死无疑。熊廷弼一贯为官清廉，拿不出银两，就拒绝了魏忠贤。魏忠贤见榨不出油水，就诬陷熊廷弼贪污军饷，把他斩了。

熊廷弼被处死了，可辽东战事仍很危急，派谁去能抵抗得了后金军呢？

实在是找不出合适人选了，兵部衙门急得没办法。正好这时候，主事袁崇焕失踪了，谁也不知他的去向。过了好几天，袁崇焕忽然又回来了。别人一问，才知道原来他看到辽东频频告急，一个人骑了快马奔到山海关外视察去了，经过对关内关外地形的详细考察研究，他认为明军有很多有利条件。于是回来向兵部尚书孙承宗报告了考察的情况，并且立下了军令状说："只要给我人马军饷，我保证收回辽东。"

兵部已被后金军的攻势吓得没了主张，正愁找不到人，袁崇焕居然自告奋勇，还立下了军令状，他们乐得让他一试。明熹宗批给他10万两饷银，由他负责督率关外明军。

经过连续几年的战争，关外已是一片荒凉。士兵的尸体遍地都是，现在已是人烟稀少、野兽横行，加上寒冬冰雪，环境恶劣，条件十分艰苦。袁崇焕出关后，带着随从，马不停蹄，连夜赶到宁远（今辽宁兴城）的前屯。一到那里，他就收容难民，修筑工事，将士们见袁崇焕有如此胆识和气魄，都很钦佩他。

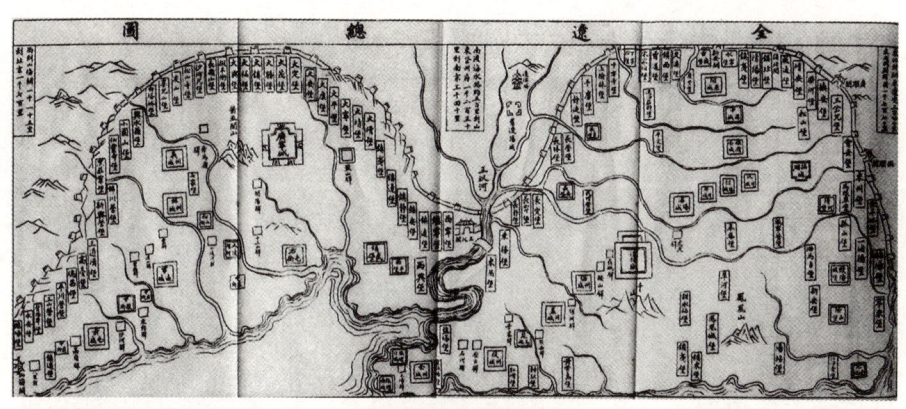

《辽东志·全辽总图》

《辽东志》创修于明正统八年（1443年），为都指挥司金事毕恭编纂。现存本为嘉靖十六年（1537年）重修刻本，9卷。此志记载内容包括全辽之地。

经过实地考察，袁崇焕决心在宁远修筑防御工事，派兵驻守。他的这一主张得到了孙承宗的支持。袁崇焕很快在宁远筑起三丈二尺高、三丈宽的坚固城墙，城墙上还装备了各种火器大炮。然后又分派几支兵马驻守在宁远附近的锦州、松山等地，以便和宁远呼应。

袁崇焕号令严明，爱护士兵、百姓，受到了当地军民的爱戴。关外各地商人见宁远防守坚固，又比较安定，都云集宁远。袁崇焕来到宁远不久，就很快扭转了危急局面。一些朝中官员看到袁崇焕果然有能耐。

孙承宗支持袁崇焕守卫辽东，刚有起色，魏忠贤这个老贼却猜忌孙承宗，唆使他的徒儿徒孙在明熹宗面前说他的坏话，孙承宗有理也说不清，被迫辞去了尚书职务。

孙承宗被排挤出去，魏忠贤把他的同党高第派去指挥辽东军事。高第昏庸无能，也没有一点责任心。他一到山海关，就把各路将领召集来，说努尔哈赤厉害，明军根本没有防守能力，要把明军全部撤进山海关内，放弃辽东。

高第要撤兵，袁崇焕肺都要气炸了，他坚定地说："我反对撤兵，我们费了九牛二虎之力，好不容易才在辽东立住脚，怎么能把关外拱手送给后金呢？"高第硬要袁崇焕放弃宁远，袁崇焕气愤地说："防守宁远是我的职责，我死也不撤兵。"

高第再也没词了，就勉强答应让袁崇焕带明军留守宁远，命其他关外明军全部撤到关内。各地守军接到限期撤兵的命令，毫无准备，匆忙撤兵，几十万担的储备军粮都丢掉了。

努尔哈赤见明军慌忙撤退，狼狈不堪，认为明朝是没有人敢跟他抗衡了，辽东大片土地将唾手可得。1628年，他亲自率领13万大军，向宁远发起进攻。

当时，按高第的命令，驻守宁远周围的几个据点的明军都撤走了，宁远已是一座孤城，只有一万多兵士，一点外援也没有了。但袁崇焕并不灰心，他咬破指头，写了一封血书，表示了与后金军血战到底的决心。他把血书给将士们传看，并鼓励大家同心协力，同仇

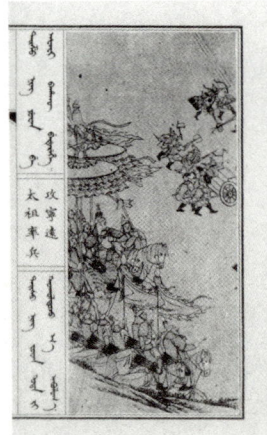

《满洲实录》中描绘的宁远之战场面

1626年，努尔哈赤率军攻打孤城宁远，袁崇焕以红衣大炮守城，炮伤努尔哈赤，迫其退兵。这是努尔哈赤起兵以来唯一一次大败，努尔哈赤含恨而归，不久病亡。

敌忾，誓与宁远共存亡。将士们都被感动了，纷纷表示跟定袁将军，死守宁远城。

接着，袁崇焕又发了几道命令。第一，城外老百姓撤进城里，能带进城的粮食、用具全部带上，带不走的要掩蔽起来，再烧掉房屋，不留一粒粮食和一点掩体给后金军；第二，城内官员搞好军粮供应和清查内奸，各司其职，不得玩忽职守；第三，决不允许临阵脱逃。他给山海关守将发了信，如果发现从宁远逃过来的官兵，就地处斩。这样一来，一点退路也没有了，大家只有一个想法，背水一战。

过了半个多月，努尔哈赤的后金军浩浩荡荡来到宁远城下，发起了攻击，后金士兵头顶着盾牌，一个劲地猛烈攻城，明军用石块、火器、箭，雨点般地向城下敌群射击，后金军一次次的进攻都被击退了。无奈后金

红衣大炮

这是欧洲在1500年—1520年制造的一种火炮，明代后期传入中国，改进后称红夷大炮。红夷大炮威力巨大，在明清战争中发挥过重要作用。清朝人忌讳"夷"字，改名为"红衣大炮"。

军兵力太多，倒下一批，又上一批，明军英勇抵抗，打得非常艰苦。到了最紧急的关头，袁崇焕下令用大炮向敌阵发射，只见炮声响处，火焰腾空，后金士兵被炸得血肉横飞，尸体一倒一大片，剩下的也退去了。

后金军吃了败仗，努尔哈赤不甘心，第二天他集中大部分兵力，亲自督战，再次对宁远城发起攻击。袁崇焕登上城楼瞭望台，仔细地观察监视后金军的行动，他沉着应战，等后金军进入大炮射程之内，才命令开炮，炮弹在敌人密集的地方开花。一阵猛烈的炮火轰击后，敌人伤亡更大了，在后面督战的努尔哈赤也受了重伤，他看再强大的兵力也对付不了威力无比的大炮，这才不得不下令退兵。袁崇焕一看努尔哈赤败退了，就命明军杀出城去，乘胜追击，一直追杀了30多里，直杀得后金军丢盔弃甲，这才收兵回城。

明军大获全胜，全城军民欢呼声震天。努尔哈赤受了重伤，退回沈阳，

还不服气地说："我打了几十年的仗,没有攻不克的城池,没想到这小小的宁远城却攻不破。"他又气又恼,整天闷闷不乐,伤势急剧恶化,不久便死在军营里。

278-皇太极计杀袁崇焕

努尔哈赤死后,他的第八个儿子皇太极即位为后金大汗。袁崇焕得知努尔哈赤重伤死去的消息后,为了探听后金军有什么动静,就派了使者到沈阳去吊丧。皇太极接待了袁崇焕的使者,同时还派出使者到宁远表示答谢。其实皇太极恨透了袁崇焕,但因后金军刚打了败仗,损失惨重,自己还需要一段时间休整,不能马上与袁崇焕交战,同时他也想从使者那里试探到明朝的态度,所以不得不这样做。双方表面上和平相处,风平浪静,背地里却各有各的打算,加紧备战。

> **1626年**
> 努尔哈赤死,子皇太极即位为汗。

皇太极迫不及待,第二年(1627年)就亲率后金军进犯明军。他兵分三路,包围锦州城。袁崇焕料定他醉翁之意不在酒,是想闹得锦州吃紧,明军派出大批兵力增援,只要宁远城一空,他就好来夺取宁远。于是他决定自己留守宁远,留下大部分兵力,只派4000骑兵救援锦州。果然不出所料,援兵还没出发,皇太极已分兵来攻打宁远了。袁崇焕登上城楼,亲自督战,命令用大炮猛烈轰击,正好城外明军援军也已赶到,内外夹击,把后金军赶跑了。

皇太极在宁远吃了败仗,又回攻锦州,但锦州防守森严,后金军士气低落.皇太极无心再战,只好退兵。

袁崇焕打败了皇太极，捷报传到京城，魏忠贤却把功劳记在自己头上，反过来责备袁崇焕不亲自去救锦州，这是辽东军事总指挥的失职。袁崇焕守卫宁远，不顾安危，屡立战功，得到的报答却是指责，他知道魏忠贤这老贼又在存心跟自己过不去，被迫辞了职。

昏庸的明熹宗统治不过7年，7年中，整个朝政被他弄得乌七八糟，1627年，他终于死去了。明熹宗死后，他的弟弟朱由检即位，这就是明思宗，其年号为崇祯，历史上都称之为崇祯帝。魏忠贤作恶太多，民愤极大，崇祯帝也早就对他看不顺眼，他一即位，就革了魏忠贤的职，公布了他的罪状，把他充军到安徽凤阳。魏忠贤知道自己作恶太多，便在半路上自杀了。

> **1627年**
> 明熹宗死，其弟朱由检即位，是为明思宗。

魏忠贤死后，崇祯帝又惩办了一批阉党，给被魏忠贤陷害冤死的杨涟、左光斗等忠臣平反昭雪。崇祯帝想重振朝纲，做一番大事业。大臣们纷纷上奏，请求重新起用袁崇焕，崇祯帝接受了大臣们的意见，不仅把袁崇焕召回朝廷，还提拔他为兵部尚书，让他直接负责河北、辽东的军事指挥。崇祯帝召见袁崇焕，问他如何计划，袁崇焕蛮有把握地说："只要皇上给了我指挥权，朝廷各部门再互相协助配合，不超过5年，就能使辽东得到恢复。"崇祯帝听了很高兴，十分赞赏袁崇焕的魄力，赐给袁崇焕一口尚方宝剑，让他有权处理一切事务，也可以先斩后奏。

袁崇焕再次来到宁远，带着雄心壮志，准备一步步地实现他的计划。他挑选将士，整顿队伍，严明军纪，积极备战。这时候有个大将叫毛文龙，为保存实力，贻误战机，还虚报军功，不服从命令，袁崇焕以军法从事,没报朝廷,就用尚方宝剑把他给斩了。

皇太极败给袁崇焕以后,怎么也不罢休,他知道宁远和锦州防守严密,硬去拼还会吃大亏,于是决定来个声东击西,打袁崇焕一个措手不及。1629年10月,皇太极亲率几十万后金军,从龙井关到大安口(今河北遵化北)绕到河北,直捣北京城,抄袁崇焕的后路。

皇太极绕道偷袭北

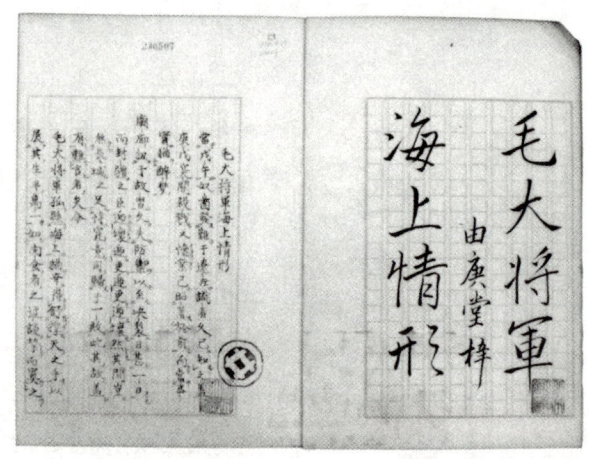

《毛大将军海上情形》书影

明朝人汪汝淳撰。书中记录了毛文龙驻扎皮岛抵抗后金的相关内容。毛文龙为明朝镇守辽东皮岛的大将,他曾指挥镇江之战,取得了明朝对后金军队作战的第一场胜利。他驻扎在皮岛,有效牵制了后金对明朝的攻势,然而他专横不听指挥,皮岛渐成独立王国,后被袁崇焕斩杀。

京城,袁崇焕怎么也没料想到。袁崇焕得到消息后,就赶快出兵,想半路上拦住后金军,但由于得到情报太晚,已经来不及了。后金军很快就到了北京郊外。袁崇焕心急如焚,日夜兼程,两天后到了北京,没有顾得上休息,就和后金军交战了,其他各路明军也赶来救援。

后金军突然进攻北京,大家都没有料到,一点思想准备也没有,全城都受到震动,人心惶惶,一片混乱。崇祯帝也急得没有了主张,听说袁崇焕已带兵赶到京城与后金军展开激烈的战斗,才算吃了颗定心丸。

后金军被打退以后,崇祯帝亲自召见袁崇焕,给予慰劳奖赏。魏忠贤的余党却在背后散布谣言,说后金军攻打北京是袁崇焕搞的阴谋,一定是他把后金军招引来的。崇祯帝本来就好犯疑心病,听到别人这么一说,倒真的猜疑起来。恰好又有一个被俘的太监从后金军营逃回来,向崇祯帝报告说:"袁崇焕早与皇太极暗中勾结,订了密约,要出卖京城。"这个消息犹如晴天霹雳,崇祯帝大为震惊,他本希望别人传说的是假的,但这个太监是从后金军营里逃出来的,他的话就是铁证。

可这太监又是怎么得知袁崇焕与皇太极有密约呢?原来,后金军俘虏了两个明朝的太监，一直关在军营里。有一天晚上，那个姓杨的太监睡到半夜，被叽叽喳喳的说话声吵醒，只听外面有两个金兵在谈话。

一个说："今天我们为什么临阵退兵？"

另一个说："不知道。"

一个说："那是我们皇上和明朝袁将军安排好的。"

另一个问："你怎么知道的？"

一个又说："刚才我看见皇上独自骑马朝明营去了，不一会儿，明营也有两人骑马朝皇上迎来，他们谈了好半天，听说那两个人是袁将军派来的，他跟皇上已有密约，北京……我们很快就会成功的。"

后金军向北京发兵的时候，有意留下空隙让姓杨的太监逃走。杨太监以为自己是好不容易才逃离虎口，就赶快跑到皇宫，把他听到的消息报告给崇祯帝，却不知道这一切都是皇太极有意安排的。

疑心重、没头脑的崇祯帝，还真的中了皇太极的奸计，他立刻召袁崇焕进宫。袁崇焕不知何事，连忙赶到宫里。崇祯帝拉着脸，劈头就问："袁崇焕，你为什么自作主张把大将毛文龙杀了？为什么后金军到了京城，却迟迟不见你的援兵？"崇祯帝突如其来地问起这些话，不禁把袁崇焕给弄怔住了，等他醒悟过来想做解释的时候，崇祯帝已命令锦衣卫将他绑了起来，关进大牢。

很多朝臣都了解袁崇焕的一片忠心，他决不会干那种勾当，觉得这事蹊跷得很。有个大臣大胆地劝谏崇祯帝说："袁崇焕一向忠心为国，请陛下慎重啊！"

崇祯帝对大臣的劝告充耳不闻，加上魏忠贤的一些余党又趁机在崇祯帝面前诬陷袁崇焕，1630年袁崇焕就被崇祯

皇帝奉天之宝

清初碧玉玺。边长14厘米，通高15.2厘米。纽为盘龙纽，印文左为满文，右为汉文篆书。据《交泰殿宝谱》，此宝作"以章奉若"之用，以示皇帝对上天的尊崇和礼敬。现藏于故宫博物院。

处斩了。

皇太极用计除了他的对手袁崇焕以后，后金越来越强大，皇太极也就更加藐视明朝，不可一世了。1635年，皇太极把女真改为满洲；第二年，皇太极在盛京称帝，改国号为清。从此，就开始了清朝的历史，皇太极就是清太宗。

> **1636年**
> 皇太极在盛京（今沈阳）称帝，改国号为清，是为清太宗。

279-徐霞客与他的游记

徐霞客名叫徐弘祖，别号霞客，江阴（今江苏江阴）人，是我国历史上著名的地理学家。他从小在私塾里读书的时候，就非常喜欢读地理、历史一类的书籍。老师总是看着学生读儒家经书，徐霞客却趁老师不注意的时候，把地理书放在经书下面偷看，看到精彩的地方，不觉眉飞色舞。

他十几岁的时候，父亲就死了。当时明朝朝廷腐败，贪官污吏横行，国力衰退，民不聊生。徐霞客对此十分不满，他不愿应朝廷科举考试，也不谋求做官，决心游历祖国的名山大川，考察一番，探索大自然的奥秘，但一想到母亲年迈，没有人照顾，也就把这事搁在了一边。

毕竟母亲最了解自己的儿子，她早已看出了儿子的心思，就教导儿子说："好男儿志在四方，哪能为了照顾我就留在家里呢？那就像篱笆下的小鸡、马圈里的小马一样，是没有出息的！"母亲这样体谅和支持他，他当然更加坚定了远游的决心。

母亲为他准备了行装，还为他缝制了一顶远游冠。徐霞客22岁的时候，正式离开家乡，到大自然中游历去了。这一次，他游历了许多名山大川，如太湖、洞庭山、天台山、雁荡山、泰山、武夷山、五台山和恒山等。他每游历一阵就要回来探望一次老母亲。每次游历回来，他总要跟亲友、乡亲谈他的远游历程、各地奇特的风俗和他游历中经常遇到的险情奇景，有时说到惊险处，大家都被吓得直伸舌头，母亲却在一旁听得津津有味，不断地夸奖他、鼓励他。

后来，老母亲去世了，徐霞客就更集中精力来从事他的考察事业了。到50岁的时候，他又进行了一次长途游历，他整整用了4年时间，遍游了湖南、广西、贵州、云南四省的山山水水，一直到达边境腾冲。他冒着严寒酷暑，跋山涉水，到过许多人迹罕至的地方，其中的艰辛和险情是可想而知的。但他攀登悬崖峭壁，考察奇峰异洞，从不停歇。有一次，他到达越南香甸，经过一座突兀高耸的山峰，发现悬崖峭壁上有一个岩洞，看看四周，没有一条路可以通到上面，看来是没有人上去过的。他冒着生命危险，像壁虎一样，贴着悬崖边，一步一步爬了上去，对洞内进行了一番考察研究。

还有一次，他到了湖南茶陵，听当地老百姓说山上有个麻叶洞，洞里有神龙妖怪会吃人，只有懂法术、能够降妖捉怪的人才敢进洞，其他常人进去了，就不能再出来。徐霞客听了不相信，他出了高价从当地雇了一个人给他做向导，他要进洞考察去。刚刚来到洞口，还没进洞，向导问他是不是能够降妖捉怪，徐霞客笑着说："我哪里会那一套，这洞里不会有什么妖怪的。我是读书人，从来就不相信有什么妖怪。"向导听了，吓得要往回跑，直摆手说："我不干，我还以为你是个法师呢，原来你是个读书人，我才不跟你进洞送死哩。"

徐霞客没有退缩，他毫不犹豫地点上火把进洞了。村里老百姓听说有人敢进洞去，认为他一定是脑袋瓜子有毛病，都跑到洞口来看热闹。徐霞客在洞里考察了很久，一直到火把快烧没有了才出来。拥在洞口看热闹的老百姓看到他安全地出来了，一个个被惊呆了，好奇地说："我们等了很久，以为你一定被妖怪吃了哩！"大家亲眼见到徐霞客从洞口进去，又安全地出来，这才相信洞里根本没有妖怪。

徐霞客远游南方时，除了一个仆人，还有一个和尚，法号静闻，同他做伴。一天，渡湘江乘船时，强盗抢走了他们所有的行李财物，静闻和尚同强盗搏斗时受了重伤，半路上就死去了。最后，连仆人也逃走了。这些挫折都没有削弱徐霞客的意志，他还是坚定地向前探索考察。

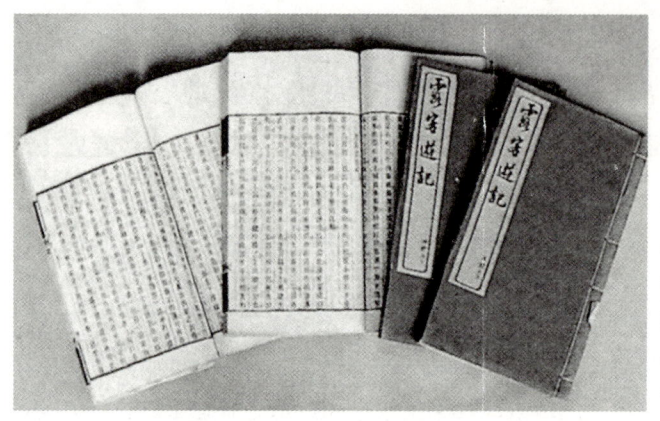

《徐霞客游记》书影

《徐霞客游记》是明代地理学家徐霞客所著的一部以日记体为主的地理著作,记录了1613年—1639年间旅行观察所得,对地理、水文、地质、植物等现象都做了详细记录,在地理学和文学方面都很有价值。

徐霞客的旅行、考察、探索整整花了30多年的时间,从22岁出游开始,他就基本上是常年以云雾为伴,与山水为伍,吃尽了常人难以想象的千辛万苦。他在旅途中,每天晚上休息之前,都要把当天的见闻详细记录下来,在任何恶劣的环境中,他都坚持写日记。徐霞客在55岁那年,即1641年,一病不起,与世长辞了。他留下了大量的日记手稿,都没来得及整理成卷。到清兵入关以后,他的家乡同样遭到劫难,这些手稿大部分散失了,过了100多年后,他的后裔才将他残存的1070天的日记编刻成书,这就是著名的《徐霞客游记》。经过实地考察,徐霞客纠正了过去地理书上的错误记载,增加了许多过去没有人记载过的新的地理现象。过去人们一直认为长江的上游就是岷江,徐霞客是第一个弄清楚长江的上游是金沙江的。游历中,他考察研究最多的是岩溶现象,他是世界上最早系统考察和记述石灰岩溶蚀地貌的人。

他的著作《徐霞客游记》不仅是一部古代地理学上的宝贵文献,也是一部优秀的散文著作。

280-闯王李自成

李自成,陕西米脂人,出生在一个贫苦的农民家庭,少年时代就喜欢骑马射箭,练得一身好武艺。他为人善良,待人诚恳,深得大家的赞许。

米脂本地有个姓艾的大地主,趁连年收成不好的机会,向贫困农民放高利贷,千方百计地盘剥搜刮钱财。李自成家一向担负代官府征收租税的差事,看大家交不起租,就东拼西凑,把税给全部交了。艾财主看在眼里,恨在心里，硬逼李自成还债。他哪有钱还高利贷呢，交税借的钱还有很多窟窿呢！李自成还不起，艾财主就向官府告状，说李自成欠债不还，官府差人把李自成抓了起来，打得半死，还锁上镣铐，不让他吃东西，把他放在炎热的太阳底下炙烤。百姓和士兵实在看不下去了，就向县官恳求，给他一点东西吃，不要放在太阳下烤，把他放在荫凉下面，县官板着脸，怎么也不答应。这一下把群众给激怒了，大家义愤填膺，一哄而上，用石头砸开李自成身上的镣铐，带着李自成一起逃出米脂，到甘肃当了兵。

明崇祯帝即位的第二年，陕西闹了一场大饥荒。这年冬天，明王朝从甘肃调了一支军队到北京去，李自成就在这支部队中。这支军队开到陕西榆林，士兵们领不到饷，闹到县衙门去。带兵的将官出来阻止，血气方刚的李自成气愤地站出来，与众士兵把将官和县官都杀了，然后李自成带领几十个士兵一起投奔王左桂领导的农民军，当了一名头领。

起义军所到之处，贫苦农民纷纷加入，人数越来越多。明王朝派出的总督杨鹤十分害怕，一面组织精兵强将镇压，一面用高官厚禄招降农民军将领。王左桂禁不住官禄的引诱，终于投降了。李自成却意志坚定，决心离开王左桂，另找队伍。他经多方打听，得知高迎祥领导一支农民队伍起义，自称"闯王"，就下决心投奔高迎祥的队伍。

高迎祥听到李自成带兵来投靠，甭提有多高兴啦。他亲自到营外去迎接，并摆设了丰盛的酒宴款待，立即委任他为指挥一个兵队的将官，大家尊呼他为"闯将"。

李自成领导的起义军转战在山西、山东、河北、河南、天津等五省市，队伍越来越庞大，官军屡遭惨败。这下激怒了崇祯帝，他下令调动各路官军，企图将起义军四面包围而歼之。

面对严峻的形势，高迎祥当即约了13家起义军在荥阳共商对策。会上，大家七嘴八舌，始终统一不了意见。李自成主张正面交锋，兵分多路，分头出击，冲破敌人的围剿，他说："一个士兵肯拼命，也能奋战一下，我们有10万大军，敌人能拿我们如何？"经过一番商量，13家起义军分成六路，有的前锋作战，有的引诱敌人，有的游击流动。高迎祥、李自成和另一支起义军的将领张献忠向东冲出包围圈，目标是攻打明王朝中都——凤阳。

起义军一路进军,愈战愈勇,所向披靡,不到10天,就攻克了凤阳,把个明朝皇帝的祖坟和朱元璋做过和尚的皇觉寺用大火焚烧了,狠狠地打击了明王朝的嚣张气焰。

崇祯帝听到这个消息,恼羞成怒,下令诏凤阳巡抚进京,即刻将巡抚斩首示众,以表示镇压起义军的决心。

起义军攻克凤阳后,又向西北来往于陕西与江淮之间,频频打击官军,官军手忙脚乱,屡战屡败,损失惨重,把高迎祥的队伍看成眼中钉、肉中刺,

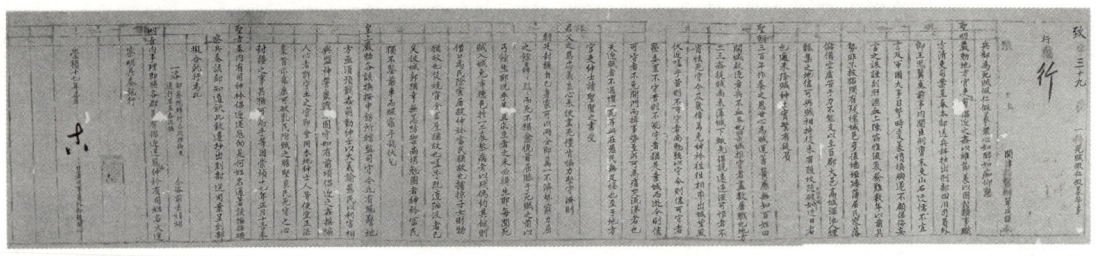

明兵部报告李自成活动情况行稿

纵33厘米,横157.5厘米。这是明崇祯十七年(1644年)兵部向各地下属机构发布的有关李自成活动情况的行稿。行稿发布时,李自成已于西安称帝,建立了大顺政权,并准备攻打北京。同年,李自成进京,明朝灭亡。现藏于中国国家博物馆。

千方百计要消灭他们。一次高迎祥在带兵进攻西安的途中遭到陕西巡抚孙传庭的伏兵攻击,高迎祥防不胜防,但他指挥若定,英勇顽强地反击,最后终因暗箭难防,惨遭杀害。李自成避开明军主力,带领留下的队伍冲杀出来,大家对天长啸,发誓要替主帅报仇。主帅已去,谁来领头是个问题,大伙认为李自成是主帅最信任的将领,加之武艺高强,勇猛善战,公推他为闯王,接过主帅的重任。自此,李闯王威名广为流传。

1638年,李自成从甘肃转移到陕西,准备向潼关进发。总督洪承畴、巡抚孙传庭事先得到情报,便在途中崇山峻岭间埋伏了三道防线,设计让开通向潼关的道路,引诱李自成军队进入他们预先设置好的包围圈中。李自成不幸中计,当部队进入山谷中时,官军突然杀出,他们猝不及防,上万名士兵壮烈牺牲,队伍也被冲得七零八散。李自成与部将刘宗敏等17人,打退围攻敌人,冲出包围圈,长途跋涉,隐蔽到陕西商洛山区。

明军派出大量骑兵侦探,打听李自成的下落,放话一定要活捉李自成,后听说李自成在战斗中阵亡,这才放了心。

李自成等18人隐蔽在商洛山区，一面休息整顿，一面探听消息，伺机出击。过了半年多，得知被朝廷招安了的张献忠、罗汝才又重新反抗明朝，李自成喜出望外，决定与张、罗合计，重整旗鼓，彻底摧垮明王朝的统治。

就在这一年，河南又发生了一场历史上罕见的旱灾，哀鸿遍野，民不聊生。李自成一到河南，成千上万的流民听到闯王出山的消息，纷纷前来投奔，短短一个月，队伍又壮大起来了，起义军从几百、几千，发展到几十万人。

281-卢象昇兵败巨鹿

1638年，清太宗派多尔衮亲王率军进攻北京，战争局势对明王朝十分不利。当时，明王朝内部分成两派：主战派和求和派。崇祯帝也一时拿不定主意，他一面命令各路兵马援救京城，一面又叫兵部尚书杨嗣昌和宦官高起潜秘密派人去东北找清兵试探求和。崇祯帝听说担任大同总督的卢象昇是个很好的将才，就把卢象昇召到北京，准备叫他担任全国援兵总督。

卢象昇到了北京，崇祯帝立刻召见他，要他和杨嗣昌去商量对付清军的办法。卢象昇早就听说杨嗣昌秘密找清朝求和，心里老大不快，并抱怨了一句："杨嗣昌想求和还去打什么仗呢？"

话传到杨嗣昌耳中，他对卢象昇阻挠自己与清朝议和，心里十分恼恨。于是他分派高起潜担任总监，将各路来的援兵4万人一分为二，由高起潜指挥2万人。这样卢象昇名义上是大统帅，而实际上他只掌管着2万兵马。

多尔衮率领清军分八路进攻京师。卢象昇率兵开到保定，抵抗清兵。这时杨嗣昌向崇祯帝诬告说卢象昇目空一切，指挥失误，听不得半句劝告。崇祯帝偏听偏信，当即撤了卢象昇的职，要他戴罪立功。杨嗣昌老奸巨猾，将卢象昇仅有的两万人马又分出一半给别的将领管辖。

卢象昇率兵战到巨鹿后，兵力仅剩下5000。这时，高起潜带领的人马就驻在离巨鹿只有50里的地方，卢象昇派人向高起潜求援，高起潜阴阳怪气地说："卢统帅指挥作战有方，怎么只剩下5000人了呢！我们还准备求卢帅援助呢？"一兵一卒也没有给他。

卢象昇求援未成，非常气愤，只好孤军作战，遇到了重重困难。而杨嗣昌又从中作梗，迟迟不供应粮饷，众将士们饿得有气无力。一天早晨，卢象昇走出营门，向四周将士作揖说："我们受国家的恩泽，只怕不能为国效忠了。"众将士们听了，不禁潸然泪下。

卢象昇将5000残兵分成三路，命令将军虎大威、杨国柱分别率领左军、右军，自己亲率中军，和清军展开了殊死搏斗，杀退了一批又一批清兵。

到了那天半夜，几万清军骑兵突然袭击，密密麻麻地把明军围得水泄不通。虎大威带兵突围，被清兵压了回来。卢象昇大声喊道："虎将军，我们为国尽忠的时刻到了！"众将士听后，士气大振，齐声响应，喊杀声惊天动地。战斗从早上一直打到晚上，卢象昇身上中了四箭，受了三处刀伤，杀得像血人儿一样。但他还是不屈不挠，拼命格斗，又杀了十几名清兵，终因血流过多，伤势过重，永远倒下，再也没有爬起来。

《卢象昇读礼图》

明人绘制。卢象昇（1600年—1639年），字建斗，又字斗瞻、介瞻，号九台，南直隶常州府宜兴县（今江苏宜兴）人。他是天启二年（1622年）进士，明末名将，多次击败农民起义军，后在与清军作战时牺牲。著作有《卢忠肃公集》《卢象昇疏牍》。

高起潜还没等卢象昇那边战斗结束，早就抱头鼠窜，拔营逃走了。

多尔衮率领清军一直打到山东济南，获得了大批战利品，才撤回关外。

282-智取襄阳

张献忠当初在湖北谷城接受明朝的招安，他并不是真心投降，而是暗暗积蓄兵力，准备东山再起。明朝将领发现张献忠的不轨图谋，便准备派兵镇压。

张献忠先发制人，于1639年5月，在湖北谷城再一次起义。他先杀掉谷城的明朝县令，焚毁了官衙，重新打起了起义的旗号。不久，罗汝才也起兵响应。

接着，张献忠又将明朝总兵左良玉率领的进攻部队打得落花流水，左良玉带着余下的几百名残兵败将没命地逃回去了。崇祯帝恼羞成怒，气得将主帅熊文灿和总兵左良玉都革了职。崇祯帝又派杨嗣昌到湖广围攻张献忠。杨嗣昌率领10万人马，一路雄赳赳、气昂昂地来到襄阳。他派左良玉等将领把起义军四面包围起来。张献忠被迫转移到玛瑙山，这时起义军队伍里混进了奸细，情报全部被杨嗣昌掌握，起义军陷入包围圈中，最后被左良玉军打败，张献忠的妻子、儿子也被明军俘虏。

张献忠带领1000多骑兵突围出来，从湖北转移到四川。杨嗣昌跟踪追击，来到四川重庆，到处张贴告示：有谁能抓住张献忠，赏给黄金万两，并封他为侯爵。谁知第二天，在杨嗣昌的住处，就发现许多标语，上面写道："有谁能斩杨嗣昌的头，赏白银三钱。"

杨嗣昌气急败坏，派出大批官军到处追剿。而张献忠起义军却行踪不定，忽东忽西，使官军捉摸不透。直到第二年正月，明军才在开县追上起义军。这时的明军将士已被拖得疲惫不堪，起义军却绕到他们背后，发起猛攻，明军全线崩溃，将领刘士杰被起义军杀死。

1641年，张献忠乘明军襄阳兵力空虚，率精锐部队直取襄阳。杨嗣昌在重庆得知消息后，连夜派使者传令，命襄阳明军严加防守。使者走在途中被起义军发现后抓了回来，并在

《大西驳骑营都督府刘禁约碑》（拓片）
这是张献忠大西政权向军队和官员发布的禁约文告碑的拓片。纵129厘米，横73厘米。碑文列举官员、军人不许违犯的纪律有：不许擅自招兵，不许扰害地方，不许擅自动用驿站人夫马匹，不得娶本地妇女为妻等。碑文内容说明大西军军纪严明。该拓片现藏于中国国家博物馆。

他身上搜到了盖有杨嗣昌行辕的大印和文书。张献忠叫他的义子李定国打扮成杨嗣昌的使者，带了几名"随从"和令牌、文书，大模大样地混进了襄阳城。

混进襄阳城的兵士趁夜间人们安睡之际，分开在四处放火，惊醒了熟睡的百姓，顿时全城乱作一团。起义军趁机打开城门，大队人马赶到，一举攻克

了襄阳城。

张献忠一面派人打开监狱，救出被俘的兵士和家属，一面直奔襄王府，活捉了襄王朱翊铭，并下令将朱翊铭斩首示众。

襄阳一战，缴获了明军储存在那儿的大批粮饷兵器，又将襄王府金库里的十几万两银子分发给当地的饥民。老百姓们听说张献忠处死了恶贯满盈的襄王朱翊铭，都载歌载舞，杀鸡饮酒，高兴得像过年一样。

杨嗣昌在重庆得知襄阳的消息后，寝食不安，丧魂落魄地从四川又窜到湖北。脚跟还没站稳，他又听说李自成起义军趁河南兵力空虚之际，攻破了洛阳，并将福王朱常洵杀死。杨嗣昌如五雷轰顶，像丧家之犬一样，他感到自己的末日已经来临了，便抽出战刀，对准自己的脖子一狠劲，刀起头落，得到了应有的下场。

283-红娘子勇救李公子

李岩，河南杞县人，他原本是当地一户富户人家的儿子，但他非常同情穷苦百姓，每当饥荒年成，他都偷偷地从自家粮仓里拿出粮食，救济断粮的穷人。当地的穷人觉得李岩心肠好、人厚道，都亲切地称他为"李公子"。

尽管当时穷人日子苦得没法过了，但是县太爷依旧派差役向穷人逼税逼债。李岩挺身而出，直奔县衙门，力劝县太爷暂时停止征税，并苦苦哀求县太爷发发慈善之心，下拨部分官粮借给农民，以便帮助穷苦人民渡过难关，保住性命。

县太爷一听，冷笑了几声，对李岩说："上司向地方派军饷，催得紧，我不问他们要税要租，拿什么去交账？你说得倒轻松！再者，官仓里的粮食早就空了，我拿什么借给农民，好人你倒会做，要借，你们几家富户去借给他们吧！"

县太爷的一席话，差点没把李岩给气晕了，他明知这是县太爷在耍花招，干脆回到家中，说服父亲，打开自家的粮仓，把200多石粮食全分给饥民。闹饥荒的老百姓感动得流下了泪，老太太们跪在地上给李公子磕响头。李岩赶忙扶起，说："扶贫救灾，是每个有良心的人的天职。"由于受灾的百姓多，光他一家开仓捐粮顶不了多大事。于是百姓中有一个精明的人出了个主意，聚集几十个人去别的富户人家门口，哀求他们发发慈悲，向李岩家学习，说大家一定会永世不忘。

一位姓赵的富户，将门紧闭着，怕饥民闹事。饥民们在外面含泪哀求了半晌，赵家的媳妇打扮得花枝招展，头发上斜插着一朵花，从门缝中看了看，料定饥民不敢闹事，才将门打开小半扇，探出头来，向饥民瞪白眼，恶狠狠地啐了一口唾沫，说家里根本没粮。饥民一气之下，推倒赵家媳妇，冲进屋去，打开粮仓，把他家的粮食给分了。

《荒年志碑》（局部拓片）

原碑纵155厘米，横69厘米，1957年发现于河南省内黄县王尉村。崇祯十七年（1644年）刻立，碑文记述了明末河南地区天灾人祸、民不聊生甚至人食人的悲惨情况。

赵家的粮仓被打开后，可慌了其他几家富户的手脚，他们纷纷向县太爷哭诉。县太爷听后，暴跳如雷，厉声说道："还想造反吗？"随后派了几名差役拿着他的令牌前去制止，还扬言说："如果谁再聚众抢粮，一律严惩不贷。"饥民们见差役拿着令牌，气上加气，一把扯过令牌扔在地上，并揪住差役，痛打了一顿。接着大家一起拥到县衙门前，大声嚷道："反正也是死，与其饿死，不如拼一条老命跟你们当官的一起死。"县太爷吓得面如土色，躲在衙门里不敢出来。他想，李岩与农民交往密切，便传令将李岩找来，帮忙出点子。

李岩开门见山地说："要想农民不反，只有赶快停止逼债，劝富户人家主动捐粮。"县太爷无奈，只好勉强答应。饥民们听说李岩说服了县太爷，纷纷散去。

县太爷的脸正像六月的天气一样，说变就变，农民一散，县太爷就反悔了。他左思右想，觉得不妥，上司催税怎么办，到时连自己的乌纱帽都保不住，事情闹到这步田地，全是李岩这小子惹出来的。他立刻起草公文呈给上司，诬告李岩带领饥民闹事，收买民心，意图谋反。

俗话说，没有不透风的墙。消息像长了翅膀一样传到了灾民耳中，大家都替李岩担心。附近林中有一支农民起义队伍，带头的青年女子平素全身红装，是江湖上卖艺的，人们称她为"红娘子"。红娘子平时听到李岩慷慨捐粮救灾的义举，心中十二分的钦佩。如今听说李岩随时都有遭害的危险，趁月黑风高的夜晚，偷偷地来到李岩家中，劝李岩跟随自己到山林中躲避一下。李岩跟着红娘子一道来到林中，住在队伍中。

李岩住下之后，官兵四处缉拿他。红娘子说："李公子，你就留在这里，我们一道干吧。"李岩开始并没弄清红娘子的本意，后来，一听红娘子执意要将他留下参加起义军队伍，他就不愿意了。不多久，他趁红娘子不注意时偷偷地溜回了家中。

李岩刚踏进家门，那守候多日、如狼似虎的差役们就一拥而上，将他戴上脚镣手铐，带回县衙审问。

杞县的百姓们听到李岩被捕的消息，个个气不打一处来，大家在一起合计，要想办法尽快救出李公子。一个老者说："知恩不报，死了不如一根草。"大家决定请求红娘子帮忙解救李公子。

红娘子听到消息，心急如焚，立马带着队伍赶到。大批农民跟着她，挥棒握刀，浩浩荡荡，直冲县衙门。县老爷看到队伍人多势众，吓得浑身直打哆嗦，从后门悄悄地溜走了。众差役见此情景，料想也抵挡不住，县太爷一走，也都悄悄溜之大吉。红娘子带领队伍和众百姓，打开监牢，把李岩救了出来，李岩千恩万谢，后悔自己当初不该鲁莽跑回家。

李岩被救出之后，才悟出红娘子的劝告实在是一片忠言，一方面觉得回去已是山穷水尽，另一方面也想报答红娘子的救命之恩，便毅然在红娘子的带领下与起义的饥民一道投奔李自成。

红娘子将李岩的情况详细地向李闯王禀报了一通，李自成深为李岩接济穷人的义举而感动，更为他因助人而受迫害感到十分气愤。李自成知道李岩虽是富户但为人仁慈，读书知礼，刚好起义军也正需要招收各种人才，就把李岩留在营中做自己的帮手。李岩也早就钦佩李自成这位很有抱负的英雄，就一心一意地帮助李自成完成推翻明王朝的大业。

284-吴三桂借清灭闯王

吴三桂是明朝大官僚吴襄之子。吴襄的家产被李自成部下刘宗敏全部抄掉,连他本人也被逮捕下狱。当时吴三桂正出任山海关总兵,手中有几十万大军。

李自成领导的起义军攻占北京后,建立了大顺政权。大顺政权一面出安民告示,让大家安居乐业,一面严惩明朝的皇亲国戚、贪官污吏。有人告诉李自成,如果能把吴三桂招降,既壮大了自己的力量,也解除了对大顺政权的严重威胁。李自成觉得言之有理,就叫吴襄写信给他儿子,派人送信给吴三桂。吴三桂收到父亲的劝降信,倒犹豫起来:向起义军投降吧,违背皇上的圣旨——吴三桂原来是明朝派到关外抗清的,驻扎在宁远一带防守,起义军逼近北京的时候,崇祯帝接连下命令要吴三桂带兵进关,对抗起义军;要不投降吧,北京已被起义军攻破,起义军勇猛善战,兵力强大,自己不是他们的对手。再者,北京城内他的家属财产,也舍不得丢掉,既然李自成托父亲写信来劝降,不如先回京城去听听风声再行事。

> **1644年4月**
> 李自成攻入北京,崇祯帝自杀,明亡。

吴三桂带兵回北京,途中听说父亲被李自成抓去,家产也被抄,又听说他最宠爱的歌伎陈圆圆也被起义军抓走,气得七窍生烟,立刻下令退回山海关,并且传令要求将士们一律换上白盔白甲,祭奠崇祯帝,发誓要为明朝报仇雪恨。

李自成听说吴三桂变了卦,拒绝投降,不禁怒火中烧,亲自带领20多万大军进攻山海关。吴三桂听说李自成亲自带兵征战,立即写信请求清朝帮助他镇压起义军。

此时,清朝6岁的顺治帝刚即位不久,政事全由

> **1643年**
> 清太宗死,子福临即位,是为清世祖。

第四部 元明清

山海关

山海关位于河北省秦皇岛市东北,是明长城的东北关隘之一,有"天下第一关"之称。山海关于明洪武十四年(1381年)筑城建关设卫,因其北倚燕山、南连渤海得名。它以城为关,城高14米,厚7米,有四座主要城门,多种防御建筑,是明朝京师的重要屏障。

他的叔父多尔衮主持,称为摄政王。清朝早就想进占中原,但始终未能进关。当多尔衮接到吴三桂的求救信后,认为这是天赐良机,欣然同意,随后,他亲自带领10余万骑兵,马不停蹄地向山海关进发。

多尔衮部队到达山海关外,吴三桂早就带着500个亲兵出关迎接。他见了多尔衮,就像儿子见了亲娘热老子一样,扑通跪倒在地上,声泪俱下地哀求多尔衮替他报仇雪恨。多尔衮满口答应。吴三桂将多尔衮请进关里,大摆酒宴,盛情款待,双双祭拜天地,结盟共同对付起义军。

李自成的起义军如排山倒海之势,从南面径直向山海关边压去,20多万大军依山靠海,摆开一字形阵势,浩浩荡荡,一望无际,十分壮观。多尔衮从城头窥望如此坚强的阵容,吓得三魂丢了两魂。但他毕竟老谋深算,料想李军不好对付,就叫吴三桂做前锋,清军做伏兵。多尔衮自己和几名大将则远远地躲在后面观战。

两军对峙。吴三桂的兵刚一出城,起义军立即分成左右两翼包抄,把吴三桂和他的队伍团团围在中间。吴三桂竭尽全力,始终冲不出包围圈。李自成的起义军愈战愈勇,明军伤亡惨重。吴三桂急红了眼。

俗话说,天有不测风云,人有旦夕祸福。正在双方激烈交战的时候,突然,天昏地暗,狂风大作,海边沙地被刮得尘沙飞扬,灰蒙蒙,雾重重,对面伸手不见人。多尔衮认为时机已到,命伏兵全体出动,几万清兵喊杀声震耳欲聋,向起义军发起突然袭击。李自成起义军猝不及防,一时不知如何是好,搞不清从哪儿来的这么多敌人,慌乱中阵势也全乱了。直到风小天晴,定睛一看,才清楚是留着辫子的清军和明军联合起来攻打起义军。

清兵已冲进关口，李自成想稳住阵脚，指挥抵抗，但为时已晚，只得传令后撤。明清两军里外夹攻，起义军损失惨重。李自成见此情景，带领部分将士且战且退。吴三桂依仗着清兵的强大攻势，紧紧追击。李自成起义军撤回北京，元气大伤。

李自成回到北京后，即在皇官大殿里举行即位典礼，接受文武官员的朝拜，第二天一大清早就率军离开京城，向陕西方向撤退。后来，吴三桂和清军将领阿济格联合，率军继续追击，起义军又遭到巨大损失，李自成退出西安，在湖北通山县又受到当地的一股地主武装的突然袭击，李闯王英勇就义了。

清朝摄政王多尔衮带领清兵，在李自成离开北京的第三天，就耀武扬威地开进北京城，1644年10月，多尔衮把顺治帝从沈阳接到北京，定北京为清朝国都。

> **1644年10月**
> 清朝定都北京。

国号大清

　　1616年，女真部首领努尔哈赤建立后金政权，1636年，皇太极改国号为大清。1644年清军攻占明朝国都北京，明朝灭亡，中国历史上最后一个大一统的封建王朝正式建立。一直到1911年的辛亥革命，清代最后一个皇帝溥仪退位，清朝才退出历史舞台。若自1644年算起，清朝前后持续了268年，经过了顺治、康熙、雍正、乾隆、嘉庆、道光、咸丰、同治、光绪和宣统10位皇帝。其中康熙和乾隆在位都超过60年，再加上康、乾之间的雍正朝，构成了历史上所说的"康雍乾盛世"。清代中期以后，西方列强觊觎中华，经过两次鸦片战争，以及后来的甲午战争、八国联军侵略中国，中国由此跌入半殖民地半封建社会。

　　清朝是满族人建立的少数民族政权。清军进军南方时，屠戮生灵，所到之处，一片废墟。清朝还强迫汉人剃发易服，激起了汉人的反抗，导致清朝初年很长时间内反清复明的潮流此起彼伏。南方的知识分子阶层，虽然有不少如钱谦益一般的变节者，但也有很多人即使自杀，也不愿投降。夏完淳就是这股反抗潮流中的典型代表，他被清政府捕获、押赴刑场时，仍然昂首微笑，不愿降清，死时年仅17岁。忠于南明的将领郑成功，在与清军浴血奋战后，率军横渡台湾海峡，从荷兰殖民者手中收复台湾，成为光耀千古的民族英雄。

　　清代中前期实行文化专制和思想禁锢政策，其中最为著名的就是肆意制造"文字狱"。所谓"文字狱"，就是对文字作品里一些莫须有的小事肆意歪曲，并因此对作者横加罪责。著名的文字狱案件有康熙时期的南山案、雍正时期的查嗣庭试题案和吕留良案等，一次牵连的人往往有数千甚至上万，无数人因此被害。"文字狱"的存在对学术研究和文学艺术的发展大为有害，但清代中前期还是出现了《红楼梦》《聊斋志异》等优秀文学作品，在我国古典文学的花园中争奇斗艳。清代中后期对外实行闭关锁国的政策，也对国家发展极其不利。"康雍乾盛世"的繁荣与安定，不过是笼罩在已然腐朽的封建社会之上的一抹余晖。

　　清代中期以后，国家处于内忧外患之中。西方列强发动多次侵华战争，逼使清政府与之签订一个个不平等条约，割让一片片领土，强行打开一个个口岸，让中华民族陷入深重灾难之中。在这样的危机之中，晚清曾出现过主张"师夷长技以制夷""中学为体，西学为用"的洋务运动，但最终在内部的争议、外敌的侵略中宣告失败。除此之外，中国各阶层人民面对历史上未有之变局，在救亡图存的道路上还做了其他探索，如太平天国起义、戊戌变法等。虽然大都在中外反动势力的联合绞杀下失败，但其精神值得我们铭记。

　　1905年，孙中山提出"驱除鞑虏，恢复中华，创立民国，平均地权"的纲领，建立中国民主同盟会。1911年10月10日，革命人士发动武昌起义，最终推翻了清政府的统治，史称"辛亥革命"。随着宣统退位，我国延续2000多年的封建帝制就此覆灭。1912年1月1日，中华民国于南京宣布成立，孙中山就任临时大总统。

285-扬州保卫战

李自成起义军攻克北京,崇祯帝上吊自杀,消息传到明朝陪都南京时,南京的大臣们手忙脚乱。他们拥立了一个逃到南方的皇族福王朱由崧(sōng)做皇帝,建立政权,史称"南明"。

朱由崧是个昏庸无能、浑浑噩噩的蠢君,他整日贪酒恋色,不理朝政。朝中大权实际上由凤阳总督马士英和一批魏忠贤的余党操纵。

兵部尚书史可法刚正不阿,原本不赞成福王朱由崧做皇帝,后来在众将的劝说下,才勉强同意。福王即位后,他不愿留在南京看他的荒淫生活,索性要求率军到前方去作战。

这时,江北分布着四支明军,叫四镇。四镇将领个个骄横跋扈,各行其是,谁也不服谁。他们搜刮民财,抢占地盘,士兵残杀百姓,他们也听之任之。史可法来到扬州后,亲自去找四镇将领谈心,晓之以理,劝他们不要相互残杀。史可法为人耿直,性格豪爽,以身作则,在将士中的威信极高,四镇将领不得不听他的号令。史可法将四镇将领分配在扬州周围驻守,自己坐镇扬州指挥,大家称呼他为史督师。

这年大年三十,史可法打发将士休息后,自己留在官府里批阅公文。到了子夜感到困乏,就叫值班厨子拿点酒菜来解乏。厨师禀报说:"史督师,今天过年,厨房的肉都分给将士了,没有下酒的菜了。"

1644年

明崇祯帝殉国后,陪都南京诸臣拥立福王朱由崧为帝,改元弘光,史称该政权为南明。朱由崧被称为弘光帝。

TIPS
江北四镇

江北四镇是指明末清初南明政权在淮安、扬州、庐州、泗州建立的4个军区,其主要将领为黄得功、刘良佐、高杰以及刘泽清。四镇为南明在长江北岸防御清军的主要军队,然而四镇将领不和,各自拥兵自重,不到一年四镇便全被清军攻破,四将或死或降。

史可法说:"那就拿点酱和盐吧。"

平时,史可法酒量很大,自从到扬州任督师后,便戒酒了。今儿个大年三十,又感到困乏,才破例喝了点酒。喝着喝着,他想到南明皇帝昏庸,北京失陷,国难当头,顿时泪流满面。"以酒浇愁愁更愁",他干脆喝个一醉方休,不知不觉靠在案上睡着了。

第二天大清早,文武官员来督师衙门议事,不见史可法,感到十分奇怪,平常史可法起得最早,怎么今天不见人影呢。后来一个士兵告诉大家:"昨夜督师可能多喝了点酒,睡着还没醒呢。"大家不忍心打扰他,扬州知府任民育为了让他好好休息,安排人把打更的找来,重新打更。

史可法一觉醒来,天已大亮,细细一听,怎么还在打四更的鼓呢,很是生气。后来知道是知府任民育的安排,便拱手向诸官员表示歉意。自此,史可法便彻底与酒作别了。

不久,清军在大将多铎的率领下,大举向南进攻。恰在这时,南明政权内部发生了争权斗争。武昌的明将左良玉为了争夺马士英的权力,率兵进攻南京。马士英胆战心惊,慌了手脚,急忙调回江北四镇军队对付左良玉,并同时以福王的名义召史可法带兵回南京增援。

清军抵达扬州城,四镇将士被撤回南京。史可法本来就心急如焚,这回还要他率兵回南京增援,真是雪上加霜。但史可法为了平息南明的内讧,不得不率兵回南京。途中他听说左良玉已经兵败,于是立刻打道回府,急忙赶回扬州。

此时扬州城外,清兵压境,形势极其严峻。

> **TIPS**
>
> **马士英**
>
> 马士英(约1591年—1646年),字瑶草,贵阳人,明末大臣。清军入关后,他与诸大臣拥立福王朱由崧在南京即位,建立南明弘光政权,是南明弘光王朝首辅,人称"马阁老"。后在抵抗清军中战亡。

史可法命令各镇将领立即集中到扬州守卫。然而，命令发出后等了好几天，竟没有一兵一卒来援救。史可法悲痛欲绝，他立即组织扬州军民，奋力抵抗。

史可法的军队在扬州城内只是孤军奋战。多铎见势派人送劝降信给史可法，史可法一气之下把送信的差人杀了，表示决不投降。

多铎暴跳如雷，下令把全城围个水泄不通，叫城中军民一个也休想出来。城内一些胆小如鼠的将领为了保全自己的性命，偷偷地带着人马，打着白旗向清军投降。

史可法面对城内力量越来越薄弱的实情，立即把全城官员都召集起来，勉励大家同心同德，共同抵抗清兵。同时还对守城的形势和任务做了深入的分析和明确的分工。西门是最重要的防线，史可法亲自领兵防守。将士们对史可法以身作则、沉着冷静感到由衷的钦佩，大家发誓与他同生死，与扬州城共存亡。

清兵没日没夜地轮番进攻，扬州城始终攻不下来，多铎着急了，他下了狠心，开始用洋枪洋炮轰炸。当他得知西北角是史可法亲自防守，又是防守最严的地方，便下令炮手专门轰炸西北角。西门口哪禁得住连续轰击，终于被轰开了一个缺口，大批清军潮水般地涌进城内。史可法眼见缺口堵不住，无法再守，便拔出钢刀，对准脖子准备自杀，一部将眼疾手快，飞快地把史可法后腰抱住，一把夺下钢刀，连推带拉地将他护送出小东门。恰逢一批清军过来，看见史可法的穿戴，便喝问他是谁。史可法怕伤害别人，就厉声答道："我就是史可法，你们要杀就杀吧！"清军一拥而上，一阵乱砍，史可法在乱战中壮烈牺牲，扬州城从此陷落。

清军在攻城中伤亡也很惨重，多铎恼羞成怒，竟下令屠杀扬州的平民百姓。灭绝人性的大屠杀整整延续了10天，这就是历史上称作"扬州十日"的大惨案。

扬州失守后，史可法的家属来寻找史可法的尸体，由于尸体堆积，加之天热，尸体已高度腐烂，无法辨认，只好将他生前穿过的袍子和戴过的帽子葬在扬州郊外的梅花岭，这就是至今还保存的史可法的"衣冠冢"。

清军攻下扬州后，不几日又向南攻破南明陪都南京，福王政权被消灭了。接着，清军又向江阴、嘉定进攻。明朝官员黄道周、郑芝龙于这年6月在福州拥立唐王朱聿键即位，建立了另一个南明政权。

> **1645年**
> 南明弘光帝被清军俘虏，黄道国、郑芝龙立唐王朱聿键为帝，是为隆武帝。

286-神童夏完淳

夏完淳，字存古，别号小隐，松江华亭人，父亲夏允彝（yí）是明末一个爱国文学团体"几社"的领袖之一。夏允彝特别关心儿子的成长，注重对儿子的教育，不仅鼓励夏完淳认真读书，而且还特地为儿子请了张溥（pǔ）、陈子龙等知名学者做老师。夏完淳天资聪颖，又有父亲严格督促、老师谆谆教诲，很快就能背诗诵文。到了9岁，他就已经写出了一部叫《代乳集》的诗集。大家都十分惊喜地称之为"神童"。

他还依照父辈的模样，组织一部分少年朋友，成立了一个叫"西南得朋会"的小团体。大家常常在一起研究诗文，谈论国事，小小年纪的夏完淳，少年时代就怀着远大的抱负，探讨救国救民的良策。

清军占领苏州和杭州后，多次请夏允彝出来做官，都遭到夏允彝的严词拒绝。夏允彝还联络他的学生吴志葵组织抗清。他们计划以吴志葵的3000水军为主力，联合吴江、太湖等地起义军队，夺取苏州、杭州、南京，收复江南。当时夏完淳只有15岁，刚刚结婚还不到一个月，就毅然决然地告别了新婚的妻子，参加了起义军。

当起义军300名先锋攻打苏州时，清军猝不及防，不敢应战，这时吴志葵的援军还没有及时赶到。清军见起义军人少力薄，便壮了胆子，疯狂攻击，结果起义军300名将士全部壮烈牺牲。

> **TIPS**
> **张溥**
> 张溥（1602年－1641年），字乾度，一字天如，号西铭，太仓（今属江苏太仓）人，晚明文学家。明代末年，张溥与郡中名士结为应社（后改为复社），撰写《五人墓碑记》，痛斥阉党，名重天下。

夏允彝见祖国山河破碎，而自己却无力挽救，十分伤感，他把自己未完成的著作《幸存录》的手稿交给夏完淳，叫他继续写下去；又叮嘱儿子变卖家产，充作军饷。然后，他怀着满腔的悲愤跳进松江自杀了。

夏完淳和老师陈子龙、岳父钱栴（zhān）饮血酒盟誓，决心抗清到底。他们又在一起筹划，参加了吴日生的队伍，转战在江浙太湖一带。因力量悬殊，起义军不久便失败了。

夏完淳没有因此而罢休，继续组织斗争，在太湖地区联络抗清义士，但由于南明政权无心抗清，种种努力都化为泡影。

顺治四年（1647年）秋天，夏完淳写给鲁王的一封奏折不慎被清军查获，清军闯入他家，将他和他的岳父一起抓住押送到南京。

主持南京军务的明朝降将洪承畴，听说江南"神童"夏完淳被抓到了，立即下令将夏完淳带到堂上来，劝他投降。

洪承畴对夏完淳假惺惺地说："你小小的年纪，懂什么叫造反啊！一定是上了坏人的当，只要你肯归顺清朝，好好读书，保你今后有高官厚禄，享尽荣华富贵。"

夏完淳明明知道这人就是洪承畴，却故意说："我听说有位洪承畴先生是大忠臣，在松山杏山的战斗中，他带兵奋勇杀敌，壮烈牺牲。我虽年纪小，但早就仰慕他的英名。现在我要像他那样杀敌报国，誓不投降。"

有个卫士悄悄地告诉他："坐在堂上审问你的就是军务总督洪承畴，他没有死，归顺了清朝，当了大官。"

夏完淳听了，显出很气愤的样子，冷笑一声说："洪先生壮烈殉国，无人不晓。当时崇祯帝亲自设祭，泪流满面；众大臣东向遥拜，痛哭失声，谁敢冒充忠臣大名，实在是太卑鄙了！"

洪承畴降清后画像

洪承畴（1593年—1665年），字彦演，号亨九，福建泉州南安英都人。崇祯十二年（1639年），洪承畴任明蓟辽总督，在松锦之战中战败被清朝俘虏，后投降清朝。后随清军入关，在促使清朝统一、缓和民族矛盾等方面有重要贡献。

洪承畴听了后，像吃了一只苍蝇，胃口直往上反。他又羞又恼，在这么多文武官员面前自己竟被小孩子耍弄了，简直是丢尽了脸。他哆哆嗦嗦、结结巴巴地喝令卫兵："快……快……给我带下去朝死里打！"

在狱中，夏完淳根本不把生死放在心上。他坦然自若，谈笑风生，并写下了有名的《狱中上母书》《遗夫人书》和诗集《南冠草》，表达了自己坚贞不屈、视死如归的爱国之心。

他还劝自己的岳父要正确对待人生，在狱中曾作一首诗赠给岳父，诗是这样写的：

乐今竟如此，王郎又若斯。
自羞秦狱鬼，犹是羽林儿。
月白劳人唱，霜空毅魄悲。
英雄生死路，却似壮游时。

在诗中，夏完淳把为国牺牲看得像出去游玩那样平常，他的英雄气概深深地感染了岳父。

当年秋天，夏完淳和其岳父等30多人在南京西市刑场同时被害。临刑前，夏完淳大义凛然，昂首挺立。刽子手却战战兢兢，不敢正视这位视死如归年仅17岁的少年英雄。

夏完淳牺牲后，有人把他的尸体运回松江，埋葬在小昆山下荡湾村夏允彝墓侧。夏氏父子之墓，受到后世人的瞻仰凭吊，成为当地的胜迹。夏完淳那喷薄着爱国豪情的诗文，也成为我国文学宝库里的千古绝唱，受到人们的珍视。

287-民族英雄郑成功

郑成功是唐王手下将领郑芝龙的儿子。郑芝龙是个海盗出身的大官僚，与黄道周一同供职于唐王麾下。黄道周真心抗清，一心想帮助唐王出师北伐，而郑芝龙为了保存自己的实力，不愿出兵。后来清军进攻福建的时候，派人

《招抚郑成功部下诏书》

纵78厘米，横178厘米。此诏书是清政府为诱降郑成功部下所发，落款为"顺治十八年闰七月十三日"，此时顺治帝已故，康熙帝已即位，尚未改元。郑成功此时正与盘踞台湾的荷兰人作战。诏书右为汉文，左为满文，钤"皇帝之宝"。现藏于中国国家博物馆。

向郑芝龙劝降，他贪图富贵，就抛弃唐王，投降了清朝。郑成功苦苦劝阻，他父亲仍执迷不悟。郑成功一气之下，只身跑到南澳岛，招兵买马，坚决抗清。

清王朝知道郑成功精明能干，三番五次地派人劝他投降，均被郑成功拒绝，最后又派他弟弟带来父亲的信说："哥哥，你要投降的话，我们一家都在清王朝中共图富贵多好，你若不投降，恐怕连父亲和我的性命也难保。"郑成功毅然决然地回了一封信给郑芝龙，与他断绝父子关系。

郑成功来到厦门，组建了一支水师，队伍渐渐壮大。当时，在广西的明朝大臣又拥立了一个皇族桂王朱由榔即位。朱由榔亲自派使者来到厦门与郑成功联系，并委任他为征讨大将军，出师北伐。

郑成功为了扩大兵力，集中力量打击清军，设法与另一支抗清义军的将领张煌言联合起来，联军17万人乘海船开进长江，然后分水陆两路进攻南京。清军设计佯装投降，郑成功不知是计，最后被清军打败，只好又退回厦门休整。

正当郑成功回厦门之际，清军已占据福建大部地区，他们企图采取封锁的办法来困死郑成功，将福

> **1646年**
> 南明隆武帝被清军俘虏，桂王朱由榔在肇（zhào）庆自立为帝，是为永历帝。

建、广东沿海的百姓后撤40里，断绝粮草军饷。郑成功无奈，只得向台湾进发。

台湾岛自古以来就是我国的神圣领土。明朝末年，统治者昏庸无能，荷兰侵略者趁机侵占台湾，遭到台湾人民的强烈反抗。荷兰侵略者在台湾海岸修建城堡，大肆镇压台湾人民的反抗，并千方百计地向台湾人民征收苛捐杂税。

郑成功早就对台湾人民的苦难深表同情。少年时他曾跟随父亲到台湾，亲眼看见了台湾人民遭受的苦难，当时就立下壮志，一定要收复台湾。这一次向台湾进发，他发誓要赶走侵略者。

郑成功在下令抓紧时间修船、筹粮备草，准备攻打台湾时，一名在荷兰军队里当过翻译的叫何廷斌的人找到郑成功，送给他一张台湾地图，并告诉他："现在台湾人民备受欺凌，早就想把荷兰侵略者赶走了，你们部队一到，台湾人民会全力支持的。"他还把荷兰的军事秘密情报给了郑成功。郑成功有了地图和情报，收复台湾的决心更坚定了。

1661年3月，郑成功命令儿子率部留守厦门，自己则亲率25000名将士，分乘几百艘战船，由金门越过台湾海峡，到澎湖岛休整几日，伺机直取台湾。

荷兰侵略者闻讯，吓得胆战心惊，连忙调集军队集中在台湾城（今台湾东平地区）和赤嵌两座城堡加强防守。同时，他们在港口沉了许多旧船、破船，企图阻止郑成功船队登陆。

翻译何廷斌熟悉海势地形，趁涨潮的机会，带领郑成功部队驶进了鹿耳门，登上了台湾岛。

郑成功初战告捷，赢得了台湾人民的热情支持。台湾人

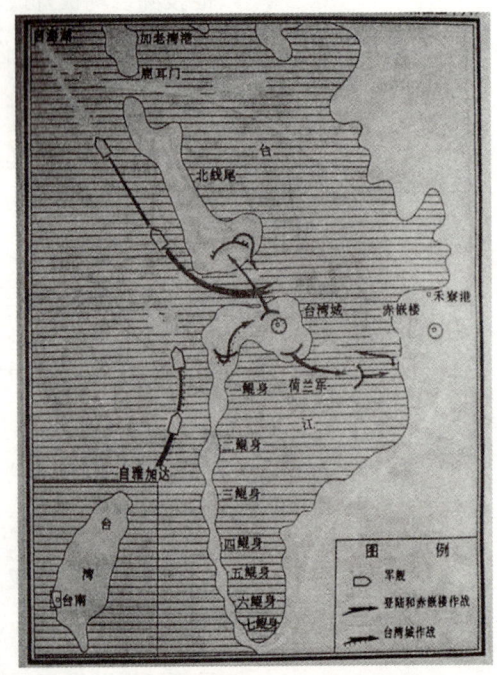

郑成功收复台湾之战示意图

1661年农历四月初一郑成功趁涨潮率船队从鹿耳门港进入台湾岛，之后兵分两路，一路在北线尾登陆，一路在禾寮（liáo）港登陆。先下赤嵌城，再兵围台湾城。

民像迎接亲人一样迎接郑军，为郑军端茶递水，极大地鼓舞了郑军的士气。就在这时，侵略军又调来一艘最大的军舰"赫克托"号，阻止郑军大部队登岸。郑成功指挥若定，命60只战船围住"赫克托"号，一声令下，60发炮弹一齐射向敌舰，"赫克托"号船体烧坏，进水下沉，大火足足烧了两个时辰。其余三艘敌船一看势头不好，夹着尾巴逃跑了。

敌军看正面攻击不行，一面施展缓兵之计，派人向郑成功求和，并且言明，只要郑军退出，犒劳白银10万两；另一面又悄悄地去爪哇搬兵求援。

郑成功识破敌人伎俩，义正词严地说："求和绝对办不到，台湾自古以来就是我国的领土，却被你们侵占，如果你们不撤退的话，就别怪我们不客气了。"

郑成功与何廷斌以及诸位将领和台湾有关人士研究下一步攻城计划，决定先攻下赤嵌城。赤嵌城敌兵势力较强，硬攻是攻不下来的。一位台湾知名人士说，赤嵌城的供水是从城外供给的，只要切断水源，就能致敌死命。郑成功按此方法，果然不出三天，敌人就乖乖地投降了。

攻下了赤嵌城，极大地鼓舞了郑军的斗志。第二步就是要攻下台湾城。盘踞在台湾的敌军还在等待着援兵呢，郑成功采取长期围困的办法，逼其投降。但侵略军负隅顽抗达8个多月，郑成功下令强攻，侵略军头目眼看敌不过郑军，只好举起白旗，开门投降，在投降书上乖乖地签了字。

民族英雄郑成功，打败了盘踞台湾多年的荷兰侵略者，使台湾回到了祖国的怀抱之中，他的功绩和名字将永载史册！

> 1662年
> 郑成功收复台湾。

288-"宁可抛尸荒野，誓不投降"

1649年，在南明桂王政权面临覆灭的时刻，张献忠的义子李定国大将领导的大西农民军，担负起了抗清的重任。当时，张献忠已经牺牲，留下五六万起义军由张献忠原手下大将孙可望、李定国率领，南下贵州、云南。他们派人向永历帝朱由榔建议，要求一起抗清，朱由榔看到形势不妙，只得答应，并封孙可望为秦王。

孙可望野心勃勃，他将永历帝紧紧地操纵在手中，在贵阳一带胡作非为，根本不把抗清的事放在心上；李定国一心抗清，他在云南训练了3万精兵，并加紧驯服象队，为进攻清军做好准备。

李定国率军从云南、贵州一直打到湖南，接着又兵分三路进攻广西桂林。驻守在桂林的清军主帅孔有德派兵迎战，还没接触农民军，就被农民军的气势给吓得纷纷溃逃。孔有德眼看着自己的军队士气不振，不得不亲自督战。李定国的部队气势雄伟，前边是高大的象队开道，后边是雄起起的士兵。大象一上阵就吼叫起来，清军的战马听到象吼，吓得到处乱窜。恰巧这时忽然下起大雨，雷轰电闪，那大象见状朝前猛冲，清军被冲得七零八散，有的活活被大象踩死。

孔有德慌忙带着残兵败将撤回桂林城，紧闭城门，李定国把桂林城围得水泄不通，一个劲地猛攻。孔有德亲自登城防守，明军的乱箭恰好射中了他的前额。这时候，孔有德又得到城北山头已被李定国攻占的消息，就放了一把火，投到火里自杀了。

李定国攻下桂林后，将逃到山里的南明官员都接回城里，并设宴招待他们，众官员都深深地佩服李定国。

永历帝得到捷报，封李定国为西宁王。李定国又带兵打下永州、衡阳、长沙，逼近岳州。清廷大为震惊，连忙派亲王尼堪带领10万大兵反攻长沙。李定国得知消息，知道敌人来势很猛，就主动从长沙撤出，却在退到衡阳的路上设下伏兵。尼堪不知路中有伏兵，拼命追赶，遭到伏兵的猛击，尼堪被当场砍死。

敕命之宝

南明碧玉玺。边长12.2厘米,通高7.6厘米。纽为龙纽。1907年被发现于昆明五华山永历宫旧址,当时玉玺被摔成两半。这是南明政权永历帝的玉玺。现藏于云南省博物馆。

1662年

吴三桂杀永历帝,南明灭亡。

孙可望对李定国的胜利十分忌妒,他假惺惺地邀请李定国议论国家大事,暗中却想谋害他。李定国识破了他的阴谋诡计,立即带兵离开湖南,回到云南。

孙可望一个劲地想篡权夺位,逼迫永历帝让位。他怕李定国阻止自己,就决定先干掉李定国,于是亲率14万大军去云南追攻李定国。孙可望手下的将士们恨透了他的分裂活动,在双方刚刚交战的时候,许多将士都投奔到了李定国部下。孙可望又气又恨,狼狈地逃向贵阳,又受到贵阳将士的反对。孙可望像一只过街的老鼠,走投无路,只好举起双手投降了清军。

孙可望的叛乱,使南明政权的力量大为削弱。1658年,清兵由降将吴三桂、洪承畴等率领,兵分三路进攻云南、贵州。李定国分三路阻击,永历帝和他的几个亲信官员惊慌失措,逃往缅甸。

李定国继续在云南边境上招兵买马,准备积蓄力量,打击清军。为了稳定军心,李定国接连13次派人去接永历帝回国,永历帝却不敢回来。

1661年12月,吴三桂带领10万清兵开进了缅甸,要求缅甸政府交出永历帝,让他带回昆明,缅甸政府看到大兵压境,只得将永历帝交给了他。吴三桂将永历帝刚一带到昆明,就将他勒死了,最后一个南明政权到此彻底灭亡了。

李定国艰苦抗清10余年,还是没能实现他的理想,他心情抑郁悲愤,不久患病而死,临死的时候,他对他的儿子和部将说:"宁可抛尸荒野,誓不投降!"

289-著名思想家顾炎武

顾炎武,江苏昆山人,出生于1613年,因其故居旁有亭林湖,学者们都叫他亭林先生。顾炎武的家族是江苏有名的四大富户之一,又是世代相传的书香门第。从他的高祖到他的父亲,祖孙五代都做过明朝的大官。顾炎武的养母王氏也出生在官宦人家,是一位有教养有学识的妇女。她还没结婚,丈夫就死了,后来抱养了顾炎武做儿子,决心要将他培养成人。

顾炎武小时候学习非常勤奋。3岁的时候,养母就亲自教他读书,给他讲古代英雄的故事,10岁时,他开始跟随祖父学孙子、吴起的兵法著作以及《左传》《国语》《战国策》《史记》《资治通鉴》等历史书籍,他14岁就考中了秀才,正是"少年得志"。

顾炎武不仅专心学习,还关心国家大事,他参加了明末有名的文学团体"复社",开阔了视野,培养了忧国忧民的思想情感。明朝灭亡以后,顾炎武接受了福王聘请,到南京担任

顾炎武画像

顾炎武(1613年—1682年),本名绛,字忠清,改名炎武,字宁人,江苏昆山人。他是明末清初著名思想家、史地学家、音韵学家,与黄宗羲、王夫之并称为明末清初三大儒。

兵部司务,可是不到一年,福王政权也灭亡了。顾炎武满怀亡国之恨,回到家乡组织义军抗击清军。不久,清兵攻占昆山,顾炎武率义军苦战了四个昼夜,因双方力量过于悬殊而失败了。养母王氏闻讯之后,深为国家前途担忧,自此粒米不进,绝食而死,临终前还嘱咐顾炎武说:"我虽然是个妇道人家,但也有爱国的思想,你千万不要忘记亡国的耻辱,不要当异族的臣子,要牢记先祖的遗训,那样我死也瞑目了。"顾炎武将养母的遗训深深地铭刻在心中,决心抗清到底。

顾炎武安葬母亲后,立即与唐王政权联系,筹划联合组织力量抗击清军。不料这件事走漏了风声,被人告发到清朝,顾炎武因此被关进了监狱。后

来，他的几位好朋友经过多方努力，才设法把他搭救出来。

顾炎武在家中没法待下去了，只好背井离乡，开始了旅居生活。

顾炎武注重将学到的书本知识与实际联系起来。他从明朝灭亡的惨痛历史教训中，深感必须要寻找社会兴亡的真正原因和历史规律，于是，在45岁时，他带着两匹马，轮流骑坐，还有两匹骡子驮着必备的图书，走上了深入社会调查研究的道路。他先后游历了山东、河北、山西、陕西。凡是名山大川、天险要塞，他都要亲自登攀，详细考察。到了山海关、居庸关、古北口、蓟州、昌黎等战略要地，他都亲自来到当地的老农和退伍的老兵家，听他们介绍情况，向他们详细询问地形、地势和风土人情。遇到与书本记载不一致的地方，他都反复勘对，校正书本的错误。遇到古碑遗迹，他总是设法越过荆棘和野草，有时干脆就手足并用，爬到碑前，擦去碑上的斑藓青苔，仔细辨认诵读，将它摹拓下来。

在长期深入调查研究的基础上，顾炎武提出"务农积谷""守边备塞"的战略思想，提倡国家要加强边防力量，要关心边境人民的疾苦，设法使他们生活富裕起来。

顾炎武身体力行，从来不"纸上谈兵"。他每到一处考察，凡是能办到的，总是亲自去办。他看到北方丰富的水利资源被白白浪费了，深感惋惜，就计划把南方的水车、水碾、水磨引过来，还写信邀请南方的朋友来边塞一同实现这些计划。他到一处住下来，看到可开垦的荒地，就向当地农民建议垦荒，并亲自挖地，种植五谷，深得农民的钦佩。

顾炎武为人直率，同时又谦虚好学。周围人都喜欢与他在一起交谈，他遇到不懂和有疑问的问题，常虚心向有经验的老者请教，积累了丰富广博的知识。很快，他的名字就在大江南北、长城内外传开了。

顾炎武在漂泊不定的旅居生涯中著述甚丰。他完成了从青年时代起就开始的对治国安邦方略的研究，写成了《肇域志》和《天下郡国利病书》。这两部书不但是研究民生利弊的专著，而且是清初地志学上的重要著作。《肇域志》100卷，专门论述地理形势和山川要塞；《天下郡国利病书》120卷，200万字，专门论述地方利弊和经济的发展。凡是有关河流水道、农田水利、工矿资源、交通运输、户口田赋、兵防徭役等情况，他都做了详细的记述。

除此以外，顾炎武在音韵学、考据学、训诂学、历史学等方面，都有独

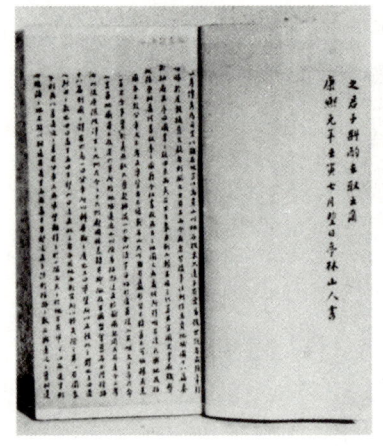

《天下郡国利病书》书影
明末清初顾炎武撰，120卷。这是一部记载明代各地区社会政治、经济状况的历史地理著作，以讲究郡国利病贯穿全书，重点辑录了兵防、赋税、水利三方面的内容。

到的见解和丰富的著述。

顾炎武晚年时，清王朝对待汉族知识分子的态度发生了变化。康熙帝为了笼络汉族知识分子，下令叫各地举荐著名学者。顾炎武那时已是名闻天下，也有人举荐他，但都被他严词拒绝了。

顾炎武从45岁离家，整整在外漂泊了25年。晚年才定居在陕西华阳县，授徒讲学。1682年，顾炎武在旅经山西曲沃时，不幸患病，与世长辞。

290-李来亨大战茅麓山

李自成牺牲后，主力部队由李自成的侄子李锦和高一功（李自成夫人高氏的弟弟）率领，开到湖南。另一支部队由郝摇旗、刘体纯等人率领，先后进入湖南、湖北一带，他们决定主动去和明军联合，一致抗清。当时，南明的唐王政权正受到清军的威胁，处境十分困难。他们看到农民军能征善战，就去招抚这支农民军，将李锦、高一功的部队命名为忠贞营，将郝摇旗、刘体纯的部队整编为十三营。

不久，唐王被俘身亡，农民军将领又归顺了广西

> **TIPS**
> **博学鸿词科**
>
> 唐宋时在科举之外，设博学宏词科，用来延揽人才。清代初年，开博学宏词科，推举大批博学宏儒入朝，但也有一些明代遗民志在守节，慨然不受，如清初江西著名学者魏禧。博学宏词科一般采取地方督抚推荐直接进京考试的方式选拔，清代在康熙与乾隆时举行过两次博学鸿词科考试。因乾隆名弘历，"宏"音形义与"弘"相近，故改为博学鸿词科。

的桂王。后来,李锦也病死,高一功率领部队离开桂王,开到贵州。高一功在一次战斗中牺牲,李锦的义子李来亨成了这支队伍的首领。他带领人马来到四川、湖北交界的夔东,同在那儿的郝摇旗部队会合。

这儿层峦叠嶂,地势险要,人烟稀少,只有一些破产的农民到这里垦荒和采矿。农民军将领和残留在此的明朝将领、地方地主武装联合起来,推举经验丰富、头脑冷静的刘体纯主持军务,组成了有名的"夔东十三家"军,与清军长期斗争。

李来亨是在起义军中长大的年轻将领,机智聪颖,英勇善战。他带领队伍来到茅麓山中的一块小平原安营扎寨,一边作战,一边种田。他还下令把流亡的平民百姓们召集起来垦荒,让士兵们和老百姓住在一起,以严明的纪律要求士兵不准触犯百姓,否则严惩不贷。老百姓越来越多地加入农民军,队伍日益壮大起来。

清朝康熙三年(1663年)春天,朝廷派湖广总督张长庚率军进攻茅麓山。清军经过长途跋涉、翻山越岭,来到山中,竟连一个农民军的影子都没看到,于是,张长庚命令部队在山下宿营休息。这时,有一伙商贩来到这里。清兵们一看这些商贩都是剃发留辫子,又是一身满族装饰,就大胆地跟他们谈起来了,还亲热地拉他们到营中做买卖。当清军正在舒舒服服地休息时,突然,山上响起一片呐喊声。一刹那间,只见漫山遍野的农民军冲了下来。等到清兵弄清是怎么回事的时候,农民军已经冲到营寨前,清军慌了阵脚,连忙出寨应战,没料到自己营寨却已经大火冲天。原来李来亨特意安排农民军战士化装

关于厉行剃发令的题本

1644年清军入关时曾颁发"剃发令",实行一月就罢。1645年清军攻占南京后再次颁发"剃发令","叫官民尽皆剃头",违抗者"杀无赦"。在第二次"剃发令"颁发后又颁布"易服令"。让天下人都剃发易服,这是满族统治者为了消磨汉人反抗意志、巩固其统治的措施。

成满族商贩,来到山下与清兵套近乎,打入营内做内应。看到大队人马冲下来,内应立即在清营中放了一把大火。清军内外受敌,乱作一团。李来亨亲自率军出击,农民军愈战愈勇,杀死杀伤清军一万多。张长庚见势不妙,夹着尾巴溜走了。

后来,刘体纯、郝摇旗在与清军作战中英勇牺牲了,农民军只剩下李来亨这一支了。李来亨率领几万名战士坚守在茅麓山,多次打退了清军的进攻。但是,由于长期作战,没时间种田,他们积蓄的一点粮食很快就要吃完了。

清军从农民军的一个叛徒口中得知农民军的粮食已尽,又从叛徒那儿得知山上地势和军事的情况,就派兵绕到后山,趁着大雾弥漫,费了九牛二虎之力,爬上了通梁山岭,占据了要塞。

李来亨听说通梁失守,意识到决战的时刻到了,从容地指挥战士们突围。战士们奋勇拼搏,与清军展开了一场殊死的战斗,他们手持长矛利剑,拼命厮杀。喊杀声响彻茅麓山,清军无不胆战心惊。清军仗着人多,援兵又源源不断,终于攻破了山寨。李来亨见将士们越来越少,知道大势已去,就让自己的妻子儿女坐在一间屋子里,亲自放了把火,然后自己也上吊死了。

茅麓山一仗失败以后,明末农民起义军的最后一支被清军镇压下去了。

291-除鳌拜和平三藩

清顺治帝病死后,他的儿子玄烨(yè)即位,玄烨就是康熙帝。康熙帝登基时,年仅8岁。当时朝中的政务全由四位满族大臣辅佐处理。四大臣中为首的是

> **1661年**
> 清世祖死,子玄烨即位,是为清圣祖。

鳌拜，他依仗手中掌握的兵权，同时又认为康熙帝年幼无知，于是他根本不把任何人看在眼中，在朝中专权霸道，说一不二。

一次，三名地方官对鳌拜仗势扩大地盘、以差地换好地的做法感到不满。鳌拜得知后，以诬陷的手段，把这三名地方官处死了。自此，其余官员见到鳌拜都让他三分，远远避开。

四位辅佐大臣中有位叫苏克萨哈的人，一次因为一件小事和鳌拜发生争执，鳌拜怀恨在心，经常找苏克萨哈的碴儿，并勾结手下同党诬陷苏克萨哈想争权谋反，奏禀康熙帝要处死他。康熙帝不批准，鳌拜竟在朝堂上大吵大闹，他捋起袖子，挥起拳头砸在桌上。康熙帝气得直抖，细一想，这老东西势力挺大，不能硬撞，只好忍气吞声地将苏克萨哈杀死。鳌拜从此更加肆无忌惮。

康熙帝自此心中更加痛恨鳌拜，决心用计除掉他。他找了一群十来岁的贵族少年男子进宫，名曰习武，让他们侍卫皇上，天天练武。几个月练下来之后，一个个练得身强力壮，武艺非凡。鳌拜进宫来来去去，看到一群小家伙嬉闹玩耍，根本没把这件事放在心上。

一天，康熙帝下令召鳌拜只身一人进宫商讨国家大事。刚一进宫，一群习武少年便围住他打闹，有的拽他手，有的掐他脖子，有的踢他大腿，尽管鳌拜武力过人，但终因少年人多而敏捷，不多时就被打倒趴在地上，动弹不得，康熙帝乘势将鳌拜关进大牢。

《塞宴四事图》之"布库"

清郎世宁绘。整幅画纵300.16厘米，横400厘米。塞宴四事是指什榜（蒙古音乐）、布库（摔跤）、诈马（赛马）、教驯（驯马，驷音táo），画面描绘的就是乾隆皇帝于1760年在避暑山庄举行四事的场景。现藏于故宫博物院。

康熙帝立刻派人调查鳌拜的家产和犯下的罪行。众大臣一致要求处死鳌拜，但康熙帝念他辅佐之功，从宽发落，将他革职为民，流放远乡。

鳌拜被除后，朝廷上下欢呼雀跃。康熙帝一面着手改革农业生产，一面惩办贪官污吏，整顿朝政，清王朝渐渐地稳住了阵脚。

当时，南明的桂王政权已经灭亡，但南方还有三个藩王始终是康熙帝的心病。"三藩"一个是吴三桂，一个是尚可喜，一个是耿精忠。这吴三桂是引清兵入关、助清灭明的功臣，清王朝建立后，被封为平西王，驻守云

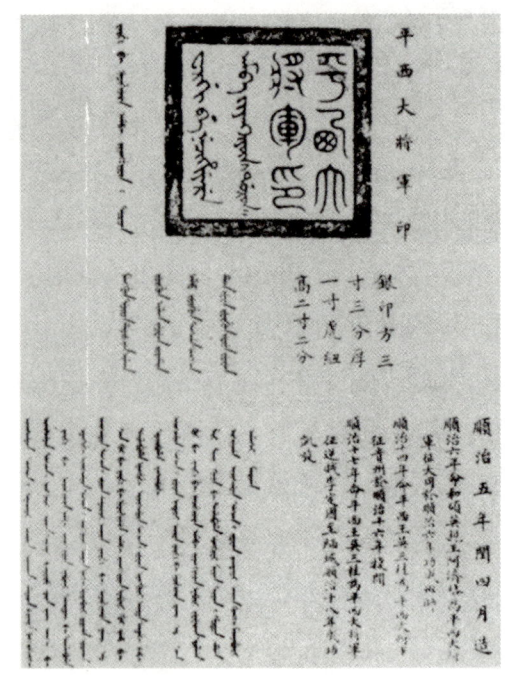

吴三桂"平西大将军印"文件

吴三桂引清军入关有功，受封为平西大将军。该文件除了印面图像外，还用满汉两种语言记载了印名、铸造时间、形制和吴三桂掌印后的主要功绩等。

南、贵州一带；尚可喜和耿精忠也是帮助清朝消灭南明、镇压农民军起义的有功之臣。尚可喜被封为平南王，驻扎广东；耿精忠被封为靖南王，驻防福建。

吴三桂在三藩之中，势力最强，也最骄横。他不仅掌握着军权，而且还掌握着财权，同时还把握着官权，他可以随意委任地方官吏，根本不需要向清王朝禀报。

康熙帝为了使政令能畅通，下决心削弱三藩的实力。正在此时，尚可喜因年老体弱，告老还乡，康熙帝予以批准，但不准他儿子承袭爵位。吴三桂、耿精忠怀恨在心，佯装请求撤除藩王爵位，回到京都。康熙帝便顺水推舟，批准了他们的请求。

诏令一下，吴三桂暴跳如雷。他认为自己是开国有功的老臣，现在轻而易举地就被撤职了，越想越气，于是下决心谋反。

1673年，吴三桂在云南起兵。他打起"反清复明"的口号，又换上明军的装束跑到桂王坟前假惺惺地痛哭了一番。但纸是包不住火的，大家都清楚，引清兵杀死桂王的是他，他这不是猫哭耗子不安好心吗？假象是欺骗不了任何人的。

吴三桂派人与广东的尚之信（尚可喜长子）和福建的耿精忠联络，说大家一

起反了吧。尚、耿也认为清王朝在削弱自己的力量。再者，有吴三桂撑后腰，还怕什么呢？

于是，三藩一起叛乱，史称"三藩之乱"。南方全部被叛军占领，吴三桂的叛军一直攻打到湖南。康熙帝沉思：若照此下去，对己不利，硬攻不行，不如采用分化瓦解的办法。于是，下令暂时维持尚之信、耿精忠的藩王称号，派人去说服尚、耿二王，说矛头不是对准他俩，而是吴三桂。尚之信、耿精忠分析了形势，觉得情况对自己不利，决定投降清王朝。

尚、耿二人投降以后，康熙帝精心筹划，多方调兵遣将，集中兵力讨伐吴三桂，加上尚之信、耿精忠对吴三桂叛军内幕了如指掌，清兵越打越多，愈战愈勇。吴三桂只有招架之功，没有还手之力，处境十分窘迫，自己实在支撑不下去了，经过8年长战，吴三桂有气无力，连恨带悔，病重而死。

"昭武通宝"铜钱

1678年，吴三桂在湖南衡阳称帝，国号大周，改元昭武，铸"昭武通宝"。"昭武通宝"分小平钱（一文钱）、折十钱（值十文的大钱）两种：小平钱直径2.4厘米，重约3.7克，楷书，有的背面有"工"字；折十钱直径3.5厘米，重约10.5克，背面篆书"壹分"，表示折合银一分。

清军乘胜追击，1681年，吴三桂的孙子吴世璠在昆明被清军击败，自杀身亡。

康熙帝力挽狂澜，最终平定了各方叛乱势力，实现了统一南方的理想。

292-雅克萨之战

清朝康熙帝为平定"三藩之乱"，将大批兵力调到西南，趁北方边境防备放松之际，沙俄侵略军觉得机会来了，趁机向我国黑龙江地区进犯。侵略军所到之处大肆掠夺财物,杀害人民,激起了我国东北各族居民的强烈反抗。恰在此时,有个俄国逃犯带了84名匪徒窜到我国黑龙江北岸的雅克萨,在那里筑起城堡,四处抢劫。他们把抢来的貂皮献给沙皇,沙皇不但赦免了这个逃犯的罪,还委任他担当雅克萨长官,想永远霸占我国东北。

消息传到康熙帝耳中,他十分恼怒,刚刚才平定三藩之乱,现在东北边境又遭侵略者侵犯。他立即亲临沈阳,一面派将军朋春、郎坦以打猎者身份深入边境侦察;一面派当地政府官员组织人力修造战船,建立城堡,做好讨伐侵略者的准备工作。

准备工作就绪后,康熙帝派人送信给驻守雅克萨的俄军头目,叫他及早退出我国边境。

俄军头目接信后,不但不退兵,反而向雅克萨增兵。康熙帝下令出击。1685年,康熙帝派朋春为都统大将军,率陆军、水军15000人,直抵雅克萨城下。

朋春到达雅克萨城下后,仔细地观察了地形,决定采用调虎离山之计攻城。他先安排士兵在城南筑土山,站在南山上往城里射箭,以引诱敌人。俄军真的认为清军要在城南攻城,就把主要兵力集中到城南,大批的清军却隐蔽在城北,当敌人主力全部调到城南时,城北的清军乘虚而入,连续轰起大炮来。霎时,北城堡大火熊熊,清兵又在城下堆起干柴,点着大火,火光照亮了北面半个天空。俄军抵抗不住,连忙扯起白旗,宣告投降。

康熙帝嘱咐朋春将投降的俄军全部释放,命令他们立即回去。俄军的头目托尔布津一副狼狈相,带着他的残兵败将灰溜溜地撤回了本土。

雅克萨从俄军的手中夺回后,清政府安抚百姓生产耕种,并将雅克萨的城堡全部撤除,朋春也带着部队撤出雅克萨。

"神威无敌大将军"铜炮

清康熙十五年(1675年)造,重1137千克,长2.48米,口径110毫米。该炮在雅克萨自卫战中发挥了重要作用。现藏于军事博物馆。

托尔布津回俄后，越想越生气，他重整队伍，伺机东山再起。得知清军撤出雅克萨的消息后，他认为时机已经到了，便带领士兵，杀回雅克萨，重新修筑城堡，决心与清军一决雌雄。

康熙帝得到情报后，下决心这次非把侵略军彻底消灭掉。这一次，清军经过周密的部署，加强了炮火的攻击，俄军孤注一掷，拼死反抗，都被清军打退。一颗炮弹正落在俄军头目托尔布津的头上，托尔布津中弹身亡。残余下的侵略军都躲到地洞里去了，地洞里潮湿阴暗，又没粮没水，不几天，饿死的饿死，病死的病死，只剩下100来人。

康熙帝攻城胜利后，继续布置兵力，加紧防守，以免重蹈覆辙。

沙俄政府雅克萨再次兵败后，慌忙派使者赶到北京，要求谈判。1689年，中国政府派出代表索额图，沙俄政府也派出代表戈洛文，双方在尼布楚举行和谈，签订了《中俄尼布楚条约》。条约明确规定，黑龙江和乌苏里江流域的广大地区是中国领土，确定了两国的边界划分。

随后，康熙帝又两次亲自带兵，平定了准噶尔叛乱。自此，清王朝统一全国的局面才开始稳定下来。

293-康熙帝三征噶尔丹

噶尔丹是蒙古族准噶尔部的首领，自从他统治准噶尔部以后，便野心勃勃。他先兼并了漠西蒙古的其他部落，又向东进攻漠北蒙古。

漠北蒙古被攻破后，几十万的漠北蒙古人逃到漠南，哀求清政府给予保护。康熙帝派使者来到噶尔丹

TIPS
索额图
索额图（1636年—1703年），姓赫舍里氏，满洲正黄旗人，康熙年间大臣。他先后任国史院大学士、保和殿大学士、议政大臣、领侍卫内大臣等职，曾参与设计扑灭鳌拜的反叛活动，故深得康熙信任。他是《中俄尼布楚条约》的清方代表签字人。

那里,要他将侵占的地方交还给漠北蒙古。噶尔丹的幕后有沙俄政府唆使策划,他认为自己有沙俄撑腰,根本不理睬康熙帝的劝说,不但不肯退兵,还大举进犯漠南,气焰十分嚣张。

康熙帝见谈判无望,决定亲征噶尔丹。1690年,康熙帝兵分两路:左路由抚远大将军福全率领,出击古北口;右路由安北大将军常宁率领,出击西峰口。康熙帝亲自带兵在后面指挥。

噶尔丹对地形熟悉,长驱直入,向南一直打到乌兰布通,距离北京仅有700里。康熙的右路军刚一接触噶尔丹军,就吃了败仗。噶尔丹更加得意扬扬。

福全率领的左路大军全线反击。噶尔丹挖空心思,他将几万骑兵集中在大红山下,后面有树林掩护,前面又有河流阻挡。又将上万只骆驼绑住四条腿躺在地上,驼背上加上箱子,用湿毡毯裹住,摆成长长的一个驼城。叛军就在那箱垛中间射箭放枪,阻止清军进攻。

福全命炮火分段击破,不一会儿,驼城被轰开了一个大缺口,上万名骑兵呼喊着冲杀过去。福全又派兵绕到山后,夹击山下的骑兵,叛军猝不及防,被里外夹攻,损伤大半,剩下的抱着脑袋纷纷逃命去了。

噶尔丹见清军来势凶猛,硬攻不利,便立即派了个喇嘛到清营求和。福全一面命令停止追击,一面派人向康熙帝请示,康熙帝早就看穿了噶尔丹耍的诡计,便命令:"继续追击!千万不能中了贼敌的奸计。"果然,噶尔丹

噶尔丹致俄国沙皇信件

乌兰布通战败后,噶尔丹于1691年致信俄国沙皇,进一步勾结沙俄,发动侵略喀尔喀蒙古的战争。

求和只是缓兵之计，等清军奉命追击的时候，噶尔丹已经带了残兵败将逃到漠北去了。

1694年，康熙帝约噶尔丹会见，订立盟约。噶尔丹不仅不守约，反而暗地派人到漠南煽动叛乱，并扬言沙俄将支援6万鸟枪兵来助他对付清军。

面对噶尔丹的阴谋，康熙帝决心乘胜追击。1696年，康熙帝第二次亲征。分三路出击：黑龙江将领萨布素从东路进兵；大将军费扬古率陕西、甘肃大军，从西路出击，截击噶尔丹的后路；康熙帝亲自带中路军，从独石口出发。三路大军约定好时间组织夹攻。

康熙帝带领的中路军先期到达科图，遇到了敌军前锋，但东西两路军还没到达。康熙帝当即决定继续进攻克鲁伦河，他派使者去见噶尔丹，告诉他康熙帝亲征的消息。噶尔丹闻言变色，慌忙来到山头一看，只见清军阵容强大，队列整齐，康熙帝黄旗飘扬，直吓得他哆哆嗦嗦，下令军队北撤。

康熙帝立即派人通知西路军大将费扬古，做好半路上截击的准备，自己带兵乘胜追击。

当噶尔丹带兵撤退到昭莫多时，正遇上费扬古军。费扬古按康熙帝的部署，在路边小山的树林茂密地方设下埋伏，先派400先锋军诱战，边战边退，将叛军引到预先埋伏的地方。清军一开始下马步战，听到号角声起时，就一跃上马，占据了山顶。叛军向山顶进攻，清军从山顶放箭放枪，双方展开了一场激战。费扬古又派一支人马在山下袭击叛军背后，前后夹击，叛军损伤惨重，噶尔丹带着剩下的几十名骑兵仓皇逃命。

噶尔丹叛军经过两次大战，所剩无几。康熙帝劝噶尔丹投降，但是他却顽抗到底。隔了一年，康熙帝又率兵渡过黄河亲征。这时，叛军的将领听说清军又来时，纷纷投降。噶尔丹走投无路，服毒自杀。

自此，清政府重新控制了阿尔泰山以东的地区。

294-台湾抗清英雄朱一贵

康熙六十年（1721年），台湾岛发生了强烈的海啸和地震。台湾的老百姓们认为是天神发怒，于是大家合起伙来凑钱请戏班来唱戏谢神。台湾知府王珍认为这一下发财的机会到了，便组织人员私自查访，将组织唱戏的人抓起来，诬蔑他们私自结盟，企图谋反，一下子就把40多人关进了监狱。隔了几天，王珍又借老百姓违反禁令进深山偷砍竹子为由，又将200多名老百姓投入监狱，并告知其家属，只要出钱就可以释放。因此，台湾的老百姓，一提起贪官恶棍王珍，没有不咬牙切齿的，很多地方都爆发了反抗官府的起义。朱一贵就是当时最著名的起义领袖。

朱一贵原先是福建漳州人，后来迁居台湾。到台湾后，他当过官府差役，不久又干起养鸭子营生，他养的鸭子训练有素，能排着整齐的队伍出入，老百姓都很敬佩他。朱一贵性格耿直，为人大方，他的朋友很多，有壮士，有农民，还有和尚。只要朋友们一来，他就杀鸭买酒，与大家开怀畅饮。

一次，一农民在朱一贵的房外听到酒后的朱一贵和朋友们谈论复明抗清的事，还听到朱一贵为明朝灭亡而捶胸顿足地痛哭。回去之后，这事就传开了，有人说朱一贵是明朝皇室的后裔，大家果真相信。于是，受够了清朝官府欺凌的台湾百姓纷纷来投靠朱一贵，大家都推举他为首领。

朱一贵有一个盟兄是和尚，他奉命到台湾城内活动。他每天穿着袈裟，敲着木鱼，走街串巷，并暗中宣传说：四月将有大难，大难降临的时候，各家只要在门口放一张香案，上面插一面写上"帝令"二字的小旗，就会平安无事的。人们听了都暗暗记在心中。

这年四月十九日，朱一贵自称明朝皇室后裔"大元帅朱"，发动起义，很快就聚集了一万多人。大家杀猪宰羊，饮酒壮胆，忙得像过年一样。

> **TIPS**
> **天地会**
>
> 天地会又名洪门，俗称洪帮，是清代民间成立的秘密组织之一，以拜天为父、拜地为母得名。它以反清复明为根本目的，打着替天行道、劫富济贫的口号，有大量的农民、商贩和社会流浪人员参加。天地会曾发动过多次武装起义，并一度配合太平天国的反清运动。

拂晓，起义军在"大元帅朱"的旗帜带领下，包围了台湾城近郊的岗山清营，清兵以为是天降神兵，吓得四散逃命。

清朝官府接到报告，立即派游击将军周应龙前去讨伐。这家伙胆小如鼠，但他又不敢违令，只好硬着头皮去应战。当起义军趁天黑攻打与周应龙仅隔一条小溪的另一部分清军时，周应龙眼睁睁地看着将领被杀，却不去援救，更不敢吭一声大气。

当地的老百姓对周应龙烧杀抢掠、无恶不作的行为早就深恶痛绝，纷纷加入朱一贵的队伍，不到几天，队伍就发展到10万人。他们乘胜追击，一鼓作气攻下了台湾城，台湾知府王珍吓得屁滚尿流，慌忙搭船，逃到澎湖岛去了。

台湾城的老百姓像迎接神灵一样排起了香案，迎接起义军。起义军进城后，大家一致拥戴朱一贵为"大明中兴王"。朱一贵对官兵要求严格，他严申纪律，不准士兵抢掠，要将老百姓看成是自己的亲人一样，因此深得起义军和老百姓的爱戴，因他养过鸭子，许多人还亲切地称他为"鸭姆皇帝"呢！

恰在这时，起义军内部发生分歧，力量大为削弱，清军乘机派福建提督施世骠率领一万清军攻打起义军，占领了台湾府。朱一贵被奸细出卖，被捕押送到清军兵营。

朱一贵宁死不屈，傲然挺立。清军对他施以酷刑，打断了他一条腿。他站不住了，就趴在地上，对被捕的手下将领说："大丈夫要为忠义而死！"不管清军如何严刑拷打，朱一贵和众将领就是不屈服。最后，他们被押到北京，壮烈牺牲了。

295-清朝的文字狱

为了笼络知识分子，使明朝遗留下来的文人骚客能归顺大清王朝，康熙帝命令朝廷大臣和地方官员，把有学问的人都推荐到京城做官。不少全国闻名的学者、文人都应召到京城来做官。

当时，有一个著名学者叫吕留良，有人推荐他，他拒不应召。为了摆脱纠缠，他索性跑到寺院里，剃光了头发当和尚去了。

有个翰林官叫戴名世，不小心在文集里用了南明桂王的年号，有人告发到康熙帝那里，康熙帝大怒，这还了得，岂不是想复辟吗？他立即下令将戴名世打进死牢，此案又牵连到戴名世的亲友和刻印他文集的人，约300多人。这是清朝"文字狱"事件的开始。

康熙帝死后，雍正帝即位，他就是清世宗。雍正帝疑心特重，他执政后，只要看见文字上有不避讳的，都要刨根追源，严加惩处。很多文人、学者因此送了性命，这就是清朝"文字狱"最厉害的时候。

吕留良自从当上和尚以后，就躲在寺庙里写文章，书中有反对满族统治的内容，因当时只在寺院里，没有流传出去。吕留良老死后，也没有人注意。

有个湖南学者叫曾静，一次偶然机会看到吕留良的作品，从文章中看出吕留良学问很深，心中十分钦佩，就派了他的学生张熙到吕留良老家浙江去打听他遗留下的文稿。

张熙马不停蹄地来到浙江，真是功夫不负有心人，不但打听到文稿的下落，还找到了吕留良的两个学生。张熙与两位学生谈得很投机，并邀他们到湖南做客，两位学生爽快地答应了。他们三人一道来到湖南，曾静热情地接待了他们，席中，四个人议论起清朝的统治，大家都十分气愤，于是大家在一起想办法、出主意，讨论怎么去推翻清王朝。曾静突然想到现在正担任陕甘总督的汉族大臣岳钟琪，此人掌握重要兵权，精明能干，备受雍正帝的重用。如果能劝说他反清，就一定能成功推翻清王朝的统治。曾静便写了一封亲笔信派张熙交给岳钟琪。岳钟琪不看不知

TIPS
吕留良
吕留良（1629年—1683年），又名光轮，字庄生，号晚村，嘉兴石门（今浙江桐乡境内）人，清初著名学者。他曾拒应康熙帝博学鸿词科之征，后削发为僧。其著述多毁，现存《吕晚村先生文集》《东庄诗存》。

◀ 1722年
清圣祖死，皇四子胤禛即位，是为清世宗。

道,一看吓一跳,里面的内容全是劝说他反清的,他吓得面如土色,结结巴巴地说:"这……这,这是大逆不道,要杀头的。"张熙镇定自若地说道:"岳将军与清王朝有前世冤仇,难道您知仇不报吗?"

岳钟琪问:"此话从何说起?"张熙步步深入:"将军姓岳,乃南宋爱国大将岳飞后裔。清王朝皇帝的祖先是金人。岳飞当年就是被金人金兀术勾结秦桧杀死的,将军现在手中有千军万马,正是报仇的好机会。知仇不报,那是不肖子孙啊。"

岳钟琪厉声喝道:"大胆,岂敢教训我,来人,将这叛贼打入死牢。"张熙被关进牢监,受尽了种种非人的折磨。岳钟琪吩咐监头查问张熙的幕后指使是谁,张熙却一字不吐。

硬的不行,只有来软的。岳钟琪假惺惺地来到牢前,把张熙放出来,并悄悄地跟他说:"昨天的审问,完全是考验你的,其实我早就想反清了,只是没有机会,条件不成熟。"说着还与张熙赌咒发誓。张熙由开始的不相信到相信,以致最后毫无防备,将曾静如何如何交代的话和盘托出。

岳钟琪毕竟老奸巨猾,他听张熙这么一说,如获至宝,于是一面写奏章派人禀报皇上,一面派人去湖南捉拿曾静。

曾静立刻被抓住,与张熙一道被押到北京,雍正帝恼羞成怒,命令对他们严加拷打。张熙知道上了岳钟琪的大当,如实将事实一五一十地说出。

雍正帝听说还有吕留良的两个学生在其中,于是也将这两人捉拿了,并下令将吕留良的坟墓挖开,劈开棺材,还将吕留良的后代和他的两个学生家满门抄斩。此案同样牵连到保存、传抄吕留良文稿的大批文人。

清朝的文字狱,使不少有学问的文人送掉了性命。

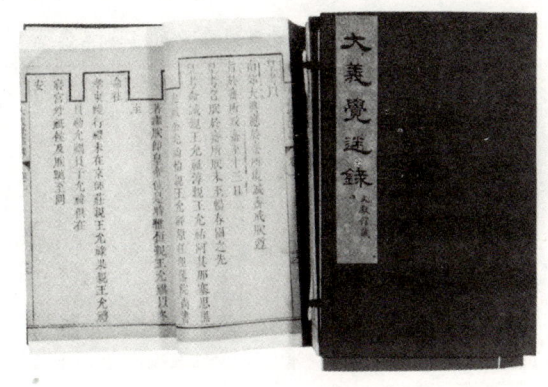

《大义觉迷录》书影

《大义觉迷录》是雍正帝编著的意在消弭汉人的夷夏之防、缓和民族矛盾的著作,共4卷。书中内容包括关于曾静案的上谕,以及曾静口供和其认罪的《归仁录》,主张清朝的正统性和"华夷一家"。书成后,雍正帝下诏刊版发行,并要求公家朝廷上下、地方官吏人手一册。

翰林官徐骏因"清风不识字,何事乱翻书"两句诗中"清风"二字,被雍正帝认为"清风"就是指清朝,也丢掉了性命。

在这些文字狱中,一大批文人学者被牵连进来,不明不白地就丢了脑袋,文人学者们被弄得不敢写文章谈论时事,便在考据学方面下功夫,使清朝的考据学相对发达起来。

296-蒲松龄与《聊斋志异》

蒲松龄是山东省淄川县人。清朝康熙年间,他在淄川一个小村庄做塾师先生,常常带着茶水来到村口的路旁坐下来,招待过往行人,却从不收一分钱。那些过往的小商小贩、马夫脚夫和落魄文人,走得口干舌燥、筋疲力尽的时候,都要到蒲松龄的茶水摊坐下来歇会儿,喝点茶,抽袋烟,聊会儿天,他们觉得舒服极了,都非常感激这位塾师先生。

那些行人都是走南闯北、见多识广的人,坐下来歇息时,蒲松龄就请求他们把看到的、听到的故事讲给他听,蒲松龄一面细心地听着,一面认真地做记录。日子长了,他搜集的故事就多了。有时候,大家要求他也讲个故事听听。有一次,他讲了一个有关促织(蟋蟀)的故事:

古时候,有个皇帝爱斗促织,于是命令老百姓捉促织进贡。有个叫成名的老实人运气不好,怎么也捉不到一只促织。官府常常因此责打他,打得他屁股流血,伤痕累累,疼痛难忍。成名又气又怕,就去哀求一个巫婆。巫婆教给他一个办法。他一试,果然捉到一只又强又壮的促织。一家三口高兴得合不拢嘴,就把促织放在竹筒里准备献给皇上。成名夫妇外出办事时,他9岁的儿子在家玩弄促织,没想到一失手,促织被他弄死了。孩子害怕极了,就跳到井里淹死了。成名夫妇回来后发现促织死了,心想一定是这不争气的儿子干的,小两口气势汹汹分头去找,谁知儿子跳井自尽了,他们悲痛欲绝。真想全部死了算了,在这个世上活着也没意思了。俩人在家泪水流干了,什么事也不干,饭也不吃,整天呆坐着。说来也怪,儿子死后竟变成了一只促织,跳到成名的袖子上,还和成名说话呢!第二天,成名把促织献给知县,知县又把它献给知府,知府又献给皇上。这只促织凶猛剽悍,没有一只促织能斗过它。它还能随着音乐翩翩起舞。皇帝高兴极了，立即将知县知府提拔做了大官。

大家听后，有的摇头，有的感叹，有的悲哀，有的气愤。

后来，蒲松龄把他搜集到的故事做了加工，写成一部短篇小说集，这就是著名的《聊斋志异》，《促织》就是《聊斋志异》中的一篇名作。

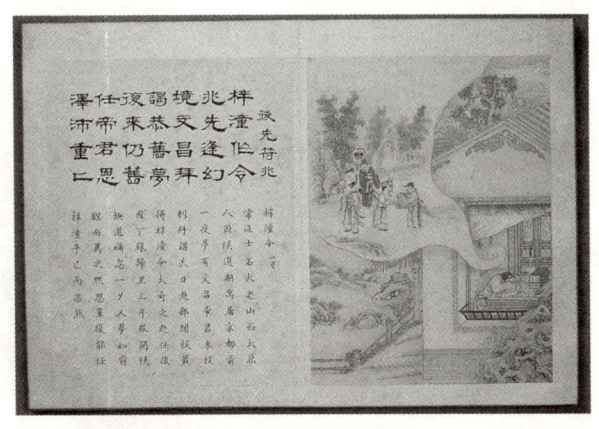

《聊斋图说图册》

清佚名绘。该图册是根据蒲松龄所著《聊斋志异》绘制的，共计48册，今存46册。图册含故事篇目420个，绘图725幅，半开绘图，半开文字，图文并茂，绘制精美。现藏于中国国家博物馆。

这部短篇小说集的思想内容极其丰富，有的故事揭露封建统治者残害人民的罪行，声讨贪官污吏、土豪劣绅的罪恶，抨击官僚统治机构的腐败黑暗；有的抨击科场黑暗，揭发八股举业的弊病和给文人士子带来的灾难；有的表现青年男女的爱情婚姻生活，把狐仙鬼妖描写成善良的少女，歌颂了青年男女真挚的爱情；还有的赞扬了普通人民的反抗精神，倡导抗暴精神，宣扬报仇雪恨、除恶务尽的思想。

蒲松龄一生的坎坷遭遇，是他写作这部小说的基础。蒲松龄家中兄弟四人，从小都读过书，蒲松龄是成绩最好的。他顺利地通过县、州、府的考试，每次都是第一名。19岁就考中秀才，人们都以为他前程远大。可是这以后，蒲松龄到省里考试就怎么也考不中了。后来，他父亲死了，兄弟四人分了家。蒲松龄只分到一间破房子。房子四壁透风，周围长满了蒿莱。他没有能力来维修房子，只好借来一块木板遮挡一下。

为了生计，他一面给财主当塾师，挣点钱维持生活，一面参加科举考试。直到71岁，他才按照惯例被选了岁贡生，但他一生都没有考中举人。他觉得自己满腹经纶，却不能有施展的机会。而阻碍他的正是腐朽的科举制度。他别无选择，只好躲在凄凉的书斋里著书立说。

蒲松龄科举的失意，加之生活的清苦，使他能够有更多的机会接触劳动人民,并对他们产生了深深的同情。《聊斋志异》中的一些故事揭露了统治阶级的罪恶,反映了社会的矛盾,表达了人民群众的愿望。但是,由于时代和阶级的局限,书中也宣扬了一些封建道德和迷信思想。

蒲松龄科举落第,反倒给他写作创造了良机,使他有时间专心写作。到76岁(1715年)病死的时候,他留下了丰富的著述,除《聊斋志异》之外,还有1000多首诗、100多首词、400篇散文以及"俚曲"(俗曲)、剧本、长篇小说和通俗日用读本多种。这些作品作为我国民族文化的宝贵遗产,受到后人的珍视。

北京贡院旧照

北京贡院建于明永乐十三年(1415年),原为元代礼部衙门的旧址。北京贡院既是全国会试的考场,也是顺天府(北京)乡试的地方。贡院最盛时有考棚1.5万间,1900年八国联军进京时遭到大破坏,后又多被拆毁,今已不见原貌。

297-吴敬梓与《儒林外史》

吴敬梓生于康熙四十年(1701年),字敏轩,号粒民,晚年自号文木老人,安徽全椒人。

吴敬梓出生在一个很有钱的官僚地主家庭中,18岁就考取了秀才,是个少年得志的贵家公子。父亲吴霖起是位精于儒学的人,因得罪上司而辞官回家,不久就病死了。父亲死后,吴敬梓独担门户,在家族内部财产争夺中又被欺凌侵夺,使他看到这种书香门第表面上讲仁义道德,骨子里却是尔虞我诈。吴家败落之后,族人乡邻都歧视他、嘲笑他,把吴敬梓视为吴家的不肖子孙,受过他慷慨接济的人也渐渐疏远了他。家乡无法存身,他不得不移居早已属意的南京秦淮水亭。他感到这里非常平静、舒适,他再也不想参加科举考试了,下决心要写一本书,把当时士子们的丑态记录下来。

当时,清王朝统治者为了维护行将崩溃的统治,大力禁锢思想文化,大兴文字狱，将程朱理学作为官方哲学，用考试八股文的方法，束缚知识分子的手脚。按朝廷规定，八股文只能写四书五经上的东西，以孔子的是非为是非，以朱熹的注疏为标准，文章的格式刻板，连字数都有规定。这样培养出来的人没有真才实学，从而扼杀了大量的人才。

麻布坎肩夹带

这件麻布坎肩上密密麻麻地写满了字，是清代科举考试考生用来作弊的夹带。在明清时代，人们通过了科举考试就能当官，因此，有不少人冒险作弊。

基于这种情况，吴敬梓看透了科举考试的弊病，用辛辣的笔锋，尖锐地揭露了这一制度的问题，写出了中国第一部长篇讽刺小说《儒林外史》。

在《儒林外史》中，吴敬梓用他那泼辣幽默的巨笔，穷形尽相地描绘了儒林群丑的恶言丑行，绘声绘色地刻画了众多市民官绅的面貌情态，无情地揭露了腐朽的八股文取士的科举制度所造成的社会危害，歌颂了敢于冲击封建礼法和自食其力、洁身自好的传奇人物，从一个侧面反映了中国封建制度的没落衰朽。

在吴敬梓的《儒林外史》中，有一个老书生叫范进，是个深受科举考试之苦的人。他只知道作八股文，连赫赫有名的苏轼是谁都不知道。直到胡须花白了，还只是一个可怜的穷秀才。有一次，他参加乡试回来，看到母亲和妻子已经饿了三天了，就抱着一只正处于生蛋期的母鸡到集市上卖。没想到这一次他竟然考中了。人们到集市把他考中的消息告诉了他，他开始不相信，愣了一会儿，居然由于兴奋过度，猛地向后一跤摔倒，牙关咬紧，不省人事。被救过来之后，他披头散发，满脸黄泥，一身臭水，鞋也跑掉了一只。他什么也不顾了，只是一个劲儿地拍手大笑，高喊："中了！中了！"后来，他被自己的老岳父、杀猪的胡屠户打了一记耳光，才恢复了常态。从此人们都来巴结范进，送他房屋、田产、衣服、用具等。范进科举成名，从一个揭不开锅的穷光蛋，摇身一变，变成了一个耀武扬威的"官老爷"。

吴敬梓笔下的读书人，有的被科举戕杀；有的投机钻营考试之道；有的做官后忘本变质，残害百姓。封建文化人的形象被揭露得淋漓尽致。吴敬梓用他那犀利的目光、深刻的见解宣告了封建八股制度必然灭亡的历史趋势。但很可惜的是，这位才华横溢的文豪却被穷困潦倒的生活过早地夺去了生命。他在完成《儒林外史》大作后不久，就病死了，仅活了53岁。

除《儒林外史》外，他还著有《文木山房集》四卷和《金陵景物图诗》及其他一些诗文。他的《诗说》七卷，未完成的《史汉纪疑》和《文木山房集》十二卷本，都已散失。

298-曹雪芹与《红楼梦》

曹雪芹原本是一个贵族家庭子弟。他的曾祖父曹玺曾得到康熙帝的宠信，受任江宁织造，家境相当富裕。曹玺死后，曹雪芹的祖父曹寅、父亲曹頫先后接替了江宁织造的位置，三代持续六七十年任织造官，在当地成了远近闻名的富豪。

雍正初年，皇室内部夺嫡斗争特别激烈。雍正六年（1728年），曹頫获罪落职，家产也被抄。这么大的变化，给10岁的曹雪芹心灵上很大的冲击。

父亲丢官后，举家回到北京，生活相当贫困。后来父亲病死，家庭灾难接二连三发生，曹雪芹生活更加困难，在北京西郊租住了几间破房子读书。

来到郊外，与平民百姓接触多了，再想起小时候家里的豪华生活，心里感慨万千。他便根据自己的亲身经历写出一部反映封建社会生活的小说，这就是《红楼梦》。

《红楼梦》原名《石头记》，在这部小说中，

曹雪芹西山故居
位于北京植物园黄叶村。曹雪芹少年家道中落，从苏州迁回北京居住，晚年又移居北京西郊，在西郊居住10余年，完成其巨著《红楼梦》。

曹雪芹写了一个封建贵族大家庭贾家的兴亡盛衰史。在这个大家庭内，有的人虚伪奸诈，道貌岸然；有的人尖刻泼辣，心狠手毒；有的人弱不禁风，多愁善感；有的人敢作敢为，放荡不羁。小说的主人公贾宝玉是个"潦倒不通庶务，愚顽怕读文章，行为偏僻性乖张，那管世人诽谤"的贵族青年，他与林黛玉在互相了解和共同叛逆的基础上建立起了真挚的爱情，却遭到封建势力的压抑，他们想反抗，在那种环境里却没能跳出封建枷锁的束缚。结果林黛玉受尽歧视，郁闷而死，贾宝玉也只得离家出走。

曹雪芹对贾宝玉、林黛玉之间的爱情悲剧寄予了深切的同情，同时对封建统治阶级的腐朽和罪恶给予了有力的鞭挞。小说中写了一段故事：薛家公子薛蟠抢夺民女英莲，打死冯渊，一手制造了人命关天的大案件。贾雨村初任知府时，准备发签捉拿打死人的凶手，这时应天府的门子（官衙中侍候官员的差役）递给了他一张《护官符》，上写道："贾不假，白玉为堂金作马。阿房宫，三百里，住不下金陵一个史。东海缺少白玉床，龙王来请金陵王。丰年好大'雪'，珍珠如土金如铁。"

贾雨村起先看不懂，后经门子一说才知道，这贾、史、王、薛是南京的四大豪门，诗中"雪"与"薛"同音。这四家不仅权势地位显赫，而且还霸占着巨额财富。四大家族之间互相联姻，互相勾结，"一荣俱荣，一损俱损，扶持遮饰，皆有照应"，它们上通皇宫朝廷，下连地方官府，权力大得无比。这次杀人凶手就是薛家公子薛蟠。

《大观园图》（局部）

清佚名绘。纸本设色，纵137厘米，横362厘米。《大观园图》是根据曹雪芹《红楼梦》中描述的大观园景色和相关情节创作的绘画。全图以蘅芜苑、凸碧山庄、蓼凤轩、凹晶馆、牡丹亭五处不同形式的建筑为中心，构建了几个不同的场景，共绘173人。现藏于中国国家博物馆。

贾雨村不看不知道，一看吓了一大跳，若非门子提醒，差一点儿丢了乌纱帽，说不定性命还难保呢！他当即打消了捉拿凶犯的念头，把被打死的冯渊说成是得病而死的，这样，一桩人命案就被胡乱了结了。

曹雪芹在西郊10年时间，写了80回，后积劳成疾。正在这时，他的一个心爱的孩子也得病死了，他再也受不了种种打击，终于放下了他没有完成的著作，离开了人世。

曹雪芹死后，文学家高鹗觉得这样杰出的著作没有写完，实在是太可惜了，便按照曹雪芹原来的构思，续写了后40回，这就是我们今天看到的完整的《红楼梦》120回本。

《红楼梦》这部长篇小说，经过传抄、翻印，越传越广，直至当代，人们都一致认为它是我国古代最杰出的长篇小说。它不仅有高超的艺术成就，而且思想内容极其丰富，人们从小说中了解到封建社会的兴衰历史和社会状况。现在，在我国专门成立了"红学"研究会，有一大批学者在专心研究这部历史巨著。

299-乾隆皇帝下江南

乾隆皇帝奢侈成性，挥霍无度。他四处游山玩水，在位60年中，曾6次畅游江南。

各地地方官员精心安排，将运河两岸搭起戏台、彩棚，沿河排列着无数的彩舟。为了投皇帝所好，他们大讲排场，有时候一次招待就花去二三十万两银子。乾隆的龙舟及大大小小的随行船只共有1000多艘，还安排了许多童男少女拉纤，称为"龙须纤"，男女有时摔在一起，乾隆看了，在船上哈哈大笑。

> **1735年**
> 清世宗死，子弘历即位，是为清高宗。

《乾隆南巡图》中的观戏场景

清宫廷画师徐扬绘。纸本设色。全套共12卷，总长154.17米，描绘的是乾隆十六年（1751年）乾隆皇帝第一次南巡的情景。图卷人物众多，山川形势，城池车船，各行各业，林林总总，真实地反映了18世纪中叶中国政治、经济、文化的社会风貌。现藏于中国国家博物馆。

扬州是商人云集的地方，奢靡成风。为了迎接圣驾，官员们挖空心思，他们在城里的大街小巷，都铺上了棉毡，路两边都挂满了绸帐，装饰得富丽堂皇。扬州的盐商们为了讨好皇帝，纷纷捐资修筑皇帝行宫，开湖造山，建楼兴园。行宫里装饰得豪华无比，园林打扮得典雅别致。乾隆见后，大加赞赏，立即召见盐商来赐宴，还亲自赏给他们每人一级顶戴。

乾隆皇帝过分奢侈，一些正直的朝廷大臣实在看不下去了。一次一个官员到江南办完事回来，乾隆皇帝召见他，询问江南的民情。那位官员壮着胆子说："皇上南巡之后，百姓生活更加痛苦了，个个怨声载道。"乾隆听后暴跳如雷，下令将他贬到新疆戍边去了。有个大臣劝乾隆皇帝说："皇上每到一处巡游，地方官大摆阔气，一味讨好，使百姓受害不浅。"乾隆听后，脸色气得铁青，非要杀死那个大臣不可，幸亏众大臣再三说情，他才免于一死，但官职却被罢免了。

乾隆皇帝游江南能如此摆阔，别人还不敢说一句，地方上其他官僚地主更是上行下效，追求奢侈享乐便成为一种普遍的社会风气。江浦的河南总督衙门，每逢宴会，就有20多样豆腐做的菜，肉菜多达40余种，鱼肚海参、猴脑熊掌、驼峰燕窝、鹅腿豚脯，那是应有尽有，真正超过了"富人一顿饭，穷人半年粮"的程度。那些官僚的住处也豪华得使人难以置信。苏州的一位大官住宅有大厅38处，规格各不相同，夏天用精巧的竹藤器具，冬天用华贵的锦缎、貂皮围帐，里面装饰得像皇帝宫殿一般富丽堂皇。

当时，清朝的各级官吏为了满足不断膨胀的享受欲望，拼命地趋炎附势，讨好奉承上级，大肆贪污贿赂，结党营私，有时还会引起明争暗斗。山东巡抚国泰是和珅（shēn）的心腹，他挪用了10万两白银的公款。御使钱沣（fēng）掌握了确凿的证据，就向乾隆禀报，乾隆听钱沣说得有根有据，便传令叫和珅和钱沣同去核查。

钱沣相当精明，工于心计。他接到圣旨后，换上破衣旧帽，提前秘密出发了。他刚到良乡，就看见一个肥头大耳的人打扮成奴仆的样子骑马而来，一路任意向地方官吏和平民百姓敲诈勒索。钱沣细一打听，才知道这人原来是和珅派到山东的特使。钱沣掌握了大量证据，等了几天，在那人回来的路上将他抓住了，并从那人身上搜出国泰给和珅的信，内容是借款填补库银亏空的事，用了很多暗语。钱沣派人将信专程送给乾隆皇帝。

和珅接着也来到山东，他想拉拢钱沣，但钱沣根本不理睬他。和珅见大势不好，怕包庇国泰会连累自己，只好作罢。回京后，皇帝根据信件的证据，下令将国泰处死。

后来，内阁学士尹壮图上奏皇上说："地方的官吏贪污挪用现象严重，银库的金银一多半都被他们侵吞了。"乾隆即派了一个满族大臣和尹壮图去各省查核。那个满族大臣同和珅关系特好，按照和珅的旨意，每到一处都想方设法拖延时间，让地方官借好银子补足后，才开始查验。这些事先都做好了手脚，根本查不出问题。尹壮图是个书呆子，没有钱沣那么机智，他压根儿就没发现半点破绽。尹壮图查了几个省、州后都没有查出问题来，却弄巧成拙，惹火烧身，被告犯了妄言之罪，罢官流放。从乾隆皇帝后期起，清朝官场的腐败愈演愈烈。

300-乾隆与《四库全书》

乾隆皇帝在位年间，是清朝的鼎盛时期。当时，翰林院的一些翰林们认为明朝的《永乐大典》虽将许多当时已经散失的古籍保存了下来，但它毕竟是一部类书，许多珍贵的文献被拆散，分类容纳，无法看清许多书籍的全貌，于是就上书乾隆皇帝，建议将原书抄写还原。

乾隆皇帝是一个好大喜功的人，这时国库充足，有力办这件事，他也想

陆锡熊关于详校《四库全书》情形的奏折（部分）

此为《四库全书》总纂官陆锡熊在沈阳上奏的有关校对文溯阁《四库全书》情形的奏折。《四库全书》编成后，因书中有伪谬之处，乾隆皇帝责令他重新校正，其写官所需费用，责令由他和纪昀（yún）分担。后来，他又奉命到沈阳文溯阁负责校正、辑补阁中藏书，因劳其身心，不久就在沈阳去世。

通过编纂图书把国内著名学者都笼络在自己身边，免得他们再在社会上散布不利于清朝统治的言论，便下令编一部规模空前的丛书，取名《四库全书》。

乾隆三十八年（1773年），乾隆下令成立《四库全书》馆。总裁由乾隆皇帝的几个儿子和大学士担任，副总裁由六部尚书和侍郎担任，还有总纂、总校，大大小小的官员共有360人之多。再加上负责抄写和打杂的，先后共组织了3800多人的庞大队伍参加这项宏大的工程。

《四库全书》馆的大小官员、差役不分酷暑严寒，搜集、挖掘各种书籍资料，精心组织抄写、校对。他们从两万多卷的《永乐大典》中将零星的材料一段一段地抄写下来，然后拼凑起来，恢复了500多部珍贵的文献，这些文献被称为《永乐大典》本。另外，还有敕撰本（清朝建立以后，历代皇帝下令编写的图书叫敕撰）、内廷本（皇宫里明朝以来的藏书）、采进本（各省先后买进的图书）、私人进献本。

《四库全书》按照经、史、子、集进行分类整理，收入了3475部书，共计79000卷。历时整整10年时间，直到乾隆四十七年（1782年），这部大型丛书才编成。

为了维护大清王朝的威严，乾隆皇帝下令，凡涉及明末清初历史而又不利于清朝的书籍，都要彻底销毁。甚至一些提倡民族大义的书，也都被烧掉。更为滑稽的是，像顾炎武的《音学五书》之类根本没涉及政治的书籍都被连版销毁。被销毁的书中，有些还侥幸保存了一个书目，仅存目的书就达6700多部、93500多卷。

《四库全书》的总编纂纪昀在其中发挥了极其重要的作用，他踏实苦干，治学严谨，每当得到一部书时，他都叫人写一篇内容提要，介绍作者的生平、书籍的版本、内容及简单的评价，汇编成为《四库全书总目提要》和《四库全书简明目录》，以便于人们阅读。

为了表彰纪昀等人的功劳，乾隆皇帝先任命总编纂纪昀等人为翰林院侍读学士，后来又授给纪昀礼部尚书的职位。可是事后不久，乾隆皇帝派人去检查《四库全书》，发现抄错的地方很多，他又大发雷霆，命令纪昀等人校正，全部费用由他们自己承担。有的官员被活活气死了，有的参加编写的官员还被抄了家。

《四库全书》编成后，朝廷又特地在北京、热河、沈阳、杭州、镇江、扬州等地修建起文渊阁（宫中）、文源阁（圆明园）、文津阁（避暑山庄）、文溯阁（沈阳）、文澜阁（杭州）、文宗阁（镇江）、文汇阁（扬州）来收藏这些图书。存放在北方文渊阁等四处的《四库全书》称内廷四阁，在南方文澜阁等三处的称江浙三阁。乾隆皇帝下令开放江浙三阁，让各地文人查阅、抄写。江浙三阁在当时实际上起到了国家图书馆的作用，对文化的传播交流起到了积极的推动作用。

可惜的是，镇江文宗阁、扬州文汇阁的藏书在太平天国时散失了；北京圆明园文源阁的书，在英法联军侵入北京时，被侵略者放火焚烧了；翰林院中藏的底本，一部分被英法联军和八国联军两次洗劫抢走，一部分被烧毁；其他阁内藏书基本上还是完整的。

《四库全书》是一部规模空前宏大的丛书，对后世产生了深远的影响。有人将它和万里长城、大运河并列为中国古代三大工程。

301-郑板桥当官

郑燮（xiè），扬州人，号板桥，他在未当官之前，靠卖字画为生，当时已经有了很大的名气，在为别人写字、画画的时候，他常常署上"板桥"二字，所以人们都习惯地叫他郑板桥。

乾隆元年（1736年），郑板桥考中了进士，当了知县，人们议论纷纷，有的说一个画家能当好什么官；有的说郑板桥精明能干，办事公道。郑板桥上任不久就使那些不知底细、看不起他的人真正心服口服了。

一次，县衙门附近的一座盐店的盐商抓到了一个私自贩盐的小贩，把他扭送到县衙门，说是小贩犯了走私罪，请求郑板桥从重处罚。小贩穿得破衣烂衫，满面乌黑，嘴唇青紫，头发蓬乱，骨瘦如柴。郑板桥一看，便知道他是为生活所逼，才迫不得已走上了这条绝路，他内心深表同情，决定要戏弄一下那个油头粉面的盐商。他转过头来对盐商说："我决定加重处罚这个盐贩子，给他戴上枷锁示众好不好？"那盐商一听，高兴极了，连声说："好！好！"

郑板桥命令衙役抱来二领大芦席，中间钻了一个孔，说是芦枷，让那个小贩戴在脖子上，他又取来10多张纸，拿过笔蘸上墨汁，尽情地挥洒，不一会儿，画出了许多竹子、兰草，还题写了诗。他把诗画贴在芦席上，下令让那个小贩带着芦席站在盐店门前示众。

《墨笔竹石图》

清郑板桥绘。水墨纸本，纵127.6厘米，横57.7厘米。画作于乾隆五年（1740年），钤"郑燮印""克柔印"。现藏于故宫博物院。

郑板桥的诗、书、画，堪称"三绝"，他最善于画竹子和兰草。他画的竹子，苍劲潇洒，疏落有致；他画的兰草，秀劲绝伦，别具一格；他写的诗歌，诙谐凝重，不拘俗套；他的书法融隶、楷、行、草为一体，体态别致，自成一家，在远乡近邻中，无人不知，无人不晓。那个小贩在盐店门前一站，立刻惊动了整个县城，人们都争先恐后，抢着去看郑板桥的字画。人越来越多，看过的人也不愿离开，这样把盐店门口围了个水泄不通，那盐商弄得没办法做生意了，就到县衙门去苦苦哀求，郑板桥哈哈大笑，立即吩咐差役将盐贩放回家。

郑板桥特别讨厌嫌贫爱富的势利眼。一次，一个大财主嫌弃已订婚的准女婿家穷，便千方百计地托人想赖掉这门亲事。郑板桥知道后，就派人去同财主说，自己要和他结为干亲家，想将他女儿收养做干女儿。财主一听说县令要和自己攀亲，真是喜出望外，便满口应允。郑板桥叫穷女婿躲在自己衙室内，等财主女儿一到，来拜见时，他就把穷女婿请出来，给了他许多钱，让他们拜天地成亲。临走时还派了一辆

《衙斋听竹图》

清郑板桥绘。水墨纸本，纵142厘米，横62厘米。画面右下方题诗："衙斋卧听萧萧竹，疑是民间疾苦声。些小吾曹州县吏，一枝一叶总关情。"表现了郑板桥对平民百姓的关心。现藏于徐悲鸿纪念馆。

车子给他小两口送回去。那财主有苦难言，只好承认这门"生米煮成熟饭"的亲事。

郑板桥十分同情平民百姓的疾苦，关心他们的生活。有一年山东闹灾荒，老百姓饥饿难忍，只好把牲口宰了充饥。郑板桥目睹这一切，心里难受极了，立即向州府打报告，请求拨粮救济灾民。但是报告打了十几天，如石沉大海，州府的官老爷压根儿就没把这些平民百姓的死活放在心上。郑板桥眼看牲口被宰完了，有些人还商量着准备吃人肉，他再也无法容忍了。他便下令在县城凿池，饥民只要来干活，就给饭吃。他还命令富户将自己家的粮食拿出来，救济老弱病残的灾民，并告诉他们：要么把粮食平价卖出，要么就从重治罪。财主和富户不敢抗拒，只好乖乖地听从。这样很多的灾民都活了下来，而那些富人却恨透了他，私下联系，到处告郑板桥的状。

郑板桥对官场腐败现象深恶痛绝。当时，山东官场的应酬都在妓院里进行，民间流传着"一个官儿一个瓜"的说法。这"瓜"指的就是妓女，意思是每个官员都玩弄妓女。官场如此乌烟瘴气，郑板桥实在是看不下去了。

有一天，一些大官在趵（bào）突泉举行宴会，郑板桥因为是有名人士，自然也被请去了。席间，那些大腹便便、脑满肠肥的官员每人怀中都拥抱着一个杨柳细腰、百般娇媚的妓女。一会儿，有人建议叫郑板桥写诗助兴。郑板桥眉头一皱，拿过笔来，一挥而就，写了一首七言诗，写完后，他长长地吁了一口气，好像是要把心头积蓄的怨气愤气全部吐出来似的。官员们纷纷过来欣赏这首诗：

> 原原本本岂徒然，
> 静里观澜感逝川。
> 流到海边浑是卤，
> 更谁人辨识清泉。

诗歌的意思是说，这里的水流到海边就像卤水一样混浊了，谁还能知道它是清泉里流出来的呢？官员们看后面面相觑，都不说一句话，个个气得脸都变了形，拂袖而去，一场宴会就这样不欢而散了，而郑板桥心里却好受了许多。

那些大官员被郑板桥戳了一针后，岂肯罢休，于是向朝廷诬陷郑板桥贪赃枉法，朝廷把他的官也给罢了。郑板桥毫不介意，当下准备三头毛驴，一头驮着自己心爱的书和琴，一头给一个小伙计骑着带路，一头自己骑着。临行时，他戴着风帽，穿着毡衣，骑在驴上向来接任的新县令说："我郑燮因'贪赃枉法'被免官了，今天我离开了，行装没有什么，诸位君子是清官，受到上司重用，来此任职。将来诸位离开的时候，行装恐怕要用车来拖！"说罢，挥鞭径直往扬州去了。

当时，扬州形成了一个新画派，除郑板桥外，还有汪士慎、黄慎、金农、高翔、李鱓（shàn）、李方膺、罗聘等7人。他们8个人的绘画，突破了当时画坛墨守成规、一味地模仿古画的正统派旧规矩，风格独特，意境深远，成就很高。而正统派则认为他们"怪"，历史上称他们为"扬州八怪"。"八怪"除了画"怪"外，思想上也"怪"，就是不满现实，傲视官府。郑板桥官职被免，回到扬州，从此便以卖画为生，度过了他的一生。

302-"和珅跌倒，嘉庆吃饱"

清朝官员和珅生得眉目清秀，读过一些书，伶牙俐齿，善于见风使舵、察言观色，很会耍小聪明，因此深得乾隆帝的宠爱和提携。一次，乾隆帝准备外出巡视，传令侍从官员准备仪仗。不知怎的，仪仗用的黄盖不翼而飞，侍从官员急得像热锅上的蚂蚁，乾隆帝十分恼火，狠狠地训斥了官员们一顿。

乾隆帝的责问训斥，使官员们吓得六神无主，个个面面相觑，大家都推说不知道哪里去了，这时在旁的青年校尉和珅镇静自若地说："管事的人不能推卸责任。"

乾隆帝转回头一看，这个年轻的校尉生得标致，态度又从容不迫，竟连追问黄盖的事也给全忘了，他转而问和珅叫什么名字、哪里人、家庭情况如何，和珅都一一对答。真是"踏破铁鞋无觅处，得来全不费功夫"，仪仗队中竟还有如此有才能的人，乾隆帝如获至宝。他十分赞赏和珅的才干，立即委任他为仪仗总管，以后又宣布他任御前侍卫。和珅也真够精明的，他净找好话说给乾隆帝听，乾隆帝叫他朝东他不朝西，将乾隆帝交给他的事，件件都办得称心如意，深得乾隆帝的宠信。

日子一久,乾隆帝就把和珅当作自己的亲信,和珅因此步步青云,连连高升。不多久,和珅就从御前侍卫提升到大学士,实力也渐渐大了。

为了在朝廷中巩固自己的地位,巴结皇上,和珅还跟乾隆帝说,想让乾隆帝的女儿和孝公主嫁给他的儿子。乾隆帝二话没说,便愉快地答应了。和珅自从跟皇帝攀上了亲家,那权势就更大了。

乾隆帝渐渐年老体衰,朝政大事全落在和珅手中。和珅掌握大权后,别的大事他没心思管,只是一门心思搜刮财富。他不仅贪污索贿,而且公开敲诈掠夺。一些地方官员献给皇上的贡品,和珅专挑好的留下,剩下的再送给皇上。乾隆帝年纪大了,脑筋也不够用,也不追查,这就使得和珅的贪心越来越大。

有个大臣叫孙士毅,一次从南方回京城带了一只玉鼻烟壶准备献给皇上,恰巧在宫门口撞见和珅。和珅一看孙士毅手中握着一个精巧的盒子,连忙问他手里拿的什么东西。孙士毅不给他看,和珅不客气地从孙士毅手中夺过来,打开一看,竟是一颗大玉珠精雕出来的十分别致的鼻烟壶,他垂涎欲滴,竟厚颜无耻地说:"送给我吧。"

孙士毅着了慌,连忙说:"这可不行啊,这壶是献给皇上的,已经禀报皇上了,哪能给你呢?"和珅脸孔一板,冷冷地塞到孙士毅手中,说:"你还当真噢,只不过是跟你开玩笑罢了,看你那副寒酸相!"

匏制葫芦形鼻烟壶

高6.7厘米,腹宽4.7厘米。此鼻烟壶以勒扎法制作,作束腰葫芦式,分为6瓣,平底。现藏于故宫博物院。鼻烟壶为盛装鼻烟的容器,鼻烟是一种经过加工的粉末状烟草制品,明末清初自欧洲传入中国后,吸闻后有明目避疫的功效,吸闻鼻烟在清代蔚为风尚。

孙士毅把那只壶献给了乾隆帝,没隔几天,孙士毅又在宫中碰见和珅,和珅悄悄地将孙士毅拉到一旁,说:"我给你看一样东西。"孙士毅定睛一看,这不正是我上次献给皇上的那只玉壶吗,怎么又到他手中了呢,一定是皇上赏给他的。和珅得意扬扬,哼着小曲儿走了。

后来,孙士毅偷偷打听才知道,和珅是买通太监从宫里偷出来的。

由于和珅的权势越来越大,一些地方的官员也千方百计地搜刮珍珠玉宝

和珅府花园湖心亭

和珅府即今恭王府，位于北京市西城区柳荫街。恭王府规模宏大，占地约6万平方米，分为府邸和花园两部分，拥有各式建筑群落30多处，布局讲究，气派非凡。

来讨好奉承和珅。和珅见大臣和官员都惧怕他三分，更加有恃无恐。他从皇宫中偷运出大批珍贵楠木，为自己大兴土木。并且经常在夜深人静之时，穿上皇帝的衣服，戴上珍珠玉器，对着镜子一边照一边得意地自我欣赏！

乾隆帝老了，忘性越来越大，也懒得管事，把什么事都交给和珅处理。当和珅得知乾隆帝要传位给嘉庆帝时，他连忙拿着一柄玉如意去见嘉庆帝，以奉承新皇上。

嘉庆帝执政后，知道和珅贪赃枉法，等乾隆帝一死，立刻将和珅逮捕法办，有人建议把和珅千刀万剐，凌迟处死。嘉庆帝觉得和珅毕竟是乾隆帝的宠臣，处理重了不合适，就下了一道命令，让和珅上吊自杀了。

和珅死后，人们都很关心对他那巨额的财产如何处理，结果，除了赏给有关人员一点外，大部分都不知被弄到哪里去了。其实，皇帝下令查抄又亲自处理，那些东西的下落当然是可想而知了。可有个大臣不知底细，还傻乎乎地上奏皇帝，请求追查此事。嘉庆帝一看到奏章就大发雷霆，说："难道你把我看成贪财的君主？你敢追查一下试试看！今后大小朝臣，不许再提和珅的财产！"

> **1795年**
> 乾隆帝禅位于第十五子颙（yóng）琰，称太上皇，但仍然训政。颙琰为清仁宗。

和珅的万贯家财,都流到嘉庆帝的私人腰包里去了。事情传开后,过了多少年,老百姓每每提起来,编了两句顺口溜讽刺说:"和珅跌倒,嘉庆吃饱!"

303-白莲教大起义

1796年,乾隆帝禅位后,嘉庆帝执政,就在这一年,四川、湖北、陕西爆发了大规模的白莲教起义。

有人向朝廷禀报,白莲教在全国各地迅速发展,形势十分不妙。嘉庆帝听后十分恐惧,马上命令各地的总督巡抚捉拿白莲教徒。地方官吏想借捉拿教徒的机会发大财,便打着这个幌子,滥捕了许多不相干的平民百姓,严刑拷打,敲诈勒索。凡是能出得起钱的,便宣布无罪释放;拿不出钱的,就得关在牢里受罪甚至被砍头,有的还被活活钉在墙上折磨而死。老百姓被逼得走投无路,就越来越多地参加了白莲教。

首先发动起义的,是襄阳县城白莲教的首领齐林。可惜,起义之事被襄阳县令察觉,官府捉住了齐林,砍了他的头,还将头悬在襄阳县城示众。

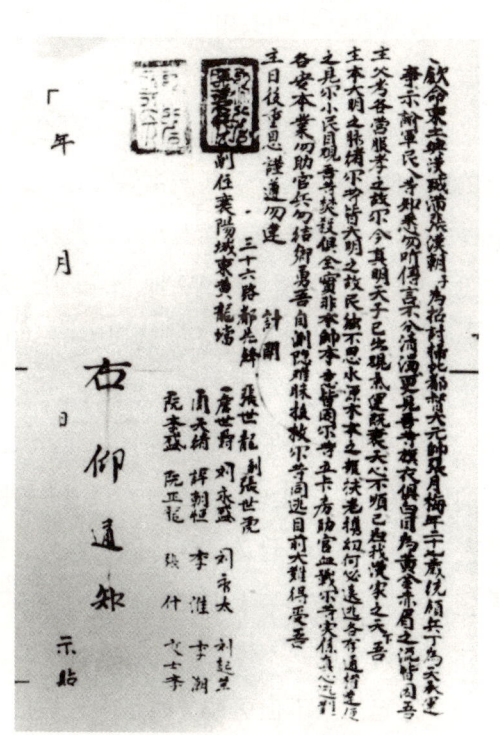

白莲教起义军发布的告示

嘉庆元年(1796年)爆发了白莲教大起义,遍及川陕鄂豫甘等省,延续达十年之久,给清统治政权以沉重的打击。该布告为1797年义军张汉朝所部在陕西省兴安府所贴,义军宣称是"官逼民反",要"替天行道""兴汉灭满"。

暗中积极准备响应起义的白莲教徒,并没有被这件事吓住,反而激起了他们更大的怒火。齐林有个年轻的妻子叫王聪儿,听到丈夫被杀害,又是伤心,又是气愤。她擦干了眼泪,决心要给死去的丈夫和起义的同伴们报仇。

王聪儿召集襄阳白莲教徒，在城郊的黄龙岗集会，1万多名身穿白衣丧服的白莲教徒先把十字街头的泥土洒到酒里，然后饮酒盟誓，振臂高呼："有患相救，有难相死！"他们一律剪掉辫子，表示誓死与朝廷斗争到底。

王聪儿将白莲教徒编为五个营，指派她丈夫齐林的徒弟姚之富等人当各营首领，王聪儿自己当了"总教师"，也就是这支队伍的统帅。这样，白莲教的第一支起义大军——襄阳义军诞生了。

王聪儿头扎白头巾，身穿白衣白裤，骑银鞍白马，手持双刀。她武艺超群又骁勇善战，每次临敌，都身先士卒，冲在最前面。起初，清兵不知她的厉害，见她是一个20多岁的女子，有两个清军总兵官狂呼乱喊："抓妖妇，要活的！"他们率领手下兵丁一窝蜂似的围了上去。王聪儿微微一笑，拍马向清兵冲去。她一脚跨马镫，全身悬空，芙蓉宝刀在手中上下翻滚，银光落处血肉横飞。片刻工夫，清兵就倒在地上一大片。那两个总兵官也被杀得血肉模糊，一命呜呼了。清兵见此情况，还以为王聪儿有什么奇异的法术呢，吓得鬼哭狼嚎，落荒而逃。

当王聪儿在湖北起义的时候，四川、陕西的白莲教徒也起兵响应。起义的火焰在三省广大地区蔓延开来，很多贫民、流民都参加了起义队伍。

嘉庆帝一看起义军声势越来越大，慌了手脚，连忙命令各地的总督巡抚、将军、总兵等大小官员派出大批人马镇压。可是那些大官、将军们只知道贪污军饷，不懂得怎样打仗。王聪儿兵分三路，从湖北打进河南。起义军打起仗来不但勇敢，而且十分敏捷。他们行军的时候不整队，不走平坦大道，专拣山间小路走，见了官军也不正面迎战。他们把兵士分成许多小队，几百人一队，有分有合，忽南忽北，把围剿的官军弄得晕头转向，不知道往哪儿跑。

不久，清朝政府又调集重兵围攻起义军。王聪儿和姚之富商定，先不和清兵决战，而是转移别处，筹集粮食，积蓄力量。在转战过程中，他们也考虑过占领一座城池作为进退的据点。嘉庆三年（1798年），王聪儿率军进攻西安，结果因为实力悬殊，战斗失利了。他们只得改变计划，向湖北撤退。清军在后面尾随，紧追不舍。

这一天，王聪儿和姚之富等人率军退到了湖北郧（yún）西三岔河一处叫阎王扁的悬崖上，准备越过崖上的羊肠小道，进入深山老林。可是，清军和乡勇们已经包围过来，他们狂呼大喊要和起义军决一死战。王聪儿和姚之富决定占据山梁，先杀退敌人再说。他们率领战士向敌人猛冲过去，双方展开了大厮杀。清兵和乡勇们一边打一边缩小包围圈。起义军战士因为连日奔走，已经

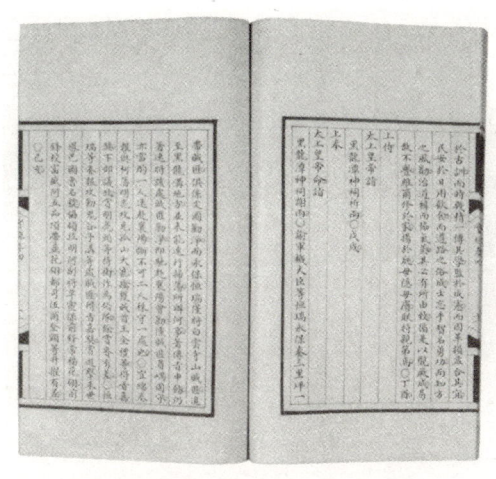

《清仁宗实录》中关于进剿白莲教的上谕

白莲教起义声势浩大，持续10年，转战多省，动摇了清朝的统治根基。《清仁宗实录》为记载嘉庆皇帝一朝史事的编年体史书，清朝官修，曹振镛总撰。1824年成书，共374卷。

力不从心，几次冲杀都没有突出包围圈。但是他们仍然顽强奋战，弹药、箭矢用完了，就把石头当武器，向敌军砸去。当清兵和乡勇们冲上山梁的时候，王聪儿见无路可退，她怒视着敌人，然后纵身跳下了悬崖。姚之富和许多起义将士也跳下了崖。他们宁死不屈的精神，使清兵们目瞪口呆。

王聪儿等人牺牲以后，起义军并未停止反抗斗争，他们招兵买马，不久之后，又发展到20多万人。清朝政府费尽九牛二虎之力，用了10年的时间，直到嘉庆十年（1805年），才把白莲教起义镇压下去。然而，清朝政府也因此伤了元气，清朝的全盛时期从此一去不复返了。

304-文坛大师龚自珍

龚自珍是浙江杭州人，字璱（sè）人，号定庵，人称定庵先生。龚自珍小时候，常常在晚上依偎在母亲怀里，听母亲诵读清初诗人吴伟业的诗词。那些激越高昂、悲怆苍凉的诗句，时而使他兴奋，时而使他哀伤，在他的幼小心灵里激起了强烈的反响。

龚自珍天资聪颖，勤学好问。他12岁时，就跟随外祖父学习东汉许慎著

的《说文解字》，后来又熟读了《春秋公羊传》等书，他最喜爱读北宋政治家、文学家王安石的文章，竟将他的《上仁宗皇帝书》恭恭敬敬地抄写了9遍，并从小就立下了远大的志向，发誓要效法王安石，改革社会弊端。

1829年，龚自珍由进士而参加殿试的时候，效法王安石的《上仁宗皇帝书》，写了一篇犀利的政治论文，请求变法。他在这篇文章中大胆地议论新疆变乱的善后事宜，明确提出了自己的政治主见。阅卷大臣看了以后大惊失色，认为龚自珍的文章语言过激，不合文法，把他的文章从优等拉了下来。

龚自珍做了10多年的官，却一直当内阁中书和礼部主事之类的小官，由于他的改革政见触犯了封建统治阶级的利益，所以根本得不到升迁，而一些靠歌功颂德、阿谀奉承的小人们却连连升级。

虽然有些混饭吃的官僚们看不起龚自珍，说他是"龚呆子"，但在社会上，他的名字却广泛流传，此时，他已经是很有名气的文坛大师了。他的诗词和散文气势雄浑，感情充沛，文采横溢。龚自珍多才多艺，善歌喜舞，笛子奏得悦耳动听。他和著名学者、政治家林则徐、魏源都是至交好友，大家相互学习，相互促进。他还积极地对向自己请教问题的青年给予耐心辅导，深得大家的敬重。

龚自珍双目炯炯，前额宽大，颧骨高出，满脸胡须。他在生活上不修边幅，十分俭朴，他的衣服常常是破了就补，补了再破，破了又补，但他为人却相当率直，常常同一些农民和不相识的人饮酒，与大家开怀畅谈，了解社会，了解人民生活。

当时，正值英帝国主义向中国大量输入鸦片，掠

TIPS

魏源

魏源（1794年—1857年），字默深，又字墨生，号良图，湖南邵阳人。他是清代中后期的著名学者，出于"经世致用"的基本思想，主张向西方学习先进的科学技术，编写《海国图志》，提出"师夷长技以制夷"的观点。《海国图志》是中国近代史上最早的一部由国人自己编写的有关世界各国情况介绍的巨著，对中国当时的思想界有重要影响，开辟了近代中国向西方学习的时代新风气。

走白银，人民深受毒害之时，龚自珍坚决主张禁烟。后来听说，道光皇帝派钦差大臣林则徐到广东禁烟，他喜不胜喜，立即写信给林则徐，为他出谋划策，还表示一定大力协助，愿意和他一道去广东。考虑到当时复杂的政治局势，林则徐只好婉言谢绝了龚自珍的一番好意。

清朝官场那种互相倾轧的生活，使龚自珍感到极其厌恶，林则徐虎门销烟、抗英有功，却反而被发配充军，这使龚自珍再也不愿意在朝廷中待下去了。第二年四月，他便弃官回家，当他的车到达镇江的时候，镇江的老百姓正在举行迎神赛会，人们穿着彩服，高举仪仗，奏着鼓乐，演着杂戏，把玉皇大帝、风神、雷神等众神都迎出庙宇，抬着周游全城，热闹非凡，大街小巷全挤满了人，老的、少的、男的、女的都倾巢出动。龚自珍见到如此壮观的场面，兴奋不已，便停下车来，站在路旁凝神观望。

主持迎神赛会的是一位老道士，他看到站在路旁观看的官员，便派人去询问，当他得知这位就是远近闻名的文坛大师龚自珍时，连忙放下手中的神棒，走过来向他行礼，并再三恳求他代写一篇祭文。龚自珍推托不下，拿过笔来，眉头一皱，当即挥毫泼墨，写成七言绝句一首：

　　九州生气恃风雷，
　　万马齐喑究可哀。
　　我劝天公重抖擞，
　　不拘一格降人才。

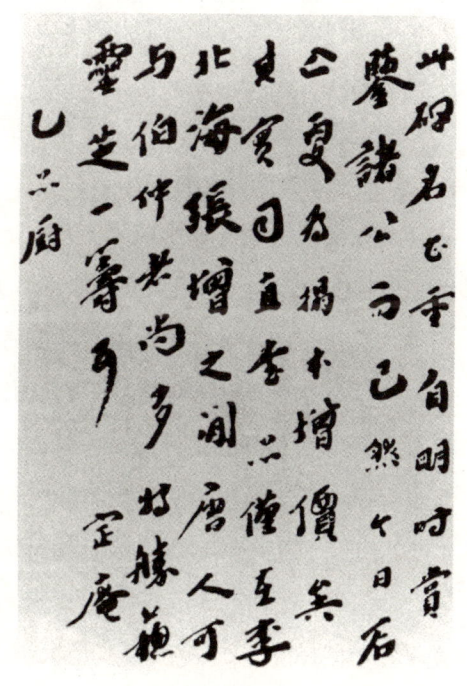

龚自珍手迹

龚自珍（1792年—1841年），字璱人，号定庵，浙江杭州人，清代思想家、文学家。

这首诗似一声春雷，使人惊醒，让人沉思，催人奋发，后来在全国各地流传开来，人们争相吟诵。

龚自珍回到杭州老家，在书院主持讲学。两年以后，这位文坛大师，掀起近代改革风潮的勇敢战士，终因积劳成疾离开了人世。

305-虎门销烟

清朝自嘉庆帝开始，朝政逐渐走下坡路，到了道光年间，清朝政府更加腐败无能了。

英、法、美等帝国主义列强看到清朝政府腐败，贪官污吏横行，便利用这一机会不断把鸦片运往中国。

鸦片又名大烟、烟土或阿芙蓉，是用罂粟果实中乳状汁液制成的一种有强烈麻醉性的毒品。人若吸食，很容易上瘾，慢慢地就会变得面黄肌瘦，萎靡不振。鸦片原产印度，英国占领印度后，强迫当地人大量种植罂粟，制成鸦片，然后由英国的殖民机构东印度公司集中起来，大量向中国倾销。

自嘉庆初年开始，外国商人就在广州珠海出海处的洋面上，买通清政府官员，干起了走私鸦片的勾当。嘉庆五年（1800年），他们向中国输入鸦片4500多箱，以后逐年猛增。到道光十八年（1838年），已经增加到4万多箱了。清朝每年出口的大量茶叶、丝绸等土特产，还不够抵偿鸦片的价值。到道光十五年（1835年），中国已有200万人吸食鸦片，每年白银外流420万两。鸦片不仅毒害了中国人民，而且也给清政府造成了巨大的财政损失。

对于鸦片的输入，清政府主要有两派意见，一派是以林则徐为首的禁烟派，一派是反对禁烟的求和派。林则徐是个坚决主张禁烟的人，在任湖广总督的时候，他就采取严厉的措施禁止鸦片。后来，他又上书给皇帝，驳斥反对禁烟的谬论，他大声疾呼，如果再不禁烟，中国将没有可抵抗侵略的兵勇，也没有可充作军饷的银两。道光皇帝被林则徐的慷慨陈词感动了，决定派林则徐为钦差大臣到广州禁烟。

林则徐到广州后，为了查清走私鸦片的情况，采用了种种办法。他下令对学生进行考试，考场大门关得严严的，当考卷发下来，学生们都愣住了。原来，考卷里夹着一张纸条，上写：此次考试，可以不答试题，但必须把自己知道的烟贩姓名、住址和活动情况写下来，尤其是要写明白官兵受贿走私的内幕，不得隐瞒。学生大都年轻活跃，对鸦片走私深恶痛绝，且又来自四面八方，知道的情况很多，因此大家均默默地写了出来。

摸清情况后，林则徐严惩了一些违法官员和烟贩子。随后他又发布通告：一切外国商人必须在3天内缴出全部鸦片，并写出永远不再贩运鸦片的保证书。今后如再售出鸦片，货尽没收，人皆伏法。

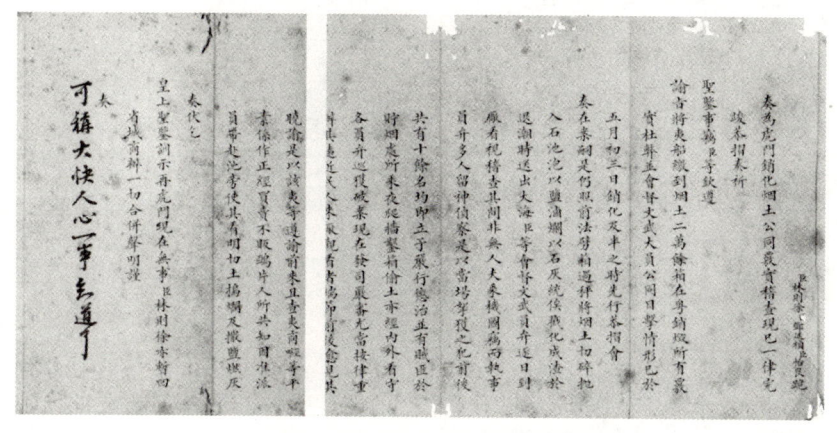

林则徐等关于虎门销烟的奏折

此为林则徐虎门销烟后给道光皇帝详细报告销烟过程的奏折，道光皇帝朱批："可称大快人心一事！知道了。"现藏于中国国家博物馆。

烟商们得知这一消息后，慌了手脚，一些人主动交出鸦片。见此情形，英国驻澳门商务监督义律召集鸦片商，说："谁交出鸦片了？怕什么，英国的军舰就停在附近海面上，我们随时准备打仗！"商人们听后又活跃了起来。

烟贩们的举动，激起了中国人民的极大愤慨。林则徐看见人民也站了起来，兴奋地说："鸦片一天不绝，我一天不离开广州，决不半途而废！"接着，他果断地下令："立即通知英商，若拒绝交出鸦片，还策划逃跑，就中断中英贸易，封锁洋馆，断绝水路交通；若再抵抗，就停止食物供应。"

义律无计可施，决定交出鸦片。但他又诡秘地对商人们说："我要报告女王陛下，要求派出军队惩罚他们，不久，我们就要打仗了！"

鸦片贩子们共计交出2万余箱，约237万斤鸦片。

道光十九年四月二十二日（1839年6月3日）林则徐决定在广州门户虎门的海滩当众将鸦片全部销毁。这天天气晴朗，成千上万的群众闻讯赶来，海滩上人山人海，林则徐率领广东各级军政官员，来到虎门海滩边的高岗上，亲自指挥和监督销毁鸦片。

人民英雄纪念碑浮雕《虎门销烟》
曾竹韶雕。1958年。该浮雕是人民英雄纪念碑基座上的第一块浮雕。浮雕人物如真人大小，表情、动作各不相同，整体上表现出了中国人民反抗帝国主义的坚定决心。

销烟开始了。赤膊的工人和士兵们把鸦片倾倒入挖好的两个方形的大销烟池内，顿时浓烟冲天，直上云霄。人群沸腾了。人们感慨万端：若不禁烟，人民将成为废人，国家也将不成为国家了。大家不顾刺鼻的恶臭味，欢呼跳跃起来。鸦片贩们垂下了头，滚滚浓烟湮灭了他们不可一世的嚣张气焰。

鸦片连续烧了20多天，直到五月十五日（公历6月25日），才全部被销毁。在这20多天里，虎门滩上天天像过年一样，人来人往，热闹非凡。

306-金田起义

清朝道光年间，广东省花县（今广东花都）有个读书人叫洪秀全，曾好几次到广州去应考，都未能考取。作为一个普通知识分子的洪秀全对这种腐朽的科

TIPS
第一次鸦片战争

第一次鸦片战争发生于1840年至1842年，是英国借口林则徐虎门销烟伤害其利益而对中国发动的一场侵略战争，也是中国近代史的开端。战争以中国失败并赔款割地告终。签订了中国历史上第一个不平等条约《南京条约》。中国从此沦为一个半殖民地半封建国家。

⬅ **1820年**
清仁宗死，子旻（mín）宁即位，是为清宣宗。

举制度极为不满。在最后一次应考落选以后，他决定不再追求无用功名，毅然决然地组织了拜上帝活动。

他组织附近的乡里民众，让大家聚集在一起，男女分座，先唱一首赞美上帝的诗，然后由主持人宣讲上帝的仁慈，劝大家改恶从善，真心崇拜上帝。洪秀全的好友冯云山和族弟洪仁玕等参加了这种活动。

洪秀全对听他传道的人反复地说："人人都是上帝的儿女，应该平等相爱。上帝曾派他的儿子耶稣到人间解救苦难。我是耶稣的弟弟，也受命下凡救世。现在大大小小的妖怪践踏了上帝的真道。崇信上帝的人要赶走他们，夺回自己的权力！"

在传道过程中，为了让大家更加明白传道的意旨，洪秀全还编讲了这样一个故事：

"有一次，上帝发现是孔子的书把人教坏了，就把孔子找来，说他的书错误太多，是人间罪恶的根源。孔子一再狡辩，后来又私自逃到人间，想投奔妖魔头。上帝听闻大怒，派人把孔子五花大绑押到天上，当着各位神仙的面又是责骂又是鞭打，打得孔子像鸡吃米似的磕头求饶。"

洪秀全讲了这段故事后，便和冯云山、洪仁玕一起砸毁了各学塾中的孔子牌位，决心和旧礼教分道扬镳。但是，这种举动却遭到了当地封建势力的指责，他们的行动也并没有引起多大的反应，只有很少一部分人参加了拜上帝活动。

暂时的挫折并没有使他们灰心，相反，他们扩大了活动范围。洪秀全和冯云山经过长途跋涉，来到了广西的贵县。沿途所见所闻使他们深刻地认识到，光凭着外国的"上帝"是打动不了中国老百姓的，必须要写出自己的传道书，让大家听了，就像说身边的事，了解其中的道理，这样才有成功的把握。

于是洪秀全决定回故乡花县，让冯云山去桂平县紫荆山，在贫苦百姓中间分别进行传道。二人满腔激情，坚信一定能干出一番大的事业。

几年后，当洪秀全来到了广西桂平县金田村的时候，冯云山已经在那里成立了"拜上帝会"，并已站稳了脚跟。冯云山发动了3000多人入会，紫荆山地区成了他们反清斗争的根据地。洪秀全看到这种情形，非常兴奋，把自己花了两年心血写成的文章给冯云山看,这里面有《原道救世歌》《原道醒世训》《原道觉世训》等。

冯云山看后,高兴地说:"写得太好了。像'天下多男人,尽是兄弟之辈;天下多女子,尽是姐妹之群'这些话,老百姓一定喜欢听,也听得懂。"洪秀全说:"我们就把这些讲给大家听!"果然不出所料,洪秀全和紫荆山群众一接触,立即得到大家的拥护,各地拜上帝会都称他为"洪先生",尊他为领袖。

洪秀全、冯云山在紫荆山开展的拜上帝活动吸引了许多有抱负、有才能的人,得到了越来越多人的支持和响应,工人杨秀清、贫苦农民萧朝贵以及地主出身的韦昌辉和石达开在此期间也都相继参加了拜上帝会。拜上帝会一时间名声大震。

他们的活动引起了官府的注意,不久,冯云山被捕,洪秀全四处奔走,设法营救。紫荆山的会员们用自己烧炭挣来的钱买通官府,冯云山在狱中也坚强不屈,终于被释放出狱。经过这场波折,拜上帝会成员更加团结了,也更加增强了摧翻清王朝统治的信心和决心。

道光三十年(1850年),洪秀全号召各地会员到金田村集中,叫作"团营"。会员们听到团营的消息,群情激昂,知道起义反清的日子就要到来。有的扔下活计,有的变卖了家产,扶老携幼地奔向金田村。陆茵附近一个村庄的赖元伟,他的女儿马上就要出嫁了,听说要团营,立即烧毁嫁妆,跟随大伙儿出发。地主翁振三抓住三个拜上帝会成员,严刑拷打:"还有哪些人是你们的团伙?"三人齐声回答:"站起来的都是我们的人,倒下去的全是你们的人。这还用问吗?"气得翁振三半天说不出话来。

会员们到金田村团营后,把变卖田产家业所得的现金和其他财产全部交入"圣库",吃、穿、用都由"圣库"统一发给。当官的和普通会员同甘共苦,有饭同吃,有衣同穿,有钱同使,大家都非常高兴。同时,他们加紧整编队伍,进行严格的军事训练,赶造武器,准备正式宣布起义。

1851年1月11日,是洪秀全37岁生日,借大家来祝寿之机,按照预先计划,洪秀全让全体将士到金田村前韦氏宗祠门前广场集合。

众将士手执大刀长矛,男女分营排列,一个个精神抖擞,意气风发。儿童、妇女手挥彩旗,说笑不停。在一片欢呼声中,洪秀全登上韦氏宗祠门前的

> **1851年**
> 洪秀全等在广西金田村起义,自称天王,建号太平天国。

高台,昂然站立在大旗下。冯云山、杨秀清、萧朝贵、韦昌辉、石达开等人分站在他的两边。洪秀全把手举在面前,庄严宣布:"今天,拜上帝会正式起义了!我们要推翻腐败的朝廷,让天下太平。我们的国号就叫太平天国,为的是让贫苦人过上太平的日子。"

洪秀全接着说:"太平天国现在已有200多个能安邦定国的人才,可以做文官;还有1000多有擎天之勇的武将,有3万威如猛虎的雄兵,何愁不能杀'妖'。"洪秀全告诫全体将士必须遵守五条原则:一、遵守条律命令;二、男女分营;三、不许抢掠老百姓的东西;四、和睦相处;五、同心合力,打仗不得退缩。将士们蓄起头发,从金田村出发,转战附近州县,连连告捷,并一举攻占了永安州城。已自称天王的洪秀全在这里命令整顿队伍,封杨秀清为东王、萧朝贵为西王、冯云山为南王、韦昌辉为北王、石达开为翼王。此后太平军从永安突围,声势日益壮大。

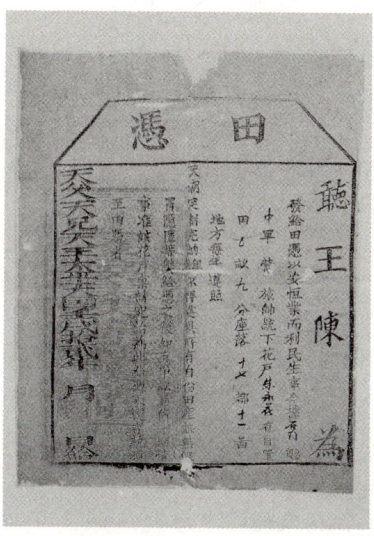

太平天国颁发给农民的田凭
这是太平天国后期听王陈为(陈炳文)在苏浙地区颁发的土地证。田凭形制统一,上记发给时间、地点、领户姓名、田亩数等,发给土地所有者或耕种者,承认其土地所有权,同时规定其遵照定制"完纳银米,不得违误"。

307-壮士张文祥

清朝同治九年(1870年)七月二十六日晌午,两江总督马新贻在督署西校场阅兵后回署,即将进入署门,突然见一妇人双膝跪地,双手执状纸,口中连连呼喊"冤枉!冤枉!"马总督立马驻足,吩咐左右问

> **1861年**
> 清文宗死,子载淳即位,是为清穆宗。

清原委，左右将状纸呈交总督，正当马新贻准备接状纸时，突然间从人群中窜出一彪形大汉，眉宇紧蹙，双目怒视，手执钢刀，说时迟，那时快，对准马新贻的左胸连刺数刀，刀出血溅。混乱之间，马新贻回头见此大汉乃是至交兄弟张文祥，只说了一句"原来是你！"便倒在地上，众人将总督抬回督署后，他便一命呜呼了。

张文祥刺杀马新贻后，干脆一不做，二不休，站立在那里，一动也不动，如铁塔一般。这时众兵将呼冤妇人捉住拷问，张文祥大声呼叫："休要拷问此妇人，刺杀马新贻乃我所为，一人做事一人当，大丈夫敢作敢为，我决不逃走。今天了却了我的心愿，痛快！"

张文祥是河南汝阳人。当太平天国定都南京时，张文祥与其友曹二虎、石锦标同为捻军小头目，常与合肥乡勇作战。马新贻是山东菏泽人，以进士授安徽合肥知县，与捻军作战，被张文祥俘虏后投降。马新贻既有文才，又有口才，张文祥等对他以礼相待，后与马新贻结拜为生死兄弟，马新贻年岁最大，曹二虎、石锦标次之，张文祥最小。马新贻屡劝张文祥等投降大清王朝，共图富贵，张文祥犹豫不定，曹、石两人表示同意，于是张文祥随马新贻一起降归清朝，被编为山东二营，马新贻任统领，张文祥等任营官。

同治四年（1865年），马新贻任安徽布政使，山东营解散，张文祥等随马新贻至任所供职，马新贻富贵后，渐渐地与张文祥等结拜兄弟疏远。同治七年（1868年），马新贻升任两江总督，他见曹二虎之妻年少美艳，便用计谋将曹二虎杀死，纳曹妻为妾。张文祥看在眼里，怒火中烧，终于看清了马新贻阴险狠毒的丑恶嘴脸，发誓今生不亲手斩死马新贻，誓不为

> **TIPS**
>
> **捻军**
>
> 清代后期出现的一次大规模的农民起义运动。开始于1853年，前后长达15年，大致与太平天国同时而稍后。捻军主要活跃在长江以北皖、苏、鲁、豫四省部分地区，或协同太平军或独立作战，屡破清军，最终被清廷镇压。

人，更对不起义兄曹二虎。

马新贻死后，曹妻内心愧疚无比，自缢而亡。张文祥被处凌迟，寸刀碎割，酷刑延续了七八个小时，张文祥一声不吭（自辰至未，终未痛呼一声）。时人称赞张文祥为张侠士。

308-火烧圆明园

第一次鸦片战争失败后，清政府与外国侵略者签订了许多丧权辱国的不平等条约，中国人民备受西方侵略者的欺凌。

但是，以英法为首的列强对获得的权益仍不满足，他们想方设法地寻找借口，企图逼迫清朝政府签订新的条约，以获取更多的好处。

不久，机会终于来了。

咸丰六年（1856年），法国天主教神父马赖违背《南京条约》《黄埔条约》中不允许外国传教士到中国内地传教的约定，公然闯入广西西林县境内进行传教。他招收了一伙地痞流氓，名为传教，实际上抢劫财物，强奸妇女，无恶不作。西林县令张鸣凤将马赖及随从逮捕，并将马赖和两个民愤极大的教徒斩首示众。

法国得知这一消息以后，恼羞成怒，硬说马赖无辜被害，便立即通知英国，要派远征军到中国。英政府心领神会，也想找个向中国挑衅的借口。

同年秋天，广州水师搜查了停在黄埔港的中国船只"亚罗号"。"亚罗号"是中国人苏亚成在中国内地制造的，后来卖给了一个在香港居住了10年左右的中国人方亚明，除了船长是爱尔兰人，水手全是中国人，其中有曾做过海盗的李明太和梁建富等。广

> 1850年
> 清宣宗死，子奕詝（zhǔ）即位，是为清文宗。

州水师发现这个情况，把李明太、梁建富和嫌疑犯12人抓了起来，押在水师巡逻艇上。英国领事巴夏礼得知这一情况后，以"亚罗号"在香港登记过，领过通航证，挂过英国国旗，是英国船为借口，说中国人没有上船捕人的权力，要求水师军官梁国定释放被抓水手，遭到梁国定的严厉拒绝。

巴夏礼气急败坏地向两广总督叶名琛提出最后通牒，要求立即释放被捕的人，并要出面道歉。同时，巴夏礼还威胁叶名琛，要在24小时内给予答复，否则英国海军就要攻打广州。叶名琛害怕得罪英国人，吓得赶紧派人把所逮的12人全部送交给了巴夏礼。但是，成心找麻烦的巴夏礼却嫌所派的人官职太小，而拒绝接收。英国海军就以这为借口，发动了侵略中国的第二次鸦片战争。

> **1856年**
> 第二次鸦片战争爆发。

战争刚开始，叶名琛不战而逃，英军很快攻入广州，由于人民的奋起反抗，英军才被迫退到虎门。在美国和俄国的支持下，英法联盟再次攻打广州。叶名琛不做丝毫抵抗，并且还拒绝了部将添兵设防、以备迎敌的主张，英法联军很快便攻陷广州城，俘虏了叶名琛。英法联军在广州烧杀抢掠一番后，又北上到天津大沽口，攻陷了大沽炮台，随后沿白河直攻到天津城下，扬言攻克天津后再进攻北京。清政府惊慌失措，急忙派人去天津议和，与英、法、俄、美分别签订了丧权辱国的《天津条约》。《天津条约》又一次让中国丧失了许多权益，激起了中国人民的强烈不满。但是英法政府对由此获得的利益仍不满足，他们决定再使用武力，逼迫清政府进一步让步。

咸丰九年五月（1859年6月），英法侵略军炮击大沽炮台，守卫炮台的爱国将士英勇抵抗，英法联军遭到惨败，退出大沽口。次年春天，英法两国调集了两万多人再次攻占大沽，又占领了天津，向北京东边的通州推进。咸丰皇帝带着皇后、贵妃和大批官员仓皇逃到承德，只留下其弟恭亲王奕䜣（xīn）在北京与侵略者谈判。

英法联军攻到北京后，以为咸丰皇帝还住在圆明园，便绕过安定门和德胜门，占领海淀区，向圆明园进兵。

圆明园位于海淀以北两里的地方，包括圆明、万春、长春三园，康熙年间开始修建，雍正时进行了扩建。圆明园方园20华里，占地5000多亩，四周有澄怀园、蔚秀园、承泽园、朗润园、勺园、近春园、熙春园、一亩园、自得园、清漪园、静明园等巨大的园林建筑群。圆内有乾隆皇帝从江南运来的奇峰异石，有能工巧匠们巧夺天工的杰作，有弯弯曲曲的流水，高高低低的假山，湖如明镜，山似叠翠。圆内有美妙奇物，有不拘俗套的宫殿建筑，有别具一格的"西洋楼"，有无数名贵的奇花异木，有数不清的珠宝玉器。

英法侵略军闯进圆明园，看见如此多的珍贵文物和金银珠宝，就像饿狼一样，疯狂地抢夺起来。能拿走的尽量拿走，拿不走的就用枪托或棍棒砸毁，一连几天，侵略军把圆明园洗劫一空。

《圆明园西洋楼铜版画·海晏堂西侧》

清。纵64厘米，横110厘米。海晏堂是最大的洋楼，建成于乾隆二十五年（1760年）。此组建筑还包括十二生肖喷水池、蓄水池、水车房等。十二生肖铜像皆兽首人身，身着袍服。每到一时辰，代表这一时辰的铜像口中便向外喷水，构成别致的时钟。正午时分，十二铜像同时喷水，蔚为壮观。

英国公使额尔金发表声明说:"圆明园是中国皇帝最喜爱的行宫,为了给中国皇帝极大的震动,警告他一下,使他今后不敢再在我们面前妄自尊大,应该把他这个老窝烧毁。"英国陆军司令格兰特支持额尔金的声明,说:"为了给中国政府留下深刻印象,让他们知道我们的厉害,有必要烧毁圆明园。"他们命令米启尔骑兵团到圆明园分头同时放火。

霎时间,圆明园到处火焰冲天,浓烟滚滚,遮天蔽日,庄严华贵的宫殿和优美玲珑的亭台楼阁被大火吞没,一座座地倒塌下去。园内奇花异草也都被践踏烧毁。整个圆明园变成了一片焦土和瓦砾,世界上最辉煌壮丽的建筑群就这样从此消失了!

烧毁圆明园后,侵略者又抢掠和烧毁了畅春圆和海淀镇,把圆明园的附属园苑万寿山的延寿寺、静明园的十六景、静宜园的二十八景等地也洗劫一空,然后放火烧毁。

之后,英法侵略者又欲攻打北京,并扬言要烧毁皇宫,这可吓坏了清政府,在英国武力恫吓和俄国的诱逼下,恭亲王被迫与英法签订了更加屈辱的《北京条约》。从此,中国人民遭受的灾难更加深重了。

309-镇南关大捷

光绪十年七月(1884年8月),法国军队向应越南阮氏王朝请求而派驻越南的清朝军队发动武装挑衅,清朝政府决定正式向法国宣战,中法战争爆发。

光绪十一年一月,法军在中越边境发动大规模的进攻,并占领了广西门户、西南重镇镇南关(今广西友谊关),想以此为突破口,长驱直入,占领中国南部。

侵略者的嚣张气焰,激起了中国人民的强烈反抗。当地汉、壮各族人民纷纷投奔到清朝将领冯子材营内,要求冯子材带领他们跟侵略者决一死战。

当时,冯子材已是67岁的老将了。他部下士兵多数是鸦片战争以后从广东招募来的,叫作粤军。粤军受广东人民反侵略斗争的影响,对外国侵略者的行径深恶痛绝,因此他们有反抗外国侵略者的愿望。

人民的支持更加增强了冯子材反抗外国侵略者的信心。他率领军民在镇南关内十里关前隘修筑防御工事，积极备战。关前隘形势十分险要，两边是崇山峻岭，中间是一条狭窄的通道，关口易守难攻，战略地位极为显著。冯子材率领军民在隘口前抢修了一道三丈多长的长墙，把东西两岭围在墙内，墙外挖了深壕，使敌人不敢接近，又在山岭险要处构筑炮台，居高临下，威势无比。

冯子材又进行了周密的军事部署：王孝祺、苏元春、王德榜等将领分别率军驻守山口周围各处，交战时相互接应；自己则率军守卫长墙和山岭要地。他号召军兵同心同德，共同抗敌。他还同关外中越人民取得联系，要求支持抗战，共同歼灭敌人。

法军统帅尼格里企图攻下关前隘。他从文渊城调集军队分两路，趁天降大雾之机向关前隘扑来。一路进攻东岭炮台，一路直奔长墙。在大炮的掩护下，法军攻占了东岭炮台，然后在东岭炮台用大炮轰塌了长墙，关前法军持枪冲将过来。在这万般危急的形势下，冯子材大声疾呼："如果让法寇入关，我们还有何面目去见两广父老！"战士们听后备受鼓舞，热血沸腾，英勇奋战。正在危急关头，王孝祺率军从小路绕到敌人侧面，从侧翼攻打法军。法军几面受敌，气焰大减。此时，苏元春率领军队赶到，冒着枪林弹雨登上东岭，攻占了部分炮台，向法军开炮轰击。驻守关东的王德榜听到大炮轰鸣声，按冯子材事先部署，率兵去围攻文渊城，截断法军后路。法军派出的运送食品弹药的车队多次被王德榜的军队击退，法军的补给线被掐断，人心大乱。

尼格里见法军阵脚大乱，暴跳如雷，指挥着军队向长墙又一次发动了疯狂的进攻。冯子材大吼一声，冲出长墙，杀向敌群。他的两个儿子也紧跟其后，勇猛冲击。士兵看见白发苍苍的主将冲在前面，士气大振，以排山倒海之势冲向敌人，与法军展开短兵相接的肉搏战。攻打长墙的侵略军顿时阵势大乱，很快便全线崩溃。但是，占据东岭炮台的法军仍不甘心，企图负隅顽抗。冯子材指挥军队发动了七次攻坚战，都未能拿下。不久，王孝祺率军绕到东岭边，与冯子材前后夹击法军，终于夺回了东岭。

东岭、长墙溃败后，尼格里企图纠集残兵败将继续抵抗。突然，阵前杀声大起，中越人民前来支援了。军民联手，并肩作战，杀得法军仓皇逃窜，尼格里率兵杀出一条血路，玩命地向文渊城逃去。

冯子材决定不给敌人以任何喘息时机，率领军民乘胜追击，很快收复了被侵略军强占的文渊、凉山、谷松、屯梅，直指北宁。北宁的越南人民组成两万多人的"忠义"团，打起"冯"字旗号，抗击法军。在中越军民的沉重打击下，法军扔下大炮等重武器和抢来的金银财物，向船头、郎甲一带逃窜。至此，镇南关战役大获取胜。

310-戊戌变法

《马关条约》签订以后，西方列强加快了瓜分中国的步伐，中国人民处在水深火热之中。清朝政府的光绪皇帝软弱，慈禧太后专权，百姓人心离散，朝廷昏庸腐败，整个国家处在生死存亡的紧要关头。在这国难当头之际，身为工部主事的康有为万分焦急，从1895年到1897年间他曾多次上书光绪皇帝，痛说变法道理。光绪皇帝因对慈禧专权不满，看到康有为的上书正合心意，便想借此打击慈禧势力，加强自己的地位，巩固清朝的统治。

光绪皇帝的老师翁同龢（hé）非常支持康有为变法，也很同情康有为，想把他举荐给光绪皇帝。但是，这又遭到恭亲王奕䜣的强烈反对，他说："按照制度，四品以下官员不能接受皇帝召见。皇帝如果有什么要问的，可以命大臣传话。"

于是，康有为被叫到总理衙门申述变法意见，这遭到以李鸿章、荣禄等为代表的守旧派的反对。荣禄提出："祖宗之法，谁也不能变。"康有为用大量事实驳斥了守旧派的观点，认为"穷则变，变则通，通则

TIPS

《中法和约》

镇南关大捷后，中法战争双方整体上呈均势，中法两国于1885年4月4日签订停战协定。1885年6月9日，清廷与法国政府在天津正式签订《中法和约》。《中法和约》的签订，使法国打开了中国的"后门"。此后，中法之间又相继签订了《越南边界通商章程》《续议界务专条》《续议商务专条》等条约，具体确立了法国的侵略权益，使中国西南地区逐渐成为法国的势力范围。

◀ **1875年**

清穆宗死，两宫太后立醇亲王子载湉（tián）为帝。载湉为清德宗。

TIPS

《马关条约》

中日甲午战争中国战败，清朝政府和日本明治政府于1895年4月17日在日本马关（今山口县下关市）签订了不平等的《马关条约》。条约规定，中国割让辽东半岛、台湾岛及其附属各岛屿、澎湖列岛给日本，赔偿日本2亿两白银，增开沙市、重庆、苏州、杭州为商埠，允许日本在中国的通商口岸投资办厂。这是一个彻头彻尾的不平等条约，进一步暴露出日本侵略中国的野心，也促进了其后西方列强瓜分中国的恶潮。

▶ **1898年6月11日**

康有为在光绪皇帝的支持下实行变法，史称"戊戌变法"。因变法经103天失败，又称"百日维新"。

久，变者，古今之公理"。随后，康有为又详细阐述了变法的具体方案。

第二天，翁同龢把情况报告给了光绪皇帝，光绪皇帝决定采用康有为的建议，实行变法。

光绪二十四年四月二十三日（1898年6月11日），光绪皇帝颁布命令，宣布变法。5天后，他在颐和园召见了康有为。康有为说："皇上要变法，就必须要修改制度和法律，否则只能是变事不变法。"皇帝点了点头，后又长长叹了口气说："我处处受人牵制，哪能想干什么就干什么！"康有为深知皇帝的处境，就说："皇上可以拣能办到的去办。虽然不能全面变法，但也要做几件挽救中国的大事才好。"接着，光绪皇帝任命康有为为总理衙门章京，又命梁启超负责办理大学堂和主持译书局。

变法开始后，一份接一份诏书向全国颁布，因为这一年是旧历戊戌年，所以这次变法又叫"戊戌变法"。变法涉及政治、军事、经济和文化教育等多方面，内容主要有：撤除或合并无事可办的闲散衙门，裁减多余人员；废除旗人的寄生特权；设立农工商局，奖励农工商业；改革财政制度，办国家银行，编制预决算；修建铁路，开采矿产，兴办邮政；裁汰练营兵将，用新方法训练军队；废除八股，改革科举制度；开办京师大学堂，设立新式中学校；奖励发明创造和著作；提倡广开言路，准许自由办报刊和上书建议；等等。这些措施虽然没有一件提到清朝中央政府的改革，但是它带来了除旧变新的气象。

变法初始，没有触犯慈禧的利益，因而在光绪皇帝请示她时，她只说："只要你不丢了祖宗牌位，不剪辫子，我就不管你的事。"但此后，光绪皇帝接二连三颁布新法，慈禧感觉她的权力已受到威胁，于是便决定出面干涉了。

为了防止维新派利用变法掌握大权，也防备光绪皇帝利用变法把各省实力人物拉过去，慈禧逼着光绪皇帝连着下了三道命令：一是罢了翁同龢的官；二是让新任命的二品以上的官面见太后谢恩；三是派慈禧心腹荣禄当直隶总督，掌握天津一带的兵权。这样慈禧就把用人大权和兵权掌握了。

各地守旧派见大权落入慈禧手中，便不把皇帝放在眼里。七月中旬，光绪见形势不好，又大着胆子下了三道命令：一是裁减了一些衙门和官员；二是把违抗新法的礼部尚书怀塔布等人撤职；三是授维新派人士谭嗣同、林旭、刘光第、杨锐四个人四品官衔，让他们在军机处审阅有关变法奏折，草拟诏书。此举惹恼了慈禧。当其心腹怀塔布等人去向她哭诉皇帝昏庸无道、任用小人、还撤了他们职时，慈禧气得脸色发青，心中盘算着要罢黜光绪皇位。

当光绪皇帝觉察慈禧意图时，立刻写了一封密诏让杨锐送交康有为他们。杨锐出来打开密诏一看，上面写着："我的皇位可能保不住了。你们要赶快想出妥善的办法搭救。"杨锐知道这事关重大，但他对变法本来就态度不够鲜明，一时犹豫了起来，没有马上把密诏送出去。直到光绪皇帝八月初二又写了一封密诏交给林旭，这两份密诏才交到康有为和谭嗣同等人手里。第二份密诏上写着："形势已经大变，康有为等要立即出京。你们要爱惜身体，将来才能为国办大事，建功立业，也不负我的希望了！"康有为说："要解救皇帝，只有除掉荣禄。听说皇帝召见袁世凯了，他现在还在北京。"谭嗣同立即说："我去找他！"

> **TIPS**
>
> **李鸿章**
>
> 李鸿章（1823年—1901年），安徽合肥人，洋务运动的主要领导人之一。他是淮军、北洋水师的创始人，建立了中国第一支西式海军北洋水师。李鸿章官至北洋通商大臣、直隶总督，参与镇压太平天国运动和捻军起义，代表清政府签订了《马关条约》《辛丑条约》等一系列不平等条约。

袁世凯是荣禄手下的新建陆军首领，他是个心计多端、善于见风使舵的人。

八月初三，谭嗣同试探问："你对皇帝印象怎样？"袁世凯说："当今皇上是从未有过的贤明君主。"谭嗣同遂不再犹豫，诚恳地说："现在皇帝大难临头，只有你有能力救他。"袁世凯正颜厉色地说："营救皇上，我也有责任呀！如有用到我的地方，只管说，我万死不辞！"谭嗣同说："只有杀掉荣禄。"袁世凯说："杀荣禄就像杀一条狗一样，有什么难的？"谭嗣同放心地走了，但是袁世凯明白掌权的还是太后和她的心腹，他相信这次争斗将是慈禧占上风，于是便向荣禄告了密。荣禄听后脸色骤变，立即去颐和园将情况禀报慈禧。慈禧听了冷笑一声说："哼！他还没那么大能耐，明天我就回城！"

八月初六，慈禧带人搜查了皇帝住处，叫手下将皇帝的一切文书全部拿走了，并对大臣们说："皇上得了病，今后不能再理事。我虽老了，也没办法，只好临朝听政了。"接着又命令逮捕维新派人士和官员，并把光绪皇帝带到瀛台幽禁起来。

新变法自此失败。这次变法从宣布变法到变法失败仅持续了103天，因此又叫"百日维新"。

袁世凯条陈新政十事奏折（印本）

光绪二十七年（1901年），慈禧太后以光绪帝名义下诏宣布实行新政，袁世凯奏陈了10条意见，包括慎号令、教官吏、崇实学、增实科、开民智、重游历、定使例、辨名实、裕度支、修武备等。

附 录

我国历代纪元表

1. 本表从"五帝"开始,到1949年中华人民共和国成立为止。

2. 我国历史年代,西周共和元年(前841年)以前,异说颇多,尚无定论,本表对于西周共和元年以前,只列帝王世系。

3. 较小的王朝如"十六国""十国""西夏"等不列表。

4. 各个时代或王朝,详列帝王名号("帝号"或"庙号",以习惯上常用者为据)、年号、元年的干支和公元纪年,以资对照。(年号后用括号附列使用年数,年中改元时在干支后用数字注出改元的月份。)

干支次序表

1.甲子	2.乙丑	3.丙寅	4.丁卯	5.戊辰	6.己巳	7.庚午	8.辛未
9.壬申	10.癸酉	11.甲戌	12.乙亥	13.丙子	14.丁丑	15.戊寅	16.己卯
17.庚辰	18.辛巳	19.壬午	20.癸未	21.甲申	22.乙酉	23.丙戌	24.丁亥
25.戊子	26.己丑	27.庚寅	28.辛卯	29.壬辰	30.癸巳	31.甲午	32.乙未
33.丙申	34.丁酉	35.戊戌	36.己亥	37.庚子	38.辛丑	39.壬寅	40.癸卯
41.甲辰	42.乙巳	43.丙午	44.丁未	45.戊申	46.己酉	47.庚戌	48.辛亥
49.壬子	50.癸丑	51.甲寅	52.乙卯	53.丙辰	54.丁巳	55.戊午	56.己未
57.庚申	58.辛酉	59.壬戌	60.癸亥				

五帝(约前26世纪初—约前21世纪初)

黄帝 颛顼 帝喾				尧 舜			

夏（约前21世纪初—约前17世纪初）

禹					芒			
启					泄			
太康					不降			
仲康					扃（jiōng）			
相					廑（jǐn）			
					孔甲			
少康					皋（gāo）			
杼					发			
槐					桀（履癸）			

商（约前17世纪初—约前11世纪）

汤					沃甲			
太丁					祖丁			
外丙					南庚			
中壬					阳甲			
太甲					盘庚*			
沃丁					小辛			
太庚					小乙			
小甲					武丁			
雍己					祖庚			
太戊					祖甲			
中丁					廪辛			
外壬					康丁			
河亶（dǎn）					武乙			
甲					文丁			
祖乙					帝乙			
祖辛					纣（帝辛）			

*盘庚迁都于殷后，商也称殷。

周（约前11世纪—前256）

西周（约前11世纪—前771）

武王（姬发）			懿王（~囏[jiān]）			
成王（~诵）			孝王（~辟方）			
康王（~钊[zhāo]）			夷王（~燮）			
昭王（~瑕）			厉王（~胡）			
穆王（~满）			[共和]	（14）	庚申	前841
共(gōng)王			宣王（~静）	（46）	甲戌	前827
（~繄[yī]扈）			幽王（~宫湦）	（11）	庚申	前781

东周（前770—前256）

平王（姬宜臼）	（51）	辛未	前770	敬王（~匄[gài]）	（44）	壬午	前519
桓王（~林）	（23）	壬戌	前719	元王（~仁）	（7）	丙寅	前475
庄王（~佗）	（15）	乙酉	前696	贞定王（~介）	（28）	癸酉	前468
釐王（~胡齐）	（5）	庚子	前681	哀王（~去疾）	（1）	庚子	前441
惠王（~阆[làng]）	（25）	乙巳	前676	思王（~叔）	（1）	庚子	前441
襄王（~郑）	（33）	庚午	前651	考王（~嵬）	（15）	辛丑	前440
顷王（~壬臣）	（6）	癸卯	前618	威烈王（~午）	（24）	丙辰	前425
匡王（~班）	（6）	己酉	前612	安王（~骄）	（26）	庚辰	前401
定王（~瑜[yú]）	（21）	乙卯	前606	烈王（~喜）	（7）	丙午	前375
简王（~夷）	（14）	丙子	前585	显王（~扁）	（48）	癸丑	前368
灵王（~泄心）	（27）	庚寅	前571	慎靓(jìng)王（~定）	（6）	辛丑	前320
景王（~贵）	（25）	丁巳	前544	赧(nǎn)王（~延）	（59）	丁未	前314
悼王（~猛）	（1）	辛巳	前520				

秦（秦帝国[前221—前206]）

周赧王五十九年乙巳（前256），秦灭周。自次年（秦昭襄王五十二年丙午，前255）起至秦王政二十五年己卯（前222），史家以秦王纪年。秦王政二十六年庚辰（前221）完成统一，称始皇帝。

昭襄王（嬴则，又名稷）	（56）	乙卯	前306	始皇帝（~政）	（37）	乙卯	前246
孝文王（~柱）	（1）	辛亥	前250	二世皇帝（~胡亥）	（3）	壬辰	前209
庄襄王（~子楚）	（3）	壬子	前249				

汉（前206—公元220）

西汉（前206—公元25）

包括王莽（公元9—23）和更始帝（23—25）。

高帝（刘邦）	（12）	乙未	前206		神爵（4）	庚申	前61
惠帝（~盈）	（7）	丁未	前194		五凤（4）	甲子	前57
高后（吕雉）	（8）	甲寅	前187		甘露（4）	戊辰	前53
文帝（刘恒）	（16）	壬戌	前179		黄龙（1）	壬申	前49
	（后元）（7）	戊寅	前163	元帝（~奭[shì]）	初元（5）	癸酉	前48
景帝（~启）	（7）	乙酉	前156		永光（5）	戊寅	前43
	（中元）（6）	壬辰	前149		建昭（5）	癸未	前38
	（后元）（3）	戊戌	前143		竟宁（1）	戊子	前33
武帝（~彻）	建元（6）	辛丑	前140	成帝（~骜[ào]）	建始（4）	己丑	前32
	元光（6）	丁未	前134		河平（4）	癸巳	前28
	元朔（6）	癸丑	前128		阳朔（4）	丁酉	前24
	元狩（6）	己未	前122		鸿嘉（4）	辛丑	前20
	元鼎（6）	乙丑	前116		永始（4）	乙巳	前16
	元封（6）	辛未	前110		元延（4）	己酉	前12
	太初（4）	丁丑	前104		绥和（2）	癸丑	前8
	天汉（4）	辛巳	前100	哀帝（~欣）	建平（4）	乙卯	前6
	太始（4）	乙酉	前96		元寿（2）	己未	前2
	征和（4）	己丑	前92	平帝（~衎[kàn]）	元始（5）	辛酉	公元1
	后元（2）	癸巳	前88	孺子婴（王莽摄政）	居摄（3）	丙寅	6
昭帝（~弗陵）	始元（7）	乙未	前86		初始（1）	戊辰	8
	元凤（6）	辛丑	前80	[新]王莽	始建国（5）	己巳	9
	元平（1）	丁未	前74		天凤（6）	甲戌	14
	本始（4）	戊申	前73		地皇（4）	庚辰	20
宣帝（~询）	地节（4）	壬子	前69	更始帝（刘玄）	更始（3）	癸未	23
	元康（5）	丙辰	前65				

东汉（25—220）

光武帝（刘秀）	建 武（32）	乙酉六	25	冲帝（~炳[bǐng]）	永憙(xī)（嘉）(1)	乙酉	145
	建武中元（2）	丙辰四	56				
				质帝（~缵[zuǎn]）	本 初（1）	丙戌	146
明帝（~庄）	永 平（18）	戊午	58				
章帝（~炟）	建 初（9）	丙子	76	桓帝（~志）	建 和（3）	丁亥	147
	元 和（4）	甲申八	84		和 平（1）	庚寅	150
	章 和（2）	丁亥七	87		元 嘉（3）	辛卯	151
和帝（~肇[zhào]）	永 元（17）	己丑	89		永 兴（2）	癸巳五	153
	元 兴（1）	乙巳四	105		永 寿（4）	乙未	155
	延 平（1）	丙午	106		延 熹（10）	戊戌六	158
殇帝（~隆）	永 初（7）	丁未	107		永 康（1）	丁未六	167
安帝（~祜[hù]）	元 初（7）	甲寅	114	灵帝（~宏）	建 宁（5）	戊申	168
	永 宁（2）	庚申四	120		熹 平（7）	壬子五	172
	建 光（2）	辛酉七	121		光 和（7）	戊午三	178
	延 光（4）	壬戌三	122		中 平（6）	甲子十二	184
	永 建（7）	丙寅	126	献帝（~协）	初 平（4）	庚午	190
顺帝（~保）	阳 嘉（4）	壬申三	132		兴 平（2）	甲戌	194
	永 和（6）	丙子	136		建 安（25）	丙子	196
	汉 安（3）	壬午	142		延 康（1）	庚子三	220
	建 康（1）	甲申四	144				

三国（220—280）

魏（220—265）

文帝（曹丕）	黄 初（7）	庚子十	220		嘉 平（6）	己巳四	249
明帝（~叡）	太 和（7）	丁未	227	高贵乡公（~髦）	正 元（3）	甲戌十	254
	青 龙（5）	癸丑二	233		甘 露（5）	丙子六	256
	景 初（3）	丁巳三	237		景 元（5）	庚辰六	260
齐王（~芳）	正 始（10）	庚申	240	元帝（~奂）（陈留王）	咸 熙（2）	甲申五	264

蜀汉（221—263）

昭烈帝（刘备）	章 武（3）	辛丑四	221		景 耀（6）	戊寅	258
后主（~禅）	建 兴（15）	癸卯五	223		炎 兴（1）	癸未八	263
	延 熙（20）	戊午	238				

吴（222—280）

大帝（孙权）	黄武（8）	壬寅十	222	景帝（~休）	永安（7）	戊寅十	258
	黄龙（3）	己酉四	229	乌程侯（~皓）	元兴（2）	甲申七	264
	嘉禾（7）	壬子	232		甘露（2）	乙酉四	265
	赤乌（14）	戊午九	238		宝鼎（4）	丙戌八	266
	太元（2）	辛未五	251		建衡（3）	己丑十	269
	神凤（1）	壬申二	252		凤凰（3）	壬辰	272
会稽王（~亮）	建兴（2）	壬申四	252		天册（2）	乙未	275
	五凤（3）	甲戌	254		天玺（1）	丙申七	276
	太平（3）	丙子十	256		天纪（4）	丁酉	277

晋（265—420）

西晋（265—317）

武帝（司马炎）	泰始（10）	乙酉十二	265		太安（2）	壬戌十二	302
	咸宁（6）	乙未	275		永安（1）	甲子	304
	太康（10）	庚子四	280		建武（1）	甲子七	304
	太熙（1）	庚戌	290		永安（1）	甲子十一	304
惠帝（司马衷）	永熙（1）	庚戌四	290		永兴（3）	甲子十二	304
	永平（1）	辛亥	291		光熙（1）	丙寅六	306
	元康（9）	辛亥三	291	怀帝（~炽）	永嘉（7）	丁卯	307
	永康（2）	庚申	300	愍帝（~邺）	建兴（5）	癸酉四	313
	永宁（2）	辛酉四	301				

东晋（317—420）

元帝（司马睿）	建武（2）	丁丑三	317	哀帝（~丕）	隆和（2）	壬戌	362
	大兴（4）	戊寅三	318		兴宁（3）	癸亥二	363
	永昌（2）	壬午	322	海西公（~奕）	太和（6）	丙寅	366
明帝（~绍）	永昌	壬午闰十一	322	简文帝（~昱）	咸安（2）	辛未十一	371
	太宁（4）	癸未三	323	孝武帝（~曜）	宁康（3）	癸酉	373
成帝（~衍）	太宁	乙酉闰八	325		太元（21）	丙子	376
	咸和（9）	丙戌二	326	安帝（~德宗）	隆安（5）	丁酉	397
	咸康（8）	乙未	335		元兴（3）	壬寅	402
康帝（~岳）	建元（2）	癸卯	343		义熙（14）	乙巳	405
穆帝（~聃）	永和（12）	乙巳	345	恭帝（~德文）	元熙（2）	己未	419
	升平（5）	丁巳	357				

南北朝（420—589）

南朝

宋（420—479）

武帝（刘裕）	永初（3）	庚申六	420	明帝（～彧）	泰始（7）	乙巳十二	465
少帝（～义符）	景平（2）	癸亥	423		泰豫（1）	壬子	472
文帝（～义隆）	元嘉（30）	甲子八	424	后废帝（～昱）（苍梧王）	元徽（5）	癸丑	473
孝武帝（～骏）	孝建（3）	甲午	454				
	大明（8）	丁酉	457	顺帝（～準[zhǔn]）	昇明（3）	丁巳七	477
前废帝（～子业）	永光（1）	乙巳	465				
	景和（1）	乙巳八	465				

齐（479—502）

高帝（萧道成）	建元（4）	己未四	479	明帝（～鸾）	建武（5）	甲戌十	494
武帝（～赜[zé]）	永明（11）	癸亥	483		永泰（1）	戊寅四	498
郁（yù）林王（～昭业）	隆昌（1）	甲戌	494	东昏侯（～宝卷）	永元（3）	己卯	499
海陵王（～昭文）	延兴（1）	甲戌七	494	和帝（～宝融）	中兴（2）	辛巳三	501

梁（502—557）

武帝（萧衍）	天监（18）	壬午四	502		太清（3）*	丁卯四	547
	普通（8）	庚子	520	简文帝（～纲）	大宝（2）**	庚午	550
	大通（3）	丁未三	527	元帝（～绎）	承圣（4）	壬申十一	552
	中大通（6）	己酉十	529	敬帝（～方智）	绍泰（2）	乙亥十	555
	大同（12）	乙卯	535		太平（2）	丙子九	556
	中大同（2）	丙寅四	546				

*有的地区用至6年。
**有的地区用至3年。

陈（557—589）

武帝（陈霸先）	永定（3）	丁丑十	557	宣帝（～顼）	太建（14）	己丑	569
文帝（～蒨）	天嘉（7）	庚辰	560	后主（～叔宝）	至德（4）	癸卯	583
	天康（1）	丙戌二	566		祯明（3）	丁未	587
废帝（～伯宗）（临海王）	光大（2）	丁亥	567				

北朝　　　　　　　北魏[拓跋氏，后改元氏]（386—534）

北魏建国于丙戌（386年）正月，初称代国，至同年四月始改国号为魏，439年灭北凉，统一北方。

道武帝（拓跋珪）	登国（11）	丙戌	386	孝文帝（元宏）	延兴（6）	辛亥八	471
	皇始（3）	丙申	396		承明（1）	丙辰六	476
	天兴（7）	戊戌十二	398		太和（23）	丁巳	477
	天赐（6）	甲辰十	404	宣武帝（~恪）	景明（4）	庚辰	500
明元帝（~嗣）	永兴（5）	己酉十	409		正始（5）	甲申	504
	神瑞（3）	甲寅	414		永平（5）	戊子八	508
	泰常（8）	丙辰四	416		延昌（4）	壬辰四	512
太武帝（~焘）	始光（5）	甲子	424	孝明帝（~诩）	熙平（2）	丙申	516
	神䴥(jiā)（4）	戊辰二	428		神龟（3）	戊戌二	518
	延和（3）	壬申	432		正光（6）	庚子七	520
	太延（6）	乙亥	435		孝昌（3）	乙巳六	525
	太平真君（12）	庚辰六	440		武泰（1）	戊申	528
	正平（2）	辛卯	451	孝庄帝（~子攸）	建义（1）	戊申四	528
南安王（~余）	永（承）平（1）	壬辰	452		永安（3）	戊申九	528
文成帝（~濬）	兴安（3）	壬辰十	452	长广王（~晔）	建明（2）	庚戌	530
	兴光（2）	甲午七	454	节闵帝（~恭）	普泰（2）	辛亥	531
	太安（5）	乙未六	455	安定王（~朗）	中兴（2）	辛亥十	531
	和平（6）	庚子	460	孝武帝（~脩）	太昌（1）	壬子四	532
献文帝（~弘）	天安（2）	丙午	466		永兴（1）	壬子十二	532
	皇兴（5）	丁未八	467		永熙（3）	壬子十二	532

东魏（534—550）

孝静帝（元善见）	天平（4）	甲寅十	534		兴和（4）	己未十一	539
	元象（2）	戊午	538		武定（8）	癸亥	543

北齐（550—577）

文宣帝（高洋）	天保（10）	庚午五	550	后主（~纬）	天统（5）	乙酉四	565
废帝（~殷）	乾明（1）	庚辰	560		武平（7）	庚寅	570
孝昭帝（~演）	皇建（2）	庚辰八	560		隆化（1）	丙申十二	576
武成帝（~湛）	太宁（2）	辛巳十一	561	幼主（~恒）	承光（1）	丁酉	577
	河清（4）	壬午四	562				

西魏（535—556）

文帝（元宝炬）	大统（17）	乙卯	535	恭帝（~廓）	—（3）	甲戌二	554
废帝（~钦）	—（3）	壬申	552				

北周（557—581）

孝闵帝（宇文觉）	—（1）	丁丑	557		建德（7）	壬辰三	572
					宣政（1）	戊戌	578
明帝（~毓[yù]）	—（3）	丁丑九	557	宣帝（~赟[yūn]）	大成（1）	己亥	579
	武成（2）	己卯八	559	静帝（~阐[chǎn]）	大象（3）	己亥二	579
武帝（~邕）	保定（5）	辛巳	561		大定（1）	辛丑二	581
	天和（7）	丙戌	566				

隋（581—618）

隋建国于581年，589年灭陈，完成统一。

文帝（杨坚）	开皇（20）	辛丑二	581	恭帝（~侑）	义宁（2）	丁丑十一	617
炀[yáng]帝（~广）	仁寿（4）	辛酉	601				
	大业（14）	乙丑	605				

唐（618—907）

高祖（李渊）	武德（9）	戊寅五	618		太极（1）	壬子	712
太宗（~世民）	贞观（23）	丁亥	627		延和（1）	壬子五	712
高宗（~治）	永徽（6）	庚戌	650	玄宗（~隆基）	先天（2）	壬子八	712
	显庆（6）	丙辰	656		开元（29）	癸丑十二	713
	龙朔（3）	辛酉*	661		天宝（15）	壬午	742
	麟德（2）	甲子	664	肃宗（~亨）	至德（3）	丙申七	756
	乾封（3）	丙寅	666		乾元（3）	戊戌二	758
	总章（3）	戊辰三	668		上元（2）	庚子闰四	760
	咸亨（5）	庚午三	670		一（1）***	辛丑九	761
	上元（3）	甲戌八	674	代宗（~豫）	宝应（2）	壬寅四	762
	仪凤（4）	丙子十一	676		广德（2）	癸卯七	763
	调露（2）	己卯六	679		永泰（2）	乙巳	765
	永隆（2）	庚辰八	680		大历（14）	丙午十一	766
	开耀（2）	辛巳九	681	德宗（~适）	建中（4）	庚申	780
	永淳（2）	壬午二	682		兴元（1）	甲子	784
	弘道（1）	癸未十二	683		贞元（21）	乙丑	785
中宗（~显又名哲）	嗣圣（1）	甲申	684	顺宗（~诵）	永贞（1）	乙酉八	805
				宪宗（~纯）	元和（15）	丙戌	806
睿宗（~旦）	文明（1）	甲申二	684	穆宗（~恒）	长庆（4）	辛丑	821
武后（武曌[zhào]）	光宅（1）	甲申九	684	敬宗（~湛）	宝历（3）	乙巳	825
	垂拱（4）	乙酉	685	文宗（~昂）	宝历	丙午十二	826
	永昌（1）	己丑	689		大（太）和（9）	丁未二	827
	载初**（1）	庚寅正	690		开成（5）	丙辰	836
武后称帝，改国号为周	天授（3）	庚寅九	690	武宗（~炎）	会昌（6）	辛酉	841
	如意（1）	壬辰四	692	宣宗（~忱）	大中（14）	丁卯	847
	长寿（3）	壬辰九	692	懿宗（~漼）	大中	己卯八	859
	延载（1）	甲午五	694		咸通（15）	庚辰十一	860
	证圣（1）	乙未	695	僖宗（~儇）	咸通	癸巳七	873
	天册万岁（2）	乙未九	695		乾符（6）	甲午十一	874
	万岁登封（1）	丙申腊	696		广明（2）	庚子	880
	万岁通天（2）	丙申三	696		中和（5）	辛丑七	881
					光启（4）	乙巳三	885
	神功（1）	丁酉九	697		文德（1）	戊申二	888
	圣历（3）	戊戌	698	昭宗（~晔）	龙纪（1）	己酉	889
	久视（1）	庚子五	700		大顺（2）	庚戌	890
	大足（1）	辛丑	701		景福（2）	壬子	892
	长安（4）	辛丑十	701		乾宁（5）	甲寅	894
中宗（李显又名哲），复唐国号	神龙（3）	乙巳	705		光化（4）	戊午八	898
	景龙（4）	丁未九	707		天复（4）	辛酉四	901
睿宗（~旦）	景云（2）	庚戌七	710		天祐（4）	甲子闰四	904
				哀帝（~柷）	天祐****	甲子八	904

*辛酉三月丙申朔改元，一作辛酉二月乙未晦改元。

**始用周正，改永昌元年十一月为载初元年正月，以十二月为腊月，夏正月为一月。久视元年十月复用夏正，以正月为十一月，腊月为十二月，一月为正月。本表在这段期间内干支后面所注的改元月份都是周历，各年号的使用年数也是按照周历的计算方法。

***此年九月以后去年号，但称元年。

****哀帝即位未改元。

附录　我国历代纪元表

五代（907—960）

后梁（907—923）

太祖（朱晃，又名温、全忠）	开平（5）	丁卯四	907	贞明（7）	乙亥十一	915
	乾化（5）	辛未五	911	龙德（3）	辛巳五	921
末帝（～瑱[zhèn]）	乾化	癸酉二	913			

后唐（923—936）

庄宗（李存勖）	同光（4）	癸未四	923	闵帝（～从厚）	应顺（1）	甲午	934
明宗（～亶）	天成（5）	丙戌四	926	末帝（～从珂）	清泰（3）	甲午四	934
	长兴（4）	庚寅二	930				

后晋（936—947）

高祖（石敬瑭）	天福（9）	丙申十一	936		开运（4）	甲辰七	944
出帝（～重贵）	天福*	壬寅六	942				

*出帝即位未改元。

后汉（947—950）

高祖（刘暠[gǎo]，本名知远）	天福*	丁未二	947	隐帝（～承祐）	乾祐**	戊申二	948
	乾祐（3）	戊申	948				

*后汉高祖即位，仍用后晋高祖年号，称天福十二年。

**隐帝即位未改元。

后周（951—960）

太祖（郭威）	广顺（3）	辛亥	951	世宗（柴荣）	显德*	甲寅二	954
	显德（7）	甲寅二	954	恭帝（～宗训）	显德	己未六	959

*世宗、恭帝都未改元。

宋（960—1279）

北宋（960—1127）

太祖（赵匡胤）	建隆（4）	庚申	960		庆历（8）	辛巳十一	1041
	乾德（6）	癸亥十一	963		皇祐（6）	己丑	1049
	开宝（9）	戊辰十一	968		至和（3）	甲午三	1054
太宗（～炅[jiǒng]，本名匡义，又名光义）	太平兴国（9）	丙子十二	976		嘉祐（8）	丙申九	1056
	雍熙（4）	甲申十一	984	英宗（～曙）	治平（4）	甲辰	1064
	端拱（2）	戊子	988	神宗（～顼）	熙宁（10）	戊申	1068
	淳化（5）	庚寅	990		元丰（8）	戊午	1078
	至道（3）	乙未	995	哲宗（～煦[xù]）	元祐（9）	丙寅	1086
真宗（～恒）	咸平（6）	戊戌	998		绍圣（5）	甲戌四	1094
	景德（4）	甲辰	1004		元符（3）	戊寅六	1098
	大中祥符（9）	戊申	1008	徽宗（～佶）	建中靖国（1）	辛巳	1101
	天禧[xǐ]（5）	丁巳	1017		崇宁（5）	壬午	1102
	乾兴（1）	壬戌	1022		大观（4）	丁亥	1107
仁宗（～祯）	天圣（10）	癸亥	1023		政和（8）	辛卯	1111
	明道（2）	壬申十一	1032		重和（2）	戊戌十一	1118
	景祐（5）	甲戌	1034		宣和（7）	己亥二	1119
	宝元（3）	戊寅十一	1038	钦宗（～桓）	靖康（2）	丙午	1126
	康定（2）	庚辰二	1040				

南宋（1127—1279）

高宗（赵构）	建炎（4）	丁未五	1127		绍定（6）	戊子	1228
	绍兴（32）	辛亥	1131		端平（3）	甲午	1234
孝宗（~昚[shèn]）	隆兴（2）	癸未	1163		嘉熙（4）	丁酉	1237
	乾道（9）	乙酉	1165		淳祐（12）	辛丑	1241
	淳熙（16）	甲午	1174		宝祐（6）	癸丑	1253
光宗（~惇[dūn]）	绍熙（5）	庚戌	1190		开庆（1）	己未	1259
宁宗（~扩）	庆元（6）	乙卯	1195		景定（5）	庚申	1260
	嘉泰（4）	辛酉	1201	度宗（赵禥）	咸淳（10）	乙丑	1265
	开禧（3）	乙丑	1205	恭帝（~㬎）	德祐（2）	乙亥	1275
	嘉定（17）	戊辰	1208	端宗（~昰）	景炎（3）	丙子五	1276
理宗（~昀）	宝庆（3）	乙酉	1225	帝昺（~昺）	祥兴（2）	戊寅五	1278

辽[耶律氏]（907—1125）

辽建国于907年，国号契丹，916年始建年号，938年（一说947年）改国号为辽，983年复称契丹，1066年仍称辽。

太祖（耶律阿保机）	—（10）	丁卯	907		开泰（10）	壬子十一	1012
	神册（7）	丙子十二	916		太平（11）	辛酉十一	1021
	天赞（5）	壬午二	922	兴宗（~宗真）	景福（2）	辛未六	1031
	天显（13）	丙戌	926		重熙（24）	壬申十一	1032
太宗（~德光）	天显*	丁亥十一	927	道宗（~洪基）	清宁（10）	乙未八	1055
	会同（10）	戊戌十一	938		咸雍（10）	乙巳	1065
	大同（1）	丁未	947		大（太）康（10）	乙卯	1075
世宗（~阮）	天禄（5）	丁未九	947		大安（10）	乙丑	1085
穆宗（~璟[jǐng]）	应历（19）	辛亥九	951		寿昌（隆）（7）	乙亥	1095
				天祚帝	乾统（10）	辛巳二	1101
景宗（~贤）	保宁（11）	己巳二	969	（~延禧）	天庆（10）	辛卯	1111
	乾亨（5）	己卯十一	979		保大（5）	辛丑	1121
圣宗（~隆绪）	乾亨	壬午九	982				
	统和（30）	癸未六	983				

*太宗即位未改元。

金[完颜氏]（1115—1234）

太祖（完颜旻，本名阿骨打）	收国（2）	乙未	1115		承安（5）	丙辰十一	1196
	天辅（7）	丁酉	1117		泰和（8）	辛酉	1201
太宗（~晟[shèng]）	天会（15）	癸卯九	1123	卫绍王（~永济）	大安（3）	己巳	1209
熙宗（~亶[dǎn]）	天会*	乙卯二	1135		崇庆（2）	壬申	1212
	天眷（3）	戊午	1138		至宁（1）	癸酉五	1213
	皇统（9）	辛酉	1141	宣宗（~珣）	贞祐（5）	癸酉九	1213
海陵王（~亮）	天德（5）	己巳十二	1149		兴定（6）	丁丑九	1217
	贞元（4）	癸酉三	1153		元光（2）	壬午八	1222
	正隆（6）	丙子二	1156	哀宗（~守绪）	正大（9）	甲申	1224
世宗（完颜雍）	大定（29）	辛巳十	1161		开兴（1）	壬辰二	1232
章宗（~璟[jǐng]）	明昌（7）	庚戌	1190		天兴（3）	壬辰四	1232

*熙宗即位未改元。

元[孛儿只斤氏]（1206—1368）

蒙古孛儿只斤·铁木真于1206年建国。1271年忽必烈定国号为元，1279年灭南宋。

太祖（孛儿只斤·铁木真）（成吉思汗）	—（22）	丙寅	1206	泰定帝（~也孙铁木儿）	泰定（5）	甲子	1324
					致和（1）	戊辰二	1328
拖雷（监国）	—（1）	戊子	1228	天顺帝（~阿速吉八）	天顺（1）	戊辰九	1328
太宗（~窝阔台）	—（13）	己丑	1229				
乃马真后（称制）	—（5）	壬寅	1242	文宗（~图帖睦尔）	天历（3）	戊辰九	1328
定宗（~贵由）	—（3）	丙午七	1246				
海迷失后（称制）	—（3）	己酉三	1249	明宗（~和世㻋[là]）*		己巳	1329
宪宗（~蒙哥）	—（9）	辛亥六	1251		至顺（4）	庚午五	1330
世祖（~忽必烈）	中统（5）	庚申五	1260	宁宗（~懿璘质班）	至顺（1）	壬申十	1332
	至元（31）	甲子八	1264				
成宗（~铁穆耳）	元贞（3）	乙未	1295	顺帝（~妥懽帖睦尔）	至顺（1）	癸酉六	1333
	大德（11）	丁酉二	1297		元统（3）	癸酉十	1333
武宗（~海山）	至大（4）	戊申	1308		（后）至元（6）	乙亥十一	1335
仁宗（~爱育黎拔力八达）	皇庆（2）	壬子	1312				
	延祐（7）	甲寅	1314		至正（28）	辛巳	1341
英宗（~硕德八剌）	至治（3）	辛酉	1321				

*明宗于己巳（1329）正月即位，以文宗为皇太子。八月明宗暴死，文宗复位。

明（1368—1644）

太祖（朱元璋）惠帝（~允炆）	洪武（31）建文（4）*	戊申己卯	13681399	孝宗（~祐樘[chēng]）	弘治（18）	戊申	1488
成祖（~棣）	永乐（22）	癸未	1403	武宗（~厚照）	正德（16）	丙寅	1506
仁宗（~高炽）	洪熙（1）	乙巳	1425	世宗（~厚熜）	嘉靖（45）	壬午	1522
宣宗（~瞻基）	宣德（10）	丙午	1426	穆宗（~载垕[hòu]）	隆庆（6）	丁卯	1567
英宗（~祁镇）	正统（14）	丙辰	1436	神宗（~翊钧）	万历（48）	癸酉	1573
代宗（~祁钰）（景帝）	景泰（8）	庚午	1450	光宗（~常洛）	泰昌（1）	庚申	1620
英宗（~祁镇）	天顺（8）	丁丑	1457	熹宗（~由校）	天启（7）	辛酉	1621
宪宗（~见深）	成化（23）	乙酉	1465	思宗（~由检）	崇祯（17）	戊辰	1628

*建文四年时成祖废除建文年号，改为洪武三十五年。

清[爱新觉罗氏]（1616—1911）

清建国于1616年，初称后金，1636年始改国号为清，1644年入关。

太祖（爱新觉罗·努尔哈赤）	天命（11）	丙辰	1616	高宗（~弘历）	乾隆（60）	丙辰	1736
				仁宗（~颙琰）	嘉庆（25）	丙辰	1796
太宗（~皇太极）	天聪（10）崇德（8）	丁卯丙子四	16271636	宣宗（~旻宁）文宗（~奕詝）	道光（30）咸丰（11）	辛巳辛亥	18211851
世祖（~福临）	顺治（18）	甲申	1644	穆宗（~载淳）	同治（13）	壬戌	1862
圣祖（~玄烨）	康熙（61）	壬寅	1662	德宗（~载湉）	光绪（34）	乙亥	1875
世宗（~胤禛）	雍正（13）	癸卯	1723	~溥[pǔ]仪	宣统（3）	己酉	1909

中华民国（1912—1949）

中华民国（38）	壬子	1912					

中华人民共和国
1949年10月1日成立